伯罗奔尼撒战争史

（修订译本）

［古希腊］修昔底德　著
何元国　翻译　编注

ΘΟΥΚΥΔΙΔΟΥ
ΙΣΤΟΡΙΑΙ

中国社会科学出版社

图书在版编目(CIP)数据

伯罗奔尼撒战争史：修订译本 /（古希腊）修昔底德著；何元国翻译、编注． —北京：中国社会科学出版社，2024.7
ISBN 978-7-5227-3411-8

Ⅰ．①伯⋯ Ⅱ．①修⋯②何⋯ Ⅲ．①伯罗奔尼撒战争—战争史 Ⅳ．①K125

中国国家版本馆 CIP 数据核字（2024）第 073667 号

出 版 人	赵剑英
责任编辑	刘志兵
责任校对	冯英爽
责任印制	李寡寡

出　　版	中国社会科学出版社
社　　址	北京鼓楼西大街甲 158 号
邮　　编	100720
网　　址	http://www.csspw.cn
发 行 部	010-84083685
门 市 部	010-84029450
经　　销	新华书店及其他书店

印刷装订	北京君升印刷有限公司
版　　次	2024 年 7 月第 1 版
印　　次	2024 年 7 月第 1 次印刷

开　　本	787×1092　1/16
印　　张	44.75
字　　数	733 千字
定　　价	179.00 元

凡购买中国社会科学出版社图书，如有质量问题请与本社营销中心联系调换
电话：010-84083683
版权所有　侵权必究

根据牛津大学出版社1942年古希腊文版译出

即牛津古典文本（Oxford Classical Texts）中的 *Thucydidis Historiae*：Henricus Stuart Jones, Johannes Enoch Powell, *Thucydidis Historiae*, Oxford University Press, first printed 1900, reprinted with emended and augmented apparatus criticus 1942

目　　录

导言　我们该如何阅读修昔底德？ …………………………… (1)

译序 ………………………………………………………………… (1)

修昔底德《史记》之卷一 ………………………………………… (1)

卷二 ………………………………………………………………… (89)

卷三 ………………………………………………………………… (153)

卷四 ………………………………………………………………… (214)

卷五 ………………………………………………………………… (288)

卷六 ………………………………………………………………… (351)

卷七 ………………………………………………………………… (417)

卷八 ………………………………………………………………… (473)

附录一　雅典的重量、货币、容积、长度、里程单位和月份 ………… (555)

附录二　各卷内容提要 …………………………………………… (557)

附录三　古希腊的战争 …………………………………………… (584)

附录四　古典希腊文译名问题刍议 ……………………………… (588)

　　附表：古典希腊文译音表 …………………………………… (593)

附录五　专有名词译名和索引 …………………………………… (594)

译后记 ……………………………………………………………… (676)

修订后记 …………………………………………………………… (679)

导言　我们该如何阅读修昔底德？

修昔底德的《伯罗奔尼撒战争史》是一部经典，在西方鼎鼎大名。千百年来，这部名著不仅被当作珍贵的史料来源，还受到政治学和国际关系学等领域学者的青睐。相关研究积累深厚，新的解读层出不穷。

但在中国，知道的人要少得多，通读全书的人则少之又少了。毕竟是记2400多年前发生遥远地中海地区的一场战事，大量陌生的地名，绕口的人名，错综复杂的事件经过，又少有逸闻趣事，这些都令人望而生畏。因此，首先有必要介绍这场战争的大致经过，为读者诸君理一个头绪。其次，这部名著不好读，不只是因为那个时代对我们来说很陌生，还因为作者表现出很高的叙事技巧，需要读者细心体会，因此有必要参考西方学者的研究成果，谈一谈其文学的一面。

一

这场战争是希腊著名城邦斯巴达与雅典的两强之争，双方都带着自己的盟友参战。它波及当时整个希腊世界，持续了27年之久（前431—前404）。可是，在此前不久抗击波斯人入侵的战争中（前499—前449），它们曾并肩作战。斯巴达的陆军无敌于天下，是希腊世界的老霸主。雅典的海军则首屈一指，在希波战争后期，其国力蒸蒸日上。那时，波斯势力已经不能威胁希腊本土，但爱琴海地区许多希腊城邦仍害怕波斯人。它们自愿让雅典人领头，建立了"提洛同盟"。同盟各邦（超过300个）有钱出钱，有力出力。但雅典在波斯的威胁基本解除后，仍收取盟邦的贡金，且有增无减。若退出，就会遭到无情镇压。因此，在战前的希腊，雅典是不得人心的。斯巴达不向盟友收取贡金，但盟友要以自己三分之二的兵力配合它出兵。斯巴达不能容忍雅典势力坐大，加上科林斯等城邦不断挑拨、怂恿，终于向雅典发出最后通牒。而雅典人听从其领导人伯里克利的建议，针锋相对，寸步不让。

战争的第一年，斯巴达人带领盟友越过科林斯地峡（共约3万人），开到雅典城下。雅典人自知力不能敌，早就按照伯里克利的建议，将整个阿提卡的人口迁到雅典城内和连接雅典城与比雷埃夫斯港的"长墙"内，拒不出战，改派海军航行至伯罗奔尼撒半岛沿海地带，进行骚扰、破坏，形成你打你的、我打我的之局面。然而，大量人口聚集在狭小的城区，引发了一场大瘟疫。整个雅典损失了四分之一的人口（约7.5万至10万），伯里克利也染疫而亡。开战仅两年，雅典就遭受重大打击。

眼看盟主受挫，密提勒涅（Mytilene）岛上的雅典盟邦秘密联络斯巴达人，叛离了雅典。雅典迅速行动，包围该岛，密提勒涅人投降，遭到雅典严厉惩罚。此后，雅典人与斯巴达人还在科西拉、玻俄提亚（Boeotia）和埃托利亚（Aetolia）等地较量。雅典人还出兵干预西西里的内部纷争。

雅典人在出兵西西里时，途经伯罗奔尼撒半岛西南端的皮罗斯（Pylos）。因风暴临时停靠，闲着无事，顺便构筑工事。此举看似无意，却打中了斯巴达的软肋。因为此地靠近墨塞尼亚（Messenia），当地的希洛特（Helots，原本就是被征服的墨塞尼亚人）纷纷逃亡至此地。希洛特是斯巴达的城邦奴隶，他们7倍于斯巴达人，斯巴达人要时刻提防他们。斯巴达人马上调兵遣将，攻打皮罗斯，雅典人亦调兵回应。此役，斯巴达人心浮气躁，一再犯错，导致大量要员被俘，战舰被没收，被迫求和，一时陷入窘境。雅典形势大好。

关键时刻，斯巴达方面出现一位杰出将领——布剌西达斯（Brasidas）。他先是率军驰援墨伽拉（Megara），迫使它重新倒向斯巴达。然后，率一支军队长途奔袭，穿越忒萨利亚（Thessalia），到达色雷斯地区，促使当地雅典的盟邦一个接一个叛离雅典，这打中了雅典的软肋。如不及时镇压，势必导致连锁反应，将截断雅典的财源，这是雅典无法承受的。在这些盟邦中，处在要地的安庇波利斯（Amphipolis）被布剌西达斯占领，时任将军的修昔底德率舰队前往驰援未果。雅典人认为他指挥不力，将其流放，却给了修昔底德观察双方军事行动的自由。

在此期间，雅典方面还与其劲敌——玻俄提亚地区的忒拜（Thebes）——爆发了得利翁（Delium）战役，雅典战败。

布剌西达斯为斯巴达扳回了一局，但斯巴达当局却利用他的胜利与雅典讲和,以换回那些在皮罗斯战役中的被俘人员。布剌西达斯不接受,雅典方面的主战派克勒翁(Cleon)也反对。克勒翁受命收复安庇波利斯,由于轻敌被布剌西达斯打败,但他们双双阵亡了。双方各自的和谈障碍就这样不复存在了。

于是,雅典和斯巴达这对冤家竟然讲和并结盟了。斯巴达求和心切,敦促其盟邦接受和约条款。科林斯等盟邦极为不满。阿耳戈斯——原先与斯巴达在半岛上平起平坐——趁机与科林斯、曼提涅亚(Mantinea)和厄利斯(Elis)等结盟。雅典与斯巴达结盟后相互猜忌。斯巴达拉拢科林斯和玻俄提亚,阿耳戈斯则转向雅典人。斯巴达出动全军,打败了阿耳戈斯、曼提涅亚和雅典的联军,重立军威,维护了它在半岛上的霸主地位。

至此,雅典与斯巴达各有胜负,打了个平手。但到了战争的第17年,雅典在西西里城邦厄革斯塔(Egesta)的劝诱下,处于狂热之中的雅典民众派遣尼喀阿斯(Nicias)等率大军贸然远征西西里。出征前,雅典民众还陷入了一场"阴谋焦虑"。雅典人当时普遍害怕年轻有为的阿尔喀比阿得斯(Alcibiades),担心他做僭主,毁掉雅典的民主政体。但又不敢在出征前抓他(他是三位将军之一),以免动摇军心。于是,在他到达西西里后,派人召回,接受审判。阿尔喀比阿得斯自知情况不妙,返回途中逃走,到了斯巴达。他怀恨在心,为斯巴达出招,招招欲置自己祖国于死地。

从事后来看,以大军远征西西里当然犯了不可弥补的战略错误,但是,雅典人在西西里是一步一步陷进泥潭的。本来他们掌握着制海权,随时都可以全身而退。雅典人的劲敌是叙拉古人。叙拉古邦大力强,其政体和城邦性格与雅典相似。第一阶段虽然战斗很艰苦、激烈,雅典远征军还是将叙拉古团团围住,叙拉古的形势眼看不妙。

关键时刻,斯巴达人古利波斯(Gylippus)赶到,他非常能干,很快扭转了局势。雅典人的形势反而严峻起来,要么撤军,要么派一支更大规模的军队增援。雅典人不愿意接受失败,派将才得摩斯忒涅斯(Demosthenes)——皮罗斯战役就出自其谋划——率军驰援。他抵达后,夜袭叙拉古城旁的高地,但功败垂成。他主张立即撤退,但将军尼喀阿斯却瞻前顾后,一再犹豫迟疑,直至"大港"海军决战失利,丢掉了制海权。远征军全部余下人员(约4万人)只好向西西里内陆转移,一路上遭到敌人围追堵截,死伤大半,俘虏(约7000人)被叙拉古人关进一座采石场,饱受非人待遇,全部死在那里。雅典远征军就这样全军覆没了。

此后,雅典人只有招架之功,并无还手之力。但其残存的海军仍然颇有战斗力,斯巴达一方想要速胜也不可能。建造战舰,训练桨手和舵手,都需要大量金钱和时间。于是,斯巴达努力争取到波斯国王的金钱资助(其实雅典人也想得到)。但波斯国王虚与委蛇,其资助既拖沓又不足额,其目的是让斯巴达和雅典互相消耗,两败俱伤。

在斯巴达一方的阿尔喀比阿得斯非常精明,他脚踏三只船(斯巴达、波斯和雅典)。雅典人在失败气馁之际,希望他为雅典争取到波斯的资助,决定迎回他,并按他的要求改变迫害他的民主政体。于是,寡头政体"四百人统治"在雅典成立,但遭到在萨摩斯的雅典士兵的反对。他们另立政权,选阿尔喀比阿得斯当将军,还计划进攻雅典本土,但被阿尔喀比阿得斯劝阻了。不久,"四百人统治"被废,其关键人物被刺,"五千人统治"建立起来。即便雅典内部出现纷争,但其海军仍然赢得了赫勒斯蓬托斯(Hellespontus)海战的胜利……至此(前411),修昔底德的记载戛然而止。

色诺芬从修昔底德最后未写完的那句话开始续写,从他的记载中我们得知这场战争的结局。公元前404年,波斯国王大流士二世去世,其长子是合法继承人。但其幼子小居鲁士想要抢班夺权(小居鲁士因其母亲得宠,公元前408年被安排到小亚做总督,以历练才干)。他打算雇佣能征善战的希腊重甲兵帮助他,于是,他自掏腰包资助斯巴达人,让他们很快取得最后的胜利。这场战争终于以雅典一方的失败而告结束。

此后,号称"万人军"的希腊雇佣兵来到小亚,帮助小居鲁士争取王位。但不幸的是,小居鲁士死了(前401),这些人一下子失去了目标。他们身处小亚腹地,环境险恶。色诺芬挺身而出,率领这些人经过艰难的行军、作战,终于来到黑海南岸,踏上了回家的航程。这就是色诺芬《长征记》所写的内容,当然是后话。

二

许多人(包括笔者)初读此书,到第2卷第65章,得知雅典战败的结局,都暗自惋惜;有的读到雅典人在西西里惨败(第7卷末尾),甚至掩卷叹息，不愿意再读下去了，更有些敏感者会潸然泪下。但读者也知道，雅典人不道德的事情没少做，修昔底德也没有为自己的城邦辩护，这场战争不过是一场"春秋无义战"。由此可见，修昔底德的艺术手段十分了得！

然而，长期以来，修昔底德不轻信传闻，费尽艰辛地考证史实的行为（1.22.2—3），加上他的亲历者身份，很少甚至不发议论，不记奇闻逸事，不偏袒自己的城邦等做法，与其前辈希罗多德大相径庭，打动了许多研究者。他被当作科学、客观、超然的史家，其文学（艺术）的一面多少被忽视了。

上个世纪70年代，后现代主义史学思潮兴起。其代表人物海登·怀特提出了许多洞见，他指出，就算史家对史实的考证和对事件与事件之间联系的解释都是翔实无误的，其文本整体上仍有如文学之"虚构"（fiction）。他剖析了史学著作的文学层面，认为它不是"风格"或者"文风"一词所能涵盖的，值得认真对待；只要史学家继续使用基于日常经验的书面语言（而不是数学和逻辑的语言）写作，那么其作品必然带有讲故事（创作）的成分，也就包含种种讲故事的技巧。因此，有必要分析其"情节化模式""论证模式""历史意识的深层结构"等。这里谈几点看法①，一孔之见，仅供参考。

第一，这部书带有悲剧的精神气质。

许多人早就发现这部书类似悲剧，有的说得很具体，即修昔底德模仿了悲剧家埃斯库罗斯，如克勒翁的三次出场就像一个三幕悲剧（类似《阿伽门农》），但这种说法是牵强的。可以这样说，修昔底德没有在细节上模仿悲剧，而是在将27年的战事编排为一个有机整体时，运用了悲剧的"情节化模式"。表面上看，这部书记录了27年的战事，实际上，作者越来越偏向于描述这场战争带来的深重的苦难。② "苦难"这个词原文是 παθήματα，与动词 πάσχω（"遭遇""遭受"）同源，兼有"苦难"和"灾难"之义，前者指主观感受，后者指客观存在（事情发生了，人

---

① 除了海登·怀特的《元史学》（陈新译，彭刚校，译林出版社2004年版），笔者还参考了美国学者康纳的著作（W. Robert Connor, *Thucydides*, second printing, with corrections, Princeton：Princeton University Press, 1985），下文有两个例子直接引自该书。

② "过去最大事件就是波斯战争了，不过，仅两场海战和两场陆战便决出胜负。但是，这场战争旷日持久，它所带来的苦难，在希腊，在同样长的时段，还未曾有过。"（1.23.1）

们无能为力)。实际上，这就是"悲剧"(tragedy)一词的本义。其主要涵义还不是"悲哀""心酸"，而是对命运不可违的恐惧和由此产生的悲天悯人之情。因此，读者不仅为雅典人"悲"，而且为希腊人"悲"，为人类自己"悲"。这种感情显得既强烈又深沉。

第二，这是一部反思之作，也是一部反讽之作。

我们知道，修昔底德从这场战争一开始就记笔记(1.1.1)，且见到了战争的结局(2.65.12；5.26.5)，故这部未完成之作主要写于战争结束以后。对于当时人来说，大家都清楚这场战争的直接原因，那就是科林斯人的怂恿、挑拨，伯里克利坚定的主战立场等。甚至，在战前，希腊社会普遍认为，雅典人根本打不赢，他们能撑1年，有的认为2年，还有的认为不超过3年(7.28.3)。但事实是，雅典坚持了27年！而且战争的结束带有很大偶然性。因此，修昔底德的观点是：你们关于战争原因的看法我不反对，但我有更深刻的看法(1.23.6)，而且，雅典也不是没有取胜的机会。雅典的长处是海军。维持一支庞大的舰队需要金钱，而雅典正好具有雄厚的财力。因此，在第1卷所谓"考古篇"(1.2—19，讲述希腊早期历史的片段)中，作者特地从海权和财力的视角看待希腊早期历史。后来，又反复对比雅典与斯巴达的财富和海军，给读者留下深刻印象(其实，陆军还是更重要一些)，这就是他们对雅典失败感到惋惜的原因。

因此，有人说，修昔底德是一位"修正主义者"(revisionist)，意思是他要修正时人的观点，唱唱反调，让读者体会一场原本很有希望的战争，如何一波三折地走向失败。如果按照雅典必败的观点来写，那就给读者留不下多大的思考空间了。

可见，这是一部反思之作。这是我们容易理解的。然而，如果我们细读全书，就会发现，这种反思不是一般地与时人观点唱唱反调，而是贯穿全书的。它不仅质疑时人的战争原因论和雅典人必败的观点，还质疑人们对神的虔敬、血缘纽带的作用和正义观念等。从文学的角度看，这是一种手法，即反讽(irony)。但海登·怀特将其提升至史家四种"历史意识的深层结构"(隐喻、转喻、提喻和反讽)之一，用在这里，我们可以说修昔底德在构思其战争史的时候，下意识地用反讽去预构(prefigure)它，即此时他的思维已跃升至反思的层次。因此，这也是一部反讽之作。

导言 我们该如何阅读修昔底德？

第三，这是一部不给出定论的著作。

反思意味着质疑，甚至否定，但并不意味着反思者一定会提出自己的定论，实际上，这是一部不给出定论的著作。这就涉及作者的论证模式。用海登·怀特的话来说，修昔底德运用了"情境论"的论证模式。即将事件置于情景（context）之中，通过揭示它与其他事件在同一情景中的具体关系，从而对事件的发生做出解释。其特征之一是，没有用一条逻辑链条将全部事件贯穿起来，也就是说没有给出最后的答案。反之，则是"机械论"的论证模式。希罗多德的《历史》就属此种模式，即神明喜欢干扰人间的事，故凡是表现出"hybris"① 的人，一定会受到神明的惩罚。这就好比一个机械装置，一旦被触发，就会运作起来。

为什么作者不给出定论？这是因为作者要探讨的问题是极为复杂的，甚至是人类所面临的永恒的难题，比如：何谓人性？群体如何治理（政治）？政治行为体之间如何相处（国际关系）？等等。他希望当时人，尤其是后世，不断思考这些问题，给出自己的答案。为达此目的，他运用了很多手段，包括上文所说的反讽。

这里举几个例子说明。先说第一个。伯里克利的国葬演说是人们熟知的，历来被列为最伟大的演说之一。他对雅典的方方面面——城邦政体、生活方式、军事训练、公民精神等——不吝赞誉，认为她是"全希腊的楷模"（2.41.1）。可是，才过了几行，作者就记录一场惨绝人寰的雅典大瘟疫。人们饱受瘟疫肆虐，自不必说。更可怕的是，瘟疫让雅典社会及时行乐，无法无天，道德沦丧（2.53）。到底哪一幅景象是真实的雅典？如果读者以为作者这里在"如实直书"，那就天真了。这是不露痕迹的有意对照（contrast）！结论让读者去做。

第二个例子。这场战争是希腊人之间的内战，那波斯人在其中扮演什么角色？作者关于波斯人的信息是逐步放出来的。在第 1 卷快要结束时，作者插叙了两个人物——斯巴达的泡萨尼阿斯（Pausanias）和雅典的忒弥斯托克勒斯（Themistocles）——的传奇故事。这一反其叙事原则——不讲奇闻逸事——而且，事情本身疑点重重。为什么还要记？因为这两个人物都"通波斯"，因而在当时都是死罪。可是，这场战争一

---

① ὕβρις，hybris，这个希腊词不好翻译，既指"蛮横""侵略""霸道"等行为，也指"得意""大红大紫""运气太好"等看起来对他人并无妨碍的人生状况。

开始，雅典人和斯巴达人都想要争取波斯国王的援助："双方都打算派使节去波斯国王那里……希望……得到援助。"（2.7.1）后来，双方又多次与波斯国王勾搭（2.67.1；4.50.1—2），到了第 8 卷，争取波斯国王的援助成了双方的头等大事，于是，阿尔喀比阿得斯便上下其手了。如果说当年那两个枭雄"通波斯"是死罪，那么现在像斯巴达和雅典这样的城邦"通波斯"，又该当何罪？随着雅典人与斯巴达人由友而敌，他们共同的敌人也成了可以争取的盟友。这个对照还不够强烈吗？记这两篇传奇的用意恐怕主要在此。因此，读者应当将文中记波斯人的地方前前后后串起来看。

第三个例子。在第 7 卷末尾，雅典将军尼喀阿斯率军投降了，但他还是被叙拉古人割断了喉管。修昔底德评论道："……尼喀阿斯死了。在我生活的时代的希腊人中，他是最不应该有此不幸结局的，因为他终生都在致力于提高自己的卓越品质。"（7.86.5）这里似乎是作者对他的"盖棺定论"，其实是一个"反讽"，即揭示了勤勤恳恳效力于城邦的尼喀阿斯一生的荒谬之所在，类似"好人没有好报"。

最后一个例子。我们知道，作者开篇就说即将爆发的这场战争"比以前任何战争都更值得叙述"，原因是它"大"（1.1.1），"甚至可以说波及差不多整个人类"（1.1.2）。希腊语的这个"大"（μέγας）既可以指战争的规模，又可以指战争的重要性。一开始，作者从力量（δύναμις）的角度，回顾了希腊各邦从弱变强的过程（1.3—19），似乎都在说规模（财力和战舰数量等）。但到了第 23 章，作者话锋一转，"大"似乎有了新的涵义，即"大"又指战争给希腊人带来的痛苦（1.23.1）。此后，这层涵义越来越强烈。雅典人在瘟疫中遭受的苦难（2.47—54），密提勒涅人差点被屠城的可怕遭遇（3.26—50），科西拉爆发的骇人听闻的内乱（3.75—85），墨罗斯（Melos）人苦苦哀求却仍遭灭国的惨剧（5.84—115），密卡勒索斯（Mycalessus）大屠杀（7.29），一直到雅典远征军在西西里遭遇悲惨结局（7.81—87），雅典城邦自身陷入内乱（8.63—70；89—98），读者终于明白，所谓的"大"实在称不上"伟大"（great）。因此，随着"大"的内涵的不断呈现，读者最初的对"大"的理解被一步一步拓宽，被颠覆，最终被否定。在这里，作者不希望读者做被动的接受者，而希望读者重新经历战争过程，一起思考，得出自己的结论。

导言　我们该如何阅读修昔底德？

　　总之，阅读修昔底德，要注意到其书的悲剧精神气质，构思上的反讽，还要密切关注其两两对照、前后呼应等手法，细心体会其不做定论、邀请读者参与的用意。这就对读者提出了较高的要求，故修昔底德没有指望当时普通人读懂，他说："我的著作并不想赢得听众一时的奖赏，而是想成为永远的财富。"（1.22.4）他寄望的毋宁是当时少数知识阶层（如能与苏格拉底进行哲学对话的人）和日后所谓好学深思、心知其意的"千古知音"。

译　　序

尽管希罗多德享有"历史之父"的美名，但是，古希腊史学成就最大者当推修昔底德（Θουκυδίδης，Thucydides）。修昔底德之于历史学，犹荷马之于史诗，德摩斯梯尼之于雄辩术，柏拉图之于哲学。

然而，人们对其生平知之甚少，仅有的一点了解来自他本人的大作《伯罗奔尼撒战争史》中的零星记载[①]。他是雅典人，生于公元前460—前455年之间，卒于战争结束（前404年）后不久[②]。他出生贵族，父亲名俄罗洛斯（Ὄλορος，Oloros）。据学者考证，色雷斯地区一位部落王也叫这个名字，他的一个女儿与弥尔提阿得斯[③]结婚，生了一个女儿，这个女儿生了修昔底德的父亲，所以弥尔提阿得斯是修昔底德的曾外祖父[④]。弥尔提阿得斯还有一个儿子喀蒙[⑤]，算起来应是修昔底德的舅爷爷。大约前516年，弥尔提阿得斯做色雷斯的刻耳索涅索斯（位于今达达尼尔海峡的西岸）的僭主，估计他在色雷斯的活动引起了色雷斯国王俄罗洛斯的注意，所以把女儿嫁给他。这也可以解释何以修昔底德的家族在色雷斯

[①] 在"牛津本"（见下文）中，编者在修昔底德的正文前编有两篇关于其生平的文章，其中一篇的作者是Μαρκελλῖνος（Marcellinus），题目是《Μαρκελλῖνος论修昔底德的生平和其演说词的形式——选自对修昔底德作品的笺注》（题目显然是编者加的），文章很长。但此人大约生活于公元6世纪，离修昔底德的时代差不多上千年，他写的这些如果没有佐证是很难让人相信的。另有一篇无名氏的《修昔底德生平》，大概也是后世笺注者所作，篇幅很短，性质也相似。考虑到这两篇文章价值不大，且第一篇篇幅过长，不宜放进附录，故没有翻译。有兴趣的读者不难在互联网上找到这两篇文章的英译文和对它们的分析评论。

[②] 有证据表明，文中有段落写于公元前399年以后，见本文的译注（2.100.2）。

[③] Μιλτιάδης，Miltiades，又译"米太雅德"等，约前550—前489年，雅典著名的政治家和将军。

[④] Simon Hornblower, *A Commentary on Thucydides*, Vol. II, Book IV – V. 24, Oxford: Clarendon Press, 1996, p. 333.

[⑤] Κίμων，Cimon 或 Kimon，又译"西蒙""客蒙"等，约前510—前450年，雅典著名的政治家和将军。

海岸拥有金矿开采权。因此，修昔底德应该是非常富有的，完全有财力外出旅行，为写作收集材料。前424年，他当选为雅典的将军（十将军之一）。雅典人认为他在援救安庇波利斯（Ἀμφίπολις, Amphipolis）时指挥不力，因此将他流放20年。这给了他调查和写作的闲暇。

修昔底德自己说，他在战争一开始就动手记载，而且看到了战争的结局。不幸的是，很可能由于作者的亡故，这部著作写到前411年秋突然中断。整个战争的历史自此残缺不全，我们期待中的作者的最后总结也永远看不到了。其后续者既无其才华，又没有对事件的亲身观察和体验。这给后世留下了巨大的遗憾。

后世学者将这部书分为8卷，第1卷至第5卷的第24章写的是战争的头10年（前431—前421年），也称"阿耳喀达摩斯战争"①（Archidamian War）。第5卷余下的部分写的是"尼喀阿斯的和平"②（Peace of Nicias），一个不稳定的休战时期（前421—前415年）。第6卷和第7卷写远征西西里。第8卷写拉刻代蒙人占领阿提卡的得刻勒亚要塞（前413年）之后的历史，又称"得刻勒亚战争"（Decelean War），或者"伊俄尼亚战争"（Ionian War）。因为大部分战事发生在小亚伊俄尼亚地区附近的东部地中海。可惜的是，战争的最后阶段只写了一小部分便戛然而止。

这部伟大的著作不仅提供了大量珍贵的史料，其自身还是一部史学名著；同时，它还包含军事、伦理、政治和哲学等方面的深刻智慧，除了史学家，历来还受到军事家、政治家、哲学家和其他有识之士的重视，具有极高的学术价值。因此，自古以来研究者代不乏人。从抄本的考证、文本的校勘，到翻译、注释，再到内容的考证和研究、作者的思想及其来源，还有写作风格和成书经过（composition）等许许多多的问题，都有层出不穷的研究成果，其中不乏名作佳构。在西方古典学界，已经形成了一门学问——"修昔底德研究"（Thucydidean Studies/Scholarship）。关于此研究的详情，需要专门的论著加以总结，绝非这篇译序所能胜任。

既然是译序，这里就专门谈一谈翻译的问题。

---

① Ἀρχίδαμος, Archidamus, 即斯巴达王阿耳喀达摩斯二世（约前476—前427年）。

② Νικίας, Nicias 或 Nikias, 约前470—前413年，雅典著名的政治家、将军。他参与了与拉刻代蒙人的和谈，并作为代表之一签订了该和约。

第一，翻译的底本。

修昔底德本人的手稿早已亡佚，现存的都是传抄本。经过校勘整理，西方学者出版了几个完善的文本。其中琼斯和鲍威尔校勘整理的本子①使用最广泛，它被编入所谓"牛津古典文本"（Oxford Classical Texts）。译者以它（1942年的修订本）作为翻译的底本。为了方便，下文简称"牛津本"。著名的古典研究网站 Perseus Digital Library（www.perseus.tufts.edu）就用此文本。

到目前为止，阿尔伯蒂（Ioannes Baptista Alberti）校勘的本子最新②，霍恩布洛尔（见下文）对它评价也最高③，但是本文没有以它为翻译的底本，仅在翻译过程中加以核对。原因如下：第一，它与"牛津本"的差别微小，霍恩布洛尔说它最好，主要是从校勘的角度而言，而校勘和翻译是两种性质不同的工作。第二，凡是各校勘本有歧异的地方，戈姆和霍恩布洛尔的《评注》（详下文）都详细解释，甚至提出跟所有的校勘本都不相同的看法，因此，只要对这些地方作出注解就行了。第三，此本国内目前还几乎没有收藏，不利于读者对照阅读。

下面举两个例子说明。如："狄翁人夺取了位于阿克忒半岛的、在阿托斯山上的雅典人的盟邦堤索斯"（5.35.1），原文是"Θυσσὸν τὴν ἐν τῇ Ἄθω Ἀκτῇ Διῆς εἷλον"④，这句话中的"Ἄθω"，各抄本本来如此，"牛津本"照写。但这个词拼写明显有误，希腊语中没这个单词，它应该是"Ἄθως"的与格"Ἀθωίδι"。阿尔伯蒂的本子就改作"Ἀθωίδι"⑤。但是，这对翻译却没什么影响，不管校勘本写作什么，我们只能译成"阿托斯"（山名）。再如："（他无权）领兵离开敌人的土地"（5.63.4），原文本作"ἀπάγειν στρατιὰν ἐκ τῆς πόλεως"（"领兵出城"）。"牛津本"和阿尔伯蒂的本子都是如此。但是，有学者认为这句中的"πόλεως"（属格，"城

---

① Henricus Stuart Jones, Johannes Enoch Powell, *Thucydidis Historiae*, Oxford University Press, First printed 1900. Reprinted with emended and augmented apparatus criticus 1942.

② I. B. Alberti, *Thucydidis Historiae*, Romae: Typis Officinae Polygraphicae, Vol. I, 1972; Vol. II, 1992; Vol. III, 2000.

③ Simon Hornblower, Review: "The Best Available Text of Thucydides", *The Classical Review*, New Series, Vol. 52, No. 2 (2002), pp. 238–240.

④ 霍氏认为应作"Θύσσον ἐν τῇ Ἄθω Ἀκτῇ Διῆς εἷλον"。见 Simon Hornblower, *A Commentary on Thucydides*, Vol. III, 2008, p. 82。

⑤ Simon Hornblower, *A Commentary on Thucydides*, Vol. III, 2008, p. 82.

邦") 应作 "πολεμίας"（属格，"敌人的土地"）。理由是，从词义上说，"ἐξάγειν"（现在时不定式）是 "领……外出"；"ἀπάγειν" 则是 "从某地领走……"；从史实上说，拉刻代蒙人对其国王阿癸斯擅自从战场撤出军队的行为大为恼怒，认为他坐失歼敌良机。于是挑选出 10 位斯巴达人当他的顾问，没有他们的同意，他无权领兵离开敌人的土地①。如果这里翻译成 "无权领兵出城" 就费解了。这一校勘非常精彩，霍恩布洛尔表示赞同，本译文从其说，并出注予以说明。

相对来说，国内收藏最多的是 "洛布古典丛书"（Loeb Classical Library）中的本子②。该本选取赫德（Carolus Hude）的校勘本，下文简称 "洛布本"。"牛津本" 和 "洛布本" 总的来说差别不大，但也有一些区别：第一，"牛津本" 只有原文和校勘记（置于每页底端）；"洛布本" 除原文外还有英译（Charles Forster Smith 翻译）、少量校勘记以及注释。第二，两者在所谓 "章" 和 "节"（详下文）的划分上有许多不同。如果读者手头只有 "洛布本"，就会发现本译文的 "章" 和 "节" 有些与 "洛布本" 对不上。第三，两者在少量词句上也有差别。这里想指出的是，根据译者的体会，"牛津本" 更接近抄本，"洛布本" 则更明白易懂。

在文本内容方面，"牛津本" 有三种括号：圆括号（"（）"）、方括号（"［］"）和尖括号（"〈〉"）。圆括号里的内容是各抄本都有的文字，由于是解释性的，所以校勘者加了圆括号；方括号里的内容有些抄本有，有些抄本没有，有的学者主张采用，有的则否，基本上对于原句的理解无大碍；尖括号里的内容各抄本无，是校勘者为使文句意思更显豁，自己加上去的。圆括号本译文全部保留，但是译者自己有时也使用圆括号，这类括号一律加脚注予以说明；方括号一般保留，但是有些像定冠词、小品词之类，不便保留，就不保留；尖括号的内容也依此原则处理。

第二，译文的体例。

西方学者早就将古典著作划分卷、段、句（或句群），然后加以编号，以方便研究和引用。如 "Thuc. 1.73.4"，指的是修昔底德著作（他只有这一本著作，故用其名字的简写即可）的第 1 卷第 73 章第 4 节。这

---

① Simon Hornblower, *A Commentary on Thucydides*, Vol. III, 2008, p. 168.
② *Thucydides: History of the Peloponnesian War*, The Loeb Classical Library, Harvard University Press, Reprinted in 1999.

里的"章"(Perseus 网站上称为"chapter"),其实只是一个相对完整的段落,不同于现代学术著作中的"章";"节"(Perseus 网站上称为"section")往往只是一句话,或者几句话,表达一个相对完整的意思,也不是现代的"节"。

"牛津本"将"章""节"编号排在文本一侧的空白处,由于它们的开本不大,一般对于"节"的起讫不会有误解。但是遇到"节"的划分在逗号处,而且碰巧一行之中有两个逗号甚至两个句号,可能会产生误解①。如何避免呢?同样小开本的法国"比代丛书"(Collection Budé)②就将节的编号放到文本中去,这样就不会有任何误解了。因此本译文为准确起见,仿照"比代丛书",将"章"和"节"的编号都放到文本中间。还有一个小问题,"章"的编号,"牛津本"和阿尔伯蒂的校勘本用的都是阿拉伯数字,"洛布本"和"比代丛书"都用罗马数字。对于中国读者而言,罗马数字小于 50 还行,大一些就不能一眼看出了,如"CXLVI(146)"。故本译文全用阿拉伯数字,后面加上圆点。加圆点的目的是防止与"节"的编号混淆。因为有的"章"很短,没有"节",如第 1 卷第 16 章,本译文记作"16."。"章""节"编号全用黑体,"节"的编号的字体比"章"的编号字体小一号,且与其后的译文空一格,以便阅读。如第 1 卷第 3 章:

3. **1** 我以为,古时候希腊力量弱小,又有以下明证:特洛伊战争之前,希腊未曾共举何事。**2** 似乎,整个地区还没有全称;但是……经过很长时间这个名称才在所有地区流行开来。**3** 荷马提供了最好的证据……彼时尚未之有也。**4** 这些希腊人……已得舟楫之利。

第三,参考书及其他资源。

古典著作从古到今都有学者研究,注释类的书籍是不能不参考的。在古代,一些传抄者喜欢在抄本页面的空白处笺注,叫作"scholia",修昔

---

① 如第 7 卷第 34 章的第 4、5 节中间,即"牛津本"第 2 卷第 161 页的第 9 行就有两个句号。阿尔伯蒂的校勘本也是如此。

② *Thucydide*: *La Guerre de péloponnèse*, par Jacqueline de Romilly, Paris: Les Belles Lettres, Livre Ⅰ, 1953; Livre Ⅱ, 1962; Livre Ⅲ, Ⅳ et Ⅴ, 1967; Livre Ⅵ et Ⅶ, 1955; Livre Ⅷ, 1972.

底德著作的这类笺注已有学者整理出版①。现代古典学家做的注叫"notes"。到20世纪，有一种集众说之长、断以己意的详注，叫作"commentary"。可以译成"评注"或者"集解"。这种"评注"，隔一段时期便有人重做，以图吸纳学术界新的研究成果。为修昔底德的著作做"评注"的先有戈姆等人，后有霍恩布洛尔。戈姆等人撰著的五卷本《修昔底德历史评注》分别于1945年、1956年、1956年、1970年、1981年出版。②霍恩布洛尔的《修昔底德评注》始作于1991年，到2008年全部出齐③。它们都是学者案头之必备书。其长处很多：第一，吸收了学术界的最新成果，这对解决翻译的疑难大有裨益；且每引必注出处，读者可以按图索骥，深入研究。第二，它们都吸收了古代的笺注中有价值的部分，并加以评说，省了译者不少事。第三，对各校勘本的歧异和不通之处，它们都有详细的辨析，也为译者解决了大麻烦。凡这类地方，本译文必加利用，并出注说明④。总之，这两部评注是译者最为倚重的。为求行文简便，译文简称"戈姆《评注》"（实际上，后两卷并非戈姆一人所作）和"霍氏《评注》"。

至于现代古典学家做的"notes"，译者手头没有纸质本，幸好，Perseus Digital Library 上有。作者有莫里斯（Charles D. Morris）、马钱特（E. C. Marchant）、格雷夫斯（C. E. Graves）、福勒（Harold North Fowler）、塔克（T. G. Tucker）等人，基本上每卷都有两位学者的"notes"。这些"notes"年代较早，在史实的考证方面比较落后，但是它们比较注重句子的语法疏解，而戈姆和霍氏的评注几乎不讲语法。译文在引用时，只标注其名，如"莫里斯的注""马钱特的注"，读者可以上网到相关的卷、章、节核实。

顺便要说的是，Perseus Digital Library 网站内容极为丰富，功能极为强大。比如它为每一部古典著作提供一种或多种英译；为几乎每一部古典

---

① Carolus Hude ed., *Scholia in Thucydidem*, New York: Arno Press, 1973.

② 译者参考的版本或重印本如下：A. W. Gomme, *A Historical Commentary on Thucydides*, Vol. I, Oxford at the Clarendon Press, Reprinted in 1959; Vol. II, 1962; Vol. III, Reprinted in 1962; A. W. Gomme, A. Andrewes and K. J. Dover, Vol. IV, Reprinted in 1978; A. W. Gomme, A. Andrewes and K. J. Dover: Vol. V, Book 8, 1981。

③ Simon Hornblower, *A Commentary on Thucydides*, Vol. I, Book I – III, Oxford: Clarendon Press, 1991; Vol. II, Book IV – V.24, 1996; Vol. III, Book 5.15 – 8.109, 2008.

④ 也有少数地方比较琐碎，没有注明。

文本的每一个单词做了链接，介绍该词的"原形"①，统计了使用的频率，提供词典释义②。但是，有些专有名词，如人名、地名以及部分其他词汇，它不提供链接。遇到这种情况，译者还参考了其他工具书和网络资源。这是网络时代提供的便利，学者应该善加利用才是。说实在的，没有它的帮助，译者的工作量不知道要增加多少倍，能不能坚持下来都很难说。不过，值得注意的是，它提供的"原形"有许多是错误的。如动词"ἀφίστημι"在原文中的各种变位形式，它都将其"原形"误作"ἀφεστήζω"。遇到这种情况，还必须查阅其他工具书③。

英译本的参考问题。笔者起初参考的有 4 种："洛布本"中的史密斯（Charles F. Smith）的译本（本译文简称"史密斯译本"，因该本是古希腊语与英文对照，故不注页码，读者可以自行核对）；克劳利（Richard Crawley）的译本④；哈蒙德（Martin Hammond）的译本⑤；再就是 Perseus Digital Library 上乔伊特（Benjamin Jowett）的译本（1881 年）。4 个译本各有所长：史密斯偏好直译，虽然拘谨一些，但对于理解原文语法结构，价值极大；克劳利的译本文笔较好；哈蒙德的译本吸收了许多新的研究成果；乔伊特是英国古典学家，曾翻译了《柏拉图全集》。其译文喜意译，简洁明了。霍恩布洛尔在其《评注》中，为每个评说的单词、句子等配上的译文，就是以乔伊特的译文为底本，然后加以修改的。

要补充说明的是，在译文的最后修改阶段，还参考了罗兹（P. J. Rhodes）为修昔底德著作第一、二、三卷分别作的《评注》（简称"罗兹

---

① 古希腊文的单词没有英语式的"原形"。在词典上，一般动词标注现在时的单数第一人称形式；名词、形容词一般标注主格单数形式。这里姑且把这些叫作"原形"。小品词、副词和介词没有时态和格的变化。

② 有"LSJ""Middle Liddell""Slater"和"Autenrieth"四种。其中"LSJ"和"Middle Liddell"分别指利德尔、斯科特、琼斯（H. G. Liddell, R. Scott, H. S. Jones）等学者编写的《希英词典》（*A Greek-English Lexicon*, Oxford: Clarendon Press, 1940）的大型本、中型本；"Slater"指 William J. Slater 编写的《品达词典》（*Lexicon to Pindar*, Berlin: De Gruyter, 1969）；"Autenrieth"指 Georg Autenrieth 编写的《中学和大学用荷马词典》（*A Homeric Dictionary for Schools and Colleges*, New York: Harper and Brothers, 1891）。本译文多参考第一种。

③ 如 Peter Stork, *Index of Verb Forms in Thucydides*, Leiden: Brill, 2008。

④ 译者用的是其译文的最新修改版，见 Robert B. Strassler ed., *The Landmark Thucydides: A Comprehensive Guide to The Peloponnesian War*, Revised Edition, New York: Free Press, 2008。

⑤ *Thucydides: The Peloponnesian War*, trans. by Martin Hammond, Oxford: Oxford University Press, 2009.

《修昔底德第×卷评注》")①，卡特赖特（David Cartwright）所作的《修昔底德历史评注》（简称"卡特赖特《评注》"）②，拉斯坦（J. S. Rusten）为修昔底德著作第二卷所作的《评注》③，以及迈诺特（Jeremy Mynott）的译本④。该译本非常准确，兼有直译和意译，是目前最好的英译本之一。

第四，翻译的原则。

译者把准确放在首位，即"信"，其次才是"达"和"雅"。凡有与汉语语法结构近似的表达，或者文句的思维结构类似的表达，就直译。但是，这样的地方是不太多的。古希腊语与英语、汉语在语法上有很大的差异，许多地方是不能直译的。若硬译，要么啰啰唆唆，要么令人费解。翻译的准确应体现在原文与译文的意义对等上，因此在意译的时候，一要大胆，二要心细。所谓大胆是说，吃透了原文的意思，汉语表达又有把握，就大胆译，不要拘泥于原文的语法构造，或者被个别词纠缠住。所谓心细是说，译文在意义上一定要与原文对等，有时候译者想到的汉译很达意，但是带有强烈的中国文化特色，用上去会误导读者，只能忍痛割爱。不过，凡是意译的地方，都是见仁见智的。为谨慎起见，少数意译与直译表面上悬殊的地方，译者以脚注的形式提供了直译。"达"和"雅"在"信"的前提下也是应该追求的。修昔底德善于用词，其文笔之美引起后世许多人仿效，如果表达不出来，译者是难辞其咎的。

翻译工作可以分为两个过程——理解与表达。古希腊文是一门相当难的古代语言，语法规则繁多，这也罢了。更要命的是越是常用词，其变化越不依照规则，几乎个个特殊，普通词典还对付不了。拿动词来说，字典上收录的词一般都是现在时第一人称，而我们在具体语境遇到的很少是这样原封不动的，都是变化了的形式。如果记不住其变化，一个词难住半天一天，甚至更长时间恐怕很正常（这时候利用 Perseus 网站可以大大提高

---

① P. J. Rhodes, *Thucydides History* I, Oxford: Oxbow Books, 2014; *Thucydides History* II, Warminster: Aris & Phillips, 1988; *Thucydides History* III, Warminster: Aris & Phillips, 1994.

② David Cartwright, *A Historical Commentary on Thucydides: A Companion to Rex Warner's Penguin Translation*, Ann Arbor: The University of Michigan Press, 1997.

③ J. S. Rusten, *Thucydides: The Peloponnesian War, Book* II, Cambridge: Cambridge University Press, 1989.

④ Jeremy Mynott, *The War of the Peloponnesians and the Athenians*, Cambridge: Cambridge University Press, 2013.

工作效率)。名词和形容词要变格,难度也不小。容易对付的是副词(不过,是修饰邻近的动词还是全句?有时引发歧义)。小品词不变格,也没有时态语态的变化,但在句子中俯拾即是,表达微妙的语气、情感上细微的差别,有时让人难以捉摸。还有关系代词以及关系代词的某些格的单独用法,如"οὗ""ᾗ""ὅ"等。至于句法方面,虚拟语气较难处理,带形容词比较级和最高级的否定句难对付。还有一点必须指出,现存的抄本在漫长的岁月里,辗转传抄,累积了一些舛讹、衍文等,校勘者虽尽其能事,有一些句子依然费解。总之,理解不易。

这里要特别说明的是,修昔底德的著作的难度在古希腊文经典中是出了名的,尤其是里面的演说词和作者的议论。修昔底德爱用抽象词,用带定冠词的形容词、分词、不定式、副词、属格等做名词,上下文之间个别词的指代不明显,或者有省略,需要反复琢磨才能弄明白。除了这些,他还很喜欢使用所谓的"对偶句"(antithesis)①。许多学者都分析过,这里举两个例子。

第1卷有一篇科林斯的代表在斯巴达的发言,意在怂恿拉刻代蒙人与雅典开战,其中有这样一句:

> 拉刻代蒙人啊,希腊人中只有你们事事无为,面对他人的进逼,你们不是用实力而是用犹豫不决来保卫自己。(1.69.4)

后半句原文是这样的:"οὐ τῇ δυνάμει τινά, ἀλλὰ τῇ μελλήσει ἀμυνόμενοι"。其中"τῇ δυνάμει"(与格)的主格的意思是"能力""实力""武力"等;"τῇ μελλήσει"(与格)的主格的意思是"在心中盘算""欲做未做""迟疑不决"等。它们都是抽象名词、阴性、与格、单数,甚至都有三个音节,差别在音长,前者为"短—短—长",后者"长—长—长"。这就是一个对偶,作者的用意是拉刻代蒙人拥有强大的实力却犹豫不决,实在不可理喻,以此来刺激对方。翻译的时候一定要注意将这种带挖苦的语气表达出来,译者考虑到后者的音较长,故译为"犹豫不

---

① 这个词本身源自古希腊文"ἀντίθεσις","ἀντι-"是前缀,"与……相对";"θέσις"源自动词"τίθημι",名词,"安放""放置"。直译是"成对放置",用在修辞上就是"对立句""对比句"等意思。相当于汉语的"对偶""对仗""骈词俪句"等。

决",比前者"实力"多出了两个字。

这种对偶句在修昔底德著作中是比较多的,早就引起了西方古典学家的注意。上面这个例子美国学者帕里(Adam Milman Parry)分析过[①],下面再举一例:

> 因为,审慎的人若没受侵害,就安静自守;勇敢的人一旦受到侵害,就断然弃和而战,战事顺遂之时却又能弃战而和。这样的人不会由于战争中的顺利而忘乎所以;也不会由于贪图和平的安宁而忍受侵害。(1.120.3)

原文是:

> ἀνδρῶν γὰρ σωφρόνων μέν ἐστιν, εἰ μὴ ἀδικοῖντο, ἡσυχάζειν, ἀγαθῶν δὲ ἀδικουμένους ἐκ μὲν εἰρήνης πολεμεῖν, εὖ δὲ παρασχὸν ἐκ πολέμου πάλιν ξυμβῆναι, καὶ μήτε τῇ κατὰ πόλεμον εὐτυχίᾳ ἐπαίρεσθαι μήτε τῷ ἡσύχῳ τῆς εἰρήνης ἡδόμενον ἀδικεῖσθαι.

凡是对偶,译者都加上了相同的下画线,全句没有对上的词反而不多。原文很有气势,朗朗上口,说服力强,那么译文也应该达到这个效果。

说到翻译此类对偶句,我们比起英译者要有优势得多。汉字由于其方块字形、单音和四声等特性,特别容易构成对偶,甚至是无字不对的、极为工整的对仗句。在中国古代史籍中,一般称之为"丽辞""偶词",或者"骈语俪词"。这类句子俯拾即是。如"国将兴,听于民;将亡,听于神"。(《左传·庄公三十二年》)又如"见有礼于其君者,事之,如孝子之养父母也;见无礼于其君者,诛之,如鹰鹯之逐鸟雀也"。(《左传·文公十八年》)

但是在古希腊文中,一句话中对偶词过多,就会破坏句子的正常结构。修昔底德过于偏爱对偶句,故有的学者指责其书中的演说词矫揉造

[①] A. Parry, "Thucydides' Use of Abstract Language", *Yale French Studies*, No. 45, 1970, p. 7.

作，晦涩难懂，恐怕这是原因之一①。顺便要指出的是，这些演说词很多恐怕不是演说者的原话，而是经过了浓缩，述其大意②。

上面谈了理解的问题，下面来看表达。我们是用自己的母语来翻译，表达似乎没有太大的问题，其实不然。本译文特别注意发挥汉语的字词的表达能力。例如，"δύναμις"一词，本义是"个人的力量""体力""能力""权力"等，引申为"兵力""财力""物力""才力""（钱币的）值价"等。译者有这样的翻译：

"土地富饶者则力强，力强则内乱作，内乱作则败亡，且易遭他族图谋。"（1.2.4）这句中的"力"原文是"αἱ δυνάμεις"，是"δύναμις"的复数，可以指"财力""武力""势力"等，这里的意思是土地富饶的地方人口繁盛，势力就大。但原文只有一个词，故译者用了一个模糊的"力"，读者完全可以推想。整句用浅近文言译出，效果不错。

"古时候，有个雅典人库隆，是一个奥林匹亚竞技会优胜者。他出身贵族，孔武有力。"（1.126.3）这句中的"孔武有力"原文是"δυνατός"，是形容词，与"δύναμις"同源，用的是本义③，指人体力强健。

"希腊其他地区的豪族为战乱所驱，逃往雅典，把它当作避难的坚固之所。"（1.2.6）这句中的"豪族"原文是"οἱ δυνατώτατοι"，是"δυνατός"的最高级、复数，直译"最强大的人们"。"豪"的本义就是"才能、力量、德望出众的人"，考虑到当时希腊人以族为单位迁徙，所以译为"豪族"。

"古时候，希腊人和居住于大陆之海滨以及海岛的蛮族，由于舟楫往来渐多，为豪杰所率，转为海盗。"（1.5.1）这句中的"豪杰"原文是"ἀνδρῶν οὐ τῶν ἀδυνατωτάτων"，"ἀδυνατωτάτων"是"δυνατώτατοι"的反义词、属格，但是前面加了一个否定词"οὐ"（"不"）。故直译为"不是不最强大的人"，这些人（"ἀνδρῶν"）不是"族"，类似中国古代打家劫舍的好汉，且下文说当时的社会风尚不以海盗营生为耻，故译成

---

① 如加拿大学者华莱士。见 W. P. Wallace, "Thucydides", *Phoenix*, Vol. 18, No. 4, 1964, p. 260。

② 约翰·H. 芬利指出，就拿伯利克里最长的一篇演说词来说，念起来也只要几分钟（原文如此，实际上几分钟肯定念不完），而实际的演说绝不会这么短，因此肯定经过了浓缩。见 John H. Finley, Jr., *Thucydides*, Oxford University Press, Second Edition, 1947, pp. 259-260。

③ 有英译者理解成"有势力"（of powerful position），还有英译作"powerful"，既可以指体力强健，又可以指有势力。与这里的汉译有所不同。

"豪杰"。

再如:"同一天,他们围城的军队迫使厄庇丹诺斯投降了,条件是外国人被卖为奴,科林斯人则被系缚,其命运等候另作决议。"(1.29.5)这句中"系缚"原文是"δήσαντας",是"δέω"的不定过去时分词,意思是"捆""绑""拴"等。古汉语有"收系""系囚"等词,"系"的本义是"缚"。由于单字不成词,故译为"系缚"。

又如:"他们之所以联合进行这次远征,是因为此时已得舟楫之利。"(1.3.4)"已得舟楫之利"原文是"θαλάσσῃ ἤδη πλείω χρώμενοι",直译为"已经更多地利用海洋"。直译与意译高下立见。

又如:"他赶走卡里亚人,封其众子为藩王。"(1.4)"封"原文是"ἐγκαταστήσας",是"ἐγκαθίστημι"的不定过去时分词、单数、阳性,"ἐγ"是前缀,等于"ἐν-"("in");"καθίστημι"基本意思是"放置""设置"。合起来的意思是"在那里放置(设置)"。几乎等同于汉语的"封""建""树""立"等意思。我国古代"封建"一词的本义就是如此。由于语境的关系,"ἐγ"可以不译出来。

有些地方原文和英文翻译都是比较拗口的。如:"ἐν ᾧ μὲν ἂν κρατῶσι βιάζωνται, οὗ δ᾽ ἂν λάθωσι πλέον ἔχωσιν, ἢν δέ πού τι προσλάβωσιν ἀ-ναισχυντῶσιν."(1.37.4)英译作"violence where they have the power, cheating if they can get away with it, no shame at any advantage gained"(哈蒙德译本)。直译:"……一有机会就使用暴力,乘人不备用欺骗手段,能捞到好处就厚颜无耻地下手。"原文18个单词,英译20个单词,若意译就8个汉字:"……恃强凌弱,巧取豪夺。"

最后,修昔底德的著作中有一些与中国古典类似之处。如"盖其生而知之,非学而知之,亦非困而知之"(1.138.3),这句话与《论语·季氏》中的一段话很相像①,故可化用之。译文的注释说得很清楚,此处不赘。

第五,注释。

修昔底德的著作很多地方没有注释是看不懂的,因此必须有注;但是,注释太多,像戈姆和霍氏的《评注》那样,又必须单独成书。"洛布

---

① 子曰:"生而知之者,上也。学而知之者,次也。困而学之,又其次也。困而不学,民斯为下矣。"

古典丛书"提供的英译附带了少量的注，而且没有吸收新的研究成果，显得陈旧。本译文的注释全部由译者编写。注释有两大类：

第一类是专有名词注释。首先要说明的是，专有名词的译音是个大问题，为此译者在附录三中专门讨论。专有名词中地名、人名最多，注释时先写出原文的主格形式，因为在古希腊语中，专有名词照样变格；然后，录上英文名，有时再列上发音或者习惯译法；最后是说明性的文字。专有名词一般在首次出现时加注，此后不注。这是假设读者是从头到尾阅读全书的。为方便浏览和翻检，书后附有"专有名词译名和索引"（附录四，详下文）。要注意的是，本译文没有给全部的专有名词加注，因为有些专有名词极为常见，不需要加注。还有些在原文中几乎只提到一次，且无关紧要。如："珀利科斯之子阿里斯忒乌斯"（1.29.2），这里的"珀利科斯"仅此一见。或者有所介绍，但译者无法提供更为详细的信息。如："科林斯的造船师阿墨诺克勒斯为萨摩斯人建造了4艘船"（1.13.4），这里的"阿墨诺克勒斯"就属此类。

第二类注释是对译文的解释和说明。如对各校勘本歧异词句的分析（限于对翻译有影响的）、疑难句的直译和句义的疏解等，少数地方也涉及史实的考证，基本上都引自戈姆的和霍氏的《评注》。总的来说，这一类注释超出了一般读者的需要，但对研究者来说，是很有益处的。如果要深入研究，建议细读这两家《评注》。它们的篇幅恐怕都是十数倍于原文，卷帙浩繁，相比之下，本译文的注解虽占到全文的三分之一，但仍然属于简注①。

第六，标点符号问题。

这里说的标点符号问题是指本译文改动原文的标点的问题。原文只有这样几种标点符号：逗号（同英文）、句号（同英文）、分号和冒号（圆点，在左上角，不是左下角）、问号（同英文的分号）和引号，就是没有叹号（感叹号），而且问号也很少，这是什么原因？原来，修昔底德写作的时代，古希腊文全用大写字母，单词之间无空格，且连续不断地书写，没有标点符号。后来慢慢出现逗号、句号和分号，到公元8世纪才出现问

---

① 在戈姆和霍氏的《评注》中，都有长篇大论的导论，如前者的第1卷之首（篇幅为87页），后者的第2、3卷之首（分别有36页和147页）。它们讨论的是一些全局性问题，都不是三言两语说得清楚的。这部分内容难以吸收到本书的注释中去，请读者注意。

号。今天见到的最早的含有叹号的文献是14世纪的①,而在现存的几种修昔底德著作的抄本,所谓A、B、C、E、F、G、H本,年代在11—13世纪②。现代的校勘者很可能继承了传统,故该加叹号的地方没有加。

那么,是不是说修昔底德的文本只需要很少的问号,而且不需要叹号呢?完全不是!试想一邦使节在城邦生死存亡的关头向他邦求援,或者身陷绝境的军队统帅为了鼓舞士气对部下作阵前鼓动,这个时候他们的演说词会平铺直叙,不带感情吗?所以,英译本,特别是乔伊特的,用了很多的叹号和问号,这是完全应当的。译者认为,标点符号是一种工具,我们连词句都可以意译,为什么不能改动原文的标点呢?下面是一段译文:

> 雅典人啊!要是有人求援于他人,而此人既未曾有大恩惠于对方,又非其盟友——我们今天就是这样的人——那么,他一定要让对方相信,首先,接受他的求援是有好处的,或者至少不会带来什么损失;其次,对方的恩惠将被永远铭记。假如这两条他都难以保证,那么面对他人的拒绝,他该心无怨恨才是。这不是理所当然的吗?(1.32.1)

原文是:

> Δίκαιον, ὦ Ἀθηναῖοι, τοὺς μήτε εὐεργεσίας μεγάλης μήτε ξυμμαχίας προυφειλομένης ἥκοντας παρὰ τοὺς πέλας ἐπικουρίας, ὥσπερ καὶ ἡμεῖς νῦν, δεησομένους ἀναδιδάξαι πρῶτον, μάλιστα μὲν ὡς καὶ ξύμφορα δέονται, εἰ δὲ μή, ὅτι γε οὐκ ἐπιζήμια, ἔπειτα δὲ ὡς καὶ τὴν χάριν βέβαιον ἕξουσιν· εἰ δὲ τούτων μηδὲν σαφὲς καταστήσουσι, μὴ ὀργίζεσθαι ἢν ἀτυχῶσιν.

原文既无叹号,也无问号。其中,"ὦ"是感叹词,"Ἀθηναῖοι"为呼格、复数。所以译成"雅典人啊!""δίκαιον"("正当的""公正的")

---

① 林穗芳:《标点符号学习与应用》,人民出版社2000年版,第96页。
② Thucydides: *History of the Peloponnesian War*, The Loeb Classical Library, Harvard University Press, Reprinted in 1999, p. xxi.

为形容词、中性、单数，其主语相当于英语的"it"，这里省略了连系动词，它是整句话的主句。要注意的是，作者把这个词摆在全句之首，是想要强调它。如果按照汉语正常语序，只能译成"这是理所当然的"，放到全句的末尾，强调的意味就没有了。现在译者还是把它置于句尾，但用一个反问句，强调的意味就出来了。

第七，几个常见词语的翻译说明。

古希腊的强邦斯巴达有两个称呼："斯巴达"（Σπάρτη，Sparta）和"拉刻代蒙"（Λακεδαίμων，Lacedaemon），基本上可以相互取代。对于其人民也有两个称呼："斯巴达人"（Σπαρτιάτης）和"拉刻代蒙人"（Λακεδαιμόνιος，Lacedaemonian），这两个称呼在原文中是分得很清楚的，不能相互取代。一般来说，"斯巴达人"这个称呼指斯巴达的公民，不包括边民和其他人。故英译本常常直接转写作"Spartiate"，而不译作"Spartan"。而"拉刻代蒙人"指所有居住在斯巴达的人，不单指"斯巴达人"。

斯巴达有一类居民：περίοικοι（perioeci 或 perioikoi），习惯译为"皮里阿西人"。字面意思是"居住在周围的人"。他们居住在斯巴达边疆的海滨和高地，有自由身份，但无政治权利，经济上很可能也受制于斯巴达人。这不是一个专有名词①，厄利斯也有这类人（2.25.3），因此不要音译。再说，这个词音"珀里俄科"，就是英语发音也与"皮里阿西"相去甚远。因此，本译文译为"边民"，意思是"边区的居民"，取其本义。

古希腊有这样几种政体："ὀλιγαρχία" "δημοκρατία" 和 "ἀριστοκρατία"，我们一般分别译为"寡头政体" "民主政体"和"贵族政体"。但具体语境中，还不能一成不变。首先说"δημοκρατία"，其本义是"民众的统治"。在西西里远征失败后，雅典国内的一些人酝酿推翻这种政体，因为他们厌恶它，认为它是"暴民统治"。此时如果我们把他们嘴里的"δημοκρατία"译为"民主政体"就不恰当了，因为"民主"在汉语里是完全褒义的，本译文译为"民众统治"（或可译"庶民政治"）。同理，雅典反对民主政体的人是少数人，他们想要建立自己的统治，如果把他们嘴里的"ὀλιγαρχία"译成"寡头政体"，就好像他们自己骂自己。

---

① "牛津本"和阿尔伯蒂的校勘本所附的专有名词索引均未收此词，其原文的首字母也不大写。

这时，本译文译为"少数人统治"。至于"ἀριστοκρατία"，本义是"最优秀者的统治"，因为形容词"ἄριστος"① 正是"ἀγαθός"（"好的"）的最高级，没有贬义。但在汉语中，"贵族统治"带有相当的贬义。因此，在需要的场合，本译文译为"贤人统治"。

其他一些常用词的翻译也有值得注意的地方，将在注释中予以说明。

第八，本文的附录。

第一个附录是"雅典的重量、货币、容积、长度、里程单位和月份"。这些单位和雅典的月份在文中只有部分提及，本译文都作了注释。为了方便读者查找，还是一一列举出来，主要参考了哈蒙德新译本的附录②和其他一些资料。需要说明的是，在古希腊，不同的时期、不同的城邦这些单位并不统一，这里列出的只是雅典的大致情况。

第二个附录是"各卷内容提要"。修昔底德的著作篇幅较长，各卷连标题都没有；虽然是编年体，但有一些插叙段落。为方便读者把握其脉络，译者编写了"各卷内容提要"，仅供参考。提要还标上了重大事件的时间，为避免重复和节省篇幅，故不再编"大事年表"。

第三个附录是"古希腊的战争"。

第四个附录是"古典希腊文译名问题刍议"以及附表"古典希腊文译音表"。

第五个附录是"专有名词的译名和索引"。本附录依照"牛津本"所附的"Index Nominum"（专有名词索引）翻译，但把汉译名放在最前面。读者若按照汉语拼音的字母顺序来查找，会遇到困难，请参阅附录三。需要说明的是，阿尔伯蒂的校勘本也有一个"专有名词索引"，有几个地方与"牛津本"有异，译者将其中合理之处一一吸收，并出注说明，请读者明察。另外，所有专有名词加上了英文转写形式，以便读者查阅英译本。

顺便要说的，确定专有名词的汉语译名并非易事。一般来说，有些专有名词，如单个人物的名字和某些地名，可以根据"译音表"立即确定。但是，还有大量地名和人名（集合名词）却不能如此。比如，"雅典人"

---

① "ἀγαθός"的最高级不止一种形式，"ἄριστος"多指智力、勇气方面。
② *Thucydides: The Peloponnesian War*, trans. by Martin Hammond, pp. 473–474.

（"Ἀθηναῖοι"①）这个译名是根据其城邦名"雅典"（"Ἀθῆναι"②）确定的。但是，有些人的城邦叫什么名字，并不能一望而知。如刻帕勒尼亚岛上有4个城邦，其中一个城邦的人叫"Σαμαῖοι"（2.30.2），但其城邦名是什么呢？这就需要查阅相关文献③，最后查到这个城邦叫"Σάμη"，才敢译为"萨墨人"。再如"Σερμυλιῆς"（1.65.2），其城邦名为"Σερμυλία"，故译为"塞耳密利亚人"。如果遇到所谓"蛮族"，他们没有城邦，这个方法就用不上了。如"Παναῖοι"（2.101.3）、"Ἰριῆς"（3.92.2）等，一般只能按照其音，分别译为"帕奈俄人""伊里厄斯人"（英译一般加上尾缀"-ans"等）④。人名（集合名词）往往从其居住地的地名而来，但是有一些特殊情况，如用人名做地名，或者地名由人名而来。比如，"图里俄"（Θούριοι，Thurii，在意大利）既是人名，也是地名和城邦名（6.61.6）。再如，"普提俄泰人"（Φθιῶται，Phthiotaeans）（8.3.1），其居住地为"普提俄提斯"（Φθιῶτις，Phthiotis）（1.3.2，3），意即"普提俄泰人的土地"。又如，所谓"蛮族"伊吕里俄斯人（Ἰλλυριοί，Illyrians），其居住地因其而得名为"伊吕里亚"（Ἰλλυρία，Illyria）或者"伊吕里斯"（Ἰλλυρίς，Illyris），意思是"伊吕里俄斯人的领土"。如果译成"伊吕里亚人"，似乎就本末倒置了⑤。像这样的地方，本译文一般加注说明二者的联系。

第九，翻译本书的目的。

这似乎是本序开头就应该谈到的问题。众所周知，译本再好，终究不能与原文等同。对于古典研究而言，更是如此。英语古典学界向来以译本的品质和数量著称，但是没有哪个译者敢说自己的译文可以取代原文。要想有所发明，必须研读原文。那么，为什么我们还需要汉译本呢？很多研

---

① 这被称作"city-ethnic"。

② 这被称作"toponym"，Ἀθῆναι 又是一个城邦的名称。在古希腊语中，city-ethnic 和 toponym（有时又是城邦名，有时只是地名）是同源词，从其拼写可以看出。但其发音不同，如果按照音译，汉语读者就会误以为两者没有联系，故最好从其 toponym 来译其人名。如果是所谓"蛮族"，情况就复杂了。见下文。

③ 译者主要参考了西方学者一部集体之作：M. H. Hansen and T. H. Nielsen ed., *An Inventory of Archaic and Classical Poleis*, Oxford: Oxford University Press, 2004。

④ 严格地说，"-οι""-ης"等本来就含有"……人"的意思，再加上"人"就多余了，这是不得已而为之。这样的人名有20多个，它们在本书附录四中加了星号（"*"）。

⑤ 由于约定俗成的缘故，有些地方稍有变通，请参看注解。

究者英文水平很高，阅读英译本不就可以了吗？这里面有些问题值得思考。

首先，母语近乎人的本能，阅读母语效率是最高的。即使是专业研究者在面对修昔底德的原著时，也不免感觉困难。这时候，一个好的译本可以让我们迅速了解原文的准确意思，"章""节"的重点和难点，甚至关键字句的翻译和学者们的争论；另外，快速查阅、翻检也会非常方便。总之，好的译本可以大大提高我们研究的效率。

其次，任何一个研究者或者翻译者在面对古希腊经典时，都会自觉不自觉地用自己的语言和文化去理解。戈姆在其《评注》里提到了莎士比亚、弥尔顿、霍布斯、埃德蒙·伯克、丘吉尔等，霍恩布洛尔则提到了雨果·格劳修斯、弥尔顿、康德、乔治·奥威尔的《1984》，甚至美国军队的前参谋长联席会议主席科林·鲍威尔等。我们有着自己悠久的历史和深厚的文化传统，同样会以自己的眼光看待古希腊的历史文化，这样译出的本子自有其独特的内涵，这是英译本不会有的。事实上，译者在翻译的过程中，感到古希腊与我国古代的语言和文化不无相通之处。有些地方的翻译，似乎英文还不如中文利落，因为中国古代也有类似的思想。像前文提到的"盖其生而知之，非学而知之，亦非困而知之"（1.138.3）就是很好的一例。

我们读中国古典著作时往往有这样的体会，一旦得其"文气"，就无往而不顺，一些词汇方面的疑难似乎可以迎刃而解。译者在翻译时也有类似的体会。比如，教科书、工具书讲得很繁难的介词、小品词、关系代词、条件句等，如果我们能察觉作者的意图和情感，就可以得心应手。这里还是举两个例子说明。

第一个例子是"μέν……δέ……"的翻译。这是古希腊人特别爱用的一对连接小品词，可以译成"一方面……另一方面……""……但是……"。古希腊人很喜欢进行比较，哪怕两个对象不适合比较。在修昔底德的著作中，一件事情叙述完之后，接着又叙述与此事大体同时发生的另一件事，这时候可能用"μέν……δέ……"①。英译本通常将这里的"δέ"译为"meanwhile""in the meantime"（"同时""与此同时"）。笔者也一

---

① 这时候"δέ"往往位于一章或一节的开头第二个单词的位置，不过所谓"章""节"是后世学者的划分。

直是这么处理的，但是译到第 6 卷第 97 章第 1 节时发现不对头，其中有一句话原文是"（οἱ μὲν……）οἱ δὲ Ἀθηναῖοι ταύτης τῆς νυκτὸς τῇ ἐπιγιγνομένῃ ἡμέρᾳ ἐξητάζοντο……"直译："就在叙拉古人检阅军队前一天晚上，雅典人……"第二个单词就是"δέ"，有英译本作"meanwhile"[1]。上文刚叙述了叙拉古人检阅军队的事，这里马上讲雅典人的行动，而且明说是"在叙拉古人检阅军队前一天晚上"，可见这两件事并不是同时发生的。所以，这里的"δέ"意思是，作者开始叙述双方之中另一方的行动，它们可能同时发生，也可能并不完全同时。因此这是一种叙事上的对比，不是事实上的对比[2]。这与我国古代章回小说爱用的"且说""话分两头"等不是一回事吗？所以笔者译成："话分两头，就在叙拉古人检阅军队前一天晚上，雅典人……"于是，笔者赶紧回头重新检查了译文，发现属于这种情况的还有两处（4.26.1；6.42.1），马上作了修改。

值得注意是，小品词"δέ"往往单独用在一章或一节的第二个单词的位置，前面并没有"μέν"与之配对。这时，它的作用大致有两类：一类是纯粹起连接作用（相当于"καί"），可以不译出来；另一类的基本意思是表示与前述事项的对照、比较，可以译为"再者""此外"；"但是"等。但有一些明显表示另外起头叙事，虽然没有与"μέν"配对，但可以看作"μέν"被省略[3]，有的英译者就译为"meanwhile"等。在这种情况下我们也可以尝试译为"且说"或者"话分两头"（如 7.2.1；7.32.1；8.81.1；8.83.1）。

第二个例子就是小品词"οὖν"的翻译。这个词一般译为"于是""因而""所以"等，表示叙述上的递进，说明后一件事与前一件事相接。但是，有时候，在叙述一件事后，并不马上接上另一件事，而是在插叙其

---

[1] Richard Crawley 的英译本的最新修改版，即 Robert B. Strassler ed., *The Landmark Thucydides: A Comprehensive Guide to The Peloponnesian War*, Revised Edition, New York: Free Press, 2008, p. 418。

[2] 西方学者注意到了这个问题，如《牛津古典希腊语语法》指出，这种情况下"表达的不是时间而是对比"（expressing not time but contrast），可用"while"来译，但不用过度使用此词。见 James Morwood, *The Oxford Grammar of Classical Greek*, Oxford: Oxford University Press, 2001, p. 210。

[3] J. D. Denniston, *The Greek Particles*, Second Edition, Oxford: At the Clarendon Press, 1954, pp. 162 - 165.

他事情（篇幅还相当长）后再接续前事。如第 8 卷，在萨摩斯的雅典士兵派珀珊德洛斯等人到雅典去推翻民主政体（8.64），他到了雅典，发现"其同伙已经完成了绝大部分工作"（8.65.1），然后作者插叙了雅典民众人人自危的情形，再才回到这个主题。作者说："Ἐν τούτῳ οὖν τῷ καιρῷ οἱ περὶ τὸν Πείσανδρον ἐλθόντες……"（8.67.1）这里明显在接续第 65 章的那句话，但中间隔了第 65 章第 2、3 节和第 66 章。因此这句话中的"οὖν"不能译为"于是"，可以译为古代章回小说中爱用的"却说"。即："却说珀珊德洛斯一行正是在这个关头到达雅典的……"这一卷类似地方还有几处（8.8.1；91.1；92.2；98.3；100.4）。

由此，译者想到，从语言文字入手研究西方古典，也许是我们摆脱西方学者的笼罩，有所发明的可靠途径。

最后要说的是，在汉语学术界，修昔底德这部名著还没有一个直接从古希腊文翻译过来的本子。译者鲁钝，不自量力。虽殚精竭虑，诚惶诚恐，但错误、疏漏之处肯定还有不少。恳请海内外方家不吝指教，以便将来改正。

修昔底德《史记》①之卷一②

1.1 修昔底德，雅典人③，于伯罗奔尼撒人与雅典人交战伊始④，就着手记载⑤这场战争。他从一开始即预见到这场战争将规模宏大⑥，比以前任何战争都更值得叙述。因为⑦双方势力如日中天，且全面备战。而且，他发现其余的希腊人，有的立即站到交战的这一方或那一方，有的正

---

① 修昔底德没有给自己的著作取名。"牛津本"有一个标题"ΘΟΥΚΥΔΙΔΟΥ ΙΣΤΟΡΙΩΝ Α, Β, Γ, Δ, Ε, Ζ, Η, Θ"，"洛布本"的标题是"ΘΟΥΚΥΔΙΔΟΥ ΙΣΤΟΡΙΑΙ"，这些都是后人所加。"史记"原文（本文译注中所说的"原文"指的是"牛津本"的文本）是"ΙΣΤΟΡΙΑΙ"，即"ἱστορίαι"（主格，ΙΣΤΟΡΙΩΝ 是其属格），相当于英语的"histories"，注意它是复数。至于"伯罗奔尼撒战争"（ὁ Πελοποννησιακὸς πόλεμος），同样是后人的称呼，修氏书中没有，甚至连"ἱστορία"（"探究的结果""历史"）这个词也没有。

② 原著没有分卷，也是后人所分。

③ 这是对整个希腊世界说的，如果只对雅典人说，应该提自己所在的得摩斯（δῆμος, deme，又译"德莫"，雅典最小的行政单位）的名字。见罗兹《修昔底德第 1 卷评注》，第 180 页。

④ 这里先说"伯罗奔尼撒人"，表明作者不是从雅典一方的角度来看问题的；说"伯罗奔尼撒人"而不说"斯巴达人"，旨在表示斯巴达的盟邦并不受斯巴达的严格控制，雅典一方的情况也是如此。见罗兹《修昔底德第 1 卷评注》，第 180 页。

⑤ "记载"原文是"ξυνέγραψε"，动词，字面意思是"一起记下"（"put together in writing"）。霍氏的解释是"收集材料并将事情记下"。见其《评注》第 1 卷，第 5 页。修昔底德著作的头三个单词是"Θουκυδίδης Ἀθηναῖος ξυνέγραψε"，直译是"雅典人修昔底德记载"，古代著作通常无书名、篇名，人们往往取其头几个单词作为书名、篇名。从这个意义上说，这部书可以叫《雅典人修昔底德之记载》；依我国的传统，可以称为《雅典人修昔底德之史记》。

⑥ "规模宏大"原文是"μέγαν"（"μέγας"的阳性、单数、宾格），戈姆认为这是从规模上说的，不是从重要性说的。故译。下文（1.1.3）还有一个"μεγάλα"（"μέγας"的中性、主格、复数）也作此解，故译"规模都不大"。见其《评注》第 1 卷，第 90 页。英译者往往译成"great"，对应的汉译是"伟大"。尽管"伟大"也可以指规模，但偏向重要性。

⑦ "因为"直译为"由……推知"。

打算这么做。2 对于希腊人和一部分蛮族①而言，这是迄今为止最大的骚动②，甚至可以说波及差不多整个人类③。3 此前甚至更早的事件，由于岁月的流逝，不能够弄得一清二楚了。我从证据出发作出判断，经过最细致的探究才肯相信。我的结论是，无论是战争还是其他，这些事件的规模都相形见绌。2.1④ 显然，现在被称作"希腊"的地方，古时候居民并非固定不变，而是流徙无定的。各部族⑤若受人数多于己的他族胁迫，辄引去。2 无论是陆上还是海上，既无商旅，人们也不敢往来。他们各占自己的土地，勉强过活，家无余财。他们不种果木，因为不知道何时会有人闯入；如有人闯入，由于没有筑墙保卫，便遭劫掠。由于他们相信无论在哪里都能获取每日所需的食物，故不安土重迁。职是之故，其城邦不大，财力不厚，力量不强。3 极膏腴之地总是最频繁换主人，像现在被称作忒萨利亚⑥、玻俄提亚⑦和除阿耳卡狄亚⑧之外的大部分伯罗奔尼撒，以及希腊其他土地上佳的地方。4 土地富饶者则力强，力强则内乱作，内乱作则败亡，且易遭他族图谋⑨。5 阿提卡⑩自上古起居民一仍其旧⑪，且免于内

---

① βάρβαροι，古希腊人用此词指所有的非希腊人，他们不过城邦生活，因此没有文明。这是一个拟声词（βαρ-βαρ，bar-bar），形容异族人发音含混不清。《孟子·滕文公上》中"今也南蛮鴃（伯劳鸟）舌之人，非先王之道"，与此不谋而合。古希腊人用此词或有贬义，或无。

② "骚动"原文是"κίνησις"，本义是"动""运动"，引申为"动乱""动荡""骚动"等。汉语有"天下骚动"之说（如《资治通鉴》卷七十）。故译。

③ 夸大之词。作者自己肯定知道还有人没有卷入，如意大利人和迦太基人。见卡特赖特《评注》，第10页。

④ "洛布本"另起一段。以下类似情况不注，读者可以自行对照。

⑤ 原文是"ἕκαστοι"，意思是"每个"（复数），这里指"每一群（人）"，故意译为"部族"。史密斯英译本作"tribe"，也是意译。

⑥ Θεσσαλία，Thessalia 或 Thessaly，又译"帖撒利亚""色萨利"，中希腊平原地区，以肥沃著称。希腊本土（即半岛部分）总的来说地形破碎，山地较多，土地贫瘠，肥沃的地方不多见。

⑦ Βοιωτία，Boeotia，又译"波奥提亚"，中希腊一地区，南接阿提卡，土地较肥沃，有丰美的草场。

⑧ Ἀρκαδία，Arcadia，又译"阿卡狄亚"，位于伯罗奔尼撒半岛中部，其贫穷是出了名的。

⑨ "势力大—内乱—败亡、遭他族图谋"，作者这是在借所谓"考古篇"（第1卷追溯希腊历史的部分 1.2—19）引入该书的一个主题思想。见霍氏《评注》第1卷，第11—12页。

⑩ Ἀττική，Attica，位于中希腊东部，是一个伸向爱琴海的小半岛，是古代雅典城邦所在地。

⑪ 古典时期的雅典人喜欢说自己是土生土长的，有学者指出，这种说法直到前5世纪才出现。希罗多德（《历史》1.56—8）记载，在雅典人之前有珀拉斯戈斯人（Πελασγός，Pelasgian），后来希腊化了；他还提到，珀拉斯戈斯人被雅典人驱逐出阿提卡（6.137）。作者这里是在与多里斯（Δωρίς，Doris）人——尤其是斯巴达人——作比较，他们抵达伯罗奔尼撒较晚。从前2000年代晚期一直到古风时代及以后，雅典城（不包括阿提卡的其他地区）的居民确实连续居住于此。见罗兹《修昔底德第1卷评注》，第183页。

乱，实因其土地浇薄①。6 兹有一现象可为此说之有力证明②。由于人民流徙不定，希腊其他地区的人口没有像阿提卡一样增长。其他地区的豪族为战争或者内乱所驱，逃往雅典，把她③当作避难的坚固之所。这些人从很早起便成了雅典的公民④，这使得该城邦居民人数更多了，以至于后来阿提卡容纳不下，不得不到伊俄尼亚⑤殖民⑥。

3.1 我以为，古时候希腊力量弱小，又有以下明证⑦：特洛亚战争之前，希腊未曾共举何事。**2** 整个地区似乎还没有"希腊"这个名称，相反，在得乌卡利翁⑧之子赫楞的时代之前，就连"希腊"这个名称都没有呢⑨。几个部族，特别是珀拉斯戈斯人⑩，用他们的名字给几个地区命名。赫楞和他的儿子们在普提俄提斯⑪强大起来，他们受邀援助他邦。通过这种往来，这些城邦一个接一个地被称作"希腊人"，不过，经过很长时间这个名称才在所有地区流行开来。**3** 荷马提供了最好的证据。尽管他出生在特洛亚战争之后很久，但在其诗篇中，他从未用过这个名称作为整个希

---

① 阿提卡虽然算不上肥沃之地，但比起那些山地更多的地区要强一些。由于从古典时期开始此地粮食不能自给，让人越发相信其土地贫瘠。罗兹《修昔底德第 1 卷评注》，第 182 页。

② 原文是"παράδειγμα"，这里的意思不是"例子"，而是"证明"。

③ 由于"城邦"（"πόλις"）一词是阴性的，故下文凡是指城邦的第三人称一律译成"她"，或者"她们"（复数）。

④ 直译"城邦民"。

⑤ Ἰωνία, Ionia，习惯上译为"伊奥尼亚"。古代的伊俄尼亚是一个地区，在今土耳其安纳托利亚西海岸中段。根据传说，那里的城邦由来自爱琴海对岸的希腊人所建，居民说伊俄尼亚方言。

⑥ 作者这里对"黑暗时代"的移民和前 8 世纪建立殖民地的情况未作区分。见罗兹《修昔底德第 1 卷评注》，第 183 页。

⑦ 许多学者发现，"考古篇"中有不少"回环体"（"ring composition"），格式是"论点—论据—回到原论点"。这一章就是一个典型，即"力量弱小—没有共同行动—弱小"。见霍氏《评注》第 1 卷，第 15 页。

⑧ Δευκαλίων, Deucalium。据传说，得乌卡利翁是普罗米修斯（Προμηθεύς, Prometheus）之子。宙斯降下大洪水，要毁灭人类，得乌卡利翁在其父的帮助下，造方舟得脱。

⑨ "希腊"原文是"Ἑλλάς"，本发音为"赫拉斯"，"希腊"是习惯音译。作者的意思是，这个名称从赫楞（"Ἕλλην"）这个人而来。但是，现代的研究表明，"希腊人"的称呼是从语言开始，而非从种族开始。见霍氏《评注》第 1 卷，第 16 页。

⑩ 原文是"Πελασγικὸν"，意思是"珀拉斯戈斯人的"。珀拉斯戈斯人，Πελασγός, Pelasgian。

⑪ Φθιῶτις, Phthiotis，意即"普提俄泰人（Φθιῶται, Phthiotaeans）的土地"，是忒萨利亚的一个地区，《伊利亚特》中希腊英雄阿喀勒乌斯（Ἀχιλλεύς, Achilles）的故乡，见下文。

— 3 —

腊军队的全称。他称呼他们"达那俄斯人"①"阿耳戈斯人"②或者"阿卡伊亚人"③。只有来自普提俄提斯的阿喀勒乌斯④麾下之众被称为"希腊人",他们是最早的希腊人。在荷马的诗篇中,"蛮族"这个称呼也断乎没有,因为在我看来,以一名称将希腊人与他族区分开来,彼时未之有也。**4** 这些希腊人,逐渐说起了相同的语言,开始一个城邦接一个城邦地,到后来全部被冠以"希腊人"的称呼了。不过,特洛亚战争之前,由于力量弱小和相互之间联系不够紧密,未能集体行动。他们之所以联合进行这次远征,是因为此时已得舟楫之利⑤。

4. 据传说,弥诺斯⑥最早建立了一支海军。现在称作"希腊海"的绝大部分为其所统治。他统治库克拉得斯群岛⑦,首次在其中绝大部分岛屿殖民。他赶走卡里亚人⑧,封其众子为藩王⑨。为了方便贡赋输入,他自然尽其所能肃清海盗。**5.1** 古时候,希腊人和居住于大陆之海滨以及海岛的蛮族,由于舟楫往来渐多,为豪杰所率,转为海盗。豪杰既图私利,亦为弱者谋食。他们扑向无城垣保护、包含若干村庄的城邦,劫掠她们,以此取得绝大部分生活之所需。人们不仅不以之为耻业,反而颇引以为荣。**2** 即使是今天,一些大陆上的居民仍把善操此业作为荣誉,即为明证。古时诗人于其诗中,每逢有人驾船靠岸,总是问相同的问题,即他们

---

① Δαναοί, Danaans, 指阿耳戈斯(Ἄργος, Argos)王达那俄斯(Δαναός, Danaus)治下的人民。

② Ἀργεῖοι, Argives, 阿耳戈斯人,阿耳戈斯位于伯罗奔尼撒半岛,是迈锡尼君主阿伽门农的土地。

③ Ἀχαιοί, Achaeans, 指居住在阿卡伊亚(Ἀχαῖα, Achaea)的人。阿卡伊亚位于伯罗奔尼撒北部。又可译为"阿开俄斯人",详见下文译注(4.42.2)。

④ Ἀχιλλεύς, Achilles, 又译"阿喀琉斯""阿基琉斯"等,《伊利亚特》中的希腊英雄。

⑤ 直译"已经更多地利用海洋"。

⑥ Μίνως, Minos, 传说中的克里特岛的统治者。根据考古发现,克里特岛上的"弥诺斯文明"(Minoan Civilization),从前27世纪开始,延续到前15世纪。至少在前16—前15世纪有能力影响希腊大陆、库克拉得斯群岛和小亚西部。

⑦ Κυκλάδες, Cyclades, 原义是"环绕的"(κυκλάς),指爱琴海中环绕Δῆλος岛(得罗岛,习惯上译为"提洛岛")的一群岛屿,即今基克拉泽斯群岛。

⑧ Κᾶρες, Carians, 卡里亚(Καρία, Caria)人。卡里亚位于小亚西部沿爱琴海地带。卡里亚人不是希腊人,在古典时期只占据小亚西南一隅,但与小亚的希腊人关系密切。现在学者们不相信他们占领过那些岛屿。

⑨ 这种将家族成员任命为岛屿统治者的做法显然是僭主时代的,作者弄错了时代。见霍氏《评注》第1卷,第21页。

是不是海盗?① 被问者本不以此为贱业，发问者亦意不在责让。**3** 大陆上的人民也相互劫掠。直到现在，在希腊的许多地区，如罗克洛斯族的俄兹多莱人②、埃托利亚人③和阿卡耳那尼亚人④所占据的地区以及大陆的地区，此旧俗犹存。这些大陆居民随身携带武器的习惯就是旧俗的孑遗。**6.1** 确实，整个希腊都有随身携带武器⑤的习俗，因为人们的住处无围墙防卫，相互往来之路也不平安，故此在日常生活中习惯随身携带武器，这与蛮族并无二致。**2** 希腊这些地区仍保留此俗，可证此生活方式曾经广泛流行。

3 在希腊人中间，雅典人第一个放下武器过起悠闲自在的生活，甚而至于奢侈娇气。由于生活奢华，雅典富人中的长者直到不久才不再穿亚麻贴身长衬衣，不再将头发绾成一个髻，用金蝉簪子固定⑥。这种服饰式样，传到了与雅典人有血缘关系⑦的伊俄尼亚地区老年人中间，在那里流行了很长一段时间⑧。**4** 拉刻代蒙人⑨第一个采用与今日式样接近的简朴

---

① 如《奥德赛》(3.73；9.252)。

② 罗克洛斯族共有 3 支：俄兹多莱人 (Ὀζόλαι, Ozolians)、俄浦斯人 (Ὀπούντιοι, Opuntians, Ὀποῦς 人) 和厄庇克涅弥狄俄人 (Ἐπικνημίδιοι, Epicnemidians)。此外，意大利还有他们的一支殖民者厄庇兹得皮里俄人 (Ἐπιζεφύριοι, Epizephyrians)。罗克洛斯族（原文是 Λοκροί, Locroi，此词是 Λοκρός 的复数）居住的地方叫"罗克里斯"(Λοκρίς, Locris)，于是就有 4 个地方叫"罗克里斯"（其地名得自其人名）。俄兹多莱人居住的罗克里斯位于今科林西亚湾的北岸，其西面是埃托利亚；俄浦斯人居住的罗克里斯位于波咯斯的东面；厄庇克涅弥狄俄人居住的罗克里斯位于波咯斯的东北面；意大利半岛上的罗克里斯位于其最南端 (3.86.2)。

③ Αἰτωλοί, Aetolians, 埃托利亚 (Αἰτωλία, Aetolia) 人。埃托利亚在今科林西亚湾的北岸，其西面是阿卡耳那尼亚，东面是俄兹多莱人居住的罗克里斯。

④ Ἀκαρνᾶνες, Acarnanians, 阿卡耳那尼亚 (Ἀκαρνανία, Acarnania) 人。阿卡耳那尼亚在埃托利亚的西面，在爱奥尼亚海 (Ionian Sea) 边。

⑤ "随身携带武器"原文是"ἐσιδηροφόρει"，本义是"携带铁器"，引申为"持武器"。汉语有成语"手无寸铁"，可供参考。

⑥ 蝉的幼虫埋在地里，从土里出来成蝉。雅典人用此表示自己是土生土长的。见霍氏《评注》第 1 卷，第 26 页。

⑦ "有血缘关系的"原文是"κατὰ τὸ ξυγγενές"（"由于血缘关系"），这是全书反复出现的观念，在这里作者似乎信手引入了。在希波战争中，伊俄尼亚的希腊人就是因为血缘关系请求雅典领导他们。见霍氏《评注》第 1 卷，第 26—27 页。

⑧ 这一趋势就是衣服由长变为短，便于劳动和作战。如果作者所说无误的话，那就是说雅典人在其最繁盛的时候放弃了奢华的服饰。有学者提出一种解释，雅典在前 5 世纪重甲兵的平等、健康、民主的价值观比较盛行。见霍氏《评注》第 1 卷，第 26 页。

⑨ "Λακεδαιμόνιοι"（复数），又译"拉栖第梦人"等，这个名称来自斯巴达城邦的核心区域"Λακεδαίμων"，或称"Λακωνικά""Λακωνική" (Laconia 或 Laconica)。它位于伯罗奔尼撒半岛的东南部，北接阿耳卡狄亚 (Ἀρκαδία, Arcadia)，西邻墨塞尼亚 (Μεσσηνία, Messenia)。有人将这个词等同于"斯巴达人"，这是不对的。详见下文译注 (1.128.3)。

衣着，在其他方面，其富贵之人尽力采取与大众同样的生活方式。5 他们体育锻炼时，第一个脱光衣服，裸露身体，涂抹上油①。这一旧俗还包括在奥林匹亚竞技会②上，参赛者下身围上兜裆布以遮住私处，该习惯被废止并没有很多年头。就是现在，在蛮族中间，特别是亚细亚的蛮族，此习惯仍存。拳击和摔跤比赛设有奖品，他们围上这种兜裆布来比赛。6 人们将可以指出，古时候希腊人的生活方式在很多其他方面与现在的蛮族类似。

7. 后来，航海活动已经越来越便利，财力有更多的富余，带城垣的城市就直接建在了海滨。出于商业目的，也出于防范邻邦，那些地峡被人占据了。古时候的城市，包括岛上和大陆上的，由于海盗的长期肆虐，建在远离海滨的内地（因为海盗不仅相互劫掠，而且劫掠其他住在海滨但不航海的人们），直至今日，她们还是在内地③。**8. 1** 岛民当起海盗来毫不逊色，他们是卡里亚人和腓尼基人④，殖民于大多数海岛。以下事实可证。在这场战争中，雅典人被除了提洛岛⑤，将所有死在该岛者的坟墓迁走，结果发现墓中过半是卡里亚人。这从陪葬的武器铠甲的式样可以得知，因为卡里亚人现在还在用这种方式埋葬死者⑥。**2** 弥诺斯建立起海军之后，海上舟楫往来更加安全了（因为他在大多数岛屿上殖民，将岛上的恶棍悉数赶走）。**3** 此后，滨海居民渐渐积聚起财富，生活越来越安定，有些地方的人看到自己的财富越来越多，于是筑城垣环绕居地。弱邦渴望

---

① 古希腊人喜欢裸体锻炼。"γυμνός"是形容词，意思是"裸体的"，与其同源的"γυμνάζω"是动词，意思是"裸体体育锻炼"。还有"γυμνάσιον"，意思是"进行裸体体育锻炼的场所"，英语"gymnasium"即源于此词。这里的油指油橄榄油。详下文注（3.49.3）。

② "奥林匹亚竞技会"（"ὁ Ὀλυμπικὸς ἀγών"），"ἀγών"意为"竞赛""竞争""斗争"等。译成"运动会"是不准确的，因为古代的竞技会的项目、规则等与今天的运动会有很大的不同；而且除了体育竞技之外，还有音乐比赛等。古希腊人认为，第一届奥林匹亚竞技会于前776年举行。其优胜者名录编纂于约前400年。

③ 实际上，雅典、科林斯和斯巴达的首府都一直在内陆，但她们发展出了港口城市。见 Thucydides: The Peloponnesian War, trans. by Martin Hammond, p. 480。

④ 原文前半句直译是"岛民不是更差的海盗"，暗含与大陆居民比较。Φοῖνιξ, Phoenician, 音"波尼克斯"，指 Φοινίκη（音"波尼刻"，习惯上译作"腓尼基"）人。

⑤ Δῆλος, Delos, 音"得罗斯"，习惯上译为"提洛岛"。所谓"被除"见下文（3.104）。由于这个事件（前426/5年）发生于"阿耳喀达摩斯战争"期间（前431—前421年），所以我们不知道"这场战争"是指"阿耳喀达摩斯战争"还是"伯罗奔尼撒战争"。见霍氏《评注》第1卷，第30页。

⑥ 作者相信卡里亚人曾占过提洛岛，这很对，但是他很可能误把几何图形时期的希腊人的墓葬品当作卡里亚人的遗存。即便如此，作者努力利用考古证据还是给人以深刻印象。见霍氏《评注》第1卷，第30页。

得到好处，于是臣服于强邦；财力雄厚的强邦赢得弱小城邦的臣服。**4** 事情如此发展下去，直到他们远征特洛亚①。

9.1 在我看来，阿伽门农②能召集那支远征军，与其说因为海伦的求婚者们为了遵守对堤恩达瑞俄斯的起誓而跟随他，不如说因为阿伽门农的势力盖过当时众王③。**2** 从老辈那里听到最可靠的传说的伯罗奔尼撒人说，起初，珀罗普斯④获得大笔财富，他从亚细亚把财富带到一群生活无着的穷人中间，因而得势。尽管他是外国人，整个地区却以他的名字命名。后来，其子孙还大大增益了他的遗产。厄乌律斯忒乌斯⑤外出征战，在阿提卡被赫剌克勒斯的后裔⑥所杀，他本来委托其舅阿特瑞乌斯代为统治迈锡尼⑦，因为他们有血缘关系（阿特瑞乌斯此时恰好因克律西波斯⑧之死而被他的父亲从身边赶走）。由于厄乌律斯忒乌斯一去而不复返，恐惧赫剌克勒斯的后裔的迈锡尼人又有意愿，加上阿特瑞乌斯似乎很有能力，且能迎合迈锡尼民众，故居迈锡尼王位，统治了厄乌律斯忒乌斯原来所统治的地域。珀罗普斯家族遂强盛于珀耳塞乌斯家族⑨。**3** 在我看来，阿伽门农将这些承继过来，而且在海军方面比其他国王都强大得多，故能举联军远

---

① "特洛亚"原文是"Τροία"，亦作"Τροία"或"Τροίη"，一般转写为"Troy"，这里没有译为"特洛伊"。下同。

② Ἀγαμέμνων，Agamemnon，迈锡尼城邦的国王，海伦的丈夫墨涅拉俄斯（Μενέλαος，Menelaus）之兄，远征特洛亚的希腊联军的统帅。

③ 据传说，海伦（Ἑλένη，Helen，音"赫勒涅"，习惯上译为"海伦"）由于美貌而求婚者甚众，他们曾向其父堤恩达瑞俄斯（Τυνδάρεως，Tyndareus）起誓要保护海伦。但这一说法不见于荷马史诗。要注意的是，作者并没有完全排除这一动机。我们可以认为，作者在寻找特洛亚战争的"真正原因"，而不是"公开声称的理由"。下文（1.23）在探究伯罗奔尼撒战争的原因时又用到这种方法。见霍氏《评注》第1卷，第31页。

④ Πέλοψ，Pelops，伯罗奔尼撒半岛（Πελοπόννησος）因他而得名，意思是"珀罗普斯的岛屿"。

⑤ Εὐρυσθεύς，Eurystheus，是珀耳塞乌斯（Περσεύς，Perseus）的孙子，斯忒涅罗斯（Σθένελος，Sthenelus）的儿子，斯忒涅罗斯娶阿特瑞乌斯（Ἀτρεύς，Atreus，又译"阿特柔斯"）之姊为妻。

⑥ Ἡρακλεῖδαι，Heraclidae，赫剌克勒斯（Ἡρακλῆς，Heracles）的后裔。赫剌克勒斯是希腊神话中最伟大的英雄，宙斯与凡人结合而生，力大无比。

⑦ Μυκῆναι，Mycenae，音"密刻奈"，习惯上译为"迈锡尼"。位于伯罗奔尼撒半岛的东北部，前1600—前1100年，其文明辉煌一时。

⑧ Χρύσιππος，Chrysippus，阿特瑞乌斯的同父异母兄弟，为阿特瑞乌斯和其兄堤厄斯忒斯（Θυέστης，Thyestes）所杀。

⑨ Περσεύς，Perseus，雅典英雄，宙斯与达娜厄（Δανάη，Danae）所生。

征，这与其说出于好意，不如说出于畏惧①。4 因为，他本人率最多的舰只抵达，而且为阿耳卡狄亚人装备舰只，荷马已经指明了这一点②。无论对谁来说，若有了荷马的证明便足矣。另外，荷马叙述那根权杖的传承时说他"王众多岛屿和整个阿耳戈斯"③。他生活于大陆，假如他没有一支相当强大的海军，就不能统治除了邻近的岛屿之外其他岛屿了（那样的岛屿为数不会很多）。从这次远征，我们应该能推知此前的种种情形。

10.1 只因现在的迈锡尼是个小地方，或者说，昔日的某某城镇现在似乎不值得一提了，人们就拒绝相信远征特洛亚像诗人们所说和传说的那么规模宏大，其理由并不恰当。2 如果拉刻代蒙人的城邦将来有一天被废弃了，只有神庙和建筑物的基座础石留下来，我想，百世之后，人们很难相信她曾拥有与其威名相称的赫赫武力④（尽管他们在伯罗奔尼撒五据其二⑤，还是整个半岛以及半岛之外盟邦的霸主，但是，这个城邦既没有聚居于一城，又不兴建奢华的神庙⑥和建筑，而是依希腊古风居住于村庄之中，颇显鄙陋⑦）。倘若雅典将来遭受同样的命运，人们从眼前的城市废墟的景象来推断，会双倍地高估她本来的实力。3 因此，我们不应该怀疑，也不应根据外表，而应根据实力衡量一个城邦。假如这里我们再次不得不相信荷马的诗篇的话，我们相信远征特洛亚之规模前所未有，尽管它与现在的军事行动已不能同日而语。不过，他作为诗人，难免夸大其词。然而，即使按他的叙述而论，这次远征在今日仍相形见绌。4 荷马提到玻

---

① "好意"原文是"χάριτι"（"χάρις"的与格），有"恩惠""偏爱""善意""敬意"等意思。只看这句话，应是指其他国王对阿伽门农的好意，且与"畏惧"相对。但上文（1.9.1.）刚刚提及关于阿伽门农能够召集远征军的原因的传统说法，那就应该理解成其他国王对于海伦的"爱"。英译本有"good will""favour""loyalty""love""popularity"等译法，看来是有分歧的。

② 参见《伊利亚特》（2.603—614）。

③ 参见《伊利亚特》（2.101—109）。

④ 希罗多德认为人类的伟大功业（"ἔργα"）既包括物质的东西，又包括政治行动；修昔底德很少提及前者（第2卷第100章提及阿耳刻拉俄斯修筑的要塞和道路等是个例外），只提政治和军事行动。见霍氏《评注》第1卷，第33—34页。

⑤ 这是数学上的 $\frac{2}{5}$ 还是5个部分中的2个？霍氏认为，伯罗奔尼撒通常被认为有5个部分：斯巴达、墨塞尼亚、厄利斯加上阿耳卡狄亚、阿卡伊亚、阿耳戈斯。拉刻代蒙人占有斯巴达和墨塞尼亚，故说"五据其二"。见其《评注》第1卷，第34页。

⑥ 对神庙的强调引人注目，有学者指出，在城邦的发展过程中，神域很重要，但他强调的是乡村的神域，不是城市的神域。作者这里似乎正与此相反。见霍氏《评注》第1卷，第34页。

⑦ 拉刻代蒙人没有筑城，他们居住在5个村庄之中。"颇显鄙陋"或译"其实力颇显弱小"。

俄提亚人有船只1200艘，每艘载120人；庇罗克忒忒斯①的船每艘载50人②。在我看来，这分明是告诉我们最大的和最小的船只，因为荷马列举联军船只时，确确实实没有提及其他人的船只所载人数。荷马在提及庇罗克忒忒斯的船只的时候，说所有的桨手都是弓箭手，这就表明，所有战斗人员兼为桨手。因此，除了王和高级官吏，不大可能有许多非桨手乘员随行，尤其是要携带军用物资横渡大海。再者，他们的船只没铺甲板，倒像昔日海盗船的模样。**5** 那么，我们可以在最大的与最小的船只之间取一个平均值，若考虑到这是全希腊共同的派遣，那么显而易见，这次远征的规模并不很大③。

11.1 究其原因，与其说缺人手不如说缺钱财④。由于缺乏粮食，他们出动的军队较少，而希望边作战边就地取食。他们抵达之初便在战斗中占据上风（很清楚，若非如此，他们不可能围绕营地建防御工事⑤）。他们显然在那里没有用全军的力量作战，由于粮食匮乏，部分军队转到刻耳索涅索斯⑥从事耕作⑦甚至劫掠。正是由于他们的军队分散开来，特洛亚人方能坚守10年之久，特洛亚人与对方留下作战者总是旗鼓相当。**2** 如果他们携带充足的粮食而来，又不分兵劫掠和耕作，而以全军接连不断地攻打，很容易占据上风，并攻下特洛亚。然而，他们不是用全军，而总是用部分人

---

① Φιλοκτήτης，Philoctetes，远征特洛亚的希腊英雄，精通箭术。
② 参见《伊利亚特》(2.510, 719)。
③ (120+50)÷2=85，85×1200=102000，这就是希腊远征军的人数。实际上，《伊利亚特》提及的希腊战舰是1186艘，作者这里取了整数。那么，希腊远征军的人数就是1186×85=100810。这比前480年抗击波斯人的希腊联军的人数（378×200=75600）要多（希罗多德《历史》8.48），也比前415年雅典出征西西里的人数（34300）要多。见 Thucydides: *The Peloponnesian War*, trans. by Martin Hammond, p.480。
④ 以下大部分不过是作者的猜测之词。他说古时候的希腊人肯定是因为贫穷没带大量给养，他的话倒是可以拿来作为证据，证明前5世纪的希腊军队是带部分给养出征的（希望就地得到补充），而且为围城的军队提供给养是一大笔开销，见下文（2.70）。见霍氏《评注》第1卷，第36页。
⑤ "防御工事"原文是"τὸ ἔρυμα"，用了定冠词。在《伊利亚特》中，涅斯托耳建议在船只旁筑墙保护（7.327以下），但那是特洛亚战争进行到第10年的情况，而且有学者指出这部分史诗文本系后世窜入，时间在修昔底德的时代。除之外史诗就没有明确提及希腊人的防御工事。修昔底德的意思很可能是这样的：希腊人肯定赢得了初战，否则就不会筑营垒；他们一定这么干了，因为史诗中终究是有一个营盘的。见霍氏《评注》第1卷，第36页。
⑥ Χερσόνησος，Chersonesus，本义是"与陆地相连的岛"，即"半岛"，这里特指色雷斯半岛。
⑦ 这一点有学者质疑，他认为荷马只是说希腊人靠掠夺爱琴海北部沿岸才支撑了10年，没有提及耕种色雷斯半岛，除非修昔底德另有所本，否则可能就是一种推测。而且，除了耕种和劫掠之外，肯定还有其他可能性。见霍氏《评注》第1卷，第36页。

马犹能与敌抗衡。若以大军围而攻之，则攻下特洛亚城用不着那么长的时间，花费那么大的气力。但是，由于贫穷，不仅远征特洛亚之前的所有军事行动显得逊色，而且就是它本身，尽管名声空前显赫，但显然盛名之下，其实难副。有关它的故事得以流传至今，实诗人们①之力也。**12. 1** 甚至在特洛亚战争之后，希腊仍处在移民迁徙和殖民过程中，故而不得安宁和壮大。**2** 希腊人过了很久才从伊利翁②返回③，他们的返回引起了许多变故，城邦普遍发生了内乱，一些人因此被逐出，他们建立了新城邦④。**3** 在攻取伊利翁之后第 60 年⑤，现在的玻俄提亚人被忒萨利亚人从阿耳涅⑥逐出，迁居于今日的玻俄提亚⑦，这个地方以前叫卡德墨伊斯⑧（以前只有一部分玻俄提亚人居住于此，其中又有些远征了伊利翁）。在攻取伊利翁之后第 18 年，多里斯族⑨随同赫剌克勒斯的后裔占领了伯罗奔尼撒。**4** 经过长时间的磨难之后，希腊才安享太平，其居民不再迁徙，且向外开拓殖民地⑩。

---

① "诗人们" 原文是 "τοὺς ποιητὰς"，宾格，复数。
② Ἴλιον, Ilium, 特洛亚城的别称。
③ 特洛亚战争持续了 10 年。
④ 在内乱后建立城邦的经典例子是意大利南部的塔剌斯（Τάρας, Taras），它由斯巴达人在前 8 世纪晚期建立。但是，作者这里所说的建立殖民地现象比这要早得多，显然是不合适的。跟前几章一样，他又在通过已知的事件推断未知的事件。见霍氏《评注》第 1 卷，第 37 页。
⑤ 这是作者给我们的第一个日期，但是让人很不满意，因为作者没有说明特洛亚城陷落的具体日期。作者在第 5 卷提到，墨罗斯是斯巴达人在 700 年前（当时是前 416 年）建立的殖民地，那就是前 1116 年，而多里斯族占据伯罗奔尼撒（见下文译注）肯定比这更早。希罗多德认为特洛亚城陷落是在前 1250 年左右，还有古代作者认为是在前 1129 年，多里斯族入侵在 60 年之后，即前 1069 年。见霍氏《评注》第 1 卷，第 38 页。
⑥ Ἄρνη, Arne, 玻俄提亚的一城镇，在科帕伊斯湖（Κωπαΐς, Copais 或 Kopais, 19 世纪被排干，成为平原）南岸，《伊利亚特》两次提到（2. 507; 7. 9）。
⑦ 现代学者同意，从崇拜仪式和方言来看，玻俄提亚人起源于忒萨利亚。见霍氏《评注》第 1 卷，第 39 页。
⑧ Καδμηΐς, Cadmeïs, 这个地名显然与传说中的卡德摩斯（Κάδμος, Cadmus）有关。他是腓尼基的城邦推罗（Τύρος, Tyre）的王阿革诺耳（Ἀγώνωρ, Agenor）之子，建立了忒拜城（Θῆβαι, Thebes, 又译"底比斯"，在玻俄提亚）。
⑨ Δωριῆς, Dorians, 指多里斯（Δωρίς, Doris）族。所谓"赫剌克勒斯后裔的回归"现在我们称之为"多里斯族侵入"（the Dorian Invasion）。现代考古发掘证明，这一"侵入"历史上确实存在过，发生在前 1200 年左右。他们在中希腊停留之后，又南下占领了伯罗奔尼撒的东部和南部（前 11 世纪晚期），并往爱琴海和小亚殖民。见霍氏《评注》第 1 卷，第 39—40 页。
⑩ 作者将我们所说的"黑暗时代"（the Dark Ages）一笔带过。有学者指出，作者明显不知道迈锡尼文明灾难性的毁灭，以及此文明与后来的希腊文明之间的鸿沟。见霍氏《评注》第 1 卷，第 40 页。

雅典人殖民于伊俄尼亚和大部分岛屿①；伯罗奔尼撒人殖民于绝大部分意大利②和西西里，以及希腊其他的一些地区③。所有这些殖民地均建立于特洛亚战争以后。

13.1 希腊越来越强大，比以前更注重获得财富，僭主政体④在大部分城邦建立起来⑤（此前则是世袭君主制⑥，其特权是规定好了的），城邦的赋税收入更多了。希腊开始装备海军，更加注重海洋。**2** 据说，科林斯人⑦率先以近乎今日的方式建造船舶，希腊的第一艘三层桨战舰⑧就建造于科林斯。**3** 科林斯的造船师阿墨诺克勒斯似乎为萨摩斯⑨人建造了4

---

① 指爱琴海上的库克拉得斯群岛。

② Ἰταλία，Italy，音"伊塔利亚"。希腊作者所说的意大利不是指整个半岛南部的卡拉布里亚（Calabria）地区，即半岛"靴子"的"脚尖"部分。请注意，作者这里没有提"大希腊"（Μεγάλη Ἑλλάς，Megna Graecia），尽管这一说法很可能在作者的时代已经流行。见霍氏《评注》第1卷，第41页。

③ 有学者指出，作者认为向亚细亚的殖民扩张是有组织的，与纷乱的多里斯族入侵不一样，这是正确的；但是，前5世纪的雅典人倾向于夸大自己在东方殖民活动中的作用。另外，在伊俄尼亚和爱琴海岛屿的殖民扩张与在西西里和意大利的殖民扩张有很大的不同，不能相提并论，作者在第6卷对后者有专门叙述（6.2—5）。见霍氏《评注》第1卷，第40—41页。

④ τυραννίς，Tyranny，由"僭主"（τύραννος，tyrant）一词而来，在英语中，"tyrant"的意思演变成"暴君"，已非其本义。此词大概来自小亚吕底亚（Λυδία，Lydia，音"吕狄亚"），本义是"君主"。在希腊指通过非法手段，即不经过公民选举而终生握有统治权的人，僭主不是一个正式的职位，但可以把自己的地位传给后代。他们的统治不一定残暴，有的甚至还很开明。

⑤ 有学者指出，希腊的僭主统治的分布实际上没有人们通常认为的那么广泛，但是，值得注意的是，早在修昔底德的时代，人们就认为古风时代僭主统治广泛分布。见霍氏《评注》第1卷，第42页。

⑥ 最近有学者提出，这些早期的"君主"根本就不是真正的国王，他们是世袭贵族，其地位被后世的希腊人误解了。见霍氏《评注》第1卷，第42页。

⑦ 科林斯（Κόρινθος，Corinth，音"科任托斯"，习惯上译为"科林斯"）是伯罗奔尼撒地区的一个城邦，占据伯罗奔尼撒半岛与大陆相连接的地峡。

⑧ τριήρης，含前缀"τρι-"（"三"）和"ἐρέσσω"（"划桨前进"），意思是有上中下三层桨（不是三个人每人一支桨）的船，速度较快（不增加船的长度却增强了动力），是一种轻型战舰。见戈姆《评注》第1卷，第19—20页。三层桨战舰是希腊人还是腓尼基人发明的？还是他们各自独立发明的？现在还有争议。大概到前6世纪晚期，它才成为标准的希腊战舰。见罗兹《修昔底德第1卷评注》，第196页。

⑨ Σάμος，Samos，爱琴海中靠近小亚大陆的岛屿，在喀俄斯岛（Χίος，Chios，又译"开俄斯"等）的南面。

艘船。阿墨诺克勒斯去萨摩斯人那里是在这场战争①结束前的将近 300 年②。**4** 据我们所知,最早的海战发生在科林斯人与科西拉人③之间④,在同一时间⑤之前将近 260 年。**5** 科林斯人建城于地峡,自上古起设立交易市场,因为古时候希腊人之间的往来,走陆路比海路要多,所以伯罗奔尼撒半岛内外的希腊人相互往来都经过科林斯人的土地。于是,科林斯人富强起来,这从古时候诗人们对这个地方的称呼——"富有的"⑥——可以看得很清楚。航海在希腊更加普遍之后,拥有船只的科林斯人肃清海盗,提供了陆上和海上两方面的交易市场,他们的城邦因由此带来的收入而强大起来。**6** 后来,在波斯人的第一个王居鲁士和其子冈比西斯的时代⑦,伊俄尼亚族的海军强大起来。他们同居鲁士打仗,并在一段时间牢牢地控制住他们那一带海域。在冈比西斯的时代⑧,波吕克剌忒斯⑨做了萨摩斯的僭主,他的海军强大起来,驯服了一些岛屿,其中有赫瑞涅亚⑩,他夺取了她并将其献给提洛岛的阿波罗⑪。波开亚人⑫殖民于马萨利亚⑬,他们在海战中击败了迦太基⑭人。**14.1** 以上提及的都是海军中最为强大者。这些是远在特洛亚战争以后的许多代人期间的事情,即便如此,当时显然还只装备少量三层桨战舰,主要还是古时候的五十桨战舰和长条形的战

---

① 指伯罗奔尼撒战争(前 431—前 404 年)。
② 前 704 年。
③ Κέρκυρα,Corcyra,音"刻耳库拉",习惯上译为"科西拉"。即现在希腊的科孚岛(Corfu),位于希腊大陆西海岸旁边,在爱奥尼亚海(Ionian Sea)。
④ 即前 664 年,但有学者指出没那么早,估计在前 7 世纪晚期或者前 6 世纪早期。科西拉是科林斯人的殖民地,她们之间一开始就关系紧张(见下文 1.32 以后)。实际上她们之间的争斗正是伯罗奔尼撒战争的导火线之一。见霍氏《评注》第 1 卷,第 44—45 页。
⑤ 指伯罗奔尼撒战争结束。
⑥ 参见《伊利亚特》(2.570);品达《奥林匹亚颂歌》(Ol. 8.4)。
⑦ 居鲁士(Κῦρος,Cyrus)二世,约前 560—前 530 年在位。
⑧ 冈比西斯(Καμβύσης,Cambyses)二世,约前 530—前 522 年在位。
⑨ 约前 532—前 522 年在位。
⑩ Ῥήνεια,Rhenea,库克拉得斯群岛中的一个岛,在提洛岛的西面。
⑪ 太阳神阿波罗(Ἀπόλλων,Apollo)为宙斯(Ζεύς,Zeus)和勒托(Λητώ,Leto)之子,出生在提洛岛,所以提洛岛是其圣地。
⑫ Φωκαιεύς,Phocaean,波开亚(Φώκαια,Phocaea,又译"福开亚")人。波开亚位于小亚西海岸中段,属今天土耳其的伊兹密尔省。
⑬ 今天的法国马赛(Marseilles),约建立于前 600 年。
⑭ Καρχηδών,Carthage,音"卡耳刻冬",习惯上译为"迦太基"。位于现在北非的突尼斯,最早是腓尼基人的殖民地。

舰①。**2** 在波斯战争②和大流士去世前不久——大流士继冈比西斯成为波斯王——西西里的僭主们③和科西拉人拥有的三层桨战舰才多起来。这些便是克塞耳克塞斯④远征希腊之前，最后一批值得一提的、在希腊建立的海军。**3** 埃癸娜⑤人和雅典人以及少数其他人，拥有少量战舰，其中大部分还是五十桨战舰。只是到了这一时期末尾，忒弥斯托克勒斯⑥劝说雅典人——其时他们正同埃癸娜人打仗，而且蛮族眼看就要来了——建造战舰，后来，他们正是用这些战舰进行海战。就是这些战舰都尚未铺上全甲板⑦。

15.1 古时候和晚近的希腊海军的情况就是这些。即便如此，属意于此者既得到钱财收入，又统治他人，自身力量还是壮大不少。因为她们，特别是土地褊狭的城邦，驾船驶向那些岛屿并征服之。**2** 在曾经发生过的冲突中，陆上战争从未导致力量的壮大⑧。所有陆上战争不过是边境的冲突罢了。希腊人没有为了征服他人走出去，远征离家乡很远的地方。臣服的城邦没有联合在强大城邦的周围，她们也没有作为平等一员共同参与远征；相反，相邻的城邦常常相互开战。**3** 很久以前，卡尔喀斯人与厄瑞特里亚人之间发生战争⑨，其他的希腊人分成两派各自参加一方作战，算是

---

① 商船不是长条形，形状稍圆。
② 即希波战争（前492—前449年）。
③ 很可能指革拉的希波克剌忒斯和赫瑞癸翁的阿那克西拉斯。见霍氏《评注》第1卷，第47页。
④ Ξέρξης, Xerxes，又译"薛西斯""克谢尔克谢斯"，这里指克塞耳克塞斯一世，大流士（Δαρεῖος, Darius）一世之子，前486—前465年在位。大流士一世，前521—前486年在位。
⑤ Αἴγινα, Aegina，又译"埃吉纳"。它是一个岛屿，位于雅典西南萨洛尼科斯（Σαρωνικός, Saronic）海湾中，距离今日的雅典市27公里。
⑥ Θεμιστοκλῆς, Themistocles，又译"地米斯托克利"，前524—前459年，雅典著名将军和政治家。
⑦ 原文"διὰ πάσης"，"整个地"，意思比较含糊。有学者认为船前后有甲板，中间无；有的认为船的两侧有，中间无。霍氏引用了后者。见其《评注》第3卷，第48页。商船是全甲板的。
⑧ 这句话提醒我们，作者心里想的是希腊，他对陆上强大的帝国如埃及、亚述以及其他更靠东的帝国一无所知。见霍氏《评注》第1卷，第48页。
⑨ Χαλκιδεῖς, Chalcidian，卡尔喀斯（Χαλκίς, Chalcis）人。Ἐρετριεύς, Eretrian，厄瑞特里亚（Ἐρέτρια, Eretria）人。卡尔喀斯位于优卑亚岛（Εὔβοια, Euboea，音"厄乌玻亚"，习惯上译为"优卑亚"）靠近大陆一侧的中间地带。厄瑞特里亚也位于该岛，就在其南面。双方为争夺该岛上肥沃的勒兰托斯平原（Ληλάντου πεδίον, Lelantine Plain）而战，时间约在前710—前650年。

个突出的例外。**16.** 不同的城邦力量的增长遭遇了不同的阻碍。拿伊俄尼亚族来说，其形势大好之时，居鲁士和波斯王国灭掉了克洛索斯①，拿下了从哈里斯河至海②的所有地方，向小亚大陆上的希腊城邦开战并奴役了她们。后来，已将腓尼基人的舰队收入囊中的大流士，依靠这些战舰征服了那些岛屿③。**17.** 希腊城邦的僭主们，只顾其一己之私，包括自己的人身安全和增进家族的利益。他们治理城邦尽可能求得平安稳当，不失权柄，因此，他们所做的政事没有一件值得一提，除了一些他们对自己邻邦所做的事情之外④。在这方面，西西里的僭主极大地增强了力量。⑤ 所以，有很长的一段时间，希腊受各个方面的掣肘而不能共同成就大事，单个城邦更是畏葸不前。

18. 1 最后，除那些西西里的僭主之外，雅典的僭主以及希腊其他地方的僭主——这些地方大部分受僭主的统治早于雅典——绝大多数被拉刻代蒙人铲除⑥。（尽管拉刻代蒙——多里斯族在那里拓殖之后至今仍在那里居住——在我们所知道的绝大部分时间里，一直内乱未绝，然而从上古之时即遵从法律⑦，而且从未受过僭主统治。自从离这场战争⑧结束将近400年或者更早一点以前⑨，拉刻代蒙人就享有这种政体。他们因之而强大并且左右他邦事务。）希腊的僭主被拉刻代蒙人铲除之后没有很多年，波斯人与雅典人之间的马拉松战役就发生了⑩。2 此后的第10年，蛮族再次以大军兵临希腊，试图奴役之。大难当头，拉刻代蒙人因素来强大而执

---

① Κροῖσος，Croesus，小亚吕底亚王国的君主，前560—前546年在位。"王国"（"βασιλεία"），"洛布本"又作"ἐξουσία"（"政权"），意思差不多。此事发生于公元前546年。
② 哈里斯河（Ἅλυς，Halys），位于土耳其，由南向北注入黑海。这句话所说的海指爱琴海。
③ 指爱琴海中靠近小亚大陆的岛屿，如萨摩斯。此事发生在公元前493年。
④ 意思是他们常常向自己的邻邦开战，见上文（15.2），作者语带讽刺。
⑤ 这句话"洛布本"删去了。
⑥ 这里指出斯巴达是"僭主政治"的死对头、希腊的解放者是一个铺垫，因为后来雅典城邦被人看作"僭主城邦"。见霍氏《评注》第1卷，第51页。
⑦ "遵从法律"原文是"ηὐνομήθη"（"εὐνομέομαι"的不定过去时），有两种解释：法律良好；遵从法律，但不管法律的内容如何。这里是后一种意思。见霍氏《评注》第1卷，第52页。
⑧ 指伯罗奔尼撒战争（前431—前404年）。
⑨ 即前804年。但是，学者们现在基本达成一致，所谓"吕库古立法"甚至晚至前7世纪末，作者的算法可能有误。见霍氏《评注》第1卷，第52—54页。
⑩ Μαραθών，Marathon，音"马剌同"，位于今天雅典城东北海岸，距离40多公里。著名的马拉松战役（前490年）就发生于此。

希腊联军之牛耳。雅典人则于波斯人到来之际，下定决心，留下一座空城，物资搬上船，人员登船成为水师。他们共同将蛮族赶走。此后不久，那些叛离波斯国王的希腊人和一起共同抵抗他的希腊人①发生了分裂，有的站在雅典人一边，有的站在拉刻代蒙人一边。她们明显是两个最强大的城邦，一个称霸陆地，一个称雄海上。3 雅典人和拉刻代蒙人的防御同盟只维持了一小段时间，她们很快争吵起来，接着，各自带着自己的盟邦向对方开战。其他的希腊城邦若与她们之一有隙，就站在对立的一边去。所以，从波斯战争一直到这场战争，这两个城邦有时议和，有时相互直接开战，或者向背叛自己的盟邦开战。因而，在战争事务方面，他们准备充分，经验丰富，在危险中受到磨炼。19. 拉刻代蒙人保持霸主地位，不要自己的盟邦缴纳贡款，但处心积虑让盟邦处在寡头政体之下，以使其在治理城邦时只为拉刻代蒙人的私利服务。雅典人则逐渐剥夺了盟邦的舰船，但喀俄斯和勒斯玻斯除外，并确定了所有盟邦要缴纳的贡款的数量②。单单雅典一邦为这场战争所蓄积的实力，超过了过去她和拉刻代蒙的实力之和，那个时候她们之间的同盟还正兴盛、未受损害③。

20.1 以上就是我关于以前的希腊的发现，尽管对全部证据一一予以检验之后才相信，困难重重。因为，人们对于过去事情的种种传闻，往往不加检验，从别人那里原封不动地接受，即使这些事情就发生在他们本地。2 比方说，雅典公众认为，被哈耳摩狄俄斯和阿里斯托革同刺杀的希帕耳科斯是当时的僭主。他们不知道，珀西斯特剌托斯④的长子希庇阿斯才是当时的统治者，希帕耳科斯和忒萨罗斯是他的两个弟弟。那天，就在事情将要发生的时刻，哈耳摩狄俄斯和阿里斯托革同突然怀疑，他们

---

① "一起共同抵抗他的希腊人"原文是"οἱ ξυμπολεμήσαντες"，意思是"那些过去一同战斗的人们"，是指站在波斯国王一边的希腊城邦，还是指站在一起反对波斯国王的希腊人？两种理解在英译本中均可以看到。根据上下文的意思，似乎后一种理解较好。哈蒙德和迈诺特均译作"那些叛离波斯国王的人"。

② Χίος，Chios，爱琴海东部的一个岛屿，距离小亚大陆近7公里。Λέσβος，Lesbos，也译"列斯堡""累斯博斯"，爱琴海东部的一个岛屿。她们拥有自己的海军，并且不向雅典缴纳贡款（这一点文中没有明说）。

③ 即她们的实力大大超过希波战争时代。这又回到了本卷开头的论点，即战前雅典和斯巴达实力强盛，于是构成了一个大"回环"。所谓"考古篇"至此结束。此句各家译文有异，今从霍氏。见其《评注》第1卷，第56页。

④ Πεισίστρατος，Pisistratus，又译"庇西特拉图"等，雅典僭主，前546—前527/8年在位。

的同谋者中有人向希庇阿斯告发,以为希庇阿斯已得知阴谋,他们近不了他的身。他们想在被逮捕之前孤注一掷,在名叫"勒俄科瑞翁"的庙宇旁①撞见希帕耳科斯之时,将他杀死了,其时他正在指挥泛雅典娜节②的游行队伍③。**3** 其他还有很多事情,近在眼前,还没有因时间的流逝而被人遗忘,可是别的希腊人照样抱有错误的看法。比如说,拉刻代蒙人的两个王各有权投两票,事实上只有一票④;拉刻代蒙人有叫作"庇塔那"的连队⑤,实际上根本就没有;所以,普通人根本不会去辛辛苦苦探究事情的真相,他们听到什么就相信什么。**21.1** 然而,根据上述证据,如果有人认为我的记载与过去之事庶几近之,那么他是对的。他会少相信诗人们和散文作者⑥。诗人们所吟唱的,加以了修饰和夸大;散文作者追求的是吸引听众,而不是真实可靠,其故事无从检验,且大部分由于岁月流逝变成了无稽之谈的神话,难以置信。他会发现,我的结论来自最确凿的证据,足以道出古之实情。**2** 尽管置身于战争的人们,总认为当下正在进行的战争才是最伟大的,等到战争结束,又惊异于古代的战争,但是,

---

① Λεωκόρειον, Leocorium, 意思是"Λεώς的女儿们（'κόρα'）的庙宇"。Λεώς是雅典英雄,在一次大瘟疫中献出三个女儿作为祭品。它位于雅典城西北部的陶匠区（Κεραμεικός, Caramicus）,靠近 Δίπυλον 城门,泛雅典娜节的游行正是从此门出发的,经陶匠区、广场等地,最后到达卫城。

② Παναθήναια, Panathenaea 或 Panathenaic festival, 习惯上译为"泛雅典娜节",这个词由前缀"παν-"（即"πας","全部"）和"Ἀθηνᾶ"（或"Ἀθήνη",即"雅典娜"）以及表示节日的后缀"-ια"组成,意思是"全体雅典人祭祀雅典娜的节日",是雅典最重要的节日,祭祀其保护神雅典娜女神。除了奴隶以外,所有城邦居民均参加。

③ 此事件详见后文（6.54—9）。

④ 修昔底德这里不点名地批评了希罗多德,见希罗多德《历史》（6.57）。

⑤ Πιτανάτης λόχος, Pitanate company/battalion。同样批评了希罗多德,见希罗多德《历史》（9.53）。λόχος是斯巴达军队的编制单位。Πιτανάτης = Πιτάνα + της（Πιτάνα是方言拼写,一般写作 Πιτάνη；της,名词后缀,表示"某地人")。庇塔那（Πιτάνα）是斯巴达改革三个旧的血缘部落后的五个地域部落之一。斯巴达军队按照地域部落组建,一个部落组建一个 λόχος,因此,该连队应该是存在的。但是,修昔底德断然否认,到底是他对？还是希罗多德对？学者们有许多争论。见戈姆《评注》第 1 卷,第 138 页；霍氏《评注》第 1 卷,第 57—58 页。

⑥ λογογράφοι, 意思是:"写"或"记"（"γράφω"）"故事"或"传说"（"λόγος"）的人。英译又作"chroniclers"（"编年史家"）。诗人用韵文创作,而散文作家用散文创作,这种形式上的区别是修昔底德将二者加以区分的主要用意。至于二者作品内容的可靠性,我们注意到,希罗多德称伊索（Aesop）和赫卡泰俄斯为"λογοποιοί",意思是:"编"（"ποιέω"）"故事"的人,与此类似。也许,修昔底德把希罗多德也划归这一类人,赫卡泰俄斯就更不用说了,其作品神话色彩更浓。值得注意的是,修昔底德这里只说自己不属于这两类人（诗人和散文作者）,而没有说自己到底是什么作者。见霍氏《评注》第 1 卷,第 58—59 页。

人们若从事实出发来探究，将会发现这场战争比以前的都要伟大①。

22.1 至于不同的人所发表的演说，有的是在这场战争即将爆发前，有的是在爆发后。其中有些是我本人听到的，有些则是别人告诉我的。对我来说，难以原原本本记下演说者的发言。故书中每一个演说人，在我看来，不过说出了我认为的在各种不同场合必需的话罢了，同时，我尽量贴近实际发言的大意。**2** 关于战争当中发生的事件，我不是听到什么都认为值得记下来，也不以我个人的看法为准；我所记述的事件，要么是我亲身经历过的，要么是从别的亲历者那里听来的，这些我都要尽力探究其中的每一个细节，以求符合事实。**3** 探寻起来费尽艰辛，因为，在不同事件中目击者对于同一件事往往有不同的讲述，有的或者偏袒这一方，或者偏袒那一方，有的则仅凭记忆。**4** 我的记述没有故事传奇，对听众而言，很可能难以引人入胜②。但是，如果那些想要了解过去和未来事件的真相的人——由于人总是人③，过去的事件在将来某个时候会再次发生，或者发生类似的事件④——认为我的著作有益，那我就心满意足了⑤。我的著作并不想赢得听众一时的奖赏，而是想成为永远的财富⑥。

23.1 过去最大事件就是波斯战争了，不过，仅两场海战和两场陆战⑦便决出胜负。但是，这场战争旷日持久，它所带来的苦难，在希腊，

---

① 这句话中的"伟大"都是从规模上说的。
② 这句话并没有说这本著作不会向听众朗诵。见霍氏《评注》第1卷，第60页。
③ 原文是"κατὰ τὸ ἀνθρώπινον"，"τὸ ἀνθρώπινον"意思是"属于人的东西"。霍氏认为，其意思比"根据人性"（"according to human nature"）要宽泛，可以理解成"根据人的情形或者状况"（"according to human condition/situation"）。见其《评注》第1卷，第61页。史密斯译为"in all human probability"；克劳利译为"in the course of human things"；哈蒙德译为"such is the human condition"。这里是意译。
④ 有学者解释说，从历史时间（historical time）来说，过去的事件不会完全重复出现，但在逻辑时间（logical time）上则有可能。如弥诺斯的制海权不会再次出现，但是前5世纪的雅典制海权则就是其逻辑时间上的重现。修昔底德所说的历史事件再次发生可以作这样的理解。见霍氏《评注》第1卷，第61页。
⑤ 作者的目的不是要提高人的道德水准（即道德说教），他的目的是提高人的心智。见霍氏《评注》第1卷，第61页。
⑥ 希罗多德可能朗诵过自己的作品（据说，年幼的修昔底德听得潸然泪下，但这一细节并不可靠），所以修昔底德写这句话时心里想的很可能就是希罗多德的著作。见霍氏《评注》第1卷，第61页。
⑦ 两场海战，即阿耳忒弥西翁（Ἀρτεμίσιον, Artemisium）战役和萨拉弥斯（Σαλαμίς, Salamis）战役或密卡勒（Μυκάλη, Mycale）战役；两场陆战，即温泉关（Θερμοπύλαι, Thermopylae）战役和普拉泰亚（Πλάταια, Plataea）战役。

在同样长的时段，还未曾有过。**2** 从来没有如此多的城市被攻占，被废弃，有的是蛮族干的，有的是相互交战的希腊人自己干的（有些被攻占之后，当地原来的居民甚至换成了外来人）。从来没有如此多的人逃离家园，从来没有如此多的人遭杀戮，有的就在战争当中，有的则是由于内乱之故。**3** 过去人们传说的种种事情，极少被事实所证明，现在也不再是无法置信的了。比如，地震的范围扩大到绝大部分土地，而且极为强烈；日食比以前人们记忆中的更加频繁了；有些地方发生了大干旱并引起饥馑；最后是杀人甚众、给人们带来最大伤害的瘟疫。所有这些灾祸随着这场战争一齐降临了①。**4** 雅典人和伯罗奔尼撒人撕毁了他们在优卑亚被征服之后签订的《三十年和约》②，这场战争从此开始了③。**5** 我首先要记载的是，他们撕毁和约的原因、相互责难的理由④以及分歧所在，以使后人明了⑤希腊人中间发生的如此大规模的战争从何而起。**6** 我相信，战争的真正原因⑥，尽管很少为人所知⑦，是势力壮大的雅典人，引发了拉刻代蒙

---

① 这些自然现象大部分后文都提及了，但干旱后文未提，而且后文提到了火山爆发，这里却未说。总的来说，作者记载自然灾害是零星的、简短的（瘟疫除外）。相反，记载流亡、内乱和屠杀的地方很多，这些跟战争是有因果关系的。作者记载这些与战争无关的自然现象是否说明他的态度是非理性的？作者并没有声明这些现象与人类活动存在因果联系（如神的发怒等），他只是就事论事，指出这些现象碰巧与战争同时降临。即使他的态度偶尔是非理性的，也是暂时的。见霍氏《评注》第1卷，第63页。

② 前446年，雅典人征服了叛离他们的优卑亚岛，《三十年和约》签订于前446/5年，事见下文（1.115.1）。

③ 前431年。

④ "相互责难的理由"原文为"τὰς αἰτίας"（ἡ αἰτία 的复数，宾格）。

⑤ "以使后人明了"，原文是"τοῦ μή τινα ζητῆσαί ποτε"，直译是"以使将来某个时候某人不要费力去寻求"。这里是意译。

⑥ "真正原因"原文是"τὴν ἀληθεστάτην πρόφασιν"，直译"最真实的原因"。大概是指比双方相互责难的理由更深刻的原因。对此，西方学者有许多争论。见霍氏《评注》第1卷，第64—66页。

⑦ 这句话原文是"ἀφανεστάτην δὲ λόγῳ"，直译"最模糊地说出来""最不清楚地解释""最不为人所知"。实际上，作者让科西拉派到雅典的使节说出了这个原因（1.33.3），由此看来，这个"真正原因"并非只有作者一人清楚（"λόγῳ"，"λόγος"的与格，意思是"话语""思想"等）。作者的意思是，相对于那些双方的相互责难来说，这个原因很少有人知道，因此，自己比普通人见解高明。这里的最高级形容词（"ἀφανεστάτην"，宾格，作副词用）只有比较级的作用（作者通篇特别爱用最高级），不能照字面翻译。见霍氏《评注》第1卷，第66页。

人的恐惧，从而迫使他们①开战。以下就是双方所公开陈述的、责难对方的理由，他们正是根据这些理由撕毁和约和开战的。

24.1 人们航行进入爱奥尼亚海湾②时，在其右手边有一个城邦厄庇丹诺斯③，在她的附近居住着蛮族陶拉斯人，他们属于伊吕里俄斯族④。**2** 她是科西拉人的殖民城邦，其创建者是厄剌托克勒得斯的儿子帕利俄斯，属于赫剌克勒斯的后裔科林斯族，按照旧俗从母邦邀请而来。一些科林斯人和其他的多里斯族的人也一同参与了创建。**3** 随着时间的推移，厄庇丹诺斯人口繁殖，实力强大起来。**4** 据说，她内乱多年，一些邻近的蛮族复加之以战祸，其实力遂削减泰半。**5** 最后，就在这场战争之前，其人口中的民众将贵族⑤驱逐出去。被驱逐者与蛮族联合，一同攻打厄庇丹诺斯，从陆上和海上劫掠城邦中的居民。**6** 形势紧迫，城中的人派出使节前往母邦科西拉，恳求母邦不要坐视他们遭受毁灭，而要在他们与被驱逐者之间斡旋，并且结束与蛮族的战争。**7** 使节到赫拉⑥庙坐着发出上述恳求，但是科西拉人没有答应他们的请求，让他们徒劳而返。

25.1 厄庇丹诺斯人得知使节空手而归、得不到任何援助之后，对于眼前的局势一筹莫展，只好派人去德尔斐求神谕⑦，是否把他们的城邦交给创建者科林斯人，并且想方设法从他们那里得到某些援助。神回答将城邦交给科林斯人并以之为首领。**2** 于是，依照神谕，厄庇丹诺斯人前往科

---

① 奥斯特瓦尔德指出，这句话中的动词"迫使"（"ἀναγκάσαι"）缺一个直接宾语（原文是"ἀναγκάσαι ἐς τὸ πολεμεῖν"），如果我们补上一个"他们"（"αὐτούς"），那么，这个"他们"既可以指斯巴达人，也可以指雅典人。见 Martin Ostwald, *ANAΓKH in Thucydides*, Atlanta: Scholars Press, 1988, p.3。由于不定式ἀναγκάσαι的主语（施动者）是雅典人（τοὺς Ἀθηναίους），故上述观点有些勉强。

② ὁ Ἰόνιος κόλπος, Ionian Sea/Gulf, 即"伊俄尼俄斯海"（小亚大陆上希腊人居住地叫"伊俄尼亚"，其原文是Ἰωνία, Ionia, 注意两者拼写的不同），但习惯上译为"爱奥尼亚海"，是亚得里亚海的别称。

③ Ἐπίδαμνος, Epidamnus, 即现在的阿尔巴尼亚的城市都拉斯（Durrës），位于亚得里亚海海滨。

④ Ἰλλυριοί, Illyrians; Ταυλάντιοι, Taulantians, 生活于现在的阿尔巴尼亚。

⑤ "民众"原文是"ὁ δῆμος"；"贵族"原文是"τοὺς δυνατούς"（宾格，复数），意思是"有力量的人""有权力的人""有势力的人"。

⑥ Ἥρα, Hera, 宙斯的姐姐和妻子，奥林波斯十二主神之一。

⑦ Δελφοί, Delphi, 音"得尔波"，习惯上译为"德尔斐"，位于波喀斯（Φωκίς, Phocis）境内，那里有阿波罗庙，其发出的神谕（或神示）闻名于世。值得注意的是，厄庇丹诺斯人没有到附近的更古老的多多娜（Δωδώνα 或 Δωδώνη, Dodona）求宙斯神谕，这说明希波战争之后，德尔菲的阿波罗神谕的声望仍然如日中天。见霍氏《评注》第1卷，第69页。

林斯，告诉神谕内容，指出科林斯人是他们城邦的创建者，然后将她交给科林斯人。并且恳求科林斯人不要对于他们正在遭受的毁灭视而不见，而要施以援手。3 科林斯人答应援助，一来他们觉得这样做完全在理，因为他们认为对于这块殖民地他们比科西拉人更有份，二来他们憎恨科西拉人，因为科西拉作为他们的殖民地，却轻慢母邦。4 在公共集会①上，他们不按惯例给予母邦特权，也不像其他殖民地那样，让一位科林斯人享有首先献祭的尊荣②，而是蔑视他们。因为，那个时候，科西拉的财力堪与希腊人中最富者媲美；其军事力量甚至有过之而无不及，尤其在海军力量上，他们有时候自夸遥遥领先，就是因为科西拉岛，以前生活着以舟楫闻名于世的派阿克斯人③（由于这个原因，他们一直注重发展海军，实力不弱——战争爆发时，他们拥有120艘三层桨战舰）。26.1 因此，心怀所有这些积怨，科林斯人愉快地给予厄庇丹诺斯援助。他们鼓励有意愿者前去定居，并且从安布剌喀亚人和勒乌卡斯人④以及他们自己当中派遣人员前去驻防。2 他们取道阿波罗尼亚，那是他们自己的殖民地⑤，走的是陆路，因为他们害怕科西拉人，走海路恐遭他们拦截⑥。

3 科林斯人派出的定居者和驻防者业已抵达厄庇丹诺斯，而且这块殖民地已经交给了科林斯人，科西拉人闻之大怒。他们立即派25艘战舰，随后又派一支舰队，蛮横地要求厄庇丹诺斯接回逃亡者（因为厄庇丹诺斯的逃亡者到了科西拉，将自己祖先的坟茔指给科西拉人看，祈求他们看在同根同祖的份上，帮其返国），遣返科林斯人派出的定居者和驻防者。4 厄庇丹诺斯人置之不理，科西拉人以40艘战舰征讨，还带上要求返国的

---

① 指在科林斯举行的地峡竞技会，它是古希腊四大竞技会之一，是全希腊范围的。
② 母邦的公民最先得到一块从牺牲头上割下的肉，由他投到祭坛上的火里，这是母邦享受的荣誉。
③ Φαίακες, Phaeacians, 又译"费埃克斯人"。《奥德赛》（6.270—72；7.34—36）提到奥德修斯曾到达他们的国土，叫斯刻里亚岛（Σχερία, Scheria），就是科西拉岛。他们以善于航海著称。
④ Ἀμπρακιῶται, Ambraciotes, 即安布剌喀亚（Ἀμπρακία, Ambracia）人，安布剌喀亚位于希腊大陆西海岸，爱奥尼亚海海滨。Λευκάδιοι, Leucadians, 勒乌卡斯（Λευκάς, Leucas）人，勒乌卡斯是爱奥尼亚海中的一个希腊岛屿，即今莱夫卡斯岛。
⑤ 实际上是科林斯和科西拉共同创建的。见卡特赖特《评注》，第27页。
⑥ Ἀπολλωνία, Apollonia, 在希腊半岛西部的厄珀洛斯（Ἤπειρος, Epirus, 今伊庇鲁斯）地区的北面，厄庇丹诺斯南面，靠海。科林斯人若走海路，必须经过科西拉岛附近的海域，因为古人是沿海岸航行的。

逃亡者以及伊吕里俄斯人。5 科西拉人兵临城下，告示城内：厄庇丹诺斯人和外邦人凡愿离开者，可以离开，不受伤害；若否，将视为敌人。看到对方不予理睬，科西拉人于是围城——该城建于地峡之上。**27.** 1 从厄庇丹诺斯回来的信使告知了城市被围的消息，科林斯人立即着手准备出征，同时布告国内，将在厄庇丹诺斯建殖民地，所有愿意前去者一律享有平等的权利。如果有人不想马上同去，又想在殖民地享有一份，可以交付 50 科林斯德拉克马①，人留在国内。结果，去的人不少，交钱的人也不少。2 他们请求墨伽拉②派战舰给他们护航，以防科西拉人拦截。墨伽拉人派出了 8 艘，刻帕勒尼亚岛③的帕勒人④则提供了 4 艘。他们还向其他人求援：厄庇道洛斯人⑤提供了 5 艘；赫耳弥俄涅人⑥1 艘；特洛兹顿人⑦2 艘；勒乌卡斯人 10 艘；安布剌喀亚人 8 艘。他们还向忒拜人⑧和普勒乌斯人⑨要求金钱援助；向厄利斯人⑩要求不配置人员的船只和金钱的援助。至于科林斯人自己，他们预备了 30 艘战舰和 3000 名重甲兵⑪。

28. 1 科西拉人得知了科林斯人所进行的这些备战活动，就带着来自

---

① 在雅典，前5—前4世纪，一个熟练工匠或者一个重甲兵（见下文1.27.2注）一天的报酬是1个德拉克马（δραχμή）。1个科林斯德拉克马约等于0.6个雅典德拉克马。

② Μέγαρα，Megara，古希腊的著名城邦，位于阿提卡半岛，科林斯地峡的北部，与萨拉弥斯岛隔海相望。

③ Κεφαλληνία，Cephallenia，爱奥尼亚海中最大的岛屿，靠近今科林西亚湾的入口。

④ Παλῆς，Paleans，帕勒（Πάλη，Pale）人。

⑤ Ἐπιδαύριοι，Epidaurians，厄庇道洛斯（Ἐπίδαυρος，Epidaurus）人，厄庇道洛斯位于伯罗奔尼撒半岛东北部，靠近萨洛尼科斯（Σαρωνικός，Saronic）海湾。

⑥ Ἑρμιονῆς，Hermionians，赫耳弥俄涅（Ἑρμιόνη，Hermione）人，或者赫耳弥翁（Ἑρμιών，Hermion）人，赫耳弥俄涅位于伯罗奔尼撒半岛东部的阿耳戈利斯（Ἀργολίς，Argolis，阿耳戈斯地区）。

⑦ Τροιζόνιοι，Troezenians，特洛兹顿（Τροιζήν，Troezen）人，特洛兹顿是阿耳戈利斯东南部的海港城市。

⑧ Θηβαῖοι，Thebans，忒拜（Θῆβαι，Thebes）人。"忒拜"又译"底比斯"。忒拜是古希腊的著名城邦，位于玻俄提亚，在阿提卡以北。

⑨ Φλειάσιοι，Phliasians，普勒乌斯（Φλειοῦς，Phlius）人，普勒乌斯在伯罗奔尼撒半岛阿耳戈利斯的西北部。

⑩ Ἠλεῖοι，Eleans，厄利斯（Ἦλις，Elis）人，厄利斯位于伯罗奔尼撒半岛西部沿爱奥尼亚海的地带，境内有奥林匹亚，著名的奥林匹亚竞技会在此举行。

⑪ 重甲兵，ὁπλίτης，hoplites，又译"重装步兵"，名称源自"ὅπλον"（"大盾"）。重甲兵手持大盾，是其醒目标志。其装备还有头盔、胸甲、胫甲、长矛、短剑。由于希腊城邦要自备武装，能够置备这些装备的人往往属于中产阶级。从前7世纪开始，重甲兵就是希腊军队主力，以排列方阵的形式作战。我国古代称此类士兵为"甲士"或者"甲"。故译。

拉刻代蒙和西库翁①的使节，到了科林斯。敦促科林斯人撤出在厄庇丹诺斯的定居者和驻防者，因为厄庇丹诺斯没有他们的份儿。2 如果科林斯人提出对厄庇丹诺斯拥有什么权利，他们情愿让伯罗奔尼撒的任何双方都同意的城邦来裁决此事，并接受任何裁决结果；或者将此事交由德尔斐的神谕裁定。3 他们警告科林斯人不要开战，如果打起来，在科林斯人将战争强加于人的情况下，为了争取外援，他们自己将被迫在现在已有的朋友之外再找朋友，而他们宁愿不这么做②。4 科林斯人答复他们说，如果他们从厄庇丹诺斯撤走战舰和蛮族，那么这事可以考虑；但是，在这之前，在厄庇丹诺斯被围困的情况下，他们来讨论什么裁决就不合适了。5 科西拉人反驳说，如果科林斯人把自己在厄庇丹诺斯的人撤走，他们就这么做；但是，他们也准备接受裁决，条件是在裁决作出之前，双方应留在原地、休战。29.1 然而，科林斯人对这些建议充耳不闻。等他们的战舰上的人员配齐，盟邦的援军到位，他们就先派传令官向科西拉宣战，然后兴起战舰75艘和重甲兵2000名驶向厄庇丹诺斯，向科西拉人开战。2 珀利科斯之子阿里斯忒乌斯、卡利阿斯之子卡利克剌忒斯和提曼忒斯之子提马诺耳任海军将军，厄乌律提摩斯之子阿耳刻提摩斯和伊萨耳科斯之子伊萨耳喀达斯任陆军将军。3 在阿那克托里翁地方的阿克提翁有一座阿波罗的庙，位于安布剌喀亚海湾的入口处③。当科林斯人出现在那里的时候，科西拉人派出使节乘双桨船④见他们，禁止他们前进。与此同时，他们自己的人员上船就位，还用绳子从底层加固旧船以便使用，修补好其他船只。4 当传令官没有从科林斯人那里带来和平的消息时，他们的80艘战舰已全部满员就位（另40艘在围困厄庇丹诺斯），排成战斗队形，航向敌人，展开海战。5 科西拉人大获全胜，摧毁了科林斯人的舰只15艘。同一天，

---

① Σικυών，Sicyon，位于伯罗奔尼撒半岛北部，东接科林斯。

② 这里的"朋友"原文是"φίλους"，不是"盟邦""盟军"（ἡ συμμαχία 或 ὁ σύμμαχος）。根据下文（1.31；1.32），科西拉人此时一个盟邦都没有。所以，这里的朋友大概指拉刻代蒙人和西库翁人。最后一句话暗示与雅典人结盟，这是在威胁科林斯人。见霍氏《评注》第1卷，第73页。

③ 阿那克托里翁（Ἀνακτόριον，Anactorium）位于安布剌喀亚海湾的南面，阿克提翁（Ἄκτιον，Actium）处在安布剌喀亚海湾入口处的最顶端。

④ "双桨船"原文是"ἀκατίῳ"，是"ἀκάτιον"的与格，这是一种双桨的小船，即划桨者左右手各持一桨。见霍氏《评注》第2卷，第235页。下文还有提及（4.67.3）。

他们围城的军队迫使厄庇丹诺斯投降了,条件是外邦人①被卖为奴,科林斯人则被系缚,直到再作决议。**30.1** 海战之后,科西拉人在科西拉岛的一个岬角勒乌喀墨②立了一根却敌纪念柱③,并且系缚科林斯战俘,其他战俘则一律处死。**2** 后来,战败的科林斯人及其盟友乘船回国了,于是,科西拉人独霸了那个地区所有的海域。他们航行到科林斯人的殖民地勒乌卡斯,毁坏土地上的树木和庄稼;将厄利斯人的港口库勒涅④付之一炬,因为厄利斯人提供船只和金钱给科林斯人。**3** 在这次海战之后的绝大部分时间里,科西拉人控制着海洋,航行到科林斯人的盟邦加以破坏摧毁。直到下一个夏季之初⑤,科林斯人看到盟邦经受苦难,派出海陆军驻守阿克提翁和忒斯普洛提斯⑥的刻墨里翁周围地区,以保卫勒乌卡斯和其他友邦。**4** 科西拉人则在与阿克提翁隔海相望的勒乌喀墨岬角驻扎陆军和海军舰只。这个夏季⑦,他们没有再相互攻击,但保持对峙,直到冬季来临,各回各邦。

31.1 海战之后的一整年和接下来的一年里,科林斯人对与科西拉人的战争耿耿于怀,他们一直在造船,竭尽全力准备一支远征舰队,以优厚的酬金从伯罗奔尼撒本土和希腊其他地方招募桨手⑧。**2** 得知科林斯人备战,科西拉人害怕了(因为他们在希腊人中没有一个盟邦,既没有与雅典人订立盟约,也没有与拉刻代蒙人订立盟约)。他们决定靠拢雅典人,与他们结成盟友,从他们那里争取一些援助。**3** 科林斯人闻之,也遣使前往雅典,以免雅典的海军与科西拉的海军联手,防止战争按对方的意愿进

---

① 即与科林斯人同去的安布剌喀亚人和勒乌卡斯人。
② 在科西拉岛的南部,其东面与阿克提翁隔海相望。
③ "却敌纪念柱",或译"战胜纪念柱""胜利纪念柱"。原文为"τροπαῖον",这个词与动词"τρέπω"("使转向""使转身")同源。在古希腊战场上,胜利者在敌人开始转身逃跑的地方,将战利品挂在一棵树上或者竖立的木桩上(也有石头或者青铜做的),奉献给却敌之神,因此毁坏它是亵渎神明的行为。从前6世纪,人们开始对它装饰。前4世纪,它开始演变为永久性的纪念碑,战利品置于其顶端。
④ Κυλλήνη, Cyllene,位于伯罗奔尼撒半岛西北 Araxos 和 Chelonatas 两个岬角之间,具体位置不详,距离其西面的厄利斯城20多公里。见霍氏《评注》第1卷,第74页。
⑤ 上文刚提到的在勒乌喀墨岬角附近的海战发生于前435年7月前后,这里所说的"夏季"就是前434年的"夏季"。见戈姆《评注》第1卷,第197页。
⑥ Θεσπρωτίς, Thesprotis 或 Thesprotia,意即"忒斯普洛托人(Θεσπρωτοί, Thesprotians)的土地",在厄珀洛斯地区北部边缘部分。
⑦ 指前434年的"夏季"。见前文译注。
⑧ 科林斯人的备战持续了整整两年。见戈姆《评注》第1卷,第197页。

行。4 雅典为此召开了公民大会，会上，双方使节作了针锋相对的发言①。科西拉人的发言如下：

32.1 "雅典人啊！要是有人求援于他人，而此人既未曾有大恩惠于对方，又非其盟友——我们今天就是这样的人——那么，他一定要让对方相信，首先，接受他的求援是有好处的，或者至少不会带来什么损失；其次，对方的恩惠将被永远铭记。假如这两条他都难以保证，那么面对他人的拒绝，他该心无怨恨才是。这不是理所当然的吗？2 现在科西拉人派我们来请求你们做盟友，可见，他们对于以上两条是有十足把握的。3 然而，我们的一贯做法，既与我们向你们的求援举动相悖谬，又与目前局势下的我们自己的利益相背离。4 此前，我们有意避免与人结盟，现在，我们来向别人求援，就是因为这个做法，我们在眼下与科林斯人的战争中陷入了孤立。对外不结盟以免因外邦的决策而同遭祸患，以前被我们认为是明智之举，现在看来则是不智的表现和势单力薄的缘由。5 在过去的海战中，我们确实仅凭一己之力击退了科林斯人。但是，现在他们从伯罗奔尼撒和希腊其他地方聚集力量，挟更大的军力向我们扑来，单凭一己之力，我们势必难以取胜。若落入敌手，危险甚巨，因此不得不向你们和所有其他人求援。我们斗胆与过去奉行的不结盟政策彻底决裂，不是出于怯懦，而是由于认识到自己的错误，希望得到你们的谅解。

33.1 "如果在我们的说服下，你们接受了求援，将在许多方面给你们提供绝佳的机会：首先，你们援助的是受害的一方，而不是残害别人的一方。其次，在我们生死攸关的时候，你们接受了我们的求援，我们将永远铭记你们的大恩大德。最后，我们拥有一支仅次于你们的海军。2 请你们想一想：如果接受我们的求援，增强了你们的力量——本来你们要花很大代价，要对我们感恩戴德——这种力量不请自来，不冒风险，又没有半点花费，而且又让世人看到你们慷慨助人的美德，还有被援助者的感激以及你们势力的增强，那么，这种让你们的仇敌更痛的好事，天底下哪里去找？所有这些好处同时并至，很少有人遇到；向别人求援的人，本来指望从对方那里得到安全和荣誉，却给予对方同等的安全和荣誉，这样的人同

---

① 公元前438年。

样少见。**3** 如果你们当中有人认为，这场让我们对你们有用处①的战争不会到来，那么他的判断就有误了。同时，他也没有认识到：拉刻代蒙人由于害怕你们急欲开战②，以及你们的仇敌科林斯人，他们对拉刻代蒙人很有影响力，现在先向我们下手，下一步就要轮到你们了；科林斯人不想让我们联手把他们当作共同的敌人，也不想两个好处一个都得不到，即要么祸害我们，要么增强自身。**4** 因此我们要先下手为强，我方恳请结盟，贵方予以接受，我们双方与其被动应付，不如早作谋划。

34.1 "如果他们说我们是他们的殖民地，你们无权接受我们，那么让他们明白，所有殖民地受母邦优待会尊重母邦，受到虐待则反目成仇。因为，外出殖民的人不是留在母邦内的人的奴隶，而是与他们平起平坐的。**2** 明显是他们的行为错了，因为当我们呼吁他们将有关厄庇丹诺斯的争端提交仲裁的时候，他们宁愿选择战争而不是平等的仲裁来达到他们诉求的目的。**3** 我们是他们的同胞，他们对我们尚且如此，将来如何对待你们可想而知。所以，在此提醒你们，不要由于他们的花言巧语的欺骗而做出错误的决定；如果他们不拐弯抹角直接向你们求援，你们要一口回绝。因为向敌人让步让人后悔，后悔越少，自身越安全。**35.1** 你们接受我们为盟友，用不着撕毁与拉刻代蒙人签订的和约③，因为我们既不是你们的盟友，也不是他们的盟友。**2** 该和约载明，任何尚未与人结盟的希腊城邦可以自由加入他们所愿意的那一方。**3** 如果他们不仅能够从盟邦，而且从希腊其他地方，甚至从你们的属邦，招募人员充实其海军，而阻止我们从眼前天然的盟友那里或者其他地方取得援助，然后④，将你们在劝说之下接受我们的求援视作罪恶，那么这可真是咄咄怪事！**4** 我们如果说服不了你们，那倒是很有理由抱怨：你们是在将我们一把推开，而我们自身难保，

---

① 实际上，科西拉置身于希腊重大事件之外，加之深受内乱之苦（3.70—85），她在这场战争中没给雅典多少帮助（2.25；3.94—95；6.30，42；7.31）。见卡特赖特《评注》，第30页。

② 这就是前文作者揭示的战争的"真正原因"（1.23.6），我们没有理由认为只有作者一人持有这种观点。"急欲开战"是演说者的夸张。见戈姆《评注》第1卷，第168页。这句话明显回应了前文（1.23.6），有力地反驳了那句话是后来插入的、与上下文不协调的主张。此外，这句话并不意味着战争的"真正原因"在雅典无人提及，而是说不论是雅典人还是斯巴达人，自身都不大用这一观点。见霍氏《评注》第1卷，第78页。

③ 《三十年和约》，见前文（1.23.4）译注。

④ "然后"，原手稿就是"εἶτα"，全句不很通畅。有学者建议将它读成"εἰ τε"（"如果"），那样的话，就要改动几个标点符号，甚至下一句话也要改动原文。今未从。详见戈姆《评注》第1卷，第169页。

又不是你们的敌人；那些人呢，他们才是敌人，首先动手的人，你们不但不设法制止他们，反而对他们从你们的势力范围内吸收力量视而不见，这不公平！你们应该要么阻止他们从你们的势力范围内招募雇佣兵；要么根据我们提供的条件给予我们相应的援助；最好是你们公开接受我们的结盟请求，帮助我们。5 就像我们一开始所说的那样①，你们接受我们的求援有很多好处。其中最大的好处是，我们的敌人就是你们的敌人，这是我们作为盟邦相互忠诚的最好保证。而且他们并不弱小，完全有能力残害与他们反目的人②。还有，当一个城邦与一个善舟楫的城邦，而不是与一个陆上的城邦结盟，她背弃前一个同盟与背弃后一个同盟完全不是一回事。如果能够做到，你们不应当允许除了你们自己之外任何城邦拥有海军；如果无法做到，就应与海军最强大的城邦结为盟友。

36.1 "如果你们当中有人认为我们的建议确实能给你们带来好处，但又担心一旦听从我们就会破坏与拉刻代蒙人的和约。他应该明白，与我们的结盟增强了其自身的力量，只会让其敌人更加害怕而已；若拒绝与我们结盟，实力减弱，纵使其勇气可嘉，也不至于使其强敌畏惧。他还应该明白，他与其说是为科西拉谋划，不如说是为雅典谋划；如果战争即将来临，甚至迫在眉睫，对于一个是敌是友关系重大的城邦，即使在对眼前局势深思熟虑之后，是取是弃他仍然犹豫不决，那么，他为雅典谋划的也断非上佳之策。2 科西拉，除了能提供其他好处之外，还位于通往意大利和西西里绝佳的沿岸航路上，既可以阻止从那里前往伯罗奔尼撒的船只，也可以护送从这里前往西西里的船只。3 综合以上所述各点，一言以蔽之，你们要明白这一点：你们不要拒绝与我们结盟。希腊只有三个城邦的海军值得一提：你们的、我们的和科林斯的。现在，如果科林斯人控制了我们的，你们坐视两家海军合为一家，那么你们将与科西拉人和伯罗奔尼撒人同时展开海战；反之，如果你们与我们结盟，就可以将我们两家的海军合起来，与他们对抗。"4 科西拉人的发言就是这些。接着，科林斯人作了如下发言：

37.1 "这些科西拉人的发言没有针对自己的结盟请求就事论事，反而大谈什么我们做坏事、他们遭受无理的攻击。所以，我们必须首先要谈及

---

① 见前文（1.33.1）。
② 指科西拉人自己，他们与母邦科林斯反目。

这两点，然后才能涉及其他方面，以便你们更可靠地了解我们的正当要求，且合情合理地拒绝他们的要求。

2 "他们说他们出于审慎的考虑才没有同任何人结盟，实际上，他们这么做源于邪恶的而非高尚的动机。因为他们不想让盟邦见证他们邪恶的行为，也不想在邀请结盟后受盟邦羞辱①。3 这个城邦因其独立的地理位置，他们残害他人时自己充当仲裁者，而不是根据协议决定仲裁者。他们几乎不驶向邻邦的港口，却经常接纳那些不得不到他们那里进港停靠的船只②。4 他们不结盟的中立政策徒有美丽的外表，他们施行这个政策不是为了避免与他人一起作恶，而是为了单独干坏事，包括恃强凌弱、巧取豪夺③。5 如果如其所言，他们真是正直之士，那么，他们越是不受邻邦之害，越是能够通过将争端交付仲裁来显扬自己的美德④。38.1 但是，不管是对别人还是对我们来说，他们都不是这种形象。相反，尽管他们是我们的殖民城邦，却始终疏远我们，现在又与我们交战，还说他们被派出去殖民不是去受虐待的。2 我们要说的是，我们当初派他们出去可不是为了受他们的欺侮，而是为了领导他们并得到他们应有的尊重啊！3 我们的其他殖民城邦没有哪一个不尊重我们，也没有哪一个城邦像我们科林斯受到殖民城邦的爱戴。4 事情很清楚：如果我们受绝大多数殖民城邦爱戴，却偏偏让个别城邦不满意，道理上就讲不过去了；而且，我们是受到异常严重的伤害之后，才与他们开战的，这没有什么不对。5 如果我们犯了错，他们能原谅我们的怒火就值得称道；而在他们的克制面前，我们再使用武力，就是我们的耻辱了。但是，他们仗着其财力，蛮横霸道，一而再，再而三给我们造成伤害。尤其是厄庇丹诺斯，她是我们的殖民地，其时正处于困境，他们却不予理会；等到我们前去救援，他们用武力夺取了她，并占据至今。

39.1 "他们说他们当然愿意早先将此事提交仲裁。然而，一方在占据优势、自身安全无虞的情况下，向对方提出仲裁的要求，就不是那么回事

---

① 即力量强大就单干，或者要诡计时，就偷偷地干。原文可能有讹误，但意思还是清楚的。见戈姆《评注》第 1 卷，第 172 页；霍氏《评注》第 1 卷，第 80 页。

② 有学者提出了贸易、天气等方面的因素，作者没有明言，翻译时应该模糊处理。见霍氏《评注》第 1 卷，第 81 页。

③ 直译"一有机会就使用暴力，乘人不备用欺骗手段，能捞到好处就厚颜无耻地下手。"

④ 与下文（1.39.1）稍有矛盾。

了；在诉诸武力之前，应该言行一致才是那么回事啊！① **2** 他们不是在围攻那个地方之前，而是在确信我们不会坐视不管之后，才提出那个动听而不实际的仲裁要求的。如今，他们跑到这里来了，嫌自己在厄庇丹诺斯作恶还不够，那不是要求你们做盟友，而是拉你们做共犯，还要求你们接纳这些与我们敌对的人。**3** 他们必须是在自身安全无虞的时候，到这里来请求结盟，而不应当是在我们遭受严重损失、他们面临我们复仇危险的时候；也不是在你们未曾分享其国力之利，却先给予其帮助的时候。即使你们不参与他们的恶行，我们也会一样谴责你们，因为，如果他们要你们一起承担后果，就应该一开始让你们分享其国力之利。

40.1 "现在很清楚，他们蛮横霸道，贪得无厌，我们来这里控诉他们是合乎情理的；你们也应该明白接纳他们为盟友乃不义之举。**2** 尽管和约载明，缔约方之外的城邦可以加入她所愿意的一方，但这一条文也不适用于那些意欲加害于他人的城邦，只适用于不欺骗别人只求自身安全的城邦，而且肯定不适用于给接受求援的城邦——如果他们头脑清醒——带来战争而不是和平的城邦。你们若不听我们的话，一定会遭受战争的痛苦。**3** 因为你们不单成了科西拉人的盟友，还成了我们的敌人，你我双方就没有和约了。你们若跟他们走，我们向他们复仇时不得不把你们也捎带上了。**4** 双方都不参与，对于你们来说，不失为公正无私的立场。如果做不到，那就跟我们走，站到他们的对面（你们与我们科林斯人至少还有和约②，与科西拉人连休战都没有）。将别人的背叛者接收过来，这样的先例还是不要开。**5** 当年，萨摩斯人背叛了你们③，其他的伯罗奔尼撒人，有的认为应当援助这一方，有的认为应当援助那一方，我们没有投你们的反对票。而且，我们公开站出来说，各方有权惩戒自己的盟邦。**6** 如果你们接收和援助做坏事的，你们肯定会发现，你们倒向我们的盟邦不会少于我们倒向你们的盟邦，你们所开的先例与其不利于我们，毋宁不利于你们自己。

41.1 "这些就是我们向你们力陈的正义之理，根据希腊人的行为准

---

① 这句话原文可作多种理解，克劳利译成"在诉诸武力之前，在行动和言语上双方都应该处于平等的位置"。

② 指雅典与伯罗奔尼撒人的《三十年和约》，前文提到过（1.23.4），部分条文见下文（1.115.1）。

③ 公元前440年。

则，它对我们来说足够了。我们还想奉劝你们，你们欠了我们一笔人情，由于我们之间坏没有坏到伤害对方，好没有好到友好往来，所以现在是还这笔人情的时候了。**2** 那还是在波斯战争之前，你们与埃癸娜人打仗，缺少战舰，你们从我们科林斯人手上借了20艘①。此善意之举，加上我们在萨摩斯问题的举动——由于我们的阻止，伯罗奔尼撒人没有给予萨摩斯人援助——才使得你们既制服了埃癸娜人，又惩罚了萨摩斯人。当人们正攻击自己的敌人，除了取胜之外什么都顾不上之时，这样的举动不是正当其时吗？**3** 在这种时候，对于帮助自己的人，即使以前是仇敌，人们也会视之如友；对于反对自己的人，即使刚好是朋友，人们也会视之为敌。为了眼下的争胜，连血缘关系②都退居次要位置。

42. 1 "这些请你们三思，让老辈告诉后生，让他们知道应该对我们投桃报李。不要只是口头上说理该如此，一旦交战却唯利是从。**2** 判断上的失误最少，对自己就最有益：科西拉人拿战争的即将到来吓唬你们，催你们做坏事。会不会马上打起来，还说不定。受他们的撺掇，不是打算，而是现在就公开与我们科林斯人结仇，你们觉得值得吗？我们之间的猜忌始于你们业已实施的对墨伽拉人的政策③，还是慢慢消除更为明智**3**（因为两造相争，一方施以恩惠，不怕晚，也不怕小，只要时机恰当，也能化解对方的大控告④）。**4** 他们提出愿成为你们的强大海军盟邦，你们不要上他们的当。与其被眼前的表面利益所惑，捞它一把却引火烧身，不如不做残害势均力敌的城邦的事，这样自己的势力更稳固。**43. 1** 当年我们在拉刻代蒙公开表示，各方有权惩戒自己的盟邦，而现在呢，我们正处在你们当年的处境，所以要求你们给予同样的回报。过去，我们投票支持了你们，如今你们不要投票决定侵害我们。**2** 希望你们以德报德，要知道，现

---

① 见希罗多德《历史》（6.89）。

② "血缘关系"原文为"τὰ οἰκεῖα"，可以理解成"家产""自身利益"或者"血缘关系"。戈姆认为后一种理解好。句子的意思是，不仅朋友关系，即使是有血缘关系的城邦，为了眼下的胜利也顾不上。见其《评注》第1卷，第175页。

③ 这里所谓政策是指下文（1.67.4）说的"墨伽拉法令"（前5世纪30年代），还是指前461年因墨伽拉而起的所谓"第一次伯罗奔尼撒战争"？关键是句中的"πρότερον"一词，它可以指事件以前发生，现已不再存在的情况，也可以指以前就存在，现在还继续存在的状况。这里的意思是后者，故译为"业已实施的"。很可能指雅典人将墨伽拉人从它势力范围的港口和雅典自身的市场逐出之事（即"墨伽拉法令"）。见霍氏《评注》第1卷，第86页。

④ 括号里的这段话似乎没有确指，有学者分析认为，"小恩小惠"指雅典拒绝科西拉人求援，"大控告"指科林斯人对雅典人破坏《三十年和约》的控告。见马钱特的注。

在我们正处在紧要关头，此时伸出援手就是真正的朋友，阻挠反对就是最坏的敌人。3 不要不顾我们的强烈反对，接受这些科西拉人为盟友，不要帮助他们为非作歹！4 若能如此，你们的做法就是正确的，同时也为自己谋划了上上之策。"

44.1 以上就是科林斯人的发言。雅典人两次召开公民大会①，听取了双方的发言。在第一次大会上，他们较为倾向于科林斯人的发言；第二天，他们改变了主意，倾向于科西拉人，但不与他们结成有共同敌人和朋友的攻守同盟（因为，如果科西拉人要求他们一道征伐科林斯，他们与伯罗奔尼撒人的和约就会被破坏），而是结成了一个防守同盟②，即科西拉或者雅典或者她们各自的盟邦遭到攻击时，双方互相援助。2 因为，在雅典人看来，他们与伯罗奔尼撒人终有③一战，故不想将拥有如此强大海军的科西拉拱手让给科林斯人，而想让他们斗个你死我活，两败俱伤。等到必须一战的时候，科林斯人和其他海军强邦已经虚弱无力了。3 此外，在他们的眼里，在通往意大利和西西里的沿岸航路上，这个岛邦的位置绝佳。

45.1 雅典人心里这样盘算着，接纳科西拉人为盟友。在科林斯人离开之后不久，派遣 10 艘战舰前往援助，2 由喀蒙的儿子拉刻代摩尼俄斯④、斯特戎比科斯之子狄俄提摩斯和厄庇克勒斯之子普洛忒阿斯担任将军。3 嘱咐他们不要与科林斯人发生冲突，除非科林斯人在海上攻击科西拉人并准备登陆科西拉，或者在其他属于科西拉人的地方登陆；若发生这种情况，就尽力阻止。如此嘱咐他们，目的是避免破坏和约。**46.1** 这些战舰抵达了科西拉。科林斯人做好准备之后，派出 150 艘战舰驶向科西拉。其中 10 艘是厄利斯人的，墨伽拉人 12 艘，勒乌卡斯人 10 艘，安布

---

① 涉及重大议题，公民大会持续两天，第一天辩论，第二天投票决定。这也许是雅典人的惯常做法。见罗兹《修昔底德第 1 卷评注》，第 219 页。

② "防守同盟"原文是"ἐπιμαχίαν"（宾格），"συμμαχία"是攻守同盟。"ἐπιμαχία"这个词比较罕见，而"συμμαχία"很常见。有学者认为，从前 5 世纪晚期开始，新结成的同盟通常在形式上都是防守同盟，所以就不再需要这个专门术语了。见霍氏《评注》第 1 卷，第 87 页。

③ "终有"原文是"καὶ ὣς ἔσεσθαι"，καὶ ὣς，"无论如何"；ἔσεσθαι，"将有"。

④ Λακεδαιμόνιος, Lacedaemonius, 意思是"拉刻代蒙人"。喀蒙给自己儿子取这个名字，说明了他政治上，至少文化上的亲斯巴达倾向。见霍氏《评注》第 1 卷，第 89 页。为避免误解，这里音译。这一点有助于说明，雅典人此时并不想与伯罗奔尼撒人兵戎相见。

刺喀亚人27艘①，阿那克托里翁人1艘，科林斯人自己90艘。**2** 各邦都有自己的将军，科林斯的将军是厄乌堤克勒斯之子克塞诺克勒得斯和其他4位。**3** 他们从勒乌卡斯出发，抵达与科西拉岛隔海相望的大陆地区，在忒斯普洛提斯的刻墨里翁下锚。**4** 它是一个港口，在其上方，离海一段距离的地方，在忒斯普洛提斯的厄莱阿提斯，有一个名叫厄皮瑞的城邦。阿刻儒西亚湖从此港口旁注入大海，而阿刻戎河流经忒斯普洛提斯注入此湖，湖因河而得名②。另有一条堤阿弥斯河将忒斯普洛提斯和刻斯特里涅分隔开来，两条河流之间突向海中的部分就是刻墨里翁地岬。**5** 科林斯人就是在大陆的这个位置下锚停泊、安营扎寨的。**47.1** 科西拉人得知他们航行过来，110艘战舰人员就位，由弥喀阿得斯、埃西弥得斯和厄乌律巴托斯统率，驻扎于绪玻塔群岛③的一个岛屿上，10艘阿提卡战舰从旁协助。**2** 其陆军驻扎在勒乌喀墨地岬，兹达库恩托斯④人的1000名重甲兵也已来助战。**3** 大陆上邻近地区很多蛮族驰援科林斯人，因为那个地区的大陆居民一直跟他们友好⑤。

48.1 科林斯人做好准备之后，携三日军粮⑥，夜晚从刻墨里翁起航出海，准备海战。**2** 航行至黎明时分，望见科西拉人的舰队在离开海岸的外海上，朝他们航来。**3** 双方发现对方后，都摆好阵型。阿提卡的战舰位于科西拉人的右翼；科西拉人自己占据其余的战线，并且将他们的战舰分为三个中队，分别由三位将军指挥。**4** 科西拉人排兵布阵的情况就是如此。科林斯人的右翼由墨伽拉和安布剌喀亚的战舰占据，中军是其他盟邦的战舰，科林斯人自己占据左翼，用最快捷的战舰对抗雅典人和科西拉人的右翼。

49.1 等双方下令进攻的信号旗举起⑦，交战开始了。双方的甲板上站着

---

① 史密斯译本和哈蒙德的译本均误作"seventeen"（"17"）。
② 阿刻儒西亚，Ἀχερουσία，Acherousia；阿刻戎，Ἀχέρων，Acheron。
③ Σύβοτα，Sybota，在希腊半岛西北海岸边，与科西拉岛（现在希腊的科孚岛）南端正相对。这里所说的绪玻塔群岛在其附近的海面上。下文（50.3）出现的是绪玻塔。"Σύβοτα"字面意思是"放猪地"。那些地方水草丰美，适宜于放牧猪群，因而得名。
④ Ζάκυνθος，Zacynthus，即今天希腊的扎金索斯岛，位于伯罗奔尼撒半岛西面。
⑤ 上文提到，科林斯人和他们的盟友从勒乌卡斯出发（46.3），可见，那里是他们集结地点。这句话中"大陆上邻近地区"就是指勒乌卡斯岛对岸的希腊半岛大陆地区。
⑥ 科林斯人不知道能否当日返回营地，如果海战取胜，就有望登陆科西拉岛。见Thucydides, *The Peloponnesian War*, trans. by Martin Hammond, p. 490。
⑦ 是何种信号旗？我们不得而知。下文还提及一些信号（1.50.5；1.63.2）。见戈姆《评注》第1卷，第184页。

许多重甲兵、弓箭手和投枪兵,因为他们预备海战的方式仍然是旧式的、笨拙的。2 海战打得激烈,但不那么靠技术,更接近于陆战。3 双方一旦向对方冲过去,由于舰只众多,挤作一团,就难解难分。作战时,双方的舰只静止不动,取胜的希望更多地寄托于甲板上的重甲兵身上;没有冲破敌舰阵线的战术①,更多地靠勇敢和力气而不是智谋进行海战。4 一时间,喧嚣震天,场面混乱不堪。战斗中,一旦科西拉人哪里形势吃紧,阿提卡战舰就赶过来,威慑敌人。其将领谨守雅典人的嘱咐,不投入战斗。5 科林斯人的右翼遭受重创。因为,科西拉人以20艘战舰打得他们转身逃跑,然后紧追其溃散之军,将他们赶到大陆上。科西拉人径直航行到他们的营地,下船登岸,焚烧其留下的营帐,掠走财物。6 因此,在右翼,科林斯人和其盟友被打败了,科西拉人占了上风。但是,科林斯人在自己所在的左翼大胜,因为科西拉人的战舰数量本来就少些,加上又有20艘追击敌人去了。7 雅典人看到科西拉人处境险恶,就开始毫不犹豫出手相助了。本来,雅典人刚开始还克制自己,不去撞击敌舰。后来,眼见科西拉人招架不住而溃散,科林斯人紧追不舍,于是人人动起手来,放开了打。雅典人与科林斯人不可避免地走到兵戎相见这一步了②。

50.1 科西拉人溃败后,科林斯人没有将击沉的敌舰绑上拖走③,而转向敌方的人员,来来回回四下里划动舰只,宁可杀掉,少抓俘虏④。一些自己的盟友——他们不知道右翼被打败了——没有认出来也被杀了。2 由于双方船只众多,所占的海域甚广,一旦交战起来,难以分清敌我双方具体谁是战胜者,谁是战败者⑤。从参战舰只数量上说,这场希腊人对

---

① 此战术很可能是这样的:在敌舰战线冲破一个缺口,然后转向用舰首撞击敌舰船腹。见霍氏《评注》第1卷,第92页。

② 作者对这场战役的由来详加叙述就是为了这句话,当然这场希腊人之间的海战本身规模空前,另外,作者还想把它当作"示范性"的海战叙事。见霍氏《评注》第1卷,第92页。

③ 当时的船只是木制的,被击沉后浸满水,但仍然浮在水面上。"击沉"原文是"καταδύσειαν",是"καταδύω"的不定过去时的祈愿式(表原因),意思是"使沉入"。但是,理解成"使失去(战斗)能力"可能更准确,因为折断桨或者杀死桨手就可以使该舰失去战斗能力,不必让其浸满水,故有英译作"had been disabled"。这里还是按照原文直译。参见戈姆《评注》第1卷,第185页。

④ 指在浸满水的船只上的人和落入海中的人。这种白描式的语言更有震撼力。见霍氏《评注》第1卷,第93页。

⑤ 双方都有众多的盟军。

希腊人的海战的规模超过了以前他们之间的任何一场海战。**3** 科林斯人穷追科西拉人,将他们赶上岸之后,回过头来收拾己方的船只残骸和尸首。他们掌控了①绝大部分船只,并带往绪玻塔②,此绪玻塔是忒斯普洛提斯的一个荒无人烟的港口,他们的蛮族盟友步卒已先到那里援助他们。做完这些,他们集合起来,再次向科西拉人驶去。**4** 科西拉人出动所有还能航行的战舰,以及余下没有参战的战舰,加上雅典战舰,也驶向对方,唯恐科林斯人尝试登上科西拉岛。**5** 此时,天色已晚,进攻前的颂歌已唱罢③,突然,科林斯人开始倒划,他们看见 20 艘雅典战舰驶来了④。原来,雅典人担心——情况果然如此——科西拉人不能取胜,他们的 10 艘战舰数量不足以提供保护,所以随后又派遣了 20 艘增援。**51.1** 却说科林斯人首先看到了这些战舰,怀疑它们从雅典开来,而且其数量比原来见到的要多,就开始撤退。**2** 驶来的雅典战舰一时不在科西拉人的视野内,所以他们没有发现,正对科林斯人的倒划感到诧异,直到有些人看见了,并且说:"那边有船驶来!"接着,他们自己也撤退了,天已经黑了。科林斯人掉转船头,停止了作战。**3** 双方就这样各自撤退,这场海战至夜方休。**4** 科西拉人在勒乌喀墨扎营。从雅典来的 20 艘战舰,在被人发现之后不久,在勒阿格洛斯的儿子格劳孔和勒俄戈剌斯的儿子安多喀得斯⑤的率领下,在尸首和战舰残骸之间穿行,抵达了科西拉人的营地。**5**

---

① "掌控"原文是"ἐκράτησαν",是"κρατέω"的不定过去时,意思是"成为……主人""占有""掌控"等。失去战斗能力的舰只,包括浸满水的,上面或有人员,有的派人上去或者略加修理就可以航行。故有英译本作"recover",是意译。

② 见上文(1.47.1)的注释。

③ 训练有素的船员在战前会保持沉默,唱颂歌或者战歌说明是要进攻了。古代笺注者说进攻前唱歌颂战神阿瑞斯(Ἄρης, Ares)的歌,凯旋时唱歌颂太阳神阿波罗(Ἀπόλλων, Apollo)的歌。见霍氏《评注》第 1 卷,第 94 页。

④ 雅典人何时决定派出这 20 艘战舰?作者前文没有任何交代。作为一个讲故事的人,作者面临一个棘手的问题,他在叙述战舰赴科西拉地区时不想回头去写雅典公民大会上的辩论(肯定有第三次公民大会,而且是在第一、二次大会之后不久),所以突然插了这么一句,而且到了第 51 章(1.51.4)才交代其指挥官的姓名。这样做的效果是不会破坏前文给读者留下的印象,即雅典人做决定是慎重的。见霍氏《评注》第 1 卷,第 94 页。

⑤ 有铭文证据表明,这里的人名有误,应该是格劳孔、墨塔革涅斯和德剌孔提得斯。作者漏掉了一个,写错了一个。一般铭文证据对该书记载起补充作用,像这样证明原文有误的情况不多见。详见霍氏《评注》第 1 卷,第 95 页。雅典派出的第一支舰队有 3 名将军,这支增援舰队又有 3 位将军,这样 30 艘战舰竟有 6 位将军指挥,而雅典每年只有 10 位将军。这说明这次出征的尺度难以把握,即既要帮助科西拉人,又不能破坏与伯罗奔尼撒人的《三十年和约》。

科西拉人（因为已是夜晚）害怕他们是敌人，随后认出来了。他们的战舰下锚停泊。

52. 1 次日，30 艘阿提卡战舰和科西拉人所有能够航行的战舰，向绪玻塔科林斯人下锚停泊的港口进发，想看看能否打一仗。2 科林斯人从陆地上下来登船，驶离岸边来到外海，列好阵势之后按兵不动。他们没有心思再进行一场战斗，因为他们看到了从雅典新来的增援战舰，而且自身遇到很多困难：俘虏的看管问题——他们就在船上；在这个荒无人烟的地方，船只得不到修理。3 他们考虑更多的是回程问题，即如何回国。他们担心的是，由于雅典人已经动手参战，所以雅典人会认定和约已遭破坏，他们返回时将遭拦截。**53.** 1 因此，他们决定派人乘双桨小船①，不持传令官的节杖②，前去试探雅典人。捎带以下的话：2 "雅典人啊！你们开战了，破坏了和约，你们做错了！我们正向敌人复仇，你们却拿起武器与我们对垒，阻止我们复仇。如果你们的意图是阻止我们驶向科西拉，或者任何别的我们想去地方，如果你们要破坏和约，接着，你们开始抓住此时此地的我们，把我们当作敌人看待。"3 他们就是这样说的。军中所有听到这些话的科西拉人吼道："马上把他们拿下！杀掉！"4 雅典人却这样回答："伯罗奔尼撒人啊！我们既没有开战，也没有破坏和约！③ 我们来是为了援助这里的科西拉人，他们是我们的盟友。如果你们想要驶向别的什么地方，我们不阻拦。但是，如果你们攻击科西拉人或者任何属于他们的地方，我们会尽全力加以阻止！"

54. 1 雅典人这样回答之后，科林斯人为返回做起了准备，并且在大陆上的绪玻塔竖立了却敌纪念柱。科西拉人打捞起漂向他们的战舰残骸和尸首④，夜晚涨起的海潮和刮起的海风使它们分散开来，到处都是，他们在绪玻塔群岛的那个岛屿也针锋相对地竖立了一根却敌纪念柱。2 双方都以为自己是胜利者，理由如下：科林斯人在海战中占据上风直至夜幕降临，故能运走自己的大多数战舰残骸和尸首，俘敌不少于 1000 人，击沉战舰约 70

---

① "双桨小船"原文是"κελήτιον"，比"ἀκάτιον"还要小。见霍氏《评注》第 1 卷，第 96 页。

② 持传令官的节杖就意味着双方处于战争状态，因为科林斯人迫切希望雅典人还没有把他们当作敌人。

③ 从作者提供的证据来看，雅典人的所作所为已经超越了公民大会指令和和约的规定，科林斯人似乎是正确的。见霍氏《评注》第 1 卷，第 96 页。

④ 这样做一般是胜利的标志。如果是战败者，要打着休战的旗帜才能进行。

艘，故立却敌纪念柱。科西拉人摧毁敌舰将近30艘，等雅典人到来之后，打捞起漂向他们的自己的残骸和尸首；而且前一日，科林斯人看见雅典的战舰到来，倒划撤退，等雅典人到来之后，他们不从绪玻塔驶出迎战，故立却敌纪念柱。这样，双方都主张自己是胜利者①。**55.1** 科林斯人在返回途中，用计谋夺得了阿那克托里翁，它位于安布剌喀亚海湾的入口处（是他们与科西拉人共同的殖民地）②，在那里安置了科林斯的殖民者，然后回国了。科西拉俘虏中有800人是奴隶③，科林斯人把他们卖掉了。另有250人则被系缚、看管起来，好生照料，以期他们回国后，将科西拉争取到科林斯一边④。事有凑巧，他们当中大部分都在科西拉最有权势者之列。**2** 这样，在与科林斯的战争中，科西拉取得了胜利⑤。雅典的战舰从科西拉撤走了。对科林斯人而言，这就是与雅典人的战争⑥的第一个责难的理由：雅典人在休战期间与科西拉人一起向他们开战。

56.1 紧接着，在雅典人与伯罗奔尼撒人之间发生了以下争端，导致双方兵戎相见。**2** 波忒代亚人，居住于帕勒涅半岛的地峡上⑦，这个地方最初是科林斯人的殖民地，现在是向雅典缴纳贡款的盟邦。科林斯人正谋划报复雅典人，雅典人怀疑他们对自己怀有敌意，于是命令波忒代亚人拆除位于帕勒涅半岛一边的城墙，交出人质；而且，将科林斯每年按惯例派遣来的官吏⑧驱逐出去，以后也不再接受。因为他们担心波忒代亚人在珀

---

① 绪玻塔战役的准确时间是前433年8月，有铭文证明。见霍氏《评注》第1卷，第237页。

② 以前在科林斯人还掌控着科西拉的时候，科西拉人跟随科林斯人在阿那克托里翁殖民；前文提及有1艘阿那克托里翁的战舰参了科林斯人的出征，这说明其内部是分裂的，有一派向着科林斯人，这就使得现在科林斯人能用计谋夺取它。详见戈姆《评注》第1卷，第196页。

③ 这些奴隶被科西拉人用作桨手，是非战斗人员。

④ 后来科西拉人的内乱与他们关系密切，参见下文（3.70）。

⑤ 科林斯人既没能保证厄庇丹诺斯的自由，又没能让科西拉服从，无疑是失败者。见戈姆《评注》第1卷，第196页。

⑥ 即伯罗奔尼撒战争，这个称呼是站在雅典这一方说的。如果站在伯罗奔尼撒一方，就是"与雅典人的战争"了。

⑦ Παλλήνη，Pallene，希腊半岛北部的一个半岛，是三个手指状伸入爱琴海的半岛中最南面的一个，今名卡珊德拉半岛。Ποτείδαια，Potidaea，位于帕勒涅半岛与大陆连接的地峡上。

⑧ "官吏"原文是："ἐπιδημιουργούς"（宾格、复数），希腊语中有"δημιουργός"一词，意思是"为众人工作的人""工匠""执政者"等。有学者认为，加上前缀"ἐπι-"，是对其普遍意义（"执政者""城邦官员"）的限制，也许其权力限于波忒代亚，或者任期只有1年，或者兼而有之，尚不能确定。见霍氏《评注》第1卷，第99页。母邦干涉其子邦治理的做法是不合常规的。见卡特赖特《评注》，第36页。

耳狄卡斯①和科林斯人的劝说之下叛离雅典②，引起色雷斯③地区的其他盟邦跟着一起叛离。**57.1** 在科西拉海战之后，以上这些关于波忒代亚人的预防措施，雅典人立即采取了。**2** 因为，科林斯人已经公开与雅典人不睦了；马其顿王亚历山大之子珀耳狄卡斯以前和雅典人一直是同盟者和朋友，现在反目为仇了。**3** 雅典人被珀耳狄卡斯当作敌人，是因为他们与其兄弟菲利普④结盟，与得耳达斯⑤结盟，一起来反对他。**4** 他对此感到害怕，于是派人去拉刻代蒙活动，想挑起雅典人与伯罗奔尼撒人之间的战争，还想拉科林斯人做朋友，目的是让波忒代亚人叛离雅典。**5** 他还建议色雷斯地区的卡尔喀斯人⑥和玻提埃亚⑦人一起叛离，他的想法是，如果有这些毗邻的地区做盟友，与雅典人的战争就要容易一些。**6** 对此，雅典人有所觉察，打算预先阻止这些城邦的叛离。他们命令自己的舰队将领们（他们刚好已派遣 30 艘战舰和 1000 名重甲兵前往珀耳狄卡斯的国土，由吕科墨得斯之子阿耳刻斯特剌托斯和其他 2 位⑧将军率领）把波忒代亚的人质弄到手，拆毁城墙，并对邻近城邦保持戒备，防止他们叛离。

58.1 波忒代亚人派遣使节去雅典，希望能说服雅典人不要改变跟他

---

① Περδίκκας，Perdiccas，指马其顿王珀耳狄卡斯二世（前454—前413 年），亚历山大(Ἀλ-έξανδρος，Alexander) 一世（前498—前454 年）之子。

② 在前 5 世纪 30 年代早期的某个时段，波忒代亚的贡款数额从 6 塔兰同升至 16 塔兰同，原因不明；她可能还感到了雅典在安庇波利斯建立殖民地（前 437 年）（4.102）的压力。这些可能都是促使她叛离雅典的原因。见卡特赖特《评注》，第 36 页。

③ Θρᾴκη，Thrace，音"特剌刻"，是希腊北面的一个地区，包括今天的希腊北部、保加利亚南部和土耳其的欧洲部分。

④ Φίλιππος，Philip，音"庇利波斯"，习惯上译为"菲利普"。

⑤ Δέρδας，Derdas，很可能是前 5 世纪上马其顿（山区）厄吕弥俄提斯的统治者，独立于下马其顿（沿海）统治者珀耳狄卡斯。他与珀耳狄卡斯和菲利普是堂/表兄弟。见霍氏《评注》第 1 卷，第 100 页。

⑥ Χαλκιδῆς，Chalcidians，这里指居住在卡尔喀狄刻（Χαλκιδική，Chalcidice）的卡尔喀斯人。卡尔喀狄刻位于希腊半岛北部伸入爱琴海的部分，包括三个手指形平行的半岛（由西向东）：帕勒涅、西托尼亚（Σιθωνία，Sithonia）和阿克忒（Ἀκτή，Acte）。最早的殖民者（约前 8 世纪）来自优卑亚岛的卡尔喀斯（Χαλκίς，Chalcis），故名。注意不要将两地的卡尔喀斯人混淆。

⑦ 这里的玻提埃亚人生活于玻提刻（Βοττική，Bottice），不是生活于玻提埃亚（Βοττιαία，Bottiaea）的玻提埃亚人。玻提刻位于卡尔喀狄刻半岛的中部，而玻提埃亚是古代马其顿的一个地区，位于今天希腊塞萨洛尼基的西面不远处。参见下文译注（2.79.1；2.99.3）。见霍氏《评注》第 1 卷，第 101 页。

⑧ 古代的抄本为"δέκα"（"10"），显然有误，因为雅典每一年总共只有 10 位将军。绝大多数学者认为应为"4"，戈姆和霍氏都认为，最可能的数字是"2"。见戈姆《评注》第 1 卷，第 209 页；霍氏《评注》第 1 卷，第 101—102 页。

们的关系；同时，他们派遣使节同科林斯人一起去拉刻代蒙［活动］，以便在紧急时得到援助。使节在雅典游说了好久，终无满意的结果。相反，原定攻打马其顿的雅典舰队也要去攻打波忒代亚①。然而，拉刻代蒙当局②向他们许诺，如果雅典人攻打波忒代亚，他们就侵入阿提卡。于是他们抓住这个时机，与卡尔喀斯人和玻提埃亚人发誓结盟，一同叛离了雅典。**2** 珀耳狄卡斯劝卡尔喀斯人放弃建在海边的城市，将它们拆毁，内迁至俄吕恩托斯③，在那里建成一座强大的城市。对于那些内迁者，珀耳狄卡斯将他自己在玻尔柏湖附近的密格多尼亚地方的土地④，给他们耕种，直至与雅典人的战争结束。于是，他们拆毁城堡内迁，准备战争。**59.1** 雅典的 30 艘战舰抵达色雷斯海岸，发现波忒代亚和其他城邦已经叛离。**2** 舰队将军们认为，以他们现有的军力无法与珀耳狄卡斯和反叛地区同时开战，故转向马其顿，这本是他们这次派遣的目的地。立足甫稳，就与菲利普和得耳达斯的兄弟们⑤联合作战，其时他们已经从山地⑥侵入马其顿。**60.1** 与此同时，既然波忒代亚已经叛离，雅典的战舰抵达了马其顿海岸，科林斯人就为那个地方的安全担忧，他们认为危险到了自己的家门口了。于是，派遣自己的志愿者和其他雇来的伯罗奔尼撒人，总共 1600 名重甲兵和 400 名轻装兵，**2** 由阿得曼托斯之子阿里斯忒乌斯率领。绝大多数来自科林斯的公民志愿者，主要是出于与他的友谊才一起跟随他的，他与波忒代亚人亦素相友善。**3** 他们是在波忒代亚叛离后的第 40 天抵达色雷斯地区的⑦。

61.1 同时，这些城邦叛离的消息迅速传到雅典人那里，他们也了解到

---

① 指前文阿耳刻斯特剌托斯等率领的雅典舰队。

② "当局"原文为"τὰ τέλη"，本义是"当政者"，可以泛指整个斯巴达公民大会。霍氏建议译为"当局"（the Spartan authorities）。今从。见其《评注》第 1 卷，第 102 页。卡特赖特推测为五监察官。见其《评注》，第 37 页。

③ Ὄλυνθος, Olynthus, 位于帕勒涅半岛与大陆相连接的地区，在波忒代亚的北面 9—10 公里处，距离海边 2.5 公里。

④ Βόλβη, Bolbe, 即现在的沃尔维湖，在塞萨洛尼基的东面，俄吕恩托斯的正北面，距离俄吕恩托斯 20 公里。Μυγδονία, Mygdonia, 在玻尔柏湖的北岸，现在属于塞萨洛尼基市的一个辖区。

⑤ 得耳达斯本人此时可能已死。见戈姆《评注》第 1 卷，第 212 页。

⑥ 原文是"ἄνωθεν"，意思是"在上边""从高处"。此处指从上马其顿（那里是山区）来。

⑦ 有学者指出，几乎可以肯定他们是从陆路抵达色雷斯地区的。见戈姆《评注》第 1 卷，第 213 页。

阿里斯忒乌斯率人前去增援叛离者的情况,于是派遣他们自己的 2000 名重甲兵和 40 艘战舰前去叛离地区,由卡利阿得斯之子卡利阿斯和其他 4 位将军率领①。**2** 部队先抵达了马其顿,发现先前来的那 1000 人的队伍刚打下忒耳墨②,正在围攻皮德娜③。**3** 于是,他们参加围攻皮德娜。但接着,他们与珀耳狄卡斯签订协议结为盟友,作为权宜之计,这是由于受波忒代亚的局势和阿里斯忒乌斯的到来所迫,然后从马其顿撤军了。**4** 他们到了柏洛亚④,由那里去斯忒瑞普萨⑤。他们尝试攻打此地,没有攻下。然后,他们自己的 3000 名重甲兵,还有很多盟军,由菲利普和泡萨尼阿斯⑥指挥的 600 名马其顿骑兵,由陆路向波忒代亚进军。**5** 与此同时,他们的 70 艘战舰沿岸航行。经过几个短暂的航程,第三天抵达癸戈诺斯⑦,安营扎寨。

62.1 波忒代亚人和跟随阿里斯忒乌斯的伯罗奔尼撒人,在地峡上面向俄吕恩托斯的一侧扎营,等候雅典人到来。他们还在波忒代亚城外设立了一个市场。**2** 盟军推选阿里斯忒乌斯为全体步兵的统帅,珀耳狄卡斯为骑兵统帅,因为珀耳狄卡斯马上与雅典人再次分道扬镳了,并与波忒代亚人结盟,他任命伊俄拉俄斯代他统率军队⑧。**3** 阿里斯忒乌斯的策略如下:他自己的人马继续驻守地峡,静候雅典人前来攻击;卡尔喀斯人和来自地峡外的盟友,以及珀耳狄卡斯提供的 200 名骑兵留在俄吕恩托斯;一旦雅

---

① 直译"卡利阿斯自己第 5 个",这是套语(formula),并不说明卡利阿斯比其他将军地位高,可能是因为作者当时信手为之,或者卡利阿斯的知名度要高一些。见霍氏《评注》第 1 卷,第 104 页。

② Θέρμη, Therme, 现在是塞萨洛尼基市的一个辖区,塞萨洛尼基海湾的东侧。

③ Πύδνα, Pydna, 位于现在塞尔迈海湾西海岸,在塞萨洛尼基的南面。

④ Βέροια, Beroea, 位于现在希腊的中马其顿大区,今名维里亚(Veria)。阿尔伯蒂的校勘本改作"Βρέα",霍氏认为,Βέροια 的地理位置很重要,符合作者的叙述,不能改为 Βρέα (另一处色雷斯地点)。今从。见其《评注》第 1 卷,第 104 页。

⑤ Στρέψα, Strepsa, 是密格多尼亚的一个城邦,在忒耳墨的北面。"由那里去斯忒瑞普萨"古代抄本为"ἐπιστρέψαντες"("转向……""转身"),不合当地的地理状况,因为柏洛亚在往马其顿内陆的方向,离皮德娜很远,且与去波忒代亚的方向相反,所以绝大多数学者同意改为"ἐπὶ Στρέψαν"。见戈姆《评注》第 1 卷,第 215—216 页。霍氏认为,斯忒瑞普萨的位置在忒耳墨的西北面,在通往珀拉的路上。见其《评注》第 1 卷,第 105 页。

⑥ 作者没介绍此人,很可能是得耳达斯的兄弟。见霍氏《评注》第 1 卷,第 105 页。

⑦ Γίγωνος, Gigonus, 一个小地方,位于现在塞尔迈海湾东海岸,在波忒代亚西北面,离她应该不太远。

⑧ 史密斯译成"代他统治国内"(as his administrator at home)。"统治"原文是"ἄρχοντα","at home"为英译者添加。霍氏认为,这种理解是错误的,因为他的国内统治与这场战斗没有直接的关联,而且下文马上有"珀耳狄卡斯提供的(παρὰ Περδίκκου, from Perdiccas)200 名骑兵"的说法,故珀耳狄卡斯很可能不在现场,由伊俄拉俄斯代他做骑兵统帅。见霍氏《评注》第 1 卷,第 105 页。

典人上来进攻阿里斯忒乌斯的人马,他们就从背后发起攻击,对敌形成前后夹击之势。4 然而,雅典将军卡利阿斯和他的同僚派出马其顿骑兵和少量盟军攻俄吕恩托斯,以阻止对方从那里来的援兵,他们自己则拔营而起,向波忒代亚进发。5 他们抵达地峡,看到对方在做战斗准备,于是列阵相向。不久,双方交战起来。6 阿里斯忒乌斯所率的那一翼,包括经过挑选的科林斯人和其他一些人,打败了对手,追击出去很远。但是,由波忒代亚人和伯罗奔尼撒人组成的另一翼,被雅典人打败了,逃到波忒代亚城的城墙后面躲避。

63.1 阿里斯忒乌斯追击完回来,看到他们其余的队伍被打败了,他不知道该攻向俄吕恩托斯,还是进入波忒代亚,二者都有危险。最终决定集合自己的人马,尽可能地聚拢在一起,强行冲进波忒代亚城。他们经过伸入海中的防波堤时,艰难地忍受敌人的投枪攻击①。尽管他损失了少数人,但保住了大部分人马。2 战斗开始,信号旗②升起,从俄吕恩托斯出来支援波忒代亚的援军(两地相距仅将近60斯塔狄翁③,可以望见)前去援助,向前推进一小段距离,即遇马其顿的骑兵列阵阻止。雅典人很快取得了胜利,信号旗被降下。于是,他们退回去躲到俄吕恩托斯的城墙后面,马其顿人与雅典人遂合兵于一处。双方的骑兵都没有投入战斗。3 战后,雅典人立了却敌纪念柱,让波忒代亚人在休战协议的保证下收尸。波忒代亚人与其盟友战死了将近300人,雅典人自己战死150人,包括将军卡利阿斯④。**64.1** 雅典人赶紧在地峡一边⑤筑起墙来,并加以守卫;但是在帕勒涅⑥一面不筑墙。因为他们考虑到,他们的军力不足以既在地峡守卫,又渡海到帕勒涅半岛筑墙。他们担心,如果分兵二处,波忒代亚人及

---

① 可能来自雅典的战舰,见莫里斯的注。
② 不是开战的信号旗,而是要求增援的信号旗。
③ 古希腊里程单位,各地标准不一。作者在此书中使用的标准也前后不一,因为他调查的对象可能使用各自不同的标准,而作者又没有统一。一般认为,1斯塔狄翁≈185米,故60斯塔狄翁≈11100米。有学者测得这两地之间的准确距离是约10500米。见霍氏《评注》第1卷,第106页。
④ 雅典的战死者葬在雅典的陶匠区,那里是国葬的地点,其韵文碑铭保存下来了。哲学家苏格拉底和雅典著名人物阿尔喀比阿得斯都参加了此役,阿尔喀比阿得斯表现杰出,苏格拉底救了他的命(柏拉图《会饮篇》219—20;《卡尔米德篇》153)。参见霍氏《评注》第1卷,第106页。
⑤ 即朝北面。
⑥ 朝向南面,即帕勒涅半岛的那一面。

其盟军就会攻击他们。**2** 随后，雅典国内得知帕勒涅半岛一面没有筑墙，就派遣他们自己的 1600 名重甲兵，由阿索庇俄斯之子波耳弥翁担任将军。他到达帕勒涅，以阿皮提斯①为大本营，率军向波忒代亚城缓缓前进，一路上蹂躏乡野。因为没有人出来应战，他筑起在帕勒涅一面的墙。**3** 这样，波忒代亚城已经处在两面包夹之中，海上还有战舰封锁。**65.1** 波忒代亚城既已处在对方筑墙包夹之中，阿里斯忒乌斯就没有拯救她的希望了，除非从伯罗奔尼撒来人增援，或者发生别的什么意想不到的事情。他建议除了 500 人留守，其余的人观察风向，航行出海，这样可以让粮食维持更长的时间，他本人则希望在留守之列。由于自己的建议没有被接受，他想勉力一试，到包围之外争取最有利的局面。于是，他躲过雅典人的警戒，航行出海。**2** 他留在卡尔喀斯人中间，在各个方面帮助他们作战；他在塞耳密利亚人②的城附近设下埋伏，消灭了他们很多人；他还尽力争取从伯罗奔尼撒获得一些援助。在包围波忒代亚之后，波耳弥翁带领那 1600 人蹂躏了卡尔喀狄刻③和玻提刻④，并且夺取了那里的一些村镇。

66. 于是，在雅典人和伯罗奔尼撒人之间，又有了新的相互责难的理由：科林斯人指责说，波忒代亚被围困了，那是他们的殖民地，科林斯人和伯罗奔尼撒人在里面；雅典人则指责说，伯罗奔尼撒人煽动一个向他们缴纳贡款的盟邦，使得她叛离了，而且公开与波忒代亚人站在一起向他们开战。然而，战争还没有全面爆发，仍然处在休战状态，至此，还只是科林斯人单独采取行动。⑤ **67.1** 眼见波忒代亚被围困，科林斯人坐不住了，因为他们的人被困在里面，所以担心那个地方的安危。他们马上请求盟邦前往拉刻代蒙，要痛斥雅典人，说他们已经破坏了和约，对伯罗奔尼撒犯

---

① Ἄφυτις, Aphytis, 在帕勒涅半岛东侧海滨, 波忒代亚城的东南不远处。
② Σερμυλιῆς, Sermylians, 塞耳密利亚（Σερμυλία, Sermylia）人, 塞耳密利亚在帕勒涅半岛与西托尼亚半岛之间的陆地海滨, 今名Ὀρμύλια（Ormylia）。
③ 不是整个卡尔喀狄刻, 而是以俄吕恩托斯为中心的地区, 那些地方叛离了雅典。见戈姆《评注》第 1 卷, 第 221 页。
④ Βοττική, Bottice, 位于卡尔喀狄刻的西部, 在俄吕恩托斯的北面。
⑤ 这里的"战争"指的是伯罗奔尼撒战争。关于最后一句的翻译, 关键在对"ἰδίᾳ"一词的理解, 需要结合上下文。戈姆认为, 阿里斯忒乌斯和他率领的人马是以志愿者的身份去帮助波忒代亚人的, 根据这个观点可以译为"至此, 科林斯人只是私下采取行动（privately, not officially）"。见戈姆《评注》第 1 卷, 第 224 页。霍氏则认为, 科林斯人没有与伯罗奔尼撒人一起采取行动, 而是单独行动, 所以说战争没有全面爆发。见霍氏《评注》第 1 卷, 第 107 页。今从后者。

下了罪行。2 埃癸娜人由于害怕雅典人，没有公开地派遣使节，而是偷偷地与科林斯人一道极力怂恿开战①，表示和约赋予自己的独立自主的地位已经被剥夺了②。3 然后，拉刻代蒙人邀请所有其他声称遭受雅典戕害的盟邦，前来拉刻代蒙。他们召开了自己习惯上的大会③，让这些盟邦的代表到会上发言。4 其他到前面发言的人分别提出了自己的控诉，墨伽拉人除了提出许多其他与雅典人的争端外，还特别提到，他们被排斥在雅典的势力范围内的港口和阿提卡市场之外，这是违反和约的④。5 科林斯人让其他人先激怒拉刻代蒙人，最后一个上前作了如下的发言：

68.1 "拉刻代蒙人啊！你们在城邦公共生活和私人交往中所表现出来的对他人的信赖，使你们不相信像我们这样有冤要诉的人⑤。一方面，这让你们行为审慎，另一方面却使你们对于本邦之外的事务相当陌生。2 尽管我们经常提醒你们，我们将要遭受雅典人的戕害，但是你们每次都对我们的话充耳不闻，反而怀疑我们是为了自己的私利而诉冤。由于这一点，在我们遭受侵害之后，而不是之前，你们才邀请这些盟邦前来。在这些盟邦当中，我们最有权利申诉，因为我们的冤屈最深，我们既遭雅典人欺凌，又被你们忽视。

---

① 也许只是作者的推论，不是埃癸娜人或者其他人在斯巴达的说法。见霍氏《评注》第1卷，第109页。

② 这里所说的条约很可能指斯巴达与雅典之间的《三十年和约》（前446/5年签订）。见霍氏《评注》第1卷，第109页。

③ 这是斯巴达的公民大会，不是伯罗奔尼撒同盟的大会。

④ 这就是著名的"墨伽拉法令"（详后文 1.139），很可能是前5世纪30年代早期通过的，表面上是对墨伽拉人耕种神的土地的惩罚，不过其范围、目的和作用学术界争论很大。德·圣·克鲁瓦的分析最为著名（见 G. E. M. de Ste. Croix, *The Origins of the Peloponnesian War*, London: Duckworth, 1972, pp. 225 – 289）。他认为此法令的经济意图不显著，经济作用不大，基本上是宗教性的，故修昔底德不予重视。"雅典的势力范围"原文是"τῇ Ἀθηναίων ἀρχῇ"，有学者译为"雅典帝国"。"市场"原文是"ἀγορᾶς"（单数、属格），音"阿戈拉"，"市场"的释义太窄，也指"集会场所"，含宗教意味。这里的"阿提卡市场"，用了定冠词，指的是雅典卫城脚下的"ἀγορά"（"Ἀττική"，"阿提卡的"，等同于"Ἀθηναίων"，"雅典的"），而不是整个阿提卡范围的市场（有学者对此有异议）。霍氏认为，克鲁瓦强调此法令的宗教意味是对的，但这里将港口和市场相提并论，说明雅典人既想在宗教上惩罚墨伽拉，又想在经济上损害她。同时，此法令的确导致墨伽拉人饿肚子，说明它的经济作用是明显的。"和约"指《三十年和约》，这里的"违反"可能指违背了和约的原则，而不是和约的具体规定。见戈姆《评注》第1卷，第227页；霍氏《评注》第1卷，第111页。

⑤ 这段话的标点和理解各家有分歧，"牛津本"的断句与"洛布本"稍有不同。霍氏取后者，他认为，这句话的要义是，拉刻代蒙人之间互相信任，却不愿信任外邦人，尤其是这些外邦人向他们诉说令人不快的事情。今从。见霍氏《评注》第1卷，第112页。

3 "由于你们对外邦事务的陌生，如果雅典人暗地里戕害希腊，就需要我们向你们一一道来。现在还用得着长篇大论吗？你们看到我们有些人①被他们奴役了，他们还正在阴谋对其他城邦下手，尤其是我们的盟邦；而且，很长时间以来他们都在时刻备战。**4** 他们无视我们的存在，挖走了科西拉，并且掌控了她，还围困了波忒代亚。波忒代亚是在色雷斯半岛采取军事行动最关键的位置，科西拉则可以提供给伯罗奔尼撒人一支规模极大的舰队。**69.1** 所有这些责任全在你们！波斯战争后，你们先是允许他们加固城墙，后来又允许他们建造长墙②。你们答应给予希腊人自由，可是直至今日，对于遭受他们奴役的人，你们一次又一次食言，而且现在即使对盟邦你们也不能信守诺言③。因为，真正使他人受奴役的人，不是奴役他人的人，而是有能力阻止奴役他人的事情发生却对此漠不关心的人，更何况此人还享有希腊解放者的美誉！**2** 现在，我们好不容易聚集一堂了，但是没有明确的目标。我们不应该再考虑我们是不是遭受了戕害，而是如何复仇雪恨。因为行动之人蓄谋而为，而且步步紧逼，没有半点迟疑，而其对手却还没有决定怎么做。**3** 我们深知雅典人以何种方式得寸进尺地对待邻邦。他们相信你们由于反应迟钝而没有察觉，所以胆子还不大；但是，一旦他们知道你们明明清楚怎么回事却视而不见，就会肆无忌惮。**4** 拉刻代蒙人啊！希腊人中只有你们事事无为，面对他人的进逼，你们不是用实力而是用犹豫不决④来保卫自己；也只有你们不是趁仇人羽翼未丰，而是等他们的实力加倍增长之后才予以剪除。**5** 然而，人们称赞你们可以信赖，恐怕名不副实吧！众所周知，波斯人过去从大地的另一端开向伯罗奔尼撒，一路上就没有遇到你们什么像样的抵抗。现在，雅典人不像波斯人那样远在天边，而是近在咫尺，对其所作所为你们却视而不见。你们不

---

① "有些人"泛指雅典的盟邦，不单指埃癸娜，"我们"指整个希腊。见戈姆《评注》第1卷，第227—228页。

② 指将雅典城与比雷埃夫斯（Πειραιεύς, Piraeus）港和帕勒戎（Φάληρον, Phalerum）港围上并连接起来的墙。这是雅典避免敌人陆上围攻，发挥自己海军优势的关键性防御工事。

③ 这段话的原文的关键词是"ἀποστεροῦντες...ἐλευθερίας"，直译是"骗取……（的）自由"。意思是，拉刻代蒙人不能兑现自己保证他邦自由的承诺，是对他邦的欺骗。戈姆打了一个比方，一个欠债人到期没有还给债主欠款，就是欺骗了债主，与此正类似。见戈姆《评注》第1卷，第228页。

④ "犹豫不决"原文是"μελλήσει"（与格），有"在心中盘算""欲做未做""迟疑不决"等意思，语带讽刺。有英译本译为"intention"（"意图"），不准确。

愿意主动出击，而是坐等对手进攻。那时对手已实力倍增，与其争锋，孰胜孰负，天数难测。你们知道，那个蛮子①栽跟头主要是由于自己犯了错。在同雅典人的斗争中，与其说是由于你们的援助，倒不如说是由于他们的失误，我们才得以幸存。我们当中有些城邦正是由于信任你们而遭受毁灭②，因为他们寄希望于你们而毫无准备。6 你们当中有人不要以为我们说这些是出于敌意，我们更多的是出于告诫；因为告诫是对犯了错的朋友说的，而控诉是针对犯了罪的敌人的。

70.1 "除此之外，我们认为，我们比别人更有权指责邻邦，尤其是因为你们与他们之间存在的巨大差异③，对此你们从来都没有认识到。你们没有考虑过这些将与你们作战的雅典人是些什么样的人，以及他们与你们怎样处处迥异④。2 他们倾向革新，敏于谋划，并把心中的想法付诸实施；而你们倾向于保守既有的东西，墨守成规，连最必要的行动都不采取。3 再有，他们敢做超出自己能力的事，孤注一掷，面对危险满怀希望；而你们所做之事配不上自己强大的实力，连万无一失的判断都不相信，在危险面前认为自己毫无解脱的希望。4 还有，他们毫不犹豫，你们迟疑拖沓；他们四海为家，你们安土重迁；他们四海为家是为了获得什么东西，你们若外出，就担心国内现成的东西受损。5 战胜敌人时，他们穷追猛打；被敌人打败时，退让最少。6 而且，他们为了自己的城邦不吝惜自己的身体⑤；他们的心灵却完全是自己的，任由其自由发展⑥。7 如果没有将心中的计划付诸实施，就像自己已有的东西被剥夺了。如果事情得手，他们就把它当作实现目标的一小步；如果尝试了一番，失败了，他们反而

---

① 指当时的波斯国王克塞耳克塞斯一世。
② 像塔索斯（1.101）、优卑亚（1.114）和波忒代亚（1.58）。塔索斯（Θάσος，Thasos），位于爱琴海的北部的一个海岛，靠近色雷斯海岸。
③ "因为你们与他们之间存在的巨大差异"原文是"μεγάλων τῶν διαφερόντων καθεστώτων"，史密斯的译文与此不同，原因在于 διαφερόντων 一词兼有"与……不同"和"不同"两义。史密斯取后义。在下句话中，这个词又出现了，取前义。
④ 本书演说词中的观点除非明显是作者本人的评论，不能看作作者本人的观点。见霍氏《评注》第 1 卷，第 114 页。
⑤ 这句话直译是"为了城邦使用自己的身体像用别人的身体一样"。
⑥ 这段话的意思是，雅典人的身体完全服从城邦的需要，这一点与拉刻代蒙人一样；不一样的是，他们并不压制心灵的发展，让它服从于城邦，而是让每个人的心灵充分发展，这样对于城邦更为有益。"心灵"原文是"τῇ γνώμῃ"，英译"mind"，包括智力和意志。与"σῶμα"（"身体"）相对。见戈姆《评注》第 1 卷，第 231 页。

有了新的希望，去弥补损失。希望就等于拥有，只对雅典人才是这样，因为他们很快着手实现心中的计划。8 就这样，他们终其一生吃大苦，耐大劳，冒危险，几乎不享受手中果实。因为他们贪得无厌。他们把履行自己的职责看作唯一的节日，对于他们来说，辛苦忙碌不算什么，平安无事倒成了不幸。9 因此，如果有人下结论说，他们生来就是自己不安宁又不让别人安宁的人，那么他说得太对了！

71. 1 "拉刻代蒙人啊！尽管面对的是这样一个城邦，你们还是不采取行动，继续拖延下去。你们没有想到，能安享和平时间最长的人，不是将自己实力用于公正目的的人，而是在遭受不公正侵害时下决心反击的人。相反，你们实现公正的原则是：我不犯人，人若犯我，我仅自卫。2 即使你们遇到一个与你们类似的邻邦①，你们的做法也难以奏效；但是，在目前的情况下，就像我们刚才所说的那样，你们的行事风格与他们相比显得陈旧。3 如同其他技艺，在治国理政上总是后策胜于前策。在和平安宁的时期，传统的国策制度最好一如既往，但是，在人们不得踏入剧变的时期，就需要大力改进。由于这个缘故，雅典人的治国之策历经磨炼，与你们相比，他们的革新要多得多。4 以现在为界限，你们不要再拖拖拉拉了！立即入侵阿提卡，以此来援助波忒代亚人和其他盟友，兑现你们的诺言！这样才不至于将你们的朋友和血脉相连的同胞送到其死敌的手里，也不至于迫使其余的盟友在绝望之中另找人结盟。5 这样做上不负我们对之发誓的神灵，下不负众目睽睽的人们②。因为真正破坏和约的，不是由于被抛弃而另寻盟友的人，而是对曾经发誓的盟友不施以援手的人。6 如果你们准备积极行动，我们就继续做你们的盟友。因为我们若心怀二志，就为神所不允，而且找不到更推心置腹的盟友。7 我们的话你们好好考虑，你们的父辈将伯罗奔尼撒同盟交给你们，你们要努力带领盟邦，使之更为强大！"

72. 1 这就是科林斯人的发言。雅典的一个使节团此前为别的事情而

---

① 意思是，采取同样"自卫且不犯人"的政策。
② "众目睽睽的人们"原文是"ἀνθρώπων τῶν αἰσθανομένων"。戈姆认为应该理解成"注视着我们的行动的人"。史密斯译本不准确。见戈姆《评注》第 1 卷，第 233 页。

来①，当时正在拉刻代蒙。听说了这些发言之后②，他们认为必须到拉刻代蒙人的大会上去，不是想就这些城邦的控告为自己申辩，而是想把整个问题说清楚，即对方一定不要仓促决议，要三思而后行；还想表明他们的城邦实力多么强大，提醒年纪大的不要忘了自己的阅历，告诉年轻人他们所没有经历的事情。他们相信，让拉刻代蒙人听了他们发言之后，会倾向于和平，而不是战争。**2** 于是，他们前去告诉拉刻代蒙人说，如果没有什么妨碍的话，他们希望到对方的公民大会上发言。拉刻代蒙人邀请他们出席，他们走上前发言如下：

73.1 "我们的使节团本受城邦的派遣来此处理事务，不是来跟贵方的盟邦争论的。听说反对我们的声音还不小，我们到这里来不回答这些城邦的指控（因为这里不是一个法庭——你们是审判官，你们的盟邦是原告，我们是被告），只想让你们不要在重大问题上轻易被盟邦说服，做出错误的决定。而且，针对所有反对我们的发言，我们想说明，我们拥有已经获得的东西没有什么不合理，还有，我们的城邦是一个值得你们重视的城邦。

2 "关于遥远的古代，只有传说可做见证，人们是听来的而不是亲眼所见，还有必要提及吗？然而，关于波斯战争和其他你们都还记得的事件，尽管我们提得太多，自己都厌烦了，还是不得不说。我们投身于战争，冒险为希腊谋得福祉，你们也实实在在地分享了其中一份。如果确有益处，那么总得给我们一些荣誉吧！**3** 我们说这些的目的，与其说是自我辩护，不如说是用证据表明，你们将面对一个什么样的城邦。如果你们决策不当，就会树敌于雅典人。**4** 我们要说的是，在马拉松，我们独自率先冒险向蛮子③发起攻击；蛮子第二次攻来时，我们无力在陆上防守，全体人民离岸登舟，在萨拉弥斯一齐投身海战。这就阻止了蛮子驶向一个又一个城邦，蹂躏伯罗奔尼撒，因为你们即使相互援助也无力对付如此庞大的舰

---

① 什么事？修昔底德没有交代。有学者认为雅典人不可能出现在这个场合并讲话，修昔底德不过想利用它来插入雅典人的那篇讲话。罗兹认为不应该对此表示怀疑。见其《修昔底德第1卷评注》，第233页。

② 从下文（1.85.1；1.87.1）来看，此次辩论一天内结束。难道雅典人是在听了这些斯巴达盟邦代表发完言，在大会进行过半后参加的吗？这句话是不是作者为了引出自己关于雅典帝国的观点而有意编造的？恐怕不能死抠字眼，也许雅典人是从这些盟邦代表私下谈话中得知他们的观点。见戈姆《评注》第1卷，第233页。

③ 指当时的波斯国王克塞耳克塞斯一世。

队。**5** 蛮子自己提供了最有说服力的证据：他的舰队被打败后，感到自己的实力比不上希腊人了，就很快撤走了大部分军队。**74.1** 那次战役的情况就是这样，它清楚地表明，希腊的生死存亡系于其海军力量。对此，我们提供了三样最有益的东西：数量最多的战舰、最精明的将军和最坚定的决心。在400艘战舰中，我们的战舰占到近三分之二①。忒弥斯托克勒斯任统帅，是他一手促使海战在狭窄的海湾进行。毫无疑问，这场战役挽救了危局。就是由于这个原因，在所有来过你们这里的外邦人中，你们最尊重他②。**2** 我们表现出大无畏的精神。在我们跟前，一个接一个城邦被奴役了，故在陆地上没有人援助我们。是我们下定决心放弃城市、毁坏家产。即使在这个时候，我们也没有抛弃余下的盟邦的共同事业，也没有作鸟兽散，那样做于事无补；而是登上舰船，舍命一搏，而且对于你们迟来的援助，我们没有恼怒。**3** 因此，我们说我们给予你们的恩惠不亚于你们给予我们的。你们原先的城邦③人烟依旧，你们施以援手，为的是将来回去享受。你们担心的是自己而不是我们（无论如何，只要我们还安然无恙，你们就不会前来援助）。我们原先的城邦却不复存在了，我们挺身而出，抱着一线希望为她冒险一战。我们拯救了自己，进而拯救了你们。**4** 如果我们像其他人那样，在战争之初，由于害怕失去国土而投奔波斯人，或者随后认为大势已去，因而没有弃土登舟的勇气，那么，由于你们的海军弱小不足以海战，对于你们一切就无济于事了，局势的进展就会如蛮子所愿，不费吹灰之力了。

75.1 "拉刻代蒙人啊！想一想我们在战争中表现出的昂扬的斗志和机敏的决断，难道仅仅因为我们拥有一个帝国④就应该遭受希腊人如此强烈的怨恨吗？**2** 我们不是通过武力取得这个帝国的，只是因为你们不愿意继续攻击蛮子的残余军队，所以那些盟邦跑到我们这里恳求我们领导他们。**3** 从此，我们就一发不可收了，一步一步将这个帝国扩张成今天的样子；驱使我们的首要的是恐惧，接着是荣誉，最后是利益。**4** 等到我们招惹了

---

① 这里的雅典的战舰数量和希腊人的战舰总数都略有夸大，两者之比应为 $200:378 \approx 0.529 < \frac{2}{3}$。见霍氏《评注》第1卷，第119页。

② 参见希罗多德《历史》（8.124）；普鲁塔克《列传集》（Them. 17.3）。

③ "城邦"原文为复数，故指伯罗奔尼撒同盟的城邦。

④ "帝国"原文为"ἀρχῆς"（ἀρχή的属格），也可以译成"霸权""势力范围"等。

大多数盟邦的仇恨，有些背叛了又被制服了，你们也就对我们不再友好，猜疑我们，与我们不和。这个时候我们再冒险放松对盟邦控制，似乎不是万全之策，因为那些背叛的城邦会转而投靠你们。5 危难之际，就是去抓那救命的稻草也是不受责难的①。76.1 拉刻代蒙人啊！你们总是以你们的利益为依归来统领伯罗奔尼撒的城邦。如果你们像我们一样，在波斯战争中留下继续领导希腊人，因而遭人妒恨，你们的盟邦照样会觉得难以忍受，可以肯定，你们就会要么被迫施以铁腕统治，要么自己冒失去领导地位的危险。2 同样，一个帝国送给我们时，我们就接受了，此后又由于〈三种〉最难以克服的因素——荣誉、恐惧和利益，我们就不肯松手了。此乃人情之常②，我们的所作所为没有什么奇怪的。况且，如此行事，我们也不是始作俑者。但是，弱者受制于强者，是永远通行的③。还有，我们认为自己有资格统治盟邦，而且你们一直也是这么认为的，直到现在你们盘算了自己的利益之后，才开始大谈正义。只要有机会用暴力获取利益，正义就被人们抛到脑后！3 发乎人的本性④地统治他人，比用手中的武力统治要更合乎正义，这是值得赞扬的。4 我们认为，如果别人掌握了我们这样的武力，相形之下，特别能衬出我们的温和适度。我们的公平宽厚本应得到赞许，反而受到谴责，这是不公平的。

77.1 "我们与盟邦之间的诉讼遵从城邦与城邦之间订立的条约，因为我们在此类诉讼中处于不利位置，所以将这类案件的审理转到雅典，依照对各方都公正的法律进行，盟邦就认为我们太爱打官司⑤。2 我们的盟邦没去调查，其他握有霸权的城邦，在对待其盟邦的时候，不如我们温和适度，却为何没有受到责难。因为他们诉诸暴力统治，哪里用得着法律审判！3 我们的盟邦习惯于与我们平等交往，因此，无论我们作出裁决，还

---

① 这句话是意译，直译"在巨大的危险面前，任何一个对有益于己的东西善加利用的人是不受责难的。"

② "人情之常"原文是"ἀπὸ τοῦ ἀνθρωπείου τρόπου"，直译"来自属于人类的方式"，有英译者译为"... human nature（人性）"。见霍氏《评注》第 1 卷，第 121 页。

③ 这是"强权无须正义"（"Might excludes right"）最清楚的表述，它与所谓"强权即正义"（"Might is right"）不是一回事。见霍氏《评注》第 1 卷，第 121 页。

④ "本性"原文为"φύσει"，是"φύσις"的与格，意思是"生长""产生""本性""天性"等。

⑤ 这段话有多种理解，今从霍氏。参见霍氏《评注》第 1 卷，第 122—123 页；戈姆《评注》第 1 卷，第 236—244 页。

是诉诸霸主之权力，即使与他们所认为的公正稍有不合，就算他们受害较小，也不会对我们的温和适度心存感激。实际上这让他们占了大头①，但是，他们在小头②上觉得难以忍受。比我们从一开始就无视法律，赤裸裸地一味地追求利益还要难以忍受。可真要出现那种情况，即使他们自己也得承认，弱者必须在强者面前退让。4 看来，人类对遭受不公正对待比遭受暴力更加恼怒。他们认为前者是被与自己平等的人侵占利益，后者则是为强者所威逼。5 职是之故，他们在波斯人手里遭受比这大得多的祸患，却能忍受，相反难以忍受我们的统治，这倒是一点儿也不奇怪啊！对于被统治者，眼下的压迫总是最沉重的。6 如果你们推翻了我们的帝国并取而代之，人们因为畏惧我们而对你们产生的好感很快就会消失。如果你们依然不改在领导希腊人抗击波斯人那一段很短的时间所表现出的态度③，情况就更是如此了。因为你们的习惯和传统与其他希腊城邦格格不入，所以，若你们当中有人到他邦，他既不能沿用自己的，也不能遵从当地人的习惯和传统。

78.1 "因此，对于关系重大的问题，要三思而后行；不要受他人的观点和控诉所左右，自找麻烦。在参战之前，先要明白战争充满着多么不可捉摸的变数④。2 一旦战争旷日持久，其结果往往天意难测，你我双方都控制不了，既难以逆料，又危机四伏。3 人们往往先发制人，动手开战，殊不知战争应该是最后的手段；等到尝到失败的苦果，才动嘴外交。4 我们自己从未犯过此类错误，你们显然也没有犯过。所以趁你我双方还能够听从良好建议，奉劝你们不要破坏和约，违背誓言，将我们之间的争端根据和约的规定交付仲裁。如果你们拒绝，我们将祈求我们对之发誓的神灵做证，你们挑起了战争，我们将采取对等的行动来自卫！"

79.1 这就是雅典人的发言。拉刻代蒙人听取了盟邦对雅典人的控诉，以及雅典人的发言之后，请所有的外邦人退场，他们自己就当前的局势商议。2 大多数人的意见是一致的，就是雅典人已经犯下罪行，必须立即对

---

① 原文是"τοῦ πλέονος"，意思是"较多的"，根据上文，作者的意思是，雅典人给了盟邦接受平等审判的权利，这是主要的。
② 原文是"τοῦ ἐνδεοῦς"，意思是"所缺少的"，与上文的"τοῦ πλέονος"相对。作者意思是，在平等审判之外小的方面的不平等。
③ 如泡萨尼阿斯粗暴对待盟邦的故事，见本卷后文（1.95；1.128.3—130）。
④ "不可捉摸的变数"原文是"τὸν παράλογον"，意思是"超出人类理性的东西""不合理性的东西"，这是作者爱用的一个词。见戈姆《评注》第1卷，第245页。

其开战。但是，他们的王，素称精明和谨慎的阿耳喀达摩斯①，走上前来发言如下：

80.1 "拉刻代蒙人啊！我本人身经百战，我看到你们当中有与我年纪相当的人，他们不会像许多没有经历战争的人那样渴望打仗，也不会认为战争是一件好事，或者是一件十拿九稳的事。**2** 对于眼下我们正在商议的这场战争，如果审慎地加以考虑，就会发现它绝非一件琐碎的小事。**3** 在与伯罗奔尼撒人和邻人②的战争中，我们与他们的优势所在几乎一模一样，而且可以很快赶到各处。但是，我们的对手距离遥远，而且最擅长航海，在所有其他的方面准备最为充分——城邦和公民个人财富山积，战舰、马匹和重甲兵满坑满谷，外加人口繁盛——这些在整个希腊无与其匹；还有为数众多的缴纳贡款的盟邦。我们怎么可以轻率地开战呢？我们在没有准备的情况下，急急忙忙打仗，又凭借什么呢？**4** 凭我们的海军吗？可惜我们远非其对手。如果马上开始训练和建立一支对等的海军，又非一朝一夕之事。那么，凭我们的财力吗？可惜我们差得更远，城邦金库里没有钱，从个人手里征收也不容易做到。**81.1** 由于我们在武器装备和军队人数上占有优势③，可以随意蹂躏对方的土地，也许有人因此而胆粗气壮。**2** 但是，他们的帝国范围广大，可以从海上输入所需。**3** 另外，由于我们将努力引起对方盟邦的叛离，所以必须有海军援助他们，因为他们大部分是岛民。**4** 我们将要打的是一场什么样的战争？如果我们不能主宰海洋，或者切断他们的海军赖以生存的海外收入，我们将惨遭失败。**5** 到时候，我们想要体面地结束战争都不行，尤其是如果人们相信是我们而不是他们开启战端。**6** 我们不要抱有这种幻想：我们的军队一蹂躏他们的土地，战争就将结束④。我更担心战争将延及后代；心高气傲的雅典人很可能不会做土地的奴隶，也不会像没有经验的生手那样在战争中惊慌失措。

82.1 "现在，我不是要你们麻木不仁地容忍他们侵害我们的盟邦，不

---

① Ἀρχίδαμος，Archidamus，即斯巴达王阿耳喀达摩斯二世，约前476—前427年在位。
② 这里的"伯罗奔尼撒人"指伯罗奔尼撒同盟的城邦；"邻人"指同盟之外的其他伯罗奔尼撒城邦，如阿耳戈斯。
③ 指整个伯罗奔尼撒同盟的武器装备和军队人数，与上文（1.80.3）不矛盾。
④ 有学者指出，从长期的效果来看，毁坏庄稼在当时不是非常有效。见霍氏《评注》第1卷，第126页。

去洞察他们的阴谋，但是，还是不要拿起武器，先派遣使节前去抗议，不要让他们知道我们是与他们开战还是容忍他们的行为。与此同时，我们加紧战备，首先争取盟邦，不管何方的希腊人还是蛮族，补充我们的战舰和金钱资源（像其他任何遭雅典人谋害的人一样，我们为了自身安全不仅从希腊人，而且从蛮族那里获取援助，是无可厚非的），同时，想方设法开发我们自己的资源。2 如果他们听得进我们的使节的话，那就再好不过了；如果不听，两至三年之后，我们的准备就比较充分了，一旦下定决心，就可以向他们发起攻击。3 当他们看到我们在备战，表明我们说得到就能做得到，说不定会更容易屈服。这样的话，他们可以享有还未受蹂躏的土地，其决策还会虑及其未遭损毁的现有财物。4 他们的土地只不过是我们手里握有的抵押品，他们越是精耕细作，就对我们越有价值。我们应该尽可能长时间留着它不占有，以免让他们陷入绝望，从而更难对付。5 如果我们在没有做好准备的情况下，受盟邦控诉的催逼，蹂躏他们的土地，那就会给伯罗奔尼撒带来耻辱，使它陷入困境，这是我们必须注意避免。6 城邦之间和个人之间的控诉尚能消弭；但是，为了单个城邦的一己之私使整个同盟承受战争，而战争的进程和结局谁也无法预料，要体面地结束它就不容易做到了。

83. 1 "以多打一竟犹犹豫豫，绝对不要以为这是怯懦。2 因为他们拥有数量不少于我们的且缴纳贡款的盟邦，战争与其说是双方武器装备的较量，不如说是财力的较量；有了财力，武器装备才能发挥作用，在一个大陆城邦对付一个航海城邦的情况下尤其如此。3 因此，首要的是想方设法弄到钱，而不是首先受到盟邦雄辩之词的鼓动，因为是我们为后果负主要责任，不管是好的还是坏的后果，所以应该三思而后行。**84.** 1 行动缓慢和犹豫不决，这一点我们最受盟邦责难，我们不要以之为耻。如果你们没有准备就仓促参战，只怕是参战容易结束难；而且，我们一直生活在一个自由的、最光荣的城邦。2 所谓迟缓犹豫恰好就是明智和清醒。就是由于这一点，在所有城邦中，只有我们没有在顺境中狂妄自大，在逆境中灰心丧气。众人一起恭维，撺掇我们做本不想做的危险之事，我们不乐呵呵地真去做。如果有人就是拿控诉来刺激我们，我们还是不要一气之下按照他们的意旨行动。3 我们纪律严明①，所以既尚武又有良谋。说尚武，我们知耻却最审慎，勇敢却最知耻；说良谋，我们受的教育不高，还不至于比法律更聪明②，我们严格要求自己克制，还不至于不服从法律。聪明过头，谴责起敌人的图谋来头头是道，真正行动起来却差之远矣，这样的聪明反而无用。相反，我们认为，邻人的理解能力与我们差不多，战争的吉凶祸福是不能用话语③来预判的。4 面对多谋善断的对手，我们一向以实际行动，而不是以话语来作准备。绝不寄希望于对方犯错误，而寄希望于我们自己的稳当可靠的预防措施。我们不要相信人与人有什么根本不同，谁接受最严格的④培养教育，谁就是最强的。

85. 1 "这些是祖辈传下来的传统，长期以来我们受益匪浅，一定不要放弃！事关无数人的生命、大量的金钱、众多的城邦和我方令名，一定不要在一日之内，须臾之间，仓促做出决定，而要三思而后行。我们等得起，别人却等不起，因为我们实力强大。2 派遣使者前去雅典交涉关于波忒代亚的争端，以及关于盟邦所控诉的被雅典侵害的事情。特别是，雅典人愿意将争端交付仲裁，对待一个愿意提交仲裁的人，不能像起诉罪犯一样起诉他们，总要先同意仲裁，听一听他们的理由⑤。与此同时，赶紧备战。这才是你们的上上之策，而且最令你们的敌人恐惧。"3 这就是阿耳喀达摩斯的发言。最后，时为监察官⑥之一的斯忒涅拉伊达斯，走上前来，[对拉刻代蒙人]发言如下：

86. 1 "雅典人的长篇大论，我听不懂。尽管他们自吹自擂，但是从头到尾也没有否认，他们在侵害我们的盟邦和伯罗奔尼撒。过去，他们在对付波斯人时的确表现良好，现在却对我们坏得很，所以，由于这一好一坏，他们该受双倍的惩罚。2 但是，我们过去是什么样，现在还是什

---

① "纪律严明"原文是"τὸ εὔκοσμον"（宾格），直译是"良好的秩序""井井有条"等，指的是服从法律，见前文（1.18.1）译注。

② 即藐视法律。

③ "用话语"原文是"λόγῳ"（"λόγος"的与格）。"λόγος"有"话语""理性""演说""故事"等很多义项。戈姆理解为"by reasoning"（"逻辑推理"），见其《评注》第 1 卷，第 250 页。要说服对方，免不了讲道理，即逻辑推理。所以，两种理解差不多。

④ "最严格的"原文是"τοῖς ἀναγκαιοτάτοις"，既可以理解成"最必需的""最必要的"，与上文的"聪明过头反而无用"相对，也可以理解成"最严格的"。戈姆认为，在阿耳喀达摩斯看来，两者是一回事。见其《评注》第 1 卷，第 251 页。

⑤ 直译"……像起诉罪犯一样起诉他们，是不符合法律惯例的"。

⑥ ἔφορος，ephoros，斯巴达共有 5 位监察官，一年一任。

样。如果我们头脑还清醒，就不要容忍我们的盟邦蒙难，迅速替他们雪恨，因为他们忍无可忍了。3 别人有金钱，有战舰，有战马，我们只有勇敢的盟友！可不能把他们拱手让给雅典人。我们遭受的不是言语上的侵害，所以一定不要通过仲裁和言辞去判决，而要立即出动全军复仇。4 在我们正受侵害的时候，不要跟我们说什么三思而行，真正要三思而行的倒是那些想要侵害别人的人。5 拉刻代蒙人啊，表决开战吧！要配得上斯巴达①的荣誉，不要让雅典人势力坐大！不要抛弃盟邦！让我们在神灵的佑助下，向那些侵害者发起进攻！"

87.1 斯忒涅拉伊达斯说完这些，由于他本人是一位监察官，就将此交付拉刻代蒙人的公民大会表决。2（由于他们是通过呼喊而不是投票来表决②）斯忒涅拉伊达斯说他分不清哪一方的呼喊声更大一些，实际上是要他们公开地表明自己的意愿并更有力地鼓动他们参战，于是说道："拉刻代蒙人啊，凡认为和约已被破坏、罪责在雅典人的，请起立，站到那个地方去！"他指了指某个地方；"反对者站到另一边去！"3 于是，众人起身，分开站立。认为和约已遭破坏的人大大超过另一方③。4 然后，将盟邦使节召来，对他们说，他们认为罪责在雅典人，但是希望召集全体盟邦开会，投票表决，以便大家共同商议，一旦决议，就共同担负战争的任务。5 完成使命后，各邦使节就回去了。不久，雅典的使节团完成了他们的出使任务，也回去了。6 这次公民大会作出的关于和约已被破坏的决议，发生在《三十年和约》生效后的第14年④，该和约是优卑亚战争之后缔结的。88. 拉刻代蒙人作出和约已被破坏、必须开战的决议，与其说是被盟邦的发言所说服，不如说是害怕雅典人势力日益强大⑤，他们看到希腊的大部分地区已落入雅典人之手。

---

① Σπάρτη，Sparta，音"斯帕耳忒"，即拉刻代蒙，两者区别在于，"拉刻代蒙"指斯巴达所在的地区的名称，常代指斯巴达，而"斯巴达"则是城邦名称。这是"斯巴达"一词在此书第一次出现。

② 有学者指出，在雅典的公民大会上也没有正式的计票。见霍氏《评注》第1卷，第131页。

③ 此举不是为了显示赞成者人数之众，而是为了向中间摇摆者施压。见霍氏《评注》第1卷，第131页。

④ 此时已是前432年年中，《三十年和约》订立于前446/5年。见霍氏《评注》第1卷，第132页。

⑤ 再次指出战争的"真正原因"，重复前文（1.23.6）观点。见霍氏《评注》第1卷，第133页。

89.1 雅典人是如何走到邦强势大这一步的，下面将一一道来。**2** 波斯人被希腊人在海上和陆上击败之后，从欧罗巴撤退，一部分乘战舰逃到密卡勒①躲避，也被摧毁了。当时在密卡勒的希腊人的统帅，拉刻代蒙人的王勒俄堤喀得斯②，带领着伯罗奔尼撒的盟邦返回家园。雅典人，却和伊俄尼亚和赫勒斯蓬托斯③地区已经叛离了波斯国王的盟邦④一起留下来，围攻波斯人占据的塞斯托斯⑤。他们在那里过冬，蛮族弃守之后，占领了她。之后，盟军从赫勒斯蓬托斯地区扬帆回到各自的城邦。**3** 雅典人⑥在蛮族从他们的土地撤退之后，立即⑦接回自己的子女和妻子以及余下的财物，这些曾被他们偷偷地送到安全的地方⑧藏起来，着手重建城市和城墙⑨。原来的城墙只有一小部分还耸立着，城内大部分房屋倒塌成废墟，只有几幢完好无损，波斯人的首领们曾在里面安营。

90.1 拉刻代蒙人察觉雅典方面的动向之后，派遣使节到雅典。原因之一是他们不乐见雅典人，也不乐见其他任何城邦有城墙⑩；更主要的原因是，他们受到盟邦的怂恿，这些盟邦惧怕雅典人新近形成规模的海军力量，以及在对波斯人的战争中所表现出来的勇敢无畏的气概。**2** 他们要求雅典人不要修筑城墙，而要与他们一起拆毁伯罗奔尼撒以外任何城邦业已筑起的城墙。他们没有表露自己的真实意图和对雅典人猜忌之心，而是说，如果蛮族再来，就不会有发动进攻的坚固据点，就像

---

① Μυκάλη，Mycale，位于今天土耳其的西海岸（爱琴海）中段，西与萨摩斯岛隔海相望。
② Λεωτυχίδης，Leotychides，约前545—前469年，斯巴达国王，约前491—前476年在位。
③ Ἑλλήσποντος，Hellespont，又译"赫勒斯滂"等，连接马尔马拉海与爱琴海的狭长海峡，又称达达尼尔海峡。是土耳其海峡的一部分。
④ 很可能没有正式的盟约。这里的"盟邦"应该还包括了一些小亚大陆上的伊俄尼亚族的城邦。参见霍氏《评注》第1卷，第134—135页。
⑤ Σηστός，Sestus，位于达达尼尔海峡中段西侧半岛的海滨。
⑥ 原文是"Ἀθηναίων τὸ κοινόν"，直译"雅典当局"，"τὸ κοινόν"意思是"共同拥有的东西"。霍氏认为，此用语含义宽泛，指"雅典人"或者"雅典当局"。有学者认为，作者的用意是将国内的雅典人和战舰上的雅典人区分开来。见霍氏《评注》第1卷，第135—136页。
⑦ 前479年秋季。
⑧ 萨拉弥斯、埃癸娜和特洛兹顿（Τροιζήν，Troezen，又译"特罗伊曾"等，位于伯罗奔尼撒半岛的东部沿海，与雅典隔海相望），见希罗多德《历史》（8.41.1）。
⑨ "重建"一词清楚地说明波斯人入侵之前雅典城是有城墙的。见霍氏《评注》第1卷，第136页。
⑩ 斯巴达人自己直到希腊化时期才有城墙。见罗兹《修昔底德第1卷评注》，第242页。

他们不久前以忒拜为据点一样①;对于全体希腊人来说,伯罗奔尼撒作为退守和进攻之基地,是完全足够的。**3** 对此,雅典人采用忒弥斯托克勒斯的计策②,这样答复说,他们将派遣使节到对方那里,讨论对方提出的问题。于是将对方的使者马上打发了。接着,忒弥斯托克勒斯要求雅典人以最快的速度派遣他本人去拉刻代蒙,然后再挑选其他使节,不要立即派遣,而要等到城墙修到足以防守的最低高度时再派遣。全雅典城所有的人,男女老幼,一齐去筑墙。凡是对修建城墙有用的建筑材料,不管是属于私人还是公家的建筑物,要一律拆下来,丝毫不留。**4** 忒弥斯托克勒斯教给雅典人这些计策之后,动身之前又对雅典人说,拉刻代蒙方面的事情他自会处理。**5** 到了拉刻代蒙后,他不去见当局,而是找借口拖延时间。每有官员问他为何不出席公民大会,他总是回答,他在等其他使节,他们急务在身,落在后头了;他也在引颈而望,并且对他们迟迟不来感到意外。**91.1** 拉刻代蒙的官员由于与忒弥斯托克勒斯的交情,听信了他的话。但是,其他从雅典回来的人,均断言雅典人在修筑城墙,且已达相当的高度,他们就将信将疑了③。**2** 忒弥斯托克勒斯得知之后,要他们不要被这些流言所误导,而要派遣他们当中的诚实可靠者前去,亲自观察一番,再回来报告。**3** 他们接受了,派遣了使者。忒弥斯托克勒斯秘密派人传话雅典,要雅典人不放他们走,但尽量不要做得很明显,一直到自己和同僚返回时再放他们走(此时,其他使节,吕西克勒斯之子哈布洛尼科斯④、吕西马科斯之子阿里斯忒得斯⑤,已经前来与他会合,告诉他城墙已经修到足够的高度了)。他担心拉刻代蒙人一旦得知事情的真相,不放他们回国。**4** 雅典人按照忒弥斯托克勒斯的指令办事,留住对方使节。忒弥斯托克勒斯前往拉刻代蒙

---

① 读者要看懂这句话,需要了解希罗多德的记载(《历史》第9卷,特别是9.86.2—88)。见霍氏《评注》第1卷,第136页。

② 古希腊的文献对忒弥斯托克勒斯这类"奸雄"式人物往往津津乐道,最早可追溯到荷马史诗对奥德修斯的描述。见霍氏《评注》第1卷,第137页。这个故事可能添油加醋了,但我们没有必要怀疑,斯巴达人企图阻止雅典人重建城墙,这一企图被忒弥斯托克勒斯挫败。见罗兹《修昔底德第1卷评注》,第242页。

③ 直译"他们不知道该不该不相信这些话"。

④ Ἀβρωνιχός, Habronichus, 在温泉关和阿耳忒弥西翁战役中,曾任希腊军队之间的联络官。见戈姆《评注》第1卷,第259页。

⑤ Ἀριστείδης, Aristides, 又译"阿里斯提德",前530—前468年,雅典著名政治家。

人的公民大会，在那里，他坦白地说，雅典已经筑起城墙，以保护其居民；如果拉刻代蒙人或者其盟邦有事想与他们交涉，就要明白，从今往后，自己交涉的对象完全清楚什么是自己的利益，什么是希腊人共同的利益。**5** 雅典的使节说①，当初，在弃城不顾、离土登舟看来是上策之时，拉刻代蒙人没有建议他们这么做他们也知道大胆去做。再者，在与拉刻代蒙人共同商议的所有场合，他们提出的见解一点儿也不比任何人差。**6** 因此，现在他们的城邦拥有城墙，对他们而言就是上策，既有益于他们自己的公民，也有益于全体盟邦。**7** 一个城邦若没有与盟邦差不多的实力，她在商议共同利益的时候就不会有同等的发言权。因此，他总结道，要么所有的盟邦都必须拆毁城墙，要么承认雅典人的行动是正当的。**92.** 听了他的发言，拉刻代蒙人没有明显地对雅典人表示愤怒（因为向雅典派出使节，目的不是阻止雅典人筑墙，而是他们所谓的为了共同的事业规劝雅典人；同时，特别是由于雅典人在抗击波斯人的战争中所表现出的高度的热忱，那时他们对雅典人热情而友好）。然而，他们的意图终究没有实现，所以内心不快。于是，双方的使节团各自返回，没有相互指责。

93.1 就这样，雅典人在很短的时间内将城墙筑起来了。**2** 直至今日，其修建之仓促还是明显可见。城墙的基础什么石头都有②，有些地方石头未经加工就砌进去了，运来是什么样子的就是什么样子的。大量墓碑和雕刻过的石头被塞进去了。与旧的城墙相比，新修的城墙向外扩了一圈③。由于这个原因，他们情急之下，动用了所有建筑物的材料。**3** 忒弥斯托克勒斯还劝雅典人接着修完比雷埃夫斯④的城墙（这项工程早在他担任雅典

---

① 原文为"ἔφασαν"（复数，主格），直译"他们说。"但是，前后文都指出，只有忒弥斯托克勒斯一个人在发言，似乎有所矛盾。中间是否有其他雅典使节发言也未可知。此词似乎是传抄者所加，想与句中的"γνόντες"（复数、主格）配合。

② 这个情况某种程度上被考古发掘所证实，比如，一些雕像基座上的精细浮雕也被砌进墙里。有学者认为作者对建筑的仓促有些夸大其词，尽管有些杂七杂八的材料，但墙基还是足够牢固的。见霍氏《评注》第1卷，第137—138页。

③ 向北面扩得最远，向西南面扩得最近。

④ Πειραιεύς, Peiraeus, 音"珀赖厄乌斯"，现在称"Piraeus"，位于雅典市区西南方向12公里的海滨，是古代雅典和现代希腊的著名港口。

的执政官的那一年①就开始了)。他认为,此地有三个天然的港口②,得天独厚;既然雅典已成为航海之邦,此举将对他们增强力量极为有利 4(是他第一个大胆地说,雅典人必须发展海上势力),于是他不失时机为雅典的霸权奠基。5 在他的建议下,雅典人开始修筑围绕比雷埃夫斯港的城垣,其厚度时至今日仍清晰可见,两辆运送石料的大车可以在上面相向而行。墙里面不用砾石和泥土填充,而用凿好的大条石砌成,严丝合缝,条石之间用嵌入的铁条和铅条固定在一起。修好的城垣的高度则只有当初计划的将近一半。6 他本来想用城垣的高大和厚实来打消敌人的企图,只用少量羸弱便足以防守,其他人则登上战舰。7 在我看来,他之所以致力于海军,是因为他看到,波斯国王的军队从海上来比从陆地上来要容易得多。他认为,比雷埃夫斯比上城③要有用得多,所以总是劝雅典人,一旦在陆地上遭到紧逼,就下到比雷埃夫斯用海军与所有人④对抗。8 就这样,在波斯人撤退之后,雅典人马上筑起了城墙,并修建了其他军事设施。

94. 1 拉刻代蒙人派克勒翁布洛托斯之子泡萨尼阿斯⑤任希腊人的统帅,他从伯罗奔尼撒带去 20 艘战舰,与雅典的 30 艘战舰以及来自其他盟邦的为数众多的战舰一起,并肩作战。2 他们出兵塞浦路斯⑥,征服了其大部分地区。后来,还是在他的统率下,包围并攻下了波斯人占领

---

① 前493/2 年,很可能他当时是名年执政官(eponymous archonship,意即那一年以其名字命名)。这句话原文是"… ἐπὶ τῆς ἐκείνου ἀρχῆς ἧς κατ᾽ ἐνιαυτὸν Ἀθηναίοις ἦρξε",直译"……在他任执政官统治雅典人的那一年","κατ᾽ ἐνιαυτὸν"一般的意思是"每一年",这里意思是"for a year(一年)"。另外,有学者指出,忒弥斯托克勒斯前 493/2 年修筑比雷埃夫斯城垣的远见被作者夸大了,埃癸娜人对帕勒戎的袭击(希罗多德《历史》5.81.3)已经部分证明了在港口筑墙的好处。见霍氏《评注》第 1 卷,第 138—139 页。

② 比雷埃夫斯地区是一个半岛,其北面有一个港口坎塔洛斯(Κάνθαρος,Kantharos),即今天的比雷埃夫斯主港,南面还有两个小港口兹得亚(Ζέα,Zea)和穆尼喀亚(Μουνιχία,Munichia)。

③ 即雅典城,在比雷埃夫斯港的东北面,地势较高。

④ "所有人"原文是"ἅπαντας","ἅπας"的宾格,意思是"所有的""全部的",有英译者译为"world",即"整个希腊世界"。这个说法虽然含糊,但作者心里很清楚,某种程度上就是指拉刻代蒙人。见霍氏《评注》第 1 卷,第 140 页。

⑤ Παυσανίας,Pausanias,他的父亲与斯巴达国王勒俄尼达斯(Λεωνίδας,Leonidas,又译"李奥尼达"等,约前 540—前 480 年,驻守温泉关并战死在那里)是兄弟。他是普拉泰亚战役中希腊联军的统帅,后因通波斯人被拉刻代蒙人召回,约死于前 470 年。

⑥ Κύπρος,Cyprus,音"库普洛斯",即今天的塞浦路斯岛,位于地中海东部靠近土耳其的海上。波斯人的海军主要来自塞浦路斯。

的拜占庭①。**95.1** 由于泡萨尼阿斯行事暴虐，别的希腊人都憎恶他，伊俄尼亚族和所有刚刚从波斯国王统治下解放出来的人尤其如此。他们三番五次找雅典人，恳求他们看在血缘关系的份上②领导他们，并且如果泡萨尼阿斯胁迫他们，不要任其所为。**2** 雅典人接受了他们的请求，下决心不再对泡萨尼阿斯的所作所为坐视不管，且在处置其他事务时，尽可能按自己的想法来。**3** 与此同时，拉刻代蒙人将泡萨尼阿斯召回，就他们所耳闻的事情审问他。因为身受其害的希腊人跑到拉刻代蒙控告他的许多罪行，说他更像一个僭主而不是一个将军。**4** 除了来自伯罗奔尼撒的军队之外，拉刻代蒙人的其他盟邦因为对泡萨尼阿斯的憎恨而转投雅典人，泡萨尼阿斯正是在这个时候被召回的。**5** 泡萨尼阿斯到了拉刻代蒙，先就其对某些个人的犯罪行为接受了审查，其中最主要的一些指控经过他的辩护被定为无罪；对他最严重的指控是通波斯人，而且事实似乎确凿无疑。**6** 拉刻代蒙人不再派他做统帅，改派多耳喀斯③和其他人率领一小支军队前去，但是盟邦不再承认其统帅地位。**7** 看到这种情况，他们就回国了。以后，拉刻代蒙人不再派人了，因为他们担心派出的人变质了，就像他们在泡萨尼阿斯身上看到的那样；另外，他们想从与波斯人的战争中解脱出来。他们认为雅典人胜任领导之职，而且那个时候对他们忠实友好。

96.1 出于对泡萨尼阿斯的憎恨，盟邦自愿转投雅典人，雅典人就这样从拉刻代蒙人手里接过领导权。他们确定哪些盟邦应提供金钱，哪些盟邦应提供战舰，以继续与蛮族的战争，他们的借口④是，通过蹂躏波斯国王的土地报复他们过去遭受的侵略。**2** 其时⑤是雅典第一次设置"希腊财务官"的官职⑥，他们负责接受贡款——盟邦贡献的金钱就是这样

---

① Βυζάντιον，Byzantium，最早由来自墨伽拉的殖民者建立，即后来的君士坦丁堡，今天土耳其的伊斯坦布尔。
② 当时的传统说法是，伊俄尼亚是雅典人的殖民地。见霍氏《评注》第1卷，第142页。
③ Δόρκις，Dorcis，人名，作者没有提到其父名。
④ "借口"原文是"πρόσχημα"，没有带定冠词。有英译者译为"purpose""avowed object""announced intention"，霍氏认为都不正确，应该译为"a pretext"。今从。详其《评注》第1卷，第144—145页。
⑤ 前476年。
⑥ 注意原文是"... Ἀθηναίοις ... ἀρχή"，意思是，此官职是雅典的官职，也就是说，由雅典任命，由雅典人担任。见霍氏《评注》第1卷，第145页。

称呼的①——最初确定的贡款数额是 460 塔兰同②，提洛岛是同盟的金库③，同盟的会议在那里的神庙里举行。**97.1** 这些盟邦起初是独立自主的④，雅典人领导她们，一起开会商议。在波斯战争之后和这场战争⑤之前的这段时间，雅典人既要进行战争，又要处理事务，诸如对付蛮族，对付心怀二志的盟邦，对付处处作对的伯罗奔尼撒人。下面一一道来。**2** 我写下这些离题的话，是因为在我之前的所有作者，都忽略了这一段，他们要么记叙波斯战争以前的希腊的事情，要么记叙波斯战争本身。唯一触及这一段的是赫拉尼科斯⑥，在其《阿提卡史》中，记载简略，年代也不准确⑦。同时，这些离题的话用来揭示雅典的霸权是如何建立起来的。

98.1 在弥尔提阿得斯之子喀蒙⑧的领导下，他们首先围攻波斯人占领的、位于斯特律蒙的厄翁⑨，攻下并将城内居民卖为奴隶。**2** 接着，攻

---

① "贡款"原文是"τὸν φόρον"，是"ὁ φόρος"的宾格。它与动词"φέρω"（本义"携带""带走"）同源，意思是"带进""贡献"。注意，作者在下半句话还用了一个词"ἡ φορά"，它与"φόρος"同源，但是意思更普通一些。霍氏认为，这说明所谓的贡款只指金钱，不包括战舰，因为有的盟邦很小，连一艘战舰都提供不了。见其《评注》第 1 卷，第 145—146 页。

② τάλαντον，Talent，古希腊重量和币制单位。各地各个时期标准不尽相同。作为重量单位，1 τάλαντον 在雅典大概等于 27.6 公斤；作为币制单位 1 τάλαντον 等于 27.6 公斤银子。另外，这个数额是否太大？从目前发现的贡款名单来看，还没有足够的证据证明这个数字是错误的。见霍氏《评注》第 1 卷，第 146 页。

③ 很可能是在前 454 年转移到雅典。见霍氏《评注》第 1 卷，第 146 页。

④ 有学者指出，提洛同盟起初没有明确规定盟邦的独立自主的地位，这里是修昔底德式的分析。见霍氏《评注》第 1 卷，第 147 页。

⑤ 指伯罗奔尼撒战争。

⑥ Ἑλλάνικος，Hellanicus，与作者同时代，出生于勒斯玻斯，他写了第一部阿提卡的地方史，大概记叙至伯罗奔尼撒战争结束（前 404/3 年）。由此可知，这一段插叙是在这之后插入正文的。见霍氏《评注》第 1 卷，第 147 页。

⑦ 作者这一段插叙也好不了多少。见霍氏《评注》第 1 卷，第 148 页。

⑧ Μιλτιάδης，Miltiades，又译"米太雅德"等，约前 550—前 489 年，雅典著名的政治家和将军。前 490 当选雅典将军，指挥雅典人取得了马拉松战役的胜利。Κίμων，Cimon，或 Kimon，又译"西蒙""客蒙"等，约前 510—前 450 年，雅典著名的政治家和将军。

⑨ Στρυμών，Strymon，爱琴海西北部一个小海湾，因从色雷斯内地注入爱琴海的同名河流（今斯特里蒙河）得名。Ἠιών，Eion，位于 Strymon 河的入海口。前 476 年被波斯人占领，前 475 年被喀蒙领导的希腊人收复。

下了多罗庇亚人居住的、爱琴海中的斯库洛斯岛①，将居民卖为奴隶，并在那里殖民。**3** 他们与卡律斯托斯②人发生了战争，其他优卑亚人没有介入，过了一段时间，卡律斯托斯人按照达成的协议投降了。**4** 此后，那克索斯③人叛离了，招来了雅典人的围攻④。她是第一个被奴役的盟邦，这是违反希腊惯例的⑤。后来，此类事情就络绎不绝了。**99.1** 盟邦叛离还有其他原因，主要是拖欠贡款，没有提供规定数量的战舰以及在有些情况下拒绝参加军事行动。因为雅典人要求严苛，对于那些不习惯或者不愿意忍受艰辛工作的人，他们毫不留情。**2** 由于种种原因，雅典人再也不像从前那样受盟邦喜爱。他们不再以平等身份作战，镇压起叛离的盟邦来轻而易举。这个责任要由盟邦自己来负。**3** 因为大多数盟邦对于参加军事行动不情不愿，他们不想远离家乡，不愿提供规定数量的战舰，而同意缴纳金钱代替提供战舰。结果，雅典人用盟邦提供的贡款，增强自己的海军实力。而盟邦叛离雅典之时，总会发现面对战争，他们一无实力，二无经验。

100.1 此后不久⑥，在潘皮利亚的厄乌律墨冬河⑦，雅典人和其盟邦与波斯人打了一场陆战和一场海战。在弥尔提阿得斯之子喀蒙的率领下，雅典人在同一天取得了两场战役的胜利，他们俘获和摧毁的腓尼基人的战舰总数达 200 艘。**2** 过了一段时间⑧，塔索斯人在他们对面的色雷斯地区本来拥有商站和矿山⑨，为此与雅典人发生争执，于是叛离了雅典。雅典人驶向塔索斯，在海战中取得胜利，登陆该岛。**3** 大约在这个时候，雅典

---

① Σκῦρος, Scyros, 位于优卑亚岛东面的爱琴海上。也是喀蒙指挥的，但作者未提；喀蒙还从该岛运回了忒塞乌斯（一般译为"忒修斯"）的遗骨。见霍氏《评注》第 1 卷，第 150 页。Δολοπές, Dolopians, 多罗庇亚（Δολοπία, Dolopia）人。多罗庇亚位于中希腊内陆，忒萨利亚平原的南面。

② Κάρυστος, Karystos, 或 Carystus, 位于优卑亚岛的南端。

③ Νάξος, Naxos, 爱琴海上的库克拉得斯群岛中最大的岛屿。

④ 很可能是在前 5 世纪 60 年代早期。

⑤ "违反希腊惯例"原文是："παρὰ τὸ καθεστηκὸς"，直译"违反已经建立起来的东西"。这里的意思是雅典人的做法违反了希腊的惯例，因为盟邦起初是独立自主的（1.97.1），不是说那克索斯人违反了提洛同盟的盟约。见霍氏《评注》第 1 卷，第 151 页。

⑥ 可能是前 467 年。见霍氏《评注》第 1 卷，第 153 页。

⑦ Παμφυλία, Pamphylia, 位于小亚的南部沿海地带，在吕喀亚（Λυκία, Lycia）与喀利喀亚（Κιλικία, Cilicia）之间，与塞浦路斯岛隔海相望。Εὐρυμέδων, Eurymedon, 此地区的一条河流，由北向南注入地中海。

⑧ 约在前 465/4 年。

⑨ 塔索斯人在那里拥有金矿，那是他们的财源，见希罗多德《历史》（6.46 以下）。

及其盟邦派遣 1 万①人前往斯特律蒙河，在那里殖民，那个地方曾被称为"九路"，现在叫"安庇波利斯"②。他们控制住了本属厄多尼亚人③的"九路"。当他们向色雷斯内陆推进之时，在厄多尼亚的德剌柏斯科斯④，被色雷斯人全歼⑤。因为对色雷斯人而言，在这个地方［"九路"］建殖民地是敌对行动。

101.1 塔索斯人在战斗中已经失利，现在又被围城。他们向拉刻代蒙人求救，恳求他们以侵入阿提卡来帮助自己。**2** 拉刻代蒙人瞒着雅典人同意了，正考虑这么做，那场地震⑥发生了，事情就告吹了。他们的希洛特⑦，加上图里亚和埃泰亚⑧的边民⑨趁机反叛，并前往伊托墨山⑩。绝大多数希洛特是古时候⑪被征服的墨塞尼亚⑫人的后裔，因而所有的希洛特都叫作墨塞尼亚人⑬。**3** 于是，拉刻代蒙人陷入与伊托墨山反叛者的战争

---

① 古希腊语有数量单位"万"，即"μύριοι, αι, α"，故不写作"10000"，下同。

② Ἀμφίπολις, Amphipolis, 位于斯特律蒙河（今斯特里蒙河）的东岸，离海滨不远。

③ Ἠδωνοί, Edoni 或 Edonians, 厄多尼亚（Ἠδωνία, Hedonia）人，色雷斯人的一支。

④ Δραβησκός, Drabescus, 是厄多尼亚地区的一个城邦。德剌柏斯科斯之战应该是在斯特律蒙地区殖民之后很久，即前 453/2 年。见霍氏《评注》第 1 卷，第 155 页。

⑤ 有译者理解为"被色雷斯人的联军歼灭"。霍氏认为，"牛津本"中的"ξυμπάντων"（"洛布本"与此同）应作"ξύμπαντες"，用来修饰说明那些殖民者。今从。另外，我们不知道这些人中雅典人的比例有多大。很可能在这场灾祸之后，雅典开始建立为战死者举行国葬的制度。见其《评注》第 1 卷，第 155—156 页。

⑥ 这场大地震在斯巴达历史上很有名，故原文用了定冠词。见霍氏《评注》第 1 卷，第 157 页。这场大地震造成斯巴达人大量死亡，自此以后，其人口数量在前 5—前 4 世纪呈下降之势。见罗兹《修昔底德第 1 卷评注》，第 249 页。

⑦ Εἵλωτες（复数），Helots, 单数为"Εἱλώτης"，音"赫罗忒斯"；一作"Εἵλως"，音"赫罗斯"。习惯上译为"希洛特""黑劳士"等。斯巴达城邦所有的奴隶。

⑧ Θουρία, Thuria; Αἰθαία, Aethaea, 位于伯罗奔尼撒半岛，在今麦尼西亚海湾的正北面的大陆上，离海不远。

⑨ περίοικοι, perioeci 或 perioikoi, 习惯译为"皮里阿西人"。字面意思是"居住在周围的人"。他们居住在斯巴达边疆的海滨和高地，有自由身份，但无政治权利，经济上很可能也受制于斯巴达人。这不是一个专有名词，厄利斯也有这类人（2.25.3）。见霍氏《评注》第 1 卷，第 157 页。

⑩ Ἰθώμη, Ithome, 山名，位于伯罗奔尼撒半岛的墨塞尼亚地区，在图里亚和埃泰亚的西北面，海拔 800 米，地势险峻。

⑪ 前 8 世纪。

⑫ Μεσσηνία, Messenia, 地区名，位于伯罗奔尼撒的西部，西临爱奥尼亚海，南临麦西尼亚海湾。

⑬ 前 8 世纪晚期和前 7 世纪，斯巴达从拉科尼亚向西扩张到墨塞尼亚，引发三次墨塞尼亚战争，修昔底德提及的是第三次（前 5 世纪）。很可能在拉科尼亚边民多，在墨塞尼亚希洛特多，但这两类人两个地区都有。见罗兹《修昔底德第 1 卷评注》，第 249 页。

中。塔索斯人在被围城的第三年与雅典人达成协议①：拆毁城墙，交出战舰，立即偿付规定数额的战争赔款，继续缴纳贡款②，放弃大陆上的土地和矿山。

102.1 拉刻代蒙人与伊托墨山反叛者的战争旷日持久，他们向盟邦，包括雅典人求援③，雅典人派出了一支以喀蒙为将军的规模不小的军队。**2** 拉刻代蒙人邀请雅典人，是因为他们素以善于攻城拔寨④而闻名，而他们自己久围不克，缺的就是这一点；要不然，他们早就力克此地。**3** 拉刻代蒙人与雅典人之间的分歧，在这次征战中首次公开表现出来。拉刻代蒙人在此地还没有攻陷之时，对于雅典人的勇敢无畏和叛逆性格感到担忧，他们考虑到雅典人是异族，如果继续留下来，就会被伊托墨山的反叛者所说服，改变立场，站到反叛者一边。于是，他们唯独让雅典人回去，其他盟邦留下。他们把猜疑埋在心底，只是对雅典人说不再需要他们了。**4** 雅典人看出，拉刻代蒙人打发他们回国的理由实在拙劣，不过是出于心中的猜忌罢了。他们义愤填膺，觉得不该受到拉刻代蒙人如此对待。回国之后，立即放弃了与他们结成的反对波斯人的同盟，而与其敌人阿耳戈斯人结为盟友⑤。与此同时，雅典人和阿耳戈斯人以同样的盟誓与忒萨利亚人结成了盟友。

103.1 伊托墨山的反叛者到了反叛的第 10 年⑥，因为无力坚持下去，与拉刻代蒙人达成协议：他们在停战状态下离开伯罗奔尼撒，以后永不踏上这块土地；如果谁回来被抓到，就成为抓到者的奴隶。**2** 此前，拉刻代

---

① 这场战争起止时间应是前 465/4—前 463/2 年。见罗兹《修昔底德第 1 卷评注》，第 250 页。

② 赔款的具体数额我们不知道，萨摩斯叛离后的赔款数额是 1400 塔兰同，可以参考。举例来说，如果赔款 1000 塔兰同，20 年偿付，每年就要 50 塔兰同，这还不包括每年应缴纳的贡款（3 塔兰同）。见霍氏《评注》第 1 卷，第 158 页。塔索斯每年需要缴纳的贡款在前 5 世纪 50 年代晚期是 3 塔兰同，到前 5 世纪 30 年代晚期高达 30 塔兰同（与埃癸娜的年贡款相当）。见罗兹《修昔底德第 1 卷评注》，第 250 页。

③ 盟邦有埃癸娜、普拉泰亚和曼提涅亚等。这里把雅典也算作斯巴达的盟邦，因为"盟邦""盟友"（"σύμμαχοι"）一词的本义是"一同作战的人"，斯巴达邀请雅典人来镇压反叛，就会与他们一同作战。见霍氏《评注》第 1 卷，第 158 页。而且，根据下文，雅典和斯巴达此时还是反对波斯人的盟友。

④ 大概是指攻下塔索斯城。见霍氏《评注》第 1 卷，第 159 页。

⑤ 前 458 年。

⑥ 约前 455 年。这场反叛到底持续了多少年？学术界尚有争议。

蒙人得到皮提亚①的神谕，要他们让伊托墨山上向宙斯请愿的人离开②。**3** 于是，他们自己还有孩子和妻子离开了伯罗奔尼撒；雅典人对拉刻代蒙人已生敌意，就接受了他们，并把他们安置在瑙帕克托斯③。这个地方是他们从罗克洛斯族中的俄兹多莱人手里夺得的，俄兹多莱人刚刚占领此地④。**4** 墨伽拉人与科林斯人因边界发生战争，受到科林斯人的紧逼，于是叛离了拉刻代蒙人，与雅典人结成同盟⑤。这样，雅典人就据有了墨伽拉和珀该⑥，他们为墨伽拉人筑起一道长墙，从墨伽拉城到尼赛亚⑦，由他们自己守卫。这就是科林斯人对雅典人产生强烈仇恨的最初的和主要的原因。

104. 1 普萨墨提科斯之子伊那洛斯，一个利比亚人⑧，与埃及毗邻的利比亚人的国王，从位于帕洛斯岛上方的马瑞亚城⑨鼓动埃及大部叛离了国王阿耳塔克塞耳克塞斯⑩。伊那洛斯本人成了统治者之后，召来了雅典人。**2** 他们（其时正以自己和盟邦的 200 艘战舰远征塞浦路斯）丢下塞浦路斯前往埃及。他们从大海进入尼罗河，逆流而上，控制了此河和孟斐斯⑪的三分之二，然后攻打孟斐斯的第三部分地区，被称为"白色堡垒"

---

① Πυθία，Pythia，又译"佩提亚"。德尔菲阿波罗庙中的女祭司，她代神发出谕告。
② 伊托墨山的山顶有宙斯庙。
③ Ναύπακτος，Naupactus，位于今科林西亚湾入口之后海峡的北岸。
④ 以前的编辑者和译者都将此句理解为："雅典人刚刚从……夺得"。有学者指出，俄兹多莱人占领此地是在前 5 世纪第一个 25 年的某个时候；作者强调此点，雅典人夺得此地的侵略性便有所减弱。见霍氏《评注》第 1 卷，第 160 页。
⑤ 从此便开始了所谓"第一次伯罗奔尼撒战争"，一直到《三十年和约》的签订，即从前 460 年到前 446 年。以下几章（从第 105 章开始）有所记载，也是我们的主要资料来源。
⑥ Πηγαί，Pegae，是墨伽拉的一个港口，在今科林西亚湾，就是今天的 Αλεποχώρι（Alepochori）港。见霍氏《评注》第 1 卷，第 162 页。
⑦ Νίσαια，Nisaea，是墨伽拉的一个港口，在萨洛尼科斯（Σαρωνικός，Saronic）海湾，不详其所在。
⑧ "一个利比亚人"原文是"Λίβυς"（"Libyan"），疑为衍文。
⑨ Φάρος，Pharos，又译"法罗斯"。是埃及亚历山大里亚港外一个岛屿，是港口的一部分。Μαρεία，Mareia，此城在帕洛斯岛对面的大陆上，就在今亚历山大里亚的位置。希腊人从北面来，故马瑞亚城在帕洛斯的上方。
⑩ Ἀρταξέρξης，Artaxerxes，即阿耳塔克塞耳克塞斯一世，波斯国王，前 465—前 424 年在位。
⑪ Μέμφις，Memphis，或译"孟菲斯"，音"门庇斯"。位于尼罗河的西岸、三角洲的顶点，是下埃及的中心城市。

的地方。那些逃亡的波斯人、米底①人和没有参与叛离的埃及人都在里面。

105.1 雅典人的舰队在哈利厄斯②登陆,与科林斯人和厄庇道洛斯③人发生战斗,科林斯人取胜。此后,雅典人与伯罗奔尼撒的舰队在刻克律帕勒亚④附近的海面上展开海战,雅典人取胜。**2** 这之后,雅典人与埃癸娜人之间发生战争⑤,在埃癸娜附近的海面上,一场大规模的海战在他们之间爆发,双方的盟邦都到场助战。雅典人取胜,夺得对方70艘战舰,还下船登岸,围攻其城市。斯特洛玻斯之子勒俄克剌忒斯担任将军。**3** 接着,伯罗奔尼撒人想援助埃癸娜人,向埃癸娜派遣了300名重甲兵,这些士兵此前援助过科林斯人和厄庇道洛斯人。而且,科林斯人及其盟友占领了革剌涅亚⑥高地,并下到墨伽拉的土地。他们认为,雅典的大量军队在埃癸娜和埃及,将不能援助墨伽拉人;如果他们真想援助,势必从埃癸娜移师。**4** 然而,雅典人不从埃癸娜的城墙下移师,而抽调国内剩下的最年长和最年轻的公民⑦,由密洛尼得斯率领,开到墨伽拉。**5** 接着发生了一场与科林斯人平分秋色的战斗,可是等到双方分开之后,都认为己方在战斗中占了上风。**6** 雅典人(因为事实上占了上风)于科林斯人撤退之际,竖立了却敌纪念柱。科林斯人受到城邦中长者的责骂,做好准备之后,于12天之后又回去,也以战胜者的身份竖立却敌纪念柱。雅典人从墨伽拉冲出来,杀死立柱的人,与其他科林斯人战斗,并击败了他们。**106.1** 战败的一方撤退,有相当一部分在穷追之下,走错了路,误入一片私人领

---

① Μῆδος,或称 Μηδία,Media,音"墨多斯""墨狄亚",又译"美地亚"。兴起于今天伊朗的西北部,米底人曾建立了米底王国,前550年被后起的波斯帝国所灭。在本书其他地方,作者常用其指代波斯人,如"τὰ Μηδικά","波斯战争",即"希波战争"。

② Ἁλιῆς或 Ἁλιεῖς,Halieis,位于伯罗奔尼撒半岛东南部的阿耳戈斯半岛的南部,与今天的 Σπέτσες(Spetses)岛隔海相望。

③ Ἐπίδαυρος,Epidaurus,位于伯罗奔尼撒的阿耳戈斯半岛中部,东临萨洛尼科斯(Σαρωνικός,Saronic)海湾,西临今阿尔沃利斯海湾。

④ Κεκρυφάλεια,Cecryphaleia,是一个小岛,位于埃癸娜的西面。

⑤ 据说,伯里克利将埃癸娜视为比雷埃夫斯港的眼中钉。(亚里士多德《修辞学》3.1411a 15—16;普鲁塔克《伯里克利传》8.7)。见罗兹《修昔底德第1卷评注》,第252页。

⑥ Γεράνεια,Geraneia,在今科林斯地峡以东,是一片大致东西走向的山地,属于当时的墨伽拉,地势较险,难以翻越,是出入伯罗奔尼撒半岛的屏障。据说总有雅典人据守。见霍氏《评注》第1卷,第166页。

⑦ 在雅典,年龄在18—20岁、50—60岁的公民一般不在阿提卡之外服役。见马钱特的注。18—19岁(最年轻的公民)和50岁以上(年长的公民)。见卡特赖特《评注》,第66页。

地，此地碰巧环以深堑，没有出口。2 雅典人发现这个情况后，以重甲兵把住正面入口，四周围以轻装步兵，扔石头将进入里面的科林斯人统统砸死。对科林斯人来说，这真是一场大灾难。但是，他们大部分军队撤退回国了。

107. 1 在这段时间，雅典人开始修筑延伸至海滨的长墙，一道通往帕勒戎，一道通往比雷埃夫斯①。2 波喀斯人②出征拉刻代蒙人的母邦多里斯人③，包括玻翁、库提尼翁和厄里涅翁等市镇，夺取了其中一个。拉刻代蒙人在克勒翁布洛托斯之子尼科墨得斯的率领下——他代替国王泡萨尼阿斯之子普勒斯托阿那克斯④出征，因为国王还未成年——以他们自己的1500重甲兵和盟邦的1万重甲兵，援助多里斯族。在强迫波喀斯人讲和，归还占领的市镇之后，开始返回。3 如果他们想走海路，取道克里萨海湾⑤，雅典人有战舰巡逻，正打算阻拦。取道革剌涅亚看来不安全，因为雅典控制了墨伽拉和珀该。而且，革剌涅亚道路崎岖，总有雅典人把守，到时候他们同样会阻挡。4 于是，他们决定留在玻俄提亚，考虑以何种最安全的方式返回伯罗奔尼撒。在这个过程中，有些雅典人偷偷地邀请他们，希望他们推翻雅典的民众统治，阻止修筑长墙⑥。5 于是，雅典人以

---

① 雅典修建的长墙有三道：最北面的一道连接雅典城的城墙和比雷埃夫斯港的墙，最南面的一道连接雅典的城墙与帕勒戎的墙，这里所指的就是这两道，建于前462—前458年。中间还有一道，挨着最北面的那一道（相距仅167.3米），并与之平行，建于前5世纪40年代。帕勒戎，Φάληρον，Phalerum，位于雅典城西南8公里的海滨，与比雷埃夫斯港中间隔着帕勒戎海湾。

② Φωκεύς，Phocian，即波喀斯（Φωκίς，Phocis，又译"福基斯"等）人，波喀斯位于中希腊，在科林斯湾（今科林西亚湾）的北面。

③ Δωριῆς，Dorians，多里斯（Δωρίς，Doris）人。见前注（1.12.3）。在所谓"多里斯族侵入"（the Dorian Invasion）的过程中，他们曾经在中希腊停留，这个地方被称为"多里斯"，其西有埃托利亚（Αἰτωλία，Aetolia），东有波喀斯，北有墨利斯（Μηλίς或Μαλίς，Malis），南有俄兹多莱人的罗克里斯（Ὀζολία Λοκρίς，Ozolian Locris）。这段话说明，这种血缘纽带到前5世纪依然存在。斯巴达在中希腊的野心与此应有一定的联系。当然，中希腊还有德尔菲和玻俄提亚地区，这都是斯巴达和雅典双方不会放过的地方。斯巴达希望用玻俄提亚的试拜来牵制雅典。参见霍氏《评注》第1卷，第168—169页。

④ Πλειστοάναξ，Pleistoanax，斯巴达国王，前458—前409年在位。

⑤ ὁ Κρίσα Κόλπος，the Crisaean Gulf。Κρίσα，Crisa，是靠近波喀斯的一个城邦，克里萨湾因它得名，是今科林西亚湾中的一个小海湾，即今科林西亚湾的中西部。

⑥ "民众统治"原文只有一个词"δῆμον"（"δῆμος"的宾格），δῆμος有"民众""人民""乡镇""民主政体"等意思。也可以译为"民主政治""民主政体"等。这句话证明，在雅典，从前6世纪末的克勒斯忒涅斯到前411年的寡头派政变，曾有反对民主政体的情绪和行动。这样的证据很少，而这是确凿的证据之一。因为雅典的各个阶层都支持对外搞霸权的民主政体，因为它给他们带来了"荣誉"和"利益"。见霍氏《评注》第1卷，第170—171页。

全军①攻击他们，还有1000名阿耳戈斯人，外加其他各个盟邦的人马，总数达14000人。6 因为雅典人认为，拉刻代蒙人在如何回国的问题上正犯愁，在某种程度上还因为他们怀疑有人谋划推翻民众统治，所以他们出兵攻击。7 忒萨利亚的骑兵根据盟约也来支援雅典人，但是在战斗中哗变，倒向了拉刻代蒙人。108.1 在玻俄提亚的塔那格拉②，爆发了战斗。拉刻代蒙人及其盟邦取胜，双方伤亡惨重。2 拉刻代蒙人进入墨伽拉的领土，砍倒树木，通过革剌涅亚和地峡回国了。战后的第62天，雅典人由密洛尼得斯任将军，出征玻俄提亚。3 在俄诺皮塔③战胜了玻俄提亚人，控制了玻俄提亚和波喀斯，拆除塔那格拉的城墙，捉了100名最富有的罗克洛斯族的俄浦斯人④作为人质。雅典人自己的长墙完工。4 此后，埃癸娜人与雅典人达成投降协议，拆除城墙，交出战舰，同意今后缴纳贡款⑤。5 雅典人由托尔迈俄斯之子托尔弥得斯任将军，环伯罗奔尼撒航行，将拉刻代蒙人的船坞⑥付之一炬，夺取了科林斯人手里的卡尔喀斯⑦，下船登陆西库翁，在战斗中击败西库翁人。

109.1 雅典人及其盟友留在了埃及，而战争的过程一波三折⑧。2 首先是雅典人控制埃及，国王⑨派遣一个波斯人墨伽巴兹多斯⑩携金钱前往拉刻代蒙，目的是劝说拉刻代蒙人侵入阿提卡，这样将雅典人从埃及引走。3 由于事情没有进展，钱却白白花费了，墨伽巴兹多斯带着剩下的钱被召回亚细亚。国王派遣一个波斯人，兹多皮洛斯之子墨伽彼兹多斯⑪，

---

① 据下文，应该包括驻守革剌涅亚的军队。
② Τανάγρα，Tanagra，在雅典的北面，离忒拜不远，是通往雅典的战略要地。
③ Οἰνόφυτα，Oenophyta，在雅典北面，紧靠雅典边境。
④ Λοκροί Ὀπούντιοι，Oputian Locrians，这个罗克里斯位于中希腊的东部海岸，从温泉关至刻庇索斯（Κηφισσός，Cephissus）河口的狭长地带。
⑤ 约前457年。埃癸娜的贡款数额是30塔兰同，跟塔索斯一样。见霍氏《评注》第1卷，第173页。
⑥ 在斯巴达的港口古忒翁（Γύθειον，Gytheum），此港口在拉科尼刻海湾，距离斯巴达的中心地带约40公里。
⑦ Χαλκίς，Chalcis，这个卡尔喀斯在埃托利亚的南部，不是优卑亚岛上的那个卡尔喀斯。
⑧ 直译"许多战争形式向他们呈现"。
⑨ 根据上下文，应指波斯国王。
⑩ Μεγάβαζος，Megabazus，正确的拼法可能是"Μεγάβαξος（Megabaxus）"。见霍氏《评注》第1卷，第175页。
⑪ Μεγάβυζος，Megabyzus，按照希腊语姓名拼法，戈姆认为应该是"Μεγάβυξος（Megabyxus）"。见其《评注》第1卷，第321页。

带领大批军队。4 他经由陆路进军，抵达埃及，击败了埃及人和其盟友，将希腊人从孟斐斯逐出，终于封锁在普洛索庇提斯岛①上，围攻他们 1 年 6 个月。最后，将运河从上游改道，下游于是干涸，船只搁浅了，岛屿大部与陆地连成一片。他们步行通过河床攻下该岛。**110.1** 经过 6 年的战争，雅典人的远征事业就这样灰飞烟灭了。远征大军中只有少数人经由利比亚到了库瑞涅②，保住了性命，绝大部分丧命了。2 除了沼泽地带的国王阿密耳泰俄斯，整个埃及重新处在波斯国王的统治之下。波斯人抓不到他，一是由于沼泽地带面积广大，二是因为沼泽地带的人民在埃及人中最骁勇好战。3 利比亚国王伊那洛斯，一手造成了整个埃及事件，被人出卖，抓住后处以尖桩刑③。4 从雅典和其盟邦派出的、前往接替的 50 艘战舰，驶进了尼罗河的门得西翁支流的河口，对于已经发生的事情全然不知。结果，陆上有步兵攻击他们，海上有腓尼基人的战舰摧毁了他们的大部分战舰，仅有少数人得以生还。雅典人及其盟邦对埃及的大规模远征就这样结束了④。

111.1 忒萨利亚国王厄刻克剌提得斯之子俄瑞斯忒斯，从忒萨利亚出奔，劝说雅典人复其位。雅典人带上玻俄提亚人和波喀斯人，他们现在都是其盟友，征讨忒萨利亚的帕耳萨罗斯⑤。他们控制的地域不超出其营地附近（因为忒萨利亚骑兵的阻挠）。他们没有攻下那个城市，出征的目的一个也没有达到，只有带着俄瑞斯忒斯无功而返。2 此后不久，1000 名雅典人由克珊提波斯之子伯里克利⑥任将军，登上了在珀该的战舰（珀该现在在他们的掌控之中），沿海岸驶向西库翁。登陆后打败了迎战的西库翁人。3 他们立即带上阿卡伊亚人，驶出海湾⑦，征讨阿卡耳那尼亚的俄尼

---

① Προσωπῖτις, Prosopitis，在孟斐斯的北面的尼罗河三角洲上，由一条运河和两条尼罗河支流交叉隔成的一个岛屿。见戈姆《评注》第 1 卷，第 321 页。

② Κυρήνη, Cyrene，希腊人的殖民地，在今天利比亚的 Shahhat（贝达市东面 15 公里），位于地中海岸边。

③ 把人戳在尖桩上。

④ 从波斯的角度来考虑，埃及是波斯帝国的一大富源，镇压了叛乱意味着保住了这一富源。见霍氏《评注》第 1 卷，第 177 页。

⑤ Φάρσαλος, Pharsalus，位于忒萨利亚平原南部，是厄刻克剌提得斯和俄瑞斯忒斯的故乡，今希腊的色萨利的 Φάρσαλα（Farsala）。

⑥ Περικλῆς, Pericles 或 Perikles，音"珀里克勒斯"，约前 495—前 429 年，雅典著名的政治家和将军。

⑦ 即科林斯海湾。

阿代①，围攻此城，但没有攻下，就返回国内了。

112.1 3年之后，雅典人与伯罗奔尼撒人订立和约，为期5年。**2** 雅典人避免与希腊人交战，却由喀蒙率领他们自己和盟邦的200艘战舰出征塞浦路斯。**3** 受埃及沼泽地带的国王阿密耳泰俄斯之召请，其中的60艘战舰驶向埃及。其他战舰围攻喀提翁②。**4** 在那里，喀蒙死了，又闹饥荒③，所以从喀提翁引兵而还。舰队航行经过塞浦路斯的萨拉弥斯④时，与腓尼基人、塞浦路斯人和喀利喀亚人⑤同时展开海战和陆战，雅典人都取得了胜利，班师回国。往埃及的战舰也一同回国了。**5** 在这之后，拉刻代蒙人出征进行了一场所谓的神圣战争，占领了德尔菲的神庙，将其交给德尔菲人。等他们撤退之后，雅典人出征，占领德尔菲，将其交给波喀斯人。

113.1 一段时间以后，在托尔迈俄斯之子托尔弥得斯的率领下，雅典人自己和各盟邦的1000名重甲兵出征玻俄提亚的俄耳科墨诺斯⑥和开洛涅亚，以及别的地方，她们被玻俄提亚的流亡者占据，因而敌视雅典。他们夺取了开洛涅亚，将其居民卖为奴隶，置兵守卫，然后离开了。**2** 归途中，在科洛涅亚⑦，遭受来自俄耳科墨诺斯的玻俄提亚流亡者，加上罗克洛斯人、优卑亚的流亡者以及其他政见相同的人的攻击。雅典人被打败，有些人被杀，有些人被俘。**3** 于是，雅典撤出整个玻俄提亚，订立和约，领回战俘。**4** 玻俄提亚的流亡者得以返国，全体玻俄提亚人重新独立自主。

114.1 此后不久，优卑亚叛离了雅典。就在伯里克利率领雅典军队渡海抵达该岛之际，有人来报：墨伽拉已经叛离；伯罗奔尼撒人将要侵入阿

---

① Οἰνιάδαι，Oeniadae，位于阿卡耳那尼亚，在爱奥尼亚海滨。与雅典长期敌对，地理位置重要，扼今科林西亚湾入口。见霍氏《评注》第1卷，第178页。

② Κίτιον，Citium，位于塞浦路斯岛的东南海岸，即今天的拉纳卡（Larnaca）。

③ "饥荒"原文是"λιμοῦ"（属格），有学者指出应为 λοιμοῦ（"瘟疫"）之误。见戈姆《评注》第1卷，第330页。

④ Σαλαμίς，Salamis，这个萨拉弥斯位于塞浦路斯岛的东侧沿海地带。

⑤ Κίλικες，Cilicians，喀利喀亚（Κιλικία，Cilicia，又译"西里西亚"等）人。喀利喀亚位于小亚半岛南部的最东段地中海沿岸地区，塞浦路斯岛在其西南海面上。

⑥ Ὀρχομενός，Orchomenus，在玻俄提亚，其名称沿用至今。

⑦ Κορώνεια，Coronea，也在玻俄提亚，靠近科帕伊斯湖南岸，在雅典人回国的路上。戈姆认为，雅典人显然遭到了玻俄提亚人的伏击。见其《评注》第1卷，第338页。

提卡；雅典在墨伽拉的守备军队，除逃到尼赛亚的人之外，都被墨伽拉人杀死。墨伽拉人叛离时，还引来科林斯人、西库翁人和厄庇道洛斯人作为后盾。伯里克利迅速从优卑亚撤兵①。**2** 在这之后，伯罗奔尼撒人在拉刻代蒙人的王、泡萨尼阿斯之子普勒斯托阿那克斯的率领下，侵入阿提卡，一路上蹂躏乡野，直到厄勒乌西斯②和特里亚③，没有再前进就回国了④。**3** 于是，由伯里克利统率，雅典人再次渡海至优卑亚，征服了全岛。他们将赫斯提埃亚人⑤赶出家园，将他们的土地据为己有，其余地区则按投降的条件处置⑥。**115.1** 雅典人从优卑亚撤兵之后不久，与拉刻代蒙人订立了和约，为期30年，交还尼赛亚、珀该、特洛兹顿和阿卡伊亚⑦，因为这些被雅典人占据的地方本都属于伯罗奔尼撒人。

2 此后第6年，萨摩斯人与米利都⑧人因为普里厄涅⑨爆发战争。米利都人在战争中失利，跑到雅典，痛斥萨摩斯人。从萨摩斯以私人身份来的一些公民，也同声斥责，他们想要变更萨摩斯的政体。**3** 于是，雅典人以40艘战舰驶到萨摩斯，建立民众政体⑩，取50名萨摩斯的未成年的孩子和同样数量的成年男子作为人质，将他们安置在楞诺斯⑪；留人在萨摩斯镇守，然后回国了。**4** 有些萨摩斯人没有留在萨摩斯岛，而是逃到大陆上，他们与还在萨摩斯岛上的豪族订立同盟，还与许斯塔斯珀斯之子庇苏

---

① 有铭文表明，伯里克利迅速向西移师墨伽拉，作者按下不表，补上去叙述就完整了。见霍氏《评注》第1卷，第185页。

② Ἐλευσίς, Eleusis，在雅典城西北，距城约18公里，靠近萨洛尼科斯（Σαρωνικός, Saronic）海湾。

③ Θρῖα, Thria，靠近厄勒乌西斯，两者均处在通往雅典的道路上。

④ 拉刻代蒙人认为普勒斯托阿那克斯因受贿而撤兵，将其流放。事见下文（2.24）。

⑤ Ἑστιαιῆς, Hestiaeans，赫斯提埃亚（Ἑστίαια, Hestiaea）人，在优卑亚的北部，在马其顿等地通往雅典的航线上。

⑥ 优卑亚有肥沃的平原，是雅典重要的避难地和食品来源地（2.14）。赫斯提埃亚人被驱逐后，1000名雅典人迁居那里。卡尔喀斯人和厄瑞特里亚人则被要求效忠于雅典人。见卡特赖特《评注》，第73页。

⑦ 后两个地方雅典人在取得斯帕克忒里亚岛大捷后要求拉刻代蒙人还给他们。见下文（4.21.3）。

⑧ Μιλήσιοι, Milesians，米利都（Μίλητος, Miletus，音"弥勒托斯"）人，米利都位于小亚西海岸，在今天的土耳其。

⑨ Πριήνη, Priene，也在小亚西海岸，在米利都的北面，距离米利都25公里。它位于萨摩斯与米利都之间，且与萨摩斯的大陆领土接壤。

⑩ δημοκρατίαν（宾格），或译"民主政体"。

⑪ Λῆμνος, Lemnos，又译"利姆诺斯"，爱琴海北部的一个岛屿，即今希腊利姆诺斯岛。

— 68 —

特涅斯结成盟友——他其时统治着萨耳得斯①。招募雇佣兵达 700 名，趁着夜色渡海到萨摩斯。5 首先，他们攻击民众②，控制了他们中的大多数人；然后，偷偷地将他们的人质从楞诺斯运走；他们叛离了雅典，将雅典留下镇守的兵员和统治的官员交给庇苏特涅斯，并立即着手准备出征米利都。拜占庭人也与他们一起叛离。

116. 1 雅典人得知这些之后，以 60 艘战舰驶向萨摩斯，其中的 16 艘另有他用（有些已经去了卡里亚，以监视腓尼基人的舰队；有些已经去向喀俄斯和勒斯玻斯求援）。其他 44 艘由伯里克利和其余 9 位将军率领③，在特刺癸亚岛附近④，与萨摩斯的 70 艘战舰海战，这 70 艘中有 20 艘是运输舰（整个舰队全都从米利都驶来）。雅典人取得了胜利。2 后来，从雅典来了 40 艘、从喀俄斯和勒斯玻斯来了 25 艘增援战舰。于是他们下船登陆，在陆战中占了上风，筑墙包围这座有三道城墙的城市，并且从海上封锁⑤。3 有人来报，腓尼基人的舰队正向他们驶来，于是伯里克利从围攻的战舰中抽出 60 艘迅速前往考诺斯⑥和卡里亚，因为此前斯忒萨戈剌斯⑦和其他人已经带 5 艘船从萨摩斯出发向腓尼基人求援。**117.** 1 就在这时，萨摩斯人突然袭击了雅典人没有设防的营地⑧，摧毁了警戒的船只，打败了出海迎战的战舰。在大约 14 天的时间里，他们控制了萨摩斯岛沿岸海域，随意运进运出物品。2 等到伯里克利返回，他们又被雅典的舰队封锁。后来，由修昔

---

① Σάρδεις，Sardis 或 Sardes，或译"萨尔迪斯"，曾是吕底亚王国的首都，后被波斯帝国占领，成为它的一个行省（province），叫萨耳得斯行省。行省设有总督。"统治着"原文是"εἶχε"（"ἔχω"的不定过去时），意思是"占有""拥有"。实际上，庇苏特涅斯（很可能是波斯国王克塞耳克塞斯的侄子）其时就是总督，但作者明显避免使用"σατράπης"（"总督"）一词。见霍氏《评注》第 1 卷，第 189 页。

② "民众"原文是"τῷ δήμῳ"（与格），就是前文所说的"民众政体"中的"民众"，指公民集体中的大多数，也可以理解成"平民"。

③ 直译"伯里克利自己是第 10 位将军"。类似套语参见前文译注（1.61.1）。另见霍氏《评注》第 1 卷，第 191 页。

④ Τραγία，Tragia，在萨摩斯的东南面，靠近米利都。

⑤ 萨摩斯的城市三面向陆，一面向海。这种表达（"三道城墙"）很笨拙，也许原文有误。见戈姆《评注》第 1 卷，第 353 页。

⑥ Καῦνος，Caunus，是卡里亚地区的一个城邦。

⑦ 一个萨摩斯人，但是作者没有提到其父名。

⑧ 从上下文来看，应该是雅典的封锁舰队的营地，在萨摩斯的港口旁边。

底德①、哈格农②和波耳弥翁③率领的 40 艘战舰，由特勒波勒摩斯和安提克勒斯率领的 20 艘战舰从雅典前来增援，还有从喀俄斯和勒斯玻斯来的 30 艘战舰。3 萨摩斯人在海战中稍微抵挡了一阵，但是招架不住。然后被围城，到第 9 个月，按照协议投降：拆毁城墙，纳人质，交出战舰，按照规定的期限分期偿付雅典人的战争费用④。拜占庭人也与雅典人达成投降协议，他们回到原来的臣服地位。

118.1 此后只隔几年⑤就发生了科西拉事件和波忒代亚事件⑥，以及构成战争理由的种种事件⑦，这些前面都已经说过了。2 所有这些希腊人对希腊人、希腊人对蛮族的所作所为，均发生在克塞耳克塞斯撤出希腊与这场战争的开始之间的 50 年⑧里。在这期间，雅典人更加牢固地树立了自己的霸权，其实力大大增强了。拉刻代蒙人清楚这一点，但是没有加以有力遏制，在大部分时间里，他们无所作为。因为他们一向是不到万不得已不会急于开战；且当时他们已⑨为自己境内的战争⑩所困。直到最后，雅典人的势力明显地提升起来，并将手伸向了

---

① Θουκυδίδης，Thucydides，音"图库狄得斯"，这个修昔底德不是本文的作者，也不是前 5 世纪雅典著名的政治家、墨勒西阿斯之子修昔底德。见戈姆《评注》第 1 卷，第 354 页；霍氏《评注》第 1 卷，第 191 页。

② Ἅγνων，Hagnon，雅典的将军和政治家。在北方色雷斯征战颇有一套，他是安庇波利斯的创建者，前 411 年雅典政变事件著名人物忒墨涅斯之父。

③ Φορμίων，Phormio，伯罗奔尼撒战争期间雅典著名的将军，善海战。他与哈格农来自同一部落（即 Pandionis），在同一年里，雅典的 10 位将军一般分别来自 10 个部落，但也有例外。见霍氏《评注》第 1 卷，第 191 页。

④ 雅典人这次战争的总费用在 1404—1410 塔兰同。见霍氏《评注》第 1 卷，第 193 页。

⑤ 前 439—前 435 年。作者对于这一重要时期一笔带过。

⑥ 科西拉事件（1.24—55）；波忒代亚事件（1.56—66）。

⑦ "理由"原文是"πρόφασις"，其意思是指双方相互公开责难的理由，与前文（1.23.6）的意思有别，在那里它与"最真实的"一词连用，意思是"内在的、根本的原因"。见霍氏《评注》第 1 卷，第 194 页。

⑧ 关于作者对于这 50 年的叙述，古代的注释家有一个术语："πεντηκονταετία"，可译为"五十年纪"，大约是前 480—前 430 年。实际上不足 50 年，大概是从前 479 年到前 5 世纪 30 年代之初。见霍氏《评注》第 1 卷，第 133、194 页。

⑨ "……当时……已""牛津本"作"τὸ δέ τι"，霍氏认为解作"τότε δ' ἔτι"更合适。见其《评注》第 1 卷，第 194 页。

⑩ 指其境内希洛特等的反叛，见前文（1.101.2）。

他们的盟邦①。此时，拉刻代蒙人再也不能忍受，决定发起这场战争，全心全力向雅典的势力发起攻击，如果能够做到，就推翻它。3 拉刻代蒙人自己已经投票表决和约已被破坏，罪责在雅典人②；还派人去德尔菲问神，与雅典人开战是否为上策。据说，神答复说，如果他们尽力一战，胜利将属于他们；还说，无论他们是否来吁请神明，神明都将助一臂之力。

119. 但是，他们还是想再次召集盟邦，将是否必须开战的问题提交她们表决。盟邦使节抵达，大会召开。使节们说出了他们各自的观点，绝大多数控告雅典人有罪，要求开战。会前，科林斯人私下一个一个城邦地恳求，要使节们投票赞成开战，唯恐来不及挽救波忒代亚。在会议上，他们最后一个走上前来，发言如下：

120. 1 "各位盟友！我们不要再责怪拉刻代蒙人了，他们已作出开战的决议，为此，现在还把我们召集来开会。他们做得对，因为盟主所考虑的，是公平地对待各邦的私利，还要特别关注盟邦的共同利益。盟主最受人尊重，责任也最大。2 凡是与雅典人打过交道的人，都知道提防他们，这一点用不着别人来教。但是，那些身处内陆和偏僻的人应该知道，如果不援助那些海滨的城邦，将很难把时令的出产运送到沿海，反过来也接受不到大海给予内陆的出产③。他们不应该对我们刚才所说好坏莫辨，好像与己无关。如果将海滨的城邦拱手相让，他们终将大祸临头，这是他们本应预料到的。他们应该懂得，他们现在谋划的虽攸关他人的利益，但更攸关自身的利益。3 因此，他们一定要毫不迟疑地选择战争而不是和平。因为，审慎的人若没受侵害，就安静自守；勇敢的人一旦受到侵害，就断然弃和而战，战事顺遂之时却又能弃战而和。这样的人不会由于战争中的顺利而忘乎所以；也不会由于贪图和平的安宁而忍受侵害。4 因贪图安逸而退缩的人，如果他继续无所作为，会很快失去安逸之乐；因战争中的顺利而得意忘形的人，没有考虑到他们的得意全然不可信赖。5 许多拙劣的图谋反而取得了成功，是因为对手的谋划更为拙劣。更多的图谋，表面上谋

---

① 作者是在看到了赫拉尼科斯的作品后写下这一段插叙的，所以，这句话是作者关于战争原因的最后思考。因此，那种把第一卷看作一个时期所作，试图消除所有明显矛盾之处的想法是不对的。这么说，不是主张将全部文本切成片段来研究，只是说，作者唯独提及赫拉尼科斯的名字这一点是不容忽视的。见霍氏《评注》第1卷，第195页。

② 见前文（1.88）。

③ 如果我们确信科林斯人这番话的真实性，那么这句话就是全书最明显的一个证据，证明斯巴达的盟邦在遭受经济损失。见霍氏《评注》第1卷，第197页。

划得很好，结果却适得其反，招致耻辱。因为盘算一个计划时总是信心十足，执行起来就不是那回事了；计划时我们自以为十拿九稳，等到实行时因心存恐惧而败多胜少。

121. 1 "现在，我们已经遭受侵害，有充足的理由控诉，所以鼓动开战；一旦报复了雅典人，就在适当的时候结束战争。2 我们很可能赢得胜利，原因很多：首先，我们在人数上占优，作战经验丰富；其次，我们全都听从号令；3 最后，海军是雅典人的强项，但我们可以利用各盟邦现有的财产、德尔菲和奥林匹亚①的财富来装备自己的海军；我们可以从那些地方借款，并且付出更高的酬金挖走他们的外邦水手。因为雅典的实力更多是靠钱买来的而不是本身固有的②，而我们的力量更多地来自我们的血肉之躯，而不是来自钱财，因此较少受此影响。4 我们只要打赢一场海战，他们很可能就要失败。假如他们继续抵抗，我们将有更多的时间操练航海技术。一旦达到他们的熟练水平，加上我们高昂的士气，就一定能战胜他们。因为我们秉性优良，他们学是学不会的；但是，他们在技术上的优势，我们通过练习一定能够达到。5 完成这些所需的费用，我们大家都来出③！这有什么奇怪的呢？如果说他们的盟邦乖乖缴纳贡款，为的是使自己受奴役，那么，在既能报复敌人又能保全自己的情况下，我们不愿意花这个钱吗？这些钱不要被他们抢了去，它们只会被用来使我们遭殃啊！

122. 1 我们有很多方法进行战争：策动其盟邦叛离，那是剥夺其赖以强大的贡款的最佳途径，在其领土上构筑要塞，以及其他我们目前还预见不到的种种方法。战争的进行，极少遵循一成不变的规则，它通常随着每一刻的具体情况而千变万化。在战争中能控制自己的怒火、头脑冷静的人，自身更安全一些；而对于战争中的事情④动肝火的人，更容易栽跟头。

2 "让我们想一想，如果我们的盟邦单独与势均力敌的对手发生边界争端，事情还好办；现在，雅典的实力与我们全体盟邦的力量相当，比起我

---

① Ὀλυμπία，Olympia，音"俄吕谟庇亚"，位于伯罗奔尼撒半岛的西部，在古代厄利斯 (Ἔλις，Elis) 城邦境内，是古希腊著名的宗教圣地和竞技会举办地。

② 这句话恐怕不是事实，是科林斯人的鼓动之词。见霍氏《评注》第 1 卷，第 198 页。

③ 科林斯也许富有，但其他许多伯罗奔尼撒城邦未必富有。见罗兹《修昔底德第 1 卷评注》，第 265 页。

④ "对于战争中的事情"原文是："περὶ αὐτὸν"，直译"关于它（战争）"。有学者读作 "περὶ αὑτόν"，直译"关于他自己"。全句可解释为"动肝火的人栽跟头只能怪自己"。与上半句意思不合，且较牵强，故不从。见莫里斯的注。

们单个盟邦自然要大得多。因此，如果我们民族与民族之间，城邦与城邦之间不能团结起来，一致对外，就会成为一盘散沙，被他们不费力气地一个一个地制服。至于战败，不管听到这个词如何让人不寒而栗，你们必须明白，它所带来的没有别的就是做奴隶。3 哪怕是口头提一提战败受奴役的可能性，也是伯罗奔尼撒的耻辱啊！因为这意味着如此众多的城邦在一个城邦手里吃苦受罪。真要发生这种情况，人们要么认为我们命该如此，要么认为我们因为怯懦而不作抵抗，是不肖子孙。我们的祖先曾经使希腊获得自由，而我们连自己的自由都无法保障。一方面，我们认为应当在这个或者那个城邦铲除个人专制统治；另一方面，我们却允许一个城邦成为全希腊的专制僭主①。4 人类最容易犯的三大过错是'愚蠢''怯懦'和'粗心大意'。我们②不知道，我们的这种行为如何能摆脱它们。我们也不敢相信，你们三大过错不犯，却犯'轻视'这个最让人遭殃的过错；正因为许多人为它栽跟头，所以它已经得到另一个称呼：'糊涂'③。

123.1 检讨过去，除非为了现在，否则有必要吗？为了将来，我们必须尽力保卫我们现有的东西（因为通过艰难困苦磨炼出过人的能力，正是我们的先辈的传统）。你们不要改变这一风尚，就算你们在财富和实力方面确实比他们略胜一筹（因为在穷困之时取得，到富裕之时失去，是不合情理的）。你们要大胆地走向战争，原因很多：神明发出了谕告，许诺予以援助；除了他们之外的所有其他希腊人，或者出于对于他们的恐惧，或者出于自身的利益，都会与我们并肩战斗。2 首先破坏和约的不会是你们，神明相信和约已被违反，命令你们开战，你们实际上是将捍卫已遭受侵犯的和约。破坏和约的不是自卫反击的人，而是首先动手侵犯的人。

124.1 "无论从哪一个方面来说，你们都有理由开战。而且，我们以共同利益的名义奉劝你们开战。如果利益一致对于城邦和个人而言都是采取行动的最可靠的保证，那么立即援助波忒代亚人——他们是多里斯族，正遭伊俄尼亚族围攻，以前事情正好相反——恢复其他城邦昔日的自由。因为局势不容再等下去了，有些盟邦已遭侵害；如果人们得知我们开了

---

① 这里科林斯人是在利用古风时代的斯巴达仇视僭主的名声，鼓动拉刻代蒙人。见霍氏《评注》第1卷，第200页。
② 指发言的科林斯人，不是整个伯罗奔尼撒同盟。
③ 这句话的意思是雅典实力雄厚，轻视它，只能证明自己再愚蠢不过了。

会，却没有胆量予以还击，那么还有些盟邦不久之后即将遭受同样的命运。2 各位盟友！如果你们相信现在到了危急关头，我们的建议乃上上之策，就投票决定开战吧！不要害怕眼前的危险，要向往那危险过后的长久的和平。通过战争赢得的和平更牢靠，贪图安宁不愿赴敌，灾难终将临头。3 我们相信，在希腊已经建立起来的那个僭主城邦，对所有的城邦都是一个威胁。她已经统治了一些城邦，正图谋统治其他城邦。让我们向她发起攻击，将其制服，保证我们自己将来的生活安全无虞，解放被奴役的希腊人！"这就是科林斯人的发言。

125. 1 拉刻代蒙人听了全部意见之后，请所有出席的盟邦一个一个地投票，不管是大邦还是小邦。结果，大部分投票赞成开战。2 虽然决定已经做出，但是他们不能立即投入战斗，因为他们没有准备。于是决定每个城邦都要作适当的准备，不得延误。然而，在他们侵入阿提卡，公开开战之前，准备工作差不多花费了一整年的时间。**126.** 1 在这段时间里，他们不断地派遣使节到雅典提出种种抗议，以便找到开战的最佳理由①，如果雅典人拒绝听从的话。

2 首先，拉刻代蒙人的使节要求雅典人驱逐"被女神诅咒的人"。他们说的"被诅咒的人"是这么回事：3 古时候，有个雅典人库隆，是一个奥林匹亚竞技会优胜者②。他出身贵族，孔武有力。娶了一位墨伽拉人忒阿革涅斯之女为妻，忒阿革涅斯当时是墨伽拉的僭主。4 库隆向德尔菲求神谕，神回答说，在"宙斯最大的节日"夺取雅典的卫城。5 于是，他从忒阿革涅斯那里借兵，又说服朋友们支持他，在伯罗奔尼撒的奥林匹亚节来临之际，攻取了卫城，想做僭主。因为他认为这个节日不仅是宙斯最大的节日，而且与他本人的奥林匹亚竞技会优胜者的身份有某种联系。6 至于神所说的最大的节日，是指阿提卡的还是其他地区的，他还没有考虑过这个问题，神谕也没有说清楚（雅典人也有宙斯节③，名字叫"大仁慈宙斯节"④，在雅典城外举行，所有的村社一起参加。许多人奉献的不是平

---

① "理由"原文是"πρόφασις"，这里的意思是"公开表达的理由或者动机"。与前文（1.23.6）的意思大相径庭。见戈姆《评注》第1卷，第425页。
② 前640年的那一届奥林匹亚竞技会。见霍氏《评注》第1卷，第204页。
③ 括号里的说明是为非雅典的受众加的。见霍氏《评注》第1卷，第207页。
④ 原文是"Διὸς ἑορτὴ Μειλιχίου μεγίστη"，此节日主旨是辟邪，与死亡和阴间相关，参加者希望趁此涤罪。见霍氏《评注》第1卷，第207页。

常的祭品，而是本地〈纯洁〉的祭品①）。他认为他判断正确，就着手行动了。7 雅典人得知这个消息，全部从田野里赶来，与他们战斗，坐在卫城前，将其包围。8 过了一段时间，雅典人因攻城而疲敝，大多数离开了。他们将监守之责托付给九执政官，由他们按照自己认为最好的方式全权处理之。因为，那个时候九执政官处理大部分的城邦的公共事务②。9 库隆和其他被围困者因缺乏食物和水而处境不妙。10 库隆与其一个兄弟一起逃走了。其他人在围攻的紧逼之下——有些快要饿死了——作为祈求保命者坐在位于卫城的祭坛边③。11 负监守之责的雅典人看到他们将要死在神庙里，许诺不伤害他们，让他们站起来，然后将他们带走，处死了。在带他们走的路上，甚至坐在凶恶的复仇女神们的祭坛边的人也被杀死了④。由于这个行为，这些雅典人及其后代被称为"被神诅咒的人"和"对神犯罪的人"。12 这些"被诅咒的人"不仅遭到雅典人的驱逐，而且后来，拉刻代蒙人克勒俄墨涅斯⑤，得到雅典的内乱中的一派的帮助，也驱逐了这些雅典人。活着的被驱逐，死了的遗骸挖出来抛掉。然而，后来他们回来了，其后代时至今日还生活在城邦里。127. 1 拉刻代蒙人要求雅典人驱逐这些"被神诅咒的人"，似乎最关心替神复仇。实际上，他们知道，克珊提波斯之子伯里克利因其母方与此有牵连，一旦他被驱逐，事情

---

① 此节日在今天雅典城里的奥林波斯的宙斯庙遗址附近举行，这个地方当时是在雅典城的城墙外。所有的村社（δῆμος）一起参加，不是一个一个参加，也有学者质疑是不是雅典所有的村社都参加。最后一句，学者们曾对原文有争议。霍氏认为，争议已获解决。译文从其说。见其《评注》第 1 卷，第 207—208 页。

② 这里的记载与希罗多德不一致（《历史》5.71），孰是孰非还没有定论。见霍氏《评注》第 1 卷，第 209 页。

③ "祭坛"原文是"τὸν βωμὸν"，一般是正方形的台子，立于神域户外或者神庙内，上面放置祭品或者焚烧牺牲的肉和骨头等。向神祈求保护者坐在祭坛上或其旁边（人多的话），别人不得伤害其性命，否则即为渎神。这里的祭坛是指卫城的雅典娜的祭坛。除了祭坛外，神庙、圣林和神像等也有类似保护祈求者人身安全的作用，叫作"ἀσυλία"，后世的"asylum"（"避难所"）一词由此而来。

④ "凶恶的复仇女神们"指古希腊神话中的"Ἐρινύες"（意思是"愤怒的女神们"），或者称为"Εὐμενίδες"（意思是"慈悲的女神们"，这是古希腊人对凶恶的复仇女神的好听的称呼）。这些被围困的人带下卫城时，必经卫城大门下方的战神山（实为一大块岩石的石丘）旁，复仇女神们的神龛就位于此石丘的东北面的岩石罅隙，这些人害怕被杀，所以跑到那里去祈求保命。这里的"祭坛"原文为"τὸν βωμὸν"，疑为衍文。见马钱特的注。

⑤ Κλεομένης，Cleomenes，即斯巴达国王克勒俄墨涅斯一世，约前 520—前 490 年在位。前 508 年，他应雅典的伊萨戈剌斯（Ισαγόρας, Isagoras）之邀，率兵干涉雅典内政。

就好办了。2 其实，他们对此并不寄予多大的期望，而是希望雅典人对他心生疑虑，把战争的部分责任归咎于他的厄运①。3 因为伯里克利是城邦的领导人，也是他那个时代最有影响力的人。他处处与拉刻代蒙人作对，不允许雅典人让步，一直鼓动他们开战。

128. 1 雅典人针锋相对，要求拉刻代蒙人驱逐在泰那戎②被神诅咒的人。原来，拉刻代蒙人曾让在［泰那戎的］波塞冬庙祈求保命的希洛特站起来，带他们出去，然后处死了。而且，拉刻代蒙人相信，正是由于这个缘故，斯巴达③才发生后来的大地震。2 雅典人还要求他们驱逐被铜庙里的雅典娜④所诅咒的人。事情的由来是这样的：3 拉刻代蒙人泡萨尼阿斯，第一次被斯巴达人⑤从赫勒斯蓬托斯在其职位上召回，受审，后无罪释放。他们没有再派他公干。他私下从赫耳弥俄涅搞到一艘三层桨战舰，没有得到拉刻代蒙人的指令，抵达赫勒斯蓬托斯。表面上是要为希腊人而战⑥，实际上是继续与波斯国王密谋——他早就着手了——渴望统治整个希腊。4 下面这件事是整个行动的开始，他让波斯国王第一次欠了他的人情。5 从塞浦路斯回来之后，他夺取了拜占庭，那是他第一次到那里（拜占庭本为波斯人占据，一些波斯国王的亲属和族人在夺取时被俘虏了）。他瞒着盟邦，将这些俘虏放回国王那里，然后告诉他们说俘虏从他手上溜

---

① 即他是"被神诅咒的人"的后代。

② Ταίναρον，Taenarum，即今天希腊的泰纳龙角，在伯罗奔尼撒的南端，拉科尼刻湾的西面一个小半岛的最南端。此地过去和现在都难以抵达，所以是希洛特的避难地。在亚历山大及以后的时代，这里又是一个大的招募雇佣军的地点。见霍氏《评注》第 1 卷，第 212 页。

③ "斯巴达"原文是"Σπάρτη"（与格）。

④ "铜庙里的雅典娜"原文是"τῆς Χαλκιοίκους"（属格，直译"铜的房子"）。斯巴达的雅典娜庙是用铜做的。

⑤ "斯巴达人"原文是"Σπαρτιατῶν"（属格），这是作者第一次用这个词。"斯巴达人"和"拉刻代蒙人"这两个称呼在原文中是分得很清楚的，所以不能相互取代（相应的有"斯巴达"和"拉刻代蒙"之分，但基本上可以相互取代）。戈姆在后文（8.22.1）注释道，一般来说，当时，"斯巴达人"（"Σπαρτιάτης"）这个称呼指斯巴达的公民，不包括边民和其他人（英译本常常直接转写作"Spartiate"，而不译"Spartan"）；"拉刻代蒙人"指所有居住在斯巴达的人，不单指"斯巴达人"。见戈姆《评注》第 5 卷，第 50 页。

⑥ 这里"为希腊人而战"，"牛津本"为"ἐπὶ τὸν Ἑλληνικὸν πόλεμον"，抄本也是如此。可是，"洛布本"作"ἐπὶ τὸν Μηδικὸν πόλεμον"。作者在前面提到希波战争时总是用后者，故有些学者将前者加以改动。戈姆和霍氏都认为，前者是正确的，后者强调战争是波斯人强加的，前者强调希腊人的主动性（意思不是"希腊人之间的战争"），下文说泡萨尼阿斯与波斯国王密谋，想自己统治整个希腊，他是为自己而战，所以上下文有对照的意思。见戈姆《评注》第 1 卷，第 431 页；霍氏《评注》第 1 卷，第 213—214 页。

走了。6 他串通厄瑞特里亚人工古罗斯①做此事，此人正是受他的委托管理拜占庭和战俘。他还将一封信由工古罗斯送交波斯国王。这封信后来被人发现了，是这样写的：7 "斯巴达统帅泡萨尼阿斯想为陛下效劳，我将这些用枪矛俘虏来的人送还给陛下。我还有一个提议，如果陛下没有异议，娶贵公主为妻，让斯巴达和希腊其他地区臣服于陛下。与陛下一起谋划，我想我能够做到。如果陛下称心如意，就派一个可靠的人到海上来，以后我们通过他联系。"129.1 信的意思就是这些。这封信让克塞耳克塞斯高兴，他派遣帕耳那刻斯之子阿耳塔巴兹多斯②到海上，还命令他接管达斯库利翁③总督辖区，取代原来的统治者墨伽巴忒斯④。他还回了一封信，要他尽快带给在拜占庭的泡萨尼阿斯，将信上的印章给他看。如果泡萨尼阿斯对于他本人的大事有什么吩咐的话，要全力以赴地、不折不扣地执行。2 他甫抵达，就转交那封信，并完成国王吩咐的其他事项。信的内容是这样的：3 "国王克塞耳克塞斯对泡萨尼阿斯这样说：您从海对岸的拜占庭拯救了我的臣下的生命，这份恩惠将永远铭记于我们的宫殿之中⑤，您的话也让我满意。不要让黑夜，也不要让白天妨碍您尽力履行对我作出的承诺；也不要担心花费多少金子、银子，动用多少军队，只要是非用不可。我派到您那里去的阿耳塔巴兹多斯是个好人，为了日后我还有您美名流芳、基业盛隆，您和他一起放手大干吧！"130.1 泡萨尼阿斯收到了这封信。过去，由于在普拉泰亚战役中任联军统帅，他在希腊人中间享有崇高的威望。之后，他便飘飘然，甚至不能再过普通人的生活。每次从拜占庭外出，都身着波斯服装；在色雷斯境内旅行时，总有波斯人和埃及人充任护卫；用波斯膳食。他真实企图想瞒都瞒不住了。尽管他的图谋后来才付诸实施，但是通过细行小节预先有所表露。2 他难见一面。他对

---

① 此人后来被波斯国王授予一块采邑，其后代就生活在小亚的西部，色诺芬和其同伴在前400年前后见过他。见霍氏《评注》第1卷，第214页。
② 此人在普拉泰亚战役（希罗多德《历史》9.89时，任波斯司令官（前480—前479年），从那里逃回波斯。其父是大流士的叔叔。见罗兹《修昔底德第1卷》，第270页。
③ Δασκύλιον，Dascylium，是波斯行省Bithynia的首府，位于小亚的西北部黑海沿岸地带。
④ 也就是说，墨伽巴忒斯是原先的总督，而阿耳塔巴兹多斯是新任总督，但是作者就是避免使用"总督"（"σατράπης"）一词。
⑤ "宫殿"原文是"οἴκῳ"（与格），直译"房子""家""家庭""家族"等。也可以翻译为"家族"，波斯国王的宫殿里有记载大事的书，这些记录当然是以王室为中心的。见霍氏《评注》第1卷，第216页。

待所有的人都脾气暴躁，以至于没有人敢靠近他。这就是盟邦转投雅典人的主要原因。

131.1 拉刻代蒙人得知情况后，因为这些将他第一次召回。接着，在没有得到指令的情况下，他以赫耳弥俄涅的战舰出航，表明他依然故我。他被雅典人用武力从拜占庭城内赶出来了，没有回斯巴达，而驻扎在特洛亚地区的科罗奈①。有人报告监察官说，他逗留该地交通蛮族，居心不良。于是，监察官再也不能容忍，派遣传令官，持节杖②，里面写道：随传令官俱归，不得延迟，否则斯巴达人将对其宣战。**2** 泡萨尼阿斯想尽可能消除人们的怀疑，且相信能用金钱摆平人们的指控，所以第二次回到斯巴达。他先是被监察官投入监牢（他们甚至有权将国王投入监牢③）。过了一段时间，他设法出来了；接受所有想要指控他的人的审查。**132.1** 要惩罚一个具有王室成员和当时城邦高官双重身份的人，不论是他的私敌，还是整个城邦，斯巴达人的确没有掌握千真万确的证据（因为当时的国王，勒俄尼达斯之子普勒斯塔耳科斯，还未成年，是他的堂弟，受其监护④）。**2** 由于他的行为不羁，模仿蛮族，斯巴达人普遍怀疑他不愿意安分守己。于是，仔细调查他的过去，看他的生活中是否有违反习惯的情况。他们记起一件事：希腊人曾把一只三足鼎⑤献给德尔菲神庙，那是从波斯人那里缴获的第一批战利品。泡萨尼阿斯贪天之功以为己力，在上面刻上下面的双行诗：

---

① Τρῳάς, Troad，地区名，位于小亚半岛的西部偏北的地带。著名的特洛亚城（Τροία, Troy）也在这个地区。Κολωναί, Colonae, 在特洛亚的南面沿海地带。

② "节杖"，原文是"σκυτάλην"（宾格）。它是拉刻代蒙人用来传达信息的密码工具，由一根木棍和写上文字的带子组成。送信者和接收者手里木头的形状粗细应该相同。把带子螺旋式地绕在木棍上就可以看出密令的内容，如果一方的木棍粗细不同，带子上的字母错乱，就无法读出文字的内容。以上是一般的说法。也有学者怀疑，带子上文字很有可能是直白的，缠绕在木头上，就是为了携带和（或）验证的方便，不是什么密码工具。见罗兹《修昔底德第1卷评注》，第271页。

③ 原文无"甚至"一词，霍氏认为应该有一个词"καί"（有"甚至"的意思），故其译文加上一个表示强调的"(the King) himself"。今从。见其《评注》第1卷，第217页。

④ Πλείσταρχος, Pleistarchus，斯巴达国王，前480—前458年在位。他是国王勒俄尼达斯的儿子。泡萨尼阿斯的父亲与勒俄尼达斯是兄弟。

⑤ 这个鼎是金制的，安放在一个高高的青铜柱子上面，柱子上铸有三条蛇盘旋而上。在前4世纪的"神圣战争"中，这个金制的鼎被波咯斯人夺去熔化了；后来柱子则被君士坦丁大帝携到君士坦丁堡。见戈姆《评注》第1卷，第434页。

> 统率希腊人消灭了波斯军队之后，
> 泡萨尼阿斯将此献给波玻斯①作为纪念。

3 于是，拉刻代蒙人立即将此铭文从三足鼎上凿去②，刻上所有共同推翻蛮族然后一起奉献此祭品的城邦的名字。泡萨尼阿斯的这一行为即使在当时也被认为是犯罪，鉴于他目前的处境，其过去的所作所为与现在的企图分明就是一脉相承。**4** 他们还了解到，泡萨尼阿斯还与希洛特密谋，甚至达成这样的协议：如果希洛特一起参与造反，并帮助他实现全盘计划，他保证给予他们自由和公民权。**5** 即便如此，监察官仍然认为不应该对他采取断然措施，甚至有希洛特向他们告密，他们还是不信。按照他们的惯例，除非有无可争议的证据，他们不愿意仓促地对一个斯巴达人采取不可挽回的行动。据说，最后，一个阿耳癸罗斯人③告了密，他是泡萨尼阿斯最喜欢④和最信任的人，将要把泡萨尼阿斯给波斯国王的最后的一封信送交阿耳塔巴兹多斯。此人产生了这样一个想法——在他之前的信使都有去无回——害怕起来。他担心万一自己的怀疑有误，或者泡萨尼阿斯在他出发前把信要回去修改，于是伪造了泡萨尼阿斯的印章⑤，这样别人才不会察觉。然后，他打开了信封，果然跟他怀疑的一模一样，信里附有将他处死的指令。**133.** 此人将信交给监察官看了以后，他们这才有些相信了，但是，他们还是想亲耳听到从泡萨尼阿斯嘴里说出的话。根据事先的安排，此人前去泰那戎祈求神明保命，搭建了一个有隔墙的木屋，他将几个监察官藏在隔墙里头。泡萨尼阿斯来找他，问他为何祈求神明保命。这下监察官们听得真真切切。此人就泡萨尼阿斯在信中所写的有关他本人的

---

① Φοῖβος，Phoebus，又译"福波斯"，是太阳神阿波罗的别称，司掌预言，是德尔菲的护佑神。
② 这里认为是拉刻代蒙人单独所为，忽略了德尔菲"邻族联盟"（Ἀμφικτυονία，Amphictyony）的作用，并非信手而写，而是希罗多德式的笔法。见霍氏《评注》第1卷，第218页。
③ Ἀργίλιος，Argilian，阿耳癸罗斯（Ἄργιλος，Argilus）人。阿耳癸罗斯在希腊北部，位于安庇波利斯附近。此人不是一个希洛特，而是一个奴隶。见戈姆《评注》第1卷，第435页。
④ "最喜欢的"原文是"παιδικά"，形容词，与"παῖς"（"男孩"）同源，一般英译本译为"favorite"，也有译为"boy friend""lover"。卡特赖特注：老年男子与男孩之间的同性恋关系在古希腊人眼里是很可以接受的，在古希腊文献中常出现。见其《评注》，第84页。
⑤ 原文为"παρασημηνάμενος"，意思是"盖上自己的封印"。此信应该加盖的是泡萨尼阿斯的印章，阿耳癸罗斯人只能伪造其印章。另外，信件如果已经加盖泡萨尼阿斯的印章，为了避免被人发现信封拆开过，他就只能将信封换掉。

内容责怪他，带出了其阴谋中的其他细节。他质问，在他给泡萨尼阿斯跑腿联络波斯国王的过程中，他从未给对方带来危险，为什么跟别的信使一样，得到被处死的奖赏？泡萨尼阿斯承认他说的这些都是事实，让他不要对已经发生的事情生气，并且保证让他安全离开神庙，还要他立即启程，不要耽搁了与波斯国王谈判的事。**134.1** 监察官们听得真切，当时回去了。既然知道得清清楚楚了，就在城里实施逮捕行动。据说，泡萨尼阿斯在街上将要被逮捕的情形是这样的：监察官们向他走来，他看到其中一位监察官的面孔时，就知其来意了。另一位监察官出于善意向他暗暗点头示意。他跑向铜房子神庙，逃到了那里，那是最近的一块神域。他进了一间属于庙宇的小房间，以免受户外风吹日晒之苦，待在里面。**2** 监察官刚开始被甩在后面。之后，他们揭掉那间房的屋顶，看到他在里面，便将他关在里面，筑墙将门封死，再将那个地方包围起来，让其饿死①。**3** 他在那间屋子里，快要断气了。监察官们看到这个情况，才将他抬出神庙，当时还有呼吸，一出来就死了。**4** 起初，他们打算将其尸体扔进开阿达斯②，［那里是扔罪犯的地方］。随后，决定将其葬在城郊某个地方。后来，德尔菲的神明向拉刻代蒙人发出神谕，要他们将其改葬在他死的地方（现在他就躺在神域的入口处，墓碑上的铭文可证）。神谕还说，因为他们的行为被神所诅咒，所以要向铜房子的雅典娜神奉献两具尸体以抵偿一具。于是他们铸铜人两尊，献给神，以代替泡萨尼阿斯。**135.1** 由于此诅咒也是神自己发布的，雅典人针锋相对要求拉刻代蒙人驱逐被神诅咒的人。

2 拉刻代蒙人派遣使节前往雅典，指控忒弥斯托克勒斯与泡萨尼阿斯一样勾结波斯人，他们审问泡萨尼阿斯时发现了这个情况，要求给予他相同的惩罚。**3** 雅典人同意了（忒弥斯托克勒斯此时流放在外，住在阿耳戈斯，经常光顾伯罗奔尼撒其他地方）。他们派人与愿意一同追捕的拉刻代蒙人一起，吩咐追捕者一旦遇见就立即逮捕。**136.1** 忒弥斯托克勒斯事先得到消息，从伯罗奔尼撒逃到科西拉，因为他是科西拉人的

---

① 原文是"ἐξεπολιόρκησαν λιμῷ"，直译"用饥饿将此地围城攻下"，作者用的是一个军事术语。

② Καιάδας, Caeadas，山区的一道深涧，位于 Trypi，在通往 Kalamata 的路上，离斯巴达 12 公里。起初，犯人被扔到那里等死；古典时期，犯人被处死后尸体被扔到那里。见罗兹《修昔底德第 1 卷评注》，第 272—273 页。

恩人①。科西拉人说，害怕收留他会招致拉刻代蒙人和雅典人仇恨，就把他送到了对岸大陆上。2 他到哪里，负责追捕他的人就沿途查访追到哪里。他几乎走投无路了，情急之下跑到摩罗索人②的国王阿德墨托斯③家里暂避，国王并不是他的朋友。3 阿德墨托斯刚好不在家，他祈求其妻④搭救，她教他抱着他们的孩子坐到炉灶旁。4 不久，阿德墨托斯回来了，忒弥斯托克勒斯向他表明了自己的身份，并且说，就算阿德墨托斯过去向雅典人求援时，他确实发言反对过，也不应该遭到报复，因为他现在亡命在外。眼下，即使一个比阿德墨托斯弱小得多的人也能让他倒霉⑤，但是，就是报复也要针对同等地位的人，也不乘人之危，那才是高尚之举啊！而且，他过去反对的是阿德墨托斯提出的某种要求，无关乎其生死；现在，如果阿德墨托斯把他交出去（他告诉对方谁在追捕他以及为何追捕他），那就断了他的活路了。137.1 听完这些，阿德墨托斯扶起了他，他怀里抱着阿德墨托斯的儿子。像这样怀抱孩子坐着，就是最厉害的乞援方式⑥。不久，拉刻代蒙人和雅典人追到，敦促阿德墨托斯交出人来，阿德墨托斯拒绝了。由于忒弥斯托克勒斯想去波斯国王那里，阿德墨托斯就送他由陆路到位于另一个海⑦滨的、属于国王亚历山大⑧的皮德娜。2 那里刚好有一只商船驶往伊俄尼亚，他登上船。途中，船被风暴刮向正在围攻那克索斯⑨的雅典海军的营地。忒弥斯托克勒斯害怕了，他向船主讲明了自己的身份，以及为何流亡（因为船上

---

① 原文是"ευεργέτης"，意思是"做好事的人""恩人"。这是一项荣誉头衔，由城邦授予某个外邦人或者某个外邦。但是，关于忒弥斯托克勒斯为科西拉人做过什么好事，尚有争议。见戈姆《评注》第1卷，第438页。

② Μολοσσοί，Molossians，居住于希腊半岛的西部沿海地带，属于厄珀洛斯地区（今伊庇鲁斯）。

③ Ἄδμητος，Admetus，约前470—前430年，摩罗索人的国王。

④ 全书提及的女性很少，这位无名女士是其中之一。见霍氏《评注》第1卷，第221页。

⑤ 这句话学者们有不同的理解，今从戈姆。见其《评注》第1卷，第439页。

⑥ 即若对方不同意，便杀死孩子。见戈姆《评注》第1卷，第439页。

⑦ 即爱琴海。

⑧ 马其顿国王亚历山大一世，约前498—前445年。

⑨ 有一个品质上乘的普鲁塔克著作的抄本写的是"塔索斯"，到底是塔索斯还是那克索斯？这与这两个地方叛离雅典的时间（那克索斯叛离很可能是在前5世纪60年代早期，塔索斯叛离是在前465年），以及收留忒弥斯托克勒斯的是克塞耳克塞斯还是阿耳塔克塞耳克塞斯相关联。目前没有定论。见霍氏《评注》第1卷，第222页。

的人都不知道他是谁);如果船主不能救他的命,他会说是船主接受了他的贿赂才带上他的;对船主来说,安全可靠的做法是,在风暴过后再次开船之前任何人都不要下船;如果船主答应,他将给予不菲的回报。船主按他说的做了,避开雅典人的营地,在海上下锚,度过了一天一夜。随后,抵达了厄珀索斯①。**3** 忒弥斯托克勒斯拿出一笔钱,给船主压惊②(因为不久前,在雅典的朋友们送给他的钱财和他藏在阿耳戈斯的钱财送来了)。他与一位住在沿海的波斯人一起前往内地,向新登基③的国王克塞耳克塞斯之子阿耳塔克塞耳克塞斯呈上一封信。**4** 信的内容如下:"在下④忒弥斯托克勒斯,已经抵达贵地。在下乃希腊人中伤害陛下家族⑤最多者,令尊向在下进攻不停,在下就被迫自卫不止。但是,当令尊撤退之时,在下平安无事,令尊反而处境险恶,这时在下给令尊做的好事仍然要大大超过坏事啊!所以,令尊欠了在下的人情(这里他提到,是他从萨拉弥斯提前告知克塞耳克塞斯希腊人打算逃走⑥,并当心桥梁,他佯称是由于他当时的努力桥梁才没有被毁掉⑦)。由于与陛下的友谊,在下遭希腊人的追捕。现在,在下身在贵地,有能力为陛下出大力效劳。在下希望待上一年,亲口向陛下解释在下到这里的原因。"**138.1** 据说,国王惊诧于他的图谋⑧,命令他兑现自己的话。

---

① Ἔφεσος, Ephesus,又译"以弗所",小亚西海岸的希腊城邦,位于今土耳其伊兹密尔省西南海岸。
② "压惊"原文是"ἐθεράπευσε"(是"θεραπεύω"的不定过去时),有"抚慰""安慰"的意思。这里是意译。
③ 前465年8月。见罗兹《修昔底德第1卷评注》,第274页。
④ 此信中的谦辞"在下""陛下""令尊",原文分别为"我""你""你的父亲"。
⑤ "家族"原文是"οἶκον",宾格。详见前注(1.129.3)。
⑥ 忒弥斯托克勒斯本想让希腊联军在萨拉弥斯海湾与波斯海军决战,可是大部分希腊将领不听他的。于是他派心腹去波斯国王那里,告诉他希腊人打算逃跑,促使波斯国王进兵,这样一来希腊人逃跑不了,与波斯人决战的目的也达到了。忒弥斯托克勒斯施的是双间计。详见希罗多德《历史》(8.75)。
⑦ 这里的桥梁指波斯人渡过今天的土耳其海峡时用的浮桥。萨拉弥斯海战之后,忒弥斯托克勒斯建议希腊人乘胜航行到海峡将浮桥毁掉,断掉波斯人的后路,可是希腊人不同意。于是,他派人告诉波斯人是他阻止了希腊人这样做的。他想给自己在波斯留一条后路。详见希罗多德《历史》(8.108—110)。另外,括号里的这段话清楚地说明,作者认为读者理应熟悉希罗多德的著作。见霍氏《评注》第1卷,第222页。
⑧ "图谋"原文是"διάνοιαν"(宾格),不能解作"性格",见戈姆《评注》第1卷,第442页。

逗留期间，忒弥斯托克勒斯尽其所能熟悉波斯的语言[①]和当地的风俗。**2** 一年过去，他觐见了国王。在国王面前，还没有哪个希腊人像他那样一言九鼎。这一方面是因为他曾经声名显赫，另一方面是因为他给国王带来这样的希望：他将让全希腊臣服于国王；尤其是他的精明睿智，屡有验证。

3 因为忒弥斯托克勒斯确确实实地展示了其天赋的能力，其睿智之出众，可谓无与伦比，让人叹为观止。盖其生而知之，非学而知之，亦非困而学之[②]。对于眼前的局势，他能不假思索作出最佳的判断；对于遥远的未来，他是最好的预言家。对于自己处理的事情，他能解释得清清楚楚；遇到自己陌生的事情，他的评判一语中的。未来是祸是福，是否是泰，没有人像他那样料事如神。总之，凭借其天赋的能力，忒弥斯托克勒斯稍下功夫，便能随机应变，这一点无人能及。**4** 他是因病而死的。有人说，等他知道无法履行对国王的诺言的时候，就服毒自杀了。**5** 一座纪念他的碑立在亚细亚的马格涅西亚[③]的市场里，因为他是这个地方的统治者。国王将马格涅西亚给他作为食邑，该地一年向他缴租 50 塔兰同；兰普萨科斯[④]供给他酒（此地当时被认为最能产酒）；密乌斯供给肉[⑤]。**6** 他的亲属说，他们遵其遗嘱，将其尸骨运回，瞒着雅典人葬在了阿提卡。因为他被控背叛城邦而遭流放，不准葬在阿提卡。以上就是拉刻代蒙人泡萨尼阿斯

---

① 对于一个希腊人而言，颇不寻常。他学习的可能是古波斯语（Old Persian），也可能是阿拉美语（Aramaic，或译"亚拉姆语""阿拉米语"等），但几乎不可能是很少使用的古波斯语楔形文字。见霍氏《评注》第 1 卷，第 222 页。

② 这句直译是"其睿智是与生俱来的，既不靠事先的学习，也不靠事情来临之时现学"。戈姆指出，有些学者对于学习的具体内容有很多猜测，或者把"事先"解释为"进入政坛之前"等，过于拘泥；这里的"学习"就是一般意义上的学习。见其《评注》第 1 卷，第 442 页。译者认为，戈姆的意见很对。这句话的意思与《论语》中的一段话极为相似，即"生而知之者，上也。学而知之者，次也。困而学之，又其次也……"（《季氏》）。与直译对照，"生而知之"与原文几乎一致。再看下两句。原文"προμαθὼν"是"προμανθάνω"的不定过去时分词，"προ-"前缀，"在……前"；"μανθάνω"，"学习"。意思是"在事情到来之前学习"，即"学而知之"。"ἐπιμαθὼν"中的"ἐπι-"，前缀，"on"，"在"，即事到临头才学习，即"困而学之"。《论语》那句话中的"上""次""又其次"强调的是人的天资的差异，而不是说"知"的深浅。至于"学习"的内容，有些学者解释为"礼义"，也是狭隘的理解。两相对照，启发良多。

③ Μαγνησία，Magnesia，位于小亚迈安德洛斯河（Μαίανδρος，Maeander River）的上游，此河从厄珀索斯注入爱琴海。

④ Λάμψακος，Lampsacus，位于小亚的特洛亚地区的北部。

⑤ Μυοῦς，Myus，位于小亚西部爱琴海滨，属于所谓伊俄尼亚联盟（κοινὸν Ἰώνων，Ionian League）的 12 个希腊城邦之一。这里的"肉"很可能指"鱼肉"。见戈姆《评注》第 1 卷，第 445 页。

和雅典人忒弥斯托克勒斯的结局，他们是那个时代的最耀眼的人物。

139.1 拉刻代蒙人的第一批使节团提出的驱逐被神诅咒的人的强烈要求，就这样得到雅典人针锋相对的答复。此后，他们一批批络绎而至，一再要求雅典人从波忒代亚撤军，允许埃癸娜独立。其中首要的，他们表达最为清楚明白，那就是只要撤销有关墨伽拉的法令，战争就可以避免。该法令规定，墨伽拉人不得使用任何雅典帝国内的港口和阿提卡市场①。**2** 雅典人既不撤销该法令，也不听从对方的其他要求。他们指控墨伽拉人耕种神域的土地②和双方未勘界的土地，收容他们的逃亡奴隶。**3** 最后，拉刻代蒙人派出最后一批使节团，成员有赫然庇阿斯、墨勒西波斯和阿革珊德洛斯。他们绝口不提以前的种种要求，只是说："拉刻代蒙人想要和平，如果你们让希腊人独立自主，就会有和平。"雅典人就此召开公民大会，提交公民讨论，决定全盘商议此事，并作最终的答复③。**4** 许多人都走上前发言④，主战和主和的都有，有的认为必须一战，有的认为不要让墨伽拉法令成为和平的障碍，应当将其撤销。最后，克珊提波斯之子伯里克利，当时雅典的第一人⑤，在演说和行动两方面都是最有影响力的人，走上前来，提出了如下建议：

140.1 "雅典人啊！我还是老观点，不要屈服于伯罗奔尼撒人。尽管我知道，人们会带着一股劲头走向战争，真正交战时劲头却不见了，他们的决心随着局势的变化而变化，但是，现在我发现，我必须向你们提出的建议，跟从前是一样的，或者说是差不多的。我觉得，即使我们确实遇到挫折，你们当中相信我的话的人还是应该支持共同的决定；或者取得成功之时，不要以精明自居。挫折是可能的，因为世事运行，其刚愎与愚蠢，有似人类之谋划⑥。故此，我们常常归咎于运气，不管它有多么不合理。

---

① 见前文译注（1.42.2；1.67.4）。
② 位于墨伽拉与雅典的边界的接壤处，属于厄勒乌西斯女神。
③ 这说明，到此时为止，斯巴达使节的要求只在"五百人议事会"（作者很少提及此机构）讨论过，未经公民大会讨论。见霍氏《评注》第1卷，第225页。
④ 许多人发言，为何只记伯里克利的发言？可见作者写作的技巧和选择性。见霍氏《评注》第1卷，第225页。
⑤ 原文是"πρῶτος Ἀθηναίων"，直译"雅典人中的第一个"。
⑥ "刚愎与愚蠢"原文是"ἀμαθῶς"，霍氏认为不能理解成被动态，即"不被人类所知"；应该理解成主动态，即"无知地""愚昧地"，最好解释成"固执而愚蠢地"。作者语带讽刺。今从。见其《评注》第1卷，第227页。

2 "从前，拉刻代蒙人明显图谋与我们为敌，现在则是路人皆知了。按照和约规定，我们之间如有争端，应该提交第三方仲裁，同时双方维持现状。但是，他们既不要求仲裁，如果我们提交，他们又拒绝接受。他们想用战争而不是争论来解决诉求。现在，他们到这里来，已经是像主人一样下命令了，而不是以平等的身份申诉。**3** 因为他们命令我们从波忒代亚撤军，允许埃癸娜独立，撤销墨伽拉法令。最后一批来这里的使节宣称，我们必须让希腊人独立自主。**4** 你们不要认为，假如我们拒绝撤销墨伽拉法令，那么我们将为小事而战——他们特别提及，如果撤销该法令，战争即可避免——你们不要因此自责：你们将为小事而战。**5** 因为此事看似不大，实际上是检验你们有没有决心，以及决心有多大。如果在这一点上让步，他们看到你们因为恐惧而屈服，马上就会得寸进尺。如果你们旗帜鲜明地坚决反对，就会迫使他们对你们平等相待。**141.1** 现在立即作出抉择，要么在遭受他们侵害之前，屈服于他们；要么，如果选择战争——至少在我看来是最佳的选择——那么大的、小的借口都不要找，下决心不向对方屈服，难道我们要提心吊胆守着自己的财产不成？地位平等的城邦，不把他们对邻邦的要求，不管是大的还是小的，提交仲裁，而是向其邻邦发号施令，这就意味着奴役。

2 "关于这场战争以及双方的资源，等我向你们一一道来，你们就会明白，我们一点也不比他们差。**3** 因为伯罗奔尼撒人耕种自己的土地，无论私人还是公家，都没有多少财产可言①。而且，由于财力单薄，他们相互之间的战争都为时甚短，因此缺乏长期作战和海外作战的经验。**4** 这样的人是没有能力给战舰配备人员和经常向外派遣陆军的，这会使他们远离自己的私产，并耗费自己的资财；此外，他们被排除在海洋之外。**5** 支撑战争靠的是多年的积蓄，而不是靠强征财产税。耕种自己土地的人比起其他人来，打仗更愿意靠拼命而不是靠钱财。从战场上生还他们倒有信心，却唯恐战争耗干他们的钱财，然而，战争偏偏极有可能旷日持久，超过人们的预期。**6** 伯罗奔尼撒人及其盟友有能力在一场战役中与全希腊对抗，却

---

① 这句话的原文有一个词 "αὐτουργοί"（复数），意思是 "自己动手耕种的人"，译文从霍氏，因为斯巴达人就是不务农的（强迫希洛特为他们耕种土地），别的伯罗奔尼撒人不是这样。至于后半句，作者想表达的意思是，伯罗奔尼撒人没有贡款收入。但是斯巴达也有富有的个人，这是作者的虚构。见霍氏《评注》第 1 卷，第 228 页。

没有能力跟一个体制与其迥异的强邦进行战争。他们没有一个统一的议事厅①，因此不能立即采取紧急措施；他们每个城邦都有平等的投票权，且属于不同的民族②，所以，各邦只顾自己的利益。这种情况下往往一事无成。7 有的城邦想尽己所能向敌人复仇，有的城邦却只想让自己的财产的损失最小。他们很长时间才聚集开会一次，等到开会，他们只花很少的时间考虑公共利益，大部分时间谋取自己的私利。每个城邦都认为自己的疏忽大意不会带来伤害，而自己的未来自有他邦代其考虑。每个城邦私下都抱有这样的幻想，同盟的整体利益就在不知不觉中遭受毁灭。

142. 1 "他们最大的困难将是钱财的匮乏，钱财得之缓慢，行动就会迟滞，而战争中时机稍纵即逝。2 而且，无论是他们在我们的领土上构筑要塞，还是他们的海军，都不值得我们害怕。3 即使在和平时期，对于势均力敌的城邦，构筑边境要塞也非易事，更不用说在敌方的领土上构筑，而且我们的要塞对他们的威胁不比他们的小③。4 如果他们确实构筑了一座要塞，就可以通过蹂躏我们的部分土地，接收逃亡奴隶来打击我们。但是，这阻止不了我们航行到他们的地盘，在那里构筑要塞，用海军加以保卫，海军是我们的力量之所在。5 因为我们源自海战的陆战经验，要比他们源自陆战的海战经验更多。6 航海技术对于他们来说是不容易精通的。7 因为，甚至你们，在波斯战争之后立即操练，也没有臻于完美。他们是种地的农民，不是航海的水手，而且我们总有众多的战舰虎视眈眈，他们根本没有操练的机会，在这种情况下，他们又怎能有所作为呢？8 对付一小队封锁他们的战舰，他们还可以因无知而无畏，仗着人多势众冒险一搏。若是被大批战舰围困，只能乖乖地待在原地。其航海技术会因为缺少操练而更加荒疏，由此他们自己会更加胆怯。9 航海技术像其他技艺一样，不是利用偶尔的机会，或者做正事时附带学一学就能掌握的，必须当作专业去做才行。

143. 1 "如果他们动用奥林匹亚或者德尔菲的金库，试图出更高的薪酬挖走我们的外邦水手，而且我们和我们的侨民都登船，人数仍不及他们的话，那可真有危险。但是，事实上我们在人数上不输他们，而且最重要

---

① 指雅典对其盟邦握有控制权。
② 原文是"οὐχ ὁμόφυλοι"，意思是"不是同一个部落的""不是同一民族的"。
③ 戈姆指出，这段话原文可能有误，至今尚无佳解。他提出了一些修改原文的意见，今未从。见其《评注》第 1 卷，第 457—459 页。译文主要参考了哈蒙德的英译。

的，我们有公民做舵手，至于我们的其他船员①，其数量比希腊其他地方加起来还要多，品质还要好。2 况且，我们雇用的外邦水手不会因为区区几天的高薪跑到对方一边助战，因为他们这样做且不说要冒险成为逃亡者②，而且取胜的希望渺茫。

3 "伯罗奔尼撒人一方的形势我想就是如此，或者大致如此。至于我方的形势，我前面指摘对方的种种缺点我们都没有，其他方面我们不仅不弱，而且更强。4 如果他们从陆上侵入我们的领土，我们将驾船驶向他们的土地。即使蹂躏部分伯罗奔尼撒的土地，与蹂躏整个阿提卡效果也不相同。因为他们不动干戈就不能得到另一块土地以为补偿，而我们在岛屿和大陆上均有大量的土地；5 海权在握乃关键之所在。你们想一想：如果我们是岛民，是不是更难被人捉到？现在，我们必须以最接近岛民的立场考虑问题，抛弃土地和房屋，在海上和雅典城设防；同时，不要因为土地和房屋而被伯罗奔尼撒人激怒，从而与之列阵作战，他们在人数上占有很大的优势（如果取胜，我们的敌人将越打越多；如果失利，我们将丧失盟邦，那可是我们的力量之源。因为他们不会安分，而我们又无力一一征讨）。不要为房屋和土地的丧失而悲伤，而要为生命的丧失而悲伤！房屋和土地不能获得人，而人能获得房屋和土地！如果说我对你们有什么建议，那就是：走出去，亲手毁坏你们的房屋和土地，以此向伯罗奔尼撒人表明，你们不会因为这些东西而屈服！

144. 1 "如果你们愿意在战争期间不拓展帝国的范围，不主动招惹祸患，我相信我们将最终胜出③，关于这一点我还有很多其他的理由。我更害怕的是我们自身的错误，而不是敌人的图谋。2 对于以上这些，等以后要采取行动时，我将再次发言予以阐明。现在，让我们这样答复对方的使

---

① "船员"原文是"τὴν...ὑπηρεσίαν"（宾格），集合名词，意思是"全体船员"。霍氏认为应指船上的专业技术人员，不是普通的桨手。见其《评注》第1卷，第229页。

② 作者的意思是，这些水手实际上来自雅典的盟邦，如果他们逃到斯巴达一方，就无法回到自己的城邦，因为这些城邦受雅典帝国的控制。

③ "将最终胜出"原文是"τοῦ περιέσεσθαι"（定冠词+将来时不定式），这个词意思含糊，兼有"赢得胜利"和"生存下来"之义。学者们都认为，译为"to win through"较为合适。可见，伯里克利不认为雅典会轻易打赢这场战争，他的意思是坚持打下去，以至于斯巴达无法实现自己的目标（斯巴达的目标是击败雅典人，打倒雅典的霸权），那就是胜利。这个词对于正确理解伯里克利的战略目标至关重要。下文（2.13.9；2.65.7）中的该词也是这个意思。

节，使其回国：如果拉刻代蒙人不驱逐外邦人①，包括我们和我们的盟友，那么我们将允许墨伽拉人使用我们的市场和港口（因为这两方面和约都没有禁止的条文）；只要他们［拉刻代蒙人］让其盟邦真正地独立自主，随各邦之所愿②，而不是服从于他们的利益需要，我们就允许我们的盟邦独立自主，条件是她们在订立和约时就是独立自主的③；我们愿意按照和约的条文提交仲裁，我们不会挑起战端，但是将对挑起者予以还击。这个答复是公正合理的，也配得上我们这个城邦。3 但是，我们必须认识到战争是不可避免的④，我们越是心甘情愿地接受它，敌人的士气就越是受挫。不经历千难万险，就没有无上的光荣，个人如此，城邦亦如此。4 我们的父辈奋勇抵抗波斯人的时候，雅典还没有今日这样的实力，但是他们抛弃仅有的东西，凭坚毅而不单凭运气，凭勇敢而不单凭能力，击退了蛮子，并且一路前行，以至于今日之鼎盛。我们必须发扬之，光大之，全力反击敌人，努力将我们的帝国⑤完好无损地传给后人！"

145. 这就是伯里克利的发言。雅典人认为他的建议是最好的，于是按照他的要求投票表决，并根据他的意见答复了拉刻代蒙人，包括细节和大意，那就是：他们决不听从别人的发号施令，但是愿意依据和约的规定，在平等和公正的基础上将控告提交仲裁。拉刻代蒙人的使节回国了，以后再也没有派使节来。**146.** 这些就是战前双方相互责难的理由和分歧⑥，它们自厄庇丹诺斯事件和科西拉事件始立即出现了。然而，在此责难期间双方还有联系，相互之间经常不借助传令官⑦往来，尽管不无疑心。因为局势的进展已破坏了和约，为开战提供了理由⑧。

---

① 这是斯巴达的一项旧习，作者第一次提及，下文（2.39.1）再次提及。
② 原文是"ἐπιτηδείως"，本义是"合适地""合用地"。指的什么？哈蒙德译为"允许她们各自选择自己的政府形式"。可以参考。
③ "和约"指《三十年和约》（前446/5年）。这句话的意思是，《三十年和约》签订时没有独立的雅典盟邦不在此列。
④ "不可避免的"原文是"ἀνάγκη"，或译"必然的"。
⑤ 原文无"帝国"一词，只有"αὐτὰ"，意思是"它们"，指雅典当时的强大和繁荣的局面，故意译为"帝国"。
⑥ "相互责难的理由"原文是"αἰτίαι"（复数），"分歧"原文是"διαφοραί"（复数），或译"争端"。同前（1.23.5；55.2）。这里所说的"理由"和"分歧"都是导致战争的直接因素，不是战争的原因（cause），见戈姆《评注》第1卷，第464页。
⑦ 交战国才通过传令官传达信息。见前文注（1.53.1）。
⑧ 原文是"... ἦν ... πρόφασις τοῦ πολεμεῖν"，直译"……是开战的理由"。

卷 二

1. 雅典人和伯罗奔尼撒人及其他们各自的盟邦，相互之间不借助传令官就不来往了，这个时候他们之间的这场战争①就开始了②。战争是连续不间断地进行的③。我依照每个事件发生的先后顺序，按照夏季和冬季来记载④。

2.1 优卑亚被征服后签订的《三十年和约》维持了14年。到第15年⑤，就是克律西斯在阿耳戈斯任祭司的第48年⑥，埃涅西阿斯任斯巴达监察官的那一年⑦，其时皮托多洛斯任雅典的执政官还有2⑧个月的期限，正值波忒代亚战役之后的第6⑨个月。就在这一年春季之初，300多名忒

---

① 第1卷的开头作者称这场战争是"伯罗奔尼撒人与雅典人"的战争，是站在雅典人的立场上说的，但这里倒过来了，是"雅典人与伯罗奔尼撒人"的战争，立场中立。见罗兹《修昔底德第2卷评注》，第179页。

② 这句话英译者和注释者有分歧，今从戈姆。见其《评注》第2卷，第1页。

③ 显然，这里的"战争"指的是所谓"阿耳喀达摩斯战争"，即伯罗奔尼撒战争的头10年（前431—前421年）。见卡特赖特《评注》，第91页。

④ 这种以夏冬记时的方式，并非从修昔底德始，全书也没有具体的解释。但是从下文可以看出，作者所说的夏季包括了我们所说的春季和秋季在内。至于夏冬两季的具体起止时间，作者也没有说明。见戈姆《评注》第2卷，第702页。霍氏认为这种记事方法是新颖的，可能与作者的军旅生涯等因素相关。公元前5世纪，希腊的战争基本上还是季节性的。作者所说的夏季没有一个固定的起点，这在计时上显得比较原始。见其《评注》第1卷，第235页。

⑤ 前446年，雅典人征服了叛离了的优卑亚，这之后的第15年就是前431年。

⑥ 赫拉尼科斯（见前文1.97.2）曾编了一份阿耳戈斯赫拉庙女祭司的名单，当作编年的时间坐标，作者可能看到过。见霍氏《评注》第1卷，第238页。

⑦ 斯巴达监察官的名单也被人当作编年的时间坐标。见霍氏《评注》第1卷，第239页。

⑧ "牛津本"为"2"，抄本也为"2"，后世学者改为"4"，"洛布本"为"4"。霍氏认为抄本是对的。今从。见其《评注》第1卷，第238页。

⑨ "牛津本"为"6"，"洛布本"是"16"，实际上抄本只有"ἕκτῳ（第6）"，有学者认为应加上"δεκάτῳ（第10）"。霍氏考证后认为不应该加。今从。见其《评注》第1卷，第237页。

拜人（在他们的玻俄提亚同盟的两位官员①，皮勒达斯之子皮坦革罗斯和俄涅托里达斯之子狄恩波洛斯的率领下）于夜晚大约头一觉②，全副武装进入雅典的盟邦、玻俄提亚的普拉泰亚城③。2 一些普拉泰亚人，瑙克勒得斯和其同党，打开城门，引导他们进去。这些人打算把城邦的大权掌握在自己手中，杀死公民中与他们敌对的人，将城市出卖给忒拜人。3 他们的主谋是忒拜最有势力的人物、勒翁提阿得斯之子厄乌律马科斯。普拉泰亚与忒拜长期不和，忒拜人预见到战争将起④，就想趁双方还处在和平状态，没有公开宣战的时机，抢先占领普拉泰亚城。由于该城未设岗哨，所以他们很容易进了城，没有人注意到。4 他们来到广场停下稍息⑤，没有听从引导他们进来的人的劝说，即立即采取行动，直扑敌对者家里，而是决定向公民发出安抚性的通告，以便与此城邦达成友好协议（传令官高声宣布，如果谁愿意根据全玻俄提亚的祖传的政体与他们结为盟友⑥，就拿起武器加入他们的行列）。他们认为用这种方式，可以轻易将该邦争取到他们一边。3.1 普拉泰亚人得知城市被突然占领，忒拜人已经入城，大为恐慌。他们大大地高估了对方的人数（因为晚上看不见），于是接受了对方的建议，并与之达成协议。他们没有半点反抗，特别是由于忒拜人没有对任何人动粗。2 他们在谈判接触中发现，忒拜人并不多；若动手，取胜不难，因为大多数普拉泰亚人不想脱离与雅典人的同盟。3 于是，他们决定动手。他们打通各家房屋之间的墙壁，然后聚集在一起，以免走在街

---

① "玻俄提亚同盟的两位官员"原文是"βοιωταρχοῦτες"。公元前6世纪下半期，玻俄提亚地区的一些城邦组成了一个地域性同盟，以忒拜为首。该同盟共有11个地区，每个地区推出1名官员，共11名官员。此时，忒拜占其中2名。到了公元前4世纪，占4名，其中2名代表她自己，2名代表其附属地区（包括普拉泰亚）。见戈姆《评注》第3卷，第560页。

② "头一觉"原文是"πρῶτον ὕπνον"，这是表示时间的简便方式，大约是夜晚开始的一段时间。见戈姆《评注》第2卷，第3页。后文还有这种用法（7.43.2），有学者认为是晚上10点钟左右，见霍氏《评注》第3卷，第624页。这一天是前431年3月6日（或7日）。见戈姆《评注》第3卷，第717页。

③ 很可能是从前519年开始成为雅典的盟邦的。见霍氏《评注》第1卷，第240页。

④ "战争"原文是"ὁ πόλεμος"，用了定冠词，指斯巴达与雅典之间的战争；"将起"原文是"ἔσοιτο"（"εἰμί"的将来式祈愿式），意思是"将有"。

⑤ "广场"原文是"ἀγορὰν"，是"ἀγορά"的宾格，有"会场""市场"等意思。占领广场可以阻止当地居民集结和组织起来。见霍氏《评注》第1卷，第241页。"停下稍息"原文是"θέμενοι…τὰ ὅπλα"，意思是，将武器放置于身边，暂作休息，随时可以拿起行动。故译。

⑥ 普拉泰亚在地理上属于玻俄提亚地区，但不是玻俄提亚同盟的成员。

道上招惹注意。他们将没有牲口拉的大车放置在路上，作为街垒，还做了其他一切有利于当下的准备工作。4 尽可能地做好准备之后，他们只等午夜过后黎明前的时刻，从家里出发，向忒拜人发起攻击。他们不想白天进攻，因为对方白天胆子大一些，双方势均力敌；但是到了晚上，对方比较害怕，且不如自己熟悉城里的道路。他们立即扑向对方，很快交起手来。

4. 1 忒拜人明白自己受骗了，聚拢队伍，排成密集队形，哪个方向受到攻击就往哪个方向还击。2 他们打退了两三次进攻。当时，普拉泰亚人冲锋陷阵，喊声震天；妇女和奴隶呼号尖叫，从房顶上投掷石头和瓦块；加上彻夜大雨倾盆。忒拜人害怕了，他们溃败了，四散逃向城里各处。绝大多数不知道哪些道路可以逃命，加上漆黑一团（当时正值月末①），道路泥泞，而追击者却知道如何挡住他们的去路，结果许多人被杀死了。3 他们进来的那座城门本来是唯一开着的，有一个忒拜人关上城门时，用投枪的尾尖代替插销刺入门杠里，结果使这个出口也关死了。4 他们在城里四处逃窜，少数人爬上城墙，跳出城外，绝大部分爬城墙的被杀死了。有的跑到一个无人把守的城门，一名妇女给他们一把斧子，他们砍断门杠，逃出去了，没有人发现，但是人数不多（因为很快就被人发现了）。其他分散在城内，也都被消灭了。5 有一大群人，挤在一起，闯进一所依城墙而建的大房子里，碰巧房子的大门是开着的。他们把这所房子的门当成了城门，以为是一个直达城外的通道。6 普拉泰亚人看见他们自陷绝境，商量是将挤满那所房子的忒拜人当场烧死，还是用别的办法。7 这些和其他活着的忒拜人，在城里像无头的苍蝇到处乱撞，最后与普拉泰亚人达成协议，把自己和武器交给对方，任由他们处置。8 在普拉泰亚的忒拜人的结局就是这样。**5.** 1 其余的忒拜人原定在天亮以前全军出动前往增援，以防已入城部队万一进展不顺。半路上，听到了有关事变的消息，赶紧前去援助。2 普拉泰亚距离忒拜 70 斯塔狄翁②，夜晚的降雨延缓了他们的行军，因为阿索波斯河③涨水了，不容易渡过。3 经过雨中行军，艰难地渡河，他们来得太晚了。先头部队杀的杀了，捉的捉了。4 忒拜人得知事件的详情之后，打起了城外的普拉泰亚人的主意。田野里尚有普拉泰亚人和他们

---

① 没有月亮。
② 这是指两座城市之间的直线距离。这里的斯塔狄翁是阿提卡的斯塔狄翁（1 斯塔狄翁≈177 米），因此 70 斯塔狄翁≈12390 米。见戈姆《评注》第 2 卷，第 5 页。
③ Ἀσωπός, Asopus，普拉泰亚与忒拜之间的界河。

的财产①，因为灾祸是在和平状态下突然降临的。如果能抓住一些人，夺取一些财产，就可以用来交换城中的自己人，万一他们被生俘的话。5 这就是他们的打算。就在他们这样考虑的时候，普拉泰亚人也怀疑对方会做出这样的事来。出于对城外人员的担心，他们派传令官到忒拜人那里去，告诉对方，他们在和约期企图夺取普拉泰亚城，这是不敬神的行为；还说不要伤害城外人员和财物，否则他们将处死对方的被俘人员；如果对方撤出普拉泰亚的土地，他们将把俘虏交还对方。6 这是忒拜人的说法，并且说普拉泰亚人还发了誓。但是普拉泰亚人不承认保证立即交还俘虏，而是说经过初步谈判如果能达成协议，就交还；并且否认发过誓②。7 于是，忒拜人没有做出任何伤害普拉泰亚的事就从普拉泰亚撤走了。而普拉泰亚人迅速从城外将人员和物资撤进城里，然后立即处死了俘虏。俘虏有180人，厄乌律马科斯是其中之一，他是出卖城邦者的主谋。**6.1** 普拉泰亚人做完这些，派人去雅典通风报信，在休战协议的保证下将尸体交还忒拜人，按照他们认为最好的方式处理好城邦的事务，以应对眼下的局势。2 普拉泰亚的事件尚在进行中，雅典人就得到了报告。他们马上逮捕了所有在阿提卡的玻俄提亚人，并派传令官到普拉泰亚，命令他告诉普拉泰亚人在他们拿定主意之前，不要对被俘的忒拜人采取过激行动。3 因为雅典人还没有得到俘虏的死讯。忒拜人刚进入普拉泰亚城，普拉泰亚人派往雅典的第一个信使就出发了；第二个信使出发的时候，忒拜人刚刚被打败、俘虏；此后的事情雅典人就不知道了。所以，雅典人是在不清楚事件进展的情况下派人传达命令的。等到传令官到达，才发现俘虏已处死。4 此后，雅典人派军队开进普拉泰亚，带去食物，留下守备士兵，带回羸弱无用的男子和妇孺。

7.1 普拉泰亚的事件业已发生，和约已遭公然的破坏③。雅典人准备开战，拉刻代蒙人及其盟邦也准备开战。双方都打算派使节去波斯国王那

---

① 当时希腊人的习惯是，家住城里（或者村子里），出去到地里干活，农忙时节可能就不是每晚都回家睡觉，就住在田地上的棚子里。见罗兹《修昔底德第2卷评注》，第183页。

② 作者在面对一个以上的说法时，往往自己决定该告诉我们哪一个说法，并不说明理由，像这样交代两种说法是不常见的。这里作者询问了双方当事人，但无法断定哪一方是正确的。见霍氏《评注》第1卷，第242—243页。

③ 忒拜人入侵普拉泰亚，违背了《三十年和约》中有关争端要先提交仲裁的规定。见霍氏《评注》第1卷，第243页。

里，以及其他地方的蛮族那里，希望从这些地方得到援助，并与那些处在他们势力范围之外的城邦结成同盟。**2** 拉刻代蒙人命令①其意大利和西西里的盟友，按照各自城邦的大小，除了已有的在伯罗奔尼撒的战舰之外，建造战舰，以使他们一方的战舰总数达到 500 艘；提供议定数量的银子。在这些准备工作完成之前，他们在其他方面按兵不动，只允许单艘雅典战舰进入自己的港口。**3** 雅典人逐一审查自己的盟邦，特地派遣使节前往伯罗奔尼撒周围的城邦——科西拉②、刻帕勒尼亚、阿卡耳那尼亚和兹达库恩托斯——他们认识到，如果与这些城邦友谊牢靠，就能通过包围伯罗奔尼撒，用战争将其拖垮③。**8.1** 双方都雄心勃勃，热衷于战争。这是可以理解的，凡事靡不有初，鲜克有终。况且，在当时的伯罗奔尼撒和雅典都有很多年轻人，他们从未经历过战争④，因而踊跃参战。希腊其他地方的人们对于这两大巨头之间的战争都兴奋异常。**2** 一时间，各种预言风传；无论是在将要参战的城邦还是其他希腊城邦，传播的人吟唱着各种预言。**3** 此前不久，提洛岛还发生了一次地震，在希腊人的记忆里，从前提洛岛还没有地震⑤。人们解释说这是大事发生的征兆，人们也都相信这种说法。类似的事情一发生，人们总免不了仔细探究一番。**4** 人们普遍对拉刻代蒙人抱有好感，特别是因为他们宣布要让希腊获得自由⑥。每一个人和每个城邦都急欲尽力用言语和行动帮助他们，都认为事情非我莫济。**5** 大多数人对于雅典十分愤怒⑦，他们有的希望从雅典的统治中解放出来，有

---

① "命令""牛津本"作"ἐπετάχθη"（不定过去时、被动态、单数），抄本本来如此。"洛布本"为"ἐπετάχθησαν"（不定过去时、被动态、复数），戈姆认为抄本没有必要改动。见其《评注》第 2 卷，第 7 页。

② 雅典早就与科西拉结成防守同盟（1.24—55；1.44.1），但到前 431 年，肯定已经变成攻守同盟。见罗兹《修昔底德第 2 卷评注》，第 185 页。

③ 原文是"καταπολεμήσοντες"（"καταπολεμέω"的将来时分词），各家解释不一，今从霍氏。见其《评注》第 1 卷，第 244—245 页。

④ 雅典人与伯罗奔尼撒人于前 446/5 年正式签订和约，事实上，从前 454 年以来，希腊本土就基本没有什么战争了。见罗兹《修昔底德第 2 卷评注》，第 185 页。

⑤ 希罗多德说，提洛岛的地震（第一次也是最后一次）发生在前 5 世纪 90 年代，马拉松战役之前（6.98.1—3），与此似乎矛盾。霍氏认为，两种记载其实并不矛盾，见其《评注》第 1 卷，第 245 页。

⑥ 或译"解放希腊"。

⑦ 这是作者一向秉持的观点，但与其记述并非完全相符。雅典在战争开始时有盟邦，在战争期间，有非提洛同盟的城邦成为其盟邦，还有一些提洛同盟的城邦在斯巴达引诱时不愿意叛离雅典。见罗兹《修昔底德第 2 卷评注》，第 186 页。

的则担心落入雅典之手。

9.1 以上就是希腊人开战前的准备工作的情况和所抱的态度。双方各带着自己的盟邦参加战争。**2** 拉刻代蒙人的盟友如下：地峡以内除阿耳戈斯人①和阿卡伊亚人（他们与双方都友好，只有阿卡伊亚地方的珀勒涅人②首先加入拉刻代蒙人一边，后来全体阿卡伊亚人都加入了）之外的所有伯罗奔尼撒人；在伯罗奔尼撒之外，有墨伽拉人、玻俄提亚人、罗克洛斯人③、波喀斯人、安布剌喀亚人、勒乌卡斯人、阿那克托里翁人。**3** 在这些盟邦中，科林斯人、墨伽拉人、西库翁人、珀勒涅人、厄利斯人、安布剌喀亚人和勒乌卡斯人提供海军；玻俄提亚人、波喀斯人和罗克洛斯人提供骑兵；其他城邦则提供步兵。以上就是拉刻代蒙人的盟邦。**4** 雅典人的盟友：喀俄斯人、勒斯玻斯人、普拉泰亚人、瑙帕克托斯的墨塞尼亚人④、大部分阿卡耳那尼亚人、科西拉人、兹达库恩托斯人；其他缴纳贡款的盟友按照民族⑤如下：住在海滨的卡里亚人⑥和卡里亚人的邻居多里斯族、伊俄尼亚、赫勒斯蓬托斯、色雷斯海岸地区、从伯罗奔尼撒至克里特一线往东的岛屿，包括库克拉得斯群岛，但其中的墨罗斯岛⑦和忒拉岛⑧除外。**5** 在这些盟邦之中，喀俄斯人、勒斯玻斯人和科西拉人提供海

---

① 阿耳戈斯从来不愿承认斯巴达的霸权，她与斯巴达在前451年订有一个为期30年的和约（5.14.4），在期满之前，她没有参与伯罗奔尼撒战争。见罗兹《修昔底德第2卷评注》，第187页。

② Πελληνῆς, Pellenians, 珀勒涅（Πελλήνη, Pellene）人，位于伯罗奔尼撒半岛上的阿卡伊亚地区的最东面，离西库翁不远。

③ 罗克洛斯族居住在两个不同的地区，这里指的是俄浦斯的罗克洛斯族，在中希腊西部，前文曾提及（1.108.3）；另一个地区在中希腊东部，即罗克洛斯族的俄兹多莱人，前文也曾提及（1.5.3），他们是雅典人的盟友。

④ 瑙帕克托斯于前456/5年被雅典人夺得，同年提供给第三次墨塞尼亚战争后离开伯罗奔尼撒的墨塞尼亚人居住（1.103.3）。见罗兹《修昔底德第2卷评注》，第188页。

⑤ "按照民族"原文是"ἐν ἔθνεσι"，很明显，作者下面并没有完全按照民族来列举，可见作者混淆了民族（ἔθνος）分布和地理区域，见戈姆《评注》第2卷，第11页。

⑥ 非希腊族但希腊化了——有些卡里亚城邦声称自己的祖先是希腊人。见罗兹《修昔底德第2卷评注》，第188页。

⑦ Μῆλος, Melos, 又译"米洛斯岛"，库克拉得斯群岛中靠西一个岛屿。修昔底德对墨罗斯那么关注，却不提雅典如何获得此岛，令人吃惊。见罗兹《修昔底德第2卷评注》，第188—189页。

⑧ Θήρα, Thera, 又译"铁拉岛"，库克拉得斯群岛中靠南一个岛屿，即今天的圣托里尼岛（Σαντορίνη, Santorini）。她被认为是斯巴达人的殖民地（希罗多德《历史》4.147—9），在修昔底德的书中仅此一见，有铭文记载其前430/29年及以后向雅典缴纳贡款。

军；其他城邦提供步兵和金钱。6 以上就是双方的盟邦①和战备情况。

10.1 普拉泰亚事件之后，拉刻代蒙人立即向伯罗奔尼撒各地和伯罗奔尼撒之外的盟邦广而告之，要他们准备好士兵和给养，以便出国征伐，其目的是入侵阿提卡。2 各邦准备完毕，每邦三分之二的兵马于指定的时间在地峡集合。3 等各邦的兵马②集合起来，拉刻代蒙人的王阿耳喀达摩斯，这次征伐的统帅，召集各邦将军，还有高级军官和著名人士，这样激励他们说：

11.1 "伯罗奔尼撒人和盟友们！我们的父辈在伯罗奔尼撒内外征战许多回了，我们中间上了年纪的人对打仗也并不陌生，但是，从未有过今天的军力规模。我们这次人数最多，也最英勇善战，而我们要攻击的城邦也最为强大。2 因此，我们的表现理当不逊于我们的祖先，也不能有损于我们的英名。我们这次的行动鼓舞了整个希腊，他们出于对雅典人的仇恨，对我们心怀善意，一心希望我们实现心中的目标。3 因此，即使我们有些人认为，我们是以优势兵力向敌人进攻，而且很有把握敌人不会列阵厮杀，也不应该因此在前进时稍有麻痹大意。各邦将领和士兵应该时刻注意他所在的队伍可能遭遇危险。4 因为关于战争一切难以预料，攻击行动往往因一时冲动突然发生。人数较少的军队，因为心存畏惧常常打败人数虽众，但是由于轻视而不加防备的军队。5 侵入敌人的领土，一方面必须当机立断，另一方面必须临事而惧，从而多加防备。如此，攻则勇往直前，守则立于不败之地。6 我们前去攻打的并不是一个虚弱到自身不保的城邦，而是一个各个方面准备最为充分的城邦，因此我们完全相信他们会与我们列阵厮杀。要说我们没有侵入，他们就不会前来应战，那么等他们目睹我们在他们的土地上蹂躏、糟蹋他们的财产时，他们肯定按捺不住。7 眼睁睁看着横祸落到自己头上，谁都会满腔怒火；一怒之下失去理智，就会采取鲁莽的行动。8 雅典人更应该如此，因为他们一向认为自己有权统治他人，他们侵入并蹂躏邻人

---

① 修昔底德的列举是不完全的。双方在西西里和意大利的盟邦都未提及，还有忒萨利亚（前431年援助雅典，2.22.2—3），至于马其顿的珀耳狄卡斯反复无常（2.29.4—6），不提倒可以原谅。见罗兹《修昔底德第2卷评注》，第189页。

② 总数有多少？有古人说10万，普鲁塔克说6万（《伯里克利传》33.5），比较合理的说法是3万（其中伯罗奔尼撒人23000，玻俄提亚人7000）。见罗兹《修昔底德第2卷评注》，第189页。

的土地，而不是看着自己的土地被人蹂躏。9 你们要攻打的是一个多么强大的城邦！不管最后的结果是成是败，你们都将给祖先和自己带来最显赫的名声！跟从领导！首要的是保持队列秩序和加强戒备，另外迅速服从命令。对于一支用统一纪律约束自己的①大军来说，这再好不过了，也最保险稳妥。"

12. 1 阿耳喀达摩斯说完这些，就解散了会议。然后，先派遣一个斯巴达人、狄阿克里托斯之子墨勒西波斯前往雅典，看看雅典人在见到他们已经上路后会不会倾向于屈服。2 但是雅典人连城都不让他进，更不用说出席公民大会了②。因为此前伯里克利有一项提议获得通过，即如果拉刻代蒙人开赴战场，就不接受其传令官和使节。于是他们没听传令官一句话就打发他回去，并且命令他于当日离开国境，还说，将来如果想要派遣使节就要先撤回到自己的土地。他们还给墨勒西波斯派了一位领路人，以防他与人交谈。3 他行至边界，即将与领路人分开、独自回去之时，这样说道："从今天开始，希腊人将大难临头！"4 他回到军中，阿耳喀达摩斯知道雅典人绝无妥协之意，终于拔营而起，开进雅典人的领土。5 玻俄提亚人提供了自己的那份兵力③，包括骑兵，随同伯罗奔尼撒人出征；剩下的兵力则派往普拉泰亚，蹂躏其土地。

13. 1 伯罗奔尼撒人尚在地峡集合和开拔但未入侵阿提卡之时，身为雅典十将军之一的克珊提波斯之子伯里克利，知道敌人将入侵阿提卡，有了这样的怀疑：由于阿耳喀达摩斯刚好是他的朋友④，可能放过他本人的土地不加蹂躏，这样做的目的或者是想向他个人施以恩惠；或者是遵从拉刻代蒙人的指令，欲使雅典人对他产生偏见，他们要求雅典人驱逐"被

---

① "用统一纪律约束自己的"原文是"ἑνὶ κόσμῳ χρωμένους"，学者们有不同的翻译。关键是对"κόσμῳ"（"κόσμος"的与格）的理解。有学者认为指军事纪律，故译。转引自 J. S. Rusten ed., *The Peloponnesian War*, Book Ⅱ, Cambridge: Cambridge University Press, p. 113。

② 正确的程序是，先会见雅典的五百人议事会的主席团（为数50人，由议事会中的10个部落的人按部落轮流担任），主席团认为合适，再去见五百人议事会，议事会再把他带到公民大会上。见罗兹《修昔底德第2卷评注》，第191页。

③ 即前文所说的各邦出自己兵力的三分之二（2.10.2）。

④ "朋友"原文是"ξένος"，英译"guest-friend"，它指不同城邦的头面人物，他们之间相互尊重和款待。这种友谊关系往往是长期的，带有继承性。这两人之间的友谊源自父辈。前479年，伯里克利的父亲克珊提波斯和阿耳喀达摩斯的祖父勒俄堤喀达斯共同指挥希腊舰队（希罗多德《历史》8.131）。见霍氏《评注》第1卷，第251页。

神诅咒的人"也是冲着他来的①。于是,他在公民大会上对雅典人说,阿耳喀达摩斯诚然是他的朋友,但这不会对城邦带来危害。如果敌人真的单单放过他的土地和房产不加蹂躏,他就主动将其充公,不让任何人因为这个而怀疑他。**2** 对于当前的局势,他重复了自己以前的建议,即做好战争准备,将城外的财物撤回城内,不要出城列阵作战,而要入城防御,准备好他们的强项海军,置盟邦于掌控之中。他解释说,雅典的力量来自盟邦缴纳的贡款;一般来说,战争的胜利既靠智谋,又靠钱财的储备。**3** 他要他们充满信心,因为盟邦每年平均缴纳 600 塔兰同给这个城邦②,这不包括其他收入③;此时,卫城里还有 6000 塔兰同的银币(总数一度高达 9700 塔兰同,从中开支修建了卫城的前门和其他建筑,以及出征波忒代亚④)。**4** 另外,私人和城邦奉献给神的物品、游行和竞技会上的神圣器物以及同样性质的、缴获的波斯战利品⑤,都是没有印上钱币戳的金银⑥,加起来不少于 500 塔兰同。**5** 他还补充道,除了这些,其他神庙里的金银也不少,都是可以使用的。万一陷入绝境,甚至雅典娜女神像上的金子也是可以用的。他指出,雅典娜神像上有 40 塔兰同精炼过的金

---

① 见前文(1.127.1—2)。

② 前文(1.96)说,最初雅典盟邦每年缴纳的贡款总共是 460 塔兰同。不能根据铭文材料认为"600 塔兰同"这一数字太高,因为所谓贡款名单——表明前 5 世纪 30 年代的贡款总额不足 400 塔兰同——并没有将所有的盟邦的贡款包括进去。举一个最有名的例子:安庇波利斯的贡款相当可观(见下文 4.108.1),但贡款名单上没有她。见霍氏《评注》第 1 卷,第 252—253 页。

③ 这里面包括两类主要收入:来自银矿的收入和公民的私人财富。后者关乎雅典三层桨战舰舰长制度,还有雅典后来征收的财产税(3.19),因此是不可忽视的。那么,为何作者这里不提这些呢?因为这里是鼓舞士气的发言,等于说,事情不到万不得已,不会要大家自掏腰包。这与前文说的战争靠多年的积蓄,而不靠强征财产税是合拍的(1.141.5)。不提银矿收入以鼓舞士气,倒是没有什么道理。见霍氏《评注》第 1 卷,第 253 页。

④ 卫城的前门非常宏伟壮丽,花了 5 年时间建成(前 437—前 432 年)。另外,从这句话来看,修建和出征一共花了 3700 塔兰同。攻下波忒代亚(前 429 年初)总共花费了 2000 塔兰同(2.70),但此时两者分别是多少,我们不得而知。见霍氏《评注》第 1 卷,第 254—255 页。

⑤ 战利品是一种特殊形式的城邦奉献物。见戈姆《评注》第 2 卷,第 23 页。

⑥ "没有盖钱币戳的"原文是"ἀσήμου"(属格),英语解释是"without mark or token; uncoined",不能译为"未铸成钱币的"。从这个词本身来说,"α-"是前缀,表示否定,"σῆμα"意思是"标记""印记"。古希腊的钱币不是用模子铸造的,而是将金银放在一个圆孔中,再用锤子敲击冲头,将冲头上的戳记印到金银上。见 Lesley Adkins and Roy A. Adkins, *Handbook to Life in Ancient Greece*, New York: Facts on File, Inc. 1997, pp. 193 – 195。

子，都是可以取下来的；危急关头可以使用，但是以后一定要如数还原。6 关于钱财方面，他就是这样鼓励雅典人的。他又说，他们有13000 名重甲兵，这不包括 16000 名驻守要塞①和城垣②上的防守人员。7 这就是敌人第一次入侵阿提卡之时，雅典防守人员的人数，他们由最年长和最年轻的公民以及持长矛大盾的侨民组成③。从帕勒戎到雅典城的环形城墙的墙长 35 斯塔狄翁，环形城墙防守的长度是 43 斯塔狄翁（从长墙至帕勒戎到雅典的墙之间的部分不防守）；从雅典城至比雷埃夫斯的两道长墙均长 40 斯塔狄翁，外侧的那道墙防守；环绕比雷埃夫斯港加上穆尼喀亚港的墙全长 60 斯塔狄翁④，其中有一半防守。8 他还指出，骑兵有 1200 名，其中包括骑马弓箭手；步兵弓箭手 1600 名⑤；能服役的三层桨战舰 300 艘。9 这些就是伯罗奔尼撒人第一次入侵前夕、战争即将爆发时，雅典人拥有的人力、财力，各方面的数字还没有满打满算⑥。伯里克利还举出其他的、他一贯爱举的理由，来证明雅典人在战争中终将胜出⑦。

14. 1 雅典人被他的发言说服了。他们将孩子和妻子从乡下撤进城里⑧，将家什甚至将房屋的木制构件拆下来一并运进城里；羊和力畜送往优卑亚岛和附近岛屿。2 这场搬家让他们痛苦不堪，一直以来，他们大多数过惯了乡下的生活。**15.** 1 从很古的时候起，雅典人的生活方式就是如

---

① 雅典在很多地方有要塞和驻军（2.18.1—2；5.3.5；8.60.1）。见罗兹《修昔底德第 2 卷评注》，第 196 页。

② 雅典城城墙、比雷埃夫斯港的城垣以及"长墙"。见戈姆《评注》第 2 卷，第 34 页。

③ 关于重甲兵的人数与防守士兵的人数的差异，最年长和最年轻的公民以及侨民等问题，学者有很多争论。见霍氏《评注》第 1 卷，第 254—257 页。"持长矛大盾的"原文是"ὁπλῖται"，这里是形容词、复数。或译"重武装的""全副武装的"等。

④ 这句话中的 35、43、40 和 60 斯塔狄翁分别相当于 6、7.5、7 和 10.2 公里。见罗兹《修昔底德第 2 卷评注》，第 197 页。

⑤ 这里所列举的所有的弓箭手都不包括在雅典只担任"警察"工作的斯库泰人。见霍氏《评注》第 1 卷，第 257 页。

⑥ 我们没有理由认为修昔底德提供的细节是不准确的，但不完全。并非所有的财政项目都量化了，我们也不知道雅典的收入有多少被其日常开支所抵销。关于人力资源方面，雅典的公民总数和其他人的总数也不得而知；也没有其他城邦的数据可供比较。雅典财政到前 428 年就出了问题，导致向雅典人征税（3.19.1），前 425 年提高盟邦贡款数额。见罗兹《修昔底德第 2 卷评注》，第 198 页。

⑦ 见前文译注（1.144.1）。

⑧ 霍氏认为这一过程并不彻底。霍氏《评注》第 1 卷，第 258 页。

此，别的希腊人倒不见得。从刻克洛普斯①的时代和最初的一些国王到忒塞乌斯②，阿提卡的居民居住在一个一个的"波利斯"③里，每一个"波利斯"都有自己的政厅④和官员。只要没有什么害怕的事情，他们就不愿意觐见国王，与之商议；各自管理自己的事务，自己内部商议。有时，他们甚至向国王开战，比如，厄勒乌西斯人在厄乌摩尔波斯领导下攻打厄瑞克忒乌斯⑤。2 等到忒塞乌斯做了国王，他聪明睿智、勇力过人。他采取了一些措施，重组这个地方，主要有：废除各个"波利斯"的议事厅和官职，使之合为现在的城邦；指定一个议事厅和一个政厅⑥。让所有的居民统一起来——他们虽然还住在原来的地方，但忒塞乌斯强迫他们使用雅典作为唯一的"波利斯"。所有的人都已成了雅典的公民，她也就成了一个大邦，忒塞乌斯将她传给了后世。从那时一直到今天，雅典人还以公帑庆祝这个称为"统一节"⑦的节日，向雅典娜女神致敬。3 古时候⑧，今日的卫城，加上其脚下尤其是往南的地方，就是雅典城邦。4 证据如下：卫城上除了雅典娜的庙还有其他神的庙，卫城之外的神庙多建在卫城南面的区域，即"奥林波斯的"宙斯的庙、阿波罗的

---

① Κέκροψ, Cecrops, 相传为雅典的第一位国王, 雅典城的创建者。雅典的历史可追溯至库隆想做僭主的时代（前 7 世纪 30 年代或者 20 年代）, 再往前就说不清了。雅典人不知道迈锡尼时代与"黑暗时代"之间有一个断裂, 逐渐编造出传说以提供一个从英雄时代到古典时代的连续不断的历史。见罗兹《修昔底德第 2 卷评注》, 第 199 页。

② Θησεύς, Theseus, 一般译为"忒修斯", 又译"提修斯"。相传为雅典的国王, 开国英雄, 他领导统一了阿提卡。

③ "波利斯"原文是"πόλεις"（πόλις 的复数、宾格）, 下文说此时的雅典还是有国王的, 如果译成"城邦", 就会与雅典城邦相混, 为避免误解, 故采用音译。据说有 12 个。见罗兹《修昔底德第 2 卷评注》, 第 200 页。

④ "政厅"原文是"πρυτανεῖα", 是"πρυτανεῖον"的复数、宾格。古典时代雅典的"πρυτανεῖον"是议事会主席团的驻地, 也是举行国务活动的地方。它是一幢建筑物, 位于雅典卫城脚下的广场内。这里的"πρυτανεῖον"也应是当时"波利斯"的国务活动的中心。见霍氏《评注》第 1 卷, 第 260 页。

⑤ Ἐρεχθεύς, Erechtheus, 相传他是海神波塞冬的儿子, 雅典人的祖先, 雅典卫城上有他的庙。这里所说的不是这个传说中的人物, 而是后来阿提卡的第 6 位国王, 与忒塞乌斯隔了几代人, 他也叫这个名字。

⑥ 在古典时代的雅典, 它们是分开的两幢建筑, 很可能修昔底德以此来想象古代的情况。见罗兹《修昔底德第 2 卷评注》, 第 200 页。

⑦ 原文是"ξυνοίκια", 即"συνοίκια", 与"συνοικέω"（"住在一起""聚居"）同源。

⑧ 多数学者理解成"在他（忒塞乌斯）之前", 戈姆力排众议, 今从, 见其《评注》第 2 卷, 第 49 页。但罗兹理解成"在修昔底德之前", 见其《修昔底德第 2 卷评注》, 第 200 页。

庙①、大地女神的庙②、沼泽区③的狄俄倪索斯④庙。那个非常古老的狄俄倪索斯节⑤在安忒斯忒里翁月⑥的第 12 天庆祝，此节庆直至今日仍然为雅典人的后裔伊俄尼亚人沿袭。在那个地区还建有其他古老的神庙。5 现在人们看到的被称为"九眼泉"的泉水，为僭主所掘建，但在古时候泉眼被发现时本取名为"美泉"。因为它位置近，在多数重要的节日为人所取用。依照古老的习俗，直至今日，在婚礼以及其他宗教仪式上，仍然继续使用该泉水。6 由于古时候人们居住在卫城上，所以直到今天雅典人还将她称为"城邦"。**16.1** 因此，雅典人长时期在乡村里过着独立自治的生活。尽管他们统一为一个城邦了，但是早期的雅典人和他们的后裔直到这场战争前，仍然普遍依旧习和全家人住在生于斯长于斯的乡下。尤其是波斯战争之后，他们刚刚恢复了家园，要迁居谈何容易！2 丢下家园和祖祖辈辈的神庙，它来自古老的、祖传的乡规民约⑦，一改生活习惯，他们为此心情沮丧、痛苦不堪。对于每个人来说，这简直就是背井离乡⑧啊！**17.1** 他们进城后，只有少数人有房屋，或者投亲靠友；大部分就住在城内的空地上，以及所有神庙和英雄庙宇的范围内，卫城和厄勒乌西斯神庙⑨以及其他牢牢关闭的神庙除外。卫城脚下被人称为"珀拉耳

---

① 原文为"τὸ Πύθιον"，德尔菲所在的地方古称皮托（Πυθώ, Pytho），所以阿波罗又称"皮托的阿波罗"。
② 希腊神话中卡俄斯（Χάος, Chaos，意思是"混沌"）之女，对她的崇拜遍及希腊，但很古老，后来常被其他神灵崇拜所取代。
③ Λίμναι, Limnae，雅典靠近卫城的一个区，据说远古时代，该地是一片沼泽（λίμνη），故名。
④ Διόνυσος, Dionysus，宙斯之子，酒神、葡萄园的主神、秘仪（μυστήριον, mystery）之神、戏剧的保护神。
⑤ Διονύσια, Dionysia，或称酒神节。雅典的酒神节一年有 4 次：酒神小节、沼泽区酒神节、花月酒神节和酒神大节（或城邦酒神节）。从下文来看，花月的酒神节在雅典人移居伊俄尼亚（约前 11—前 10 世纪）之前就有了，所以很古老。
⑥ Ἀνθεστηριών, Anthesterion，花月，阿提卡历的 8 月，在公历二三月间。
⑦ "乡规民约"原文是"πολιτείας"（宾格），意思是"政体"。这里指当地人民自治的形式。
⑧ "离乡背井"是意译，直译为"丢下自己的'波利斯'（πόλιν）"。这里的"波利斯"见前文（2.15.1）。
⑨ Ἐλευσίνιον, Eleusinium，在卫城脚下广场（ἀγορά, agora）的东南方。这个神庙供奉农神得墨忒耳（Δημήτηρ, Demeter），厄勒乌西斯是其圣地，故称。

癸孔"①的神域，尽管受神的诅咒不得在里面居住，皮提亚亦有神谕加以禁止，神谕的末尾有这样一句："珀拉耳癸孔若闲置则更好"②，但是实在迫于无奈，这里也住满了人。2 在我看来，神谕从反面来理解倒是灵验的，因为灾难降临于雅典不是由于这个地方被非法居住，而是由于战争必然导致它被非法居住；尽管神谕没有提到战争，但是这个地方若有人居住，就预示不会有什么好事。3 许多人甚至在城墙上的塔楼里安家，只要是能住的地方都有人住，因为城里容纳不下所有的进城者。但后来，他们将长墙之间的地方以及大部分比雷埃夫斯划区分配，并住下来。4 与此同时，雅典人一心一意进行战前准备，集合盟邦，装备好 100 艘战舰出征伯罗奔尼撒。5 雅典人的战备情况就是这样。

18.1 伯罗奔尼撒人的军队向前开进，首先抵达阿提卡的俄诺厄③，将从那里开始入侵。他们安营扎寨，准备用机械④，还用其他方法攻打俄诺厄的城垣。2 俄诺厄位于阿提卡与玻俄提亚的边界，筑有城垣，一有战争，雅典人就用她作要塞。他们为攻城做着准备，还干些其他的事情，在那里浪费时间。3 为此，阿耳喀达摩斯没少受指责：发动战争时软弱无力，对雅典人示好；不积极鼓动开战；大军集结后，在地峡磨磨蹭蹭；进兵途中步履缓慢；特别是在俄诺厄迟延耽搁。4 就是在这段时间，雅典人撤进了城里。伯罗奔尼撒人相信，要不是他拖延时间，他们迅速行军，就能夺得所有雅典人来不及转移的东西。5 闲坐无事的大军对于阿耳喀达摩斯就是这样怨气满腹。据说，他保持克制是希望雅典人在他们的土地未遭蹂躏的情况下，会作出某些让步，会不想眼睁睁地看着自己的土地被蹂躏。**19.1** 他们攻打俄诺厄，用尽了一切手段，还是无法攻克。同时，雅典人也不派遣使节传达信息。最后，他们从俄诺厄撤走继续前进。约在［忒拜人进入］普拉泰

---

① Πελαργικόν，Pelargicum 或 Pelargic，或 Pelargian，有学者认为应作 Πελασγικόν（Pelasgicum），即是珀拉斯戈斯人（Πελασγός，Pelasgian）留下的。大概是比卫城城墙低的某个地方，但至今仍不详其所在。见戈姆《评注》第 2 卷，第 63—65 页；霍氏《评注》第 1 卷，第 269—270 页。

② 原文有韵律，汉译难以表达。

③ Οἰνόη，Oinoe，位于阿提卡与玻俄提亚边界（见下文），且在后者一侧。伯罗奔尼撒人经常从阿提卡西面的厄勒乌西斯入侵，那是最近的道路，但是这次舍近求远，从俄诺厄入侵。从下一句来看，此前他们的行军在阿提卡境外。见戈姆《评注》第 2 卷，第 66—68 页；霍氏《评注》第 1 卷，第 271 页。

④ 很可能是冲车，见霍氏《评注》第 1 卷，第 271 页。

亚事件后的第 80 天，他们在拉刻代蒙人的王、兹得乌克西达摩斯之子阿耳喀达摩斯率领下入侵阿提卡。其时正值夏天，庄稼成熟。2 他们扎下营来，首先蹂躏了厄勒乌西斯地区①和特里亚平原②，在名叫"赫瑞托"③的溪流群附近打败了雅典的骑兵。然后，他们前进，埃伽勒俄斯山在其右手边，经由克洛庇亚④，到达阿卡耳奈，它是阿提卡所谓"得摩斯"中最大的一个⑤。他们在那里安营扎寨，停留很长一段时间，蹂躏当地⑥。

20. 1 据说，在这次入侵中，阿耳喀达摩斯待在阿卡耳奈附近准备列阵待战，不下到平原，其意图是这样的：2 雅典青壮尤多，为战争做了空前的准备，不会容忍自己的土地遭践踏，也许会出城一战。3 在厄勒乌西斯地区和特里亚平原，雅典人没有出来应战，所以他扎营于阿卡耳奈附近，是想看看雅典人会不会出来。4 这个地方不仅地形适合扎营，而且是雅典城邦的一个大的地区（其重甲兵达 3000 名⑦）。他认为，他们不会坐视土地遭践踏，而会鼓动全体雅典人出城作战。如果雅典人在这次入侵期间就是闭城不出，他以后就毫无忌惮地蹂躏平原，甚至直逼城下。阿卡耳奈人既然失去自己的财产，为了别人的利益，就不会像以前那样热心地冒生命危险。于是，雅典人就会意见分歧。5 这就是阿耳喀达摩斯待在阿卡耳奈的打算。

21. 1 只要敌军待在厄勒乌西斯地区和特里亚平原，雅典人就抱有一丝希望——他们不会靠得比以前更近。他们记得，拉刻代蒙人的王、泡萨尼阿斯之子普勒斯托阿那克斯，在这场战争之前 14 年率军入侵阿提卡，推进至厄勒乌西斯和特里亚就不再继续向前，然后撤军了⑧（他被认为接受了贿赂[而撤军]，因为这个缘故被放逐出斯巴达）。2 他们眼见敌军

---

① 厄勒乌西斯扼进出伯罗奔尼撒的要道，也是进出玻俄提亚的主要通道，战略位置十分重要。见霍氏《评注》第 1 卷，第 272 页。
② 在厄勒乌西斯平原的北面。
③ Ῥεῖτοι（复数），这里指厄勒乌西斯的圣溪。
④ Κρωπιά, Cropia，是雅典的"得摩斯"之一，见下文注。
⑤ Ἀχαρναί, Acharnae，又译"阿卡奈"，是雅典最大的"得摩斯"。"得摩斯"原文是"δῆμος"（demos/deme），又译"德莫"等，相当于"村社"，是雅典城邦的基层行政单位。克勒斯忒涅斯（Κλεισθένης, Cleisthenes）改革将雅典划分为 139 个"得摩斯"。
⑥ 有学者指出，蹂躏土地（毁坏庄稼、果树、房屋等）十分耗时，且效果不佳。见霍氏《评注》第 1 卷，第 273 页。
⑦ 有学者认为这个数字太大，也有学者认为完全可能。见霍氏《评注》第 1 卷，第 274 页。
⑧ 前文（1.114.2）曾提及。

在阿卡耳奈一带逗留，距雅典城不到 60 斯塔狄翁①，再也忍受不下去了。土地就在他们的眼前遭蹂躏，不仅年轻人没有亲眼见过，而且老年人也只在波斯战争期间目睹过，因此自然人人愤气填膺。所有的人，特别是年轻人都认为不能袖手旁观，要出城一战。3 他们意见分歧，分成群伙，相互之间争得不可开交，有的疾呼出战，有的坚决反对。传播预言者吟唱着各种各样的神谕，每一种都不乏信从者。阿卡耳奈人认为，他们在雅典人中间占的比例相当大，他们的土地正遭蹂躏，因此坚决要求出战。全城群情激昂，伯里克利成了怨府。他们忘记了他以前的建议，责骂他身为将军，却不领他们出战，并把他们遭受的全部苦难都归咎于他。**22.** 1 伯里克利看到他们对当前的局势怒火中烧，有失明智，坚信自己关于不出城作战的考虑是完全正确的。所以，不召集公民大会和其他任何军事方面的会议②，担心他们一旦集会，就会被愤怒而不是理智所左右，从而铸成大错。他密切关注着全城的动向，尽己之所能使之平静。2 他不断派骑兵出城阻止敌人小股部队冲到雅典城附近搞破坏。在普律癸亚，雅典的一些骑兵和一队忒萨利亚骑兵，与玻俄提亚的骑兵发生一场遭遇战。雅典人和忒萨利亚人占据优势，直到对方的重甲兵赶来援助玻俄提亚人，他们才被打败。忒萨利亚人和雅典人战死者不多，但是他们的尸体于同日在没有休战的情况下被收回了。第二天，伯罗奔尼撒人竖立了一根却敌纪念柱。3 忒萨利亚人是根据一项与雅典人古老盟约来援助雅典人的，前来的有拉里萨人、帕耳萨罗斯人、[珀剌西亚人③]、克剌农人④、皮剌索斯人⑤、古耳同人⑥、珀赖人⑦。拉里萨人的首领是波吕墨得斯和阿里斯托努斯，分属城邦公民中的两派；帕耳萨罗斯人的首领是墨农，其他各个城邦都有自己的首领。

---

① 约 10.5 公里。见罗兹《修昔底德第 2 卷评注》，第 206 页。
② "军事方面的会议"原文是"ξύλλογον"（宾格），即"σύλλογον"，意思是"集会""大会"。有学者认为应指"军事方面的会议"，考证精审，今从。见霍氏《评注》第 1 卷，第 275—276 页。
③ 原文为"Παράσιοι"，应作"Πειράσιοι"，Peirasians，珀剌西亚（Πειρασία，Peirasia）人。见 M. H. Hansen and T. H. Nielsen ed., *An Inventory of Archaic and Classical Poleis*, Oxford: Oxford University Press, 2004, p. 700。
④ Κραννώνιοι, Crannonians, 克剌农（Κράννων, Crannon）人。
⑤ Πυράσιοι, Pyrasians, 皮剌索斯（Πύρασος, Pyrasus）人。
⑥ Γυρτώνιοι, Gyrtonians, 古耳同（Γυρτών, Gyrton）人。
⑦ Φεραῖοι, Pheraeans, 珀赖（Φεραί, Pherae）人。

23.1 由于雅典人不出城列阵应战，伯罗奔尼撒人从阿卡耳奈拔营而起，蹂躏帕耳涅斯山与布里勒索斯①山之间的其他一些"得摩斯"。**2** 伯罗奔尼撒人尚在阿提卡之时，雅典的那100艘打算绕伯罗奔尼撒攻击的战舰做好了准备，配备1000名重甲兵和400名弓箭手，终于出征了。担任将军的是克塞诺提摩斯之子卡耳喀诺斯、厄庇克勒斯之子普洛忒阿斯和安提革涅斯之子苏格拉底②。**3** 他们带着这些武装开始航行。伯罗奔尼撒人一直待在阿提卡直到给养告罄③，才经由玻俄提亚撤军，与入侵时的路线不一样。他们从俄洛波斯④旁边经过，蹂躏了被称作珀赖刻⑤的地方，这个地方被臣服于雅典人的俄洛波斯人耕种⑥。在返回伯罗奔尼撒的路上，大军解散，各回各邦。

24.1 伯罗奔尼撒人撤退之后，雅典人派人在陆上和海上警戒，他们打算在整个战争期间都保持警戒。他们通过决议，将储存于卫城上的金钱单独留下1000塔兰同不动，其他的则用于战争。除非敌人用舰队前来攻打，雅典城有沦陷之虞⑦；否则，凡在公民大会上提出将这笔资金挪作他用的人，或者将挪用提交表决的人，一律处以死刑⑧。**2** 他们还决议，每年保留100艘精良的三层桨战舰，每艘都配上舰长⑨；这些战舰跟那笔资

---

① Βριλησσός, Brilessus, 又称 Πεντελικόν（Pentelicon），即今 Πεντέλη（Pendeli）。
② Σωκράτης, Socrates, 音"索克剌忒斯"。不是著名哲学家苏格拉底（前469/470—前399年）。
③ 戈姆认为他们自身携带的给养，不算其他如就地掠夺的粮食，最多可坚持40天。见戈姆《评注》第2卷，第12页。这次入侵至少持续了15天。见霍氏《评注》第1卷，第278页。
④ Ὠρωπός, Oropus, 位于阿提卡半岛东北海滨，东面即为优卑亚岛。
⑤ 抄本为"Πειραϊκήν"（宾格），"牛津本"和"洛布本"均作"Γραϊκήν"，这是后世学者们的改动。霍氏认为，抄本无须改动，这个词的本义是"与岛屿相对的大陆"，俄洛波斯的对面就是优卑亚岛。今从。见其《评注》第1卷，第278—279页。
⑥ 克勒斯忒涅斯改革之时，俄洛波斯还不是一个"得摩斯"，因此它是在前507年至前431年之间被雅典人夺得的。前412/11年冬又被玻俄提亚人夺得，所以这段话应写于这一时间之前。见霍氏《评注》第1卷，第279页。
⑦ 直译"需要保卫"。
⑧ 前412年喀俄斯叛离之后动用了，那时并无敌人舰队攻打雅典城（8.15.1）。见霍氏《评注》第1卷，第280页。
⑨ "舰长"原文是"τριηράρχους"（宾格、复数）。在雅典，这一官职是城邦从富裕公民中挑选的。他负责装备一艘战舰（船体由城邦提供），发给水手报酬和提供食物，还有船只的保养和维修，任期一年。他同时也是这艘战舰的指挥官。见霍氏《评注》第1卷，第280页。

金一样，除非雅典面临相同的危险，同样不得动用①。

25.1 雅典的 100 艘绕伯罗奔尼撒航行的战舰，得到科西拉人 50 艘战舰的增援，还有来自那个地区其他盟邦的增援，一边航行，一边上岸破坏。他们在拉科尼刻②的墨托涅③登陆，攻击那里的城墙，里面人少，防守薄弱。**2** 忒利斯之子布剌西达斯，一个斯巴达人，刚好在这一带领有驻防军。得知消息，带领 100 名重甲兵援助该地。雅典人分散在那个地区，且注意力集中在城墙上④。布剌西达斯飞快从雅典人中冲过去，冲进了墨托涅。整个过程仅损失了少量人员，而该城得以拯救。其英勇之举在斯巴达受到称赞，这在这场战争中还是第一回。**3** 于是，雅典人起锚继续沿岸航行，在厄利斯的珀亚靠岸⑤，在那里蹂躏了两天。并在一次战斗中，打败了从厄利斯的谷地和厄利斯的属邦⑥前来增援的 300 名精兵。**4** 但是，刮起了风暴，他们处在一片没有港口的区域，经受风暴的肆虐。他们大多数登船绕过被称为"伊克堤斯"⑦的岬角，进入珀亚的港口。与此同时，墨塞尼亚人和其他那些没能登船的人，在陆上行军，夺取了珀亚。**5** 随后，绕行岬角的雅典舰队过来，载上他们，放弃珀亚，驶离了，因为厄利斯人的大批人马已经赶来增援了。雅典人继续沿着海岸航行，到其他地方登陆蹂躏。

26.1 大约在同一时间，雅典人派遣 30 艘战舰到罗克里斯⑧海岸展开

---

① 这恐怕只是理论上的，战舰如不良好使用，就会腐烂掉。见霍氏《评注》第 1 卷，第 280 页。

② Λακωνική，又称 Λακωνικά，习惯上英译为"Laconia"或"Laconica"，即斯巴达，位于伯罗奔尼撒半岛的东南部。

③ Μεθώνη，Methone，伯罗奔尼撒半岛南部有三个小半岛，墨托涅位于最西面半岛的顶端的西海岸，在斯帕克忒里亚湾以南 8.45 公里。见霍氏《评注》第 1 卷，第 281 页。

④ 戈姆认为这句话是有问题的，因为雅典人若一心一意攻城，布剌西达斯率领的拉刻代蒙人是不可能轻易冲进城内的。他提出了自己的解释，但需要在原文中添加一个词。今未从。见其《评注》第 2 卷，第 83 页。

⑤ Φειά，Pheia，还有下文的伊克堤斯（Ἰχθύς，Ichthys），都是伯罗奔尼撒半岛西海岸的岬角，距离今天的皮尔戈斯（Πύργος，Pirgos）约 9.6 公里。珀亚位于伯罗奔尼撒半岛的西海岸，皮尔戈斯以西，在 Katakolo 半岛上的 Ayios Andreas。见霍氏《评注》第 3 卷，第 601 页。

⑥ "属邦"原文是："περιοικίδος"是"περιοικίς"的属格，原义是"居住在周围的城邦"。这里不仅是一个地理概念，还有政治意义，与斯巴达的"περίοικοι"差不多，故译。见霍氏《评注》第 1 卷，第 281 页。

⑦ Ἰχθύς，Ichthys，意思是"鱼""鱼类"。

⑧ 即东面的那个罗克里斯，靠近优卑亚岛。

行动，并保卫优卑亚的安全，由克勒尼阿斯之子克勒俄蓬波斯担任将军。2 他们在沿海地带多处登陆，并加以蹂躏。他们夺取了特洛尼翁，在那里抓了一些人质，并在阿罗珀打败了前来救援的罗克洛斯人①。

27.1 在这个夏季，雅典人指责说，埃癸娜人要为这场战争负主要责任②，将他们以及其孩子和妻子赶出埃癸娜。而且，埃癸娜岛靠近伯罗奔尼撒，将自己的公民派到那里殖民显然可以使雅典更为安全。很快，他们向埃癸娜派出了殖民者。2 埃癸娜人被赶出来，拉刻代蒙人将堤瑞亚送给他们居住，并耕种那里的土地。这一方面是因为埃癸娜人与雅典人势不两立，另一方面是因为在地震和希洛特人暴动期间，埃癸娜人有恩于他们③。堤瑞亚地区位于阿耳戈斯与拉科尼刻的交界处，并延伸至海边。有些埃癸娜人居住在那里，有的则散布于希腊各地。

28. 同一个夏季，太阴月的第一天（似乎是这样的事情可能出现的唯一时间）④ 下午，日有食之，随后重新复原。太阳呈月牙形时，有些星星熠熠发光⑤。

29.1 还是在同一个夏季。皮忒斯之子倪谟波多洛斯，阿布得拉⑥人，在其姐（妹）夫、色雷斯人的国王西塔尔刻斯面前很有影响力。雅典人指派他为雅典人在阿布得拉的权益保护人⑦，召他至雅典。从前雅典人把他当敌人，但是现在他们想让忒瑞斯之子西塔尔刻斯与他们结盟。2 这个忒瑞斯，西塔尔刻斯的父亲，创建了俄德律赛人⑧的大王国，将领土扩展

---

① 特洛尼翁，Θρόνιον，Thronium；阿罗珀，Ἀλόπη，Alope。前者位于今马里阿克（Μαλιακος，Maliac）海湾南岸，后者处北岸。此次行动可能是为了保证雅典与忒萨利亚海上联系的畅通。见霍氏《评注》第1卷，第282页。

② 对于这场战争的原因而言，埃癸娜无关紧要（见前文 1.23.6）。但是对于弱小的埃癸娜人，雅典人欲加之罪，何患无辞？可能真是这么想的，也可能不是。因此，与前文并不矛盾。见霍氏《评注》第1卷，第282页。

③ 见前文（1.102.1，3）。他们后来被雅典人消灭了（4.56—57）。

④ 此括号为译者所加，原文无。

⑤ 明显是日偏食，准确时间是前431年8月3日。当时有人知道日食只会发生于新月（月初）。见霍氏《评注》第1卷，第283页。

⑥ Ἄβδηρα，Abdera，在塔索斯岛东北方向的色雷斯海岸。

⑦ "雅典人在阿布得拉的权益保护人"原文是"πρόξενον"（宾格）。一邦在另一邦指定一位或几位公民作为代表，以保护该邦在另一邦的公民的权利，被指定的公民就叫"πρόξενος"。相当于今天的"领事"。

⑧ Ὀδρύσαι（复数），Odrysians，是色雷斯地区最强大的部落，生活于赫布洛斯河（Ἔβρος，Hebrus）平原。

至色雷斯大部，尽管色雷斯还有相当多的地区仍然是独立的。**3** 这个忒瑞斯与从雅典娶潘狄翁①之女普洛克涅为妻的忒瑞乌斯没有半点关系，甚至不属于同一个色雷斯。[忒瑞乌斯]居住在现在称为"波喀斯"的道利亚，那时居住着色雷斯人。就是在那里，女人们对伊堤斯下了手（许多诗人提及夜莺，都把它叫作"道利亚的鸟"）②。而且，潘狄翁肯定愿意在近处为女儿结姻亲，彼此可以照应，而不愿意跑到路途遥远的俄德律赛人中间去找亲家。忒瑞斯成了第一个统治俄德律赛人的国王，他与忒瑞乌斯甚至连名字都不一样③。**4** 雅典人想要结盟的正是其子西塔尔刻斯，他们想借助他征服色雷斯的沿海地带和珀耳狄卡斯。**5** 倪谟波多洛斯来到雅典，促成了雅典和西塔尔刻斯的同盟，并让西塔尔刻斯之子萨多科斯成为雅典公民。他还答应结束在色雷斯的战争，说服西塔尔刻斯派遣色雷斯的骑兵和轻盾兵④来雅典。**6** 他还让珀耳狄卡斯与雅典人和解，说服雅典人将忒耳墨还给珀耳狄卡斯⑤。珀耳狄卡斯马上与波耳弥翁麾下的雅典人合兵一处，攻打卡尔喀斯人⑥。**7** 就这样，色雷斯人的国王、忒瑞斯之子西塔尔刻斯和马其顿人的国王、亚历山大之子珀耳狄卡斯都成了雅典人的盟友。

30.1 绕伯罗奔尼撒攻击的那 100 艘战舰上的雅典人，夺取了科林斯的一个城镇索利翁⑦，把它交给了阿卡耳那尼亚的帕莱洛斯⑧人，让他们

---

① 传说中雅典的国王。

② 根据神话，色雷斯的国王忒瑞宇斯诱奸了其妻普洛克涅的姊妹庇罗墨拉（Φιλομήλα, Philomela），怕她说出去，就把她的舌头割掉。庇罗墨拉织成一件毯子，上面绣有她的遭遇，送给了普洛克涅。普洛克涅得知后，与庇罗墨拉一起杀死了忒瑞宇斯的儿子伊堤斯，并做成肉食让忒瑞宇斯吃。忒瑞宇斯发现后，要杀死她们。最后，神将他们三人都变成了鸟，其中庇罗墨拉变成了会唱歌的夜莺。从名字上看，"φιλο-"前缀，"爱"；"μήλα"与"μέλος"（"歌声"）同源，合起来的意思是"爱歌唱"。

③ 忒瑞斯，Τήρης，Teres；忒瑞乌斯，Τηρεύς，Tereus。

④ "轻盾兵"原文是"πελταστῶν"，此词源自"πέλτη"，指一种用柳条编的、蒙以羊皮的盾牌，比重甲兵的盾牌要轻，故名。见霍氏《评注》第 1 卷，第 289 页。

⑤ 见前文（1.61.1）。

⑥ 见前文（1.64.2）。

⑦ Σόλλιον，Sollium，位于阿卡耳那尼亚的西南沿海，在阿那克托里翁以南 15 公里处，是科林斯人的殖民城邦。

⑧ Παλαιρῆς，帕莱洛斯（Παλαιρός，Palaerus）人，位于阿卡耳那尼亚的西面沿海，在索利翁的西北不远处。

独占该城及其土地。他们还袭击了阿斯塔科斯①,厄乌阿耳科斯是其僭主。他们攻下该城,驱逐了僭主,接纳此地为盟邦。2 他们又航行至刻帕勒尼亚岛,不战而将其争取过来②。刻帕勒尼亚岛与阿卡耳那尼亚和勒乌卡斯岛隔海相望,里面有4个城邦,住着帕勒人③、克剌尼俄人④、萨墨人⑤和普洛诺人⑥。不久,舰队撤回雅典。

31.1 大约在这一年的夏末⑦,雅典人以全部军力,包括其公民和侨民,由克珊提波斯之子伯里克利任将军,侵入墨伽拉的领土。绕伯罗奔尼撒攻击的那100艘战舰上的雅典人(他们在返回国内的途中,已经到达埃癸娜),得知全邦的军力都在墨伽拉,于是航行过去,与他们合兵一处。2 这是雅典人聚集于一处的最大一支军队,因为此时城邦正处在鼎盛时期,且没有暴发瘟疫。雅典人自己的重甲兵不少于1万名(除此之外,他们在波忒代亚还有3000名),一起参与入侵的侨民重甲兵不少于3000名,此外,还有数量不少的轻装兵。践踏了墨伽拉的大部分土地之后,他们撤回了。3 此后,在这场战争期间,他们每年,还要再入侵墨伽拉一次⑧,有时用骑兵,有时用全军,直到尼赛亚被雅典人夺取⑨时为止。

32. 在这个夏季结束的时候,雅典人在阿塔兰忒⑩筑墙,派人驻守。该岛靠近俄浦斯人的罗克里斯,以前无人居住。其目的是阻止海盗从俄浦斯⑪或者罗克里斯其他地方出发践踏优卑亚岛。

---

① Ἀστακός, Astacus, 在爱奥尼亚海滨,帕莱洛斯北面。

② 这是对科林斯人的又一次重大打击。刻帕勒尼亚的勒乌喀墨曾为科林斯提供了4艘战舰(1.27.2)。见霍氏《评注》第1卷,第290页。

③ Παλῆς, Paleans, 帕勒(Πάλη 或 Παλεῖς, Pale 或 Paleis)人。

④ Κράνιοι, Kranians 或 Cranii。其城邦名也是 Κράνιοι。见 M. H. Hansen and T. H. Nielsen ed., *An Inventory of Archaic and Classical Poleis*, Oxford: Oxford University Press, 2004, p. 364。

⑤ Σαμαῖοι, Samaeans, 萨墨(Σάμη, Same)人。

⑥ Προνναῖοι, Pronnians, 普洛诺(Προννοί, Pronnoi)人。见 M. H. Hansen and T. H. Nielsen ed., *An Inventory of Archaic and Classical Poleis*, Oxford: Oxford University Press, 2004, p. 370。

⑦ "夏末"原文是:"τὸ φθινόπωρον τοῦ θέρους",直译"这个夏天的末尾",或者"这个夏天的秋季"。很明显,作者所说的夏季包括秋季在内。

⑧ 即每年两次(直到前424年)。对于这种每年都进行的大规模军事行动,为什么作者不像记述斯巴达人入侵阿提卡那样逐年记载?有学者指出,墨伽拉似乎是作者视野中的一个"盲点",包括上文的"墨伽拉法令"(1.67.4; 1.139.1)都语焉不详。见 Simon Hornblower, *The Greek World, 479–323BC*, London and New York: Routledge, Fourth Edition, 2011, p. 113。

⑨ 见下文(4.66—69),7年以后的前424年。

⑩ Ἀτλάντη, Atlante, 靠近俄浦斯,是离大陆很近的一个小岛。

⑪ Ὀποῦς, Opous, 是罗克里斯的主要港口,与优卑亚隔海相望。

以上就是伯罗奔尼撒人从阿提卡撤退后，在这个夏季所发生的事件。

33.1 在接下来的冬季里，那个阿卡耳那尼亚人厄乌阿耳科斯，想要返回阿斯塔科斯，于是说服科林斯人以 40 艘战舰和 1500 名重甲兵出海，恢复其僭主的权力；为此，他自己还雇用了一些兵马。此次出征的统帅是阿里斯托倪摩斯之子厄乌帕弥达斯、提摩克剌忒斯之子提摩克塞诺斯和克律西斯之子厄乌马科斯。**2** 他们航行过去，恢复了厄乌阿耳科斯的僭主权力。他们还想获得阿卡耳那尼亚的其他沿海地带的土地，经过尝试，没有成功，就扬帆回国了。**3** 他们沿着刻帕勒尼亚岛海岸航行①，在克剌尼俄人的土地上登陆。克剌尼俄人假意与之订立协议，他们受了骗，遭到克剌尼俄人的突然攻击，损失了一些人马。他们费了很大劲，才登船出海，返回科林斯。

34.1 同一个冬季，雅典人依照祖辈的习俗，用公帑为这次战争的第一批牺牲者举行葬礼②。其方式如下：**2** 葬礼举行前三天③，搭起帐篷，死者的遗骨都停放于内，每位死者的亲友将自己想送的祭品带给他。**3** 出殡之时，大车载着柏木棺材，每个部落一口，里面安放整个部落死者的遗骨；还拉来一个空的停尸架，覆以棺罩，为失踪者所备，其遗骨已找不到了。**4** 愿意送殡者，无论是公民，还是外邦人，均可参加。死者的女性亲属在墓穴旁哀号④。**5** 棺木下葬于公共墓地，位于城郊风景最美丽的地方。战死者一直埋葬于此，不过，至少那些在马拉松捐躯的人除外⑤——为表彰其盖世的英勇，就在当地为他们造坟茔。**6** 棺木入土后，城邦挑选出一个人，其人多谋善断，享有令誉，对送葬者发表一篇得体的悼词。然后，人们离开墓地。**7** 葬礼就是如此。在这场战争中，这种习俗始终如一。

---

① 科林斯人从阿斯塔科斯返回时，必经刻帕勒尼亚岛。

② 有学者检查了所有的证据后，得出结论：雅典人将战死者葬在城邦墓地的做法不会早于前 5 世纪 70 年代初（距离这次葬礼约 40 年）。国葬观念的起源则更早，这种仪式有一个逐渐的发展过程，比如葬礼后竞技，作者只字未提，实际上是存在的，当然也是后起的。所以，作者这里的"祖辈习俗"就是"传统"的意思，不必追溯到更早的时代（如梭伦的时代）。见霍氏《评注》第 1 卷，第 292—293 页。

③ 包括葬礼的那一天，即葬礼实际举行的前两天。私人则于停灵的次日便出殡。见戈姆《评注》第 2 卷，第 102 页。

④ 女性在此场合的悲伤哀号经常受到法律的约束，如梭伦的立法中就有此类条文。见霍氏《评注》第 1 卷，第 294 页。

⑤ 实际上，雅典在萨拉弥斯战役和普拉泰亚战役中的牺牲者都葬在当地。但是，这句话中有一个小品词"γε"，意思是"至少""确实""的确"等，说明作者在这里不想详举例外，故译。见霍氏《评注》第 1 卷，第 294 页。

8 在此首批捐躯者的葬礼上,克珊提波斯之子伯里克利被挑选出来发表讲话。葬礼进行到一定的时候,他从墓地走上一个垒起的高台,以便人群中最远的人都能听到,演说如下:

35.1 "在这个葬礼的习俗中,增加致悼词这个环节,对于此举的首创者,以前在这里演说的人往往赞赏有加,认为这是为疆场捐躯者而设,故令人称善。然而,在我看来,一个人用行动表现了自己的英勇,那就只有用行动才能表达对他的敬意。你们眼前的、这个以公帑举行的葬礼就是这样的行动。演说者一人演说的好坏,关系到听众对他的话相信与否,从而使许多人的英雄壮举有被人怀疑的危险。**2** 在这方面,任何人对真实情况的把握①都不是十拿九稳的,所以表达难以恰如其分。与牺牲者相友善的听众,很容易认为他所知道的,演说提得不够,且与他想听到的相去甚远;而对牺牲者不了解的听众,由于嫉妒,如果听到有超过其才具的地方,就会认为演说者夸大其词。听众对于颂扬他人的话,只能接受他本人有能力做到的部分,其他超过其能力的部分就会招致其嫉妒和怀疑。**3** 然而,由于先辈经过实践的检验认可了这项习俗,我必须遵循此习俗,尽我最大的努力满足诸位的愿望,符合诸位的看法。

36.1 "首先,我要从我们的先辈说起。这是理所当然的,同时,在这样的场合,首先被颂扬的荣誉也确实属于他们。他们居住的这块土地,世代传承,未曾中断②;到了今日,赖其英勇,这块土地以其自由③之身交到了我们手中。**2** 先辈们固然值得颂扬,我们的父辈更值得颂扬。他们继承了前辈的遗产,经过艰苦的努力,还获得了这样一个大帝国,并把她留给今天的我们。**3** 今天我们尚在人世,大部分已入不惑之年④,在大多数方面加强了我们的帝国,并且为我们的城邦做好了各方面的准备,使其无论是在战争当中还是在和平当中都能自给自足。**4** 关于军事业绩——

---

① "把握"原文是"ἡ δόκησις",一般的意思是"想法""信念"等。霍氏译为"grasp"("理解""领会")。今从。见其《评注》第1卷,第296页。

② 见前文(1.2.5)。

③ 这里所说的"自由"指的是城邦享有的独立自主,不是指个人享有的不受城邦干预的自由。见霍氏《评注》第1卷,第297页。

④ "不惑之年"原文是"τῇ καθεστηκυίᾳ ἡλικίᾳ"(与格),可直译为"人沉静下来的年龄"。戈姆认为,希腊人一般将人生分为三个阶段:孩童、青年和老年,没有"中年"一词。这种表达很可能是指40岁以后,或更晚,但绝对不是40岁以前。相当于我们的"不惑之年",甚至"天命之年",故译。见其《评注》第2卷,第105页。

我们获得的东西无不赖此——无论是我们自己赢得的，还是我们的父辈赢得的，无论是斗志昂扬地还击蛮族还是希腊人，我都不想长篇大论，因为这些大家耳熟能详。在颂扬牺牲者之前，我想阐明我们行为背后的原则①，它使我们达到现在的地位，还有我们赖以强大的城邦体制和民众个人的生活方式。因为在目前的场合，对于这里所有的人，无论是公民还是外邦人，说说这些都不是不合适的，也是有益于诸位的。

37.1 "我们的城邦制度不效法邻邦；相反，我们的制度是他们的榜样，而不是对他们的制度的模仿。我们的制度被称为民主政体，因为城邦的治理以多数人而不是少数人的利益为依归。处理私人争端时，按照法律，人人平等。一个公民只要有才能就会受到关注；他轮流参与公共事务，这还不是城邦对他的重用，城邦重用的是其才能；而且，一个人尽管缺乏禀赋却能为城邦服务，他不会因贫穷而受到阻碍②。**2** 我们自由地③处理城邦的公共事务，在日常生活中我们也不互相怀疑。我们的邻人按照自己的喜好行事，我们不会恼怒；我们也不会给他们难看的脸色，尽管此脸色不能真正伤害他们，但令人不快。**3** 在私人交往中，我们无拘无束；在城邦生活中，我们并不是无法无天，因为我们由于敬畏而服从当政者和法律，特别是那些帮助受害者的法律④，以及那些不成文的，但是如果违反就会遭到普遍鄙夷的法律。

38.1 "而且，我们劳累之后，放松心灵的方式应有尽有⑤。每年从头至尾我们都有竞技活动和祭祀；我们有漂亮的房子、好看的陈设，每天都让我们赏心悦目，忧愁全消。**2** 我们的城邦规模如此宏大，以至于世界各地的出产全都流向我们；我们尽情享用这些出产，就如同享用我们自己的出产。

39.1 "在军事训练方面，我们与对手有如下不同。我们向所有人敞开

---

① "行为背后的原则"原文是"ἀπὸ... οἵας... ἐπιτηδεύσεως"，这里的意思较特殊。见霍氏《评注》第1卷，第298页。

② 这里提到了两类人：一类是才能突出的人，受城邦重用；一类是普通人，包括穷人，可以轮流担任公职。见霍氏《评注》第1卷，第300页。

③ "自由地"原文是"ἐλευθέρως"，这里指雅典公民公开地、心地高尚地参与城邦政治活动，不是指不受城邦干预的自由。见霍氏《评注》第1卷，第301页。

④ 雅典有法律规定，任何人都可以自愿为受害者提起诉讼。即任何公民都可以发挥如同现代公诉人和警察的作用。见戈姆《评注》第2卷，第113页。

⑤ 就城邦层次而论，雅典全年有将近150天节庆，这是得到证实的，还有没有证实的。此外，还有低于城邦层次的节庆。据记载，有一个斯巴达的殖民地一年中节庆天数比没有节庆的天数还多。见罗兹《修昔底德第2卷评注》，第221页。

大门,从不用驱逐外邦人的方法①阻止他们了解和观察。如果有敌人来观察,而我们不加隐藏,他们是能够从中受益的。我们仰赖的与其说是事先的秘密准备,不如说是勇于行动的精神。在孩子的培育方面,他们从小就通过严酷的训练追求勇武之气②;而我们的生活悠游自在,但面临同等的危险时照样勇往直前。2 有此为证:拉刻代蒙人入侵我们的土地时,不是单独前来,而是带着所有的盟友;我们自己侵入邻邦的领土,身在异域,而对方为保家卫国而战,但是我们通常毫不费力地战胜他们。3 我们从未以全军临敌,原因在于我们既要时刻留意海军,在陆地上我们又要四处派遣。如果他们与我们部分人马遭遇,战而胜之,就夸口说击退了我们全军;如果被我们打败,就说败于我们全军之手。4 确实,如果我们以悠游自在迎接危险的到来,而不靠严酷的训练,仰赖从生活方式中产生的,而不是通过法律强迫而产生的勇武之气。那么,其结果是,我们在痛苦尚未来临时,不去进行严酷的训练;而当考验的时刻到来,我们却能像一贯严酷训练的人一样,表现出不逊于他们的勇敢精神。在这些方面,我们的城邦值得钦佩③,其他方面也是如此。

40.1 "我们爱好精美之物却不失节俭;我们爱好智慧却不至于柔弱。我们把财富当作行动之资,而不是夸耀之资。一个人承认贫穷不是耻辱,他不努力摆脱贫穷才是耻辱。2 一个雅典公民既操心私人事务又操心城邦事务,即使那些关注私人事务的人对于城邦事务也不乏判断。只有我们雅典人,才认为不参与公共事务的人不是闲适之人,而是无用之人。我们雅典人要说能立法创制的寥寥无几,但都能对于城邦事务作出明智的判断④。我们不把辩论当作行动的障碍,而把行动之前没有通过辩论获得教益当作一大损失。3 我们行动起来敢于冒险,而在行动之前又能仔细思考;别的人由于无知就鲁莽行动,一思考却又犹豫不决。明明知道战争的可怕和和平的甜蜜,却不避危险,挺身而出,这种精神是最卓越的。4 在

---

① 斯巴达采取此类行动。伯里克利的这篇演说常常拿斯巴达作对比。
② 斯巴达的男孩从7岁开始训练;雅典年轻男子在18—19岁时两年时间必须参加军事训练,但这项制度始于前4世纪30年代。在此之前,肯定有所训练,很难相信他们会不经训练直接上战场。见罗兹《修昔底德第2卷评注》,第222页。
③ 戈姆认为,这句话中的"这些方面"而不是"这方面",说明这句话不是对上文的总结,而是要引出新话题,因此主张将它移入下一章。见其《评注》第2卷,第119页。
④ 这句话学者们有不同的理解,今从霍氏。见其《评注》第1卷,第305—306页。

行善方面，我们也与别人形成鲜明的对比：我们结交朋友不是通过接受对方好处，而是给予对方好处。给予恩惠的人比接受恩惠的人更可靠，因为他通过持续的善意使对方欠人情；接受恩惠的人要冷漠一些，他明白他的回馈将是还债，而不是给予恩惠。5 只有我们雅典人给予他人恩惠时，慷慨大度，不斤斤计较。

41.1 "一言以蔽之①，我认为，我们整个城邦是全希腊的楷模②。在我看来，我们当中的每一位公民，自身优秀，不假外求，各种各样的行动都胜任愉快，并取得荣耀。2 这不是一时的信口夸大之词，而是明明白白的事实。我们的城邦现在享有的国力便是证明，它正由此品质而来。3 在当今的希腊，唯有雅典能经受考验，其表现胜过人们的传闻。向她进攻的敌人，在其手上吃败仗，却心无愤恨；受其统治的城邦，却不抱怨自己的统治者不配统治。4 我们的力量不仅令今人称奇，而且将令后世赞叹，这一点有很多事例可证，且绝对不乏见证人。我们不需要荷马的歌颂，也不需要其他任何诗人的、取悦于一时的诗篇，它们的真实性将由于人们的怀疑而受损③。我们以大无畏的精神闯入每一片海域、每一块陆地，所到之处一同留下胜利或失败的永久纪念④。5 他们为之拼杀和付出生命的就是这样一个城邦，保卫她不被人夺去是他们的崇高职责；为了她，我们每一个后死者都理应心甘情愿地吃苦受难。

42.1 "就是因为这个原因，我才不嫌辞费称赞我们的城邦。我要告诉你们的是，我们的种种优越之处，其他城邦并不同样具备，与她们较量，根本不在同一个级别上⑤；同时，对于我正在称颂的牺牲者，用事实证明他们的行为是值得颂扬的。2 的确，前面已经给予他们最高的颂扬。因为我只不过口头上颂扬了这个城邦，而为这个城邦增光添彩的，正是他们及其同志的英勇行为。他们的行为与声名之相配，在其他希腊人中是不多见

---

① 要注意的是，这句话不是在总结，而是引入了新的思想。见霍氏《评注》第 1 卷，第 307 页。

② 这句话一般译为"……全希腊的学校"（the school of Hellas），"学校"原文是"παίδευσιν"（宾格），本义是"教育""教化"等。霍氏认为，雅典文化上的成就在修昔底德之后的几个世纪才被人们充分认识，从上下文来看，修昔底德的意思是雅典在政治上堪为全希腊之楷模。今从。见其《评注》第 1 卷，第 308 页。

③ 这句话有一处原文不通，按戈姆的理解处理。见其《评注》第 2 卷，第 128 页。

④ 这句话学者们有不同的理解，今从戈姆。见其《评注》第 2 卷，第 128—129 页。

⑤ 直译"在比赛中不为同等的奖项"。

的。在我看来，这些生命的如此终结，其价值不论是初次显现，还是最后一次确认①，都表明了其英勇的品德。3 即使是在其他方面有所不足的人，还是把为了祖国英勇赴敌放在第一位，他们的行为合乎正义。他们在私人生活中对他人的伤害，已经远远地被他们为城邦立下的大功抵消了，此可谓瑕不掩瑜。4 他们当中没有哪个以安享自己的财富为先，从而贪生怕死；也没有哪个因为贫穷而起致富的希望，即或可摆脱贫穷致富，从而推迟奔赴战场就死。他们渴望的不是这些，而是向敌人复仇。他们把捐躯的危险当作最大的光荣，他们主动迎接这个危险，割舍了那些享受和希望，向敌人复仇。抱着战胜敌人、生存下来的希望，实际上这个希望在当时是渺不可测的；面对眼前的军事行动，他们完全信赖自己。当战斗的时刻来临，他们想的是还击敌人和忍受死亡，而不是放弃抵抗和保全性命。人们的嘲笑辱骂从此与他们无关了，他们的身躯挺立于疆场。就在生死转折关头的一刹那②，他们离开了人世，不是带着恐惧，而是带着光荣。

43.1 "他们就这样辞世了，其英勇壮举足以与这个城邦相称。我们活着的人，尽管祈求神灵让我们少一些危险，但必须下决心以同样的勇敢精神迎击敌人。我们不要只空口说说这种精神的价值，无论谁向你们长篇大论宣讲抵抗敌人有多少多少好处，这些你们自己比别人知道得更清楚，都不要听他的，而要每日将眼光放在雅典的伟大上，做她的爱人③。一旦你们被她的伟大打动，再想一想这个城邦的力量是勇敢之士获得的：他们清楚自己的责任，以廉耻之心投身战斗；如果在行动中偶有失手，他们就决心不让城邦因少了他们的勇敢拼搏而有所损失，而是心甘情愿为她作出最美好的奉献。2 他们为城邦一同捐躯了，自己赢得了人们永远的赞颂和这一片最光荣的墓地。与其说他们的遗骨躺在了这里，不如说他们的声名留在了人们永远的记忆里。一有机会，人们就会赞颂他们，效仿他们。3 天下的土地都是光耀千古者的坟墓。碑文不只显示在自家的墓碑上，也显示

---

① 这句话的意思是，有些牺牲者，特别是年轻人，他们第一次为城邦捐躯（也是最后一次），而另外一些牺牲者，从前多次为城邦立功，这次捐躯是最后一次确认自己的英勇品德。见马钱特的注。

② 这段话学者们的理解很不一样，戈姆的解释最佳，故从。见其《评注》第2卷，第134页。

③ "爱人"原文是"ἐραστάς"（宾格、复数），意思是"热爱者""爱慕者"。

在别人的土地上——在那里他们的业绩留存于人们的心中，而不是镌刻在石头上。4 以他们为榜样吧！幸福来自自由，自由来自勇敢，不要担忧战争的危险。5 不幸的人，他们固然没有改善处境的希望；幸运的人，日后还有运气逆转的危险，而且一有变故，反差还特别大。前者不比后者更有理由不顾惜自己的生命①。6 对于勇敢高尚之士，在其身强力壮之年，与战友一起带着取胜的希望，死亡突然降临，不是什么痛苦，而怯战畏惧加上厄运降临才是痛苦。

44. 1 "因此，面对在场的诸位牺牲者的父母，我不痛哭，而要安慰你们。你们知道生活中常有不幸。现在，我们为他们举行了最隆重的葬礼，你们致以最庄重的哀悼，这是他们的幸运。对他们来说，人生的幸福与美好的结局可以等量齐观了②。2 我知道，很难说服你们相信这一点。看到别人尽享天伦之乐，你们会常常回忆起自己享受过的这一乐趣。自己所没有体验的好东西被剥夺了，那不叫痛苦；自己所习以为常的被人夺去，才叫痛苦。3 你们当中尚在育龄阶段的人，还有生儿育女的希望，应该容易承受打击。从个人的角度说，将出生的孩子会使你们慢慢忘记逝者；从城邦角度说，将从两方面受益：一方面不缺少人手，一方面安全有了保障。自己没有儿子与别人的儿子一道为城邦冒生命危险的人，他为城邦所提的建议，其公平性和公正性是要打折扣的③。4 至于你们当中已过盛年的人，你们大半辈子吉星高照，余年不多了，就算是赚了吧！让孩子们的英名给予你们安慰吧！只有对荣誉的爱好是不分年龄的，就像有些人说的那样，一个人到了老朽的年纪，让他高兴的不是得利，而是受尊敬。45. 1 至于在场各位牺牲者的孩子和兄弟们，我看你们要赶上逝去的亲人很不容易（因为人人都会赞扬逝者），无论你们将来如何英勇，都不可能与他们平分秋色，只会稍逊一筹。生者因竞争而相互嫉妒，对于不妨碍自己的人，

---

① 演说者赞赏的不是那种未经深思熟虑、鲁莽赴死的穷途末路之人。见戈姆《评注》第2卷，第139页。

② 戈姆认为这句话中"ἐντελευτῆσαι"（"死焉"）前应加"εὖ"（"美好地"）才通顺。另外，古希腊认为，人生无常，不幸随时都会降临，所以一个人不到死的那一天，就不能说他是幸福的。希罗多德讲的梭伦造访克洛索斯的故事就表达了这种观念（《历史》1.30—31），故事还说神赐予人的最大幸福是让其在睡梦中离开人世。作者这里的意思是，为城邦捐躯的将士的死是其人生美好的结局。见戈姆《评注》第2卷，第140页。

③ 雅典的议事会成员必须年满30岁，这个年龄肯定已婚；也有一种说法：凡是没有男性子嗣的人不能在公民大会上发言。见"洛布本"英译者的注。

人们则心平气和，报以善意和尊重。2 对于现在失去了丈夫的诸位，如果可以提一提关于你们做妻子的品德，我就将所有的规劝概括成一句话①：你们若具备女性该有的品德，就是极大的光荣；不要成为男人的话题，赞誉也好，指责也罢②。

46. 1 "我尽自己之所能，遵照习俗致完了悼词。我们已经礼葬了逝者，城邦还将用公帑把他们的子女抚养至成年③。在这场逝者与生者的比赛中，这是城邦给予牺牲者也是给予后死者的好处和花冠④。哪里给予英勇以最大的奖励，哪里就有最优秀的公民。2 现在，你们恸哭了自己的亲人，就离开吧！"

47. 1 这个冬季举行的这场葬礼就是这样的。冬季结束了，战争的第1年也随之结束了。2 夏季刚一开始⑤，伯罗奔尼撒人与其盟邦就像第一次一样，以三分之二的兵力入侵阿提卡（由拉刻代蒙人的王、兹得乌克西达摩斯之子阿耳喀达摩斯率领），扎下营来，蹂躏土地。3 他们到阿提卡不多日，在雅典人中间就第一次暴发了瘟疫。据说，这种瘟疫曾经在许多地方降临过，包括楞诺斯一带以及其他地方，但是，范围如此广大、死亡如此惨重的瘟疫在人类的记忆里还从来没有在任何地方出现过。4 由于对此病一无所知，首先接诊病人的医生束手无策；而且，因为他们与病人接触最多，死亡也最多。其他种种人类的办法统统无济于事。到神域去祈求神灵，求神谕，如此等等，全都不管用。最后，人们干脆束手待毙。

48. 1 据说，此疫首先是从埃及上面的埃塞俄比亚发端的，下传至埃及和利比亚，以及波斯国王的大部分领土。2 然后，突然降临雅典城，首先袭

---

① "妻子的"原文是"γυναικείας"，不要理解成"妇女的"；"规劝"原文是"παραινέ-σει"（与格），不要理解成"安慰"。见戈姆《评注》第2卷，第143页。

② 有学者指出，这句话要放在葬礼演说的语境中来理解。这里的意思是，她们不要过分地表现自己的悲痛，以免给葬礼造成混乱。见霍氏《评注》第1卷，第314页。

③ 18岁为成年。这项制度被认为是梭伦所创，但有学者指出，可能不会早于前478—前462年这段时间。见霍氏《评注》第1卷，第315页。

④ 这里说的"比赛"，原文是"τὸν τοιῶνδε ἀγώνων"（属格）。指前文提到的"τὸν ἀγῶνα"（"竞技""比赛""竞争"）（2.45.1），笔者将其意译为"你们要赶上逝去的亲人"，所以看不出有这个词。在古希腊人的竞会上，优胜者的奖品是用枝条折成的花冠（"στέφανος"）。作者这里所说的"比赛"只是一个比喻。霍氏指出，实际上，城邦举行的国葬仪式上是有竞技活动的，要发奖品。可是，修昔底德只字不提。这个比喻倒是透露出一点信息。见霍氏《评注》第1卷，第315页。

⑤ 这里的"夏季"就是我们说的"夏季"，即没有把春季包括在内，大概是5月初。这与他处自相矛盾，作者难辞其咎。见戈姆《评注》第2卷，第145页。

击了比雷埃夫斯港的居民,以致当地传言说是伯罗奔尼撒人往蓄水池投毒所致,因为当时那里还没有泉水。接着,传至上城,死亡人数立即大大增加。**3** 关于此疫的最可能的源头,以及能够产生如此重大变故的可能原因,任何人,无论是医生还是外行,都可以发表自己的意见。我将描述其病程①,说明其症状。如果此疫再次降临,任何对其症状事先有所了解的人,就不至于毫无所知②。我本人得过这种病,也见过别人受其折磨。

49.1 所有人都同意,那一年不同寻常,刚好没有什么其他疾病。如果有人生病,最后都染上了这个病。**2** 其他人身强体健,没有明显的原因,突然头部高烧,两眼红肿。口腔内部,包括咽喉和舌头,立即变成血红色。呼吸不自然,并且呼出臭气。**3** 接着,就是打喷嚏和嗓音嘶哑。时间不长,痛苦下移至胸部,伴有剧烈咳嗽。一旦此病入心脏③,那里便天翻地覆。然后将医生所命名的各种胆汁呕吐得一干二净,痛苦不堪;**4** 大多数患者还干呕,并且强烈抽搐。呕吐结束后,有些患者接着出现干呕和抽搐,有些则较晚才出现。**5** 身体摸起来不很烫,看起来不苍白,而是微泛红,青黑色,皮肤出小水疱,还有溃疡。身体内部高热,连最轻薄的外衣和细麻布衬衣都不能穿,只愿意一丝不挂,最喜欢跳进冷水里。很多无人照料的患者就跳进蓄水池去了。他们受着干渴的折磨,老是喝不够,多喝和少喝都一样。**6** 他们还一直被躁动不安和失眠所困扰。一直到此病最严重的时候,患者身体的能量没有被耗尽,反而经受住了痛苦,令人惊奇。所以,大部分患者在身体发烧后的第 7 天或第 9 天死亡,死时还有一些体力。如果闯过这一关,此病下移至腹部,严重的溃疡随之出现,还伴随排水样大便的腹泻。大多数患者死于腹泻引起的身体虚弱。**7** 此病从头部开始生根,然后向下逐渐扩展至全身。如果有患者大难不死,其身体突

---

① "病程"原文是"οἷόν τε ἐγίγνετο",直译"它实际发生的情况",英译一般作"its actual course"。

② 有学者认为作者这里和整部著作都是"悲观的",他并不想让自己的描述成为以后医治此疫的指南(因为下文作者明确说任何疗法都无济于事,非人力所能抗拒)。霍氏认为,作者的描述可以让城邦政治家得到知识,从而作出预言和解释,让人民受益,因此不是一点实用价值都没有。"悲观论"在这里属于过度解释。见霍氏《评注》第 1 卷,第 320 页。

③ "心脏"原文是"καρδίαν"(宾格),本义就是"心脏"。许多学者把这句话与下一句的"呕吐"结合起来,将其解释成"胃",就连词典上也单独设立一个义项,例句仅此一句(见 H. Liddell, R. Scott and H. Jones, *A Greek-English Lexicon*, Oxford: Clarendon Press, 1996)。根据现在的研究成果,应该理解成"心脏"。见戈姆《评注》第 2 卷,第 155 页;霍氏《评注》第 1 卷,第 322 页。

出的器官常常不会幸免并留下印记。8 生殖器、手指和脚趾都遭侵袭，许多幸存者失去了这些器官，有些甚至失去了双眼。有些患者身体一痊愈就患上遗忘症，什么都忘记了，连自己和朋友都不记得了。50.1 此病的一般特性很难描述或者预料，它对每一位患者的攻击都超过了人类本性所能承受的限度。在以下的方面，非常明显，它与其他任何一种我们熟悉的疾病都不一样。即平素爱吃人尸的鸟类和四脚的兽类——许多尸体没有掩埋——要么不靠近尸体，要么吃了之后就死掉了。2 证据是，不论是在尸体旁边还是别的地方，这种食尸肉的鸟明显不见踪影了；犬类由于与人类生活在一起，便于观察，这种情况更为明显。

51.1 这就是该病的通常性状。许多奇怪的症状我都没有提，因为那是发生在个别患者身上的特殊情形。在此疫肆虐的那一段时间，没有别的普通的疾病；若有，最后都成了这个病。2 有的患者死于无人照料，有的护理极好，还是死掉了。可以说，找不到一种确实有效的治疗方案，有些对某个患者有益，换一个人却有害①。3 无论是强健的体质，还是虚弱的体质，都抵御不住侵袭，它不加区别地夺去人们的生命，甚至是日常起居受到精心服侍的人。4 最可怕的事情是患者明白自己染上此病时就气馁了（因为他们马上失去了信心，放弃了求生的愿望）。再就是由于互相照料而相继染病，像羊群一样大批死去，这方面导致的死亡是最多的。5 如果人们由于害怕而不愿意相互拜访，患者就独自死在家里，许多人家因为无人照料而空无一人了。如果谁去拜访患者家，他就死掉了。特别是那些自以为有勇气和责任感的人，他们以抛弃朋友为耻辱，所以不顾惜自己的生命前去拜访；而朋友的亲属慑于这场瘟疫的淫威，对将死的亲人最后连哭都懒得哭了②。6 然而，对濒死者和患者寄予最多怜悯之情的，是那些大难不死的人。他们知道自己无所顾忌了，因为不会再染此病，即使染上，也不是致命的。他们受到别人的祝贺，一时大喜过望，竟异想天开地认为，以后的岁月任何疾病都夺不走他们的性命。

52.1 除了瘟疫之苦，人口从乡村拥入城市也使雅典人备受其苦，尤其是新来者，情况更糟。2 由于没有房子居住，在夏季酷热之时，他们居

---

① 换言之，找不到一种对每一个患者都有效的治疗方案。见霍氏《评注》第1卷，第324页。

② 作者这里意在举出了两类典型，不是说有勇气的人去拜访朋友，朋友的家人必定是这个态度。参见戈姆对原文中"ἐπεὶ καί"的解释。见其《评注》第2卷，第157页。

住在令人窒息的棚屋里，结果纷纷倒毙。濒死者身体压着身体，一些半死不活的人在街上打滚，麇集在所有的泉水旁，渴望喝到水。**3** 他们也在神域里住宿，死在那里，满是尸体。由于瘟疫的肆虐，人们朝不虑夕，对所有的法律，神圣的和世俗的，均持轻蔑的态度。**4** 他们一贯遵守的葬礼习俗全都乱了，每个人按照自己的能力埋葬死者。由于缺乏合适的材料，加上家里这么多成员都已经死了①，许多人采用不体面的方式埋葬死者。有的抢先将自家的尸体放在别人垒好的火化柴堆上，然后点上火；有的则带着尸体，将其抛到别人已经点燃的柴堆上就跑掉了。

53.1 在其他方面，这场瘟疫也第一次让雅典人目无法律。过去他们偷偷摸摸做的、不能恣意而为的事情，现在敢大胆做了。他们目睹了人的命运的突然转折：吉星高照的富人转瞬不在人世了，从前不名一文的穷人立即得到别人的财产。**2** 他们认为自己的身体朝不保夕，财富如过眼烟云，所以应该及时行乐。**3** 没有人热衷于继续追求人们所认为的嘉德令名，因为人们认为，能不能活到得到的那一天都很难说；眼前的快乐以及一切能带来这一快乐的东西，都被看作是既美好又有益的。**4** 不管是对神的恐惧，还是人类的法律，都阻止不了，因为一方面，人们看见不论敬畏还是不敬畏神明，都一样是死，所以认为两者之间没有区别；另一方面，没有哪个犯了过错的人指望自己能活到受审和被惩罚的那一天。一个比这严重得多的判决已经悬在人们的头上了，在它落下来之前，不应该享受一下生活的乐趣吗？

54.1 城内，人民死于瘟疫；城外，土地被敌踩躏，雅典人就这样被灾难所困。**2** 在此困厄之中，人们自然而然想起老辈人说从古代传下来的那句歌谣："与多里斯族的战争将开始，瘟疫也将随之而来。"**3** 人们对于这句话颇有争议。有人认为其中的"瘟疫"一词，古人用的是"饥馑"②；但是，当时盛行的观点是，最初用的词就是"瘟疫"。这很有道理，因为人们的记忆摆脱不掉遭遇的影响。我想，要是以后再来一场与多里斯族的战争，而且伴之以饥馑的话，人们自然就会这样吟唱了。**4** 拉刻代蒙人求神谕是否一战时，神明的答复是，如果他们尽力一战，将取得胜利；还说，神明都将

---

① 这段话的原文可作多种理解，这段话哈蒙德的译文似乎不很妥当，史密斯的译文较好。今从后者。

② "瘟疫"原文是"λοιμός"，"饥馑"原文是"λιμός"，两个词仅一个字母之差。

助一臂之力①。听说过这个神谕的人此时就回想起来了。5 就神谕而言，人们的猜测是，已发生的一切与之正相吻合，因为伯罗奔尼撒人入侵之后，瘟疫立即暴发了；并且它几乎没有侵入伯罗奔尼撒，而在雅典为害最烈，其次就是其他人口最稠密的地区。有关瘟疫的情况就是这些。

55.1 伯罗奔尼撒人蹂躏了平原以后，推进至所谓的滨海地带②，甚至远达劳瑞翁③，那里有雅典的银矿。他们首先蹂躏了面向伯罗奔尼撒的土地，然后蹂躏面向优卑亚和安德洛斯④的土地。2 但是，当时身为将军的伯里克利，还是持与敌人第一次入侵时相同的观点，即雅典人不要出城作战。

56.1 在他们尚在平原，进入滨海地带之前，伯里克利准备了100艘战舰出征伯罗奔尼撒，待一切停当便出海了。2 他随船带了4000名雅典人重甲兵⑤，用运马船只载了300名骑兵，这些运马船是雅典人当时第一次用旧船改装的⑥。喀俄斯和勒斯玻斯派50艘战舰一同出征。3 这支雅典军队出发了，他们让伯罗奔尼撒人待在阿提卡的滨海地带。4 他们到了伯罗奔尼撒的厄庇道洛斯，蹂躏其大部分土地，并且攻打该城。一度有希望攻下，到底没有成功。5 他们从厄庇道洛斯撤走之后，蹂躏特洛兹顿、哈利厄斯和赫耳弥俄涅的土地，她们都位于伯罗奔尼撒的滨海地带。6 从这些地区起航之后，他们抵达拉科尼刻靠海的一个城镇普剌西埃⑦，蹂躏土地，攻占并洗劫了该城。做完这些，他们便撤退回国，发现伯罗奔尼撒人已不在阿提卡，撤退回去了。

57.1 在伯罗奔尼撒人逗留于雅典的土地，雅典人以海军出征的整个期间，瘟疫在雅典肆虐，包括出征的军队中和雅典城里。以至于有人说，有从雅典城开小差的人⑧向伯罗奔尼撒人报告说城内正暴发瘟疫，他们自

---

① 见前文（1.118.3）。
② "滨海地带"原文是"τὴν Πάραλον γῆν"（宾格）。作者把它当作一个专有名词，故称"所谓的"（见罗兹《修昔底德第2卷评注》，第233—234页）。指的是阿提卡半岛的东西两边的沿海地带。
③ Λαυρείον，Laurium，又译"劳立温"等，位于阿提卡半岛南端东部沿海地带。
④ Ἄδρος，Andros，优卑亚岛南面的一个岛屿。
⑤ 即没有侨民。
⑥ 原文有"πρῶτον τότε"，直译"其时第一次"。戈姆认为可作三种理解："这次战争中的第一次""在雅典（希腊）第一次"和"第一次改装船只"。霍氏认为，波斯人在希波战争中使用过运送马匹的船只，所以作者这里暗含与之比较。今从。见霍氏《评注》第1卷，第329页。
⑦ Πρασιαί，Prasiae，靠近今阿尔沃利斯海湾。
⑧ "从雅典城开小差的人"原文是"τῶν αὐτομόλων"（属格），注意此词用了定冠词，说明战争期间常有这样的人，主要是奴隶。见戈姆《评注》第2卷，第164页。

己也可以看见对方火葬死者，于是感到害怕，赶快从阿提卡撤退了。**2** 这次入侵时间最长，他们蹂躏了阿提卡全部的土地，在那里待了差不多40天。

58.1 同一个夏季，伯里克利的同僚、尼喀阿斯之子哈格农和克勒尼阿斯之子克勒俄蓬波斯，一把接过伯里克利用来出征的军队，马上出征色雷斯的卡尔喀斯人和正被围城的波忒代亚。他们带来了攻城机械，抵达后攻打波忒代亚，并尝试各种方法去攻取。**2** 但是，既没有攻下她，也没有取得其他与这样一支军队的努力相称的成绩。因为瘟疫在军中暴发了，雅典人大为窘迫，兵士染病而死，以致在他们之前到达的雅典人，本来健健康康，因受随哈格农而来兵士的影响，也染上了病。但是，波耳弥翁所率的队伍逃脱了，因为他和他的1600名兵士不再逗留在卡尔喀斯人那里①。**3** 于是，哈格农率领舰队撤回了雅典。在将近40天的时间里，4000名重甲兵中有1050名染病而死。但是，先前去的队伍②留在那里继续围困波忒代亚。

59.1 在伯罗奔尼撒人第二次入侵阿提卡之后，由于土地再遭蹂躏，瘟疫与战争同时降临，雅典人思想上起了变化。**2** 他们指责伯里克利劝他们开战，使他们陷入困境。他们急于想与拉刻代蒙人讲和，还派出了使节③，不过劳而无功。他们完全没了主意，于是将矛头指向伯里克利。**3** 伯里克利看到雅典人对当前的局势大为恼火，做出的事情跟他预料的一模一样，于是召开公民大会④（他仍然是将军）。他想鼓舞他们，平复他们愤怒的情绪，让他们少一些恐惧。他走上前来，发言如下：

60.1 "你们对我的愤怒在我的意料之中（原因我也知道），所以，我召集了这次公民大会。其目的是提醒你们注意几点，还要责怪你们对我的愤怒

---

① 戈姆认为，作者的记载显得突兀，前文（1.64.2）提到波耳弥翁所率的这1600人，后来（2.31.2）提到"在波忒代亚还有3000名（雅典重甲兵）"，大概包括了这1600人和其他围城的军队，但是作者没有明说。而且，从这句话来看，波耳弥翁的撤离应在哈格农到达之前不久，因为他的军队负责蹂躏土地，不负责围城，因此哈格农抵达之时，那里还有雅典的围城队伍，这些作者都没有交代。见其《评注》第2卷，第93、165页。这句话中的"逃脱了"，原文字面上没有相应的词，但是含有此意，现根据霍氏的建议加上。见其《评注》第1卷，第330页。

② 见前文（1.59；61）。

③ 可能不止一次，见戈姆《评注》第2卷，第166页。

④ "公民大会"原文是"ξύλλογον"（宾格），本义是"集会"，但在此处应理解成"公民大会"，与前文（2.22.1）不一样。见霍氏《评注》第1卷，第331页。

是不是有些不合理，以及你们屈服于灾难了。2 依我之见，城邦整体兴盛，公民个人遭殃，比城邦整体遭殃，公民个人兴盛，对公民更有益处。3 一个人家业兴旺，若其邦破，其家亦不保；若其家背运，其邦幸运，则其家反倒容易保全。4 既然城邦可以为个人遮风挡雨，而个人却没有能力为城邦遮风挡雨，那么，每一个人当然应该去保卫她，而不应当像你们现在所做的那样——你们由于自家所遭受的厄运而惊慌失措，便置全体的安全于不顾；不仅指责我这个建议开战的人，还指责投票赞成开战的你们自己。5 我这个你们怒容相向的人，不比任何人差，我有良谋，善表达，爱城邦，不为钱财所动。6 有的人能谋划，却不能清楚地向听众表达，如同心中没有谋划一般；有的人两种能力兼备，却与城邦离心离德，不能以赤诚之心发表观点，而是怀有私心。稍有忠心的，又抵挡不住贿赂；有此一点，则一切可以拿去售卖了。7 因此，如果你们认为我比其他人稍具这些才能，从而在我的劝说下开战，那么现在指责我有罪于城邦就不合理了。

61. 1 "对于那些诸事顺遂的人来说，选择打仗的确是非常愚蠢的。但是，是立刻退让屈服于他邦，还是冒险一战以保全城邦的独立，如果在这两者之间必须作出抉择，那么，该受指责的是逃避战争危险的人，而不是奋起抗击的人。2 我还是我，立场没有改变；而你们的立场发生了变化。因为你们在没有受到伤害时，听从了我的劝告；等灾难降临，你们就反悔了，认为我的劝告错了，那是由于你们意志薄弱之故。因为痛苦就在眼前，你们每个人都感受到了，好处却谁也没有体会到。突遇大灾大难，你们就陷入沮丧之中，没有信心坚持原来的决定。3 突如其来的灾难，完全出乎意料，人们就一蹶不振了。你们不乏这样的经历，但这场瘟疫尤甚。4 然而，你们既然生活在一个伟大的城邦，在与之相称的风俗中成长起来，就必须愿意经受最严重的灾难的考验，不要让你们的英名湮没不彰（既然人人都有权憎恨那些出于放肆而享有不该得的荣誉的人，那么人们也有权指责那些不配享有现有荣誉的懦弱无能之辈）。你们不要为个人的遭遇悲伤，而要为城邦的安全献身。

62. 1 "至于这场战争中的艰难困苦，如果你们害怕它们会是极大的，而且我们还是无法得以幸存，那么我已经一遍又一遍解释了，这种担心是没有根据的。我还要指出一点，这一点你们似乎从来没有认识到，你们有一个优势，它由你们的帝国范围的广大而来，这个我从前一直没有提及。如果不是看到你们被灾难击倒，过分消沉，我现在也不愿提及，因为这种观点有些自我吹嘘。**2** 你们认为我们帝国的范围仅限于盟邦，我要说的是，人类可以利用的有两大区域：陆地和海洋，其中之一就在你们的绝对掌握之中，它不仅包括你们现在控制着的那部分，更包括你们想要占据的任何地方。以你们现有的海军实力，不论是谁，波斯国王也好，当今世界其他任何民族也好，都不能阻止你们到处航行。**3** 与这种威力比起来，自家的房屋和土地——你们现在失去了它们，觉得它们很重要——就显得微不足道了。为它们痛苦是不合理的，不要把它们当回事，它们就像家里的园子、财富的点缀；而应该认识到，如果我们能捍卫自己的独立自主，并保持下去，这些东西容易收回。但是，如果你们屈服于人，甚至已经得到的东西也容易失去。你们的先辈历经千辛万苦拥有了这个帝国，不靠从别人那里继承，而且将她保持住再交给了你们。在这两个方面，你们的表现都不要逊于他们（已经得到的被人夺去，比想去争得而失败更让人感到耻辱）。你们不仅应当精神百倍地迎击敌人，而且应当藐视敌人。**4** 即使是胆小鬼，虽无知却运气好，也能夸耀于人；但是，藐视只属于那种出于理智而相信自己胜过对手的人，我们就是这样的人。**5** 当大家的运气都一样的时候，由藐视敌人而来的智慧将使我们更加勇往直前。这种智慧不仰赖于'希望'——她在人们走投无路时力量最大——而仰赖于基于现实的判断，它使我们对未来的预见更加可靠。**63.1** 你们城邦所享有的帝国的荣耀，是你们全都引以为豪的，你们理应维持于不堕。要追求这一荣耀，就要不避艰辛。不要以为你们只是在为一个问题而战，即自由还是受奴役，还有帝国的丧失以及你们的帝国招致仇视的危险。**2** 在目前的危急关头，如果你们有人出于害怕和想安逸自在，要当一个诚实的人，因而放弃这个帝国，那么为时已晚。因为今日你们拥有的帝国已像僭主之治①，取得她也许是不正义的，放弃她肯定是危险的。**3** 这样一类人如果能说服别人赞成他们的观点，就会马上毁掉一个城邦；如果他们到外地另建一个独立自主的城邦，结果也一样。因为安逸无为之人②离开了行动之人的组

---

① "像僭主之治"原文是"ὡς τυραννίδα"（like a tyranny），后文说，雅典帝国"就是"僭主统治（3.37.2）。

② "安逸无为之人"原文是"τὸ ἄπραγμον"，形容词，中性，加定冠词作名词用。"ἄπραγμον"由前缀"ἀ-"（表否定）和"πρᾶγμα"（名词，意思是"事情""事务"）结合而来，意思是"没有事情的""无所事事的""闲适的""无所作为的"等。这里指在城邦之间持无所作为的态度，即不想打仗，不惹麻烦，故译。上一句中的"安逸自在"原文是"ἀπραγμοσύνη"（与格），与此类似。

织调度①是无法生存的，安逸无为对于一个霸主城邦②来说没有半点好处，对于一个属邦而言，就是受奴役而得苟安。

64.1 "你们不要被这类公民所误导，也不要对我怒气冲天，因为参战的决定是我和你们一起共同投票做出的。敌人攻来了，只要你们拒绝屈服，他们肯定会做他们要做的事情；我们已经做好了一切准备，就是没有包括这场瘟疫的降临，它超出了我们的预料，也是唯一我们没能预料到的。我知道，这场瘟疫大大加深了你们对我的憎恨，这是不公正的，除非你们把出乎意料的好运也算作我的功劳。2 神明所降之灾必须甘于承受，敌人所加之祸必须勇敢面对，这就是我们这个城邦的传统，现在你们不要让它中断。3 你们知道，在全人类当中，雅典尤以不屈服于灾祸而著称。她为了战争牺牲的人最多，付出的辛劳最大，赢得了迄今为止最大的国力。其荣耀，即使现在我们有所失利（万事万物都是盛极而衰），也将为后代所铭记。在所有希腊人中间，我们统治的希腊人最多；我们所抗击的敌人，不管是联军，还是一邦单独的军队，是最多的；我们生活于其中的城邦各方面最富有，规模也最大。4 的确，对于这些，那些安逸无为之辈会横加指责，但是有抱负的行动之士会效仿，那些做不到的人就会心怀嫉妒。5 对于那些想要统治他邦的人来说，遭人一时的仇恨和厌憎总是难免的。志在成就大业者，会坦然接受别人的嫉妒，正确地加以判断。憎恨持续的时间不会长，而伟大行动带来的当下的荣耀和以后的声名将永远留在人们的记忆里。6 你们将眼光放在未来的声名，眼下不要自取其辱，现在就在这两个方面努力吧！不要派使节到拉刻代蒙人那里去，不要让他们知道你们现在处境艰难。无论城邦还是个人，面对大灾大难，精神上绝不消沉，行动上果敢抗击，才是最强大的！"

65.1 伯里克利就是用这样的发言试图消除雅典人对他的愤怒，转移他们对于当前可怕局势的关注。2 在公共事务上，他们接受了他的建议，不再派使节到拉刻代蒙人那里去，比以前更热心于战争；但是，在私人方面，他们处境悲哀，民众③连自己赖以起家的少量财产也失去了，富人④

---

① "组织调度" 原文是 "τεταγμένον"（"τάσσω" 的完成时分词），指军事上的 "列阵" "安排" "调度" 等，这是一个比喻的说法。
② "霸主城邦" 原文是 "ἀρχούση πόλει"（与格），英译为 "an imperial state"。
③ "民众" 原文是 "ὁ δῆμος"（主格，集合名词）。
④ "富人" 原文是 "οἱ δυνατοί"（主格，复数），直译 "有能力的人"。

失去了乡间美好的田产，连同房子和贵重的家具陈设。最糟糕的是，他们现在不能安享和平，而是处在战争之中。**3** 所有的雅典人实在怒气难消，直到对他课以一笔罚金①才肯罢休。**4** 乌合之众往往反复无常②，此后不多久，他们又选他做将军③，将城邦事务全盘托付给他。因为一方面他们对个人的痛苦感觉有些麻木了，另一方面他们觉得在城邦全体人民所需要的人中，他还是无与伦比的。**5** 在领导城邦的那一段和平时期，他治理城邦守中适度，细心守护，使之安全稳固，在他的时代，雅典达到了鼎盛。战争开始之后，他当时也正确地评估了雅典的实力④。**6** 战争爆发后 2 年 6 个月，伯里克利去世⑤。对于他有关战争的预见，人们在其死后有了更深入的理解。**7** 他说，如果雅典人耐心应对⑥，照料好自己的海军，战争期间不扩张自己的帝国，不做威胁城邦安全的事，就能最终胜出⑦。但是，他们⑧不仅反其道而行之，而且在似乎与战争无关的事情上⑨，他们治国理政着眼于个人野心和私利，给盟邦，也给他们自己造成伤害。他们的治理如果成功，只会给他们个人带来荣誉和利益；如果失败，就会在战争方面给城邦造成损失。**8** 个中原因是，伯里克利因其声望和能力而一言

---

① 具体数目不详，古人的说法不一，从 15—50 塔兰同不等。见戈姆《评注》第 2 卷，第 182 页。

② 直译"就是群众喜欢做的那样子"。

③ 是官复原职？还是选他做下一年（前 429/8 年）的将军？后一种可能性较大。这就说明，雅典人在罚款的同时还撤掉了其将军职务，但上文未提。见霍氏《评注》第 1 卷，第 341 页。

④ 霍氏认为，作者的这个评价是一个严重的错误。实际上，从铭文材料来看，战前雅典的财政状况不像作者说的那么乐观。在战争的头 5 年，雅典城邦就大举借债，导致雅典增加盟邦贡款数额。详见其《评注》第 1 卷，第 341 页。

⑤ 大约死于前 429 年 9 月。见卡特赖特《评注》，第 119 页。

⑥ 原文是"ἡσυχάζοντας"（现在时分词），意思是"保持安静""保持不动"。这不合雅典人的秉性（1.70.9；2.21—22）。要在战争中做到这样对谁都不容易，雅典人尤其如此。戈姆建议插入"τῷ ὁπλιτικῷ"（"对重甲兵而言"，与下文的"海军"相对）。见其《评注》第 2 卷，第 190 页。戈姆的意思是重甲兵不要看见敌人入侵阿提卡，就按捺不住。但也有学者指出，雅典的重甲兵只是不在阿提卡与敌决战，他们乘船到其他地方作战，因此不能说雅典人在战争中只取守势。关于伯里克利为雅典制定的战略到底是攻是守，或者有攻有守，学术界有很多争论。

⑦ 见前文译注（1.144.1）。

⑧ 指伯里克利死后的雅典人及其领导人。见霍氏《评注》第 1 卷，第 342 页。

⑨ 根据此处的文气，大概是说，这些被认为是与战争无关的事情，后来却证明是灾难性的。见戈姆《评注》第 2 卷，第 192 页。霍氏说，不清楚作者所指为何事，这对于了解伯里克利的后继者的动机颇为可惜。霍氏作了一些推测。详见其《评注》第 1 卷，第 343—344 页。

九鼎，而且从不接受贿赂，世人共知；他以自由人的方式约束群众①，是他领导群众，而不是群众领导他。因为他不通过耍手腕②来获取权力，不发言奉承群众，而靠自己的崇高声望直言反对，甚至触犯众怒。**9** 群众若骄横狂傲，他便发言挫其锐气，使之有所畏惧；反过来，若畏惧过甚，则又使之满怀信心。因此，雅典名义上是民主政体，实际上权力掌握在第一人手里③。**10** 然而，伯里克利的继任者们，彼此半斤八两，却个个渴望争得第一，对于城邦事务，他们的原则是投民众之所好。**11** 结果——因为是在一个握有霸权的大国——导致很多失误，其中以远征西西里④为最。这次远征与其说是出于他们对敌人实力的错误判断⑤，不如说是因为出征部队出发后，国内派他们出去的人没有采取有利于他们的措施；他们为了夺得城邦的领导地位而钩心斗角，导致军心涣散，并第一次引起雅典国内的纷争。**12** 他们在西西里失败了，不仅失去了大部分舰队，还有其他军力，城邦内部纷争已现。然而，他们还是支撑了3⑥年。其敌人不仅有原来的，还有与之联合的西西里人，加上自己的大部分盟邦，她们已经叛

---

① 原文是"κατεῖχε τὸ πλῆθος ἐλευθέρως"。学者们对"ἐλευθέρως"有不同的理解，戈姆的解释是"freely, i. e. without hesitation"；霍氏的解释是"like free men"（这里的 men 是复数，指群众）。译者以为，伯里克利把群众当作自由人看待，他以自由人的方式领导约束他们，即公开地、直接地、无个人偏见地发表自己对群众的看法。见戈姆《评注》第 2 卷，第 192 页；霍氏《评注》第 1 卷，第 345 页。

② "耍手腕"原文是"ἐξ οὐ προσηκόντων"，直译"用不合适的方法"。

③ 这是一句有名的话。其动词是"ἐγίγνετό"，是"γίγνομαι"（意思是"become"）的过去未完成时。学者们在这个词的时态问题上有争论。有的认为，这个词的时态表明，雅典正在向一个人独揽大权的政治过渡，还没有完成；有的学者则认为，没有必要强调这一过程的未完成性。霍氏认为后者很可能是正确的。见其《评注》第 1 卷，第 346 页。译者以为，从上下文来看，作者的意思是伯里克利由于其自身的原因而享有实际的统治权，别的任何人都是做不到的。"第一人"原文是"τοῦ πρώτου ἀνδρὸς"（属格），直译"第一个男人"。前文（1.139.4）也有类似的称呼。

④ 见本书第 6、7 卷。

⑤ 尽管"与其说"意味着不否认这种情况的存在，但是第 6 卷（6.1）明确指出，雅典人的确完全错误地估计了对手，所以作者前后不一致还是令人吃惊。见霍氏《评注》第 1 卷，第 348 页。

⑥ 抄本原为"τρία"（"3"），显然是错误的。有学者认为应该是"8"，也有学者认为是"10"。还有学者认为原文有讹误，没有明确说多少年，应该是"years"（"多年"）。霍氏译为"8"。见其《评注》第 1 卷，第 348 页。

离。后来，波斯国王之子居鲁士①也参与了，他提供金钱用于伯罗奔尼撒人的海军。雅典人还是没有屈服，直到陷入内部的纷争后才失败。**13** 伯里克利那个时候即预见到，在这场战争中，雅典如果只对付伯罗奔尼撒人，获胜就易如反掌。这是有以上充分理由的。

66.1 同一个夏季，拉刻代蒙人与其盟邦以 100 艘战舰出征兹达库恩托斯岛，它与厄利斯隔海相望。其居民是来自伯罗奔尼撒的阿卡伊亚的殖民者，他们当时与雅典人结盟。**2** 战舰上有 1000 名拉刻代蒙人重甲兵，斯巴达人克涅摩斯任舰队司令②。登陆后，他们蹂躏了该岛大部。由于其居民拒绝达成投降协议，他们就航行回国了。

67.1 同一个夏季末尾，科林斯人阿里斯忒乌斯③，三名拉刻代蒙人的使节：阿涅里斯托斯、尼科拉俄斯和普剌托达摩斯，忒革亚④的提马戈剌斯，以及以私人身份前去的阿耳戈斯的波利斯⑤，一同前往亚细亚，去波斯国王那里，看能否说服他提供⑥金钱和参战。他们首先抵达色雷斯的忒瑞斯之子西塔尔刻斯那里，想说服他，如果可能的话，背弃与雅典的同盟，出兵波忒代亚，那里正被雅典的远征军围攻。他们还想要他送他们渡过赫勒斯蓬托斯，到帕耳那巴兹多斯之子帕耳那刻斯⑦那里，他将送他们前往内陆波斯国王那里。**2** 雅典的使节，卡利马科斯之子勒阿耳科斯和庇勒蒙之子阿墨尼阿得斯，碰巧正在西塔尔刻斯处。他们劝说他的儿子、已

---

① Κῦρος, Cyrus, 大流士二世（Δαρεῖος, Darius, 前 424/3—前 404 年在位）之子，又称"小居鲁士"。生年不详，死于前 401 年，没有继承王位。继承大流士二世的是阿耳塔克塞耳克塞斯二世（Ἀρταξέρξης, Artaxerxes, 前 404—前 358 年在位）。
② "舰队司令"原文是"ναύαρχος"，斯巴达的海军职位，据说任期 1 年，霍氏认为在伯罗奔尼撒战争早期，这一职位可能还是临时性的。见其《评注》第 1 卷，第 349 页。
③ 见前文（1.60—65）。
④ Τεγέα, Tegea, 位于伯罗奔尼撒半岛的中部。
⑤ 当时阿耳戈斯是中立的。
⑥ "牛津本"和"洛布本"均为"παρασχεῖν"（"注入""掺入"），戈姆认为抄本读作"παρέχειν"（"提供"）更好。今从。见其《评注》第 2 卷，第 200 页。
⑦ 帕耳那刻斯是驻 Δασκύλιον（Dascylium, 波斯行省 Bithynia 的首府）的总督，前文（1.129.1）曾提及。其家族半世袭这一职位。值得注意的是，这里的帕耳那刻斯（二世）与阿耳塔巴兹多斯的父亲帕耳那刻斯（二世）名字相同，但不是一个人。霍氏认为帕耳那巴兹多斯可能是阿耳塔巴兹多斯的弟弟，而不是儿子。见戈姆《评注》第 2 卷，第 200 页；霍氏《评注》第 1 卷，第 350 页。因此，他们的血缘关系是：帕耳那刻斯（一世）生阿耳塔巴兹多斯，帕耳那巴兹多斯是阿耳塔巴兹多斯的弟弟，帕耳那巴兹多斯生帕耳那刻斯（二世）。

成了雅典公民的萨多科斯①，把这些人交到他们手中，让这些人不能渡海去波斯国王那里，也就伤害不了接受他为公民的城邦雅典。3 萨多科斯同意了。他们正通过色雷斯，打算乘船渡过赫勒斯蓬托斯。他让人在登船之前逮捕他们。他已派人随同勒阿耳科斯和阿墨尼阿德斯一道，带着这些被逮捕的人，将其交给雅典使节；雅典使节接收后，送他们到雅典。4 他们到了之后，雅典人担心阿里斯忒乌斯逃掉，以后再对自己造成更多的伤害，因为雅典人以前在波忒代亚和色雷斯滨海地带遇到的所有麻烦都是他一手造成的。尽管这些人有话要说，但是雅典人不经审判，当天将他们全部处死，尸体扔进深涧。他们认为有权对拉刻代蒙人先前的行为进行同样的报复，因为雅典及其盟邦的商船在伯罗奔尼撒海岸航行，拉刻代蒙人拿获了船上的人员后，就处死他们，并将其尸体扔进深涧。而且，从这场战争一开始，拉刻代蒙人将所有在海上拿获的人员视作敌人，予以杀戮，包括站在雅典一方作战的人，甚至不参加交战双方任何一方的人。

68.1 大约在同一时间，这个夏季快要结束的时候，安布剌喀亚人自己，带着招至其麾下的许多蛮族，出征安庇罗喀亚人的阿耳戈斯②以及安庇罗喀亚的其他地方。2 他们与阿耳戈斯人是这样结仇的：3 安庇阿剌俄斯之子安庇罗科斯，在特洛亚战争之后归来，不满于阿耳戈斯③的国内局势，于是，在安布剌喀亚海湾建立了安庇罗喀亚人的阿耳戈斯，并且殖民了其余安庇罗喀亚的土地，与其祖国阿耳戈斯同名 4（这个城邦在安庇罗喀亚是最大的，其居民也最有势力）。5 许多世代以后，由于灾祸所迫，这些阿耳戈斯人请与安庇罗喀亚毗邻的安布剌喀亚人进来一同居住，从一同居住的安布剌喀亚人那里首次学会了他们现在说的希腊语④，其他的安庇罗喀亚人则仍是蛮族。6 随着时间的推移，安布剌喀亚人自己占据了

---

① 见前文（2.29.5）。

② Ἀμφιλοκία，Amphilochia，位于中希腊西部沿海的安布剌喀亚海湾的南岸，这里的阿耳戈斯在该海湾北岸，不是伯罗奔尼撒的那个阿耳戈斯，详下文。

③ 在伯罗奔尼撒。

④ 直译"他们首先希腊化了，在他们现在说的语言方面，从一同居住的安布剌喀亚人那里"。这里有一个很重要的词："希腊化"，原文是"ἡλληνίσθησαν"，是"ἑλληνίζω"的不定过去时、被动态。霍氏说，有学者认为，所谓学会希腊语，是指安庇罗喀亚人是在安布剌喀亚人的影响下，从一种希腊语方言改换成另一种希腊语方言，不是从蛮族语言改换成希腊语。但是，下文接着说没有受到影响的安庇罗喀亚人仍是蛮族；而且"ἡλληνίσθησαν"一词明显是从更普遍的意义上说的，不仅限于语言。看来这里值得深入研究。见其《评注》第 1 卷，第 352 页。

这个城邦，将阿耳戈斯人赶了出去。7 此事发生后，安庇罗喀亚人求得阿卡耳那尼亚人的保护，并与之一同召来了雅典人。雅典人派波耳弥翁为将军，带 30 艘战舰前往。波耳弥翁抵达之后，攻下阿耳戈斯城，将安布剌喀亚人卖为奴隶。安庇罗喀亚人和阿卡耳那尼亚人共同居住于此城。8 此后，雅典人与阿卡耳那尼亚人第一次结成同盟。9 安布剌喀亚人因为自己的人被卖为奴隶，第一次与安庇罗喀亚的阿耳戈斯人结了仇。后来，在这场战争期间，他们自己，还有卡俄尼亚人①以及毗邻的其他一些蛮族②一起发动了这场征讨。他们到达阿耳戈斯，尽管控制了乡野，但是不能攻克此城。他们撤军回去，按民族各自解散。这个夏季的事件就是这些。

69.1 在接下来的冬季里，雅典人派遣 20 艘战舰绕伯罗奔尼撒航行，以波耳弥翁为将军。他以瑙帕克托斯为基地警戒，以防船只进出科林斯和克里萨海湾。另派 6 艘战舰去卡里亚和吕喀亚③，以墨勒珊德洛斯为将军，征收这些地方的贡款④；防止伯罗奔尼撒人在那些地方建立基地进行劫掠活动，伤害从帕塞利斯和波尼刻以及那一带大陆来的商船⑤。2 墨勒珊德洛斯率领一支由战舰上的雅典人和盟邦士兵组成的军队，下船登岸，前往吕喀亚。他们吃了败仗，他本人被杀，部分士兵也被杀死。

70.1 同一个冬季，波忒代亚人再也抵挡不了雅典人的围城，因为伯罗奔尼撒人入侵阿提卡没能让雅典人撤军。城内粮食匮乏，人们被迫吃下他们能找到的任何东西⑥，甚至出现了人相食。在这种情况下，他们跟围困他们的雅典将军厄乌里庇得斯之子克塞诺蓬、阿里斯托克勒得斯之子赫斯提俄多洛斯和卡利马科斯之子帕诺马科斯请求商议投降条件。2 将军们看到部队暴露于严寒之地，饱受劳苦，而且雅典为了围困此地已经花费了

---

① Χάονες, Chaonians, 卡俄尼亚（Χαονία, Chaonia）人，卡俄尼亚位于安布剌喀亚海湾的东面和东北面。
② 大概是忒斯普洛托人和摩罗索人。见霍氏《评注》第 1 卷，第 354 页。
③ Λυκία, Lycia, 位于小亚西南角沿海地带。
④ 这是一次例行的征收贡款行动，由于是战时，所以要有战舰护航。不是去催缴拖欠的贡款，或者向迄今尚未缴纳贡款的城邦征收贡款。见戈姆《评注》第 2 卷，第 202 页。
⑤ Φάσηλις, Phaselis, 是吕喀亚地区的一个港口。Φοινίκη, Phoinike, 腓尼基，但不是位于今黎巴嫩、巴勒斯坦地区的腓尼基。它位于今天土耳其西部沿海，是古代吕底亚的前身，大概是今天土耳其境内的菲尼凯（Finike），也有可能是那一带其他地方。故按照古希腊语的发音译为"波尼刻"，以示区别。见霍氏《评注》第 1 卷，第 355—356 页。
⑥ 直译"为了得到活命的食物，那里已经发生了其他许多事情"。

2000塔兰同，就接受了请求。3 于是，双方达成以下协议：波忒代亚人加上妇孺以及雇佣兵，每人带一定数量的盘缠和一件外套离开，妇女带两件外套。4 于是，他们在休战协议的保证之下，离开了波忒代亚，前往卡尔喀狄刻和其他任何他们能够去的地方。然而，国内的雅典人指责将军们没有得到他们的首肯就达成协议（因为他们认为应按照自己意愿宰割这个城邦①）。随后，雅典人派出自己的殖民者到波忒代亚殖民。这些便是发生于这个冬季的事件，修昔底德记载的这场战争的第2年也随之结束了。

71.1 在接下来的夏季里②，伯罗奔尼撒人及其盟友没有入侵阿提卡，他们出征普拉泰亚，由拉刻代蒙人的王、兹得乌克西达摩斯之子阿耳喀达摩斯率领。他将军队驻扎下来，正打算蹂躏那里的土地，普拉泰亚人立即派使节去见他，这样说道：2 "阿耳喀达摩斯和拉刻代蒙人！你们侵犯普拉泰亚人的土地，你们的行为既配不上你们的身份，也配不上你们先辈的身份，是不正义的！因为拉刻代蒙人、克勒翁布洛托斯之子泡萨尼阿斯，曾与同心抗敌的希腊人一道，冒险一战，战场就在我们的土地上，从而从波斯人手里解放了希腊。他在普拉泰亚人的市场上向自由之神宙斯献祭，将所有的盟邦召拢来，向普拉泰亚人保证：他们拥有自己的土地和城市，独立自主地生活③；任何人不得向她发动无理的侵犯，或者奴役她，否则，在场的盟邦应尽力来保卫他们。3 你们的先辈给予了我们这些特权，是因为我们在危险之中所表现出的勇猛和斗志。但是，你们现在做的与你们的先辈背道而驰！你们与我们的死对头忒拜人一道前来奴役我们！4 我们吁请我们过去一起对之发誓的神灵、你们的祖先之神灵和我们土地上的神灵都来做证，请求你们不要伤害普拉泰亚的土地，不要违背誓言④，允

---

① 意思是对于投降者太宽大，应该杀死他们或者卖为奴隶等。见戈姆《评注》第2卷，第204页；霍氏《评注》第1卷，第357页。

② 前429年。

③ 这句话的主要动词是"ἀπεδίδου"（"ἀποδίδωμι"的过去未完成时），本义是"归还""偿还"等。有学者认为，是将普拉泰亚从雅典人手里归还给普拉泰亚人，因为普拉泰亚一度几乎要并入雅典；还有学者认为，是从波斯人手里归还。后一种意见是正确的。另外，过去未完成时含有过程的意味，所以不能看作简单的"归还"（"归还"是一个行动，应该用不定过去时），它含有各盟邦共同保证普拉泰亚的独立自由的意思。故译。见戈姆《评注》第2卷，第205页；霍氏《评注》第1卷，第358页。

④ 戈姆认为，这里的誓言不仅包括战后泡萨尼阿斯的许诺，还包括战前希腊联军相互忠诚和决心摧毁忒拜等亲波斯的城邦的誓言。见其《评注》第2卷，第205页。霍氏指出，1932年有相关铭文被发现，但是与这里说的誓言很不一样。见其《评注》第1卷，第359页。

许我们过着独立自由的生活，享受泡萨尼阿斯给予我们的权利！"

72.1 普拉泰亚人说完这些，阿耳喀达摩斯回答说："普拉泰亚人啊！你们说得对，但是你们应该言行一致。就是说，按照泡萨尼阿斯给你们的保证，你们享有独立自主，但也帮助我们解放其他一些希腊人。他们与你们一起冒过险，一同发过誓，但现在处在雅典人的统治之下。我们召集这支大军打仗，就是为了解放他们以及其他希腊城邦。你们最好加入我们一方，遵守你们自己的誓言①。要不然，就中立，像我们过去曾经建议的那样，继续享有你们已有的东西，两边都不参加，把两边都当朋友，不与两边为敌。这样我们就满意了。" **2** 这就是阿耳喀达摩斯的回答。普拉泰亚人的使节听了，回到了城里，把阿耳喀达摩斯的话告诉了民众。然后，他们答复阿耳喀达摩斯说，没有雅典人的同意，他们无法按照他所说的去做（因为他们的孩子和妻子在雅典人的身边②）；而且他们担心城邦的生存——拉刻代蒙人离开后，雅典人就会来，他们就不能保持中立了；或者，由于接受双方为友的誓言对忒拜人也有效，他们将再次试图夺取普拉泰亚城。**3** 为了打消普拉泰亚人这些方面的疑虑，阿耳喀达摩斯说："你们把城市和房屋交给我们拉刻代蒙人，标出你们城邦的边界的位置，告诉你们的树木的数量，以及其他可以计数的东西。然后，迁徙到你们想去的任何地方，待到这场战争结束。一旦战争结束，我们就把这些全都还给你们。这期间，我们受委托代管你们的财物，耕种你们的土地，并付给你们满意的租金。" **73.1** 普拉泰亚人听完这话，又回到城里。他们与民众商议后答复说，他们想首先把他的建议告诉雅典人，如果雅典人同意了，就照他说的做；在此期间，请求他们与自己订休战条约，不要蹂躏其土地。于是，阿耳喀达摩斯休战了几天，足以让他们到雅典一个来回，并且不蹂躏他们的土地。**2** 普拉泰亚人的使节前往雅典，与雅典人商议，回来向国内的人民报告：**3** "普拉泰亚人啊！雅典人说，自从你们成为他们的盟友，任何时候，任何情况下，他们都没有抛弃你们，现在他们不会对你们遭受的伤害坐视不管，而要全力援助。他们郑重地要求你们，看在你们先辈誓言的份上，不要背弃与雅典人的同盟！" **74.1** 使节们报告完，普拉泰亚人决定不背叛雅典人，忍受眼见自己的土地遭蹂躏的痛苦，以及任何其他苦难；

---

① 这里的誓言指上文刚刚提到的解放受奴役的希腊人。
② 见前文（2.6.4）。

任何人不得再出城，从城墙上答复拉刻代蒙人：他们不可能遵照拉刻代蒙人的要求去做。2 拉刻代蒙人的王阿耳喀达摩斯一听到普拉泰亚人的答复，首先就开始吁请众神和普拉泰亚土地上的英雄做证，他说道："拥有普拉泰亚土地的众神和英雄们！请你们做证，我们一开始没有做错，我们是在普拉泰亚人抛弃了共同的誓言之后才征战此地的。在这片土地上，我们的先辈向你们祈求，战胜了波斯人，你们赐给了希腊人这块战斗的福地。现在，不管我们采取什么行动，我们将没有过错。因为尽管我们再三提出公平合理的建议，他们都不接受。因此，请你们同意惩罚首先作恶者，让想要合法地复仇的人复仇吧！"

75. 1 祈求完神灵，阿耳喀达摩斯展开军事行动。首先，用砍倒的树木竖立栅栏将普拉泰亚围起来，任何人都不能离开①。其次，面向城里垒起土丘，由于他们有如此众多的兵力投入作业，所以希望以最快的速度拿下普拉泰亚城。2 他们从喀泰戎②砍伐木材③，用木头纵横交织，像墙一样从两侧将土丘挡住，以防土丘向两侧散开。他们运来木头、石头、土和别的东西，统统往土丘上抛，以便筑起它。3 70④个日日夜夜，他们一刻不停。他们分班轮流休息，以便一部分人工作，另一部分可以睡觉和吃饭。下派到各邦军队的拉刻代蒙军官们⑤监督各邦军队工作。4 普拉泰亚人看见土丘不断增高，就在自己的城墙上，对应对方土丘的位置，放置一个木头框架，里面砌上从附近房屋上拆下来的砖头。5 木头用来将整个建筑拢在一起，以防修筑高了以后不够牢固。其正面蒙以生的和熟的兽皮，以使工匠和木头框架不被火箭射中，处在安全之中。6 此建筑砌到很高了，城外的土丘垒得也不慢，与之不分轩轾。普拉泰亚人想出了一招：他

---

① 这句话中有一个单词"ἐπεξιέναι"，是"ἐπέξειμι"的现在时不定式，意思是"出去抵抗"。戈姆认为此词应作"ἐξιέναι"（"ἔξειμι"的现在时不定式），意思是"从……走出去"。今从。见其《评注》第2卷，第206页。

② Κιθαιρών，Cithaeron，或 Kithairon，中希腊的一条山脉，位于玻俄提亚与阿提卡之间。

③ 戈姆认为这里的木材主要是枞树，前面修筑栅栏用的是城边的果树。见其《评注》第2卷，第207页。

④ 这个数字几乎不可能的，抄本很可能有讹误，有学者建议为"7"或者"17"。见戈姆《评注》第2卷，第207—208页；霍氏《评注》第1卷，第360页。

⑤ "军官们"原文是"οἱ ξεναγοί"（复数），古代笺注者认为是"雇佣军军官"，这也是这个词的一般意思。但是，这次伯罗奔尼撒同盟的出征队伍应该是由各邦的公民组成的，故译。另外，拉刻代蒙人的军官同其他城邦的军官一同掌控各邦的军队，其地位显然高于其他城邦的军官。参见戈姆《评注》第2卷，第208页。

们在靠着土丘的城墙墙角开一个口子,将土丘里的土掏出来①。**76.1** 拉刻代蒙人明白这一招以后,往土丘里对方掏空的地方投用芦苇垫包裹的黏土,以防土散开被掏走。**2** 普拉泰亚人这一着受阻,又采取一个办法,从城内挖地道,推测方向和距离,到达土丘底下,又从下面将土丘里的土掏到城内去。很长一段时间,城外的人对此浑然不觉。他们在上面堆,底下的土被掏走,整个土丘不断向下陷,所以土丘不见增高。**3** 即使这样,普拉泰亚人还是害怕不能以寡敌众,又想出下面的办法:停止修筑与土丘相对的那段刚砌的高墙,而从其两边低一些的原来的城墙开始,在城内修筑一段半月形城墙。其目的是,如果那道高墙被攻破,此段墙可以继续抵抗。敌人不得不再建一座土丘,来攻击这段墙。如果敌人攻进这个半月形区域,那么他们不仅要从头再费以前工夫,而且要遭受两面夹击。**4** 伯罗奔尼撒人在垒土丘的同时,还运来攻城器械②。其中一个经过土丘将对方修筑的高墙大部分撞倒,震慑了普拉泰亚人;其他器械则对付城墙的其他部分,普拉泰亚人用套索将它们套住向上或者向两旁拽③。他们在城墙上设置两根伸出墙外的横梁,用长铁链将粗木杠的两端拴在两根横梁上。当攻城机械要撞击城墙某处时,拽动粗木杠,对准攻城槌④,再松手放开铁链。粗木杠下坠,砸向攻城槌,砸断其头部。

77.1 此后,伯罗奔尼撒人看到攻城槌不起作用,对方在土丘的对面建新墙⑤。他们认为以目前的攻击手段无法攻取普拉泰亚城,于是,准备筑一道墙将其包围⑥。**2** 在筑墙之前,他们决定试一试火攻。由于普拉泰亚城不大,如果刮风,就可以将其付之一炬。只要能不花费筑墙围攻的代

---

① 从上文的描述来看,斯巴达一方的垒土丘攻城的方法是这样的:土丘的两侧用木头做的墙夹住(木头做的墙垂直于对方城墙),以防土丘的土向两边扩散。人员通过一个斜坡将土、石等运到土丘顶部,往城墙的方向倒,形成另一个斜坡,这样就逐渐接近城墙了。最后,土丘与城墙一样高,土丘与城墙之间的间隙也被土填上。当土丘堆到一定的高度,其斜坡必然与城墙接触,这时普拉泰亚人从自己的城墙底部凿开一个洞,掏其土丘里的土、石等,对方是看不到的。参见戈姆《评注》第 2 卷,第 208 页。
② 从下文来看,明显是攻城槌。
③ "向上拽或者向两旁拽"原文是"ἀνέκλων",是"ἀνακλάω"的强不定过去时,意思是"使突然停止""挡开"。不能理解成"拽上城墙"。见戈姆《评注》第 2 卷,第 209 页。
④ 粗木杠平行于城墙。
⑤ 既包括被对方撞倒的那段高墙,又包括在城内的半月形城墙上再加高的部分。见戈姆《评注》第 2 卷,第 209—210 页。
⑥ 这种方法是常见的攻城方式(见戈姆《评注》第 2 卷,第 210 页),但是代价很大。

价，他们什么办法都考虑过了。3 他们运来一捆捆木柴，从土丘上抛向城墙与土丘之间的空间，由于人手众多，那里很快被填起来。然后，他们从柴堆顶上尽可能远地向城内填堆柴捆①。最后，抛上带硫黄石和沥青的火把，引燃柴堆。4 大火熊熊燃起，这么大的、由人力所为的火势，人们从来没有见过。过去有这种情况：山里的树枝在风的作用下，相互摩擦而自燃，引发大火。5 火势甚大，差一点点就将逃脱了前面种种攻击手段的普拉泰亚人报销了。因为城内许多地方人是进不去的，如果刮起风，如敌人所愿吹向城内，普拉泰亚人就插翅难逃了。6 然而，这时据说发生了这样的事：一场大雨［从天］降下，电闪雷鸣，浇灭了大火②。普拉泰亚人就这样逃过一劫。

78.1 伯罗奔尼撒人的这一招又失败了。他们遣散了大部分军队，留下一小部分，开始围绕普拉泰亚城筑墙，按地段分给各个城邦完成。此墙内外各挖一道壕沟，他们从那里取土制砖筑墙。2 大约是在大角星升起时③，全部工作结束。他们留下一部分人员守卫一半的墙（另一半由玻俄提亚人守卫），大部队撤走，解散回各城邦。3 普拉泰亚人的妇孺、老人和羸弱无用者先前已被送到雅典去了④，留在围城之中的只有400人，还有80名雅典人，外加110名妇女⑤做饭。4 这就是围城以来城内人员的总数，城里再没有其他人，不论是奴隶还是自由人。普拉泰亚被筑墙包围时的情况就是这样。

79.1 同一个夏季，谷物正黄熟的时节⑥，与伯罗奔尼撒人出征普拉泰亚同时，雅典人派遣他们自己的2000名重甲兵和200名骑兵，由厄乌

---

① 戈姆认为柴堆不可能堆进了城内，因为用人的力量不可能将柴捆抛出去很远，而且城内的人可以将柴捆迅速移走。这种做法的设想是，由于柴堆很高，着火后火势凶猛，如果风向朝城内，火苗足以引燃城内的房屋，形成延烧之势。见其《评注》第2卷，第210页。马钱特认为，这里说的城里，指原来的城墙与新建的半月形城墙之间的区域，那里是没有人的。

② 戈姆认为，作者的记载明显出自目击者的叙述，但是他对此叙述并不是全盘接收的。这里的"据说"就带有存疑的倾向。因为小亚细亚的君主克洛索斯被波斯国王居鲁士抓住之后，放在柴堆之上，点燃火后突然天降大雨，浇灭了大火，这被看作神意（希罗多德《历史》1.86—87）。参见其《评注》第2卷，第211页。

③ 9月中。

④ 见前文（2.6.4）。

⑤ 这110名妇女可能是奴隶。见戈姆《评注》第2卷，第212页。

⑥ 在阿提卡，谷物（小麦大麦）黄熟在5月的最后10天，在卡尔喀狄刻要晚大约3周。见戈姆《评注》第2卷，第212页。

里庇得斯之子克塞诺蓬和其他两位将军率领，出征色雷斯的卡尔喀斯人和玻提埃亚①人。**2** 他们来到玻提刻的斯帕耳托罗斯②，毁坏庄稼。他们以为有人做内应，这个城市会向他们投降。但是那些不想投降的人派人去俄吕恩托斯，请来重甲兵和其他部队来守卫斯帕耳托罗斯。他们从斯帕耳托罗斯出击，雅典人就在其城墙下与之战斗。**3** 卡尔喀斯人的重甲兵和一些他们的雇佣兵被雅典人击败，撤回斯帕耳托罗斯城；卡尔喀斯人的骑兵和轻装兵却打败了雅典的骑兵和轻装兵。**4** 雅典人有为数不多的轻盾兵，来自名叫克儒西斯③的地方。战斗刚刚结束之时，又有一些轻盾兵从俄吕恩托斯赶来援助。**5** 斯帕耳托罗斯城内的轻装兵看到援军来到，信心大增，而且他们此前还占了上风，于是再与骑兵和增援部队一道，向雅典人进攻。雅典人撤退到留下来护卫运辎重的驮兽的两个分队那里。**6** 雅典人进，他们就退；雅典人退，他们就进，对之掷矛。卡尔喀斯人的骑兵只要有机会就发起冲锋，让雅典人心惊胆战。他们打败了雅典人，并且追击了很远。**7** 雅典人逃到波忒代亚躲避，在休战条件下收回尸体，幸存的军队撤回雅典。430④人阵亡，还有全部3位将军。卡尔喀斯人和玻提埃亚人竖立了却敌纪念柱，取走己方尸体，然后解散回各城邦了。

80.1 同一个夏季，就在这些事件以后不久⑤，安布剌喀亚人和卡俄尼亚人想要征服整个阿卡耳那尼亚，并使其叛离雅典，于是劝说拉刻代蒙人以盟邦之力装备一支舰队，并派遣1000名重甲兵前往阿卡耳那尼亚。他们说，如果拉刻代蒙人愿意陆海军一起出动，与他们一道征战，占领阿卡耳那尼亚就轻而易举，因为沿海地带的阿卡耳那尼亚人不能援助内陆的阿卡耳那尼亚人。然后，夺取兹达库恩托斯和刻帕勒尼亚，雅典人就不能再绕伯罗奔尼撒航行了。另外，还有夺取瑙帕克托斯的希望。**2** 拉刻代蒙人同意了，立即派遣克涅摩斯——他还是舰队司令——和重甲兵，乘少量战舰；并通知盟邦准备好战舰尽快航向勒乌卡斯。**3** 科林斯人对安布剌喀

---

① Βοττιαία，Bottiaea，位于马其顿中部，玻提埃亚人曾被马其顿人从玻提埃亚驱赶到玻提刻（Βοττική，Bottice，位于卡尔喀狄刻，在波忒代亚的北面）。这两个地名很相像，但在不同的地方。参见前文译注（1.57.5）。
② Σπάρτωλος，Spartolus，在前文（1.58.2 等）提到的俄吕恩托斯西面几公里处。
③ Κρουσις，Crousis，就在斯帕耳托罗斯的西北面。
④ "洛布本"误作"330"。
⑤ 6月底或者7月初。

亚人的动议尤其热心①，因为科林斯是他们的母邦。科林斯、西库翁和那一带其他城邦的舰队还在准备之中，勒乌卡斯、阿那克托里翁和安布剌喀亚的舰队先抵达了勒乌卡斯，在那里等着。4 克涅摩斯和那1000名重甲兵躲过了波耳弥翁的注意，成功渡海了——波耳弥翁正率20艘雅典战舰在瑙帕克托斯附近警戒——他们立即准备陆上的出征。5 克涅摩斯麾下的希腊人有安布剌喀亚人、阿那克托里翁人、勒乌卡斯人、他自己带来的1000名伯罗奔尼撒人、卡俄尼亚的蛮族1000人（他们没有国王，由来自统治家族的波堤俄斯②和尼卡诺耳率领，领导人一年一换）、随卡俄尼亚人一道来的忒斯普洛托人（他们也没有国王）。6 摩罗索人和阿廷塔涅斯人③由国王塔律普斯（还未成年）④的监护人萨彼林托斯率领；帕饶埃亚人⑤由其国王俄洛多斯率领；与帕饶埃亚人一同出征的是1000名俄瑞斯泰人⑥，其国王是安提俄科斯，安提俄科斯把他们托付给俄洛多斯。7 珀耳狄卡斯还瞒着雅典人派遣了1000名马其顿人，不过他们到得太迟了。8 克涅摩斯带着这些军队，没有等科林斯人的舰队到来，就越过阿耳戈斯⑦的土地，攻击了一个没有筑墙保护的乡镇林奈亚，加以洗劫。最后抵达斯特剌托斯，这是阿卡耳那尼亚最大的城邦，他们觉得，如果首先攻下她，其他地方就会望风而降。

81.1 阿卡耳那尼亚人得知一支大军已经从陆上入侵，与此同时，敌人乘战舰将从海上过来，他们没有联合起来防守，而是各守其土，还派人去波耳弥翁那里，要他援助。但是他说科林斯的舰队正要出航，他不能将瑙帕克托斯弃之不顾。2 同时，伯罗奔尼撒人与其盟友将人马分为三支，向斯特剌托斯城开进，目的是扎营于城郊，如果不能劝降对方，就要动手攻打城墙。3 他们向前推进，中军是卡俄尼亚人和其他蛮族，右翼是勒乌卡斯人和阿那克托里翁人，以及跟他们一起来的人马，左翼是克涅摩斯和伯罗奔

---

① 雅典人占领瑙帕克托斯对科林斯人的打击最大。见戈姆《评注》第2卷，第214页。
② "牛津本""洛布本"均为"Φώτιος"。霍氏认为，抄本作"Φώτυος"，"Φώτιος"是某个校勘者的猜测。学者已有研究。今从。见其《评注》第1卷，第363页。
③ Ἀτιντᾶνες, Atintanians, 居住于中希腊西部的厄珀洛斯（今伊庇鲁斯）地区的沿海地带。
④ 此段括号均为译者所加，原文无。
⑤ Παραυαῖοι, Parauaeans, 居住于厄珀洛斯地区，在摩罗索人的北面。
⑥ Ὀρέσται, Orestians, 居住于马其顿的西面，处内陆，在今天希腊西马其顿大区的卡斯托里亚湖（Λ. Καστοριάς, Lake Kastoria）以南。其居住地叫俄瑞斯提斯（Ὀρεστίς, Orestis）。
⑦ 指安庇罗喀亚的阿耳戈斯。

尼撒人，以及安布剌喀亚人。三支队伍相距很远，有些时候都看不见对方了。4 希腊人队伍进军途中，队列整齐，保持警戒，一直到合适的地方扎营为止。然而，卡俄尼亚人不仅自信，而且在他们所在的地区被认为是最为善战之辈，不停下扎营，而是与其他蛮族一起猛冲，想一举拿下该城，抢得头功。5 斯特剌托斯人注意到他们还在推进，就想如果能打败这支孤军，希腊人就会打退堂鼓，于是，预先在城郊设下埋伏。等他们一靠近，城外城内一起夹击。6 卡俄尼亚人大为惊恐，大部分被杀，其他蛮族看见他们顶不住，不再坚持战斗，转身逃走了。7 那两支希腊人队伍对此一无所知，因为这支队伍超前很远，还以为他们匆匆往前赶是要找营地。8 逃跑的蛮族冲入希腊人的行列中去了①，希腊人接受他们入队列，将两支队伍合二为一，待在那里一天没有轻举妄动。斯特剌托斯人没有向他们逼近，因为其他的阿卡耳那尼亚人没有前来助战，他们从远处投射石头，给对方造成极大的困扰，对方没有盔甲盾牌的保护就寸步难移。确实，阿卡耳那尼亚人在使用投石器攻击方面是最为出色的。82. 夜幕降临，克涅摩斯马上将部队撤退到阿那波斯河边，那里距离斯特剌托斯 80 斯塔狄翁②。第二天在休战协议的保证下收回尸体。俄尼阿代人③根据友好盟约参加了这次出征，于是，他在阿卡耳那尼亚人合兵一处再赶来之前，撤退到了俄尼阿代。从那里各回各邦了。斯特剌托斯人为这次打败蛮族人的战斗竖立了却敌纪念柱。

83. 1 来自科林斯和克里萨海湾的其他盟邦的舰队没有抵达，他们原定要去支援克涅摩斯，以便阻止海滨的阿卡耳那尼亚人援助内陆的阿卡耳那尼亚人。大约在斯特剌托斯的战斗发生的那几天，他们被迫与波耳弥翁和雅典驻守于瑙帕克托斯的 20 艘战舰进行海战。2 当他们沿着海岸从海湾④里航行出来的时候，波耳弥翁就注意着他们的动向，他想在开阔的海域发动攻击。3 科林斯人及其盟友的舰队没有做海战的准备，他们主要是运送士兵去阿卡耳那尼亚，再者，他们没有想到，雅典人敢于用 20 艘战舰与他们的 47 艘战舰展开海战。当他们顺着南岸航行之时，他们看见雅

---

① 这句话的动词是"ἐνέκειντο"意思是"紧追不舍"，指追击者。马钱特根据古代笺注者的意见，认为作者用此词指逃跑者的慌不择路。戈姆认为作"ἐσέπιπτον"较好，它是"εἰσπίπτω"过去未完成时，意思是"投入""落入""冲入"。故译。见其《评注》第 2 卷，第 216 页。
② 约 14800 米。
③ 见前文（1.111.2）。
④ 科林斯海湾。

典人沿北岸航行①；然后，在他们要从阿卡伊亚的帕特赖②渡海到对岸的大陆，往阿卡耳那尼亚方向时，他们看见对方从卡尔喀斯和厄乌厄诺斯河③向他们逼近。晚上，他们偷偷起锚航行，被雅典人觉察，这样一来被迫在海湾④中央海战。**4** 其舰队的将军来自各个提供战舰的城邦，科林斯人的将军是马卡翁、伊索克剌忒斯和阿伽塔耳喀达斯。**5** 伯罗奔尼撒人将战舰排列成尽可能大的一个圆圈，舰与舰的距离以不让敌人突破为宜，舰首朝外，舰尾朝内；所有的小船摆在圆圈内，与大船相伴；有5条最快的船在圆圈内游弋，如果敌人从某一个点攻击，可以就近驶出支援。

84.1 雅典人则将战舰首尾相接排成一条长龙，绕着伯罗奔尼撒人的战舰航行，迫使其圆圈越收越小。他们不断地紧贴着对方航行，让人感到他们随时都可能发动攻击。但是，波耳弥翁事先吩咐他们等他发出信号才能动手。**2** 因为他希望对方的舰队不能保持队形，如同陆地上的队列一样⑤，战舰相互冲撞到一起，小船也引起混乱。如果从海湾方向刮来风——这个地区黎明时常常刮这样的风，他绕着对方航行就是等这股风——对方的船就是一刻也静止不了的，何时攻击就是他说了算，因为他的战舰比对方快，那时就是最有利的时机。**3** 风从海湾刮下来了，对方的船只排列成的圆圈已经很小了，由于刮风和小船的影响，陷入混乱之中。船只相互冲撞，船员用长杆将它们推开；各船之间船员相互叫喊、警告和辱骂，听不到指挥官下达的命令和水手长的口令；桨手没有经验，不能够在波涛汹涌时将桨柄从水中收起，致使船只不受舵手控制⑥。就在这个时刻，波耳弥翁发出了信号，雅典人扑向敌舰。他们首先击沉了一艘将军乘坐的战舰，接着击沉了遇到的其他战舰。混乱之中，没有一艘战舰转身抵抗，全都向帕特赖和阿卡伊亚的底墨⑦逃去。**4** 雅典人乘胜追击，俘获12艘战舰，俘

---

① 这里的"南岸""北岸"指今帕特雷湾的南、北海岸。

② Πάτραι，Patrae，今名帕特雷（Πάτρα，Patra），位于伯罗奔尼撒半岛的西北部，今帕特雷湾的南岸。

③ Χαλκίς，Chalcis，位于厄乌厄诺斯河河口，不是优卑亚岛上的卡尔喀斯；Εὔηνος，Euenus，在中希腊，自东北向西南注入今帕特雷湾。

④ 今帕特雷湾。

⑤ 作者的意思是，陆战时队列受到攻击时不易保持；雅典人的桨手比对方更训练有素，不怕刮风，小船最怕刮风。见戈姆《评注》第2卷，第219页。

⑥ 海面刮大风时，收起桨反而有助于船只的稳定。见戈姆《评注》第2卷，第219页。

⑦ Δύμη，Dyme，阿卡伊亚地区最西面的一个城市。伯罗奔尼撒人的舰队被击溃之后，一部分逃往东面的帕特赖，一部分逃往南面的底墨。见戈姆《评注》第2卷，第219页。

虏了大部分舰上人员，然后驶向摩吕克瑞翁①。在赫里翁②竖立了却敌纪念柱，将一艘战舰奉献给波塞冬，然后返回了瑙帕克托斯。**5** 伯罗奔尼撒人带着剩下的战舰，也立即沿着海岸从底墨和帕特赖航行至厄利斯人的港口库勒涅。克涅摩斯从勒乌卡斯③带着那里的战舰——它们原定是要与科林斯人的战舰会合的——在斯特剌托斯战役之后，抵达了库勒涅。

85. 1 拉刻代蒙人派遣提摩克剌忒斯、布剌西达斯和吕科普戎去舰队，做克涅摩斯的顾问，命令他为下一场海战作准备，还要打得好一些，而不要被敌人用少量战舰就从海上撵走了。**2** 这场海战是他们的第一次尝试，他们感到特别难以理解，不能相信他们的海军与对方差距这么大。他们怀疑肯定有人柔弱无能④，而没有想到雅典人经验丰富，而他们是缺乏训练的新手。因此，一怒之下就派出了三名顾问。**3** 他们到了之后，与克涅摩斯一道，传令各盟邦再提供战舰，装备好已有的战舰，以便再战。**4** 波耳弥翁派人去雅典，通知敌人备战的情况，报告他们已经取得胜利的海战的情况，要求他们立即派遣尽可能多的战舰，因为海战每天都可能发生。**5** 于是，他们派出 20 艘战舰支援他，但是命令其司令官⑤首先驶向克里特。因为克里特岛的戈耳堤斯⑥人尼喀阿斯，是雅典人在克里特的权益保护人，他劝说雅典人航行至雅典的一个敌对城邦库多尼亚⑦，他允诺将其争取过来。实际上，他把雅典人引进来是为了讨好库多尼亚的邻邦波利克涅人⑧。**6** 于是，司令官带着舰队去了克里特，与波利克涅人一道蹂躏了库多尼亚人的土地，由于大风和糟糕的航行气象，在那里逗留了不短的时

---

① Μολύκρειον, Molycrium, 位于今帕特雷湾与今科林西亚湾之间的海峡（今天的里翁海峡, Strait of Rion）的北岸，在下文说的赫里翁的东北方向不远处。见霍氏《评注》第 1 卷，第 365 页。

② Ῥίον, Rhium, 即今天希腊的Αντίρριο（Antirrion）。在海湾南岸，伯罗奔尼撒半岛海滨，还有一个赫里翁，所以这个叫Αντίρριο, 意思是"对面的Ῥίον", 见下文。

③ 波耳弥翁已经从俄尼阿代到了勒乌卡斯。见戈姆《评注》第 2 卷，第 220 页。

④ "柔弱无能"原文是"μαλακίαν"（宾格），原义就是如此。有译者翻译成"胆小""怯懦"，戈姆认为可理解成"缺乏活力"等，主要是针对军官而言的。故译。见其《评注》第 2 卷，第 220 页。

⑤ "司令官"原文是"τῷ κομίζοντι", 直译"护送者"。这里作者没有按照惯例直书其名，实在奇怪，研究者们有许多推测。见戈姆《评注》第 2 卷，第 221 页；霍氏《评注》第 1 卷，第 365 页。

⑥ Γόρτυς, Gortys, 或 Γόρτυν, Gortyn, 位于克里特岛中部偏南。

⑦ Κυδωνία, Cydonia, 位于克里特岛西北海滨。

⑧ Πολιχνῖται, Polichnitans, 波利克涅（Πολίχνη, Polichne）人。

间。**86.1** 就在雅典人逗留于克里特期间，在库勒涅的伯罗奔尼撒人为海战做着准备。他们沿着海岸航行至阿卡伊亚的帕诺耳摩斯①，伯罗奔尼撒人的陆军已经到达那里支援他们。**2** 波耳弥翁也沿着海岸航行至摩吕克瑞翁的赫里翁，将那 20 艘打过海战的战舰下锚停泊于其外的海面上。**3** 这个赫里翁对雅典人友好，海湾对岸的那个赫里翁在伯罗奔尼撒。两地跨海相距 7 斯塔狄翁②，是克里萨海湾的入口。**4** 伯罗奔尼撒人看见雅典人停泊于赫里翁，也以 77③ 艘战舰停泊于阿卡伊亚的赫里翁，那里与驻有陆军的帕诺耳摩斯相距不远。**5** 在六七天的时间里，双方相对停泊，进行操练和为海战作准备。一方害怕重蹈覆辙，决心不驶到两个赫里翁之外进入宽阔的海域；另一方认为在狭窄的海域作战有利于对手，故不驶进海峡。**6** 最后，克涅摩斯、布剌西达斯和其他伯罗奔尼撒人的将军，想在雅典的援军到来之前立即交战，首先把士兵召集起来。他们看到大部分人因为刚打了败仗而心存畏惧，不想再战，就发言鼓励道：

87.1 "伯罗奔尼撒人啊！如果你们某些人由于刚刚过去的海战而对马上到来的海战感到恐惧，那么现在你们为之胆寒确实没有正当的理由。**2** 你们知道，我们当时准备不足，而且我们出航的目的与其说是海战不如说是陆上征战。我们在许多方面都不走运，而且我们第一次海战的失败与缺乏经验不无关系。**3** 我们吃了败仗并不是因为自己是孬种；我们的斗志没有被打垮，我们仍有理由为自己辩护④，它不应该因为不幸的结果而失其锋芒。应该想到，尽管人们不免因厄运而受挫，但是勇敢的人其精神总是勇敢的。因此，在任何情况下，他们决不会把缺乏经验当作自己做孬种的借口。**4** 无论你们多么缺少经验，你们的勇敢精神都会加以弥补。敌人训练有素，你们特别害怕的就是这一点。如果经验与勇气相结合，就会在危难之际记得以前所学，并加以运用。但是，假如没有斗志，面对危险，什么技术都是不管用的。恐惧会让人将学会的东西忘得一干二净，技术离开了勇敢将毫无用处。**5** 他们比我们更有经验，我们要拿出比他们更勇敢的精神去应对；你们因为吃了败仗而恐惧，那是由于当时你们恰好没有做

---

① Πάνορμος，Panormus，位于伯罗奔尼撒的赫里翁以东，与瑙帕克托斯隔海相望。
② 作者大概是根据目测得出的数字，实际相距 10—11 斯塔狄翁（1850—2035 米）。见戈姆《评注》第 2 卷，第 222 页。现在两地之间建起 Rio-Antirrio 大桥，长度为 2880 米，可以参考。
③ 有学者认为应读作 "57"，见霍氏《评注》第 1 卷，第 367 页。
④ 指运气不佳和缺乏经验。见马钱特的注。

好准备。6 我们的战舰比对方多很多，在自己人领土的岸边作战且有重甲兵的支援，这些都是我们的优势。胜利往往属于人多势众而且准备更好的一方。7 因此，我们找不出一条理由说明我们将打败仗。甚至我们以前所犯的错误，现在也成了我们额外的优势，因为我们将从中汲取教训。8 因此，振作起来！各位舵手，还有水手，服从指挥，坚守分配给自己的岗位。9 我们将做好进攻的准备，不逊于你们以前的指挥官，不会给任何人以借口去当孬种。但是，如果有人就是想这样做，他将得到应有的惩处。勇敢者将得到与其英勇相称的奖励。"

88. 1 这些伯罗奔尼撒人的指挥官就是这样鼓励其部下的。波耳弥翁也担心他的部下感到恐惧，他注意到他们三五成群聚在一起，明显对于敌舰的众多感到害怕①。他想召集他们，振作士气，针对目前的局势提出劝告。2 因为以前他向他们灌输：纵有敌舰千万来犯，他们都是可以抵挡的。长期以来，其部下都秉持这样的信念：作为雅典人，再多的伯罗奔尼撒人的战舰都不能让他们退缩。3 但是这个时候，面对眼下的局势，他看到他们沮丧了。他想唤起他们过去的信心，于是召集雅典人，这样说道：

89. 1 "战士们啊！看到你们害怕敌人战舰为数众多，我就把你们召集起来，因为我认为你们不应该害怕实际上并不可怕的事情。2 首先，由于他们被打败过，他们自己都不相信能与我们势均力敌，所以准备了这支数量大大超过我们的舰队。其次，他们与我们作战时特别仰赖自己勇敢精神，好像那是他们的专有之物。他们唯一值得自豪的是陆上作战的经验，这让他们屡有胜绩，所以就想在海战中如法炮制。3 如果说在陆战方面他们占有优势，那么现在在海战方面，优势就该在我们一方。因为就作战的勇敢精神，双方是平分秋色的；哪一方在海战或者陆战中更有信心，取决于谁在其中某一方面更有经验。4 拉刻代蒙人领导盟邦以自己的荣耀为依归，大多数盟邦被迫陷入战争的危险之中。否则，在已遭惨败之后不会再打一场海战。5 因此，你们没有必要害怕他们的勇敢。相反，他们更惧怕你们，这倒是更令人信服。一是因为你们打败过他们，二是因为他们以为你们不会抵抗，除非你们将做出什么配得上重大胜利的事情②。6 因为大

---

① 戈姆指出，波耳弥翁完全可以撤回到瑙帕克托斯，这也是其职责所系，那里非常安全，但他有意以寡敌众，以便长时期震慑敌人，令他们在海上不敢轻举妄动（见其《评注》第 2 卷，第 225 页），故其部下有疑虑。

② 这句话语意不明，原文可能有误。见戈姆《评注》第 2 卷，第 226 页。

多数人，像我们现在的敌人，他们在与人数相当的对手作战时，更多地靠实力而不是意志。但是，那些敢于以寡敌众的人，而且完全出于自愿，一定要具备坚定不移的意志才行。这些我们的敌人都清楚，他们惧怕我们更多是由于我们超凡的胆略，而不是由于我们的实力将与他们的差距不大①。7 曾经有许多支军队由于缺乏经验而众不敌寡，有些是由于畏惧怯懦。这两个缺点我们现在一个都没有。8 至于作战，我宁愿不在海湾里面进行，也不驶进海湾。因为我知道，一支数量少、经验丰富且速度快的舰队，对付一支技术差劲的大舰队，在狭窄的海域作战是不利的。除非能从远处看清敌舰的模样，就不能很好地运用撞击敌舰一侧的战术；或者在遭受紧逼必须撤退时无法撤退。不能突破敌舰阵线，急转弯或者倒划②——这些都是快速战舰的战术——海战就必然变成陆战，战舰较多的一方将赢得胜利③。9 关于这些方面，我将尽力提防。你们要待在战舰旁，保持秩序，听到命令迅速行动，因为敌舰近在咫尺停泊，对我虎视眈眈④。作战时，最重要的是遵守纪律和不出声，这在战争中常常是有好处的，在海战中尤其如此。像上次那样击退敌人。10 对于你们，这场战斗关系重大，要么斩断伯罗奔尼撒人寄予其海军的希望，要么使雅典人慢慢开始害怕失去制海权⑤。11 我要再次提醒你们，他们大部分人是你们的手下败将；败军溃师，早已丧胆，何敢再战！⑥"

90.1 这就是波耳弥翁鼓动部下的话。由于雅典人不驶进海湾和海峡，伯罗奔尼撒人就想诱使他们进入。天刚破晓，他们就起航。战舰排成 4 行，沿着他们的土地的岸边航行，进入海湾，右翼打头，就像它们下锚停泊时的阵型。2 在此翼，他们摆上 20 艘最快捷的战舰，如果波耳弥翁以为他们的目标是瑙帕克托斯，就会沿岸航向那里救援。雅典人在此右翼之外航行，将逃不脱其攻击，会被这些战舰包围。3 就像他们所预料的那样，波耳弥翁

---

① 伯罗奔尼撒人预料雅典人的援军快到了。见马钱特的注。
② "急转弯或者倒划"原文是"ἀναστροφαί"（主格、复数），直译"反方向运动"。这些都是为了进攻。见戈姆《评注》第 2 卷，第 227 页。
③ 波耳弥翁这里讲的在狭窄的海域作战不利于雅典人的情况，对于精通海战的部下来说，实无必要。这是作者提醒读者的话。见戈姆《评注》第 2 卷，第 227 页。
④ 这句话可作不同的理解，今从霍氏。见其《评注》第 1 卷，第 369 页。
⑤ 直译"使得雅典人离对失去制海权的恐惧更近"。
⑥ 直译"人们一旦被打败，就不肯以跟以前一样的精神面对同样的危险"。

看见他们起航了，就担心起无人防守的瑙帕克托斯的安全。他虽不情愿，但急忙登船沿海岸航行。与此同时，墨塞尼亚人①沿岸步行支援他们。4 伯罗奔尼撒人看见他们排成一行沿岸航行，已经进入了海湾里面，而且靠近陆地。这正是他们所希望的。他们突然发出一个信号，战舰全都转向②，头朝前，排成横排，每艘战舰全速冲向雅典人③，企图将雅典的战舰一一分隔截住。5 但是，雅典人领头的 11 艘战舰，在伯罗奔尼撒人的右翼转弯驶向宽阔的海域时，从其外侧逃脱④。余下的战舰就被截住了，在其逃跑时被赶向了岸边，战舰被毁坏，没能泅水上岸的船员被杀死了。6 有些战舰被其船员用绳子捆住，空着往岸上拖（有 1 艘战舰连同人员已被对方俘获）。其他空战舰正往岸上拖曳，墨塞尼亚人赶来救援了。他们全副武装，冲进海里，登上战舰，从甲板上展开战斗，最终夺回了战舰。

91.1 因此，在这个方向，伯罗奔尼撒人取得了胜利，摧毁了雅典的战舰。其右翼的 20 艘战舰追击那 11 艘雅典战舰，它们已逃脱了伯罗奔尼撒战舰转向宽阔海域的攻击。除了 1 艘以外，其余 10 艘雅典战舰抢先到达瑙帕克托斯。他们在阿波罗庙外将舰首朝外排列，准备防守，以防敌人追至岸边攻击。2 伯罗奔尼撒人随后赶到，边航行边唱凯歌。一艘勒乌卡斯战舰一马当先，把其他伯罗奔尼撒人的战舰远远甩在后面，追击落在后面的那艘雅典战舰。3 当时刚好有一艘商船停泊于外海，那艘雅典战舰先到了商船那里，绕着它航行，将追击过来的勒乌卡斯战舰拦腰撞沉。4 伯罗奔尼撒人大感意外，极为恐慌，他们由于占据上风正在毫无秩序地追击。有些战舰的桨手将桨放进水里，以阻止战舰前进，想等待大部队的到来。在敌人近在咫尺伺机进攻的情况下，这样做是危险的。有些不熟悉水面情况，驶进浅水区，搁浅了。92.1 雅典人看到这一切，重拾信心，一声令下，吼叫着冲向对方。由于伯罗奔尼撒人犯了错误，而且不成阵型，他们抵挡了一阵，就转身逃回出发的地方——帕诺耳摩斯。2 雅典人展开

---

① 墨塞尼亚人是从瑙帕克托斯来的。前文（1.103.3）提到，墨塞尼亚人离开伯罗奔尼撒之后，雅典人接收了他们，并将其安置在瑙帕克托斯。
② 向左转，面向北面。
③ 从海峡的南岸划到北岸，最快需半小时。见戈姆《评注》第 2 卷，第 231 页。
④ 这里的"宽阔的海域"不能理解成今科林西亚湾宽阔的内部，而是指两支舰队之间的空旷海域（下文 2.91.1 同）。雅典人领头的 11 艘战舰见对方转向攻击，就加速向前，逃脱了。波耳弥翁的目的是到瑙帕克托斯，那里有港口，入港就安全了。参见戈姆《评注》第 2 卷，第 231 页。

追击，俘获了最靠近他们的 6 艘战舰，还夺回了原来对方在岸边战斗中毁坏的、拖曳上岸的战舰；杀死了对方一些人，俘虏了一些人。3 在被击沉于那艘商船附近的勒乌卡斯人的战舰上，有拉刻代蒙人提摩克剌忒斯。战舰被毁时，他刎颈自杀了，尸体被冲到了瑙帕克托斯港。4 雅典人撤回来，就在他们起航赢得胜利的地方竖立了却敌纪念柱。收回己方尸体和所有靠近他们的船只残骸①，并在休战协议的保证下交还对方尸体。5 伯罗奔尼撒人也立了一根表示胜利的纪念柱，纪念在岸边击毁对方战舰。在这根竖立于阿卡伊亚的赫里翁的却敌纪念柱旁，他们还用虏获的战舰作为祭品。6 在此之后，由于害怕雅典增援舰队的到来，除了勒乌卡斯的战舰之外，其他所有的战舰趁夜晚驶进克里萨海湾，再驶到科林斯。7 伯罗奔尼撒人撤退之后不久，从克里特来的那 20 艘雅典的战舰抵达了瑙帕克托斯，它们原本是要在这场战斗之前就来支援波耳弥翁的。这个夏季结束了。

93. 1 退入克里萨海湾和科林斯之后，在舰队解散之前，克涅摩斯、布剌西达斯和其他伯罗奔尼撒人的军官，在墨伽拉人的怂恿之下，想在初冬袭击雅典的港口比雷埃夫斯②。港口没有守卫，入口没有封闭，这也很自然，因为雅典的海军占据绝对的优势。2 他们的计划是，战舰的各位桨手拿上自己的桨、坐垫和皮绳③，徒步从科林斯到向雅典这一侧的海边，迅速赶到墨伽拉，将船坞中 40 艘战舰从尼赛亚拖下海，直扑比雷埃夫斯。3 由于比雷埃夫斯港没有战舰守卫，也从来没有人想到敌人会以这种方式发动突然袭击。因为雅典人确信，敌人不会如此明目张胆，如果他们慢慢谋划，就会被事先觉察④。4 一旦决定下来，他们就立即着手行动。夜里抵达尼赛亚，将战舰拖下海，然后出航。他们没有按计划去比雷埃夫斯，因为很害怕冒这个险（据说，有一股风的风向不对），而到了萨拉弥斯岛的朝向墨伽拉的岬角。岬角上有一处要塞，还有 3 艘战舰防守，不让任何

---

① 除了船体之外，还包括桨和其他有价值的东西。见戈姆《评注》第 2 卷，第 232 页。
② 这说明作者写作时心目中的读者不仅仅是雅典人，而是所有的希腊人。见戈姆《评注》第 2 卷，第 237 页。
③ 坐垫放在座位上，以防猛力划桨时，身体从座位上滑落；皮绳用来将桨绑在船沿的桨架上。见戈姆《评注》第 2 卷，第 238 页。
④ 最后这句话"牛津本"和"洛布本"的断句和个别单词稍有不同，霍氏从后者，较为通顺，故从。见霍氏《评注》第 1 卷，第 370 页。

船只进出墨伽拉。他们进攻要塞，将那些空无一人的三层桨战舰拖下水，踩蹋萨拉弥斯的其他地方，扑向毫无戒备的人们。**94.1** 表示敌军来犯的烽火朝雅典城点燃，引起了这场战争①期间一次最大的恐慌。雅典城里的人以为敌军已经冲入了比雷埃夫斯港；比雷埃夫斯港的人则认为萨拉弥斯已经被攻占，敌军随时会攻击他们。如果伯罗奔尼撒人下定决心，不退缩，确实很容易做到这一点，什么风都是阻挡不住的。**2** 天刚亮，雅典人全都涌向比雷埃夫斯，急急忙忙将战舰拖下水，登上船，然后向萨拉弥斯进发，场面十分混乱；并部署陆军守卫比雷埃夫斯。**3** 伯罗奔尼撒人看见雅典的援军过来了，就迅速朝尼赛亚航去。因为他们已经踩蹋了萨拉弥斯大部，虏获了人口和财物，还有部多戎②要塞的 3 艘战舰；还有一个原因，他们的船只很久没有下水了，他们担心漏水。到了墨伽拉，他们又步行回到了科林斯。**4** 雅典人发现他们已不在萨拉弥斯了，就航行回来了。自从这个事件以后，他们加强了对比雷埃夫斯的保护，封闭港口，多加防范。

95.1 大约与此同时，在这个冬季开始的时候，色雷斯国王忒瑞斯之子、俄德律赛人西塔尔刻斯，征讨马其顿国王亚历山大之子珀耳狄卡斯，还攻打色雷斯地区的卡尔喀斯人。有两个诺言，他要别人履行一个，自己履行另一个。**2** 其中之一是，这场战争之初，珀耳狄卡斯陷入窘境之时，曾经给西塔尔刻斯许下一个诺言，条件是西塔尔刻斯让雅典人与他和解，而且不把与其敌对的兄弟菲利普带回色雷斯当国王，但是珀耳狄卡斯没有履行自己的诺言③。另一个是，他向雅典人许诺，当他与雅典人结盟之时，他要结束与色雷斯地区卡尔喀斯人的战争。**3** 因为这两个诺言，他开始了入侵行动。他带着菲利普的儿子阿密恩塔斯④，想让他当马其顿人的国王；还带着雅典的使节，他们正好为此诺言的履行而来，以哈格农为首领，因为雅

---

① 明显是指战争的头 10 年，即所谓的"阿耳喀达摩斯战争"；这段应写于前 415 年前。见戈姆《评注》第 2 卷，第 240 页。霍氏认为，也带有强调的意味。见其《评注》第 1 卷，第 371 页。

② Βούδορον，Boudorum，即前文刚提及的要塞所在地。

③ 菲利普当时与雅典人结盟反对其兄弟珀耳狄卡斯，后来，珀耳狄卡斯与雅典人和好，他逃到了西塔尔刻斯的宫廷。所谓"当国王"，指菲利普回到马其顿自己的那块土地，或者从珀耳狄卡斯手里夺取王位。见戈姆《评注》第 2 卷，第 241 页。珀耳狄卡斯到底给西塔尔刻斯许下了什么诺言，作者没有说。

④ 菲利普大概死了，但作者没有说。见戈姆《评注》第 2 卷，第 241 页。

典人原本要派出尽可能多的战舰和士兵帮助他攻打卡尔喀斯人①。**96.1** 因此，西塔尔刻斯征召其臣民打仗，从俄德律赛人开始，包括海摩斯山②与赫洛多珀山③和大海之间居民——[远至厄乌克塞诺斯海④和赫勒斯蓬托斯]⑤ ——然后是海摩斯山以北的革泰人⑥，所有其他居住于伊斯特洛斯⑦河以南的、往厄乌克塞诺斯海方向的沿海地带的民族⑧。革泰人和那一带的居民与斯库泰人⑨不仅毗邻而且装备也一样，都是骑马的弓箭手。**2** 他还征召许多山区的色雷斯人，他们独立自主，佩带弯刀，名叫狄俄人⑩，绝大部分居住于赫洛多珀山；他们有些是花钱雇来的，有些是自愿来的。**3** 他还征召了阿格里阿涅斯人、莱埃俄人和其他所有在他统治下的、派俄尼亚地区的民族⑪。这些是他统治下最边远的民族。其统治范围直至派俄尼亚的莱埃俄人那里和斯特律蒙河，该河发源于斯孔布洛斯山⑫，流经阿格里涅斯人和莱埃俄人的土地。它是一条分界线，一侧是他的统治区域，另一侧就是独立的派俄尼亚地区。**4** 在朝向独立的特里巴罗人⑬一侧，以特瑞瑞斯人和提拉泰俄人为界⑭；他们居住在斯孔布洛斯山以北，

---

① 哈格农将率领将要到达的雅典军队，他可能也是西塔尔刻斯的顾问。见戈姆《评注》第2卷，第241页。

② Αἷμος, Haemus, 巴尔干山脉的别称。

③ Ῥοδόπη, Rhodope, 东南欧的一条山脉，80%以上在今保加利亚境内，余脉在今希腊境内。

④ Εὔξεινος πόντος, Euxine sea, 又译"攸克星海"，即黑海。本义是"好客的海"。

⑤ "牛津本"将"厄乌克塞诺斯海和赫勒斯蓬托斯"都用方括号括起来，戈姆主张只将"厄乌克塞诺斯海"括起来。见戈姆《评注》第2卷，第242页。

⑥ Γέται, Getae, 居住于多瑙河下游地区，其南部在今保加利亚，北部则在今天罗马尼亚。

⑦ Ἴστρος, Ister, 即多瑙河。

⑧ "民族"原文是"μέρη"（宾格），本义是"部分"。马钱特认为等于"ἔθνη"，故译。见其注。

⑨ Σκύθαι, Scythians, 其居住地名为"斯库提亚"（Σκυθία, Scythia），又译"斯基泰人""斯基提亚人"等，位于黑海、里海的北面。

⑩ Δῖοι, Dii, 色雷斯一部落。

⑪ Ἀγριᾶνες, Agrianes, 居住于今马其顿；Λαιαῖοι, Laeaeans, 在阿格里涅斯人的东面；Παιονία, Paeonia, 位于今希腊和马其顿。

⑫ Σκόμβρος, Scombrus, 是巴尔干山脉中的一支，即位于今保加利亚索菲亚以南的维托沙（Vitosha）山。

⑬ Τριβαλλοί, Triballi, 生活于今塞尔维亚南部、保加利亚西部。

⑭ Τρῆρες, Treres; Τιλαταῖοι, Tilataeans, 在今塞尔维亚。

向西一直延伸至俄斯喀俄斯①河。该河与涅斯托斯河和赫布洛斯河②起源于同一座山,此山范围广大,荒无人烟,与赫洛多珀山相连。

97.1 俄德律赛人的统治范围在海边从阿布得拉城③一直延伸至厄乌克塞诺斯海的伊斯特洛斯河。这一带是可以环绕航行的,商船走近道,如果一直是顺风,四天四夜便可到达;从陆上抄近道从阿布得拉城到伊斯特洛斯河,一个轻装的④男子 11 天就可走到。2 这就是俄德律赛人沿海的统治范围。陆上从拜占庭⑤到莱埃俄人那里和斯特律蒙河(这是从海边到内陆的最大距离),一个轻装的男子 13 天能走完。3 在继西塔尔刻斯为王的塞乌忒斯⑥统治的时代,从所有蛮族和希腊人的城邦⑦征收的贡款达到最大数量,价值大约 400 塔兰同银币,以金银缴付。除了有花纹的布和没有花纹的布以及其他物品,还要贡献与贡款数量相当的金银作为礼物,不仅送给俄德律赛人的国王本人,还要送给其下属的王公⑧和贵族。4 他们立了一个与波斯王国正相反的规矩,即收取而不是给予别人礼物⑨(拒绝别人的请求而不给礼物,比向人请求礼物而遭拒更为耻辱)⑩。这个规矩在别的色雷斯人那里也有,然而,由于俄德律赛人的国王比其他色雷斯人的国王更有势力,所以在他们那里这个规矩更盛行,不送礼物什么都办不成。于是,这个王国强大起来。5 因为,在从爱奥尼亚海湾到厄乌克塞诺斯海之间的所有欧罗巴民族中,它在贡赋的收入和其

---

① Ὄσκιος, Oscius, 即今保加利亚的伊斯克尔河,是多瑙河的一条支流。

② Νέστος, Nestus, 在今保加利亚境内,称马斯塔(Masta)河,下游在希腊境内,称为奈斯托斯河;Ἕβρος, Hebrus, 即今天保加利亚的马里查(Maritza)河。

③ 位于爱琴海海滨。

④ "轻装的"原文是"εὔζωνος",本义是"腰带束得好的"。今从霍氏。见其《评注》第 1 卷,第 372 页。

⑤ 拜占庭本身不在西塔尔刻斯的统治范围内,只表示最东面的疆界。见戈姆《评注》第 2 卷,第 244 页。

⑥ Σεύθης, Seuthes, 即塞乌忒斯一世,他是西塔尔刻斯的侄子,前 424—前 410 年在位。

⑦ 到底是哪些希腊城邦?我们不得而知,最可能是黑海岸边的一些希腊城邦。见戈姆《评注》第 2 卷,第 244 页。

⑧ "下属的王公"原文是"τοῖς παραδυναστεύουσί",意思是"共掌权力的人"。指俄德律赛人的王国内部的小国君主,不是王宫中的人物。见戈姆《评注》第 2 卷,第 245 页。

⑨ 其实,波斯国王除了赠送别人礼物之外,还接受礼物。见霍氏《评注》第 1 卷,第 373 页。

⑩ 礼物在初民社会以及古代社会里起的作用比现代社会要大得多,同时,送礼物的目的在于回报,波斯国王的慷慨实际上是期望更大的回报。作者这里将二者进行鲜明的对比,某种程度上说不符合历史事实。见霍氏《评注》第 1 卷,第 373 页。

他的财富方面都是最多的；但是，在军队的数量和战斗力方面，它比斯库泰人要逊色不少。6 在这方面，如果斯库泰人团结起来一致对外，那么所有欧罗巴民族都不能与之相比①；甚至在亚细亚，要是一对一，也没有哪个民族能及。然而，要说良好的政治和谋生的技艺，他们就赶不上其他民族了。

98. 1 西塔尔刻斯在准备军队出征时就是这么一片领土的国王。等到一切准备停当，他举兵向马其顿进发，首先通过他的统治区域，然后越过荒无人烟的刻耳喀涅②山，它位于辛托人③和派俄尼亚人之间，经由原来征伐派俄尼亚人时他自己开山劈林修的道路。2 他的军队从俄德律赛人的边界出发，通过这座山时，派俄尼亚人位于其右边，辛托人和迈多人④位于其左边。翻过这座山，他们抵达派俄尼亚的多柏洛斯。3 行军途中，除了病号之外，部队人数未减，反而有所增加。因为许多色雷斯独立的部落为了跟随他们去掳掠，不请自来，以至其总数据说不少于15万人。4 其中大部分是步兵，约三分之一是骑兵。俄德律赛人自己占了骑兵的大部分，其次就是革泰人。步兵当中，从赫洛多珀山下来的、佩带短剑的独立的部落最善战，其他跟随者为杂合之军，人数之多，倒是令人生畏。

99. 1 西塔尔刻斯的军队聚集于多柏洛斯，准备翻越山峰到珀耳狄卡斯的地盘下马其顿⑤。2 马其顿人包括上马其顿⑥的吕恩刻斯泰人⑦、厄利弥亚人⑧和其他民族。他们是下马其顿人的盟友，并臣服于下马其顿人，却各有自己的国王。3 珀耳狄卡斯的父亲亚历山大和其先祖们，首先占据了现在称为"马其顿"的沿海地带，并称王。其先祖是忒墨诺斯的后裔，最

---

① 见希罗多德《历史》（4.46）。
② Κερκίνη，Cercine，位于今马其顿境内。
③ Σιντοί，Sinti，居住于今希腊东北部塞雷一带和利姆诺斯岛。
④ Μαῖδοι，Maedi，居住于今保加利亚西南部。
⑤ Κάτω Μακεδονία，Lower Macedonia 或 Macedonia proper（马其顿本土），在下马其顿以南的海滨，阿克西俄斯（Ἀξιός，Axius）河以东、斯特律蒙（Στρυμών，Strymon）河以西。
⑥ 原文是ἐπάνωθεν，即Ἄνω Μακεδονία，Upper Macedonia，在阿克西俄斯河以西和西南，南接忒萨利亚，西邻厄珀洛斯（Ἤπειρος，Epirus）。
⑦ Λυγκησταί，Lyncestians，其居住地称为吕恩刻斯提斯（Λυγκηστίς，Lyncestis）或者吕恩刻斯提亚（Λυγκηστία，Lyncestia），在上马其顿，在普雷斯帕（Πρέσπα，Prespa）湖以西。西邻伊吕里俄斯人，东接下马其顿。
⑧ Ἐλιμιῶται，Elimiotians，厄利弥亚（Ἐλιμία，Elimia）人，厄利弥亚位于上马其顿，南接忒萨利亚，东邻下马其顿。

初来自阿耳戈斯①。他们将庇厄里亚人从庇厄里亚②赶走，庇厄里亚人后来居住于帕格瑞斯③和其他地方，位于潘该翁④山脚下，斯特律蒙河之外（直至今日，从潘该翁山到大海之间的地带还被称为"庇厄里亚山谷"）；他们还将玻提埃亚人从所谓玻提亚赶走，玻提埃亚人现在居住于卡尔喀斯人的边境地区⑤。**4** 他们还占据了派俄尼亚的一块沿阿克西俄斯⑥河的狭长地带，从内地到珀拉⑦直至大海。在阿克西俄斯河以外，直至斯特律蒙河，他们将厄多尼亚人⑧赶走，占据了被称为"密格多尼亚"的地方。**5** 他们还从现在称作厄俄耳狄亚⑨的地方赶走了厄俄耳狄亚人，厄俄耳狄亚人大部分被杀，一小部分居住在皮斯卡附近；还从阿尔摩庇亚⑩赶走了阿尔摩庇亚人。**6** 这些马其顿人还占据了其他民族的地盘——直到现在还占据着——安忒穆斯、格瑞斯托尼亚和比萨尔提亚，还有原先马其顿的大部分地方。这些地方现在总称马其顿。在西塔尔刻斯入侵之时，这些地方的国王就是亚历山大的儿子珀耳狄卡斯。

100.1 大军压境，这些马其顿人无力抵挡，躲进了领土上各个要塞和坚固之所。**2** 当时这些场所并不多，现有的是珀耳狄卡斯的儿子阿耳刻拉俄斯当了国王后修筑的。他裁直道路，从各个方面进行调整，以应战争之需，包括骑兵和重甲兵；在其他军备方面，他比他之前的 8 位国王都要强⑪。**3** 这支色雷斯人的大军从多柏洛斯出发，首先入侵原来菲利普的地

---

① Τημενίδαι，Temenidae，根据希腊神话，忒墨诺斯（Τήμενος，Temenus）是赫剌克勒斯的后裔，最早成为阿耳戈斯的王。希罗多德也说马其顿诸王是阿耳戈斯人的后裔（《历史》5.22），新的考古发现有佐证。见霍氏《评注》第 1 卷，第 375 页。

② Πιερία，Pieria，在今希腊北部塞尔迈湾的西面，境内有著名的奥林波斯山。

③ Πάγρης，Pagres，位于斯特律蒙河（今斯特里蒙河）以北，涅斯托斯河（Νέστος，今奈斯托斯河）以南。

④ Πάγγαιον，Pangaeum，在斯特律蒙河（今斯特里蒙河）以北，南临爱琴海。

⑤ Βοττία，Bottia，在珀拉以西，与下文（2.100.4）的玻提埃亚指的是同一个地区。玻提埃亚人后来被马其顿人赶到卡尔喀狄刻的玻提刻。

⑥ Ἀξιός，Axius，即今马其顿的瓦尔达尔（Vardar）河。

⑦ Πέλλα，Pella，又译"佩拉"，位于今希腊的中马其顿大区，后来的马其顿帝国的首都。

⑧ Ἠδωνοί，Edoni，古代色雷斯的一个民族，原住在密格多尼亚，后被赶走，居住在斯特律蒙河（今斯特里蒙河）与涅斯托斯河（Νέστος，今奈斯托斯河）之间。

⑨ Ἐορδία，Eordia，位于今希腊西马其顿大区，今天还有 Eordea prefecture（州）。

⑩ Ἀλμωπία，Almopia，位于今希腊与马其顿交界地带，今天还有 Almopia prefecture（州）。

⑪ Ἀρχέλαος，Archelaus，前 413—前 399 年在位。这说明这段文字写于前 413 年以后，而且，这里明显在总结其一生的成就，故可以证明前 399 年作者还在写作。见霍氏《评注》第 1 卷，第 376 页。

盘，然后攻下厄多墨涅，但是，戈耳堤尼亚、阿塔兰忒以及其他一些地方，由于与跟随而来的菲利普之子阿密恩塔斯有交情，按照协议投降了。他们围攻厄乌洛波斯，但没有攻下。4 接着，他们推进到珀拉和库洛斯以西的其他马其顿土地，但就此止步，没有越过这些地方到达玻提埃亚和庇厄里亚，只蹂躏了密格多尼亚、格瑞斯托尼亚和安忒穆斯。5 马其顿人甚至没有想到用步兵来抵挡，只是派人从其内地盟友那里再召来骑兵。尽管他们以寡敌众，但是哪里有机会冲击色雷斯人的部队就从哪里冲击。一旦他们发起冲锋，就无人能够抵挡，因为他们骑术出色，又有胸甲护身。但他们总是被数倍于己的兵力包围，陷入危险之中。到了最后，他们终于认识到自己的力量不足以以寡敌众，便停止了冲锋。101.1 西塔尔刻斯开始与珀耳狄卡斯就这场征伐的目标展开谈判。由于雅典的舰队没有到——尽管雅典人给西塔尔刻斯送了礼物，派出了使节，还是不相信他会来①——他派部分军队去卡尔喀斯人和玻提埃亚人那里，将他们包围在其城内，蹂躏其土地。2 他在这些地方附近安营扎寨之时，南边的忒萨利亚人、马格涅西亚人②、其他臣服于忒萨利亚人的人，甚至南到温泉关的希腊人都害怕他会举兵来攻，都在做着准备。3 居住在斯特律蒙河以北的平原地带的色雷斯人，即帕奈俄人、俄多曼托人、德洛俄人和得耳赛俄人，都是独立的民族，他们都感到害怕。4 甚至有流言传到与雅典人敌对的希腊人那里，说西塔尔刻斯的军队将根据盟约，在雅典人的引领下进攻他们。5 实际上，西塔尔刻斯只是占领着卡尔喀狄刻、玻提刻和马其顿，蹂躏她们。由于他入侵的目的一个也没有达到，军队没有粮食，饱受严冬之苦，其侄子、权力仅次于他的斯帕剌多科斯之子塞乌托斯劝他立即撤军。塞乌托斯被珀耳狄卡斯收买了，他秘密向对方许诺，把自己姊妹嫁给他，还带一笔嫁奁。6 于是，西塔尔刻斯听从了，迅速带着军队撤回去了。他总共停留了30天，其中8天花在了卡尔喀斯人那里。后来，珀耳狄卡斯兑现了诺言，将他的姊妹斯特剌托尼刻嫁给了塞乌托斯。西塔尔刻斯出征的经过就是这样的。

---

① 可能还不是因为西塔尔刻斯与雅典人结盟已经两年了，而是因为这一年他到冬天才采取行动，这对于他的军队不利，对于雅典人更为不利。见戈姆《评注》第2卷，第248页。

② Μάγνητες, Magnesians, 马格涅西亚（Μαγνησία, Magnesia）人，马格涅西亚在中希腊，南面与优卑亚岛隔海相望。不是小亚的那个马格涅西亚（1.138.5）。

102. 1 同一个冬季，在伯罗奔尼撒人的舰队解散之后，在瑙帕克托斯的雅典人，在波耳弥翁的率领下出征。他们沿着海岸驶向阿斯塔科斯①，然后以 400 名舰上所载的雅典重甲兵②和 400 名墨塞尼亚人，在那里下船登陆，向阿卡耳那尼亚内陆推进。将那些他们认为不可靠的人从斯特剌托斯、科戎塔以及其他地方驱逐出去，还将忒俄吕托斯之子库涅斯召回至科戎塔③。最后撤回到战舰上。2 阿卡耳那尼亚人中只有俄尼阿代长期以来与雅典人为敌，在冬天似乎无法征讨之。因为，发源于品多斯山的阿刻洛俄斯河④，流经多罗庇亚⑤、阿格赖亚人⑥的土地和安庇罗喀亚人的土地，再流经阿卡耳那尼亚平原，刚入平原，就经过斯特剌托斯城旁边，最后在俄尼阿代城附近入海。于是，城的周围沼泽密布。由于水的缘故，冬季无法展开军事行动。3 在俄尼阿代城的对面，名字叫厄喀那得斯的群岛中有许多岛屿，靠近阿刻洛俄斯河河口。由于该河水大，且一直有泥沙淤积，有些岛屿已经与大陆连成一体；在不久的将来，所有的岛屿都很可能与大陆连成一体。4 因为此河既宽又深，且多泥沙，所以岛屿密布。它们将河水的淤积物连接起来，［不让其散开］。由于岛屿交错分布，不成行列，河水不能通过直线通道注入大海。5 这些岛屿都不大，无人居住。传说安庇阿剌俄斯之子阿尔克墨翁⑦，弑母之后四处游荡，阿波罗发出神谕要他

---

① 关于阿斯塔科斯及其僭主厄乌阿耳科斯的情况见前文（2.30；33）。厄乌阿耳科斯曾在科林斯人的帮助之下恢复其僭主的权力（前 431—前 430 年冬季），这时肯定已经再次被逐，阿斯塔科斯与雅典结盟。见戈姆《评注》第 2 卷，第 249 页；霍氏《评注》第 1 卷，第 377 页。

② 这 400 名雅典重甲兵是从哪里来的？除了波耳弥翁所率的 20 艘战舰和后来增援的 20 艘战舰，再也没有其他的陆海军来瑙帕克托斯，因此，这 400 人是战舰本身配备的战斗人员，即所谓"ἐπιβάται"（复数），每舰约 10 人。此时总人数应该少于 400 人，因为已有伤亡（2.90；92）。但是作者叙述时，往往忽略伤亡情况。见戈姆《评注》第 2 卷，第 249 页。

③ 这里提到的两个人名和一个地名均不详。见戈姆《评注》第 2 卷，第 249 页。

④ Πίνδος, Pindus，今品都斯山，位于阿尔巴尼亚南部和北希腊，山脉全长约 160 公里，是忒萨利亚和厄珀洛斯（Ἤπειρος, Epirus）的分界线。Ἀχελῷος, Achelous，今阿谢洛奥斯河，是希腊最大的河流，源头来自品多斯山的积雪融水，注入爱奥尼亚海，由于河水携带大量泥沙等物，在入海口形成沼泽密布的冲积扇和岛屿。

⑤ Δολοπία, Dolopia，希腊西部一山区，位于埃托利亚北面，忒萨利亚与厄珀洛斯（Ἤπειρος, Epirus）之间。

⑥ Ἀγραῖοι, Agraeans，居住于多罗庇亚以南。

⑦ Ἀλκμέων, Alcmeon，又称"阿尔克迈翁"（Ἀλκμαίων, Alcmaeon），希腊神话中的人物，埃斯库罗斯的《七将攻忒拜》中的"七将"之首。《荷马史诗》中的人物涅斯托耳（Νέστωρ, Nestor）的曾孙也叫这个名字，他是所谓阿尔克迈翁世族（Ἀλκμαιωνίδαι, Alcmaeonidae）的始祖，雅典的许多著名人物是其成员或者与之有姻亲关系。

居住于此地。神谕告知他，他应该在这里找到一个地方居住，这个地方在他弑母之时没有见过太阳，甚至没有形成陆地，因为所有其他的土地都被他玷污了，否则，就赎不了自己的罪。6 据说，起初阿尔克墨翁迷惑不解，后来好不容易才观察到阿刻洛俄斯河河口泥沙淤积的现象。他想，在他弑母之后长期游荡的时间里，足以淤积出他赖以居住的土地。于是，他定居在俄尼阿代附近，统治当地，用其子阿卡耳南的名字给这个地方命了名①。这就是我们听到的关于阿尔克墨翁的传说。

103.1 雅典人和波耳弥翁从阿卡耳那尼亚开拔，到了瑙帕克托斯，春季②一开始就驶回了雅典。带回了俘获的战舰和在海战中抓到的自由人战俘，这些俘虏已一对一交换过了③。2 这个冬天结束了，修昔底德记载的这场战争的第 3 年也随之结束了。

---

① 即阿卡耳那尼亚（Ἀκαρνανία, Acarnania）。"阿卡耳南"即"Ἀκαρνάν（Acarnan）"。
② 本卷开头译者在注释中说，作者所说的夏季包括我们说的春季和秋季在内。这里先说"春季一开始……"，然后接着又说"这个冬季结束了"，这是不是意味着春季包括在冬季内？不是，实际上，作者记的波耳弥翁回雅典的事发生在下一年，为了叙事的完整，他提前在这里交代。参见戈姆《评注》第 2 卷，第 250 页。
③ 抓到的奴隶已卖掉了，自由人战俘是经过双方互相一对一交换后剩下的。

卷 三

1.1 在接下来的夏季里,谷物正黄熟的时节①,伯罗奔尼撒人及其盟友在拉刻代蒙人的王、兹得乌克西达摩斯之子阿耳喀达摩斯率领下出征阿提卡。**2** 他们扎下营来,蹂躏土地。雅典的骑兵像过去一样,一有机会就发动攻击,阻止对方大批的轻装兵离开营地,到雅典城周围破坏。**3** 他们一直待到军粮告罄才撤军②,各回各邦。

2.1 就在伯罗奔尼撒人的这次入侵之后,除了墨堤谟娜③之外的勒斯玻斯叛离了雅典人。他们早在这场战争之前就想叛离,但是拉刻代蒙人不接纳他们。现在被迫比原计划提前叛离。**2** 因为他们还在等待完成港口填土筑堤封锁、筑墙和建造战舰的工作,等待原定来自蓬托斯④的弓箭手、粮食和其他他们要求对方提供的东西的到来。**3** 与他们不睦的忒涅多斯⑤人、勒斯玻斯岛上的墨堤谟娜人和一些由于党派分野而对立的密提勒涅⑥人——他们是当地雅典人权益的保护人——向雅典人告密说,密提勒涅人正在用武力统一全岛,正紧锣密鼓地同拉刻代蒙人和与他们有血缘关系的玻俄提亚人,展开叛离雅典的全面的准备工作;如果不预先挫败之,雅典将失去勒斯玻斯。**3.1** 雅典人(正受着瘟疫和战争的折磨,这场战争刚爆发不久,现在战事最为激烈)考虑到,勒斯玻斯拥有海军,实力未曾减损,增添这样一个敌人可不是小事一桩,之所以一开始不听从控告,因为他们宁可相信它不是事实。然而,等到派遣了使节,却不能说服密提勒涅

---

① 大约5月中旬。
② 30—35天。见戈姆《评注》第2卷,第252页。
③ Μήθυμνα, Methymna, 位于勒斯玻斯岛的最北端,是岛上5个城邦之一。
④ Πόντος, Pontus, 即黑海。
⑤ Τένεδος, Tenedos, 勒斯玻斯岛北面的一个小岛,即今土耳其的博兹加(Bozcaada)岛,前5世纪和前4世纪一直对雅典忠诚。见霍氏《评注》第1卷,第383页。
⑥ Μυτιλήνη, Mytilene, 又译"密提林",位于勒斯玻斯岛的东部,是岛上5个城邦之一。

人放弃统一的企图和停止准备工作，他们就忧心忡忡，想要先下手挫败之。**2** 他们将为出征伯罗奔尼撒而准备的 40 艘战舰，突然派往勒斯玻斯，以得尼阿斯之子克勒伊庇得斯等三人为将军。**3** 他们得到消息，全体密提勒涅人将在城外庆贺"马罗厄斯"① 阿波罗的节日。如果马上赶过去，有希望给对方一个突然袭击。如果成功，那当然好；如果不成功，就要对方交出舰队，拆毁城墙；如果对方不听从，就开战。**4** 雅典的 40 艘战舰出发了。密提勒涅人刚好有 10 艘战舰在雅典，它们是根据同盟的条约前来帮助雅典人的。雅典人将它们扣留，并羁押船员。**5** 有个人从雅典渡海到优卑亚，步行至革赖斯托斯②；那里刚好有一只商船出海，他搭上这条船，在从雅典动身后的第三天到达了密提勒涅，报告了战舰来袭的消息③。于是，密提勒涅人不出城到"马罗厄斯"阿波罗庙，并加固完成一半的城墙和港口，加以防守。**4.1** 不久，雅典的战舰抵达。看到眼前的局势，将军们发布雅典人的命令。密提勒涅人不服从，雅典人开始军事行动。**2** 密提勒涅人对于这场突如其来的战争没有做好准备，他们只派出一些战舰在港口跟前做了做海战的样子。等遭到雅典的战舰追击之后，就向雅典的将军们提出和谈，企图达成合适的投降条件，暂时将这支雅典舰队打发回去。**3** 雅典的将军们担心自己的力量不足以与整个勒斯玻斯抗衡，就接受了。**4** 密提勒涅人停战，派使节赴雅典，其中一位是向雅典告密者之一，现在后悔了。他们希望说服雅典人撤回战舰，因为他们不想改弦更张。**5** 与此同时，他们派遣使节乘一艘三层桨船去拉刻代蒙，躲过停泊在密提勒涅城北面的马勒亚④的雅典战舰的注意，因为他们不指望从雅典人那里得到好的答复。**6** 经过艰难的外海航程⑤，抵达了拉刻代蒙，开始活动，以获得援助。**5.1** 派往雅典的使节无功而返，密提勒涅人与除墨堤谟

---

① Μαλόεις, Maloeis, 是勒斯玻斯岛对阿波罗神的别称。

② Γεραιστός, Geraestus, 位于优卑亚半岛最南端的岬角，即今天的 Μάνδηλο（Mandelo）岬角。戈姆推测此人大概是在卡律斯托斯（Κάρυστος, Karystos，在革赖斯托斯西面）或者更西面的地方登陆的。见其《评注》第 2 卷，第 254 页。

③ 按道理，雅典人的决定应该在议事会上做出，但作者很少提及此机构；也许，是公民大会泄露了此消息。值得指出的是，在第 3、4 卷，作者很有可能了解议事会和十将军层面的机密情报。见霍氏《评注》第 1 卷，第 386 页。

④ Μαλέα, Malea, 勒斯玻斯岛的马勒亚岬角位于该城的南面，这里要么有错，要么作者指的是另一个马勒亚；也有研究者提出其他解释。见霍氏《评注》第 1 卷，第 386 页。

⑤ 不是因为大海波涛汹涌，而是因为中途没有停下休息，航行距离很长。见戈姆《评注》第 2 卷，第 255 页。

娜人之外的其他勒斯玻斯人一道开启战端。墨堤谟娜人，还有印布洛斯①人、楞诺斯人以及其他少数盟邦则支援雅典人。**2** 密提勒涅人全军出动，向雅典的营地发动了一次攻击，战斗爆发。他们在战斗中还占有优势，但是对自己信心不足，没有扎营于战场，而是撤退回城。然后按兵不动，如果不作其他的准备以及没有来自伯罗奔尼撒的援助，他们就不想冒险一战。因为拉孔人②墨勒阿斯和忒拜人赫耳迈翁达斯来到了密提勒涅。他们本来在叛离之前就已被派遣，但落在雅典远征军的后头。在那次战斗之后，他们偷偷乘一艘三层桨船驶了进来。现在，他们建议密提勒涅人再派一艘三层桨船和使节同他们一起走，密提勒涅人照办了。**6.1** 见密提勒涅人按兵不动，雅典人勇气大增。他们召集盟友，盟友看见勒斯玻斯人软弱无力，都很快到了。他们沿岸航行停泊于密提勒涅城的南面，这样在其一北一南设两处营地，将对方的两个港口封锁起来。**2** 如此一来，密提勒涅人就无法出海了。但是，密提勒涅人和其他前来援助的勒斯玻斯人控制着陆地。雅典人只控制着营地周围不大的地方，马勒亚主要用作他们的船只停泊地和市场。密提勒涅战事就是这样的。

7.1 在这个夏季的大约同一时间里，雅典人派遣 30 艘战舰，以波耳弥翁的儿子阿索庇俄斯为将军，绕伯罗奔尼撒攻击。因为阿卡耳那尼亚人要求雅典人派波耳弥翁的儿子或者亲戚去统领他们③。**2** 战舰沿拉科尼刻④海岸航行，蹂躏沿海地带。**3** 然后，阿索庇俄斯让舰队中的大部分战舰返回雅典，自己带领 12 艘战舰抵达瑙帕克托斯。随后，他将全体阿卡耳那尼亚人招至麾下，讨伐俄尼阿代。战舰逆阿刻洛俄斯河而上，陆军蹂

---

① Ἴμβρος，Imbros，位于爱琴海的北部，靠近土耳其，在勒斯玻斯岛的北面，即今土耳其的格克切岛（Gökçeada）。希罗多德提到，萨拉米斯海战后，雅典将军弥尔提阿得斯占领了楞诺斯岛，印布洛斯大概也是同一时期被占领（希罗多德《历史》6.140）。它和下文的楞诺斯岛此时都是雅典人的"κληρουχία（cleruchy）"。雅典人有两类殖民地，一类是"ἄποικος"，由雅典人所建，但在政治上是独立的，要缴纳贡款；另一类就是"κληρουχία"。它们是雅典人在海外占领的土地，从雅典移民，移民享有雅典的公民权，故与雅典关系紧密；不缴纳贡款，但有义务参加雅典的军事行动。公元前 480 年以前，它们是第一类殖民地，约前 450 年以后属于第二类。在伯罗奔尼撒战争期间，印布洛斯人和楞诺斯人常与雅典人一起行动。这次的行动是因为他们比较近便。见戈姆《评注》第 2 卷，第 256 页。

② Λάκων，Lacon，即拉刻代蒙人。

③ 可见阿卡耳那尼亚人对波耳弥翁的钦佩，为什么波耳弥翁不能亲自前往？作者没说，学者们有多种推测。见霍氏《评注》第 1 卷，第 387—388 页。

④ "Λακωνική"，英文一般转写作"Laconia"（拉科尼亚），即"Λακεδαίμων"，斯巴达所在地，位于伯罗奔尼撒半岛南部，南临拉科尼亚海湾。

躏那里的土地。4 由于该地不投降，他将陆军解散，自己航行至勒乌卡斯，在涅里科斯下船登陆。从涅里科斯撤退回战舰时，他本人和部分士兵被集结起来救援的当地人和少量的驻防军①杀死。5 雅典人先驶离岸边，然后在休战协议的保证下从勒乌卡斯人那里收回尸体。

8.1 拉刻代蒙人告诉乘坐第一艘三层桨船的密提勒涅使节，要他们参加奥林匹亚节②，以便其他盟邦也能听取他们的要求和商议如何行动③。他们就去了奥林匹亚。在这届奥林匹亚竞技会上，罗得岛④的多里厄乌斯⑤第二次获得冠军。2 节后，开会商议，使节发言道：

9.1 "拉刻代蒙人和各位盟友！我们知道，对于在战争中退出同盟⑥、抛弃昔日盟邦的城邦，接纳她们的城邦固然会由于她们带来的好处而沾沾自喜；但是，我们希腊人有一个根深蒂固的习惯，就是认为她们背叛了朋友，从而鄙视她们。2 这项准则当然是公正合理的。如果退出同盟者和原来的盟邦彼此观点和意图⑦相同，资源和实力旗鼓相当，那就完全没有理由退出了。可是，我们与雅典人之间的情况并不属于此类。3 因此，任何人不要因为我们在和平时期受到他们的尊重，在战争的危险到来时却叛离了他们，而鄙视我们。

10.1 "我们首先谈一谈正义和诚实的问题，尤其是在我们要求与你们结盟的情况下。我们知道，不论是人与人之间的友谊，还是城邦与城邦之间的任何联盟，都不会牢不可破，除非双方都认为对方忠诚于自己，且彼此往往气味相投——因为思想分歧，行动就会有别。2 你们先退出了波斯战争，雅典人却坚持完成余下的战事，在此过程中，我们与他们结成了同盟。3 然而，我们与雅典人结为盟友不是为了让他们奴役希腊人，而是为

---

① 这些驻防军可能是科林斯人。见戈姆《评注》第 2 卷，第 259 页。
② 有学者指出这届奥林匹亚竞技会举行的时间是前 428 年 8 月 11—15 日。见戈姆《评注》第 2 卷，第 259 页。
③ 可见，竞技会期间的奥林匹亚也是全希腊城邦之间会谈的场所。见霍氏《评注》第 1 卷，第 388 页。
④ Ῥόδος, Rhodes, 音"赫洛多斯"。即今天的罗得岛。
⑤ Δωριεύς, Dorieus, 连续三届获得冠军（前 432 年、前 428 年、前 424 年）；他还在其他竞技会上屡获胜利，在希腊世界赫赫有名。见戈姆《评注》第 2 卷，第 260 页。
⑥ 戈姆认为应理解成"退出同盟"，而非"叛乱""造反"。见其《评注》第 2 卷，第 261 页。
⑦ "意图"原文本为"善意"（"εὐνοία"），霍氏赞成改为"ἐπινοία"（"意图"），今从。见其《评注》第 1 卷，第 392 页。

了让希腊人从波斯人手里解放出来。4 他们以平等的原则领导盟邦的日子,我们一直心甘情愿地跟从。等到发现他们逐渐不再仇恨波斯人,却一门心思奴役盟邦,我们开始害怕了。5 这些盟邦由于意见分歧①不能联合起来保卫自己,除了我们和喀俄斯人之外都被奴役了。当与他们并肩战斗时,我们大概还是'独立自主的',至少享有名义上'自由'。6 从以往的事例来看,我们不再信任雅典人这个盟主。因为他们已经制服那些过去的盟友,剩下的盟邦,一旦有能力收拾,是不可能逃脱的。11.1 如果所有的盟邦都还保持着独立自主,那么我们更有把握,雅典人不会对我们轻举妄动。但是,等到他们控制住大部分盟邦,而我们继续保持与之平等的地位的时候,他们看到大部分已经屈服,只有我们与之平起平坐,就忍受不了,更何况他们自己的实力不断增长而我们越来越孤立了。2 相互惧怕是实力相当的对手忠于盟约的唯一原因,因为想要违反盟约者会因为实力不比对方强而不敢发动攻击。3 他们只留下我们这个独立的城邦,不为别的,就是因为他们觉得要想获得霸权,就要用漂亮的言辞,还有道德的压力②而不是武力的进攻来掌控局势。4 同时,我们的盟邦地位也被他们当作证据——拥有同等投票权者,一方不会违背自己的意愿与另一方一同出征,除非罪在被征伐者;而且,他们先以同盟之力攻击较弱的城邦,将同盟中最强大的城邦留待最后,等把其他弱邦收拾之后,就轮到她了③。5 如果先拿我们开刀,全体盟邦不仅还有实力,还应该有领头的,他们就不会得心应手了。6 他们对于我们的海军实力有所忌惮④,害怕我们与你们联合,或者与其他城邦结盟,那会对他们构成威胁。7 我们幸存至今,某种程度上也靠讨好雅典的民众和其当红的民众领袖。8 但是,从雅典人对待其他盟邦的例子来看,我们撑不了多长时间,除非这场战争没有打起来。

12.1 "那么,这样一种'友谊'或者说'自由'可以信赖吗?我们

---

① "意见分歧"原文是"πολυψηφίαν"(宾格),直译"投票多种多样"。在提洛同盟的大会上,每个成员,无论其城邦大小,都只有平等的一票。但雅典可以对大量小邦施加影响,或者这些小邦因为外来压力或内部党派纷争而有求于雅典,从而有能力掌控整个同盟。见卡特赖特《评注》,第57、135页。

② "道德的压力"原文是"γνώμης...ἐφόδῳ",译者有不同的理解,今从戈姆。见其《评注》第2卷,第264页。

③ 霍氏指出,就前440年以前的局势而言,密提勒涅人的观点是站不住脚的,他们并不是最后一个被雅典人制服的,喀俄斯人直到前425/4年才被雅典人制服。见其《评注》第1卷,第396页。

④ 这一论据也是站不住脚的,因为那克索斯、塔索斯和萨摩斯都有海军。见戈姆《评注》第2卷,第265页。

双方都是违心地接纳对方为友——他们在战争期间因为忌惮我们的实力而讨好我们，我们则在和平时期因为忌惮他们的实力讨好他们。彼此之间的信赖应以双方的友好善意为根本，但是，对我们双方来说，信赖因恐惧而牢固，同盟靠恐惧而不是友谊而维系。先下手者为强，它就会首先破坏盟约，后下手者则遭殃①。2 因此，假如有人因为他们延迟对我们下毒手，就认为我们先叛离就是理屈，而且认为我们应该等到弄清楚事情究竟是不是我们所怀疑的那样，那他就错了。3 如果我们真的与他们平起平坐，有能力采取对策，能够与之周旋，那么我们怎么会以平等之地位反受其摆布呢？攻击的主动权总是在他们手里，我们必须先采取防范措施。②

13. 1 "拉刻代蒙人和各位盟友！这些就是我们叛离雅典的原因和理由③，它们清楚地向听众表明我们的行动是正当合理的，也足以让我们惊恐并迫使我们寻求庇护。我们的行动并非一时冲动，早在这场战争之前，我们曾就叛离的事情派人到你们这里来，但是事情受阻，因为你们拒不接受。现在，玻俄提亚人一来邀请，我们马上就同意了。我们想完成双重退出：退出希腊人的同盟④——不跟雅典人一起作恶，而要参与解放希腊人；退出与雅典的同盟——除非我们首先下手，否则他们早晚要灭亡我们。2 然而，我们的退出行动显得仓促而无准备，因此，你们更加应该立即接纳我们为盟邦，并派人援助，好让人们看见你们保护那些应该受保护的人，同时打击敌人。3 现在是以前从未有过的好时机，因为雅典人已被瘟疫和浩大的开支毁灭⑤；他们的战舰一部分正游弋于你们伯罗奔尼撒附近，一部分摆开了阵势攻打我们。4 所以，他们不会余下多少战舰⑥，如果这个夏季你们海陆军同时出动，第二次入侵⑦，那么他们将要么抵挡不了你们的海上进攻；要么将从你们这里和我们那里撤回舰队。5 任何人不

---

① 直译"一方先于对方大胆行动就会给自己带来安全，它就会首先破坏盟约"。
② 整个第3节原文有些地方不通，学者们提出了种种解释，多数需要改动原文，今不取，但是全句的意思还是清楚的。译文从霍氏。见其《评注》第1卷，第396—397页。
③ "原因和理由"原文是"προφάσεις καί αἰτίας"（宾格、复数）。
④ 即提洛同盟，这个同盟是希腊人反抗波斯人侵略的同盟。
⑤ 明显夸大其词。
⑥ 雅典海军尽管受瘟疫的影响很大，但储备有100艘精良的战舰（2.24.2），此外还有70艘战舰（3.3.2；3.7.1），这些密提勒涅人心知肚明，所以他们这样说是自欺欺人。见戈姆《评注》第2卷，第268—269页。
⑦ 这说明雅典的盟邦已经开始意识到仅陆军入侵阿提卡起不到决定性的作用。见戈姆《评注》第2卷，第269页。

要有这样的想法，他自己冒险为的却是别人的土地。他也许会以为勒斯玻斯距离遥远，但她给予他的帮助将近在眼前。因为战争不会像有些人所认为的，只取决于阿提卡，而是遍及给雅典人带来好处的城邦。6 雅典的收入来自其盟邦，如果我们被征服，此收入就更大了。因为不会再有盟邦叛离，我们的资源被他们攫取过去，我们的遭遇将比以前受他们奴役的城邦的遭遇更为可怕。7 你们若积极支持我们，将增加拥有一个强大海军的盟邦——而这正是你们所极为缺乏的——通过逐步挖走雅典的盟邦，就可以轻而易举打倒他们（所有的盟邦胆子都大起来，投奔你们）。你们也将逃脱不了援助叛离者的罪责。如果你们挺身而出担当解放者的角色，这场战争将胜券在握。

14.1 "因此，不要辜负了希腊人寄予你们的希望，也不要辱没了'奥林波斯的'宙斯之名——我们站在他的庙里，如同祈求者一般①——接纳我们密提勒涅人为盟友并给予援助！不要抛弃我们！我们在冒着生命的危险，如果成功，则所有的人受益；如果你们拒绝，我们就会失败，更多的人将身受其害。2 做我们希腊人所寄望的勇士吧！这也是满怀恐惧的我们的期望。"

15.1 这就是密提勒涅人的发言。拉刻代蒙人及其盟友听完了发言，接受了他们的建议，接纳勒斯玻斯人为盟友；他们命令在场的盟邦尽快以本邦的三分之二的兵力开往地峡，以便入侵阿提卡。拉刻代蒙人首先抵达，在地峡准备滑道②，好将船只从科林斯拖到朝向雅典的一侧海中去，以便水陆并进。2 这厢拉刻代蒙人在热火朝天地干，那厢盟邦慢腾腾地集合，因为他们正忙着收获，没有半点出征打仗的心思。**16.**1 雅典人得知对方在作准备，是在轻视他们实力不济。为了表明对方误判了形势，在不撤回在勒斯玻斯的战舰的情况下，他们照样能轻松抵挡来自伯罗奔尼撒的攻击，他们为100艘战舰③配齐人员，有雅典的公民——

---

① 宙斯是奥林匹亚竞技会的保护神，奥林匹亚有其庙，里面供奉着全希腊最大的宙斯像。

② "滑道"原文本是"ὁλκοὺς"（宾格、复数），本义是"某种链子、滑轮或者就是滚柱"，所以克劳利译成"prepared hauling machines"（"准备拖曳机械"）。拖曳船只是在一条石砌的道路上进行的，这种道路后世称为"δίολκος"。但是，有学者指出，以前的"δίολκος"只用于商船，现在要准备的是"滑道"，不是"δίολκος"。据此，霍氏译为"slipways"，今从。见戈姆《评注》第2卷，第270页；霍氏《评注》第1卷，第398页。

③ 是不是前面提及（2.24.2）的那100艘特别储备的精良战舰？原文没有加定冠词，所以不能确定。见戈姆《评注》第2卷，第271页。

五百斗级①和骑士级除外——还有侨民。起航开往地峡，炫耀武力，想在伯罗奔尼撒的什么地方登陆就在什么地方登陆。2 拉刻代蒙人发现他们的判断错得离谱，就明白勒斯玻斯人的话是假的，出征的事不可行。由于此时盟邦还没有抵达，又有报告说，30 艘绕伯罗奔尼撒的雅典战舰②正蹂躏其边境地区，于是，他们就撤回国内了。3 但是，他们后来准备战舰，打算派去勒斯玻斯，命令各盟邦提供 40 艘战舰，任命阿尔喀达斯为舰队司令。4 雅典人看见对方撤军，也带着那 100 艘战舰撤退回国了。[17.1 在这些战舰航行之时，雅典的战舰数量空前，且处在良好的服役状态，与战争开始时的水平有过之而无不及。2 100 艘战舰守卫阿提卡、优卑亚和萨拉弥斯，另有 100 艘绕伯罗奔尼撒航行，这还不算在波忒代亚附近海域和其他地方的战舰，因此在一个夏季同时服役的战舰总数达 250 艘。3 这些战舰和围攻波忒代亚花费最巨。4 围攻波忒代亚，1 个重甲兵每天的报酬是 2 个德拉克马（1 个付给他本人，1 个付给其仆从）。一开始是 3000 名重甲兵，在整个围城过程中，数量不减，还有 1600 名为波耳弥翁所率，但在围攻结束之前离开了。所有船上水手的报酬也是一样③。雅典的钱财首先就这样被消耗掉了，这是他们配备人员的战舰的最大数量。]④

---

① "五百斗级"原文是"πεντακοσιομεδίμνων"（属格），是梭伦改革时确定的 5 个等级中的最高等级，即一年的收入（固态、液态）在五百斗（μέδιμνος）以上者，1 μέδιμνος 大约等于 52.32 公升。全书仅此一处提及"五百斗级"，故有学者认为是后世学者所作的笺注，窜入正文。如果原文的确如此，那么可以证明这种旧的公民等级制在伯罗奔尼撒战争期间，在军事上还是适用的。参见霍氏《评注》第 1 卷，第 399 页。

② 这 30 艘雅典战舰是不是前文（3.7.1）提及的阿索庇俄斯率领的舰队？但是，作者说阿索庇俄斯只带了 12 艘去瑠帕克托斯，那就应该有 18 艘返回了雅典。还有一种解释认为这 30 艘战舰就是刚派去的 100 艘中的一部分，这就需要将原文中的"30"删掉。霍氏认为有两种可能，一种是作者自己弄错了，应该是 18 艘（此时还没有离开伯罗奔尼撒），一种是拉刻代蒙人的消息有误，作者的记载倒是正确的。故不必改动原文。今从。见其《评注》第 1 卷，第 400 页。

③ 水手没有仆从，故每人每天 1 德拉克马。见戈姆《评注》第 2 卷，第 275—276 页。

④ 此章问题很多。首先，用词风格稍显特别，但基本上还是修昔底德的风格；其次，此章中的数量不符合前 428 年时雅典的情形，故有学者认为，此章被作者身后的编辑者放错了地方，应该放在第 2 卷第 56 章后面；最后，即使将此章放到第 2 卷中间，其中的数量也很难得到圆满的解释。因为这些原因，也有学者干脆认为此章系伪作，故"牛津本"将它用方括号括起来。详参戈姆《评注》第 2 卷，第 272—277 页；霍氏《评注》第 1 卷，第 400—402 页。

18.1 拉刻代蒙人还在地峡之时,密提勒涅人与其友军①从陆上征讨墨堤谟娜,以为该城有内应。他们攻打该城,没有取得预期的进展,撤到了安提萨、皮拉和厄瑞索斯,巩固了自己在这些城邦中的势力②,加固了城墙,然后迅速回国了。**2** 他们刚撤走,墨堤谟娜人就征讨安提萨,但是,安提萨人与其友军发动了一次出击,杀死对方很多人。剩下的墨堤谟娜人立即撤走了。**3** 雅典人得知密提勒涅人称霸于全岛,他们自己的那支部队不足以阻止,就于大约秋季开始的时候,派遣1000名自己的重甲兵出征,以厄庇枯洛斯之子帕刻斯为将军。**4** 这些重甲兵亲自当桨手划船③。抵达之后,绕密提勒涅城筑起一道墙④,其坚固之处还设有堡垒。**5** 密提勒涅城已经从海陆两面被完全封锁了。这时,冬季已经到了。

19.1 由于缺钱围城,雅典人第一次在他们当中征收了200塔兰同的财产税⑤,还派遣12艘船到盟邦征收贡款⑥,以吕西克勒斯和其他4位为将军。**2** 他航行到各地征收;他从卡里亚的密乌斯⑦舍舟登岸,经由迈安得洛斯⑧平原,在到达珊狄俄斯⑨山丘之时,遭到卡里亚人和阿奈亚的萨

---

① "友军"原文是"ἐπίκουροι",有学者译成"雇佣军",也有学者认为是密提勒涅人在勒斯玻斯岛其他地方的盟邦,霍氏比较倾向于此说,今从。见其《评注》第1卷,第403页。

② 这3个城邦都是勒斯玻斯岛上的独立城邦,跟墨堤谟娜一样,见戈姆《评注》第2卷,第277页。注意前文(3.2.3)说过,密提勒涅有一统该岛之志。

③ 一般来说,三层桨战舰配备专门的桨手,由"雇工级"担任,可见此时雅典的人手紧缺。当然,紧急情况下,桨手与重甲兵可以互换。见戈姆《评注》第2卷,第277页;霍氏《评注》第1卷,第43页。

④ 也有筑起两道墙包围敌城的情况,见下文(3.21)。

⑤ "财产税"原文是"ἐσφορὰν"(宾格),这是在紧急情况下,雅典向公民和侨民征收的一种直接税。值得注意的是,这不是雅典第一次征收财产税。作者的意思是,征收高达200塔兰同的财产税在雅典是第一次。见霍氏《评注》第1卷,第404页。还有两种理解:第一,这是第一次征收财产税;第二,在伯罗奔尼撒战争中,这是第一次征收财产税。罗兹认为,第二种理解,甚至第一种理解,也有可能是正确的。见其《修昔底德第3卷评注》,第193页。

⑥ 可以断定,这次征收贡款是一次特别的行动,跟上文的征收财产税一样。不是例行的征收贡款,或者催缴欠款之类。见戈姆《评注》第2卷,第279页。提洛同盟中,各邦缴纳的贡款数额由雅典人每4年重新评定一次,但在前5世纪20年代,有些不正常。有铭文表明,前430年,雅典人信心满满,不大幅提高贡款数额,但在前428年额外增加了一次评定。在前425/4年冬天的评定中,可以肯定,贡款数额大幅提高。贡款的缴纳通常在春天进行,这次冬天的行动不会是征收贡款或者宣布评定的结果。见罗兹《修昔底德第3卷评注》,第194页。

⑦ 在小亚,前文提及(1.138.5)。

⑧ Μαίανδρος, Meander, 今土耳其西南部门德雷斯(Menderes)河。

⑨ Σάνδιος, Sandius, 是一座孤立的山丘,位于今土耳其瑟凯(Söke)东北5公里处。见霍氏《评注》第1卷,第404页。

摩斯人①的袭击，他本人和大部分部下被杀。

20.1 同一个冬季，普拉泰亚人（仍然被伯罗奔尼撒人和玻俄提亚人围困）开始受到断粮的威胁。雅典人的援助没有希望，别的得救的机会看来也没有。他们与同在围城中的雅典人谋划，首先想到的是，尝试强行翻越敌人的壁垒，然后离开。这个主意是托尔弥得斯之子忒埃涅托斯——一个占卜者——和身为将军之一的达伊马科斯之子厄乌蓬庇达斯提出来的。2 开始全体都赞成，后来有一半的人畏缩了，认为太冒险了。只有大约220人还愿意坚持突围出去，其方法是这样的：3 制作与敌人的墙一样高的梯子，墙的高度可以通过所砌砖块的层数来估算，朝向他们这一侧刚好没有抹上灰泥。许多人同时数砖块的层数，即使有人数错，大多数人也会得出正确的数目。更何况他们一遍又一遍地数，且墙离他们不远，他们想要数数的那段墙又很容易观察。4 梯子的高度就这样由砖块的厚度计算出来。**21.1** 伯罗奔尼撒人的壁垒是这样建造的：有两道墙，里面的一道面向普拉泰亚，外面的一道防备从雅典方向的攻击，两墙相距约16尺②。2 在这［16尺］间隔中，修建营房分配给防守士兵居住。于是，两墙相连，看起来是一道厚厚的墙，里外墙都有雉堞。3 每隔10个雉堞，就有一个大塔楼，与壁垒同宽，即从里面的墙延伸至外面的墙，将内外墙之间的空间隔断，防守者不能从此空间通过，只能从塔楼中间通过。4 有暴风雨的夜晚，防守者离开雉堞，到塔楼里去警戒，塔楼之间相隔很近，且塔楼有屋顶遮盖。将普拉泰亚人严密封锁起来的壁垒的情况就是如此。**22.1** 普拉泰亚人做好了准备，选择了一个没有月亮、风雨大作的夜晚出动，由这个计划的主谋领头。他们首先越过了墙外的壕沟，到了敌人的墙角下。哨兵没有发现——伸手不见五指，他们什么也看不见；风声完全掩盖了行动时发出的声音，什么也听不见。2 普拉泰亚人还拉开彼此之间的距离，以免武器相撞击，

---

① Ἀναῖται, Anaeans, 阿奈亚人，但这里不是族名，而是指居住在阿奈亚（Ἀναια, Anaea, 位于与萨摩斯岛相对的小亚大陆上）的萨摩斯人，他们于前439年从萨摩斯迁到阿奈亚，长期与雅典为敌。详下文（3.32.2；4.75.1；8.19.1）。见戈姆《评注》第2卷，第280页。

② "尺"原文是"πόδας"（"πούς"的宾格、复数），本义是"脚"，这里是长度单位，1 πούς = 30.7厘米，16 πούς ≈ 4.9米。

被敌人察觉。他们身着轻武装，还光着右脚，左脚穿鞋，以免踩到泥巴滑倒①。3 他们知道两座塔楼之间的雉堞无人防守，就来到其脚下。带着梯子的人先到，靠墙竖起梯子；然后是12名轻武装的人员，只带匕首穿胸甲，爬上梯子。领头的是科洛玻斯之子阿墨阿斯，第一个登梯；其余的人跟着他爬上去，6个人一组分头扑向左右两侧的塔楼。接着上去的是只带短矛的轻武装兵，他们的圆盾由另一组携带，以便容易登梯，等接近敌人时就将盾牌传递给他们。4 上去不少人之后，他们被塔楼中的哨兵发现了。因为有一个普拉泰亚人在抓住雉堞往上爬时，将一片瓦抓掉了，瓦片落到地面发出"啪"的一声。5 守军马上叫喊起来，涌上墙来。由于夜里刮大风，漆黑一团，所以不知道发生了什么危险。与此同时，普拉泰亚城内的人出城，攻打与他们攀爬的地方相反方向的伯罗奔尼撒人的壁垒，最大限度地吸引对方的注意。6 守军躁动起来，但留在原地，不敢离开自己的岗位前去支援。大家不知所措，不知道到底发生了什么事。7 守军中有300人，他们原本奉命负责紧急情况下的救援，从壁垒外赶到鼓噪的地点②；报告敌情的烽火向忒拜城的方向点起。8 普拉泰亚人此前在自己的城墙上准备了许多烽火堆，此刻也都点起，以乱其敌情信号，使得忒拜人了解不到实情，好让自己出城的人在忒拜人到来之前安全逃脱。23.1 同时，在那些攀登壁垒的普拉泰亚人中，第一批上去的杀死了左右两边塔楼的守军，控制了塔楼。他们在塔楼里布防，把守住塔楼通道，敌人不能通过它来支援。他们从上面靠壁垒放下梯子，让更多的人爬上塔楼，从塔楼投掷东西从壁垒上面和下面阻止敌援军。与此同时，大队人马在两塔楼之间搭上许多梯子，推倒雉堞，纷纷往塔楼之间的壁垒上爬。2 每个人下到壁垒的另一侧，都会在

---

① 译者体会，赤脚走泥泞道路，确实比穿鞋更不容易滑倒。戈姆也是从此角度来解释。见其《评注》第2卷，第283页。但是，为什么不干脆赤着双脚呢？霍氏指出，近年来，学者们对此兴趣大增，很多人注意到了这里面的宗教含义，有的认为它与崇拜冥府神灵的仪式有关。值得注意的是，作者仅从实用的角度来解释，说明他不知道当事人的真实动机。见其《评注》第1卷，第406—407页。

② 戈姆认为，作者也许认为这300人驻扎于城外，但很可能像其他守军一样居住在两墙之间。见其《评注》第2卷，第284页。

外壕沟边停下，向沿着墙角过来阻止他们通过的敌援军射箭和掷矛①。**3** 等到所有的人都通过了，最后一批人从塔楼上艰难地下到地面，来到壕沟旁；这时，对方的那300人举着火把紧逼过来。**4** 站在壕沟边的普拉泰亚人，由于对方火把的光亮，身处暗处，反而让人看不清楚；他们对着对方没有盾牌保护的右侧身体射箭和掷矛。结果，尽管过程艰难，战斗激烈，但是连最后一批普拉泰亚人都安全涉过了壕沟。**5** 壕沟里结了冰，但不够坚固，上面不能行走，这是由于刮东风［或者北风］②造成雨水较多。夜晚刮此风，下了小雪，壕沟积水很深，他们涉水时只勉强露出脑袋。主要是由于暴风雨的缘故，普拉泰亚人才得以逃脱。

24.1 冲出了壕沟之后，普拉泰亚人一起踏上了通往忒拜的路，在其右手是英雄安德洛克剌忒斯的庙③。选择这条通往敌人的道路，他们相信〈将〉最不可能让人怀疑；同时，他们看到伯罗奔尼撒人举着火把，朝通向雅典的喀泰戎和德律俄斯刻帕莱山口④追过去了。**2** 普拉泰亚人往忒拜方向走了6或者7斯塔狄翁之后，然后转向，走山路到厄律特赖和许西埃⑤，翻过山之后便逃到雅典了⑥。共有212人逃脱，有几个在翻越壁垒之前转身退回城内，还有一个弓箭手在外壕沟那里被抓住了。**3** 伯罗奔尼撒人最后停止了追击，返回了岗位。城内的普拉泰亚人对于这些一无所知，中途折返的人还说突围出去的人全都死了。拂晓，他们派

---

① 这句话指的是爬上壁垒的人从梯子上爬下，然后越过外侧的壕沟，由于对方在壁垒外还有300人的队伍，所以都要停下，看看有没有敌人沿着壁垒的墙角过来阻止。戈姆的解释显得过于臆断，已有学者纠正。见霍氏《评注》第1卷，第408页。

② 有英译者译为"而不是北风"，戈姆认为这里的"北风"一定要保留，因为玻俄提亚的冬天，北风常带来风暴、下雪或者雨夹雪，潮湿且结薄冰。这一地区冬季的北风是东北偏北（NNE）的，东风是东北偏东（ENE）的。见其《评注》第2卷，第286页。

③ 希罗多德提到过这个庙（《历史》9.25.3），著名的普拉泰亚战役就在其附近展开，但今不详其所在。见戈姆《评注》第2卷，第286页。

④ Κιθαιρών，Cithaeron，山名。Δρυός κεφαλαί，Dryoscephalai，本义是"橡树头"，这是雅典人的称呼，因为这里的山峰生长着橡树；玻俄提亚人则称之为"Τρεῖς κεφαλαί"，本义是"三头"，因为这里的山有3个山头。见希罗多德《历史》（9.39.5）。这是一个山口，通往雅典、普拉泰亚和厄勒乌西斯的三条道路在此交会。

⑤ 两个玻俄提亚地区的小镇，但与雅典结盟；位于忒拜至雅典道路以东，具体位置不详。从此出发往东南偏东（ESE）翻过山，就可到达雅典。见戈姆《评注》第2卷，第286页；霍氏《评注》第1卷，第408页。这里的厄律特赖在玻俄提亚，下文还有一个厄律特赖，在伊俄尼亚。

⑥ 至此，我们可以看出普拉泰亚人的行军路线，先是向北，再向东北，与追兵背道而驰。然后，转向东面，到达厄律特赖和许西埃，再向东南方，抵达雅典境内。

出一名传令官，想在休战协议的保证下收回尸体。得知事情的真相之后，传令官就罢手了。一部分普拉泰亚人就这样越过壁垒和壕沟逃脱了。

25.1 在同一个冬季快要结束的时候①，拉刻代蒙人萨莱托斯乘一艘三层桨战舰被从拉刻代蒙派遣到密提勒涅。他在皮拉上岸，沿着一条溪涧步行——从那里可以通过雅典人筑的墙——没有被发现，进入了密提勒涅城。他对密提勒涅的头面人物说，将入侵阿提卡，同时计划前来援助的40艘战舰也将抵达；先派他本人来，是为了告诉这个消息，同时全盘负责。**2** 密提勒涅人士气大增，不怎么愿意与雅典人和谈了。这个冬季完了，修昔底德记载的这场战争的第4年也随之结束了。

26.1 在接下来的夏季里，伯罗奔尼撒人派遣原定的42艘②战舰去密提勒涅，由阿尔喀达斯率领，他是其舰队司令；还和盟军一起入侵阿提卡，以使雅典人海陆两面顾此失彼，减少他们截击驶向密提勒涅的舰队的可能性。**2** 入侵阿提卡的统帅是克勒俄墨涅斯，他代其侄子、普勒斯托阿那克斯之子泡萨尼阿斯出征；泡萨尼阿斯是国王，还没有成年③。**3** 他们蹂躏以前蹂躏过的阿提卡土地里新长出来的东西，还蹂躏了以前入侵时没有到过的土地。除了第二次入侵之外，这次入侵让雅典人最难忍受。**4** 他们四处大肆蹂躏，一直期望从勒斯玻斯传来其舰队有所作为的消息——他们以为那些战舰现在一定抵达目的地了——由于没有传来什么他们期待的消息，加上军粮告罄，就撤军、解散，各回各邦了。

27.1 与此同时，密提勒涅人看到从伯罗奔尼撒出发的舰队迟迟不来，粮食又告罄，不得不与雅典人达成协议。事情是这样的：**2** 萨莱托斯本人对舰队的到来不抱希望了，就给以前轻武装的民众配以甲胄兵器，以便向

---

① 前427年1月底。见戈姆《评注》第2卷，第287页。

② 抄本为"42"，但是前文刚刚明确指出是"40"（3.16.3；3.25.1），下文也这样说（3.29.1），故有学者认为应为"40"，"洛布本"即是。霍氏认为此处存疑，应将"2"用括号括起来。今未从。见其《评注》第1卷，第409页。

③ 克勒俄墨涅斯（Κλεομένης, Cleomenes）和普勒斯托阿那克斯（Πλειστοάναξ, Pleistoanax）是老泡萨尼阿斯（抗击波斯人的希腊联军统帅，前470年死于拉刻代蒙人之手）的两个儿子，现在这位小泡萨尼阿斯是普勒斯托阿那克斯的儿子。普勒斯托阿那克斯前445年被放逐，此时没有回来。小泡萨尼阿斯此时已过18岁，但还没有继承王位，他的父亲是前409年去世的，他那时才继承王位。另外，以前率领伯罗奔尼撒人入侵阿提卡的阿耳喀达摩斯此时即使没死，也病重了；作者对于他的死只字未提。斯巴达采取双王制，阿耳喀达摩斯属于斯巴达的Eupontids王族；克勒俄墨涅斯属于Agiads王族。见戈姆《评注》第2卷，第289页。

雅典人发动攻击。3 但是，一旦得到甲胄兵器，民众①就不再服从统领他们的人了。他们一群群聚集起来，要求当权者②交出粮食，分配给所有的人；否则，他们就要联合起来与雅典人谈判，将城市交给雅典人。

28.1 当权者明白他们没有能力加以阻止，如果被排除在外，就危险了，所以就与民众一起与帕刻斯和其军队展开和谈。双方约定，密提勒涅人的命运由雅典人③来决定；密提勒涅人接受帕刻斯和其军队入城；派遣使节去雅典为自己申辩，在使节返回之前，帕刻斯不得将任何密提勒涅人囚禁、卖为奴隶或者杀死。2 投降的协议就是这样的。那些与拉刻代蒙人勾结的密提勒涅人极度恐惧，雅典的军队入城之时，他们不能自持，竟然坐到祭坛旁。帕刻斯让他们起来，许诺不伤害他们，将他们安置在忒涅多斯，等候雅典人做出决定。3 他还派三层桨战舰去安提萨，占领了它，并采取了一切他认为最好的措施。

29.1 那 40 艘战舰上的伯罗奔尼撒人，原定迅速抵达密提勒涅，但在绕伯罗奔尼撒航行时耽误了时间，接着又慢腾腾地航行。他们逃过了雅典本地人员的注意，抵达了提洛岛。离开该岛，抵达伊卡洛斯和密科诺斯④，从那里第一次得知密提勒涅已经陷落。2 为了弄清详情，他们航行到了厄律特赖亚的恩巴同⑤。他们到达恩巴同时，密提勒涅已陷落大约 7 天了。得知详情之后，他们就目前的局势开会商议。忒乌提阿普罗斯，一个厄利斯人，发言如下：

30.1 "阿尔喀达斯，所有在场与我一样统领军队的伯罗奔尼撒人！我认为，在对方发现我们到达之前，我们应该立即航向密提勒涅。2 人们刚刚占领一座城市时，很可能会疏于防范。在海上，情况尤其会如此，他们不会想到有敌人来攻击。此刻我们在海上力量特别强大。他们的步兵由于

---

① "民众"原文是"δῆμον"（宾格），也可以译成"平民"。
② "当权者"原文是"δυνατοὺς"（宾格），学者们有不同的解释，有的译成"贵族"，有的译成"有能力这样做的人"，等等。今从霍氏。从这一章可以清楚地看出，密提勒涅的政体是寡头制的。见霍氏《评注》第 1 卷，第 410 页。
③ 即雅典公民大会。
④ Ἴκαρος, Icarus, 今伊卡里亚岛；Μύκονος, Myconos, 今米科诺斯岛。两岛都位于提洛岛的东面，米科诺斯岛紧挨着提洛岛，伊卡里亚岛较远，所以应该是先到米科诺斯岛，后到伊卡里亚岛。作者颠倒了它们的顺序。
⑤ Ἐρυθραία, Erythraea, 指厄律特赖 (Ἐρυθραί, Erythrae) 人所居住的地区，即厄律特赖半岛，位于喀俄斯岛对岸的小亚大陆上。Ἔμβατον, Embatum, 今不详其所在。见戈姆《评注》第 2 卷，第 291 页。

已经取胜,很可能麻痹大意地散布于民宅中。3 如果我们夜晚来个突然袭击,有我们的朋友作为内应——如果有幸存的话——就能掌控局势。4 不要在危险面前退缩,要知道这种攻其不备,就是军事上的出其不意①。如果一个将军既能常备不懈,又能找准时机打击敌人,他就最有可能取得胜利。"

31. 1 这就是他的发言,但是阿尔喀达斯没有听从。舰上一些伊俄尼亚的逃亡者和勒斯玻斯人看到他害怕冒这个险,就建议他夺取一个伊俄尼亚的城邦,或者埃俄利斯的库墨②,以便将其作为基地,并让伊俄尼亚叛离雅典(有成功的希望,每个人都欢迎他去)。这就可以切断雅典收入的主要来源;如果雅典人要封锁他们,其开支就会增加③。而且,他们认为可以说服庇苏特涅斯④加入他们一方作战。2 这些建议阿尔喀达斯都不接受,他心里最大的念头就是,既然去密提勒涅已经太晚了,那就尽快赶回伯罗奔尼撒。**32.** 1 于是,他从恩巴同起航,沿海岸航行,停靠于忒俄斯人的密俄涅索斯⑤,杀死在航程中抓到的大部分战俘。2 他到厄珀索斯进港停泊,从阿奈亚来的萨摩斯人⑥的使节见到他说,这可不是解放希腊人的正道,他所处死的人既没有动过他们一个指头,又非其敌人,不过是被迫成为雅典人盟友的人;照这样下去,恐怕由敌而友者少,由友而敌者多。3 阿尔喀达斯觉得有理,释放了还在手里的所有的喀俄斯人和其他一些人。这些人当初见到他们的战舰之后没有逃跑,而是走上前去,错把他们当作雅典人了。他们万万没有想到,在雅典人掌控海洋的时候,伯罗奔尼撒人的战舰会冒险来伊俄尼亚。**33.** 1 阿尔喀达斯立即从厄珀索斯起航

---

① 这句话中有一个关键词"τὸ κενὸν",意思是"空的""无效的"。戈姆曲折地解释为"(战争中的)时机",霍氏认为这种解释简直不可思议,他建议改动原文,读作"τὸ καινὸν"(意思是"新的")。今从。见戈姆《评注》第 2 卷,第 292 页;霍氏《评注》第 1 卷,第 411 页。

② Αἰολίς, Aeolis,或称"Αἰολία"("Aeolia",埃俄利亚),指小亚的西部和西北部沿爱琴海地带,还包括几个沿海的岛屿,特别是勒斯玻斯。到公元前 8 世纪,该地区的 12 个希腊人的城邦组成了联盟,库墨(Κυμή,Cyme,或译"库麦")就是其中之一。

③ 这句话有不同的理解,今从霍氏。见其《评注》第 1 卷,第 412 页。

④ 前文提到过(1.115.4—5)。至少在前 440 年以后,庇苏特涅斯是波斯的吕底亚的总督。见戈姆《评注》第 2 卷,第 293 页。

⑤ Τέως,Teos,位于小亚西部海岸面对喀俄斯岛的半岛上,今土耳其伊兹密尔(Ismir)省境内。Μυόννησος,Myonnesus,在忒俄斯与诺提翁(Νότιον,Notium,位于今土耳其 Kuşadasi 海湾)之间,是一个岬角。

⑥ 见前文(3.19.2)译注。

逃跑，因为他在克拉洛斯①附近停泊时，被"萨拉弥尼亚"舰和"帕剌罗斯"舰②看见了（它们刚好从雅典航来）。由于担心对方追击，他通过外海，除非不得已，遇到任何陆地都不上岸，直奔伯罗奔尼撒。

2 关于阿尔喀达斯和其舰队的报告，从厄律特赖亚已经传到帕刻斯和雅典人那里，现在更是各地都来报告其行踪。由于伊俄尼亚没有筑垒设防③，他们非常担心伯罗奔尼撒人沿着海岸航行——即使有此好处，他们也无意逗留——蹂躏土地，攻打城市。最后，"萨拉弥尼亚"和"帕剌罗斯"亲自来报信说在克拉洛斯看见他们了。**3** 于是，帕刻斯急忙开始追赶。他一直追到帕特摩斯④岛，但显然已经追不上了，就返回了。由于没有在外海追上对方，他暗自庆幸没有在哪个海域追上，如果截住了，对方不得不在陆地上设立军营⑤，他则不得不布置警戒，进行封锁。**34.1** 他沿海岸往回航行，停靠于科罗蓬的诺提翁⑥。科罗蓬的上城被伊塔马涅斯⑦和蛮族夺得，这些蛮族受了其内争派别的邀请，此后，科罗蓬人就定居于诺提翁了。此夺取事件大约发生在伯罗奔尼撒人第二次入侵阿提卡之时⑧。**2** 在诺提翁，逃亡者定居此地后再起内争。其中一方邀请从庇苏特涅斯那里得到的阿耳卡狄亚和蛮族雇佣军⑨，让其住在有墙壁包围的地

---

① Κλάρος，Clarus，位于小亚的爱琴海岸边，在科罗蓬（Κολοφών，Colophon）与厄珀索斯之间。戈姆认为，阿尔喀达斯先到克拉洛斯，后到厄珀索斯（肯定要补充淡水），要不然他就从克拉洛斯直接回伯罗奔尼撒了，但是作者对此只字未提。见其《评注》第2卷，第294页。

② Σαλαμινία，Salaminia；Πάραλος，Paralus，是雅典两艘专门完成宗教、出使和传递信息等任务的三层桨战舰，有时也用于其他特殊任务以及侦察和作战。人员齐整，装备精良，速度最快，随时待命。

③ 为什么不筑垒设防？学者们有很多解释，但大致同意这样的观点：希波战争以后，小亚的希腊城邦赢得了独立；此前波斯人禁止它们设防，此后雅典人也不希望它们设防。见霍氏《评注》第1卷，第414—415页。

④ Πάτμος，Patmos，一个小岛，位于萨摩斯岛以南，今希腊帕特莫斯岛。

⑤ 当时的三层桨战舰是一种轻型结构的战舰，为作战敏捷而建造。只能携带一两天的淡水和食物，也没有睡觉的地方，故每夜必靠岸。见戈姆《评注》第1卷，第19页。

⑥ Κολοφών，Colophon，在克拉洛斯的东面，诺提翁是它的港口。

⑦ 就名字来看是个波斯人，余不详。见霍氏《评注》第1卷，第415页。

⑧ 前430年夏初。

⑨ 这里提到波斯人利用希腊的雇佣军。阿耳卡狄亚人当雇佣兵一是因为贫穷，二是因为喜欢军事冒险。至于蛮族的雇佣军可能是波斯人，或者卡里亚人。见戈姆《评注》第2卷，第296页；霍氏《评注》第1卷，第416页。

方①；从上城来的亲波斯的科罗蓬人进来之后，与这一方一起成为诺提翁的公民。另一方溜出去，成为流亡者，召来了帕刻斯。**3** 帕刻斯先邀请居住在有墙壁包围地方的阿耳卡狄亚人的首领希庇阿斯出来谈判，条件是，如果希庇阿斯对谈判不满意，就将他毫发无损地送回原地。然而，等希庇阿斯出来见他，就将其扣押，但是不系缚。接着，突然出其不意地攻打那个有墙壁包围的地方，占领了它，将里面的阿耳卡狄亚人和蛮族全部处死。然后，将希庇阿斯领到那个地方，跟希庇阿斯同意的谈判条件丝毫不差。等他一进去，就捉住他，用箭射死了。**4** 然后，帕刻斯将诺提翁交给了科罗蓬人，不过亲波斯的科罗蓬人除外。后来，雅典人殖民于诺提翁，施行雅典人的法律，并将其他城邦中所有的科罗蓬人都召拢来。

35.1 帕刻斯回到密提勒涅后，降服了皮拉和厄瑞索斯；抓住了隐藏于密提勒涅城的拉刻代蒙人萨莱托斯，并把他和安置在忒涅多斯的密提勒涅人②，以及其他他认为应为这次叛离负责的人，都送到雅典去。**2** 他还派大部分军队回国，自己与余下的人留下来，按照他认为最好的方式处理有关密提勒涅和勒斯玻斯的事务。**36.1** 萨莱托斯和其他人到了雅典，雅典人立即将他处死了，尽管他作出了一些承诺，特别是促使伯罗奔尼撒人从普拉泰亚（还在围困之中）撤军。**2** 至于其他人，雅典人举行了辩论。盛怒之下，他们作出决议，不仅处死所有当时在雅典的人，还要处死所有密提勒涅的成年男子，将其妻子和孩子卖为奴隶。他们指责密提勒涅人不像别的人那样是雅典的属邦，却叛离了雅典③；更让雅典人满腔怒火的是，伯罗奔尼撒人的舰队胆敢到伊俄尼亚去援助他们，这说明他们的叛离蓄谋已久。**3** 于是，他们派遣一艘三层桨战舰，把这个决议通知给帕刻斯，命令他立即处死密提勒涅人。**4** 到了第二天，他们就后悔了，心想，杀死全城的人而不是策动叛离的人，这个决议太残忍、太过分了。**5** 在雅

---

① 城内某个地方周围有墙壁保护，注意前文提到伊俄尼亚的城市没有筑垒设防（3.33.2）。见霍氏《评注》第 1 卷，第 416 页。
② 见前文（3.28.2）。很可能，雅典公民大会通过了要求帕刻斯这样做的法令，否则帕刻斯就食言了，但是帕刻斯也可能确实食言了。见戈姆《评注》第 2 卷，第 297 页。
③ 整个勒斯玻斯是雅典盟邦中的核心成员，在提洛同盟中只有它和喀俄斯保留自己的海军，经常随雅典人出征，不缴纳贡款，所以其地位是自由的。见前文（1.19；2.9.4—5）。

典的密提勒涅使节和那些同情他们的雅典人，感受到了这种变化，就促请当局再次就此举行辩论①。结果很容易就说服了对方，因为很明显，大多数公民都希望有人再给他们一次机会，重新讨论这个问题。6 公民大会立即召开，发言者各自陈述了自己的观点。克勒埃涅托斯之子克勒翁，雅典人中言辞最强有力②者，那个时候他对民众的影响力也最大，在前次公民大会上已经成功地说服民众赞成处死密提勒涅人，再次走上前来，发言如下：

37. 1 "过去我常常想，靠民主政体统治不了一个帝国③，现在看到你们在密提勒涅人的问题上反悔，我的想法更是如此了。2 在日常生活中，你们相互之间不惧怕对方，也不施阴谋诡计，所以你们对待盟邦也是如此。你们没有考虑过，被他们的言辞打动就做出错误的决定，或者出于怜悯而对他们的要求让步，这种软心肠会使你们身陷险境，却不能得到他们的感激。因为，你们没有想到，你们的帝国乃僭主之治④，强加于被统治者。他们一直心怀二志，之所以服从你们，不是因为你们自我伤害，作出让步，也不是因为他们的忠诚，而是因为你们过人的实力。3 有什么比朝令夕改更加可怕呢？我们不要忘了，一个虽有劣法却笃守不移的城邦，要比一个虽有良法却无人遵守的城邦强大得多；知识不多却谨慎克制胜过聪明伶俐却无所不为；平庸之辈治理城邦往往要强于精明之士。4 因为精明之士想要表现出自己比法律更聪明，想在所有公民大会的发言中盖过任何人，好像每次发言都是他们显摆自己才智的最好机会，因而不肯放过。就是由于这一点，他们常常毁了城邦。而平庸之辈不相信自己的智慧，认为法律肯定比自己高明，自己没有能力批评那些聪明人的发言。他们是平等的裁决者，而不是竞争的对手，所以常常取得成功。5 我们⑤正应当如此行事，而不应该受伶牙俐齿和斗智逞能所鼓动，在你们——雅典群众——面前提出违心的建议。

38. 1 "因此，我本人还是那个观点。一方面，我对把有关密提勒涅人

---

① 这里的"当局"比较含糊，应该指雅典议事会主席团，即普律塔涅亚（πρυτανεία），它主持议事会和公民大会。见霍氏《评注》第1卷，第418页。
② "言辞最强有力"原文是"βιαιότατος"，一般英译者译为"most violent"，霍氏认为不妥，他译作"the most forceful"。今从。见其《评注》第1卷，第420页。
③ "统治……一个帝国"，直译"统治……其他人（雅典人之外的）"。
④ "帝国"原文是"ἀρχήν"（宾格）；"僭主之治"原文是"τυραννίδα"（宾格）。
⑤ 指在公民大会上发表演说、提出策略建议的人。

的问题再次提交讨论的人感到奇怪，这样做会耽误时间，毋宁有利于作恶的一方（因为受害的一方会怒火渐消，追究对方的劲头不再；复仇最迅速及时，才最充分对等）；另一方面，我对那些将要反驳我的观点的人①感到奇怪，他们试图证明密提勒涅人作恶对我们有益，而且我们的灾祸会对我们的盟邦造成伤害②。2 显然，他或者对自己的演说能力极为自信，竟说你们从来都没有作出决议，事实上昨天你们全投了赞成票③；或者为贿赂所动，试图精心编造貌似合理的言辞去误导你们。3 在如此一番唇枪舌剑中，城邦授予了别人桂冠，却给自己带来了危险。4 对此，你们难辞其咎。你们搞这种唇枪舌剑的比赛实在糟糕，你们听取发言的时候就像一个观众，在发言涉及行动的时候，只满足于当一个听众④。对于要做的事情，你们根据能说会道者的观点考虑能做什么；对于已经完成了的事情，不是抱着眼见为实的态度，而只相信头头是道指责别人的发言。5 你们最容易受新奇的言辞所欺骗，不愿意遵从经过检验的好建议。老生常谈你们不屑一顾，荒谬的主意你们俯首帖耳。6 每个人首先想的是自己发表演说，如果做不到，就要与有能力演说的人较劲，表明自己跟得上对方的思想。不等对方演说中犀利的词句说完，就叫起好来。这就说明你们热衷于预先判断演说者的意思，却在预见演说的后果方面显得迟钝。7 可以说，你们追寻一个不同于我们生活于其中的世界，却一点也不关心眼前的世界。一句话，能言善辩，最让你们心悦诚服，就像闲坐看智者⑤表演的观众，而不是商议城邦大事的公民。

39. 1 "我要你们改一改这些习惯。我现在要说的是，没有哪一个城邦对我们的伤害超过了密提勒涅。2 我能原谅那些不能忍受你们统治的城邦，也能原谅那些受敌人胁迫而叛离的城邦。但是，有城墙保卫的岛邦，不惧

---

① 下文（3.44.1）狄俄多托斯对此有回应。
② 克勒翁认为雅典的盟邦都是被迫服从的（3.37.2），所以她们当然不会与雅典共患难。
③ 戈姆对原文的一个词稍加改动，今从。见其《评注》第 2 卷，第 303 页。
④ 克勒翁指责雅典民众像看戏剧表演似的观看公民大会上的演说。只是言辞的较量，跟行动没有关系；在演说者谈及行动的时候，只是像听故事那样去听。总之，受演说者的摆布。克勒翁的意思是既要听其言，又要观其行。这里，克勒翁确实能言善辩，但是经不起推敲。因为戏剧的观众是既观又听，观与听是不分的。见戈姆《评注》第 2 卷，第 304 页。
⑤ "智者"原文是"σοφιστῶν"（是"σοφιστής"的复数、属格）。本义是"任何行业中有技能的人"。到前 5 世纪后半期，一批收费教授演说技艺的人被称为"σοφιστής"，这就是所谓"智者"，常带有"诡辩者""骗子"等贬义。这里也许就有贬义。不过克勒翁在这里攻击的是听众而不是"智者"。这是该著唯一提及"智者"的地方。见霍氏《评注》第 1 卷，第 427 页。

怕我们的敌人的进攻，除非对方从海上来。这方面，他们有自己的海军提供保护。而且他们独立自主，我们给予他们最大的尊敬。然而，他们干出了这等事！这就是阴谋和背后捅刀子，而不是叛离①（因为叛离意味着受压迫）。他们与我们的死敌站在一起想办法置我们于死地。这比为了获取实力主动向我们开战还要可怕②。3 他们的邻邦，凡叛离我们的都被制服了，他们也没有从中汲取教训；他们现在享受着繁荣昌盛，这也没有使他们在踏上危险之途时有丝毫的犹豫。他们对未来盲目乐观，实力不济却野心勃勃，于是挑起战争。他们信奉强权大于公理，觉得胜券在握才开战，并非由于受到了我们的伤害。4 一个城邦在最短的时间突然鸿运当头，往往就会骄横霸道；一个人碰上一般的运气，往往比撞上大运要来得稳当。正如人们所说，避开灾祸易，保留好运难。5 从一开始，我们就不应该在盟邦之中，将密提勒涅人区别对待，格外尊重他们，那他们就不会如此骄横了。因为人的本性就是欺软怕硬。6 因此，让我们现在就惩罚他们，与其罪行对等。不要只惩罚贵族③，放过了民众。所有密提勒涅人都一样攻击你们，包括民众，尽管民众背弃贵族投奔了我们，现在已再度执掌城邦大权。相反，他们认为与贵族一起分担危险更稳妥一些，就加入了叛离的行列。7 想一想，如果你们对被敌人胁迫叛离的盟邦和自愿叛离的城邦施加同样的惩罚，在叛离成功即获自由，失败又不是死路一条的情况下，还有哪个城邦不会随便找个借口就叛离呢？8 所以，我们将不得不冒损失钱财和生命的危险，一个一个来对付她们。如果取胜，将得到一个毁灭了的城邦，我们再也不能从她那里得到我们赖以强大的贡款收入；如果失败，我们将增加一个敌人，在与我们现在的敌人对抗的同时，还将与我们的盟邦开战。

---

① "背后捅刀子"原文是"ἐπανέστησαν"，它是"ἐπανίστημι"（ἐπι - + ανα - + ἰστημι）的不定过去时。"叛离"原文是"ἀπέστησαν"，它是"ἀπίστημι"（ἀπο - + ἰστημι）的不定过去时。"ἰστημι"意思是"使立起""使竖立"；"ἐπι -"，相当于"on"，有"加强"的意思；"ἀνα -"，"向上"；"ἀπο -"，"away from"。所以"ἀπίστημι"有"站到一边去""脱离"的意思。霍氏认为，一般将"ἐπανέστησαν"翻译成"rebellion"，但不足以表达此词的意思，译成"betray"稍好。见其《评注》第1卷，第428页。译者以为，克勒翁的意思是，密提勒涅人与雅典断绝了盟友关系不仅是背叛，而且是伤害，故译。

② 或译"这比以他们自己的武力直接造反还要可怕"（哈蒙德译文）。

③ "贵族"原文是"τοῖς... ὀλίγοις"（与格），本义是"少数人""寡头"。密提勒涅人的政体是寡头制的。

40.1 "因此,我们一定不要让密提勒涅人存有非分之想——用口舌让人相信,用金钱去买通——因为人都会犯错,故能博得同情。他们伤害别人时不是无意的,而是心知肚明、蓄意而为——只有无意的行为才能得到宽恕。**2** 所以,我还是以前的主张,你们对已经定下了的事情不要反悔。不要被自己的怜悯之心、对方悦耳的言辞和对保持公正的期望所误导,这三者最妨碍我们对于盟邦的统治。**3** 怜悯给予同样抱怜悯之心者才恰如其分,对于那些不回报以怜悯的、必然一直与我为敌的人,不要心存怜悯。那些用言辞取悦于人的政客①,可以在其他次要的事情上一逞其能。但是,如果出现以下情形:城邦为一时的快乐付出了沉重的代价,他们自己则以悦耳动听的演说换得了人们的赞许②,就不能让他们逞能了。公正是给予将来会成为朋友的城邦的,而不是给予将来依然故我、与我们的敌人无异的城邦的。**4** 总而言之,如果你们听从了我的建议,你们将不仅公正地对待了密提勒涅人,还获得了好处;否则,你们将得不到他们的感激,将自取罪戾。因为如果他们叛离有理,你们对盟邦的统治就是不正当的。然而,不管你们的统治是否合适,如果你们坚持继续统治,你们就必须从自己的利益出发违背正义惩罚他们!否则,必须放弃统治,那时候,正直诚实不再有危险相伴,你们可以做正直诚实的人。**5** 你们应当以眼还眼,以牙还牙;逃脱谋害的人要跟策划阴谋的人③一样冷酷无情。设想一下,如果他们战胜了你们,将会做出何等事来,特别是在他们先下手的情况下?**6** 那些无端攻击别人的人总是无所不用其极④,置人于死地。他们明白对手一旦逃脱,自己将面临何种危险。因为受到无端攻击的人一旦没有被置于死地,比忍受有同样战争理由的敌人⑤的攻击的人更加危险。

---

① "政客"原文是"ῥήτορες",它是"ῥήτηρ"的主格、复数,本义是"发言者""演说家"。

② "人们的赞许"原文是"τὸ παθεῖν εὖ",直译"愉快的经历"。有学者理解成"受贿",今从戈姆。见其《评注》第2卷,第310页。

③ 前者指雅典人,后者指密提勒涅人。

④ 这里说"(密提勒涅人)无端地攻击别人",这就与前文的说法"你们的帝国乃僭主之治"(3.37.2)相互矛盾。霍氏《评注》第1卷,第432页。

⑤ "有同样战争理由的敌人"原文是"τῆς ἴσης ἐχθροῦ"(属格),这里的意思是,敌我双方发动战争的理由是属于同一类的,比如说都是为了领土等。一旦一方得胜,便可以赢得持久的和平。而发动无端攻击的人,是不需要任何理由的,所以不是你死就是我活。其说勉强。参见戈姆《评注》第2卷,第312页。

7 "因此，不要背叛自己，出尔反尔！好好回想回想，他们的叛离给你们带来了怎样的痛苦，以及你们是怎样将制服他们列为首要目标的。现在，开始你们的报复！不要心慈手软，不要忘了刚刚还悬在你们头顶上的危险。给予他们应得的惩罚，以儆效尤；凡叛离者，将面临灭顶之灾！如果他们明白了这一点，你们就能多集中精力应对你们的敌人，少不得不向自己的盟邦开战。"

41. 这就是克勒翁的发言。紧接着，厄乌克剌忒斯之子狄俄多托斯，他在前一次公民大会上强烈反对处死密提勒涅人，这时也走上前来，发言如下：

42.1 "我不责怪那些提出重新讨论密提勒涅人问题的人；有人反对对事关重大的问题反复讨论，我也不赞成此观点。我相信，有两样东西与深思熟虑背道而驰，一是匆忙，一是发怒；发怒爱与愚蠢相伴，匆忙则与无知无识和头脑简单相随①。**2** 至于话语②，如果有人坚持不把它当作行动的导师，那么他要么是个蠢人，要么这么做与他的私人利益冲突。如果他认为，用话语之外其他的方法，能够洞察事情在渺不可知的未来的走向，那他就是个蠢人；如果他提出一项不体面的动议，却发现自己不能为一件不好的事情很好地发言辩护，却能通过大肆诽谤来恐吓反对者和听众，那他就是怀有私心的人。**3** 尤其是那些首先给演说者扣上受贿而替人巧辩的帽子的人，最让人难以忍受③。因为，如果他们只给演说者扣上无知的罪名，那么演说者若没能说服听众，就落得个愚蠢的名声而不是欺诈的名声。相反，如果给他扣上欺诈的罪名，若演说成功，就成为怀疑的对象；若失败，愚蠢和欺诈就兼而有之。**4** 如此一来，受损的是城邦——由于恐惧，人们不敢出谋划策了。这一类公民要是没有演说才能，就无法误导城

---

① 一般的翻译是"匆忙爱与愚蠢相伴，发怒则与……"，戈姆指出，这种理解与全句意思不合，主张倒过来。今从。见其《评注》第2卷，第313页。不知道这里是不是在用"交错修辞法（chiasmus）"（见7.71.4译注）？

② "话语"原文是"τοὺς λόγους"（"λόγος"的宾格、复数）。此词意思很多："话语""讨论""演说""思想""道理""理性"等。人的思维与语言密不可分，离开了语言人们就不能逻辑思维，"λόγος"兼含二义，实在是意味深长。英译者一般译为"the words"。这段话里，它可以理解成"思想""话语"和"讨论"等。故下文说，思想是行动的导师；不可能通过话语（包括讨论）之外的手段去洞察未来。

③ 这句话原文有一个词"προσκατηγοροῦντες"，戈姆认为应作"προκατηγοροῦντες"，今从。见其《评注》第2卷，第314页。

邦犯错，城邦才最兴旺发达哩！5 但是，对于起来反驳自己的人，好公民一定不要靠恐吓，而要靠平等的辩论取胜。明智的城邦不应该一再礼遇最善于出谋划策的公民，但也不要拿去他已有的荣誉；既不要因为他的谋划没人赞成而惩罚他，也不要侮辱他。6 这样的话，成功的演说者就最不可能为取悦听众而发违心之论，以求得更高的荣誉；失败的演说者也最不可能为了争取大多数人的支持，诉诸同样的取悦听众的手段。

43. 1 "可是，我们现在的做法与此正好相反。而且，即使有人提出了最好的建议（但是我们怀疑他出于私利），也会嫉妒他获得的好处（尽管未经证实），城邦明明可以从其建议中受益，这个机会就这样失去了①。2 现在已经形成了这样的惯例：坦率地提出的好建议与坏建议一样被人怀疑，以至于想提出最危险之策的人，必须用欺骗的手段，才能赢得大多数人的支持；提出良善之策的人必须撒谎才能让人相信。3 也只在这个城邦，由于你们实在精明过头，不靠欺骗就不能公开地为城邦效劳。因为若有人公开地为城邦效劳，你们就要怀疑他肯定私下以某种方式得到好处了。4 即便如此，当涉及城邦的重大问题时，当前即是，我们这些发言者应当提出自己的主张，眼光比你们粗浅的思考要长远一些，尤其是因为我们是负有责任的提出建议的人，而你们是没有责任的听众。5 如果提出建议的人和听从建议的人遭受同样的惩罚，你们做出决定就会比较审慎。但是，你们只要一遇到挫折，就会一怒之下惩罚提出建议的那个人，而不是赞同建议的你们自己——实际上大家一起犯了错。②

44. 1 "我上来发言，不是要为密提勒涅人辩护，也不是要控告他们。如果我们还头脑健全的话，对我们而言，问题不在于他们是否有罪，而在于我们的决策是否明智。2 不管我证明他们怎样有罪，我都不会因此要求你们处死他们，除非这对城邦有好处；如果我证明可以给予他们某种谅解，我也不会请求你们对他们开恩，除非这明显对城邦有益。3 我认为，我们的谋划要着眼于长远，而不要只顾眼前。从长远的利益出发，为了少让其他城邦叛离，必须对密提勒涅人处以极刑，这是克勒翁所坚决主张

---

① 此句中的括号为译者所加。
② 在雅典，公民大会掌握最高权力，在大会发言提出建议的人没有决定权，由出席公民大会的全体公民对提出的建议投票表决。戈姆指出，第5节与第4节以及前面诸节之间缺乏逻辑联系，狄俄多托斯在这里抱怨公民大会对提出建议的人惩罚过度。见其《评注》第2卷，第316页。

的。我跟他一样从长远利益出发考虑问题,但是我的主张与他的截然相反! 4 我请求你们不要被他貌似合理的言辞所误导,拒绝我有益的建议。他的话在法律上是要有理一些,由于你们现在对密提勒涅人怒气冲天,可能被他的发言所吸引。但是,我们不是在与他们打官司,因而关注公正与否的问题,而是商讨制定怎样的策略让他们有益于雅典。

45. 1 "现在,在希腊城邦,对许多比这轻得多的罪行都是处以极刑。然而,人们还是抱着侥幸的心理铤而走险,人们在铤而走险之前压根不会想到他的图谋将以失败而告终。2 又有哪个叛离的城邦在下手之前,不是对自己的实力或者盟邦的支援信心满满? 3 无论个人还是集体都会犯错,这是什么法律也阻止不了的。所有的惩罚人类都试遍了,且还在不断加码,目的是使作恶者的行为有所收敛。古时候,对绝大多数犯罪行为的惩罚很可能是比较轻微的,但是屡屡有人作奸犯科,于是许多惩罚逐渐演变成极刑。即使如此,人们照样以身试法。4 所以,要么必须找到比死刑更可怕的惩罚,要么必须承认死刑起不了作用。穷人因贫穷所迫铤而走险,富人因骄横和傲慢野心勃勃。除了贫富之外,由人类生活中的其他际遇产生的激烈情感也让人们铤而走险,因为它们各自被强大的、不可抗拒的冲动所掌控。5 '希望'和'贪欲'无处不在,'贪欲'领头,'希望'紧随其后。'贪欲'设计出阴谋,'希望'建议能交上好运①。这两种东西最有害,而且看不见、摸不着,但是比看得见的危险更加厉害。6 '运气'起的作用一点也不小,因为它有时确实出人意料地降临,诱使一些实力本来不济的人铤而走险。对于城邦而言,情况更是如此。因为她们所冒的风险是最大的——无论是独立自主还是统治他人——个人与城邦全体在一起的时候,就会盲目地高估自己的力量。7 总而言之,人的本性一旦急于热切地付诸行动,法律的力量和其他令人畏惧的力量都不可能阻止它,只有头脑极单纯的人才认为有可能。

46. 1 "因此,我们一定不要相信只有极刑才管用,从而作出错误的决策;不要让叛离者感到绝望,觉得没有机会后悔和在最短的时间内停止错误的行动。2 你们应当想一想,现在,假如有某个城邦确实已经叛离,等到她意识到自己将面临失败,就会跟我们达成投降协议;更何况她还有能力现在

---

① "希望"原文是"ἐλπίς",指雅典盟邦怀有的叛离之心;"贪欲"原文是"ἔρως",本义是"爱""情欲",这里是"欲望""贪欲"的意思。

偿付战争赔款，将来缴纳贡款。相反，你们想一想，如果快点投降与慢腾腾地投降结局都一样，有哪个城邦不会比现在更好地备战，在围城中坚持到最后一刻？**3** 对方面对围攻不投降，我们的钱财耗尽；倘若攻下来，得到的是满目疮痍的城市，失去的是未来的贡款收入——我们因为有它而强大以对付敌人——我们怎么能不遭受损失？**4** 因此，我们一定不要充当惩罚犯人的严厉的审判员，因而自身遭受损失；而要眼光长远，惩罚要温和适度，那些财力雄厚的城邦就会为我所用。不要通过严酷的法律，而要通过常备不懈获得自身的安全保障。**5** 现在，我们的所作所为与此正相反：一个自由的城邦被迫接受统治，她想挣脱统治恢复自由是很自然的；我们认为，一旦制服了这样的城邦，就一定要严惩不贷。**6** 相反，自由的城邦叛离我们，我们不应严惩，而应在他们叛离之前就严格地监视，不让他们产生叛离的念头；但一旦镇压下去，就尽可能少去追究叛离者的罪责。

47.1 "你们应该考虑到，如果按照克勒翁说的办，将犯下另一个大错。**2** 现在，每个城邦里的民众都对你们怀有好意①，他们要么没有与寡头派一起加入叛离的行列，要么，如果被迫为之，就从一开始就敌视挑起叛离的人；所以，你们若开战，将赢得叛离城邦里的民众的支持。**3** 然而，密提勒涅的民众并没有参加叛离，而且得到甲胄兵器之后，就自愿交出了密提勒涅城。如果处死他们，首先，你们犯了杀死了自己恩人的罪行，其次，正中了密提勒涅当权者的下怀。他们下次策动某个城邦叛离的时候就会马上将民众拉到自己一边，因为你们对有罪者和无辜者的惩罚毫无差别，尽人皆知了。**4** 即使民众有罪，你们也该假装不知道，以免让唯一现在还是我们盟友的民众变成了我们的敌人。**5** 我认为，我们心甘情愿地容忍他们的伤害，比公正地处死那些不该被处死②的人，对于保持我们的统治有益得多。克勒翁声称这种惩罚既公正又有益，你们将发现，两者根本不能兼得。

48.1 "请你们明白我的建议比克勒翁的强，不要受怜悯之心和仁

---

① 这里的"每个城邦"指雅典控制下的盟邦。这句话与前文（2.8.4—5）的观点相左，学者们有很多争论。可能这是演说者的观点，不是作者的观点；也有可能是演说者习惯夸大其词；还有可能前文与此段写作于不同的时期，等等。不过，这句话清楚地说明，雅典盟邦中的"民众政体"（或"民主政体"）不是由雅典强加的。见戈姆《评注》第 2 卷，第 322 页；霍氏《评注》第 1 卷，第 437—438 页。

② 这里的"公正地"是从道义的角度说的；"不该被处死"是从利益的角度说的，不是从道义的角度说的。

慈之心①所左右——克勒翁不允许你们这样，我更不允许——根据我提出的理由，接受我的主张：平心静气地审判帕刻斯送来的被当作罪人的密提勒涅人，让其他密提勒涅人的生活一仍其旧。2 这个主张不仅对将来有利，并且将立即让敌人害怕。因为谋略之士面对敌人强过蛮力之徒。"

49.1 这就是狄俄多托斯的发言。两种针锋相对的提议发表了。雅典人争得不可开交，举手表决时不分上下，但是狄俄多托斯的提议最终占了上风。2 他们立即派遣第二艘三层桨船火速出发——前一艘船已经出发差不多一天一夜了——希望能赶上它，救下密提勒涅全城人的性命。3 密提勒涅使节为船员提供了葡萄酒和大麦片，并许诺如果他们先抵达，将给予重赏。一路上，他们急急忙忙。一边划桨，一边吃着掺着葡萄酒和厄莱亚油的大麦饼②，轮流划桨和睡觉。4 幸好没刮逆风，而且第一艘船肩负异乎寻常的使命，没有急于赶路，第二艘又是如此拼命赶路。第一艘船还是先到了一会儿，帕刻斯看了法令，正要执行，第二艘船马上赶到了③，要他停止处决行动。密提勒涅就这样逃过劫难。**50.1** 其他被帕刻斯当作叛离策动者送到雅典的密提勒涅人，按照克勒翁的提议④被处死了（为数1000多一点⑤）。雅典人还拆毁了他们的城墙，接收了他们的舰队。2 后来，他们不向勒斯玻斯征收贡款，而是将除墨堤谟娜之外的全部土地划分为3000份，拨出其中300份奉献给神灵，其余分配给雅典人，他们是从雅典经过摇签派来的⑥。勒斯玻斯人耕种这些土地，规定每份地每年向雅

---

① "仁慈之心"原文是"ἐπιείκεια"（与格），直译"合理""公正"等，这里指对密提勒涅人。故译。

② "厄莱亚"原文是"ἐλαίῳ"，(ἔλαιον 的与格），一般译为"橄榄油"，是错误的。它是一种树的果实，叫"ἐλαία"（树名同），其中文学名为"齐墩果"，俗称"油橄榄"，音译为"厄莱亚"就是为了避免误解。"大麦片"原文是"ἄλφιτα"，普通的大麦饼（μᾶζα）用大麦粉加油和水做成，戈姆认为不一定是大麦，可能是燕麦。见其《评注》第2卷，第324页。

③ 整个航程有345公里，如果第二艘船以每小时16.6公里的速度（9节）航行，可以在20小时内抵达目的地。第一艘船大约只有这个速度的一半，大概只用了1—2层的桨手划桨。见罗兹《修昔底德第3卷评注》，第213页。

④ 很可能就是在这次公民大会上提出的，很明显他没有善罢甘休。见戈姆《评注》第2卷，第325页；霍氏《评注》第1卷，第440页。

⑤ 有学者认为此数量太大，不合情理，也有学者认为可信。见霍氏《评注》第1卷，第440页。有学者估计，整个勒斯玻斯岛的成年男子可能有22500人。见罗兹《修昔底德第3卷评注》，第214页。

⑥ 这些地方就是雅典的"κληρουχία"（"cleruchy"），但这里特殊的是，雅典不耕种这些土地，而是坐收租金。此举的目的是让这些派来的雅典人作为驻军以保护雅典的利益。见卡特赖特《评注》，第148页。

典人缴纳 2 谟那银子①。**3** 雅典人还占领了亚细亚大陆上的密提勒涅人控制的所有城镇，这些地方后来都臣服于雅典。勒斯玻斯事件的经过就是这样的。

51. 1 同一个夏季，在占领密提勒涅之后，雅典人在尼刻剌托斯之子尼喀阿斯②率领下，出征位于墨伽拉前面的弥诺亚岛。墨伽拉人在上面建有工事，把它当作据点。**2** 尼喀阿斯想把它当作雅典人的前哨，它比萨拉弥斯和部多戎更靠近墨伽拉，以便阻止伯罗奔尼撒人的三层桨战舰从墨伽拉潜出，过去发生过这种事情③，或者派出海盗，同时阻止任何东西运进墨伽拉。**3** 于是，他首先从船上用机械④攻占了位于该岛朝向尼赛亚一面的两个突出的碉堡，于是打通了该岛屿与大陆之间海峡的入口；然后筑墙将该岛朝向大陆的一面封锁——由于该岛与大陆相距不远，那里有一道桥梁跨越浅滩通往大陆，由此从大陆上可以支援该岛。**4** 这项工程没几天就完成了。随后，尼喀阿斯还建造了工事，留下一支驻防军，然后将部队撤回雅典了。

52. 1 同一个夏季，大约与此同时，普拉泰亚人绝粮，无力防守下去了，就向伯罗奔尼撒人投降。情况是这样的：**2** 他们攻打普拉泰亚人的城墙，普拉泰亚人无力还击。拉刻代蒙人的司令官明白他们已经没有力气了，但不想用武力攻占（他从拉刻代蒙接到命令，其考虑是，如果将来与雅典人达成休战协议，双方同意归还用武力夺取的地方，普拉泰亚若是自愿投降，就不在此列⑤）。于是，他派出传令官问普拉泰亚人，是否自愿将城市交给拉刻代蒙人，接受他们的审判；有罪者将受惩处，人人都不

---

① "谟那"原文是"μνᾶς"（"μνᾶ"的宾格），英译为"mina"，故又译"明那"。货币单位，1 谟那 = 100 德拉克马，60 谟那 = 1 塔兰同。1 年 2 谟那大约相当于一个重甲兵 1 年的薪酬，这些派到密提勒涅的雅典人很可能是来驻守当地的重甲兵。见霍氏《评注》第 1 卷，第 440 页。戈姆说他们很可能来自雅典较贫穷的阶层。见其《评注》第 2 卷，第 327 页。
② Νικίας, Nicias，约前 470—前 413 年，雅典著名的政治家、将军。
③ 见前文（2.93；94）。
④ 有学者认为可能是竖立在船上的木塔，或者是攻城槌，或者云梯。见霍氏《评注》第 1 卷，第 442 页；戈姆认为最有可能是云梯。见其《评注》第 2 卷，第 334 页。
⑤ 见后文（5.17.2），前 421 年，在所谓"尼喀阿斯和平"期间，忒拜人不愿意交出普拉泰亚。作者是如何知道这项命令的？很可能作者看到前 421 年发生的事件之后，推测出这里的拉刻代蒙人的动机，但是把它当作事实来写。见霍氏《评注》第 1 卷，第 443 页。

会得到有违正义的判决①。**3** 这就是传令官的话。他们（因为虚弱已极）就交出了城市。几天当中，伯罗奔尼撒人给他们食物，直到五位审判官从拉刻代蒙抵达。**4** 他们抵达后，没有提出什么控告，只是要求普拉泰亚人回答这样一个问题：在这场战争中是否为拉刻代蒙人及其盟友做过某些好事？**5** 普拉泰亚人请求作长篇发言，推举他们当中的阿索波劳斯之子阿斯堤马科斯和埃谟涅斯托斯之子拉孔为代表，拉孔是拉刻代蒙人在普拉泰亚的权益保护人②。他们走上前来，发言如下：

53.1 "拉刻代蒙人啊！我们因为信任你们才把城市交到你们手里，没有想到要受到这样的审判，以为会按照惯例进行。我们同意受你们而不是别人的审判——眼下我们就在受审——相信一定会受到［你们］公正的审判。**2** 但是，现在我们担心这两个想法都会落空。因为我们很有理由怀疑，这场审判将与我们性命攸关③，而且你们不会不偏不倚地裁决。从以下的事实我们可以作此推断：你们没有首先提出指控，要求我们必须为自己辩护（我们不得不请求允许发言）；而且你们的问题简短，以实相告，对自己不利，说假话，又会被揭穿。**3** 我们实在不知道该怎么办才好，看来只好大着胆子说点什么才比较安全。因为一个人身处此境，若什么也不说，事后就会责怪自己：要是当初说出什么来，没准儿就保住性命了。**4** 除了这些之外，我们面临另一个困难，那就是说服你们。如果我们双方相互不知底细，我们举出一个你们不熟悉的事例来，就会从中受益。但是，现在我们将说什么你们都一清二楚。我们所担心的，倒不是你们带着我们不如你们品质优秀的先入之见，来指控我们；而是你们为了讨好他人④，罪名早就定下，再来审判我们。**54.1** 尽管如此，我们还是要陈述自己的

---

① "有违正义的判决"原文是"παρὰ δίκην"。这里作者没有直接用"ἄδικος"（"不正义"）之类的词，而是使用了"παρὰ"（"超过……""与……相反"）这个词，这种模糊的说法乃作者有意为之，英译应为"beyond justice"，而不是"injustice"；因为此时的"正义"当然是拉刻代蒙人说了算，是没有一个客观标准的。参见霍氏《评注》第1卷，第447页。

② Λάκων，Lacon，原义是"拉孔人"，即"拉刻代蒙人"（见前文3.5.2），这个普拉泰亚人是拉刻代蒙人在普拉泰亚的权益保护人，取这个名字也就不奇怪了。

③ 前文拉刻代蒙人说，"有罪者将受惩处，人人都不会得到有违正义的判决"，所以普拉泰亚人认为按照一般情况（即前文说的"法律惯例"）他们是不会被判处死刑的。但是，"有罪"与否，是拉刻代蒙人说了算，所以普拉泰亚人从斯巴达审判官的提问中感觉到这一点。不过，普拉泰亚人之所以投降，不是因为斯巴达的口头保证，而是因为绝粮无力抵抗。参见霍氏《评注》第1卷，第447页。

④ 指忒拜人。

正当理由，这些理由不仅是关于我们与忒拜人的争端的，还涉及你们和其他希腊人；还要提醒你们不要忘记我们过去的杰出表现。我们将努力说服你们。

2 "对于你们提出的简短问题，即在眼下这场战争中，我们是否为拉刻代蒙人以及盟友做过某些好事？我们的回答是，如果你们把我们当作战场上的对手①，那么我们没有让你们占便宜，但也没有伤害你们；如果你们把我们当朋友，那么错在你们自己，而不在我们，因为是你们来进攻我们。**3** 在对波斯人的战争中和此后的和平时期里，我们表现良好，我们不是首先破坏和约的人，在玻俄提亚人中只有我们参加了解放希腊的战争②。**4** 尽管是内陆居民，我们还参加了阿耳忒弥西翁海战③；在发生于大陆的战役中，我们与你们和泡萨尼阿斯并肩作战。在那段时间，不论希腊遇到什么危险，我们都舍命④分担。**5** 拉刻代蒙人啊！地震之后，希洛特造反上了伊托墨山，那是斯巴达最危急的时刻。就在那时，我们派出了三分之一的公民前去援助你们。你们可不应该忘记这些啊！

55.1 "这些就是我们在重大的历史关头所起的作用，我们引以为豪，尽管随后我们成了你们的敌人。你们要为此负责，当初忒拜人对我们施以暴行的时候，我们请求你们援助，可你们一口拒绝，要我们去找雅典人，他们近一些，而你们住得远⑤。**2** 然而，在这场战争中，我们从未对你们做出出格的举动，也不存在这种可能性。**3** 如果说你们要求我们叛离雅典时，我们不愿意，我们也没有做错。因为他们帮助我们对付忒拜人的时候，你们却退缩了。特别要说的是，他们待我们很好，应我们的要求与我们结盟，让我们分享他们的公民权，我们要是再背叛他们就不地道了，自然只能全心全意地听从他们的命令。**4** 在你们两霸对盟邦发号施令的过程

---

① "战场上的对手"原文是"πολεμίους"（复数、宾格），本义是"敌人"。有学者指出，普拉泰亚人认为拉刻代蒙人是他们战场上的对手，双方本来无仇无怨。所以普拉泰亚人仔细地区分"πολέμιοι"（主格、复数）与"ἐχθροί"（主格、复数，意思是"仇敌"，见下文3.58.2）。见霍氏《评注》第1卷，第448页。

② 玻俄提亚地区还有忒斯庇埃（Θεσπιαί, Thespiae）人参加了温泉关战役，并与拉刻代蒙人一道战死在温泉关（希罗多德《历史》7.222）。见霍氏《评注》第1卷，第448页。

③ 普拉泰亚人还参加了马拉松战役，但是那是帮助雅典人，为了避免涉及雅典人，所以普拉泰亚人有意只字不提。见霍氏《评注》第1卷，第448页。

④ "舍命"原文是"παρὰ δύναμιν"，直译"超出能力"。

⑤ 见希罗多德《历史》（6.108.1—3）。

中，如果是干什么坏事，该受指责的都不是服从命令的，而是指挥他们做坏事的。

56.1 "至于忒拜人，他们对我们作恶多端。他们最近的所作所为你们是清楚的，我们现在遭受的灾祸正由此而来。2 因为他们在休战期间，而且在当月神圣的日子里①，夺取我们的城市。不管从什么法律习惯——抵抗敌人的进攻是神圣的权利——来说，我们惩罚他们都是完全正当的，凭什么我们要受到他们的侵害？3 如果你们把眼前的好处和忒拜人现在对我们的敌意当作是非曲直的标准，就不是公正的裁判者，而是私利的仆从。4 尽管忒拜人现在对你们有用，但是以前你们面临巨大危险的时候，对你们更有用的是我们，还有其他的希腊人啊！现在，你们到处侵略，人们对你们心存畏惧，但是在那个关头，蛮族将奴役强加于每一个城邦之时，忒拜人是站在蛮族一边的！5 你们应当将我们现在的过错——如果我们犯了错的话——与过去我们抗敌的满腔热情放在一起加以衡量，你们将发现后者远大于前者。在那个关头，有勇气与克塞耳克塞斯的武力相抗衡的希腊人真是凤毛麟角！那时候，被人赞颂的不是面对侵略去保住自身利益的人，而是以大无畏的精神面对危险的人。6 我们就是其中一员，并得到了最大的荣誉。但是，基于同样的原则，现在我们担心遭到毁灭，因为我们出于正义而不是私利的考量，选择站在了雅典人一边，而不是你们一边。7 如果人们的行为前后一致，别人对他们的判断也应该一致。真正的'有利'不是别的，就是对好盟邦的英勇壮举永存感激之心，同时兼顾你们眼前的利益。

57.1 "再想一想，现在希腊人普遍把你们当作正直的典范。如果你们对我们的判决不公正（你们的这个审判不会不为人所知，作为审判者的你们享有令名，而作为被告的我们无可指摘），你们将看到，人们将无法接受一个可耻的判决结果——作为高尚之士的我们被更为高尚的你们审判；无法容忍将从有功于希腊的我们身上剥去的战利品，进献于全希腊人共同的神庙！2 拉刻代蒙人将荡平普拉泰亚——你们的父辈曾因为这个城邦的英勇，而将其名字刻在安放于德尔菲的三角鼎上②——你们将因为忒拜人的缘故，将普拉泰亚从希腊的版图上完全抹去，这将是一件多么可怕

---

① "在当月神圣的日子里"原文是"ἱερομηνία"（与格），戈姆认为这个词指每个月的第一天，但这与前文（2.4.2）说的"当时正值月末"不符（要早一两天），可作衍文看待。见其《评注》第 2 卷，第 340 页。这一天要举行节庆活动，战事要停止。

② 见前文（1.132.2）。

的事啊！3 我们的灾难如此深重，波斯人打进来时，我们差点灭亡了①；现在，在你们——我们以前最亲爱的朋友——的法庭上，我们又输给了忒拜人。我们经受了两场最严酷的考验，过去是不交出城市就要被饿死；现在是受审，关乎生死。4 我们普拉泰亚人，为了希腊曾一腔热血，舍命拼搏，如今所有人都抛弃我们，我们没有朋友，孤立无援。拉刻代蒙人啊！我们以前的盟邦没有一个来帮我们，至于你们，我们唯一的希望，我们担心靠不住啊！②

58. 1 "恳求你们看在当初我们结盟时所祈求的神灵的份上，看在我们为希腊立下的汗马功劳的份上，宽大为怀，改变原来的想法，如果它受到忒拜人影响的话。从忒拜人那里收回你们的礼物③，不要处死我们，这与你们的身份不配。这样你们得到的是希腊人明智的感激，而不是忒拜人令人耻辱的感激。不要为了讨好别人而给自己招来骂名。2 你们要取我们的性命易如反掌，但要消除由此带来的恶名难上加难。因为我们不是你们的仇敌——你们想怎么惩罚都合情合理——而是被迫与你们兵戎相见的朋友。3 因此，进行公正的审判，让我们性命无虞。首先要考虑到我们是自愿将城市交出来，向你们伸出双手的（按照希腊人的惯例，是不能处死这类人的④），而且我们一直有恩于你们。4 请看一看你们父辈的坟茔⑤，他们被波斯人所杀，葬在我们的土地上。每年，我们都举行公共的祭奠活动，奉上衣裳和其他惯常的祭品，还有所有时令作物的首次果实，它们产自我们的土地。我们是他们来自友邦的朋友，一起并肩作战的盟友。如果你们判决不公，你们的所作所为就跟所有这些背道而驰了。5 你们想一想，泡萨尼阿斯把他们葬在这里的时候，心里想的是把他们葬在友邦的土地上，在朋友们中间。然而，如果你们处死我们，将普拉泰亚的土地并入忒拜，这不是将你们的父辈和亲属置于一块敌对的土地上，处在凶手之间吗？这不是剥夺他们现在享有的荣誉吗？而且，你们将奴役这片希腊人在此赢得了自由的土地，废弃战胜波斯人之时我们用来祈祷的神庙，剥夺奉

---

① 指普拉泰亚城被波斯人付之一炬，见希罗多德《历史》（8.50）。
② 指忒拜人的影响。
③ 这句话隐含的意思是"你们向忒拜人许诺处死我们，把这当作一件礼物送给他们"。见戈姆《评注》第2卷，第344页。
④ 实际上，普拉泰亚人就处死了忒拜人的俘虏，见前文（2.5；6）。
⑤ 普拉泰亚战役（前479年）距离此时（前427年）50多年了，所以应该是"祖辈"，但是传统的祈求方式都是如此。见霍氏《评注》第1卷，第453页。

献给你们父辈的祭祀，它是我们一手设立的制度啊！

59.1 "拉刻代蒙人啊！这样的行为——违反希腊普遍习惯，触犯你们的父辈，因为别人的仇恨而处死我们——与你们的名声不相配。我们有恩于你们，而且从未伤害过你们。饶恕我们的性命，回心转意，审慎且带怜悯之情。请你们想一想，厄运不仅会落到我们的头上，还会落到任何像我们这样的人的头上；灾祸渺不可测，它会突然降临在本不该承受的人的头上。**2** 我们——有权利，也是被迫为之——大声祈求希腊人共同祭祀的神灵，保佑我们能够说服你们。我们要说出你们的父辈发过的绝不忘记我们的誓言①；我们在你们父辈的坟茔旁祈求逝者，不要让我们落入忒拜人手里，即被我们最亲爱的朋友交到我们的死敌手里。不要忘了那过去的日子，我们与你们的父辈一起干出了辉煌事业；现在，我们却要遭受那最可怕的命运。**3** 现在，我们不想多说了。人们处在我们这样的境遇，必须做而又最困难的就是结束发言，因为发言结束了，死亡的危险就近了。最后一句话，我们没有把城市交给忒拜人（与其那样，倒不如悲惨地饿死），而是交给了你们，因为我们信任你们（如果你们不听我们的，就应该让我们回到投降前的状态，任由我们自己选择面对何种危险）。**4** 我们同时恳求你们，不要信任忒拜人，把我们普拉泰亚人——最热心于希腊的事业的人——从你们的手上交到我们的死敌手上。拉刻代蒙人啊！我们现在求你们了，做我们的救星，不要在解放其他希腊人的时候，单单毁灭了我们！"

60. 这就是普拉泰亚人的发言。忒拜人担心伯罗奔尼撒人听了他们的发言，会作出某种让步，就上前表示，他们也想发言。因为普拉泰亚人被允许长篇大论地发言，而不是回答提出的问题，这是他们不希望看到的。等审判官同意之后，他们发言如下：

61.1 "普拉泰亚人没有直截了当地回答提出的问题，却转而控告我们，其辩护离题万里，其所控诉者乃子虚乌有，其所赞扬者本无异议。要不是这样，我们决不会请求作这番发言。既然如此，我们必须回答他们的指控，反驳他们的自我美化，目的是既不让我们的恶名，也不让他们的令名对他们有利。请你们听了关于我们双方事情的真相之后，再作裁决。

2 "我们双方的争端是这样起始的：我们不是在玻俄提亚的其他地区定

---

① 见前文（2.71.2）。

居之后,才驱逐了普拉泰亚和别的一些地方的混杂民族,占据了这个地区。但是,普拉泰亚人拒绝像一开始那样接受我们的领导,违反祖制,脱离了其他玻俄提亚城邦。当我们采取强制措施的时候,他们就倒向了雅典人,跟雅典人一起对我们作恶多端,我们也采取了相应的报复行动。

62.1"蛮族侵入希腊之时,他们说玻俄提亚人中只有他们不亲波斯人,他们最爱拿这一点来炫耀自己和辱骂我们。**2** 我们要说的是,他们不亲波斯人是因为雅典人也不亲。同样的道理,后来雅典人攻击全希腊的时候,只有他们亲雅典①。**3** 但是,请你们考虑我们双方行为的不同背景。那时,我们的城邦的政体既不是一个所有公民享有平等民事权利的寡头政体②,也不是一个民众政体。统治权掌握在少数人手里,与法律和明智的统治③完全背道而驰,而与僭主政体相近。**4** 这些人希望,如果波斯人得胜,就可以加强自己的统治地位,于是强力压制民众,将波斯人引入城内。整个城邦这样做的时候,已经不能自我控制了。在没有法治的情况下,不应该指责她的过错。**5** 不管怎么说,波斯人退走以后,忒拜有了法治。你们应该看到,此后,雅典人发动进攻,试图将我们的领土和希腊其他地方置于自己的统治之下;并且由于我们的内讧,他们已经占领了我们领土的大部分。但是,我们不是在科洛涅亚打败了他们④,解放了玻俄提亚吗?现在,我们不是正全心全意地投身于解放希腊其余的地方的事业,提供的骑兵⑤和军力非任何其他盟邦可比吗?

63.1"以上就是我们对亲波斯的指控所作的辩护。现在我们将指出,你们普拉泰亚人比起我们,对于希腊人的戕害更多,不论遭到什么惩罚都不为过。**2** 你们说,你们做了雅典人的盟友和公民是为了报复我们。果真

---

① 这一章的"亲波斯"原文是"μηδίσαι"("μηδίζω"的不定过去时不定式),还可以译为"波斯化",即说波斯的语言、穿波斯人的服装等。同样,"亲雅典"原文是"ἀττικίσαι"("ἀττικίζω"的不定过去时不定式),也可以译为"阿提卡化""雅典化"。

② "所有公民享有平等民事权利的寡头政体"原文是"ὀλιγαρχίαν ἰσόνομον"(宾格),"ἰσόνομον",形容词,其主格是"ἰσόνομος",意思是"享有平等权利的"。这里指享有平等的民事权利(civil rights),而不是政治权力(political power)。在有些学者看来,它与其名词"ἰσονομία"只能用在"民主政体"或者"民众政体"(δημοκρατία)上,但是,这里明显是一个反例。见戈姆《评注》第 2 卷,第 347 页;霍氏《评注》第 1 卷,第 455—456 页。

③ 这里恭维斯巴达拥有良好的政体,见下文(3.58.1;3.59.1;3.82.8)。

④ 见上文(1.113.2)。

⑤ "骑兵"原文是"ἵππους"(宾格、复数),意思是"马"。戈姆认为这里应作"ἱππέας"("骑兵")或"ἵππον"("骑兵队"),今从。见其《评注》第 2 卷,第 348 页。

如此，你们只应该召来雅典人来对付我们，而不应该伙同他们侵害别人。如果雅典人有时候强迫你们跟他们走，你们完全可以拒绝，因为你们已经与眼前的拉刻代蒙人结成了抗击波斯人的同盟。你们开口闭口提这个同盟当保护伞，它确实足以束缚我们的手脚，最重要的是，它保证了你们决策的自由。然而，你们自愿地而不是被迫地加入雅典的阵营。3 你们说，背叛有恩于自己的人是可耻的。那么，背叛全体希腊人更加可耻和邪恶。你们曾与其一同宣誓，不只有雅典人；雅典人在奴役希腊，而别的人在解放希腊[①]。4 你们对雅典人恩惠的回报既不对等[②]，也绝对不体面。因为，就像你们所说，你们在受到侵害时才把雅典人召来，但是，雅典人侵害别人的时候，你们当了帮凶。不以德报德诚然可耻，但是，这种报德不公正地伤害了他人，也是可耻的。64.1 你们的所作所为表明，玻俄提亚人中只有你们当初没有站在波斯人一边，不是为了希腊，而是因为雅典人也不这么做。你们想要跟他们跑，而与其余的希腊人作对。2 你们的英勇行为是在其他希腊人的激发下才表现出来，现在你们要求得到回报。这怎么可能！你们选择了雅典人，就得与他们站在一起。不要提什么过去的盟誓，说什么它现在可以救你们的命！3 因为你们已经背弃了它，你们没有阻止，而是违反盟约帮助奴役埃癸娜人和其他盟友；而且，你们的行为是自愿的，因为你们的政体[③]直到现在未变，没有像我们那样迫于无奈。而且，在普拉泰亚被筑垒包围前的最后时刻，我们建议你们保持中立，两边都不参与，你们拒不接受。4 你们自诩的'正直'就是对他人的作恶，还有谁比你们更应遭到全体希腊人的憎恨呢？你们从前可能表现出英勇的行为，如你们所言，但是你们现在的行为证明那不过是一时的；你们本性的一贯倾向完全暴露在世人面前了，因为你们追随雅典人走上了一条罪恶的道路。

5 "那么，关于我们不情不愿地亲波斯，和你们心甘情愿地亲雅典的情况就说到这里。65.1 至于你们最后提到的受到侵犯的指控，即我们在休战期间，在当月神圣的日子里，非法攻击你们的城市，到现在我们还是不

[①] 这段话不合逻辑，作者想表达的意思是，伯罗奔尼撒同盟是在解放希腊，而雅典与其盟邦是要奴役希腊。见戈姆《评注》第2卷，第349页。

[②] "不对等"是说，普拉泰亚人应该在雅典人受到侵害时给予援助。见下文。

[③] "政体"原文是"τοὺς νόμους"（宾格、复数），意思是"法律"，但是这里显然不是指一般的法律。

认为过错主要在我们。2 如果我们心怀敌意进攻你们的城市，与你们厮杀，践踏土地，那么错在我们。但是，如果你们中一部分人，他们论财富和出生都是头面人物，想要终止与外邦的同盟，回到所有玻俄提亚人共同的祖传的习惯中去，故自愿邀请我们前去，这难道是我们的错？因为犯法的是那些领头的，跟随者无罪。3 即便如此，依我们的判断，我们没有错，他们也没有错。他们跟你们一样是城邦的公民，而且他们处在危险之中的财物比你们的更多。他们打开了自己的城门，领我们进了城，把我们当作朋友，而不是敌人。因为他们想让你们当中的坏人不再变得更坏，好人得好报；改善城邦治理，不放逐他人；让公民彼此一家亲；对外不树敌，与所有城邦都一样和平相处。66.1 有此为证：我们的行动不带敌意，因为我们没有加害于任何人，并且首先发布通告①：凡想要生活于全玻俄提亚的祖传的政体下的人投向我们。2 你们高兴地走过来，与我们达成协议。开头你们很老实，后来，发现我们人数不多，就动起手来。就算我们考虑颇为不周，没有得到你们大多数民众的同意就进了城，可你们的行为真是截然相反啊！你们没有学我们的样子，不诉诸武力，用言语说服我们离开，而是破坏协议向我们猛扑。格斗中，杀死了我们一些人，对此我们并不那么痛苦（他们确实该受一些惩罚）。但是，那些举手投降的俘虏，你们许诺不杀，后来却公然违背法律习俗将他们处死。这难道不令人发指吗？3 在很短的时间内，你们接连犯下三宗罪：先是破坏协议，然后是屠杀俘虏，最后是违背如果我们不破坏郊外田野的财产就不杀他们的诺言。然而，你们说是我们犯了罪，而你们自己无罪！不是这样的！如果这几位审判官裁判正确，你们将因为所有这些罪行受到惩罚。

67.1 "拉刻代蒙人啊！我们已经详细讨论了这些事情，为了你们，也是为了我们，目的是让你们了解情况，公正地判决，知道我们的报复甚至更为正义神圣。2 在听了他们过去的英勇品德——如果确实有一些——之后，不要心软。因为这些品德对于受害的一方应该有所帮助，但是对于行可耻之事的人来说，应该带来双倍的惩罚，因为他们的犯罪行为与其本性不相称。不要因他们的哀号、在你们父辈坟茔前的和因目前的孤立无援发出的大声祈求而让步。3 我们还要指出，遭受他们屠杀的青年的命运要悲惨得多，他们的父亲有些为了将玻俄提亚引向你们一边而战死在科洛涅

---

① 见前文（2.2.4）。

亚，另一些在衰老之年独守空室。因此，他们更有理由恳求你们惩罚这些普拉泰亚人。4 那些遭受不公的人的确值得怜悯，那些受到公正惩罚的人，像这些普拉泰亚人，反倒值得高兴。5 现在他们孤立无援了，那是咎由自取，因为他们自愿将好盟邦拒之门外。他们犯下罪行并不是因为我们先前对他们做过坏事，是出于仇恨而不是公正的判断，即使现在，他们也没有受到应有的惩罚。他们将不被当作战场上的投降者——如他们所说——而被当作按照协议投降接受审判的人，接受合法的审判①。6 因此，拉刻代蒙人啊！维护被这些人践踏的希腊的法律习惯。我们遭受他们无法无天的侵害，请给予我们公正的补偿，这是我们热切期望的。不要被他们的言辞鼓动，将我们一把推开。给希腊树立一个范例：你们的审判依据的是行动，而不是言语②。如果行动英勇正直，简单描述几句就够了。如果行动邪恶，辞藻华丽的发言不过是伪装罢了。7 如果盟邦之主③，像你们现在这样，针对所有的人，归结为一句话，然后作出最后的裁决，那么，干完罪恶的事情，再寻求漂亮言辞的行为就要少得多了。"

68.1 这就是忒拜人的发言。拉刻代蒙审判官认为，要普拉泰亚人回答的问题——在这场战争中，他们是否为拉刻代蒙人做过什么好事——是公正的。因为，他们一直都在敦促普拉泰亚人，根据击败波斯人之后最初与泡萨尼阿斯签订的和约保持中立；后来，就在普拉泰亚被围城之前，他们又提出要对方根据那个和约保持中立。但是，普拉泰亚人拒绝了。因此，他们认为既然自己的公正要求遭拒，就不受和约束缚了，且已经遭受对方的伤害。于是，又将普拉泰亚人一个一个领过来，问同样的问题，即在这场战争中，是否为拉刻代蒙人及其盟友做过什么好事。若答"没有"，就拉出去处死，无一例外。2 被处死的普拉泰亚人不下 200 人，还有在围城中的雅典人 25 人；妇女被卖为奴隶。3 至于普拉泰亚城，[忒拜人]④ 将它

---

① 古希腊的惯例是，在战场上主动投降的人是不应该杀的，但是，如果他投降的时候没有提出条件，处死他也是合法的，前文提及的密提勒涅人和这里的普拉泰亚人都属于此类。见戈姆《评注》第 2 卷，第 354 页。

② 直译"以举办非言语而是行动的比赛来给希腊人建立一个范例"。

③ "盟邦之主"原文是"οἱ ἡγεμόνες"，其中"ἡγεμόνες"是"ἡγεμών"的复数，本义是"领头的""带路人"。这里指的是同盟的盟主，像斯巴达、雅典等。

④ 这个句子的主语应该还是伯罗奔尼撒人，故"牛津本"括起来了。见戈姆《评注》第 2 卷，第 357 页。

给在国内派别之争中被驱逐的墨伽拉人①，还有所有站在他们一边的幸存的普拉泰亚人居住大约一年。后来，他们将全城夷为平地，在赫拉庙旁边的地基上，建起每一边长 200 尺的旅舍②。楼上和楼下都是圆形的房间，用普拉泰亚人房屋的屋顶和门框做材料。用城内的铜的和铁的物件，制成一些卧榻献给赫拉③。他们还用石头为赫拉建了一座每一边长 100 尺的庙。他们将普拉泰亚人的土地没收，出租 10 年，由忒拜人据有④。4 在整个事件中，拉刻代蒙人就这样差不多完全偏向忒拜人，满足他们的要求。他们希望在这场刚刚开始的战争中，忒拜人会对他们有用。5 在成为雅典盟邦后的第 93 年⑤，普拉泰亚就这样灭亡了。

69.1 伯罗奔尼撒人前去援助勒斯玻斯的 40 艘战舰，在被雅典的战舰追赶、从外海逃跑之时，遭遇风暴，被刮到了克里特岛，再从克里特七零八落地回到伯罗奔尼撒。在库勒涅⑥，遇到了勒乌卡斯人和安布剌喀亚人的 13 艘战舰和忒利斯之子布剌西达斯，他来当阿尔喀达斯的参谋。2 勒斯玻斯的远征失败之后，拉刻代蒙人打算增加其战舰，驶向发生了内乱的科西拉。雅典人只有 12 艘战舰驻扎在瑙帕克托斯，拉刻代蒙人想赶在雅典从本土来的增援战舰之前，抵达科西拉。布剌西达斯和阿尔喀达斯为此着手准备。

70.1 在厄庇丹诺斯附近的海战中被科林斯人俘虏的科西拉人释放回国之后⑦，科西拉就爆发了内乱⑧。他们名义上是由科西拉人在科林斯的

---

① 见下文（4.66）。
② 赫拉是这里的保护神，按照玻俄提亚的祖制，对她的崇拜还要继续。该旅舍为节日期间前来拜神的人而建，以前该用途的房屋被毁了。见戈姆《评注》第 2 卷，第 358 页。
③ 放在旅舍里。见史密斯的注。
④ 即忒拜人耕种这些土地。
⑤ 即与雅典结盟于前 519 年，有学者认为原文应作"第 83 年"，还有学者认为应作"第 53 年"，霍氏认为这些观点的证据都不充分，原文是可靠的。见其《评注》第 1 卷，第 464—465 页。
⑥ 见前文（1.30；2.84）。
⑦ 即发生在绪玻塔的海战，实际上绪玻塔离厄庇丹诺斯很远。科西拉战俘共有 250 人，见前文（1.54—55）。见戈姆《评注》第 2 卷，第 359 页。"厄庇丹诺斯附近的"原文是"περὶ Ἐπίδαμνον"。哈蒙德译本作了变通："over Epidamnus"（"为了厄庇丹诺斯的"）。今未从。
⑧ "爆发了内乱"原文是"ἐστασίαζον"（弱不定过去时动词），还有下文的"στάσις"，英译者多译为"革命"（revolution）。但是，在西方文化中，"革命"一词不像我国总是褒义的，有时甚至带有贬义。故译。

— 189 —

权益保护人交纳 800 塔兰同保释的①，实际上他们被说服争取科西拉倒向科林斯一边。他们挨个游说每一位公民，以使科西拉叛离雅典。2 从阿提卡驶来一艘船，从科林斯也驶来一艘船，它们都带来了使节。使节们与科西拉人开会商议。科西拉人投票决定，根据原先的协议继续与雅典结盟，但是像以前一样与伯罗奔尼撒人保持友好关系。3（一个叫珀提阿斯的人，他是民众的领袖，自愿当雅典人在科西拉的权益保护人）那些被释放回国的人将他交付审判，控告他要将科西拉置于雅典的奴役之下。4 珀提阿斯被判无罪，他反过来控告他们当中最富有的 5 个人，说他们经常从奉献给宙斯和阿尔喀努斯②的土地上砍走支撑葡萄藤的木桩，每根木桩应罚款 1 斯塔忒耳③。5 他们被判有罪。由于罚款数额巨大，他们坐在神庙里当祈求者，想要分期付款。珀提阿斯（因为他刚好是议事会成员）建议议事会依法行事。6 由于法律对自己不利，与此同时他们明白只要珀提阿斯还是议事会的成员，就将坚持劝说大多数人与雅典结为攻守同盟。于是，他们结成一伙④，手持匕首，突然闯进议事会。杀死了珀提阿斯和其他成员，还有普通人，总数达 60 人。少数与珀提阿斯持同样政见的人，逃到了还在港口的雅典战舰上。71.1 然后，他们召集科西拉人说，这样做是上佳之策，还让受雅典奴役的可能性降到最小；以后，不接受雅典一方或伯罗奔尼撒一方，除非他们派一艘船和平地驶来，否则就视之为敌。说完，他们强迫科西拉人批准这项提议。2 他们还立即派出使节前往雅典，就科西拉的局势作出有利于自己的解释；并告诫在雅典的流亡者不要采取有害于科西拉的行动，以免雅典对科西拉采取某些反制行动。72.1 使节抵达后，雅典人将他们还有那些听从他们的流亡者，当作政变者加以逮

---

① 尽管这些战俘都是科西拉的头面人物，而且并未真正交纳，但是这个数字等于提洛同盟贡款的两倍，相当于每个战俘付 3 塔兰同，实在是太高了，几乎是不可能的。见戈姆《评注》第 2 卷，第 359 页。

② Ἀλκίνους, Alcinous, 希腊神话中的人物，是派阿克斯（Φαίαξ, Phaeax）之子，派阿克斯又是波塞冬和科西拉（女神名）之子。派阿克斯人是科西拉人的别称。所以，阿尔喀诺斯崇拜是派阿克斯人的传统信仰。

③ στατήρ, Stater, 金银货币单位，1 个科林斯 στατήρ 银币等于 3 德拉克马，约等于 2 个雅典德拉克马。如果这样，那就意味着这 5 个人砍掉的木桩数量很大；也可能是金币，1 στατήρ 就等于 20 德拉克马，那价值就大了，即使是最富有的人也难以承受，见下句。见戈姆《评注》第 2 卷，第 359 页；霍氏《评注》第 1 卷，第 469—470 页。

④ 应该不止那 5 个最富有的人，还有其同伙。见戈姆《评注》第 2 卷，第 361 页。

捕，拘禁在埃癸娜岛①。

2 与此同时，随着一艘科林斯三层桨战舰载着拉刻代蒙使节的到来，科西拉的当权者向民众进攻，并在战斗中打败了他们。**3** 到了晚上，民众逃到卫城和城邦中的高处躲避，在那里聚集，站稳脚跟，并占领了许拉斯②港。其对手则占据了市场，他们大部分居住在那里③，还有附近朝向大陆的港口。**73.** 第二天，双方零星地相互投射，还派人到乡下四处召唤奴隶加入自己一边，并允诺给予他们自由。大多数奴隶与民众结盟④，其对手则有来自大陆的800名雇佣兵相助。**74.1** 隔了一天⑤，战斗重新爆发。民众取得胜利，位置和人数都占优。妇女们勇敢地帮助他们作战，从屋顶上抛投瓦片，像男人一样⑥忍受战场的喧嚣。**2** 黄昏时分，寡头派溃败。由于担心民众乘胜攻击，夺取船坞⑦，将他们杀死，他们将市场周围的私人住房和几家合住的出租房屋付之一炬，包括他们自己的和别人的，一概不顾，以阻止对方进攻。结果，商人大量的货物化为灰烬；如果当时刮风，将火焰吹向城市，整座城有毁灭的危险。

3 到了晚上，战斗停止，双方相安无事，但都保持警戒。由于民众占了上风，科林斯的那艘战舰扬帆潜出，大多数雇佣军被悄悄地运回了大陆。**75.1** 次日，雅典的将军，狄厄特瑞珀斯之子尼科斯特剌托斯，带领12艘战舰和500名墨塞尼亚重甲兵⑧的援军从瑙帕克托斯赶到。他劝说双方相互让步，达成协议，审判为首的10个人——这些人立即逃亡了——要其他的人相互订立和约，居住在一起，并与雅典结成攻守同盟。**2** 做完这些，他打算驶离科西拉。但是，民众派的领袖建议他留下5艘战舰，以

---

① 雅典人此举是否合乎当时的国际惯例？可能雅典是代表科西拉的合法政府采取这些行动的。见戈姆《评注》第2卷，第362页。

② Ὑλλαϊκὸς λιμήν，"Ὑλλας的港口"，根据希腊神话，Ὑλλας是赫剌克勒斯的儿子。戈姆认为在今天的Chalikiopoulo港的南面，也有学者持不同意见。见霍氏《评注》第1卷，第471页。

③ 这些人主要是地产在乡下的土地所有者，还有一些是商人。在古希腊，古老和富有的家族往往居住在政治中心或者靠近政治中心。见戈姆《评注》第2卷，第362页。

④ 戈姆指出，科西拉和喀俄斯的农业似乎通常靠奴隶完成的。见其《评注》第2卷，第362页。霍氏认为，奴隶加入民众一边是预测到他们的胜算较大。见其《评注》第1卷，第472页。

⑤ 从上下文来看，应该是零星的战斗发生之后的第3天，但又过于仓促，不太可能。见戈姆《评注》第2卷，第363页。

⑥ 直译"超过其本性"。

⑦ 那里有武库。见戈姆《评注》第2卷，第363页。

⑧ 见前文（1.103.3）。

免对手有所行动，还从科西拉人中派人为同样数量的船只配备人员，并派遣它们与其一同出发。3 等尼科斯特剌托斯一同意，他们就挑选出自己的仇敌到雅典人的船上①。挑出来的人害怕被送往雅典，就坐在狄俄斯科洛庙②里当祈求者。4 尼科斯特剌托斯让他们站起来，并加以安抚。但是，他们不相信他的话。民众以此为借口武装起来，怀疑他们不跟随尼科斯特剌托斯出海是因为心中有鬼。民众从这些人家里取来武器，如果不是尼科斯特剌托斯加以阻止，就会遇到一个杀一个。5 其他的寡头派③眼见这个架势，便坐在赫拉庙里当祈求者，为数不下400人。民众担心他们起来暴动，就劝他们站起来，将他们送到赫拉庙对面的岛上，定期给他们送去生活必需品。

76. 在科西拉内乱的这个阶段，即在寡头派被送到岛上后的第4天或第5天，从库勒涅驶来的伯罗奔尼撒人的战舰抵达科西拉——它们从伊俄尼亚回来后一直停泊在库勒涅——为数53艘，还是由阿尔喀达斯率领，布剌西达斯随行当他的参谋。舰队在位于大陆的港口绪玻塔下锚停泊。拂晓，即驶向科西拉。**77.** 1 城内的局势和伯罗奔尼撒人的驶来引起了科西拉人极大的混乱和恐惧。他们立即准备了60艘战舰，火速配备人员，然后驶向敌人，尽管雅典人建议让他们先出海，科西拉人随后全部跟上。2 当科西拉人战舰零散地接近敌人时，有两艘当即开了小差。在其他战舰上，船员相互之间打起来了，舰队乱作一团。3 伯罗奔尼撒人看到这种混乱情况，就排列了20艘战舰对付科西拉人，其余的对付雅典的12艘战舰，其中包括"萨拉弥尼亚"和"帕剌罗斯"两艘战舰。**78.** 1 科西拉人的攻击很混乱，只有少数战舰同时攻击，自身陷入困境。雅典人害怕对手船多势众，遭到包围，不敢攻其主力，也不敢直捣其阵型之中央，而是攻其一翼，击沉了1艘。此后，伯罗奔尼撒人的战舰排成一个圆圈，雅典人绕着它航行，试图引起对方的混乱。2 与科西拉人对阵的伯罗奔尼撒人明白过来，害怕发生在瑙帕克托斯的事情重演，前去援助。于是，整个舰队联合起来，一起向雅典人进攻。3 雅典人开始倒划撤退，想让科西拉人有

---

① 把自己的政敌送到国外服役，是当时惯用的手段；这些人到雅典的战舰上充当舰上人员（如1.49.3），按照每艘战舰40人，共200人。见戈姆《评注》第2卷，第364页。

② Διόσκοροι, Dioscuri, 本义是"宙斯的儿子们"，特指宙斯的孪生子卡斯托耳（Κάστωρ, Castor）和波吕德乌刻斯（Πολυδεύκης, Polydeuces）。

③ 指除被挑出来之外的寡头派。

时间逃回港口。他们自己缓慢后撤，与敌方对峙。

4 这场海战一直持续到夕阳西下，经过就是这样。**79.1** 科西拉人害怕敌人乘胜向他们的城市发动进攻，或者将岛上的那些人救到船上，或者采取什么别的激烈行动，就将岛上的那些人运回赫拉庙，并设防保卫城市。**2** 然而，伯罗奔尼撒人尽管在海战中获胜，但是不敢来攻打城市，带着俘获的13艘科西拉的战舰驶回了大陆，他们出发的地方。**3** 次日，他们还是不去攻打科西拉城，尽管城内的居民已陷入极大的混乱和恐慌之中。据说，布剌西达斯劝阿尔喀达斯这么做，但是他没有与对方相等的投票权①。他们在勒乌喀墨岬角②登陆，蹂躏乡野。**80.1** 与此同时，科西拉的民众极为害怕伯罗奔尼撒人的战舰来攻，为了拯救城市，便与那些祈求者和其他人谈判。说服了他们当中一部分登上战舰——仍然配齐了30艘战舰的人员，以应对将来的攻击。**2** 伯罗奔尼撒人蹂躏土地，到中午就离开了。傍晚，有火光信号发出，60艘雅典的战舰正从勒乌卡斯驶来。原来，雅典人得知科西拉发生了内乱，阿尔喀达斯的舰队将开往科西拉之后，就派遣了这支舰队，由图克勒斯之子厄乌律墨冬任将军。**81.1** 因此，伯罗奔尼撒人连夜迅速沿着陆地驶向国内。他们从勒乌卡斯地峡把战舰拖过去，以免绕着陆地航行时被发现③，如此这般回国了。**2** 科西拉人得知雅典的战舰驶来，敌人的战舰离去，就将先前在城外的墨塞尼亚人领进城内；命令先前配备了人员的那些战舰绕着陆地航行进入许拉斯港④。这些战舰尚在航行之中，他们见仇敌就杀。战舰到达后，他们让被他们的劝说上船的人下船，并将这些人干掉。他们还去了赫拉庙，劝说祈求者中的大约50人接受审判，然后悉数判处死刑。**3** 大多数的祈求者，不同意受审，看到这种架势，就在神庙里相互杀死对方，有的自缢于树上，还有的各自设法结果自己的性命。**4** 在厄乌律墨冬抵达后带着60艘战舰一直待在科西

---

① 本句为直译，有人理解成"没有与对方相等的权威"，是意译。霍氏认为没有必要意译。见其《评注》第1卷，第475页。

② 离大陆上的绪玻塔仅12.9—14.5公里。见戈姆《评注》第2卷，第367页。

③ 在古代，勒乌卡斯与大陆之间是沉积的沙地，一度有水道，可以航行通过。现在挖了运河。有学者认为这样做的目的是快一点逃跑，倒不是怕雅典人发现，因为从上下文来看，伯罗奔尼撒人的舰队早已过了勒乌卡斯。"以免……被发现"很可能是古代笺注者所加。见霍氏《评注》第1卷，第476页；戈姆《评注》第2卷，第368页。

④ 从靠近市场的港口到许拉斯港，此举是为了将寡头派与其支持者分开。见戈姆《评注》第2卷，第369页。

拉的 7 天时间里，科西拉人继续屠戮那些被他们认为是自己的仇敌的人，所加的罪名是推翻民众统治。实际上有些人是因为私仇被杀，还有的被借了自己钱的人杀掉。5 各种各样的死亡方式都出现了。凡在这种时候发生的种种事情，现在都有过之而无不及。父亲杀死儿子；有人被从神庙中拖出来，就在神庙旁杀死；有些人甚至被筑墙围在狄俄倪索斯庙里，死在里面。

82.1 〈这场〉野蛮的内乱就是这样进行的，显得极为残暴，因为它是首次发生。到了后来，可以说，整个希腊世界都被搅得天翻地覆。民众的领袖将雅典人引入国内，寡头派则引入拉刻代蒙人，到处都是这样争先恐后。在和平时期，既没有借口，也没有愿望邀请外人进来。但是，在战争中，当国内的某一派可以引入盟友以祸害对手、为自己赢得优势之时，对于想要采取激烈行动的派别而言，引入雅典人或者拉刻代蒙人就是顺理成章的了。2 内乱给希腊城邦带来了很多可怕的灾难。只要人的本性不变，像这样的灾难将会一直发生。只不过由于在具体事件上情况有所不同，其程度或重或轻，其形式也有所变化而已。在和平时期，万事顺遂，无论城邦还是个人都还没有遭受恶劣环境的逼迫，因此都心存善念。但是，战争让人们连每日生活之必需品都难弄到，他是一位暴虐的教员，让人们的脾气性情与周围的环境变得一致了①。3 于是，一个接一个城邦爆发了内乱，后爆发的城邦的人们探听到早爆发的城邦的情形之后，越发挖空心思、花样翻新地谋害、报复他人。4 他们按照自己的想法改变了评价人们行为的习惯用语。于是，不计后果的胆大妄为被当作朋友义气；深谋远虑的犹豫未决被当作色厉内荏；审慎被当作怯懦的托词；对事情的通盘考虑被当作一事无成；狂暴成了勇敢的表现之一；深思熟虑以避免犯错被认为是背叛帮派的冠冕堂皇的借口。5 过激者总是受信任，反对他们的人则被怀疑。阴谋得逞叫精明，识破阴谋叫技高一筹。谁要是出来建议两派不要尔虞我诈，就会被认为颠覆本派，惧怕反对派。一句话，别人只是心怀叵测、他已经付诸实施的人受到赞扬，别人没有坏心思、他却鼓励对方作恶的人也受到赞扬。6 还有，血缘亲情不敌帮派义气，因为帮派可以为所欲为、毫无顾忌。因为这样的帮派的建立既不依据任何已制定法律，也

---

① 显然，这句话将战争拟人化了。"暴虐的教员"原文是"βίαιος διδάσκαλος"，一般英译为"violent teacher"，意思是他不是通过说服来教育学生的心智，而是通过暴力，故而让人们养成残暴的习性。

不是为了公共利益，而是违背法律，为了私利。帮派成员之间的信任不是出于神法的约束，而是由于一起违法犯罪。7 对于较弱的一方提出的良好建议，较强的一方只在保持戒备的情况下接受，而不是以高尚的精神接受。先报复对方，再考虑自己的安危。双方只是在眼下遇到困难，一时得不到外援的情况下，才立誓和解。但是，一方看见对方没有防备，一有机会就先下手，觉得这种背信弃义之举比堂而皇之的报复更惬意。他们认为这种方式更稳当，骗过了对手，在谋略上更胜一筹。通常，人们宁愿说一个邪恶的人"聪明"，而不愿说一个良善却无知的人"聪明"，他们以"良善"为耻，以"聪明"为荣。8 由于追名逐利而产生的对权力的喜好，是所有这些罪恶的根源。由此，帮派争斗愈演愈烈。在各个城邦，帮派首领都打着漂亮的旗号，一派宣称"民众在法律面前平等"，另一派则宣称"温和的贤人统治①"。他们名义上为公众利益服务，实则是为自己赢得奖赏。为了战胜对方，他们不择手段，无所不用其极。你侵害了我，我一定要变本加厉地报复；超过了正义和城邦利益所允许的限度，双方都是随兴之所至。他们时刻要么通过不公正的判决，要么通过暴力占据上风，来满足自己当下的争胜的欲望。结果是，双方都不敬神，在漂亮的言辞掩盖下，做出丑恶的事情，却受到赞扬。夹在两派之间的公民两边不讨好，要么是因为不与两派搞到一块，要么是因为两派妒忌他们逍遥于局外，最终遭受灭顶之灾。

83.1 于是，由于内乱的缘故，各色各样的邪恶都在希腊出现了。心地单纯，人类高尚品质中最主要者，受人嘲笑，消失得无影无踪了。对立双方观念相左，人们都相互猜忌。2 他们要和解，诺言是靠不住的，誓言又不足以让他们敬畏。每个派别，一旦发现自己比对手强大，就盘算着不指望对手让自己安全，宁愿采取措施预防对手侵害，而不能相信任何人。3 心智愚蠢的人往往生存下来，因为他们担心自己的缺点和对手的精明，口才也不行，对手足智多谋，自己中了计还不明白，所以他们就大胆采取行动。4 而那些聪明的人轻视对手，自以为会及时觉察动向，没有必要采取他们完全能够想得到的行动，因而毫无防备，常常成了牺牲品。

[**84.1** 于是，在科西拉，这些邪恶中的大多数第一次实施了。以前受

---

① "贤人统治"原文是"ἀριστοκρατίας"（属格），一般翻译成"贵族政体"等，但是其本义是"最好的人的统治"，含褒义。

暴虐统治而不是温和统治的人，现在有了报复的机会，就干出了这些报复的事。他们想要从久已习惯的贫穷之中解脱出来，特别是由于自己过去的贫困的处境，所以垂涎邻居的财产，于是做出邪恶的决定。另有一类派别，内乱之初与对手还是一样富有的，他们并不是出于贪婪，而是被固执褊狭的情绪所左右①，做出野蛮和残酷的事情。2 在这个时候，城邦的生活陷入一片混乱。总想凌驾于法律之上的人类的本性，开始践踏法律，得意扬扬地表明自己的冲动是不可驾驭的，比法律更有力量，挑战一切在其之上的权威。要不是嫉妒有着致命的威力，谁将报复置于对神灵的虔敬之上？将利益置于正义之上？3 人们在报复他人的时候，认为应该先废除那些人类共同的法律，一样也不留，而这些法律是所有的人在遭遇困境时得救的希望；假如将来遇到危险需要它时，就再也找不到了。]②

85.1 这些就是科西拉人在希腊城邦中第一次出现的派别火并的情况。厄乌律墨冬和雅典的舰队驶离了科西拉。2 后来，科西拉的流亡者（寡头派有约500人逃脱）夺得了科西拉岛对面大陆上的一些要塞，控制了对面大陆上属于科西拉的土地③。他们以此地为基地，劫掠科西拉岛上的同胞，造成极大的损失，以致引起了科西拉城内严重的饥馑。3 他们还向拉刻代蒙和科林斯派遣使节，恳求她们帮助自己返国，但是无功而返。后来，他们准备船只和雇佣军，然后渡海到科西拉岛，总数将近600人。他们焚毁船只，以示除了统治科西拉之外，没有其他想法。然后上了伊斯托涅山，在那里建筑要塞，开始杀死科西拉城内的人，占领土地。

86.1 在同一个夏季的末尾，雅典人派遣20艘船去西西里，由墨拉诺波斯之子拉刻斯、厄乌庇勒托斯之子卡洛阿得斯任将军。2 那里，叙拉古④人和勒翁提诺⑤人正交战。所有多里斯族的城邦，除了卡马里娜⑥之

---

① 指派别之间的偏见与仇视。
② 从古到今，大多数学者怀疑此段的真实性，很可能是他人的模仿之作。
③ 密提勒涅、萨摩斯和其他一些岛邦也都占有对面大陆的土地。见戈姆《评注》第2卷，第386页。
④ Συράκουσαι, Syracuse, 音"绪剌枯赛"，"叙拉古"是习惯译名。位于西西里岛东岸。最初为科林斯人所建，是西西里的一个强邦。
⑤ Λεοντῖνοι, Leontini, 位于西西里岛东岸。最初由那克索斯（在爱琴海）人在前8世纪所建。其人民称为"Λεοντῖνος"，复数形式与其城邦名"Λεοντῖνοι"相同，故在下文中，"Λεοντῖνοι"有时指其城邦，有时指其人民。
⑥ Καμάρινα, Camarina, 位于西西里岛南岸。前599年由叙拉古人所创建。

外，都是叙拉古人的盟邦。这些城邦在这场战争之初加入拉刻代蒙人的盟邦的行列，但是没有实际参战。卡尔喀斯人的城邦①和卡马里娜都是勒翁提诺的盟邦。意大利的罗克洛斯人②与叙拉古人结盟，赫瑞癸翁③人与勒翁提诺人有血缘关系。**3** 勒翁提诺人与其盟邦根据过去的盟约，还因为他们是伊俄尼亚族，劝说雅典人派遣战舰前往。他们被叙拉古人从陆上和海上封锁了。**4** 雅典人以亲缘关系为借口派出了战舰，实际上想阻止伯罗奔尼撒从西西里输入粮食④，并且还初步尝试能否将西西里的事务置于自己的掌控之中⑤。**5** 他们在意大利的赫瑞癸翁安营，与其盟邦一起作战。这个夏季结束了。

87. 1 在接下来的冬季里，瘟疫再次袭击雅典。瘟疫虽然有所缓解，但从未绝迹。**2** 这次持续了一年有余，前一次是两年。它给雅典带来的精神打击和巨大的人员损失是任何别的灾难所不及的⑥。**3** 重甲兵队伍至少4400名死亡，骑兵死了300名，其他的死亡民众不计其数⑦。**4** 同时，在雅典、优卑亚、玻俄提亚，尤其是玻俄提亚的俄耳科墨诺斯，发生了许多地震。

88. 1 同一个冬季，在西西里和赫瑞癸翁的雅典人，带领30艘战舰出征被称为"埃俄罗斯"的群岛⑧。由于那里夏季缺水无法出征。**2** 群岛被

---

① 她们的居民最初均来自优卑亚岛上卡尔喀斯，包括那克索斯（Νάξος, Naxos，位于西西里岛东岸）、卡塔涅（Κατάνη，或者 Κατάνα，一般转写作 Catana，位于西西里岛的东岸，那克索斯的南面）和希墨拉（Ἱμέρα, Himera，位于西西里岛的北岸）。勒翁提诺也是这种情况。

② Λοκροί, Locrians。居住于意大利半岛最南端的东海岸，即今意大利的洛克里（Locri），由来自希腊本土的俄浦斯的罗克洛斯族于公元前7世纪建立。

③ Ῥήγιον, Rhegium，即今意大利的雷焦卡拉布里亚（Reggio di Calabria），位于意大利半岛的西南顶端，与西西里隔海相望。

④ 从西西里输入粮食的伯罗奔尼撒人很可能主要是科林斯人。见霍氏《评注》第1卷，第493页。

⑤ 这就严重偏离了伯里克利所设定的战略方针（1.144；2.65），对此，修昔底德未予置评。有迹象表明，这阶段雅典的军事行动越来越有攻击性，见下文（3.91，94及以下）。见卡特赖特《评注》，第160页。

⑥ "人员"原文是"τὴν δύναμιν"（宾格），霍氏理解成"力量""实力"，未从。今从戈姆。见霍氏《评注》第1卷，第494页；戈姆《评注》第2卷，第388页。

⑦ 这句话说明雅典的重甲兵和骑兵（总数约14000人）有1/3死亡，有学者认为，我们没有理由假设只有重甲兵和骑兵受瘟疫的影响，因此，瘟疫期间（前430/29—前427/6年），雅典的成年男子死了约15000人（即约47000÷3）。见霍氏《评注》第1卷，第494页。

⑧ Αἰόλου νῆσοι, Aeolian Islands，即今利帕里（Lipari）群岛，位于西西里岛北面。该群岛以古希腊的风神 Αἴολος(Aeolus) 命名。

利帕拉人耕种着，他们是克尼多斯人①派出的殖民者。他们定居于其中一个不大的岛上，称作利帕拉；从那里出发耕种其他岛屿：狄底墨、斯特戎古勒和希厄拉。3 这里的人们相信，赫派斯托斯就在希厄拉锻造器物②，因为可以看到那里夜晚发出大量的火光，白天则冒烟。这些岛屿与西刻罗人和墨塞涅人的土地③隔海相望，是叙拉古人的盟邦。4 雅典人蹂躏那里的土地，由于当地居民不投降，他们就驶回了赫瑞癸翁。这个冬季结束了，修昔底德记载的这场战争的第 5 年也随之结束了。

89.1 在接下来的夏季里④，拉刻代蒙人及其盟友在拉刻代蒙人的王、阿耳喀达摩斯之子阿癸斯⑤的率领下，开进至地峡，要入侵阿提卡。由于地震频发，他们中途折返，入侵没有发生。2 就在这段时间里，地震接连发生，在优卑亚的俄洛比埃⑥，海水从原来的岸边退回去，然后汹涌而来席卷了部分城镇。在不同的地方海水此涌彼退。有些以前的陆地变成了汪洋，那些没有及时起身跑到高处的人都死了。3 阿塔兰忒岛，位于俄浦斯人的罗克里斯的岸边，在其附近也发生了海水涌上岸的情况。雅典人的要塞被冲走一部分，被拖上岸的两艘船也被打碎了一艘。4 在珀帕瑞托斯⑦，同样出现了海水后退的现象，但是没有涌上来；并且有地震，震坏了一些城墙、政厅和其他少量房屋。5 我认为，这种现象的原因是，在强震发生的地方，海水被赶回去，然后突然反冲出来，力量更大，于是形成了潮涌。在我看来，要是没有地震，这种情况就不会发生⑧。

---

① Κνίδιοι, Cnidians 克尼多斯（Κνίδος, Cnidus）人，克尼多斯位于小亚东南部的卡里亚。

② Ἥφαιστος, Hephaestus，又译"赫菲斯托斯""赫淮斯托斯"等。宙斯和赫拉之子，司掌锻造、工艺和雕刻等。

③ Σικελοί, Sicels，西西里岛上的古代居民，西西里（Σικελία, Sicily，音"西刻利亚"）由于他们而得名，占据西西里岛的东部。Μεσσήνη, Messene, 今西西里的墨西拿（Messina），前 8 世纪由希腊人所建，位于西西里岛的东北端。

④ 前 426 年。

⑤ Ἄγις, Agis, 即阿癸斯二世（前 427—前 401/400 年）。阿耳喀达摩斯二世的长子，斯巴达 Eupontids 王族的第 17 位国王。

⑥ Ὀροβίαι, Orobiae, 位于优卑亚岛北部西海岸的一个小地方，其故名 Ῥοβιές 保留至今。见戈姆《评注》第 2 卷，第 391—392 页。

⑦ Πεπάρηθος, Peparethus，是优卑亚东北面的斯科珀洛斯（Σκόπελος, Scopelus）群岛中的一个岛。见戈姆《评注》第 2 卷，第 392 页。

⑧ 当时的人们认为，这种现象是海神波塞冬所为，今天称之为"海啸"（tsunami）。见戈姆《评注》第 2 卷，第 392 页；霍氏《评注》第 1 卷，第 497 页。

90.1 同一个夏季，西西里各邦之间都有战争，西刻罗人自己相互交战，雅典人则援助他们的盟邦①。我将只提及那些特别值得叙述的雅典人与盟邦一起的行动，或者雅典人被敌人攻击。2 由于雅典将军卡洛阿得斯在战争中被叙拉古人打死了，拉刻斯全权指挥舰队。他与盟邦一道征讨墨塞涅人的城市密莱②。墨塞涅人的密莱有两个部落守卫着，他们设下一个埋伏，静待从船上下来登陆的敌人。3 雅典人及其盟友打败了埋伏者，杀死了许多人。然后，进攻对方的防御工事，迫使对方订立投降协议，交出卫城，并与他们一道攻打墨塞涅人。4 此后，在雅典人及其盟友的攻击面前，墨塞涅人自己也投降了，纳人质，作出其他保证。

91.1 同一个夏季，雅典人派遣 30 艘战舰绕伯罗奔尼撒航行，由阿尔喀斯忒涅斯之子得摩斯忒涅斯③、忒俄多洛斯之子普洛克勒斯任将军；派遣 60 艘战舰和 2000 名重甲兵前往墨罗斯，由尼刻剌托斯之子尼喀阿斯任将军。2 因为尽管墨罗斯人是岛民，但是不愿意服从，也不愿意与雅典人结盟，所以雅典人想要劝降他们。3 雅典人蹂躏他们的土地，他们也不投降。于是，从墨罗斯起航，到优卑亚对面的俄洛波斯④。黄昏时抵达，重甲兵马上下船，步行至玻俄提亚的塔那格拉。4 同时，雅典全军在卡利阿斯之子希波尼科斯、图克勒斯之子厄乌律墨冬的率领下，根据指定的信号，与他们在同一地点会合。5 他们安下营来，用一天的时间在塔那格拉蹂躏，晚上就那里过夜。第二天，他们打败了出来抵抗的塔那格拉人，以及一些援助塔那格拉人的忒拜人。缴获了武器，竖立了却敌纪念柱，然后撤走了。一部分人回雅典城，一部分人回到船上。6 尼喀阿斯率领 60 艘战舰沿着海岸航行，劫掠罗克里斯的沿海地带，然后回国了。

92.1 大约在同一时间里，拉刻代蒙人在特剌喀尼亚建立殖民地赫剌

---

① 戈姆认为这句话中的一个词 "ἄλλοι"（复数、"别的人"）应作 "ἄλλα"（"但是"）。见其《评注》第 2 卷，第 392 页。译者觉得那样全句也不好解释，故未从。
② Μυλαί, Mylae, 位于西西里岛的东北海岸，即今米拉佐（Milazzo）。
③ Δημοσθένης, Demosthenes, 又译 "德摩斯梯尼" "德谟斯提尼" 等，雅典著名将军，这里第一次出现。
④ "牛津本" 原文作 "ἐς Ὠρωπὸν τῆς Γραϊκῆς"（"到格赖亚的俄洛波斯"，格赖亚位于玻俄提亚，在优卑亚岛对面的大陆上），霍氏认为应作 "ἐς Ὠρωπὸν τῆς πέραν γῆς"。译文加上 "优卑亚岛" 意思更明白。见霍氏《评注》第 1 卷，第 500 页。

克勒亚①，其考虑如下：**2** 墨利厄乌斯人②总体上可以分为三部分：帕剌罗斯人③、伊里厄斯人和特剌喀尼亚人。在这些人当中，特剌喀尼亚人曾在战争中被接壤的俄泰亚人④歼灭。他们起初想投向雅典人一边，但是害怕对方不相信自己，于是派人去拉刻代蒙，挑选忒萨墨诺斯为使节。**3** 拉刻代蒙人的母邦多里斯人也有此需要，因为他们也遭到俄泰亚人的歼灭，于是派遣使节一同去。**4** 拉刻代蒙人听了他们的请求，想要援助特剌喀尼亚人和多里斯人，决定派人去建殖民地。同时，对他们而言，这个新城邦的位置有利于与雅典人的战争：可以准备一支海军进攻优卑亚，渡海路程很近，而且去色雷斯也很便利。简而言之，他们急切地想将它建起来⑤。**5** 他们首先去德尔菲求神谕，神谕同意了。他们派遣了殖民者，包括他们自己和边民。他们还宣布想去的其他希腊人都可以跟随，但是，伊俄尼亚族、阿卡伊亚人和一些其他民族⑥除外。三位拉刻代蒙人当创建殖民地的领导：勒翁、阿尔喀达斯和达马工。**6** 他们安顿下来之后，建造了一座新城，现在称作赫剌克勒亚。离温泉关将近 40 斯塔狄翁，离大海 20 斯塔狄翁。还开始建造船坞，筑墙封锁温泉关的隘口，以使该城的防守牢固。

93.1 殖民者纷纷聚集于此城时，马上引起了雅典人的警觉。他们认为新城的兴建是冲着优卑亚岛来的，因为从那里渡海航行至优卑亚的刻奈翁⑦实在很近。然而，后来他们担心的情况没有发生，新城没有造成什么伤害⑧。**2** 个中原因是，在那一带势力强大的忒萨利亚人⑨和该城所在区域的人们，害怕其势力在一旁坐大，所以不停地向新来的殖民者发动战争，以使对方筋疲力尽，尽管刚开始对方的人数还相当多（因为所有的人都

---

① Τραχινία, Trachinia, 意思是"Τραχίς 的领土"，公元前 426 年之前这里的主要城邦叫作特剌喀斯（Τραχίς, Trachis）。前 426 年该殖民地为拉刻代蒙人所建，位于温泉关以西大约 6.4 公里处。

② Μηλιεύς, Malian, 居住在中希腊今 Σπερχειός（Spercheios）河的河口地带，该河从今拉米亚城南面流入今马里阿克（Μαλιάκος, Maliac）海湾。

③ Παράλιοι, Paralians, 意思是"滨海居民"。

④ Οἰταῖοι, Oitaeans, 居住于中希腊位于今 Σπερχειός 河下游以南的地区。

⑤ 很明显，拉刻代蒙人已经认识到每年入侵阿提卡不能结束战争，所以开始考虑海战和陆上远征。见戈姆《评注》第 2 卷，第 395 页。

⑥ 比如阿卡耳那尼亚人（除俄尼阿代之外）。见戈姆《评注》第 2 卷，第 395 页。

⑦ Κήναιον, Cenaeum, 位于优卑亚岛的西北顶端。

⑧ 这是对优卑亚和赫剌克勒亚附近的地区而言，但是作者似乎忘了从此地去色雷斯很便利。见戈姆《评注》第 2 卷，第 398 页。

⑨ 包括埃尼阿涅斯人、多罗庇亚人和墨利厄乌斯人，见下文（5.51.1—2）。

相信拉刻代蒙人建立的这座城市稳如磐石，所以都大胆地涌向这里）。但是，另一个导致此地衰败和人口锐减的主要原因来自拉刻代蒙人的统治者，他们严苛的、有时还不公正的统治将大多数殖民者吓跑了，以致周围的城邦轻松地打败了他们。

94.1 同一个夏季，大约在雅典人逗留于墨罗斯之时，雅典人绕伯罗奔尼撒的 30 艘战舰上的军队，首先在勒乌卡斯对面大陆上的厄罗墨农打埋伏①，歼灭了一些守军；然后，用较多的军队攻击勒乌卡斯，还有除了俄尼阿代之外的所有阿卡耳那尼亚人，兹达库恩托斯人、刻帕勒尼亚人以及科西拉人的 15 艘战舰跟随他们。**2** 勒乌卡斯人看到对方人多势众，只好按兵不动，尽管地峡②内外的土地都被踩躏，地峡上有勒乌卡斯城和阿波罗庙。阿卡耳那尼亚人劝雅典将军得摩斯忒涅斯，筑墙将勒乌卡斯人包围。并认为容易将其城围攻下来，一劳永逸地将其宿敌解决掉。**3** 这个时候，墨塞尼亚人劝说得摩斯忒涅斯，这么一支大军聚集起来了，对他来说是攻打埃托利亚人的好机会。因为他们是瑙帕克托斯的敌人，而且一旦战胜他们，就可以轻松地让那一带大陆的其他地方归顺自己。**4** 埃托利亚人尽管是个大民族，而且尚武，但是居住在没有围墙的村庄里，彼此相距较远，而且他们使的是轻装备，显然可以在他们联合起来之前毫不费力地战而胜之。**5** 他们还劝他首先攻打阿波多托人，然后是俄庇俄涅斯人，再就是厄乌律塔涅斯人③。厄乌律塔涅斯人是埃托利亚人中人数最多的一支，其语言最不好懂，据信④他们吃生肉。如果拿下了他们，其他大陆民族⑤则望风披靡。**95.1** 得摩斯忒涅斯接受这个建议，不仅想要取悦于墨塞尼

---

① "勒乌卡斯对面大陆"原文为"τῆς Λευκαδίας"（"Leucadia"），有学者解释为"勒乌卡斯的领土"，但下文接着说雅典人又来攻勒乌卡斯岛（即今莱夫卡斯岛），不通。故霍氏明确说指"勒乌卡斯对面的大陆地区"，见霍氏《评注》第 1 卷，第 509 页；戈姆《评注》第 2 卷，第 400 页。Ἑλλομενόν, Ellomenum, 不详其所在。

② 见前文（3.81.1）译注。

③ Ἀποδωτοί, Apodotians; Ὀφιονῆς, Ophionians; Εὐρυτᾶνες, Eurytanians, 皆属于埃托利亚人。

④ "据信"原文是"ὡς λέγονται"，一般译作"据说"。有学者认为应作"as believed"，可能是作者根据那场战争中雅典方面的幸存者的口述而写，作者本人则存疑。见戈姆《评注》第 2 卷，第 401 页；霍氏《评注》第 1 卷，第 510 页。

⑤ "其他大陆民族"原文是"τἆλλα"，按照语境应指其他埃托利亚人，但是上文明确说"首先攻打阿波多托人，然后是俄庇俄涅斯人"，所以只能指这一带大陆上的其他民族。见戈姆《评注》第 2 卷，第 402 页。

亚人，而且相信其大陆盟友中如果增加了埃托利亚人，就能在不需要雅典增援的情况下，从陆上攻打玻俄提亚。即取道俄兹多莱人的罗克里斯到多里斯的库提尼翁，帕耳那索斯山在其右手，就可以下到波喀斯人那里。波喀斯人很可能热心参加这次征伐，因为他们一向与雅典人友好①；万一他们不愿意，可以用强制手段（到了波喀斯，就到了玻俄提亚的边界了）。于是，他违背阿卡耳那尼亚人的意愿，带领全军从勒乌卡斯出发，沿着海岸航行至索利翁。2 在那里，他把计划告诉了阿卡耳那尼亚人，阿卡耳那尼亚人因为他不围勒乌卡斯，所以不接受。他就率领其余的军队，即刻帕勒尼亚人、墨塞尼亚人和兹达库恩托斯人，还有雅典人自己战舰上的 300 名战斗人员②（那 15 艘科西拉人的战舰已经离开了）征讨埃托利亚人。3 其据点设在罗克里斯的俄涅翁，因为罗克洛斯族的俄兹多莱人是雅典人的盟友，他们应以全军在内陆迎候。由于他们与埃托利亚人毗邻而居，武器装备一样，而且有在对方领土作战的经验，有他们一道出征，实在大有裨益。**96.1** 他带领军队宿营于涅墨亚的宙斯③的庙里。据说诗人赫西俄德在这里被当地人杀死，神谕预言他要死在涅墨亚④。次日拂晓，他拔营而起，侵入埃托利亚。2 第一天拿下波提达尼亚，第二天克洛库勒翁，第三天忒喀翁。他在忒喀翁停下来，将战利品送到罗克里斯的厄乌帕利翁。他的打算是先这样子征服其他地区，如果俄庇俄涅斯人不愿意屈服，先回到瑙帕克托斯，以后再征讨。

3 但是，这项准备工作没有瞒过埃托利亚人，他们从其谋划之初就了解到了。得摩斯忒涅斯的军队一侵入其土地，他们就全部聚集起来，形成

---

① 见前文（1.111.1；1.112.5；2.9）。
② "战斗人员"原文是"ἐπιβάταις"（"ἐπιβάται"的与格），每艘雅典的战舰一般配有 10 名这样的战斗人员，以保护没有武装的桨手。他们来自雇工级（οἱ θῆτες），配以城邦发给的重甲兵的装备。他们能有多少陆上作战的经验？看来得摩斯忒涅斯此举是相当冒险的。见戈姆《评注》第 2 卷，第 404 页。
③ "涅墨亚的宙斯"原文是"τοῦ Διὸς τοῦ Νεμείου"（属格）。涅墨亚（Νεμέα，Nemea）位于伯罗奔尼撒半岛东北部，那里有全希腊范围的竞技会，称作"涅墨亚竞技会"，每 2 年（或 3 年）举行一次。该竞技会是向宙斯致敬的，故宙斯有此称号。
④ Ἡσίοδος，Hesiod，生活于前 750—前 650 年，著有《田功农时》（Ἔργα καὶ Ἡμέραι，Works and Days）和《神谱》（Θεογονία，Theogony）等。传说，德尔菲的神谕说他要死在涅墨亚，于是逃到罗克里斯，没想到却死在那里的"涅墨亚的宙斯"庙里。可见神谕之诡谲和灵验。霍氏指出，这句话几乎没有显示出作者是相信还是不相信神谕，作者不过是用它为叙述增加一点趣味而已。见其《评注》第 1 卷，第 512 页。

一支强大的队伍；甚至最遥远的俄庇俄涅斯人——其领土延伸至墨利厄乌斯海湾①——玻弥厄斯人和卡利翁人②都前来援助。**97.1** 墨塞尼亚人还是坚持当初向得摩斯忒涅斯提出的建议，认为埃托利亚人不难战胜，要他尽快前进，进攻那些村庄，碰到一个就拿下一个，不要耽误，以免让对方集合全部力量来抵抗。**2** 得摩斯忒涅斯被说服了，希望能交上好运，因为他一直都很顺利。于是，不等原定前来增援他的罗克洛斯人（他最需要的投矛兵），就向埃癸提翁推进，并且攻下了它。居民逃到俯瞰城市的那些山梁上，驻守在那里。那里在一片高地之上，离海将近80斯塔狄翁。**3** 埃托利亚人（已经前来援助埃癸提翁）向雅典人及其盟友发动攻击。他们从那些山梁上四面冲下来，掷矛。雅典军队攻，他们就退；雅典军队退，他们就攻。战斗如此这般进行了很长的时间③。不论是退是追，雅典人都落了下风。**98.1** 只要己方的弓箭手还有箭可射，雅典人和盟友就能坚持下去（身着轻武装的埃托利亚人被弓箭的射击所阻）。等到弓箭手的队长战死，弓箭手溃散，而且他们④已被这种长时间的辛苦的拉锯战弄得筋疲力尽了，埃托利亚人就步步紧逼，掷矛。他们终于转身逃跑，仓皇逃进一些没有出口的山涧和陌生的地方，遭到屠杀。因为他们的向导，墨塞尼亚人克洛蒙，已经战死了。**2** 埃托利亚人身着轻武装，脚步轻快，接踵而至，掷矛，抓住和杀死了不少人。大部分人迷了路，进了一片树林，那里没有出口。埃托利亚人取来火，四面放火焚烧。**3** 雅典人逃跑的方式五花八门，死亡的方式也各种各样。幸存者好不容易逃到海上和罗克里斯的俄涅翁——他们出发的地方。**4** 雅典人的盟友中许多人战死，雅典人自己大约有120名重甲兵阵亡。他们的人数这么多⑤，都是同龄人⑥，是这场战争中雅典城邦失去的最优秀的人⑦。两将军之一的普洛克勒斯也战死

---

① Μηλιακὸς κόλπος，墨利厄乌斯海湾，即今马里阿克（Μαλιακός，Maliac）海湾。在中希腊，优卑亚岛的西北方。
② Καλλιῆς，Callians，卡利翁（Κάλλιον，Callium）人。
③ 轻装兵遇到重甲兵时常用的战术（2.79.6；4.33.2）。
④ 指重甲兵。
⑤ 相对于300名舰上战斗人员而言。
⑥ 直译"都在同一年龄"，实际上彼此可能有2—3岁的差别。见戈姆《评注》第2卷，第407页。
⑦ 一般来说，舰上战斗人员来自雇工级（见前文3.95.3译注），为什么作者如此大加赞许？有学者认为这次的舰上战斗人员来自望族，但是作者这里没有解释。另外，这里的"这场战争"指的应是伯罗奔尼撒战争的头10年。见戈姆《评注》第2卷，第407—408页。

了。5 在休战协议的保证下，他们从埃托利亚人那里取回尸体，撤回了瑙帕克托斯。然后，乘战舰回雅典。得摩斯忒涅斯由于刚发生的事情害怕雅典人，就留在了瑙帕克托斯和那一带。

99. 大约在同一时间里，在西西里的雅典人航行至罗克里斯①。下船后，击败了出来抵抗的罗克洛斯人，夺取了阿勒克斯河②边的一个哨所。

100.1 同一个夏季，埃托利亚人先前派遣使节去科林斯和拉刻代蒙，包括俄庇俄涅斯人托罗波斯、厄乌律塔涅斯人玻里阿得斯和阿波多托斯人忒珊德洛斯，劝说她们派军队攻打瑙帕克托斯，因为它把雅典人招来了。**2** 大约在秋季的时候③，拉刻代蒙人派出了盟邦的 3000 名重甲兵，其中 500 名④来自新建的、位于特剌喀斯的赫剌克勒亚。斯巴达人厄乌律罗科斯统率军队，斯巴达人马卡里俄斯和墨涅达伊俄斯协助他。**101.1** 部队在德尔菲集合了，厄乌律罗科斯派传令官去罗克洛斯族的俄兹多莱人那里。因为通往瑙帕克托斯的道路要经过他们的领土，而且他还想让他们叛离雅典。**2** 在罗克洛斯族中，安庇萨人⑤最先跟他合作，因为安庇萨人害怕波喀斯人的敌意。他们自己第一个交出了人质，然后劝说其他害怕这支将要入侵的军队的城邦也交出人质。首先是与他们接壤的密俄涅斯人（他们控制着进入罗克里斯最险要的关隘）；然后是伊普尼亚人⑥、墨萨庇亚人⑦、特里忒亚人⑧、卡勒翁人⑨、托罗蓬人⑩、赫索斯人⑪和俄安忒亚

---

① 指意大利的罗克里斯。
② Ἄληξ，Alex，罗克里斯与赫瑞癸翁的界河，即今 Fiume Piscopi。见霍氏《评注》第 1 卷，第 514 页。
③ 大约 9 月底或者 10 月初。见戈姆《评注》第 2 卷，第 409 页。
④ 史密斯译本误作"six hundred"。
⑤ Ἀμφισσῆς，Amphissians，安庇萨（Ἄμφισσα，Amphissa）人。
⑥ Ἱπνῆς，Ipnians，伊普尼亚（Ἱπνία，Ipnia）人。阿尔伯蒂的校勘本作"Ὑπνιῆς"。今未从。
⑦ Μεσσαπίοι，Messapians，墨萨庇亚（Μεσσαπία）人。
⑧ 原文为"Τριταιέας"，戈姆认为应作"Τριτέας"（"Τριτῆς"的复数、宾格），特里忒亚（Τριτέα，Tritea）人，阿尔伯蒂的校勘本亦作"Τριτέας"。今从。见戈姆《评注》第 2 卷，第 410 页。
⑨ 原文为"Χαλαῖοι"，阿尔伯蒂的校勘本为"Χαλευῆς"，卡勒翁（Χαλειόν，Chaleium）人。
⑩ Τολοφώνιοι，Tolophonians，托罗蓬（Τολοφών，Tolophon）人。
⑪ Ἥσσιοι，Hessians，赫索斯（Ἡσσός，Hessus）人。

人①。这些人全都一道出征。俄尔派②人交出了人质,但没有参加;许埃亚人③直到他们的一个叫作"波利斯"④村庄被攻占后才交出人质。

102. 1 一切准备就绪,厄乌律罗科斯将人质安置在多里斯的库提尼翁,就率领军队通过罗克里斯向瑙帕克托斯进军,一路上拿下了不愿意投降的俄涅翁和厄乌帕利翁。2 到了瑙帕克托斯境内,埃托利亚人已经前来加入。他们蹂躏土地,夺取了没有设防的城郊。然后,攻打摩吕克瑞翁——科林斯人建的殖民地,臣服于雅典人——并攻下。3 但是,雅典人得摩斯忒涅斯(在埃托利亚战役之后还待在瑙帕克托斯一带),预先得知了这次征伐,担心瑙帕克托斯的安危,前去劝说阿卡耳那尼亚人驰援瑙帕克托斯。由于他当初从勒乌卡斯撤走,所以劝说很不容易。4 阿卡耳那尼亚人派1000名重甲兵与他一起乘船⑤。他们入城,保住了该地。要不然,那里城墙很长,守军却很少,有沦陷的危险。5 厄乌律罗科斯和其麾下看到这支军队已经进入瑙帕克托斯,无法攻下该城了,于是撤退。他没有撤回伯罗奔尼撒,而是去了埃俄利斯⑥地区,现在称作卡吕冬和普勒乌戎,以及邻近地区,还有埃托利亚的普洛斯喀翁。6 因为安布剌喀亚人前来劝说厄乌律罗科斯一起攻打安庇罗喀亚人的阿耳戈斯,以及安庇罗喀亚的其他地区,同时攻打阿卡耳那尼亚。他们说,如果打败了这些人,那么整个大陆都将与拉刻代蒙人结成同盟。7 厄乌律罗科斯接受了建议,让埃托利亚人回去了。他同其军队在这个地方静候,只等安布剌喀亚人出兵,然后在阿耳戈斯附近与他们会合。这个夏季结束了。

103. 1 在接下来的冬季里,在西西里的雅典人同其希腊盟邦,以及那些遭受叙拉古人的强力统治并与之结盟的西刻罗人——现在叛离了〔叙拉古人〕,并同雅典人并肩作战——攻打西刻罗人的一座城市伊涅萨。这

---

① 戈姆对照铭文后指出,这些人的名称(包括下一句的"俄尔派"和"赫宇埃")的拼写都有问题,详见其《评注》第 2 卷,第 410 页。霍氏则认为,作者本人到底是不是这样拼写的还有疑问,可能是传抄中产生的讹误。见其《评注》第 1 卷,第 515 页。

② Ὄλπαι, Olpae, 位于中希腊西部沿海的安布剌喀亚海湾的北岸,详下文 (3. 105. 1)。

③ Ὑαῖοι, Hyaeans, 许埃亚 (Ὑαία, Hyaea) 人。

④ 原文是"Πόλιν"(宾格),即"πόλις",意思是"堡垒""城邦"等。

⑤ 有学者认为这里的船是阿卡耳那尼亚人自己的战舰,但是戈姆认为很可能是雅典人自己的那 30 艘战舰 (3. 98. 5),此时它们还没有回雅典。见其《评注》第 2 卷,第 411 页。

⑥ Αἰολίς, Aeolis, 大概是该地区的古老名称。见戈姆《评注》第 2 卷,第 411—412 页。小亚的西部和西北部沿海地带也叫埃俄利斯。

座建在高处的卫城被叙拉古人占据着。由于攻不下来,就撤走了。**2** 在撤退途中,堡垒中的叙拉古人扑向雅典人队伍的殿军,打败其中部分人,杀死了不少。**3** 在这之后,拉刻斯和雅典人乘战舰几次在罗克里斯登陆。他们在卡帕同之子普洛克塞诺斯的率领下,在卡伊喀诺斯河边打败了出来抵抗的大约 300 名罗克洛斯人,缴获了甲胄兵器,然后撤退了。

104.1 同一个冬季,雅典人根据某道神谕①祓除了提洛岛。以前那个僭主珀西斯特剌托斯曾经祓除过,不是全岛,而是从神庙向四周望,目力之所及。这次是祓除全岛,方式如下:**2** 将提洛岛上所有死人的棺木统统挖出移走,并宣布,今后不得在岛上死亡,也不得在岛上生孩子;要死的人和要生产的妇女送到赫瑞涅亚。赫瑞涅亚离提洛岛很近②,所以萨摩斯的僭主波吕克剌忒斯,其海军一度很强大,不仅控制了其他岛屿,而且夺取了赫瑞涅亚,把它奉献给提洛岛的阿波罗,用链子将它与提洛岛缚上。这次祓除之后,雅典人首次开始举行每隔 4 年一次的提洛岛的阿波罗节。**3** 伊俄尼亚族和附近的岛民古时候确实在提洛岛举行过盛大集会,他们常常带着妻子儿女去观看,就像现在伊俄尼亚族的厄珀索斯节日③一样。集会上举办竞技活动,有体操比赛和音乐比赛。各城邦表演歌舞。**4** 以下荷马的诗句可为明证,摘自献给阿波罗的颂歌④:

> 波玻斯,在您停留过的地方,
> 提洛岛最让您满心欢喜。
> 在这里,穿长袍的伊俄尼亚族,
> 带着孩子和妻子聚集在您的道路⑤里。
> 比赛拳击、跳舞和歌唱,

---

① "某道神谕"原文是"χρησμὸν...τινα",但是作者在这两个词之间加了一个小品词:"δέ"(表示强调)。对此,戈姆认为这是反语,见其《评注》第 2 卷,第 414 页。霍氏的解释更详细,大意是说它不是德尔菲的神谕,作者对此并不确信。见其《评注》第 1 卷,第 525—526 页。
② 大约 700 米。见罗兹《修昔底德第 3 卷评注》,第 259 页。
③ Ἐφέσια, Ephesia,是在厄珀索斯举行的祭祀狩猎女神阿耳忒弥斯(Ἄρτεμις, Artemis)节庆活动。霍氏认为,这个节日就是"全伊俄尼亚节"(Panionia)。见其《评注》第 1 卷,第 527 页。
④ 这里的颂歌(包括下面的一首)不是荷马所作,这一点在作者的时代可能已经为人所知,后来就更明确了。见戈姆《评注》第 2 卷,第 415 页。
⑤ 通往神庙的道路(或街道)。见史密斯的注。

来向您致敬，让您喜悦无比！①

5 还有人们常去参加的音乐比赛，这一点从同一首颂诗中再次得到证明。称颂提洛岛上的妇女的舞蹈时，荷马用下面的词句结束了赞美，其中他也提到了自己：

> 那么，来吧！愿阿波罗和阿耳忒弥斯仁慈，
> 再见了，你们所有的人！
> 今后你们要记住我，
> 无论何时哪个四处漂泊的凡人来到此地，
> 问道："姑娘们啊！常来此地的男子汉
> 谁的歌声最甜美，最让你们高兴？"
> 请用你们柔美的嗓音同声回答：
> "那个盲人！他住在崎岖不平的喀俄斯。"

6 荷马就这样证明了，在古代的提洛岛，确有盛大的集会和节庆。后来，雅典人和岛民继续派遣歌舞队带着祭品前往。但是，由于伊俄尼亚遭遇灾难②，比赛和大部分仪式自然废止了。直到现在，雅典人恢复了比赛，并增加了以前没有的马车比赛项目。

105.1 同一个冬季，留住了厄乌律罗科斯军队的安布剌喀亚人履行了对他的承诺，派出 3000 名重甲兵出征安庇罗喀亚人的阿耳戈斯。侵入其土地，拿下了俄尔派，一个建在海边山丘上的坚固要塞。它是阿卡耳那尼亚人所建，曾被用作公共法庭③。它离位于海边的阿耳戈斯城大约 25 斯塔狄翁④。**2** 一部分阿卡耳那尼亚人驰援阿耳戈斯，另一部分驻扎在安庇

---

① 这首颂歌与传世的所谓"荷马颂歌"（Homeric Hymns）的对应部分有些出入，大概是作者凭记忆引用的。见霍氏《评注》第 1 卷，第 530 页。
② 指小亚的伊俄尼亚族遭受吕底亚和波斯人的征服，或者至少是受此影响。见戈姆《评注》第 2 卷，第 415 页。
③ 由于俄尔派不在阿卡耳那尼亚，而在安布剌喀亚，所以这里的"公共"很可能不是指全体阿卡耳那尼亚人共用，而是指阿卡耳那尼亚人和安布剌喀亚人共用。见罗兹《修昔底德第 3 卷评注》，第 261 页。
④ 约 4.8 公里。

罗喀亚的一个叫作"克瑞奈"① 的地方，保持警戒，防止厄乌律罗科斯和伯罗奔尼撒人悄悄通过，与安布剌喀亚人合兵一处。3 他们还派人去得摩斯忒涅斯那里——他任将军带兵去了埃托利亚②——请他来做他们的统帅；还去搬雅典的 20 艘战舰，这些战舰正绕伯罗奔尼撒航行，由提摩克剌忒斯之子阿里斯托忒勒斯③和安廷涅斯托斯之子希厄洛蓬统率。4 在俄尔派的安布剌喀亚人派遣信使去安布剌喀亚城，要他们全体出动增援。他们担心厄乌律罗科斯的军队不能突破阿卡耳那尼亚人的阻挡，如果那样，他们自己要么孤军作战，要么，想撤退的时候，就不安全了。

106.1 厄乌律罗科斯麾下的伯罗奔尼撒人得知安布剌喀亚人已到俄尔派，赶快从普洛斯喀翁出发驰援。渡过阿刻洛俄斯河，穿越阿卡耳那尼亚，斯特剌托斯城与其守军在他们的右边，左边是阿卡耳那尼亚的其他地方。由于增援阿耳戈斯，阿卡耳那尼亚无人防守。2 然后，穿越斯特剌托斯人的土地，再穿越皮提亚，从那里越过墨得翁的边境，然后穿越林奈亚。最后抵达与他们友好的阿格赖亚人的领土，此地已在阿卡耳那尼亚之外。3 他们到达并翻越了属于阿格赖亚人的堤阿摩斯山，天黑以后下到阿耳戈斯的领土。从阿耳戈斯城和驻守在克瑞奈的阿卡耳那尼亚人之间悄悄穿过，与在俄尔派的安布剌喀亚人会合。**107.1** 两军合兵一处后，拂晓，他们到了一个被称为"墨特洛波利斯"④ 的地方安营。此后不久，雅典的 20 艘战舰抵达了安布剌喀亚海湾，援助阿耳戈斯人。得摩斯忒涅斯带来了 200⑤ 名墨塞尼亚人重甲兵，还有 60 名雅典的弓箭手⑥。2 战舰停泊于俄尔派附近的海面上，并从海上封锁其山丘。阿卡耳那尼亚人和少数安庇罗喀亚人（因为大部分安庇罗喀亚人被安布剌喀亚人用武力阻止离开）已经一起到阿耳戈斯，准备与敌人开战。他们选择得摩斯忒涅斯统帅全部

---

① Κρῆναι，Crenae，意思是"泉""井"，原文是复数。大概那个地方有多处泉水。

② 霍氏认为，这句话证明得摩斯忒涅斯此时不再是将军。见其《评注》第 1 卷，第 531 页。

③ Ἀριστοτέλης，Aristoteles 或者 Aristotle，一般译为"亚里士多德"或者"亚里斯多德"。为避免与那位大哲学家混淆，这里音译。

④ Μητρόπολις，Metropolis，意思是"母邦"。

⑤ 哈蒙德译本误作"six hundred"。

⑥ 戈姆认为得摩斯忒涅斯很可能从陆上来，这些人马是从瑙帕克托斯带来的；60 名雅典的弓箭手很可能常年驻守于瑙帕克托斯。戈姆还认为，得摩斯忒涅斯此时还是将军。见其《评注》第 2 卷，第 419 页。霍氏无注。

盟军，他们自己的将军们予以协助。3 他领兵靠近俄尔派，扎下营。两军之间有一道大峡谷。5 天当中，双方按兵不动①。第 6 天，双方排成战斗阵型。（由于伯罗奔尼撒人的军队人数更多，超过了对方侧翼）得摩斯忒涅斯害怕被包围，将总数为 400 名的重甲兵和轻装步兵埋伏于一条长满灌木的、凹陷的道路。目的是在两军交战之时，从敌人后面跃起，包抄敌人的侧翼②。4 双方准备就绪，开始交手。得摩斯忒涅斯和墨塞尼亚人以及少数雅典人处在右翼，占据左翼的是按照部落列阵的阿卡耳那尼亚人，还有前来参战的安庇罗喀亚人，他们是投矛兵。伯罗奔尼撒人和安布剌喀亚人却混合列阵，不过曼提涅亚③人除外，他们集中在左翼，但不在最左边。厄乌律罗科斯和其部下则在左翼的最左边，与得摩斯忒涅斯和墨塞尼亚人对阵。**108. 1** 交战开始了，伯罗奔尼撒人用其左翼包围敌人的右翼。埋伏的阿卡耳那尼亚人冲出来，攻其背后，打败了敌人。由于恐惧，他们没有坚持抵抗，还引起其他大部分军队的溃逃。因为他们看见厄乌律罗科斯的部下——他们最精锐的部分——都溃散了，大为惊恐。右翼得摩斯忒涅斯率领下的墨塞尼亚人厥功至伟。2 但是，安布剌喀亚人和在右翼的人打败了与其对阵的敌人，追击到了阿耳戈斯。因为在那一带安布剌喀亚人是最骁勇善战的人。3 等到他们追击后返回，却发现大部队被打败了。其他阿卡耳那尼亚人向他们紧逼过来。他们狼狈地逃到俄尔派，大部分被杀，因为他们夺路而逃、溃不成军。但是，曼提涅亚人除外，在全军之中，他们撤退时阵型保持最好。这场战斗到黄昏才结束。

109. 1 次日，由于厄乌律罗科斯和马卡里俄斯业已阵亡，墨涅达伊俄斯担负起统帅的责任。因为遭受了惨败，他无计可施。如果留下来不走，就会在陆上被包围，海上则被雅典的战舰封锁；如果撤退，又不安全。于是，向得摩斯忒涅斯和阿卡耳那尼亚人的将军提出谈判，讨论有关休战、撤退，还有收回尸体的事宜。2 雅典一方将尸体交还对方，自己竖立了一根却敌纪念柱。并且收回了己方的尸体，将近 300 具。他们不公开订立条约同意对方全军一起撤退。但是，得摩斯忒涅斯和阿卡耳那尼亚人的将军们私下同意，曼提涅亚人、墨涅达伊俄斯和其他伯罗奔尼撒军官，还有他

---

① 很不寻常，重甲兵往往急于列阵作战。见霍氏《评注》第 1 卷，第 532 页。
② 重甲兵打伏击战极为罕见。见霍氏《评注》第 1 卷，第 532 页。
③ Μαντίνεια，Mantineia，位于伯罗奔尼撒半岛中部的阿耳卡狄亚地区。

们当中最有名的人物，迅速撤走。他们一方面想孤立安布剌喀亚人和那些雇来的乌合之众［雇佣军］，另一方面，更想让拉刻代蒙人和伯罗奔尼撒人当背叛者和自私自利的人，从而自毁其在这一带希腊人中的名声。**3** 伯罗奔尼撒人收回尸体后，尽快妥善掩埋，被允许离开的人私下谋划着撤退的事。**110.1** 同时，得摩斯忒涅斯和阿卡耳那尼亚人得到消息，安布剌喀亚人根据从俄尔派传来的第一道命令①，全军从城里出发，经由安庇罗喀亚前来增援。他们对刚刚发生的战斗一无所知，想要与在俄尔派的安布剌喀亚人会合。**2** 得摩斯忒涅斯马上派一部分部队预先设伏于道路，并占据要地。同时，准备带其他部队协同攻击。**111.1** 这个时候，曼提涅亚人和其他私下协议所包括的人，借口采集蔬菜和柴火，三个一群五个一伙，偷偷溜出去，一路上假装采集。等到离俄尔派有一段距离，就加快了脚步。**2** 安布剌喀亚人和其他一些人，以及□□□②刚好一起出去，看出来他们在逃跑，于是立马跑步想赶上他们。**3** 一开始，阿卡耳那尼亚人认为所有逃跑者都不受休战协议保护，于是追击伯罗奔尼撒人。他们的将军加以阻止并说明这些人受休战协议保护。有个士兵以为被出卖，还向将军们掷矛。但是，随后他们让曼提涅亚人和伯罗奔尼撒人离开，却杀死安布剌喀亚人。**4** 关于每个逃跑者到底是安布剌喀亚人还是伯罗奔尼撒人，他们争执不下，也弄不清楚。结果有大约200人被杀。其余的逃到邻近的阿格赖亚的领土，与他们友好的阿格赖亚人的国王萨吕恩提俄斯接纳了他们。

  112.1 从城里出来增援的安布剌喀亚人到达了伊多墨涅③。伊多墨涅由两座高的山丘组成，其中那座大一些的山丘，天黑之时被得摩斯忒涅斯派出的一部悄悄地先占领了，并露宿于此（小一些的那座刚好被安布剌喀亚人先占领）。**2** 晚餐时间之后④，得摩斯忒涅斯和其余部队天一黑就出发。他本人率一半队伍向关口开进，其余的人取道安庇罗喀亚山区。**3** 拂晓，猛攻安布剌喀亚人，他们还躺在床上，不知道发生了什么事，还以为是自己人来了。**4** 因为得摩斯忒涅斯有意将墨塞尼亚人列为前军，要

---

① 见前文（3.105.4）。
② 这句话原文此处有阙文（符号为译者所加）。见霍氏《评注》第1卷，第53页。
③ Ἰδομενή, Idomene, 位于安布剌喀亚海湾的东面不远处。
④ 指那天下午晚些时候，不是指吃晚餐。见戈姆《评注》第2卷，第424页。

他们用多里斯方言与对方的哨兵打招呼①，取得对方的信任；此外，当时天还没有亮，看不清楚。5 于是，他率领自己的军队攻击，打败了敌人，当场杀死了大部分人，其余的人逃向山里。6 但是，道路已经被对方首先占领，加上安庇罗咯亚人熟悉自己的领土，并且以轻装步兵对敌人的重甲兵。安布剌喀亚人则人生地不熟，搞不清楚在哪里转弯。于是，要么掉进了山涧，要么闯进了设伏的道路，被消灭了。7 各种逃跑的方式应有尽有。有的甚至跑向不远处的大海，看到雅典的战舰在不幸的事情发生之时，正在沿着海岸航行，就游了过去。在惊恐之中，他们认为就是非死不可，死于船上人员之手也比死于最可憎的蛮族安庇罗咯亚人之手要好②。8 安布剌喀亚人就这样遭受了毁灭，只有少数逃回了城邦。阿卡耳那尼亚人剥去敌人尸体上的兵器甲胄，竖立了却敌纪念柱，然后撤回了阿耳戈斯。

113. 1 第二天，从俄尔派逃到阿格赖亚的安布剌喀亚人，派出了一名传令官到雅典人那里，请求收回在第一次战斗之后被杀者的尸体。这些人在没有休战协议的保护下，与受休战协议保护的曼提涅亚人一起离开俄尔派。2 这位传令官看到了从城里来的安布剌喀亚人的兵器甲胄，数量之多令他大吃一惊。因为他还不知道刚发生的不幸，以为这些东西属于跟他一起的人的。3 有个雅典人以为他是来自伊多墨涅的传令官，就问他为何吃惊，他们的人有多少战死。他回答说，大约 200 人。问话人回应说：4 "这些兵器甲胄显然不是 200 人的，而是 1000 多人的。"传令官又说："那绝对不是我们的人的。"对方回答说："肯定是，如果你们昨天在伊多墨涅打过仗的话。" "但是，我们昨天没有打仗呀，前天撤退的时候打过。" "我们昨天的确与这些人打过仗，他们从安布剌喀亚城里赶来增援。" 5 听到这话，传令官才明白从城里来的增援部队被消灭了。他放声痛哭，被眼前的巨大灾祸吓傻了，马上走了，连自己的差事也忘了，再也不来收回尸体。6 确实，在这场战争中，在如此短短几天当中，对于任何

---

① 安布剌喀亚是科林斯人（属多里斯族）建的殖民地。见戈姆《评注》第 2 卷，第 424 页。

② 安庇罗咯亚人实际上是混合种族，见前文（2.68.5）。安布剌喀亚人因为他们是邻居和仇敌而厌恶他们。见戈姆《评注》第 2 卷，第 424 页。

一个希腊城邦而言，还没有发生这样惨重的灾祸①。我没有记下战死者的数目②，因为人们所说的死者数目与其城邦人口相比，实在难以置信。有一点我当然知道，如果阿卡耳那尼亚人和安庇罗喀亚人愿意听从雅典人和得摩斯忒涅斯，去攻取安布剌喀亚，他们就会一举而攻取之。但是他们害怕雅典人占领了它，会成为一个比安布剌喀亚人还要难对付的邻居，所以就没有攻取。

114.1 这之后，阿卡耳那尼亚人将战利品的三分之一分给雅典人，其余的分给了他们几个城邦。雅典人的战利品在海上被劫③，现在供奉在雅典神庙里的是阿卡耳那尼亚人挑选出来给得摩斯忒涅斯个人的 300 套全副甲胄——他带着它们回国了。这场战役的胜利使他在埃托利亚的灾难之后，增添了回雅典的信心。**2** 那 20 艘战舰上的雅典人也返回了瑙帕克托斯。雅典人和得摩斯忒涅斯走后，阿卡耳那尼亚人和安庇罗喀亚人，与逃到萨吕恩提俄斯和阿格赖亚人那里躲避的安布剌喀亚人和伯罗奔尼撒人订立和约，允许他们从俄尼阿代撤走——他们从萨吕恩提俄斯的领土转移到那里了④。**3** 阿卡耳那尼亚人和安庇罗喀亚人还与安布剌喀亚人就未来订立和约结盟，为期 100 年，内容如下：安布剌喀亚人不得与阿卡耳那尼亚人一道征讨伯罗奔尼撒人，阿卡耳那尼亚人亦不得与安布剌喀亚人一道征讨雅典人；但是，双方相互援助⑤；安布剌喀亚人应将现在占有的全部安庇罗喀亚人的土地或者人质归还给安庇罗喀亚人，不得援助与阿卡耳那尼亚人为敌的阿那克托里翁⑥。**4** 订立完这些盟约，他们就结束了这场战争。此后，科林斯人派遣自己的驻防军到安布剌喀亚⑦，大约 300 名重甲兵，由厄乌堤克勒斯之子克塞诺克勒得斯统领。他们艰难地穿

---

① 戈姆认为此段最有可能写于前 420 年，"这场战争"指伯罗奔尼撒战争的头 10 年，即所谓"阿耳喀达摩斯战争"。见其《评注》第 2 卷，第 425 页。
② 下文说，仅送给得摩斯忒涅斯个人的全副兵器甲胄就达 300 套，可见阵亡人数远远大于 1000。见戈姆《评注》第 2 卷，第 425 页。
③ 这些战利品可能由一艘船运往雅典，没有战舰护航。是谁劫的？怎么劫的？作者没有交代。见戈姆《评注》第 2 卷，第 428 页。
④ 戈姆认为，安布剌喀亚人和伯罗奔尼撒人从陆路来，没有船只，没有休战协议的保护是无法离开的；另外，从句子语法结构来看，该协议应该包括允许他们从萨吕恩提俄斯的领土转移到俄尼阿代。见其《评注》第 2 卷，第 429 页。
⑤ 即防守同盟。
⑥ 见前文（2.80.5）。
⑦ 安布剌喀亚曾经是科林斯人的殖民地，见前文（2.80.3）。

越大陆到了目的地。在安布刺喀亚发生的事件就是这些。

115. 1 同一个冬季,在西西里的雅典人乘船在希墨拉①登陆,西刻罗人配合他们的行动,从内地侵入希墨拉的边境。雅典人还乘船攻打埃俄罗斯群岛②。2 返回赫瑞癸翁后,他们发现雅典的一个将军,伊索罗科斯之子皮托多洛斯,接替了拉刻斯统率舰队。3 原来,西西里的雅典盟邦航行到雅典,劝说雅典人派遣更多的战舰援助他们,原因是他们的土地被叙拉古人控制着,而且被少量战舰从海上封锁了;他们不愿意被封锁,所以正准备聚集一支海军。4 雅典人配齐了40艘战舰③的人员,然后将这些战舰派到他们那里去。一方面,雅典人相信这样会更快结束那里的战争;另一方面,他们想让海军得到锻炼。5 因此,他们派遣一位将军皮托多洛斯带少量船只前往,还打算派遣索斯特刺提得斯之子索波克勒斯④和图克勒斯之子厄乌律墨冬率大部队随后前往。6 皮托多洛斯现已统率拉刻斯的舰队,在这个冬季末尾,航行去攻打以前拉刻斯占领过的那个罗克里斯的要塞⑤。但是他被罗克洛斯人打败,撤回了。

116. 1 这个春季之初⑥,埃特涅⑦山的熔岩像以前一样流出来了。卡塔涅人的一部分土地被毁掉了,他们居住在西西里最大的山——埃特涅山的山麓。2 据说,上一次熔岩流出还是50年⑧前;自从希腊人定居西西里来,总共有三次熔岩流出⑨。3 这些就是这个冬季发生的事件,修昔底德记载的这场战争的第6年也随着这个冬季结束了。

---

① Ἱμέρα, Himera,位于西西里岛的北面海岸,在今巴勒莫和切法卢之间。
② 见前文(3.88.1)。
③ 这就使得雅典人在西西里的战舰达到60艘。作者在第5卷第1章说西西里远征(后来一次更大规模的)从一开始就是雅典人集体疯狂之举,却几乎不提这次远征的战舰的数量其实已经相当大了。见霍氏《评注》,第535页。
④ Σοφοκλῆς, Sophocles,又译"索福克勒斯",不是那位著名的剧作家(约前497/6—前406/5年)。见霍氏《评注》第1卷,第535页。
⑤ 见前文(3.99),大概被罗克洛斯人又夺回去了。见戈姆《评注》第2卷,第431页。
⑥ 即冬春之交。见戈姆《评注》第2卷,第431页。
⑦ Αἴτνη, Aetne,即今西西里岛东部的埃特纳(Etna)火山。
⑧ 不可能是整"50",这里用了"据说",说明作者不想为此时间的准确性负责。见戈姆《评注》第2卷,第432页。
⑨ 据记载,埃特纳火山公元前396年喷发过一次,而这一次喷发显然不是那一次,可见这段话写于前396年之前,并且可以证明修昔底德死(或者停止写作)于前396年之前。见戈姆《评注》第2卷,第432页;霍氏《评注》第1卷,第536页。

卷　　四

1.1 在接下来的夏季里，谷物抽穗时节①，10艘叙拉古人的战舰和10艘罗克洛斯人的战舰接受西西里的墨塞涅人的邀请，航行到墨塞涅并占领了她。墨塞涅叛离了雅典。**2** 叙拉古人这样做的主要原因是，他们看到墨塞涅是西西里的一个门户，并且害怕雅典人以此为基地，用更大的军力来攻打他们。罗克洛斯人参加的原因是仇恨赫瑞癸翁人，想从海陆两面打垮他们。**3** 罗克洛斯人已经全军出动侵入赫瑞癸翁，使其不能援助墨塞涅人。此外，在他们身边的赫瑞癸翁流亡者也鼓动他们入侵。因为长期以来赫瑞癸翁处在内乱之中，此时无力抵抗罗克洛斯人，这让罗克洛斯人更加跃跃欲试。**4** 罗克洛斯人先蹂躏其土地，然后从陆路撤退了，但留下战舰守卫墨塞涅。其他配好人员的战舰将停泊于墨塞涅，从那里开始作战行动。

2.1 大约在这个春季的同一时间，谷物黄熟之前②，伯罗奔尼撒人及其盟友入侵阿提卡（拉刻代蒙人的王、阿耳喀达摩斯之子阿癸斯率领），扎下营来，蹂躏当地。**2** 雅典人还是按照原计划③派遣40艘战舰去西西里，以尚在国内的厄乌律墨冬和索波克勒斯为将军；第三位将军皮托多洛斯已经抵达西西里。**3** 他们得到的指令是，在驶经科西拉时，关照其城里的人，这些人正遭受山里流亡者的劫掠④。而且，伯罗奔尼撒人的60艘战舰已经起航来科西拉，支援那些山里的人。由于科西拉发生了大饥荒，伯罗奔尼撒人相信很容易掌控局势。**4** 得摩斯忒涅斯从阿卡耳那尼亚回来之后赋闲在家，应他的要求，雅典人允许他用这支40艘船的舰队，在绕

---

① 大约公元前425年4月底之前。见戈姆《评注》第3卷，第437页。
② 5月头或者稍迟一点。见戈姆《评注》第3卷，第437页。
③ 见前文（3.115.4—5）。
④ 见前文（3.85）。

行伯罗奔尼撒时按照自己的想法采取行动①。

3.1 雅典的舰队航行至拉科尼刻海岸，得知伯罗奔尼撒人的舰队已经到了科西拉了，厄乌律墨冬和索波克勒斯要舰队赶紧去科西拉，而得摩斯忒涅斯却要他们首先到皮罗斯②去，做该做的事，然后继续航行。他们表示反对，碰巧③刮起风暴，迫使船只驶进了皮罗斯。**2** 得摩斯忒涅斯要求马上在那里构筑工事（他说，他与舰队一道出航就是这个目的④）。他当场指出，这个地方有大量的木材和石头，而且易守难攻，它本身和附近很大一个范围无人防守⑤。皮罗斯离斯巴达大约 400 斯塔狄翁⑥，位于过去墨塞尼亚人的土地上，拉刻代蒙人称之为"科律帕西翁"。**3** 其他将军们说，如果想要浪费城邦的公帑，那么伯罗奔尼撒有的是无人防守的岬角。但是，在得摩斯忒涅斯看来，这个地方具有别的地方所没有的优势，不仅有一个邻近的港口，而且原先生活于此地的墨塞尼亚人，与拉刻代蒙人说着同样的语言，他们以此为基地，能给予拉刻代蒙人最沉重的打击；他们将是此地可靠的守卫者。**4.1** 他既说服不了将军，也说服不了士兵——因为他后来把想法告诉了三层桨战舰的舰长——天气不适于航行，但是他们

---

① "赋闲在家"原文是"ὄντι ἰδιώτῃ"（与格），直译"是一个普通公民"（a private citizen），即没有担任将军之职。霍氏指出，得摩斯忒涅斯前 427/6 年任将军，前 426/5 年留在阿卡耳那尼亚，前 425 年春重新当选为将军。见其《评注》第 1 卷，第 516 页。他还指出，雅典公民大会给予将军相当大的指挥权，这里的得摩斯忒涅斯甚至不是将军（曾经是），却得到了指挥权。见其《评注》第 2 卷，第 152 页。

② Πύλος, Pylos，又译"派罗斯"等，位于伯罗奔尼撒半岛西南海岸，紧靠今皮洛斯港的北面。

③ "碰巧"原文是"κατὰ τύχην"，比用"ἔτυχε"语气要强。随之一连串的事件作者都用偶然来解释（甚至有的不是）。应该说，下文提及的雅典取得的"皮罗斯大捷"既有偶然性因素（包括斯巴达人的应对接连失策），也是人谋的结果。参见戈姆《评注》第 3 卷，第 488 页；霍氏《评注》第 2 卷，第 152 页。

④ "与（舰队）一道出航"原文是"ξυνεκπλεῦσαι"，注意它是不定式，而不是不定过去时，这就说明这句话是得摩斯忒涅斯说的，不是作者说的，故译文加了"他说"，原文没有。看来，得摩斯忒涅斯从各种途径已经了解到皮罗斯的战略地位。见霍氏《评注》第 2 卷，第 152—153 页。

⑤ "无人防守"原文是"ἐρῆμον"（宾格），本义是"荒凉的""没有人烟的"。但是，戈姆指出，此词在此处的意思与前文一个地方（3.106.1）相同，不是指"荒无人烟"，而是指"无人防守"。尽管我们不知道作者所说的"很大一个范围"到底有多大，但其附近一个属于墨塞尼亚的地区是全希腊最富有的地区，下文接着说斯巴达的重甲兵离此地很远，因此解释成"无人防守"更好。今从。见其《评注》第 3 卷，第 439 页。

⑥ 约 73 公里。见霍氏《评注》第 2 卷，第 154 页。

待在那里什么也没有做①。直到这些士兵闲得无聊，突然心血来潮，聚集起来在那个地方修筑工事。**2** 于是，他们动手干活。由于没有对付石头的铁制工具，他们把挑选过的石头运来，因每块石头的形状把它们堆砌起来。如果哪里一定要用泥土，由于没有盛器，他们就俯下身子，好让土块尽量躺在背上，两只胳膊向后伸，盘绕起来，以防土块滚落。**3** 他们用一切办法，赶在拉刻代蒙人出来攻击他们之前，抓紧将最薄弱的地方的工事完成。因为这个地方大部分本身比较坚固，根本不需要防御工事。**5.1** 拉刻代蒙人刚好在庆祝一个节日。得知这个消息，他们没有放在心上，以为一旦他们出发，雅典人就会逃之夭夭；或者攻下它不费吹灰之力。还有一个情况，他们的军队还在雅典，有事要延迟回来。**2** 6天之中，雅典人完成了朝大陆方向的工事，以及最薄弱地方的工事。他们留下得摩斯忒涅斯和5艘战舰守卫，大部分战舰赶紧驶向科西拉和西西里。

6.1 在阿提卡的伯罗奔尼撒人得知皮罗斯被占的消息，迅速撤退回国。因为伯罗奔尼撒人和国王阿癸斯认为，皮罗斯被占乃心头大患。而且，他们入侵阿提卡的时间较早，庄稼还是青的，大部分军队缺乏给养；加之天气一反往常，刮起大北风②，军队于是陷入窘境。**2** 于是，由于多方面的原因，他们匆忙撤军。这次入侵为时最短，只在阿提卡待了15天。

7. 大约同一时间，雅典将军西摩尼得斯集合了少量雅典的驻防军，还有色雷斯的厄翁一带的大批盟军，在内应的协助下，攻占了与他们敌对的厄翁，她是门得人的殖民地③。卡尔喀斯人和玻提埃亚人当即驰援，将他们赶出去，使其损失了许多人马。

8.1 伯罗奔尼撒人从阿提卡撤回后，斯巴达人自己和皮罗斯附近的边民立即援救皮罗斯。但是，其他拉刻代蒙人刚刚征伐别处归来，所以迟迟未到。**2** 他们传令伯罗奔尼撒各地，要求火速驰援皮罗斯，还召回他们在科西拉的那60艘战舰。这些战舰被拖过勒乌卡斯地峡④，没有被在兹达

---

① "什么也没有做"原文是"ἡσύχαζεν"（过去未完成时，单数），其动作的主语是得摩斯忒涅斯，这是说不通的。霍氏建议改为复数，即"ἡσύχαζον"。见其《评注》第2卷，第156页。

② 联系上文（4.2.1；4.3.1），可见这一年春天长时间低温。见戈姆《评注》第3卷，第437页。

③ 与前文（1.98.1）的厄翁可能不是一个地方，有学者认为在卡尔喀狄刻半岛的西面。Μένδη, Mende，位于卡尔喀狄刻最南面的帕勒涅半岛（今名卡珊德拉半岛）。见霍氏《评注》第2卷，第157—158页。

④ 见前文（3.81.1）。

库恩托斯的雅典战舰发现，抵达了皮罗斯。其陆军这时已经到了。**3** 在伯罗奔尼撒人尚未到来之时，得摩斯忒涅斯悄悄派出 2 艘战舰，去通知厄乌律墨冬和在兹达库恩托斯的雅典舰队，要他们前来援助，因为这个地方陷入了险境。**4** 这些战舰应得摩斯忒涅斯的要求，迅速驶向皮罗斯。此时，拉刻代蒙人准备从海陆两路攻打防御工事，希望能轻松拿下这个仓促建成、里面只有少量人员的工事。**5** 在等雅典的舰队从兹达库恩托斯来增援之时，他们盘算着，如果先攻不下这个地方，就封锁港口①的入口，不让雅典的战舰进港停泊。**6** 因为这个被称为"斯帕克忒里亚"的岛屿离大陆很近，沿着大陆成一条直线延伸，保护着港口并使得两个进港口狭窄。一个进港口靠近雅典人的工事和皮罗斯，可容两艘战舰并排通过；另一个靠近大陆的另一端，宽约 8 或者 9 斯塔狄翁②。整个岛屿林木茂密，无路通行，荒无人烟，长度大约 15 斯塔狄翁③。**7** 他们打算将战舰紧密排列，舰首朝外，封锁住两个进港口④。由于担心雅典人利用此岛展开敌对行动，他们将一部分重甲兵运到岛上，其余的沿着大陆列阵。**8** 这样一来，该岛和大陆都与雅典人敌对，雅典人也不能在该岛登陆（因为皮罗斯在进港口外侧面向大海的一边没有港湾，雅典人将得不到一个能援助自己人的基地）。他们不用冒海战的危险，就很有可能包围攻下该地，因为里面没有给养，又是仓促占领的。**9** 他们就这样决定下来，于是运送重甲兵到该岛，这些重甲兵是从所有的连队⑤中摇签产生的。后运送过去的接替前运送过去的，最后一批——被雅典人捉住——有 420 人，还有希洛特跟随，由摩罗布洛斯之子厄庇塔达斯率领。

9.1 得摩斯忒涅斯看见拉刻代蒙人将要从海陆两路发动攻击，就开始

---

① 今 Navario 湾。戈姆《评注》第 3 卷，第 443 页。
② 今天这两个进港口的宽度都远比作者记载的要大，前者约为 137 米，后者约为 1280 米。有学者认为后者的后面缺了长度单位"斯塔狄翁"，有学者则认为应根据前文补为"战舰的宽度"。霍氏赞同前者。今据其观点补。见其《评注》第 2 卷，第 159 页。
③ 即 2775 米，今天的实际长度是 4440 米，看来原文有误。作者还错用了一个词"μέγεθος"，意思是"周长"，应为"长度"。见霍氏《评注》第 2 卷，第 160 页。
④ 按照今天的宽度，即使将 60 艘战舰全部排列起来也不能堵住南面那个宽的进港口。见戈姆《评注》第 3 卷，第 443 页。戈姆认为拉刻代蒙人是要将战舰沉入水底来封锁。霍氏认为这个想法奇怪。见其《评注》第 2 卷，第 160 页。
⑤ "连队"原文是"λόχων"（"λόχος"的属格、复数），斯巴达的作战单位，详见下文（5.68.3）。

准备。他将留给他的战舰中剩下的战舰拖上岸①，放在防御工事下面，围以木栅栏。他给船员们配备了粗劣的盾牌，大多数是用柳条编的。因为在一个荒无人烟的地方不可能弄到武器，这些还是从墨塞尼亚人的一艘三十桨海盗船和一艘一排桨的快帆船上取得的，它们刚好抵达这里。船上的墨塞尼亚人中有大约40名重甲兵，得摩斯忒涅斯将他们与其他人一起使用。2 他将大多数部下，有武装的和没武装的，摆在面向大陆的工事最坚固和地形有利之处。命令他们如果敌人的陆军发动攻击，就予以还击。他自己从全部人马中挑选60名重甲兵和少量弓箭手，走出防御工事，来到海边敌人最有可能登陆的地点。尽管此地面向大海，岩石耸立，难以攀登，但它是工事最薄弱的地方。因此他认为，敌人会急于从此处强攻。3 因为雅典人从未料到会在海上被打败，所以此地工事薄弱。敌人若来强攻，此地便容易失守。4 于是，他来到海边，将重甲兵就地整好队，如果可能，阻止敌人登陆，并且鼓励他们说：

10. 1 "身处险境的战友们！在此千钧一发之际，我希望你们当中没有人会推测我们周围有多少危险，以此来显示自己多么精明；而要义无反顾地冲向敌人，满怀战胜危险的希望。在现在这种危急情况下，是无法去权衡什么的，越迅速地面对危险，就越好。2 依我看，如果我们愿意留下来抵抗，且不因为他们人多势众而吓破了胆，以至于丢掉自己的优势，胜算就在我们一边。3 我认为，此地虽然崎岖难行，但是只有我们留下来坚守才能为我所用。一旦弃守，虽然难行，在无人阻挡情况下，也会成为坦途。如果我们猛烈反击，他们要退回去不是容易的事，那时将作困兽之斗（因为他们在船上是最容易被打败的，一旦下到陆地，就跟我们平分秋色了）。4 至于他们人多势众，我们没有必要太害怕。由于他们难以靠岸停泊，所以尽管他们人多，在一段时间却只有少数人投入战斗。这支军队是比我们人数多，但是我们在其他方面占有优势。因为他们不是在陆地上，而是在船上，这就需要海上许多有利因素的凑合。5 因此，我觉得他们的困难与我们人数上的劣势两者正好相抵。同时，你们作为雅典人，凭经验应该知道在别人的岸边登陆有多么的困难——如果此人坚守阵地，不害怕战舰一桨一桨地划过来引起的海水的喧嚣，以及其逼近时的可怖景象，那

---

① 即剩下的3艘。这些战舰应该是在伯罗奔尼撒人的舰队一到达就拖上了岸。见戈姆《评注》第3卷，第444页。

他就不会被打倒——现在，我要求你们坚守在海岸边，予以还击，保住你们自己和这个地方！"

11.1 雅典人受到得摩斯忒涅斯这番话的鼓动，士气大振，往下走去，就在水边列阵迎敌。**2** 拉刻代蒙人出动，用陆军攻打防御工事，同时海军发动攻击。有43艘战舰，由斯巴达人、克剌忒西克勒斯之子特剌绪墨利达斯任舰队司令。他所攻击的地点正是得摩斯忒涅斯所预料的。**3** 雅典人从海陆两路还击。拉刻代蒙的战舰分成一小拨一小拨攻击，因为不可能用多的战舰；一拨停下来，另一拨就攻上去。他们鼓足了劲，相互激励，勇往直前，一定要攻克要塞。**4** 在所有人当中，布剌西达斯的表现最抢眼。他任一艘三层桨战舰的舰长，看到由于地势险要，舰长们和舵手们即使是在似乎能够登陆的地点，也畏畏缩缩，以免自己的船撞碎，就大声命令他们，一定不要因为吝惜木头①就容忍敌人在他们的土地上建立要塞，即使撞碎了自己的船也要强行登陆。他还命令盟友在目前紧急情况下，不要退缩，将自己的战舰慷慨地献给拉刻代蒙人，以报答他们的大恩大德：用一切办法使战舰冲上滩头登陆，击败守敌，占领此地。**12.1** 他一边这样催促别人，一边强迫自己的舵手驾船冲向滩头，自己则冲上了下船的跳板。他正登陆的时候，被雅典人打了回来，多处负伤，昏厥过去。人倒在船舷最上层的桨架旁，盾牌从手臂上滑脱到了海里，被海浪送到岸边，雅典人将它捡起。后来，他们竖立却敌纪念柱时用上它，纪念打退这次进攻。**2** 其他人也都斗志昂扬，但是没有能够登陆，因为地势险要，而且雅典人坚守到底，无人后退。**3** 双方的遭遇在这里完全颠倒了：雅典人在拉科尼刻的土地上阻挡拉刻代蒙人的海上进攻，而拉刻代蒙人从船上登陆敌对的、却属于自己的土地，进攻雅典人！因为当时作为内陆居民的拉刻代蒙人主要以无敌的陆军著称，而航海的雅典人则在海军上实力超群。

13.1 这一天和次日部分时间，拉刻代蒙人一直在进攻，然后停止了进攻。第三天，他们派遣一些战舰前往阿西涅②，取做攻城机械的木头，希望借助它来攻占面向海湾的工事。尽管工事高一些，但是那里最好登

---

① "木头"代指船。见霍氏《评注》第2卷，第164页。
② Ἀσίνη, Asine，伯罗奔尼撒一共有3个地方叫阿西涅，一个在拉科尼刻，还有一个在阿耳戈斯东南面，这里的阿西涅位于墨塞尼亚，即今科罗尼（Koroni），面向麦西尼亚海湾。

陆。2 这时，雅典的舰队从兹达库恩托斯赶到，数量达50①艘，因为一些驻防于瑙帕克托斯的战舰和4艘喀俄斯人的战舰前来支援。3 他们看见大陆上和岛②上满是重甲兵，拉刻代蒙人的舰队待在港口里不出来，不知道在哪里停泊为好。当即驶向不远的，且无人定居的普洛忒③岛，并宿营于此。次日，他们起航出海，准备在对方愿意出来到开阔的海域情况下，展开海战；否则，他们自己就驶进港口。4 拉刻代蒙人既不出港攻击，也不按照原来的计划封锁进港口，而是静静地待在岸边，配备人员，做着准备，如果有战舰驶进来，就在水面不小的港口里面打海战。**14.1** 看到这种情况，雅典人从两个进港口冲进去，发动攻击。拉刻代蒙人的大部分战舰离岸停泊，舰首向外，此刻立即开始逃跑。经过短距离的追击，击伤了许多，俘获了5艘，其中1艘船员也被俘获。余下的战舰往岸边逃，仍被撞击。那些还在配备人员的战舰，在出海之前就被撞垮。有些战舰船员已经逃之夭夭，成了空船，就被捆上拖走。2 见此灾祸，拉刻代蒙人极为痛心，它让他们的人隔离在岛上了。他们前去救援，身着甲胄跳进海里，抓住战舰要拽回来。此时此刻，每个人都这样想：事情非我莫济④。3 场面混乱不堪，在这场围绕战舰的战斗中，双方惯常的作战方式完全颠倒过来了。拉刻代蒙人既心急火燎又惊恐不安，打的毋宁是一场陆上海战；取得优势的雅典人想最大限度地利用他们的运气，打的是海上陆战。4 在相互给予对方以极大的痛苦和伤害之后，两军分开了。除了那些最初被夺去的空战舰之外，拉刻代蒙人保住其他空战舰。5 双方各回自己的营地⑤。雅典人竖立了却敌纪念柱，交回对方的尸体，牢牢控制住那些战舰残骸。并立即绕岛航行，对其保持警戒，相信岛上的人已被隔离了。在大陆上的以及那些已经从各地赶来援助的伯罗奔尼撒人，继续待在皮罗斯前。

---

① 原文为"τεσσαράκοντα"（"40"），显然有误。根据前文（4.2.2；4.5.2；4.8.3），雅典人派出了40艘战舰赴西西里，途中有5艘留给了得摩斯忒涅斯，后来他派2艘去通知那35艘前来支援，这样就是37艘。加上喀俄斯人的4艘，共41艘，瑙帕克托斯来了几艘，我们不知道。故多数英译者译作"50"（"πεντήκοντα"），霍氏主张"50"或者"44"。见其《评注》第2卷，第167页。

② 指斯帕克忒里亚岛。

③ Πρωτή，Prote，位于斯帕克忒里亚岛的西北面，伯罗奔尼撒半岛的西面海上，今Proti岛。

④ 直译"如果我不动手，行动将陷入停顿。"

⑤ 前文说，雅典的舰队找不到营地，这里说的营地到底在哪里？作者没有交代。见霍氏《评注》第2卷，第168页。

— 220 —

15. 1 有关皮罗斯事件的消息传到了斯巴达,他们认为这是一场巨大的灾难,决定当政者应当下到军营,亲眼看看,然后现场决定该做什么。2 看过之后,他们没有办法援助那些岛上的人,既不想让那些人冒被饿死的危险,也不想让他们冒被优势兵力强行歼灭的危险。于是,他们决定,在得到雅典将军同意的情况下,就有关皮罗斯事件订立休战协议;派使节去雅典签订和约,尽快将那些人弄回。**16.** 1 雅典的将军们接受了这个建议,达成了以下的休战协议:拉刻代蒙人将在这场战役中使用的战舰,以及所有在拉科尼刻的战舰①,交给皮罗斯的雅典人;不要从陆上和海上攻打皮罗斯的工事;雅典人则允许大陆上的拉刻代蒙人给岛上的人送去一定量揉好的面粉,即每人 2 阿提卡科尼克斯的大麦粉,还有 2 科堤勒酒和一定量的肉②,仆人③则减半;所有这些在雅典人的监视下运进去,任何船只不得偷偷驶进;雅典人继续严密警戒该岛,但不得登陆该岛,也不得从陆上和海上攻击伯罗奔尼撒人的军队。2 以上协议双方哪怕违反一点点,休战即告终止。在拉刻代蒙人的使节从雅典返回之前,此协议有效——雅典人用一艘三层桨战舰将使节送去并送回——使节回来后,这些协议即行终止,雅典人将对方的战舰原封不动地交给对方。3 这份协议按照这些条款订立了,大约 60 艘战舰交出去了,使节也派出去了。他们到了雅典,发言如下:

17. 1 "雅典人啊!拉刻代蒙人派我们来处理有关斯帕克忒里亚岛上人员的问题,希望达成的协议在对你们有利的同时,就目前的情况而论,也尽可能顾及我们的颜面。2 我们若长篇大论,也不算违反自己的惯例。相反,我们的习惯是,几句话就能说清楚就不长篇大论,但是,当需要详细解释一桩要事,且发言能起作用的时候,我们就会多说几句了。3 不要带着敌意听我们的发言,不要把我们的话看作对无知听众的说教,而要把我们的话当作对知道如何作出良好决策的人的提醒。

"4 你们尽可以利用目前的胜利为自己谋利,不仅占据已有的,还要赢得名誉和声望;还可以避免重蹈突然撞上大运的人的覆辙,因为他们总是由于眼前出乎意料的好运气而希望获取更多的好处。5 然而,那些好运

---

① 直译"长条形的船",即战舰。
② 1 阿提卡科尼克斯(χοῖνιξ Ἀττική)= 4 科堤勒(κοτύλη)= 1.09 公升。
③ 指希洛特(见 4.8.9)。

厄运都饱尝的人，最有理由不相信所谓幸运。过去的经验说明这对贵我双方都是千真万确的。**18.**1 你们只要看一看我们现在的悲惨处境就会作出自己的判断了。在希腊地位最显赫的我们落到如今的田地①。现在我们前来向你们乞求开恩，在此之前，我们可是认为自己最有权力给予别人恩惠的啊！2 然而，我们遭此灾祸既不是由于实力削弱，也不是由于实力陡增而自高自大。我们的实力并没有变化，我们是因为判断错误才栽了跟头——这样的错误是人人都会犯的啊！3 因此，不要由于你们城邦现有的实力和已经获得的霸权，就认为幸运理所当然会永远伴随着你们。4 明智的人提防着未来的祸福反复，从而保住自己所获得的东西（一旦灾祸降临，他们就可以敏捷地应对）。他们知道战争不是参战者的意愿所能掌控得了的，而要看是好运还是厄运引领着它。这样的人不会由于胜利而沾沾自喜，所以最少失败，故而最有可能在幸运眷顾的时候就与对手和解。5 雅典人啊！现在就是你们对我们采取这个策略的良机，而不是将来什么时候。如果不听从我们的建议，你们就会栽跟头，这是非常有可能的。即使是你们当前的胜利以后也会被认为是凭借好运取得的，但你们完全有能力稳稳当当地给后人同时留下武力和睿智两种名声。

19.1 "拉刻代蒙人呼吁你们订立和约，结束战争，提议与你们和解和结盟，与你们结下广泛的友谊和亲密的关系，只要求你们放还隔离在岛上的人。他们认为双方最好不要采取进一步的冒险行动，否则，岛上的人或者侥幸逃出来，或者在围攻之下被制服。2 我们相信，只要一方不报复另一方，不在自己占据优势的情况下，强迫对方立下不平等盟誓；而是在用武力可以达到同样目的的情况下，改用温和的方式，用宽宏大量来征服对方，提出超出对方预料的、温和适度的条件与对方和解，那么双方之间的仇恨还是很有可能得到彻底化解。3 另一方发现自己没遭对方武力报复，欠下了以德报德的债，就会带着羞耻之心，更愿意遵守订立的盟誓。4 比起与自己分歧不大的敌人来说，人们更愿意与劲敌这样做。而且，他们自然很高兴屈服于首先作出让步的对手；但是，对于傲慢自大的对手，他们会孤注一掷。

20.1 "我们双方过去一直互相给予对方致命的伤害，这样下去的必然

---

① 后半句原文直译"来到你们面前"，今参照霍氏的观点意译。见其《评注》第 2 卷，第 173 页。

结果是，你们被我们的城邦和公民个人永远记恨，同时，也失去了我们现在请你们接受的东西。如果说我们双方都曾渴望和解，那么现在就是和解的大好时机。2 战事尚在未定之中，你们就增加了自己的名声，又得到了我们的友谊，而我们面临的灾祸得到合理的解决，避免蒙受耻辱，那就让我们和解吧！让我们选择和平而不是战争，结束其他希腊人的苦难——他们将把和平的功劳算在你们头上。因为他们打仗的时候，不清楚是哪一方挑起了战争；现在战争结束，你们就是一言九鼎的决定者，他们将对你们感恩戴德。3 因此，如果你们决定接受我们的建议，就能得到拉刻代蒙人牢固的友谊。它是拉刻代蒙人主动提出的，用不着你们强迫，是他们向你们示好。4 请你们考虑考虑，在这种局面下，自然会有多少好处！如果贵我双方用一个声音说话，你们就会知道，比我们差得多的其他希腊各邦将会给予我们最大的尊敬"。

21. 1 这就是拉刻代蒙人的发言。他们认为，以前雅典人急于与他们订立和约，只因遭他们的拒绝而作罢，现在既然是他们主动提出讲和，就会高兴地接受，并放回岛上的人员。2 然而，雅典人因岛上人员在手，就认为和约已在股掌之上，想什么时候订就什么时候订，而且贪图更多的利益。3 克勒埃涅托斯之子克勒翁怂恿他们尤力。他是当时的民众领袖，对群众的影响力也最大①。他建议他们答复如下：首先，岛上的人必须投降，交出武器，并送到雅典来；其次，送来后，拉刻代蒙人交出尼赛亚、珀该、特洛兹顿和阿卡伊亚——这些地方不是在战争中被夺取的②，而是雅典人根据以前的和约③同意让出的，那时他们处境艰难，比现在更急于讲和。履行了这些，他们就可以接回岛上的人，并订立和约，期限根据双方的意见而定。**22.** 1 对于这个答复，拉刻代蒙人没有作出回答，但是要求雅典人挑选议事的官员，与他们平静地详细讨论此事，达成双方同意的

---

① "民众领袖"原文是"δημαγωγὸς"，这里没有后来"煽动家"之贬义。见戈姆《评注》第3卷，第461页。另外，这句话与前文（3.36.6）极为相似，特别是再次称克勒翁的父名。有学者认为这是作者的疏忽，表明这一部分没有经过最后的修改；有学者认为是作者有意为之，因为这里与前文还是有比较小的差异。见霍氏《评注》第2卷，第177—178页。

② 根据前文（3.52.2），如果是在战争中被敌方夺取，敌方战败后就要主动交出，不必作额外规定。

③ 指《三十年和约》，见前文（1.115.1）。

协议①。**2** 克勒翁对此却大加挞伐。他说，他一开始就知道他们心术不正，现在终于昭然若揭：他们不愿意当着民众的面谈，而要与少数几个人私下密谈。他要求，他们如果有诚意，就当着全体民众的面说②。**3** 拉刻代蒙人看到，当着民众的面谈是不可能的，因为尽管在目前的灾祸之下，他们最好作出某些让步，但是，如果他们当着雅典民众的面说出来又被拒绝，就会在盟邦面前丢脸；而且雅典人不会就他们提出的要求，达成温和适度的协议。于是，他们两手空空地离开了雅典。**23.1** 使节从雅典一返回，关于皮罗斯的休战协议就终止了。拉刻代蒙人要求雅典人根据协议交还他们的战舰。雅典人却指控他们违反协议攻击了皮罗斯的要塞，以及其他一些芝麻大点儿的事③，拒绝交还战舰。他们坚持协议中的规定，即休战协议稍有一点点违反，即告终止。拉刻代蒙人拒绝了指控，抗议他们在战舰问题上的出尔反尔，然后回去了，重新投入战争。**2** 双方在皮罗斯的战事如火如荼地进行着。雅典人用两艘战舰白天绕着斯帕忒里亚岛不停地相向对驶（到了晚上，所有战舰围着该岛停泊，刮风时，向着大海的一面除外；从雅典来的另20艘战舰也参与警戒，这样战舰总数达70艘）。伯罗奔尼撒人仍在大陆上扎营，攻打皮罗斯要塞，等待解救岛上人员的时机降临。

24.1 与此同时，西西里的叙拉古人及其盟友，除了带上留守于墨塞涅的战舰，还将其他准备好的部队带过去，从墨塞涅开始作战④ **2**（罗克洛斯人因为仇视赫瑞癸翁人，极力怂恿，而且他们自己以全军侵入其领土）。**3** 他们看到雅典人手里只有少量战舰，并且得知大部分原计划来西西里的战舰都去围攻斯帕忒里亚岛了，就想打一场海战试试。**4** 要是取得了胜利，他们希望从陆上和海上攻击赫瑞癸翁，轻松地征服此地——他们将会处于稳固的战略地位。因为位于意大利的赫瑞癸翁的岬角与西西里的墨塞涅之间相距很近，雅典人就不可能在那里下锚停泊和控制海峡⑤。**5** 此海峡位于赫瑞癸翁与墨塞涅之间的海面，在那里，西西里与大陆之间

---

① "议事的官员"原文是"ξυνέδρους"（宾格、复数），本义"坐在一起的人"，作者这里没有把它当作一个术语。拉刻代蒙人大概是希望雅典的议事会插手此事，他们可能不适应雅典的公民大会的决策方式。见霍氏《评注》第2卷，第179页。
② 这里的"民众"指公民大会。
③ 对拉刻代蒙人而言。
④ 见前文（4.1.4）。
⑤ 今意大利半岛与西西里之间的墨西拿海峡。

的距离最近。它被称为"卡律布狄斯",据说奥德修斯曾驾船驶过①。由于通道狭窄,两个大海——堤耳塞尼亚和西西里②——的海水冲向这里,汹涌湍急,所以自然被认为是险恶之地。25.1 就在这个海峡,有一天傍晚,叙拉古人及其盟友为了保卫一艘从此通过的商船被迫打海战。他们以30多艘战舰出海对阵16艘雅典人的战舰和8艘赫瑞癸翁人的战舰。2 他们被雅典人打败了,迅速驶回来,分别回到自己的军营,一个在墨塞涅,一个在赫瑞癸翁,损失了一艘战舰。战斗还未结束,夜幕就降临了。3 此后,罗克洛斯人离开了赫瑞癸翁。叙拉古人及其盟友的战舰在墨塞涅的珀罗里斯集合,他们在那里停泊,并与陆军会合。4 雅典人和赫瑞癸翁人航行过去,看见船上没有人员,就发动攻击。但是他们自己损失了一艘战舰,被铁抓钩抓上,船员跳入海中游走。5 此后,叙拉古人登上自己的战舰,沿着海岸用缆绳把船拖向墨塞涅③。雅典人又发动攻击。叙拉古人掉转船头,也展开攻击,雅典人再损失了一艘战舰。6 就这样,叙拉古人在沿岸的航行和海战中不落下风,终于驶到了墨塞涅的港口。

7 雅典人得到消息,卡马里娜被卡耳喀阿斯及其同党出卖给了叙拉古人,于是航行去那里。与此同时,墨塞涅人以全部陆军和舰队同时出征他们边境上的卡尔喀斯人的那克索斯④。8 第一天,他们将那克索斯人包围在其城墙内,并蹂躏其土地。第二天,他们的战舰绕行至阿刻西涅斯⑤河,并蹂躏那里的土地;陆军攻打那克索斯城。9 与此同时,高地上大量西刻罗人下来帮助抗击墨塞涅人⑥。那克索斯人见状,信心大增,相互大声鼓励说,勒翁提诺人和其他希腊人盟友正赶来援助;突然冲出城,扑向墨塞涅人,击溃他们,并杀死了1000多人。其余的人艰难地逃回国内,因为途中遭蛮族袭击,大部分被杀。10 他们召集的战舰回到了墨塞涅,

---

① 见《奥德赛》(Od. 12. 101—110)。
② Τυρσηνία,又作"Τυρρηνία",Tyrrhenia,今第勒尼安海(Tyrrhenian Sea)。西西里海大概是今爱奥尼亚海靠近西西里岛的部分。
③ 目的是将战舰拖向岸边浅水处,雅典人没有办法前来攻击,但是自己也没有办法划桨。见戈姆《评注》第3卷,第465页。
④ Νάξος,Naxos,不是爱琴海上的岛屿那克索斯,而是西西里岛东岸的那克索斯,位于卡塔涅与墨塞涅之间。前735年,由来自优卑亚岛上的卡尔喀斯人建立。
⑤ Ἀκεσίνης,Acesines,即今Alcantara河。
⑥ 西刻罗人曾与雅典人结盟(见3.103.1),但并非所有的西刻罗人都与雅典人结了盟。见戈姆《评注》第3卷,第466页。

随后就解散回到各自城邦。勒翁提诺人及其盟友与雅典人一道，马上出征墨塞涅，以为她已遭受打击。雅典人用舰队攻打其港口，陆军则攻打墨塞涅城。11 在得摩忒勒斯的率领下①，墨塞涅人和一些罗克洛斯人——这些罗克洛斯人在那场灾难之后留在墨塞涅并守卫她——发动突袭，突然从城里冲出，打败了大部分勒翁提诺人，并杀死了许多。雅典人见状下船援助，紧追不成队列的墨塞涅人，将他们赶回城内。他们竖立了却敌纪念柱，然后撤回到了赫瑞癸翁。12 此后，西西里的希腊人在雅典人不在场的情况下，继续相互在陆上征伐。

26.1 话分两头，在皮罗斯，雅典人还在封锁着岛上的拉刻代蒙人；大陆上的伯罗奔尼撒人的军队仍待在原处。2 由于缺乏食物和水，警戒工作对于雅典人来说实在艰辛。只有一口泉，在皮罗斯的要塞处，还不大。大多数人只能扒开海滩上的卵石，见水就喝②。3 他们扎营的地方很小，所以空间狭窄。由于战舰没有靠岸的停泊处，所以只能分批去岸上取食物；其余的就在外海停泊。4 封锁持续的时间之长，出乎他们的意料，令他们懊丧至极。原以为在荒无人烟的小岛上，只有咸水可喝，封锁几天就行了。5 原因是拉刻代蒙人发布通告，重奖凡愿意运送磨好的谷物、酒、奶酪以及其他任何在封锁中有益的食物到岛上的人，许诺让成功运送的希洛特获得自由。6 有些人冒险一试，确实运进去了，尤其是希洛特，从伯罗奔尼撒各地来的都有，夜晚航向此岛面向大海的一面。7 他们特别留意将他们吹往岛上的风，因为当从大海那边吹来风时，容易躲过对方三层桨战舰的监视，此时对方无法完全封锁该岛。他们驾船和靠岸时并不顾惜船只，因为船只事先估了价③；而且岛上的重甲兵守卫着该岛登陆处。但是，风平浪静时，冒险送东西的人都被抓住了。8 在港口那边，有人扎进水里，从水下潜游过去，用绳子拖着兽皮皮囊，里面装混有捣碎的罂粟籽和麻籽的蜂蜜。刚开始没被人发现，后来开始防范他们。9 一方要把食物运进去，另一方不想让对方偷偷溜过去。双方什么巧妙的方法都用上了。

---

① 原文是"μετὰ τοῦ Δημοτέλους"，霍氏认为这里也许脱漏了父名，即"某人之子"。见其《评注》第 2 卷，第 184 页。

② 原文是"ἔπινον οἷον εἰκὸς ὕδωρ"，直译"喝自然存在的水"。有学者认为，这里指水的品质而不是数量。换言之，渴极了什么样的水都喝。参见霍氏《评注》第 2 卷，第 184 页。

③ 由此可以推断船只的损失由斯巴达城邦弥补；另外，船只在斯巴达比较宝贵，布剌西达斯曾说"不要吝惜木头"（4.11.4）。见霍氏《评注》第 2 卷，第 185 页。

27.1 消息传到了雅典：军队在忍受艰辛，而食物被运到岛上去了。雅典人感到事情难办，担心警戒会持续到冬天。他们看到，绕伯罗奔尼撒运送给养将是不可能做到的，那个地方荒无人烟，即使夏天也无法运去足够的食物；由于没有港口停泊，封锁持续不下去。结果要么是警戒放松，岛上的人逃出；要么等风暴来临，岛上的人乘运送食物的船只离开。**2** 他们最担心的是拉刻代蒙人，认为对方不再遣使来和谈，是因为形势较强了，并且后悔没有接受对方的议和建议。**3** 克勒翁知道雅典人因为他阻挠订立和约而怨恨他，他说从皮罗斯来的报信人没有说实话。报信人建议说，如果他们不相信，就派人去察看。于是，雅典人挑选他和忒阿革涅斯①一道去察看。**4** 克勒翁明白，要么他被迫报告与他所诽谤的人一样的内容；要么报告相反的内容，那就表明他自己撒了谎。他看到雅典人实际上决心出征，于是提出建议，不要派人察看，也不要拖延时间浪费时机，如果他们认为报信人的话属实，就应该派人直接驶向那些岛上的人。**5** 他对身为将军的尼刻剌托斯之子尼喀阿斯②——他的政敌③——含沙射影，挖苦说，如果将军们都是男子汉，带兵航行过去，就可以将那些岛上的人手到擒来；他本人如果率军的话，就手到擒来。**28.1** 雅典人冲着克勒翁鼓噪起来：如果对他来说易如反掌，那为何不现在出航？尼喀阿斯看到自己受嘲弄，又看到这个情形，就告诉克勒翁，就自己和其他将军而言，他想率领什么军队出征都行。**2** 刚开始，克勒翁以为尼喀阿斯不过是说说而已，就乐意前往；但是，等到发现真要把权力交给他，他退缩了，说尼喀阿斯才是将军，他不是将军。现在他害怕了，从未想到尼喀阿斯竟然将自己的位置让给他。**3** 然而，尼喀阿斯再次提出要求，让出征讨皮罗斯统帅的位置，并要雅典人做见证。民众就像他们所喜欢的那样，克勒翁越是逃避出航，自食其言，他们就越是鼓励尼喀阿斯交出指挥权，大叫大嚷要克勒翁出航。**4** 克勒翁不知道如何才能收回自己说过的话，就答应出航。他走上前发言说，他不怕拉刻代蒙人，将不从城邦带走一个士兵出航，只带

---

① 原文为"Θεαγένους"，霍氏认为应作"Θεογένους"，今未从。见其《评注》第 2 卷，第 186 页。

② 作者多次提及尼喀阿斯的父名（3.51.1；3.91.1；4.53；4.119；4.129），这里可能是作者在重复克勒翁的原话。见霍氏《评注》第 2 卷，第 186 页。

③ "政敌"原文是"ἐχθρὸς"，意思是"敌人"。当时，可能存在许多这种公民之间因政见不同而敌对的情况，可惜作者很少提及。见霍氏《评注》第 2 卷，第 186 页。

在雅典的楞诺斯人和印布洛斯人,从埃诺斯来援助雅典的轻盾兵①,以及来自其他地方的 400 名弓箭手。他说,有了这些人,加上在皮罗斯的军队,20 天内,或者将拉刻代蒙人生俘回来,或者就地杀死。**5** 他的信口开河让雅典人忍俊不禁。但是,头脑清醒的人很满意,他们盘算着,无论事情如何进行,结果都会不错——要么除掉克勒翁,这是他们期望的;要么他们失算,克勒翁为他们制服了那些拉刻代蒙人。

29.1 克勒翁在公民大会上安排完所有事项之后,雅典人已经投票决定他负责这次出航②。他选择一位将军,身在皮罗斯的得摩斯忒涅斯为副手,迅速领兵出发了。**2** 他把得摩斯忒涅斯抓住③,是因为得知他正计划登岛。在那个地方,要什么没什么,士兵们吃苦受累,与其说包围着别人,不如说自己被人包围,他们都急于冒险一击。岛上燃起的一场大火增强了他的信心。**3** 由于岛上大部分地方林木覆盖,无路可行,一直荒无人烟,所以得摩斯忒涅斯一开始害怕登陆,认为这个情况对于敌人更有利。一方面,因为大批人马登陆后,敌人会从隐蔽处发动攻击,造成人员损失。对于他的部下而言,由于密林的缘故,敌人的失误和准备情况就不会同样清楚地暴露在自己面前;而他们自己的全部失误就会彻底暴露在敌人面前,这样敌人就可以在他们愿意的任何地方发动突然袭击,因为攻击的主动权掌握在他们之手。**4** 另一方面,他们认为,如果他们强行进入密林里,与敌短兵相接,熟谙当地的人,虽然人数少,但比人数虽多却不熟悉当地的人要强。他的部下尽管人多,但会被不知不觉地歼灭,因为必须相互援助之时却看不见对方。**30.1** 得摩斯忒涅斯想到这些,主要是由于他在埃托利亚惨败的经历,那次在一定程度上是树林造成的④。**2** 由于地方狭窄,士兵们被迫驶近斯帕克忒里亚岛,上岸⑤,布置好岗哨,然后做饭。其中有一个士兵无意中点燃了一小片树林,一股风刮起,大火从那里开始蔓延,不知不觉已将全岛大部分树林焚毁殆尽。**3** 这样一来,得摩斯

---

① 关于楞诺斯和印布洛斯与雅典的关系见前文译注(3.5.1)。Αἶνος, Aenus, 位于古代色雷斯东南、爱琴海海岸,即今土耳其的埃内兹(Enez)。

② 注意克勒翁此时还不是将军,显然这是一次特殊的任命。见霍氏《评注》第 2 卷,第 188 页。

③ "抓住"是原文直译,意思是"逮着不放""依赖某人"。

④ 见前文(3.97—98)。

⑤ 此岛的南端。见戈姆《评注》第 3 卷,第 472 页。

忒涅斯原本怀疑拉刻代蒙人在运送食物进去时夸大了岛上的人数①，现在更清楚地看出拉刻代蒙人比他预想的要多。他确信值得勉力一试，而且该岛比他预想的更容易登陆。于是，开始准备攻打，派人召请附近的盟友②，并做好其他方面的准备。

4 此时，克勒翁首先派人通知得摩斯忒涅斯他马上就到，随后带着得摩斯忒涅斯所要求的③军队抵达了皮罗斯。会合之后，他们首先派遣传令官去大陆上的敌营，提出建议：如果愿意避免冲突的危险，就命令岛上的人投降并交出武器，他们将施以温和的看管，直到双方就主要事项达成协议。**31.1** 这个建议被拒绝了，雅典人一天按兵未动。次日，天还没亮，全体重甲兵就登上了少量战舰，然后出发了。快到黎明的时候，他们在岛的两侧登陆——朝向大海的一面和朝向港口的一面。人数将近800人，都是重甲兵。接着，跑步前进，冲向岛上的第一个哨所。**2** 岛上兵力是这样部署的：在这儿，第一个哨所，将近30名重甲兵；在岛的中部，最平坦的地方，水源附近，人数最多，由厄庇塔达斯统领。一小队人把守着朝向皮罗斯的那一端，那里临海悬崖峭壁，从陆路最难攻打。此处有一个古老的要塞，用随手找到的石头砌成。拉刻代蒙人认为它有用处，遭到猛烈攻击时，可以撤到里面。兵力部署就是这样的。

32.1 雅典人冲向第一个哨所的人员，立即将他们消灭。他们还躺在床上，或者在取武器，完全没有发现雅典人登陆，还以为这些船只不过是像往常一样夜晚航来停泊的。**2** 天一亮，其余的士兵也登陆了。他们是全部70多艘战舰上的船员，最底层的桨手除外，各带其武器④。还有800名弓箭手和不少于这个数量的轻盾兵，以及前来增援的墨塞尼亚人和其他所有驻守于皮罗斯附近的人，守卫要塞的人除外⑤。**3** 得摩斯忒涅斯作出部署，将他们分成200人左右的小队，夺取全岛的高地。让敌人处在四面

---

① 休战期间，拉刻代蒙人可以向里面运送食物。见前文（4.16）。
② 兹达库恩托斯、刻帕勒尼亚和瑙帕克托斯。见戈姆《评注》第3卷，第473页。
③ "得摩斯忒涅斯所要求的军队"原文是"στρατίαν ἣν ᾐτήσατο"，其中动词"ᾐτήσατο"的主语是"他"，从语法上说，应指"克勒翁"，但是，有学者认为很有可能指"得摩斯忒涅斯"，这就说明他们两人早就有联系。见霍氏《评注》第2卷，第189页。
④ "最底层的桨手"原文是"θαλαμῶν"（属格、复数），每艘三层桨战舰上有60名这种桨手。另外，绝大多数桨手应该是没有武器的，他们可以在战斗中捡对方扔过来的石头和投枪。见戈姆《评注》第3卷，第474页。
⑤ 雅典方面的总人数也许是11000人。见霍氏《评注》第2卷，第189页。

包围之中，完全束手无策——遭到优势兵力的四面攻击，不知道该面对何方；向前攻，背后就受敌；向一侧攻，另一侧就受列阵之敌的攻击。4 总之，无论他们向哪里攻击，背后总有敌人。他们是轻装兵，最难对付，通过从远处射箭、投枪、扔石头、投射石弹来战斗。甚至没有办法靠近攻击他们——你打胜了，他就跑了；你撤退，他就攻上来了。

这些就是得摩斯忒涅斯在最初制订登陆计划时的想法，他将它们付诸实施。33.1 厄庇塔达斯统领下的、岛上拉刻代蒙人的主力，看到第一个哨所被歼灭，一支军队向他们冲来，就列阵向雅典的重甲兵进攻，想要与之交手。雅典的重甲兵与他们对垒，轻装兵排在其两侧和背后。2 然而，他们根本无法与对方重甲兵短兵相接，也不能发挥自己之所长，因为其轻装兵不停地从两边投掷，阻止了他们，而重甲兵待在原地，不向前攻。尽管他们一紧逼其轻装兵，就击溃了他们，但是由于他们身着轻便，加之该岛一直荒无人烟，崎岖不平，通行困难，可以边打边撤，不慌不忙地逃跑。在这样的地方，拉刻代蒙人身披甲胄，拿着武器，无法追上对方。34.1 双方如此相互从远处投射了一小段时间，拉刻代蒙人便不能再敏捷地冲出去反击了。轻装兵见状，就知道他们的反击已经迟钝了，于是信心大增。他们发现自己要比敌人多好几倍。他们比较习惯了，对方不像以前那么可怕了。刚登陆时，一想到要与拉刻代蒙人对垒他们就心惊胆战，可是他们遭受的第一波损失比预想的要小。现在他们抱着轻视的心理，大声吼叫着一起冲上去，投射石头、箭、矛，每个人手里有的东西都投射出去。2 雅典人边吼叫边进攻，让不习惯于这种作战方式的人惊恐。刚焚烧过的树林扬起的尘土直升天空，在扬尘之中，有大批人马投射的箭和石头，让他们无法看见对面。3 这下拉刻代蒙人遭了殃。他们的毛毡头盔①抵挡不了箭，扔过来的短矛击中身体时矛杆折断②。他们简直束手无策了，既看不见对面，又听不见队伍中的命令，它们被敌人巨大的吼声淹没了。危险无处不在，没有任何通过还击转危为安的希望。35.1 他们总是在一个地方打转，许多人受了伤。最后，他们将盾牌相连，形成一道盾墙，向岛上最远端③一处要塞撤退。那里距离不远，有他们的人守卫。2

---

① "毛毡头盔"原文是"οἱ πῖλοι"（复数、主格），有学者译为"毛毡胸甲"，今从戈姆和霍氏。见戈姆《评注》第 3 卷，第 475 页；霍氏《评注》第 2 卷，第 190 页。
② 矛头仍扎在胸甲上和盾牌上，妨碍士兵运动。见格雷夫斯的注。
③ 该岛的北端。

他们一退让，雅典的轻装兵就士气大增，攻上前去，吼叫声比以前更大了。撤退中被追上的拉刻代蒙人都被杀死了，但是大部分逃到了要塞那里。他们与守卫的士兵挤在一起排成队列，防守着所有的敌人攻击的点。**3** 雅典人追过来，由于要塞坚固，不能包抄或包围它，就从正面攻击，试图将他们赶出去。**4** 有很长一段时间，即在那天的绝大部分时间里，双方艰难地忍受着战斗、口渴和太阳的炙烤。一方试图将对方从这片高地上赶走，另一方则寸步不让。拉刻代蒙人防守起来比以前更容易了，因为其侧面没有被包围。

36.1 战斗陷入胶着状态，墨塞尼亚人的将军①找到克勒翁和得摩斯忒涅斯，说他们是在做无用功，如果他们愿意给他部分弓箭手和轻装兵，他就绕到敌人背后去；他本人可以找出一条路来，并认为可以强行接近敌人。**2** 他得到自己要求的士兵之后，从一个隐蔽的地点出发，以免敌人看见。沿着该岛悬崖峭壁前进②，只要有一点点踏脚的地方就行。拉刻代蒙人以为这个方向地势险要，根本未加防范。他们历尽艰险，好不容易神不知鬼不觉地绕到敌人背后，突然出现在敌人背后的高地上，让大吃一惊的敌人惊慌失措，也让期待中的自己人看见后大受鼓舞。**3** 拉刻代蒙人这下腹背受敌了，同样的灾难以前发生过，那是在温泉关，不过一个是大事件，一个是小事件③。那一次他们被抄小道绕到背后的波斯人消灭。现在他们遭到前后夹击，再也撑不住了。他们以少打多，加上缺乏食物④，筋疲力尽，开始败退。而雅典人已经占据了通道。

37.1 克勒翁和得摩斯忒涅斯意识到，哪怕拉刻代蒙人再后退一步，都会被他们的部下歼灭掉。于是，制止部下，停止了战斗。他们想生俘这些人，送往雅典；并且希望他们听到传令官发话后，斗志瓦解，交出武器，屈服于眼前的险境。**2** 于是，传令官发话，如果他们愿意，就投降并交出武器，听候雅典人发落。**38.1** 大多数拉刻代蒙人听到传令，就垂下了盾牌，挥手表示接受。然后，停战开始，双方谈判。克勒翁和得摩斯忒涅斯代表雅典人，

---

① 根据后人的记载，此人名叫科蒙（Κόμον, Komon）。见霍氏《评注》第 2 卷，第 191 页。
② 该岛面向海湾的一侧，即其东侧。
③ 见前文（1.23.1）。有趣的是，那里作者是贬低希波战争的。见霍氏《评注》第 2 卷，第 191 页。
④ 一天没有吃东西，更重要的是，他们的食物储存在岛中部的军营里。见戈姆《评注》第 3 卷，第 477 页。

帕剌克斯之子斯堤蓬代表拉刻代蒙人。因为先前的第一位统帅厄庇塔达斯已经战死，挑选出来的继任者希帕格瑞塔斯躺在尸体中间，被认为已战死，实际上还活着。斯堤蓬是第三位按照惯例挑选出的统帅，万一前两位有什么意外的话。2 斯堤蓬和其同伴说，想派传令官去大陆的拉刻代蒙人那里请示该怎么做。3 但是，雅典人一个也不让他们走，他们自己从大陆上召请传令官来。双方经过两三次问答之后，最后一位来自大陆上的拉刻代蒙人告诉他们："拉刻代蒙人命令你们自己决定自己的事情，但不要做屈辱的事。"于是，他们相互商议之后，交出了武器，投降了。4 这天的白天和晚上，雅典人将他们看管起来。次日，在岛上竖立了却敌纪念柱，做好出航的准备。将俘虏分配给各三层桨战舰舰长看管。拉刻代蒙人派出一名传令官收回尸首。5 岛上战死和被俘的情况如下：渡海而来的重甲兵总共420名，其中292名被俘送往雅典，其余战死。俘虏中有大约120名斯巴达人。雅典人战死者不多。这不是一场常规的重甲兵的①战斗。

39.1 拉刻代蒙人在岛上被围困的全部时间，从海战开始，到岛上的战斗为止，一共72天。2 其中大约有20天，使节出去议和，粮食按时运进去。但是，其余时间，他们就靠偷运进去的食品过活。到该岛被占领的时候，上面还发现有谷物和其他一些食品，因为统帅厄庇塔达斯给每个人的量比他手中能分配的要少。3 雅典人和伯罗奔尼撒人各自从皮罗斯撤军回国。克勒翁听起来疯狂的诺言兑现了，因为像他许诺的那样，20天之内，将那些岛上的人带回了雅典。**40.1** 在这场战争中，这件事最出乎希腊人的意料。人们一向以为，拉刻代蒙人绝不会因为饥饿或者其他难以抗拒的力量而交出武器，而会用武器，战斗至最后一息。2 人们怀疑那些投降的人跟那些战死者根本不是同一类人。后来，有一次，雅典的一位盟友奚落②一个岛上来的俘虏：那些战死的拉刻代蒙人是不是好样的③？俘虏

---

① "常规的重甲兵的"原文是"σταδαία"（形容词、主格、阴性），意思是"站稳的""短兵相接的"。

② "奚落"原文是"ἐρομένου ... δι' ἀχθηδόνα"，"ἀχθηδόνα"（阴性、单数、宾格）原义是"苦恼""重担"，这里似乎说不通。很可能是"侮辱地问""心怀恶意地问"等意思，故译。见戈姆《评注》第3卷，第480页。

③ "好样的"原文是"καλοὶ κἀγαθοί"（两个词均是阳性、复数、主格），这两个词是很平常的词，分别相当于英语的"fair"和"good"等，但是意义却很复杂，学者们都认为难译。这里既有身体的、审美的、道德的含义，还有政治的、社会的和经济的等方面的含义。详见霍氏《评注》第2卷，第195—196页。

回答说，如果纺锤①，也就是箭，分得出好样与孬种，那它的价值可就大了！暗指被箭射死和被石头砸死不过碰巧罢了。

41.1 俘虏运到了雅典，雅典人决定将他们戴上镣铐，投入监狱，一直到订立和平协议为止；在此之前，如果伯罗奔尼撒人入侵他们的土地，就将他们拉出来处死。**2** 他们在皮罗斯布置了防守；瑙帕克托斯的墨塞尼亚人把这里当成他们的祖国（因为皮罗斯曾是墨塞尼亚的一部分），派出了自己最得力的人员，劫掠拉科尼刻。由于他们与当地语言相同，所以给对方造成了最大的破坏。**3** 拉刻代蒙人以前没有经历过劫掠和这种形式的战争，加上希洛特开始逃亡，他们害怕动乱会蔓延全国，故而忧心如焚。尽管他们不想让雅典人知道这一点②，还是一批接一批地派使节去雅典，试图收回皮罗斯和那些被俘的人。**4** 但是，雅典人总是提过高的要求，所以尽管使节一批一批地来，雅典人还是让他们都空手而归。皮罗斯事件就是这样的。

42.1 同一个夏季，就在这个事件之后，雅典人马上派80艘战舰、2000名自己的重甲兵，以及200名乘运马船的骑兵出征科林斯的领土。盟友米利都人、安德洛斯人和卡律斯托斯人也随同出征，尼刻剌托斯之子尼喀阿斯和其他两位任将军。**2** 他们出海航行，拂晓，在索吕革亚山脚下的海滩登陆，这里位于刻耳索涅索斯与赫瑞托斯之间③。古时候，多里斯族在此山中扎营，与在城中的科林斯人作战——科林斯人是埃俄利斯族④——那里有个村子现在还叫索吕革亚。海滩上战舰登陆的地点离该村

---

① "纺锤"原文是"ἄτρακτον"（单数、宾格），本义就是"纺锤"（细长形的），借指箭。霍氏指出，纺锤是妇女用的工具，当时人们普遍对弓箭手抱有偏见，轻视他们。见其《评注》第2卷，第196页。

② 这也许是作者的猜测，很难相信雅典人不清楚斯巴达内部的希洛特问题的严重性。见霍氏《评注》第2卷，第197页。

③ 刻耳索涅索斯位于今科林斯地峡以南向西凹进的海湾边，在伯罗奔尼撒半岛上，在今Κεχριές(Kechries)以南。赫瑞托斯(Ρείτος, Rheitus)则在其南面几公里处。见霍氏《评注》第2卷，第199页。

④ Αἰολῆς, Aeolians, 又译"埃奥利亚人"等，是古希腊最早的四大部族之一，另3个是伊俄利亚族(Ἴωνες, Ionians)、多里斯族(Δωριῆς, Dorians)和阿卡伊亚族(Ἀχαιοί, Achaeans)。他们都有自己的方言。埃俄利斯族起源于忒萨利亚，那里有一个地方叫埃俄利斯，后散布于玻俄提亚、埃托利亚、罗克里斯、科林斯、厄利斯、墨塞尼亚，以及爱琴海中的勒斯玻斯、小亚的埃俄利斯。要注意的是，这四大部族的居住地本来都因其人名而得名，由于约定俗成的缘故，这里变通处理，从其居住地译其人名。

子 12 斯塔狄翁①，离科林斯城 60 斯塔狄翁，离地峡 20 斯塔狄翁。3 科林斯人预先从阿耳戈斯得知雅典的军队要来②，除了在地峡之外③的军队，以及远在安布剌喀亚和勒乌卡斯守卫的 500 人，其余全部人马早就赶往地峡增援。全体科林斯人观察着雅典人将在哪里登陆④。4 雅典人逃脱了他们的注意，晚上登陆了。他们看见信号举起⑤，留下一半人马在肯克瑞亚⑥，以防雅典人攻击克洛密翁⑦，然后全速赶去救援。43.1 科林斯人的两位将军之一的巴托斯（两位将军都在战场）带领一个小队，前去守卫索吕革亚村，那里没有围墙；吕科普戎则与其他人一起作战。2 科林斯人首先攻击雅典人的右翼，他们刚刚在刻耳索涅索斯前登陆，接着与其余的敌军作战。战斗非常激烈，全是近战肉搏。3 由雅典人和卡律斯托斯人组成的右翼（卡律斯托斯人被摆在右翼之末），受到科林斯人的攻击，好不容易才击退对方。科林斯人退到一道石墙⑧后（后面一路都是陡坡），在高处向下投掷石头，唱着颂歌再次发动进攻。雅典人迎击，肉搏战重新开始。4 科林斯人的一个小队前来增援他们的左翼，打败了雅典人的右翼，将他们赶向大海。雅典人和卡律斯托斯人又从战舰那里转身将对方击退。5 双方其余的军队一直在不停地厮杀，特别是科林斯人的右翼，吕科普戎统领，抵挡雅典人的左翼。因为他们预料雅典人将攻打索吕革亚村。44.1 双方相持了很长一段时间，都不让步。接着（因为雅典人有骑兵助战，这是他们的优势；对方却没有马匹），科林斯人败退了，撤退到山

---

① 约 2.4 公里。以下类推。

② 大概是参加公民大会的雅典人闲谈时传出来的，消息传到比雷埃夫斯港，再传到外地。见霍氏《评注》第 2 卷，第 200 页。阿耳戈斯脚踏两只船。见戈姆《评注》第 3 卷，第 490 页。

③ 即地峡以北，朝墨伽拉方向。

④ 科林斯人的军队集中在地峡，但是不知道雅典人会在什么地方登陆，所以沿岸各处都有人手持火把等信号瞭望。

⑤ 古代笺注家说此时天已明，故不是火光信号，而是其他形式的信号。见戈姆《评注》第 3 卷，第 491 页。

⑥ Κεγχρειά, Cenchreia，根据上下文，此地应在地峡以东，是一个天然良港。现今地峡以南有一个地名叫 Κεχριές (Kechries)，是此古地名（Κεγχρειαί）的孑遗，但不是文中所指的肯克瑞埃。参见戈姆《评注》第 3 卷，第 491 页。下文又称肯克瑞埃（Κεγχρειαί, Cenchreae）（如 8.10.1）。

⑦ Κρομμυών, Krommyon，是科林斯领土东部的一个前哨，以前是墨伽拉的。位于今 Θεόδωροι (Theodoroi) 附近。为什么不让地峡外的军队单独抵挡？大概是他们的人数太少不足以应对。见戈姆《评注》第 3 卷，第 491 页。

⑧ 斜坡田地里护坡石墙，不是城镇的城墙。见《戈姆》第 3 卷，第 491 页。

上，把武器放下，没有再次下山，而是按兵不动。**2** 右翼在这次溃退当中大部分被杀，包括将军吕科普戎。其余的军队，被打败后以同样的方式溃退了，但是没有被穷追，也没有仓皇逃窜，而是退到高处，安顿下来。**3** 雅典人看到对方不再来进攻，就剥去了敌方尸体上的兵器甲胄，收回己方尸首，立刻竖立却敌纪念柱。**4** 由于俄涅翁山的阻隔，另一半科林斯军队——他们驻守于肯克瑞亚，以防雅典人驶来攻击克洛密翁——看不见战斗的场面。望见尘土飞扬，他们明白了，立即赶去增援。科林斯城中的老年人得知情况后，也出来增援。**5** 雅典人看见他们全都冲过来，以为伯罗奔尼撒半岛上的科林斯的邻国都来增援，赶紧带着战利品和己方的尸首撤退到战舰上，有两具尸首因为找不到而落下了。**6** 登上战舰，渡海来到对面的一些岛上，派出传令官①，在休战协议的保护下收回落下的尸首。在这场战斗中，科林斯战死了212人，雅典战死近50人。

45.1 就在同一天，雅典人从岛上起航，航行至科林斯的克洛密翁，那里离科林斯城120斯塔狄翁。在那里停泊，蹂躏当地，宿营一晚。**2** 次日，沿海岸航行，先到了厄庇道洛斯，登陆一次。接着到了厄庇道洛斯与特洛兹顿之间的墨塔娜②，在那里的半岛上筑墙，将半岛与大陆隔开，[墨塔娜③在半岛上]。在那里设立一个据点，后来劫掠特洛兹顿、哈利厄斯和厄庇道洛斯的土地。雅典人筑好那里的防御工事后，就起航回国了。

46.1 在这些事件发生的时候，厄乌律墨冬和索波克勒斯率领雅典舰队从皮罗斯出发去西西里，途中抵达科西拉。他们与科西拉城内的人一起攻打扎营于伊斯托涅山的科西拉人。这些人在内乱之后，渡海过来，控制这一带，造成严重的破坏④。**2** 他们的要塞被攻下了，人却集体逃到一处高地。订立了投降协议，交出雇佣军，交出武器，听候雅典公民大会发

---

① "派出传令官"原文是"ἐπικηρυκευσάμενοι"（不定过去时分词、复数、主格），意思是"派出传令官送信"，通常是战败方所为。普鲁塔克的《尼喀阿斯传》（6.4—7）认为这说明尼喀阿斯将宗教的虔敬放在胜利之上。但是这不会改变科林斯人战败的事实。增加这个偶然事件的细节有助于说明下文阵亡数字的准确性。见霍氏《评注》第2卷，第202—203页。

② Μέθανα, Methana, 是伯罗奔尼撒半岛东南部伸向萨洛尼斯（Σαρωνικός, Saronic）海湾的一个小半岛，现在仍沿用此名。

③ 这里的"墨塔娜"写作"Μεθώνη"。斯特拉波（Strabo 374）指出，古代有抄本将"Μέθανα"写作"Μεθώνα"。见霍氏《评注》第2卷，第203页。

④ 见前文（3.85.3）。

落。3 两位将军在休战条件下将他们送到普堤喀亚岛①，加以看管，直到他们被送去雅典；如果有人偷跑被捉到，休战协议即对全体失效。4 科西拉的民众首领担心这些人到了雅典后，雅典人不会处死他们，于是设下一个计谋：5 为了说服岛上少数几个人，他们秘密派遣这些人的朋友上岛，像是出于好意告诉他们，最好尽快逃走，并答应准备一条船，因为雅典将军打算把他们交到科西拉民众的手里。47.1 这些人同意了，他们乘着设计者提供的船只离开时被抓住了。休战终止，他们全体被交到了科西拉人手里。2 造成这个结果的主要原因是，雅典将军明显地表现出，不愿意让其他人送他们去雅典，赢得荣誉，而他们自己又要去西西里；这就让设计者无所顾忌，也让他们编造的理由真像么回事儿。3 科西拉人把这些人接收过来，关进一个大屋子。随后，每20人一组拉出来，从排列好的两排重甲兵之间通过。他们一个接一个用链子系着，两排士兵中如果有人发现里面有自己的仇人，就击打或者刺杀。一旁还有拿着鞭子的人，催促步履缓慢者加快脚步。48.1 像这样拉出来杀死的人将近60个，屋子里的人并不知情（他们以为这些人被拉出去是要换一个地方）。等他们得知了实情，或者有人报了信，就大声向雅典人呼吁，提出要求：如果想杀死他们，就亲自动手。他们拒绝走出屋子，并宣布，将尽己之所能阻止他人进入。2 科西拉人根本没有打算从门口强行进入，他们登上屋顶，掀开之，朝下面投掷瓦片和射箭。3 屋里的人尽力保护自己，同时大多数人开始自杀。有的用对方射下的箭刺向自己喉咙，有的用屋里卧榻上的绳子或者用衣服撕成的布条自缢。于是，在那天晚上的大部分时间里（因为惨祸发生时夜幕降临），他们用一切方式自杀，也有的被上面投掷的东西杀死。4 天亮了，科西拉人将尸体横七竖八地扔到大车上，运到城外。在要塞里抓到的妇女全部卖为奴隶。5 山上的科西拉人就这样被民众消灭了。至少在这场战争期间，这场长期的内乱就此结束了，因为其中的一方所剩无几，无足轻重了。6 雅典人驶向西西里——他们最初的目的地——与那里的盟邦一道作战。

49. 同一个夏季的末尾，在瑙帕克托斯的雅典人和阿卡耳那尼亚人，

---

① Πτυχία，Ptychia，现在在科孚岛的东面有一个小岛还叫这个名字，但是戈姆认为，很可能指此岛北面的 Λαζαρέτο（Latsareto）岛。见其《评注》第3卷，第495页。

出征位于安布剌喀亚海湾入口的科林斯人的城镇阿那克托里翁①，因为城里有内应出卖，就夺取了。阿卡耳那尼亚人驱逐了［科林斯人］，从阿卡耳那尼亚各地来的殖民者占据了这个地方②。这个夏季结束了。

50.1 在接下来的冬季里，阿耳喀波斯之子阿里斯忒得斯，派往盟邦征收贡款的舰队将军之一，在斯特律蒙河畔的厄翁，抓住了一个波斯人阿耳塔珀耳涅斯，他从波斯国王那里出发赴拉刻代蒙。**2** 他被带到了雅典。雅典人让人将他的信从亚述文③翻译过来，并阅读了。信中提及许多事情，其中主要是关于拉刻代蒙人的：波斯国王不知道他们想要什么，因为尽管他们派了许多使节，但是使节们说法不一；如果想要说清楚，就派人跟这位波斯人去见他。**3** 后来④，雅典人用一艘三层桨战舰送阿耳塔珀耳涅斯去厄珀索斯，还有雅典使节相随⑤。他们在那里得知波斯国王、克塞耳克塞斯之子阿耳塔克塞耳克塞斯刚刚逝世（因为他大约就在此时去世⑥），于是回雅典了。

51. 同一个冬季，雅典人怀疑喀俄斯人心怀异志，命令他们拆毁了新城墙。然而，他们首先尽自己所能从雅典人得到了最可靠的安全保证，使喀俄斯的地位不发生突然的变化⑦。这个冬季结束了，修昔底德记载的这场战争的第 7 年也随之结束了。

52.1 接下来的夏季刚开始，新月时发生了一次日偏食⑧；这个月初，还爆发了一次地震。**2** 大部分密提勒涅和别的勒斯玻斯地区的流亡者⑨，从大陆上的据点出发，加上来自伯罗奔尼撒的雇佣军，还有其他在当地召

---

① 见前文（1.55.1）。
② 有的校勘者删去了方括号，那就可以译成"阿卡耳那尼亚人自己从阿卡耳那尼亚各地派来殖民者占据了这个地方"。
③ 据学者研究，确信是阿拉美语（Aramaic）。见霍氏《评注》第 2 卷，第 207 页。
④ 不是这一年（前 425/424 年）的事，而是前 423 年的事（具体时间见下文）。作者这里将波斯人阿耳塔珀耳涅斯的事一口气讲完，故涉及次年的事。见霍氏《评注》第 2 卷，第 207—208 页。
⑤ 霍氏认为，雅典人得知拉刻代蒙人与波斯往来很吃惊。见其《评注》第 2 卷，第 209 页。
⑥ 据学者们的考证，准确时间是公元前 423 年 3 月。详见霍氏《评注》第 2 卷，第 207—208 页。
⑦ 学者们对于这句话有不同的理解和翻译，今从霍氏。见其《评注》第 2 卷，第 210 页。
⑧ 前 424 年 3 月 21 日。见霍氏《评注》第 2 卷，第 211 页。
⑨ 见前文（3.50）。

集的人，夺取了赫洛忒翁①。但是，接受了 2000 波开亚斯塔忒耳②后，他们将它交还了，没有破坏。**3** 此后，他们攻打安坦德洛斯③，因为城里内应的出卖而夺取了此城。他们的目的是解放所谓的"阿克泰亚④诸城邦"，从前被密提勒涅人统治，现在则被雅典人占据。不过，安坦德洛斯是他们的首要目标。他们想加固她（因为这里便于造船，伊达山⑤就在附近，可以提供木料，还有其他资源），以之为基地，就容易破坏邻近的勒斯玻斯，掌控大陆上的埃俄利斯⑥要塞⑦。这些就是他们打算施行的计划。

53.1 同一个夏季，雅典人以 60 艘战舰、2000 名重甲兵、少量骑兵，还带领一些米利都人以及其他盟友，攻打库忒拉⑧。由尼刻剌托斯之子尼喀阿斯、狄厄特瑞珀斯之子尼科斯特剌托斯、托尔迈俄斯之子奥托克勒斯任将军。**2** 库忒拉是一座岛屿，靠近拉科尼刻，与马勒亚⑨隔海相望。其居民是属于边民的拉刻代蒙人，斯巴达每年派遣一名"库忒拉地方官"⑩渡海到那里，还派重甲兵守卫部队去那里，定期换防，非常留意此地。**3** 从埃及和利比亚来的商船常常停靠于此，它也是一道保护屏障，因为这里是海盗可以轻易骚扰拉科尼刻的唯一通道——整个拉科尼刻伸入西西里海和克里特海⑪。**54.1** 因此，雅典的军队靠岸，10 艘战舰和 2000 名米利

---

① Ῥοίτειον，Rhoeteum，位于今土耳其达达尼尔海峡的东岸。
② 作者没有换算成阿提卡的度量衡，大约是 8 塔兰同。见霍氏《评注》第 2 卷，第 211 页。关于塔兰同，见前文（1.96.2）译注和附录一。
③ Ἄντανδρος，Antandrus，位于今土耳其的西北部，伊达山的南侧。
④ Ἀκταῖα，Actaea，本义是"沿海地带"。前文曾提及（3.50.3），位于今土耳其的西北部，达达尼尔海峡以东的沿海地带，古代被称为特洛亚斯（Τρωάς，Troas 或 Troad），著名的特洛亚城就在这一地区，现在属于土耳其的恰纳卡莱（Çanakkale）省。公元前 428 年以前属于密提勒涅，前 427 年被雅典夺得。这一地区形成一个单独的群体，称为"阿克泰亚诸城邦"。参见戈姆《评注》第 3 卷，第 507 页。
⑤ Ἴδη，Ida，位于今土耳其的西北部，著名的特洛亚遗址的东南方。
⑥ 见前文（3.31.1）译注。
⑦ "要塞"原文是"πολίσματα"（中性、复数、主格），其单数（"πολίσμα"）比"πολίς"（"要塞""城""城邦"）一词多了一个后缀"-μα"，一般来说，强调物质的一面，指城市的建筑。故译。西方学者有细致的研究，详见霍氏《评注》第 2 卷，第 213 页。
⑧ Κύθηρα，Cythera，今伯罗奔尼撒半岛南面的基西拉岛。
⑨ Μαλέα，Malea，伯罗奔尼撒半岛最南端的岬角。
⑩ "κυθηροδίκης ἀρχή"，本义是"作为库忒拉法官的统治者"。本质上是非军事的，下文说斯巴达还派重甲兵守卫部队去，该部队另有军官。作者这里没有说明白。见霍氏《评注》第 2 卷，第 215—216 页。
⑪ 所谓"西西里海"是从西西里岛到伯罗奔尼撒半岛的海域；"克里特海"是从克里特岛到拉科尼刻的海域。见戈姆《评注》第 3 卷，第 508 页。

都人的重甲兵，夺取了海边一座叫作斯坎得亚①的城市。另一部分人马在该岛与马勒亚隔海相望的地区登陆，攻打［海边］② 库忒拉人的城市。他们发现所有的居民已经出动在此扎营。**2** 战斗爆发，库忒拉人只抵抗了一会儿就溃败了，逃到上城③。后来，向尼喀阿斯和其同僚投降，在不被处死的前提下，听候雅典人发落。**3** 尼喀阿斯与某些库忒拉人的谈判此前就开始了，因此关于目前和将来的和约条款的达成，也比较快和比较有利于库忒拉人。否则，雅典人就将他们赶走了，因为他们是拉刻代蒙人④，而且该岛离拉科尼刻如此之近。**4** 投降协议订立之后，雅典人占据了位于港口的要塞⑤斯坎得亚⑥，布防库忒拉。然后，起航赴阿西涅和赫罗斯⑦，以及大部分沿海地带。登陆，在方便的地方宿营，蹂躏当地大约 7 天。

55.1 拉刻代蒙人看见雅典人占领了库忒拉，预料他们也会在自己的领土上登陆，而自己无法在一个地方以全军与之对阵，就派人去各地警戒。按各地所需分配重甲兵的数量。还全面保持高度的戒备，唯恐他们的城邦制度被颠覆。发生在斯帕克忒里亚岛的惨祸让人始料不及，皮罗斯和库忒拉落入敌手，四面八方战火密布，且猝不及防。**2** 在这种情况下，他们甚至一反常规，建立了一支 400 人的骑兵部队和一支弓箭手队伍。在军事方面，他们比以往任何时候都要胆怯，他们发现卷入了一场海军力量的较量，而他们现有的军事力量的构成与之不匹配；而且对手是雅典人，在他们眼里，凡有希望做成的事情就一定去做。**3** 此外，在短时间内，厄运意想不到地接二连三地降临，让他们惊恐万状。他们担心，类似斯帕克忒里亚岛上的灾祸会再次落到自己头上。**4** 由于这个缘故，他们不像以前那

---

① Σκάνδεια, Scandeia, 可能是今天的 Καστρί(Kastri)，位于今基西拉岛的东海岸。见戈姆《评注》第 3 卷，第 510 页。

② 中括号里的内容重复了对斯坎得亚的描述，可能系抄写错误，应该删去。见霍氏《评注》第 2 卷，第 217 页。

③ 库忒拉的这座城市分为港口和靠内陆两部分，类似雅典城。

④ 斯巴达是库忒拉的母邦，见下文 (7.57.6)。

⑤ 前文提及"斯坎得亚"时称之为"πόλις"，这里又称作"πόλισμα"。作者似乎不怎么在乎二者的差别。见霍氏《评注》第 2 卷，第 213 页。

⑥ 前文提及米利都人已经夺取了斯坎得亚，可见雅典人没有让米利都人担负主要作战任务。见霍氏《评注》第 2 卷，第 217 页。

⑦ Ἕλος, Helos, 位于今拉科尼亚海湾的北端、Ευρώτας(Euratas) 河河口，但不详其所在。今有地名Ἕλος(Elos)。

样勇敢作战了。甚至想，无论采取什么行动都会犯下大错，因为他们还不习惯于遭受挫折，对自己失去信心了。**56.1** 因此，雅典人现在蹂躏他们的沿海地带，他们一般不作抵抗。每当雅典人登陆，当地防守的军队都认为自己兵力不足，处于这种沮丧的精神状态。但是，有一支防守的军队在科堤耳塔和阿佛洛狄提亚①一带进行了抵抗，袭击了一群分散了的轻装兵，将他们吓跑了。可遇到对方重甲兵之后，又撤退了。有少数几个被杀，武器被夺去。雅典人竖立了却敌纪念柱，然后驶向库忒拉。**2** 从那里绕着大陆航行至厄庇道洛斯的利墨拉②，蹂躏了当地部分土地，然后到了堤瑞亚。它属于一个叫作库努里亚③的地区，位于阿耳戈斯与拉科尼刻的交界处。拉刻代蒙人占据了它，并把它送给被赶出来的埃癸娜人居住，以报答其在地震期间和希洛特叛乱之时的效劳④，还因为尽管他们臣服于雅典人，却总是站在拉刻代蒙人一边。

57.1 雅典人还在驶来的途中，埃癸娜人离开刚好在建的一处海滨要塞，撤回到他们居住的上城，那里离海大约10斯塔狄翁。**2** 一支来这一带防守的拉刻代蒙人的部队，正一同修筑要塞。他们不愿意应埃癸娜人的要求撤到城墙后面去，觉得把自己关在城墙里面是危险的，于是，撤到一处高地。但他们认为自己力不足以拒敌，就按兵未动。**3** 此时，雅典人登陆了，并立即以全军推进，拿下了堤瑞亚。将其洗劫一空，付之一炬。然后将战斗中没有杀死的埃癸娜人悉数带回雅典，包括拉刻代蒙人派到埃癸娜的官员⑤、受伤被俘的帕特洛克勒斯之子坦塔罗斯。**4** 他们还将少数一些人从库忒拉带到雅典，认为转移他们是最安全的措施，还决定将其置于在那些岛屿⑥上；并让其他的库忒拉人生活在自己的土地上，缴纳4塔兰

---

① 这两个地方位于斯巴达的边民的地区，不详其所在。见霍氏《评注》第 2 卷，第 219 页。

② Λιμηρά，Limera，位于伯罗奔尼撒半岛南端最东面的那个小半岛上，与今天的 Μονεμβασία（Monembasia）很近。以前是厄庇道洛斯的殖民地，此时已是斯巴达的属地。见霍氏《评注》第 2 卷，第 219 页。

③ Κυνουρία，Cynouria，位于阿耳戈利斯湾的西北海岸。

④ 关于堤瑞亚的情况，见前文（2.27）。

⑤ "官员"原文是"τὸν ἄρχοντα"（阳性、单数、宾格），不是斯巴达防守官员的指挥官，而是拉刻代蒙人派到埃癸娜人那里负责管理的官员。见戈姆《评注》第 3 卷，第 512 页。

⑥ 指雅典附近的埃癸娜群岛。以前也有类似的情况，见前文（3.72）。

同的贡款①；处死所有被抓住的埃癸娜人，因为他们是雅典人的宿敌；坦塔罗斯则与那些斯帕克忒里亚岛上的拉刻代蒙人囚禁在一起。

58. 同一个夏季，西西里的卡马里娜人和革拉②人首先停战修好，接着，其他西西里人全都派使节一起到革拉，举行会议，商议和解之道。正反两种意见都充分表达了，争来争去，每个城邦使节都认为自己一方吃了亏。叙拉古人、赫耳蒙之子赫耳摩克刺忒斯——主要是由于他的说服，这个会议才得以召集③——发言如下：

59.1 "西西里的希腊同胞啊！我所在的城邦既不是西西里最微不足道的城邦，也不是在这场战争中受害最重的城邦，但是，我要为西西里人的共同利益发言，我认为我的看法对于整个西西里来说是上上之策。**2** 关于战争这样一种苦难，对于已经了解的人们来说，我们还有必要一五一十道来，长篇大论地宣讲吗？没有人会出于愚蠢而被迫打仗，也没有人出于恐惧而罢手，如果他认为能从战争中捞到好处的话④。事实是，侵略者认为好处大于危险；被侵略的一方宁可冒险，也不愿遭受眼前一点点损失。**3** 但是，如果双方刚好都这么做，且均不合时宜，规劝双方和解就是有益的了。**4** 在目前的情况下，如果大家接受规劝，就会得到最大的益处。我们最初精心谋划战争，都是为了一己之私，现在我们正在努力通过争论相互和解；如果在散会离开之前，我们还不能达成公平的协议，那么我们将再次兵戎相见。

60.1 "然而，如果我们头脑清醒，应当看到我们并非仅仅为了一己之私而集会，而是为了还能不能拯救整个西西里的问题。依我的判断，雅典人正在打它的坏主意。我们应当考虑到，我们有一个让我们和解的论据，它比我的话更令人信服，那就是雅典人。他们拥有全希腊最强大的实力，正以少数船只窥伺着我们犯错的时刻。他们名义上是我们合法的盟邦，实际上打着这个幌子，利用我们族群之间自然形成的敌对坐收渔人之利。**2** 如果我们兵戎相见，邀请那些甚至不请自来的人进来，如果我们用自己的国

---

① 相对于库忒拉这个不大的岛来说，这是一个大数目，可见当时它由于紫色染料贸易而繁荣的情况。见霍氏《评注》第 2 卷，第 219 页。
② Γέλα, Gela, 位于西西里岛西南海岸。
③ 这句话学者们断句有所不同，解释也就有分歧。今从霍氏。见其《评注》第 2 卷，第 222 页。
④ 意思是，发动战争的人不是傻子，他们是想捞取利益；被侵略的一方如果保住利益，也不会害怕战争。见下文。

库收入相互残害，同时为他们的霸权铺路，那么我们一定会发现，当他们看到我们国库空虚，有朝一日就会大军压境，将一切置于自己的掌控之中。

61.1 "然而，要是我们头脑清醒的话，如果我们——每个人都代表着自己的城邦——一定要召来盟邦并招致危险，那也只在我们想获得不义之财的时候，而不是在损害自己已有财产的时候。我们应当把内斗看作毁灭城邦和西西里的祸根；作为西西里的一员，我们都是雅典人图谋的对象，而我们每个城邦却彼此不和。2 我们必须认识到这一点，我们必须相互和解，个人与个人之间，城邦与城邦之间，共同努力拯救整个西西里。不要让任何人以为我们当中只有多里斯族才是雅典人的敌人，卡尔喀斯人由于跟伊俄尼亚族有血缘关系，就平安无事。3 他们来攻打我们，不是由于跟我们当中两个不同种族的某一种族有仇①，而是由于垂涎我们共同拥有的西西里的财富。4 雅典人刚刚对卡尔喀斯族求援的回应就说明了这一点：他们从来没有根据盟约给予雅典人丝毫的援助，却得到雅典人超过盟约规定的热心援助。5 雅典人的贪婪和野心是完全可以原谅的，我不指责那些想要统治他人的人，而要指责心甘情愿服从的人。因为人的本性永远是统治那些自愿服从的人，而提防别人的攻击。6 如果我们每个人都清楚这一点，却不能采取正确的预防措施；或者如果有人来到这里，却不把一起明智地面对共同的危险置于首位，那么，我们就是在犯错误。7 我们彼此和解就是摆脱这种危险最快捷的途径，因为雅典人不是从其领土出发攻击我们，而是以邀请她的西西里的城邦为基地。这样的话，战争就到此为止，分歧在和平中得以化解。那些被召请来的、冠冕堂皇地作恶的人，将有很好的理由空手离开西西里。

62.1 "这就是我们对付雅典人的明智的策略所带来的好处。2 如果和平是公认最好的福祉，怎么不应该在我们中间实现呢？或者，如果我们一些人生活幸福，另一些人则遭遇不幸，那么，和平不是比战争更有可能保存幸福，结束不幸吗？和平带来尊严和荣耀，而无战争的危险，那么，有必要像详述战争的苦难那样不厌其烦地详述和平的好处吗？请你们仔细考虑这些，一定要把我的话放在心上！每个人都应该从中发现如何保全自己。3 如果你们当中有人坚信，能通过正义或者武力行事，那么，要是他

---

① 这里忽视了西刻罗人。见戈姆《评注》第 3 卷，第 515 页。西刻罗人属于伊吕里俄斯人。伊吕里俄斯人居住巴尔干半岛的西部，过去的南斯拉夫和今阿尔巴尼亚一带。

失败了，请他不要因失望而痛苦不堪。他应该知道，过去有许多人努力为自己所受的伤害报仇，却不仅不能惩罚仇敌，反而自身不保；还有些人希望通过武力攫取他人之所有，不仅没有得到，反而连自己所有的也失去了。4 并不是说因为受到了伤害，就应该成功复仇；也并不是说因为信心十足，武力就能十拿九稳。至于未来的事情，十有八九都是变化叵测的，其波云诡谲，无以复加；然而最有益于人，因为大家都害怕它，所以使得我们在相互开战前三思而行。

63.1 "因此，现在我们因两方面的原因感到惊慌：对变化叵测的未来的盲目恐惧和雅典人近在咫尺的致命威胁。我们可以这样认为，这两大障碍足以让我们各邦的计划实现不了。那么，让我们将闯进家门口的敌人从领土上送走！如果可能，让我们缔结永久的和平；如果不能，就让我们订立为期最长的和约，将我们之间的分歧留待来日！2 总之，让我们相信：听从我的建议，每个城邦将享自由，从而成为自己命运的主人，我们将以同样的卓越品质回报那些有恩于我者，惩罚那些加害于我者；如果不听从，我们将臣服于他人，不仅谈不上惩罚任何人，而且，即使非常幸运①，我们也必然会成为死敌的朋友，而与那些我们不应该敌对的人为敌。

64.1 "至于我本人，我在开头就说过，我代表西西里的一个大邦，更有可能攻击别人，而不是保卫自己。考虑到这些危险，我觉得我应该让步，避免冤冤相报②。我也不会固执和愚蠢到自以为因为可以自己拿主意，便可以掌控命运——那是我掌控不了的——相反，我应该作出所有合理的让步。2 我要求你们跟着我也这样做，出于自己的意愿，而不是被敌人所强迫。3 同族人互相让步不是耻辱，比如，多里斯族让步给多里斯族，或者卡尔喀斯人对其同胞③让步。因为，我们全都是邻居，共同生活于一个地方，大海环绕着它，我们只有一个名字：西西里人④！到了一定的时候，我想我们还会相互开战，也肯定会通过集会来再次讲和。4 但是，要是头脑清醒的话，如果外族入侵，我们就永远要一起还击，因为即使一邦受侵害，也会给全体带来危险。今后，我们永远不要召请什么盟邦

---

① 这句话的意思是，某些西西里人赢得了内战。见戈姆《评注》第 3 卷，第 519 页。
② 直译 "避免对对手的侵害还以颜色，然后自己再遭受更大的侵害"。
③ 即其他伊俄尼亚族，卡尔喀斯人属于此族。
④ 本义是 "西西里的希腊人"，跟这篇演说开头的称呼是一个词（那里译为 "西西里的希腊同胞"）。

或者调解人来此。5 果真如此，我们现在就能给西西里带来两大福祉：摆脱雅典人和避免内战；将来，我们居住在自己的、自由的土地上，少受他人阴谋诡计的陷害！"

65.1 这就是赫耳摩克剌忒斯的发言。西西里人接受了他的建议，在他们当中达成协议：同意结束战争，各邦占有自己已拥有的，卡马里娜人付给叙拉古人议定的银钱收回摩耳干提涅①。2 西西里的雅典盟邦召来雅典的将军说，他们将订立和约，雅典人也将包括在和约之内。将军们表示同意，和约订立了。在此之后，雅典的舰队驶离了西西里。3 回到雅典后，雅典人对两位将军，皮托多洛斯和索波克勒斯，处以流放的刑罚，对第三位将军厄乌律墨冬，则处以罚金。认为他们有能力征服西西里②，却被贿赂，从西西里撤军。4 这样，由于当时的好运气，他们甚至以为自己将事事顺遂，不管是能做的，还是几乎不能做到的；至于自己军力是强大还是不足，都没有关系。原因是，他们大多数行动出人意料地顺利，这让他们心怀奢望。

66.1 同一个夏季，墨伽拉城里的人受雅典人的战争压迫，他们每年两次以全军入侵其领土③；也受到在珀该的流亡者的压迫，他们在一次内乱中被民众④赶出来了⑤，现在通过劫掠来骚扰对方。这些墨伽拉人开始议论，应该接受流亡者归来，以免城邦因遭受两方面的打击而毁灭。2 流亡者的朋友注意到这种议论，比以前更加公开地要求采纳这个建议。3 民众⑥的领袖们意识到，民众将不能与他们共度时艰。出于害怕，他们联系雅典将军、阿里普戎之子希波克剌忒斯和阿尔喀斯忒涅斯之子得摩斯忒涅斯，想把墨伽拉城交到对方手里。他们觉得这样做比让被他们流放的人回来危险要小。双方的协议是：首先，雅典人夺取长墙⑦（从城里到尼赛亚

---

① Μοργαντίνη，Morgantina，此地名全书仅此一见，从上文来看，这个地方应该是协议规定的例外，故作者应该有所交代才是。这也许说明，作者所记的前 10 年的战争史是未定之作，这不过是作者的笔记材料。但是什么时候记下的？参见霍氏《评注》第 2 卷，第 227 页；戈姆《评注》第 3 卷，第 523—524 页。
② 以前，雅典人在西西里的战略目标还是很有限的。见前文（3.86.4）。
③ 前文已提及（2.31.3），这里再提。
④ "民众"原文是"πλήθους"（属格）。
⑤ 前文提及了此事，并指出部分流亡者被安置在被攻陷后的普拉泰亚（3.68.3）。
⑥ "民众"原文是"δήμου"（属格）。
⑦ 见前文（1.103.4）。

港大约 8 斯塔狄翁），目的是不让伯罗奔尼撒人从尼赛亚过来支援。守卫尼赛亚的只有伯罗奔尼撒人，负责墨伽拉的安全。然后，他们努力将上城交到雅典人手里。并且相信，如果做到这一点，墨伽拉人就容易站到雅典人一边。

67. 1 于是，双方同意了计划，并做好了准备工作。在夜幕的掩护下，雅典人载着 600 名重甲兵航向墨伽拉的岛屿弥诺亚，由希波克剌忒斯统率。他们蹲在一道离长墙不远的壕沟里①，该墙就是从那里取土制砖建成②。2 另一支部队由普拉泰亚轻装兵和一些雅典边境巡逻兵③组成，得摩斯忒涅斯率领，在厄倪阿利翁④埋伏，这里离长墙比壕沟离长墙更近。除了相关人员之外，那天晚上谁都不知情。3 快到拂晓，打算交出城市的墨伽拉人开始了如下行动。很长一段时间以来，他们一直在为打开长墙的大门⑤作精心的准备：他们经常装成海盗的模样⑥，带一条双桨船，放置在大车上，经长官⑦同意，通过壕沟送到大海，然后出航。每晚都如此。黎明前，大车又载着双桨船回到长墙那里，从大门进去，让弥诺亚岛上警戒的雅典人蒙在鼓里，因为看不见港口的任何船只。4 当晚，大车到了大门口，大门像往常一样打开了，让双桨船进去。雅典人（这是事先约定的行动信号）见状，从埋伏处冲出来，想抢在大门关闭之前赶到。而且大车已在大门当中，阻止大门关闭。与此同时，同谋的墨伽拉人杀死了大

---

① 希波克剌忒斯一定是通过连接弥诺亚岛与大陆的"桥梁"（3.51.3）到达长墙外的壕沟的，作者应该有所交代才是。见戈姆《评注》第 3 卷，第 529 页。

② 长墙的塔楼上半部分于 20 世纪 80 年代早期发现，是土坯砖建造的。见霍氏《评注》第 2 卷，第 234 页。就地取土制砖筑墙，墙外形成壕沟，有利于防守，一举两得。拉刻代蒙人在普拉泰亚城外就是这样筑墙封锁的。见前文（2.78.1）。

③ "一些雅典边境巡逻兵"原文是"ἕτεροι περίπολοι"（阳性、复数、主格），这些人平时驻防阿提卡边境，是雅典公民（原文无"雅典人"的意思，故加）。其前身是前 4 世纪雅典的 18—20 岁的男性公民，称为"ἔφηβοι（Ephebes，意思是'年满 18 岁的成年人'）"，驻守雅典城、长墙和比雷埃夫斯港的城墙。见霍氏《评注》第 2 卷，第 234—235 页。

④ τὸ Ἐνυάλιον, Enyalion, 即"阿瑞斯（Ἄρης, Ares, 战神）的庙", Ἐνυάλιος, Enyalius, 是战神的绰号或别名。见霍氏《评注》第 2 卷，第 235 页。

⑤ 这一章的"长墙"原文都是"τεῖχος"（单数、主格）或者其复数形式，本义是"墙""城墙""堡垒"等。这里都是指"长墙"，不是墨伽拉城的城墙。见戈姆《评注》第 3 卷，第 531 页。长墙有两道，故有复数形式。这里的"门"原文是"πύλη"的复数形式，本义是"双扇门的一扇"。这里的门显然开在长墙上，而且不止一道。

⑥ 伯罗奔尼撒人海军落后，但鼓励从事海盗活动；尼喀阿斯当初（前 427 年）在弥诺亚驻防就是为了防范海盗（3.51.2）。见霍氏《评注》第 1 卷，第 355 页；第 2 卷，第 236 页。

⑦ 拉刻代蒙人，见下文（4.69.3）。

门守卫。5 得摩斯忒涅斯麾下的普拉泰亚轻装兵和雅典边境巡逻兵首先冲进去了——现在却敌纪念柱就立在那里——一进大门，普拉泰亚人就与对方赶来救援的人厮杀（因为附近的伯罗奔尼撒人已经发现情况了），并击败了他们，为赶来的雅典重甲兵保证了大门的安全。68.1 接着，每个雅典人一进去就开始登上长墙。2 少数伯罗奔尼撒守军刚开始还在坚守、抵抗，有些被杀，大部分被击溃了。他们感到恐惧，一方面因为敌人晚上发动攻击，另一方面因为叛变的墨伽拉人与他们厮杀，他们便以为全体墨伽拉人都背叛了他们。3 恰在此时，雅典人的传令官在没有得到命令的情况下，自作主张，高声宣布凡愿意的墨伽拉人，都可以加入雅典人的行列。守军一听这话，就以为雅典人和墨伽拉人全都一起攻击他们，便不再坚守，逃到尼赛亚去了。4 拂晓，长墙已被占领，城内的墨伽拉人乱作一团。那些与雅典人合谋的人和其他大批参与密谋的同党主张：应该打开城门，与敌人一战。5 实际上，这是商定好了的：城门一打开，雅典人就冲进去。为了避免受到伤害，他们打算把自己与其他人区别开来（身上涂得油光发亮）。他们还有特别稳妥的办法打开城门，因为根据约定，4000名雅典重甲兵和600名骑兵从厄勒乌西斯夜里启程，现在业已抵达。6 他们涂了油后，已来到城门旁边。有个同谋向另一派泄露了这个阴谋。另一派立即聚集起来，一同过来宣布：一定不要出击（因为就是在过去他们强大的时候，都没敢这么干过），也不要引领城邦往火坑里跳；如果有人不从，一场厮杀将就地进行。但是对于将要实施的阴谋，他们始终表现出不知情的样子，而坚持认为他们的主张是上上之策。同时，他们留在城门旁警戒，阴谋者也就无从下手了。69.1 雅典的将军意识到，事情遇到阻碍了，并认为无法用武力夺取墨伽拉城了。于是，马上筑墙包围尼赛亚。他们以为，如果能在援兵来到之前拿下它，墨伽拉城将很快投降 2（铁很快从雅典运来了，还有石匠和其他需要的东西），首先在他们占据的两道长墙之间面对墨伽拉城横着筑墙，然后从那里接着筑墙和挖壕沟直至尼赛亚两旁的海边。军队内部分派了任务。利用郊区的石头和砖块，还砍伐果树①和林木，在需要的地方围起栅栏。郊区的房屋再建上雉堞便是防御工事。3 这一天他们干了一整天，第二天午后，墙差不多建起来了。尼赛亚的守军由于缺乏粮食而恐慌（因为他们靠每

---

① 主要是齐墩果树和无花果树。

天从上城运来的粮食生活），他们估计伯罗奔尼撒人不会很快赶来援助，并且相信墨伽拉人敌视他们，于是同雅典人达成协议：交出武器，按照议定的赎金赎回每个人；至于守军中的拉刻代蒙人——长官或者其他在里面的人①——则听候雅典人发落。4 订立这些协议之后，他们走了出来。雅典人切断与墨伽拉城相连的长墙，占领了尼赛亚，并作其他方面的准备。

70.1 就在这段时间，拉刻代蒙人、忒利斯之子布剌西达斯恰好在西库翁和科林斯一带，准备征伐色雷斯。得知长墙被占的消息，他担心在尼赛亚的伯罗奔尼撒人的安全，以及墨伽拉恐有不测。他派人去玻俄提亚人那里，命令他们火速派军与他在特里波狄斯科斯会面（它是墨伽拉领土上的一个村庄的名字，位于革剌涅亚山脚下）。他本人则带2700名科林斯重甲兵、400名普勒乌斯人和600名西库翁人，以及他自己召集的全部军队前往②。他想在尼赛亚被占之前赶到。2 得知尼赛亚失守（因为他连夜赶往特里波狄斯科斯），他从军中挑选出300人，在他的到来被人察觉之前，躲过尚在海边的雅典人的注意，前往墨伽拉城。明的是收复尼赛亚，如果可能，这也是目标；但是首要的是进入墨伽拉城，使其稳固。他要求城里的人迎纳，并说有希望收复尼赛亚。71.1 墨伽拉的两派都害怕了。一派害怕布剌西达斯将流亡者引回来，将他们驱逐出去；另一派则意识到，民众害怕的正是这个，于是担心他们会向自己开战，在雅典人在一旁虎视眈眈情况下，城邦将因自相残杀而毁灭。于是，他们不接受布剌西达斯入城。两派都决定静观其变。2 因为，他们都希望雅典人和这支驰援的军队交战。对于他们来说，不加入任何一方，直到与自己友好的一方取得胜利，才是比较可靠的。布剌西达斯的要求没有被接受，他又撤回到他的其他部队中去了。

72.1 拂晓时分，玻俄提亚人抵达。在布剌西达斯派人邀请之前，他们就考虑援救墨伽拉，因为危险已到自家门口③，故已经全军集结于普拉

---

① 斯巴达驻守在外的军队往往由伯罗奔尼撒人混合组成，拉刻代蒙人任军官。见戈姆《评注》第3卷，第531页。

② 全部军力将近6000人。见霍氏《评注》第2卷，第239页。

③ 从地理上说，墨伽拉如果落入雅典人之手，玻俄提亚与伯罗奔尼撒之间的联系会被切断。另外，据说，墨伽拉为玻俄提亚人所建，所以双方之间还存在情感上的联系。见霍氏《评注》第2卷，第240页。

泰亚。信使一到，其求战之心更切。他们派出了 2200 名重甲兵、600 名骑兵，剩下更多的人则打道回府①。2 所有的军队业已抵达，重甲兵不少于 6000 名。雅典的重甲兵在尼赛亚一带和海边列阵，轻装兵散布于平原。玻俄提亚人的骑兵扑向其轻装兵，将其赶向海边（这次进攻出乎意料，因为此前还没有人来援救墨伽拉人②）。3 雅典的骑兵冲上去交战，双方的骑兵之战持续了很长时间，都认为自己是胜利者。4 雅典人杀死了玻俄提亚人的骑兵首领和少量骑兵——他们跑到尼赛亚跟前来了——并剥去了其兵器甲胄。尸体在他们手里，在休战的情况下，把它们交给对方，并竖立了却敌纪念柱。然而，从整个作战来看，双方脱离战斗之时，难分胜负。玻俄提亚人回到军中，雅典人则回尼赛亚。

73. 1 在这之后，布剌西达斯与其军队向海边和墨伽拉城推进，占据有利地形，列阵静候。他们预料雅典人会来进攻，知道墨伽拉人在观望哪一方将会取得胜利。2 他们认为自己两方面都有利：首先，不首先动手和主动招来战斗的危险。既然他们已经明显地摆好了作战的架势，有鉴于此，有理由宣布不经鏖战就取得了胜利。其次，他们认为事情对于墨伽拉人也是有利的。3 因为，如果他们不出来露面，就没有机会，明显会立即丢掉墨伽拉城，就像吃了败仗一样。现在，雅典人可能不愿意接受他们的挑战，那就不战而达到此行的目的。4 事情果然如此。雅典人出来在长墙前列阵，由于敌人不进攻，他们按兵不动。他们的将军们考虑到，他们所冒的危险与敌人不对等。因为既然他们的大部分目标已经实现③，那么同优势兵力的敌人开战，要么取得胜利，夺得墨伽拉；要么失败，自己重甲兵的精锐尽毁。而伯罗奔尼撒人只用其全部军力之一部分和各盟邦提供的军队，理当更愿意冒险。因此，双方对峙了一段时间，都没有动手。雅典人先撤回尼赛亚，伯罗奔尼撒人接着也回到出发的地方。于是，墨伽拉流

---

① 来的人大大地超过了需要，说明玻俄提亚人求战心切。见戈姆《评注》第 3 卷，第 532 页。

② 这是从雅典人的角度看的。

③ 这是一个重要判断，更准确地说，这是一个错误判断。雅典人的首要目标无疑就是夺取墨伽拉城，也是雅典在战争头 10 年的关键目标（迫使墨伽拉屈服，伯罗奔尼撒人就无法从陆路入侵阿提卡了）。这句话既是从作者的视角说的，也是从雅典将军们的视角说的：夺得尼赛亚已经不错了，再冒险去夺取墨伽拉就不值了（皮罗斯大捷后，斯巴达不能再入侵阿提卡了）。这个错误判断之所以显得重要，是因为经过这一长段的叙述，作者还是没能或者说不愿点出墨伽拉在整个雅典人战略中的重要性。见霍氏《评注》第 2 卷，第 242—243 页。

亡者的朋友们看到布剌西达斯制服了雅典人——他们拒绝开战——就信心大增，打开城门迎接他和各盟邦的首领，并与他们开会讨论。与雅典人密谋的人一时噤若寒蝉。**74.1** 后来，盟军解散，各回各邦。布剌西达斯回到科林斯继续准备征伐色雷斯——他起初的目的地。**2** 雅典人也回国了。墨伽拉城里那些与雅典人牵涉颇深的人，知道自己被人察觉，立即溜走了。城里其他的人与流亡者的朋友一同商量，将流亡者从珀该召回，首先让他们庄重立誓：不记宿怨，为城邦谋善政良策。**3** 然而，等到这些人当了政，就分批搞军事检阅①，将连队分开，挑出大约100个他们自己的仇人和他们认为与雅典人勾结最深的人；强迫民众公开投票对他们加以判决，判决完毕，就处死他们；并在墨伽拉建立起一个极端的寡头政体。**4** 没有哪一场党争之后的反攻倒算、由如此少的人发动，延续了如此长的时间②。

  75.1 同一个夏季，在密提勒涅人打算按照他们原来的计划加固安坦德洛斯之时③，雅典指挥征收贡款的舰队的将军得摩多科斯和阿里斯忒得斯，正在赫勒斯蓬托斯一带（因为他们的同僚拉马科斯带了10艘战舰驶往蓬托斯去了）。他们得知安坦德洛斯要加固的消息，认为它是一个危险，会威胁勒斯玻斯，就像阿奈亚对萨摩斯构成威胁一样④——萨摩斯的流亡者在那里扎下营来，一直通过向伯罗奔尼撒人的海军派遣舵手来帮助他们；还骚扰萨摩斯城内的人，接受其逃亡者——于是，他们从盟邦召集军队，航行过去，与从安坦德洛斯出来抵抗的人交战并打败了对方，收复了安坦德洛斯。**2** 此后不久，拉马科斯驶进了蓬托斯⑤，在赫剌克勒亚⑥的卡勒斯河⑦河口停泊。由于内地降雨，洪水突然下泄，舰队遭受灭顶之灾。他本人和部下步行从比堤尼亚的色雷斯人中间穿越⑧——他们在对

---

  ① 在检阅时为听长官发言，士兵要把武器堆放起来，这是当时剥夺政敌武器的常用手法。见格雷夫斯的注。
  ② 这句话有两个最高级形容词，故结构别扭。另外，到底延续多长时间，作者也没有说。可以肯定的是，这句话写于前424年之后的许多年。见戈姆《评注》第3卷，第536页；霍氏《评注》第2卷，第244页。
  ③ 见前文（4.52.3）。
  ④ 见前文（3.19.2；3.32.2）。
  ⑤ Πόντος, Pontus，这里指黑海。今土耳其的黑海南岸有一块地方也叫此名。
  ⑥ Ἡράκλεια, Heracleia，位于今土耳其西北部、黑海南岸，也是墨伽拉人的殖民地。
  ⑦ Κάλης, Cales，位于赫剌克勒亚城的西南方。见霍氏《评注》第2卷，第247页。
  ⑧ Βιθυνοί, Βιθυνία 人，Βιθυνία（Bithynia）位于今土耳其境内，黑海南岸、靠近今博斯普鲁斯海峡和马尔马拉海地区。

岸，在亚细亚——抵达了卡尔刻冬①，它位于黑海的入口，是墨伽拉人的殖民地。

76.1 同一个夏季，从墨伽拉撤军后，雅典将军得摩斯忒涅斯立即率40艘战舰抵达瑙帕克托斯。**2** 在玻俄提亚的一些城邦，有些人想要推翻他们的政体，建立像雅典那样的民主政体②。为此，他们与得摩斯忒涅斯和希波克剌忒斯谈判。忒拜的③一个流亡者普托俄多洛斯是此事的主谋，以下是他们的计划：**3** 一些人将西派④出卖给雅典人（西派位于克里萨海湾的岸边，在忒斯庇埃⑤人的领土上）。还有来自俄耳科墨诺斯的流亡者把隶属于俄耳科墨诺斯的——以前叫弥倪埃人的⑥，现在叫玻俄提亚的——开洛涅亚交到雅典人手里，他们尤为卖力，并从伯罗奔尼撒雇请了人员（开洛涅亚位于玻俄提亚的边境，邻近波喀斯的帕诺忒乌斯的领土⑦）；一些波喀斯人也参与其谋。**4** 雅典人应夺取得利翁⑧，它是一座阿波罗庙，位于塔那格拉，朝向优卑亚。所有的这些行动在约定的那天同时进行，以使玻俄提亚人各地自顾自，不能全体驰援得利翁。**5** 此举如果成功，他们就会在得利翁修筑工事。那时即便玻俄提亚的城邦不立即发生政体上的变革，他们也完全可以占据该地，劫掠玻俄提亚的土地；它还成为各邦的谋划者就近的避难所。情况不会一成不变的，到时候，雅典人将支援叛离者，玻俄提亚人的力量会分散，那时一切便可以如愿处置了。

---

① Καλχηδών，Kalchedon，或Calchedon，或Chalcedon，位于今土耳其，马尔马拉海东岸。

② 从这句话中的"一些城邦"（πόλεσιν，与格、复数）、"政体"（κόσμον，宾格、单数）和"民主政体"（δημοκρατίαν，宾格、单数）三个词的单复数来看，这些人想要改变的是玻俄提亚同盟的政体，当然也包括他们自己城邦的政体。见霍氏《评注》第2卷，第249页。另外，关于此同盟，前文曾提及（2.2.1）。

③ "忒拜的"原文是"ἐκ Θηβῶν"，戈姆和霍氏建议改为"ἐκ Θεσπιῶν"，有两个抄本也将"Θεσπιῶν"列为可能的选项，而且忒斯庇埃人（Θεσπιαί，Thespiae）是亲雅典的，忒拜人则是仇视雅典人的。见霍氏《评注》第2卷，第249页。

④ Σῖφαι，Siphae，今希腊的Αλυκή(Aliki)，位于今科林西亚湾东部的北岸。见霍氏《评注》第2卷，第250页。

⑤ Θεσπιαί，Thespiae；Θεσπιῆς，Thespians，忒斯庇埃人。是玻俄提亚地区的一个城邦，靠近今希腊一个村镇Θεσπιές(Thespies)。

⑥ Μινύειος，Minyan，弥倪埃（Μινύαι，Minyae）人的。弥倪埃人是俄耳科墨诺斯等地的英雄民族、史前民族，因以Μινύας(Minyas)为始祖而得名。

⑦ Φανοτίς，Phanotis，霍氏建议作"帕诺珀乌斯（Φανοπεύς，Phanopeus）的领土"。见其《评注》第2卷，第253页。

⑧ Δήλιον，Delium，关于其具体所在还有争议，很可能即今希腊的Δήλεσι（Dilesi），位于雅典正北方的海滨，面对优卑亚岛。见霍氏《评注》第2卷，第254页。

77.1 这就是谋划中的计策。希波克剌忒斯本人等合适的时机到来，就从雅典率一支军队，出征玻俄提亚。他先派得摩斯忒涅斯以 40 艘战舰到瑙帕克托斯①，目的是从那一带阿卡耳那尼亚人那里以及其他盟邦召集一支军队，然后驶向西派，希望内应将其出卖。两位将军商议好于某一天同时行动。**2** 得摩斯忒涅斯抵达后发现俄尼阿代已经在全体阿卡耳那尼亚人的强迫之下，与雅典结盟。他本人出动那里所有盟邦的军队，征伐萨吕恩提俄斯和阿格赖亚人②。降服他们之后，他开始做其他方面的必要的准备，以便按照约定时间到达西派。

78.1 这个夏季的大约同一时间，布剌西达斯率 1700 名重甲兵赴色雷斯一带，抵达了特剌喀斯的赫剌克勒亚③。他派一名信使去他在帕耳萨罗斯的朋友们④那里，要求对方护送他和他的军队通过。于是，帕奈洛斯、多洛斯、希波罗喀达斯、托律拉俄斯⑤和斯特洛帕科斯⑥——卡尔喀斯人的权益保护人——都来到阿卡伊亚⑦的墨利忒亚⑧见他；在他们的护送之下继续行军。**2** 其他忒萨利亚人也护送过他，其中有珀耳狄卡斯的朋友⑨、来自拉里萨的尼科尼达斯。没有人护送要穿越忒萨利亚绝非易事，尤其是带一支重甲兵军队。同样，在整个希腊，不经邻邦的同意穿越其土地要受人怀疑，更何况忒萨利亚的人民一直对雅典人抱有好感。**3** 因此，如果忒

---

① 从字面上看，希波克剌忒斯比得摩斯忒涅斯的地位更高，但是他们都是十将军之一，应该享有相同的权威，而且后者的军功更大，威望应该更高。作者的说法颇为奇怪。见霍氏《评注》第 2 卷，第 255 页。

② 见前文（3.106.2；3.111.4）。

③ 见前文（3.92.4），前 426 年拉刻代蒙人建立赫剌克勒亚的目的就是方便去色雷斯。

④ "朋友们"原文是"τοὺς ἐπιτηδείους"（宾格、复数），本为形容词，意思是"怀好意的""忠实的""有用的"。这里作名词用。

⑤ Τορύλαος，应作"Τορύμβας"，很可能是传抄中出错。见霍氏《评注》第 2 卷，第 257 页。

⑥ 作者详细地记下这些忒萨利亚人名（包括下文的尼科尼达斯），值得注意，说明他的消息来源很可能是布剌西达斯的参谋人员，或者忒萨利亚方面的高层人士，下文的尼科尼达斯很可能就是其中之一。见霍氏《评注》第 2 卷，第 257 页。

⑦ Ἀχαΐα，Achaea，这里的阿卡伊亚不是指伯罗奔尼撒的阿卡伊亚，而是指忒萨利亚东南部的一个地区，叫Ἀχαΐα Φθιῶτις(Achaea Phthiotis)。不过，它并不是忒萨利亚的一部分，但臣服于忒萨利亚。见戈姆《评注》第 3 卷，第 541 页。

⑧ Μελίτεια，Meliteia，位于赫剌克勒亚与帕耳萨罗斯之间的中点，今希腊色萨利有地名 Μελιταία（Melitaea），可能就是此地。

⑨ "朋友"原文是"ἐπιτήδειος"，见前注。

萨利亚人不兴当地的寡头政体而兴一种更平等的政体①，布剌西达斯就无法前进了。因为即使这样，途中他在厄尼珀乌斯②河还是遇到另一派，他们想要拦住他，警告说，他没有得到忒萨利亚全体人民的同意，是无权通行的。4 护送者回答说，如非自愿，他们是不会护送的；而且布剌西达斯突然造访，他们不过是尽朋友③之义务一路相送。布剌西达斯本人则解释说，他是作为朋友④来忒萨利亚和其人民这里，他们的武器不冲着对方，而是冲着雅典人的——他们正与之作战；他知道忒萨利亚人与拉刻代蒙人向来无冤无仇，不至于互不让对方通过自己的领土；现在既然对方不愿意，他们就不往前走了（确实也没有能力这样做）；然而，他希望对方不要阻拦。5 那些人听完这话，就离开了。布剌西达斯接受护送者的建议，一刻也不停留，跑步前进，以免有人集合起更大的一支军队来阻拦他。他是从墨利忒亚出发的，当天就到了帕耳萨罗斯，在阿庇达诺斯⑤河边扎营。从那里去帕喀翁⑥，再到珀赖比亚⑦。6 到此，忒萨利亚的护送者回去了。珀赖比亚人——臣服于忒萨利亚人——将他带到珀耳狄卡斯统治下的狄翁⑧——一个马其顿的村镇，位于奥林波斯山脚下，面对忒萨利亚。79.1 就这样，布剌西达斯在有人做好准备拦截

---

① "一种更平等的政体"原文是"ἰσονομία"（与格），这里依霍氏的观点，不译成"民主政体"，参见前文（3.62.3）译注。见霍氏《评注》第 2 卷，第 260 页。

② Ἐνιπεύς, Enipeus, 在今希腊色萨利，自南向北流，与 Πηνειός(Peneios) 河交汇。在 Μελίτεια (Meliteia) 附近，此河很可能就是忒萨利亚和普提俄提斯的阿卡伊亚 (Ἀχαΐα Φθιῶτις, Achaea Phthiotis) 的边界。见戈姆《评注》第 3 卷，第 544 页。

③ "朋友"原文是"ξένοι"，是"ξένος"的复数形式。其本义是"客人""陌生人"，但是同时又有"朋友"等意思。芬利（M. I. Finley）指出，在古代希腊社会，有一种拟制血亲制度，就是接受外来人为本家族或部落成员。人们非常重视它，把它看得如同真的血缘关系一样。在各城邦统治者之间，除了姻亲关系之外，他们之间有时结成这样一种牢固的联系。因此，学者们特意拼造了一个词"guest-friend"来翻译它。颇似中国的"拜把子""结拜弟兄"。见 M. I. Finley, *The World of Odysseus*, London: Pimlico, 1999, pp. 98-102。

④ "朋友"原文是"φίλος"，一般意义上的"朋友"。

⑤ Ἀπιδανός, Apidanus, 是厄尼珀乌斯河的一条支流，几乎与之平行，在下文所说的帕喀翁以西 6 公里处与之交汇。可见，布剌西达斯是沿着厄尼珀乌斯河河谷行军的。见戈姆《评注》第 3 卷，第 544 页。

⑥ Φάκιον, Phacion, 具体位置不详，大约在 Enipeus 河与 Peneios 河的交汇处附近，今色萨利平原西部的东北角，再往前就出了忒萨利亚了。见戈姆《评注》第 3 卷，第 545 页。

⑦ Περραιβία, Perrhaebia, 位于今拉里萨以北，是忒萨利亚和马其顿之间的边境地区，通常是受忒萨利亚人控制的。见霍氏《评注》第 2 卷，第 261 页。

⑧ Δῖον, Dium, 即今希腊的 Δίο (Dio)，位于奥林波斯山的东北方，离海不远。

他之前，就先跑步通过了忒萨利亚，到了珀耳狄卡斯那里和卡尔喀狄刻。**2** 色雷斯叛离雅典的人①和珀耳狄卡斯之所以从伯罗奔尼撒引来这支军队，是因为他们对雅典最近频频得手感到害怕。卡尔喀斯人以为雅典人要首先拿他们开刀（同时，邻近的、没有叛离的城邦也偷偷地招引伯罗奔尼撒人）。至于珀耳狄卡斯，尽管他没有公开与雅典人为敌，但是因自己与雅典人之间的宿怨而恐惧，而且他很想制服吕恩刻斯泰人的国王阿剌拜俄斯。

3 由于伯罗奔尼撒人最近遭受种种不顺，使得他们更容易从伯罗奔尼撒招引一支军队。

80.1 由于雅典人不断侵扰伯罗奔尼撒，尤其是拉刻代蒙人的领土，拉刻代蒙人认为派一支军队到雅典的盟邦那里去，特别是那些乐于为该军队提供给养，并请求他们去援助其叛离的盟邦，以此来回敬雅典人，就是将雅典人引开的最好方式。**2** 而且，他们乐得有个借口将希洛特派出去，以免在皮罗斯被占的情况下他们现在就造起反来。**3** 他们如此害怕希洛特人数众多、年轻勇猛②（因为拉刻代蒙人对希洛特的政策主要是从安全角度来考虑的），以至于采取这样的行动：他们宣布单独挑出所有坚信自己在战争中为拉刻代蒙人作出突出贡献的希洛特，好给予其自由。这不过是试探罢了。他们认为那些最热望得到自由的人，斗志最昂扬，也最有可能造反。**4** 他们挑选出约2000人，给他们戴上花冠，绕着神庙游行，这些人以为自由了。但是，没过多久，就被除掉了，没人知道他们每个人是怎样死的③。**5** 于是，他们急切地派出700名希洛特重甲兵跟布剌西达斯出征，其余士兵从伯罗奔尼撒用钱雇来。**81.1** 至于布剌西达斯，拉刻代蒙人派他来，主要因为他本人非常想去（卡尔喀斯人也极想要他去）。在斯

---

① 俄吕恩托斯（卡尔喀狄刻联盟的中心）人、玻提埃亚人等。见前文（1.58；2.101.1；4.7）。见霍氏《评注》第2卷，第263页。

② "年轻勇猛"原文是"σκαιότητα"（"愚笨"），有的抄本作"νεότητα"，都说得通。如果取前者，不利的是，并非所有的希洛特都是年轻人；如果取后者，从作者的角度是说不通的，但是从拉刻代蒙人的角度来看，又是合理的。详见霍氏《评注》第2卷，第264—265页。

③ 此段插叙没有提到具体时间，有的学者认为在布剌西达斯远征色雷斯前不久，也有学者指出文中的"在战争中"原文是"ἐν τοῖς πολέμοις"，用了定冠词、复数，故肯定不是指伯罗奔尼撒战争，而是指前5世纪70年代和60年代的战争，也就是远在伯罗奔尼撒战争之前。另外，游行的方式和如此众多的希洛特被杀而不留一丝痕迹，也值得怀疑。详见霍氏《评注》第2卷，第266—267页。

巴达，他被认为是事事都敏于行①的人物。他被派到国外的时候，就成了拉刻代蒙人的无价之宝②。**2** 他当即对那些城邦表现出公正而温和的态度，使得她们大部分叛离了雅典，其他地方是由内应交到他手上的，以至于到拉刻代蒙人想要订立和约的时候——的确也订立了③——他们有地方交出去以换回自己想要收回的地方，以减轻战争带给伯罗奔尼撒的压力。在这场战争的后期，西西里的事件之后，布剌西达斯表现出的卓越品质④和睿智——有些人亲身领教过，有些人从传闻中有所了解——极大地激发了雅典的盟友对于拉刻代蒙人的向往。**3** 因为他是第一个派到他们那里的拉刻代蒙人，他为自己在一切方面赢得了令名，这让他们坚信，其他拉刻代蒙人也跟他一样。

82. 布剌西达斯一到色雷斯，雅典人就知道了，立即向珀耳狄卡斯宣战。相信布剌西达斯的到来，他是难辞其咎的，并对这个地区自己的盟邦严密防范。**83.1** 但是，珀耳狄卡斯马上抓住布剌西达斯和其军队，与他的军队一道，征讨布洛墨洛斯之子阿剌拜俄斯——位于马其顿的、他的邻居吕恩刻斯泰人的国王。他与之不和，想要征服之。**2** 但是，当他和布剌西达斯与他们的联军到达通往吕恩科斯⑤的山口之时，布剌西达斯说，在诉诸武力之前，他想要与阿剌拜俄斯谈判，看看能否让他与拉刻代蒙人结盟。**3** 因为，阿剌拜俄斯已遣使带话给布剌西达斯，说愿意把他当作中间人和仲裁者；布剌西达斯身旁的、卡尔喀斯人的使者也一再告诫他不要解除珀耳狄卡斯的心头之患，以使其更有劲头为布剌西达斯自己的事情服务；**4** 而且，珀耳狄卡斯派到拉刻代蒙去的使者这样说，珀耳狄卡斯将让他周围的许多地区成为他们的盟友。由于这些原因，布剌西达斯感到自己

---

① "事事都敏于行"原文是"δραστήριον...ἐς τὰ πάντα"。"δραστήριον"（宾格），着重在其行，霍氏翻译成"energetic"。见其《评注》第2卷，第269页。哈蒙德译为"getting things done, whatever the need"（"只要事情有需要，就去做"）。迈诺特译为"always got things done"。

② 直译"对拉刻代蒙人具有最大的价值"。

③ 见下文（5.17.2）。

④ "卓越品质"原文是"ἀρετή"，这个词几乎是不可译的，它可指在一切方面比他人卓越，这些方面可以是身体的、军事的、伦理的、政治的，甚至可以用于无生命之物和动物身上。这里作者用它赞扬布剌西达斯，意思是：对于一个军事统帅而言，他的行为符合希腊人的价值观念的最高标准；这些价值观念包括军事的、伦理的和功能性的品质（functional qualities）。霍氏译为"the honourable conduct"。详见其《评注》第2卷，第271—272页。

⑤ Λύγκος，Lyncus，即吕恩刻斯提斯（Λυγκηστίς，Lyncestis）。

有权从各方共同的利益出发，处理阿剌拜俄斯的问题①。5 但是，珀耳狄卡斯说，他引来布剌西达斯可不是要他来仲裁马其顿内部的争端，而是要他来消灭自己所指定的任何敌人；在他本人养活布剌西达斯一半军队的情况下②，布剌西达斯与阿剌拜俄斯搞到一块就不对了。6 但是，布剌西达斯与之争吵，不顾他的反对与阿剌拜俄斯会谈，接受了对方的主张，撤出了他的军队，没有入侵其领土。在这之后，珀耳狄卡斯觉得受到伤害，只提供三分之一，而不是一半的给养。

84. 1 同一个夏季，在葡萄收获季节之前不久③，布剌西达斯马上带一些卡尔喀斯人出征安德洛斯人的殖民地阿坎托斯④。**2** 阿坎托斯的居民在是否接纳他的问题上分成两派：一派是那些与卡尔喀斯人一起邀请布剌西达斯的人，另一派是民众。然而，由于大家都担心葡萄在地里没有收获，布剌西达斯得以说服他们让他一个人进城，听了他的发言再做决定。于是，他来到人民面前⑤（作为一个拉刻代蒙人，他并非不善言辞⑥）发言道：

85. 1 "阿坎托斯人啊！拉刻代蒙人派我和这支军队来，是要践行我们在这场战争开始时发出的宣言：向雅典人开战，解放希腊！**2** 如果说我们现在才来的话，那是因为我们错误地估计了那边的战争⑦，我们原本期望在不让你们卷入危险的情况下，迅速将雅典人推翻。不要责备我们！因为现在我们一有机会就来了，将与你们一道，努力征服雅典人。**3** 但是你们大门紧闭，不欢迎我来，这让我诧异。**4** 甚至在来到这里之前，我们拉刻代蒙人就认为，你们在精神上已是我们的盟邦⑧，会欢迎我们的到来。所以，我们才冒着如此巨大的危险，花费许多天的时间穿越陌生的土地，带着满腔热情来到这里。**5** 如果你们心里另有所图，或者要阻碍你们的和其他希腊人的解放事业，那就太糟糕了。**6** 那就不仅仅是你们反对我的问

---

① 这句话原文有一个词"κοινῇ"，各家理解有所不同，今从戈姆。见其《评注》第 3 卷，第 551 页。
② 另一半大概由卡尔喀狄刻联盟提供给养。见霍氏《评注》第 2 卷，第 274 页。
③ 8 月中下旬。见戈姆《评注》第 3 卷，第 551 页。
④ Ἄκανθος，Acanthus，位于希腊北部阿克忒（Ἀκτή, Acte）半岛与大陆相连的地峡上。
⑤ 阿坎托斯的政体是某种民主政体。见霍氏《评注》第 2 卷，第 276 页。
⑥ 前文说他"敏于行"（4. 81. 1），这里又说他并不"讷于言"，作者把他看成荷马史诗中的理想人物了（如阿喀勒乌斯，Ἀχιλλεύς, Achilles）。见霍氏《评注》第 2 卷，第 276 页。
⑦ 指远在伯罗奔尼撒和雅典那一带。
⑧ 这句话原文有讹误，今从戈姆。见其《评注》第 3 卷，第 552 页。

题，而是我到哪里，哪里的人都不愿意跟从我的问题。如果我来到的第一个城邦——你们这个相当重要的城邦，还有素称睿智的人民——拒绝我，那么到别处就棘手了。我将无法对这次远征的原因提出令人信服的解释①；要么我带来的自由可疑，要么如果雅典人前来攻打你们，我没有能力保护你们。7 然而，就是现在我手上的这支军队，我带着它支援尼赛亚时，雅典人尽管人数占优，却不敢与之交战②。如果说他们必须从海上来，那么，现在他们就不可能派一支与在尼赛亚的军队同样规模的军队攻打你们。86.1 至于我自己，我来这里不是要伤害希腊人，而是要解放他们。我已经要求拉刻代蒙当政者作出最庄严的宣誓，保证我争取过来的盟邦的独立自主。而且，我们不想通过暴力或者欺骗与你们结盟，而要与你们并肩作战，将你们从雅典人的奴役中解放出来。2 因此，我要求你们不要怀疑我的话，我已经作了最庄严的保证；也不要认为我没有能力提供保护，大胆地加入我们的行列吧！3 如果你们当中有人因为私人恩怨而畏畏缩缩，担心我把城邦交到某些人手里，那么请绝对相信我！4 我来此不是要加入党派斗争。如果我违背拉刻代蒙人的传统③，将多数人置于少数人的奴役之下，或者将少数人置于全体人民的奴役之下④，那我所带来的自由就不是确确实实的。5 那将比外族统治还要坏。我们拉刻代蒙人所付出的辛劳将得不到别人的感激，也得不到荣誉和名声，相反却是非难指责。我们含污忍垢与雅典人战斗到底，招致的痛恨，比起那些从不表现自己英勇品德的城邦⑤将多得多。6 因为，对于有身份地位之士而言，用伪善和欺骗攫取利益比用赤裸的暴力更可耻；后者靠武力——运气之所赐——压服别人，前者则靠邪恶的诡计。87.1 因此，当事情与我们利害攸关之时，

---

① "原因"原文是"τὴν αἰτίαν"（宾格），"对这次远征的"为译者所加，原文无。有学者理解成"布剌西达斯吃闭门羹的原因"。今从戈姆。见其《评注》第 3 卷，第 553 页。
② 这句话有几个地方不对，其一，布剌西达斯此时所带的军队与在墨伽拉时的军队不一样；其二，当时，他指挥的军队人数比雅典人要多；其三，他自己也拒绝主动出击。作者在下文（4.108.5）明确说，布剌西达斯这番话是假话。见霍氏《评注》第 2 卷，第 280 页。
③ "违背拉刻代蒙人的传统"原文是"τὸ πάτριον παρείς"，只有"置传统于不顾""违背传统"等意思，并没有说违背了什么人的传统。有学者认为是违背阿坎托斯人的传统，那就是说布剌西达斯不想改变阿坎托斯人的政体。但是，"παρείς"（"παρίημι"的现在时分词）没有"强力改变"的意思。故译。见霍氏《评注》第 2 卷，第 282 页。
④ 这里的"全体人民"原文是"τοῖς πᾶσι"（与格），意思是"所有的人"。有学者指出，在当时人们看来，大多数与全体是没有很大不同的。见霍氏《评注》第 2 卷，第 282 页。
⑤ 斯巴达声称自己高尚、慷慨，要解放全希腊。参见前文（1.69）。见格雷夫斯的注。

我们非常谨慎小心。如果我们的行动经过严格检验确实与所说的相符，人们必然相信，我们言行一致是符合自己的利益的，那么，除了我们的誓言以外，你们还能得到更有力的保证吗？

2 "如果你们提出不能接受我的提议，但是由于你们对我们友好，所以坚持认为不应该因为拒绝我们而受伤害，还提出我所带来的自由对你们也不是没有危险，所以把自由给那些能够接受它的人，不要强迫任何不情愿的人接受，才是合乎正义的，那么，我首先要吁请你们土地上的神灵和英雄做见证：我为你们的利益而来，却被拒绝；我将使用武力，蹂躏你们的土地。3 果真如此，我也并不觉得自己有什么错。我有两条人们必须接受的理由，其一，不能因为你们只是对我们友好而不加入我们一边，而让拉刻代蒙人的利益因雅典人得以继续从你们这里收取贡款而受损；其二，不能因为你们的阻挠而使希腊人不能摆脱奴役。4 要不是目前特殊的情况，我们这样做当然是错误的。如果不是为了共同的利益，我们拉刻代蒙人有义务将自由强加给不愿接受的城邦吗？5 我们也并不渴求霸权，但是渴望推翻别人的霸权。如果我们在给所有城邦带去独立自主的时候，却允许你们唱反调，那就是对大多数城邦的不公。6 有鉴于此，你们要做出明智的决定，率先奋力开展解放希腊的事业，为自己树立不朽的令名。如此，你们自己的财产将免受伤害，你们整个城邦将赢得最美好的名声！"

88. 1 这就是布剌西达斯的发言。阿坎托斯人中赞成和反对的两方都有很多人发言，然后，举行了秘密的投票表决。由于布剌西达斯的发言诱人，加上担心不能收获葡萄，大多数人决定叛离雅典。他们让布剌西达斯作出保证，遵守拉刻代蒙当政者派他出来时发出的誓言①，即他所争取的盟邦将是独立自主的。然后，才接纳了布剌西达斯的军队。2 此后不久，安德洛斯人的殖民地斯塔癸洛斯②也叛离了雅典。这个夏季发生的事件就是这些。

---

① 霍氏指出，这句话没有用"他已经说过的"等说法，说明作者认为这个誓言实有其事，并且相信布剌西达斯在斯巴达确有足够的威望，让斯巴达当局听从他的建议。如果作者的记载正确，那么后来斯巴达破坏阿坎托斯的独立自主，不仅是侵略，而且是渎神的行为。见其《评注》第 2 卷，第 285 页。

② Στάγιρος，Stagirus，或称 Στάγιρα，Stagira，位于卡尔喀狄刻，在斯坎托斯的西北方，是著名哲学家亚里士多德（Ἀριστοτέλης，Aristoteles 或者 Aristotle，前 384—前 322 年）的出生地。当年的斯塔癸洛斯位于海滨，今靠内陆有同名小镇，并有他的雕像，但不在原址。见霍氏《评注》第 2 卷，第 286 页。

89. 1 接下来的冬季一开始①,在玻俄提亚的地方将被出卖给雅典将军希波克剌忒斯和得摩斯忒涅斯之时,得摩斯忒涅斯必须带舰队抵达西派,希波克剌忒斯则到得利翁②。但是,他们在双方预定行动的日期上犯了错误③。得摩斯忒涅斯载着阿卡耳那尼亚人和那一带许多盟友,早早航行到了西派。事情搞砸了,因为这个阴谋被一个来自帕诺忒乌斯④的波喀斯人尼科马科斯告发了,他告诉了拉刻代蒙人,拉刻代蒙人又告诉了玻俄提亚人。2 于是,整个玻俄提亚都起来援助(因为希波克剌忒斯还没到那里骚扰他们),赶在雅典人来之前占领了西派和开洛涅亚。那些与雅典人密谋的人一看事情出了差错⑤,就没有在玻俄提亚的城邦⑥发动政变。

90. 1 同时,希波克剌忒斯出动全体雅典人⑦,包括他们自己、侨民和所有在雅典的外邦人⑧抵达得利翁,已经太晚了。此时,玻俄提亚人已经从西派撤走了⑨。他扎下营来,用这样的方式为得利翁〔阿波罗庙〕建造防御工事⑩:2 围绕神庙和周围的神域挖掘一道壕沟,从沟里将土抛上来用于筑墙。在墙的两旁栽上木桩,砍伐神庙周围的葡萄树,扔到堆土上,还

---

① 前424年11月初,此时得摩斯忒涅斯从雅典出发(4.76.1)已有大约3个月了。见戈姆《评注》第3卷,第558页。
② 见前文(4.76)。
③ 从下文来看,这次行动失败的原因是有人告密,既然如此,约定里应外合的日期就无关紧要了。作者这里没有抓住要害。见霍氏《评注》第2卷,第286页。
④ 见前文译注(4.76.3)。
⑤ 可见,作者还是认为问题出在日期上,这说明他没有看到真正的原因。见霍氏《评注》第2卷,第287页。
⑥ 这章的开头提到"玻俄提亚地方",这里又提到"玻俄提亚的城邦",都是复数形式。但是,作者具体只提及两个地方:西派和开洛涅亚,作者的意思大概是西派和开洛涅亚包括在内,但不止这两个地方。见霍氏《评注》第2卷,第287页。
⑦ 这里没有提到公民大会或者议事会,所以只是临时通知,而且根据下文(4.94.1)可以看出,这里所谓"全体雅典人"并非所有的雅典公民,大概只有7000人(重甲兵)。见霍氏《评注》第2卷,第287页。
⑧ 雅典侨民充当过重甲兵(2.13.7),还用于袭击海滨(316.1),但是,他们主要用于防守,这里派出阿提卡作战是不常见的。这里的"外邦人"很可能指在雅典的盟友,而不是非本地居民的外邦人。他们主要用于筑墙。见霍氏《评注》第2卷,第287—288页。
⑨ 当然留下了守军,足以应付包围。见戈姆《评注》第3卷,第559页。
⑩ 这里的建筑方法与伯罗奔尼撒人垒起攻打普拉泰亚的土丘,建造包围普拉泰亚城的围墙差不多。作者不厌其烦地描写,说明他对军事技术感兴趣。见戈姆《评注》第3卷,第559页。

从邻近房屋拆下石头和砖头扔上去①。想尽一切办法筑高这个防御工事。在需要的地方，即神庙建筑延伸不到的地方建起木制塔楼，因为那里的原来的柱廊坍塌了。**3** 这项工作自他们从国内出发后的第 3 天开始②，第 4 天继续，直到第 5 天的午餐时间。**4** 绝大部分工作已经完成，然后军队从得利翁撤退大约 10 斯塔狄翁，打算回国。绝大部分轻装兵继续撤退，重甲兵则放下武器歇息，留在原地。希波克剌忒斯留在后面，布置岗哨，监督完成剩下未完的防御工事③。

91. 在这几天里，玻俄提亚人向塔那格拉集结。等来自各邦的人员到齐后，他们得知雅典人正撤回国内。别的玻俄提亚同盟的官员——一共 11 位——都不同意开战，因为雅典人已经离开玻俄提亚（他们放下武器歇息之时，雅典人大概在俄洛波斯的边境地区④）。只有来自忒拜的同盟官员、埃俄拉达斯之子帕工达斯——另一位是吕西马喀达斯之子阿里安提达斯⑤——他是当时同盟军队的统帅⑥，想要开战，认为值得冒险一战。他将各小队依次召来⑦，以免全体都同时离开自己的位置⑧。劝说玻俄提

---

① 具体方法是用粗短的木桩（可能就是支撑葡萄藤的木桩或者邻近房屋上的木头）栽在沟旁，形成两排，将泥土从两侧护住，便于迅速提升土墙的高度。扔到堆土上的树枝、石头和砖头有助于加固土墙。见戈姆《评注》第 3 卷，第 559 页。

② 也就是说雅典的这支庞杂的队伍只花两天的时间就到了得利翁。雅典距离得利翁陆上大约 56.3 公里，那还是相当快的。见戈姆《评注》第 3 卷，第 559 页。

③ 雅典人在得利翁设防的目的是这样的：得利翁可以从雅典的俄洛波斯（Ὠρωπός，Oropus）取得粮食，从而成为一个牢固的据点，从那里侵扰玻俄提亚，或者为玻俄提亚的政变者提供支持。得利翁设防之后，不需要很多的军队驻防，所以大部分军队撤走。至于轻装兵，他们此行的目的就是迅速修筑防御工事。如果发生战斗，他们只会碍事，所以立即从陆路撤回雅典了。见戈姆《评注》第 3 卷，第 559 页。

④ "边境地区"原文是"μεθορίοις"（"μεθόριος"的与格），由"μετα-"（"参与""共同"）和"ὅρος"（边界）组成，意思是"边界两边的地区"。当时的边界无人把守且无警戒线之类。所以，可以说雅典人既不在玻俄提亚，又不在阿提卡。故下文双方两位将军的发言对此说法不同（4.92.1；4.95.2）。参见霍氏《评注》第 2 卷，第 289 页。

⑤ 他也是玻俄提亚同盟的官员，此时忒拜共有两位。见霍氏《评注》第 2 卷，第 289 页。

⑥ 统帅的选任规则是什么？作者没有告诉我们。可能总是由忒拜人担任。见霍氏《评注》第 2 卷，第 290 页。

⑦ 有学者认为古代的战前演说就是分批进行的，此为证据之一，下文（4.94.2）还有一个。但是，也有可能这里是特例，故记下来了。见霍氏《评注》第 2 卷，第 290 页。

⑧ "位置"原文是"τὰ ὅπλα"，这里不能理解成"武器"，应该指各小队的位置。不是因为士兵听长官演说必须放下武器，而是因为军队各小队正处在开进的位置，帕工达斯急于向俄洛波斯进发，不想打乱它们的位置。见戈姆《评注》第 3 卷，第 561 页。

亚人向雅典人发动进攻，决一雌雄，发言如下：

92.1 "玻俄提亚人啊！我们每个指挥官的头脑里一定不要有这种想法：我们不应该向雅典人开战，除非我们在玻俄提亚的土地上追上了他们。他们越过边界，到我们的土地上修筑要塞，目的是要践踏玻俄提亚。无论我们在哪里追上他们，他们都是我们的敌人，这是显而易见的，包括在他们出发对我们从事敌对行动的地方。**2** 现在，如果有人认为不开战要更安全，那么请他改变自己的想法吧！一个人自己的东西稳稳当当，却出于贪欲蓄意攻击他人，他应当好好地考虑后果；但是，一个人遭受别人的攻击，为了自己正当的利益而战，那就是另一回事了。**3** 无论是在玻俄提亚本土还是在本土之外，抵抗外族入侵是我们玻俄提亚的传统。如果入侵者是雅典人，还与我们毗邻而居，就尤其必须如此！**4** 因为与邻邦打交道，自由总是靠硬碰硬来保证。对于这些极力奴役不只是身边的、还有远处的城邦的人，难道不应该与之战斗到底吗？（看看他们是如何对待大海对岸的优卑亚人的，再看看他们是如何对待其他大多数希腊城邦的）你们就知道了，别的城邦是为这条或者那条边界同邻邦开战，而我们呢，一旦打败，就不再有边界纠纷，只有一条固定的边界，将我们全部的领土包括进去；雅典人将进来，强行占有我们所有的一切。**5** 雅典这个邻邦比其他邻邦要危险得多啊！有些城邦，像雅典人，恃强侵犯其邻邦，会毫不犹豫地侵犯那些待在自己的国家、只知防守的邻邦，但是，那些开出自己的国境、时机到来就先发制人的人，就不是他们能轻易对付得了的。**6** 对此，我们与雅典人的交道可以做证。当年我们在内讧①，他们占领了我们的土地②。后来，我们在科洛涅亚击败了他们③，让玻俄提亚高枕无忧直至今日。**7** 记住这段历史，我们当中的老年人要拿出当年之勇④，年轻人——当年英勇父辈的儿子们——一定要努力，不要玷污了父辈传下来的英勇品德！相信神明站在我们一边——其庙宇被他们筑墙围住和占领，是

---

① 我们知道，玻俄提亚同盟由一些城邦组成，这里说的内讧是指城邦之间的，还是城邦内部的？前文也提到内讧（3.62.5），霍氏倾向于前者。参见其《评注》第2卷，第295—296页。

② 见前文（1.108.3）。即俄诺皮塔战役，发生于前457年，接着玻俄提亚被雅典人占领了10年，直到科洛涅亚战役（前447年），雅典人被打败。

③ 见前文（1.118）。

④ 此时是前424年，距离前447年的科洛涅亚战役已有23年，当年的老兵完全可能还在服役，帕工达斯也许就是其中之一。见霍氏《评注》第2卷，第296页。

渎神的行为——相信我们给神的献祭，它显示了吉兆①。让我们在神明的护佑下向他们发动进攻吧！让他们知道，他们尽可以攻打那些不作抵抗的人，得到自己垂涎的东西；但是，那些具有高尚精神的人，总会为自己土地的自由而战，而且不去不公正地奴役他人的土地，这样的人是绝不会让他们不战而离开此地的！"

93.1 这就是帕工达斯的激励言辞，它说服了玻俄提亚人向雅典人发动攻击。他迅速拔营而起，带领部队出发（因为当天时间已经不早了）。等接近了敌军，帕工达斯让军队在一个地方停下——那里有一座山丘，双方互相看不见——排兵布阵，做好战斗的准备。**2** 希波克剌忒斯还在得利翁，得到玻俄提亚人开过来的消息，他派人命令士兵列阵。他本人不久赶来，留下300名骑兵在得利翁，守卫得利翁以防敌人来攻，同时伺机在战斗进行时加入。**3** 但是，玻俄提亚人单独派一支军队来对付它。等一切就绪，玻俄提亚人出现在山丘上，停下②，阵型是他们计划好的。有将近7000名重甲兵、10000多名轻装兵、1000名骑兵和500名轻盾兵。**4** 右翼是忒拜人及其盟友，中军是哈利阿耳托斯人③、科洛涅亚人和科派人④以及其他住在科帕伊斯湖⑤边的人，左翼是忒斯庇埃人、塔那格拉人和俄耳科墨诺斯人⑥。骑兵和轻装兵摆在两翼之末。忒拜人纵深25排，其他人都各不相同⑦。**5** 这就是玻俄提亚人的军力和阵型。**94**.1 雅典人将全部重甲兵列阵，纵深8排，人数与敌人的重甲兵人数相当，骑兵在两翼之末。他们没有一支正规的轻装兵队伍出现在战场上，雅典也从

---

① "献祭"原文是"τοῖς ἱεροῖς"（与格）。希腊人一般每战必祭，作者却很少提及，此处即为一例。这种献祭一般有两种：一种是在军营或者行军途中从容为之，方法是屠宰牲牲、焚烧，然后检查牲牲内脏；另一种是在战斗马上要发生之前，割断牲牲的咽喉，由占卜者观看诸如牲牲的血如何喷射或者如何倒地等征象。前者叫"τά ἱερά"，后者叫"τά σφάγια"。这里用的虽然是"τά ἱερά"，但是它也可以指"τά σφάγια"。这里的"献祭"是后一种。见霍氏《评注》第2卷，第296—297页。

② 参见前文（2.2.4）译注。

③ Ἁλιάρτιοι, Haliartians, 哈利阿耳托斯（Ἁλίαρτος, Haliartus）人。

④ Κωπαιῆς, Copaeans, 科派（Κῶπαι, Copae）人。

⑤ 见前文（1.12.3）译注。

⑥ 这一章和本卷的第76章为我们提供了前5世纪的玻俄提亚同盟组成情况的宝贵资料。见霍氏《评注》第2卷，第298页。

⑦ 方阵纵深25排的情况是极为少见的，一般是8排，所以作者记下了。有学者指出，25排包括3个8排，再加一排各队队长（ἐνωμόταρχος）。增加方阵纵深的主要目的是增强队伍信心，给前排士兵以推力以及应付崎岖的地形。见霍氏《评注》第2卷，第300页。

未组建过这样的部队①。那些参加入侵的人，人数数倍于敌人，他们跟随而来，大部分却没有武器。因为征召的全军中除了公民之外，还有在雅典的外邦人。他们首先启程回家了，除了少数人之外，都不在战场上②。2 部队列好了阵，将要交战，将军希波克剌忒斯走过阵前，这样发言鼓动雅典人的士兵③：

95.1 "雅典人啊！我只说几句话鼓励大家，对于勇敢之士，也用不着太多的话。我与其说鼓励你们，不如说提醒你们。2 你们一定不要以为，由于我们在别人的土地上，所以遇到的危险也是吃不消的。我们确实是在玻俄提亚的土地上④，但是我们为自己而战。如果我们取胜，伯罗奔尼撒人就失去了玻俄提亚的骑兵，再也不能入侵我们的领土⑤。因此，通过这一仗，你们不仅能获得玻俄提亚，更能让自己的领土免遭奴役。3 因此，冲上前去迎战吧！拿出配得上你们城邦的精神，她是希腊的翘楚，你们每个人都引以为自豪的祖国；拿出配得上你们的父辈的精神，他们当年在密洛尼得斯的率领下，在俄诺皮塔击败了这些玻俄提亚人，占领了他们的土地。"

96.1 希波克剌忒斯就是这样鼓励部下的。他只走到大军的中央，没有时间接着走完。玻俄提亚人在帕工达斯作了第二次简短的演说后，唱着颂歌，从山丘上向雅典人冲来。雅典人则跑步迎上去接战⑥。2 双方两翼的最末端都没有交战，原因是一样的——都被溪流所阻。但是其余的军队

---

① 作者为什么强调雅典所没有的东西？学者们有很多的猜测。其中有人认为，作者心中的读者不只是雅典人，因此有必要向他们顺便介绍。见霍氏《评注》第 2 卷，第 300—301 页。

② 见前文（4.90.4）。

③ 译者以为，在空旷的野外，面对 7000 多人的军队发表演说，一定是分部分进行的。所以，戈姆说，希波克剌忒斯的演说形式与帕工达斯是一样的，其演说不止一次，但是作者只编了这一次。见其《评注》第 3 卷，第 565 页。

④ 有趣的是，除了希波克剌忒斯，其他的人，包括帕工达斯和其他玻俄提亚同盟的官员，还有作者自己，都认为雅典人已经离开了玻俄提亚。见霍氏《评注》第 2 卷，第 302 页。见前文（4.91）。

⑤ 尽管这一仗（得利翁战役，前 424 年）雅典失败了，但是伯罗奔尼撒人确实在前 425 年后停止入侵阿提卡，但那是因为斯巴达担心斯帕克忒里亚岛战俘的安危，与玻俄提亚的骑兵没有关系。见霍氏《评注》第 2 卷，第 303 页。

⑥ 方阵交战之前时，一般双方都是跑过一段距离，然后碰撞到一起。如果一方静止不动，就难以顶住对方的冲击，肯定要吃亏。参见霍氏《评注》第 2 卷，第 304 页。

都交战了，厮杀激烈，用盾牌推挤①。3 玻俄提亚人的左翼直至中军被雅典人打败了，雅典人猛攻这一部分敌军，尤其是忒斯庇埃人。因为两边的人后退了，忒斯庇埃人就被包围在一个狭小的范围里，在近战肉搏中被砍杀而死。一些雅典人由于包围敌人而自己陷入混乱，因误会而自相杀戮②。4 因此，在这一部分，玻俄提亚人打败了，逃到他们还在战斗的军队那里去了。但是，忒拜人所在的右翼击败了雅典人，他们首先一点一点将雅典人向后推挤，然后紧逼不舍。5 看到左翼吃紧，帕工达斯派遣两个骑兵大队，从山丘附近一个隐蔽的地方出发，突然出现在山丘上。雅典人取得胜利的那一翼以为又来了一支部队，于是惊慌失措③。6 由于这一着，加上忒拜人的紧逼和突破雅典人的阵线，雅典全军终于溃败了。7 有的逃向得利翁和大海，有的逃向俄洛波斯，还有的逃向帕耳涅斯山，再有的各自逃到有一丝活命希望的地方。8 玻俄提亚人一路追杀，尤其是他们的骑兵，还有在溃败发生时刚刚赶来增援的罗克洛斯人的骑兵。夜幕降临，打断了这场战斗，大批的逃跑者得以比较容易地逃脱了④。9 次日，雅典人从俄洛波斯和得利翁——留下一支守军在得利翁，它还在他们手中——出发，从海路回国了。**97.1** 玻俄提亚人竖立却敌纪念柱，收回己方尸体，剥去敌人尸体上的兵器甲胄。留下一支守军看管这些尸体，然后撤到塔那格拉，谋划攻打得利翁。

2 雅典的传令官为收尸而来，途中遇到玻俄提亚的传令官。玻俄提亚的传令官叫雅典的传令官回去，告诉对方在他本人返回之前，不会得到任何答复。然后，他来到雅典人面前，转告玻俄提亚人的话，说他们违反了

---

① "推挤"原文是"ὠθισμῷ"（与格）。重甲兵方阵作战时，双方前排的士兵跑步前进，相向碰撞到一起，用盾牌相互推挤。后排的士兵接触不到敌人，他们用盾牌的中心部分推前排士兵的后背，有可能使前排士兵失去平衡，故应该是推前排士兵的肩膀和身体的一侧，这样更容易保持平衡。这是一般的解释。也有一些新的解释，但不足以推翻传统的解释。需要指出的是，战场上变数很多，想要精确地弄清当时发生的情况几乎是不可能的。见霍氏《评注》第2卷，第305—306页。

② 尽管一些城邦的军队在盾牌上有标志，如拉刻代蒙人的大写字母"Λ"，表示"Λακεδαιμόνιοι"（"拉刻代蒙人"），但是他们没有军装，所以在激烈的厮杀中，不辨敌我是完全可能的。见霍氏《评注》第2卷，第306—307页。

③ 透过这段话的字里行间，我们可以看出作者要表达的意思：战事尽在帕工达斯的掌控之中，雅典人则是凭直觉行事，必败无疑。见霍氏《评注》第2卷，第307页。

④ 著名哲学家苏格拉底（Σωκράτης, Socrates，约前469—前399年）也参加了得利翁战役（见柏拉图《宴饮篇》221a），作战勇敢。他对追击者凶猛反击，才使得他能够带着一小群士兵逃脱了。见霍氏《评注》第2卷，第307页。

希腊人的习俗①，做出了邪恶的事情。3 他说，侵犯他邦领土的人通常不去冒犯神域，但是雅典人在得利翁修筑要塞，现在还占据着它；人们在世俗场合做什么，他们就在里面做什么②；他们甚至在那里取水、用水，那里的水除了用作祭祀之外，玻俄提亚人连碰都碰不得。4 因此，为了神明，也为了他们自己，以阿波罗和其他供奉在一起的神明的名义，玻俄提亚人呼吁他们先离开神域，再带走属于自己的东西③。98.1 玻俄提亚传令官说完这些之后，雅典人派他们自己的传令官去玻俄提亚人那里，说关于神域他们没有做错什么，将来也不会有意破坏。他们起初进去的时候并没有破坏的意图，不过是在受到侵害时，把它当作保卫自己的基地罢了。2 希腊人的习俗是，位于某一地面上的神庙，不管是大是小，属于占有这块土地的人所有，他有义务尽力举行通常的祭祀活动④。3 玻俄提亚人自己和许多其他的人一度用武力将该地的居民赶走⑤，直到现在占据着它。他们先闯进了他人的庙宇，现在把它当作自己的庙宇。4 如果雅典人自己过去能够征服更多玻俄提亚的土地，他们就享有其占有权。现在的情况是，他们已经在那块地方⑥了，它就理当属于他们，他们不会主动放弃。5 至于水，他们迫于需要动用了，但没有放肆地取用，而是在玻俄提亚人首先侵犯阿提卡情况下，出于自卫才被迫使用的⑦。6 任何迫于战争或者其他危急状况的行为，神明肯定会予以谅解。如果你没有故意犯罪，你就可以到一个祭坛那里避难⑧。那些没受到强迫而干坏事的行为才可以称为犯罪，因灾祸所逼铤而走险不能称为犯罪。7 玻俄提亚人想用对方死者的尸

---

① 所谓"希腊人的习俗"是相对于蛮族而言的。见霍氏《评注》第2卷，第309页。
② 作者一般不直接提人体的排泄，前文（2.49.6）是从医学的角度写的，不算在内，这里作者可能就是指雅典人在神域里拉撒。见霍氏《评注》第2卷，第310页。
③ 克劳利的译本作"属于他们的尸体"；史密斯译本的注释："他们的尸体"。
④ "通常的祭祀活动"原文是"οἷς ... πρὸς τοῖς εἰωθόσι"，应该译为"那些包括通常的（祭祀活动）在内所有的（祭祀活动）"，戈姆赞成改为"οἷς ... πρὸ τοῦ εἰωθόσι"，译为"（在此之前的）通常的（祭祀活动）"。故译。见戈姆《评注》第3卷，第568页。
⑤ 参见前文（1.12.3；3.61.2）。这里的"其他的人"比较含糊，大概指"其他的希腊人"。见霍氏《评注》第2卷，第312页。
⑥ 指得利翁的神庙。
⑦ 这是明显的狡辩。参见戈姆《评注》第3卷，第569页。
⑧ 按照希腊的习俗，凡犯罪者都可以坐到祭坛上或其旁边避难，任何人不得在那里伤害和杀死他。所以这里的"故意的"一词是不需要的。作者加上这个词无非是强调前文的观点。另外，祭坛是牺牲流血祭神的地方（表示神明享用牺牲），如果在那里杀伤人，就是亵渎神明，是招致整个城邦毁灭的弥天大罪。见霍氏《评注》第2卷，第313页。

体换回神庙，这比他们拒绝用神庙换回属于自己的东西①更加亵渎神明。8 不要提"在从玻俄提亚撤走的条件下"（因为雅典人根本不在玻俄提亚的土地上，而是在用长矛赢得的土地②上），玻俄提亚人必须做的就是，告诉雅典人依据祖先的习惯在休战协议保护下取回尸体！99. 玻俄提亚人回答道，如果他们在玻俄提亚，必须离开玻俄提亚才能取回尸体；如果是在自己的领土上，那就知道该怎么做。玻俄提亚人知道，尸体所在的俄洛波斯实际上是臣服于雅典的③——因为战斗发生在边境地区——但他们还是认为，雅典人不能不经过他们同意取回尸体，另外，雅典人肯定不能就不属于自己的领土订立和约④；"只有离开玻俄提亚才能取回他们所需要的"——有什么回答比这更冠冕堂皇呢？⑤雅典的传令官听了，两手空空地回去了。

100.1 玻俄提亚人立即从墨利厄乌斯海湾⑥召请投矛兵和投石兵，加上战后已来援助他们的2000名科林斯重甲兵和从尼赛亚来的伯罗奔尼撒人守军，还有一些墨伽拉人，出征得利翁，攻打其防御工事。试过别的方法之后，他们用一种机械将其攻下。构造如下：2 将一根大横梁用锯剖成两半，把它掏空，然后合上，跟笛子一模一样。把一口大锅用链子挂在横梁的一端，将包上铁的风箱管子的嘴部从横梁这一端斜着插进大锅里，横梁大部分也用铁包上。3 然后，从远处将这些东西用大车运到主要由葡萄藤和木材修筑的工事旁。等靠近之后，往横梁的一端塞入一个大风箱鼓

---

① 指雅典阵亡者的尸体。此句学者有不同的理解，今从霍氏。见其《评注》第2卷，第313—314页。

② "用长矛赢得的土地"是荷马史诗中的一个说法（"δορίκτητος χώρα"），希腊化时期用得很多，古典时期要少得多，此为一例。见霍氏《评注》第2卷，第314页。

③ 关于"边境地区"见前文（4.91）译注。霍氏认为，这句话还是有含糊之处。俄洛波斯当时臣服于雅典，但不是她的一个区划（得摩斯）。战斗既然发生在边境地区，尸体当然也在边境地区，而不应该在明确属于雅典的一个地区。实际上，各方除了希波克剌忒斯之外都承认战斗发生在阿提卡（见前文4.95.2译注），无论如何也不在玻俄提亚。这句话也明确说明，战斗的地点在阿提卡。另外，雅典人尸体仍在玻俄提亚人的掌控之中（4.97.1），戈姆认为，玻俄提亚人的回答狡黠，既然雅典人认为用长矛赢得的土地归赢得者所有，那谁也不能阻止他们收回尸体。见霍氏《评注》第2卷，第314—315页。

④ "另外……和约"这句话可能是作者自己的评论。见戈姆《评注》第3卷，第570页。

⑤ 说到底，玻俄提亚人想利用雅典人希望取回阵亡者尸体的机会，讨价还价，要他们从得利翁撤走。

⑥ Μηλιεὺς κόλπος, Malian gulf, 墨利厄乌斯海湾，即今马里阿克（Μαλιάκος, Maliac）海湾，位于温泉关的东面。

风。4 鼓出的风经由不漏气的通道直达大锅里，锅里装有点燃的炭、硫黄和沥青；燃起熊熊大火，将工事烧着了，以至于没有人能在那里待下去，全都弃守而逃。雅典人的防御工事就这样被攻下了①。5 守军一部分被杀，200 人被俘，其他绝大部分上了战舰，乘战舰回国了。**101.1** 这样，得利翁在那次战役之后的第 17 天被夺取了。此后不久，雅典的传令官对刚发生的事情一无所知，再次来收尸②。玻俄提亚人交还了，没再像第一次那样答复。2 在这场战役中，玻俄提亚人阵亡近 500 人，雅典人则将近 1000 人，包括将军希波克剌忒斯，此外还损失了大量的轻装兵和运送辎重的人员③。

3 得摩斯忒涅斯当初航行到西派时，里应外合④没有取得成功。这次战役之后不久，他载着那支军队，包括阿卡耳那尼亚人和阿格赖亚人，以及 400 名雅典重甲兵，在西库翁登陆。4 在他的所有战舰靠岸之前，西库翁人就赶来救援了，击溃了已经登陆的敌军，将他们赶回战舰上，杀死了一些，俘虏了一些。然后，竖立了却敌纪念柱，在休战协议的保护下交还对方尸体。

5 就在得利翁事件发生期间，俄德律赛人的国王西塔尔刻斯死了。他攻打特里巴罗人，战败。他的侄儿、斯帕剌多科斯之子塞乌忒斯成为俄德律赛人的国王，还统治西塔尔刻斯曾经统治的色雷斯其他地方。⑤

102.1 同一个冬季，布剌西达斯率领在色雷斯的盟军攻打雅典人的殖民地、位于斯特律蒙河畔的安庇波利斯。2 该城现在还在原址。从前，米利都人阿里斯塔戈剌斯为躲避波斯国王大流士，尝试在此殖民，但是被厄

---

① 这种攻城的细节作者特别感兴趣，实际上本身并不重要。见戈姆《评注》第 3 卷，第 571 页。
② 17 天是一段很长的时间，但此时是初冬，尸体腐烂的速度比夏季要慢很多。见霍氏《评注》第 2 卷，第 316 页。
③ 这次战役玻俄提亚人的阵亡率是 7.1%，雅典人的阵亡率是 14.3%（有学者认为，古希腊战役的平均阵亡率胜者为 5%，败者为 14%）。另外，战败方的指挥官身处承受敌方冲击的前排，他与这一排的士兵往往必死无疑。见霍氏《评注》第 2 卷，第 317 页。
④ 直译"在有关西派被出卖的事情上"。
⑤ 许多希腊的重要人物之死，如伯里克利、阿耳喀达摩斯等，作者都没提（战死的将军例外），为什么这里要提一位蛮族国王之死？有学者认为，其用意在于指出雅典人失去了一位拥有强大实力和巨大资源的朋友，其继位者奉行什么政策，尚不可确知，色雷斯一带的局势因此对布剌西达斯变得有利了。见霍氏《评注》第 2 卷，第 318—319 页。

多尼亚人赶走了①。32年之后②，雅典人派遣一万名自己的殖民者和其他想去的人前往，却在德剌柏斯科斯被色雷斯人歼灭。**3** 29年之后，雅典人在尼喀阿斯之子哈格农率领下卷土重来，赶走厄多尼亚人，在从前被称为"九路"的地方殖民③。他们的根据地在厄翁，他们用它作港口和商站。它位于斯特律蒙河河口，离现在的安庇波利斯城25斯塔狄翁。哈格农称新殖民地为"安庇波利斯"，因为斯特律蒙河从其两面流过，［因为他要将此地围住］他从城旁边河的上游到下游之间修筑一道长墙，将此地与河分开，这样建造一座无论从海上还是大陆看都很显眼的城市④。

103. 1 布剌西达斯率军从卡尔喀狄刻的阿耳奈⑤出发，目标就是此城。黄昏时抵达奥隆和玻耳弥斯科斯，玻尔柏湖由此注入大海⑥。吃罢晚餐，连夜行军。**2** 时有寒风，下着小雪，于是他加紧赶路，想躲过除了内应之外的安庇波利斯居民的注意。**3** 在安庇波利斯，有来自阿耳癸罗斯的居民，阿耳癸罗斯起初是安德洛斯的殖民地。他们和其他一些人是同党，有的受珀耳狄卡斯鼓动，有的受卡尔喀斯人鼓动。**4** 主谋是阿耳癸罗斯人，他们是安庇波利斯的近邻，长期以来受到雅典人的怀疑，一直图谋此地。

---

① 前500—前499年，米利都人举行起义，反抗波斯国王大流士一世的统治，没有成功。阿里斯塔戈剌斯是鼓动者之一，失败后率众前往色雷斯殖民，被驱逐（前497年）。见霍氏《评注》第2卷，第320页。

② 即前465年。

③ 即前437年，见前文（1.100.3）。关于安庇波利斯的重要性，见下文（4.108.1）。戈姆指出，作者没有指出这些事件在伯罗奔尼撒战争中的时间坐标，可能是因为雅典人在安庇波利斯的两次殖民是当时的重大事件之一，众人皆知。见其《评注》第3卷，第573页。

④ Ἀμφίπολις, Amphipolis, "ἀμφι-"，前缀，"在两边""在四周"；"πόλις"，"城"。作者说，斯特律蒙河从安庇波利斯城的两面（北面和西面）流过。戈姆指出，它实际上是三面临河：北面、西面和西南面。长墙大致由北至南，在河的转弯处又折向东，再向北，其目的是防范厄多尼亚人和其他居住在河东的人；另外，作者没有指出一点：安庇波利斯城建在一座显眼的山丘上，它比斯特律蒙河高出140米（海拔152米），当然从陆上和海上都可以清楚地看见，这就是"Ἀμφίπολις"的意思："朝向两面（陆地和海洋）的城市"。参见戈姆《评注》第3卷，第573—574页。霍氏则认为，作者这句话的前半部分讨论的是这个地名的由来，并不探讨这个地方的地理特点，"Ἀμφίπολις"就是"朝向两面的城市"（两面临河），因此，戈姆的观点显得精明过头了。见其《评注》第2卷，第326页。

⑤ Ἄρναι, Arnai, 不详其所在，很可能在西托尼亚半岛（卡尔喀狄刻半岛伸入海中的中间的那个小半岛）的内陆。见霍氏《评注》第2卷，第327页。

⑥ Αὐλών, Aulon；Βορμίσκος, Bormiskus。前者是一个山口，今名Ρενδίνα（Rendina），玻尔柏湖由此注入斯特律蒙海湾；后者在玻尔柏湖东岸、奥隆的北面。见霍氏《评注》第2卷，第328页。

他们与在安庇波利斯的同胞①密谋将这座城市出卖已有多时了,现在遇到布剌西达斯到来的机会,马上接纳他入阿耳癸罗斯城,并叛离了雅典。当晚,他们就领着他的军队在拂晓前到了河上的那座桥。5 桥所在的地方离城还有一段距离,那时不像现在,防御工事没有修到桥边。桥上有少量守军,布剌西达斯轻而易举就将他们干掉了,一方面是因为有内应,另一方面是因为刮着寒风,他的袭击又出其不意。越过此桥,所有居住在安庇波利斯城外的人的财产②,马上就成了他的囊中之物了。104.1 布剌西达斯的过桥让城内的人大吃一惊。城外的人许多被捉住了,还有些逃到城里去了。安庇波利斯人陷入极大的混乱,尤其是在他们还相互猜疑的情况下。2 有人讲如果布剌西达斯不纵兵劫掠,径直攻城,很可能就攻下了。3 他劫掠城外的时候,城里的内应没有像他期望的那样采取行动,于是安营扎寨,按兵不动。4 同时,城里的内应毕竟是少数,不能让城门立即打开。他们的对手与将军厄乌克勒斯——他从雅典派来防守此地——一道,派人向色雷斯地区的另一位将军,俄罗洛斯之子修昔底德③——这篇记载的作者——求援。他当时在塔索斯④(这座岛屿是帕洛斯人⑤的殖民地,距离

---

① "在安庇波利斯的同胞"原文是"τοὺς ἐμπολιτεύοντας σφῶν ἐκεῖ",其中"ἐμπολιτεύοντας"(现在时分词、宾格、复数)一词指生活于一个城邦、但失去(或者保留)自己在原来城邦中的地位的人。到底是"失去"还是"保留",还有争议。见霍氏《评注》第 2 卷,第 329 页。这里无法译出。

② 有学者认为,古希腊人宁愿永久地居住在城外的土地上,即使这些土地离城很近;也有学者认为,野外的住所只是城内居民的临时或者附属的建筑。争论很大。见霍氏《评注》第 2 卷,第 331 页。

③ Ὄλορος, Oloros,这里作者提到了自己的父名,强烈地暗示他是色雷斯一个部落的国王 Ὄλορος 的后裔。此位国王的一个女儿与弥尔提阿得斯 (Μιλτιάδης, 又译"米太雅德"等,约前 550—前 489 年,雅典著名的政治家和将军)结婚,然后生了一个女儿,这位女儿生了修昔底德的父亲 Ὄλορος (见霍氏《评注》第 2 卷,第 332 页),所以弥尔提阿得斯是修昔底德的曾外祖父。另外,弥尔提阿得斯在约前 516 年做色雷斯的刻耳索涅索斯 (位于今达达尼尔海峡的西岸) 的僭主,估计正是他在色雷斯的活动引起了色雷斯国王 Ὄλορος 的注意,然后把女儿嫁给他了。

④ 有学者认为,修昔底德此刻应该就近在厄翁待命,不应该远在塔索斯,这是后来雅典人判处他 20 年流放的原因。见 Donald Kagan, *Thucydides: The Reinvention of History*, New York: Penguin Books, 2010, pp. 147—148。霍氏认为,猜测是无用的,我们所拥有的证据只有修昔底德本人告诉我们的。在这一点上,他什么也没有说。见其《评注》第 2 卷,第 334 页。

⑤ Πάριοι, Parians, 帕洛斯 (Πάρος, Paros) 人。帕洛斯是库克拉得斯群岛 (今基克拉泽斯群岛) 中的一个岛屿,在那克索斯岛的西面。大约前 650 年,帕洛斯人在塔索斯殖民。见霍氏《评注》第 2 卷,第 333 页。

安庇波利斯大约半天的航程①）。5 一接到报告，他就率身边的 7 艘战舰火速出航，首要目标是在安庇波利斯投降之前保住它；如果做不到，就拿下厄翁②。

105.1 与此同时，布剌西达斯担心来自塔索斯的雅典战舰的支援，他得知修昔底德在色雷斯的这一带拥有金矿开采权③，因此对大陆上的上层人士④很有影响力。于是，尽最大努力要在修昔底德到来之前占领这座城市。因为他害怕，如果修昔底德赶到，安庇波利斯的人民就会希望他从海上和色雷斯聚集一支盟军，拯救他们，那就不会投降了。2 他拟定了温和适度的条件，发布了如下通告：城里的安庇波利斯人和雅典人，凡愿意留下者保有自己的财产，享有平等的政治权利；不愿意者则带上自己的财产在 5 日之内离开。**106.**1 听到这个通告，许多人动心了。这主要是因为，城内的公民只有很少是雅典人⑤，大部分人来自不同的地方；城外被捉住的人许多在城内都有亲戚。与心中的恐惧一比，他们觉得接受通告更为公正——雅典人巴不得离开，因为他们认为自己冒的危险比别人更大，而且，很快来援助是指望不上的；民众既没有失去公民权，又意想不到地免除了危险。2 看到人们的态度有所转变，不再服从城里的雅典将军⑥，城里的布剌西达斯的同党就公开地宣扬他的通告合情合理。于是，投降条约达成了，按照布剌西达斯通告的条件接纳他入城。3 这座城市就这样被交

---

① 约 50 海里，合 80 公里，一说约需 5.5 小时到达；一说以当时战舰在紧急情况下的平均速度（8 节）计算，约需 6.25 小时。见霍氏《评注》第 2 卷，第 333 页。

② 7 艘战舰的兵力确实太少，另外，有学者敏锐地觉察到一丝自我辩护的成分，作者悄悄地将占厄翁列为起初的计划之一。见霍氏《评注》第 2 卷，第 334 页。

③ 是开采权，不是金矿的所有权。一般认为，修昔底德通过继承得到这个权利，也就是说他的家族与色雷斯当地的金矿所有者有某种私人约定。由此可以断定，修昔底德的流放对此不会有影响，他在流放之后仍然很富有。至于金矿的位置，大概在安庇波利斯和厄翁附近。见霍氏《评注》第 2 卷，第 335 页。

④ "上层人士"原文是"τοῖς πρώτοις"，是"πρῶτος"（"第一"）的与格、复数。

⑤ 这里用了"ἐμπολιτεῦον"，见前文（4.103.4）译注。这部分安庇波利斯人原来是雅典人，来到殖民地后失去了雅典的公民权。作者单独列出他们，是因为他们明显会倾向于雅典。见霍氏《评注》第 2 卷，第 337 页。

⑥ 当然是厄乌克勒斯，但是为何不点其名？这是一种叙事技巧。见霍氏《评注》第 2 卷，第 337 页。

出去了。这天傍晚，修昔底德和他的舰队抵达了厄翁①。**4** 布刺西达斯刚刚占领了安庇波利斯，他只迟一个晚上就占领厄翁了：如果舰队不是火速前往救援，厄翁拂晓时就会落入布刺西达斯之手②。

107.1 在此之后，修昔底德在厄翁做着各项准备，一方面为眼下和将来的安全着想，防范布刺西达斯来攻；另一方面，接受那些根据投降协议自愿离开安庇波利斯到厄翁的人。**2** 布刺西达斯突然率许多船只③顺着斯特律蒙河而下，驶向厄翁，看能否夺得城墙突出的部分，以便控制驶进去的港口，同时尝试陆上攻击。但是，他在水陆两路都被击退了，就回去处理安庇波利斯一带的事情了。**3** 密耳喀诺斯④，一个厄多尼亚人的城邦，向他投降了——厄多尼亚人的国王庇塔科斯，死于戈阿克西斯的儿子们和他的妻子布饶洛之手⑤。不久，塔索斯人的殖民地伽勒普索斯和俄绪墨⑥也向他投降了。珀耳狄卡斯在安庇波利斯被占之后立即赶来了，一起处理这些事情。

108.1 安庇波利斯沦于敌手，让雅典人惊慌失措。因为这座城市对雅典人来说，实在太有用了。她提供造船用的木材，还带来金钱收入⑦。尽

---

① 安庇波利斯城郊拂晓时遭受攻击，厄乌克勒斯派人去通知修昔底德，修昔底德应该稍作一点准备才出发，因此可以推测，他赶到厄翁最多只花了约6小时。可见，从修昔底德的叙述来看，他的速度是很快的。见霍氏《评注》第2卷，第337—338页。

② 我们可以把这句话看作作者的自我辩护，不过，他的判断是符合事实的。但是，如果我们看到修昔底德一开始就把占领厄翁当作自己的目标（4.104.5），这里叙述就更显得滴水不漏了，这是具有讽刺意味的。关于作者的行为与其叙述的关系，有许多研究。参见霍氏《评注》第2卷，第338页。

③ 商船和渔船。见戈姆《评注》第3卷，第579页。

④ Μύρκινος, Myrcinus，在安庇波利斯北面。见戈姆《评注》第3卷，第580页。

⑤ 霍氏认为，修昔底德精通希腊北部和色雷斯的事务，所以不经意冒出这么一个细节。见其《评注》第2卷，第339页。有学者指出前5世纪雅典的将军都有自己的"战区"，他们熟稔自己"战区"的事务。同上书，第332页。戈姆指出，庇塔科斯等人可能在当时扮演了某种角色。见其《评注》第3卷，第580页。

⑥ Γαληψός, Galepsus，位于安庇波利斯东南偏东16公里或17公里，要向雅典纳贡（名义上为提洛同盟缴纳贡款）。见戈姆《评注》第3卷，第580页。Οἰσύμη, Oisyme，不详其所在。有学者认为应作"Σύμη"，如果此说正确，那么它也要向雅典纳贡。见霍氏《评注》第2卷，第339—340页。

⑦ "金钱收入"原文是"χρημάτων προσόδῳ"，雅典的贡款名单上没有安庇波利斯，但这里明确说她带给雅典"金钱收入"，这说明有些缴纳贡款的盟邦（数量还比较大）在现有的铭文材料中没有记载，可见不能只相信铭文材料。见戈姆《评注》第3卷，第580—581页；霍氏《评注》第2卷，第341—342页。

管拉刻代蒙人在有忒萨利亚人护送的情况下，能远至斯特律蒙河来攻打雅典的盟邦，但是，如果不控制河上那座桥梁，他们是无法继续前进的——因为从此处上溯，斯特律蒙河简直成了大湖泊，绵延很远；朝向厄翁的一面又有三层桨战舰把守①。不过，［他们认为］② 现在已经成为坦途了。雅典人还担心盟邦叛离。2 因为布剌西达斯处事一向温和适度，每到一地，总要宣称自己被派遣出来就是为了解放希腊。3 那些臣服于雅典的城邦得知安庇波利斯沦陷了，了解到布剌西达斯承诺的条件和他的宽厚仁慈，都跃跃欲试，想要改弦易辙。他们遣使与之密会，请求他到自己的城邦去，每个城邦都想第一个叛离雅典。4 因为他们认为没有什么好担心的，但是实际上，雅典随后显示出的实力有多大，他们对这一实力的估计错误就有多大。他们的判断更多地出于模糊不清的愿望，而不是出于可靠的深思熟虑。人类对于自己渴求的东西，总是寄予盲目的希望；但是，如果不喜欢某一可能出现的结果，就往往用专横的推理将它排除掉。5 而且，由于雅典人新近在玻俄提亚遭受重创，加上布剌西达斯的话很诱人——却不是事实，即雅典人在尼赛亚拒绝与他本人的军队开战——他们壮起胆来，相信不会有雅典人来征讨他们。6 最重要的原因是，眼前的一时之乐让他们忘乎所以，而且他们第一次看到拉刻代蒙人满怀激情，打算干一场③，于是甘冒任何危险了。雅典人注意到这一动向，就在寒冷的冬季，一有风吹草动就立即派遣军队到各邦驻防。布剌西达斯派人去拉刻代蒙，要求增援；他本人则准备在斯特律蒙河上建造三层桨战舰。7 但是，拉刻代蒙人没有答应他的请求，一是由于国内头面人物对他的嫉妒，二是由于想要接回在岛上被俘的人员，以及结束这场战争。

109. 1 同一个冬季，墨伽拉人夺取了被雅典人占领的长墙，将其夷为平地④。布剌西达斯在占领了安庇波利斯之后，率盟军出征被称为"阿克

---

① 这几句关于安庇波利斯重要性的话，没有放到前文介绍其地理位置的地方（4.102），是为了突出其陷落后，对雅典人造成的心理影响。见霍氏《评注》第 2 卷，第 341 页。
② "他们认为"原文是"ἐνόμιζεν"（单数），根据上下文应为"ἐνόμιζον"（复数），故译。
③ 拉刻代蒙人不爱激动，见前文（1.84；1.85.1）。
④ 见前文（4.69.4；4.73.4）。此举对于在尼赛亚和弥诺亚的雅典人没有直接影响，只是让雅典人更难从尼赛亚发动对墨伽拉城的攻击。见戈姆《评注》第 3 卷，第 588 页。

忒"的地方①。2 它是一个半岛，起自波斯国王下令开凿的那条运河②，止于阿托斯山③的南端，阿托斯山是突入爱琴海的一座高山。3 半岛上有城邦，安德洛斯人的殖民地萨涅就是其中之一。她位于运河的边上，面对大海朝着优卑亚的方向。其他城邦有堤索斯、克勒俄奈、阿克洛托俄④、俄罗皮克索斯和狄翁⑤。4 多个蛮族杂居于这些城邦，他们说希腊语和自己的语言。其中有少数来自优卑亚的卡尔喀斯，最多的是珀拉斯戈斯人——源自曾居住于楞诺斯和雅典的堤耳塞尼亚人⑥——比萨尔提亚人、克瑞斯托尼亚人和厄多尼亚人。他们都居住于小城寨中。5 这些城邦大多数投降了布剌西达斯，只有萨涅和狄翁拒不投降。布剌西达斯待在那里，派军队蹂躏当地。

110.1 由于她们拒不服从，布剌西达斯马上前去攻打卡尔喀狄刻的托洛涅⑦，她在雅典人的占领之下。因为那里的少数居民⑧邀请他去，准备将该城出卖。天破晓之前摸黑到达，在狄俄斯科洛庙⑨前停下，距离该城还有大约 3 斯塔狄翁。2 因此，托洛涅城的其他地方和雅典驻防军都不知道他的到来。但是他的同谋知道他要来，有少数还偷偷去迎接，等着他们开进来。等看见他们来了，就领着带匕首的 7 个轻装兵⑩进城（由俄吕恩托斯人吕西斯特剌托斯率领，他们只是预先安排好的 20 个不惧怕进城的人中的一部分）。他们溜过海边的城墙⑪，躲过了最高处哨位上哨兵的

---

① 关于阿克忒，见前文译注（1.57.5）。有学者认为，这里用"被称为"是因为希罗多德也提到过这个地方（《历史》7.22），但没有指出其名称。见霍氏《评注》第 2 卷，第 345 页。

② 见希罗多德《历史》(7.22)。

③ Ἄθως, Athos，绵延于阿克忒半岛上的山脉，其最高峰在其南端，海拔 1800 多米。

④ Ἀκροθῷοι, Acrothooe，这是其城邦名，或称"Ἀκρόθῳον"。参见 M. H. Hansen and T. H. Nielsen ed., *An Inventory of Archaic and Classical Poleis*, Oxford：Oxford University Press, 2004, p. 824。

⑤ 希罗多德也列举这几个城邦，不过，顺序却正好相反，由狄翁始，到堤索斯止。作者似乎是沿着海岸列举，且按逆时针方向。霍氏认为，作者是在纠正希罗多德的列举顺序。另外，这几个城邦都向雅典缴纳少量贡款。见其《评注》第 2 卷，第 346—347 页。

⑥ Τυρσηνοί, Tyrrhenian，又称"Etruscans"，居住于堤耳塞尼亚。希罗多德说珀拉斯戈斯人曾经占据楞诺斯岛（《历史》5.26），但没说过堤耳塞尼亚人占据过该岛。该岛出土的前 5 世纪的石碑证明堤耳塞尼亚人与该岛有联系。见霍氏《评注》第 2 卷，第 348 页。

⑦ Τορώνη, Torone，位于西托尼亚（Σιθωνία, Sithonia，卡尔喀狄刻的 3 个半岛之一）的西南海岸。

⑧ 只有少数人对雅典人不满？恐怕不能得出这样的结论。该邦缴纳的贡款从 6 塔兰同增加到 12 塔兰同，到前 425 年，又增加到 15 塔兰同。见霍氏《评注》第 2 卷，第 349 页。

⑨ 见前文译注（3.75.3）。

⑩ 布剌西达斯的部下。

⑪ 可见这里的城墙是有缺口的，与靠内陆的城墙一样（4.112.2）。见戈姆《评注》第 3 卷，第 589 页。

— 272 —

注意——城镇建立山坡上——爬上去杀死哨兵，劈开朝向卡那斯特赖翁①的小门。**111. 1** 布剌西达斯带领其余的军队向前靠近了一些，然后停下。派 100 名轻盾兵，等预先商定的信号发出，城门打开，就率先冲过去。**2** 时间在过去，轻盾兵在一点一点接近城墙，并对迟迟没见信号感到疑惑。同时，城内的托洛涅人与已经进城的人合作——他们已经劈开那道小门——折断通向市场的门的门杠，将其打开。先将轻盾兵绕道从朝向卡那斯特赖翁的小门领进城，以便通过突然从背后和两侧发动袭击，让城内毫不知情的人们惊慌失措。然后，按照约定，举起火把信号，从通向市场的那扇门接纳余下的轻盾兵入城。**112. 1** 布剌西达斯看见信号，一边发动队伍，一边起身飞奔。他们一齐呐喊，让城里的人极为惊恐。**2** 有的人立即从城门冲了进去，还有的人通过木板爬上了城墙——这些木板斜靠在城墙上，城墙刚好有地方坍塌，正顺着木板把石头拖上来加以维修。**3** 布剌西达斯与大队人马立即奔向城内的制高点，想要彻底而牢固地占领此城；其他人马则四散行动。

　　113. 1 夺城行动进行之时，大部分托洛涅人还蒙在鼓里，因此陷入混乱之中。但是，城内的同谋及其同情者马上加入入侵者的行列。**2** 等雅典人（大约 50 名重甲兵刚好在市场宿营）明白过来，少数在近战中被杀了，余下的逃走了，有的通过陆上，有的逃到船上——那是两艘负责警戒的船——安全地逃到了一个据点勒库托斯。它由他们的人夺得并占据着，是托洛涅城的一块高地，伸入大海中，被一条狭窄的地峡隔开。**3** 那些同雅典人友好的托洛涅人逃到这里，与他们会合了。**114. 1** 天亮了，布剌西达斯牢牢地控制了托洛涅城。他对逃到雅典人那里的托洛涅人发布通告：凡愿意者都可以回家，不要担心自己的公民权利；还派遣一名传令官去雅典人那里，要求他们带上自己的财产，在休战协议的保护下离开勒库托斯，因为它是属于卡尔喀斯人的。**2** 但是，雅典人拒绝离开勒库托斯，请求与他们订立为期一天的停战协议，以收回尸体。布剌西达斯给了他们两天的时间。在此期间，他自己加固邻近勒库托斯的房屋，雅典人则加固他们的防御。**3** 然后，布剌西达斯召集托洛涅人开会，发表了一番类似他在阿坎托斯的讲话。他说，把那些同他合谋占领托洛涅的人看成是坏人是不公正的，也不要把他们看作卖国贼（因为他们这样做，不是要奴役托洛

---

① Καναστραῖον，位于西托尼亚半岛西面帕勒涅半岛的最南端，是一个岬角。

涅，也不是受了钱财的贿赂，而是为了托洛涅的利益和自由）；那些没有参与行动的人不要担心得不到同样的待遇；他此行既不是为了毁灭城邦，也不是为了毁灭个人；4 他之所以向逃到雅典人那里的托洛涅人发布通告，是因为他认为，他们对拉刻代蒙人的友好不会逊于对雅典人的友好；他相信，只要这些托洛涅人与他们［拉刻代蒙人］打交道，就会同样对他们友好，甚至更友好——因为他们行事更公正——就是因为没有打过交道，所以这些托洛涅人现在感到害怕；5 他要求所有的托洛涅人准备做他们坚定的盟友，并为从今往后的过错负责①；过去，托洛涅人没有对拉刻代蒙人作恶，但受过比自己强大得多的人的侵害；不管托洛涅人与他作过什么对，都是可以原谅的。115.1 这就是布剌西达斯为鼓舞托洛涅人而作的发言。等休战的期限一到，他就向勒库托斯发动攻击。雅典人凭借破烂不堪的工事和有雉堞的房屋防守，抵挡了一天。2 次日，对方带来了一种机械来攻打，想从这种机械里面向由木头构造的城墙上的胸墙喷火②。对方军队已经开来，在他们认为那里是最可能将机械运过去和最容易攻打的地方，雅典人在一栋房屋上面建起木塔，他们将许多盛水的双耳水罐、大酒瓮和大石头搬上木塔，还有许多人也爬上去。3 该房屋不堪重负，突然垮塌，发出巨大的响声。附近的雅典人看见了，心中的苦恼大于恐惧；远处的，特别是最远处的雅典人，以为此处已被攻克，赶紧逃到海边和他们的船只那里。116.1 布剌西达斯见此情景，明白他们正逃离胸墙，立即率军攻上去，占领了此要塞，杀死那些来不及逃跑的敌人。2 就这样，雅典人弃守此地。他们乘小船和战舰渡海到帕勒涅去了。布剌西达斯（勒库托斯有一座雅典娜庙，布剌西达斯在攻打此地之前，通令部下，将给予第一个登上墙者 30 谟那银子③）认为，攻占此地非人力所能为，他拿出 30 谟那献给此神庙的雅典娜女神，将勒库托斯拆毁，清理干净，将整个地方变成一块神域。3 在此冬季余下的时间里，布剌西达斯巩固夺得的这个地区，并计划攻打其他地方。随着这个冬季的过去，这场战争的第 8 年也结束了。

---

① 即如果将来背叛了拉刻代蒙人，就会遭受惩罚。这跟布剌西达斯在阿坎托斯表达的意思一样，见前文（4.87.2）。见霍氏《评注》第 2 卷，第 354 页。
② 类似前文提到的机械（4.100.4）。
③ 按照一个重甲兵每天 1 德拉克马的报酬计算，这笔钱相当于一个重甲兵 3000 天的报酬，这也实在太高了，故有学者建议将此数字改为 "4"；另外，30 谟那献给神倒是合理的。见戈姆《评注》第 3 卷，第 591—592 页。

117. 1 接下来的夏季，春天一开始①，拉刻代蒙人和雅典人就马上达成了为期一年的休战。雅典人认为这样他们就可以从容应对，防止布剌西达斯再让他们的盟邦叛离；而且，如果事情顺利，以后再签订内容更广泛的协定。拉刻代蒙人找准了雅典人内心的恐惧②，认为他们经历了灾祸和艰辛之后享受了一段时间的解脱，若能得到喘息之机，就会更急于和解，交还他们的人员以及订立为期更长的和约。2 他们的主要目的是趁布剌西达斯吉星高照之时，收回自己的被俘人员；如果布剌西达斯还有更大的进展，或者使斯巴达取得与对手对等的局面，拉刻代蒙人就会容忍失去被俘人员，用手中力量与对方展开实力对等的搏杀，不惜冒一切危险去获得胜利③。3 于是，拉刻代蒙人为他们自己和盟邦达成了休战，具体条款如下：

118. 1 "关于皮提俄斯阿波罗的庙和神谕，我们决定：根据祖辈的习惯，凡愿意者，皆可前往祈求，没有欺诈，不用害怕。2 这是拉刻代蒙人和在场的盟邦④的决定，他们将派遣传令官去玻俄提亚人和波喀斯人那里，尽最大努力劝说他们⑤。3 关于神的钱财，我们决定采取措施找到侵犯它们的人，严格而公正地按照祖辈的习惯来办；你们和我们，还有其他愿意的城邦，都按照祖辈的习惯来办。4 关于此事，拉刻代蒙人和他们的其他盟邦⑥都同意这个条款。拉刻代蒙人和他们的其他盟邦决定：如果雅典人订立和约，双方将各自待在自己的领土上，占有现在各自占有的东

---

① 见前文译注（2.1）。
② 指雅典的盟邦在布剌西达斯的策动下，接二连三地倒向斯巴达。见格雷夫斯的注。
③ 霍氏认为这句话原文肯定有阙文或者讹误，全句无法读通，大意是："拉刻代蒙人关注的主要是接回被俘人员，而不是因布剌西达斯的接连胜利而抱有奢望；雅典人则担心……"他综合各家意见，拟出了自己认为最好的翻译。今从。另外，这句话（从"如果"到句号）讲的是雅典人的心理动机，但是由作者说出来。可以在这句话的前面加上"［雅典人担心］"。见其《评注》第2卷，第361—362页。
④ 没有出席的盟邦很可能反对此项和约，根据下文，在场出席的盟邦有科林斯、西库翁、墨伽拉和厄庇道洛斯，她们都可以控制科林斯地峡，对于入侵阿提卡来说至关重要。那些没有出席的盟邦就没有她们重要了。见霍氏《评注》第2卷，第364页。
⑤ 伯罗奔尼撒战争期间，雅典人去德尔菲可能有危险，因为这一带处在伯罗奔尼撒人的掌控之中。另外，走海路，雅典人可以直接在德尔菲南面的 Κίρρα（Kirra）港口登陆；若走陆路，就要经过所谓的"神圣之路"（the Sacred Way），通过玻俄提亚和波喀斯的土地。由此可见，玻俄提亚人和波喀斯人没有参与此次与雅典人的和约。见戈姆《评注》第3卷，第596页；霍氏《评注》第2卷，第363—364页。
⑥ 指斯巴达没有在场的盟邦，斯巴达自认为她们会同意这一条款。参见霍氏《评注》第2卷，第365页。

西。在科律帕西翁①的雅典人不得越过部普剌斯和托墨乌斯②；在库忒拉的雅典人不得与伯罗奔尼撒同盟交往，我们不找他们，他们也不找我们；在尼赛亚和弥诺亚的雅典人，不得越过从尼索斯③的圣祠大门到波塞冬庙的道路，此路再从波塞冬庙直达去弥诺亚的桥梁（墨伽拉人和其盟友也不得越过此路）；雅典人继续占有他们夺得的岛屿④，双方不得交往⑤；在特洛兹顿，雅典人根据他们与特洛兹顿人订立的盟约，占据他们现在所占有的东西⑥。5 至于航海权⑦，拉刻代蒙人和其盟邦可以沿着自己的海岸以及伯罗奔尼撒同盟的海岸航行，但战舰不得航行，只有吨位不超过500塔兰同、装桨的船只才能航行⑧。6 传令官和使节，以及他们的随员——人数由他们自己定——为了终止战争和裁决争端，可以从海上和陆上进出伯罗奔尼撒和雅典。7 在这段时间，不论你们还是我们，都不得收留叛逃者⑨，不管是自由人还是奴隶。8 你们应根据祖辈的习惯给予我们公正，我们也应给予你们公正，通过仲裁来解决争端，而不诉诸战争。9 这些条款是拉刻代蒙人和其盟邦的决议。如果你们觉得有比这些更好和更公正的决议，请到拉刻代蒙提出来⑩。只要你们的决议公正合理，拉刻代蒙人不

---

① Κορυφάσιον，Coryphasium，这是拉刻代蒙人对皮罗斯的称呼。见霍氏《评注》第2卷，第365页。

② Βουφράς，Bouphras，皮罗斯东面的一条河的渡口；Τομεύς，Tomeus，皮罗斯北面的一座山。见霍氏《评注》第2卷，第365页。

③ Νίσος，Nisos，根据希腊神话，他是雅典国王潘狄翁（Πανδίων，Pandion）二世的4个儿子之一，分得了墨伽拉，成了墨伽拉的国王。有学者指出，尼索斯很可能是墨伽拉的本土英雄，雅典人把他"嫁接"到雅典国王潘狄翁的家族中去，以支持自己对于墨伽拉的领土要求。见霍氏《评注》第2卷，第366页。

④ 这里的"岛屿"用的是单数，指的是哪一个岛？学者们有争议。霍氏认为就是指上文的弥诺亚岛。见霍氏《评注》第2卷，第367页。

⑤ 指被占的岛与伯罗奔尼撒人之间。

⑥ 特洛兹顿在前446年之前是雅典的盟邦，《三十年和约》把她交给了伯罗奔尼撒人（1.115.1），前425年雅典人劫掠了特洛兹顿（4.45.2）。见霍氏《评注》第2卷，第367页。

⑦ 直译"使用海洋"。

⑧ 希罗多德也用塔兰同表示吨位（《历史》1.194.3；2.96.5），但是有学者认为塔兰同不是古希腊船只吨位单位，主张将此词删掉，当时的吨位单位是ἀμφορεύς(液量单位，约合41公升)。吨位为500这种单位的帆船是很小的船只。至于普通的帆船能不能航行，这里也没有说。见戈姆《评注》第3卷，第601页；霍氏《评注》第2卷，第367—368页。

⑨ 指斯巴达方面的希洛特和雅典方面的水手。见戈姆《评注》第3卷，第601页。

⑩ 斯巴达方面的谈判代表是有全权的，如果雅典人接受他们提出的和约条款，它可以立即生效；如果雅典人提出了重要的修改和补充，拉刻代蒙人要回到国内讨论，所以他们要求雅典的代表也拥有全权。这样一旦双方没有不同意见了，就可以马上让和约生效。可见，拉刻代蒙人的求和意图是明显的。见戈姆《评注》第3卷，第601页。

会，他们的盟邦也不会拒绝考虑。**10** 让来的人拥有全权，就像你们对我们的要求那样。和约将在一年内有效"。①

11 "雅典人民作出决定②。阿卡曼提斯部落任主席团③，派尼波斯当文书，尼喀阿得斯任主席。拉刻斯为雅典人民祈求好运，提议根据拉刻代蒙人和他们的盟邦同意的条款达成休战，并得到雅典人民同意。**12** 休战为期一年，从即日厄拉珀玻利翁月④的第 14 天起。**13** 在此期间，双方使节和传令官来往，讨论结束这场战争的条件。**14** 将军们和主席团应首先召开公民大会⑤，讨论长期和平的问题……雅典人民应讨论拉刻代蒙使节提出的关于终止战争的任何建议。在场的使节应该立即当着人民的面宣誓，在一年之内遵守此约。

119.1 "在拉刻代蒙的革剌斯提俄斯月的第 12 天⑥，拉刻代蒙人及其盟邦与雅典人及其盟邦缔结这些和约，[并宣誓]。**2** 批准和约和奠酒的拉刻代蒙人：厄刻提弥达斯之子陶洛斯、珀里克勒达斯之子阿忒奈俄斯⑦、厄律克西拉伊达斯之子庇罗卡里达斯；科林斯人：俄库托斯之子埃涅阿斯、阿里斯托倪摩斯之子厄乌帕弥达斯；西库翁人：瑙克剌托斯之子达摩提摩斯、墨伽克勒斯之子俄那西摩斯；墨伽拉人：刻卡罗斯之子尼卡索

---

① 从 118.1 到此处好像是斯巴达的代表在雅典起草的文件的原文，中间有"你们和我们"显得突兀，大概前文（118.1）开头漏掉了一句套语"拉刻代蒙人和其盟邦决定："。见霍氏《评注》第 2 卷，第 362 页。

② 这句话和以下几句话是雅典公民大会关于以上斯巴达方面建议的决议，是公文套语。这句话一般应作"议事会和雅典人（公民大会）同意"。见霍氏《评注》第 2 卷，第 368—369 页。

③ Ἀκαμαντίς, Acmantis, 是克勒斯忒涅斯（Κλεισθένης, Cleisthenes）改革后的 10 个部落（φυλή, phyle）之一。每个部落摇签选出 50 人组成"五百人议事会"，任期一年。每个部落的代表团任一个月的主席团（πρύτανις, prytany），在此期间，主席团每天都要办公（节假日等除外），是议事会的执行机构。负责召集议事会和公民大会等事务。

④ Ἐλαφηβολιών, Elaphebolium, 阿提卡历的 9 月，相当于公历的 3 月下半月至 4 月上半月，因为射鹿节（Ἐλαφηβόλια，是狩猎女神阿耳忒弥斯的节日）在这个月举行而得名。故这一天在公历 3 月底。

⑤ 前文提到身为将军的伯里克利在紧急情况下召开公民大会（2.59.3），这里则指出将军在正常情况下有召集公民大会的权力。见戈姆《评注》第 3 卷，第 603 页。

⑥ 与上文的"厄拉珀玻利翁月的第 14 天"是同一天。Γεράστιος, Gerastius, 是斯巴达 12 个月的第 6 个月的名字。其名称是海神波塞冬的别号。见霍氏《评注》第 2 卷，第 371—372 页。

⑦ Ἀθήναιος, Athenaios, 本来的意思就是"雅典人"，其父把儿子取名为"雅典人"，说明这个斯巴达的家族是亲雅典的。类似情况在雅典也有，喀蒙的儿子叫"Λακεδαιμόνιος"（1.45.2），意思就是"拉刻代蒙人"，说明了喀蒙尊崇斯巴达的态度。见霍氏《评注》第 2 卷，第 372 页。为避免误解，这里音译，下文（4.122.1）同。

斯、安庇多洛斯之子墨涅克剌忒斯；厄庇道洛斯人：厄乌派伊达斯之子安庇阿斯；雅典人的将军：狄厄特瑞珀斯之子尼科斯特剌托斯、尼刻剌托斯之子尼喀阿斯和托尔迈俄斯之子奥托克勒斯。"

3 休战就这样达成了。在休战期间，他们不断地会面就订立为期更长的和约的事情商议。

120.1 就在双方代表来来往往的那些天里，帕勒涅的一个城邦斯喀俄涅①叛离了雅典，投奔了布剌西达斯。斯喀俄涅人说他们的先人来自伯罗奔尼撒的珀勒涅②，在从特洛亚返回的途中，阿卡伊亚人③的舰队遭遇风暴，被吹到这个地方，然后定居下来。**2** 在斯喀俄涅人叛离之际，布剌西达斯夜里航向斯喀俄涅。用一艘友好的三层桨战舰打头阵，他自己乘一艘双桨小船随后，但拉开一段距离④。他的用意是，如果他遇到比自己的小船大的船，那么战舰就可以保护他；要是来一艘三层桨战舰⑤，就会丢下小船，去攻击战舰，这样，他就安然无恙了。**3** 他安全抵达了，将斯喀俄涅人召集起来，发表一通跟在阿坎托斯和托洛涅一样的演说。他还补充说，他们是最值得赞扬的，因为占领了波忒代亚的雅典人从地峡那里将帕勒涅与大陆分隔开来，他们就成了岛民⑥；但是，他们主动地选择了自由，没有怯懦地等到切身利益受到明显威胁、被逼无奈之时，这足以证明他们能勇敢地经受最严峻的考验；如果他能按照自己的意愿处理事情⑦，他就会把他们当作拉刻代蒙人真正最可信赖的朋友，给予他们最大的尊敬。**121.1** 斯喀俄涅人受到他的发言的鼓舞，所有的人，甚至先前对叛离行动不满的人，都信心百倍。大家决心积极投身战争。他们热烈欢迎布剌

---

① Σκιώνη，Scione，位于帕勒涅半岛的西南海岸。
② 前文列举斯巴达的盟邦时提到过她（2.9.2）。
③ 在荷马史诗中，阿卡伊亚人是"希腊人"的称呼之一，见前文（1.3.3）。
④ 布剌西达斯是从托洛涅出发的，他的三层桨战舰从哪里弄到的？是在安庇波利斯建造的吗？（4.108.6）见戈姆《评注》第3卷，第609页。
⑤ 这里原文还有一个修饰语"ἀντιπάλου"（属格，意思是"与……相等的""与……匹敌的"），故有学者译作"再来一艘与他的战舰战斗力相当的三层桨战舰"，戈姆认为这样的理解是不准确，好像古代的三层桨战舰之间跟现代一样比战斗力；这里的意思是，三层桨战舰肯定比"比他的小船大的船"厉害，来了一艘战舰，就是一个对手。因此，"三层桨战舰"本身就足以说明问题了。故这里没有将此词译出。参见戈姆《评注》第3卷，第609页。
⑥ 这里"岛民"一词包含的意思是"暴露在外、没有防御能力"。见 S. Hornblower and A. Spawforth ed., *The Oxford Classical Dictionary*, Oxford: Oxford University Press, 1996, p. 769。
⑦ 即能够让卡尔喀狄刻（或色雷斯海岸）的所有的城邦倒戈。见戈姆《评注》第3卷，第609页。

西达斯入城,还把他看作希腊的解放者,以城邦的名义给他戴上金冠;许多人还走上前去①,给他戴上发带②,好像他是竞赛的优胜者一般。**2** 他暂时留下一支守军,自己返回③,不久就带领一支更大的军队渡海而来。他打算用这支军队尝试攻打门得和波忒代亚。他相信,雅典人会派军去斯喀俄涅——他觉得他们会把它看作一个岛屿④——他想要赶在雅典人之前。他还与这些城邦商讨里应外合的事情⑤。

122.1 就在他准备对这些城邦下手的时候,雅典人阿里斯托倪摩斯和拉刻代蒙人阿忒奈俄斯⑥乘一艘三层桨战舰抵达,向他宣布停战。**2** 布剌西达斯的军队返回托洛涅,他们向布剌西达斯报告了和约的内容,拉刻代蒙人在色雷斯的盟邦全都接受了和约的规定。**3** 阿里斯托倪摩斯对其他的事情均无异议,唯独关于斯喀俄涅,他算了日子,发现她的叛离是在和约缔结之后,于是表示斯喀俄涅人不在和约的范围之内。对此,布剌西达斯极力反驳,说他们的叛离是在和约缔结之前,拒绝交出该城。**4** 阿里斯托倪摩斯将此事报告了雅典人,雅典人准备立即派军出征斯喀俄涅。拉刻代蒙人相信布剌西达斯的话,派遣使节到雅典,说雅典人此举将违反和约,斯喀俄涅应属于自己,他们打算将此事提交仲裁。**5** 但是,雅典人不愿意冒仲裁的风险,而要尽快派军。让他们大为恼怒的是,现在岛民居然也敢叛离雅典,他们徒劳地寄望于拉刻代蒙人的陆上力量。**6** 事实也证明雅典人有理,斯喀俄涅人是在和约缔结两天后叛离的⑦。雅典人同意克勒翁的提议,立即通过一项决议:毁灭斯喀俄

---

① "走上前去"原文为"προσήρχοντο"既可以理解成"προσέρχομαι"的过去未完成时,又可以理解成"προσάρχομαι"的过去未完成时。但是,两者的意思大相径庭。前者是"走上前去";后者是"给予""献给"。有学者将后者解释为"献上新登的谷(果)",即"first-fruits"。对此,霍氏有长篇论证。今从。见其《评注》第2卷,第380—385页。

② "戴上发带"原文是"ἐταινίουν"("ταινιόω"之过去未完成时),有学者译为"戴上花环",霍氏认为不妥。今从。见其《评注》第2卷,第380—381页。

③ 即回到托洛涅。

④ 雅典人对海岛盟邦叛离是十分恼火的,觉得她自不量力,因为他们的海军天下无敌。见下文(4.122.5)。

⑤ 直译"他与这些城邦商讨将她们出卖的事情"。

⑥ 这个家族是亲雅典的。见前文(4.119.2)译注。

⑦ 这句话说明作者对于斯喀俄涅叛离的时间有绝对的把握,不过即便如此,雅典人不愿意把此争端提交仲裁也是违反和约的。另外,在两种不同的观点中,作者断然判定某一种是对的,在本书中极为罕见。见霍氏《评注》第2卷,第387—388页。

涅，处死其公民①。于是，他们在其他方面都不采取行动，只为此事作准备。

123.1 与此同时，厄瑞特里亚的殖民地、位于帕勒涅的一个城邦门得叛离了雅典。布剌西达斯接受了他们，尽管他们的倒戈明显是在和约生效期间，但他认为他们的行动完全正当，因为他自己指责雅典人在一些方面违反了和约。**2** 门得人看到布剌西达斯的态度坚决，又从他拒绝将斯喀俄涅交给雅典人的做法推断他不会袖手旁观，于是胆子更大了。而且，与他密谋的是少数人，一旦他们打算实施，就不会放弃。但是，他们害怕万一暴露危及自身，于是强迫多数人违背自己的意愿。**3** 雅典人马上得到了消息，越发恼怒，准备两座城邦一起攻打。**4** 布剌西达斯预料雅典人会驶来，就把斯喀俄涅与门得的儿童和妇女②运送到卡尔喀狄刻的俄吕恩托斯，并派遣500名伯罗奔尼撒的重甲兵和300名卡尔喀斯轻盾兵保护他们，由波吕达弥达斯统率。两个城邦共同做好防守的准备，相信雅典人很快就会到来。

124.1 同时，布剌西达斯和珀耳狄卡斯再次一起出征吕恩科斯，攻打阿剌拜俄斯③。珀耳狄卡斯率领在他控制之下的马其顿人的兵力，以及定居于当地的希腊重甲兵④；布剌西达斯率领的人马除了留下和他一起的伯罗奔尼撒人⑤，还有卡尔喀斯人、阿坎托斯人以及其他城邦等各自所能提供的人员。希腊重甲兵总共将近3000名，卡尔喀斯人和马其顿人的骑兵

---

① 墨罗斯（米洛斯）人也遭灭顶之灾（5.116.4），作者作了一篇"墨罗斯对话"，克勒翁曾提议处死所有的密提勒涅人，作者记下了当时的辩论，为什么这里没有此类记载？作者在这里把叙述的中心放在了布剌西达斯身上，直至其阵亡。看来，作者的叙述明显带有选择性。见霍氏《评注》第2卷，第388页。

② "儿童和妇女"原文如此，本书多次这么表述，有时也说"妇女和儿童"之类，恐怕作者有用意，不应随意改动顺序。见霍氏《评注》第2卷，第390页。

③ 见前文（4.83）。

④ 马其顿沿海地区一些城邦，像斯忒瑞普萨（Στρέψα, Strepsa）、皮德娜（Πύδνα, Pydna）等，希腊人占多数，但是长期以来在马其顿王国境内。见戈姆《评注》第3卷，第612页。

⑤ 前文指出布剌西达斯率领1700名重甲兵出发前往色雷斯（4.78.1），后来派500名重甲兵去了斯喀俄涅和门得（4.123.4），很可能还派了一些到其他城邦，这里他所率领的就是余下的军队。原文有一个词"αὐτοῦ"（副词，"在那里"），戈姆认为应作"αὑτοῦ"（ἑαυτοῦ，"他自己的"），故这里译作"和他一起"。见戈姆《评注》第3卷，第612—613页。

将近1000名，还有大批蛮族①。2 他们入侵阿剌拜俄斯的领土之后，发现吕恩刻斯泰人扎营以待，也安营扎寨，与之对垒。3 双方的步兵各自占据一座小山丘，中间隔着一块平原。双方的骑兵首先冲下平原，相互交战。接着，吕恩刻斯泰人的重甲兵先从山上下来，与骑兵一起，准备作战。布刺西达斯和珀耳狄卡斯也领军上前迎击，击溃了吕恩刻斯泰人。杀死了许多，余下的逃到高处，待在那里。4 此后，他们竖立了却敌纪念柱，逗留了两到三天，等待伊吕里俄斯人的到来——他们是珀耳狄卡斯雇用来的。然后，珀耳狄卡斯想前去攻打阿剌拜俄斯的村庄②，不愿坐等。但是，布刺西达斯为门得的安危焦虑，担心雅典人在他回去之前驶来，给她造成损害。而且，伊吕里俄斯人还没有来，所以他急于撤退而不是进军。

125. 1 就在他们争执不下之时，有消息说伊吕里俄斯人背叛了珀耳狄卡斯，投奔阿剌拜俄斯。由于这种人尚武，他们两个都发怵，所以都决定撤退。由于争执，他们没有就何时必须动身撤退做出决定。到了晚上，马其顿人和大批蛮族立即害怕起来——一支大军往往会莫名其妙地惊慌失措——以为敌人比其实际数量多出数倍，且向他们攻来。突然开始溃散，逃回家去。开始，珀耳狄卡斯还不知道，等得知后，来不及见布刺西达斯就被迫先走了（因为他们的营地相距很远）。2 拂晓，布刺西达斯得知马其顿人已经先走了，伊吕里俄斯人和阿剌拜俄斯将来进攻。他计划撤退，将重甲兵排列成正方形方阵，把轻装兵部队放在方阵中央③。3 他安排年纪最轻的士兵准备冲向敌人发动攻击的地方，打算亲自率300名精选出来的士兵断后，迎击冲在最前面的敌人。4 时间紧迫，在敌人攻上来之前，

---

① 前一句话，作者将"马其顿人"与"蛮族"并列，说明在作者看来，马其顿人就是蛮族；但是，这里将"希腊人""马其顿人"和"蛮族"三者并列，那么，在作者看来，马其顿人还是不是蛮族？对此，学者们意见分歧。霍氏认为，作者的观点并不是前后一致、固定不变的，在将"希腊人"与"马其顿人"并列时，马其顿人就是蛮族；但是在将"马其顿人"与"伊吕里俄斯人"并列时，就会说"马其顿人与蛮族"。因此，在作者看来，蛮族还有程度的不同；在这里，马其顿人是介于希腊人与（边远的）蛮族之间的。见其《评注》第2卷，第391—392页。

② 有学者依据铭文材料指出，直到公元2世纪吕恩刻斯泰人还处在"部落国家"（tribal state）的阶段，没有城市。另外，上文提到吕恩刻斯泰人的"重甲兵"，有些奇怪，因为重甲兵与城邦相关联。见霍氏《评注》第2卷，第393页。

③ 这种方阵是"空心"的，为什么这里将"空心"两字加引号？因为其重甲兵排一个空心方阵，然后把轻装兵放在中央，那么这个方阵又是实的了。有个术语称呼这种方阵为"πλαίσιον"，参考下文（6.67.1）。不过就是在那里，其中央也还是放着辎重队。见霍氏《评注》第2卷，第394—395页。

他这样鼓励士兵道：

126.1 "伯罗奔尼撒人①啊！你们单独留下来面对人数众多的蛮族的攻击，如果我不怀疑你们因此而惊恐，就应当只说些鼓励的话，而不是教这教那。现在既然我们被盟友抛弃，而敌人又人多势众，那么我想就最主要的方面给你们一点提醒和建议。2 你们应当勇敢战斗，并不只在有盟友相佐时候，因为勇敢是你们的秉性。不要害怕敌人人多势众，不管他们是什么人。记住你们来自多数人统治少数人的城邦，而这些人来自少数人统治多数人的城邦，他们不靠别的就靠在作战中取胜获得家族权势②。3 至于蛮族，由于没有同他们交过手，所以你们感到害怕。你们曾与他们当中的马其顿人交过手，应该有所了解；从我自己的推测，以及别人告诉我的一些情况，可以这样说，他们并不可怕。4 所有看似强大实则虚弱的敌人，我们只要认清了其外强中干的本质，就更能激发自己的斗志；相反，如果敌人确有某种内在的优势，而我们在不了解的情况下贸然进攻，那就太鲁莽了。5 他们有意吓唬第一次与之交手的人，因为其人数之多让人望而生畏，其呐喊声音之大让人难以忍受，其在空中挥舞武器震慑人心。但是，等到对手忍受住这些，到了搏斗的时候，他们就不像看起来那么可怖了。他们不列阵，遭受强攻时，可耻地放弃自己的战斗岗位。对于他们来说，进攻光荣，逃跑也光荣；其勇气没有经过真正的检验（人人各自为战，故人人都有机会体面地保命）。他们认为站在没有危险的远处吓唬你们，比近战肉搏要更有效；要不然，他们就近战而不吓唬了。6 因此，你们可以清楚地发现，所有他们预先制造那些可怖的东西起不了什么作用，不过耸人耳目罢了。因此，抵挡住他们的进攻，等时机一来，再保持队列有序撤退，不久就会到达安全地点。今后，你们就明白了，像这样的乌合之众，如果能抵挡他们的第一次进

---

① 根据前文（4.124.1），布剌西达斯所率的不仅有伯罗奔尼撒人，还有卡尔喀斯人和阿坎托斯人，为什么这里只称呼为"伯罗奔尼撒人"？有两种解释：第一，是一种习惯称呼；第二，布剌西达斯只向断后的 300 名精兵演说。霍氏倾向于第一种观点，不过作了补充：这是布剌西达斯有意采用的一种荣誉性的称呼，他把部队当作一个整体来称呼，好像他们是一整支伯罗奔尼撒人的军队，以激发其斗志。见其《评注》第 2 卷，第 397 页。

② 这句话原文不很通顺，霍氏在不改动原文的情况下翻译了这句话，今从。其大意是，伯罗奔尼撒人的城邦是多数人统治少数人的（译者按：斯巴达的政体是一种混合政体，有民主政体的成分），而那些蛮族都是以国王为首的一小部分人统治其他人。见其《评注》第 2 卷，第 399 页。

攻，他们夸口的勇敢不过是站在远处吓唬人罢了；但是，如果有人在他们面前屈服了，他们就追着人家的屁股打，马上就神气起来了，因为此时没有半点危险。"

127.1 说完这些鼓励部下的话，布剌西达斯开始撤军。蛮族见了，紧逼过来，高声呐喊、鼓噪，以为他要逃跑，想追上其人马，杀死他们。**2** 但是，无论向哪里攻击，总有负责防守的年轻人冲出来抵挡；布剌西达斯本人率领那些挑选出来的精兵抵抗攻击。所以，蛮族的第一波攻击被抵挡住了，这出乎他们的意料之外。然后，蛮族再攻，布剌西达斯的部下再将他们挡回去。等蛮族停止进攻，他们就继续撤退。于是，大多数蛮族停止在开阔地带攻击布剌西达斯麾下的希腊人，只留下一部分尾随骚扰，余下的跑步追击逃跑的马其顿人，杀死被追上的人。并抢先占领两座山丘之间的山隘——由此通向阿剌拜俄斯的领土①——他们知道这是布剌西达斯撤退的必经之路。等布剌西达斯走到这条道路最险要的地方时，将其军队分割包围。

128.1 布剌西达斯明白了对方的意图，命令他的那300人不要队列，全速冲刺，赶往他认为容易夺取的那座山丘，要赶在对方大批人马追到这里包围他之前，将已经占据那里的蛮族撵走。**2** 他们冲上去，打败了山上的蛮族，这样，希腊人的大部队可以轻松地朝着此山丘行军了。蛮族看到他们的人如何被打败并赶下山去，感到害怕，就不再追击了。他们认为敌人现在到了边境，已经逃脱了。**3** 夺取了高地，布剌西达斯可以更安全地行军了。当天，抵达了阿耳尼萨②，它是珀耳狄卡斯统治范围内的第一个城镇。**4** 布剌西达斯的部下对于马其顿人弃他们而去的行为满腔怒火。一路上，只要遇到牛车，或者掉落的辎重——夜晚惊慌撤退之时常会有这种情况——他们就将牛解下轭，屠杀掉，将辎重据为己有。**5** 从此以后，珀耳狄卡斯就把布剌西达斯当作敌人看待。他开始仇恨伯罗奔尼撒人，因为他讨厌雅典人，所以这种仇恨并非始终一贯。然而，他置其切身利益于不

---

① 大概就是前文所说的通往吕恩科斯的山口（4.83.2）。见戈姆《评注》第3卷，第617页。

② Ἄρνισα，Arnisa，靠近厄俄耳狄亚（Ἐορδία，Eordia）边界，这里离那个山隘已有约43.2公里。见霍氏《评注》第2卷，第402页。

顾，采取措施尽快与雅典人结盟，摆脱伯罗奔尼撒人①。

129.1 布剌西达斯从马其顿撤退到托洛涅，发现雅典人已经占领了门得。他以为自己没有能力渡海到帕勒涅救援，所以待在原地，但守卫好托洛涅。**2** 因为大约在他出征吕恩科斯的那段时间，雅典人按照计划，以50艘战舰——其中10艘是喀俄斯人的——和1000名自己的重甲兵、600名弓箭手②、1000名色雷斯雇佣兵，以及其他来自那一带盟邦的轻盾兵，出征门得和斯喀俄涅，由尼刻剌托斯之子尼喀阿斯和狄厄特瑞珀斯之子尼科斯特剌托斯任将军。**3** 他们从波忒代亚起航，在波塞冬庙③登陆，向门得人进发。他们加上门得人和300名前来支援的斯喀俄涅人，还有他们的伯罗奔尼撒盟友④，总共有700名重甲兵⑤，波吕达弥达斯是他们的统帅，在门得城外一座易守难攻的山丘上扎营。**4** 尼喀阿斯率120名来自墨托涅⑥的轻装兵、60名挑选出的雅典重甲兵，以及全部的弓箭手，经由一条上山的小路，试图登上去。但是，他的部队受创⑦，强攻不下。尼科斯特剌托斯率余下全部军队，经由另一条较长的路，向那座山丘前进。这条路崎岖难行，人马一片混乱。整支雅典军队差一点就吃了败仗。**5** 这一天，由于门得人和其盟友不屈服，雅典人退回去宿营。夜幕降临，门得人退回城里⑧。

130.1 次日，雅典人沿着海岸航行至门得城朝向斯喀俄涅一侧⑨，夺取了郊区，那一天整天都在蹂躏土地。没有人出战（因为城里出现了内讧）。当天晚上，300名斯喀俄涅人撤回斯喀俄涅城。**2** 次日，尼喀阿斯

---

① 这句话原文难以理解，戈姆认为有阙文，霍氏认为大体意思还是清楚的。今从霍氏译文。见霍氏《评注》第2卷，第402页。
② 这些弓箭手似乎是雅典公民，参见前文（2.13.8）。见戈姆《评注》第3卷，第619页。
③ Ποσειδώνιον，Poseidonium，音"波塞多尼翁"，在帕勒涅半岛，是一个岬角，在门得的西北面，就在其旁边。
④ "盟友"原文是"ἐπίκουροι"（主格、复数），本义是"援军""雇佣军"。霍氏译为"盟友"，今从。见其《评注》第2卷，第405页。
⑤ 这句话肯定有阙文。前文提到仅波吕达弥达斯就率领500名伯罗奔尼撒重甲兵和300名卡尔喀狄刻轻盾兵（4.123.4），所以这里的700名可能指的是轻盾兵的数量，而重甲兵的总数则被传抄者遗漏了。见霍氏《评注》第2卷，第404页。
⑥ Μεθώνη，Methone，这个墨托涅位于今塞尔迈海湾的西面海岸，在皮德娜（Πύδνα，Pydna）的北面。
⑦ 有学者理解成"他受了伤"，今从霍氏。见其《评注》第2卷，第405页。
⑧ 就餐和休息。见戈姆《评注》第3卷，第620页。
⑨ 即门得城的东侧。见戈姆《评注》第3卷，第620页。

率一半的军队远至斯喀俄涅的边境地区①，蹂躏那里的土地。尼科斯特剌托斯则率另一半军队布置于门得城的上城门前，从那里开始有一条路通往波忒代亚。3 波吕达弥达斯（城内门得人和伯罗奔尼撒盟友②的武器装备刚好放置在这个地方）正在排兵布阵准备作战，并鼓励门得人出击。4 民众派中有个人带着党派的狂热回敬道，他既不出击，也不想要打仗。他刚说完，就被波吕达弥达斯一把抓住，叫嚷动粗③。民众十分愤怒，马上拿起武器，冲向伯罗奔尼撒人和与之联合却与他们对立的派别。5 这些人转身逃跑，因为民众的攻击很突然，还因为城门向雅典人洞开，这让他们惊恐，还以为这是对方有预谋的行动。6 没有被当场杀死的逃进了卫城，那里以前就被他们占领着。雅典人全军（因为尼喀阿斯已经回转，到了城边）冲进了门得城，因为城门不是根据协议打开的，他们大肆抢劫，把该城看作自己攻下的。将军们难以约束部下杀死该城的居民。7 随后，他们命令门得人继续保留他们以前的政体，并审判他们认为要为叛离行动负责的门得人。他们筑墙将卫城里的人封锁，墙从城的两侧直伸大海，并派人守卫。门得的战事就这样胜券在握了。然后，他们向斯喀俄涅进军。

131. 1 斯喀俄涅人和伯罗奔尼撒人出城，到该城前面一座易守难攻的山丘上安营。敌人要筑墙包围该城，就必须先拿下此山。2 于是，雅典人向它发动猛攻，将在上面安营的人赶下山去。他们竖立了却敌纪念柱，扎营于其上，并着手准备筑墙围城。3 不久，他们还在进行这项工作，被围在门得卫城的伯罗奔尼撒盟友，夜里突破防守，从海上来到了斯喀俄涅。他们绝大部分从安营于城外的雅典军队旁边溜过去，进了城。

132. 1 在斯喀俄涅城正在被筑墙包围的时候，珀耳狄卡斯派遣使节去见雅典的将军，与雅典人订立了和约。由于从吕恩科斯撤退时发生的事情，他现在憎恨布剌西达斯，谈判在撤退之后立即着手进行了。2（因为拉刻代蒙人伊斯卡戈剌斯当时正要率一支军队，从陆上行军与布剌西达斯会合）一方面，珀耳狄卡斯是应尼喀阿斯的要求，既然有和约在先，那就以实际行动证明他真心与雅典人和解；另一方面，他不想让伯罗奔尼撒人再次踏上他的土地。于是他对他的忒萨利亚朋友施展影响——这些忒萨

---

① 斯喀俄涅与门得接壤，在门得的东南面。
② "盟友"一词见前文译注（4.129.3）。
③ 拉刻代蒙人喜欢动粗，前文有所提及（3.93.2），这与他们从小接受的军事化教育有很大的关系。见霍氏《评注》第 2 卷，第 406 页。

利亚的头面人物与他一向过从甚密——使得他们连取得忒萨利亚人同意的机会都没有,更不用说这次远征了①。3 然而,伊斯卡戈剌斯、阿墨尼阿斯和阿里斯忒乌斯这几个人还是到了布剌西达斯那里,他们受拉刻代蒙人的派遣来监督事务。他们违反惯例②从斯巴达带来了一些青年人,想让这些人统治这些城邦,而不想把她们交给凭运气受命的人来统治③。因此,布剌西达斯任命克勒俄倪摩斯之子克勒阿里达斯统治安庇波利斯,赫革珊德洛斯之子帕西忒利达斯统治托洛涅④。

133. 1 同一个夏季,忒拜人指责忒斯庇埃人亲雅典,拆毁了他们的城墙。他们一直就想这么做,现在机会来了,因为忒斯庇埃人的精锐在对雅典人的战役中损失殆尽⑤。2 也是在同一个夏季,阿耳戈斯的赫拉庙焚毁了。女祭司克律西斯⑥把一盏点燃的灯放在羊毛束发带⑦旁,然后入睡了。结果,在她发现之前,引燃了所有的东西并焚毁殆尽。3 克律西斯害怕阿耳戈斯人,连夜逃往普勒乌斯⑧。阿耳戈斯人按照成规任命了另一位名叫

---

① "这次远征"原文是"τὸ στράτευμα"("远征""征伐""军队"),没有问题。但是后面紧跟"καὶ τὴν παρασκευήν"("准备""装备""兵力"),有学者译成"the army and expedition";或者"the army and its preparation"等,都是原文照译。戈姆认为谁也没有作出过满意的解释,建议对原文加以改动。本译文实际上将其舍去了。见戈姆《评注》第3卷,第622页。

② 斯巴达禁止服役年龄的男性不经允许离开斯巴达。见霍氏《评注》第2卷,第409页。

③ 这段话说明了一些问题。布剌西达斯已经向阿坎托斯、托洛涅和斯喀俄涅许诺了自由,现在斯巴达当局派人来统治这些城邦,说明了当局对于布剌西达斯的许诺不以为然,而且是对他的牵制,担心他大权独揽,因为前文明确指出斯巴达头面人物对他的嫉妒(4.108.7)。但是也有些问题难以解决,主要是因为作者语焉不详。如伊斯卡戈剌斯怎么有权违反惯例将这些人带出斯巴达?为什么要确保这几人的官位,而不让随便什么人来做?"凭运气受命的人"原文是"τοῖς ἐντυχοῦσιν"(与格、复数),即"随便什么人",这是谁的口吻?是别人?还是布剌西达斯?也许是他的政敌说的:"我们不能让布剌西达斯决定人选。"详参戈姆《评注》第3卷,第623页;霍氏《评注》第2卷,第409页。

④ 这是后来斯巴达派遣官员统治其周围地区和殖民地的制度的萌芽,这种官员叫"ἁρμοστής"(harmost),不过,这个词到第8卷才出现(8.5.2)。见霍氏《评注》第2卷,第409页。

⑤ 即得利翁战役(4.96.3)。为什么作者不说"在得利翁的战役中"?霍氏认为,忒斯庇埃人在那次战役中与忒拜人并肩作战,以致遭受雅典人毁灭性打击。但是,现在忒拜人又指责他们亲雅典人,所以暗含批评忒拜人的意思。见霍氏《评注》第2卷,第411页。

⑥ 前文曾提及(2.2.1)。这座神庙在希腊很有名。

⑦ "羊毛束发带"原文是"τὰ στέμματα"(中性、复数、宾格),有学者理解成"garland"("花环""花圈"),霍氏认为是"woolen fillets",或者她本人头上戴的,或者用来装饰雕像,或者戴在牺牲的头上。今从。见其《评注》第2卷,第413—414页。

⑧ Φλειοῦς,Phlius,位于阿耳戈利斯。克律西斯据说逃到忒革亚去了,她是绕过阿耳戈斯去那里的,因此路程不短。她当时已当祭司56.5年,年纪应该很大了。见戈姆《评注》第3卷,第625页。

帕厄尼斯的女祭司。在这场战争中，克律西斯截至逃走之时已经做了 8 年半的祭司①。4 到这个夏末，斯喀俄涅被筑墙全部围起来了。雅典人在那里留下一支守军，其余军队撤退回国了。

134. 1 在接下来的冬季里，雅典人和拉刻代蒙人因为休战而相安无事。曼提涅亚人和忒革亚人带着各自的盟邦在俄瑞斯提斯的拉俄多刻翁②打了一仗，谁胜谁负颇有争议。因为双方都有一翼击败了对方的一翼，都竖立了却敌纪念柱，都将战利品送到了德尔菲。2 然而，双方人员损失惨重③，胜负却未决。夜幕降临，战斗被迫中止。忒革亚人在战场上宿营，立即竖立了却敌纪念柱。曼提涅亚人则退到部科利翁，随后也针锋相对竖立了却敌纪念柱。

135. 1 同一个冬季末尾，差不多已到春季，布剌西达斯袭击波忒代亚。他夜里摸到城下，搭上梯子，到此时还没有被发现。因为搭梯子的时间选在哨兵传递铃铛再回到他的哨位之间的空当④。但是，在登梯之前，马上被哨兵发现了。布剌西达斯立即领着军队撤走，不等天明。2 这个冬季结束了，修昔底德记载的这场战争的第 9 年也随之结束了。

---

① 前文提到这场战争爆发时，是她任祭司的第 48 年（2.2.1），加 8.5 年，就是 56.5 年。
② Ὀρεσθίς, Oresthis, 霍氏认为应改为俄瑞斯塔西翁（Ὀρεσθάσιον, Oresthasium），俄瑞斯塔西翁是城邦名，俄瑞斯提斯是这一地区的名字。见其《评注》第 3 卷，第 168 页。这一地区位于伯罗奔尼撒半岛中部的阿耳卡狄亚地区的西南部。
③ 直译"双方都有许多人被杀"；有学者认为这里恐怕是出于主观感受，5% 的阵亡率就让人感觉"惨重"（"heavy"）。见霍氏《评注》第 2 卷，第 418 页。
④ 意思是，每个哨兵接到邻近哨兵传来的铃铛后就传给下一个哨兵。但是阿里斯托芬（《鸟》，842）还记下了一种形式：军官拿着铃铛巡查各个哨位。这篇剧作写于前 414 年，可见，作者所记的制度后来发生了变化。见霍氏《评注》第 2 卷，第 418 页。

卷　　五

1. 接下来的夏季（之初），为期一年的和约期满终止，（但是续约到）皮提亚竞技会①。在休战期间，雅典人将提洛人从提洛岛迁走。他们认为提洛人由于古时候的某种罪责，在给神献祭时是不洁净的。我前面说过②，该岛从前被祓除过，即死人的棺木被移走。那次祓除在当时似乎是充分的，但是现在认为不够，因为允许当地的居民留下来了③。帕耳那刻斯④把亚细亚的阿特剌密提翁⑤交给提洛人居住，凡愿意者都可以前去定居⑥。

2.1 休战期满以后⑦，克勒翁说服了雅典人，让他率1200名雅典重

---

① Πύθια, Pythia, 古代4个全希腊范围的竞技会之一，其他3个是奥林匹亚竞技会(Ὀλύμπια, Olympia)、涅墨亚(Νέμεα, Nemea)竞技会、地峡竞技会(Ἴσθμια, Isthmia)。皮提亚竞技会的名声仅次于奥林匹亚竞技会。其名称来自"Πυθώ", 这是德尔菲的古名，阿波罗的圣地。其遗址位于德尔菲神庙建筑群的左上方的山坡上，保存相当完整。皮提亚竞技会每4年举行一次，在奥林匹亚纪的第3年［一个奥林匹亚(Olympiad)也是4年］。它在这一年（前422年）具体举办时间是7月25日至8月23日。根据前文（4.118.12），该和约于前423年3月和4月之交生效，应该到前422年的这个时候期满。从此到7月底竞技会举行已有一个空当，因此需要续约。这句话原文肯定有阙文，圆括号中的内容依霍氏的见解增补。见其《评注》第2卷，第421页。另外，在皮提亚和任何其他节日期间，战时并不存在所谓全希腊的和平，即大家都放弃武器庆祝节日，只是各邦保证前往参加者的人身安全。见戈姆《评注》第3卷，第629页。

② 见前文（3.104）。这种文中的交叉引用（cross-reference）在希罗多德的著作中常见，修昔底德的著作仅有两处，另一处见下文（6.94.1）。见戈姆《评注》第3卷，第630页。

③ "因为允许当地居民留下来了"原文无，根据全句的意思补，这样全句的意思更显豁。见霍氏《评注》第2卷，第422页。

④ 见前文（2.67.1）译注。

⑤ Ἀτραμύττιον, Atramyttium, 位于勒斯玻斯岛对面的小亚大陆上，但不在所谓的"勒斯玻斯的大陆对岸地区"（3.50.3），即今天土耳其的埃德雷米特（Edremid）。见戈姆《评注》第3卷，第630页。

⑥ 即不以殖民者，而以单个家庭的身份前往。见戈姆《评注》第3卷，第630页。

⑦ 包括续约，即皮提亚竞技会结束后（前422年8月底）。见戈姆《评注》第3卷，第631页。

甲兵、300 名雅典骑兵、大量盟军和 30 艘战舰，出征色雷斯地区。**2** 他首先抵达了斯喀俄涅，那里还被围城。从那里带上围城军队中的一些重甲兵，驶向托洛涅的科波斯①港，它离托洛涅城不远。**3** 他从一些叛逃者的口中得知，布剌西达斯不在托洛涅，城里的守军亦不足以与之抗衡。于是，他从该港率军从陆上向托洛涅城推进，并派 10 艘战舰绕陆地驶进其港口②。**4** 首先到了布剌西达斯绕城修筑的城墙——他想要用它将郊区包到城里去，就拆除部分老城墙，将郊区和城市连为一体。**3.1** 拉刻代蒙长官帕西忒利达斯③和当时城里的守军防守这道城墙，抵挡雅典人的攻击。他们受到猛烈攻击，同时雅典人派出的战舰驶进了港口，帕斯忒利达斯害怕敌舰赶在他回去之前夺取了这座无人防守的城市；而且如果新城墙被攻占，他就会被俘。于是，帕斯忒利达斯抛下新城墙不管，飞奔进城④。**2** 但是，从战舰上下来的雅典人赶在他之前夺取了托洛涅城，雅典的陆军则紧随其后，不费力气就与他同时冲进了被拆毁的旧城墙那里。他们就地杀死与其交手的伯罗奔尼撒人和托洛涅人，俘虏了一些，包括长官帕斯忒利达斯。**3** 布剌西达斯正驰援托洛涅，半路上得知该城已被占领，就撤退了，只差将近 40 斯塔狄翁的路程就及时赶到了。**4** 克勒翁和雅典人竖立了两根却敌纪念柱，一根在港口，一根靠近新城墙；将托洛涅人中的妇女和儿童卖为奴隶；将托洛涅的男子、在托洛涅的卡尔喀斯人和伯罗奔尼撒人，一共 700 名男子，送往雅典。伯罗奔尼撒人根据随后不久签订的和约被释放了⑤；其余的人被俄吕恩托斯人以一对一的形式用俘虏交换回去⑥。**5** 大约在这段时间，雅典边境上一个要塞帕那克同⑦，因为内应的出卖而

---

① Κωφός, Kophos, 本义是"宁静的"，大概因为此港口海水平静，没有大海的喧嚣。霍氏建议译成"Still Habour"（"平静港"），今未从。见其《评注》第 2 卷，第 425 页。

② 这个港口是托洛涅城的港口，上文的科波斯港在其南面。见霍氏《评注》第 2 卷，第 426 页。

③ 布剌西达斯不久前任命他统治托洛涅。见前文（4.132.3）。

④ 很可能郊区的新城墙不完整，或者旧城墙在新城墙完工之前就被拆除了，也许新城墙的石头取自旧城墙。见戈姆《评注》第 3 卷，第 631 页。

⑤ 见下文（5.18.7）。

⑥ 这里提及俄吕恩托斯人显得颇为奇怪。前文没有告诉我们这么多的雅典人是如何落入他们之手的，戈姆认为，可能是在斯帕耳托罗斯之战（2.79），或者厄翁之战（4.7）中抓到的。还有学者指出，波忒代亚是雅典人的据点，可能有些雅典人在战斗中被俘，而作者又没有记载这些战斗。见霍氏《评注》第 2 卷，第 428 页。

⑦ Πάνακτον, Panactum, 位于阿提卡与玻俄提亚的交界处，是雅典人一个重要要塞，俯瞰 Σκούρτα（Skourta）平原。见霍氏《评注》第 2 卷，第 428 页。

被玻俄提亚人夺取了。**6** 克勒翁在托洛涅布下守军，然后起航沿着阿托斯山脉航行，要攻打安庇波利斯。

4.1 大约在这段时间，雅典人派厄剌西斯特剌托斯之子派阿克斯和其他两位使节乘两艘船去西西里和意大利。**2** 在雅典人达成协议从西西里撤军之后①，勒翁提诺人登记了许多新公民，民众派想要重新分配土地②。**3**③豪强④得知其意图之后，招来了叙拉古人，将他们驱逐了。他们就四散漂泊。豪强与叙拉古人达成一致，将勒翁提诺城废弃，迁住于叙拉古，成为其公民。**4** 但是，后来有些人不满意，就离开叙拉古，占据了一个叫作波开埃的地方——勒翁提诺城的一部分——和勒翁提诺领土上的一个据点布里喀尼埃。许多当年被驱逐的民众前来加入他们，定居下来，从这两个据点对叙拉古人发动战争。**5** 雅典人是在了解到这些情况后，才派遣派阿克斯的。看能否设法说服那里的盟友⑤和其他的西西里人，如果成功，就一起对叙拉古人用兵——因为叙拉古人志在称霸⑥——从而拯救勒翁提诺的民众派。**6** 派阿克斯抵达以后，说服了卡马里娜人和阿克剌伽斯⑦人，但在革拉受挫，就没去其他城邦⑧。他感觉说服不了这些城邦，于是经过西刻罗人的领土撤回到卡塔涅。途中顺道去了布里喀尼埃，鼓励了一番，然后起航回国。**5.1** 在往返西西里的途中，他与意大利的一些城邦商谈了与雅典人友好的事；还遇到了从墨塞涅被驱逐出来的罗克洛斯人⑨殖

---

① 见前文（4.65.1—2）。
② 登记新公民并不一定意味着社会动荡，但是肯定会加剧社会矛盾。重新分配土地，常常伴以取消债务，是公元前4世纪和希腊化时期的特征，在公元前5世纪还比较罕见。见霍氏《评注》第2卷，第430页。
③ "牛津本"漏标此节序号，据"洛布本"补。
④ "豪强"原文是"οἱ δυνατοί"，霍氏译为"寡头派"。见霍氏《评注》第2卷，第431页。
⑤ 戈姆认为，经过前424年的协议（4.65.1—2）之后，雅典人不大可能在西西里还有盟邦。这里说的"盟友"应该是与雅典人友好的人，包括卡尔喀斯人的殖民地、卡马里娜（3.86.2）和卡塔涅等。见其《评注》第3卷，第634页。
⑥ 见前文（3.86.2）。
⑦ Ἀκράγας, Acragas, 位于西西里岛的西面海岸，即今西西里的阿格里真托（Agrigento），这是作者第一次提及此城邦，它是当时西西里仅次于叙拉古的大城邦，据说公民人数达2万人，人口总数达20万人。见霍氏《评注》第2卷，第432页。
⑧ 原文直译可作"不再前往其他城邦"，霍氏认为，革拉位于卡马里娜与阿克剌伽斯之间，所以，派阿克斯应该先到卡马里娜，然后是革拉，最后是阿克剌伽斯。因此，在革拉受挫不是他不再访问其他城邦的原因。见其《评注》第2卷，第432页。
⑨ 当然是意大利的罗克洛斯族。

者——在全西西里订立和约之后，墨塞涅人发生内讧，其中有些人招引罗克洛斯人过来，于是，罗克洛斯人就作为殖民者被派来了，因此有一段时间，墨塞涅在罗克洛斯人的掌控之中。**2** 派阿克斯对于这些途中遇到的罗克洛斯人未加伤害，因为他们答应他与雅典人和解①。**3** 当西西里人普遍和解的时候，雅典的盟邦中只有他们没有与其订立和约。如果不是受制于与希波尼翁人和墨德墨人的战争②——这些人位于罗克里斯的边界，是来自罗克里斯的殖民者——他们现在还不会与雅典人和解。此后，派阿克斯回到了雅典。

6.1 且说克勒翁现在从托洛涅沿着海岸航行去攻打安庇波利斯。他以厄翁为据点，攻打安德洛斯的殖民地斯塔癸洛斯，没有拿下，但是攻下了塔索斯人的殖民地伽勒普索斯③。**2** 他派遣使节去见珀耳狄卡斯，要他依照盟约带一支军队来；还派使节到色雷斯去见俄多曼托人的国王波勒斯，要他尽可能多带雇用的色雷斯人前来。他本人则待在厄翁按兵不动，等候援军的到来。**3** 布剌西达斯得知这些情况后，屯兵刻耳底利翁与之相持。这是一片高地，位于阿耳癸罗斯，在河对岸，离安庇波利斯不远④。站在上面，周围一切尽收眼底，克勒翁调动军队的一举一动都瞒不过他。布剌西达斯预料克勒翁会因为他们人少而产生轻视心理，以手中现有的军队上来攻打安庇波利斯。**4** 与此同时，布剌西达斯做着准备，召唤色雷斯的雇佣兵 1500 名，全体厄多尼亚人——包括轻盾兵和骑兵——除了那些在安庇波利斯的军队之外，他手里还有 1000 名密耳喀诺斯人和卡尔喀斯人的轻盾兵。**5** 他召集的重甲兵一共将近 2000 名，希腊人骑兵 300 名。布剌西达斯率领其中的将近 1500 人屯兵刻耳底利翁，其余的人驻扎在安庇波利斯，由克勒阿里达斯统率。**7.1** 克勒翁有一小段时间曾按兵不动，很快

---

① 对于派阿克斯来说，这是意外的收获。因为意大利的罗克洛斯族不论是在前 422 年之前还是以后，都敌视雅典人（3.86；3.103；4.1；4.24.2；6.44.2）。见霍氏《评注》第 2 卷，第 433 页。

② Ἱππωνῆς, Hipponians, 希波尼翁（Ἱππώνιον, Hipponium）人。Μεδμαῖοι, Medmaeans, 墨德墨（Μέδμη, Medma）人。希波尼翁人和墨德墨人都居住在意大利半岛的"脚趾"部分，前者即今 Vibo Valentia，后者即今 Rosarno。她们都是罗克洛斯族的殖民地。这是一场殖民地与母邦之间的战争。见霍氏《评注》第 2 卷，第 434 页。

③ 见前文（4.107.3）。

④ Κερδύλιον, Cerdylium, 位于斯特律蒙河的西岸，是一座山丘，高于安庇波利斯城所在的山丘。见戈姆《评注》第 3 卷，第 636 页。

就被迫采取了布剌西达斯所预料的行动。2 因为他的部下讨厌闲坐不动，他们比较双方的将军，认为布剌西达斯经验丰富、勇猛胆大，他们的将军则没有经验、胆小软弱。他们还记得当初与他一起离开雅典时是多么不情愿！① 克勒翁注意到他们的嘟嘟囔囔，不想让他们因待在一个地方而厌烦，就领着军队开拔了。3 他挟皮罗斯大捷之勇，自视头脑敏锐，根本没有想到有人会出来迎战②。他说，他登上去不过是想察看那个地方罢了，实际上在等待那支规模更大的军队——那不是为了在万一被迫作战时十拿九稳，而是为了将安庇波利斯团团围住，强行攻下。4 于是，他把军队驻扎在安庇波利斯城前面一座易守难攻的山丘上③，本人则察看斯特律蒙河形成的湖泊沼泽，以及该城在色雷斯那一带的地理形势。5 他以为，只要他愿意，就可以不战而退。因为城墙上没见一个人，也没有人从城门出来，全都紧闭着。他因而想到没带攻城的机械上来是个错误，因为安庇波利斯城已无人防守，当场就能将其攻下。8.1 布剌西达斯看见雅典人移动了④，立即从刻耳底利翁下来，进入安庇波利斯城。2 但是他不出城与雅典人列阵作战，因为他对自己的军力感到担忧，认为它比对方逊色不少，不是数量问题——与对方差不多——而是品质问题（因为雅典人是纯粹的公民兵，加上最优秀的楞诺斯人和印布洛斯人）。他准备使用计谋发动攻击。3 他想，如果他让对方看见自己的部下人数之少⑤和装备之差，那么他的胜算少得多了，所以要不等对方发现和在对方有理由轻视他之前就发动攻击。4 因此，他本人挑选出150名重甲兵⑥，将其余的军队交给克勒阿里达斯统领。他想在雅典人撤退之前发动突然袭击。他想如果对方的援军赶来，那他就再也不能截住这支孤立的雅典军队了。于是，他将士兵们全部召集起来，想要鼓励他们并说明自己的计划，发言如下：

---

① 戈姆认为，这些出征的士兵完全可能在出发前不久才知道克勒翁任他们的统帅。见其《评注》第3卷，第638页。
② 作者明显对克勒翁抱轻蔑的态度。见戈姆《评注》第3卷，第640页。
③ 在安庇波利斯以北稍微偏东的大约3.2公里处，有一座山丘海拔133米，能俯瞰斯特律蒙河的湖泊沼泽和安庇波利斯城的周围地区。见戈姆《评注》第3卷，第640页。
④ 即雅典人离开厄翁的时候。见戈姆《评注》第3卷，第640页。
⑤ 但是上文刚刚说过其部下人数与雅典人一方差不多。见霍氏《评注》第2卷，第440页。
⑥ 这支队伍人数太少了，戈姆对此数目表示怀疑。见其《评注》第3卷，第643页。

9. 1 "伯罗奔尼撒人！① 我们来自勇敢的地方，所以一直保持着自由；你们是多里斯族，将要与伊俄尼亚族战斗，而他们一再当你们的手下败将。这些我用不着多说。2 我将向你们说明我的进攻设想，以便你们不会由于人数明显偏少而胆怯，因为我们不是以全军而是以一小部分人投入冒险行动。3 据我的推测，敌人正轻视我们，根本没想到有人会攻击他们，所以登上那座山丘正忙于欣赏景色②，不成队列，对我们抱着轻视心理。4 一个将军若能捕捉到敌人犯下的这样的错误，同时结合自己的能力发动攻击——并不一定要开上战场与敌人列阵对垒，而是审时度势、相机而行，他就能取得最大的成功。5 那些最有益于朋友、最能欺骗敌人的计谋，才能赢得最美好的名声。6 因此，趁他们还自信满满、毫无防备，想的是撤退而不是留在原地——就我的判断来说——趁他们精神松懈，目标尚未明确，我将带领我的人马，如果可能，出其不意，直捣其中军。7 然后，你，克勒阿里达斯，一看见我冲上去——肯定会引起他们的恐慌——就带领你的人，包括安庇波利斯人和其他盟友，突然打开城门，直冲出去，以最快的速度扑上去交战。8 这样最有希望让他们惊慌失措，因为对于交战双方而言，第二波的攻击总比在场交战的军队更让对手害怕。9 你，要做一个勇敢之士，一个真正的斯巴达人！你们，盟友们啊！勇敢地跟随他！记住一个勇敢战士的［三项］品德——渴望战斗、荣誉感和服从指挥！如果你们勇敢，就能得到自由，人们称你们是拉刻代蒙人的盟友；反之，就要成为雅典人的奴隶。这一切就看今天了！因为即使你们侥幸没有被卖为奴，也没有被杀，你们将处在更严酷的奴役地位；而且，你们将阻碍其他的希腊人获得自由。10 既然你们看到这场战斗关系如此重大，那就不要胆怯！我将让你们看到，我不仅能够鼓励别人，还能亲自上阵！"

10. 1 布剌西达斯说完这些，开始为出击作准备，将其余的军队集结于所谓的"色雷斯门"旁③，由克勒阿里达斯率领，以便按照他的吩咐出

---

① 其部下只有一部分是伯罗奔尼撒人，为什么这么称呼？见前文（4.126.1）译注。
② 前文（5.6.4）提到，克勒翁一人察看地形，这里用的却是复数。大概作者想强调雅典人集体的表现像游客。见霍氏《评注》第 2 卷，第 443 页。
③ 色雷斯门，原文为复数。处在该城遗址的西北面，面向斯特律蒙河以东的地区，开在长墙上，考古发掘证明其存在。见霍氏《评注》第 2 卷，第 445 页；戈姆《评注》第 3 卷，第 646 页。

击。**2** 他从刻耳底利翁下来，进了城，在雅典娜庙献祭，进行种种活动，这些从外面一目了然①。有人报告克勒翁（他当时正靠前察看敌情），发现了城内敌军的全部人马，从城门底下可以看见大批士兵和战马的脚②，看来他们要出击了。**3** 克勒翁听了，抵近观察。他不想在援军到来之前决战，还以为可以及时撤退。于是，发出信号，下令撤退，传令部队的左翼朝厄翁方向撤退，那是他们唯一能去的方向③。**4** 他以为有的是时间，于是向左转了一个直角，领着军队撤退，将右侧即没有盾牌保护的一侧暴露给了敌人。**5** 这时候，布剌西达斯看见雅典人的军队移动了，机会来了，就对部下和其他人说道："这些家伙开溜了，瞧！他们的矛杆和脑袋在晃动④。只要出现这种情况，就说明要开溜了。让人按我说的打开城门！让我们大胆地以最快的速度冲上去！"**6** 他本人冲出通向木栅栏⑤的城门——当时开在长墙上的第一座门——沿着那条大路飞奔——今天有一根却敌纪念柱就竖立在这座山⑥最陡峭的地方——扑向雅典人的中军。雅典人被他的勇猛所震慑，加之队伍散乱，因此惊慌失措，就溃退了。**7** 与此同时，克勒阿里达斯按照他的吩咐，冲出色雷斯门，带领军队进攻。两个方面出人意料的突然进攻使得雅典人陷入混乱之中。**8** 其朝厄翁方向的左翼，本已移动了一段距离，此时立即被切断，继续逃跑了。就在雅典军队溃退之时，杀向敌右翼的布剌西达斯受伤了。雅典人没有注意到他倒下了，他身旁的人将他抬出了战场。**9** 雅典人的右翼还比较能坚守战场。克勒翁从一开始就没有想坚守战斗岗位，立即逃跑，被一个密耳喀诺斯轻盾

---

① 这些活动都在露天进行，所以在克勒翁附近的山丘上可以发现。见戈姆《评注》第 3 卷，第 646 页。

② 在没有望远镜之类装备的古代，要观察得这么清楚实属不易。显然，城门与地面之间有很大的空隙，但是这个空隙也不可能太大，否则敌人就会派小个子爬进来打开城门。见霍氏《评注》第 2 卷，第 445—446 页。

③ 雅典人自东向西攻打安庇波利斯，其左翼就处在南边，离厄翁较近。而且，从下文来看，雅典人全军都向厄翁撤退。见戈姆《评注》第 3 卷，第 647 页。

④ 戈姆认为矛杆和脑袋的晃动并不意味着军队没有秩序了，只是说明它在移动。也有学者指出，并不是每个重甲兵都在方阵中都有固定的位置，故有一定程度的推挤现象。见戈姆《评注》第 3 卷，第 648 页；霍氏《评注》第 2 卷，第 447 页。

⑤ 前文从未提及此木栅栏，也没有用过此词。有学者指出，此门在安庇波利斯城的北面，靠近斯特律蒙河上的那座桥梁，木栅栏从此门延伸至那座桥梁。见霍氏《评注》第 2 卷，第 447 页。

⑥ 指安庇波利斯所在的山丘，该城建在一座山丘上，见前文（4.102.3）译注。

兵追上杀死了①。但是，其重甲兵在山丘上收缩成一团，抵挡住了克勒阿里达斯两次或者三次进攻。直到密耳喀诺斯和卡尔喀斯骑兵与轻盾兵将他们包围，朝他们掷矛，才放弃抵抗，溃散了。10 终于，雅典全军溃散了。慌不择路，翻山越岭，狼狈不堪。除了在近战肉搏中被杀者和被卡尔喀斯骑兵与轻盾兵杀死者，其余的人逃回了厄翁。11 布剌西达斯从战场上被救下，抬出来，送到安庇波利斯城时，还有呼吸。有人告诉他，他的部下打了胜仗。不久，他就断了气。12 另一支由克勒阿里达斯率领的队伍结束追击返回，剥去死者身上的兵器甲胄，竖立了却敌纪念柱。11.1 此后，人们在安庇波利斯城内为布剌西达斯举行了国葬，全体盟军全副武装送葬，把他葬在现在的广场前面。安庇波利斯人将他的墓地围起来，直到今日，还把他当作英雄献祭；举办竞技会，举行一年一度的祭祀，向他致敬；还把他当作此殖民地的创建者。他们拆毁崇拜哈格农的建筑，铲除任何其他把哈格农当作创建者来纪念的东西②。因为他们把布剌西达斯当作救命人，在目前的情况下，对雅典人的恐惧使得他们巴不得与拉刻代蒙结盟；既然他们与雅典人为敌，再让哈格农保留创建者的名声，不仅与他们的利益相悖，而且令人不快了。2 他们将雅典人的尸首交还了。雅典一方战死了将近600人，而对方战死了7人。因为这不是一场正规的列队作战，而是由前面说过的那些意外和战前的恐慌所致。3 雅典人收回尸首之后，起航回国。克勒阿里达斯与其麾下留下来处理有关安庇波利斯的事务。

12.1 大约在同一段时间，这个夏季的末尾，拉刻代蒙人赫然庇阿斯、奥托卡里达斯和厄庇库狄达斯，率领900名重甲兵，增援色雷斯一带。先抵达了特剌喀斯的赫剌克勒亚，纠正了各种他们认为错误的做法③。2 他们在那里逗留之时，战斗就在安庇波利斯爆发了。这个夏季结束了。

13.1 冬季一到，赫然庇阿斯与其同僚进入忒萨利亚，直至庇厄里翁。

---

① 请注意这里作者赋予克勒翁的行为以可耻的动机，很不一般。另外，作者还点出克勒翁是如何死的，从荷马时代以来，希腊人就认为死于轻武装人员之手是不光彩的。见霍氏《评注》第2卷，第448—449页。

② 见前文（4.102.4）。霍氏指出，哈格农是安庇波利斯的实际创建者，在其死后才有崇拜的建筑，但是布剌西达斯只是有恩于安庇波利斯，这种个人崇拜似乎还没有先例，对后世亦有影响。见其《评注》第2卷，第452页。

③ 参见前文（3.92—93）。有学者认为，可能是调整赫剌克勒亚公民构成，增加斯巴达统治者的权威等。见霍氏《评注》第2卷，第457页。

由于遭到忒萨利亚人阻止,加上他们领军去增援的布剌西达斯已死,就打道回府了。他们觉得没有能力履行布剌西达斯的计划,而且时机已过,雅典人被打败已经走了。2 但是,他们返回的主要原因是,他们知道拉刻代蒙人在他们出发之时,倾向于和平了①。**14.1** 实际情况是,就在安庇波利斯之战和赫然庇阿斯从忒萨利亚撤军以后,双方就再也没有发生过敌对行动,都更有意于和平。雅典人在得利翁遭受打击,不久又在安庇波利斯失利,已经对自己的实力失去了信心——他们从前正是赖此拒绝订立和约,以为凭借当时的好运,他们会取得最后的胜利。2 此外,他们还担心自己的挫折让更多的盟邦受到鼓舞,从而叛离。他们后悔在皮罗斯事件之后,本来能够体面地达成和解协议,却没有那样做。3 另外,战争的进程超出了拉刻代蒙人的意料。他们一度以为,只要他们劫掠阿提卡,短短几年就可以摧毁雅典人的军力,但是,他们遭遇了斯帕克忒里亚岛上的灾祸,这是斯巴达从未经历的;而且,其领土不断遭到来自皮罗斯和库忒拉的蹂躏;希洛特在逃亡,他们总是担忧余下的希洛特依靠外来的帮助,像以前一样抓住机会造反。4 而且,他们与阿耳戈斯人的《三十年和约》②快要期满,除非收回库努里亚③,阿耳戈斯人不愿意续约。他们认为同时与阿耳戈斯人和雅典人作战,那是无法做到的。他们还怀疑有些伯罗奔尼撒的城邦叛离他们,加入阿耳戈斯人一边,情况也确实如此④。

15.1 考虑到这些事情,双方都认为必须订立和约,尤其是拉刻代蒙人,因为他们急于接回被俘于斯帕克忒里亚岛的人员。他们当中的一些斯巴达人属于上层阶级,出身显赫⑤。2 因此,他们在这些人被俘后立即开始交涉,但是,雅典人当时正一帆风顺,一直不⑥愿意以合理的条件结束战争。雅典人在得利翁遭受挫折以后,拉刻代蒙人意识到雅典人现在更愿

---

① 这句话显然是作者对拉刻代蒙人的返回动机的推测,有学者认为不对,因为拉刻代蒙人早就想讲和了;霍氏认为这里重复一遍也是有可能的;这里给出的动机可能是正确的,但是事实是首先派出了援军。见霍氏《评注》第 2 卷,第 458 页。

② 指斯巴达与阿耳戈斯人单独订立的《三十年和约》,从前 451(或 450)年至前 421(或 420)年。作者此前从未提及,读者无从得知。见戈姆《评注》第 3 卷,第 658 页。

③ 见前文(4.56.2)。

④ 很可能是曼提涅亚和厄利斯,见下文(5.29.1;5.31.5)。见霍氏《评注》第 2 卷,第 461 页。

⑤ 这句话有阙文,但意思还是清楚的。见霍氏《评注》第 2 卷,第 461 页。

⑥ "一直不"原文本为"οὔπως"("决不""绝非"),霍氏认为应作"οὔπω"("尚未""还没有")。今从。见其《评注》第 2 卷,第 461 页。

意接受了。因此，他们马上订立了为期一年的休战和约，在此期间，双方使节应往来，商议更长时间的和平。**16.1** 然而，等雅典人在安庇波利斯失利，克勒翁和布剌西达斯双双阵亡——他们是双方最反对和解的人，布剌西达斯因为战争可以带给他成功和名声，克勒翁以为在和平时期其恶行就会昭然若揭，其诽谤就会没人相信①——在这种情况下，双方城邦最急于得到权势的人②，拉刻代蒙人的王泡萨尼阿斯之子普勒斯托阿那克斯和尼刻剌托斯之子尼喀阿斯——当时最成功的将军——都比以前更急于结束战争。尼喀阿斯一直顺风顺水，受人尊敬，想要保住自己的好运，不仅想免除自己眼前的辛劳，还要免除雅典公民的辛劳，给后世留下一个终身不给城邦带来灾祸的名声。他认为，要做到这一点，就要远离危险，尽可能不去碰运气，只有和平才能避免危险。普勒斯托阿那克斯则由于其政敌就他从流放中回来攻击他，他们一直利用拉刻代蒙人宗教上的顾虑③挑他的刺；只要遇到灾祸，就认为是由于他从流放中非法回来所造成的。**2** 他们指责他和他的兄弟阿里斯托克勒斯劝诱④德尔菲的女祭司，在拉刻代蒙人的使者前来求神谕之时，总是作出相同的答复："把宙斯与凡人所生儿子之子孙从国外带回国内⑤，否则，他们就会用银犁头耕地⑥。"**3** 如此一直

---

① 这句话恐怕是修昔底德全书中听起来最不客观的一句话，阿里斯托芬的《骑士》（801行以下）也表达了这种观点。见霍氏《评注》第 2 卷，第 462 页。

② 原文是"… σπεύδοντες τὰ μάλιστα τὴν ἡγεμονίαν"，说一个斯巴达国王最急于得到权势，总让人感到奇怪。故有学者主张改动原文，将"τὴν ἡγεμονίαν"删掉，加上"αὐτήν"（"它"，指"和平"）。句子的意思是"……最急于得到和平"。但如此大幅度地改动原文恐怕不太合适。作者的意思大概是他们急于得到的是影响力，而不是地位。见霍氏《评注》第 2 卷，第 462—463 页。

③ "宗教上的顾虑"原文是"ἐνθυμίαν"（"ἐνθυμία"的宾格），作为阴性名词，这个词几乎只有修昔底德用过这一次。本义是"顾虑"，霍氏补充为"the religious scruples"。见霍氏《评注》第 2 卷，第 464 页。

④ "劝诱"原文是"πεῖσαι"（"πείθω"的不定过去时不定式），意思是"通过欺骗的手段说服"。戈姆认为，不一定是用钱财贿赂，但是显然是通过欺骗的手段。见其《评注》第 3 卷，第 663 页。

⑤ "与凡人所生儿子"原文是"ἡμιθέου"，它是"ἡμίθεος"的属格，直译"半神"。指赫剌克勒斯，希腊神话中最伟大的英雄，宙斯与凡人结合而生，力大无比。其后裔称为Ἡρακλεῖδαι（Heraclidae）。根据希腊神话，赫剌克勒斯被宙斯定为阿耳戈斯、拉刻代蒙和墨塞尼亚的统治者。由于赫拉使坏，这些地方落入其他英雄之手。在他死后，其后裔漂泊各地，100 年后回去。所以，后来历史上的"多里斯族入侵"，就被希腊人称为"赫剌克勒斯后裔的回归"。这里的神谕利用了这一点劝说拉刻代蒙人允许流放中的普勒斯托阿那克斯回去。

⑥ 即是说徒劳无功。古代笺注家解释说，用银犁头耕不了地，粮食将会昂贵，故有饥荒；或者用银做犁头，粮食将会是天价，故有饥荒。见霍氏《评注》第 2 卷，第 465 页。

到他被流放19年后①，她终于说服拉刻代蒙人将他接回，迎接他的舞蹈和祭祀与拉刻代蒙城邦建立之时②其国王们登基用的一模一样。当初，由于他被怀疑接受了贿赂从阿提卡撤军③，所以逃到吕开翁山④避难；而且，由于害怕拉刻代蒙人，他住的房子有一半在宙斯的神域之内⑤。**17.1** 普勒斯托阿那克斯为此诋毁而烦恼，他认为在和平时期不会吃败仗，而且，拉刻代蒙人接回那些被俘人员，他自己就不会受政敌攻击了；但是，只要有战争，城邦的头面人物就要因灾祸而受诽谤中伤。因此，他急于订立和约。2 这个冬季都在会谈，快到春天的时候，拉刻代蒙人传令盟邦修筑一座要塞⑥，来向雅典人发出威胁，以使他们更容易听从。双方多次举行会谈，彼此提出了许多要求，终于达成协议：他们应该讲和，双方交出自己在战争中占领的土地，但雅典人继续占领尼赛亚（这是因为他们要求收回普拉泰亚时，忒拜人说他们不是通过武力或者内应，而是通过投降协议占领该地的⑦。雅典人回应说他们是用同样的方式占据尼赛亚的）⑧。此时，拉刻代蒙人召集盟邦开会，除了玻俄提亚、科林斯、厄利斯和墨伽拉之外（她们对会谈不满），其余都投票结束战争。他们拟定了和约，拉刻代蒙人对着雅典人、雅典人对着拉刻代蒙人，奠酒和宣誓使之生效⑨。其内容如下：

---

① 他入侵阿提卡（见下文）是前446年夏末或者秋季，回来可能在前427年夏末到前426年夏季之间的某个时候。见霍氏《评注》第2卷，第467页。

② 详细时间未知。荷马提到了墨涅拉俄斯统治下的拉刻代蒙。考古发掘表明，在斯巴达有迈锡尼时期的居民点，其在约前1200年被摧毁。此后应是多里斯人的斯巴达建立的时期。斯巴达的王表可以追溯至大约前900年或更早一点。见卡特赖特《评注》，第203页。

③ 见前文（1.114.2；2.21.1）。

④ Λύκαιον，Lycaeum，位于阿耳卡狄亚西部，靠近墨塞尼亚（受斯巴达控制）的边界，在今 Μεγαλόπολη（Megalopoli）以西。

⑤ 有学者指出，普勒斯托阿那克斯被处以流放，应该不害怕死于拉刻代蒙人之手。也有学者推测，如果他不交出罚款就会被处死。霍氏认为，他可能担心遭暗杀。见霍氏《评注》第2卷，第467页。

⑥ 在阿提卡修筑。

⑦ 见前文（3.52.2）。

⑧ 戈姆指出，雅典人的说法似是而非，因为尼赛亚是伯罗奔尼撒人投降后交给雅典人的，不是墨伽拉人交出的（4.69.3）。见其《评注》第3卷，第665页。

⑨ 古希腊人的宣誓和奠酒是两方你对我、我对你的。见戈姆《评注》第3卷，第604页。

18.1 "雅典人与拉刻代蒙人及其盟邦①订立一项和约，各邦分别一一宣誓遵守②，内容如下：**2** 关于希腊人共同的神域③，根据祖辈的习惯，凡愿意者，皆可从陆路或者海路前往祭祀、祈求神谕和作为城邦派往神域的使者造访，不用害怕。德尔菲阿波罗的神域和庙以及德尔菲人，根据祖辈的习惯，不论是对于自己，还是对于他们的领土而言，应独立自主，应掌握着自己的财政，应有自己的法庭。**3** 雅典人及其盟邦与拉刻代蒙人及其盟邦之间的和约为期 50 年，不论在陆上还是海上，既不得欺诈，也不得伤害。**4** 拉刻代蒙人及其盟邦不得对雅典人及其盟邦举兵相向，雅典人及其盟邦亦不得对拉刻代蒙人及其盟邦举兵相向，不得耍什么手腕或诡计。如果双方发生了争端，应诉诸双方都同意的合法方式④和盟誓。**5** 拉刻代蒙人及其盟邦将安庇波利斯交还给⑤雅典人。任何拉刻代蒙人交给雅典人的城邦⑥，其居民都可以携带家财去他们愿意去的地方⑦。下列城邦享有独立自主，但要缴纳在阿里斯忒得斯之时所定下的贡款⑧；此和约签订之后，她们必须缴纳贡款，雅典人及其盟邦不得举兵加害。她们是：阿耳癸罗斯、斯塔癸洛斯、阿坎托斯、斯科罗斯、俄吕恩托斯、斯帕耳托罗斯⑨。这些城邦保持中立，既不是拉刻代蒙人的盟邦，也不是雅典人的盟

---

① 原文直译"雅典人与拉刻代蒙人和他们的盟邦"，戈姆认为，这里可能脱漏了一个词"ἑκατέρων"（"两方都"），故有英译者译为"雅典人和拉刻代蒙人及其各自的盟邦"。霍氏认为，决不是只能作这样的解释。没有迹象表明雅典人征求过提洛同盟的意见，这就是说，雅典人既代表自己又代表其盟邦。见霍氏《评注》第 2 卷，第 471 页。
② 详见下文（5.18.9），雅典人先与拉刻代蒙人一道宣誓，然后与其盟邦分别一一宣誓。
③ 即全希腊范围的，指德尔菲、奥林匹亚、涅墨亚和地峡 4 个地方的。后 3 个都在伯罗奔尼撒，至于德尔菲，雅典人去的路上有危险，见前文（4.118.2）译注。
④ "诉诸……合法方式"原文是"δικαίῳ"（与格），意思是"以正义的方式""以合法的方式"。意思比较模糊，不像前文明确说的"（第三方的）仲裁"（4.118.8），但是，又很难想出其他类型的裁决。见霍氏《评注》第 2 卷，第 474 页。
⑤ "交还给"原文是"ἀποδόντων"，注意与"παραδίδωμι"（"交给"）有别。
⑥ 到底是哪些城邦？作者没有说。霍氏和戈姆推测有俄绪墨和伽勒普索斯（4.107.3），阿克忒半岛上的堤索斯、克勒俄奈、阿克洛托俄、俄罗皮克索斯（4.109.3），以及门得（4.123.1）等。见霍氏《评注》第 2 卷，第 475 页。
⑦ 有学者指出，此举是为了防止这些城邦发生内乱。见霍氏《评注》第 2 卷，第 475 页。
⑧ 阿里斯忒得斯深得爱琴海诸岛邦的信任，由他来评定提洛同盟中雅典各盟邦应缴纳的贡款数量，这个贡款标准拟定于前 478/7 年。一般认为，这个标准公正而适度。但也有学者对此表示怀疑。修昔底德没有提及此事。参见霍氏《评注》第 2 卷，第 477 页。
⑨ 这 6 个城邦只有斯科罗斯作者没有提及。Σκῶλος, Scolos, 在俄吕恩托斯以东某处。有铭文提及其贡款数量，在 4000 德拉克马至 1 塔兰同之间，在该地区算是多的。见霍氏《评注》第 2 卷，第 476 页。

邦。但是，如果雅典人说服了她们，在她们愿意的情况下，可使之成为自己的盟邦。6 墨库柏耳娜①人、萨涅人②和辛戈斯人③居住于他们各自的城邦中，就像俄吕恩托斯人和阿坎托斯人一样④。7 拉刻代蒙人及其盟邦将帕那克同⑤交还给雅典人。雅典人将科律帕西翁⑥、库忒拉、墨塔娜、普忒勒翁⑦和阿塔兰忒交还给拉刻代蒙人。雅典人将关押在雅典城邦监狱和雅典帝国任何地方的监狱中的所有拉刻代蒙人，交还给拉刻代蒙人；允许被围困在斯喀俄涅城中的伯罗奔尼撒人，还有其他布剌西达斯带进去的拉刻代蒙人的盟友⑧离开；释放所有被关在雅典城邦监狱和雅典帝国任何地方的监狱中的拉刻代蒙人的盟友⑨。同样，拉刻代蒙人及其盟友释放所有在押的雅典人及其盟友。8 至于斯喀俄涅、托洛涅和塞耳密利亚，以及现在雅典人控制的其他城邦，雅典人可以对这三个城邦的居民，或者任何其他城邦的居民⑩，采取任何他们认为合适的措施。9 雅典人同拉刻代蒙人一道宣誓，然后与拉刻代蒙人的盟邦分别一一宣誓⑪。来自各邦的17名代表用各邦最庄重的誓言宣誓，誓言如下：'我将公正而诚实地遵守这项

---

① Μηκύβερνα，Mecyberna，全书仅此一见，在俄吕恩托斯东南方4公里的海边。见霍氏《评注》第2卷，第478页。

② Σαναῖοι，Sanaeans，萨涅（Σάνη，Sane）人。此萨涅不是阿托斯山上的那个萨涅（4.109），她在帕勒涅半岛上。此地名有争议。见霍氏《评注》第2卷，第479页。

③ Σιγγαῖοι，Singaeans，辛戈斯（Σίγγος，Singus）人，辛戈斯在西托尼亚（Σιθωνία，Sithonia）半岛东北部海岸。全书仅此一见。见霍氏《评注》第2卷，第478页。

④ 前文提及，这些沿海城邦的居民为了安全，转移到俄吕恩托斯的领土和珀耳狄卡斯的马其顿（1.58.2）。这里是要将她们独立出来，目的是让她们免受到俄吕恩托斯的侵犯。尽管俄吕恩托斯也是雅典的盟邦，但是沿海城邦雅典更容易掌控。见戈姆《评注》第3卷，第672页。

⑤ 见前文（5.3.5）。

⑥ 即皮罗斯，见前文（4.3.2）。

⑦ 位置不明，大概在墨塔娜附近。见霍氏《评注》第2卷，第480页。

⑧ 或是布剌西达斯争取到的北方盟友，或是玻俄提亚人和墨伽拉人。见霍氏《评注》第2卷，第481页。

⑨ 很可能包括被送往雅典的在托洛涅被俘的守军，不过，关于托洛涅的男子下文另有规定。见霍氏《评注》第2卷，第481页。

⑩ "或者任何其他城邦的居民"，指雅典人控制的城邦的居民，范围很宽，指的是雅典霸权之下的城邦。这就意味着该和约（被称为"尼喀阿斯和约"）承认了雅典帝国。从事实层面上说，"尼喀阿斯和约"无疑承认了雅典帝国，只不过没有明确表示而已。见霍氏《评注》第2卷，第482页。

⑪ 也就是说，雅典人代表其盟邦，其盟邦别无选择，而拉刻代蒙人却不能代表其盟邦。

条约和奠酒①.'拉刻代蒙人及其盟友以同样的方式向雅典人宣誓,每年,双方都要重新进行内容相同的宣誓。10 立石柱于奥林匹亚、德尔菲和地峡②,以及雅典的卫城和拉刻代蒙的阿密克莱翁③。11 如果两方中的一方忘记了什么,经过公正的商谈,在信守誓言的情况下,雅典人和拉刻代蒙人可以进行双方都认为合适的任何修改④。"

19.1 "和约生效于〈在拉刻代蒙〉普勒斯托拉斯任监察官之时,阿耳忒弥西俄斯月⑤的第27天;阿尔开俄斯在雅典任执政官之时,厄拉珀玻利翁月的第25天⑥。2 这些人宣誓和奠酒:拉刻代蒙人⑦〈普勒斯托阿那克斯、阿癸斯〉、⑧ 普勒斯托拉斯、达马革托斯、喀俄尼斯、墨塔革涅斯、阿坎托斯⑨、达伊托斯、伊斯卡戈剌斯⑩、庞罗卡里达斯、兹得乌克西达斯、安提波斯、忒利斯⑪、阿尔喀那达斯、恩珀狄阿斯、墨那斯和拉庇罗斯;雅典人如下:兰蓬⑫、伊斯特弥俄尼科斯、尼喀阿斯、拉刻斯、厄乌堤得摩斯、普洛克勒斯、皮托多洛斯、哈格农、密耳提罗斯、特剌绪克勒斯、忒阿革涅斯、阿里斯托克剌忒斯、伊俄尔喀俄斯、提摩克剌忒斯、勒翁、拉马科斯和得摩斯忒涅斯⑬。"

---

① "和约"原文是"ξυνθήκαις"(与格、复数),指的是和约的条款;"σπονδαῖς"(与格、复数),本义是"奠酒",因为订合约时须奠酒,故其复数形式表示"和约""条约"。故史密斯英译本作"this agreement and this treaty"。译者以为,后者表示和约制定后使之生效的仪式,故译。如果参照英译译为"协议和和约",读者可能不知所云。
② 四大全希腊范围的神域,只有涅墨亚没有提及。
③ 在雅典卫城的雅典娜庙。Ἀμύκλαιον, Amyclaeum, 位于斯巴达以南5公里处,是一个村庄,那里有阿波罗庙。详见下文(5.23.5)。见霍氏《评注》第2卷,第499页。
④ 这个补充条款忽视了斯巴达的盟邦,他们为此怨恨拉刻代蒙人,见下文(5.29.2)。见霍氏《评注》第2卷,第483页。
⑤ Ἀρτεμίσιος, Artemisiums, 斯巴达的一年中的第7个月的名字,相当于雅典的第9个月。
⑥ 戈姆认为这一天大约是公元前421年3月12日。见其《评注》第3卷,第712页。
⑦ 有学者认为斯巴达方面的17人是:2位国王、5位监察官和其他10位。见霍氏《评注》第2卷,第484页。
⑧ 抄本无,应该补上。见霍氏《评注》第2卷,第485页。
⑨ 此5位(普勒斯托拉斯、达马革托斯、喀俄尼斯、墨塔革涅斯、阿坎托斯)大概是监察官。见霍氏《评注》第2卷,第486页。
⑩ 曾领兵增援布剌西达斯(4.132.2—3)。
⑪ 可能是布剌西达斯的父亲(2.25.2)。见戈姆《评注》第3卷,第679页。
⑫ 著名的占卜人。见霍氏《评注》第2卷,第487页。
⑬ 雅典方面的17人较为有名,大部分作者多次提及。

20.1 此项和约订立于这个冬末、春季刚开始之时，就在城邦的狄俄倪索斯节之后①。离第一次入侵阿提卡和这场战争的开始，恰好 10 年，只多出了几天②。2 人们应当计算实际流逝的时间，不应当数执政官和其他官职的名字——在希腊各处，他们的名字被用来标明过去事件发生的时间——计算时间，因为它是不准确的，一个事件可能发生在其任职期的开始，或者中间，或者其他某个时刻③。3 但是，通过计算夏季和冬季，像前面已记载的那样，把每个夏季和冬季算作一年的一半④，将会发现这第一场战争有 10 个夏季和同样多的冬季⑤。

21.1 双方摇签决定哪一方先交出自己所占据的，结果是拉刻代蒙人先交。他们马上释放自己抓到的战俘，并派遣伊斯卡戈剌斯、墨那斯和庇罗卡里达斯作为使节到色雷斯一带，命令克勒阿里达斯将安庇波利斯交给

---

① 斯巴达的狄俄倪索斯节结束于厄拉珀玻利翁月的第 13 天，上文已经明确指出该和约订立于此月的第 25 天，为何有 10 来天的间隔？有学者认为，双方代表在斯巴达达成协议之后，协议文本被送到雅典的公民大会批准，然后送回斯巴达，再宣誓。所以，上述第一个日期可能是雅典公民大会批准的日子。另一种解释：本章作者回到依照夏冬两季记载事件的方式上去，所以没有记确切的日期。还有一种解释：修昔底德后来才看到该和约的副本，等看到后把它放到前面去了。不过，霍氏指出，修昔底德从一开始就用两种注明日期的形式，一种用于文件，另一种用于叙述。见戈姆《评注》第 3 卷，第 678—679 页；霍氏《评注》第 2 卷，第 490 页。

② 这场战争开始于忒拜人夜袭普拉泰亚，即公元前 431 年 3 月 6 日（或 7 日），与这里的叙述刚好吻合。而伯罗奔尼撒人第一次入侵阿提卡是这一年的 5 月末，比公元前 421 年 3 月 12 日要晚两个多月，那这场战争就不到 10 年了，故霍氏主张将"第一次入侵阿提卡"删掉，近年来，绝大多数学者都赞同这个主张，但也有学者不主张删。作者计算时间一般用所谓"作战季节"（夏季包含春节和秋季，再加冬季），但是这里又用天文年。不过，作者用的"作战季节"实际上并不固定于天文年相应的时间段。作者说夜袭普拉泰亚在前 431 年的春季开始之后（2.2.1），那么该和约生效也应在春季开始之后，这才是整整 10 年多几天。但是，作者却说（5.24.2）在夏初之前（这里要特别注意的是，这里的夏季包含春季），那就是不足 10 年了。参见霍氏《评注》第 2 卷，第 490—492 页。

③ 作者这里是有所指的，很可能是赫拉尼科斯，也有可能是希罗多德。有学者指出，作者反对这种纪年法，不仅是因为各地都依据当地的官职来纪年，容易引起混乱，主要是因为它不准确。有人可能要问，作者自己不也刚刚用过这种方法吗？确实如此，这是因为这种方法用得太普遍了，作者即使用了，自己也是不满意的。另外，希腊化时期开始用奥林匹亚纪来纪年，其实修昔底德曾用奥林匹亚优胜者来标明时间（3.8.1；5.49.1），可谓此种方法之滥觞。见霍氏《评注》第 2 卷，第 492—493 页。

④ 由于古希腊人所说的夏季占全年三分之二的时间，冬季只占全年三分之一的时间，所以作者这里的意思不是夏季冬季刚好各占全年的一半，而是说夏季和冬季两个部分构成了全年。见霍氏《评注》第 2 卷，第 493 页。

⑤ 有学者指出，作者只是想说，计算这段时间内雅典的执政官或者斯巴达的检察官，就会有 11 个名字，而按照夏季冬季来叙述，就只有 10 个夏季和 10 个冬季。见霍氏《评注》第 2 卷，第 493 页。

雅典人，其他盟友接受和约中与他们相关的条款。2 但是这些盟友不愿意，认为这些条款对他们不利。克勒阿里达斯为向卡尔喀斯人示好，也不交出安庇波利斯，他说，违背他们的意愿强行交出安庇波利斯，他没有能力这样做。3 他亲自迅速与当地的使节们一起从安庇波利斯赶到拉刻代蒙申辩，如果伊斯卡戈剌斯与其同僚控告他抗命不从；他还想知道和约条款是否还可以修改。抵达后，他发现和约已经生效，拉刻代蒙人派他返回，命令他交出安庇波利斯；如果做不到，就将城里的伯罗奔尼撒人悉数带出来。于是，他迅速返回。

22.1 盟邦的代表此时在拉刻代蒙①，拉刻代蒙人敦促那些不情不愿的盟邦接受和约。但是，他们拒绝了，理由与以前一样②，除非缔结一项更公正合理的和约。2 由于他们不听从，拉刻代蒙人将其打发走了。他们自己开始与雅典人谈判结盟。他们认为，如此一来，明显与他们敌对的阿耳戈斯人——因为阿耳戈斯人拒绝拉刻代蒙人使节安珀利达斯和利喀斯的续约请求——就不敢来进攻；没有雅典人的支持，阿耳戈斯人构不成威胁。如果能做到，他们自然愿意与雅典人结盟，其他伯罗奔尼撒城邦想必惹不了麻烦③。3 于是，雅典的使节到来，举行了会谈，达成了协议，宣誓结盟。盟约如下：23.1 "拉刻代蒙人〈和雅典人〉将按照以下条件结盟，为期50年：如果敌人侵入拉刻代蒙人的领土并进行破坏，雅典人将竭尽所能、以最有效的方式予以援助；如果入侵者蹂躏土地之后离开了，该城邦应是拉刻代蒙人和雅典人的敌人，应遭到双方的严惩，双方均不得与其单独议和。这些应被公正地、迅速地、诚实无欺地遵守。2 如果敌人侵入雅典人的领土并进行破坏，拉刻代蒙人将竭尽所能、以最有效的方式援助〈雅典人〉；如果入侵者蹂躏土地之后离开了，该城邦应是拉刻代蒙人和雅典人敌人，应遭到双方的严惩，双方均不得与其单独议和。这些应被公正地、迅速地、诚实无欺地遵守。3 如果奴隶起来造反，雅典人将以

---

① 原文中有一个词 "αὐτοί" 颇为费解。戈姆建议改为 "ἔτι"（"还"），意思是盟邦的代表此时还在斯巴达。霍氏认为不妥，很可能盟邦的代表各自回国报告后又返回了斯巴达，所以，有学者建议改为 "αὖθις"（"再""又"）。见霍氏《评注》第 2 卷，第 495—496 页。

② 这就证明了应将上文理解成 "盟邦的代表各自回国报告后又返回了斯巴达"。见霍氏《评注》第 2 卷，第 496 页。

③ 这一长段话原文有误，难以读通。霍氏建议插入两个单词。今从。见其《评注》第 2 卷，第 497—498 页。

其全部军力、竭力帮助拉刻代蒙人①。4 这些条款应由双方那些宣誓遵守另一项和约②的人宣誓遵守。每年，拉刻代蒙人应于狄俄倪索斯节期间前往雅典；雅典人应于许阿锵托斯节③期间前往拉刻代蒙，重新宣誓。5 双方应立石柱，在拉刻代蒙，立于阿密克莱翁的阿波罗庙；在雅典，立于卫城的雅典娜庙。6 如果拉刻代蒙人和雅典人认为应对盟约加以增删，双方应信守誓言，进行双方都认为合适的增删。

24.1 "以下这些人宣誓。拉刻代蒙人：普勒斯托阿那克斯、阿癸斯、普勒斯托拉斯、达马革托斯、喀俄尼斯、墨塔革涅斯、阿坎托斯、达伊托斯、伊斯卡戈剌斯、庇罗卡里达斯、兹得乌克西达斯、安提波斯、阿尔喀那达斯、忒利斯、恩珀狄阿斯、墨那斯和拉庇罗斯；雅典人：兰蓬、伊斯特弥俄尼科斯、拉刻斯、尼喀阿斯、厄乌堤得摩斯、普洛克勒斯、皮托多洛斯、哈格农、密耳提罗斯、特剌绪克勒斯、忒阿革涅斯、阿里斯托克剌忒斯、伊俄尔喀俄斯、提摩克剌忒斯、勒翁、拉马科斯和得摩斯忒涅斯。"④

2 这项和约订立之后不久，这个同盟就缔结了。雅典人将被俘于斯帕克忒里亚岛上的人员交还给拉刻代蒙人。第 11 年的夏季开始了。在这 10 年期间，以上记载的这第一场战争连续不断地进行着。

25.1 在这项和约和拉刻代蒙人与雅典人之间的同盟之后——在为期 10 年的战争之后分别订立和缔结，其时，普勒斯托拉斯在拉刻代蒙任监察官，阿尔开俄斯在雅典任执政官——接受此项和约的各邦和平相处了。但是，科林斯人和一些伯罗奔尼撒城邦企图将这些协议搅黄了，拉刻代蒙与其盟邦之间立即惹出麻烦。2 随着时间的推移，由于拉刻代蒙人有些地方没有按照协议的规定去做，所以招致雅典人怀疑。3 有 6 年 10 个月的

---

① 这里的"奴隶"指斯巴达的希洛特。在雅典，不存在类似的阶层。很明显，这一条是不对等的，没有规定雅典的奴隶造反时，拉刻代蒙人该如何如何。见霍氏《评注》第 2 卷，第 498 页。

② 即前文刚提及的和约。

③ Ὑακίνθια, Hyacinthia, 崇拜许阿锵托斯（Ὑακινθος, Hyacinthus）的节日。他是拉科尼刻的美男子，为阿波罗所爱，被阿波罗所掷的铁饼所误伤。在斯巴达的阿密克莱有阿波罗庙，他的墓就在阿波罗神像的脚下。该节日在夏初举行，具体时间不详，为期 3 天，是斯巴达第二重要的节日，仅次于 Κάρνεια（Carneia）节（阿波罗节，Καρνεῖος 是阿波罗的别号）。

④ 这份名单与前文（5.19.2）比起来，只有细微的差别，其中阿尔喀那达斯在忒利斯的前面，拉刻斯在尼喀阿斯的前面。见霍氏《评注》第 2 卷，第 499 页。

时间，双方没有相互侵犯对方的领土①。但是，在双方领土之外，休战并不稳固，双方都给予对方以最大的侵害。最后，他们被迫终止在第一个十年战争之后订立的和约，重新又公开地交战起来。

26.1 已经记下②这些的是同一个雅典人修昔底德。他依照每一事件发生的先后顺序，按照夏季和冬季来记载，一直到拉刻代蒙人及其盟邦终止了雅典人的霸权、占领了长墙和比雷埃夫斯为止③。至此，这场战争一共持续了27年。2 如果有人将中间的停战排除在外，那他就错了。请他看一看这个时期的具体情况，他就会发现，双方都不按照协议的全部规定交还和接受，将这个时期称为"和平"就不合适了。除此之外，在曼提涅亚战争和厄庇道洛斯战争中④，以及在其他事情上⑤，双方都有违反协议的情况。雅典的色雷斯盟邦依旧与雅典敌对，玻俄提亚人遵守的休战每隔10天就要重新续约。3 因此，包括第一个十年战争，以及随后可疑的停战，再加接着的战争，只要计算时间的实际长度⑥，就会发现就是我说的年数，只多出了几天。对于凡事都依据神谕作出断言的人而言，只有这确与事实相符。4 因为从这场战争的开始到结束，我确实一直记得，人们普遍都说，它要持续三九二十七年⑦。5 战争爆发时，我已届识见成熟之

---

① 这句话给读者的印象是，在两个明确的事件之间有一个时间段，那么，其起点该是"尼喀阿斯和约"（前421年春），终点在何处？下文明确说"公然破坏了那个和约"（6.105.1）。问题就在于，这两个事件之间的间隔（从前421年春到前414年的夏中或者夏末）要超过7年。针对这一问题，学者提出了几种解释。有的重新确定了起点，有的重新确定终点，以避免修改原文。霍氏认为这两种解释都难以让人信服，故主张原文的"6年10个月"有问题，应予以修改。见其《评注》第3卷，第43—44页。

② "已经记下"原文是"γέγραφε"（完成时），说明这句话写于战争结束之后，并为整部著作而写。见戈姆《评注》第4卷，第9页。

③ 最终拆毁的是雅典城至比雷埃夫斯港之间的长墙，以及环绕该港口的墙，绕雅典城的城墙没有拆毁（有些古代的著作和现代人误以为如此）。见霍氏《评注》第3卷，第46页。

④ 分别见下文（5.33；5.53），规模都很小。战争原文是"πόλεμον"（宾格），作者既用它指整个伯罗奔尼撒战争（27年），又用它指此战争中各个阶段。见 John H. Finley, Jr., *Three Essays on Thucydides*, Massachusetts: Harvard University Press, 1967, p. 165。

⑤ 尤指用兵西西里。见福勒的注。

⑥ "时间的实际长度"原文是"κατὰ τοὺς χρόνους"，绝大多数学者译为"根据季节"。霍氏认为这会引起误解，作者确实说过"根据夏季和冬季"来计算时间（5.20.3），但是，那是将夏季和冬季合起来构成一个太阳年（回归年）。如果是按照其"作战季节"，就不一样了。见前文译注（5.20.1）。见霍氏《评注》第3卷，第49页。

⑦ 直译"三个九年"。这是一种带神秘色彩的说法，我国古代也有"九九八十一难"等类似说法。为了表达原文含有的神秘色彩，故加上"二十七"。

年①，从头到尾度过了这场战争，并留意关注，目的是弄清事件的真实情况。我在担任将军指挥增援安庇波利斯②之后被流放了20年，两方发生的事件我都熟悉，并且由于流亡对伯罗奔尼撒一方的事件尤为熟悉，所以能够不受干扰地③了解战争的过程。6 现在，我将叙述在十年战争之后的争端、违反和约的情况和随之而起的战端。

27.1《五十年和约》订立和随后的结盟之后④，来自伯罗奔尼撒的使节——他们为了这事而被邀请——从拉刻代蒙返回。2 其他使节都回国了，唯有科林斯人首先折向阿耳戈斯，与阿耳戈斯的一些当政者会谈。他们指出，因为拉刻代蒙人已与他们一直以来的死对头雅典人订立和约和结盟，不是出于善意，而是要奴役伯罗奔尼撒，阿耳戈斯人必须采取行动拯救伯罗奔尼撒；应投票决定，允许任何一个会将争端提交公正和平等裁决的、独立自主的希腊城邦，与阿耳戈斯人缔结防守同盟；阿耳戈斯人必须指定少数人，委之以全权——不要在公民大会上讨论，以免事情天下皆知了，大多数人却不同意。他们断言，许多人出于对拉刻代蒙人的厌憎会加入进来。3 科林斯人这样建议一番后回国了。28.1 那些阿耳戈斯人听完，把这些建议提交阿耳戈斯当局和公民大会。阿耳戈斯人投票决定，挑选出12人，到所有愿意的希腊城邦商讨缔结同盟，雅典人和拉刻代蒙人除外；未经阿耳戈斯公民大会的同意，他们均不得加入此同盟。2 阿耳戈斯人更愿意采纳这些建议，因为他们看到拉刻代蒙人与他们将有一战（因为他们与拉刻代蒙人的和约将要到期），而且，他们希望成为伯罗奔尼撒的霸主⑤。因为在这段时间里，拉刻代蒙的声望大为下降，由于遭遇失败而备受轻

---

① 一般认为，这句话带有自我辩护的意思，可能当时有人认为他在战争爆发之时，年龄还小，不够成熟。但是，这句话并没有说他当时到底有多大。学者们有很多推测。如果他30岁担任将军（前424年，这是这一职位要求的最小年龄），那么战争爆发时，他不会小于23岁。参见霍氏《评注》第3卷，第50页。

② "增援安庇波利斯"原文是"ἐς Ἀμφίπολιν"，直译"去安庇波利斯"。

③ "不受干扰地"原文是"καθ' ἡσυχίαν"（"从容不迫地"），重点不是指"有很多的时间"，而是指"不受（困难和活动）干扰"。故译。见戈姆《评注》第4卷，第15页。

④ 见前文（5.18.3；5.23.1）。

⑤ 阿耳戈斯本身是伯罗奔尼撒的大邦，就是斯巴达也要让她三分。此外，根据神话传说，赫剌克勒斯的后裔在特洛亚战争之后回归伯罗奔尼撒，即所谓历史上的"多里斯族入侵"，其中年长的一个首领首先摇签分得了阿耳戈斯，其余两个分别分得了斯巴达和墨塞尼亚。因此，阿耳戈斯人的霸权雄心是有其神话基础的。见霍氏《评注》第3卷，第64页。

视;而阿尔戈斯人却事事顺遂,他们没有参与阿提卡的战争①,而是与双方都有盟约,获益匪浅。**3** 于是,阿尔戈斯人准备一一接纳那些愿意进来的城邦。**29.1** 曼提涅亚人及其盟邦由于惧怕拉刻代蒙人首先加入进来。因为在对雅典人的战争中,曼提涅亚人征服了部分阿耳卡狄亚,他们认为拉刻代蒙人不会容忍他们的霸权②,而且拉刻代蒙人除了其他的考虑之外,还有闲工夫干涉③。因此,他们很高兴投靠阿尔戈斯人,认为阿尔戈斯是个大邦,又是拉刻代蒙人的宿敌,而且像他们一样是民主政体。**2** 曼提涅亚人的叛离引起伯罗奔尼撒其他地方骚动:他们也要效仿。他们认为,曼提涅亚人肯定比他们了解得更多,才改换门庭。同时,他们对拉刻代蒙人恼怒还有其他原因,尤其是,在与雅典人的和约中,有这样一条:雅典人和拉刻代蒙人进行双方城邦都认为合适的增删,是不违背誓言的。**3** 这一条尤其让伯罗奔尼撒人惴惴不安,使得他们怀疑拉刻代蒙人与雅典人想要联手奴役他们,因为应该规定所有的盟邦都有权修改。**4** 这种恐惧驱使着大多数城邦投靠阿尔戈斯人,分别与之缔结同盟。

30.1 拉刻代蒙人觉察到出现在伯罗奔尼撒的这种骚动,了解到科林斯人是幕后指使,并将与阿尔戈斯人订立和约。于是,派遣使节前往科林斯,想要预先挫败之。他们指责科林斯人是这一切的主使,并说如果科林斯人叛离他们,成为阿尔戈斯的盟邦,那就违背了自己的誓言;而且,既然有规定:大多数盟邦投票做出的决定应该被遵守,除非神明或者英雄干预④,那么,拒绝接受与雅典人的和约已经是在做错事了。**2** 但是,科林斯人当着所有那些不接受该和约的盟邦的面(他们此前就被科林斯人召

---

① 即与雅典人的战争,这是从伯罗奔尼撒人的角度说的。

② "霸权"原文是一个动词"ἄρχειν"(不定式),没有带宾语。有两种理解,一是"统治(部分阿耳卡狄亚)";一是"霸权"。霍氏认为后者优。今从。见其《评注》第3卷,第65页。

③ 这句话隐含的意思是,希腊城邦有必要让其年轻人有事干,以保持其攻击性。见霍氏《评注》第3卷,第66页。

④ 作者没有告诉我们这一条款是何时在何地规定的,其他地方也未见。这意味着拉刻代蒙人自己必须遵守其大多数盟邦所做出的决定,这对于所谓"伯罗奔尼撒同盟"来说是极为重要的。故有学者认为,这是"伯罗奔尼撒同盟"组成的关键文本,但有学者对此表示质疑,认为这也许只是迟至前432年才有的一项口头宣誓的协议(所谓"伯罗奔尼撒同盟"的完全形成是在前5世纪中期或更早)。还有学者指出,作者几次提及拉刻代蒙人就战争与和平的问题咨询盟邦,都是他们自己愿意的。见霍氏《评注》第3卷,第68页。《牛津古典词典》认为,斯巴达不会因为盟邦而采取她不愿意的行动,但她所主张的同盟共同的行动则必须得到同盟大会上的多数城邦的同意。见 S. Hornblower and A. Spawforth ed., *The Oxford Classical Dictionary*, pp. 1133 – 1134。

来）反驳拉刻代蒙人，他们没有直截了当说出自己的不满——拉刻代蒙人没有为他们收复索利翁和阿那克托里翁，也没有提及任何其他他们认为遭受的不公①——但提出了一个借口，说自己不会出卖色雷斯一带的盟邦——因为他们已分别对之发誓，发誓的时间有所不同，对于有些盟邦，是在其最初与波忒代亚一起叛离之时，有些则是后来发誓的②。3 因此，科林斯人说，不加入对雅典人的和约，并不违反自己对盟邦③的誓言；因为他们请神明做证对色雷斯的盟邦发了誓，所以出卖他们就是违背了自己的誓言；此外，盟约规定"除非神明或者英雄干预"，在他们看来，这就是神明的干预。4 这就是他们关于先前的誓言④的解释。至于与阿耳戈斯人的同盟，他们将与友邦商议，可采取任何公正的行动。5 拉刻代蒙人的使节返回国内。阿耳戈斯人的使节刚好在科林斯，他们敦促科林斯人赶紧结盟，但是科林斯人告诉他们前来出席下一次公民大会。31.1 厄利斯的使节接着马上抵达，先与科林斯人缔结同盟，然后前往阿耳戈斯，按照出使前得到的指令⑤，与阿耳戈斯人结为盟友，因为他们当时与拉刻代蒙人刚好就勒普瑞翁⑥产生争端。2 勒普瑞翁人曾经与一些阿耳卡狄亚人爆发战争，勒普瑞翁人以给予其领土的一半为条件召来厄利斯人助战。结束战争后，厄利斯人让勒普瑞翁人耕种自己的土地，向"奥林波斯的"宙斯缴纳 1 塔兰同的租金⑦。3 他们一直缴纳到阿提卡战争⑧，然后以此战争为借口，停止缴纳。厄利斯人强迫他们缴纳，他们就转投拉刻代蒙人。此

---

① 这才是科林斯人的真正不满所在。索利翁（见前文 2.30.1）和阿那克托里翁（4.49）此时都在阿卡耳那尼亚人手里，而他们在某种意义上是雅典人的盟友。见戈姆《评注》第 4 卷，第 26 页。

② 前文（1.56）没有提及这些盟约。不仅一些科林斯个人自愿前去援救波忒代亚，而且科林斯城邦确实向色雷斯一带派出了援军。信守盟约天经地义，斯巴达人恐怕也不好反对，科林斯人提及此旧事，是要证明自己在斯巴达人面前的立场无可厚非。见霍氏《评注》第 3 卷，第 70 页。

③ 指前文斯巴达人所说的"伯罗奔尼撒同盟"。

④ "先前的"原文是"παλαιῶν"（复数、属格），本义是"古代的""古老的"。这里的誓言指前 432 年伯罗奔尼撒同盟决定向雅典开战的誓言，时间不并久远，故应该译为"先前的"。参见霍氏《评注》第 3 卷，第 70—71 页。

⑤ 原文是"καθάπερ προείρητο"，直译"如同他们被预先告知的"。

⑥ Λέπρεον，Lepreum，厄利斯的一个城镇，位于奥林匹亚以南的沿海地带。

⑦ 也就是说，厄利斯人没有接受勒普瑞翁一半的领土；在奥林匹亚，有宙斯庙，处在厄利斯人的管辖之下，此租金表明勒普瑞翁从属于厄利斯，肯定是一年一缴。见霍氏《评注》第 3 卷，第 72—73 页。

⑧ 同前文译注（5.28.2）。

争端交由拉刻代蒙人仲裁，厄利斯人怀疑裁决会不公，放弃诉诸仲裁，蹂躏勒普瑞翁人的土地。4 然而，拉刻代蒙人还是作出了裁决：勒普瑞翁人是独立自主的，厄利斯人是侵略者。由于厄利斯人不遵守仲裁，拉刻代蒙人派一支重甲兵驻防军进入勒普瑞翁。5 厄利斯人认为，拉刻代蒙人接受了他们的一个叛离的城邦，他们引用了协议中的这样一条约定：在参与阿提卡战争之初，各盟邦所占的任何地方，在此战争结束时将继续保留。他们认为没有受到公正的对待，就转投阿耳戈斯人，其使节按照其出使前得到的指令，与之缔结了同盟。6 科林斯人和色雷斯的卡尔喀斯人也紧随他们之后，与阿耳戈斯人结盟。玻俄提亚人和墨伽拉人彼此持相同的观点①，故没有采取行动，观望拉刻代蒙人的反应②。他们认为，拉刻代蒙的政体比起阿耳戈斯的民众政体，更投合他们自己的寡头政体。

32.1 这个夏季的大约同一时间，雅典人终于将一直处在围困中的斯喀俄涅攻下了。他们处死了成年男子，把儿童和妇女卖为奴隶，将该地给普拉泰亚人耕种。他们还将提洛人召回提洛岛，一方面为战场上的失利所触动，另一方面遵照德尔菲的神谕。2 波喀斯人和罗克洛斯族开始打仗③。

3 科林斯人和阿耳戈斯人已经结盟了，他们前往忒革亚，想要让它脱离拉刻代蒙人的同盟。他们想，如果能将伯罗奔尼撒如此重要的一部分争取过来，就可以掌控整个伯罗奔尼撒了④。4 但是，忒革亚人说他们不反对拉刻代蒙人，一直热心推动的科林斯人这时也泄气了，他们惧怕其他的伯罗奔尼撒人都不站在他们一边。5 然而，他们还是前往玻俄提亚，请求玻俄提亚人与他们自己和阿耳戈斯人结为盟友，并采取全面一致的行动。

---

① 不是持与其他城邦同样的观点，而是她们两个持有相同的观点。故译。见霍氏《评注》第 3 卷，第 74 页。

② 原文是"περιορώμενοι ὑπὸ τῶν Λακεδαιμονίων"，由于"ὑπὸ τῶν Λακεδαιμονίων"只能理解为"被拉刻代蒙人……"，故有学者将"περιορώμενοι"解作被动态（如 LSJ），该句可译为"受到拉刻代蒙人的严密监视"。但是，第一，此词在该书中的通常意义是"观望""等待"等；第二，拉刻代蒙人在没能阻止科林斯人与其离心离德的情况下，何谈严密监视玻俄提亚？因此，有学者提出将"ὑπό"改为"τὰ ἀπό"，句子就通了。故译。见戈姆《评注》第 4 卷，第 29 页。

③ 这是一次"神圣战争"（为争夺对德尔菲的控制权）吗？也许是。波喀斯人和罗克洛斯族是一对老冤家。这句话与上下文均无联系，显得突兀。见霍氏《评注》第 3 卷，第 76 页。

④ 就是从科林斯人和阿耳戈斯人的视角而言，这里对忒革亚重要性的估计也显得有些过头。可能是作者直接引用当事人的话，对于这种不切实际的想法，作者语气略带嘲讽。见霍氏《评注》第 3 卷，第 77 页。

科林斯人还请求玻俄提亚人跟随他们去雅典，与雅典人订立那种每隔10天一续约的协议——即在《五十年和约》之后不久，雅典人和玻俄提亚人彼此之间订立的——［具体条款与玻俄提亚人已有的一致］如果雅典人拒绝，玻俄提亚人就退出休战协议，并且以后在没有科林斯人的情况下，不要订立和约。6 面对科林斯人的请求，玻俄提亚人要他们在与阿尔戈斯结盟的问题上等一等，但还是同他们一道前往雅典，却没能订立为期10天的和约。雅典人回答说，科林斯人已经有了和约，如果他们真是拉刻代蒙人的盟友的话。7 然而，玻俄提亚人没有放弃那个为期10天的和约，尽管科林斯要求他们这样做，并指责他们背信。于是，科林斯人和雅典人处在没有奠酒保证停战的休战状态。

33. 1 同一个夏季，伯罗奔尼撒人在拉刻代蒙人的王泡萨尼阿斯之子普勒斯托阿那克斯的率领下，以全军征讨阿耳卡狄亚的、臣服于曼提涅亚人的帕剌西亚人①。他们被内讧中一派召来；他们还想，如果可能，就拆毁位于库普塞拉②的要塞。它为曼提涅亚人所筑和驻守，位于帕剌西亚的领土上，用以骚扰拉科尼刻的斯喀里提斯③一带。2 拉刻代蒙人蹂躏帕剌西亚人的土地，曼提涅亚人把自己的城市交由阿耳戈斯人守卫，自己却守卫盟邦的领土。由于没能保住位于库普塞拉的要塞和帕剌西亚的城市，他们撤退了。3 拉刻代蒙人恢复了帕剌西亚人的独立，拆毁了要塞，然后回国了。

34. 1 同一个夏季，那些同布剌西达斯一起出征的士兵从色雷斯回来了，是在和约订立后克勒阿里达斯带领他们回来的。拉刻代蒙人投票决定，在布剌西达斯麾下作战的希洛特④获得自由，他们想在哪里定居就在哪里定居。此后不久，拉刻代蒙人将这些人和新获得公民权的希洛特⑤安

---

① Παρράσιοι, Parrhasians, 帕剌西亚（Παρρασία, Parrhasia）人。帕剌西亚是现代学者取的名，作者自己称"Παρρασική"（见下文"帕剌西亚的领土"），位于今 Μεγαλόπολη（Megalopoli）以西。见霍氏《评注》第3卷，第78页。

② Κύψελα, Cypsela, 该要塞的位置就在今 Μεγαλόπολη（Megalopoli）。对于拉刻代蒙人而言，此地地理位置非常重要。见戈姆《评注》第4卷，第32页。

③ Σκιρῖτις, Sciritis, 意即"斯喀里泰人（Σκιρῖται Sciritae）的土地"，斯巴达与忒革亚之间的高地，很可能不是一个城邦。见霍氏《评注》第3卷，第79页。

④ 700名。见前文（4.80.5）。拉刻代蒙人征召希洛特服兵役，但不一定当重甲兵。见戈姆《评注》第4卷，第35页。

⑤ "新获得公民权的希洛特"原文是"νεοδαμώδων"（属格、复数），不是上文刚提到的跟随布剌西达斯出征的那些希洛特，这些应该是在入伍之前或入伍时获得自由的希洛特。这里作者第一次使用此词，好像这个阶层是刚出现似的。也许作者有意在这支军队组建时再作解释，但是最终也没有解释。见戈姆《评注》第4卷，第35页。

置在勒普瑞翁①，位于拉科尼刻和厄利斯的交界处，因为拉刻代蒙人此时正与厄利斯人不和。2 至于他们那些在斯帕克忒里亚岛被俘和交出武器的人员，他们担心，这些人因为遭受灾祸而认为自己的地位将被贬低，如果这些人继续享有公民权，就会造反。于是，他们剥夺了这些人的公民权——尽管其中一些还担任着城邦官职——剥夺之后，这些人不得担任官职，也没有买卖的权利②。过了一段时间，这些人重新获得了公民权。

35. 1 同一个夏季，狄翁人夺取了位于阿克忒半岛的、在阿托斯山上的雅典人的盟邦堤索斯③。

2 整个夏季，雅典人和拉刻代蒙人都在往来。但是，就在和约订立之后，他们马上开始相互猜忌，因为双方都没有将和约规定的地方交还对方。3 根据摇签的结果，拉刻代蒙人应首先交还，但是他们没有交还安庇波利斯和其他地方。而且，他们没能让其在色雷斯的盟邦接受和约，也没能让玻俄提亚人，还有科林斯人接受。尽管他们一再表示，如果这些城邦不愿意，他们将联手雅典人迫使其就范；他们还设定了时间期限——没有用书面的形式——如果在此期限这些城邦还是不接受，就应成为他们和雅典人双方的敌人。4 雅典人看到这些事情没有一件落实，就怀疑拉刻代蒙人居心不良。尽管拉刻代蒙人一再要求，他们拒绝交还皮罗斯；甚至后悔将斯帕克忒里亚岛上的被俘人员交还对方。他们抓住其他地方④不放，等待对方履行和约中的规定。5 拉刻代蒙人说，能做的他们都做了。因为他们将被俘的雅典人交还了，撤出了在色雷斯的军队，还做了其他力所能及的事。至于安庇波利斯，他们说她已不在其掌控之中，无法交给雅典人。但是他们会努力将玻俄提亚人和科林斯人纳入和约，归还帕那克同，送还玻俄提亚人手中的所有雅典战俘。6 同时，他们坚持要求雅典人归还皮罗斯，若否，至少应撤走墨塞尼亚人和希洛特，就像他们从色雷斯撤军一样；如果愿意，雅典人自己可以驻防那些地方。7 在这个夏季期间，双方

---

① 前文提及拉刻代蒙人裁定勒普瑞翁人是独立自主的（4.31.4），但是似乎许多勒普瑞翁人并不买拉刻代蒙人的账，他们移居到厄利斯，这才有空地让斯巴达的新来者居住。见戈姆《评注》第4卷，第36页。

② 有学者以此为证据，说明拉刻代蒙人能够而且确实从事交换活动。见霍氏《评注》第3卷，第82页。

③ 堤索斯在前423年投靠了布剌西达斯，但是狄翁拒不投降（4.109.5）。从本句看，堤索斯后来一定又倒向雅典人一边。见霍氏《评注》第3卷，第82页。

④ 见前文（5.18.7），库忒拉、墨塔娜等地。

频繁举行了许多次会谈,拉刻代蒙人说服了雅典人从皮罗斯撤走墨塞尼亚人,还有全部希洛特,包括那些从拉科尼刻逃亡到那里的,雅典人把希洛特安置在刻帕勒尼亚的克剌尼俄①。8 在这个夏季,一方面双方相安无事,另一方面外交往来不断。

36. 1 接下来的冬季(和约订立时正好在位的监察官结束任期②,他们的继任者中有些人实际上反对〈该〉和约),盟邦派遣使节前来,雅典人、玻俄提亚人和科林斯人也都来了。经过许多磋商,最终没有达成任何协议。在使节们各回各邦之际,最想终止和约的监察官,克勒俄部罗斯和克塞那瑞斯,找玻俄提亚人和科林斯人的使节私下谈话,劝他们尽可能地采取同一立场,努力〈劝说〉③玻俄提亚人首先与阿耳戈斯人结盟,然后带着阿耳戈斯人一起④与拉刻代蒙人结盟(因为,如此一来,玻俄提亚人会感到与雅典订立和约最没有必要;拉刻代蒙人为了成为阿耳戈斯人的朋友和与之结盟,宁愿与雅典人为敌和终止和约;这两位监察官知道拉刻代蒙人一直渴望与阿耳戈斯人结成良好的盟友关系,他们相信这会使得他们在伯罗奔尼撒之外作战更得心应手)⑤。2 同时,他们要求玻俄提亚人将帕那克同交给拉刻代蒙人,其目的是,如果可能,拿它换回皮罗斯,以使自己在与雅典人重启战端时更为有利。**37.** 1 玻俄提亚人和科林斯人的使节从克塞那瑞斯、克勒俄部罗斯等所有与他们友好的拉刻代蒙人那里,接受了这些吩咐。他们要将它们报告给各自的城邦政府,就各回各邦了。2 在他们回去的路上,两位阿耳戈斯的城邦高官等候着他们。见面后,与之商谈,看玻俄提亚人能否像科林斯人、厄利斯人和曼提涅亚人那样与阿耳戈斯结盟。因为,阿耳戈斯人心想,若能如此,他们就可以采取共同的政策,与拉刻代蒙人或者任何其他什么城邦——只要是形势需要——是战

---

① 这些人后来很快被送回皮罗斯,见下文(5.56.3)。
② 这句话证明斯巴达的监察官是在冬季之前上任的(一年一任),很可能在夏末,不会晚至10月份。见霍氏《评注》第3卷,第84页。
③ "〈劝说〉"原文是"〈πείθειν〉",原文本无,有一些学者赞成补上,霍氏也表赞同。今从。见其《评注》第3卷,第85页。
④ 霍氏认为最好补上"还加上科林斯人"。见其《评注》第3卷,第86页。
⑤ 霍氏认为,这句话的原文中"ἡγούμενοι"最好改为"ἡγουμένους",即主格分词改为宾格分词,其主语是前文的"拉刻代蒙人"。依照原文,"他们知道"中的"他们"指的是前文提及的两位监察官(有译者理解成"玻俄提亚人"),为此,"牛津本"用了一个括号。霍氏的译文没有括号。本译文将此括号的结束延后了一句话。即便如此,括号中的这段话头绪仍较乱,主要由于多个动词的主语指代不清造成。详见霍氏《评注》第3卷,第86页。

是和，完全可以随他们之所愿了。3 玻俄提亚使节听了，感到高兴，因为这刚好与他们的拉刻代蒙友人的吩咐一模一样①。这两位阿耳戈斯人看到玻俄提亚人接受他们的建议，就告诉对方将派遣使节去玻俄提亚，然后离开了。4 玻俄提亚使节回国后，向玻俄提亚同盟的官员②报告了拉刻代蒙人的吩咐和归途中遇到的阿耳戈斯人的建议。这些玻俄提亚同盟的官员感到满意，甚至迫不及待，因为他们的拉刻代蒙友人与他们不谋而合，而阿耳戈斯人又跟他们一拍即合。5 过了不久，阿耳戈斯的使节带着前面提及的建议来了。玻俄提亚同盟的官员称赞了他们的建议，许诺就结盟一事派使节去阿耳戈斯，让他们回国了。

38. 1 同时，玻俄提亚同盟的官员、科林斯人、墨伽拉人以及来自色雷斯的使节做出决定：各方两两相互宣誓：只要对方需要，保证予以援助；不经一致同意，不得开战和缔结和约；然后，玻俄提亚人和墨伽拉人（因为他们在这方面步调一致）应与阿耳戈斯人订立和约。2 在宣誓之前，玻俄提亚同盟的官员将此决定的内容报告给了玻俄提亚拥有全权的 4 个议事会③，建议与所有为了相互援助愿意与玻俄提亚结盟的城邦相互宣誓。3 但是玻俄提亚议事会的成员拒绝了此建议，他们害怕与脱离拉刻代蒙人的科林斯人结盟，会触犯拉刻代蒙人。因为玻俄提亚同盟的官员没有告诉他们在拉刻代蒙发生的事情，即监察官克勒俄部罗斯和克塞那瑞斯及友人们劝他们先与阿耳戈斯人和科林斯人结盟，然后与拉刻代蒙人结盟。他们原以为，即便不告诉，议事会也不会投票反对他们已经做出的决定和提出的建议。4 事情受阻了，科林斯人和来自色雷斯的使节回去了，没有达到目的。玻俄提亚同盟的官员以前想极力促成与阿耳戈斯结盟——如果他们的说服成功的话——现在既不在议事会上提关于阿耳戈斯的事情，也不兑现派遣使节去阿耳戈斯的诺言。整个事情没人关心，拖延下去。

39. 1 同一个冬季，俄吕恩托斯人突然袭击并夺取了雅典人驻守的墨

---

① 但是，两位斯巴达监察官所要求的是斯巴达与阿耳戈斯结盟，与这里的两位阿耳戈斯人的要求并不一致。玻俄提亚内部有亲斯巴达派，当然也有亲雅典派。见霍氏《评注》第 3 卷，第 88 页。

② 见前文（4.91）。

③ 霍氏指出，以前的学者们不清楚这里的"4 个议事会"是怎么一回事，但是在 1906 年 1 月相关的纸莎草纸文献被发现了。原来，在玻俄提亚内部，大一些的邦有 4 个议事会，在其同盟的层面，也有类似的 4 个议事会。见其《评注》第 3 卷，第 89—90 页。

库柏耳娜①。

2 此后（因为雅典人和拉刻代蒙人一直就各自被占地区会谈），拉刻代蒙人希望，如果雅典从玻俄提亚人手里收回帕那克同，他们自己就可以收回皮罗斯。他们派遣使节去玻俄提亚，请求玻俄提亚人将帕那克同和雅典战俘交到他们手里，以便用这些作为交换，收回皮罗斯。**3** 玻俄提亚人回答，除非拉刻代蒙人跟与雅典人结盟一样与他们单独结盟，否则就不交出。拉刻代蒙人明白这会背信于雅典人，因为那个和约规定，未经对方同意，不得与第三方媾和或开战②。但是，他们又想得到帕那克同，用它换回皮罗斯。同时，急于终止那个和约的人热衷于与玻俄提亚人结盟。于是，在冬末春初之际，双方结盟。接着立即拆毁帕那克同③。这场战争的第11年结束了。

40.1 接下来的夏季一开始，由于玻俄提亚人答应派遣的使节没有来，阿耳戈斯人得知帕那克同正被拆毁④，玻俄提亚人已与拉刻代蒙人单独结盟，于是他们开始担心自己被孤立，整个同盟倒向拉刻代蒙人。**2** 因为他们认为，拉刻代蒙人已说服玻俄提亚人拆毁帕那克同，并加入与雅典人的和约，而雅典人对于这些又心知肚明；这样一来，他们甚至连与雅典人结盟都不再可能了，而他们以前还希望，由于拉刻代蒙人与雅典人的不和，如果他们与拉刻代蒙人的和约不能续约，总还可以与雅典人结盟。**3** 于是，阿耳戈斯人对此不知所措，他们害怕与拉刻代蒙人、忒革亚人⑤、玻俄提亚人和雅典人同时为敌。此前，他们不愿与拉刻代蒙人订立和约，而一心想做伯罗奔尼撒的霸主，现在则火速派遣使节——厄乌斯特洛波斯和埃宋，他们两位最受拉刻代蒙人欢迎——去拉刻代蒙。他们认为在现在的情

---

① 参见前文及译注（5.18.6）。

② 和约（5.23.1）并没有明确规定这一条，但是大致可以推出，或者把它看作双方的口头协议。见霍氏《评注》第3卷，第92页。

③ 玻俄提亚人为何要拆毁帕那克同？首先，此地位置极为敏感，雅典人占领它将是对玻俄提亚的威胁，所以心有不甘的玻俄提亚人要拆毁它；其次，拆毁行动是象征性的，因为雅典人有的是石匠。为什么玻俄提亚人要改变主意？这是由玻俄提亚内部的矛盾导致的，作者不清楚，读者也就无从得知了。见霍氏《评注》第3卷，第93页。

④ 阿耳戈斯人是第一个得知帕那克同正在被拆毁的，这与下文（5.42.1）说的拉刻代蒙人在它被拆毁后不久才知道这件事并不矛盾。见霍氏《评注》第3卷，第93页。

⑤ 大概是因为忒革亚是阿耳戈斯的盟邦曼提涅亚的宿敌，而且这两个城邦都与阿耳戈斯接壤，忒革亚又是伯罗奔尼撒非常重要的一个地区，所以这里将她也列出了。见戈姆《评注》第4卷，第46页。

况下，最好与拉刻代蒙人订立和约，什么条件都答应，然后按兵不动。**41.1** 阿耳戈斯的使节抵达了，开始就要订立的和约的条款与拉刻代蒙人会谈。**2** 阿耳戈斯人首先要求，关于库努里亚地区——位于边境地区，双方一直争议不断（这一地区有堤瑞亚和安匙涅城镇，被拉刻代蒙人占领）①——双方应让某个城邦或个人来仲裁；然后，尽管拉刻代蒙人不允许讨论有关库努里亚的事，但是他们说，如果阿耳戈斯人愿意，他们可以续定旧约。即便如此，阿耳戈斯的使节还是促成拉刻代蒙人同意，立即订立一项为期50年的和约，但是，在拉刻代蒙和阿耳戈斯既无瘟疫又无战争降临的情况下，任何一方可以提议与对方就这个地区决一雌雄——就像以前一样，在双方都声称取得胜利之时——但阿耳戈斯人和拉刻代蒙人不能越过边界追击②。**3** 拉刻代蒙人刚开始觉得这些提议幼稚可笑③，接着（因为他们无论如何④还是急于与阿耳戈斯友好），同意了阿耳戈斯人的要求，签订了条约。但是，拉刻代蒙人要求阿耳戈斯使节在条款最终定下来之前，首先返回国内，将其公之于众；如果他们满意，就在许阿铿托斯节期间前来宣誓。于是，他们回国了。**42.1** 在阿耳戈斯人做这些事情的这段时间，拉刻代蒙人的使节安德洛墨得斯⑤、派狄摩斯和安提墨尼达斯——他们要去接收帕那克同和玻俄提亚人捉到的战俘，然后交给雅典人——发现帕那克同被玻俄提亚人自作主张拆毁了。其借口是，很久以前，雅典人和玻俄提亚人关于该地争执不下，他们曾宣誓：双方均不得在该地居住，但可以共同耕种。至于玻俄提亚人捉到的雅典战俘，安德洛墨

---

① 见前文（4.56.2）。
② 这里的意思是双方约定进行公平的决斗，最后一句话的意思是战斗只能在库努里亚地区进行。详见希罗多德的《历史》（1.82）：拉刻代蒙人与阿耳戈斯人曾就堤瑞亚争执不下，结果约定各挑选300人决斗，双方其余的军队返回各自境内，不得留下观战，以免上去助战。结果双方最后只剩下三个人，两个阿耳戈斯人和一个拉刻代蒙人。阿耳戈斯人认为自己是胜利者，就回去了；而那个拉刻代蒙人却留在战场上，剥去对方死者的兵器甲胄。第二天，双方军队前来检查，都认为自己是胜利者。此事大概发生于公元前550年。
③ "幼稚可笑"原文是"μωρία"（名词），意思是"愚蠢""蠢事"，几乎相当于"幼稚可笑"，作者大概是想点出阿耳戈斯人还陶醉在昔日的强盛之中。见霍氏《评注》第3卷，第97页。
④ "无论如何"原文是"πάντως"（副词），本义是"全部""完全"等。霍氏理解成"不管条约内容如何"，戈姆等认为，实际上拉刻代蒙人不允许阿耳戈斯人讨论库努里亚问题。今从戈姆等议。见戈姆《评注》第4卷，第47页；霍氏《评注》第3卷，第97页。
⑤ 原文是"Ἀνδρομένης"，有学者认为应作"Ἀνδρομέδης"，霍氏表示赞同。今从。见其《评注》第3卷，第98页。

得斯和其同僚接收过来并交还给雅典人，还告诉雅典人帕那克同已拆毁，这就是交还①，因为不再有与雅典敌对的人居住在那里了。**2** 雅典人听了，义愤填膺。他们认为自己受到拉刻代蒙人不公正的对待：一是交还帕那克同，原定是要完好无损地交还的；一是他们得知，尽管拉刻代蒙人曾经表示要一起强迫那些拒绝接受和约的城邦接受，但他们已经与玻俄提亚人单独结盟。他们还想起其他拉刻代蒙人没能履行和约的事情，感觉自己受了骗，于是愤怒地答复了使节，打发他们回国了。

43.1 拉刻代蒙人与雅典人之间的分歧已到了这个份上，雅典想要终止和约的主战派马上行动起来。**2** 尤其是克勒尼阿斯之子阿尔喀比阿得斯②，此人在任何其他城邦都会被认为年纪尚轻③，却因出身名门望族而颇有影响④。他认为与阿耳戈斯结盟要好得多。然而，他之所以反对此和约还出自其争强好胜之心，因为拉刻代蒙人找尼喀阿斯和拉刻斯商谈和约的事，由于他年纪尚轻就轻视他，没有看在其家族很早就是拉刻代蒙人在雅典的权益保护人的份上——他祖父放弃了这个身份⑤——给予他尊敬；他本人关照他们在斯帕克忒里亚岛被俘的人员，希望重续这层关系⑥。**3** 他觉得自己在各方面都被忽视了，于是从一开始反对该和约。他说，拉刻代蒙人不可信赖，他们订立和约就是为了借助与雅典人的同盟，先蚕灭阿耳戈斯，然后回过头来攻打孤立无援的雅典人。这个分歧一产生，他个人⑦马上就派人去阿耳戈斯，请求他们与曼提涅亚人和厄利斯人一道，尽

---

① 有译者理解成"这也算作交还"或者"这也等于是交还"，霍氏认为不妥。今从。见其《评注》第 3 卷，第 99 页。

② Ἀλκιβιάδης, Alcibiades，又译"亚西比德"等。约前 450—前 404 年，雅典著名的政治家、演说家和将军。作者在下文（8.6.3）对他有更详细的介绍。

③ 其父亲死于前 447/6 年，故此时（前 420 年）他不可能小于 27 岁。他出生于前 451—前 449 年之间，参加波忒代亚战役（前 431 年）之时，应在 18 岁以上，因此此时大概 30 岁。见霍氏《评注》第 3 卷，第 101 页。卡特赖特认为 35 岁左右。见其《评注》，第 212 页。

④ 霍氏认为下文暗示了他与雅典著名的阿尔克迈翁世族的关系。见霍氏《评注》第 3 卷，第 100 页。

⑤ 其祖父也叫阿尔喀比阿得斯，他放弃这个身份很可能是在前 462 年，在反波斯侵略的阵营中，雅典与斯巴达闹分裂之际。前 460 年，他遭"陶片流放法"处罚。见霍氏《评注》第 3 卷，第 102 页。

⑥ 直译"重新被接上"，这里的被动态暗示需要拉刻代蒙人采取主动。见霍氏《评注》第 3 卷，第 102 页。

⑦ "个人"原文是"ἰδίᾳ"，不要理解为"秘密地""私下地"。有学者指出，这里意味着阿尔喀比阿得斯利用了他自己在阿耳戈斯的关系网络。见霍氏《评注》第 3 卷，第 103 页。

快赶来雅典,邀请雅典人与之结盟;现在时机到了,他本人将尽最大努力予以协助。

44.1 阿耳戈斯人得悉这一消息,发现拉刻代蒙人瞒着雅典人与玻俄提亚人结盟,而且雅典人与拉刻代蒙人存在严重的分歧,就不重视他们派到拉刻代蒙订立和约的使节了,转而倾向于雅典人。他们心想,从很早开始①,雅典就是他们的友邦,而且与他们一样是民主政体,还拥有强大的海上实力,如果身陷战争,雅典人就会与他们并肩作战。**2** 于是,他们立即派遣使节去雅典,商讨结盟。一同前去的还有厄利斯人与曼提涅亚人的使节。

3 同时,拉刻代蒙人的使节也匆忙赶到了——庇罗卡里达斯、勒翁和恩狄俄斯,三人颇得雅典人好感——他们担心雅典人一怒之下与阿耳戈斯人结盟,还要用帕那克同换回皮罗斯,并就与玻俄提亚结盟一事向雅典人做出解释,即当初与之结盟,本意不在伤害雅典人。**45.1** 在雅典的议事会上②,他们就此发了言,表示被赋予全权而来,可以就双方所有的争端达成协议。这让阿尔喀比阿得斯担心,如果他们在公民大会上说出这些话,会赢得大多数人的支持,从而拒绝与阿耳戈斯结盟。**2** 于是,阿尔喀比阿得斯对他们耍了这样一个花招——他通过向这些拉刻代蒙人作出保证,说服了他们:如果他们在公民大会上不承认被赋予全权而来,他就将皮罗斯交还给他们(因为他本人会对雅典人施加影响,就像他现在持反对立场一样),还将就其他争端达成和解。**3** 他想要以此来离间他们和尼喀阿斯,让他们在公民大会上丢脸,使人们觉得他们出尔反尔、心术不正,这样达到与阿耳戈斯人、厄利斯人和曼提涅亚人结盟的目的。这个花招果然得逞了。**4** 他们来到公民大会,当被问起是否拥有全权时,没有像在议事会上那样作肯定的回答。雅典人再也不能忍受,就听从了阿尔喀比阿得斯的主张——他此时对拉刻代蒙人大加挞伐,比以前更疾言厉色——打算立即召见阿耳戈斯人以及与他们同来的使节,当即缔结同盟。可是,他们还没来得及投票批准,就发生了地震。这天的公民大会③休会。**46.1**

---

① 原文是"ἀπὸ παλαιοῦ"。到底从什么时候?霍氏认为,不会早至神话传说时期,而要晚得多;这个说法与"παλαιά"("古代")之间的差别,类似英语中的"of old"与"old"之间的差别。见其《评注》第3卷,第103—104页。

② 议事会首先会见外邦使节,是雅典的常规。见霍氏《评注》第3卷,第105页。

③ 这里的"公民大会"原文是"ἐκκλησία",本章中其他"公民大会"原文都是"δῆμος"。

在第二天的公民大会上，尼喀阿斯——在承认自己没有被赋予全权的问题上，拉刻代蒙人被这个花招骗了，他也完全上了当——还是坚持认为，应该与拉刻代蒙人结为盟友，而不是与阿耳戈斯人结为盟友。因此，他提议暂停讨论与阿耳戈斯结盟的问题，再派人去拉刻代蒙，了解他们的意图。他还说，避免战争对雅典人来说是荣耀，而对拉刻代蒙人来说是耻辱①；雅典人诸事顺遂，最好尽可能地延续自己的好运；拉刻代蒙人倒霉失败，尽快孤注一掷作战就是意外的好运。2 于是，他说服了雅典人派遣使节，包括他本人，向拉刻代蒙人提出要求：如果他们真有诚意，就完好无损地交还帕那克同，交还安庇波利斯，放弃与玻俄提亚人结盟——除非允许玻俄提亚人加入他们的和约，按照该和约规定，未经对方同意，一方不得与第三方订立和约②。3 雅典人还要使节向拉刻代蒙人指出，如果雅典人想要欺诈，早就与阿耳戈斯人结盟了，阿耳戈斯的使节到雅典去就是这个目的。除了这些，雅典人还指示尼喀阿斯等使节带上其他对拉刻代蒙人的指责，然后派遣他们前往拉刻代蒙。

4 他们抵达之后，提出了所有的要求，最后说，除非拉刻代蒙人放弃与玻俄提亚人的同盟——如果他们不加入雅典人和拉刻代蒙人的和约——要不然雅典人就要与阿耳戈斯及其盟邦缔结同盟。拉刻代蒙人拒绝放弃与玻俄提亚人结盟，监察官克塞那瑞斯及其同党③，还有其他与他们观点主张一致的人，占据了上风。但是，应尼喀阿斯的要求，这些人重新宣了誓④。尼喀阿斯害怕自己两手空空地回去，会遭受诽谤——后来果然如此——因为雅典人认为与拉刻代蒙结盟是他负的责。5 他回国了，雅典人一听说使节在拉刻代蒙一事无成，马上就怒气冲天。他们认为拉刻代蒙人背信了，（由于阿耳戈斯人及其盟友刚好在公民大会现场，是阿尔喀比阿

---

① 这句话是针对前421年总的局势来说的，不是针对本次会议的具体情形而言。拉刻代蒙人急于接回被俘于斯帕克忒里亚岛的人员，顾不得盟邦的要求，从前425年起就没再入侵阿提卡了。虽然布剌西达斯在色雷斯取得了很好的战果，但是对于恢复斯巴达在伯罗奔尼撒的声誉毕竟起不了多大作用。因此，求和（"避免战争"，直译"推迟战争"）在伯罗奔尼撒人看来是拉刻代蒙人的耻辱。参见戈姆《评注》第4卷，第24、53页。
② 见前文（5.39.3）。
③ 直译"监察官克塞那瑞斯周围的人"。
④ 这大概不是和约规定的每年一次的宣誓（5.18.10；5.23.4），而是一次特别的宣誓。作者没有指出这次出使的时间，可能过了狄俄倪索斯节，也过了许阿铿托斯节。见戈姆《评注》第4卷，第54页。

得斯召他们进来的①）与之订立和约和结盟，内容如下②：

47.1 "雅典人、阿耳戈斯人、曼提涅亚人和厄利斯人，代表他们自己和各自统治的盟邦，〈相互之间〉订立和约，为期100年。不论在陆上还是海上，既不得欺诈，也不得伤害。**2** 阿耳戈斯人、厄利斯人、曼提涅亚人及其盟邦不得对雅典人和受其统治的盟邦举兵相向，雅典人和〈受其统治的〉盟邦亦不得对阿耳戈斯人、厄利斯人、曼提涅亚人及其盟邦举兵相向，不得耍什么手腕或诡计。**3** 雅典人、阿耳戈斯人、曼提涅亚人和厄利斯人按照以下盟约结成同盟，为期100年：如果敌人入侵雅典人的领土，阿耳戈斯人、曼提涅亚人和厄利斯人应前去援助，根据雅典人的请求，采取一切最有效的方式，尽自己最大的力量。如果敌人蹂躏土地后离开了，该城邦应是阿耳戈斯人、曼提涅亚人、厄利斯人和雅典人共同的敌人，遭到所有这些城邦的严惩。这些城邦中任何城邦不得停止对其作战，除非全体都同意。**4** 同样，如果敌人入侵阿耳戈斯人，或者曼提涅亚人，或者厄利斯人的土地，雅典人应前往阿耳戈斯，或曼提涅亚，或厄利斯援助，根据这些城邦的请求，采取一切最有效的方式，尽自己最大的力量。如果敌人蹂躏土地后离开了，该城邦应是雅典人、阿耳戈斯人、曼提涅亚人和厄利斯人共同的敌人，遭到所有这些城邦的严惩。这些城邦〈中的任何城邦〉不得停止对其作战，除非［这些城邦］全体都同意。**5** 雅典人、阿耳戈斯人、曼提涅亚人和厄利斯人不得允许他人携带武器、怀有敌意，从陆上或者海上，穿越他们各自的领土以及各自统治的盟邦的领土，除非这些城邦全体都投票同意其借道。**6** 派军援助他邦的城邦应为该援军提供30天的口粮，从抵达求援的城邦开始援助的那一天算起，还应为其回程提供同样多的口粮。如果求援的城邦要多使用援军一段时间，她应提供口粮，标准是1个重甲兵、轻装兵或者弓箭手每天3埃癸娜俄玻罗斯③，1个骑兵每天1埃癸娜德拉克马。**7** 只要战争在其境内进行，请求

---

① 后半句话本来在括号外，戈姆认为放在里面更好。今从。见其《评注》第4卷，第54页。

② 非常幸运的是，刻有该盟约部分内容的石碑残块于1876年在雅典卫城的南坡被发现了，证明了修昔底德记载的准确性。见霍氏《评注》第3卷，第109页。

③ ὀβολός, obol, 又译"奥波尔"等，古希腊的一种钱币，6个俄玻罗斯合1个德拉克马。一般劳动者一天的收入是4个俄玻罗斯。3埃癸娜俄玻罗斯是一个伯罗奔尼撒士兵一天惯常的配给量。埃癸娜的货币标准当时比较流行。见霍氏《评注》第3卷，第115页。

〈该援军的〉①城邦就应拥有指挥权；或者，如果〈所有的〉这些城邦一致同意派兵共同出征某地，那么所有的这些城邦应享有平等的指挥权。**8** 雅典人应代表自己和其盟邦对此和约宣誓，阿耳戈斯人、曼提涅亚人、厄利斯人和他们的盟邦应分别一一宣誓。各个城邦应用发育完全的牺牲、以本邦最庄重的誓言宣誓。誓言应是：'我信守盟约，忠于同盟，既不欺诈，也不伤害；决不违犯，不耍什么手腕或诡计。' **9** 在雅典，议事会和国内官吏②应宣誓，主席团应主持宣誓；在阿耳戈斯，议事会、八十人议事会③和阿耳堤奈④应宣誓，八十人议事会应主持宣誓；在曼提涅亚，得弥乌耳戈⑤、议事会和其他官员宣誓，忒俄洛⑥和军事首长⑦主持宣誓；在厄利斯，得弥乌耳戈、当政官员⑧和六百人议事会宣誓，得弥乌耳戈和法律保护官⑨主持宣誓。**10** 在奥林匹亚竞技会之前30天，雅典人应前往厄利斯、曼提涅亚和阿耳戈斯重新宣誓；在泛雅典娜节前10天，阿耳戈斯人、厄利斯人和曼提涅亚人前往雅典重新宣誓⑩。**11** 和约条文、誓言和同盟应镌刻于石柱，雅典人立之于卫城；阿耳戈斯人立之于广场的阿波罗

---

① "〈该援军的〉" 原文是 "⟨τῇ στρατιᾷ⟩"（与格），直译 "这支军队的"（与前面的分词结合起来，所以用与格）。抄本无，这里据铭文补。见霍氏《评注》第3卷，第116页。

② "国内官吏" 原文是 "αἱ ἔνδημοι ἀρχαί"，亚里士多德的《雅典政制》（24.3）曾提及，共700人。见霍氏《评注》第3卷，第117页。

③ "八十人议事会" 原文是 "οἱ ὀγδοήκοντα"，直译 "那八十人"。另一议事会，共80人，分为4组，每组20人，代表一个部落。见霍氏《评注》第3卷，第117页。

④ ἀρτῦναι，Artynae，阿耳戈斯的一种官员。

⑤ δημιουργοί（复数），Demiurgi，本义是 "为公众服务的人"。在伯罗奔尼撒和中希腊的许多城邦都有此官，好像是城邦的主要官职，常常以其任职者的名字为其执政的年份命名。见戈姆《评注》第4卷，第59页。

⑥ θεωροί（复数），Theori，各城邦派到（奥林匹亚等地）求神谕或者观看竞技会的观礼官员。

⑦ 原文是 "πολέμαρχοι"（复数）。

⑧ 原文是 "οἱ τὰ τέλη ἔχοντες"，直译 "那些拥有官职的人"。这个称呼实在太宽泛了，很多注释者曾迷惑不解。后有铭文证实系厄利斯的官方用语，指特定的某些人。但是，为何使用这种宽泛的称呼，以及所指官职是否一直不变，还不大清楚。见戈姆《评注》第4卷，第60—61页。

⑨ Θεσμοφύλαξ，Thesmophylaces，许多城邦都有此官职，最初的职能是维护城邦的法律。见戈姆《评注》第4卷，第61页。

⑩ 奥林匹亚竞技会每4年举行一次，泛雅典娜节在每个奥林匹亚纪的第3年举行。因此，双方每隔2年重新宣誓（宣誓是两方你对我、我对你进行的），而不是4年。见霍氏《评注》第3卷，第119页。

庙；曼提涅亚人立之于广场的宙斯庙；在正在举行的奥林匹亚竞技会上①，全体共同立一根青铜柱于奥林匹亚。**12** 如果这些城邦认为需要对和约条款加以补充，只要是经过了所有这些城邦的共同商议和认可，均应具有约束力。"

48.1 尽管此和约就这样订立了，该同盟缔结了，但是，拉刻代蒙人和雅典人都没有因此抛弃双方之间的和约。**2** 阿耳戈斯人的盟邦科林斯人没有加入此和约，甚至，他们也不加入在这之前的厄利斯人、阿耳戈斯人和曼提涅亚人的攻守同盟。他们说，他们对起初的防守同盟感到满意，即相互援助，而不去共同征讨别人②。**3** 于是，科林斯人置身于此同盟之外，重新倾向于拉刻代蒙人。

49.1 这个夏季的奥林匹亚竞技会举行了。阿耳卡狄亚人安德洛斯忒涅斯第一次取得了徒手格斗项目的胜利③。厄利斯人不让拉刻代蒙人进入神域④，所以他们既没有祭祀，也没有参加比赛。因为厄利斯人说，拉刻代蒙人举兵攻打了一个要塞皮耳科斯⑤，在奥林匹亚节的休战⑥期间，派其重甲兵进入其拥有的勒普瑞翁；厄利斯人根据奥林匹亚竞技会的法律判处罚款，但是拉刻代蒙人没有缴纳。罚款数额是 2000 谟那——该法律规

---

① 这句话透露出此时正值夏季（8月份）。见霍氏《评注》第3卷，第119页。
② 见前文（5.31.6）。
③ "徒手格斗项目"原文是"παγκράτιον"。这个项目允许参赛者使用踢、摔、拳击、卡脖子、折断手或胳膊等几乎一切办法使对手认输，只不准用牙咬、挖眼珠和吐痰（在斯巴达允许）。在现代人看来，它是一项极为野蛮和危险的项目。安德洛斯忒涅斯两次获得此项比赛的冠军，第二次很可能是在前416年，故这句话应写于前416年之后。参见戈姆《评注》第4卷，第65页。
④ 奥林匹亚位于厄利斯境内，其整个竞技会活动和神域受厄利斯人控制，长期以来令拉刻代蒙人头痛。通常认为拉刻代蒙人直到前400年才被允许再次进入奥林匹亚的神域，但是有学者指出是在前414年，即拉刻代蒙人交还了勒普瑞翁之后。也就是说，拉刻代蒙人被排除奥林匹亚之外达6年之久（前420—前414年）。见霍氏《评注》第3卷，第125—126页。
⑤ Φύρκος，Phyrcus，本义就是"要塞"，因此不详其所在，大概位于勒普瑞翁境内，在斯巴达与勒普瑞翁之间。见霍氏《评注》第3卷，第126页。
⑥ 每4年当中一个夏天，在人们忙完农活之后，奥林匹亚的使者出发前往四面八方，宣告奥林匹亚运动会举办的具体日期，所谓"奥林匹亚休战"（这里的原文是"ταῖς Ὀλυμπιακαῖς σπονδαῖς"，与格、复数）到时便开始了。在这一期间，禁止任何城邦向厄利斯城邦开战或者厄利斯城邦向其他城邦开战，其目的显然是保证运动会的正常举办；而且，休战期限包括运动会的前后一段时间，而不仅限于运动会举办期间，因此，其目的是保证成千上万的参赛者和观众的旅途安全。因此，尽管所有的希腊城邦均要遵守这一规定，但是并不意味着她们在这一段时间必须停止战争。见 Mark Golden，*Sport and Society in Ancient Greece*，Cambridge：Cambridge University Press，1998，p. 17。

定，每个重甲兵2谟那。2 拉刻代蒙人派使节反驳说，他们派重甲兵之时，休战的通告还没有在拉刻代蒙宣布，因此处罚他们是不公正的。3 厄利斯人却说，休战①从他们那里就生效了（因为他们首先在自己当中宣布休战）；由于处于休战，他们过着和平的生活，没有想到会受到攻击；拉刻代蒙人乘其不备，伤害了他们。4 拉刻代蒙人回答，如果厄利斯人认为拉刻代蒙人已经侵略了他们，那就没有必要在这之后还到拉刻代蒙宣布休战；但是，他们还是宣布了，仿佛自己认为没有受到侵犯；而且，他们一听到休战通告，就停止用兵了。5 然而，厄利斯人坚持同样的观点，说他们不会相信拉刻代蒙人没有伤害厄利斯人，不过，如果拉刻代蒙人愿意把勒普瑞翁交还给他们，他们就放弃罚款中自己的那一份，并代对方偿付属于宙斯的那一份②。50.1 由于拉刻代蒙人拒绝了这个要求，厄利斯人提出另一个要求：如果拉刻代蒙人不愿意归还勒普瑞翁，那就不归还，但由于他们急于进神域，那就登上"奥林波斯的"宙斯的祭坛，当着希腊人的面发誓，保证以后偿付这笔罚款。2 由于这个要求拉刻代蒙人也不愿意接受，就被禁止进入神域了（祭祀和比赛）。他们就在国内祭祀。其他希腊人，除勒普瑞翁人之外，都参加了。3 即便如此，厄利斯人还是害怕拉刻代蒙人强行祭祀，就用年轻的重甲兵来警戒，1000名阿耳戈斯人、1000名曼提涅亚人前来增援③他们。在哈耳庇涅④一些雅典骑兵保卫着节庆活动。4 参加节庆活动的人们非常担心拉刻代蒙人会武装入侵，尤其是在一个拉刻代蒙人、阿耳刻西拉斯⑤之子利卡斯，在比赛过程中被裁判击打之后⑥。他自己的双轮马车取得了比赛的胜利，但是由于无权参赛，他是以玻俄提亚城邦的名义参赛的。他走进赛场，给驭手戴上花冠，想要表

---

① 这里的"休战"原文是"ἐκεχειρίαν"（"ἐκεχειρία"的宾格），本义是"握手"，引申为"停战""议和"。上文中的"奥林匹亚休战"中的"休战"原文是"σπονδή"，本义是"奠酒""祭奠"，因为订立和约时须奠酒，故引申为"和约"（复数）、"休战"等。
② 由于厄利斯人控制了奥林匹亚的宙斯神域，所谓两份罚款都会落入他们之手。见霍氏《评注》第3卷，第130页。
③ 大概部署在奥林匹亚附近。见戈姆《评注》第4卷，第66页。
④ Ἁρπίνη，Harpine，位于流经今奥林匹亚南面的 Ἀλφειός（Alpheios）河河谷，离奥林匹亚不远，处在厄利斯的边境。
⑤ 原文为"Ἀρκεσιλάου"（Ἀρκεσίλαος的属格），霍氏认为应作"Ἀρκεσίλας"，因为这是多里斯方言的拼写，而修昔底德一般尊重方言的拼写。今从。见其《评注》第3卷，第131页。
⑥ "裁判"原文是"τῶν ῥαβδούχων"（属格、复数）。本义是"手持棍子（或竹竿）的人"，在古代的奥林匹亚竞技会上，裁判手持棍子，维持比赛秩序和纠正犯规行为。

明那是他的双轮马车①。经此事件，大家的恐惧有增无减，以为要出乱子。然而，拉刻代蒙人没有动静，让这次节庆这样过去了。

5 奥林匹亚竞技会结束之后，阿耳戈斯人及其盟友到了科林斯，请求科林斯人加入他们一边。拉刻代蒙的使节刚好在那里。经过了许多会谈，却无果而终。由于发生了地震，打断了会谈，各回各邦。这个夏季结束了。

51.1 在接下来的冬季里，在特剌喀斯的赫剌克勒亚人与埃尼阿涅斯人②、多罗庇亚人、墨利厄乌斯人③和部分忒萨利亚人之间发生了战斗。**2** 这些邻近的部落④敌视赫剌克勒亚，因为这个地方筑起要塞，他们的领土首当其冲，受到威胁。因此，这个城市一建起来，他们就与之作对，尽其所能进行骚扰破坏。现在在这次战斗中，他们打败了赫剌克勒亚人，杀死了他们的拉刻代蒙长官、克尼狄斯之子克塞那瑞斯⑤，还杀死了其他赫剌克勒亚人。这个冬季结束了。这场战争的第12年也结束了。

52.1 接下来的夏季一开始，玻俄提亚人在这次战斗之后，占领了⑥遭受严重破坏的赫剌克勒亚，把在此施恶政的拉刻代蒙人哈革西庇达斯⑦撵走⑧。他们之所以占领这个地方，是因为担心在拉刻代蒙人被伯罗奔尼

---

① 双轮马车比赛是古代奥林匹亚竞技会的第一个项目，最为紧张刺激。参赛者准备马匹、车辆，请人驾驭，并出资进行训练和参加比赛。若取得胜利，其荣誉属于他和其所在的城邦。这里的拉刻代蒙人冒充来自玻俄提亚参加比赛，违反了比赛规则。

② Αἰνιᾶνες, Aenianians，居住于忒萨利亚以南的一个小地区。

③ 这3个部落属于所谓"德尔菲邻族联盟"，一定程度上臣服于忒萨利亚人。见戈姆《评注》第4卷，第68页。"邻族联盟"（Ἀμφικτυονία, Amphictyony）出现在城邦产生之前的"古风时期"，是一种古老的部落联合形式。"德尔菲邻族联盟"是其中延续时间最长的一个，其宗旨是保护阿波罗和得墨忒耳的庙。

④ "部落"原文是"ἔθνη"（"ἔθνος"的复数）。本义是"生活在一起的一群人"，"部落"是其引申义之一。

⑤ 前文多次提及（5.36.1；5.37.1；5.38.3；5.46.4）这个名字，但都没有提及其父名。他与这里的"克尼狄斯之子"是不是同一个人？很可能就是，因为作者并不一定在某人出场时提及其父名。见戈姆《评注》第4卷，第68页。他似乎是斯巴达的"鹰派"人物。见霍氏《评注》第3卷，第137页。

⑥ "占领了"原文是"παρέλαβον"，比"κατέλαβον"（"攻占""夺取"）语气要和缓。据古代作者说，赫剌克勒亚人向玻俄提亚人求援，玻俄提亚人派出了1000名精选的重甲兵。见霍氏《评注》第3卷，第138页。

⑦ 原文为"Ἀγησιππίδας"，霍氏建议作"Ἁγησιππίδας"，今从。下文（5.56.1）同。见其《评注》第3卷，第147页。

⑧ 参见前文（3.93.2）。

撒的事情弄得焦头烂额之际，雅典人夺取了它。然而，拉刻代蒙人为此恼怒他们。

2 同一个夏季，克勒尼阿斯之子阿尔喀比阿得斯——现在是雅典的将军之一——与阿耳戈斯人及其盟邦配合，带领少量雅典重甲兵和弓箭手，还就地拉了一些盟友，用这支军队穿越伯罗奔尼撒，处理各种盟邦事务。到了帕特赖，他建议当地人将城墙延伸至海。他本人打算在阿卡伊亚的赫里翁另建一座要塞①。但是，科林斯人、西库翁人和其他若修筑要塞其利益就会受损的人前来阻止了修筑。

53. 同一个夏季，厄庇道洛斯人与阿耳戈斯人之间爆发战争。理由是厄庇道洛斯人没有履行自己的义务，送牺牲到"皮塔厄乌斯"② 阿波罗的庙，作为玻塔弥亚仪式③的祭品（阿耳戈斯人是此神域最主要的控制者）。即使没有这个理由，阿尔喀比阿得斯和阿耳戈斯人也认为，如果可能，把厄庇道洛斯拉进同盟是个好主意。其目的是让科林斯人保持中立，以使雅典人能直接从埃癸娜派兵增援，而不用绕斯库莱翁④航行。于是，阿耳戈斯人准备亲自入侵厄庇道洛斯，以索取祭品。

54.1 大约在这段时间，拉刻代蒙人全军出动，由阿耳喀达摩斯之子、国王阿癸斯率领出征，到了勒乌克特拉——位于他们的边境，朝向吕开翁山⑤。谁也不知道出征的目的地，甚至连派兵出征的城邦也不知道⑥。

---

① 雅典人想在伯罗奔尼撒这边的赫里翁建立一个据点，加上科林斯湾（今科林西亚湾）对面他们的另一个据点瑙帕克托斯，一北一南就可以完全封锁科林斯湾的入口。这对科林斯和西库翁当然很不利（他们无法从科林斯湾出海），所以他们要反对。尽管没有发生战斗，但他们的抗议和敌视足以让阿尔喀比阿得斯罢手。见戈姆《评注》第4卷，第70页。

② Πυθαεύς，阿波罗的别号。Πυθώ是阿波罗的圣地。

③ "玻塔弥亚"原文是"Βοταμίων"（"Βοτάμια"的属格、复数），本义是"牧场""草地"。故有译者译为"奉献牧场给……"，但是有学者认为是一种赎罪的祭祀（阉割或者屠宰公牛），还有学者认为是某种节庆。故采用音译。见霍氏《评注》第3卷，第141页。

④ Σκύλλαιον，Scyllaeum，是一个海岬，位于伯罗奔尼撒半岛最东面的阿耳戈利斯的最南端。在今希腊 Πόρος(Poros) 岛以南、Ὕδρα（Idra）岛以北。雅典人绕过此海岬，进入阿耳戈利斯海湾，就可以抵达阿耳戈斯。如果借道厄庇道洛斯，就可以从陆路直接抵达阿耳戈斯。

⑤ Λεῦκτρα，Leuctra，很可能就是今希腊的 Λεονδάρι（Leondari），位于今 Μεγαλόπολη（Megalopoli）以南。见霍氏《评注》第3卷，第143页。

⑥ 到了勒乌克特刺，如果继续向前，目标就是厄利斯；如果折向东面，目标就是忒革亚或曼提涅亚。这里说的城邦指斯巴达边境地区的城邦。见戈姆《评注》第4卷，第73页。

2 由于为越过边界举行的祭祀①没有显示出吉兆，拉刻代蒙人返回了，并通知盟邦准备过了下个月就出征（下个月是卡耳涅俄斯月、多里斯族的圣月②）。**3** 他们撤军之后，阿耳戈斯人于卡耳涅俄斯月之前的那个月的第27天开拔，然后把每一天都当作第27天③。在整个出征期间，他们入侵厄庇道洛斯并蹂躏其土地。**4** 厄庇道洛斯人召请其盟邦，有些就以此月为借口不来，有些到了厄庇道洛斯边境，却按兵不动。**55.1** 在阿耳戈斯人待在厄庇道洛斯期间，应雅典人的邀请，各邦④使节来到曼提涅亚。在会谈过程中，科林斯人厄乌帕弥达斯⑤说他们言谈和行动不一致：他们坐而讲和，而厄庇道洛斯人及其盟友跟阿耳戈斯人兵戎相见；因此，各方首先要前去将交战的军队分开，然后再来谈和平问题。**2** 他们接受这个建议，前去促成阿耳戈斯人从厄庇道洛斯撤军。随后，再回原地会谈，却还是没有达成任何协议。阿耳戈斯人再次入侵厄庇道洛斯并蹂躏其土地。**3** 拉刻代蒙人出征，到了卡律埃⑥，由于在边境的祭祀又没有显示吉兆，就撤回了。**4** 阿耳戈斯人蹂躏了近三分之一的厄庇道洛斯的土地之后，退回国内。得知拉刻代蒙人出征，1000名雅典重甲兵和将军阿尔喀比阿得斯前来援助阿耳戈斯人。由于不再需要他们，就回国了。这个夏季就这样过去了。

---

① 原文是"τὰ διαβατήρια"。一般而言，古希腊人在做出重要的军事决定之前都要祭祀，但是此祭祀似乎不多见，过去学者们认为只有拉刻代蒙人有，后来有证据表明阿耳戈斯人也有。这类祭祀类似于战舰起航前和出征前的祭祀。另外，拉刻代蒙人的这次撤兵应该纯粹出于宗教的原因。见戈姆《评注》第4卷，第74页；霍氏《评注》第3卷，第143页。

② Κάρνειος, Carneios, 相当于公历8月下半月和9月上半月。拉刻代蒙人在这个月庆祝阿波罗节（Κάρνεια），Κάρνειος是阿波罗的别号之一。此节日通行于一些多里斯族的城邦，在此期间不得举兵。见戈姆《评注》第4卷，第74页。

③ 这就可以推迟卡耳涅俄斯月的到来，以使自己的行动不触犯神明。色诺芬的《希腊志》（4.7.2）记载了另一个例子。阿耳戈斯人在拉刻代蒙人侵略他们时，宣布被侵略的日子都处于"神圣休战"期。这两次（推迟和提前"神圣日子"的到来）都不过是要利用拉刻代蒙人的虔敬罢了。另外，为了弥补太阴年（阴历年）和太阳年（回归年）之差，插入月份不妥时，插入天就很必要了。插入天既然是合理的，阿耳戈斯人就可以加以利用了。见戈姆《评注》第4卷，第75页；霍氏《评注》第3卷，第145页。

④ 直译"那些城邦"。指雅典、阿耳戈斯、厄利斯和曼提涅亚4个结盟城邦中的前3个，还包括科林斯（见下句）。

⑤ 前文曾提及此名字（2.33.1；4.119.2），可能就是同一个人。见霍氏《评注》第3卷，第146页。

⑥ Καρύαι, Caryae, 位于通向阿耳卡狄亚和阿耳戈利斯（阿耳戈斯地区）的路上，这次出征的目的地很明显。见戈姆《评注》第4卷，第76页。

56.1 在接下来的冬季里，拉刻代蒙人派出 300 名驻防军，在哈革西庇达斯统率下，不让雅典人发现，从海路到厄庇道洛斯。**2** 阿耳戈斯人到了雅典，抱怨说，尽管和约条文禁止敌人穿越缔约方的领土①，但是雅典人允许拉刻代蒙人沿着海岸从海上经过②。除非雅典人将墨塞尼亚人和希洛特送回皮罗斯，骚扰拉刻代蒙人，要不然他们就受到了不公正的对待。**3** 于是，在阿尔喀比阿得斯的建议下，雅典人在拉科尼刻石柱③的下方刻上"拉刻代蒙人没有遵守誓言"，从克剌尼俄④将希洛特送回皮罗斯，让他们去劫掠；但在其他方面，他们没有采取什么行动。**4** 这个冬季，阿耳戈斯人和厄庇道洛斯人处于战争状态，但没有进行列阵厮杀，而是伏击和袭击⑤。双方都有人员被杀。**5** 在冬末春初之际，阿耳戈斯人带着梯子攻打厄庇道洛斯，希望一举攻下由于战争而无人防守的厄庇道洛斯⑥。但遭到失败，撤走了。这个冬季结束了。这场战争的第 13 年也结束了。

57.1 在接下来的夏季的中期⑦，拉刻代蒙人看到他们的厄庇道洛斯盟友处于困境之中，其他伯罗奔尼撒城邦有的已经叛离，有的心怀不满，觉得不迅速采取预防措施，情况会恶化。于是，以全军出征阿耳戈斯，包括他们自己和希洛特⑧，由拉刻代蒙人的王、阿耳喀达摩斯之子阿癸斯率

---

① 见前文（5.47.5）"从陆上或海上，穿越……领土"。
② 阿耳戈斯人的意思是，雅典人控制着萨洛尼科斯（Σαρωνικός, Saronic）海湾，为何没阻止？见霍氏《评注》第 3 卷，第 147 页。
③ 指雅典人与拉刻代蒙人结盟时所立的石柱，雅典一方的石柱在卫城上（见前文 5.23.5）。
④ 见前文（5.35.7）。
⑤ 这种否定的表达也许说明其反面，即伏击和袭击，是当时战争的常态。但是，我们今天看到的文献都大量描写列阵作战。没准儿古希腊大部分战争属于这类战争，现代人称之为"游击战"。见霍氏《评注》第 3 卷，第 148 页。
⑥ 意思是厄庇道洛斯人打的是伏击战和突袭，因此城内可能防守薄弱。见戈姆《评注》第 4 卷，第 78 页。
⑦ 拉刻代蒙人一般是在夏初开始军事行动，而且从下文来看，厄庇道洛斯人的处境不妙，拉刻代蒙人又想迅速采取措施，那为什么要拖到仲夏才出征呢？拉刻代蒙人可能在等春季雅典人的选举结果出来，看看"主和派"（如尼喀阿斯、拉刻斯等人）能否得势。等到希望落空，就出征了。关于这一年雅典内部的政治情绪，作者很少透露。见戈姆《评注》第 4 卷，第 78—79 页。
⑧ "他们自己和希洛特"这种提法少见（还有一处，见下文 5.64.2），一般在作战时，希洛特做重甲兵的仆从。这里的希洛特似乎是一支特殊的部队。见戈姆《评注》第 4 卷，第 79 页。但是，新的观点认为，这不能证明希洛特在军事服役方面发生了什么变化，他们参加了这次行动，甚至参加了曼提涅亚战役。也有学者认为，也许这些希洛特被放在方阵的后排；古希腊的史学家，包括修昔底德，往往忽视轻装兵。见霍氏《评注》第 4 卷，第 150 页。

领。**2** 一同出征的还有忒革亚人，以及其他身为拉刻代蒙人的盟友的阿耳卡狄亚人。从伯罗奔尼撒其他地区来的盟邦，以及来自伯罗奔尼撒之外的盟邦，在普勒乌斯集合——玻俄提亚人：5000 名重甲兵、同样数量的轻装兵、500 名骑兵以及同样数量的跟随每名骑兵的步兵①；科林斯人：2000 名重甲兵；其他盟邦人数各有不同——普勒乌斯人以全军参加，因为征伐在他们的土地上进行。

58.1 拉刻代蒙人刚开始准备出征，阿耳戈斯人就事先知道了，但直到拉刻代蒙人前往普勒乌斯想要与其他人会合之时，才开赴战场。曼提涅亚人带着他们的盟友，还有厄利斯的 3000 名重甲兵前来援助。**2** 行军途中，在阿耳卡狄亚的墨堤德里翁②，遭遇拉刻代蒙人。双方各占一座山丘。阿耳戈斯人准备与尚为孤军的拉刻代蒙人作战，但是阿癸斯夜里拔营而起，悄悄开到普勒乌斯，与其他盟友会合。**3** 拂晓，阿耳戈斯人发现这一情况，首先向阿耳戈斯方向开进，然后踏上通向涅墨亚的道路，他们预料拉刻代蒙人和其盟友会从那里下来。**4** 然而，阿癸斯没有走他们预料的道路。他传令拉刻代蒙人、阿耳卡狄亚人和厄庇道洛斯人，另走一条崎岖的道路，下到阿耳戈斯平原；科林斯人、珀勒涅人和普勒乌斯人天蒙蒙亮③就从另一条路出发。他还命令玻俄提亚人、墨伽拉人和西库翁人下到通往涅墨亚的道路——阿耳戈斯人守在那条路上。其目的是，如果阿耳戈斯人开到平原攻击阿癸斯的军队，就用骑兵追击骚扰。**5** 这番部署之后，阿癸斯侵入阿耳戈斯平原，开始蹂躏萨明托斯④和其周围地区。**59.1** 现在天已大亮，阿耳戈斯人发现阿癸斯的行动之后，从涅墨亚赶来援救其城市。遭遇普勒乌斯和科林斯的军队，杀死了少量普勒乌斯人，他们自己被科林斯人所杀者还要多一些。**2** 玻俄提亚人、墨伽拉人和西库翁人按照命令，向涅墨亚开进，发现阿耳戈斯人已经离开那里了。阿耳戈斯人下到平原之后，发现土地遭到蹂躏，就列阵准备作战。拉刻代蒙人也准备迎战。**3** 阿耳戈斯人处在四面包围之中：平原方向，拉刻代蒙人及其盟友切断了

---

① "跟随每名骑兵的步兵"原文是"ἄμιπποι"。
② Μεθύδριον，Methydrium，位于伯罗奔尼撒半岛中部偏西，在曼提涅亚的西面，就在今希腊 Βυτίνα（Vityna 或 Vitina）的西面。见霍氏《评注》第 3 卷，第 151 页。
③ "天蒙蒙亮"原文为"ὄρθιον"（"陡峭的"），故有译者译为"走另一条的路"。霍氏建议改为"ὄρθριον"（"清早""清晨"）。今从。见其《评注》第 3 卷，第 153 页。
④ Σάμινθος，Saminthus，位置不明。见霍氏《评注》第 3 卷，第 152 页。

其退往阿耳戈斯城之路；山区方向，有科林斯人、普勒乌斯人和珀勒涅人；涅墨亚方向，有玻俄提亚人、西库翁人和墨伽拉人。阿耳戈斯人手中没有骑兵可用，因为他们的盟邦中唯独雅典人还没有来①。

4 阿耳戈斯人及其盟友大部分②不知道他们现在的处境有这么危险，而是认为战斗将会顺利进行，拉刻代蒙人被拦截在他们的土地上，而且靠近他们的城市。5 然而，两个阿耳戈斯人，五将军之一的特剌绪罗斯③和拉刻代蒙人在阿耳戈斯的权益保护人阿尔喀普戎，在两军就要开战之际，前去见阿癸斯，劝他不要开战，因为如果拉刻代蒙人对阿耳戈斯人提出什么指控，阿耳戈斯人准备提交并接受公正的仲裁，订立和约，将来和平相处。60. 1 两位阿耳戈斯人说这些话系自作主张，没有经过人民④的授权。阿癸斯本人接受这个建议，只是告诉了随同出征的官员中的一个⑤，没有与更多的人协商，就与阿耳戈斯人订立了4个月的和约，在此期间，阿耳戈斯人必须兑现承诺。他立即领兵离开，没对其他盟友作任何解释。2 拉刻代蒙人及其盟友出于惯例⑥跟随阿癸斯，但他们当中对阿癸斯牢骚满腹。他们认为，作战条件相当有利，敌人已经被骑兵和步兵团团围住，却打道回府，白白忙活了一场。3 因为这是迄今为止集合起来的最优秀的希腊军队。他们聚集于涅墨亚之时，场面最为壮观。包括有拉刻代蒙人全军、阿耳卡狄亚人、玻俄提亚人、科林斯人、西库翁人、珀勒涅人、普勒乌斯人和墨伽拉人。他们全都是各邦的精兵强将，看起来不仅敌得过一个阿耳戈斯同盟，就是再来一个也不在话下。4 这支军队就这样埋怨阿癸斯，撤退，解散，各回各邦了。5 然而，阿耳戈斯人对未经人民同意订立

---

① 这句话的意思是，阿耳戈斯人指望雅典人的骑兵。在荷马史诗中，阿耳戈斯的骑兵很有名，而这里的阿耳戈斯人却没有骑兵。实际上，阿耳戈斯的自然条件比雅典更适合养马。雅典人没来的原因可能是走海路必须绕斯库莱翁海岬，进阿耳戈利斯海湾，加上海上运送马匹难度大。见戈姆《评注》第4卷，第83页。

② "大部分"原文是"τὸ...πλῆθος"，这里指阿耳戈斯出征军队与其盟军中的大多数人。

③ Θράσυλος，阿尔伯蒂的校勘本作"Θράσυλλος"，霍氏未从。见其《评注》第3卷，第155页。

④ "人民"原文是"τοῦ πλήθους"（"πλῆθος"的属格、单数），这里的意思是"公民大会中的人民"。见霍氏《评注》第3卷，第156页。

⑤ 或者是军事首长（πολέμαρχος, polemarch），或者是监察官。见霍氏《评注》第3卷，第156页。

⑥ "惯例"原文是"νόμον"，意思是"法律"。译成"惯例""习惯"也许更好。见霍氏《评注》第3卷，第156—157页。

和约者怨气更大。他们认为，这样的好机会不会再有了，却让拉刻代蒙人逃脱了——战斗将就在他们的城下打响，又有众多勇敢的盟友相助。6 撤退途中，在卡剌德洛斯①——那是进城前举行军事审判的地方——他们开始用石头砸特剌绪罗斯②。他逃到祭坛上，保住了性命。然而，他的财产充了公③。

61.1 在这之后，雅典人的1000名重甲兵和300名骑兵，由拉刻斯和尼科斯特剌托斯任将军，赶来支援。阿耳戈斯人（尽管如此④，还是不肯终止与拉刻代蒙人的和约）要求他们离开，不让他们出席公民大会⑤——尽管他们想要商谈——直到曼提涅亚人和厄利斯人（当时还在阿耳戈斯）一再恳求阿耳戈斯人，弄得阿耳戈斯人只好听从。2 雅典人通过阿尔喀比阿得斯之口——他作为使节在阿耳戈斯——对阿耳戈斯人及其盟友说，未经其他盟邦的同意，他们无权订立该和约；现在（因为雅典人已到，是好机会）应该将战争继续进行下去。3 盟友们被说服了，除了阿耳戈斯人之外，他们都立即向阿耳卡狄亚的俄耳科墨诺斯⑥进军。阿耳戈斯人尽管也被说服了，但先是落在后面，后来也上来了。4 他们都在俄耳科墨诺斯前摆下阵势，包围之，攻打之。他们特别想要攻占该地，因为阿耳卡狄亚的人质就被拉刻代蒙人置于此。5 俄耳科墨诺斯人担心城墙薄弱，敌方人多势众，在援军到来之前就先完蛋了，于是达成这样的协议：被接受为盟邦；纳人质给曼提涅亚人，并交出拉刻代蒙人置于他们那里的人质。**62.1**

---

① Χάραδρος，Charadrus，本义是"山洪""行洪道"。只在山洪暴发时行洪，流经阿耳戈斯城的北面和东面，形成一道天然的堑壕。此时，正值地中海气候的夏季，炎热少雨之时，它应是干涸的。这里不像是正规的审判将军的法庭，倒像是行私刑的地方。下文提到没收财产，应是后来的正规的判决。参见戈姆《评注》第4卷，第86页。霍氏认为，这正是军事审判之地，但是军队早已按捺不住，所以实际上没有进行审判。见其《评注》第3卷，第158页。

② 这一段暗示作者不赞成阿耳戈斯人的无纪律的行为，它与拉刻代蒙人的行为形成了对比。石刑属于无纪律的集体行为。见霍氏《评注》第3卷，第158页。

③ 直译"他们没收了他的财产"。这句话的主语是复数，而上句话是单数。这种变化暗示这两个行为之间有较长的时间间隔。见霍氏《评注》第3卷，第159页。

④ 原文只有一个词"ὅμως"，意思是"尽管""虽然"，尽管什么呢？文中没有说。戈姆理解成"尽管雅典人来增援"，霍氏认为，拉刻代蒙人已经走了，也许还可以理解成"尽管他们有怨气和厌恶（这种安排）"。见霍氏《评注》第3卷，第160页。

⑤ "公民大会"原文是"δῆμον"（宾格），可能指阿耳戈斯人的议事会（5.47.9）。见霍氏《评注》第3卷，第160页。

⑥ Ὀρχομενός，Orchomenus，前面有个俄耳科墨诺斯在玻俄提亚（1.113.1），这里的俄耳科墨诺斯在阿耳卡狄亚。

在此之后，俄耳科墨诺斯已被占领，盟军商议下一步应攻打的目标。厄利斯人要求攻打勒普瑞翁，曼提涅亚人要求攻打忒革亚，阿耳戈斯人和雅典人支持曼提涅亚人的要求。**2** 厄利斯人因为他们不投票赞成攻打勒普瑞翁①，一怒之下，撤军回国。其他盟军开始在曼提涅亚为攻打忒革亚作准备，他们甚至得到了忒革亚城内一些人的帮助②，这些人打算将该城出卖给他们。

63. 1 订立为期4个月的和约，从阿耳戈斯撤军回来之后，拉刻代蒙人严厉地指责阿癸斯没有征服阿耳戈斯，他们觉得这是从未有过的绝佳的机会。因为将如此众多的、如此优秀的盟军召集起来并非易事。**2** 等到有关俄耳科墨诺斯被夺走的消息传来，拉刻代蒙人更是怒火万丈。盛怒之下，他们一改其平常的性格，差点儿决定夷平其房屋，罚款10万③德拉克马。**3** 但是，阿癸斯恳求他们不要这样做，保证在下次率军出征中将功赎罪；若否，到时候他们想怎么惩罚都行。**4** 于是，他们忍住怒火，没有罚他的款和夷平其房屋。但是，当即通过一条法律，这是他们从未有过的：挑选出10位斯巴达人当他的顾问，没有他们的同意，他无权领兵离开敌人的土地④。

64. 1 与此同时，从他们的忒革亚朋友那里传来消息，如果他们不迅速赶到，忒革亚将要叛离到阿耳戈斯人和其盟邦一边，而且差不多叛离了。**2** 拉刻代蒙人马上派出全军驰援，包括他们自己和希洛特，速度之快，前所未有。**3** 军队开到了迈那利亚⑤的俄瑞斯忒翁⑥，通知他们的阿耳

---

① 攻占忒革亚可以重创斯巴达，勒普瑞翁远在西面，攻打那里会使曼提涅亚和俄耳科蒙诺斯暴露在拉刻代蒙人的反击之下；而且即使攻下来，也没有好的后续影响。不过，厄利斯的撤军，对于其盟军来说是一大损失。见戈姆《评注》第4卷，第88页；霍氏《评注》第3卷，第163页。

② 霍氏主张将原文中的"τῶν"改为"Τεγεατῶν"，这样意思更显豁。今从。见其《评注》第3卷，第163页。

③ "10万"原文是"δέκα ... μυριάσι（与格）"，就是"10万"，各抄本都很明白，也没有异文。可是有许多学者译成了"10000"，实在令人费解。见霍氏《评注》第3卷，第167页。

④ "领兵离开敌人的土地"原文本为"ἀπάγειν στρατιὰν ἐκ τῆς πόλεως"（"领兵出城"）。有学者将最后一个词改为"πολεμίας"（属格、意思是"敌人的土地"）。理由是，"ἐξάγειν"（现在时不定式）是"领……外出"；"ἀπάγειν"则是"从某地领走……"这一校勘非常精彩，且更合乎逻辑。今从。见霍氏《评注》第3卷，第168页。

⑤ Μαιναλία, Maenalia, 位于忒革亚以西、斯巴达西北面的山区。见格雷夫斯的注。

⑥ Ὀρέσθειον, Orestheum, 霍氏认为应作俄瑞斯塔西翁（Ὀρεσθάσιον, Oresthasium），很可能就是现在的 Ἀνεμοδούρι（Anemodouri）村（在伯罗奔尼撒半岛中部、Megalopoli 东南方）。见霍氏《评注》第3卷，第168—169页。

卡狄亚盟友集合，紧跟他们的脚步，前往忒革亚。全军前进到俄瑞斯忒翁，在那里，他们派六分之一的兵力回国，包括其中最年长的和最年轻的，以保护家国①。余下的军队到达忒革亚。不久，阿耳卡狄亚盟友也到了。4 他们还派人去科林斯、玻俄提亚、波喀斯和罗克里斯，命令赶快赴曼提涅亚增援。但是，对于这些城邦来说，这个通知来得突然。除非相互等待然后集合，要不然就难以穿越敌方的领土（因为它横在中间，阻挡了他们的去路②）。然而，他们还是匆匆往前赶。5 同时，拉刻代蒙人带上在场的阿耳卡狄亚盟友，入侵曼提涅亚，在赫剌克勒斯庙旁扎营，开始蹂躏土地。

65.1 阿耳戈斯人及其盟友看到他们之后，占据了一处陡峭、易守难攻的地点，列阵准备战斗。2 拉刻代蒙人马上发起进攻，一直前进到投石和投枪的射程。然后，一位老兵看见他们攻击的地点易守难攻，冲着阿癸斯大喊：他这是想拿罪过弥补罪过！意思是，他现在急于求成，是想弥补过去从阿耳戈斯撤军的罪责。3 或者是因为这声喊，或者是因为他突然与这位老年人想法一致或有了别的想法，他迅速领军回来，没有交战。4 回到忒革亚，将水流③改道，使之流向曼提涅亚。为了它，曼提涅亚人和忒革亚人交战不休，因为它无论流向哪一方都会造成巨大的破坏④。他的想法是，等［阿耳戈斯人及其盟友］得知这个情况，从山上下来阻止改道，就达到了迫使他们下到平地交战的目的。5 他一整天都待在那里，动手将水流改道。阿耳戈斯人及其盟友先是对这个近距离的突然撤退大吃一惊，不明白其用意何在。接着，等对方撤退到看不见了，他们还是按兵不动，不去追击。这时候，他们又开始责备其将军——以前，拉刻代蒙人在阿耳戈斯城下被截住了，形势极为有利，却让他们逃脱了；现在，敌人逃跑，不去追击，反而按兵不动，敌人平安无事了，而他们被出卖了。6 将军们当时就被一片指责声弄昏了头。随后，指挥军队从山丘上下来，开进平坦地带，在那里扎营，要向敌人发起攻击。

66.1 次日，阿耳戈斯人及其盟友一起列阵，打算一旦与敌人遭遇就

---

① 有学者认为，这里派兵回国是为了防范希洛特，但是前面刚说希洛特都参加出征了，故这里拉刻代蒙人要防范的威胁并不是特定的。见霍氏《评注》第 3 卷，第 169 页。

② 包括忒革亚，还有阿耳戈斯以及曼提涅亚人和俄耳科墨诺斯人的领土。见霍氏《评注》第 3 卷，第 169 页。

③ 直译"水"。

④ 指水患。

以此阵作战。拉刻代蒙人从水流处返回在赫剌克勒斯庙旁的营地，突然发现敌人近在眼前——他们已从山上下来，全体列好了阵。2 这种情况着实让拉刻代蒙人大吃一惊，就他们记忆所及，还没有如此吃惊过。他们用来准备的时间很仓促，马上急急忙忙地排成阵型。按照法律规定，国王阿癸斯指挥一切行动。3 因为国王领兵出征之时，一切命令都由他下达。他下达命令给军事首长①，军事首长再下达给百人长，百人长再下达给五十人长，五十人长再下达给小队长，小队长再下达给小队士兵②。4 因此，如果他们想要下达命令，就通过这种方式进行，迅速传达到士兵。因为几乎所有的拉刻代蒙人的军队，除了极小一部分，军官之下还有军官，命令逐级下达到多数人那里去执行③。67.1 当时，斯喀里泰人④排在左翼，在拉刻代蒙军中只有他们总是占据这一位置。在他们的旁边，是从色雷斯回来的布剌西达斯的旧部⑤以及新获得公民权的希洛特。然后就是拉刻代蒙人自己了，一个连队接一个连队⑥排列着。在他们旁边，是阿耳卡狄亚的赫赖亚人⑦。然后是迈那利亚人。其右翼是忒革亚人，少量拉刻代蒙人位于最右端。骑兵位于两翼之侧。2 拉刻代蒙人就是这样排兵布阵的。其对手让曼提涅亚人占据右翼，因为战事是在他们的土地上进行的⑧。在他们的

---

① 军事首长（πολέμαρχος, polemarch），一共两位。

② ἐνωμοτάρχοις（"ἐνωμοτάρχης"的与格、复数），意思是"一队（ἐνωμοτία）发了誓的士兵的长官"，一个小队共32人。详下文（5.68.3）。

③ 从这里可以看出，斯巴达的军队传令方式是逐级下达，一般，其他希腊城邦的军队是通过传令官或者军号把将军的命令传达给队列长官。但是，也不能说斯巴达的这种传令方式是独一无二的，其他希腊城邦也有类似的形式，只不过其中的级别没分得这么细，效率没有这么高。见戈姆《评注》第4卷，第103页。

④ 见前文译注（5.33.1），斯巴达军中总有他们，主要充当侦察兵或与骑兵配合行动。见戈姆《评注》第4卷，第104页。

⑤ "布剌西达斯的旧部"原文是"Βρασίδειοι στρατιῶται"（主格、复数），不仅包括布剌西达斯征召的700名希洛特志愿者（当重甲兵，见5.34.1译注），还包括他从伯罗奔尼撒雇来的1000名非重甲兵士兵（见4.80.5），总数1700人。"Βρασίδειοι"一词由"Βρασίδας"加后缀"-ειοι"组成，"-ειοι"放在姓名之后，表示"某某的部下"。霍氏认为这个词可作两种解释：含有对布剌西达斯个人崇拜的意味，颇似《伊利亚特》中所说的"阿喀琉斯之麾下"；这个简单直接的构词用来涵盖在伟大的布剌西达斯麾下所有希洛特和非希洛特。见霍氏《评注》第3卷，第175页。

⑥ "连队"原文是"λόχους"（宾格、复数），详下文（5.68.3）。

⑦ Ἡραιής，赫赖亚（Ἡραία, Heraea）人。赫赖亚位于阿耳卡狄亚的最西边，靠近厄利斯边界。见戈姆《评注》第4卷，第104页。

⑧ 前文提及（5.47.7），雅典、曼提涅亚、阿耳戈斯和厄利斯的四方盟约规定，战事在求援邦的土地上进行，她就有指挥权。可是，这几章都没有指出他们这一方的指挥权统一在某一邦手里。曼提涅亚人被安排在右翼，大概是对他们失去这一特权的补偿。见霍氏《评注》第3卷，第177页。

旁边，是其阿耳卡狄亚盟友。然后是1000名挑选出来的阿耳戈斯精兵，该邦长期以来用公帑供给他们进行军事训练。他们的旁边是其他阿耳戈斯人。接着是他们的盟友克勒俄奈人①和俄耳涅埃人②。最后是雅典人，占据左翼，带着他们自己的骑兵。

68.1 这就是双方排兵布阵的情况。拉刻代蒙人的军队看起来要多一些。**2** 但是，我没能准确记下双方各个部分的人数，以及双方的总人数。这是因为，由于拉刻代蒙人的生活方式③不为外人所知④，他们的人数无从知晓⑤；由于人们谈到自己军队的人数时喜欢夸大其词，双方所说的人数也就不可信。然而，用以下的计算方法，可以得出当时拉刻代蒙人的参战人数。**3** 不算600名斯喀里泰人，参战的拉刻代蒙人有7个连队，每个连队有4个"五十人队"⑥，每个"五十人队"有4个小队。每个小队的第一排有4名士兵。就阵型的纵深来说，不是整齐划一的，而要看各连队长的喜好，一般是8排⑦。全军的第一排，除了斯喀里泰人之外，共有448人⑧。

69.1 在交战即将开始之际，各部分人马的将军分别对其部下发表了如下鼓动演说。曼提涅亚人的将军说，这场战斗将是一场为了祖国而进行

---

① Κλεωναῖοι，克勒俄奈（Κλεωναί, Cleonae）人。克勒俄奈位于阿耳戈利斯，掌控涅墨亚节庆和竞技会，所以是前5世纪中期阿耳戈斯人和科林斯人争夺的对象。见霍氏《评注》第3卷，第179页。

② Ὀρνεᾶται，俄耳涅埃（Ὀρνεαί, Orneae）人。俄耳涅埃位于涅墨亚的东南方、阿耳戈斯的西北方。见霍氏《评注》第3卷，第179页。

③ "生活方式"原文是"πολιτείας"（"πολιτεία"的属格），意思是"公民权""公民的生活""政体""政府""国家"等。

④ "τὸ κρυπτὸν"，形容词"κρυπτός"（意思是"掩盖的""秘密的"）的中性、主格加定冠词变成了名词。

⑤ 作者这里坦率地承认所知有限，这也从反方面说明，凡是他明确提出证据的地方是比较可信的。见戈姆《评注》第3卷，第110页。

⑥ πεντηκοστύς，人数是 $32 \times 4 = 128$。

⑦ 可见，一个小队人数是 $4 \times 8 = 32$。

⑧ 斯巴达一方参战总兵力就是 $32 \times 4 \times 4 \times 7 = 3584$，除去希洛特等1个连队，拉刻代蒙人本身的人数是 $32 \times 4 \times 4 \times 6 = 3072$。而他们的对手阿耳戈斯人一方的军队达11000人左右（单单阿耳戈斯人就达6000），所以这一数字差得太多了。如何解释？色诺芬在《拉刻代蒙人的政制》（11.4）中指出，拉刻代蒙人的军队单位中还有一级：团（μόρα, mora）。他说，斯巴达军队有6个团，每个团有4个连队，如果将"4"校订为"2"，那么，就有12个连队，正好就是上述6个连队的一倍。因此，斯巴达军队自身的人数将是 $3072 \times 2 = 6144$。这个数字加上斯喀里泰人、布拉西达斯的旧部和新获公民权的希洛特，还有盟友等，就比对方多了。关键是修昔底德很可能漏算了"团"这一级，这是其著作的一大失误。见霍氏《评注》第3卷，第180—181页。

的战斗，一场关系到统治别人或者被人奴役的战斗。统治别人和被人奴役这两种滋味他们都尝过，那么前者不应被剥夺，后者不应再去经历。阿耳戈斯人的将军说，古时候，他们是霸主，后来在伯罗奔尼撒与人平起平坐①，长期以来这一地位被剥夺了，现在应该夺回来；同时，他们屡屡遭受邻人兼仇敌的戕害，现在应该报仇雪恨。雅典人的将军说，同许多勇敢的盟友并肩作战是一件荣耀的事，要勇于争胜；如果在伯罗奔尼撒打败了拉刻代蒙人，他们的帝国就更安稳，范围也更大②，谁都不能再侵入他们的土地。2 阿耳戈斯人及其盟友的鼓动就是这样的。在拉刻代蒙人一方，各路人马都作了鼓动；拉刻代蒙人自己是勇敢之士，他们按照自己的作战习惯③进行鼓动，内容不过是提醒他们熟知的东西。每个人都知道，战前长期的训练比起热烈的临阵鼓动要管用得多④。

70. 在这之后，交战开始。阿耳戈斯人及其盟友急促地、愤怒地前进，而拉刻代蒙人则听着许多簧管手吹出的曲调缓慢前进——这些簧管手按照惯例就安排在行列中——目的不是敬神，而是让军队踏着节奏前进，保持队形，大军向前推进时往往如此。**71.1** 在两军相向逼近之时，国王阿癸斯决定进行如下调整。所有的军队在交战时，其右翼总要突出去一些，双方都用自己的右翼去包抄对方左翼。因为每一名士兵都担心他没有盾牌保护的一侧，他要尽可能将这一侧置于他右侧的士兵的盾牌保护之下。他觉得盾牌与盾牌越挨得紧，他的右侧就保护得越好。右翼的第一个士兵要为此负主要责任，他总是把自己没有盾牌保护的一侧避开敌人，其他人也害怕这一点，就效仿他⑤。2 当时，曼提涅亚人用其右翼远远地突出去包抄斯喀里泰人；拉刻代蒙人和忒革亚人也突出去更远，包抄雅典

---

① 指的是两个神话：狄俄墨得斯（Διομήδης，Diomedes）和阿伽门农都做过阿耳戈斯的国王；后来，赫刺克勒斯后裔将伯罗奔尼撒一分为三，阿耳戈斯便是其中第一个。见霍氏《评注》第3卷，第183页。

② 此战并不能直接使雅典帝国扩张，但是如果排除了斯巴达的干涉，雅典帝国的扩张就更容易了。见霍氏《评注》第3卷，第184页。

③ 原文是"μετὰ τῶν πολεμικῶν νόμων"。也有许多学者认为这里的"νόμων"（"νόμος"的属格、复数）作"歌曲""曲调"解。句子的意思是"唱着战歌"。霍氏认为此说未必就是定论，还是有争议的。参见霍氏《评注》第3卷，第184页。

④ 这句话既是拉刻代蒙人的想法，又是作者的观点，似乎说明阵前鼓动确实是古希腊战争的一个惯例。见霍氏《评注》第3卷，第185页。

⑤ 这一段话非常有助于我们理解重甲兵方阵的战术。每个人都极力向右靠拢，整个方阵就有向右"漂移"的现象。见霍氏《评注》第3卷，第187页。

人，因为他们军队的人数更多。3 因此，阿癸斯害怕其左翼被包围，觉得曼提涅亚人的包抄凌厉。他下令给斯喀里泰人和布剌西达斯的旧部，要他们从大部队中突出去，以与曼提涅亚人的阵线平齐。然后，传令给军事首长希波诺伊达斯和阿里斯托克勒斯，从右翼带两个连队过来，冲上去填补留下的空当。他认为自己的右翼仍然兵力充裕，面对曼提涅亚人的战线却更稳固了。72.1 他是在发动进攻的当口下达命令的，而且很突然，阿里斯托克勒斯和希波诺伊达斯拒绝过来——后来，他们因此罪责被从斯巴达放逐，斯巴达人认为他们临阵怯懦——而敌人抢先上来交战了。由于那两个连队不过来填补斯喀里泰人留下的空当，阿癸斯命令斯喀里泰人返回原来的位置，但他们还是填补不了空当。2 然而，最为突出的一点是，尽管拉刻代蒙人在战术技巧方面完全不在行，但是他们单靠勇敢就能取得胜利。3 与敌人交战之后，右翼的曼提涅亚人打败了斯喀里泰人和布剌西达斯的旧部。曼提涅亚人及其盟友和1000名阿耳戈斯精兵冲进那个没有填满的空当，包围、杀戮拉刻代蒙人，将其击溃，驱逐至大车那里，杀死了一些布置在那里守卫的老年人。4 在这个区域，拉刻代蒙人被击败了。但是在其他区域，尤其是中军，那里有王阿癸斯和他周围的所谓300名"骑士"①，扑向阿耳戈斯的老年士兵——被称为"五个连队"②——以及克勒俄奈人和俄耳涅埃人，还有其旁的雅典人，击败了他们。许多人甚至没等到交手，拉刻代蒙人一上来就披靡，还有人在逃避敌人包抄的过程中遭到践踏。

73.1 在中间这个区域，阿耳戈斯人及其盟友已经放弃抵抗，其阵线断为两截。同时，拉刻代蒙人和忒革亚人构成的右翼向雅典人包抄过去，要围住他们。雅典人陷入双重危险，其左侧被包抄，其中央已被打败。要不是有骑兵相助，他们就是全军中遭遇最惨的。2 阿癸斯看到其左翼在苦战，他们面对的是曼提涅亚人和阿耳戈斯人的1000名精兵，下令全军去支援吃了败仗的部分。3 全军便去支援。这时候，由于敌军避开雅典人转

---

① 详见希罗多德《历史》（8.124.3），这些人是重甲兵，不是骑兵。也许在重甲兵之前的时代，斯巴达的国王真有一群年轻的骑兵充当卫士，后来骑兵不重要了，但其名称保留下来。见戈姆《评注》第4卷，第121页。

② 也许是一个词"五连队"，对此作者没有透露什么信息。人们自然会把它与前文提及的阿耳戈斯的"5个将军"联系起来（5.59.5），在前5世纪上半叶，阿耳戈斯有4个部落，后来可能有所变化。见霍氏《评注》第3卷，第190页。

移，雅典人从容得救，跟他们在一起的还有那些被打败了的阿耳戈斯人。而曼提涅亚人及其盟友和阿耳戈斯人的精兵不再有乘胜追击的念头，他们看到自己的盟友被打败，拉刻代蒙人向他们进逼，就转身逃跑。4 曼提涅亚人损失惨重，而阿耳戈斯人的精兵大部分得以保全。然而，逃跑和撤退的一方没有遭穷追猛打。因为拉刻代蒙人战斗起来，长时间毫不动摇，直到敌人溃败为止；但一旦敌人溃败，只追击一小段时间和一段不长的距离。

74.1 这场战役就是这样，其具体经过大致不差。在很长的一段时间里，它是希腊最大的一场战役，爆发于最著名的城邦之间①。2 拉刻代蒙人在敌人的尸体前停下②，立即竖立却敌纪念柱，剥去尸体上的武器盔甲。收回自己的尸首，运到忒革亚，在那里埋葬。并在休战协议的保证下交还敌方尸体。3 阿耳戈斯人、俄耳涅埃人和克勒俄奈人有700人战死，曼提涅亚人有200人战死，雅典人加上埃癸娜人③有200人战死，包括雅典人和埃癸娜人的将军④。至于拉刻代蒙人一方，其盟友没有遭受什么值得一提的损失；他们自己——难以了解到真实情况——据说战死了大约300人。

75.1 就在战斗即将爆发之时，另一位国王普勒斯托阿那克斯带领一支增援部队，由最年长的和最年轻的士兵组成，一直赶到了忒革亚，听到胜利的消息后，撤回了。2 拉刻代蒙人派人去见来自科林斯和地峡之外的盟友，请他们返回。他们自己也撤军，并让盟友回去，然后庆祝节日（因为当时恰逢他们的卡耳涅亚节⑤）。3 当时希腊人对他们的种种指责，比如由于斯帕克忒里亚岛的灾难而说他们怯懦，其他如优柔寡断、行动迟缓，都被这一场战役一扫而空了。人们认为，厄运曾使他们低头，但其精神依然如一。

---

① 这句话有好几个最高级，令人目眩，逻辑上说不通。如"很长的一段时间"，原本为"最长的一段时间"，这里变通处理了。另外，作者把这场战役与以前哪一场战役相比呢？大概是前458年的塔那格拉战役（见前文1.107），那场战争距此时约40年，参战的城邦有雅典、斯巴达、阿耳戈斯等，仅雅典一方就有14000人。见霍氏《评注》第3卷，第191页。

② 等着敌方来请求收尸，那敌方就自认是战败者。见格雷夫斯和福勒的注。哈蒙德和迈诺特的译本作"展示取自敌人尸体上的武器"。

③ 指雅典派到埃癸娜的殖民者（见2.27.2；7.57.2）。见霍氏《评注》第3卷，第191页。

④ 指拉刻斯和尼科斯特剌托斯，见前文（5.61.1）。

⑤ 见前文译注（5.54.2）。

4 在这场战役的前一天,厄庇道洛斯人以全军入侵无人防守的阿耳戈斯——因为阿耳戈斯人已开走——杀死许多留守士兵。**5** 3000 名厄利斯重甲兵前来援助曼提涅亚人,还有一支 1000 名雅典增援部队,他们都没有赶上这场战役。所有这些盟友立即向厄庇道洛斯进军——趁拉刻代蒙人正在过卡耳涅亚节——分配筑墙任务,将厄庇道洛斯围住。**6** 其他人没有干完,雅典人却一口气完成了指派给自己的任务,即在赫拉庙海岬建筑要塞①。各盟邦都在这个要塞留下守军,然后各回各邦。这个夏季结束了。

76.1 接下来的冬季一开始,过完卡耳涅亚节的拉刻代蒙人就出征了②,到达忒革亚,向阿耳戈斯提出和解建议。**2** 此前,在阿耳戈斯就有一个亲斯巴达的党派,他们想要推翻民主政体;这场战役之后,他们更有能力说服民众与拉刻代蒙人达成协议。他们想先订立和约,再与拉刻代蒙人结成同盟。结盟之后,再向民众进攻。**3** 阿耳戈斯人在拉刻代蒙的权益保护人、阿耳刻西拉斯之子利卡斯③来到了阿耳戈斯,他从拉刻代蒙人那里带来了两方面的建议:如果他们愿意开战的话,那就开战;如果他们愿意和平,那就和平。经过激烈辩论(阿尔喀比阿得斯正好在场)④,那些里通拉刻代蒙的人已经敢于公开行动,劝说阿耳戈斯人接受和解建议。其内容是这样的:

77.1 "拉刻代蒙人的公民大会同意按照下面的条款与阿耳戈斯人订立条约:阿耳戈斯人应将儿童交还俄耳科墨诺斯人⑤,应将人员交还迈那利亚人⑥,并将在曼提涅亚的他们手中的人员交还拉刻代蒙人⑦。应从厄庇

---

① 雅典人把这个海岬建成了一个要塞,它独立于包围厄庇道洛斯城的围墙。该围墙由阿耳戈斯人和厄利斯承建,但没有完成。此要塞用作占据未完围墙的基地,以及威胁厄庇道洛斯城。前文(4.129—130)提及,门得人在其城外占据一座山丘,前来攻城者必须先攻下此山丘。情形如此相仿,可供参考。见戈姆《评注》第 4 卷,第 130 页。
② 卡耳涅亚节结束于秋季之初,距离冬季还有 6 周,因此不是节日一结束就采取行动,而是冬季一开始就采取行动。见戈姆《评注》第 4 卷,第 130 页。
③ 见前文译注(5.50.4)。
④ 见下文译注(5.78)。
⑤ 前文提及俄耳科墨诺斯交出了人质(5.61.5),但是没说是儿童,不过,在古希腊儿童做人质的情况并不鲜见。见霍氏《评注》第 3 卷,第 197 页。
⑥ 前文并未提及有关迈那利亚人的人质的事,但是提到过有些迈那利亚人在斯巴达战阵中(5.67.1),而有些迈那利亚人是曼提涅亚人的盟友(霍氏的观点)(5.67.2),因此,迈那利亚人内部是分裂的。这里说的人质应是亲斯巴达的一派交出的。见霍氏《评注》第 3 卷,第 197 页。
⑦ 指拉刻代蒙人原来置于俄耳科墨诺斯的阿耳卡狄亚人质,他们后来被转移到了曼提涅亚(5.61)。

道洛斯撤走，拆毁工事①。2 如果雅典人不从厄庇道洛斯撤走，那他们应是阿耳戈斯人和拉刻代蒙人的敌人，也是拉刻代蒙人的盟邦和阿耳戈斯人的盟邦的敌人。3 如果拉刻代蒙人握有任何儿童人质，就应该将他们交还其所来自的城邦。4 关于给神②的祭品，如果他们③愿意，就应要求厄庇道洛斯人宣誓；否则，应自行宣誓④。5 伯罗奔尼撒的城邦，不论大小，按照传统，应是独立自主的。6 如果有人从伯罗奔尼撒之外侵犯伯罗奔尼撒的领土，伯罗奔尼撒人应共同商议，采取一切他们认为合适的方式自卫⑤。7 伯罗奔尼撒之外的所有拉刻代蒙人的盟邦，应与拉刻代蒙处于平等的地位，阿耳戈斯人的盟邦应〈与阿耳戈斯处于平等地位〉；应占据她们现在的领土。8 此条约应向盟邦出示，如果她们同意，应订立。如果盟邦提出意见，应将意见送回拉刻代蒙⑥。"

78. 阿耳戈斯人首先接受了这项建议，拉刻代蒙人的军队从忒革亚撒退回国。此后，双方重新开始外交往来。不久，还是那些人⑦再次提议，阿耳戈斯人终止与曼提涅亚人、厄利斯人和雅典人的盟约，与拉刻代蒙人订立和约和结盟。其内容如下：

79. 1 "拉刻代蒙人和阿耳戈斯人决定按照以下条款订立和约和结成同盟，为期50年：双方应按照传统，诉诸平等、公正的仲裁⑧。应让伯罗

---

① 不仅包括海岬上的要塞，而且包括绕厄庇道洛斯的围墙（见前文5.75.6）。见霍氏《评注》第3卷，第136页。

② 指阿波罗。

③ 指阿耳戈斯人。

④ 这一条涉及厄庇道洛斯人与阿耳戈斯人的宗教争端，当事方可能进行了长时间的谈判，才得到这个简单的结果；具体争端如何，我们不得而知。见戈姆《评注》第4卷，第137页。"要求厄庇道洛斯人宣誓"直译是"提供誓言给厄庇道洛斯人"。前文提到类似的情况，厄利斯人曾要求拉刻代蒙人对宙斯发誓，誓言是厄利斯人规定的（5.50.1）。见霍氏《评注》第3卷，第199页。

⑤ 公元前6世纪组成的斯巴达同盟既针对阿耳戈斯，又针对伯罗奔尼撒之外的城邦，现在斯巴达与阿耳戈斯联合起来了，保卫伯罗奔尼撒就成了其方便的旗号，其矛头当然是指向雅典的。见戈姆《评注》第4卷，第138页。

⑥ 直译"送回家"。今从霍氏。见其《评注》第3卷，第200页。

⑦ 作者这里主要只考虑到亲斯巴达的阿耳戈斯人。但是拉刻代蒙人利卡斯应该包括在内，他作为阿耳戈斯在斯巴达的权益保护人，自然会留在阿耳戈斯观察动向，而阿尔喀比阿得斯因为辩论失败，大概已经回雅典了。见霍氏《评注》第3卷，第201页。

⑧ 意思是"如有争端，应诉诸平等、公正的仲裁"。下同。

奔尼撒的其他城邦加入此和约和同盟，她们应是自主的、独立的①，按照传统占据各自的领土，诉诸平等、公正的仲裁。**2** 伯罗奔尼撒之外的所有拉刻代蒙人的盟邦，应与拉刻代蒙处于平等地位，阿耳戈斯的盟邦应与阿耳戈斯处于平等地位；她们应占据自己的领土。**3** 如果需要共同出征某地，拉刻代蒙人和阿耳戈斯人应一同商议，确定对盟邦最公正的方案②。**4** 任何城邦，在伯罗奔尼撒之内或者之外，如果就领土或者其他问题产生争端，应作出〈如下〉裁决：如果一个盟邦与另一个盟邦产生争端，她们应去双方都认为秉持公正的城邦那里③；私人纠纷则按照传统予以裁决④。"

80.1 和约就这样订立了，同盟就这样缔结了。双方交出通过战争或者其他方式占有的⑤。双方现在共同处理事务，他们投票决定，不接受雅典派来的传令官和使节，除非雅典人放弃要塞⑥，从伯罗奔尼撒撤走；不与敌人媾和或者交战，除非双方一起与敌媾和或交战。**2** 他们不仅积极地处理其他事务，还分别派遣使节去色雷斯地区和珀耳狄卡斯那里，劝珀耳狄卡斯宣誓与他们结盟。珀耳狄卡斯没有立即叛离雅典，却考虑这么做，因为他看到阿耳戈斯人这么做了——他本人的祖先来自阿耳戈斯⑦。他们更改了与卡尔喀斯人的旧誓⑧，重发新誓。**3** 阿耳戈斯人还派使节到雅典，

---

① "自主的、独立的"原文是"αὐτόνομοι καὶ αὐτόπολιες"。"αὐτόνομοι"（复数）意思是"在自己的法律下生活的""独立自主的"；"αὐτόπολιες"意思是"自主的城邦""独立的城邦"。两者语义有所重复。有学者认为后一个词不需要，也有学者认为表示强调。因为拉刻代蒙人惦记着曼提涅亚人控制着阿耳卡狄亚城邦、厄利斯人控制勒普瑞翁等，意欲迫使他们放弃控制权。见霍氏《评注》第 3 卷，第 202 页。

② 这句话中的"共同"比较含糊，是指拉刻代蒙人和阿耳戈斯人？还是指整个伯罗奔尼撒同盟？也许是故意为之。不过，毫无疑问，这个同盟是拉刻代蒙人和阿耳戈斯人主导的。"方案"一词为译者补充，这句话的意思是由拉刻代蒙人和阿耳戈斯人来确定各盟邦出兵份额。见霍氏《评注》第 3 卷，第 202 页。

③ 这一段话原文有些不通，故有学者主张将原文中的"διακριθῆμεν. αἱ δέ τις...ἄντινα...πολίεσσι"改为"διακριθῆμεν <ἆδε> αἱ τις...ἄν τινα...πόλεσι"。霍氏表示赞同。今从。见霍氏《评注》第 3 卷，第 203 页。

④ 这里所说的"私人纠纷"是指一邦公民因与另一邦的公民发生纠纷，需要到另一邦的法庭打官司。见戈姆《评注》第 4 卷，第 144 页。

⑤ 包括土地和俘房。见戈姆《评注》第 4 卷，第 145 页。

⑥ 不仅包括雅典在厄庇道洛斯的要塞，而且包括皮罗斯和库忒拉。见戈姆《评注》第 4 卷，第 145 页。

⑦ 见前文（2.99.3）。

⑧ 见前文（5.31.6）。

要求他们从厄庇道洛斯的要塞撤走。雅典人看到那里自己守军人数少，其他守军人数多，就派得摩斯忒涅斯去带领他们的守军撤出。他到达之后，借口要在要塞外搞一场体育竞赛，等到其他守军出了要塞，就关上要塞大门。随后，雅典人重订了与厄庇道洛斯的和约，自己将要塞交还他们了①。81.1 阿耳戈斯人退出同盟之后，曼提涅亚人先是坚持留在同盟里，接着发现自己没有阿耳戈斯人就无力坚持下去，于是与拉刻代蒙人达成和约，放弃了对那些城邦②的统治。2 拉刻代蒙人和阿耳戈斯人，各出1000人，一同出征。拉刻代蒙人首先单独行动，在西库翁建立了一个范围更窄的寡头制政府。然后，他们与出征的阿耳戈斯人联合，推翻了阿耳戈斯的民主政体，建立起一个亲拉刻代蒙人的寡头政体。这些事件发生于冬末春初之际。这场战争的第14年结束了。

82.1 接下来的夏季，阿托斯山上的狄翁人叛离了雅典，投奔卡尔喀斯人。拉刻代蒙人以比以前更有利于自己的方式处理阿卡伊亚的事务。

2 阿耳戈斯的民众派③逐渐积蓄力量，重新鼓起向寡头派进攻的勇气，等候拉刻代蒙人举办裸体青年竞技会④的时机。一场战斗在城里爆发，民众派取得胜利，寡头派有些被杀，有些被逐。3 亲拉刻代蒙的阿耳戈斯朋友派人来请拉刻代蒙人，好长一段时间他们置之不理，但最终还是推迟了裸体青年竞技会，赶去救援。在忒革亚，他们得知寡头派已经失败，就拒绝继续前进，不顾逃亡者请求，撤军回国，举行裸体青年竞技会。4 后来，阿耳戈斯城内派出的使节和城外流亡者的使节都抵达了，拉刻代蒙人的盟邦也在场。在双方都发表了许多看法之后，拉刻代蒙人判定错在阿耳

---

① 这里作者交代了一点细节，却语焉不详。首先，得摩斯忒涅斯这样做的目的是要单独将此要塞交还给厄庇道洛斯人，为订立和约争取更有利的条件。最后一句话中的"自己"，表示强调，意思是不想与原来的盟邦一起将此要塞交还；同时，想表明自己交还要塞并非出于强迫，这样为自己保住颜面。但是，得摩斯忒涅斯如何让其他城邦的守军都出去，而把自己的人马留在要塞内？我们无从得知。见戈姆《评注》第4卷，第147页；霍氏《评注》第3卷，第205—206页。

② 阿耳卡狄亚地区的帕剌西亚等城邦，见前文（5.29.1；5.39；5.62.1）。

③ "民众派"原文是"$δῆμος$"，前文译为"民众"，这里为行文方便改译。紧接着的"寡头派"（"$ὀλίγοι$"）也是如此。

④ $γυμνοπαιδίαι$，为纪念堤瑞亚（$Θυρέα$，Thyrea）战役（堤瑞亚位于伯罗奔尼撒，这是阿耳戈斯人与拉刻代蒙人之间的战役）中的阵亡将士而设，每年夏天最炎热之时（7月份）举行，由青年裸体表演舞蹈和体育比赛，历时4天。后期，此竞技会也用来纪念温泉关战役中牺牲的英雄。

戈斯城内一方，并决定征伐阿耳戈斯。但又拖拖拉拉，耽误时间。**5** 与此同时，阿耳戈斯的民众派由于惧怕拉刻代蒙人，再次转而与雅典人结盟，他们认为这是最为有利的策略。还开始修筑长墙直到海边。其目的是，一旦陆路被切断，在雅典人的帮助下，可以从海上输入所需。**6** 伯罗奔尼撒的一些城邦对筑墙的事私下知情①。阿耳戈斯人全民出动，男人、妇女和奴隶，动手筑墙。雅典派来了木匠和石匠。这个夏季结束了。

83.1 接下来的冬季，拉刻代蒙人得知筑墙的事情之后，与盟邦一起征伐阿耳戈斯——科林斯人除外。阿耳戈斯内部有亲他们的人做内应。拉刻代蒙人的王、阿耳喀达摩斯之子阿癸斯率领这支军队。**2** 虽然他们期望的内应之助落了空，但是他们夺取并拆毁了修筑中的城墙，并夺得了阿耳戈斯领土上的一个地方许西埃②，把他们捉到的自由人全都杀掉③。然后，撤军回国，解散，各回各邦。**3** 在这之后，阿耳戈斯人出征普勒乌斯领土，蹂躏土地，然后离开了。因为该地接收其流亡者，许多流亡者居住于此。**4** 这个冬季，雅典人封锁马其顿人④。他们指责珀耳狄卡斯与阿耳戈斯人和拉刻代蒙人合谋，以及在他们做好了准备领军出征色雷斯的卡尔喀斯人和安庇波利斯——由尼刻剌托斯之子尼喀阿斯任将军——之时，珀耳狄卡斯已经背弃了与雅典的同盟。这次出征主要由于他的离开⑤无果而终，因此他成了敌人。这个冬季结束了。这场战争的第 15 年结束了。

84.1 接下来的夏季，阿尔喀比阿得斯以 20 艘战舰驶至阿耳戈斯，抓了 300 名阿耳戈斯人，这些人仍然被认为可疑和亲拉刻代蒙人。雅典人把

---

① 很可能有曼提涅亚人和厄利斯人，他们乐见阿耳戈斯抵消一些斯巴达的势力。见霍氏《评注》第 3 卷，第 212 页。

② Ὑσιαί, Hysiae，位于从阿耳戈斯到忒革亚的路上，靠近边境。前 669 年，阿耳戈斯人曾在这里大胜拉刻代蒙人。见戈姆《评注》第 4 卷，第 152 页。前文还提及一个许西埃（3.24.2），在玻俄提亚。

③ 对此暴行，作者一笔带过，没作解释。见霍氏《评注》第 3 卷，第 213 页。

④ "封锁"原文是"κατέκλησαν"（不定过去时），意思是"关闭""封锁"。马其顿地域辽阔，从陆上封锁是不可能的，所以应是从海上封锁。根据铭文材料，雅典似乎在这一带有舰队（修昔底德本人没有提及），即便如此，由于马其顿不是一座岛屿，封锁起来恐非易事，所以有学者试图改动原文，但也不易说通。还有学者认为是关闭那里的市场。见戈姆《评注》第 4 卷，第 153 页；霍氏《评注》第 3 卷，第 214 页。

⑤ "离开"原文是"ἀπάραντος"（"ἀπαίρω"的不定过去时分词）。一般认为，这里有讹误或阙文。因为修昔底德只用此词表示"（舰队的）开走"。有学者建议改为"ἀποστάντος"（"叛离"）或"ἀπαρνηθέντος"（"拒绝"）等。阿尔伯蒂的校勘本作"ἐπάραντος"（"激励""劝说"），但未作解释。见戈姆《评注》第 4 卷，第 154 页；霍氏《评注》第 3 卷，第 215 页。

他们置于受他们控制的邻近的岛屿①上。雅典人还出征墨罗斯，带自己的 30 艘、喀俄斯的 6 艘和勒斯玻斯的 2 艘战舰，还带有自己的 1200 名重甲兵、300 名弓箭手和 20 名骑马弓箭手，以及盟邦和岛邦的将近 1500 名重甲兵。2 墨罗斯是拉刻代蒙人的殖民地②，他们不愿意像其他岛民那样屈服于雅典人。起初，他们两边都不参与，保持中立；后来，当雅典人以蹂躏其领土相胁迫时，他们就公开走向战争了。3 于是，雅典人的将军，吕科墨得斯之子克勒俄墨得斯和忒西马科斯之子忒西阿斯，让这支军队驻扎于墨罗斯人的土地。在破坏其领土之前，雅典人先派遣使节谈判。墨罗斯人没将他们领到人民面前，而是命令他们当着官员③和少数当权者④的面，说明为何而来。**85.** 雅典使节这样说道："你们不让谈判当着人民的面举行，其目的是让我们不能直接地、不被打断地对人民发表演说，用充满诱惑力、驳不倒的言辞蒙骗他们（因为我们知道，你们带我们到少数人面前来就是出于这个考虑）。因此，你们这些坐在这里的人使出的手段真是万无一失啊！⑤ 那么，你们同样不要就每一点都来一通演说，只能就你们不满意的地方，对我们的发言随时予以评判。首先，说说你们对我们的这个建议是否满意？"**86.** 参加会谈的墨罗斯人回答说："我们双方心平气和地交换意见，这是公平合理的，无可指摘。但是，现在战争不是未来的事，而就迫在眉睫，这与心平气和的讨论格格不入啊！我们看到，你们自己前来当我们的裁决人，评判将要讨论的事情，那么，讨论的结果很可能就是——如果我们在辩论中证明公正在自己一边，并因此拒不投降，那就会招致战争；反之，如果我们在辩论中被你们说服，那就会陷于奴役的境地。"

87. 雅典人：不！如果你们抱着对未来的幻想来讨论，或者，如果你们跟我们见面带有其他目的，而不是面对着目前的困境，商议如何保全自

---

① 指靠近阿提卡和优卑亚的岛屿，很可能有刻俄斯岛（下文 7.57.4 提及该岛）。见霍氏《评注》第 3 卷，第 226 页。
② 直译"墨罗斯人是拉刻代蒙人派出的殖民者"。
③ 议事会的成员。见霍氏《评注》第 3 卷，第 230 页。
④ 原文是"ὀλίγοις"（与格、复数），意思是"少数人"。我们不知道墨罗斯政体的详情。前文说"……领到人民面前"，大概墨罗斯有公民大会，但很少开会，只因特殊事项，应议事会的请求召开。这里的少数人肯定是少数特权者。见戈姆《评注》第 4 卷，第 159 页。
⑤ 直译"你们这些坐在这里的人采取了更加稳当的行动"。

己城邦，那我们就停止讨论①；若否，我们就讨论下去。

88. 墨罗斯人：人们身处我们现在这样的境地，心生许多念头，竭力为自己辩护②，都是自然的事情，也是可以原谅的。然而，此会谈的确关乎我邦之生死存亡，因此，如果你们满意，让会谈按照你们建议的方式进行吧。

89. 雅典人：那好，我们就不找漂亮的借口长篇大论，诸如，我们击败了波斯人，所以我们有权统治一个帝国；我们现在攻打你们是因为受到了你们的伤害。你们不会相信。同样，我们希望你们别想用这样的话来说服我们：尽管你们是拉刻代蒙人的殖民者，但是没有与他们一起征战③，或者你们没有伤害过我们。因此，希望我们双方根据自己真实的想法，去做成可能做到的事④。你我都知道，在讨论人类事务之时，只有具备相应的武力为后盾才能有公正可言；强者为其所能为，而弱者步步迁就。

90. 墨罗斯人：照我们看来，无论如何，你们不要毁掉希腊的共同利益⑤，这样是有利的（我们不得不谈及利益，因为你们已经将正义抛到一边，把利益放在第一位）。也就是说，对于每一个身处险境的人来说，理应得到公平的对待。即使他的辩解虽然有力，但不是无懈可击的，还是应该得到一些好处。这一点与我们利益攸关，也与你们利益攸关。因为如果你们失败了，不仅将招致严厉的报复，而且将成为前车之鉴。

91. 1 雅典人：我们的帝国的终结，如果它的确会告终的话，也不是什么我们为之懊丧的事。那些统治他人的人，像拉刻代蒙人，对待被打败的敌人并不严酷⑥（不管怎样，我们现在不是在与拉刻代蒙人辩论）。真正的危险来自我们的许多盟邦，她们起来攻打、战胜自己的主人。**2** 你们要我们冒的就是这种危险。我们到这里来是为了自己帝国的利益，现在我

---

① 雅典人的意思是，墨罗斯人在大军压境的情况下，最好识时务，不要有不切实际的幻想。
② 直译"转向许多说辞和想法"。
③ 有学者译为"没同雅典人一同出征"。今从霍氏。见其《评注》第 3 卷，第 233 页。
④ 意思是不要被漂亮的言辞所误导。
⑤ "毁掉希腊的共同利益"原文是"καταλύειν...τὸ κοινὸν ἀγαθόν"，"希腊的"系译者所加。意思是，雅典人开了一个坏头，日后若有人效仿，整个希腊世界便会弱肉强食，大家都难以幸免。
⑥ 这句话是不是作者在战争结束之后写的？战后，拉刻代蒙人对雅典的处置确实比较克制，但绝不仅仅出于宽宏大量，其动机很多。最强烈要求毁灭雅典的是科林斯人和忒拜人。所以这里的说法有对有错。见霍氏《评注》第 3 卷，第 235 页。

们来谈判也是为了你们的城邦的生存。把话挑明了，我们就想不费事地统治你们：保住你们的性命，符合我们双方的利益。

92. 墨罗斯人：你们统治我们对你们有益，怎么说我们受奴役反而对我们有益呢？

93. 雅典人：因为服从我们以免遭受最可怕命运，对你们是有益的；而不毁灭你们，我们也可从中获益。

94. 墨罗斯人：这么说，你们不同意我们与你们和平相处，做你们的朋友而不是敌人，保持中立吗？

95. 雅典人：是的。因为你们的友谊反而比你们的敌对对我们的伤害更大，在我们的属邦看来，你们的友谊证明了我们的软弱，而你们的仇恨却证明了我们的力量。

96. 墨罗斯人：你们的属邦如此看待公正，以至于把那些跟你们根本没有血缘关系的城邦，以及那些主要由你们派遣的殖民者组成的城邦——其中有些还叛离了你们，又被你们制服了——归入同一类吗？①

97. 雅典人：她们不怀疑这两类城邦都有冤屈要申。但是，她们把它看作一个实力问题——如果那些独立的城邦②能生存下来，那是我们出于恐惧而没去攻打她们。那么，通过征服你们，除了能扩展我们的帝国，我们还可以稳固自身的安全。就因为我们主宰着海洋，你们却是岛民，而且国小力弱，所以我们决不会让你们逃脱。

98. 墨罗斯人：但是，你们认为，我们提出的中立政策不安全吗？如同你们阻止我们讨论公正的问题，并劝我们服从于你们所说的利益，那么，我们也要告诉你们哪些合乎我们的利益，还要努力说服你们采取这一立场，如果这一立场刚好也合乎你们的利益。现在还有几个中立的城邦，你们想把她们都变成自己的敌人吗？一旦她们看到了我们今天的下场，就会认定你们终有一天会收拾她们。这不是在增强你们已有的敌人的力量吗？不是在逼迫那些从未有此念的城邦做你们的敌人吗？

---

① 上文刚刚说过，雅典人认为，在他们的属邦看来，与墨罗斯人友好是自身软弱的证明。这里要补充的是，墨罗斯人与雅典人没有血缘关系，与拉刻代蒙人有血缘关系。那么，雅典的属邦在血缘关系上是否有所顾忌呢？于是，墨罗斯人马上提出了这个问题。不过，这个设问有不合事实之处。雅典的盟邦绝大部分是伊俄尼亚族，与雅典人有血缘关系，但也有非伊俄尼亚城邦，密提勒涅人（叛离过雅典人，又被制服）就是埃俄利斯族。参见戈姆《评注》第4卷，第167—168页；霍氏《评注》第3卷，第237页。

② 这些城邦属于前文说的与雅典没有血缘关系的城邦。

99. 雅典人：不是这样的。因为我们认为更危险的不是内陆居民——他们因其自由，故在应对我们攻击时行动迟缓①——而是少数不受我们统治的岛民，就像你们，以及那些在我们统治的压迫下已经满腹怨言的人们。因为他们才最有可能诉诸不计后果的行动，不仅自己还带上我们，明知有危险还要往危险里面闯。

100. 墨罗斯人：确实，那么，如果你们冒如此巨大的危险维护你们的帝国，而你们的属邦冒如此巨大的危险来摆脱它，那么，对于还处在自由之中的我们来说，在陷入奴役之前不竭力一搏，就是卑劣之极、怯懦之极了！

101. 雅典人：不对，如果你们明智地考虑问题的话。因为，这不是一场事关谁好汉谁孬种②的平等的竞争，不要自取其辱！你们应该多考虑你们的生死存亡，不要抵抗比你们强大得多的军队！③

102. 墨罗斯人：但是，我们知道，兵戎之事有时运气均等，并不一定有利于人数多的一方。对我们来说，现在投降，就没有半点希望；但如果作出努力，则还有希望昂首挺立于世。

103.1 雅典人：对于身处危险之中的人们，"希望"是一种心理慰藉。如果他们还有别的东西可以指望，她的害处就不是致命的；但是，对于那些孤注一掷的人来说（因为"希望"就其本性是很大方的④），只有在失败来临之时，才会认识到"希望"的本来面目；等到她的本来面目被人识破之时，就无力防范她了。2 你们实力弱小，命悬一线，就别想着尝试此失败的滋味了。也不要像普通大众那样，他们在困厄之中，失去了切切实实的希望之时，就转向渺茫的"希望"⑤，即预言和神谕，以及其他用"希望"将人们引向灭亡之途的东西；其实，要是他们识时务，还

---

① 这里所说的"自由"是什么意思？学者们有不同的观点。有一种观点认为，人民自由意味着该邦是民主政体，反之就是独裁政体，而民主政体诉诸人民，有较多的程序，所以行动要迟缓一些，这在当时是常识，所以作者没有解释。今从。见 Colin Macleod, *Collected Essays*, Oxford：Clarendon Press，1984，p. 59。

② "事关谁好汉谁孬种"原文是"περὶ ἀνδραγαθίας"，直译"关于男子汉美德的""关于英勇的"。

③ 最后这句话是这篇对话的核心。见霍氏《评注》第 3 卷，第 240 页。

④ 这段话将"希望"拟人化了，这句话的意思是，人们总是对未来寄予很多希望。

⑤ 直译"看得见的希望""看不见的希望"。

是能得以保全的①。

104. 墨罗斯人：我们明白难以挑战你们的军力（你们也清楚），也难以与"运气"作对，除非她是公平的。然而，我们相信运气女神会像眷顾你们一样眷顾我们，因为我们是敬神之人，站在正义的立场上反对不正义之人。与拉刻代蒙人结盟将会弥补我们军力上不足②。出于我们与他们之间的血缘关系，以及为了颜面③，如果没有别的原因，他们一定会援助我们。因此，我们满怀信心不是完全没有道理。

105.1 雅典人：至于神明的恩惠，我们认为自己得到的将不会比你们的少。因为我们的正当要求和所作所为没有逾越人类对神明的信仰，也没有逾越人类的道德准则④。**2** 通过不可动摇的自然法则，主宰着凡自己有能力统治的领域，就人类而言，我们清楚这是真理；就神明而言，我们可以推知这也是真理⑤。这项法则不是我们制定的，而且我们也不是第一个遵循它。我们继承过来，并将把它留给今后千秋万代⑥。我们只是遵循它而已，我们知道，要是你们或者别人具有和我们一样的实力，也会这么做的。**3** 因此，在神明的恩惠方面，我们有理由不害怕自己得到的较少。至于说你们对拉刻代蒙人的期望，它使得你们相信，他们会出于颜面⑦援救你们，我们这里就要羡慕你们的单纯，而不嫉妒你们的愚蠢。**4** 就其本国的传统习惯而论，拉刻代蒙人在自己人中间最讲美德⑧。但是，在对待外人方面，尽管提及此人们有很多话要说，但是归结起来，可以这样说，在

---

① 意即放弃抵抗投降。"识时务"原文是"ἀνθρωπείως"（副词），意思是"现实地""实际地""理性地"等。见戈姆《评注》第 4 卷，第 171 页。

② 是希望，不是事实。见霍氏《评注》第 3 卷，第 243 页。

③ "颜面"原文是"αἰσχύνη"（"αἰσχύνῃ"的与格），本义是"羞耻""羞辱""羞耻心"等。

④ "人类的道德准则"是意译，原文是"τῶν δ' ἐς σφᾶς αὐτοὺς βουλήσεως"，霍氏的译文是"men's will and purpose towards each other"（"人们相互之间对对方的意愿"）。见其《评注》第 3 卷，第 243 页。

⑤ 古希腊人认为，神人同形同性，只不过神比人更强大、更健美，而且长生不死，但是他们都从大地生出，因此神与人都受制于同样的自然法则。见戈姆《评注》第 4 卷，第 173 页。雅典人在这里虽然没有说"强权即公理"，但其意思是，对于强权而言，没有什么公理可言。见霍氏《评注》第 3 卷，第 244 页。

⑥ 或译"传之永远"。

⑦ "颜面"原文是"τὸ αἰσχρὸν"，形容词加定冠词变成名词，本义是"羞耻""耻辱"等。

⑧ "美德"原文是"ἀρετῇ"（与格），这里指"公正"。见霍氏《评注》第 3 卷，第 244 页。

我们知道的所有人当中，把快乐当作高尚①，把符合自己的利益当作正义的，他们是最显眼的一个。这样一种观念与你们现在荒谬的保全之道背道而驰啊！

106. 墨罗斯人：可是，我们就是因为这个特别信任他们。墨罗斯人是他们派出的殖民者啊！出于其利益，他们不会情愿出卖墨罗斯人，以致让对他们抱有好感的希腊人不信任他们，让他们的敌人受益。

107. 雅典人：那么，你们不认为利益与城邦安全相连②，而践履正义和成就高尚乃危险之举吗？——一般来说，这种冒险之举拉刻代蒙人最不可能做出。

108. 墨罗斯人：但是，我们相信，为了我们，他们将更愿意承担此危险，会认为援救我们比援救其他人更有把握，因为我们的位置靠近伯罗奔尼撒，利于他们用兵；还因为我们同姓同德，他们信任我们胜过信任其他任何人。

109. 雅典人：是的。但是，对于被邀请来参战的人来说，让他们坚定信心的不是邀请者的好意，而是自身稳居优势的实际作战能力，拉刻代蒙人比别人更看重这一点（至少，他们对本国的军力没有信心，侵犯邻邦时往往带着大量盟军）。现在，在我们主宰海洋的情况下，他们是不可能渡海前往一个岛屿的。

110.1 墨罗斯人：但是，他们会派遣别人来③。此外，克里特海洋面宽阔，主宰海洋者抓住经过该洋面者比较困难，他们比较容易溜过去。2 如果他们过不去，就将转攻你们的领土和你们其他的盟邦——那些布剌西达斯没有攻打过的盟邦④——那么，你们将劳神费力，不是为了获取本不属于你们的土地，而是为了保卫你们自己的盟邦和你们自己的土地。

---

① 这里的"快乐"是指感官上的，大体上"利"都是可以带来"快乐"的，而"高尚"是指人内心的，它涉及价值观，相当于中国的"义"。这句话的意思大抵相当于"见利忘义"。亚里士多德在其《尼各马可伦理学》（1104b）中认为"高尚""利益"和"快乐"是人类行为的三种动机，可以参考。

② 意思是，拉刻代蒙人会把自身的安全看作最大的利益。

③ "别人"指斯巴达的盟邦，有学者认为是科林斯人，但是科林斯人此时也许还在与拉刻代蒙人闹别扭（见前文5.83.1）。要注意的是，对这篇对话中的每一句话我们不能一一拿史实去检验。见霍氏《评注》第3卷，第246页。

④ 色雷斯东部的一些地区，斯巴达肯定不能立即派兵展开布剌西达斯式的行动，这句话是修辞性的，不过是提醒雅典人他们曾经的损失以及可能遭受的更多的损失。双方的舌战已近尾声，都要亮出自己的底牌了。见戈姆《评注》第4卷，第176页。

111.1 雅典人：就你们的情况，这一类的事情的确会发生：首先，你们自己有过被侵犯的经历；其次，你们知道，雅典人从未由于惧怕别人而撤出自己围攻的军队①。2 我们在寻思，尽管你们同意这次会谈为的是保全城邦之道，但是，谈了这么长时间，你们也没有说出什么人们认为值得信赖的保全之道来②；相反，你们最有力的理由是寄希望于未来，而比起已经列阵以待的队伍，你们手中的兵力单薄，没有取胜的机会啊！因此，你们的头脑显得很不理智，除非你们在让我们退出会谈之后，能够作出比这更明智的判断。3 希望你们一定不要把宝押在虚假的"颜面"上！在带来耻辱的危险就摆在人们面前之时，多少人毁在它手里啊！尽管人们常常能预见他们正滑向危险，但是，他们往往被一个诱人的词——所谓"颜面"——吸引，臣服于一个空名的脚下，直到它带来实际的、致命的大祸为止；最后，他们自己愚蠢的行为所招致的耻辱，比厄运带来的耻辱更为可耻③。4 如果你们明智决策，就可以避免这个结局，就不会把屈服于希腊最强大的城邦看作一件不体面的事。她给你们适度的条件：与她结盟，保住自己的领土，只缴纳贡款；并且，在或战或存的抉择面前，请你们不要顽固地选择坏的路线。因为，凡能此者，无往而不胜：对实力与我相当者，平起平坐；对强于我者，识相知趣④；对弱于我者，温和有度。5 因此，考虑考虑吧！即使在我们退出之后，也请你们三思，你们现在是在为自己的祖国决策——你们唯一的祖国——你们的一个决定就关乎其生死存亡啊！

112.1 于是，雅典人退出了会谈。墨罗斯人独自商议之后，做出的决

---

① 这句话有一两个词难解，有学者提出要改动原文，也有学者认为不必改动原文，霍氏赞成后一种观点，这里的译文参考了霍氏的译文。这里的"经历"可能指雅典人第一次入侵墨罗斯（3.91），但是由于墨罗斯人此时正面对入侵之军，所以不一定是确指某个时期或者遥远的过去。在这句话的开头，雅典人同意墨罗斯人的观点，敌人可能会对雅典的盟邦发动入侵，以牵制她，但是雅典马上说墨罗斯人知道他们拒绝屈服于这类入侵，这就抵消了自己刚刚同意的观点。见戈姆《评注》第 4 卷，第 177 页；霍氏《评注》第 3 卷，第 246—247 页。

② 不属于神谕之类，指识时务的做法。

③ 在这段话中，作者一口气用了 5 个类似的词："αἰσχροῖς"（与格）、"αἰσχύνην"（宾格）、"τὸ αἰσχρόν"（形容词加定冠词变成名词）、"αἰσχύνην"（宾格）和"αἰσχίω"（"αἰσχρός"的宾格、比较级、单数），意思大致都与"耻辱""羞耻心"等相关。本译文有两个地方译成了"颜面"。

④ "识相知趣"原文是"καλῶς προσφέρονται"，直译"行为极好""行为合适"，是"屈服"的委婉说法。故译。见福勒的注。

定与他们在辩论中提出的几乎一致,这样回答说:2 "雅典人啊!我们的决定与开始做出的没有什么两样。作为一座建立了700年的城邦①,我们不会顷刻之间就将自己享有的自由拱手交出。我们坚信神明赐予的运气,它让我们至今安然无恙,在人们,特别是拉刻代蒙人的帮助之下,努力图存。3 同时,我们向你们呼吁:让我们做你们的朋友,不做两方②的敌人;在订立你我双方都认为合适的和约之后,撤出我们的领土!"

113. 这就是墨罗斯人的答复。业已放弃会谈的雅典人说:"那么,在我们看来,就你们商议的结果而论,世上只有你们作出这样的断定——未来的事情比眼前的事情更真实。仅仅是因为一厢情愿,你们就把没影儿的事看作现实。你们越是把宝押在拉刻代蒙人、运气和希望上面,越会一败涂地!"

114. 1 雅典人的使节返回了军中。由于墨罗斯人不肯屈服,雅典人的将军立即展开军事行动,筑墙围住墨罗斯城,并给各盟邦分配了筑墙任务。2 后来,雅典人留下自己和盟邦的部分人马,在陆上和海上警戒,撤走大部分人马。留下的人马待在那里继续围困该地。

115. 1 大约与此同时,阿耳戈斯人入侵普勒乌斯领土,遭到了普勒乌斯人和阿耳戈斯流亡者的伏击,损失了约80人。2 在皮罗斯的雅典人从拉刻代蒙人那里掳获了很多,即便如此,拉刻代蒙人也没有抛弃和约向他们开战,只是发布命令:其盟邦当中如有人愿意劫掠雅典人可以劫掠③。3 科林斯人出于私怨与雅典人开战,但是其他伯罗奔尼撒人没有加入其行列。4 同时,墨罗斯人夜袭并夺得了对着市场的雅典人的围墙,杀死了一些人,尽可能多地将粮食和其他必需品运进

---

① 如果这句话属实,那墨罗斯城应建于前1116年,这很可能是作者和当时人的看法。墨罗斯城的建立应是多里斯族征服伯罗奔尼撒之后的事,而作者认为多里斯族的征服发生在特洛亚战争(约前1250年)之后80年(1.12.3)。这就是作者心目中的年表。显然,这个年表将时间大大提前了。有学者指出,墨罗斯的建立应该是前9—前8世纪的事。另外,古代作家常用"700年"来表示一个城邦的寿命,所以它的确有夸大之嫌。还有,如果这个说法在修昔底德的时代带有不吉利的含义,那这里就有讽刺意味了:墨罗斯的末日到了。还有学者注意到,作者想在这里激起读者的怜悯之情。普拉泰亚在其成为雅典的盟邦93年之后遭到毁灭(3.68.5),墨罗斯人虽与拉刻代蒙人关系悠久,但对方同样爱莫能助。见霍氏《评注》第3卷,第250页;第1卷,第38—40页。

② 雅典人和拉刻代蒙人。

③ 这种否定的表达带有浓厚的强调意味,拉刻代蒙人没有像墨罗斯人所期望的那样,受到刺激,采取行动。见霍氏《评注》第3卷,第252页。

城里，撤回，然后按兵不动①。此后，雅典人加强了警戒。这个夏季结束了。

116.1 接下来的冬季，拉刻代蒙人打算入侵阿耳戈斯。但是，跨越边境的祭祀［在边境举行的祭祀］② 没有显示吉兆，就撤退了。由于这一入侵企图，阿耳戈斯人怀疑城内的某些人，他们逮捕了一些，其他人则逃跑了。**2** 大约与此同时，墨罗斯人再次夺得了雅典人的另一段围墙，那里防守薄弱。**3** 由于这一事件，另一支部队随后从雅典赶来，由得墨阿斯之子庇罗克剌忒斯统率。现在展开围攻，城里有人叛变。墨罗斯人主动投降了雅典人，任由他们处置。**4** 雅典人处死了所有他们捉到的、正处于服役年龄的男子，将儿童和妇女卖为奴隶。随后，他们派遣自己的 500 名殖民者，在该地殖民。

---

① 墨罗斯人并不是像对话中所说的那样不堪一击，这场围城战还持续了一段时间，甚至雅典人还遭受了挫折。不过从军事的角度而论，这并不奇怪，因为当时没有火炮，即使是一座小城，要攻下来，也往往旷日持久。见霍氏《评注》第 3 卷，第 253 页。

② 注释文字窜入正文，应该删去。见霍氏《评注》第 3 卷，第 253—254 页。

卷　　六

1.1 同一个冬季，雅典人想用比拉刻斯和厄乌律墨冬所率的规模更大的兵力①，再次驶向西西里。如果可能，就征服之。他们大部分都不清楚该岛的大小，以及其居民——包括希腊人和蛮族——的人数；也不知道他们正从事的战争比起对伯罗奔尼撒人的战争来说，规模并不逊色多少②。**2** 一艘商船绕西西里航行一周即使用不了8天，也差不了多少。然而，尽管该岛面积如此之大，但被只有大约20斯塔狄翁宽③的海面与大陆隔开④。**2.1** 关于其古时候的居民和占据该岛的全部民族，情况如下⑤：传说，全岛最古老的居民是库克罗珀斯和莱斯特律戈涅斯⑥，居住于该岛部分地区，但是，我说不出其所属的种族⑦，也说不出他们从哪里来，到哪

---

① 见前文（3.86；3.3.115.4—5），两次出征加起来用了60艘战舰，而下文（6.8.2）指出，这次出征也用了60艘战舰，因此这里所说的"规模更大的兵力"，指的是陆军。见霍氏《评注》第3卷，第259页。

② 作者这里将有关西西里的叙事和整个战争的叙事相提并论，似乎整部著作可以分为两大部分，而这里正是第二部分的开始。有学者认为，全书实际上由两个"五卷式"的结构组成，从第6卷开始进入了第二个"五卷"。不过分卷著述并非始于修昔底德，那是后来的事。但是，两个部分叙事的开头部分确实明显相似（如都从古时候的情况说起）。见霍氏《评注》第3卷，第260—261页。

③ 斯塔狄翁作为距离单位并不固定。从理论上说，1斯塔狄翁等于192.3米（奥林匹亚竞技场跑道的长度），但是，修昔底德所说的1斯塔狄翁有时候等于140米，有时候等于260米，甚至290米。我们知道，墨西拿海峡的最窄处为2800米，所以这里的1斯塔狄翁等于140米。见戈姆《评注》第4卷，第198页；霍氏《评注》第3卷，第262页。

④ "被……与大陆隔开"，原文是"διείγεται τὸ μὴ ἤπειρος εἶναι"，"διείγεται（εἴγεται）τὸ μὴ + 不定式"，是固定用法，意思是"（它/他/她）被阻止（干）……"，"μὴ"不表否定。直译"（该岛）被阻止是大陆"。

⑤ "民族"原文是"ἔθνη"（ἔθνος的复数、宾格）。

⑥ Κύκλωπες, Cyclopes, 独目巨人族，见《奥德赛》（9.105—166）；Λαιστρυγόνες, Laestrygonians, 一食人的巨人部落，见《奥德赛》（10.8—132）。

⑦ "种族"原文是"γένος"。

里去了。诗人们之所言，我们只有满意的份，还是让每个人自己去判断吧！2 西卡尼亚人①好像是继库克罗珀斯和莱斯特律戈涅斯之后首先定居于该岛的人，尽管他们说，自己才是第一个居住于此的种族，因为他们自称为土著，但是，事实表明他们是伊比利亚②人，被利古厄斯人③从伊比利亚的西卡诺斯河④驱赶至此。其时，该岛从他们得名为西卡尼亚，从前则叫作特里那克里亚⑤。他们到现在依然居住在西西里的西部。3 伊利翁陷落之时，一些特洛亚人逃脱了阿卡伊亚人的屠杀，乘船来到西西里。他们与西卡尼亚人毗邻而居，总称为"厄吕摩人"。他们的城邦是厄律克斯和厄革斯塔⑥。一些波喀斯人⑦与他们一起来殖民，他们在从特洛亚返回途中先被风暴刮到了利比亚，然后从利比亚刮到了西西里。4 西刻罗人从意大利（因为他们居住于此）渡海来西西里，逃避俄庇喀亚人⑧。据说，他们观察海峡，等顺风到来，乘木筏渡海，这很有可能；但也有可能用其他方式渡海。直到今天，在意大利仍有西刻罗人。这个地方从"伊塔罗斯"——一位西刻罗人的国王叫此名字——得名为"意大利"⑨。5 大批人马到了西西里。他们打败了西卡尼亚人，把他们逼到该岛的南部和西部。于是，该岛就从"西卡尼亚"改称为"西西里"⑩。渡海之后，他们

---

① Σικανοί，Sicanians，西卡尼亚（Σικανία，Scania）人。
② Ἴβηρες，Iberians，伊比利亚（Ἰβηρία，Iberia）人。伊比利亚即今伊比利亚半岛。
③ Λίγυες，Ligurians，其居住地因其而得名为利古里亚（Λιγυρία，Liguria）。利古里亚即今意大利的利吉里亚地区（Liguria），位于意大利西北沿海环形地带，其首府是热那亚（Genoa）。
④ Σικανός，Sikanus，位置不详，大概是今西班牙的胡卡尔河（Júcar），或者流经西班牙的瑟格雷河（Sègre），它是埃布罗河（Ebro）的支流。见戈姆《评注》第4卷，第211页。
⑤ Τρινακρία，Trinacria，可以肯定与《奥德赛》（11.107）提到的"Θρινακρίη（Thrinacria）"相关，那里有太阳神赫利俄斯（Ἥλιος，Helios）的牛群，被奥德修斯手下人杀死吃掉了。见霍氏《评注》第3卷，第268页。
⑥ 作者这里漏掉了厄吕摩人的另一个城邦恩忒拉（Ἔντελλα，Entella）。另外，在这一章，厄吕摩人是蛮族，可见，在作者看来，是存在所谓蛮族的"城邦"的。见霍氏《评注》第3卷，第269页。
⑦ 这一段写的是蛮族，为什么提到希腊人（波喀斯人是希腊人）？这让一些注释者吃惊。有学者建议改为"Φωκαῆς"（Phocaeans），即小亚的波开人，他们曾经建立了殖民地马萨利亚（即今法国马赛，见前文1.13.6）。还有学者提出种种看法。霍氏的结论是，我们很可能还得保留原文的"波喀斯人"。今从。见其《评注》第3卷，第270页。
⑧ Ὀπικοί，Opicians，又称"Ὀσκοί"（Oscans），俄庇喀亚（Ὀπικία，Opicia）人。罗马人称之为"Opici"或"Osci"，生活于今意大利的坎帕尼亚（Campania）。
⑨ Ἰταλός，Ἰταλία，从原文可以看出二者的联系。
⑩ 见前文译注（3.88.3）。

就在那里殖民，占据最肥沃的土地将近300年，一直到希腊人来到西西里。直到现在，他们仍占据着该岛的中部和北部。6 腓尼基人一度占据着西西里各处的海岬和附近的小岛，目的是与西刻罗人做生意。然而，在大批希腊人从海上驶来之时，他们从该岛大部分地区撤出，聚居于摩堤厄、索罗厄斯、帕诺耳摩斯①，与厄吕摩人毗邻。一来因为他们信任与厄吕摩人的同盟；二来因为在那个地方，从西西里到迦太基的航程最短。西西里的蛮族和其居住的地区就是这样的。

3.1 在希腊人当中，卡尔喀斯人第一个在拓殖者图克勒斯的率领下，从优卑亚起航，创建了那克索斯②，还建立了一座祭祀"创建者"③阿波罗的祭坛。该祭坛至今仍立于那克索斯城外。西西里派出求神谕或者观看竞技会的人员，出发之前先在此祭坛上献祭。**2** 次年，来自科林斯的、身为赫剌克勒斯后裔的阿耳喀阿斯，建立了叙拉古。他先将西刻罗人从那个岛④上赶走，叙拉古内城就建于其上——现在不再四面环水。后来，随着时间的推移，外城也与之筑墙相连，人口繁盛起来。**3** 在叙拉古建立后的第5年，图克勒斯和卡尔喀斯人从那克索斯出发，与西刻罗人开战，驱逐了他们，建立了勒翁提诺。此后，又建立了卡塔涅。然而，卡塔涅人选择厄乌阿耳科斯做他们的创建者⑤。**4.1** 大约与此同时，拉弥斯⑥从墨伽拉带领殖民者抵达西西里，在潘塔库阿斯河之外的一个名叫特洛提罗斯的地

---

① Μοτύη, Motya，今意大利西西里一个小岛 San Pantaleo，位于西西里西北角特拉帕尼（Trápani）附近；Σολόεις, Soloeis，即今西西里的 Solunto；Πάνορμος, Panormos，即今西西里的巴勒莫（Palermo）。戈姆认为，根据考古发掘，Solunto 没有腓尼基人的遗址，Cannito 有。见其《评注》第4卷，第214页。

② Νάξος, Naxos，西西里的那克索斯从今基克拉泽斯群岛中的那克索斯岛得名。赫拉尼科斯明确指出，西西里的那克索斯是来自那克索斯岛的殖民者与卡尔喀斯人一起建立的。可是，修昔底德隐瞒了这一情况。他曾经暗示，阿波罗尼亚是科林斯人一家的殖民地（1.26.2），实际上它是科林斯人和科西拉人共同的殖民地。修昔底德有时意识到希腊人的海外殖民是一种非单一的"混合"事件，但是，我们从他的叙述中却往往看不出来。据考古发掘，西西里的那克索斯早在前2000年就有人居住，这里的"创建"言过其实。见霍氏《评注》第3卷，第279页。

③ Ἀρχηγέτου，是"Ἀρχηγέτης"的属格，意思是"城市的创建者""首领""始祖"等。阿波罗的称号之一。

④ 指俄耳堤癸亚岛（Ὀρτυγία, Ortygia），修昔底德没有提及此名。它与叙拉古的外城（在西西里岛陆地上）有一道防波堤相连。见戈姆《评注》第4卷，第215页。

⑤ 卡塔涅人没有以母邦来的殖民者作为创建者，而是从他们当中自选一位。这说明他们的观念发生了改变，他们关注的焦点已转移到殖民地自身。见霍氏《评注》第3卷，第285页。

⑥ Λάμις, Lamis，这个人名不像希腊人名，有学者建议改为"Δάμις"等，霍氏认为没有必要改动。见其《评注》第3卷，第285页。

方殖民。然后，离开那里加入勒翁提诺的卡尔喀斯人，时间不长就被他们赶出来了。他又建立了塔普索斯，然后死了。他的同伴迁出了塔普索斯，定居于一个名叫墨伽拉裔许布拉人［的城市］①——西刻罗人的一位国王许布隆将此地出卖②给他们，并领他们到那里去。**2** 在那里居住了 245 年之后，他们被叙拉古的僭主革隆赶出自己的城市和地盘③。但是，在他们被逐之前，在那里定居 100 年之后，他们派遣帕弥罗斯建立了塞利努斯，［？密斯科斯（或厄乌堤得摩斯）］④ 从他们的母邦墨伽拉来帮助建立。**3** 在叙拉古建立 45 年之后⑤，安提珀摩斯从罗德岛、恩提摩斯从克里特，率殖民者共同建立了革拉⑥。该城从革拉斯河得名，但其城堡现在所在的地方——那里首先筑起墙来——叫作林多斯人⑦，采取多里斯族的制度⑧。**4** 革拉建立后将近 108 年，革拉人建立了阿克剌伽斯，该城从阿克剌伽斯河得名。他们选择阿里斯托努斯和皮斯提罗斯做创建者，指定其采取革拉人的制度。**5** 兹丹克勒⑨最初由来自库墨——俄庇喀亚的一个卡尔喀斯人的城邦——的海盗建立。后来，大量来自卡尔喀斯和优卑亚其他地方的殖民者与他们分享那里的土地。创建者是库墨的珀里厄瑞斯和卡尔喀斯的克

---

① "（定居于）……墨伽拉裔许布拉人［的城市］"原文是"Μεγαρέας... τοὺς Ὑβλαίους"（都是宾格、复数），意思是"来自墨伽拉的许布拉人"（"牛津本"在"专有名词索引"中作"Ὑβλαῖοι Μεγαρῆς"就更清楚了）。这个表达以"某某人"做地名，显得奇怪，故霍氏加上"的城市"。见其《评注》第 3 卷，第 286 页。

② "出卖"原文是"προδόντος"，有学者建议改为"παραδόντος"（"转交"）。有一个抄本作"προ δόντος"，其中的"προ"和"δόντος"是分开的，可见原文是有问题的。但是，作"προδόντος"和"παραδόντος"都说得通。不过，前者（"προδόντος"）是站在土著的立场上说的。见霍氏《评注》第 3 卷，第 287 页。

③ 希罗多德的《历史》（7.156.2）对此有更详细的介绍，是不是因为这个，作者就不提希罗多德说过的细节呢？见霍氏《评注》第 3 卷，第 288 页。

④ 长期以来，学者们怀疑这句话的主语脱落了。有些译本把帕弥罗斯当作这句话的主语，但是，其谓语"帮助建立"就无法解释了。据新的研究成果，这里的人名要么是"密斯科斯"，要么是"厄乌堤得摩斯"；而且，从母邦邀请人来创建殖民地也是一项古老的习俗。见霍氏《评注》第 3 卷，第 289 页。

⑤ 公元前 689/8 年。见霍氏《评注》第 3 卷，第 289 页。

⑥ 有迹象表明，安提珀摩斯来自罗德岛的林多斯（Λίνδος, Lindus），见希罗多德《历史》（7.153.2）。Γέλα, Gela，位于西西里岛西南海岸。见霍氏《评注》第 3 卷，第 290 页。

⑦ Λίνδιοι, Lindii，一个地方被称为"某某人"，上文（6.4.1）就有类似的表达。有迹象表明，安提珀摩斯来自罗德岛上的林多斯城邦（Λίνδος, Lindus）。见霍氏《评注》第 3 卷，第 290 页。

⑧ 罗德岛和克里特是多里斯族居住的地区，这里的"制度"指的是历法之类。

⑨ Ζάγκλη, Zancle，即今西西里岛的墨西拿（Messina）。

刺泰墨涅斯。兹丹克勒这个名字是西刻罗人首先取的，因为这个地方的形状就是镰刀形的（西刻罗人管镰刀叫"兹丹克隆"①）。后来，这些人被萨摩斯人和其他的伊俄尼亚族赶走——他们为逃避波斯人来到西西里②。**6** 此后不久③，赫瑞癸翁的僭主阿那克西拉斯将这些萨摩斯人赶走，再用混杂的人员在此城殖民，用他原来的祖国的名字将此地改名为墨塞涅④。
5.1 来自兹丹克勒的人在厄乌克勒得斯、西摩斯和萨孔的带领下，建立了希墨拉⑤，绝大部分去此殖民地的人是卡尔喀斯人。与他们一起殖民的还有来自叙拉古的流亡者，他们在城邦的内讧中失败了；他们被称为"密勒提代"⑥。殖民地的语言介于卡尔喀斯人与多里斯族的语言之间，但主要采取卡尔喀斯人的制度。**2** 阿克赖和卡斯墨奈⑦为叙拉古人所建，阿克赖晚于叙拉古70年，卡斯墨奈晚于阿克赖大约20年。**3** 卡马里娜最初由叙拉古人创建，在叙拉古建立后将近135年⑧，其创建者是达斯孔和墨涅科罗斯。但是，在一次因叛离而起的战争中，卡马里娜人被叙拉古人赶走了。一段时间以后，革拉的僭主希波克剌忒斯让叙拉古人拿卡马里娜的土地赎回一些战俘，以此夺得了卡马里娜人的土地。他自己成了创建者，在卡马里娜殖民。后来，此地居民又被革隆⑨赶走。第三次在此殖民的是革拉人。

6.1 居住于西西里的民族——包括希腊人和蛮族——就是这些。雅典人急切对之用兵的就是这样一座大岛，统治全岛是真正的动因⑩，尽管他

---

① "Ζάγκλη"和"Ζάγκλον"（"镰刀""弯刀"）。
② 作者这里提及小亚的伊俄尼亚族反抗波斯人的起义，还有一处（4.102.2）也提及该起义。
③ 大约公元前488/7年。见霍氏《评注》第3卷，第295页。
④ 指伯罗奔尼撒半岛上的Μεσσήνη（Messene），今希腊麦西尼（Μεσσήνη, Messini），其南面即是麦西尼亚海湾。
⑤ 公元前648年。见霍氏《评注》第3卷，第296页。
⑥ Μυλητίδαι, Myletidae。仅此一名，除了此处外再没有其他交代，显得神秘。大概这些人形成一个集团。见霍氏《评注》第3卷，第297页。
⑦ Ἄκραι, Acrae；Κασμέναι, Casmenae。前者在今西西里岛的Pallazolo Acreide附近，后者在其西12公里处，即今Monte Casale。建立于前664年。见霍氏《评注》第3卷，第298页。
⑧ 约公元前598年。见霍氏《评注》第3卷，第298页。
⑨ 叙拉古的僭主。
⑩ "真正的动因"原文是"τῇ ἀληθεστάτῃ προφάσει"（与格），或译"真正的原因"。意同上文（1.23.6）。见霍氏《评注》第3卷，第300页。

们又想堂而皇之地①援助自己的同胞和旧盟友②。**2** 他们尤其受到厄革斯塔人的使节的鼓动，这些使节到了雅典，一个劲地敦促他们援助。厄革斯塔人与他们的邻居塞利努斯人，因为一些婚姻问题和领土争端③，爆发了战争。塞利努斯人拉叙拉古人做盟友，从陆上和海上紧逼厄革斯塔人。于是，厄革斯塔人提醒雅典人：在以前的战争中④，在拉刻斯率军之时，雅典人与勒翁提诺人曾结为盟友⑤，并请求雅典人派遣战舰援救。他们还说了许多别的话，其中主要一点就是，如果叙拉古人驱逐了勒翁提诺人却不受惩罚，而且还摧毁雅典人余下的盟邦，从而掌握全西西里的力量，那么，雅典人自己终有一天将面临遭遇一支大军的危险，因为多里斯族之间、殖民者与其伯罗奔尼撒母邦，血浓于水⑥，他们联起手来将会推翻雅典人的势力。因此，对于雅典人来说，与自己余下的盟邦联合起来对付叙拉古人是明智的，尤其像他们，厄革斯塔人，能够为战争提供足够的金钱。**3** 雅典人每次召开公民大会，厄革斯塔人和其支持者都喋喋不休。雅典人听了，终于投票决定，先派遣使节去厄革斯塔，查明其国库和神庙里是否存有他们所说的金钱，同时了解厄革斯塔人与塞利努斯人打仗的情况。

7.1 于是，雅典人的使节被派去西西里。同一个冬季，拉刻代蒙人及其盟友——科林斯人除外——入侵阿耳戈斯的领土。蹂躏了不大的一片土

---

① "堂而皇之地"原文是"εὐπρεπῶς"（副词），意思是"合适地""华而不实地""似乎合理地"。英译者常译为"specious"（"似是而非地"），是不准确的，因为决不能完全忽略血缘上的动机。见霍氏《评注》第3卷，第300页。

② "旧盟友"原文是"τοῖς προσγεγενημένοις ξυμμάχοις"（与格、复数），其中的"προσγεγενημένοις"（"新增加的""附加的"）有些抄本又作"προγεγενημένοις"（"以前就有的"），这个词的前缀到底是"προσ-"，还是"προ-"？恐怕只能根据上下文和这一段历史来确定。霍氏认为后者是，今从。见其《评注》第3卷，第301页。

③ 这里的"婚姻问题"肯定与财产继承和公民权相关，而领土纠纷应当也与婚姻问题相关，这在古代绝非琐屑之事。见霍氏《评注》第3卷，第302页。

④ 指前427—前424年的战争，见前文（3.86）。见霍氏《评注》第3卷，第304页。

⑤ 这句话中词序有些颠倒（"Λεοντίνων"提到"ξυμμαχίαν"前面，并与之分开），导致学者们有不同的理解，主要有："雅典人与勒翁提诺人结盟""雅典人与厄革斯塔人结盟"和"厄革斯塔人与勒翁提诺人结盟"。霍氏对这三种理解分别作了评析，文繁不引。他赞成第一种理解。今从。详见其《评注》第3卷，第304—306页。

⑥ 直译"因为多里斯族出于血缘关系会援助多里斯族，殖民者会援助派遣他们的伯罗奔尼撒人"。

地，用自己赶去的大车①将谷物运回。并将那些阿耳戈斯的流亡者安置在俄耳涅埃②，还给他们留下一小支军队。在订立了为期一段时间的和约，以使俄耳涅埃人和阿耳戈斯人互不侵害对方的土地之后，他们将其余的军队撤回国内。2 不久以后，雅典人的 30 艘战舰和 600 名重甲兵赶来，阿耳戈斯人全军出动，与雅典人一道，用一个白天围攻俄耳涅埃城里的人。但是，到了晚上，围攻者退后宿营，俄耳涅埃城里的人逃走。次日，阿耳戈斯人发现了这一情况，将俄耳涅埃城夷为平地。随后，雅典人乘战舰回国。

3 雅典人从海上将他们自己的一些骑兵，以及一些流亡雅典的马其顿人，运送到马其顿边界上的墨托涅，破坏珀耳狄卡斯的领土。4 拉刻代蒙人派人去色雷斯的卡尔喀斯人那里——他们遵守着与雅典人每隔 10 天一续约的协议——命令他们与珀耳狄卡斯一起作战；但是，他们拒绝了。这个冬季结束了，修昔底德记载的这场战争的第 16 年也随之结束了。

8.1 接下来的夏季，初春，雅典人的使节以及与他们一起的厄革斯塔人从西西里返回，带回了 60 塔兰同没有盖钱币戳的银子③，作为 60 艘战舰一个月的酬劳④——那是他们将要请求雅典人派出的战舰。2 雅典人召开公民大会，听取了厄革斯塔人和他们自己的使节的发言，这些发言虽诱人却不真实，尤其是，在厄革斯塔人的神庙和国库中，预备了大量的金钱。雅典人投票决定，派遣 60 艘战舰去西西里，以克勒尼阿斯之子阿尔喀比阿得斯、尼刻剌托斯之子尼喀阿斯和克塞诺帕涅斯之子拉马科斯为全权⑤将军，帮助厄革斯塔人打塞利努斯人；如果尚有余力，就帮助勒翁提诺人恢复故土；以自己认为的最有利于雅典人的方式处理西西里的所有其

---

① "大车"原文是"ζεύγη"（"ζεῦγος"的复数、宾格），意思是"一对牲口拉的车"。
② 曼提涅亚战役（前 418 年）之时，俄耳涅亚还是独立的，俄耳涅亚人作为阿耳戈斯人的盟友在克勒俄奈人旁列阵（见前文 5.67.2）。见霍氏《评注》第 3 卷，第 310 页。
③ "没有盖钱币戳的"原文是"ἀσήμου"（属格），见前文译注（2.13.4）。
④ 60 艘战舰，每舰 200 人，每人每天 6 俄玻罗斯（合 1 个德拉克马），一个月按 30 天计算，那么，6 × 200 × 30 × 60 = 2160000 俄玻罗斯 = 360000 德拉克马 = 60 塔兰同。见霍氏《评注》第 3 卷，第 316 页。
⑤ "全权"原文是"αὐτοκράτορας"（宾格、复数），它包括哪些权力？学者们意见有所分歧。有学者认为指拥有订立和约的权力，不必请示国内（军事上的权力是将军本身就有的），或者说用一切军事和外交手段达到目的的权力；也有学者认为还包括决定所带的军队的规模的权力。见霍氏《评注》第 3 卷，第 318 页。

他事务。3 此后的第5天，公民大会再次召开，讨论应如何最快地准备战舰，投票决定将军们这次出征所需要的任何事项。4 尼喀阿斯本不情愿，却被选为出征将军①。他觉得公民大会没有为城邦做出正确的决定②——觊觎整个西西里，这可是一项艰巨的任务！理由却极不充分、似是而非。他想力挽狂澜③，于是走上前去，这样对雅典人规劝道：

9.1 "召集这次公民大会是要讨论出征西西里的准备工作，然而，就这个问题，我看还有考虑的必要——派遣这些战舰究竟是不是上策？对于关系如此重大的事项，我们不应该如此草率地做出决定，也不应该听从外族人④的鼓动，去承担一场跟我们无关的战争。2 说实话，我本人倒是从这种行动中赢得荣誉，而且我不比别人更担忧自己的生命。就算是一个顾惜身家性命的人，我也不认为他就不是一个好公民。因为我相信，这样的人从其自身利益出发，很希望城邦兴旺发达。但是，我过去从未因为要得到荣誉而作违心之论，现在我也不会。可是，我要说说我认为的上策。3 如果我规劝你们保住自己已有的，不要为了未来虚无缥缈的东西抛弃手中的东西，那么就你们的性格来说，我的话会软弱无力。因此，我将指出⑤，你们急于求成，时机不对；你们的野心也难以实现。

10.1 "那么，我告诉你们，你们放着这儿众多的敌人不顾，却一心一意航行到那儿，将新的敌人引到这儿来⑥。2 也许你们以为，已经订立的和约⑦提供了一些安全保障——只要你们不采取行动，它名义上就继续存在（因为我方和对方的某些人就是如此看待和约的）——但是，如果你们以大军出征却遭受失败，敌人就会迅速向我们发动进攻。因为他们是在

---

① 尼喀阿斯不是不愿意当将军，只是不愿意当这次出征的将军，故译。见戈姆《评注》第4卷，第230页。
② 直译"城邦没有被正确地谋划"。
③ 或译"他想扭转（这一局面）"。
④ "外族人"原文是"ἀλλοφύλοις"（与格），作者一般从伊俄尼亚族与多里斯族之分的意义上用此词，但是这里是从希腊人与非希腊人之分上说的，因为下文明确指出厄革斯塔人就是蛮族（6.11.7）。见霍氏《评注》第3卷，第324页。
⑤ 原文是"διδάξω"（将来时），意思是"我将教"。含有演说者即教师的意思。见霍氏《评注》第3卷，第326页。
⑥ 叙拉古人真的会东来？抑或这只是雅典人不理性的恐惧？有学者认为这里应作前一种理解，霍氏表示赞成。今从。见其《评注》第3卷，第327页。
⑦ 指前421年订立的雅典人与斯巴达及其盟邦的和约，即"尼喀阿斯和约"（见前文5.17—19）。从下文来看，他本人都怀疑此和约的价值。见霍氏《评注》第3卷，第327页。

遭遇灾祸的情况下，被迫首先订立和约的，比起我们，这份和约更让他们觉得耻辱，何况和约本身许多地方都有争议。3 还有一些城邦根本不接受这份和约①——她们绝非弱邦——其中有些还公开跟我们打仗，有些只是因为拉刻代蒙人尚未动手，所以每隔 10 天一续约，保持克制。4 如果她们发现我们的兵力分散——这就是我们现在急于要做的——很可能就会全部联合起来与西西里的希腊人②一道向我们进攻。过去，她们看重自己的西西里希腊人盟友，几乎超过了其他任何盟友③。5 因此，我们必须考虑这些问题。〈我们的〉城邦局势脆弱不稳④，不要原来的地盘还没稳当，又冒险把手伸向新地盘。色雷斯的卡尔喀斯人叛离我们这么多年还没有被制服，其他一些大陆⑤上的人还口服心不服。厄革斯塔人是我们的盟友，他们受到了侵害，我们就赶紧援助，那么，那些长期侵害我们的叛离者呢？他们到现在还没有受到惩罚哩！11.1 如果我们征服了这些叛离者，就能控制住他们；但是，在西西里，即使我们征服成功，也很难统治，因为该岛距离遥远，而且人口众多。攻打这种即便征服也控制不了的城邦，是愚蠢的行动；而一旦失败，情况会比攻打之前更糟！2 在我看来，就目前的形势而言，西西里的希腊人如果受叙拉古人统治的话，对我们来说，并没有过去那么危险——厄革斯塔人特别爱用它来吓唬我们。3 现在，为了讨得拉刻代蒙人的欢喜，西西里的希腊人也许会一个一个城邦来打我们，但是，在被叙拉古人统治的情况下，一个霸权不可能向另一个霸权开战⑥。因为叙拉古人若与伯罗奔尼撒人联手推翻我们的霸权，就会发现他们自己的霸权只会以同样的方式被伯罗奔尼撒人推翻。4 如果我们根本就

---

① 伯罗奔尼撒同盟中的科林斯、厄利斯、墨伽拉和玻俄提亚（见前文 5.17.2）。见戈姆《评注》第 4 卷，第 232 页。

② "西西里的希腊人"原文是"Σικελιωτῶν"（"Σικελιῶται"的属格、复数），指从希腊移居西西里（Σικελία）的希腊人，不同于西西里的土著（Σικελός）。在修昔底德之前，没人用过此词，也许是他的杜撰。见霍氏《评注》第 3 卷，第 329 页。

③ 对于这句话的理解学者们有分歧，今从霍氏。见其《评注》第 3 卷，第 328 页。

④ "局势脆弱不稳"原文是"μετεώρῳ"（"μετέωρος"的与格），本义是"在空中""悬着的"。也比喻船只远在海面上。还有学者认为可视作一个医学上的比喻，即（人身体）"状况脆弱"（"in a delicate position"）。见霍氏《评注》第 3 卷，第 329 页。

⑤ 指色雷斯、马其顿和小亚。见戈姆《评注》第 4 卷，第 233 页。

⑥ "霸权"原文是"ἀρχήν"（宾格），英译者多译为"empire"（帝国）。这句话的意思是，如果西西里的希腊人被叙拉古人统治了，叙拉古人就成了一霸。既是霸主，她就要受到其他霸主的制衡。

不去西西里，那里的希腊人就会最害怕我们，此为上策；去展示武力后旋即撤回，则次之。众所周知，其人愈远，其名愈难验，人愈敬畏之。如果我们稍有闪失，他们马上就会轻视我们，与这里的敌人一道向我们进攻。5 这一点，你们，雅典人啊！拉刻代蒙人及其盟友已经让你们领教了。刚开始你们惧怕他们，后来你们打赢了他们，连自己都感到意外，就开始轻视他们了，甚而至于觊觎西西里。6 对于敌人的厄运，你们不应该得意扬扬，只有在谋划上更胜一筹才有把握①。你们要记住，拉刻代蒙人对遭受的耻辱耿耿于怀，他们惦记的是如何击败我们，雪耻正名——在漫长的过去，他们孜孜以求的正是'英勇'这一名声。7 因此，如果我们明智的话，这场斗争对于我们而言，与援助西西里的蛮族厄革斯塔人实不相干，而是如何时刻提防一个图谋我们已久的寡头制城邦②。

12.1 "我们必须记住，我们刚刚才从一场大瘟疫和一场战争中恢复了一点元气，钱财增加了，人口增多了③。这些资源应该用在国内我们自己身上，而不应该用在那些祈求援助的流亡者身上。这些人花言巧语，是要达到自己的目的。他们只会满口空话，以邻为壑。成功了，不知心怀感激；失败了，把朋友们卷入灭顶之灾。2 如果此间有人乐于被挑选出来做统帅，劝你们起航，心里只想着他的私利——特别是如果他年纪轻轻就当统帅——想要别人艳羡他养有马匹④，想要从统帅的职位中得利以维持其奢侈浪费的生活，那么你们就不要让这种人将城邦置于危险之中，自己却大出风头！而要记住，这种人在浪费自己的私人财产的同时，损害了城邦

---

① "在谋划上更胜一筹"原文是"τὰς διανοίας κρατήσαντας"，"τὰς διανοίας"为宾格，有学者认为应作属格（"τῆς διανοίας"）。戈姆赞同。今从。还有学者将"διανοίας"释为"精神"，故译为"击垮其精神"（如克劳利译文）。见其《评注》第4卷，第235页。

② 尼喀阿斯的这句话是什么意思？斯巴达想煽动雅典内部的寡头派密谋？斯巴达的好战和危险是因为其寡头政体？这里语焉不详。见戈姆《评注》第4卷，第235页。

③ 此时（前415年）距雅典瘟疫暴发（前430年）已15年，距"尼喀阿斯和约"订立（前421年）已6年。见戈姆《评注》第4卷，第235页。

④ 在古希腊，养得起马是有钱的标志，但是这个词（原文是"ἱπποτροφίας"）带有感情色彩，修昔底德只在谈及阿尔喀比阿得斯时用这个词。人们使用它时带有嫉妒的意味。另外，雅典人对于养马和骑兵的态度是暧昧的。从纯军事角度言之，雅典是需要骑兵的。一般认为，骑兵作为精英阶层在政治上倾向寡头政治，因此可疑。但是这种观点恐怕失之简单，在民主政治的时代，有伤亡名单将骑兵与步兵战死者单独列出，表明当时人们承认精英阶层的贡献，民众和精英的态度是可以相容的。见霍氏《评注》第3卷，第334页。

集体的利益。出征西西里可是一件大事，而不是一个乳臭未干的年轻人①所能谋划和轻率处置得了的。

13.1 "我看到在座的年轻人受到坐在身旁的这同一个人的号召，感到害怕。那么，我同样呼吁在座的上了年纪的人，如果你们有人坐到了某个年轻人身旁②，不要因若不投票赞成开战，就被认为是胆小鬼的想法而感到羞耻。不要垂涎遥不可及的东西——他们年轻人有这种想法——要知道，凡事预则立，凭贪欲则废。相反，为了我们的祖国——她现在正冒着前所未有的巨大危险——投票表示反对！你们应该投票赞成西西里的希腊人享有自己的财产，处理自己的纷争，只要他们继续尊重与我们之间现有的边界——这个边界作为屏障是没话说的，即爱奥尼亚海（如果我们沿着海岸航行）和西西里海（如果我们航过宽阔的海面）③。2 特别要告诉厄革斯塔人，他们当初在未征得雅典人同意的情况下，与塞利努斯人交战，那就应该自行了结；今后，不要像过去那样与人结盟——别人有难，我们就去援助；等我们有难时，却得不到别人的援助。

14. "你，主席④啊！如果你认为心系城邦就是你的职责，并想成为一个好公民，那就将此提议付诸表决，并将这个问题再次摆到雅典人面前。如果你害怕重新将其付诸表决，那么应该考虑到当着这么多见证人的面，违反习惯的程序是不受指责的；在公民大会没有为城邦做出正确决定的情况下⑤，考虑做城邦的良医⑥。这就是出色地履行职责——尽最大努

---

① "乳臭未干的年轻人"原文是"$\nu\varepsilon\omega\tau\acute{\varepsilon}\rho\omega$"（与格、比较级），直译"作为一个更年轻的人"，或"对于一个年纪较轻的人"。这里是意译。

② 这句话表明，公民大会上某个发言人的支持者们通常并非全都坐在一起。见戈姆《评注》第4卷，第238页。

③ 这句话中的两对圆括号为译者所加。"宽阔的海面"原文是"$\pi\varepsilon\lambda\acute{\alpha}\gamma\text{ous}$"（宾格、复数），意思是"海（$\theta\acute{\alpha}\lambda\alpha\sigma\sigma\alpha$）的一部分"，如"$A\iota\gamma\alpha\hat{\iota}\text{ov}\ \pi\acute{\varepsilon}\lambda\alpha\gamma\text{os}$"（"爱琴海"）。

④ 原文是"$\pi\rho\acute{v}\tau\alpha\nu\iota$"（呼格），全称是"$\dot{\varepsilon}\pi\iota\sigma\tau\acute{\alpha}\tau\eta s\ \tau\hat{\omega}\nu\ \pi\rho\upsilon\tau\acute{\alpha}\nu\varepsilon\omega\nu$"。"五百人议事会"中的各部落50人（共10个部落），轮流当议事会和公民大会的主席，其中一位就是"$\dot{\varepsilon}\pi\iota\sigma\tau\acute{\alpha}\tau\eta s\ \tau\hat{\omega}\nu\ \pi\rho\upsilon\tau\acute{\alpha}\nu\varepsilon\omega\nu$"，可以译为"首席主席""第一主席"。因公民大会只有一名主席，故译"主席"。这里用职务或角色称呼人是不常见的，通常对一个特别杰出的人物才称呼其职务，但是，作者没有提及此人名字，那么这个称呼大概就是表示尊敬的意思。见霍氏《评注》第3卷，第336页。

⑤ 直译"在城邦被（糟糕地）谋划的情况下"。

⑥ "良医"原文是"$\iota\alpha\tau\rho\grave{o}s$"，本义就是"医生"，这里显然是一个隐喻，把城邦拟人化了。我国俗语有"不为良相，便为良医"，与此有些类似，故译。

力帮助其祖国，或者，至少不故意戕害其祖国①。"

15.1 这就是尼喀阿斯的发言。绝大部分上前发言的雅典人赞成出征，并表示不要废止决议；有些人却反对。**2** 鼓吹出征最起劲的是克勒尼阿斯之子阿尔喀比阿得斯。他想与尼喀阿斯作对，因为他一向与之政见不合，而且对方刚对他施以人身攻击。最重要的是，他热切地盼望当上出征的将军，希望将西西里和迦太基一并征服②，而成功会让他名利双收。**3** 他在公民中间颇有名望，纵情于养马和进行其他靡费的活动，超过了其财力。后来，就是这一点在很大程度上导致了雅典城邦的覆亡。**4** 群众害怕他无法无天，沉湎于物质享受，以及事事野心勃勃。他们认为他渴望做僭主，于是视之为敌。尽管在城邦公务方面，他的军事才能无与伦比，但是，在私人层面，人们都反感其生活方式。于是，他们将城邦委之于他人，时间不长，便毁了城邦③。**5** 此时，他走上前来，这样规劝雅典人道：

16.1 "雅典人啊！统帅一职非我莫属（我必须从这儿说起，因为尼喀阿斯攻击了我），我认为我配得上这个职位。因为正是我所饱受指责的地方，给我的祖先和我带来了荣誉，但也给我的祖国带来了利益。**2** 希腊人原本料想我们的城邦被战争拖垮了，但由于我在奥林匹亚竞技会上的杰出表现④，就高估了我们本来的实力。我有7辆双轮马车进入赛场——这个数字超过以前任何一个参赛个人——取得了第一名、第

---

① 这是一条医学上的准则，希波克拉底的《流行病ⅠⅡ》有"ὠφελεῖν ἢ μὴ βλάπτειν"（"帮助或者至少不伤害"）的说法。这说明修昔底德熟悉医学观念。见霍氏《评注》第3卷，第337页。

② 征服迦太基明显是不可能做到的事，似乎只有阿尔喀比阿得斯这么说。在接下来的发言中，他没有提及此，但是在下文（6.90.2），他说这是雅典人集体的雄心壮志，不是他一个人的。见霍氏《评注》第3卷，第339页。

③ 这句话是说，民主政体将其主要领导人之一流放，就必然将权力交给其对手。从第6卷来看，雅典失败的根源就是采取了阿尔喀比阿得斯的战略计划，修昔底德自己相信拉马科斯的方案是正确的（7.42.3）。另外，"毁了城邦"指雅典最后的战败；"时间不长"的"时间"指从阿尔喀比阿得斯第二次流放（前406年）到雅典最后的战败（前405年）。详见戈姆《评注》第4卷，第242—245页；霍氏《评注》第3卷，第341页。

④ 在古希腊，各邦并不组织官方的代表团参加奥林匹亚竞技会，参赛者以个人名义参赛，这一点与现代奥运会不一样。但是，个人参赛取得优胜，的确可以给自己的城邦带来荣誉。另外，阿尔喀比阿得斯参加的是前416年的那一届奥林匹亚竞技会。见霍氏《评注》第3卷，第342—343页。

二名和第四名①。我还提供了其他东西，配得上自己优胜者的身份②。人们一般将这些视为荣誉，但同时又从其表现中推测背后的实力③。**3** 此外，在资助城邦歌舞队以及其他公共活动方面，我都显耀一时，自然引起同胞的嫉妒。在外邦人眼里，这也显示了我们的实力④。一个人花费其私财不单让自己受益，而且让城邦受益，这样的行为并不是无用的蠢行。**4** 他自视甚高，拒绝与人平起平坐，并非不公平，因为他身处困境时没有人分担其不幸。相反，我们要是倒了霉，人们就避之唯恐不及⑤。同样的道理，一个人即使受到幸运者的鄙视也应容忍；要不然，让他平等对待每个人，然后要求每个人平等对待他。**5** 我知道这种人，以及那些在某方面超群出众的人，尽管他们一生都招人妒忌，特别是同侪，然后是其他周围的人，但后代子孙都想认他们为祖，甚至扯上血缘关系；他们是自己城邦的荣耀，不是当作外邦人或者坏人，而是当作自己人和英雄。**6** 这种名声就是我所渴望的，却由此在私生活方面遭受诋毁。请你们想一想，在处理城邦公务方面是否有人胜过我？我联合伯罗奔尼撒最强大的城邦，以对抗拉刻代蒙人，却没让你们冒巨大的危险和开支浩大。我迫使他们在曼提涅亚将一切押在一天的战斗结果上⑥。由此，尽管他们在战斗中取得了胜利，但是到今天也没有完全恢复信心。

17.1 "这些便是人们所认为的我的'年少不成熟'和'极不正常的

---

① 欧里庇得斯（Εὐριπίδης, Euripides）曾说阿尔喀比阿得斯取得的是第一名、第二名和第三名。两者孰是孰非？霍氏认为修昔底德的说法可能更准确，而且他认为，不管事实究竟如何，这里给我们一个启示：修昔底德在更正别人错误时不一定指名道姓；很可能他也如此对待希罗多德书中的错误。见其《评注》第3卷，第344页。

② 比如，祭祀奥林匹亚的宙斯，宴请参加这次集会的每一个人。见霍氏《评注》第3卷，第345页。

③ "背后的实力"原文是"δύναμις"（主格），没带定冠词，所以不一定指阿尔喀比阿得斯个人的实力，也可以指雅典城邦的实力，故译文加了"背后的"。另外，在古风时代和古典时代，利用自己在体育竞技中取得的胜利谋求政治上权力，比如当僭主，比较多见。如雅典的库隆（1.126.3）。

④ 为歌舞队支付费用等公益活动在希腊叫"λειτουργία"，它是一项制度，要求富裕的雅典公民拿出自己的部分钱财为城邦服务。外邦人怎么知道雅典国内的这项活动？为什么他们会对此在意？雅典的"大狄俄倪索斯节"（Great Dionysia），由富人资助，有外邦人参加，可以为证。详见霍氏《评注》第3卷，第346—347页。

⑤ 直译"没有人跟我们打招呼"。

⑥ 阿尔喀比阿得斯说这话几乎就是厚颜无耻，作者未予置评，当然是有用意的。作者前文（5.75.3）已对曼提涅亚战役的意义作出评论。见霍氏《评注》第3卷，第347页。

愚行'，它让我用圆熟的话语与伯罗奔尼撒人①的势力周旋，以年少的冲劲获得他们的信任。现在，不要害怕我的年少，趁我还年富力强，尼喀阿斯享有幸运之名②，你们放手让我们两个效劳吧！③ 2 不要因相信你们将遇到强敌而废止驶向西西里的决议。尽管西西里的城邦人口众多，但多族杂居，其公民人口易于迁徙和流入。3 由于这个缘故，没有人真正感觉到自己祖国的存在，也没有准备用武器保卫自身安全，其土地上也没建像样的农庄。相反，每个人都认为自己可以通过动听的言辞，或者通过搞派别斗争，从公家捞取钱财；如果此路不通，就迁到他邦生活，并做好了相应的准备④。4 如此乌合之众，不可能一条心地听从建议，也不能采取统一的行动；如果我们的提议合其脾胃，他们很快就会一群一群地跑到我们这边来，特别是在他们内讧之时，就像我们知道的那样。5 再者，关于重甲兵，西西里的希腊人拥有的没有他们夸口的那么多，就像别处的希腊人那样，实际出现的人数与各邦的计数不一样多⑤；相反，希腊大大地夸大了其人数，在这场战争中几乎没有足够数量的重甲兵。6 从我的听闻来看，西西里的情况就是如此，可能还要更容易对付（因为我们将有许多蛮族因痛恨叙拉古人而与我们一起攻击他们）。国内这里也不存在什么障碍，如果你们正确决策的话。7 我们的父辈面对的敌人，除了波斯人，也就是我们面对的敌人——有人说我们现在起航就是置这儿的敌人于不顾⑥——他们不靠别的力量就凭海军的优势就能获得霸权⑦。8 伯罗奔尼撒人从未像现在这样没有希望攻击我们。即使是在他们力量最盛的时候，也只能从陆上入侵我们的领土；而不管我们是否起航赴西西里，他们都能这么做。

---

① 指拉刻代蒙人与其盟邦（阿耳戈斯人除外）。见戈姆《评注》第4卷，第249页。
② 前5世纪的希腊人认为，幸运和财富都是神所掌握的，享有它们的人都是受神的眷顾的。当然，这里的幸运是持久的，不是偶然的。见戈姆《评注》第4卷，第249页。
③ 直译"你们充分利用我们两个的效劳吧"。
④ 这句话的意思是，这些人不将钱财投资于土地和房屋，而是积聚起来，等倒霉时，带到外邦享受。与《孟子·滕文公上》中的"无恒产者无恒心"有几分相似。
⑤ 各邦的计数有水分。
⑥ 这句话的意思是，过去和现在的雅典人的敌人没有变化（除了波斯人之外）。"有人"指尼喀阿斯及其同党，见前文尼喀阿斯的发言（6.10）。
⑦ 阿尔喀比阿得斯的意思是，过去的雅典人有意将冒险作为获取帝国的唯一途径，但他忽略了一个事实：提洛同盟是在雅典与斯巴达结盟之时，应伊俄尼亚城邦的之邀而建立的；雅典在将同盟变为帝国之时，斯巴达同盟依然发挥其作用（见前文1.98.4—99）。见戈姆《评注》第4卷，第252页。

他们无法用海军侵害我们，因为我们将留下一支可与之抗衡的海军。**18.1** 既然这样，那么我们有什么适当的理由畏缩呢？面对西西里的盟邦，我们又有什么借口不去援助呢？我们必须前去援助，因为我们曾经一起盟誓，不要以他们没有援助过我们为由表示反对。我们接纳他们为盟友，其目的不是让他们来这里援助，而是骚扰我们西西里的敌人，从而不让他们攻到这里来。**2** 我们，包括所有其他握有霸权①的人，就是这样获得霸权的——对求援者总是有求必应，不管他们是蛮族还是希腊人！因为如果我们对于应该予以援助的人都袖手旁观，或者区分同族异族，那么，我们与其说能扩大一点霸权，不如说有失去霸权的危险。人不要只等着强者来进攻，而要抢先下手使得他不能前来进攻。**3** 我们不能像管理家事一样控制我们霸权的范围，既然我们已经处于这个位置上，就必须保住现有的属邦，还必须谋划扩展其范围。因为我们停止统治别人，我们就有被别人统治的危险。你们不应该考虑跟别人一样袖手旁观，除非你们将把自己的习惯也改得与他们一样。

4 "因此，这么一权衡，如果我们开到西西里，不如说将增强城邦的实力。让我们起航吧！给伯罗奔尼撒人当头一棒，让他们看看我们是如何蔑视目前的平静日子的，我们甚至驶向西西里了！与此同时，我们或者统治整个希腊——随着西西里的希腊人的归附，我们完全能做到——或者至少大大削弱叙拉古人，我们和我们的盟邦都将从中受益。**5** 关于安全问题，如果事情顺利，我们就留在西西里，否则就撤离，我们的舰队将提供保证。我们将拥有制海权，即使面对所有的西西里的希腊人。**6** 不要让尼喀阿斯的袖手旁观的主张，以及他将年轻人和老年人对立的做法，将你们引入歧途！遵照我们一贯的优良制度，就像我们的父辈那样，年轻人跟老年人一起商议，将雅典提升至今日的地位。现在，你们努力以同样的方式推进城邦的事业吧！要考虑到，青年与老年只有结合起来才有力量，低劣的、缜密的和中等的意见只有结合起来才能产生最大的力量②。一个城邦如果安于和平，就像别的事

---

① 这一章的"霸权"原文是"ἄρχω"（动词）或者"ἀρχή"（名词）的变位或变格后的形式，英译者译为"empire"（"帝国"）。

② "低劣的、缜密的和中等的"原文是"τό τε φαῦλον καὶ τὸ μέσον καὶ τὸ πάνυ ἀκριβές"，都是定冠词加形容词的形式，所以不知其所指。有人认为指作战时投枪手（年轻小伙）、中年人和老兵，有人认为指三种不同的能力的人（见马钱特的注）。霍氏翻译成"the inferior and the very rigorous and what lies in between"，显然指谋划（或商议）。见其《评注》第 3 卷，第 352 页。这个解释与上文较为符合，故加"的意见"。

物一样,锐气会消磨殆尽;其每个人的技能也将会老化。相反,如果总是处在战斗之中,就能获得新鲜的经验,将不仅在口头上而且在行动上获得捍卫城邦的习惯。7 总之,我的观点是,一个原本不闲散无为的城邦一旦变得闲散无为,很快就会遭受毁灭之灾;性情和习惯——甚至不是最好的——与其城邦的治理最相匹配的人民最有安全保障。"

19.1 这就是阿尔喀比阿得斯的发言。雅典人听了他、厄革斯塔人和一些勒翁提诺的流亡者的发言——这些流亡者前来雅典乞援,他们提醒雅典人记住自己的誓言,提出正式的求援①——就比以前更加急于出征了。2 尼喀阿斯看到用同样的理由已无法扭转局面了,他想在出征的兵力人数上,如果坚决要求一支大军,也许还可以让雅典人改变主意,于是,走上前来,再次发言道:

20.1 "雅典人啊!我看到你们一门心思出征,希望我们如愿以偿。我想把我目前这个时刻的观点说出来。2 就我的听闻所知,我们将要攻打的城邦不仅规模大,还互不臣服,且不需要改变政体——即人民乐于从被强迫的奴役状态转到自在的状态——因此,不可能为了换取自由而接受我们的统治。尽管西西里只是一个岛屿,其中的希腊城邦却为数众多。3 除了那克索斯和卡塔涅——我希望她们由于与勒翁提诺人有血缘关系而站在我们一边——其他城邦还有 7 个②,其武备与我们一模一样,尤其是塞利努斯和叙拉古,我们出征的主要对象。4 她们有众多的重甲兵、弓箭手和投矛兵,还有许多三层桨战舰③和成群的舰上人员。她们拥有钱财,一部分在私人那里,一部分是塞利努斯神庙的财宝;叙拉古人还从某些蛮族那里收取贡金④。她们有些方面大大超过我们:她们拥有大量的马匹;自己生产谷物,而不靠进口⑤。

---

① 向"五百人议事会"或者公民大会提出。见霍氏《评注》第 3 卷,第 354 页。

② 叙拉古、塞利努斯、革拉、阿克剌伽斯、墨塞涅、希墨拉、卡马里娜。见霍氏《评注》第 3 卷,第 355 页。

③ 尼喀阿斯夸大其词,下文(8.26.1)提到,叙拉古人只有 20 艘三层桨战舰驶到爱琴海东部,塞利努斯人只有区区 2 艘。见霍氏《评注》第 3 卷,第 355 页。

④ "贡金"原文是"ἀπαρχὴ",本义是"献祭时的开始仪式(剪去牺牲头上的毛)",这里引申为"贡金""贡品"。见霍氏《评注》第 3 卷,第 355—356 页。

⑤ 这句话显然是跟雅典对比。有学者认为古典时期的雅典严重依赖进口谷物,也有学者认为,古典时期的雅典人如果多吃大麦,少吃小麦,其粮食还是可以自足的。要注意的是,尼喀阿斯跟阿尔喀比阿得斯一样,发言的目的是尽量说服其听众,内容不一定合乎实际情况。还有学者指出,这里是在驳斥叙拉古人没有像样的农庄的观点(6.17.3)。见霍氏《评注》第 3 卷,第 356—357 页。

21.1 "要对付这么一支力量，我们不仅需要一支普通的海军部队，还需要一支庞大的陆军随行，如果我们想做出配得上我们的雄心的事情，以及不让对方大量的骑兵从陆上封锁；尤其是这些城邦感到害怕后联合起来，其他一些城邦不跟我们友好，除厄革斯塔之外——他们能为我们提供足以保卫自己、对付敌人的骑兵 2（被迫撤回，或者之后由于事先谋划不周请求增援，都将是耻辱）。因此，我们必须带一支堪当此任的军队出发。要明白，我们将驶向遥远的地方，这次出征跟你们以前与属邦一道出征这里①某个敌邦的情况截然不同。那时，我们很容易从友邦取得额外的供给。但是，现在你们即将远隔千山万水，身处完全陌生的地域；冬天，信使 4 个月都难得从那里回来一趟②。**22.** 因此，我认为，我们应当带上大量的重甲兵——我们自己的和盟邦的——不仅从我们的属邦，还从伯罗奔尼撒通过劝说或者雇用吸引一些人③；还要带上大量的弓箭手和投石兵，以便对抗敌人的骑兵。在战舰方面，我们必须拥有压倒性的优势，以使我们能够易于运进给养。我们还必须从这里用商船载上小麦和烘焙过的大麦，还要从磨坊按比例征用面包师④，付给工资，以便在因天气恶劣船只无法起航、补给中断的情况下，军队能有给养（因为军队人数众多，不是每个城邦都能接纳得了的）。我们必须尽力做好其他准备，以免依赖别人，特别是要从这里尽可能多地携带金钱。至于厄革斯塔人的钱财，据说只等我们去取，你们只当是说说而已，不必当真。**23.**1 的确，即使我们自己从这里出发，带上一支不仅人数与敌人相当——尽管比不上其投入战斗的重甲兵——而且在所有方面都要强于敌人的军队⑤，也将很难征服西西里，或者保证自己的安全。2 你们应该想到，我们如同那些到异族和敌人当中去建立一个城邦的人，应当在登陆的第一天就控制住该地，或者至少要知道，如果控制不住，一切就将与其为敌。3 这正是我所害怕的。我们应该多多地善加谋划，好运也要更多一些（对于我们凡人来说，神意叵测啊！）。因此，对于我本人和这次出征，我会尽可能不指望运气。

---

① 指除西西里之外的希腊本土。
② 尼喀阿斯夸大其词了，但冬天航行确实非常危险。见戈姆《评注》第 4 卷，第 258 页。
③ 结交盟友，如阿耳戈斯人（6.29.3；7.57.9）；招募阿尔卡狄亚人做雇佣兵（6.43；7.57.9）。见戈姆《评注》第 4 卷，第 258 页。
④ 根据磨坊里人手的比例。
⑤ 这里说的"一支……军队"指的是前文（6.8.2）决议中提及的"60 艘战舰"的部队，不是假设的。见霍氏《评注》第 3 卷，第 358 页。那支部队在重甲兵人数方面不及对方。

除非我们采取这些预防措施确能保证安全，否则，我是不会出发的。我认为，这些措施不仅对整个城邦来说是最稳妥的，也是我们这些出征者的安全保障。如果有人对此有异议，我就把统帅权让给他。"

24.1 这就是尼喀阿斯的发言。他以为，要么雅典人因出征之事浩大庞杂而改变主意，要么如果他被迫出征，就以这种最安全的方式出发。2 然而，雅典人出征的热望没有因准备工作的庞杂而消除，反而比以前更积极了，这与他的意图截然相反。他们认为他提出了好建议，现在肯定很有安全把握了。3 所有人都陷入出征的狂热之中，老年人心想，他们将征服所到之处，再说如此一支大军总不至于覆灭吧？青年人渴望看到遥远地方的奇观异景，毫不怀疑自己将平安归来；至于军队的广大士兵，他们不仅期望从这次出征中获取军饷，还期望征服一个将来有取之不竭的军饷的地方①。4 这样，由于大多数人如此狂热，即使有人不满意，也会由于害怕如果投反对票就会被认为对城邦居心不良，因此默不作声②。**25.1** 最后，有个雅典人走上前来③，恳求尼喀阿斯道：不应该找借口，也不应该犹豫不决了，而应该马上当着所有人的面说，雅典人应投票决定让他率领一支多大规模的军队。2 他不情不愿地回答，他更愿意与同僚从容不迫地商议，不过就他目前的想法，必须以不少于100艘三层桨战舰出航（其中包括他们认为合适数量的雅典的运兵船，其他运兵船应当取自盟邦）；全部重甲兵——雅典人自己的和盟邦的——应不少于5000名，而且多多益善；其他军队要成比例——包括来自这里的和克里特的弓箭手，还有投石手——这些军队，以及其他他们认为需要的人员，应准备妥当由将军们率领出发。**26.1** 雅典人听完，立即投票决定：在军队人数方面和整个出征方面，将军们享有全权，可以采取他们认为的最有利［于雅典人］的行动。2 此后，准备工作开始，派人通知盟邦，并编制国内的出征名册。此时，城邦刚从瘟疫和连续不断

---

① 古人往往将战争的动机归之于荣誉和恐惧，而这句话露骨地说出了获利的动机，是比较罕见的。另外，有学者指出，从盟邦收取的贡款一般作城邦开支之用，并不专用于支付军饷。但是，这段话表达的是公众的感受，不是作者本人的观点，因此不能看得太实。参见霍氏《评注》第3卷，第263页。

② 如果这句话不是想象和推测的话，那它就暴露出丰富的内涵：富裕的"沉默的雅典人"的态度、为作者提供信息的人所属的社会阶层、当时雅典的政治论辩和宣传口号等。见霍氏《评注》第3卷，第364页。

③ 此人的名字普鲁塔克记下了（《尼喀阿斯传》12.6），有证据表明，作者是知道这个名字的，为什么他不提？有学者认为这是作者有意为之，他只要读者记住主要辩论对手的辩论；还有学者认为，作者用这个人代表一类人，即那些狂热的雅典人。见霍氏《评注》第3卷，第365页。

的战争中恢复过来，休战期间，大批年轻人成年，钱财也积聚起来。因此，一切都容易办到。于是，雅典人做着准备工作。

27.1 就在这个时候，雅典城里的那些赫耳墨斯①石像（这种方形的石头雕像按照当地风俗制成，普遍立于私人住宅和神庙的门口）一夜之间绝大部分面部被人损毁②。2 没有人知道是谁干的，雅典人以公帑出重赏求线索；此外，他们还投票决定：凡知道其他渎神行为者，不管是公民、外邦人还是奴隶，应大胆检举揭发。3 他们把这起事件看得极为严重，因为它似乎是这次出征的预兆③；他们同时认为这是阴谋者之所为，这些人想要举事，推翻民主政体。28.1 于是，一些侨民和仆人出来揭发了，但不是关于赫耳墨斯石像的，而是以前一些损毁其他神像的行为，系一些年轻人喝酒嬉闹时之所为；还有一些嘲弄、侮辱性的秘仪，经常在私人住宅中举行，阿尔喀比阿得斯被控犯此。2 那些最憎恶他的人④抓住这个把柄，因为他妨碍他们稳当地领导民众。这些人认为如果除掉他，他们就是民众的领袖了。还可以通过大声喧嚷：秘仪的事件和损毁赫耳墨斯石像的事件都是为了推翻民主政体，这两个事件他都脱不了干系；再举出其他证据，证明他的生活方式与民主政体的法律格格不入，从而大做文章。29.1 针对这些指控，阿尔喀比阿得斯当即进行了反驳，并做好准备就他是否做过这些事情，在出征之前接受审判（因为出征的准备工作已经完成）。如果做了，接受惩罚；如果宣告无罪，统率军队。2 他抗议说，在他不在场的情况下他们接受了对他的诽谤，如果他有罪，就立即处死他好了；再说，有如此严重的指控在身，未及裁决，却派他带领这么一支大军出征，这是很

---

① Ἑρμῆς, Hermes, 宙斯之子，神使，边界、商业、科学技艺、旅行者等的保护神。

② 这种石像的上部是赫耳墨斯的头像，头像以下是一块长方形的石碑，是平坦的，其偏下的位置有一个阴茎（垂直于或者紧贴着石碑表面）。有人认为破坏石像最容易的方式就是将那根竖立的阴茎敲掉，修昔底德为避免用那个脏字，所以用了"面部"一词。见戈姆《评注》第4卷，第288—289页。但是，霍氏认为，有一个约前470年的陶瓶，上面画着一个阴茎竖起的男子正用锤子砸向一个赫耳墨斯石像的头部，而石像的阴茎是竖着的，这就说明破坏石像面部是完全可能的，并不是因为修昔底德羞于提脏字。还有论者指出，如果像后世此类雕像那样，阴茎以浮雕的形式出现（紧贴着石碑表面），破坏起来就困难了。见其《评注》第3卷，第374—375页。

③ 因为赫耳墨斯是旅行者的保护神，破坏其神像将会招来报复，不利于雅典人的出征。详见霍氏《评注》第3卷，第375页。

④ 后文提到了其中一个为首者的名字（8.65.2）。见霍氏《评注》第3卷，第378页。

不明智的。3 但是，他的政敌担心如果立即举行审判，军队就会支持他，民众态度软化，护着他。因为由于他的影响，阿耳戈斯人和一些曼提涅亚人参加这次出征。于是，他们极力反对立即审判的提议，恐恿其他演说家提出，他应该马上起航，不得耽误出征；但在指定的日期回来受审。其目的是，召他回来，以更严重的指控审判他——在他离开雅典期间，这些指控容易编造。因此，通过决议：阿尔喀比阿得斯应起航。

30.1 在这之后，已是仲夏①，出征西西里开始了。绝大部分盟邦、运粮船、小型船只②和其他跟随出征的军队先前接到命令，到科西拉集合；从那里一起出发，跨越爱奥尼亚海，到伊阿皮癸亚③海岬。雅典人自己和一些在雅典的盟友，则在指定的那天黎明下到比雷埃夫斯港，登船各就各位，准备出发。2 所有的人，可以说，整个雅典城的人，包括公民和外邦人④，都来送行了。同一个地方的人送该地方的人——他们的朋友、亲戚、儿子。他们一想到要离开故土踏上漫漫航程，就既怀有希望，又带着悲伤。希望的是征服西西里，悲伤的是能否再见面。31.1 在这个时刻，他们即将分手之际，感到危险比他们当初投票决定出征之时更迫近了。但是，他们看到各方面准备充裕，当即意识到军力强大，就重新鼓起了勇气。外邦人和其他人群为一饱眼福而来，觉得这次出征异常壮观，难以置信。因为这支军队是到那时为止，由单个城邦派出的、由希腊人组成的、耗费最巨、最壮观的一支部队。2 就战舰和重甲兵的数量而言，不少于伯里克利率军出征厄庇道洛斯和随后哈格农率军出征波忒代亚⑤，那时有4000名雅典重甲兵、300名骑兵和100艘三层桨战舰，还有勒斯玻斯和喀俄斯的50艘战舰以及许多盟军一同出航。3 但是，那两次行程短，且装备简单。而这次出征将旷日持久，要在陆上和海上两方面同时做好必要的准备。这支舰队的建成，耗费了三层桨战舰舰长和城邦的巨资。城邦以公

---

① 可能是6月头（前415年）。见霍氏《评注》第3卷，第382页。
② "小型船只"原文是"τοῖς πλοίοις"（与格、复数），本义是"商船""货船"（与"军舰"相对）。古代笺注"τοῖς μικροῖς..."（"小的……"），故译。见史密斯的注。
③ Ἰαπυγία, Iapygia, 今意大利南部卡拉布里亚地区。
④ 前文提及雅典国葬时说公民和外邦人都跟在棺材后面（2.34.4），这里同样的表达预示着不祥，见霍氏《评注》第3卷，第382页。
⑤ 见前文（2.56.4和2.58.1—2）。

帑付给每个水手每天 1 德拉克马；提供 60 艘战舰①的空船②和 40 艘运兵船；配以最好的小头目③。三层桨战舰的水手中位置最高的桨手们④和小头目们，除了得到城邦发给的薪酬，还得到舰长发放的额外薪酬。此外，艏像⑤和设施都让他们花费不菲。每一个人都尽最大努力，要让自己的船外观最美，速度最快。步兵从适用可靠的花名册⑥中挑选；在武器和装束方面，大家相互较劲，唯恐比别人差。4 在各自的岗位上，雅典人相互之间展开竞赛；整个事情更像是向希腊人展示军力和财富，而不是准备战争。5 因为，如果有人将城邦的公帑支出和出征公民个人的花费加起来，也就是说，城邦已经为出征拨付的钱款和已经交到将军手中的钱款，每个出征公民花在自身装备上的费用，三层桨战舰舰长已经花在战舰上的费用和将来的花费；此外还有我们可想而知的，即每个人除了城邦发给的薪酬之外，为旷日持久的远征准备的盘缠；以及士兵和商人为交换携带的物品，那么将会发现，总数达许多塔兰同的财富被带出了城邦。6 这次远征之所以到处都津津乐道，不仅因为其远超它要征伐的敌军的规模，而且因为其令人惊异的冒险之举和宏大壮观的场面；还因为它是迄今为止离开家乡最远的一次航程，是一次对将来获取超过自身已有财富抱有最大希望的行动。

32.1 现在，战舰上人员各就各位，所有将要携带出海的东西都放到

---

① "战舰"原文是"ναῦς...ταχείας"，直译"快船"。
② "空船"原文是"ναῦς...κενάς"（宾格、复数），以前作者用这两个词时，意思是"没配备人员的船只"，例如前文数处（1.27.2；2.90.6；8.19.3）。城邦给水手发放基本薪酬，额外的薪酬由三层桨战舰舰长发放，人员也由他负责招募。另一种解释是，"空船"指没有装备的船，前 4 世纪有丰富的证据证明给空船提供装备也是三层桨战舰舰长的责任，但是前 5 世纪的证据缺乏，所以我们不知道前 5 世纪的时候，将一只空船装备成一艘战舰，加上维修和补充损失设备是不是他的责任？第三种解释是，将"κενάς"改为"καινάς"（宾格、复数），意思是"新的"。今从第一种解释。见戈姆《评注》第 4 卷，第 293—294 页。
③ "小头目"原文是"ὑπηρεσίας"（宾格、复数），集合名词，本义是"全体桨手""船员"。这里指 30 名协助三层桨战舰舰长监视桨手的小军官。见霍氏《评注》第 3 卷，第 386 页。
④ "位置最高的桨手们"原文是"θρανίταις"（与格、复数），指三层桨战舰中位置最高的桨手，他们的桨最长，划桨最吃力。
⑤ "艏像"原文是"σημείοις"（与格、复数），英译本几乎都作"figure-heads"，霍氏认为也许理解成"涂画上去的永久标记"为好。见其《评注》第 3 卷，第 387 页。
⑥ 此种花名册剔除了去世的人、残废、囚犯和编造不实的名字，包括所有有能力服兵役的人，也就是说，此花名册可靠适用。见戈姆《评注》第 4 卷，第 295 页。

了船上。喇叭①响起，命令安静。举行出海前通常要举行的祈祷仪式，不是一艘一艘地进行，而是由传令官一人为全体舰队祈祷②。全军上下兑好一缸缸酒③，舰上士兵和军官用金杯或银杯奠酒。2 岸上的人群，包括公民和其他到场祝福的人都一同为他们祈祷。唱完颂歌，完成奠酒后，他们起航了。先是成一纵列，鱼贯而出，然后你追我赶，直至埃癸娜。他们接着匆匆往前赶，抵达了科西拉，其他盟邦军队正在那里集结。

3 有关这次出征的消息从许多渠道传到叙拉古，但很长时间没人相信，不过，最终还是举行了一次公民大会。会上发表了以下演说，有的人相信雅典人出征的消息，有的人不信。其中，赫耳蒙之子赫耳摩克剌忒斯走上前来，因为他觉得自己了解雅典人出征的真实情况，这样规劝道：

33.1 "也许你们认为我说的关于雅典人出征的真实情况，就像别人的一样不可信，而且我知道，报告这个被认为不可信的消息者，或者转达此消息者，不仅不能说服他人，反而会被认为没有头脑。然而，我不会在城邦面临危险时，因为受到惊吓而保持沉默，更何况我自信是在比别人知道更清楚的情况下发言。2 雅典人正以一支大军前来攻打你们，包括海军和陆军，这是让你们大吃一惊的消息。他们借口与厄革斯塔人有盟约，以及让勒翁提诺人恢复故土，实际上是垂涎西西里，尤其是我们的城邦；他们以为一旦占据了我们的城邦，其他地方就容易到手了。3 他们很快就会来到这里，你们看采取何种办法运用现有的资源，才能最好地抵抗他们。不要因鄙视他们而毫无戒备，被他们攻下；也不要因为不相信这个消息将整个事情忽视了。4 然而，如果有人相信我的话，就不要对他们的胆大冒险和庞大军力感到惊慌失措。因为他们给我们的打击将不如我们给他们的打击重，而且他们以一支大军前来，对我们不是没有好处。相反，就其他西西里的希腊人而论，雅典人来得越多越好（他们感到惊慌失措，就更愿意与我们结盟）。如果到头来我们歼灭了他们，或者将其驱逐出境，使其野心落空（我决不害怕他们将得到他们自己期望的东西），这对于我们来说，将是丰功伟绩，而且在我看来，这并不是没有希望。5 举大军进行远

---

① 或译"军号"。见霍氏《评注》第3卷，第393页。
② 见戈姆《评注》第4卷，第296页。
③ 古希腊人先在兑酒缸（调酒缸）里把水和酒兑好，然后从缸里把酒舀入酒杯。

离家乡的征伐，不管是希腊人还是蛮族，没有几个成功。因为外来入侵者不会比本地居民及其邻居人数多（他们会因为恐惧而全体团结起来），如果他们因补给不足在异国他乡遭受失败，那就会给他们所图谋的对象留下声名，即使他们的失败更多是因为自身的原因。6 波斯人彻底的、出人意料的失败让他们进攻的对象——就是这些雅典人——声名大噪，同样的情形不是没有希望出现在我们身上！

34. 1 "那么，让我们鼓起勇气来，做好这里的准备工作；派使节去见西刻罗人，在巩固老同盟的同时，结交新朋友，缔结新同盟；派使节去西西里其他地方，向他们表明大家面临共同的危险；派使节去意大利，以便让他们要么与我们结盟，要么不接纳雅典人。2 我觉得，最好再派人去迦太基，雅典人的威胁不会让他们感到意外。实际上，他们一直处在恐惧之中，害怕有朝一日雅典人会来攻打他们的城邦。他们很可能想到，如果放任西西里的事情不管，他们自己就要遭罪，因此确实愿意秘密地，或者公开地，用一种或者另一种方式，援助我们。在今天的所有人当中，如果他们愿意，他们是最能这样做的人。他们拥有巨额的金银，有了它们，战争也好，其他事情也好，都会一路顺遂。3 让我们再派人去拉刻代蒙，去科林斯，恳求他们迅速来这里援助，并在那里重启战端。4 我现在的观点是最合时宜的，但你们习惯于安静自守，几乎不可能果断采纳，然而，我必须说出来。一方面，如果我们西西里的希腊人——全体，即使不是全体，也至少是凡将加入我们的——愿意以现有的战舰下水，携带两个月的粮食，到塔剌斯①和伊阿皮癸亚海岬去迎击雅典人。让他们明白，要来争西西里，先要为通过爱奥尼亚海而战。要给他们当头一棒！让他们明白，我们有一片友好的土地作为基地进行警戒和防御（因为塔剌斯接纳我们）；而对他们来说，整支舰队渡过辽阔的海面，难以在远涉重洋中保持队形。在行动缓慢、零零散散之时，我们就容易攻击了。5 另一方面，如果他们的战舰减轻载荷②，用其快船以密集的队形扑向我们，我们就可以趁他们划桨疲惫之时发动进攻；或者，如果我们决定不进攻③，撤回塔剌斯总是可以的。假若他们为打海战

---

① Τάρας, Taras, 或 Tarentum, 即今意大利的塔兰托（Taranto）。
② 将战舰的部分载重转到运兵船上，以轻装上阵。见马钱特的注。
③ 马钱特认为这里的意思是对方没有因划桨疲惫不堪，因此不适合进攻。见其注。戈姆认为发言者想强调，行动的自主权操在西西里的希腊人之手。故译。见戈姆《评注》第 4 卷，第 300 页。

少带给养渡海，到了坚壁清野的①地方就会进退两难：要么留下来，遭到围攻；要么试图沿着海岸航行，不等余下的战舰到来，因不能确知哪些城邦是否接纳自己而气馁。6 因此，我认为他们考虑到这些，就会踟蹰不前，根本不能从科西拉起航。要么花时间反复讨论，再侦察出我们的人数和所在位置，就会被拖入冬季，要么震惊于变幻莫测的形势，从而放弃远征。尤其要说的是，就我的听闻，他们经验最丰富的将军不情不愿地领兵出征，只要看到我方作出什么重要反击，他就会乐于抓住，当作借口。7 我敢肯定，我们的实力将被人夸大，人们的想法是受传闻影响的。此外，先于敌人下手，或者预先明白地表现出，面对进攻就会坚决自卫反击，将引起敌人更大的恐惧，因为他们认为我们面临的危险不会比他们更大。8 雅典人现在的情况正是如此。他们向我们进攻，是因为相信我们无力抵抗；他们轻视我们也是合情合理的，因为我们没有与拉刻代蒙人联手置他们于死地。如果他们看到我们表现出意想不到的勇敢，那么让他们震惊的是这种出人意料的抵抗，而不是我们真正的实力。

9 "因此，请接受我的建议，最好采取这种勇敢行动，如果做不到，就以最快的速度做好其他的防御准备。你们所有人都要记住，奋勇作战就是对来犯者的蔑视；但要明白，目前，战战兢兢、如临深渊②地做好准备工作是最稳妥的，结果也将是最有利的。雅典人正向我们开来，我敢肯定，他们已在路上，差不多就要到了！"

35.1 这就是赫耳摩克剌忒斯的发言。叙拉古的民众吵得不可开交，有的认为雅典人根本就不会来，他一派胡言；有的认为，就算雅典人真的来了，他们作的恶，我们要他们十倍来还；还有的嗤之以鼻，拿此事取笑。只有少数人相信赫耳摩克剌忒斯，对未来忧心忡忡。2 雅典娜戈剌斯——民众领袖，当时对群众的影响力最大——走上前来，发言如下：

36.1 "雅典人愚蠢到这个地步，竟跑到这里来落入我们手里？只有胆小鬼或者对城邦不怀好意的人才不希望如此！对于报告此消息、使你们惊恐万状的人，我对他们的鲁莽并不奇怪，对他们的愚笨倒是奇怪，如果他们自以为没被我们识破的话。2 那些因为某些私人原因而恐惧的

---

① 直译"空无一人的"。
② 直译"如同面临危险"。

人，想使城邦陷入惶恐不安，目的是用集体的恐惧掩盖他们自己的恐惧。这就是这些消息用意之所在，不是自然而然产生的，而是由那些一向在这里制造事端的人编造出来的。3 但是，假如你们得到良好的建议①，就会不受这些人的报告的误导，而会参考那些聪明睿智、经验丰富之士——我相信雅典人是这样的人——可能采取的行动，加以探究，推断何者是合情合理的。4 因为，在稳稳当当地结束那里②的战争之前③，他们不可能撇下伯罗奔尼撒，愿意前来再发动一场同样规模的战争。因为我觉得，我们这里城邦如此众多，规模如此宏大，没攻上门去，他们就该满心欢喜了！37.1 然而，如果他们如消息所说来这里，我觉得西西里比伯罗奔尼撒更有能力将这场战争进行到底，因为西西里各方面的条件更好，而且我们的城邦本身的实力要远远强于这支军队——如他们之所言，正开过来——甚至他们以两倍于此的人马来此。我了解到他们没有战马跟随④，除了能从厄革斯塔弄到少数一些之外，从这里是弄不到的。其重甲兵数量不能与我们的相提并论，因为他们是用战舰运来的（即使这些战舰空载前来西西里，由于航程如此漫长，也是一件难事）。至于其他所需的给养和装备，由于要来攻打我们这个如此巨大城邦，数量也应不少。2 因此，我敢这样说，即使他们带来一座与叙拉古一样大的城邦，与我们毗邻而居，再发动战争，在我看来也很难逃脱全军覆没的结局；在整个西西里都是他们的敌人的情况下，逃脱的希望就更小了（因为西西里将团结起来）。靠着战舰扎下一座军营，住在小小的帐篷里，给养紧巴巴，由于我们骑兵的威胁而只能短程出击便折回。总之，我认为他们在这里无法立足。我觉得我们的实力比他们就要强这么多！

38.1 "但是，就像我说的，雅典人知道这些情况；我确信他们在保全自己的利益，而这里的人们编造着既不真实又不可能的故事。2 我不是现在第一次知道，而是一直都知道，这些人想用这种，甚至比这更歹

---

① 直译"如果你们被良好地谋划"。意思是，发言者为公民大会建良言献良策。
② 希腊本土。
③ 看来雅典娜戈剌斯跟尼喀阿斯（6.10.2）和阿尔喀比阿得斯（6.17.5）一样，对前421年的和约抱怀疑的态度。见戈姆《评注》第4卷，第302页。
④ 关于雅典远征军中有无骑兵，前文（6.31.2）没有提及，后文（6.43）提到有50名骑兵，仅用作传令。作者这里不是这个意思：雅典娜戈剌斯真的知道雅典人要来，不经意地透露了消息。见戈姆《评注》第4卷，第302页。

— 375 —

毒的故事，或者用行动，恐吓你们大家，以掌控这座城邦。我确实还担心，他们屡屡尝试，终会成功。我们不善于在遭受祸害前就加以预防，不善于一发现危险就采取行动。3 因此，由于这个缘故，我们的城邦少有平静之日，经常处于内讧和斗争之中，与其说与敌人斗，不如说与自己人斗。有时还受僭主的统治①和邪恶的寡头统治②。4 但是，只要你们愿意听我的，我将努力防止此类事件在我们的时代发生，一方面通过说服你们大家，另一方面通过惩罚搞这些阴谋活动的人，不仅抓现行（很难遇到），还包括他们想实施又没有能力实施的行动（不仅必须预防敌人的所作所为，还必须提防其图谋；如果不首先采取预防措施，就会首先遭殃）。此外，至于寡头派，我将予以揭露，加以监视，并给予教导。在我看来，这才是阻止他们干坏事的最好办法。5 我常常思考一个问题：年轻人啊③！你们到底想要什么呢？你们即刻掌权吗？但那是不合法的④；该法律的设立针对的是你们没有能力，而不是要在你们有能力之时，将你们排除在政权之外。那么，你们不想与大众享有同样的权利吗？他们同样是公民，却被认为不配享有同等的权利，这怎么就是合理的呢？39.1 有人会说，民主政体既不明智又不公正，有钱人才最适合做统治者⑤。我说，首先，'人民'⑥顾名思义指的是全体，而'寡头政体'指的是部分。其次，富人最善守护财富；明智之士最善谋划；民众听了讨论后，最善评判。这三类人，部分地或者全体地，都在民主政体里享有平等的地位。2 但是，寡头政体让大多数人分担危险，不满足于

---

① 叙拉古历史上曾有过僭主统治，如得诺墨涅斯（Δεινομένης, Deinomenes）之子革隆（Γέλων, Gelon）和希厄戎（Ἱέρων, Hiero）。时间分别是前491—前478年和前478—前467年。但从那时到此时（前415年），即使算上其中一次建立僭主统治的尝试（前454年），也已经有很长一段时间了。有学者怀疑这段话写于前406年以后，因为这一年狄俄倪西俄斯（Διονύσιος, Dionysius）在叙拉古建立了僭主统治。见霍氏《评注》第3卷，第411—412页。

② "寡头统治"原文是"δυναστείας"（"δυναστεία"的宾格、复数），不是"ὀλιγαρχία"，指一种以范围狭窄的家族为基础的寡头政体。见霍氏《评注》第3卷，第412页。

③ 从这句话可以看出，寡头派的主体是年轻人。

④ 没到法定年龄。

⑤ 霍氏认为这句话的原文最后两个单词语义重复，最好删掉一个。今从。见其《评注》第3卷，第413页。

⑥ "人民"原文是"δῆμον"（宾格），史密斯译本作"democracy"（"民主政体"），以与下文的"寡头政体"相对。

最大的一份好处，还夺取和占有全部。这就是你们当中有势力者和年轻人孜孜以求的，但在一个大邦里不可能实现。

"对于这些人，我最后要说几句。你们这些最愚蠢的人啊！〈因为〉① 如果你们不懂得你们的目标是错误的，你们就是我所知道的希腊人中最无知的人；要是你们明明知道却胆敢去做，那就是最邪恶的人。**40.** 1 现在，你们要么学得聪明一些，要么忏悔过去之所为，去增进城邦全体人民之福祉。想一想你们当中的好人将会与城邦中的大众享有同等甚至更多的权利，但如果你们另有所图，就有失去一切的危险。停止散布这类消息！民众一旦觉察你们的企图，就不会容忍。2 如果雅典人来了，这个城邦就以与其相配的方式迎击，我们有将军，他们留意于此。如果这些消息都是假的，就像我所相信的那样，城邦不会被你们报告的消息弄得惊慌失措，挑选你们做领导人，从而自愿将奴役加在自己身上。这个城邦自有主张，把你们的话视同于行动②，不会由于听了你们报告的消息而让城邦享有的自由被剥夺，而会通过采取积极的预防措施挫败你们的图谋，来努力维护其自由！"

41. 1 这就是雅典娜戈剌斯的发言。有一位将军站起来，不允许别人上前③，他自己就当前的局势发言如下：2 "发言者相互之间诽谤是不明智的，听众容忍这些诽谤也是不明智的。对于传来的消息，我们更应予以关注，以使每一个人和整个城邦，大家都做好准备迎击来犯之敌。3 即使根本没有必要，备好骑兵、重甲兵以及其他一切战争所夸耀的东西④，对于城邦士气来说也没有害处4（我们将军们将用心于此并细致检查）。派人去各城邦侦察，做其他所有需要做的事情。我们已经完成一些准备工作，如果我们发现了什么情况，就告诉你们。"这位将军说完这些，叙拉古人就解散了公民大会。

42. 1 且说雅典人和他们所有的盟军现在都已经到了科西拉。将军

---

① 原文无，霍氏建议加上（"⟨γάρ⟩"）。这句话的翻译因此微调。见其《评注》第3卷，第415页。
② 即意图等同于行动，参考前文（6.38.4）。
③ 这是一种出于个人威望的非正式的权威，不是将军法定的权力。见霍氏《评注》第3卷，第416页。
④ 意即，战争所必需的。这里将战争拟人化了。见霍氏《评注》第3卷，第416页。

们首先再次检阅了部队，并安排其进港停泊和扎营；还将整个舰队一分为三，各部分经过摇签分属一个将军，以免扎堆航行时，不好靠岸寻找淡水、港口和给养。在各部分各有将军统领的情况下，通常更有秩序，更容易掌控。**2** 然后，先遣 3 艘战舰去意大利和西西里，看看哪些城邦会接纳他们；同时，命令它们转头来与他们会合，以便他们在靠岸之前了解情况。**43.** 在此之后，雅典人从科西拉举兵渡海前往西西里，此时兵力如下：三层桨战舰一共 134 艘，还有罗德岛的 2 艘五十桨船（其中 100 艘战舰是雅典人的——这当中 60 艘是战舰，其余的是运兵船——其他战舰来自喀俄斯和其他盟邦①）；重甲兵总共 5100 名（其中 1500 名是雅典登记在册的公民，700 名是作为舰上的战斗人员的雇工②，其余是一同出征的盟军——有些来自雅典的属邦，另有 500 名来自阿耳戈斯，还有 250 名曼提涅亚人和雇佣兵）；弓箭手一共 480 名（其中 80 名是克里特人③）；投石兵 700 名，是罗德岛人④；轻装兵 120 名，是墨伽拉的流亡者⑤；1 艘运马船运送 30 名骑兵⑥。

44.1 这就是为这场战争出海的第一支部队的兵力⑦。30 艘运粮的商船为其运送给养，还载有面包师、石匠、木匠和筑墙所需的所有工具。还有 100 艘征召来的船只与这些商船一道航行。此外，有大量想做生意的其他船只和商船尾随这支军队。所有这些船只现在都一同从科西拉出发横渡爱奥尼亚海。**2** 整个舰队在伊阿皮癸亚海岬、塔剌斯，或者各自找到的地点登陆。然后沿意大利海岸航行，沿途城邦不接纳他们进市场和城里，只让他们取淡水和停泊，塔剌斯和罗克里斯甚至连这也不

---

① 盟邦提供的 34 艘船中有多少是运兵船？每艘运兵船载士兵多少人？运兵船与战舰有什么区别？作者都没有说明。有一点可以肯定，如果运兵船不能用于作战，那么盟邦船只有些肯定就是战舰。见戈姆《评注》第 4 卷，第 308—309 页。

② "雇工"原文是"θῆτες"（主格、复数），指梭伦立法中的第四等级。这是作者唯一提及雇工之处。从这里和下文（8.24.2）来看，似乎"ἐπιβάται"（战舰上的作战人员，通常每舰约 10 人）一般都是雇工。见霍氏《评注》第 3 卷，第 419 页。

③ 这些克里特人是雇佣兵。见戈姆《评注》第 4 卷，第 310 页。

④ 罗德岛人以善投石闻名，对于投石兵来说，700 名是一个很大的数目。见戈姆《评注》第 4 卷，第 310 页。

⑤ 亲雅典的墨伽拉人于前 424 年到雅典避难，见前文（4.74.2）。见戈姆《评注》第 4 卷，第 310 页。

⑥ 这些骑兵用于传令，此后作者再没有明确提及。见霍氏《评注》第 3 卷，第 419 页。

⑦ 雅典人后来向西西里派出了增援部队，见下文（7.16）。

让，直到他们抵达意大利的最远端赫瑞癸翁。3 现在他们在此集合，由于赫瑞癸翁不接纳他们入城，他们就在城外的阿耳忒弥斯神域扎下营盘，那里为他们建了一个市场。他们将船只拖上岸，原地休息。他们与赫瑞癸翁人谈判，要求作为卡尔喀斯人的他们援助同属卡尔喀斯人的勒翁提诺人。赫瑞癸翁人回答说，他们两边都不参与，其他意大利的希腊人一致同意做什么，他们就做什么。4 雅典人开始考虑，在西西里的事务方面，采取什么措施最好；同时，他们还在等候先前派出去的船只从厄革斯塔启程返回①，想知道那些使节在雅典提到的钱财是否真的存在。

45. 与此同时，雅典人的舰队已到赫瑞癸翁的可靠消息，从许多渠道，包括他们的探子们，传到了叙拉古。对此，叙拉古人不再怀疑，全心全意地投入准备工作中去。他们还派人去各地的西刻罗人那里，有的地方派守军去，有的地方派使节去；他们向边远的要塞派驻守军；检查城内的武器装备和马匹，看是否齐备；至于其他方面，他们做好战争随时都会降临的准备。

46. 1 先前派出的那 3 艘船，从厄革斯塔返回到在赫瑞癸翁的雅典人那里，报告说厄革斯塔人许诺的钱财只看见 30 塔兰同，多的没有。**2** 将军们马上气馁了，因为这给了他们迎头一棒，还因为赫瑞癸翁人不愿意一同出征。他们可是雅典人努力争取的第一个城邦，而且最有希望争取，因为他们与勒翁提诺人有亲缘关系，且一直与雅典人关系不错。来自厄革斯塔的报告，对尼喀阿斯来说是意料之中的事，但对他的两位同僚来说，就完全出乎意料了。**3** 在雅典人的第一批使节前来查看他们的钱财之时，厄革斯塔人想出了如下的计策：他们把使节带到位于厄律克斯的阿佛洛狄忒②的神域，向他们展示供奉品——酒碗、酒盏子、香炉和其他为数不少的器皿。这些都是银器，看起来价值不菲，但其城邦的实际财力很弱③。在私下款待三层桨战舰乘员的时候，他们将全厄革斯

---

① 前文（6.42.2）刚说，雅典人派 3 艘船先去意大利和西西里打探各邦态度，然后折返与大部队会合，汇报情况。很可能这 3 艘船最远只到了赫瑞癸翁，然后折返，与沿意大利海岸航行的大部队会合；接着又被派往厄革斯塔。作者虽没有明说，但从其措辞来看，意思就是如此。见戈姆《评注》第 4 卷，第 311 页。

② Ἀφροδίτη, Aphrodite, 音 "阿普洛狄忒"，习惯上译为 "阿佛洛狄忒" 等，宙斯之女，司爱与美的女神。

③ 这句话不能理解成：这些银器看起来价值不菲，实际不值钱；雅典人的使节生活在一个既拥有大量精美供奉品，又有大量财富储备的城邦，因此很容易从供奉品之丰富推知其财库充盈，反之亦然。见戈姆《评注》第 4 卷，第 313 页。

塔的金杯和银杯都①收集起来，还跟邻邦借——腓尼基人的和希腊人的城邦②——把它们带到宴会上，好像是他们自己的。4 所有人展示的几乎是同样的器皿，看起来到处都有很多这样的器皿，这让雅典的三层桨战舰的乘员大为震撼，回到雅典之后，逢人便说看到了大量钱财。5 他们自己被骗了，又让当时其他人也信以为真。等到厄革斯塔不存在那笔财富的消息传来，士兵们便对他们大加责难。将军们则就当前的局势开会商议。

47. 尼喀阿斯的意见是全军驶向塞利努斯，她是这次出征的主要目标。如果厄革斯塔为全军提供金钱，他们就作出相应的决策；如否，则要求他们提供60艘战舰的给养——这个数量的战舰正是其所请求的——并且留在那里，通过武力或者谈判在塞利努斯人与厄革斯塔人之间调停。然后，沿着其他城邦航行，展示雅典城邦的武力，表示对朋友和盟邦的热情。最后打道回府，除非能够以某种快速和出人意料的方式援助勒翁提诺人，或者将其他某个城邦争取过来，但不应以消耗雅典资源的方式威胁其安全。

48. 阿尔喀比阿得斯说，如此规模的一支大军出航，不应该一无所获就屈辱地打道回府；应该遣使至除塞利努斯和叙拉古之外的其他城邦，努力让一些西刻罗人叛离叙拉古人，与另一些西刻罗人结为朋友，以便让他们提供粮食和军队。首先是说服墨塞涅人（他们位于西西里的门户，能为雅典军队提供港口和最佳的观察地点）。在争取过来一些城邦，知道哪些城邦将站在自己一边后，就可以下手攻打叙拉古和塞利努斯了——除非塞利努斯与厄革斯塔达成协议，叙拉古人允许勒翁提诺人恢复故土。

49. 1 拉马科斯说，应当径直驶向叙拉古，尽快在其城下展开战斗，趁叙拉古人还没有做好准备，正处于惊恐万状之际。2 因为所有的军队一开始都是锐气逼人，如果它盘桓日久而不露面，人们就会重新鼓起勇气，打起精神，等看到他们时，甚至心怀轻蔑而不是恐惧。如果我们突

---

① 一般表示富有的方式。见戈姆《评注》第4卷，第313页。

② 厄革斯塔地处偏远，其唯一的希腊邻邦是塞利努斯，当时正与其交战；西西里西北海岸唯一的希腊城邦是希墨拉，她不可能与厄革斯塔合作，以致招惹雅典人的干预。看来这个说法带有夸张的成分，而作者没有意识到其中的荒谬之处就接受了。现代史学家在听到一个地名时，脑海中马上有一幅地图，作者还做不到。见戈姆《评注》第4卷，第313页。

然发动攻击，叙拉古人还处在预计敌人将要到来的极度恐惧之时，最有可能战而胜之，并在所有方面引起他们的恐慌：我们的声势（因为现在我们的人数空前），他们对未来灾祸的预期，特别是交战的直接危险。3 由于不相信我们会来，他们许多人很可能还落在城外的田野里。在他们将财物运往城内之际，如果我们兵临城下，占据上风，我军将不缺钱财①。4 这样，其他西西里的希腊人将更有可能立即不与叙拉古人结盟，而是倒向我们，不会继续等待观望哪一方将更强。他最后说，我们应该返回，在墨伽拉②停泊并把那里作为基地③，因为那里没有人烟，而且不论从海路还是陆路都离叙拉古不远。

50.1 拉马科斯虽然这样说，但他本人赞同阿尔喀比阿得斯的意见。然后，阿尔喀比阿得斯乘自己的战舰④航行到墨塞涅，与墨塞涅人会谈，建议结盟。由于墨塞涅人没有被他说服，答复不能接纳他们入城，只在城外为他们设一个市场，他就航行回到了赫瑞癸翁。2 将军们立即从整个舰队中抽出 60 艘战舰，配齐人员，带上给养，沿海岸航行至那克索斯，其余的军队和一名将军留在赫瑞癸翁。3 那克索斯人接纳他们入城⑤，然后他们沿海岸航行至卡塔涅。由于卡塔涅人不接纳他们入城（因为城内有一个亲叙拉古的集团），他们就来到忒里阿斯河上。4 他们在那里露宿，第二天除了 10 艘战舰之外，其余战舰成一纵列，驶向叙拉古。那 10 艘战舰被先派遣去"大港"⑥，侦察是否有战舰下水，同时

---

① 这句话的意思是，雅典人登陆之后，叙拉古人才仓促从城外撤回城里，这是雅典人截住其财物的好机会。见戈姆《评注》第 4 卷，第 315 页。

② Μέγαρα, Megara, 或 Megara Hyblaea, 位于西西里岛的东海岸，其南面是叙拉古，西北面是勒翁提诺。她是希腊人的殖民地，由希腊本土的墨伽拉城邦所建。

③ "基地"抄本原文为"ἐφορμηθέντας"（ἐφορμέω 的不定过去时分词被动态，意思是"对着某处下锚""封锁""监视"）。"牛津本"如此。阿尔伯蒂的校勘本作"ἐφόρμησιν τὰ (Μέγαρα)"，霍氏从。但是，霍氏将"ἐφόρμησιν"解释为"下锚处"（anchorage），这与前文的"ναύσταθμον"（anchorage）（意思也是"下锚处""停泊处"）语义重复。故未从。还有学者认为应作"ἐφορμισθέντας"（"冲向""攻击"），解释比较顺畅，今变通翻译为"（出发进攻的）基地"。见霍氏《评注》第 3 卷，第 425 页。

④ 原文如此。不仅仅指阿尔喀比阿得斯作为将军所在的旗舰，很可能意味着这艘战舰是他出资建造。希罗多德曾说（8.17），阿尔喀比阿得斯的曾祖父曾乘自己的战舰参加了阿耳忒弥西翁海战。见霍氏《评注》第 3 卷，第 426 页；戈姆《评注》第 4 卷，第 316 页。

⑤ 根据铭文材料，那克索斯人不仅接纳了他们，似乎还给予钱财支持。见霍氏《评注》第 3 卷，第 427 页。

⑥ "大港""小港"是叙拉古的两个港口，作者假定受众熟悉叙拉古的地理，所以这里没有说明。"小港"位于"大港"之北，到第 7 卷才提及和解释（7.22.1）。见霍氏《评注》第 3 卷，第 427 页。

等靠近叙拉古城，由传令官在甲板上宣告：雅典人已到来，根据盟约和血缘关系，要恢复勒翁提诺人的故土；因此，在叙拉古的勒翁提诺人要大胆地投靠作为朋友和恩人的雅典人。**5** 宣告完毕，又侦察了该城和其港口，以及其周围一带的情况——他们必须以其为作战基地——然后回到了卡塔涅。**51.1** 卡塔涅举行了公民大会，不接纳雅典人的军队入城，但叫将军们进去，说出他们的要求。在阿尔喀比阿得斯发表讲话之时，城里的人的注意力都集中于公民大会，雅典的士兵乘其不备破坏了一扇城墙上建造得很差的小门，进入城内，逛起了市场①。**2** 那些亲叙拉古的人看见雅典士兵进了城，马上惊恐万状，偷偷溜走了，他们为数不多。其他卡塔涅人投票决定与雅典人结盟，并叫雅典人将在赫瑞癸翁的其他军队带来。**3** 在此之后，雅典人驶向赫瑞癸翁，这次发全军至卡塔涅。抵达之后，立即建起军营。

52.1 同时，从卡马里娜传来消息：如果雅典人前去，卡马里娜人将投靠他们②；叙拉古人在为一艘战舰配备人员。因此，雅典人以全军首先沿海岸驶向叙拉古，没有发现正在配备人员的战舰，然后沿着海岸驶向卡马里娜。靠岸后，派出使节。卡马里娜人拒绝接纳他们，说条约规定③，只有在雅典人以一艘战舰前来时——除非他们自己召请更多的雅典战舰——才予以接纳。**2** 雅典人一无所获，驶离了卡马里娜。他们在叙拉古的某地登陆，实施劫掠。叙拉古的骑兵前来救援，杀死了一些散开抢劫的雅典轻装兵。雅典人回到了卡塔涅。**53.1** 在那里，他们遇到了从雅典驶来的"萨拉弥尼亚"舰，它为阿尔喀比阿得斯而来，召他回去答复雅典城邦对他的指控。同他一起被指控的还有军队中其他一些人，其中有些被控在秘仪事件上亵渎神明，另一些则与赫耳墨斯石像事件有染。**2** 因为雅典人在远征军出发以后，继续起劲地调查秘仪事件和赫耳墨斯石像事件的真相。他们不去验证告密者的话，相反，疑心重重，什么话都接受。他们相信了卑鄙小人的话，逮捕了一些最优秀的公

---

① 原文是"ἠγόραζον"（过去未完成时），有学者译成"占据了市场"，霍氏解释为"买东西"（shopping），并具体说买食物。今从。见其《评注》第3卷，第428页。

② 从下文来看，这个消息恐怕来自卡马里娜的某个派别（当时西西里的许多城邦内部都存在派别纷争），就其官方而言，显然抱着观望的态度。见霍氏《评注》第3卷，第428页。

③ 此条约肯定是前427/6年卡马里娜人与雅典人签订的，但到这里才提及。作者对有关卡马里娜的信息是逐渐透露的。见霍氏《评注》第3卷，第429—430页。

民，囚禁起来。他们宁可刨根问底，把事情搞得水落石出，也不让那些声名良好却由于卑鄙小人的告密而受指控的人，未受审判逃脱。**3** 因为雅典民众通过传说了解到，珀西斯特剌托斯及其儿子们的僭主统治，在其行将终结之时暴虐起来；而且，它不是被哈耳摩狄俄斯或者他们自己推翻的，而是被拉刻代蒙人推翻的。因此总是处在恐惧之中，对任何事都满腹疑虑。

54. 1 阿里斯托革同和哈耳摩狄俄斯的鲁莽行动乃是由一桩恋爱事件偶然①引发，下面我将一五一十道来。我将要表明，无论其他希腊人，还是雅典人自己，对其僭主统治和这次事件的叙述都不准确②。**2** 珀西斯特剌托斯年老，死在僭主的位子上。接掌权力的不是希帕耳科斯——像许多人认为的那样——而是其长子希庇阿斯。哈耳摩狄俄斯，一位名门英俊③，风华正茂；阿里斯托革同，一位普通公民，出身中等④，是哈耳摩狄俄斯的恋人，并占有他。**3** 哈耳摩狄俄斯遭到珀西斯特剌托斯之子希帕耳科斯的引诱，不从，向阿里斯托革同告状。热恋中的阿里斯托革同痛苦万分，他害怕希帕耳科斯的权势，唯恐其将哈耳摩狄俄斯抢过去，于是马上阴谋利用自己的声望推翻僭主统治。**4** 同时，希帕耳科斯再次引诱哈耳摩狄俄斯，同样未果。他不想使用暴力，打算用某种隐蔽的方式——好像不是因为这个事情——侮辱哈耳摩狄俄斯。**5** 一般来说，他不会让自己的统治使民众忍受不了，而

---

① "一桩恋爱事件偶然……"原文是"ἐρωτικὴν ξυντυχίαν"（宾格），许多英译者，包括《希英辞典》（*A Greek-English Lexicon*）都解释为"恋爱事件"。"ξυντυχία"（即"συντυχία"）本义是"运气"（"好运"或者"厄运"），霍氏认为，译成"事件"就丢掉了其所包含的"偶然性"的意味。所以他译为"the chance of a love affair"。今从。见其《评注》第3卷，第440页。

② 这句话显然夸大其词，而且与作者刚刚说过的话相互矛盾，雅典人对这段历史的了解并不都是错的。关键是作者为何要用这种全称否定的表达？目前有种种解释，都不是三言两语能说清楚的。详见霍氏《评注》第3卷，第441—442页。

③ "名门英俊"原文是"λαμπροῦ"（形容词"λαμπρός"之属格），本义是"光亮的""光辉的"。这里既指外貌的英俊，又指出身不凡。见霍氏《评注》第3卷，第442页。

④ "一位普通公民，出身中等"原文是"ἀνὴρ τῶν ἀστῶν, μέσος πολίτης"。直译"市民中的一个，中等的公民"。"ἀστῶν"（"ἀστός"的属格、复数），意思是"市民""公民""同胞""乡亲"，与"ξένος"（"外邦人"）相对，拥有雅典的公民权利。"πολίτης"指拥有政治权利的公民。今从霍氏的翻译。见其《评注》第3卷，第442页。

让它不招民众厌恶①。这些僭主所展现的勇气和智慧②是无与伦比的。他们只向雅典人征收土地收成的二十分之一，还美化城市，成功进行对外战争③，在神庙里举行祭祀活动。**6** 其他方面，这座城邦沿用了过去的法律，但他们留意让自己的人总处于执政的位置④，这一点倒要除外。在其他做过任期一年的雅典执政官的自己人当中，有僭主希庇阿斯之子珀西斯特剌托斯——他取了祖父的名字。在其执政期间，他奉献了一座十二神⑤的祭坛，立于市场⑥；一座阿波罗的祭坛，立于阿波罗庙⑦。**7** 后来，雅典民众扩建了市场里的那个祭坛，凿去了铭文；阿波罗庙里的祭坛还可以看见，但是字迹模糊不清了⑧，是这样说的：

> 希庇阿斯之子珀西斯特剌托斯，
> 在皮提俄斯阿波罗的庙里，立此以纪念其执政。

55.1 接掌权力的是长子希庇阿斯，这一点我敢断言，因为我了解到的传闻比别人的更准确。根据下面的事实，谁都可以明白这一点。在珀西斯特剌托斯的婚生儿子当中，只有他有孩子。不仅刚提到的祭坛可

---

① 从原文来看，这句话的主语指的是希帕耳科斯，但从上下文来看，应指两个僭主珀西斯特剌托斯和其子希庇阿斯，为此，有学者提出应改动原文。见霍氏《评注》第 3 卷，第 444 页。

② "勇气和智慧"原文是"ἀρετὴν καὶ ξύνεσιν"，修昔底德喜欢连用这两个词，见前文（4.81.2）译注。

③ 这里对希罗多德对雅典人赞颂（5.78）有所更正。希罗多德夸大了民主政体的军事效能，贬低了僭主政体的军事效能。修昔底德的观点更正确。见霍氏《评注》第 3 卷，第 444 页。

④ 有铭文显示，希庇阿斯任过前 525/4 年的执政官，珀西斯特剌托斯（希庇阿斯之子，取其祖父的名字，见下文）任过前 522/1 年的执政官。见霍氏《评注》第 3 卷，第 445 页。"他们自己的人"是亲戚还是同党，这里没有明说。"处于执政的位置"指任"军事执政官"（polemarch）或者"王者执政官"（archon basileus）。僭主如何做到这一点尚不得而知。见戈姆《评注》第 4 卷，第 330—331 页。

⑤ 指古希腊人信奉的奥林波斯十二主神。

⑥ 位于雅典卫城的西北面，此祭坛已发掘出土。

⑦ ἐν Πύθιου, in Pythium, 即"在皮提俄斯阿波罗的庙里"，它位于雅典城的东南部，位于"奥林波斯的"宙斯庙（Olympieion）与伊利索斯（Ilissos）之间。见戈姆《评注》第 4 卷，第 331 页。

⑧ 此祭坛上的铭文今犹存，但字迹一点也不模糊。作者生活年代距祭坛之立仅 100 多年，不应当这么说。铭文上很可能本有油漆，到作者的时代已经脱落了，所以说模糊不清。见戈姆《评注》第 4 卷，第 331 页；霍氏《评注》第 3 卷，第 446 页。

以为证，而且立于雅典卫城、记载僭主罪行的石碑，没有提及忒萨罗斯或者希帕耳科斯的孩子，但刻上了希庇阿斯的 5 个孩子——他与许珀洛喀得斯之子卡利阿斯的女儿密里涅所生——年纪最长的自然先结婚。**2** 在这块石碑上，他的名字紧随其父。这也很合理，因为他年纪仅次于其父，且做了僭主。**3** 我从来就不相信，希庇阿斯马上如此轻易地掌握僭主的权力——如果希帕耳科斯死在僭主的位子上，他当天就确立了自己的僭主地位。但是，由于一方面雅典公民对他害怕惯了，另一方面他严密掌控其卫队，应付局势绰绰有余，不会像身为其弟的希帕耳科斯那样，由于以前一直没有掌过权而此时不知所措。**4** 然而，希帕耳科斯因其不幸的结局而出了名，其僭主之名声流传于世。

56.1 再说哈耳摩狄俄斯。希帕耳科斯遭到坚决拒绝之后，就按照预先的计划侮辱哈耳摩狄俄斯。他们先邀请哈耳摩狄俄斯的一个姊妹，一位少女，到某次游行①中头顶篮子②，然后又不要她，并说根本没有邀请过她，因为她不配。**2** 对此，哈耳摩狄俄斯非常气愤，阿里斯托革同更是怒不可遏。他们跟参与这项行动的同党将一切布置停当，只等"泛雅典娜大节"③的到来。因为只有在那一天，参加游行的公民携带武器聚集才不让人生疑。定好他们两人先动手，同党立即一起对那些卫兵采取行动。**3** 为保险起见，其同党人数并不多。他们期望，那些不知情者看到人数这么少的人勇敢行动，会愿意立即用手中的武器一起争取自由。**57.1** 该节日到来了，希庇阿斯与其卫队一起在城外的所谓"陶匠区"，组织各支游行队伍出发。哈耳摩狄俄斯和阿里斯托革同已经带上匕首，准备采取行动。**2** 他们看见一个自己的同党与希庇阿斯亲密交谈（当时希庇阿斯人人都好接近），害怕起来，以为被那人告发了，马上就要被逮起来。**3** 于是，他们想如果能够做到，就要先报复让他们痛

---

① 《雅典政制》（18.2）说是泛雅典娜节的游行。但是从这里的上下文来看，显然不是，因为这次事件之后，哈耳摩狄俄斯和阿里斯托革同等人决定在泛雅典娜节下手。距离此节日最近的两个有游行的节日是 Σκιροφόια（Skirophoria，雅典娜节日之一）和 Διπόλεια（Dipoleia，保护城市的宙斯的节日）。见霍氏《评注》第 3 卷，第 448 页。

② 原文是 "κανοῦν οἴσουσαν"，直译 "携带篮子"，"κανηφόρος" 就是 "携带篮子的女子"。在雅典，举行一些节日游行时，由一位少女头顶一个篮子，内盛祭物。

③ "泛雅典娜大节" 原文是 "Παναθήναια τὰ μεγάλα"，泛雅典娜节分为两次，一次就是这个 "大节"，有规模盛大的游行；另一次叫 "Παναθήναια τὰ μικρά"，即 "泛雅典娜小节"。

苦、让他们冒所有危险的人①。他们毫不犹豫冲进城门内，在名叫"勒俄科瑞翁"的庙宇旁遇到希帕耳科斯，立即不顾一切地扑上去，带着满腔怒火——阿里斯托革同是因为恋爱，哈耳摩狄俄斯是因为受辱——乱刀刺死了他。4 人群跑拢来了，阿里斯托革同当时逃脱了卫兵，后来被抓到，遭受不轻松的处置②；哈耳摩狄俄斯则当场毙命。58.1 有人到陶匠区向希庇阿斯报告，希庇阿斯没有立即赶往事发现场，而是赶到等待参加游行的重甲兵那里——他们远离事发地，尚不知情——对这起灾祸不露声色。他手指一个地点，命令他们不带武器到那个地方去。2 他们就退到那里去，以为他有话要讲。他吩咐卫兵取走武器，立即挑出他怀疑的共犯和被发现身藏匕首的人。因为按照惯例游行时只带长矛和盾牌③。

59.1 就这样，由恋爱而起的痛苦，首先导致哈耳摩狄俄斯和阿里斯托革同阴谋策划，加上一时的极度恐惧，便产生了这次不理智的鲁莽行动。2 在这之后，僭主统治对雅典人更加严酷了。希庇阿斯现在更害怕了，他处死了许多公民，并且把眼光转向国外，看能否找到一处安全之所，以防国内万一生变。3 在这之后，他尽管是个雅典人，却把自己的女儿阿耳刻狄刻嫁给兰普萨科斯的僭主希波克罗斯之子埃安提得斯，一个兰普萨科斯人!④ 他明白，他们父子对波斯国王大流士有很大的影响力。她在兰普萨科斯的墓碑上刻有这样的文字：

> 阿耳刻狄刻葬于此，
> 她是希腊一世豪杰希庇阿斯之女，
> 虽然她的父亲和丈夫、兄弟和儿子都是僭主，

---

① 即希帕耳科斯。
② 意即"遭受残酷折磨"，这里是反语。《雅典政制》（18.4—6）说，阿里斯托革同受到严刑审讯，他为求一死，有意激怒希庇阿斯，结果死在其刀下。
③ "只"字原文没有，但是根据文意应该有，所以加上去了。《雅典政制》（18.4）说当时不允许携带武器参加游行，与这里的说法正好相反。《雅典政制》的说法是错误的，很可能是后来的爱国者的虚构，他们为自己编造了一个理由：当时人民面对僭主统治是手无寸铁的。见霍氏《评注》第 3 卷，第 451 页。
④ 兰普萨科斯是一个希腊城邦（位于赫勒斯蓬托斯，即今达达尼尔海峡以东的小亚海岸），其僭主希波克罗斯得到波斯的支持，曾跟随大流士出征，跨过多瑙河。见戈姆《评注》第 4 卷，第 336 页。

狂妄张扬却非其①本意。

4 希庇阿斯在雅典又做了3年僭主，第4年被拉刻代蒙人和逃亡的阿尔克墨翁世族废掉了。在休战条约的保证下离开，到西革翁②，再到兰普萨科斯的埃安提得斯那里，然后到了国王大流士的王庭。20年以后，已届垂暮之年的他，出发跟随波斯人远征，到了马拉松。

60.1 雅典的民众惦记着这些事情，又回想起所有有关这些的传闻，此时变得严酷起来。他们怀疑那些被控与秘仪事件有染的人，并且相信整个事件与旨在建立寡头统治和僭主统治的阴谋密不可分。**2** 在由此而产生的愤怒情绪之下，许多有身份的人被投入监狱，而且事情没有停止的迹象，反而一天比一天野蛮，越来越多的人被捕。直到最后，有一个被关押的人——他被认为是主犯——在一个狱友的反复劝说之下开始揭发。内容是真是假不得而知，两种意见都有；至于到底系何人之所为，无论当时还是后来都没人能说清。**3** 这位狱友劝他说，就算事情不是他干的，也应该在自己先被免除惩罚的情况下，将自己和城邦从当前的猜疑之中拯救出来；因为对他来说，在得到豁免的情况下，承认系自己所为比矢口否认然后受审更有安全保障。**4** 于是，他揭发自己和其他人参与了赫耳墨斯石像事件。雅典的民众兴高采烈，以为获得了他们认为的真相。他们以前一直在生气，因为可能永远发现不了那些阴谋颠覆民主政体③的人。他们立即释放了告密者和所有其他他没有指控有罪的人，审判那些被指控有罪的人；将抓捕到的悉数处死，判处逃亡者死刑，并悬赏杀死他们。**5** 在整个事件中，那些遭受惩处的人有没有被冤枉，说不清楚；然而，城邦主体④当即得了益，倒是明明白白。**61.1** 再说阿尔喀比阿得斯。雅典人把他的案子看得很严重。有人挑起民众对他的敌视，这些人在他出航之前就攻击过他。雅典人认为既然他们得到了赫耳墨斯石像事件的真相，那么就更加坚信，秘仪事件——他被控与之有牵

---

① 指阿耳刻狄刻。
② Σίγειον, Sigeum, 位于小亚的特洛亚地区（Τρῳάς, Troad）。
③ "民主政体"原文是"τῷ πλήθει"（与格），本义"大众"，引申为"民主政体"。
④ 直译"其余的城邦"。意即城邦当中其余的人。

连——就是他之所为,其目的是一样的,即阴谋颠覆民主政体①。2 因为就在雅典人为这些事骚动不安之时,一小支拉刻代蒙人军队一直开到了地峡附近,与玻俄提亚人勾勾搭搭②。因此,雅典人认为,他们是在阿尔喀比阿得斯的谋划之下根据事先的约定来的,而不是因为玻俄提亚人的缘故;要不是他们根据揭发预先逮捕那些人,城邦恐怕早就被出卖了。他们甚至全副武装在城内的忒塞乌斯庙③睡了一整宿。3 与此同时,阿尔喀比阿得斯在阿耳戈斯的朋友④被怀疑阴谋颠覆民主政体,因此雅典人把安置在岛上的阿耳戈斯人质交给阿耳戈斯人处死⑤。4 各个方面的怀疑都已指向阿尔喀比阿得斯。因此,他们想将他带回来审判、处死,于是派出"萨拉弥尼亚"舰去西西里,召回他和其他被揭发出来的人;5 带着如下指令:命令他跟随此舰回来答复指控,但不要逮捕他;因为他们希望避免在自己的军中和西西里的敌人中引起骚动,特别要留住那些曼提涅亚人和阿耳戈斯人。他们认为这些人是受阿尔喀比阿得斯劝说来参加远征的。6 于是,他乘坐自己的战舰与一同被指控的人,跟随"萨拉弥尼亚"舰,驶离西西里,像是要回雅典。到了图里俄⑥,他们不再跟随,而是下船离开,不见了。他们害怕回去受审时,要面对带怨恨和偏见的指控⑦。7 "萨拉弥尼亚"舰的船员下来,寻找阿

---

① 请注意作者很仔细地将赫耳墨斯石像事件与秘仪事件分开,并认为阿尔喀比阿得斯只是与后者有牵连。见霍氏《评注》第 3 卷,第 454 页。"民主政体"原文是"τῷ δήμῳ"(与格)。

② 直译"与玻俄提亚人商量做某些事情"。另据记载,玻俄提亚人已经发现雅典内部有变故,所以来到雅典的边境。见霍氏《评注》第 3 卷,第 454 页。

③ 这座忒塞乌斯庙位于雅典卫城以北［现代所谓的 Thisson 实际上是赫派斯托斯(Ἥφαιστος)的庙］,喀蒙从斯库洛斯岛取来的忒塞乌斯的遗骨就安放于此。在雅典城和比雷埃夫斯还有其他忒塞乌斯的庙,因此有必要与这座神庙加以区别。见霍氏《评注》第 3 卷,第 454 页。

④ "朋友"原文是"ξένοι"(主格、复数),见前文(4.78.4)译注。

⑤ 见前文(5.84.1)。

⑥ Θούριοι, Thurii,这是人名也是地名和城邦名。这里用作地名。其土地位于今意大利的南部,塔兰托湾的西海岸,是希腊人建立的殖民地。下文马上说其居住地叫"Θουρία"("图里亚"),后来又称"Θουριάς γῆ"(7.35.1)。值得注意的是,下文(6.104.2)又把Θουρία 当作城邦名,这与作者一贯用后缀"-ία"表示居住地的做法相悖。参见 M. H. Hansen and T. H. Nielsen ed., *An Inventory of Archaic and Classical Poleis*, Oxford: Oxford University Press, 2004. pp. 304 – 305。还要注意的是,这个图里亚在意大利,伯罗奔尼撒还有一个图里亚,见前文(1.101.2)。

⑦ "带怨恨和偏见的指控"原文是"διαβολῇ"(与格),本义是"指控""诽谤",这里附带"怨恨""偏见"等意思,故译。见霍氏《评注》第 3 卷,第 456 页。

尔喀比阿得斯和那些与他一起的人。找了一小段时间，由于哪里都找不见他们，就离开回国了。不久之后，阿尔喀比阿得斯——现在已是一个流亡者——乘船渡海从图里亚前往伯罗奔尼撒。雅典人缺席判处他和那些与他一起的人死刑。

62.1 此后，留在西西里的雅典将军们①把军队分成两部，通过摇签各自统领一部。全军驶向塞利努斯和厄革斯塔②，想知道厄革斯塔人是否给他们钱财，仔细观察塞利努斯的局势，了解她与厄革斯塔的分歧之所在。**2** 他们沿着西西里的海岸航行，海岸在其左手——西西里岛的这部分面向堤耳塞尼亚湾③——在希墨拉靠岸，她是西西里岛这一带④唯一的希腊城邦⑤。由于希墨拉不接纳⑥，他们就继续沿海岸前进。**3** 途中，他们拿下了许卡拉——一个西卡尼亚海滨城市⑦，与厄革斯塔人敌对。将其居民卖为奴隶⑧，把城市交给厄革斯塔人⑨（因为他们的骑兵到了）。雅典人经由西刻罗人的土地返回，抵达了卡塔涅；战舰则带着战俘奴隶沿海岸驶回卡塔涅。**4** 尼喀阿斯直接从许卡拉出发，沿海岸驶

---

① 即尼喀阿斯和拉马科斯。为什么作者不提他们的名字？作者可能有意按下不表，一直到下文（50.1），因为整个第6卷的后半都在突出拉马科斯之突然阵亡带来的冲击；而尼喀阿斯下文马上就提到了。见霍氏《评注》第3卷，第461页。

② 雅典人是从卡塔涅出发的，从下文说的路线来看，塞利努斯最远（实际上没到那里），所以这里先提及最远的地点。见霍氏《评注》第3卷，第462页。

③ 即今第勒尼安海。见前文译注（4.24.5）。

④ 即西西里的北部沿海地带。

⑤ "希腊城邦"原文是"Ἑλλὰς πόλις"（主格、单数），作者这里把名词"Ἑλλάς"当作形容词使用，没有用"Ἑλληνική"（"希腊的"）之类的形容词。作者可能以此强调希墨拉是希腊文化的前哨；雅典人认为他们是在执行阿尔喀比阿得斯的计划，即向西西里的希腊城邦示好，而用这个词是想表明，他们没法再往前走了。见霍氏《评注》第3卷，第462—463页。

⑥ 尼喀阿斯在此很可能有一个演说，但作者不写。历来研究者都关注修昔底德记下的演说，忽视了这些地方。见霍氏《评注》第3卷，第463页。

⑦ "城市"原文是"πόλισμα"，一般解释为"小城市""城镇"，但是许卡拉并不小，注意下文马上称其为"πόλις"。作者这里用它指许卡拉这个蛮族城市。见霍氏《评注》第3卷，第464页。

⑧ 前415—前413年，雅典人在西西里的这类袭击海滨城市、将其居民卖为奴隶的事情肯定比作者记载的要多。这里的记载有示范举例的意思。另外，作者记载这类希腊人袭击蛮族城市的事情时，语气中立、就事论事，若记载蛮族袭击希腊人的城市就义愤填膺了，见下文（7.30）。见霍氏《评注》第3卷，第464页。

⑨ 尽管厄革斯塔人在钱财问题上欺骗了雅典人（6.46）——对尼喀阿斯来说，这并不意外——但是，雅典人还得讨好他们，因为需要他们的骑兵。见霍氏《评注》第3卷，第464页。

向厄革斯塔。商谈了其他事情之后，接受了30塔兰同，与军队会合①。他们将战俘奴隶卖掉，得到120塔兰同②。5 他们还航行至各西刻罗人盟邦，要求他们派兵；以一半的人马攻打敌对城市许布拉——革拉土地上的③——但没有攻下。这个夏季结束了。

63.1 接下来的冬季一开始，雅典人就准备攻打叙拉古，而叙拉古人也准备进攻他们。2 因为雅典人没有在叙拉古人刚开始惧怕敌人的时候，像他们预想的那样马上发动进攻，随着日子一天天过去，叙拉古人越来越有信心。他们看到雅典人远离他们，驶向西西里的另一边，去攻打许布拉，却攻不下来，就越发小瞧雅典人。他们要求自己的将军们——群众胆子壮起来时就喜欢这样做——率领他们进攻卡塔涅，因为雅典人不来进攻他们。3 叙拉古人的骑兵侦察兵不断接近雅典人的军队，出言侮辱，甚至这样问④："你们来跟我们居住在一起吗？那可不是你们自己的土地！你们不替勒翁提诺人恢复故土吗？" **64.**1 雅典的将军知道这些情况以后，就想将叙拉古全军从其城里引出来，越远越好。与此同时，他们则自己在夜幕的掩护下，沿海岸航行过去，在合适的地方从容地占一块营地。他们明白，如果他们在一支有准备的军队面前舍舟登岸，或者公开从陆上过去，就不能达到同样的目的（因为他们自己没有骑兵，人数众多的叙拉古骑兵会给他们的轻装兵以及随军人员造成极大的伤害。这样，他们就能夺得一个地方，让敌人的骑兵带来的伤害微不足道。跟随他们的叙拉古流亡者⑤告诉他们说，在俄吕恩庇厄翁⑥附近有这样一个地方；随后⑦，他们就占据了这个地方）。于是，为了达此目的，将军们想出了如下计谋：2 他们派出一名自己信得过的人，此人也被叙拉古将军们当朋友看待；他是卡塔涅人。他说，他受卡塔涅

---

① 在卡塔涅的雅典军队。
② 有学者认为，以每个奴隶1谟那计算，就是7200名。另有学者认为至少有7500名，那么许卡拉的总人口有8000—10000人。霍氏《评注》第3卷，第465页。
③ Ὕβλα ἡ Γελεᾶτις, Hybla Geleatis，这里是直译。位于西西里埃特纳火山的南坡，即今帕泰尔诺（Paternò）。
④ 原文是间接引语，这里译成了直接引语。
⑤ 见前文（6.5.1）。
⑥ Ὀλυμπιεῖον, Olympieum，即"'奥林波斯的'宙斯的庙"。
⑦ 原文字面上没有这个词，但含有这个意思，补上意思更显豁。见霍氏《评注》第3卷，第467页。

的一些人的指派，这些人的名字叙拉古的将军们熟悉，并且知道他们是亲叙拉古的，尚留在卡塔涅城里①。3 他还说，雅典人习惯在卡塔涅城里过夜，武器不在身边②，如果叙拉古人约定好日期，拂晓以全军向雅典人发动攻击，他们就把雅典人关在城里，放火烧其战舰③，让叙拉古人有机会攻其木栅栏，轻易地夺得整个营地④；在这个过程中，会有许多卡塔涅人响应，他们做好了准备——他本人就是他们派来的。

65.1 叙拉古的将军们一向对整个局势信心十足，即使没人帮助也决心准备攻打卡塔涅。他们不假思索就相信了此人，马上定下了到那里的日子，然后打发他回去了。他们（其盟友塞利努斯人和其他一些人已经来了）向全体叙拉古人宣布要全军出击。他们做好了准备，确定到达卡塔涅的日子就要来了。他们向卡塔涅开进，在勒翁提诺人土地上的绪迈托斯河边宿营。**2** 雅典人得悉他们前来的消息之后，兴起全军，以及所有加入他们的西刻罗人和其他人，登上战舰和小型船只⑤，乘着夜色向叙拉古驶去。**3** 拂晓，雅典人在俄吕恩庇厄翁对面的地点登陆，准备在那里占据营地。叙拉古人的骑兵先到了卡塔涅，得知雅典人全军已经开拔，转头向步兵报告。于是，全部人马掉头回援叙拉古城。**66.1** 与此同时，由于叙拉古人还要赶很长一段路，雅典人从容不迫地在一个有利的位置扎下了营盘。在那个地方，他们想什么时候战斗都行，叙拉古人的骑兵无论在战斗中还是战斗前，都最不可能困扰他们，因为其一侧有墙、房屋、树林和沼泽构成屏障，另一侧是悬崖峭壁。**2** 他们砍伐附近的树木，运到海边，在战舰旁栽上木栅栏⑥。为了保护达斯孔⑦——最容易受敌攻击的地方——用捡来的石头，还有木头匆忙建起一座防御工

---

① 其余的人在雅典人进入卡塔涅城时逃走了，见前文（6.51.2）。
② 在其白天的营地里。
③ 战舰拖上了岸。见戈姆《评注》第 4 卷，第 342 页。
④ 指其白天的营地。
⑤ 见前文（6.44.1）和前文（6.30.1）的译注。
⑥ 雅典人和叙拉古人后来都曾在海底打下木桩，以保护其海湾中的战舰（7.25.5；7.38.2），但这里不属于此类情况。雅典人没有理由害怕叙拉古人的海军。这里的木栅栏和后文提到的雅典人的防御工事（8.55.3）都建在海滩上，其目的是，如果打了败仗，可用少数士兵做掩护，大部队重新登船。见戈姆《评注》第 4 卷，第 343 页。
⑦ Δάσκων，Daskon，不详其所在。作者对此地只字未提。学者们猜测其在"大港"所在海湾的南岸。见霍氏《评注》第 3 卷，第 468—469 页。

事；并拆毁阿那波斯河上的桥梁①。3 在他们进行这些准备工作之时，没有一个人从叙拉古城出来阻止。先赶来的是叙拉古的骑兵，随后步兵也赶来聚集。他们先是推进到雅典人的军营附近，由于雅典人不出来与之对阵，便撤退，到赫罗戎路②的另一侧宿营。

67.1 次日，雅典人及其盟邦做好了战斗准备，列阵如下：右翼是阿耳戈斯人和曼提涅亚人，雅典人位居中军，其余一翼由其他盟军占据。其半数人马在前面，纵深8排。另半数人马靠近他们睡觉的地方，排成空心方阵，纵深也是8排。这一半人马接到命令，观察动向，哪里最吃紧就去哪里。辎重队被安排这支后备部队③的中央。2 叙拉古人将全部重甲兵排成16排，包括全部叙拉古人和所有在场的盟军（前来支援他们的主要是塞利努斯人，然后是总数200名的革拉骑兵；还有来自卡马里娜的约20名骑兵和50名弓箭手）；将骑兵——人数不少于1200名——排在右翼之末；其旁边是投矛兵。3 在雅典人即将发动进攻之时，尼喀阿斯走到阵前，依次经过各族，对全体人马这样鼓动道④：

68.1 "男子汉们⑤！既然我们来到这里，参加同一场战斗，那么还有什么必要长篇大论地鼓励大家呢？在我看来，比起阵前鼓动天花乱坠、实力却较弱的军队，这支军队本身就足以让我们满怀信心。2 聚在

---

① Ἄναπος, Anapus，在叙拉古城以南，自西向东注入"大港"。霍氏指出，古典时期的古希腊著作家还没有在自己的著作中插入地图（希腊化时期才出现），所以对于他们来说，清晰明白地描写军事行动并非易事，当然这不是说作者一定没有亲自去现场勘查。有学者认为，雅典人主要在阿那波斯河以南地区登陆，那么摧毁该河上的桥梁就是合乎逻辑之举，因为这可以消除陆上来自叙拉古方向的威胁。修昔底德写作的时候，好像读者都熟悉达斯孔、阿那波斯河以及赫罗戎路等地方，他对事件中的地理位置有时不很在意。详见其《评注》第3卷，第469—470页。

② Ἑλωρίνη ὁδός, Helorine Road，从赫罗戎（Ἕλωρον, Helorum，修昔底德没有提到此地名）通往叙拉古的道路。赫罗戎（即今Eloro）位于叙拉古以南约18公里，似乎一直附属于叙拉古，或者甚至是其殖民点。见霍氏《评注》第3卷，第470—471页。

③ 即后面那一半人马，也就是说辎重队被放在空心方阵的中央，所谓"空心方阵"并不"空心"，只是外形是长方形的，其中央摆的是非战斗人员或者轻武装人员。见霍氏《评注》第3卷，第722页。

④ 这里的"各族"，指的是参战的各个城邦的人。关于在空旷野外对人数众多的军队讲话的情况，请参考前文译注（4.94.2）。

⑤ 原文是"ἄνδρες"（复数、呼格），其单数是"ἀνήρ"，意思是"男人""凡人""壮丁""丈夫"等，也可以译成"战士们""大老爷们"。

这里的有阿耳戈斯人、曼提涅亚人、雅典人和岛民中的佼佼者①，有如此众多、如此勇敢的人马并肩作战，我们每个人怎么不应该对取得胜利信心百倍呢？尤其要说的是，我们的敌人为保卫自己倾巢出动，不像我们这样经过了精挑细选。而且，他们是西西里的希腊人，他们也许鄙视我们，但挡不住我们。因为他们技能不足，鲁莽有余。3 每个人都要记住：我们远离故土，附近没有一片土地是友好的，除非你们用手中的武器赢得一片。我提醒你们，我的鼓动与敌人的正好相反——我敢肯定，他们也正在鼓动士兵——他们会说为祖国而战，而我要说，我们战斗的地方不是我们的祖国，但是我们必须征服它，否则我们很难撤离这里，因为敌人大批骑兵将扑上来。4 因此，记住你们的名声，以昂扬的斗志冲向敌人，要想到，我们现在的责任和困境②比敌人更加可怕。"

69.1 尼喀阿斯这样鼓动完士兵，立即带领军队进攻。叙拉古人没有料到这个时候交起战来，由于叙拉古城离得近，有些人甚至跑回城里了。这些人赶紧飞快地跑回来支援，有些来晚了，只能各自就近加入大部队的行列。无论是在这次战役还是以后的战役中，叙拉古人既不缺斗志也不缺胆量；如果技能足够，他们的英勇就不输于人，但如果缺乏技能，就心有余而力不足了③。然而，尽管不曾想到雅典人会率先发动攻击，尽管被迫仓促应战，他们还是拿起武器立即迎战。2 双方的投石手、弹弓手和弓箭手首先交战，互有胜负，轻装兵的战斗常常如此。接着，卜者将惯常用的牺牲带上来，号手催促重甲兵交战。3 双方前进，叙拉古人为自己的祖国而战，每个人为自己眼下的性命而战，为日后的自由而战；其对手雅典人为把别人的土地变成自己的土地而战，为使自己的土地免遭因失败带来的损害而战。阿耳戈斯人和那些独立自主的盟友，要帮助雅典人获得他们为之而来的战利品，如果得胜而归，就能再次见到自己的祖国。盟邦中的属邦把眼下自身的安全放在首位，除非取

---

① "岛民中的佼佼者"原文是"νησιωτῶν οἱ πρῶτοι"。"岛民"一词在前5世纪是雅典帝国之属邦的代名词，有时又是"暴露于外、没有防御能力"的代名词。这里加上了"πρῶτοι"（"第一"），意思就是正面的、不带贬义的。见霍氏《评注》第3卷，第473页；以及S. Hornblower and A. Spawforth ed., *The Oxford Classical Dictionary*, Oxford: Oxford University Press, 1996, p. 769.

② 所谓责任就是必须战胜敌人；所谓困境指除非战胜敌人，否则没有退路。见马钱特的注。

③ 直译"就会不情愿地放弃自己的意图。"

胜，否则就没有希望；其次是希望在为雅典人多征服一个地方之后，雅典人对她们更温和一些①。70.1 两军短兵相接，很长一段时间势均力敌。交战正酣，电闪雷鸣，大雨倾盆。第一次打仗和对战争不熟悉的士兵感到恐惧，而那些经验丰富的士兵将其归因于一年的季节，更害怕敌人的顽强抵抗。2 阿耳戈斯人首先将叙拉古人的左翼推挤过去，接着雅典人将对面的敌人推挤过去，其他叙拉古人的阵线现在也开始遭到突破。全军溃逃。3 雅典人没有长距离追击（因为受制于人数众多、没吃败仗的叙拉古骑兵，他们看见有雅典的重甲兵追击格外突出，就冲上去将其赶回），集体追击了一段安全距离，然后撤回来，竖立却敌纪念柱。4 同时，叙拉古人在赫罗戎路上集合，尽量收拾败局，还派自己人去俄吕恩庇厄翁守卫，唯恐雅典人会染指那里的财宝。其余人马撤回叙拉古城。71.1 但是，雅典人没有去神庙②，他们将己方的尸首收集起来，放置于火葬柴堆，就在那里宿营。次日，雅典人在休战协议的保证下将叙拉古人的尸首交还（叙拉古人及其盟军战死大约260人），收集己方的骨灰（他们及其盟军战死约50人），带着从敌人尸体上剥下的战利品，驶回了卡塔涅。2 因为此时是冬季，看来还不能在叙拉古继续作战，除非从雅典和西西里的雅典盟邦征集和派来骑兵，以便不再完全受制于敌人骑兵；同时，从西西里征收钱财和从雅典取来钱财；将一些城邦争取过来——希望在这次战役之后，她们更愿意服从自己；做好其他方面的准备，包括粮食和所有匮乏的东西，以便来年春天与叙拉古人作战。

72.1 带着这个打算，他们驶向那克索斯和卡塔涅过冬③。叙拉古人埋葬了战死者的尸体，然后召开公民大会。2 赫耳蒙之子赫耳摩克剌忒斯——一个各方面智慧超群的人，在这场战争中表现出丰富的经验和非

---

① 这句话霍氏采用了阿尔伯蒂的文本，即将"牛津本"中的"ξυγκαταστρεψαμένοις"和"ὑπακούσεται"分别改为"ξυγκαταστρεψάμενοι"和"ὑπακούσονται"。今从。见其《评注》第3卷，第476页。

② 这个否定句的意思不仅是，雅典人的行动与叙拉古人的预期相反，或者与读者的预期相反，而且要反驳某种不同的说法（古代作家对此有不同的叙述）。见霍氏《评注》第3卷，第481—482页。

③ 这里是否与上文（6.71.1）矛盾？霍氏认为不矛盾，这里是一个小的叙事的"环"，又回到了上文（6.71.1），那克索斯比卡塔涅远，所以先提（与前文6.62.1一样）。雅典人及其盟军的实际行动是这样的：先到了卡塔涅（6.71.1），然后去墨塞涅策反（6.74.1），再去那克索斯，打算在那里过冬，最后在冬天行将结束之时，离开那克索斯去卡塔涅（6.88.5）。见霍氏《评注》第3卷，第483页。

凡的勇气①——走上前来，鼓励他们，让他们不要因刚受到的挫折②而放弃抵抗。3 告诉他们，他们的精神没有被打败，只是因为阵列不严整才蒙受损失；他们的表现并不像人们预料的那么差劲。尤其要说的是，与他们较量的是希腊最有经验的士兵，可以说，是外行生手对阵熟练技工。4 他说，让他们蒙受大损失的另一个原因是，将军为数众多，令出多人（因为他们有 15 位将军③）；士兵没有纪律，缺乏组织。但是，如果只让少数有经验的人当将军，利用这个冬天准备重甲兵，给没有武器的人提供武器，尽可能地增加其数量，强迫他们进行全面的操练，他说，他们完全可以战胜敌人；他们已经具备了勇气，战场上的组织纪律性就会随之而来。这两项品质都将得到提高，在危险中他们的纪律性会受到锻炼，其勇气将随着技能带来的信心而增强。5 应该选出少数几个将军，并赋予其全权；要对他们宣誓：允许他们根据自己的判断来指挥。这样，他们想要保守的秘密应该能更好地隐藏起来，所有的准备工作都应有序地、不折不扣地进行。73.1 叙拉古人听了他的发言，投票决定一切照他的建议办，并选出了 3 位将军④：赫耳摩克剌忒斯本人、吕西马科斯之子赫剌克勒得斯和厄克塞刻斯托斯之子西卡诺斯。2 他们还派遣使节去科林斯和拉刻代蒙，请他们作为盟友前来救援，劝拉刻代蒙人为自己的利益着想，将与雅典人的战争公开地、坚定地进行下去。目的是，要么将雅典人从西西里引走，要么使其少派军队增援西西里。

74.1 在卡塔涅的雅典军队直接航行至墨塞涅，指望该城被内应出卖，但事情没有成功。因为阿尔喀比阿得斯在被召回离开统帅岗位之时，就知道自己将逃亡，把这项他了解的计划透露给了亲叙拉古的墨塞

---

① "一个……人"原文是"ἀνήρ"，通常用在人物第一次出场时，但这里是赫耳摩克剌忒斯第三次出场（前两次是在 4.58；6.32.3），有学者认为这是这部著作未经最后完善的表现之一。另外，作者这里对赫耳摩克剌忒斯不吝赞颂之词，有些词语，像"智慧"（"ξύνεσις"）和"勇气"（"ἀνδρεία"，类似"ἀρετή"）曾经用在伯里克利和布剌西达斯身上。叙拉古人在改正自己的缺点（如上文说的缺乏技能等）后，越来越成为雅典人的劲敌，在这个过程中，赫耳摩克剌忒斯功不可没。详见霍氏《评注》第 3 卷，第 483—485 页。

② 直译"发生过的事情"。

③ 这句话是修昔底德说的，看来叙拉古人每个部落有 5 位将军（共有 3 个部落）。见霍氏《评注》第 3 卷，第 486 页。

④ 很可能 3 位将军各自代表一个部落。见戈姆《评注》第 4 卷，第 349 页。

涅人。这些墨塞涅人马上处死了谋划者。雅典人到来之时，这些人及其同党已经武装起来，经过斗争，控制了城邦，拒绝接纳他们。2 雅典人在那里等了大约13天，由于刮起了风暴，没有给养，事情又没有进展，就驶回了那克索斯。他们环绕军营竖立木栅栏①，准备在那里过冬②。还派遣一艘三层桨战舰回雅典，请求钱财和骑兵支援，以便开春时送达。

75. 1 在这个冬季里，叙拉古人在其城旁修筑了一道城墙，将忒墨尼忒斯③包进来，沿着与厄庇波莱相望的那部分叙拉古城的城墙延伸，此举是为了在吃败仗时，不让敌人易于抵近叙拉古城筑墙围城④。他们还在墨伽拉建了一处要塞，在俄吕恩庇厄翁建了另一处要塞；在凡能登陆的地点的海边竖立木栅栏。2 同时，得知雅典人在那克索斯过冬之后，他们全军出动，开到卡塔涅，蹂躏其土地，焚烧雅典人的帐篷和营地，然后撤回。3 他们了解到，雅典人根据以前在拉刻斯领军之时订立的盟约⑤，派使节去了卡马里娜，就同样派使节前去，如果可能，就将此城争取过来。因为他们怀疑，卡马里娜人首战给他们的援助很不积极⑥，将来就不想继续援助了；既然看到雅典人在这次战役中打得顺手，基于他们之间以前的友谊，经使节一劝，也许会倒向雅典人一边。4 于是，赫耳摩克剌忒斯和别的叙拉古人来到了卡马里娜，厄乌珀摩斯和别的雅典人也到了卡马里娜。卡马里娜人召集公民大会，赫耳摩克剌忒斯想要让卡马里娜人先对雅典人产生偏见，发言如下：

76. 1 "卡马里娜人啊！我们出使贵邦，原因不是担心你们震慑于雅典人的军力，而是担心你们没等听到我们发言，就被他们的一番言辞说服了。2 他们到西西里来的借口你们是知道的，但其内心的想法如何却让我们都生疑。我看恐怕不是要恢复勒翁提诺人的故土，而是要将我们

---

① 史密斯英译本还插了一句"修建船坞"，不正确。理由见霍氏《评注》第3卷，第488页。

② 实际上是在卡塔涅过的冬（6.88.5）。见霍氏《评注》第3卷，第489页。

③ Τεμενίτης, Temenites, "神圣的庙地上的神"，是叙拉古城的阿波罗神的别号，该城的一部分也称为"Τεμενίτης"，位于老城的北面。

④ 学者们称之为"冬季墙"（The Winter Wall）。Ἐπιπολαί, Epipolae，叙拉古城北面的一片高地。

⑤ 这项盟约作者没有直接告诉我们，它订立于前427/6年。见前译注（6.52.1）。

⑥ 仅派了20名骑兵，50名弓箭手。见前文（6.67.2）。

赶出家园。在希腊本土将别的城邦的人赶出家园①，跑到西西里却要恢复别人的故土，岂不是荒谬绝伦！在优卑亚岛上压迫和奴役卡尔喀斯人的人，出于血缘关系的缘故，关心起这些在勒翁提诺殖民的卡尔喀斯人来了？② **3** 不！他们在本土用得很成功的一套手腕，现在又用到西西里来了。在旨在报复波斯人侵略的战争中，他们被推举成为伊俄尼亚族的和所有他们的殖民地③的盟主。然后，他们指控一些城邦拒绝提供军队④，另一些相互征伐⑤，还有些则找随便什么冠冕堂皇的理由，将她们征服。**4** 说到底，在反对波斯人的战争中，雅典人没有为希腊人的自由而战，希腊人也没有为自己的自由而战；雅典人为的是变波斯人奴役希腊人为自己奴役希腊人，希腊人为的是更换主子——不是更愚蠢的主子，而是更聪明的邪恶主子！

77.1 "我们到这里来，决不是要揭露雅典城邦犯下的罪行，这些已经尽人皆知了，要谴责他们也很容易，我们要指责的不如说是我们自己！因为尽管我们有那里的希腊人⑥因不能相互支援而遭受奴役的前车之鉴，而且现在他们跟我们玩起了同样的花招——所谓的'恢复同胞勒翁提诺人的故土'和'援助盟友厄革斯塔人'——但我们还是不愿意拧成一股绳，毅然决然地向他们表明，这里不是伊俄尼亚人，也不是赫勒斯蓬托斯人，更不是爱琴海的岛民——这些地方的人们总是在换自己的主子，波斯人或者别的什么人——我们是多里斯族！来自独立自主的

---

① 显然是指赫斯提埃亚（1.114.3）、埃癸娜（2.27.1）、波忒代亚（2.70.3）、斯喀俄涅（5.32.1）和墨罗斯（5.115.4）。见戈姆《评注》第 4 卷，第 350 页。这话对叙拉古人来说实在是讽刺，卡马里娜人曾经两次被母邦叙拉古赶出家园！（6.5.3）。见霍氏《评注》第 3 卷，第 495 页。

② 勒翁提诺为来自优卑亚岛的卡尔喀斯人所建（6.3.3）。前 446 年，优卑亚叛离后雅典人对她的处置见前文（1.114.3）。另据"阿提卡石碑"（前 415 年），优卑亚的肥沃土地被雅典的上层阶级占据，他们建立了壮观的大庄园。见霍氏《评注》第 3 卷，第 496 页。

③ "所有他们的殖民地"原文是"ὅσοι ἀπὸ σφῶν ἦσαν"，直译"所有那些从其所出的人"。应该不是伊俄尼亚族，因为下文（7.57.4）明确说，所有的伊俄尼亚族都源自雅典人。这里指的是一些岛邦，有学者认为指库克拉得斯群岛和其他岛屿殖民地，也有学者认为指像楞诺斯和印布洛斯这些通常意义上的岛邦。史密斯英译是错误的。见霍氏《评注》第 3 卷，第 496 页。

④ 参见前文（1.99）。

⑤ 比如，萨摩斯人与米利都人因为普里厄涅爆发战争（1.115.2）。

⑥ 指爱琴海地区的希腊人。

伯罗奔尼撒、定居于西西里的自由人！2 再者，我们是要等到我们这些城邦挨个被征服吗？——我们知道我们肯定是被这种方式征服，不会有别的方式；我们看到他们正采取这种手段，以便用花言巧语离间我们；抛出结盟的诱饵挑起城邦互斗；嘴里说得好听，背地里干坏事①。远处的同胞已先遭灭顶之灾，我们真就认为，同样的灾祸不会降临我们每一个城邦头上？换句话说，在我们之前遭受不幸的人只是他一个人遭受不幸？78.1 如果有人心里想，叙拉古人才是雅典人的敌人，他们自己不是，并且为替我的国土去冒险而愤愤不平，那么我请他想一想，他在我的国土上作战，既是为了我的国土，也是为了他们自己的国土；而且要更安全一些，因为我们没有先被灭掉，他们还可以与我们结盟，而不是孤军奋战。雅典人的目的与其说是惩罚敌邦叙拉古，不如说是要拿我们做借口，巩固与你们的关系②。2 如果有人嫉妒，甚至害怕我们（大邦往往兼而承受之），由此希望叙拉古人遭到打击，给我们一个教训，同时出于对其自身安全的考虑，希望我们不至于灭亡，那么其希望恐非人力之所能实现。一个人不可能让自己的每一个欲望都能碰上好运③。3 一旦他判断失误，将为自己的不幸而悲恸，没准儿有一天还想嫉妒我们的好运哩！但是，那将是不可能的！如果他抛弃了我们，拒绝分担危险——不是口头上的危险，而是实实在在的危险——一个人嘴上说要保全我们的实力，实际上是要保全自己。4 卡马里娜人啊！你们作为我们的近邻和第二个面临危险的城邦，尤其应该预见到这些，不要像现在这样跟我们不冷不热，而应该站到我们一边。假若雅典人先来打你们，你们难道不呼吁、恳求我们援助吗？因此你们应该到叙拉古，像我现在这样，用同样的语言鼓励我们，让我们不要放弃抵抗。但是，至少到目前为止，你们或者其他人没有积极主动这样做。

79.1 "出于怯懦，你们也许会小心翼翼在我们和入侵者之间不偏不倚，说你们是雅典人的盟友。但是你们所结的同盟，不是针对朋友的，

---

① 直译"想方设法针对不同的城邦说些柔和的话来祸害别人"。

② 这段话中的"我们""你们"原文都是"我""你"，这里为行文方便改。另外，"关系"原文是"φιλίαν"（宾格），意思"友谊"。这个词在这里不带讽刺意味，指的是外交关系，而不是态度。故译。见戈姆《评注》第4卷，第352页。史密斯的英译作"friendship"并加了引号，看来是不对的。

③ 直译"因为一个人不可能一身兼为'运气'和'欲望'的总管。"

而是针对将要攻打你们的敌人的；是要帮助遭受别人侵害的雅典人，而不是要帮助像现在这样侵害邻人的雅典人。**2** 连卡尔喀斯人的后裔赫瑞癸翁人，甚至都不愿意帮助同样是卡尔喀斯人后裔的勒翁提诺人恢复故土哩！如果他们对这个动听的理由之下的事实心存疑虑，毫无道理地谨慎从事，而你们有名正言顺的借口，却想帮助你们天生的敌人，同我们的死敌一起去毁灭比天生的血缘关系还近的人①，这不是荒谬绝伦吗？**3** 这是不公正的！奋起抵抗吧！不要害怕他们的军力！如果我们大家团结起来，他们的军力就不可怕了——可怕的是，我们分裂对立，这正是他们之所急欲——因为就算他们过来打我们一邦②，并战胜我们，也不能得其所愿，只有赶紧离开西西里。**80.1** 因此，只要我们团结起来，就没有理由气馁，而要更加热忱地并肩作战③。尤其要说的是，伯罗奔尼撒人将援助我们，他们在军事上绝对强于雅典人。任何人都不应该认为你们瞻前顾后的策略——做两边的盟友，谁也不帮——对我们来说是公平的，对你们来说是安全的。**2** 因为从道理上说是不偏不倚，事实上却是不公正。如果由于你们拒绝加入进来，受害方④遭受失败，征服者取得胜利，那不是坐视受害方灭亡，任由征服者为非作歹，又是什么呢？加入受害的同时又是你们同胞的一方，保护西西里的共同利益，不让你们的好朋友雅典人犯下大错，还是要更高尚吧！

3 "总而言之，我们叙拉古人认为，跟你们或者别的人，讲那些你们跟我们一样明白的道理是不起作用的。但是，我们恳求你们；如果说服不了你们，我们就严正抗议：我们遭到宿敌伊俄尼亚族的阴谋陷害，被与我们同为多里斯族的你们出卖！**4** 如果雅典人征服了我们，那就是拜你们的决定之所赐，但是荣耀归于他们的名下，其得到的胜利之奖赏不是别的，正是促使他们得胜的人；如果我们取胜，你们就要因置我们于

---

① 这句话的意思是说，叙拉古人与卡马里娜人因为血脉相连，存在天然的朋友关系；雅典人与卡马里娜人因无血缘关系，就是天生的敌人。"比天生的血缘关系还近"指叙拉古人与卡马里娜人不仅同属多里斯族，而且毗邻而居。见马钱特和史密斯的注。

② 实际上，叙拉古人过去得到了塞利努斯人和卡马里娜人的支持（65.1；67.2），这里显然夸大其词。见霍氏《评注》第3卷，第500页。

③ 史密斯英译的意思是"热忱地根据（叙拉古人的）建议结盟"，没有注意到卡马里娜人已经是叙拉古人的盟友，下文马上说卡马里娜人"做两边的盟友"。见霍氏《评注》第3卷，第500页。

④ 指叙拉古人。

危险之中而受到惩罚。5 因此，请你们三思！现在就做出决择，要么立即被奴役，不冒什么险；要么，如果加入我们一边，战而胜之，就不会屈辱地接受这些雅典人做主子，并免遭我们的长期敌视。"

81. 这就是赫耳摩克剌忒斯的发言。接着，雅典人的使节厄乌珀摩斯发言如下：

82.1 "我们到这里来是要重续以前的同盟，但是这个叙拉古人对我们的攻击，迫使我们就我们的霸权，以及我们拥有它的正当理由发言。2 最有力的证据是他自己说出来的：伊俄尼亚族一直与多里斯族为敌。此话不假。由于属于多里斯族的伯罗奔尼撒人比属于伊俄尼亚族的我们人数要多，且毗邻而居，我们不得不考虑如何才能最好地避免受他们统治。3 波斯战争之后，我们获得了一支舰队，摆脱了拉刻代蒙人的指挥和霸权①。除了他们那时比谁都强大之外，与其说他们对我们发号施令合适，不如说我们对他们发号施令合适。我们成了以前波斯国王臣民的领头者②，现在依然是，心想这样就可以使我们最大限度地不受伯罗奔尼撒人的统治，因为我们拥有保卫自己的力量。严格地说，我们统治那些伊俄尼亚族和岛民也没有什么不公正的地方——叙拉古人说他们是我们的同胞，而我们奴役了他们。4 因为他们伙同波斯人攻打我们——他们的母邦——不敢像我们在战争中放弃自己的城市那样，叛离波斯人，自毁家园；却甘受奴役，还要让我们也受奴役。83.1 那么，我们配得上统治他们，因为我们给了希腊人最大的舰队和百折不挠的精神，而这些人准备与波斯人一起做侵害我们的事，还因为我们渴望得到与伯罗奔尼撒人相抗衡的力量。2 我们没有说这样的漂亮话：我们的霸权正当合理，是因为我们单凭一邦之力推翻了蛮族，或者为这些人的自由而不是全体希腊人——包括我们——的自由冒险。每个人都为其自身的安全着想，这没有什么好指责的。现在，就是为了自身安全我们来到了西西里，看到你们的利益与我们的利益是一致的。3 这一点我们从叙拉古人

---

① "指挥"原文是"ἀρχῆς"（属格），前文一般译为"霸权"或者"帝国"，这里还有一个"霸权"，故改译为"指挥"（也可以译为"统治"）。"霸权"原文是"ἡγεμονίας"（"ἡγεμονία"的属格），本义是"领头""带头"，与古汉语"伯"字（意思是"老大"，与"霸"通假）意思一样，引申为"统治权""领导权"和"（控制其他城邦的）霸权"等。

② "领头者"原文是"ἡγεμόνες"（"ἡγεμών"的主格、复数），与上文的"ἡγεμονία"是同源词。

对我们的诽谤，以及你们因之所生的恐惧而对我们满腹疑虑得到证明。因为我们知道，那些因极度恐惧而疑心重重的人，会因诱人的发言暂时兴高采烈；过后，到了采取行动的时候，就会根据自己的利益行事。**4** 如同我们说过的那样，恐惧促使我们掌握霸权；同样，恐惧促使我们来到这里，与朋友一道把西西里的事务处理得保险妥帖。我们不是来征服你们，而是要阻止别人征服你们。

84.1 "同时，任何人不要以为我们为你们操心是管闲事，要知道你们如果保住了，实力不弱了，就可以顶住叙拉古人，他们派兵支援伯罗奔尼撒人为害我们的可能性就减小了。**2** 这样说来，你们立刻就与我们息息相关了！就是因为这个缘故，我们恢复勒翁提诺人的故土是合情合理的，这让他们不像他们的优卑亚同胞那样臣服于人，而是尽可能地强大起来，以便为了我们的利益，从其边境骚扰叙拉古人。**3** 至于在希腊本土，我们本身力足以拒敌。至于卡尔喀斯人——他说我们在本土奴役他们，到这里却解放他们是说不通的①——他们只贡献钱财不修武备对我们有利，但就西西里的情况而言，勒翁提诺人和其他盟友应该完完全全独立自主。**85.1** 对于一位僭主或者一个握有霸权的城邦而言②，如果有利就没有什么不合理，如果不能信任就无所谓血缘关系；是敌是友，一切根据情况形势而定。但在西西里，符合我们利益的，不是去损害朋友，而是借助其力量大大削弱敌人。**2** 不要不信任我们！在希腊，我们根据各盟邦对我们有利的情况来统领她们，喀俄斯人和墨堤谟娜人独立自主，前提是提供战舰；其他多数盟邦缴纳钱财，条件更为苛刻；其他盟邦，尽管是岛邦，容易征服，但全都是自由的，因为她们处在环伯罗奔尼撒的关键位置上③。**3** 所以，在西西里，出于我们对叙拉古人的恐惧——如同刚才说过的④——自然也按照利益原则行事。因为他们的目

---

① 见前文（6.76.2）。这里回应赫耳摩克剌忒斯的指责，但是有所差异，即用了一个动词"ἐλευθεροῦν"（现在时不定式，"使获自由""解放"），看来是为了与"奴役"一词形成强烈的对比。从前文来看，作者一般都让这个词出自拉刻代蒙人之口，用在这里有些奇怪。见霍氏《评注》第 3 卷，第 504 页。

② 这里虽然没有直说雅典是"僭主城邦"，但意思差不多。从前，科林斯人在雅典的发言这样说过（1.124.3），伯里克利和克勒翁也说过（2.63.2；3.37.2），都是对雅典人说的，但这次厄乌珀摩斯发言的对象不是雅典人。见霍氏《评注》第 3 卷，第 504 页。

③ 指兹达库恩托斯、刻帕勒尼亚和科西拉。见史密斯的注。

④ 见上文（6.83.4）。

的是统治你们，想要利用你们的疑心将你们拉过去。然后，在我们无功而返之后，趁你们陷入孤立之时，用武力统治西西里。如果你们站到他们一边，他们必定会统治西西里。因为一旦联合起来，这么一支强大的力量就不是我们容易对付的；一旦我们离开了西西里，他们对付你们就绰绰有余了。86.1 凡是不这么看的人，事实将证明他错了。因为你们第一次邀请我们的时候①，不是拿别的，就是拿这个恫吓我们的：'如果你们坐视我们落入叙拉古人之手，你们自己就有危险了。'② 2 现在，你们用来说服我们的论据连你们自己都不相信，而且我们带来了一支军队，规模比叙拉古的军力更大③，你们对此疑心重重，这些都是不对的；你们不信任的更应该是他们啊！3 没有你们，我们无法在西西里立足；就算我们背信弃义，征服了西西里，由于航程遥远和镇守上的困难——其规模和武备如同大陆城邦——也坚持不下去。叙拉古人与你们毗邻而居，他们不是住在军营里，而是住在一个人数超过我们在此军队的城市里。他们总在算计你们，一有机会就不会放过4（他们都干过好多回了，比如对待勒翁提诺人）。现在，他们竟然厚颜无耻地请求你们去攻打那些阻止他们这样干，以及直到今天不让西西里落入他们囊中的人，把你们当成了傻子。5 我们跟他们正好相反，邀请你们，是为了实打实的安全着想，请求你们不要抛弃我们彼此向对方提供的共同的安全保障。想一想，他们即使没有盟友相助，由于他们人数占优，对你们也总是想打就打；但对于你们来说，用这么大的一支援军保卫自己的机会可不常有啊！如果你们出于疑心，让我们无功而返，或者甚至被击败，你们将希望看到我们回来，哪怕只有一点点人马。那个时候，就算我们到了，恐怕也是于事无济啊！

---

① 勒翁提诺人向雅典人求援时，卡马里娜是其盟邦之一（3.86.2—3）。见戈姆《评注》第 4 卷，第 357 页。

② 原文是间接引语，这里改为直接引语。

③ 从论辩的角度来说，这句话是不合适的。如果卡马里娜人问："你们带来的军队规模之大，超过了与叙拉古人打仗的需要，目的何在？"那就不好回答了。原文有两个关键的词："... μείζονι πρὸς ..."，有学者理解成"为对付叙拉古人，带来了一支军队，比以前的规模更大"，这里"以前的"（军队）指前 427 年雅典派到西西里的一支军队（见前文 6.1.1）。这种解释也可以说得通，不过本译文就是希腊文的字面意思，如何解释？霍氏认为，仅从字面意思来看，厄乌珀摩斯没有顾及场合，语气咄咄逼人；他这句话很可能就是有意含糊其词，两种理解都可以。卡马里娜人此时处在夹缝之中，应该是很敏感的，能够体会其中的意思。详见霍氏《评注》第 3 卷，第 505—506 页。

87.1 "因此,卡马里娜人啊!希望你们或者其他人不要相信叙拉古人的污蔑诽谤。我们已经将有关对我们的怀疑的全部真实情况告诉你们了,现在再提醒你们主要的几点,希望能说服你们。**2** 我们说,我们在希腊本土搞霸权统治是为了不臣服于人;在西西里,我们来当解放者,是为了不受西西里人之害。我们被迫插手许多事情,因为我们要提防许多危险。现在也好,从前也好,我们是为了你们这些受害的盟邦而来这里的,并非不速之客,而是受邀而来。**3** 因此,对于我们的所作所为,你们既不要当审判官,也不要当训导员,以尝试让我们改弦更张——已经难以做到了——我们爱管闲事的脾性或者说性格①,凡有对你们同样有利的地方②,就抓住它!加以利用!要知道,这种性格并非对所有人同样有害,对于绝大多数希腊人实际上有好处。**4** 因为在所有地方,甚至是我们不在的地方,所有人有的认为自己遭受侵害,有的谋划侵害他人。大家心里总有所期待或者预料,受害者想从我们这里得到援助;对施害者来说,若我们到了,其冒险行动就不能肆无忌惮了。这样双方均受外力制衡:一方不情愿地保持克制,另一方不费力便得以自存。**5** 因此,这种安全保障,想要的人人都可得到,现在送到了你们面前,不要拒绝!要像其他人那样加入我们一边以对抗叙拉古③,不要总对他们采取守势,而要转守为攻,以其人之道还治其人之身!"

88.1 这就是厄乌珀摩斯的发言。卡马里娜人的感受是这样的:对雅典人,除了怀疑他们可能奴役西西里之外,还是抱有好感。至于叙拉古人,彼此接壤,总是不和。两者之中,他们更惧怕的是近邻叙拉古人,担心即使没有他们的援助,叙拉古人也会取得胜利。所以先派少量骑兵支援,并且决定以后给予叙拉古人实质性的援助,但尽可能保持适度。就目前而言,为了不被认为怠慢雅典人,特别是由于他们在最近的战役中还占了上风,所以对双方作相同的答复。**2** 这样商定之后,他们答复说,由于目前交战双方刚好都是他们的盟友,他们决定信守盟誓,两方都不帮。双方使节各自返回。

---

① 这里指雅典人对西西里的干预。原文中的"καὶ",意思不是"和",而是"更准确地说""即"。见马钱特的注。故这里译成"或者说"。
② 意思是,不仅有利于我们,而且有利于你们。
③ 这句话原文可能有讹误,但大意如此。见霍氏《评注》第 3 卷,第 507 页。

3 叙拉古人继续为战争作准备，雅典人则在那克索斯安营扎寨，与西刻罗人谈判，以尽可能多地将他们争取过来。**4** 那些靠近平原臣服于叙拉古人的西刻罗人，叛离过来的不多①；而内陆的西刻罗人定居点——以前一直是独立自主的——除了少数例外，都立即站在雅典人一边，送粮食下来给雅典的军队，有的还送钱财②。**5** 雅典人征讨那些不来投奔的西刻罗人，强迫其中一些投奔，在强迫另一些时被叙拉古人阻止，他们派兵帮助防守。雅典人将其舰队的停泊地从那克索斯迁到卡塔涅，重建被叙拉古人烧毁的军营，并在那里过冬。**6** 为了结交，他们派遣一艘三层桨战舰去迦太基，希望能得到一些帮助；还派一艘去堤耳塞尼亚③，那里一些城邦主动提出要加入他们作战。他们还传令西刻罗人各部，派人去厄革斯塔，要求他们尽可能多派骑兵来。同时，准备制砖工具④、铁和其他筑墙围攻所必需的东西，以便开春即继续积极作战。

7 叙拉古派往科林斯和拉刻代蒙的使节沿着海岸航行，经过意大利的希腊人殖民地，努力劝说他们不要坐视雅典人为所欲为，因为雅典人同样在打他们的主意。抵达科林斯之后，他们发言敦促科林斯人看在血脉相连的分上出兵救援。**8** 科林斯人马上第一个投票决定：全心全意出兵救援⑤；他们还派使节与其一道去拉刻代蒙，好一起劝说拉刻代蒙人更公开地在希腊本土与雅典人开战，并给予西西里一些援助。**9** 从科林

---

① 阿尔伯蒂的校勘本将原句中的"οἱ"（定冠词、复数、阳性）改为"οὐ"（"不"）。今从。见霍氏《评注》第 3 卷，第 508 页。

② 有学者指出，从语气来看，雅典人没有想到西刻罗人给他们送来钱财，不过，前文说（6.71.2），雅典人的计划是从西西里获得钱财，范围很宽，不应该局限于西西里的希腊城邦。另外，有铭文记载西刻罗人曾经给予雅典人钱财支持，但时间似乎难以明确，这里倒是一个有力的证据。见霍氏《评注》第 3 卷，第 508 页。

③ Τυρσηνία, Tyrrhenia, 不是指今第勒尼安海，而是指第勒尼安海北岸的意大利，即伊特鲁里亚（Etruria），在意大利第伯河的北面。前 480 年，伊特鲁里亚与迦太基的联军被叙拉古人和其盟军击败过。见马钱特的注。

④ 原文本为"πλινθία"（复数），各抄本都是如此，意思是"小砖块"。有古代笺注者建议改为"πλινθεῖα"（"制砖工具""制砖设备"），得到现代学者的赞同，阿尔伯蒂的校勘本采用了。今从。见霍氏《评注》第 3 卷，第 509 页。

⑤ 这句话的原文有这样几个词："... ψηφισάμενοι αὐτοὶ πρῶτοι ὥστε πάσῃ προθυμίᾳ ἀμύνειν"（其中 5 个字母的下画线为译者所加），其中有 4 个单词的首字母（一个是词中字母）相同或者接近（ψ-φ-π-π-π），一连 5 个爆破辅音，读起来语气急促，传递出科林斯人想给予雅典人打击的急迫心情。与此类似的还有前文一个地方："科林斯人对安布剌喀亚人的动议尤其热心"（2.80.3），"尤其热心"原文是"ξυμπροθυμούμενοι"（注意下画线部分，读起来语气也较急促）。见霍氏《评注》第 3 卷，第 509 页。

斯出发的使节抵达了拉刻代蒙，阿尔喀比阿得斯和那些与他一道流亡的人也在那里。原来①，他们马上乘坐一艘商船渡海，从图里亚出发，先到了厄利斯的库勒涅；随后，应拉刻代蒙人之邀，在得到安全保证的情况下，从那里到了拉刻代蒙②，因为他由于自己在曼提涅亚事件上的所作所为害怕拉刻代蒙人③。10 于是，在拉刻代蒙人的公民大会上，出现了这样一幕：科林斯人④、叙拉古人和阿尔喀比阿得斯发出相同的呼吁，一齐劝说拉刻代蒙人。监察官和其他当政官员打算派使节去叙拉古，让他们不要与雅典人讲和，但对出兵救援并不热心。阿尔喀比阿得斯走上前来，要敦促、鼓动拉刻代蒙人，发言如下：

89.1 "首先，我不得不就你们对我的偏见说几句，以免你们出于对我的疑心，不愿意听取我关于公共事务的意见。**2** 我的祖上因有人提出控告，放弃了自己作为拉刻代蒙人在雅典的权益保护人的身份⑤，我本人重新承担起来了，照顾你们的利益，尤其是在你们遭受皮罗斯之祸的时候。尽管我满腔热情去履行这一职责，但你们通过与我的政敌谈判，跟雅典人和解，增强了他们的势力，却加给我耻辱。**3** 由于这个原因，当初我转向曼提涅亚和阿耳戈斯一边，在其他方面与你们作对并给你们打击，你们应该没有什么好抱怨的。如果你们有些人曾经在遭受打击时不公正地生我的气，现在就应该根据真实情况重新考虑。或者，如果有人因为我倾向于民众⑥而认为我很坏，那么请他不要因此就认为他对我的厌憎是对的。**4** 因为我的家族⑦过去一直与僭主势不两立⑧（与不受法律限制的统治相对立

---

① 见前文（6.61.6）。
② 普鲁塔克（《阿尔喀比阿得斯传》23.1）和伊索克拉底（Isok. 16.9）提到，阿尔喀比阿得斯是得到他被缺席判处死刑的消息后，不情不愿地经阿耳戈斯去的斯巴达。如果这种说法属实，修昔底德的说法就有点抹黑阿尔喀比阿得斯了。见霍氏《评注》第3卷，第510页。
③ 见前文（5.61）。
④ 科林斯人作为雅典人的冤家对头，经常给拉刻代蒙人施压，见本章和前文（2.80.2—3）。
⑤ 前文（5.43.2）明确指出放弃这个身份的是他祖父，但没说原因。见霍氏《评注》第3卷，第512页。
⑥ 相对于寡头政体而言。
⑦ 直译"我们。"
⑧ 这种说法倒没有任何新奇之处，只不过是修昔底德从希罗多德那里借用过来罢了（《历史》6.121；123）。阿尔喀比阿得斯的母系的祖辈，即阿尔克迈翁世族，是所谓"憎恨僭主者"（μισοτύραννοι）。如果这一点属实，那就可以推断，这篇发言可能是阿尔喀比阿得斯的原话，而不是作者本人的杜撰。见霍氏《评注》第3卷，第512页。

的所有政体①被命名为民主政体②），由于这种情况，我们一直是大众的领袖③。此外，由于我们生活在民主政体之下，就必须最大限度地遵从现实状况④。5 尽管存在肆意妄为的情况⑤，但是我们努力在处理城邦政务时保持温和适度。但是，从前和现在，总有些人把群众往邪路上引，正是这帮人将我赶了出来。6 我们⑥是全体人民的领袖，我们认为，帮助维持先辈传下来的政体形式——在这种形式下，城邦处在最强大和最自由⑦的状态——不变是正确的。至于民主政体，我们当中稍有理智者都知道其货色，鉴于我〈深受其害〉，我比任何人都有理由指责它⑧。然而，对于一个显而易见的愚蠢东西，人们也发表不了什么新观点。而且，在你们——我们的敌人——虎视眈眈的情况下，我们认为改变它非安全稳妥之策。

90.1 "以上就是你们对我产生偏见的原委。现在，我要提请你们注意一些问题——如果我了解的情况比你们更多的话——你们必须予以考虑。2 我们驶向西西里，如果可能，首先征服西西里的希腊人，接着征服意大利的希腊人，然后攻打迦太基帝国和迦太基城。3 如果这些——或者全部，或者大部分——进展顺利，接着我们就打算攻打伯罗奔尼撒。将那些地方加

---

① "不受法律限制的统治"原文是"τῷ δυναστεύοντι"（与格，定冠词加现在时分词）。"δυναστεύω"意思是"行使不受宪法和法律限制的权力"。见戈姆《评注》第4卷，第362页。与此词同源的有"δυναστεία"，意思是"少数人有权的寡头统治"，与"ἰσονομία"（"人人有平等权利的政体"）相对。可供参考。

② "民主政体"原文是"δῆμος"，本义是"民众""人民"，引申为"民主政体"。有的英译本作"people"（"人民"）。

③ 这里大体上重复了希罗多德的两处说法，一处（5.66.2）说克勒斯忒涅斯"与民众结合"（"προσεταιρίζεται τὸν δῆμον"），另一处（3.82.4）说波斯大流士在政体问题辩论会上指出，民众领袖（"προστάς τις τοῦ δήμου"）为人民所爱戴，终成一人的独裁统治，以此证明这是一种最强有力的政体。与此时雅典民众对阿尔喀比阿得斯的恐惧很有关系。见霍氏《评注》第3卷，第512页。

④ 如果这句话真是阿尔喀比阿得斯亲口所言，或者出自当时的雅典人之口，那它就是雅典上层阶级对民主政体态度的简洁和直率的表达。这句话的背景是，民主政体下的帝国让雅典的所有阶层都得到了物质利益。见霍氏《评注》第3卷，第513页。

⑤ "肆意妄为"原文是"ἀκολασίας"（属格，"无节制""放纵"），与"σωφροσύνη"（"清醒""克制"）相对。在民主政体的批评者看来，这是民主政体的特点之一。见戈姆《评注》第4卷，第362页。这里需要补充的是，古希腊的民主制是直接民主制，在一定程度上存在所谓"多数人暴政"的问题。

⑥ 指其同党。

⑦ 不屈服于外来的统治。见戈姆《评注》第4卷，第362页。

⑧ 这句话的原文是说不通的，必须加以补充，阿尔伯蒂的校勘本在"ὅσῳ καί"后面加了两个单词"μέγιστ' ἠδίκημαι"（"受到最大的伤害"）。今从。见霍氏《评注》第3卷，第514页。

入我们的全部希腊人的军队运到这里来，还要雇用大批蛮族，包括伊比利亚人以及那里的其他人——现今公认最好战的蛮族——除了我们的战舰之外再建许多三层桨战舰，因为意大利有丰富的木材①。用这些三层桨战舰封锁伯罗奔尼撒，同时用步兵从陆上发动进攻；夺取一些城市，筑墙包围一些城市。我们希望这些措施能让我们轻易地打垮你们，继而统治整个希腊。**4** 至于让这些计划得以顺利实施的钱财和粮食，这些新获得的地区将供应充足，不必动用我们这里的收入。**91.1** 这就是这支远征的军队的目的，你们现在听到的来自最了解内情的人。留在西西里的将军们，如果可能，将照此执行。我要指出的是，如果你们不前去救援，那里的人们将要完蛋。**2** 尽管西西里的希腊人缺乏经验，但只要他们现在团结起来，照样可以取得胜利。但是，叙拉古一邦全军出动作战刚吃了败仗，还从海上被封锁了，她无法与此时在西西里的雅典兵力相抗衡。**3** 如果拿下了该城邦，整个西西里就是囊中之物了，下一个便是意大利；过不了多久，我方才预言的来自那里的危险就会落到你们头上。**4** 因此，任何人不要以为自己商议的只是西西里的事，他商议的实际上是伯罗奔尼撒的事，除非你们迅速采取以下行动：派遣这样一支部队乘船去西西里，他们兼作桨手，到那里后摇身变成重甲兵；我认为，比军队更有用的是一位斯巴达人司令官，他组织已有的人马，强迫那些不愿意的人②。这样，你们已有的朋友将信心倍增，迟疑观望者将没有顾虑，加入进来。**5** 同时，你们必须大张旗鼓地③在这里④作战，好让叙拉古人知道你们在关注他们，他们就更能坚持抵抗了，也好让雅典人难以派遣援兵。**6** 你们必须在阿提卡的得刻勒亚⑤修筑要塞，这正是雅典人一直以来特别害怕的，他们认为这是这场战争中自己唯一没有领教的一招。打击敌人最稳妥可靠的方法是这样的：打探清楚敌人最害怕的痛处之后，就往这个痛处打。因为人们自然都最清楚自己的痛处，也最害怕。**7** 构筑此

---

① 指意大利南部卡拉布里亚地区（Calabria）森林地带，现称 La Sila。见霍氏《评注》第 3 卷，第 514 页。
② 前文（6.72.4）说"强迫他们进行全面的操练"，这里意思与此差不多。
③ 直译"更公开地"。
④ 指希腊本土。
⑤ Δεκέλεια，Deceleia，是阿提卡北部的一个村庄，从优卑亚通往雅典的商路经过那里。据希罗多德的《历史》记载（9.73），因为宗教上的原因，拉刻代蒙人入侵阿提卡时一直没有动得刻勒亚。霍氏说，关于得刻勒亚的情况，作者是慢慢提供给读者的，这里是第一次提到，没有任何解释，显得比较突兀。见其《评注》第 3 卷，第 515 页。

要塞对你们有益，让敌人受阻，这里面有许多好处我都不说，只说一说其中最重要的一点。那块土地上的所有东西大部分会落入你们之手，或者通过武力夺取，或者自愿送来①；劳瑞翁银矿的收入、雅典人现在土地的收益以及出席法庭的收入②立即就没了；尤其是盟邦不会照常缴纳贡款，她们看到你们已决心将战争进行下去，就会轻视雅典人。92.1 拉刻代蒙人啊！迅速而坚决地实现以上任何一个设想，就看你们的了。至于其可能性（我认为我的判断不会有错），我敢打包票。

2 "同时，我希望你们当中没人认为我是坏人，因为我，过去被认为是一个热爱自己城邦的人，现在却与其死敌一道猛烈攻击她；或者怀疑我的话不过出自一位流亡者的热情。3 我确实是一位流亡者，但是尽管我失去了一个卑鄙的城邦，却没有失掉为你们效劳的能力，如果你们听得进我的话。雅典真正的敌人不是像你们这样，在战争中伤害她的人，而是那些强迫她的朋友变成敌人的人。4 我所爱的城邦是一个保证我的公民权的城邦，不是一个迫害我的城邦。我认为，我所攻击的城邦已不是我的祖国，我要恢复的更不再是我的祖国。一个真正热爱自己城邦的人，不是那种不公正地失去了自己的城邦之后，不去攻击她的人，而正是由于对她的眷念要尽一切办法将她夺回的人。5 因此，拉刻代蒙人啊！我请求你们利用我，我将面对一切危险和困难，你们不必顾虑。你们知道人人都说的那句话：如果作为敌人我可以给你们极大的打击，那么作为朋友我可以给你们充分的帮助。雅典人的秘密我知道，你们的秘密我却只能猜测③。我还要求你们，在认识到你们的商议事关重大之后，果断派兵出征西西里和阿提卡。以少数人马用兵于西西里，保住自己的大利益，一劳永逸地推翻雅典

---

① 肯定指奴隶逃亡，见下文（7.27.5）。

② 被占土地的收益没有了好理解，"出席法庭的收入"是怎么回事？有学者解释说，得刻勒亚被占领之后，大量公民长期从军，难以找到公民出席公民法庭，而出席公民法庭是有报酬的（最小的公民法庭也要由 500 名公民组成）。因此，对于公民而言，这笔收入就失去了。注意，这句话中的"失去收益"既指雅典国家，也指公民个人。出席公民法庭的收入当然是很少的一笔钱，但对不了解真实情况的斯巴达听众而言，也许是可信的。也有学者觉得这样的解释欠佳，提出修改原文，将原文中的"δικαστηρίων"（属格、复数，"公民法庭"）改为"δεκατευτηρίων"（"十一税局""收税局"）。见戈姆《评注》第 4 卷，第 365—366 页。

③ 有两种解释：第一，前文说（5.68.2），斯巴达的生活方式不为外人所知，所以阿尔喀比阿得斯说只能猜测斯巴达内部的情况；第二，雅典人在墨罗斯说（5.102.2），我们清楚地知道"不可动摇的自然法则"对人类来说是真理，对神明来说，可以推知这也是真理。那么，阿尔喀比阿得斯就是把拉刻代蒙人与神明相提并论了，显然是在恭维他们。见霍氏《评注》第 3 卷，第 517 页。

人的势力。然后，你们过着太平的生活，被全希腊拥戴为盟主，而不是出于武力强迫。"

93.1 这就是阿尔喀比阿得斯的发言。拉刻代蒙人此前就打算出兵攻打雅典人，但还在犹豫和观望。阿尔喀比阿得斯详细说明了自己的主张之后，他们受到极大的鼓舞，以为听到了来自最了解内情的人的报告。2 于是，他们转而考虑在得刻勒亚建要塞，并立即驰援西西里。他们任命克勒安德里达斯之子古利波斯统领叙拉古人，命令他与叙拉古人以及科林斯人的使节商议，在目前的情况下，怎样才能最好最快地援救西西里。3 古利波斯马上命令科林斯人派两艘战舰到阿西涅①找他，并装备余下打算派出的战舰，做好准备，时机一到就出发。这一切安排停当，使节们离开拉刻代蒙回国了。

4 且说雅典的将军们从西西里派出取钱财和骑兵的三层桨战舰抵达了雅典。听了他们的要求之后，雅典人投票决定向西西里的军队送去购买给养的钱②和骑兵。这个冬季结束了，修昔底德记载的这场战争的第17年也随之结束了。

94.1 接下来的夏季，春季伊始，在西西里的雅典人就从卡塔涅起兵，沿海岸向西西里的墨伽拉驶去。我前面说过③，在僭主革隆的时代，叙拉古人赶走其居民，占领了其土地。2 登陆之后，蹂躏田野，攻打叙拉古人的一处要塞，但没有拿下。再水陆并进，开往忒里阿斯河；深入内陆，蹂躏平原，放火焚烧庄稼。遇到一小队叙拉古人马，杀死了其中一些，竖立了却敌纪念柱，然后乘船撤离。3 驶回卡塔涅之后，他们在那里给自己备办粮食，然后以全军开往西刻罗人的一个城市肯托里帕④，缔结协议将其招降了；同时放火焚烧伊涅萨人和许布拉人的庄稼。4 回到卡塔涅之后，他们发现从雅典来的骑兵到了，为数250名——但只有装备没有马匹，要就地搞到——还有30名骑马的弓

---

① 见前文（4.13.1）译注。这个阿西涅在伯罗奔尼撒的墨塞尼亚。
② "购买给养的钱"原文是"τήν τροφήν"（宾格），本义是"滋养品""食物"，这里指用来买这些东西的钱，具体数额见下文（6.94.4）。
③ 见前文（6.4.2）。
④ "城市"原文是"πόλισμα"，本义是"城镇"，这里用来指蛮族的城市，前文（6.62.3）已有先例。Κεντόριπα，Centoripa，现在还有一个建于山顶、名叫 Centuripe 乡镇，位于西西里的卡塔尼亚（Catania）与 Enna 的中间。见霍氏《评注》第3卷，第520页。

箭手，以及 300 塔兰同的银子①。

95. 1 同一个春季，拉刻代蒙人出征阿耳戈斯，一直开进到克勒俄奈。由于发生了地震，他们撤军了。此后，阿耳戈斯人入侵与其接壤的堤瑞亚提斯②，从拉刻代蒙人手里虏获了不少，卖了不下 25 塔兰同③。2 在同一个夏季，此后不久，忒斯庇埃的民众向当政者发动进攻，但是忒拜人出兵干预，他们失败了，一部分人被抓，另一部分逃亡雅典。

96. 1 同一个夏季，叙拉古人得悉雅典人的骑兵已经抵达，将向他们发动进攻。他们认为，除非雅典人控制了厄庇波莱——其地势险峻，就在叙拉古城近旁并俯瞰叙拉古城——否则即便在战斗中取得胜利，也难以筑墙封锁他们。于是，打算把守住其入口通道，以防敌人趁他们不备从那里上去，因为不可能从别的地方上去。2 除了入口通道，厄庇波莱其他地方均是悬崖峭壁，叙拉古城位于其脚下，从城里可以看见整个厄庇波莱。因其地势高于四周，叙拉古人称之为"厄庇波莱"④。3 于是，拂晓时分，他们全军出动到阿那波斯河边的草地（赫耳摩克剌忒斯和其同僚刚刚履将军之职），检阅了重甲兵。首先挑选出 600 名精兵，由来自安德洛斯的逃亡者狄俄弥罗斯统率，以镇守厄庇波莱。一旦别的什么地方有紧急情况，他们可以集合起来迅速赶到。**97.** 1 话分两头，就在叙拉古人检阅军队前一天晚上，雅典人没让叙拉古人发现，以其全军从卡塔涅出发，在一个名叫"勒翁"的地方登陆⑤，那里离厄庇波莱有 6 或 7 斯塔狄翁⑥。步兵下船登岸，战舰到塔普索斯停泊。塔普索斯是一个半岛，通过一个狭窄的地峡伸向海中，无论航行还是走陆路，离叙拉古城都不远。2 雅典的海

---

① 关于塔兰同，见前文译注（1.96.2）。学者们结合铭文研究认为，雅典人除了这一次决定送钱物到西西里，还有一次。第一次是在公元前 414 年 3 月的第 3 个星期，第二次是在 4 月的第 1 个星期（这笔钱为数不多，用于增援部队本身的给养；中间的间隔期用于准备船只），抵达卡塔涅是在 4 月中旬。见霍氏《评注》第 3 卷，第 521—522 页。

② 即堤瑞亚地区。

③ 有学者推测这里的虏获物是牲口，数量特别巨大，所以作者记下来了。作者一般罕记财产细节。见霍氏《评注》第 3 卷，第 523 页。

④ Ἐπιπολαί，Epipolae，是形容词"ἐπιπολῆς"（意思是"在顶上""在上面"）的复数，可以意译为"高地"。

⑤ 这段话的原文"牛津本"与阿尔伯蒂的校勘本有所不同，意思也就不相同，霍氏建议采用后者。今从。见其《评注》第 3 卷，第 525 页。

⑥ 约 1.2 公里。见哈蒙德的译文。

军跨地峡竖立栅栏，在塔普索斯安静地待着；步兵则立即奔向厄庇波莱，在叙拉古人发现他们、从检阅军队的草地赶来之前，经由厄乌律厄罗斯①登上去了。3 狄俄弥罗斯和其 600 人还有其他人都火速赶来救援，但是他们从草地过来，要经过不少于 25 斯塔狄翁②的路程才能追上敌人。4 于是，叙拉古人攻上去，秩序相当混乱，在厄庇波莱上面发生战斗，被打败了，退回叙拉古城。狄俄弥罗斯和其他人大约 300 人被杀。5 此后，雅典人竖立却敌纪念柱，在休战协议的保证下将尸首交还叙拉古人。次日，他们下来攻打叙拉古城，由于对方不出来应战，他们撤回去。在拉布达隆——位于厄庇波莱上面与墨伽拉相望的悬崖边——修筑要塞，以便不论前去作战还是构筑工事，都可以用作军队行李和钱财的储存之所。

98.1 不久，来自厄革斯塔的 300 名骑兵抵达，西刻罗人、那克索斯人和其他一些人派出的大约 100 名骑兵也抵达了；雅典人自己有 250 名——马匹有些取自厄革斯塔和卡塔涅，有些是买来的——现在他们的骑兵总数已达 650 名。2 在拉布达隆留下一支守军之后，雅典人向绪刻③开进，在那里驻扎，迅速修筑环形工事④。速度之快，叙拉古人为之震惊，于是决定出城作战，不再袖手旁观。3 双方已经在列阵迎敌，叙拉古的将军们发现自己的部下队形散乱，难以列阵，就带领他们返回城内，留下部分骑兵，以阻止雅典人到稍远一点的地方收集石头⑤。4 但是，一个部落的雅典重

---

① 作者对这个地方未作解释。此要塞保存完好，对于研究古希腊军事建筑很重要，但其壮观部分建于前 4 世纪和希腊化时期，绝大部分遗址都是前 415—前 413 年以后建的。见霍氏《评注》第 3 卷，第 526 页。

② 约 4.83 公里。见哈蒙德的译文。

③ Συκῆ, Syke, 本义是"无花果树"。位于厄庇波莱的东南部。见霍氏《评注》第 3 卷，第 527 页。

④ 此工事两头延伸至海，在叙拉古城外围形成半圆形包围圈。见霍氏《评注》第 3 卷，第 527—528 页。

⑤ 雅典人的环形工事没有完工，需要散开收集、搬运石头。见史密斯的注。"修筑环形工事"原文是"ἐτείχισαν τὸν κύκλον", 以下几章以及第 7 卷的开头叙述了雅典一方与叙拉古人一方筑墙包围和反包围的斗争，其中有这样几个词："τεῖχος", 名词，意思是"城墙"（用作包围和防御的）"墙"（古汉语"城"也有此义），与住宅的围墙（"τειχίον"）相对；"τειχίζω", 动词，"修筑 τεῖχος"; "τείχισμα", 名词，"修筑好的 τεῖχος"; "τείχισις", 名词，"修筑"。本译文根据上下文需要，译为"墙""围墙""工事"等。

甲兵①和与他们在一起的全部骑兵，冲向叙拉古人的骑兵并击溃了他们，杀死了一些，竖立了一根骑兵战斗却敌纪念柱。

99.1 次日，雅典人开始修筑环形工事中往北的那部分，同时收集石头和木材，并把它们放置于通向人们称为"特洛癸罗斯"的地方的沿途，环形工事修到此，其从"大港"这一边到那一边的海的长度是最短的。**2** 叙拉古人在其将军们——尤其是赫耳摩克剌忒斯——的建议下，不想再冒险全军出动与雅典人厮杀。他们转而决定修筑一道墙，与雅典人打算修筑的墙相交叉，如果能抢在雅典人前头完成，他们就被封住进不来了；与此同时，如果筑墙时雅典人攻击他们，就派部分军队与之对抗；他们自己还将抢先竖立木栅栏，以控制通道②，雅典人就会停下筑墙工作，全都转而进攻他们。**3** 于是，他们出城开始筑墙，此墙从他们的外城墙③开始，从下面与雅典人的环形工事成直角交叉。他们砍掉神域④中的厄莱亚树，修筑木塔⑤。**4** 由于雅典人的战舰还没有从塔普索斯沿海岸航行至"大港"，所以叙拉古人仍控制着滨海地带，雅典人通过陆上从塔普索斯运来给养。**100.1** 在叙拉古人认为自己修筑的木栅栏和交叉墙已达足够的长度之时，雅典人没有出来阻止——他们害怕自己分兵之后，难以拒敌——同时加紧修筑环形工事。叙拉古人留下一个部落的部队守卫交叉墙⑥，然后撤回城里。雅典人则毁坏叙拉古人的地下管道——引水入城供饮用⑦——

---

① 如果雅典人以全部人马参战，那么自然是以 10 个部落为战斗单位，但此时他们在叙拉古只有 1500 人，按照比例一个部落只有 150 人。况且，此时盟军也按照部落来参战吗？根据前面作者的记载，联军中各邦军队是以邦为单位来列阵的，而且雅典人中不同部落的人可以混编在一起，如在波忒代亚战役中，属于不同部落的苏格拉底和阿尔喀比阿得斯就在一起（柏拉图《会饮篇》219e）。见戈姆《评注》第 4 卷，第 372 页。霍氏认为，雅典人以 10 个部落为作战单位的体制如何根据具体军情的变化吸纳盟友进去，是一个无法回答的问题。见其《评注》第 3 卷，第 528 页。
② 这个通道开在叙拉古人修筑的交叉墙上，以方便筑墙时出入。可以这样推断，叙拉古人有一部分人专心修筑交叉墙，还有一部分在保护筑墙人，即在地理位置不利的地方竖立临时栅栏。见戈姆《评注》第 4 卷，第 373 页。
③ 即前 415 年冬天修筑的、把忒墨尼忒斯包进来的墙（6.75.1）。
④ 忒墨尼忒斯的阿波罗神域。
⑤ 建在墙上，以方便防守。见史密斯的注。
⑥ 从前文（6.73.1）来看，叙拉古人大概有 3 个部落，留下三分之一的军队守交叉墙似乎不太可能，所以这里说的部落可能指一个部落内某一年龄段的人。见戈姆《评注》第 4 卷，第 374 页。
⑦ 从厄庇波莱通向叙拉古城内，由于叙拉古城的一个小岛（古名Ὀρτυγία, Ortygia，见前文 6.3.2 译注；今名 Ortigia）上有泉水，名叫"Ἀρέθουσα"（Arethusa），所以这一着还不是致命的。见戈姆《评注》第 4 卷，第 374 页。

正午时分，雅典人望见叙拉古人在栅栏边心不在焉地守着，其他人则待在帐篷里，有些甚至跑回城里了，就摆出300名自己的重甲兵精兵和一些精选的、配上重甲武装的轻装兵①，突然向交叉墙飞奔过去。其余人马兵分两路，一路与一位将军一起冲向叙拉古城，以防叙拉古人出城救援；另一路与另一位将军一起冲向小城门旁边的栅栏②。2 那300人冲上去攻下了木栅栏，守军撇下木栅栏不顾，逃向绕忒墨尼忒斯的墙③。追击者④跟着逃跑者冲进去了，但又被叙拉古人从里面赶出来了。一些阿耳戈斯人和为数不多的雅典人在那里被杀。3 然后，雅典人全都撤回来，拆毁交叉墙，拔出木栅栏，将它们运回自己的工事，还立了却敌纪念柱。

101.1 次日，雅典人从环形工事开始在厄庇波莱一侧的悬崖修筑要塞，这一侧俯瞰沼泽，远望"大港"。那里往下经由平地和沼泽通向"大港"的环形工事的路线是最短的。2 与此同时，叙拉古人出城，再建一道栅栏，从其城墙开始，经过沼泽中央。他们还在栅栏旁挖掘一道壕沟，使得雅典人无法筑成通到海边的墙。3 雅典人完成了悬崖边的工事以后，立即又攻打叙拉古人的栅栏和壕沟，还命令其舰队从塔普索斯沿海岸航行至叙拉古人的"大港"。拂晓时分，雅典人从厄庇波莱下到平地，经由泥泞的沼泽中最坚实的地方，铺上门板和木板，从上面通过。天亮时，占领了壕沟和大部分栅栏，余下的随后也占领了。4 双方发生战斗，雅典人取胜。叙拉古人的右翼逃进城里，左翼朝河⑤的方向逃走。雅典人的那300名精兵想要阻止其左翼渡河，跑步赶往河上的桥梁。5 叙拉古人害怕了（因为他们在那里有许多骑兵），就一起攻击这300人，将其击溃，并扑向雅典人的右翼。在他们的冲击之下，此翼的第一个部落全都惊恐起来。6 拉马科斯⑥见状，从其所在的左翼带领少量弓箭手和阿耳戈斯人，前去

---

① 这类袭击速度至关重要，从轻装兵中挑人是因为他们当中跑得快的人多。见戈姆《评注》第4卷，第374页。

② 此城门最有可能开在将忒墨尼忒斯包进来的墙上，在交叉墙与此墙相接处的北面。可见，雅典人的两路人马，一路往北，一路往南。见马钱特的注。史密斯认为往北的那一支军队意在阻止守卫交叉墙的叙拉古人逃进将忒墨尼忒斯包进来的墙内。见史密斯的注。

③ 见前文（6.75.1）。

④ 这里的追击者既包括攻打交叉墙的那300人，还包括派出进攻忒墨尼忒斯外围城墙的小城门的雅典人。见马钱特的注。

⑤ 阿那波斯河。

⑥ 作者有50章的篇幅没有提到他的名字（上一次提及其名是在6.50.1），这是精心设计的，以增强拉马科斯突然阵亡给予读者的震撼。见霍氏《评注》第3卷，第531页。

支援。他在跨过一道沟①时，同跟他一起跨过去的几个人落单了。他本人和5个或6个部下被杀死了。叙拉古人急忙带上他们的尸体抢先过河到了安全地带，等到其他雅典人马赶来，他们已经撤退了。102.1 与此同时，先逃进城里的叙拉古人见此情景，士气大振，又出城与其对面的雅典人对垒。还派出部分人马攻打厄庇波莱上面的环形工事，以为上面没人守卫，将能拿下。2 他们夺取并彻底摧毁了雅典人10普勒特戎②的外围工事③，但在尼喀阿斯的阻止下，他们没有夺取环形工事本身。他刚好因病留在那里。他命令重甲兵的仆从放火焚烧建筑器械④和那些堆在工事前的木头⑤，因为他知道，由于缺人防守，他们无法用别的方法自救。3 果不其然，叙拉古人因为火前进不了，就撤回了。而且下面的雅典人——赶走了那里的叙拉古人，然后回来了——已经赶往环形工事救援；同时，他们的舰队根据命令，正从塔普索斯沿着海岸向"大港"驶来。4 高地上的叙拉古人见此情形，赶紧撤退，叙拉古人的全部人马都撤回城里。他们认为以自己现有的实力，不足以阻止雅典人将工事修到海边。

103.1 此后，雅典人竖立却敌纪念柱，在休战协议的保证下将尸首交还叙拉古人，收回了拉马科斯和其部下的尸体。现在雅典人的整个部队，包括海陆军，都在一处了。他们开始修筑双重墙，从厄庇波莱的悬崖直达海边，封锁叙拉古人。2 从意大利各处为军队运送给养。许多西刻罗盟友也加入雅典人一边——他们以前在观望——还有来自堤耳塞尼亚⑥的3艘五十桨战舰加入。其他方面，事情的进展也符合他们的期望。3 叙拉古人不再相信通过战争能保住自己的城市，因为他们从伯罗奔尼撒什么支援也没得到⑦。他们不仅自己讨论起和谈问题，还向尼喀阿斯提出来——由于

---

① 不是叙拉古人挖的壕沟，很可能是沼泽里的排水沟。见史密斯的注。
② 原文是"δεκάπλεθρον"，意思是"10 πλέθρον"。1 πλέθρον = 100 希腊尺，而在希腊各地"尺"的长度并不一致，在阿提卡等于11.6英寸，故 1 πλέθρον ≈ 100 英尺（1 英尺 = 12 英寸）= 30.48 米。10 πλέθρον = 304.8 米。
③ 这里的外围防御工事指悬崖边的要塞（见前文6.101.1）前的工事，可能是后来建的，作者未提及。见马钱特的注。
④ 梯子、脚手架等。见史密斯的注。
⑤ 比如夺取的叙拉古人的栅栏等，见前文（6.100.3）。见史密斯的注。
⑥ 见前文译注（6.88.6）
⑦ 从第6卷后半部和第7卷开头来看，作者很了解叙拉古人的内部士气状况。这里的"不再"（"οὐκέτι"）和接连的两个否定词（"οὐδέ"和"οὐδεμία"）好像都夸大了叙拉古人的困境。这样做有助于让古利波斯的到来更富戏剧性，因为他完全改变了叙拉古人心中的预期。见霍氏《评注》第3卷，第532页。

拉马科斯已死，只有他一人掌握领导权。4 不过，什么决定也没有做出，尽管——人们处于困境之中，且遭受空前严重的围城，这么做是自然的——跟尼喀阿斯进行了许多谈判，城邦内的讨论则更多。眼前的灾祸让他们相互之间有些猜疑了；他们免除了将军们的职务——灾祸是在他们的领导下发生的——因为他们遭受灾祸的打击，或者是由于走霉运，或者是由于将军们的背叛，所以另选其他人当将军：赫剌克勒得斯①，厄乌克勒斯和忒利阿斯。

104. 1 同时，拉刻代蒙人古利波斯和来自科林斯的战舰已经到达勒乌卡斯，想要火速驰援西西里。可怕的消息纷纷传来，而且全都是一样的假消息：叙拉古人已经被筑墙团团围住。古利波斯对西西里不再抱希望了，但想保住意大利。他自己和科林斯人皮屯，带 2 艘拉科尼刻战舰和 2 艘科林斯战舰②，全速渡过爱奥尼亚海赶往塔剌斯。除了科林斯人的 10 艘战舰之外，还有 2 艘勒乌卡斯战舰和 3 艘安布剌喀亚战舰，等配齐人员将随后出航③。2 古利波斯首先从塔剌斯出使图里亚④，恢复了其父在图里亚的公民权⑤，但没有将他们争取过来。然后起锚，沿着意大利海岸航行。在忒里娜海湾⑥遭遇大风——那一带经常刮大北风——被吹到外海了。经

---

① 前文提到叙拉古有一位将军也叫此名（"吕西马科斯之子"），显然不是这个赫剌克勒得斯，作者为什么不在这里提其父名加以区分？因此，有学者把这当作修昔底德著作未经最后完善的表现之一。不过，标出父名以示区别当然是好办法，但需要作者作进一步探究，所以就这样写了。见霍氏《评注》第 3 卷，第 533 页。

② 这 2 艘科林斯战舰显然是科林斯人派到阿西涅的那 2 艘战舰。

③ 后文（7.1.3）说，古利波斯和皮屯去了希墨拉，将 4 艘战舰留在那里；又说（7.2.1；7.7.1），拉刻代蒙人及其盟友有 13 艘战舰抵达了叙拉古，这样总数就是 17 艘。因此，这句话中"科林斯人的 10 艘战舰"应该包括古利波斯和皮屯所率的那 2 艘科林斯战舰。即 2 艘（拉科尼刻战舰）+10 艘（科林斯战舰）+2 艘（勒乌卡斯战舰）+3 艘（安布剌喀亚战舰）=17 艘。见戈姆《评注》第 4 卷，第 376 页。

④ 见前文译注（6.67.1）。

⑤ 这句话的原文是："τὴν τοῦ πατρὸς ἀνανεωσάμενος πολιτείαν"，但是绝大多数抄本作"κατὰ τὴν τοῦ πατρός ποτε πολιτείαν"（"因为其父曾是那里的公民"），"洛布本"和阿尔伯蒂的校勘本均从。古代笺注家对此无注，但意大利的人文主义者瓦拉（Lorenzo Valla，1407—1457）译作"renouata prius memoria patris in administranda repub"。因此霍氏认为"牛津本"是对的。今从。见其《评注》第 3 卷，第 534 页。根据普鲁塔克的记载，古利波斯的父亲克勒安德里达斯于前 446/5 年从斯巴达流亡（《伯里克利传》22.3），指挥图里俄人在西西里当地的战争中取得了胜利。见戈姆《评注》第 4 卷，第 377 页。

⑥ Τερıναῖος κόλπος，Terinaean Gulf，在意大利半岛的西侧，旁边是今圣欧费米亚湾（Gulf of S. Eufemia），古利波斯的船是不可能被吹到那里去的。这里显然犯了地理错误。见霍氏《评注》第 3 卷，第 535—536 页。

受了一阵最猛烈的风暴，他们重新回到了塔剌斯。他们将饱受风暴折磨的船只拖上岸，进行维修。3 尼喀阿斯尽管得知他正驶来，但是像图里俄人那样，轻视他们战舰数量少，认为其出征更像是干海盗营生，因此没有任何戒备。

105.1 这个夏季的同一时间，拉刻代蒙人与其盟友入侵阿耳戈斯，蹂躏其大部分土地。雅典人以30艘战舰驰援阿耳戈斯人，这就公然破坏了他们与拉刻代蒙人之间的和约①。2 从前，雅典人往往从皮罗斯出发进行劫掠，或者登陆伯罗奔尼撒其他地区②而不是拉科尼刻，与阿耳戈斯人和曼提涅亚人协同作战。尽管阿耳戈斯人经常请求他们以其重甲兵登陆拉科尼刻，哪怕只一会儿；与他们一起蹂躏其土地，哪怕只一点点地方，然后离开，雅典人都不肯③。现在，在皮托多洛斯、莱斯波狄阿斯和得马剌托斯的率领之下，雅典人在厄庇道洛斯的利墨拉④、普剌西埃⑤和其他地方登陆，蹂躏土地。这就为拉刻代蒙人对雅典人采取报复行动提供了很好的借口。3 雅典人从阿耳戈斯乘船撤走，拉刻代蒙人也撤走之后，阿耳戈斯人侵入普勒乌斯的领土⑥，蹂躏其部分土地，杀死了一些居民，然后撤退回国了。

---

① 见前文（5.18.4），但根据雅典人与阿耳戈斯的和约（5.47），雅典人必须出兵相助。前文说，雅典人与拉刻代蒙人的和约维持了"6年10个月"，这个数字是有问题的。见前文译注（5.25.3）。
② 如厄庇道洛斯，参见前文（5.55.4）。
③ 科林斯人请求斯巴达出兵（6.88.8），与此颇为类似。见霍氏《评注》第3卷，第536页。
④ 见前文（4.56.2）。
⑤ 见前文（2.56.6）。
⑥ Φλειασία，普勒乌斯（Φλειοῦς，Phlius）的领土。普勒乌斯是阿耳戈斯的近邻，一向忠诚于斯巴达，很可能与阿耳戈斯敌对，因此阿耳戈斯人一直想征讨之。见戈姆《评注》第4卷，第378页。

卷 七

1.1 古利波斯和皮屯修理好战舰，从塔剌斯出发，沿着海岸航行至罗克洛斯族的厄庇兹得皮里俄人①那里。他们得到可靠消息：叙拉古人没有被筑墙团团围住，军队还能取道厄庇波莱入城。于是，商议或者右手靠西西里航行，冒险驶进叙拉古；或者左手靠西西里航行，先去希墨拉，然后，带上希墨拉人和其他同意加入的人，走陆路去叙拉古。**2** 他们决定②驶向希墨拉，尤其是因为那4艘雅典战舰——尼喀阿斯得悉他们在罗克里斯后，终究还是③派出了这些战舰——尚未抵达赫瑞癸翁④。因此，他们抢在这支警戒舰队之前，渡过海峡，经停赫瑞癸翁和墨塞涅，抵达了希墨拉。**3** 在那里，他们劝说希墨拉人加入他们一边，不仅要跟他们一起打仗，还要提供武器给其战舰上的那些没有武器装备的乘员⑤（因为他们在希墨拉将这些战舰拖上了岸）；还派人去命令塞利努斯人以全军到某地与他们会合。**4** 革拉人和一些西刻罗人答应给他们派遣一支数量不大的军队，现在他们更加乐意加入了，因为阿耳科尼得斯——那一带西刻罗人的国王，颇有势力，是雅典人的朋友——刚刚去世；还因为古利波斯满心诚

---

① Ἐπιζεφύριοι, Epizephyrians, 这个殖民地是来自希腊本土的罗克洛斯族（俄兹多莱人和俄浦斯人）于公元前680年建立的。罗克洛斯族跟塔剌斯人一样，一直与雅典人敌对，参考前文（6.44.2）。

② "他们决定"原文是"ἔδοξεν αὐτοῖς"，常常用在城邦公共事务的讨论上，这里却用军事事务上，作者可能暗示他知道当时的辩论，但认为不值得详细叙述。见霍氏《评注》第3卷，第541页。

③ 前文（6.104.3）说，尼喀阿斯嫌古利波斯等所率的战舰数量太少，不加戒备，这里又说"终究还是"（"ὅμως"）出动了战舰，这是一种有趣的叙事技巧。在希罗多德那里，这个手法被称为"前否后肯"（"correction in stride"）。见霍氏《评注》第3卷，第542页。

④ 赫瑞癸翁保持中立，见前文（6.44.3）。

⑤ 这4艘战舰有乘员约800人，其中700人是步兵（见下句），作者没有告诉我们这些人中有多大比例需要希墨拉人为他们提供武器。见戈姆《评注》第4卷，第379页。

意地从拉刻代蒙赶来。5 现在，古利波斯率领大约 700 名自己的有武器装备的水手和乘员，希墨拉的重甲兵和轻装兵加起来 1000 人，以及 100 名骑兵，一些塞利努斯轻装兵和骑兵，少量革拉人和总共 1000 名西刻罗人，向叙拉古进发。2.1 话分两头，科林斯人乘其他战舰从勒乌卡斯出发火速赶去支援。工古罗斯①，科林斯人的将军之一，尽管乘最后一艘战舰出发，却第一个抵达了叙拉古，比古利波斯还早一点。他发现叙拉古人正要举行公民大会讨论结束战争的问题，就阻止了他们②，鼓励说，更多的战舰正在驶来，而且拉刻代蒙人已派遣克勒安德里达斯之子古利波斯来任统帅③。2 叙拉古人大受鼓舞，立即全军出动迎接古利波斯，因为他告诉他们古利波斯已到附近了。3 且说古利波斯在进军路上拿下了一处西刻罗人的要塞伊厄泰④，他摆好战斗队形，推进到厄庇波莱。经由厄乌律厄罗斯登上去——雅典人也是首先从那里登上去的——与叙拉古人会合，向雅典人的围城工事开进。4 他来得正是时候。通往大港的双重墙雅典人已经完成了 7 或者 8 斯塔狄翁⑤，只剩下海边的一小段（他们正在修筑）。至于余下的环形工事，通往特洛癸罗斯和另一边海的沿途绝大多数地方，都堆起了石头。有些地方完成了一半，有些地方已全部完成。叙拉古人几乎要身陷绝境了。

3.1 古利波斯和叙拉古人突然攻来，雅典人先是一阵惊慌，接着排成了战斗队形。但古利波斯近距离停止了进攻，派传令官告诉雅典人，如果 5 日之内，他们带上自己的东西从西西里撤走，他就愿意订立和约。2 雅典人对此建议表示轻蔑，没有给予答复就打发传令官回去。之后，双方准备开战。3 古利波斯看到叙拉古人乱作一团，难以排成阵型，就领着军队退到开阔地带。尼喀阿斯并不领雅典人出击，而是静静地待在他们的工事旁。古利波斯见雅典人不出击，就领着军队去所谓"忒墨尼提斯"的高地，在那里露营。4 次日，古利波斯率其主力在雅典人的工事前列阵，以

---

① Γογγύλος, Gongylos, 此人全书仅此一见，普鲁塔克说他在随后与雅典人首次战役后不久即死亡。另外，这个名字比较罕见，这使得叙述更吸引人。见霍氏《评注》第 3 卷，第 544 页。
② 事情果真如此吗？叙拉古人的处境真是如此糟糕吗？作者想要将这个时刻看作局势的转捩点，不免有点不顾事实。见霍氏《评注》第 3 卷，第 544 页。
③ 不仅统率这支舰队，还率叙拉古人。见前文（6.93.2）。
④ Ίεται, Ietae, 大多数抄本作"Getai"，这里是根据一位拜占庭时期的著者（Stephen of Byzantium）的记载作出的更改，尚难以肯定。见霍氏《评注》第 3 卷，第 546 页。
⑤ 将近 1 英里，即 1.609 公里。见克劳利的译本和哈蒙德的译本。

使雅典人不能增援他处；再派一队人马攻打拉布达隆要塞。攻陷了它，将捉到的人悉数处死——该地在雅典人的视野之外。5 同日，在港口①警戒的一艘雅典三层桨战舰被叙拉古人俘获。

4.1 此后，叙拉古人及其盟友开始修筑一道单墙，从叙拉古城开始，向上经由厄庇波莱，与雅典的工事成斜角交叉，以使雅典人——如果他们不能阻止的话——再也不能封锁他们。2 雅典人此时已经完成了海边的那段墙，到高地去了。古利波斯（因为雅典人的墙有些地方不结实）夜里领兵前去攻打。3 雅典人②（刚好在墙外露营）发觉了，起而迎击。古利波斯见了，迅速领兵撤回。雅典人将此墙加高，自己在此守卫，其余的墙则分派给其盟友，各守各的一段。

4 现在，尼喀阿斯决定在所谓"普勒密里翁"构筑要塞，它是叙拉古城对面的一个岬角，在"大港"前突出来，使得其入口变窄。如果在此构筑要塞，他认为运进给养就更容易了。因为他们可以近距离地监视叙拉古人的港口③，就不会像现在这样，叙拉古的海军一有所动作，自己就不得不从"大港"的最深处出击。现在，他更加关注海战方面，因为他看到由于古利波斯的到来，陆上的战事已经前景渺茫了。5 因此，他运去一些士兵和战舰，建起3座要塞。绝大多数物资装备都存放在里面，大型船只和战舰停泊于此。6 结果，主要由于这一点，船上的人员开始倒霉了。因为他们用的淡水缺乏，近处没有。同时，水手们出去打柴薪，遭到叙拉古的骑兵屠杀，因为他们控制了这一地带。叙拉古人的第三队骑兵驻扎在俄吕恩庇厄翁的小村镇里，以对付在普勒密里翁的雅典人，让他们不能出去破坏。7 同时，尼喀阿斯得知余下的科林斯人的战舰④正驶来，就派20艘战舰警戒，命令它们在罗克里斯、赫瑞癸翁附近以及进入西西里的水道上⑤等候截击。

5.1 与此同时，古利波斯继续修筑经由厄庇波莱的围墙，用的是雅典人以前堆放起来准备自己使用的石头。同时，总是率领叙拉古人及其盟友

---

① 如果只看这句话，那么这里的"港口"（前面有定冠词）应指"大港"，但从下文（7.4.4）来看，应指"小港"。见霍氏《评注》第3卷，第548页。
② 部分雅典人，不可能是全军。见戈姆《评注》第4卷，第383页。
③ 叙拉古城东面的海湾，即今 Porto Piccolo，比"大港"小得多，故称"小港"（The Little Harbour）。见戈姆《评注》第4卷，第382页；霍氏《评注》第3卷，第549页。
④ 即那些从勒乌卡斯出发的战舰，见前文（6.104.1）。
⑤ 指整个墨西拿海峡一带，包括墨塞涅附近的海面。见前文（6.48.1）。

在围墙前列阵，雅典人也列阵对垒。**2** 古利波斯认为时机到来时，就发动攻击。他们在两墙①之间短兵相接，那里叙拉古人的骑兵没有用武之地。**3** 叙拉古人及其盟友被打败了，在休战协议的保护下收回尸首，雅典人则竖立了却敌纪念柱。古利波斯把军队召集拢来说，不是他们的过错，而是他自己的过错；因为他排兵布阵局促于两墙之间，丢掉了骑兵和投矛兵的优势。因此，他现在要再领他们出击。**4** 他要求他们记住，他们在人员和装备上不输对方，但在精神上，如果他们——身为伯罗奔尼撒人和多里斯族——没有信心战胜伊俄尼亚族、岛民和乌合之众，并将他们从这片土地上赶出去，那将是不可容忍的。**6.1** 在这之后，当时机到来之时，他再次领兵出击。尼喀阿斯和雅典人发现，即使叙拉古人不愿意开战，他们也必须阻止对方建起与他们的墙交叉的墙（因为对方的墙几乎要超过雅典人的墙的末端了，一旦超过，百战百胜与一仗都不打就没有任何差别了），于是，向叙拉古人发动进攻。**2** 古利波斯带领其重甲兵来到墙外，比以前走得远一些，与敌交战。在一片开阔地带——双方的墙都到那里为止——他将骑兵和投矛兵摆在雅典人的两侧。**3** 在战斗中，他的骑兵扑向雅典人的左翼——与他们对阵——击溃之；由于这个缘故，其他部分也被叙拉古人击败了，溃散到自己的墙里面。**4** 叙拉古人连夜筑墙，达到并超过了雅典人的墙，这样他们就不再受雅典人的阻碍了，并彻底剥夺了雅典人筑墙封锁他们的机会——即便雅典人在战场上取得胜利。

7.1 此后，余下的 12 艘科林斯、安布剌喀亚和勒乌卡斯的战舰，躲过了雅典战舰的警戒，驶进来了（其统帅是科林斯人厄剌西尼得斯②），与叙拉古人一道修筑与雅典人的墙成斜角的墙的余下部分。**2** 古利波斯到西西里其他地方去，召集海军和步兵，同时争取那些对这场战争不热心或者完全置身事外的城邦。**3** 其他叙拉古人和科林斯人的使节还被派往拉刻代蒙和科林斯求援兵，不论是乘商船，还是乘小船，抑或其他方式，只要能渡海前来都行③，因为雅典人也同样请求援兵。**4** 叙拉古人还给一支舰队配齐了人员，进行操练，好在这方面一试身手，他们普遍信心十足。

8.1 尼喀阿斯注意到了这种情况，他看见敌人的力量与日俱增，自己

---

① 雅典人未完成的墙和叙拉古人与之成斜角的交叉墙。见马钱特的注。
② Ἐρασινίδης，阿尔伯蒂的校勘本作"Θρασωνίδης"，似乎更有道理，但不能确定。今未从。见霍氏《评注》第 3 卷，第 554 页。
③ 这句话原文不通，戈姆作了调整和修改，今从。见其《评注》第 4 卷，第 385 页。

的困难却日复一日地增加。他自己以前经常派人到雅典详细报告发生的事件①,现在他越发要这么做,因为他觉得形势危急,如果不火速召回他们或者派大军救援,就没有得救的希望。2 他害怕信使没有能力表达,或者记忆有误,或者说些讨好民众的话,以致不实话实说,就写了一封信。他觉得这样的话雅典人就能最好地领会他的意思,不会因为信使的过错而有所遗漏,然后根据实情来商议。3 信使带着他的书信和口头指令出发了。至于军队方面,他现在关心的是采取守势,而不是冒险主动进攻。

9. 同一个夏季的末尾,雅典将军厄乌厄提翁与珀耳狄卡斯一道带大批色雷斯人②出征安庇波利斯③。他们没有攻下这座城市,其三层桨战舰绕行驶入斯特律蒙河。以希墨赖翁④为基地,从该河封锁之。这个夏季结束了。

10. 接下来的冬季。尼喀阿斯派出的信使到了雅典,他们转达了其口信,回答了人们提出的每一个问题,转交了书信。城邦文书走上前来,念给雅典人听⑤,其内容如下:

11. 1 "雅典人啊!从我过去给你们的许多信中⑥,你们已经知道以前的行动了。现在更需要你们了解我们目前的处境,然后做出决定。2 对于我们前去征伐的叙拉古人,我们在大多数战役中都取得了胜利。我们修筑了围墙,现在我们依然占据着。拉刻代蒙人古利波斯从伯罗奔尼撒和一些西西里的城邦领兵前来。在首次战斗中,我们取胜了。次日,在众多骑兵和投矛兵的压迫下,我们撤退到围墙里面。3 因此,由于敌人人多势众,现在我们停止修筑围城的墙,并按兵不动(我们没有办法使用全军作战,因为我们一部分重甲兵用在了防守围墙上)。同时,敌人还修筑一道单墙

---

① 是书面报告?还是口头报告?有学者认为,尼喀阿斯以前要不是从不写信,就是很少写信。见霍氏《评注》第 3 卷,第 555 页。
② 大概是雅典人的雇佣军。见戈姆《评注》第 4 卷,第 386 页。
③ 作者最近一次提到珀耳狄卡斯还是在第 6 卷的开头(6.7.3),那时(前 415 年初),其领土正遭雅典人攻击。现在他又与雅典人合作,作者没有告诉我们他改变立场的时间和原因。见戈姆《评注》第 4 卷,第 386 页。
④ Ἱμεραῖον, Himeraeum,此地从未出现在雅典的贡款名单上,不详其所在。戈姆《评注》第 4 卷,第 386 页。
⑤ 这里应该包含两个不同的阶段,首先"五百人议事会"询问信使,然后才召开公民大会,城邦文书将尼喀阿斯的书信念给雅典人听。作者这里的叙述显得急促而且打破常规,目的是给受众留下深刻印象。书信只需 10 分钟便可以念完。见霍氏《评注》第 3 卷,第 559 页。
⑥ 不一定是书信。见霍氏《评注》第 3 卷,第 560 页。

超过了我们的围墙，这样一来我们将无法筑墙包围他们了，除非来一支大军将这道交叉墙攻下。4 本该是我们包围他人，现在反而被人包围①，至少在陆地上是这样。因为我们为他们的骑兵所阻，没法深入内陆。

12.1 "他们还派了使节去伯罗奔尼撒求援，古利波斯去了西西里的城邦，劝说那些到现在为止仍保持中立的城邦加入自己一边，如果可能的话，从她们那里弄到陆海援兵。2 据我的了解，他们打算用步兵攻打我们的围墙，同时用战舰在海上一试运气。3 我说他们要在海上一试运气，请你们不要大惊小怪！因为我们的海军刚开始势头正盛，战舰干燥结实，人员齐整，但是现在经过这么长时间海上航行，战舰浸泡腐朽，人员折损。这个情况敌人也是清楚的。4 我们不可能将战舰拖上岸晾干，因为敌人的战舰数量与我相当甚至还要多，使我们总以为他们要攻上来。5 他们明显在操练，想什么时候攻击就什么时候攻击，因为他们不封锁别人，比我们更有机会晾干战舰。13.1 即使我们在战舰数量上占优，且不像现在这样用所有的战舰警戒，也几乎不能享有晾干战舰的好处。因为哪怕我们放松一点点警戒，就得不到给养，这些给养现在很难经过他们的城市旁边运进来。2 我们战舰上的人员由于走远打柴、掳掠和取淡水，遭到敌人骑兵的屠杀而减员，一直到现在还在减员。由于我们失去了优势，我们的奴隶②在开小差。我们的外籍水手，有些是被逼上船的，有机会就逃回自己的城邦了③；有些起初是被高薪所诱，心里想的是弄到钱而不是打仗，现在出乎意料地发现，敌人的抵抗如此顽强，而且出动了海军。有的人就借口奴隶逃亡自己开溜了④，还有的人八仙过海，各显神通⑤（因为西西里很

---

① 请比较前文："……与其说包围着别人，不如说自己被人包围"（4.29.2）。
② "奴隶"原文是"οἱ θεράποντες"，直译"那些服侍的人"。有学者发现有铭文证明，前5世纪末雅典战舰上的水手有三类：雅典公民（ναῦται ἀστοί）、奴隶（θεράποντες）和外邦人（ξένοι）。与这句话中的分类正好一致。还有，不仅战舰上的军官，而且普通公民有自己的奴隶在舰上当桨手。见霍氏《评注》第3卷，第563页。
③ 指西西里的城邦。
④ "借口奴隶逃亡自己开溜了"原文是"ἐπ' αὐτομολίας προφάσει ἀπέρχονται"，直译"借口逃亡离开"。显然，这句话非常简省，本身说不通（"以逃亡为借口离开"？）。有学者提出一种解决方案，即有自己奴隶在舰上的水手借口去追回逃亡的奴隶，然后一去不复返。不过，要注意的是，这里说的水手仅限于外籍水手。有学者认为，有确凿证据表明，雅典公民、外邦人和侨民这三种水手里面都有人拥有奴隶。见霍氏《评注》第3卷，第564页。
⑤ 直译"各自尽其所能（开小差）"。

卷 七

大）。有些人说服三层桨战舰舰长用许卡拉战俘奴隶①上船取代自己的位置，自己继续做生意。所有这些毁掉了海军的效能。**14.**1 你们——我写信的对象——想必知道②，舰上人员的锐气难以持久，而且划桨开动战舰，再始终动作一致地划桨的人不多③。2 在所有这些困难之中，对我这个将军来说，最难办的是阻止这些情况的发生（因为你们的本性桀骜不驯④）。同时，我们没有地方为战舰补充人员，敌人却能从许多地方得到人员补充；我们所能利用的只有自己带来的人员，所以一直在减员。因为我们现在的盟邦那克索斯和卡塔涅，都不能帮助我们。3 如果再有一个优势落入敌人手里——即为我们提供粮食的意大利的地区，看到我们这样的处境而你们又不派援兵，便会倒向敌人一边——那么［这场战争］对他们来说将不战而结束，因为我们会由于围困而投降。

4 "我本可以给你们写一封比这更令人愉快的信，但肯定不会更有用，如果你们在作出决议之前必须清楚地了解实情的话。而且，我知道你们的本性——想听最悦耳动听的报告，但是等事情的结果达不到你们的期望时，就开始责怪了——因此，我认为道出实情还是稳妥一些。**15.**1 现在，我请求你们相信，就我们当初出征的目的而言，不论你们的士兵还是将军⑤都不应该受到指责。你们要考虑到，因为整个西西里联合起来了，并且有望从伯罗奔尼撒获得援兵，我们的兵力已经不能对付这里的敌人了。现在就要决定，或者必须召回我们，或者再派⑥一支同等规模的军队前来——包括海陆军，还有大量钱财——还要派一位将军接替我，我由于肾

---

① 见前文（6.62.4）。

② 或译"我没有必要告诉你们"。见马钱特的注。

③ 这句话的意思是，有些桨手划桨把船开动后，就松懈了。见马钱特的注。另外，动作一致地划桨才可能推动当时的战舰前进。见戈姆《评注》第 4 卷，第 390 页。

④ 是西西里他的部下？还是他所致信的雅典公民？很可能两者都是。见霍氏《评注》第 3 卷，第 565 页。不过，尼喀阿斯所说的困难是叙拉古人和逃亡者引起的，与雅典人并无关系，也许这就是他的习惯。在他看来，只要雅典人容易驾驭，再大的困难他也能克服。见戈姆《评注》第 4 卷，第 390 页。

⑤ "将军"原文是"$\tau\hat{\omega}\nu\ \dot{\eta}\gamma\epsilon\mu\acute{o}\nu\omega\nu$"（复数、属格），意思是"领导人"。作者没用"$\tau\hat{\omega}\nu\ \sigma\tau\rho\alpha\tau\eta\gamma\hat{\omega}\nu$"一词，大概觉得"$\tau\hat{\omega}\nu\ \sigma\tau\rho\alpha\tau\iota\omega\tau\hat{\omega}\nu\ \kappa\alpha\grave{\iota}\ \tau\hat{\omega}\nu\ \sigma\tau\rho\alpha\tau\eta\gamma\hat{\omega}\nu$"听起来不文雅。见霍氏《评注》第 3 卷，第 567 页。

⑥ "再派"原文是"$\dot{\epsilon}\pi\iota\pi\acute{\epsilon}\mu\pi\epsilon\iota\nu$"（现在时不定式），本义是"派遣去""送去"，是"$\pi\acute{\epsilon}\mu\pi\omega$"（"派遣""送去"）的加强体。这里是作者赋予它一个新义项。因为前面有一个动词"$\mu\epsilon\tau\alpha\pi\acute{\epsilon}\mu\pi\epsilon\iota\nu$"（"召回"），作者想与之形成对偶。据此似乎可以推断，这里应是作者第一次用这个词（带此义项），前文还有一个（6.73）则应是后来写的。见霍氏《评注》第 3 卷，第 567 页。

— 423 —

病不能留在这里了①。2 我想我理应得到你们的谅解，因为我身强力壮的时候，多次担任统领军队的职务，还干得很好。但是，不管你们想要做什么，一开春就做，不要拖延！因为敌人从西西里很快可以得到支援，从伯罗奔尼撒得到支援则要慢一些。然而，如果你们不加小心，他们就要么像从前一样逃过你们的注意②，要么抢在你们前头了。"

16.1 这就是尼喀阿斯的信的内容。雅典人听了，没有解除尼喀阿斯的将军职务③，而是在选出的同僚到达之前，挑选在西西里的两个人——墨南德洛斯和厄乌堤得摩斯④——来协助他，以免他一个人带病苦苦支撑。他们还投票决定，派出海陆援军，从登记在册的雅典人以及盟友中征召。2 他们选出阿尔喀斯忒涅斯之子得摩斯忒涅斯、图克勒斯之子厄乌律墨冬⑤做他的同僚；并立即派厄乌律墨冬于冬至前后⑥，率领 10 艘战舰，携〈一百〉二十⑦塔兰同银子，还捎带消息给在西西里的军队：援军将到，关怀即至。17.1 得摩斯忒涅斯则做着准备，留待开春起航，他传令盟邦征召军队，同时在雅典筹集钱财、战舰和重甲兵。2 雅典人还派遣 20 艘战舰绕伯罗奔尼撒航行，以防止任何人从科林斯和伯罗奔尼撒驶向西西里。3 因为科林斯人——使节回来报告西西里的战事好转——备受鼓舞，

---

① 前文提到他患病（6.102），但不知道是不是肾病。尼喀阿斯把这个惊人的消息留到最后才说，另外，修昔底德除了记瘟疫时人们患病的情况外，记某个人患病是很不寻常的。也有学者认为，尼喀阿斯早在出征西西里之前就患肾病了，这也是他始终质疑远征西西里的原因之一，另外，学者们也认为前文尼喀阿斯的发言对此已有所暗示（6.9.2）。见霍氏《评注》第 3 卷，第 567—568 页。

② 指古利波斯与其舰队顺利抵达了西西里，雅典人在瑙帕克托斯的舰队应该有所行动。也有学者认为尼喀阿斯说这话不公平，因为古利波斯顺利抵达与他的大意和延误有关，不过那是修昔底德本人的叙述，也许尼喀阿斯不认为自己有什么过错。见霍氏《评注》第 3 卷，第 568 页。

③ 公民大会和议事会没有辩论吗？即将担任将军的得摩斯忒涅斯一言未发？没有人同情尼喀阿斯并为他说话？显然，作者省略了很多。这里给人的印象是公民大会马上意见一致，作出激烈的反应，这是不对的。见霍氏《评注》第 3 卷，第 568 页。

④ 厄乌堤得摩斯很可能是厄乌得摩斯之子，厄乌得摩斯是前 418/7 年的将军，是"尼喀阿斯和约"（前 422/1 年）的宣誓者之一。墨南德洛斯则是第一次提及（父名未知）。他们两位被选为将军，但在十将军之外。得摩斯忒涅斯和厄乌律墨冬才位列十将军。见霍氏《评注》第 3 卷，第 569 页。

⑤ 得摩斯忒涅斯多谋善断，是个将才，最近一次提到他还是在第 5 卷（5.80），厄乌律墨冬有在西西里和科西拉征战的经历。两人在前几卷都很有名，到这里才提及其父名。见霍氏《评注》第 3 卷，第 570 页。

⑥ 前 414 年 12 月与前 413 年 1 月之交。见霍氏《评注》第 3 卷，第 571 页。

⑦ 只有一个抄本有"100"（"καὶ ἑκατὸν"），其余抄本均作"20"。根据古代记载和铭文材料，应该是"120"，再说"20"确实太少，完全不可信。见霍氏《评注》第 3 卷，第 571 页。

认为他们先前派出战舰实在是及时之举。因此，不仅他们准备派重甲兵乘商船去西西里，拉刻代蒙人也准备用同样的方式从伯罗奔尼撒其他地方派兵去西西里。4 科林斯人还给25艘战舰配齐了人员，以尝试与在瑙帕克托斯担任警戒的雅典人①海战。让他们忙于监视与之对垒的三层桨舰队，从而不能很容易地阻止其商船的起航。

18. 1 同时，拉刻代蒙人还准备入侵阿提卡——这是他们早就决定了的②，现在又受到叙拉古人和科林斯人③的鼓动——叙拉古人和科林斯人听说雅典人增援西西里，想要通过入侵来阻止他们增援，再加上阿尔喀比阿得斯一而再、再而三地教他们在得刻勒亚修筑要塞，不要放松作战行动。2 最重要的是拉刻代蒙人信心重拾，因为他们相信雅典人同时打两场战争——跟他们和跟西西里的希腊人——将容易被打败，还因为他们认为这回是雅典人首先破坏了和约④；在以前的战争⑤中，不如说是他们违反和约⑥，因为忒拜人在休战期间进入普拉泰亚。尽管以前的和约有规定，如果对方愿意提交仲裁，就不能动武，雅典人提请仲裁了，但他们不听⑦。由此，他们觉得自己该遭殃，为皮罗斯之祸以及发生在他们身上的其他灾祸深感不安⑧。3 但是，现在雅典人以30艘战舰从阿耳戈斯出发，蹂躏了厄庇道洛斯的部分地方、普剌西埃和其他地方；同时，从皮罗斯出发不断进行劫掠。对于和约中有异议的地方，只要一发生争端，拉刻代蒙

---

① 雅典人将拉刻代蒙人的死敌墨塞尼亚人安置在瑙帕克托斯，自己在那里也有驻军（见前文1.103.3；2.69.1；2.80.4），那里是雅典海军的一个基地，用以监视、拦截进出科林斯湾（今科林西亚湾）以及经过希腊本土西海岸的船只。见霍氏《评注》第3卷，第571—572页。

② 见前文（6.93.1）。

③ 科林斯人不止一次地怂恿拉刻代蒙人对雅典人动武（2.80.3；6.88.8），另外，怂恿斯巴达的人还有很多，如卡尔喀斯人（4.81.1）。作者以这种方式表明拉刻代蒙人的迟钝和谨慎，但是，斯巴达的精英阶层也不是铁板一块，有些人的感受并非如此，也不这样考虑问题。见霍氏《评注》第3卷，第572页。

④ 指"尼喀阿斯和约"。

⑤ 即战争的头10年，所谓"阿耳喀达摩斯战争"。

⑥ 指《三十年和约》。这句话是从拉刻代蒙人的角度说的，前文明确说，拉刻代蒙人认为"和约已被破坏，罪责在雅典人一方"（1.118.3），那么这句话说明拉刻代蒙人（或者说部分拉刻代蒙人）的态度有了一个转变，当年（前431年）做出决定的拉刻代蒙人还有多少在世呢？阿耳喀达摩斯就是不在人世者之一。见霍氏《评注》第3卷，第573—574页。

⑦ 见前文（1.140.2）。

⑧ "深感不安"原文是"ἐνεθυμοῦντο"（过去未完成时），表达了一种宗教上的顾虑（因渎神而不安）。上句中的"违反"（原文是"παρανόμημα"）也有这样的意味。见霍氏《评注》第3卷，第574页。

人提交仲裁，雅典人总是拒绝。到了这个时候，拉刻代蒙人认为违反和约者——以前是他们犯此错误——这回变成雅典人了，于是开始热衷于战争了。4 在这个冬季里，他们通知盟邦提供铁①，准备好筑墙用的其他工具。同时，自己准备援军，并强迫其他伯罗奔尼撒人也准备援军，乘商船驰援西西里的盟友。这个夏季结束了，修昔底德记载的这场战争的第18年也随之结束了。

19. 1 接下来的夏季一开始，比以往任何时候都早，拉刻代蒙人及其盟友入侵阿提卡，由拉刻代蒙人的王、阿耳喀达摩斯之子阿癸斯率领。他们首先蹂躏了平原地区，然后开始在得刻勒亚构筑要塞，给各邦分配了构筑任务。2 得刻勒亚距离雅典城大约120斯塔狄翁②，距离玻俄提亚大致也是这么远，不会远很多。他们建此要塞的目的是蹂躏这片平原和最肥沃的土地，从雅典城可以望见它。3 伯罗奔尼撒人及其盟友在阿提卡修筑要塞，与此同时，那些在伯罗奔尼撒的人派重甲兵乘商船赴西西里。拉刻代蒙人挑选最好的希洛特和新获得公民权的希洛特③，两者相加约600名重甲兵，由斯巴达人厄克里托斯统领。玻俄提亚人派出300名重甲兵，由忒拜人克塞农和尼孔以及忒斯庇埃人赫革珊德洛斯统领。4 于是，这些人首批从拉科尼刻的泰那戎起锚驶向大海。不久，科林斯人派出500名重甲兵随其后，有些来自科林斯本土，有些是雇用来的阿耳喀狄亚人，并任命科林斯人阿勒克萨耳科斯统领他们。西库翁人与科林斯人一起派出了200名重甲兵，由西库翁人萨耳革乌斯统率。5 科林斯人这个冬季配齐人员的25艘战舰对着在瑙帕克托斯的20艘雅典战舰停泊，一直到他们的重甲兵乘商船从伯罗奔尼撒安全启程。他们先前为战舰配齐人员就是为了这个目的，以使雅典人把注意力放在三层桨战舰上而不是商船上。

20. 1 得刻勒亚的要塞正在构筑之中，雅典人于春季伊始，就派30艘战舰绕伯罗奔尼撒航行，由阿波罗多洛斯之子卡里克勒斯统率；命令他赶到阿耳戈斯，根据盟约召阿耳戈斯的重甲兵上船。2 还按照计划，派得摩

---

① 铁用作夹石头的夹具和嵌入石头的暗榫。见戈姆《评注》第4卷，第395页。
② 约18公里，这里1斯塔狄翁合150米。从得刻勒亚越过 Πάρνης（Parnes，今 Πάρνηθα）山到玻俄提亚平原仅9—10公里，因此作者说的路线是经过俄洛波斯（Ὠρωπός, Oropus）的大道。见戈姆《评注》第4卷，第395页。
③ 见前文（5.34.1）译注。

斯忒涅斯去西西里，率 60① 艘雅典战舰、5 艘喀俄斯战舰、1200 名征兵名册中的雅典重甲兵以及所有能加以利用的岛民②，还带上其他臣服的盟邦所能提供的、打仗用得着的一切③。命令他首先与卡里克勒斯一道绕着伯罗奔尼撒航行，对拉科尼刻海岸采取协同行动。3 于是，得摩斯忒涅斯驶向埃癸娜，在那里等候落在后面的队伍和去接阿耳戈斯人的卡里克勒斯。

21. 1 在西西里，这个春季的大约同一时间，古利波斯带着从各个城邦尽其所能劝说来的那些军队回到了叙拉古。2 他召集叙拉古人，告诉他们必须尽力为最多的战舰配齐人员，尝试海战。因为他希望此举会对这场战争产生重要作用，因而值得冒险。3 赫耳摩克剌忒斯尤为积极地与他一起鼓动叙拉古人，要他们满怀信心地用自己的战舰攻击雅典人。他说，雅典人的航海经验既不是祖传的，也不会永远享有它；相反，他们起初就是大陆居民，比叙拉古人更甚，只是由于波斯人的逼迫，才变成航海者④。他又说，像雅典人这样敢于冒险的人，最怕的是那些同样敢于冒险的人；因为他们以此来恐吓邻邦——实际上实力有时不及对手，却敢于大胆下手——叙拉古人应该以其人之道还治其人之身。4 他还说，他确信如果叙拉古人敢于出其不意与雅典人的舰队对垒，就会引起敌人的恐慌，由此带来的优势，将远胜雅典人仰仗其丰富的经验给予缺乏经验的叙拉古人的打击。因此，他敦促他们不要退缩，在海战中一试身手。

5 于是，叙拉古人在古利波斯、赫耳摩克剌忒斯——也许还有其他人——劝说下，急于海战并开始为战舰配备人员。**22.** 1 舰队准备完毕，古利波斯在夜幕的掩护下，率领全部步兵打算亲自由陆路攻打普勒密里翁的要塞；与此同时，根据事先约定的火光信号，35 艘叙拉古三层桨

---

① 原文是"ἑξήκοντα"（"60"），各抄本均同，史密斯英译本作"fifty"，显然有误。
② 有学者认为这里之所以将岛民单列出来，是因为绝大多数岛民没有被迫服兵役，只有少数几个例外，如优卑亚人、克俄斯人、安德洛斯人和忒诺斯人（见下文 7.57.2）。见霍氏《评注》第 3 卷，第 578 页。
③ 有学者认为这里指军队，如阿卡耳那尼亚的投石兵、克里特的弓箭手等。见霍氏《评注》第 3 卷，第 579 页。
④ 这里关于希波战争前雅典人的说法显然夸大其词，是一种修辞手段。见霍氏《评注》第 3 卷，第 580 页。

战舰从"大港"起航发起攻击，45 艘从"小港"① 起航——那里有他们的船坞——想要绕陆地航行，与在"大港"的舰队联合起来，然后一道攻打普勒密里翁，使得雅典人受两面夹击，陷入混乱。2 雅典人迅速为 60 艘战舰配齐人员，以其中 25 艘与叙拉古人在"大港"的 35 艘战舰交战，余下的战舰去与从船坞中出来绕陆地航行的舰队对抗②。双方立即在"大港"入口处交战，持续良久，一方③想要强行冲进"大港"，另一方阻拦。23.1 与此同时，古利波斯看到在普勒密里翁的雅典人下到海边，集中注意力观看海战，拂晓，突然袭击要塞。首先夺取了最大的一座，然后是两座小的——其守军看到最大的要塞被轻易攻下，就逃走了。2 第一座要塞陷落之时，从里面逃到小船上和一艘商船上的人，却难以被送回军营④。因为叙拉古人在"大港"的舰队在海战中占了上风，派出一艘快速三层桨战舰追赶他们。但是等到那两座小要塞被攻下的时候，叙拉古人恰好被击败了，从那里逃出来的雅典人很容易沿海岸航行过去。3 因为在"大港"入口前作战的叙拉古人的战舰，强行突破雅典人的战舰，毫无秩序地冲进去，彼此混乱不堪，将胜利拱手让与雅典人。雅典人不仅击败了这一支舰队，还击败了先前在"大港"里面打赢他们的那支舰队。4 击沉了 11 艘叙拉古战舰，杀死了大部分乘员，3 艘战舰的乘员除外，他们被俘虏了。雅典人自己有 3 艘战舰被毁。他们将叙拉古战舰的残骸拖上岸，在普勒密里翁前的那座小岛上竖立了却敌纪念柱，然后撤回自己的军营。

24.1 尽管叙拉古人在海战方面遭此不幸，但是占据了普勒密里翁的要塞，他们为之竖立了 3 根却敌纪念柱。他们将后夺取的两座小要塞中的一座拆毁，修补其他两座，加以驻守。2 在夺取这些要塞的时候，许多人被杀或被俘，大量财物被悉数虏获。因为雅典人把它们当作仓库，里面有商人的大量物资和粮食，还有三层桨战舰舰长的大量财物。

---

① 前文（6.50.4）早就提到"大港"和"港口"（复数），但直到这里作者才说叙拉古人有两个港口，而且"小港"里有船坞。见霍氏《评注》第 3 卷，第 581 页。

② 雅典可能在面向叙拉古两个港口的方向设置了巡逻船。见戈姆《评注》第 4 卷，第 397 页。

③ 指叙拉古人。

④ 在俄吕恩庇厄翁附近，即今 Le Colonne，位于"大港"的西面，阿那波斯河以南，距离"大港"中心约 1 公里。见霍氏《评注》第 3 卷，第 467 页。雅典人首先在那一带登陆设军营（6.64.1）。

40艘三层桨战舰的船帆和其他装备被敌夺去，还包括3艘被拖上岸的三层桨战舰。**3** 普勒密里翁的沦陷是雅典军队遭受的最大最沉重的打击之一。因为通过"大港"入口运进给养不再安全（因为停泊在那里的叙拉古战舰阻拦，不经战斗什么东西都运不进来），这给部队造成普遍的恐慌和士气低落。

25.1 在此之后，叙拉古人派出12艘战舰，由叙拉古人阿伽塔耳科斯统率。其中1艘前往伯罗奔尼撒，带上使节报告西西里的战事，还说局势很有希望，敦促他们在希腊本土更加积极地作战；另11艘驶往意大利，因为她们①得知满载物资的船只正向雅典人驶来。**2** 她们拦截了这些船只，摧毁了大部分，还烧毁了对方堆放在考罗尼亚领土上的造船用的木材，那是为雅典人准备的②。**3** 然后，他们来到罗克里斯。在那里停泊之时，1艘载有忒斯庇埃重甲兵③、来自伯罗奔尼撒的商船进了港。**4** 叙拉古人将这些人接收到自己的战舰上，沿着海岸驶回国内。雅典人以20艘战舰在墨伽拉附近警戒，但只抓到了1艘，包括船员，其余没能抓住，都逃往叙拉古去了。

5 为了港口④中的木桩，双方爆发了小冲突，这些木桩是叙拉古人打在旧时船坞⑤前的海底的，目的是让船只停泊在木桩后面不被前来进攻的雅典战舰冲进来破坏。**6** 雅典人用1艘载重1万⑥的船接近木桩，船上有木塔和舷墙，从小船⑦上将木桩系上绳子，将其绞起或者折断，或

---

① 这句话和下句话中的"她们"均指"战舰"（复数），显然是把战舰拟人化了。见霍氏《评注》第3卷，第584页。

② "考罗尼亚的领土"原文是"Καυλωνᾶτις"，意即"Καυλωνία的领土"。此地名仅此一见。阿尔喀比阿得斯在斯巴达的演说中提及雅典人计划利用意大利丰富的木材资源建造三层桨战舰（6.90.3），显然，这些木材已在这里放置一段时间了，但是作者在它们被烧掉之时才告诉我们。见霍氏《评注》第3卷，第585页。

③ 前文曾提及（7.19.3），其指挥官是赫革珊德洛斯。忒斯庇埃人一度受雅典人左右，但在前423年夏季，雅典人的影响已经减弱。见霍氏《评注》第3卷，第585页。

④ 指"大港"。见戈姆《评注》第4卷，第382—383页。

⑤ 前文说叙拉古人的"小港"有船坞（7.22.1），从这句话来看，"大港"也有。见史密斯的注。

⑥ 这里没说单位，应该是塔兰同，用作重量单位。见霍氏《评注》第3卷，第585页。1塔兰同在阿提卡和优卑亚岛等于21.261公斤；在埃癸娜岛等于35.425公斤。1万塔兰同就是约250吨（见哈蒙德和史密斯的译文）。

⑦ 见前文译注（1.29.3）。

者潜水锯断。叙拉古人从船坞上向他们投射,他们从那艘商船①上还击。最后,大部分木桩被雅典人清除了。7 看不见的木桩是最难对付的,因为有部分打下的木桩没有露出水面,航行过去就有危险,如果有船只没有及时发现,就会被刺破,如同撞上暗礁。但它们被雇来的潜水员潜下去锯断了。然而,叙拉古人重新打下木桩。8 他们又使出其他许多招数攻击对方——在两军近距离地对垒的情况下自然难免——相互投射等各种手段都用到了。

9 叙拉古人还派科林斯人、安布剌喀亚人和拉刻代蒙人的使节去西西里的城邦,报告夺取了普勒密里翁;关于海战,他们与其说败给了敌人的实力,不如说由于自己的混乱而失败。他们[还]向各邦宣布,局势有望,请求各邦派海陆军支援,因为雅典人的援军在望;如果在其援军到来之前消灭其现在的军队,就可以结束战争。西西里的战事就是这些。

26.1 且说得摩斯忒涅斯等他要带去西西里的援军集合完毕,从埃癸娜起航驶向伯罗奔尼撒,在那里与卡里克勒斯和 30 艘雅典战舰会合。他们接阿耳戈斯的重甲兵上船,驶向拉科尼刻②。**2** 首先蹂躏了厄庇道洛斯的利墨拉部分地区,再在库忒拉③对面的拉科尼刻海岸登陆,那里有阿波罗的庙。他们蹂躏了那里部分土地,在一处地峡修筑要塞,好让拉刻代蒙人的希洛特逃亡到那里去,把那里当作劫掠的基地,跟皮罗斯一样。**3** 一起拿下这个地方之后,得摩斯忒涅斯立即沿着海岸驶向科西拉,去接那里的盟军上船,再尽快航行到西西里。卡里克勒斯则留下来,直到完成修筑要塞的工作并留下驻军,随后才带领 30 艘战舰返回国内;阿耳戈斯人跟着他们。

27.1 同一个夏季,1300 名属于色雷斯人的狄俄族④的、佩弯刀的轻盾兵,抵达雅典。他们原定与得摩斯忒涅斯一道驶往西西里。**2** 由于他们来得太晚了,雅典人决定打发他们返回色雷斯他们出发的地方。他们认

---

① 即那艘载重 1 万塔兰同的船。
② 见前文(7.20.1)。
③ 雅典人在前 424 年夺取了该岛,并派兵驻守。根据"尼喀阿斯和约",应该交还斯巴达(5.18.7)。后文(7.57.6)暗示雅典人没有交出,本为拉刻代蒙人派出的殖民者的库忒拉人却与拉刻代蒙人和古利波斯作战。见霍氏《评注》第 3 卷,第 586 页。
④ "族"原文是"γένους"("γένος"的属格),色雷斯人的一个分支。下文(7.29.4)作者用"γένος"指称全体色雷斯人。见霍氏《评注》第 3 卷,第 589 页。

为，由于从得刻勒亚而起的战争而将他们留下太破费①，因为每个人每天要 1 德拉克马的酬金。3 得刻勒亚首先在这个夏季被拉刻代蒙人全军修筑要塞，然后被来自各盟邦的守军每隔一段时间轮流占据，他们骚扰附近地区，这就严重打击了雅典人。财产的毁损和人员的损失是导致雅典城邦衰亡的主要原因之一。4 以前的入侵为时短暂，雅典人还可以在其他的时间里获取土地的收益。现在敌人待着不走了，有时新增了人马②，有时其日常守军出于自身需要蹂躏附近，进行掠夺③；拉刻代蒙人的王阿癸斯亲在军中，作战不遗余力，雅典人损失惨重。5 他们的全部土地被剥夺了，超过 2 万名奴隶已经逃亡，其中很大一部分④是工匠⑤。羊和力畜丧失殆尽。由于每天都出去袭击得刻勒亚，守卫土地，他们的战马有的为敌所伤，有的在坚硬的地面连续不断地奔波劳累，跛了腿。28.1 从优卑亚渡海运来的生活必需品，以前走陆路从俄洛波斯经由得刻勒亚，比较快捷，现在走海路，绕过苏尼翁，花费甚巨⑥。雅典城需要的一切东西都依赖进口，她

---

① "由于从得刻勒亚而起的战争"原文是"πρὸς τὸν ἐκ τῆς Δεκελείας πόλεμον"，有英译作"for [the purpose of] the war against Deceleia"，或"for the war in Deceleia"，或"against Decelea"，等等。作者这里点出得刻勒亚是想指出这时雅典人财政窘迫，不是要为这场牵扯到色雷斯人的战争另起一个别出心裁的名字。见霍氏《评注》第 3 卷，第 589 页。有古代作者将伯罗奔尼撒战争的下半段，即从前 413 年开始的战争称作"得刻勒亚战争"("ὁ Δεκελεικὸς πόλεμος")，但这里原文的意思显然与此不同。见马钱特的注。译者认为，前一句话明确说，这支队伍原本要是去西西里，不是要对付来自得刻勒亚的攻击，所以译成"the war against Deceleia"之类和"war in Deceleia"均不合适。

② 新增的人马是为攻入"长墙"作准备，不是为了进行更严重的破坏。见戈姆《评注》第 4 卷，第 405 页。

③ 这句话原文很可能有讹误，"日常守军"原文是"τῆς ἴσης φρουρᾶς"（属格），其中"ἴσης"本义是"同等的""公平的"等，这里勉强译成"日常的"（"regular"），但在其他任何地方都不作此解，显然是有问题的。见霍氏《评注》第 3 卷，第 590 页。

④ "很大一部分"原文是"τὸ πολὺ μέρος"（"大多数""大部分"），有定冠词，大多数抄本是没有定冠词的，阿尔伯蒂的校勘本选用了没有定冠词的文本。霍氏赞成，今从。见其《评注》第 3 卷，第 591 页。

⑤ "工匠"原文是"χειροτέχναι"（主格、复数），意思是"手艺人""工匠"等。这里是不是指劳瑞翁银矿里的奴隶？学者们意见不一，有的认为不一定指矿工，也可能指有技能的农业劳动者。霍氏认为，原文涵盖这两类奴隶，修昔底德内心到底倾向于哪一类，难以确知。见其《评注》第 3 卷，第 592 页。

⑥ Σούνιον，Sounium，阿提卡半岛最南端的海岬。从字面上看，这里似乎有矛盾，因为在古代水上运输比陆上运输更便宜。实际上作者这里用词极为简省，他的意思是阿提卡这么多的地方尽陷敌手，需要从优卑亚运来更多的给养，所以花费甚巨。见霍氏《评注》第 3 卷，第 592 页。

更像一座要塞，而不是一座城市。2 不论夏冬，雅典人白天轮流在雉堞旁警戒，夜晚除了骑兵之外，全体出动，有的待在武器旁①，有的守在城墙旁，因此饱受艰辛。3 最让他们感到压迫的是要同时担负两场战争，他们一心争胜到了狂热的地步，人们如果只是听说而没有亲眼见到②是不会相信的。即使自己遭到伯罗奔尼撒人修筑要塞围攻，他们也不从西西里撤军，而是以同样的方式反过来围攻叙拉古——一座就其自身而言绝不比雅典小的城市。他们让希腊人如此错估了其实力和勇气，在战争之初，有的希腊人认为，如果伯罗奔尼撒人入侵其领土，他们能撑 1 年，有的认为 2 年，还有的认为不会超过 3 年，现在却是第一次入侵后的第 17 年了。在被战争折磨得筋疲力尽的情况下，他们还去了西西里，进行了一场不亚于他们业已与伯罗奔尼撒人开打的战争。4 因为这些原因，还由于得刻勒亚给他们造成了极大的损害，加上其他巨额开销接连落到头上，他们的财政捉襟见肘。此时，他们开始对所有进出口的盟邦货物征收 1/20 的税，以代替贡款③，他们认为这会给他们带来更多的收入④。因为他们的开支跟从前不一样了，随着战争规模的扩大，他们的开支大增，而收入在萎缩。

  29. 1 于是，由于目前的财政窘境，又不愿增加开支，雅典人立即将迟到许久、没赶上得摩斯忒涅斯的这些色雷斯人打发走了。他们任命狄厄特瑞珀斯率领他们回去，同时命令他在沿海岸航行的途中（因为他们经由厄乌里波斯⑤渡海），只要可能，就利用他们打击敌人。2 他让他们在塔那格拉登陆，迅速实施了一次劫掠。黄昏后，从优卑亚的卡尔喀斯出

---

  ① 这句话原文（"οἱ μὲν ἐφ᾽ ὅπλοις ποιούμενοι"）有问题，待在武器旁干什么？这里可能漏掉了一个词。有学者补上"ὕπνος"，意思是"睡觉"，有的补上"στιβάδας"，意思是"铺床"。见霍氏《评注》第 3 卷，第 593 页。
  ② 直译"没有变成现实"。
  ③ 有研究表明，前 413 年的雅典收取的贡款总额约为 1000 塔兰同，征收 1/20（或者 5%）的进出口税能否使此项收入达到或者超过贡款的总额，目前还没有足够的证据证明。另外，作者很少提及贡款和经济问题，即使提及也是泛泛而论，但是这次提及细节，颇不寻常。见霍氏《评注》第 3 卷，第 595 页。
  ④ 雅典人后来是否重新征收贡款，而修昔底德没有提及？从现有的证据来看，答案是否定的，除非有新的确凿的证据。梅里特（Meritt）1936 年曾根据铭文材料提出，雅典人在前 410/409 年恢复征收，但是现在看来，此证据极其薄弱。见霍氏《评注》第 3 卷，第 595—596 页。
  ⑤ Εὔριπος, Euripus, 优卑亚岛与希腊大陆的玻俄提亚之间狭窄海峡。

发，横渡厄乌里波斯，让他们在玻俄提亚登陆，再领着他们攻打密卡勒索斯①。**3** 夜里，他们悄悄地在赫耳墨斯庙附近露宿（距离密卡勒索斯大约16斯塔狄翁②），天一亮就攻打此城——规模不大③——攻下了。因为城里居民没有防备，他们没有料到有人会从海上如此深入内陆来攻打他们。其城墙薄弱，有些地方甚至坍塌了，其他地方建得很矮④；由于感觉安全，所以城门还开着。**4** 色雷斯人涌进了密卡勒索斯，洗劫房屋和神庙，屠杀居民。无论是老年人还是青年人，遇到一个杀一个，还有妇孺，甚至牲口和其他活物，看见就杀。因为色雷斯种族与最野蛮的蛮族毫无二致，在没有什么让他们害怕的时候，是最残忍嗜血的。**5** 到处都是一片混乱，杀人的方式五花八门。他们冲进一所孩童的学校——当地最大的一所，孩子们刚刚进去——将所有人全部砍倒在地。这是整个城市从未遭受的最大的一场灾难，其突然性和恐怖程度也是无与伦比的⑤。**30.1** 忒拜人得到消息，前来救援，追上了还没跑远的色雷斯人，夺回了其掳掠物。追击之下，他们吓得跑往厄乌里波斯的海边，那里停泊着载运他们的船只。**2** 在登船过程中，他们绝大部分⑥被杀，因为不会游泳。原来，船上人员看到陆上的情况，将船只开到了弓箭射程之外。别的色雷斯人在撤退途中，抵挡了忒拜人的骑兵，并非不可思议⑦，按照他们本土的战术，冲出来，缩成密集队列自卫，所以这方面损失的人员很少。在城里抢劫的部分人马在

---

① Μυκαλησσός, Mycalessus，今希腊的 Ριτσώνα（Ritsona），位于卡尔喀斯以西 15—20 公里，在希腊大陆。

② 不到 2 英里，即不到 3.218 公里。见克劳利的译本和哈蒙德的译本。

③ 霍氏认为此城邦面积至少有 50 平方公里，或者超过 100 平方公里；后文还说，城里有不止一所学校，可见该城不算太小。见其《评注》第 3 卷，第 597 页。

④ 有可能是忒拜人不让他们修筑高大结实的城墙，前 423 年忒拜人拆毁了忒斯庇埃人的城墙（4.133.1）。另外，雅典人也禁止小亚的属邦设防（3.33.2）。参见戈姆《评注》第 4 卷，第 409 页。

⑤ 在这段叙述中，前面的句子的主语是狄厄特瑞珀斯，他带领色雷斯人登陆，然后带领他们攻打密卡勒索斯。接下去句子的主语换成了色雷斯人，狄厄特瑞珀斯消失了，直到第 8 卷才再次出现。他做了些什么？下达了什么命令？他如何与色雷斯人沟通？总之，他应对这场屠杀担负什么责任？这些作者都没有明说。见霍氏《评注》第 3 卷，第 598 页。

⑥ 指被杀的 250 人中的绝大部分（见下文），不是指整个 1300 人中的绝大多数。见戈姆《评注》第 4 卷，第 409 页。

⑦ 原文是"οὐκ ἀτόπως"，"ἀτόπως"意思是"奇特地""荒谬地"。但是，古代笺注为"οὐκ ἀκόσμως"（见史密斯的注），意思是"不是没有秩序地""并非毫无章法"。有几个英译本似乎都受到此笺注的影响。

城内就被抓住杀死。1300 名色雷斯人当中共有 250 人被杀。**3** 赶来救援的忒拜人和其他人共约 20 名骑兵和步兵阵亡，包括身为忒拜的玻俄提亚同盟官员之一的斯喀耳蓬达斯。密卡勒索斯的相当一部分人口损失了。密卡勒索斯所遭受的灾难就是这样的，就其城邦的规模而言，在这场战争中，还没有哪场灾难比这更悲惨。

31.1 得摩斯忒涅斯在拉科尼刻筑完墙后，驶向科西拉。发现 1 艘商船停泊在厄利斯的珀亚①，载有准备渡海前往西西里的科林斯重甲兵，就摧毁了它。但是上面的人员逃掉了，他们后来搭上另一艘船，继续航程。**2** 接着，得摩斯忒涅斯抵达兹达库恩托斯和刻帕勒尼亚，接一些重甲兵上船，还到瑙帕克托斯去招墨塞尼亚人；他还渡海到对岸的阿卡耳那尼亚，到那里的阿吕兹狄亚②和阿那克托里翁，后者在雅典人的掌控之中。**3** 就在他忙于这些事情之时，遇到从西西里驶回的厄乌律墨冬，他前一个冬季被派去送钱财给部队③，他报告了情况，还有他在航程中听说的消息——普勒密里翁已经被叙拉古人夺去了。**4** 瑙帕克托斯的指挥官科农④也来到他们面前，报告说停泊在他们对面的 25 艘科林斯战舰不放弃作战，打算进行海战，因此请求他们派一些战舰，因为他自己的 18 艘不足以与其 25 艘打海战。**5** 于是，得摩斯忒涅斯和厄乌律墨冬从自己的舰队中抽出最好的 10 艘战舰给科农，增援在瑙帕克托斯的舰队。同时，他们准备为远征招募人员。厄乌律墨冬航行至科西拉，命令科西拉人将 15 艘战舰配齐人员，还为自己招募重甲兵（因为他现在与得摩斯忒涅斯共同统领军队，从回程中折返，再赴西西里，他原来就被任命为将军⑤）。得摩斯忒涅斯则从阿卡耳那尼亚一带招募投石兵和投矛兵。

32.1 且说在夺取普勒密里翁之后，叙拉古的使节们出发前往西西里各邦，说服了她们，打算把召集来的军队带回去。尼喀阿斯预先得到消

---

① 见前文译注（2.25.3）。
② Ἀλύζια，Alyzia，全书仅此一见，即今 Κανδήλα，Kandila。见霍氏《评注》第 3 卷，第 601 页。位于勒乌卡斯岛对面的大陆海岸。
③ 前文并没有提及他如何到达西西里（7.16.2），只是在他返回并遇到得摩斯忒涅斯之时才提及，作者用最经济的方式向我们叙述了厄乌律墨冬的行动。见霍氏《评注》第 3 卷，第 602 页。
④ Κόνων，Conon，约前 444—前 394 年，伯罗奔尼撒战争后期雅典的著名将军。
⑤ 见前文（7.16.2）。

息，派人去控制关隘的西刻罗人盟友那里——肯托里帕人、阿利库埃人①和其他人——不要让敌人通过，而要聚集队伍，阻止其通过。敌人不会尝试从其他道路通过，因为阿克剌伽斯人不许他们通过其领土②。**2** 那些西西里的希腊人已经上路了，西刻罗人遵照雅典人的要求，人马分为三部设伏，突然发动袭击，对方毫无防备，杀死了大约800人和除一名科林斯使节之外的所有使节。这位使节带领逃脱的1500人前往叙拉古。**33.1** 与此同时，卡马里娜的援兵也到了叙拉古③，有500名重甲兵，300名投矛兵和300名弓箭手。革拉人也派了一支5艘战舰的舰队，以及400名投矛兵和200名骑兵。**2** 因为到这个时候，几乎整个西西里④，除了阿克剌伽斯人之外（他们保持中立），其他以前持观望态度的人都联合起来支援叙拉古人打雅典人。

3 由于在西刻罗人那里遭遇不幸，叙拉古人推迟了立即攻击雅典人的计划。得摩斯忒涅斯和厄乌律墨冬，等从科西拉和大陆召来的军队就位，以全部人马渡过爱奥尼亚海到了伊阿皮癸亚海岬。**4** 他们从这里出发登陆科剌得斯群岛——伊阿皮癸亚海岬附近的群岛——接一些伊阿皮癸亚投矛兵上船，有150名，属于墨萨庇俄斯部落⑤。与阿耳塔斯——一位统治者，他给他们提供了那些投矛兵——为旧的⑥友好关系续约⑦，然后抵达了意大利的墨塔蓬提翁⑧。**5** 他们说服了墨塔蓬提翁人，其依据盟约⑨派

---

① Ἀλικυαῖοι, Alicyaeans, 阿利库埃（Ἀλικύαι, Alicyae）人，位于从塞利努斯往北的内陆。见戈姆《评注》第4卷，第412页。

② 阿克剌伽斯是个大邦，见前文译注（5.4.6）。

③ 卡马里娜不是叙拉古的盟邦（3.86.2），上文提到叙拉古人和雅典人都想拉拢他们，都没有成功（6.76—88），看来普勒密里翁被夺回比雄辩的言辞更有说服力。见霍氏《评注》第3卷，第606页。

④ 从上下文来看，应指西西里的希腊城邦。见霍氏《评注》第3卷，第606页。

⑤ Μεσσάπιον ἔθνος, Messapian tribe, 生活在靴子形的意大利半岛的"脚后跟"地区。

⑥ "旧的"原文本为"παλαιὰν"（宾格），意思是"古老的"。有英译者译为"ancient"，霍氏认为不合适，主张译为"old"。他指出，这种友好关系可能形成于前5世纪30年代，离此时10多年。见霍氏《评注》第3卷，第608页。

⑦ 有学者指出，阿耳塔斯不仅是雅典人的朋友，还是当地雅典利益的保护人（"πρόξενος"）。见霍氏《评注》第3卷，第607页。

⑧ Μεταπόντιον, Metapontium, 位于今意大利南部的塔兰托湾的北面沿海，在今利多 - 迪梅塔蓬托（Lido di Metaponto）附近。最早是希腊阿卡伊亚人建立的殖民地。

⑨ 有理由推断，这个同盟在前415年已经存在。派阿克斯在前422年到今意大利南部活动，向当地一些城邦提议结成友好关系（5.5.1）。见霍氏《评注》第3卷，第609页。

出 300 名投矛兵和 2 艘三层桨战舰随他们走。他们接这些人上船，然后沿着海岸航行至图里亚。他们发现那里反对雅典人的派别刚刚在党争中被驱逐了。**6** 他们待在图里亚，处理这些事情：想在那里集合全军检阅，看是否有人落伍；还劝说图里俄人以最大的热忱与他们一道出征，而且鉴于局势有利①，与雅典订立攻守同盟。

34.1 大约在同一段时间，与在瑙帕克托斯的雅典舰队对着停泊的 25 艘战舰上的伯罗奔尼撒人，为了商船能去西西里，准备打海战。他们额外将一些战舰配备人员，以使自己战舰的数量只比雅典人的稍少，到厄里涅俄斯——位于阿卡伊亚，在赫律珀斯的领土②上——下锚停泊③。**2** 他们停泊的地方呈月牙形。从科林斯和附近盟邦赶来支援的步兵，在两边突出的海岬布阵，由科林斯人波吕安忒斯统领的舰队则占据中间的海面，封锁入口。**3** 雅典人从瑙帕克托斯出发，以 33 艘战舰（由狄庇罗斯④统领）向他们发起攻击。**4** 科林斯人先是按兵不动，然后时机到了，信号升起，起航迎战雅典人。双方鏖战良久。**5** 科林斯 3 艘战舰被摧毁，雅典人一艘都没有被完全击沉，但有约 7 艘失去了航行能力，因为它们船头对船头撞在一起⑤，其船舷边穿桨的支架被科林斯人的战舰撞破，为了这个目的，这些战舰的吊锚架被有意做得很厚实⑥。**6** 他们打了平手，都认为自己是胜利者。但是，雅典人控制了那些战舰残骸，由于风将他们刮到外海，还由于科林斯人不再向他们进攻，双方分开了，也没有追击。双方也都没有人员被俘，因为科林斯人和伯罗奔尼撒人在岸边作战，容易获救，而雅典人没有战舰被击沉。**7** 雅典人驶回瑙帕克托斯，科林斯人立即竖立了战胜

---

① 或译"鉴于雅典人目前的好运气"。指图里俄的反雅典人的派别被驱逐了。见马钱特的注。

② Ἐρινεός, Erineus；Ῥυπική，赫律珀斯（Ῥύπες, Rhypes）的领土。厄里涅俄斯位于今帕特雷（Πάτρα, Patra）以东 26 公里的一个村庄 Lembiri 附近。见戈姆《评注》第 4 卷，第 414 页。赫律珀斯是阿卡伊亚地区的 12 个城邦之一，位于今帕特雷和艾伊翁（Αἴγιο, Aegium）之间。

③ 厄里涅俄斯附近有海湾，便于隐蔽（见下文）。伯罗奔尼撒人此举的目的是阻止雅典人的舰队干预从厄利斯起航的运兵船赴西西里，如果雅典人从瑙帕克托斯起航穿过科林斯湾（今科林西亚湾）的海峡，向西追寻运兵船，伯罗奔尼撒人的舰队就可以从其背后发动攻击，攻打瑙帕克托斯。见戈姆《评注》第 4 卷，第 414 页。

④ 一定是科农的继任者。见霍氏《评注》第 3 卷，第 610 页。

⑤ 古代笺注：被敌舰撞击。见史密斯的注。

⑥ 所谓吊锚架是船头左右两边像耳朵似的伸出的两根横木，锚从这两处放下。有学者想象作者曾到科林斯的船坞仔细观察过。另外，作者在前文提到科林斯人在造船技术上领先（1.13.2—3），看来是一个小伏笔。见霍氏《评注》第 3 卷，第 611 页。

对方的纪念柱，因为他们使更多的敌舰失去了航行能力。他们觉得没有打败仗，由于同样的理由，对方也不愿意宣布取胜。因为科林斯人认为他们没有大败就是胜利，而雅典人认为自己没有大胜就是失败①。**8** 即便如此，在伯罗奔尼撒人的战舰开走，步兵解散后，雅典人也在阿卡伊亚竖立了战胜敌人的纪念柱，离厄里涅俄斯的科林斯人的基地约20斯塔狄翁②。这场海战就这样结束了。

35.1 且说得摩斯忒涅斯和厄乌律得斯，等图里俄人准备了700名重甲兵和300名投矛兵同他们一起出征，就命令舰队沿海岸驶向克洛同的领土③，他们自己则先在绪巴里斯④河边检阅了全体步兵，然后领着他们穿越图里亚的领土。**2** 当他们来到许利阿斯⑤河边之时，克洛同人派人传话，不同意这支军队穿越其领土。他们就向下往海边走，来到许利阿斯河入海口宿营。舰队来此与他们会合。次日，登船沿海岸航行，停靠各城邦，罗克里斯除外，直到抵达赫瑞癸翁领土上的珀特拉⑥。

36.1 此时，叙拉古人听说他们驶来，想让海军和其他步兵部队再试身手，叙拉古人在他们到来之前召集这些步兵为的就是这个。**2** 除了根据观察以前海战所得到的教益对战舰作的改装之外，他们还将船首截短⑦并加固，在船首两侧设置更为牢固的吊锚架⑧，下面用一根柱子穿过船体支撑住，其船外和船内部分的长度均为6肘尺⑨。科林斯人与瑙帕克托斯的

---

① 参看前文科林斯人关于雅典人性格的评价（1.70.7）。
② 2.25英里，即3.62公里。见克劳利的译本。
③ Κροτωνιᾶτις，克洛同（Κρότων，Croton）的领土，今意大利克罗托内（Crotone），是约前710年希腊阿卡伊亚人建立的殖民地。
④ Σύβαρις，Sybaris，在塔兰托湾西面，其入海口附近有一座同名的城市，即今锡巴里（Sibari）。
⑤ Ὑλίας，Hylias，一条小河，在克洛同以北，即今Fiumenica河。见霍氏《评注》第3卷，第612页。
⑥ Πέτρα，Petra，意思是"岩石"，也称"Λευκοπέτρα"（"白色岩石"），位于意大利半岛最南端的西南角，距离赫瑞癸翁（今雷焦卡拉布里亚，Reggio di Calabria）约12英里。由于赫瑞癸翁在前415年敌视雅典，得摩斯忒涅斯没有去那里，直接从珀特拉驶向叙拉古。参见霍氏《评注》第3卷，第612页。
⑦ 舰首截短成了方形，必然会降低战舰的速度，但在狭窄的水面作战，速度不是最重要的。见戈姆《评注》第4卷，第416页。
⑧ 目的是摧毁敌舰舷边穿桨的支架。见霍氏《评注》第3卷，第613页。
⑨ πῆχυς，从肘尖到中指尖的长度。我国古代的作为长度单位的"尺"也是这个意思。1 πῆχυς = 6 παλασταί（单数为"παλαστή"，1掌，4跟手指的宽度）= 24 δάκτυλοι（单数为"δάκτυλος"，1指，等于1.778厘米）= 42.672厘米。6 πήχεις = 256.032厘米 = 2.56米。

雅典舰队打海战时，也是用这种方法改装其船首的①。3 因为叙拉古人认为，这样他们的战舰对雅典战舰就有了优势，因为雅典战舰不是这样有针对性地建造的。其船头细长，宁可用绕敌舰航行，撞击其侧面的方式，而不用船头撞击船头的方式作战；而在"大港"海战，众多战舰挤在狭窄的水面，将对他们有利。因为用船头对船头的撞击方式，他们可以用其坚固和厚实的部分撞击对方中空和薄弱的部分，将会撞破其船首部分。4 在狭窄的水面，无论是绕敌舰航行的战术还是冲破敌舰阵线的战术，雅典人都将无法使用。这可是他们最仰仗的战术。因为一方面叙拉古人会尽其所能不让他们冲破阵线，另一方面狭窄的水面也不允许他们绕敌舰航行。5 用船首撞击敌舰船首，以前归因于舵手的愚蠢，将是叙拉古人最主要的战术，因为这对他们将会最有利。因为雅典人在被击退之时，只能朝陆地而不能朝其他方向倒划。他们军营前的海岸离得近，且这一段海岸又短，港口的其他地区则在叙拉古人的掌控之中。6 雅典人如果受到紧逼而后退，就全都会被挤到一个狭小的空间里，相互冲撞，陷入混乱（在所有的那些海战中，这一点确实给他们的打击最大，因为他们不能像叙拉古人那样，利用整个港湾倒划）。至于绕行到外海，由于叙拉古人可以随意出海湾再从外海进来，而且随时可以倒划，他们也是做不到的，尤其是普勒密里翁将与之敌对，港湾的出口又不宽。

37.1 这些就是叙拉古人根据自己的航海经验和能力②所作的谋划，同时，以前的海战让他们信心大增，于是叙拉古人准备从海陆两路同时发动攻击。**2** 稍早于海军，古利波斯先率领步兵出城，去攻打雅典人的墙——与叙拉古城相望的部分。驻扎在俄吕恩庇厄翁的军队，即那里的重甲兵，还有骑兵和叙拉古轻装兵③从另一个方向攻打雅典人的墙。叙拉古人及其盟友的战舰随后立即出海攻击。**3** 雅典人开头以为他们只是从陆上发动攻击，当看到对方舰队突然扑过来，一时乱作一团。有的在墙上和墙

---

① 作者的意思是说，叙拉古人的改装与前文科林斯人的改装（7.34）只是不谋而合，但作者没有费点笔墨说清楚，叙拉古起初是科林斯人所建的殖民地，他们在海战技术上应有交流。见霍氏《评注》第3卷，第613页。

② 指舵手没有经验和短时间内无法提高海军的能力。见史密斯的注。

③ "轻装兵"原文是"ἡ γυμνητεία"，绝大多数抄本作"γυμνητία"，但前者才是正确的形式。"γυμνητεία"是名词，本义是"裸体"，这里的意思是"轻装兵"。全文仅此一见，直到公元1世纪才有作者再用此词（意思是"裸体"）。这个词更可能是一个被人遗忘的军事术语，而不是作者大胆杜撰的一个抽象名词。见霍氏《评注》第3卷，第614—615页。

前列阵迎敌；有的迎战迅速扑来的骑兵和大批投矛兵，他们来自俄吕恩庇厄翁里面和其外面；其他人则有的上船就位，有的冲到海岸接应，75艘战舰在人员就位后出海迎击约有80艘战舰的叙拉古舰队。**38.1** 在这天大部分时间里，他们相互攻击，有时前进，有时倒划，哪一方都没有取得值得一提的优势——除叙拉古人击沉了1艘或者2艘雅典战舰之外——最后分开了。叙拉古人的步兵也从雅典人的墙那里撤退了。

2 次日，叙拉古人按兵不动，没有显示任何下一步动作的迹象。尼喀阿斯见海战打了个平手，预料他们会再来攻击，就要求三层桨战舰的舰长维修受损的战舰，将商船停泊在自己的栅栏前面，这些栅栏是他们打进海底的，位于他们的战舰前，起一个封闭的港湾的作用①。**3** 他们将商船以大约2普勒特戎②的间距排列，以便如有船只受到紧逼，可以安全地撤退进来，再不受干扰地驶出。雅典人花了一整天来完成这项准备工作，直到夜幕降临。

39.1 次日一大早，叙拉古人就用同样的战术，以海陆军与雅典人交战。**2** 战舰再以同样的方式对抗，这一天大部分时间都是在相互攻击中度过的。直到最后，皮里科斯之子阿里斯同，一个科林斯人，叙拉古人一方最能干的舵手，劝说叙拉古人的海军将领，传话给叙拉古城里的负责人，命令他们以最快的速度将市场③迁到海边，强迫所有人将自己拥有的全部食品带到那里出卖，以使船员下船就能在船旁边午餐。经过一小段时间，当日便可再战，让雅典人措手不及。**40.1** 叙拉古人的将领言听计从，派人去通知，市场准备停当。叙拉古人突然船尾朝前倒划，驶回叙拉古城，立即下船就餐。**2** 雅典人以为他们是由于被自己打败而倒划退往叙拉古城，就悠闲地下船登岸，处理杂事，包括就餐，以为当天不再打仗。**3** 叙拉古人突然登船就位，再次驶来。雅典人乱作一团，大部分人没有进餐，毫无秩序地登船，好不容易才出海迎击。**4** 双方对峙了一段时间，随后雅

---

① 封闭的港口在古希腊是常见的，往往是从港湾的两侧向中央通过浅滩修筑防波堤，两道防波堤之间留一道口子（宽度容2—3艘战舰并排通过），再用铁链子封锁此口子。见马钱特的注。这些栅栏排列成何种形状不得而知，但肯定有好几个出口，否则会阻碍船只出击。见戈姆《评注》第34卷，第417页。

② 2 πλέθρον ≈ 2 × 30.48 米 = 60.96 米。

③ "市场"原文是"τὴν ἀγορὰν τῶν πωλουμένων"，直译"被出售东西的市场"。作者大概想把它与私人商店（购买东西再卖给别人）区别开来。见戈姆《评注》第4卷，第417页。

典人认为继续拖延下去，只会让自己筋疲力尽，就决定尽快发动攻击，于是呐喊起来，投入海战。5 叙拉古人按照事先的谋划，以船头对船头的方式迎战。用船头两侧的突出装置①的力量，将雅典人舰船舷边穿桨的支架大部分撞破②。甲板上的人向雅典人掷矛，给他们极大的伤害；更大的伤害来自乘轻舟绕来绕去的叙拉古人，他们低头避开敌舰的一排排桨，靠上其船侧，向敌舰里的水手掷矛③。41.1 终于，用这种方式全力作战的叙拉古人取得了胜利，雅典人败北了，穿过商船逃到里面的停泊处④。2 叙拉古人一直追到商船那里，受阻于悬挂在商船帆桁上的海豚形状的重物，它们位于驶进船舶的头顶之上⑤。3 两艘叙拉古战舰受胜利的鼓舞，冲得太靠近，被其摧毁，其中一艘连船带人被俘获。4 叙拉古人撤退了，他们击沉了7艘雅典战舰，重创许多；俘虏了大多数船员，杀死其他船员。他们为这两场海战竖立了却敌纪念柱⑥。现在，他们确信自己在海上占据了极大的优势，还认为将战胜对方陆军。

42.1 正当叙拉古人准备从海陆两路再次发动进攻之时，得摩斯忒涅斯和厄乌律墨冬率援军从雅典赶到了，我算了算有73艘战舰⑦，包括外邦⑧的；还有他们自己的和盟邦的大约5000名重甲兵，为数不少的蛮族和希腊投矛兵、投石兵和弓箭手，以及充裕的其他物资装备⑨。2 此刻，

---

① "船头两侧的突出装置"原文是"τῶν ἐμβόλων"（复数、属格），本义是"插进去的东西"，这里应指前文所说的加固的吊锚架（7.36.2）。

② 这些支架分布在船两侧，从船头到船尾。见霍氏《评注》第3卷，第616页。

③ 三层桨战舰两侧均有三排桨，"一排排桨"原文是"τοὺς ταρσοὺς"，三层桨战舰的所有的桨排列起来的形状类似鸟翅膀上排列的骨头，或者眼睫毛等。叙拉古人的小船显然挨着雅典人的三层桨战舰了，到了敌舰与敌舰的桨与桨之间，甚至桨下面。见戈姆《评注》第4卷，第418页。

④ 雅典人用木栅栏围起来的水面。见前文（7.38.2）。

⑤ 作者这里没作解释，显然当时人们熟知这一装置。见霍氏《评注》第3卷，第627页。当敌舰靠近时，帆桁摆到敌舰上方，上面悬挂的铁砣坠下，意在洞穿敌舰船底。这种古怪而有效的装置在喜剧中两次提及。见戈姆《评注》第4卷，第418页。

⑥ 原文为复数，估计是两根。

⑦ "我算了算有"原文是"μάλιστα"，其后面跟数词时一般译为"顶多""大约"等，但是这里的"73"，不是一个整十数，是一个很具体的数字。有学者建议译成"I calculate"，表示此数字经过计算总数后得出，霍氏深表赞同。今从。见其《评注》第3卷，第619页。

⑧ 指雅典盟邦。见霍氏《评注》第3卷，第619页。

⑨ 这两个数字当然宝贵，但是也有细节不明白，73艘战舰中有多少运兵船？战斗人员和非战斗人员各有多少？见霍氏《评注》第3卷，第619页。

叙拉古人及其盟友大为震惊，他们怀疑自己是不是永无逃脱危险之日。因为他们看见尽管得刻勒亚被筑起要塞，雅典的援军照样到来，其数量等于或者接近于原来的军队，雅典人在各个方面都显示了雄厚的实力。这让原来那支雅典军队从失败的打击中恢复了一些信心。**3** 得摩斯忒涅斯看到眼前的局势，认为不能拖下去了，也不要重蹈尼喀阿斯的覆辙（因为尼喀阿斯刚来时还是令人生畏的，由于他没有立即进攻叙拉古人，而是在卡塔涅过冬，威风扫地①，让古利波斯有时间带领军队从伯罗奔尼撒赶来。如果他马上发动进攻，叙拉古人就来不及派人去请这支军队。因为叙拉古人认为自己的人马足以应对，等他们刚刚明白自己人马比对方少时，就已经被筑墙包围了。即使他们再搬救兵，也发挥不了同样大的作用）②。因此，得摩斯忒涅斯仔细考虑了这些情况，认识到他本人目前即到来的第一天是最令对手生畏的，决心立即充分利用对方对其手中军队的惊恐。**4** 得摩斯忒涅斯看到叙拉古人的反包围墙——他们用它来阻止雅典人的筑墙包围——是一道单墙，如果有人控制了厄庇波莱的入口，进而控制上面的军营，就可以轻易拿下它（因为敌人不会抵抗），他赶紧用这一招发动进攻；**5** 并认为，对他而言，这是结束战争最快的方式。因为他要么成功，占据叙拉古；要么领着军队回去，不白白地消耗与他们一道出征的雅典人的生命和整个城邦的资财。

6 于是，雅典人首先出动，蹂躏阿那波斯河一带的叙拉古人的土地，再度掌握制海权和制陆权（因为叙拉古人除了派骑兵和投矛兵从俄吕恩庇厄翁出来抵抗之外，不在陆上和海上作任何抵抗）。**43.1** 然后，得摩斯忒涅斯决定首先用机械③试着攻打叙拉古人的反包围墙。他将机械运上去，却被在墙上防守的敌人放火烧毁了，其他在许多地方发动进攻的军队也被打退了。他决定不再耽搁，在说服了尼喀阿斯和其他将领后，按照他的计划，攻打厄庇波莱。**2** 大白天似乎不可能接近和登上厄庇波莱而不被

---

① 直译"受人轻视"。

② 括号里这段话是得摩斯忒涅斯的想法？作者的想法？抑或兼而有之？这个问题早就被人提出来了。有学者指出，这段话刚开始是支持得摩斯忒涅斯观点的一个简单陈述，然后就是复杂的反事实的推断，看起来就像作者本人的想法。那么，这里有一个明显的矛盾：作者真的认为尼喀阿斯的失败仅仅是因为在卡塔涅过冬？也许通过刚开始设定的得摩斯忒涅斯的口气，作者觉得自己有权夸大其词。见霍氏《评注》第3卷，第623页。

③ 攻城槌之类。见霍氏《评注》第3卷，第623页。

人发现，他传令携 5 日口粮，带上全部石匠和木匠，还有箭矢①以及筑墙要用的一切装备——如果取胜的话。他本人、厄乌律墨冬和墨南德洛斯②率全军在头一觉③向厄庇波莱进发，尼喀阿斯则留在工事里。**3** 他们到达了厄庇波莱脚下，取道厄乌律厄罗斯（以前的军队就是首先从这里登上去的），没让叙拉古人的哨兵发觉，登上了那里叙拉古人的要塞，夺取了它，杀死了一些守军。**4** 大部分马上逃往军营——在厄庇波莱上面，有 3 座军营，被外围墙④保护着，1 座是叙拉古人的，1 座是其他西西里希腊人的，1 座是盟友的——报告敌人来攻，也报告给 600 名叙拉古人，他们是驻守于厄庇波莱的这个地区的前哨。**5** 这 600 人立即赶来救援，与得摩斯忒涅斯和雅典人遭遇，经过激烈的抵抗，被打败。雅典人马上继续推进，为的是趁热打铁不松懈，达到此番攻击的目的。其他雅典人从一开始就去夺取叙拉古人的反包围墙——那里的守军逃掉了——拆毁其雉堞。**6** 叙拉古人及其盟友，古利波斯与其手下从外围墙出来救援。由于这次出其不意的冒险攻击发生于夜晚，他们扑向雅典人时还是惊恐不安的，先是在雅典人的猛攻之下后退。**7** 然而，雅典人正在推进，秩序已乱，他们以为自己已经取胜，想要继续尽快从还没有与之交战的敌人中杀过去，免得他们一放松进攻，敌人就重新聚集起来。玻俄提亚人率先抵抗，冲上去击溃了他们。

44.1 这时，雅典人已经乱作一团，不知所措，以至于从任何一方了解事情的详细经过都非易事⑤。因为大白天作战，人们看得更清楚，即便如此，参战人员除了勉强知道身边发生的事情之外，也不知道全局。在夜战中——此乃这场战争中唯一一次大军之间的夜战——谁能什么事都知道

---

① "箭矢"原文为"τοξευμάτων"（复数、属格），本义就是如此，戈姆认为解释为"弓箭手部队"（"corps of arrows"）比较好，希罗多德《历史》（5.112.2）就作此解。今未从。见其《评注》第 4 卷，第 422 页。

② 他现在与厄乌律墨冬肯定都是正规选出的将军，可与前文（7.16.1）比较。见霍氏《评注》第 3 卷，第 624 页。

③ 约晚上 10 点钟，见前文译注（2.2.1）。

④ "外围墙"原文是"προτειχίσμασιν"（复数、与格），或译"外墙"。位于绕忒墨尼忒斯的墙（6.100.2）——学者们说的"冬季墙"——的外面，即其以西。雅典人从西北方向发动进攻，叙拉古人及其盟友从靠近"冬季墙"的外围墙的军营出来反击。见霍氏《评注》第 3 卷，第 625 页（第 490 页附有地图）。

⑤ 雅典人一方和叙拉古人一方。前文作者提到自己探索真相费尽艰辛（1.22.3），可供参照。见霍氏《评注》第 3 卷，第 626 页。

得清清楚楚？① 2 尽管有明亮的月光②，他们也只能像人们在月光下看人那样，能看得见人的模样，而不能判定是敌是友。而且，在一个狭小的空间里，双方都有为数众多的重甲兵乱转。3 雅典人中有的已经被打败了，未被打败的还在继续进攻③，其他部队有许多已经登上来了——有的还在往上爬——他们不知道该往哪个方向走。由于被击溃，前头的部队现在全都乱作一团，而且呐喊声四起，难以分辨谁是谁了。4 因为感觉占了上风的叙拉古人及其盟友，用大声的呼喊互相鼓舞——夜晚无法用其他方式联络——同时，迎击进攻他们的人。而雅典人在寻找自己人，他们把对面来的一切都当作敌人，即使是已经逃回来的朋友。他们不停地喝问口令，这是他们辨别敌我的唯一办法。而且所有的人全都同时喝问口令，不仅给自己带来了极大混乱，还让敌人知道了他们的口令。5 知道敌人的口令却没那么容易，因为他们占了上风，没有被打散，不容易相互搞错。结果，如果雅典人比遇到的一群敌人强大，敌人就逃走，因为他们知道了雅典人的口令；如果雅典人没有回答口令④，就遭到杀戮。6 最要命的是唱颂歌，因为双方所唱的颂歌几乎一模一样，让人无法分辨。因为只要阿耳戈斯人、科西拉人和所有其他雅典盟军中的多里斯族唱起颂歌，就让雅典人恐惧，就像敌人唱颂歌一样⑤。7 结果，一旦陷入恐慌，全军上下朋友撞上朋友，公民撞上公民，不仅相互惧怕，而且相互动手，难解难分。8 许多人在敌人的追击之下⑥，跳下悬崖死了，因为从厄庇波莱下来的道路狭窄。那些安全下到平地上的人，其中有许多，尤其是那些先上来的部队的士兵，他们熟悉那一带，逃回了军营。后上来的走错了路，在那一带东奔

---

① 这是作者的修辞性问句（不必回答的反问句，以加强语气），全书仅两处，另一处见下文（8.96.2）。见霍氏《评注》第3卷，第627页。
② 但并非满月。见霍氏《评注》第3卷，第627页。
③ 直译"还在进行其第一次进攻"。
④ 即叙拉古人喝问口令时，雅典人没有回答。见戈姆《评注》第4卷，第423页。
⑤ 战前或者出征前唱颂歌祈祷神明，取胜后唱颂歌感谢神明，这个习俗在希腊广泛存在。但在修昔底德书中，唱颂歌是作战时的呐喊（或口号），或者被玻俄提亚人（4.96.1）、伯罗奔尼撒人（2.91.2）、科林斯人（4.43.3）、科西拉人（1.50.4）和叙拉古人（7.83.4）当作进攻的信号，而雅典人和伊俄尼亚族却从不如此。这里的多里斯族系泛指，作者的意思不是说交战双方都有方言一样的民族，而是说雅典人和伊俄尼亚族压根就没唱颂歌。见戈姆《评注》第4卷，第423—424页。
⑥ "许多人"原文是"πολλοί"，前有"［οἱ］"（定冠词），如果加定冠词，意思是"那些被追击的人中的大多数"，今未从。见戈姆《评注》第4卷，第424页。

西突。天明，他们被扫荡的叙拉古骑兵杀死。

45.1 次日，叙拉古人竖立了两根却敌纪念柱，一根位于雅典人登上厄庇波莱的地方，一根位于玻俄提亚人率先抵抗的地方。雅典人在休战协议的保护下收回尸首。**2** 雅典人及其盟友战死了不少，然而，缴获的武器跟尸首不成比例，要多一些。因为那些被迫跳下悬崖的士兵没有武器［扔掉了盾牌］①，有的死了，有的则活了下来。

46. 在这之后，由于得到意想不到的胜利，叙拉古人又恢复了信心，派西卡诺斯率15艘战舰到处在内争中的阿克剌伽斯，如果可能，就将其争取过来。古利波斯再次出发走陆路赴西西里其他地区，带援军回来。既然厄庇波莱的战事结果如此，他现在的希望是夺取雅典人的墙。

47.1 与此同时，雅典的将军们就刚发生的灾祸和部队现在全都士气低落②的情况开始商议。因为他们看见攻击没有成功，士兵们对继续留下来感到厌烦，**2** 因为他们受到疾病的困扰，其原因有二——这是一年之中人们最容易生病的季节；同时，他们扎营的地方一片沼泽③，不利于健康④——而且，他们觉得局势无望。**3** 因此，得摩斯忒涅斯认为不应该继续留下。他以前坚持冒险攻占厄庇波莱的计划，但是既然这个计划失败了，他就投票主张撤离，不要耽搁，趁现在他们还有能力渡海，至少，有刚来增援的舰队，他们还占着上风。**4** 他还说，与在自己的土地上建筑要塞的人开战比跟叙拉古人——他们现在已经难以征服了——开战，对城邦更有好处；而且，继续围攻叙拉古城，白白耗费大量的金钱，是没有道理的。

48.1 这就是得摩斯忒涅斯的意见。尼喀阿斯自己认为他们的处境糟糕，但他不愿意说出来以使他们的弱点暴露，或者不想让敌人知道他们跟许多人一起公开地投票主张撤退⑤——那样的话，当他们想要悄悄地撤退

---

① 霍氏认为中括号中的内容应该删去。见其《评注》第3卷，第630页。

② "士气低落"原文是"ἀρρωστίαν"（宾格），本义是"生病""病弱"，是一个隐喻。作者想把它与前面"（叙拉古人）恢复了信心"一词（"ἀναρρωσθέντες"）加以对比。见霍氏《评注》第3卷，第632页。

③ 易患恶性疟原虫性疟疾（falciparum malaria）。见霍氏《评注》第3卷，第632页。

④ 除了这两个原因之外，可能还有营养不良。作者说这个季节容易染病，但雅典人在西西里的前两个夏季并没有出现类似的情况。见霍氏《评注》第3卷，第632页。

⑤ 对于这句话的理解，尤其是其中的"跟许多人一起"（原文是"μετὰ πολλῶν"），学者们意见纷纭。今从霍氏译。这里的"许多人"指实际参加投票的人，这就意味着，从某种意义上说，全军都参与了决定（这样的话就有可能走漏消息?）。详参霍氏《评注》第3卷，第632—634页。

时，就很难做到了。**2** 他还有一层考虑，敌人方面的情况——他比其他人得到更多的情报——给了他一些希望：如果他们继续围攻下去，敌人的处境将比他们更糟。因为，敌人将由于钱财匮乏而被拖垮，尤其是因为他们现有的舰队有更大的制海权。因为在叙拉古内部有一派，想要把叙拉古城出卖给雅典人①，他们一直在送信给尼喀阿斯，强烈要求他不要撤离。**3** 有了这些情报，是走是留他实际上还在摇摆不定，在翻来覆去地考虑，但在当时的公开发言中，他拒绝领兵离开。他说，他确信如果不是雅典人②自己投票决定撤退，他们是不会原谅的。因为，那些投票裁决他们撤退行为的人，不是根据当时的局势——就像他们亲眼所见的——他们只会听取别人的指责，相信一个伶牙俐齿的人所作的任何诽谤。**4** 他又说，目前在西西里的士兵有许多，甚至是大多数，他们现在叫嚷身处险境，等回到雅典，就会唱反调，大呼自己是被接受贿赂的将军们出卖而撤退的。他清楚雅典人的秉性，因此，如果他个人必有一死，他宁愿拼死一搏死于敌人之手，而不愿在雅典人手里遭受耻辱的指控和不公正的判决而死。**5** 他还说，叙拉古人的情况毕竟比他们还要糟糕。他们要用金钱供养雇佣军，还要在哨所上耗费钱财，还供养了一支大舰队整整一年时间：现在已经捉襟见肘，将很快陷入绝境。他们已经花掉了 2000 塔兰同③，还欠下了大笔债务④，如果由于不能提供给养而导致他们现有的军力稍有缺失，其城邦大业将会葬送。因为他们依赖于雇佣军，而不是必须服役的公民——像雅典人的公民那样。**6** 因此，他说，他们应该留下来继续围攻，不要受钱财的主宰而打道回府——这方面他们要强很多。

49.1 这就是尼喀阿斯的发言，态度坚决，因为他对叙拉古的情况有

---

① 雅典人夜袭厄庇波莱惨败而归，这时还有叙拉古人想做内应？但是，在古代，叙拉古人在内争中曾驱逐过一派，即所谓"密勒提代"（6.5.1）。可见，叙拉古内部是不和的。看来，那里是作者一个伏笔。可惜，对于我们想知道的情况，作者并不一一交代。见霍氏《评注》第3卷，第634—635页。

② 指国内的雅典人。

③ 作者有两处提到因围城而花掉的费用，且都是 2000（δισχίλια）塔兰同（前一处见 2.70.2）。另外，很多大数目都是以"2"开头，包括前文提到的 2 万（δύο μυριάδες）名逃亡奴隶（7.27.5），这些令人生疑。见霍氏《评注》第3卷，第637页。

④ 霍氏在引这句话时，漏掉一个词"πολλὰ"，根据"牛津本"的校勘记，各抄本均有此词；众校勘本（"牛津本""洛布本"和阿尔伯蒂的本子）均有。这句话霍氏译为"欠下比这更多的债务"（owed even more）。今未从。见其《评注》第3卷，第637页。

一个准确的了解，包括他们捉襟见肘的财政状况，以及叙拉古城内有一大帮①亲雅典的人，这些人一直在送信给他，让他不要撤走；此外，他对海军的优势抱有比以前更大的信心②。**2** 对于继续围攻，得摩斯忒涅斯无论如何都不接受。他说，如果没有雅典人的投票表决就一定不能领兵撤退，非要把敌人拖垮不可的话③，那也应该移师塔普索斯或者卡塔涅。从这些地方出发，他们的步兵有广阔的活动空间，通过劫掠敌人的领土来养活自己，并给敌人以打击；至于海军，可以不在狭窄的海域作战——那是有利于敌人的——而在宽阔的海面作战，他们的经验就可以派上用场，无论退却还是进攻，都不会从一片狭窄的且受限制的区域进出。**3** 总而言之，他说，他决不同意在这一个地方继续待下去，要尽快移师他处，不要拖延。厄乌律墨冬也赞同他的意见。**4** 由于尼喀阿斯还是反对，雅典人缩手缩脚、犹豫不决。同时，他们心里存有疑虑：尼喀阿斯态度坚决，一定知道别人所不知道的情况。就这样，雅典人继续拖延下去，留在了原地。

50.1 这个时候，古利波斯和西卡诺斯回到了叙拉古。西卡诺斯没能将阿克剌伽斯争取过来（因为他自己还在革拉的时候，阿克剌伽斯内部亲叙拉古的派别就被驱逐了）；古利波斯则带回了一支从西西里召集的大军，加上春季从伯罗奔尼撒出发的、乘坐商船的重甲兵，他们从利比亚到了塞利努斯。**2** 原来，他们被风刮偏了航向，到了利比亚，库瑞涅④人给了他们两艘三层桨战舰和领航员。在沿利比亚航行途中，他们与厄乌厄斯珀里得斯人⑤并肩作战。厄乌厄斯珀里得斯人被利比亚人围城。打败了利比亚人之后，他们从那里沿海岸驶向迦太基人的一个商站——"新城"⑥，

---

① "一大帮"原文是"πολύ"，抄本为"που"（或无此词），完全说不通，有学者提议改为"πολύ"，尚不能确定。见霍氏《评注》第3卷，第638页。

② 这段话显然与前文（7.48.2）重复，有的地方原文的表达比较别扭，也许作者想留待以后修改。见霍氏《评注》第3卷，第638页。

③ 原文为"τρίβειν αὐτοῦ"（意思是"在那里浪费时间"），霍氏认为应作"τρίβειν αὐτούς"。今从。见其《评注》第3卷，第639页。

④ 作者没有必要提醒我们，库瑞涅是由斯巴达的殖民地忒拉（或译"铁拉"，Θήρα，Thera，或"圣托里尼"，Σαντορίνη，Santorini）所建的殖民地。见霍氏《评注》第3卷，第641页。

⑤ Εὐεσπερῖται，people of Euesperides，厄乌厄斯珀里得斯（Εὐεσπερίδες，Euesperides）人，厄乌厄斯珀里得斯即今利比亚第二大城市班加西（Benghazi）。它是库瑞涅的殖民地（建立于前6世纪），而库瑞涅为斯巴达的殖民地忒拉所建。

⑥ 很可能就是今突尼斯的纳布勒（Nabeul）。见霍氏《评注》第3卷，第641页。

那个地方距离西西里最近——两天一夜的航程——从那里横渡大海，抵达了塞利努斯①。3 叙拉古人在他们到来之后，立即着手准备再次向雅典人发动海陆两面进攻。雅典的将军们看到对方来了一支援军，而他们自己的情况不仅没有改善，各方面反而一天比一天恶化，特别是士兵们染病，让他们陷入困境，于是开始后悔没有早些撤离。甚至尼喀阿斯也不再像以前那样持反对态度，只是坚持不要公开投票，他们就尽可能秘密传令每个人——离开军营从海上撤退；还告诉他们做好准备，只等信号发出。4 就在他们准备停当，要出发的时候，出现了月食②——当时正好是满月。大多数雅典人对此满腹疑虑，要求将军们等一等。尼喀阿斯（因为他对巫卜③之类的东西尤其迷信）说，在待上三九二十七天④之前——如卜士之所言——甚至拒绝考虑移师的事。由于这个缘故，雅典人犹豫不决，留了下来。

51.1 叙拉古人得知这一情况，大受鼓舞，不想让雅典人喘息。因为雅典人已经发觉自己无论在陆上还是海上都不再比叙拉古人强（否则就不会策划撤退的事）；同时，叙拉古人不想让雅典人在西西里其他地方盘踞，那样与之开战就更加困难了，要尽快逼迫对方就地——这里对他们有利——打海战。2 于是，他们的战舰人员就位，连日操练，直到他们认为时间足够为止。时机一到，他们第一天就攻打雅典人的墙，雅典人的一少部分重甲兵和骑兵从一些门出来抵抗。叙拉古人截住一部分重甲兵，击溃了其余的人马并追击他们。由于入口狭窄，雅典人损失了 70 匹战马⑤和少量重甲兵。

52.1 叙拉古的军队于当日撤回。第二天，出动 76 艘战舰，同时步兵攻打雅典人的墙。雅典人则出动 86 艘战舰与之交战。2 厄乌律墨冬统率雅典人的右翼，他想包围对方的舰队，就向陆地靠近，以拉长战线。叙拉古人及其盟友击败雅典人的中军之后，在港湾的深处截住并杀死了他，摧

---

① 纳布勒距塞利努斯 230 公里，据此可以算出他们的航速不超过 6.5 公里/小时。见戈姆《评注》第 4 卷，第 428 页。

② 日期是前 413 年 8 月 27 日。见霍氏《评注》第 3 卷，第 642 页。

③ "巫卜"原文是"θειασμῷ"（"θειασμός"的与格）。戈姆认为，"LSJ"的释义（"迷信"）是错误的，应为"通过人的媒介说出神明的意图"。今从。见其《评注》第 4 卷，第 429 页。

④ 直译"三个九天"，明显是神谕的用语，带有神秘色彩，故译。

⑤ 骑兵徒步逃命了。见戈姆《评注》第 4 卷，第 429 页。

毁了跟随他的舰队。然后，开始追击整个雅典舰队，将他们赶上岸。

53.1 古利波斯见敌人的战舰吃了败仗，被赶到岸边，且在其栅栏和军营的范围之外，就带领部分士兵赶到防波堤，想要杀死那些弃舟登岸的人，并使叙拉古人易于将敌舰拖走——那一带海岸已落入自己人之手。**2** 堤耳塞尼亚人①（因为他们负责为雅典人防守此地）看见他们杂乱地攻来，就赶过去，扑向其先头人马，击败了他们，将他们赶进名为"吕西墨勒亚"的沼泽②。**3** 随后，更多的叙拉古人及其盟友赶到，雅典人担心他们的战舰，赶来增援堤耳塞尼亚人，参加战斗，击败并追击敌人；杀死了少量重甲兵，保住了大部分战舰，并将它们带回了军营。叙拉古人及其盟友夺得了18艘敌舰，并杀死全部舰上人员。**4** 他们还想焚烧其余的敌舰——用一艘满载葡萄枝和松木的旧商船（因为当时风正刮向雅典人），点燃火，让它漂向敌舰——雅典人担心他们的战舰，设计灭火和阻拦那艘商船靠近，避开了危险。**54.** 在此之后，叙拉古人竖立了一根却敌纪念柱，既是为海战而立，也是为在雅典人高处的墙前截住其重甲兵并在那里夺得其战马而立；雅典人也竖立了却敌纪念柱，既为堤耳塞尼亚人将敌人步兵赶进沼泽，也为他们自己其他军队的取胜③。

55.1 叙拉古人现在已经在海战方面取得了辉煌的胜利（因为此前他们害怕由得摩斯忒涅斯率领而来的舰队）；雅典人则沮丧已极，事情的发展让他们大感意外，对于这次出征更是追悔莫及！**2** 他们所攻打的是到此时为止唯一一个性格与他们类似的城邦④，像他们一样拥有民主政体⑤，海军和骑

---

① 见前文（6.103.2）。

② 也许就是前文提及的沼泽（6.66.1），位于雅典人第一次登陆点的一侧。如果这样的话，吕西墨勒亚就在"大港"西部中心区域的俄吕恩庇厄翁地区。见霍氏《评注》第3卷，第647页。

③ 见前文（7.53.3）。

④ 这句话原文是 "πόλεσι γὰρ ταύταις μόναις ἤδη ὁμοιοτρόποις ἐπελθόντες"，除了连词、副词之外其他的词都是复数。但是，从上下文来看，明显是指叙拉古，所以译为"唯一一个"。如何解释？霍氏认为一系列的复数听起来让人印象更深（见其《评注》第3卷，第649页），也就是说，用复数意在强调，指的还是叙拉古。希腊文的复数形式往往比单数音节多，如果将这句话中相关的单词改为单数，应为："πόλει γὰρ ταύτῃ μόνῃ ἤδη ὁμοιοτρόπῳ ἐπελθόντες"，念起来确实不如前者有气势。

⑤ 有学者认为叙拉古人是在前413年以后，即战胜雅典人之后才转换为民主政体的；有学者则认为叙拉古人此时肯定是民主政体；还有学者认为，叙拉古人此时的政体是某种民主政体，而不是跟雅典的政体极为相似的政体。见霍氏《评注》第3卷，第650—651页。

兵强大，人口众多①。他们既无法通过改换其政体，从而在其公民中制造不和，然后将其争取过来，也不能以强大的军事力量征服之②。他们大部分军事行动③失败了，甚至在这④之前就束手无策了，等到海军也吃了败仗——这是他们没有想到的——就更加一筹莫展了。⑤ **56.1** 叙拉古人立即沿着港湾岸边大摇大摆航行⑥，打算封锁其出口，以使雅典人不再能够偷偷地溜走——即使他们想要如此。**2** 因为叙拉古人不再只关心保全自己，还关心如何阻止雅典人逃跑。他们认为——情况也的确如此⑦——就目前的形势，他们要强得多；如果在海上和陆上打败了雅典人及其盟友，在希腊人眼里，将是其丰功伟绩！其他的希腊人，要么将立即得到解放，要么不再恐惧（因为雅典人余下的军力没有能力承受随后别人加在他们头上的战争）；他们将被人们看作救星⑧，不仅令现在的人们，而且令后代人钦佩不已！**3** 的确⑨，这场较量也是值得的，这不仅出于以上原因，还因为：他们战胜的不仅是雅典人，还包括其众多的盟友；而且他们不是单枪匹马去干，还与许多支援自己的人一起干，于是成了与科林斯人和拉刻代蒙人⑩比肩的领袖；拿自己的城邦冒险打头阵，极大地增加其海军实力。**4** 在这场战争⑪

---

① 这句话原文是"καὶ ναῦς καὶ ἵππους καὶ μεγέθη ἐχούσαις"，霍氏认为其中的"καὶ μεγέθη"应作"κατὰ μέγεθος"。这样全句可译为"拥有众多的战舰和骑兵"。今未从。见霍氏《评注》第3卷，第650页。

② 这里提到雅典人对付敌人的两种方式，一般情况下好使，但对付叙拉古人和其他西西里城邦时却不灵了。注意这是有关雅典人试图在别的城邦建立民主政体的动机的间接证据，至少在修昔底德看来是如此。见霍氏《评注》第3卷，第651页。

③ 指得摩斯忒涅斯和厄乌律墨冬到来之后。见马钱特的注。

④ 指刚进行的海战。见马钱特的注。

⑤ 霍氏评论说，第54和55章很不协调，第54章末尾说，雅典人竖立了却敌纪念柱，第55章劈头就说，叙拉古人在海战方面取得了辉煌的胜利。作者似乎从叙述转向了沉思。也许作者临时将这一章写在另纸（πάπυρος, papyrus, 莎草纸）上，准备粘贴在文稿上。从语言来看，用词大胆，句法乖张。由于是临时写就，尚未决定是比较这些城邦（雅典和叙拉古），还是从雅典人的角度来写（用单数），于是两种成分都有一点。见霍氏《评注》第3卷，第650页。

⑥ 包括从雅典人的舰队旁边经过。见史密斯的注。

⑦ 原文是"ὅπερ ἦν"，作者自己的话，不是叙拉古人的观点。下一节开头类似的一句更短（"καὶ ἦν"）。还有两处类似的地方（1.132.4和8.48.4），都是寥寥数词，常常被人忽视。见霍氏《评注》第3卷，第651—652页。

⑧ "救星"直译"这些行为的实施者"。

⑨ 这两个字是作者自己的评论，不是叙拉古人的想法。见上文译注。

⑩ 母邦（科林斯）在前，请注意这个次序。见霍氏《评注》第3卷，第653页。

⑪ "这场战争"无疑是指从前431年到作者写作此段时为止的整个战争。见戈姆《评注》第4卷，第432页。

中，支持雅典城邦或拉刻代蒙城邦的民族加起来为数最多，除此之外，再也没有如此多的民族聚集于这样一个城邦①。

57.1 在叙拉古交战②的双方——来与西西里为敌或者为了西西里的利益，前者跟雅典人一起要征服这片土地，后者则跟叙拉古人一起要保全它；他们选择站在哪一边，完全不从正义出发，更不依据血缘关系，而是从利益出发，或者出于强迫，这要依每个城邦的具体情况而定③——各有如下：2 雅典人本身，作为伊俄尼亚族，出于其本意来跟身为多里斯族的叙拉古人打仗。随他们一起出征的有楞诺斯人、印布洛斯人④和埃癸娜人——当时他们占有埃癸娜岛⑤——还有居住于优卑亚岛上赫斯提埃亚的赫斯提埃亚人⑥。他们都是来自雅典的殖民者⑦，操同样的方言，习俗也相同。3 其他跟随出征的人当中，有的来自属邦，有的来自盟邦——但是独立自主——还有的是雇佣军。4 缴纳贡款的属邦有优卑亚的厄瑞特里亚

---

① 这句话中的"民族"原文是"ἔθνη"（ἔθνος的复数、主格）。要注意的是，修昔底德从不用这个词指伊俄尼亚族和多里斯族（即"ἔθνος Ἰωνικόν 或 Δωρικόν"），希罗多德也是如此。可见，ἔθνος是其下的一个属概念。见霍氏《评注》第3卷，第658页。译者以为，这里的ἔθνος大体指以城邦为单位的群体，而伊俄尼亚族、多里斯族和埃俄利斯族更像是民族，这里将ἔθνος译为"民族"，取其宽泛的定义，不是专业术语。在我国，"中华民族"之下还有"汉语""藏族""回族"等之分，可见，在日常语言中，"民族"之下还有"民族"。

② 原文是"ἐπὶ Συρακούσας ἐπολέμησαν"，意思是"为夺得叙拉古而战"，但根据上下文，还有前来支援叙拉古的人，因此应作"ἐν Συρακούσαις"（"在叙拉古"）。或者改为"ἐς Συρακούσας"（"到叙拉古"），也比原文稍好。故译。见戈姆《评注》第4卷，第436页。

③ 原文是"ὡς ἑκάστοις τῆς ξυντυχίας ... ἔσχεν"，戈姆认为，很可能作"ὡς ἕκαστοι τῆς ξυντυχίας ... ἔσχον"。今从。见其《评注》第4卷，第436页。

④ 前5世纪的楞诺斯的地位一句话说不清，但概括为"附庸"（"dependency"）还是可靠的，是"提洛同盟"的成员。其公民的主体是来自雅典的殖民者，而不是雅典的公民（含少量雅典移民，即cleruchs）。到前386年，她无疑已经是雅典的"κληρουχία"（"cleruchy"）。楞诺斯岛上有两个城邦，但是合在一起缴纳贡款。请注意，这里修昔底德不是按照ἔθνος来提及楞诺斯的。印布洛斯与楞诺斯情况类似，不同的是她只有一个城邦。色诺芬还提到斯库洛斯（Σκῦρος, Scyros）人也一同出征，但修昔底德没有提及。这个岛在前5世纪肯定是一个"κληρουχία"，不缴纳贡款（跟楞诺斯和印布洛斯不一样）。见霍氏《评注》第3卷，第661页。

⑤ 原来的埃癸娜人被雅典人赶走，雅典人派人移居该岛，那是前431年的事，见前文（2.27.1）。前405年，岛上的雅典移民被赶走。故从"当时"（"τότε"）一词可以推测，此段写于前405年以后。见霍氏《评注》第3卷，第659—660页。

⑥ 这些人就是雅典的移民（cleruchs），发生在前446年。见前文（1.114.3）。

⑦ "殖民者"原文是"ἄποκοι"，作者没有区分这几个地方的具体情况，不太准确，见前文（3.5.1）译注。

— 450 —

人、卡尔喀斯人、斯堤拉人①和卡律斯托斯人②，还有来自岛屿的刻俄斯人③、安德洛斯人和忒诺斯人④，以及来自伊俄尼亚的米利都人、萨摩斯人和喀俄斯人。其中喀俄斯人，不缴纳贡款，但提供战舰，以独立自主的身份参加出征。这些人绝大多数都是伊俄尼亚族，而且是雅典人的后裔，只有卡律斯托斯人例外（他们是德律俄庇斯人⑤）——尽管他们是属邦，被迫服役，但还是伊俄尼亚族⑥，去攻打多里斯族。5 此外便是埃俄利斯族，墨堤谟娜人提供战舰但不缴纳贡款，忒涅多斯人和埃尼阿涅斯人缴纳贡款。这些人尽管属埃俄利斯族，但被迫向同属埃俄利斯族的、创建他们城邦的人——玻俄提亚人，他们站在叙拉古人一边——开战。普拉泰亚人是地地道道的玻俄提亚人，只有他们向玻俄提亚人开战——出于相互之间的敌意，也就不足为异。6 罗德岛人和库忒拉人均属多里斯族。库忒拉人还是拉刻代蒙人派出的殖民者，他们跟雅典人一道与古利波斯统率的拉刻代蒙人兵戎相见。罗德岛人⑦是阿耳戈斯人的后裔，被迫不仅向属多里斯族的叙拉古人开战，还向革拉人开战——革拉是他们自己的殖民地，站在叙拉古人一边作战。7 在伯罗奔尼撒附近的岛民当中，刻帕勒尼亚人和兹达库恩托斯人是独立自主的，由于雅典人掌控着海洋，受制于其海岛的地理位置，跟随雅典人出征。科西拉人不仅属多里斯族，而且明明白白就是

---

① Στυρῆς，Styreans，斯堤拉（Στύρα，Styra）人，位于优卑亚岛南部，后来成了厄瑞特里亚的一个得摩斯（δῆμος，deme，或 demos），前 5 世纪是缴纳贡款的城邦，也许是"提洛同盟"最初的成员。见霍氏《评注》第 3 卷，第 662 页。

② 卡律斯托斯人似乎没有参与前 446 年的叛离雅典人的行动，但是可能一直在接收雅典人的移民（cleruchy）。见霍氏《评注》第 3 卷，第 662 页。

③ Κεῖοι，Ceans，刻俄斯（Κέως，Ceos）人，刻俄斯即今希腊凯阿岛（Κέα，Kea），是基克拉泽斯群岛中离阿提卡最近的一个岛屿。这个重要的岛屿全书仅此一见。前 416 年，雅典人很可能将阿耳戈斯人质安置于此岛上（5.84.1）。见霍氏《评注》第 3 卷，第 662 页。

④ Τήνιοι，Tenians，忒诺斯（Τῆνος，Tenos）人。忒诺斯是安德洛斯岛南面的一个岛屿。抄本为"Τήιοι"（忒俄斯人），显然有误。因为忒俄斯在伊俄尼亚，缴纳贡款，但不是一个岛屿。因此，校勘者把它改为"Τήνιοι"。见霍氏《评注》第 3 卷，第 662 页。

⑤ Δρύοπες，Dryopians，德律俄庇斯（Δρυοπίς，Dryopis）人，古希腊的一个部落，生活于德律俄庇斯（即后来的多里斯），后来被墨里厄乌斯人（Μαλιεῖς，Malians）驱逐。有一部分到了卡律斯托斯。希罗多德把斯堤拉人也当作德律厄庇斯人（《历史》8.46.4），但只字未提卡律斯托斯人。修昔底德作了更正。见霍氏《评注》第 3 卷，第 662 页；戈姆《评注》第 4 卷，第 438 页。

⑥ 作者明显把卡律斯托斯人当作伊俄尼亚族。见戈姆《评注》第 4 卷，第 438 页。

⑦ 这里的提法给人的感觉是，罗德岛是一个统一的整体，实际上岛上有 3 个城邦，分别列在"提洛同盟"的贡款名单上。见霍氏《评注》第 3 卷，第 664 页。

科林斯人，向科林斯人和叙拉古人开战。他们是科林斯人派出的殖民者，与叙拉古人有血缘关系。表面上是被迫去的，实际上是出于对科林斯人的敌意自愿去的。**8** 墨塞尼亚人，他们现在就这样称呼①，来自瑙帕克托斯和皮罗斯②——当时被雅典人占据着③——被带来参战。由于灾祸而从墨伽拉流亡的人，为数不多④，来与同为墨伽拉人的塞利努斯人⑤交战。**9** 至于其他出征的人，相比之下更心甘情愿。阿耳戈斯人身为多里斯族，跟随身为伊俄尼亚族的雅典人出征，去打多里斯族，与其说因为与雅典人结了盟，不如说出于对拉刻代蒙人的敌意，还有每个人的眼前私利⑥。曼提涅亚人和其他阿耳卡狄亚雇佣兵，一贯就是要他们打谁就打谁，此时受贪欲驱动，把跟随科林斯人的阿耳卡狄亚人一样当成敌人。克里特人和埃托利亚人⑦同样为报酬所动。克里特人与罗德岛人曾一同创建了革拉⑧，结果不来帮自己派出的殖民者，反而为了报酬，自愿来攻打自己派出的殖民者。**10** 有些阿卡耳那尼亚人是因贪欲而来，更多的则是出于与得摩斯忒涅斯的友谊⑨和对雅典人的好意⑩而参战。**11** 这些人都来自爱奥尼亚海以东⑪。在意大利的希腊人当中，图里俄人和墨达蓬提翁人随同雅典人出

---

① 这句话的意思是他们作为一个群体现在就存在，叫墨塞尼亚人，而不是过去存在，现在被称为墨塞尼亚人。见戈姆《评注》第 4 卷，第 435 页。
② 见前文（1.103.3；4.41.2）。
③ 战后，很可能是前 401 年，墨塞尼亚人从瑙帕克托斯被驱逐出去；至于皮罗斯，雅典人在前 409 年就丢掉了。从这句话可以推断，此段写作于或修改于前 401 年以前。见霍氏《评注》第 3 卷，第 660 页。
④ 见前文（6.43）。
⑤ 见前文（6.4.2）。
⑥ 作者这里赋予阿耳戈斯人的动机是不高尚的，但是阿耳戈斯人在战场上的表现还算英勇，见前文（6.67.1；6.70.2），作者的评论与记叙有时不一致，此为一例。见霍氏《评注》第 3 卷，第 666 页。不过，掠夺战利品也是他们出征的目的之一，见前文（6.69.3）。
⑦ 埃托利亚人自从第 3 卷（94—114）之后就再也没有提及，至此为止，作者在叙述西西里远征时也没有提及。有学者注意到得摩斯忒涅斯曾在科西拉招募过士兵（7.31.2，5；7.33.3），也许是从那里招募的。见霍氏《评注》第 3 卷，第 667 页。
⑧ 见前文（6.4.3）。
⑨ 得摩斯忒涅斯在前 426/5 年取得了重大胜利，阿卡耳那尼亚人因此获利甚丰，见前文（3.94—98；3.100—102；3.105—114）。见霍氏《评注》第 3 卷，第 667 页。
⑩ 有零星证据表明，一些雅典人如得摩斯忒涅斯、波耳弥翁、阿索庇俄斯（波耳弥翁之子）等赢得过阿卡耳那尼亚人的好感，还有出土铭文提及前 4 世纪有一个雅典人名叫"阿卡耳南"。总之，此前及以后很长一段时间，雅典与阿卡耳那尼亚关系密切。阿卡耳那尼亚还是第二次"雅典同盟"（前 378—前 355 年）的成员。见霍氏《评注》第 3 卷，第 667 页。
⑪ 直译"这些人都被爱奥尼亚海分开（以爱奥尼亚海为界）"。

征，乃是由此时其国内党争正酣的局势所必然导致。在西西里的希腊人中，那克索斯人和卡塔涅人随同出征。在蛮族当中，有厄革斯塔人——雅典人就是他们邀请的——以及绝大多数西刻罗人①。在西西里之外，有一些堤耳塞尼亚人由于与叙拉古人不和②而来，伊阿皮癸亚人则是雇佣兵③。以上这些就是跟随雅典人出征的民族。

58.1 出兵援助叙拉古人的有与之毗邻的卡马里娜人，居住在卡马里娜人旁边的革拉人，然后——由于阿克剌伽斯人保持中立——就是居住于阿克剌伽斯远一边的塞利努斯人。**2** 这些人占据着西西里朝向利比亚的地带，但希墨拉人来自面向堤耳塞尼亚海的地带，他们是那里唯一的希腊居民，那个地区只有他们前来援助叙拉古人。**3** 这些就是西西里的希腊民族，它们属多里斯族，全都是独立自主的，前来支援叙拉古人；蛮族当中，只有那些没有投奔雅典人的西刻罗人。西西里之外的希腊人当中，拉刻代蒙人提供了一位斯巴达人指挥官④，以及一支由"涅俄达摩得斯"⑤和希洛特组成的队伍〔"涅俄达摩得斯"的意思是"新近获得自由的人"〕⑥。只有科林斯人携海陆两军到来，勒乌卡斯人和安布剌喀亚人出于血缘关系⑦前来，一些阿耳卡狄亚的雇佣兵⑧受科林斯人派遣而来，西库

---

① 见前文（6.62—71；6.88.4；6.103.2）。
② 见前文（6.88.6；6.103.2）。
③ 见前文（7.33.4）。
④ "指挥官"原文是"ἡγεμόνα"（"ἡγεμών"的宾格），前文提到这支队伍的司令官（"ἄρχων"）是厄克里托斯（7.19.3）。那么，这里的"ἡγεμόνα"是不是指他呢？对此，学者们意见分歧。有的认为，阿尔喀比阿得斯曾建议拉刻代蒙人给叙拉古人派遣一位"ἄρχων"（6.91.4），拉刻代蒙人就派了古利波斯，而且，"ἡγεμών"意思是"领导人""统帅"，听起来似乎比"ἄρχων"级别更高，所以指的是古利波斯。也有学者认为，古利波斯也被作者称作"ἄρχων"（6.93.2；7.2.1），"ἡγεμών"也可以用来指军队的"司令官"，而且，古利波斯是当然的"统帅"，这里作者仅仅是列举各路援军而已，所以应该是指厄克里托斯。见霍氏《评注》第3卷，第669—670页。因此，这里也可以译成"统帅"（指古利波斯）。
⑤ νεοδαμώδες，意思是"新近获得公民权的希洛特"，前文已多次提及（5.34.1；5.67.1；7.19.3）。
⑥ 中括号里的内容解释一个词的词义，作者已经不是第一次提及此词了，显然是后人插入的注解，可以删掉。见霍氏《评注》第3卷，第670页；戈姆《评注》第4卷，第440页。
⑦ 这两个城邦的人都是科林斯人派出的殖民者，见希罗多德《历史》（8.45）和本书前文（1.30.2；2.80.3）。
⑧ 有古代作家提到，阿耳卡狄亚人曾帮助殖民叙拉古。见霍氏《评注》第3卷，第670页。

— 453 —

翁人是被迫来的①；在伯罗奔尼撒之外，就是玻俄提亚人了②。**4** 与这些外来援军相比，西西里的希腊人由于他们所居住的城邦规模大，提供了大量各类援兵。他们召集众多的重甲兵，还有战舰、骑兵和其他庞大的队伍。再与所有这些人相比，可以说，叙拉古人自己提供的人员比所有城邦加起来还要多，这是因为他们的城邦规模巨大，还因为他们面临的危险最严重。**59.1** 以上这些就是双方召集起来的援军。此时，双方的援军均已在场，都没有再来援军。

2 因此，叙拉古人以及盟友自然而然觉得，刚刚取得海战胜利之后，把如此庞大的雅典军队一网打尽，不让他们从两个方向——海上和陆上——逃走，对他们而言将是一项了不起的成就。**3** 他们立即封锁大港——港口大约 8 斯塔狄翁宽③——用三层桨战舰、大小船舶船舷挨船舷下锚停泊于港口。他们还作了其他准备，以防雅典人在海上亡命一搏；事无巨细都当大事来考虑。**60.1** 雅典人看见敌人封锁了港口，明白了他们的意图，认为必须开会商议。**2** 将军们和队长们④集合，讨论眼下的困难。最紧迫是他们断了给养（他们之前派人去卡塔涅，叫他们不要送给养来，因为他们要从海上撤退）；如果不能掌控海洋，以后也得不到给养。于是，他们决定放弃上面的墙，在靠近他们战舰的地方，筑起一圈围墙，仅够容纳军队的行李辎重和病号，派人守卫；其余步兵悉数登船——全部船只，不管是能航行的还是不能航行的——就位，海战到底！如果取胜，就去卡塔涅；如果失败，就烧毁船只，排成战斗队形，徒步撤退到他们所能到达的最近的一些友好地区，不管是蛮族的，还是希腊人的。**3** 决定一做出，就开始行动。他们

---

① 受到何种压力没有说明，前418/7 年冬，拉刻代蒙人在西库翁建立一个范围更窄的寡头制政府（5.81.2）。另外，有学者指出，作者在这里对出于自愿的行动（这种情况更普遍）更感兴趣。见霍氏《评注》第 3 卷，第 670 页。

② 十分简单和唐突，令人奇怪。玻俄提亚人在厄庇波莱的夜战中扭转了战局（7.47.3）。见霍氏《评注》第 3 卷，第 670 页。

③ 港口宽度，即从普勒密里翁到俄耳堤葵亚岛（Ὀρτυγία, Ortygia）的最短距离大约 1 公里，因此这里的 1 斯塔狄翁仅约 130 米。见霍氏《评注》第 3 卷，第 671 页。

④ ταξίαρχοι（复数），雅典的 10 个部落（φυλή）每年各选出一个，共 10 个，指挥各部落的重甲兵，10 个队长恐怕不可能都在叙拉古。希罗多德对雅典各部落的领导人有一个不专业的泛称：部落长官（φύλαρχος），见《历史》（5.69.2），但是这个词严格地说是指一个部落的骑兵司令官。见霍氏《评注》第 3 卷，第 672 页。

从上面的墙潜行而下，给所有的船只配齐人员，强迫每个人登船，只要他年纪不太大也不太小①，看起来能起点作用就行。4 全部大约110艘船只都配齐了人员。他们让大量阿卡耳那尼亚和其他外邦的弓箭手和投矛兵上船，考虑到局势危急和他们这么一个计划②，还作了其他一切准备。5 差不多一切准备停当了，尼喀阿斯看到部队因为海战的惨败——这可是前所未有的——而无精打采，而且由于缺乏给养，急于拼命一战，就召集所有人，在下达命令之前，发言鼓励道：

61.1 "雅典的战士们！盟邦的战士们！即将进行的战斗与我们每个人都休戚相关，它关乎每个人的生命和祖国，对于我们的敌人来说也是如此。如果我们的舰队今天取得了胜利，每个人就能再见他的祖国，不管他的祖国在什么地方。2 一定不要气馁！不要像没有经验的生手那样，一朝失手③，总是害怕再遭灾祸④。3 你们，在场的所有雅典人，许多都饱经战阵；你们，所有的盟友们，一直与我们一起出征，请记住兵戎之事难以预测，希望幸运女神站在我们一边！做好准备重新战斗！你们如此庞大的一支队伍——大家有目共睹，人人身处其中——难道是摆设？⑤

62.1 "现在，经过与舵手商议，凡我们想到的、有助于对付由于港湾狭窄战舰必然扎堆的情况，以及敌舰甲板上的人马——他们之前给我们以打击——的措施，都已准备停当，只要我们的条件允许。2 大量弓箭手、投矛兵和其他大群士兵将上船，如果我们在宽阔的海面作战，是不会用这种战术的。因为他们会增加战舰的载重，让我们航海技术难以施展。而我们在这里被迫在船上进行步兵之战，那他们就可以派上用场了。3 我们已经发现在战舰构造上有必须加以改变的地方，以对付敌人厚实的吊锚架——它给我们造成的破坏最为严重——我们已经加装了铁抓钩，它可以阻止撞击我们的敌舰倒划，如果甲板上的战斗人员尽其职责的话。4 因为我们在船上打一场陆战，实在是被逼无奈，我们自己不倒划，也不让敌人倒划，显然对我们有利，尤其是因为整个海岸——我们的步兵所占据的那

---

① 由于所有的军人都是适龄人员，这里应指奴隶。见戈姆《评注》第4卷，第441页。
② 即孤注一掷以逃命。
③ 原文是"τοῖς πρώτοις ἀγῶσι σφαλέντες"，直译"他们在第一次竞技中被打倒"。明显是体育竞技用语。见霍氏《评注》第3卷，第675页。
④ 颇类似于"一朝被蛇咬，十年怕井绳"。
⑤ 直译"要配得上你们如此庞大的一支队伍……"。

一小段除外——在敌人手里。

63.1 "你们要记住这些,一定要拼尽全力战斗到底!不要被赶上岸!船与船相撞之时,下决心不要分开,直到将敌舰甲板上的重甲兵扫除为止!**2** 我对重甲兵的这些敦促,不亚于对水手的敦促,因为这项工作主要由甲板上的人员来做,即使现在,我们的步兵还占有绝对的优势。**3** 对于水手,我要鼓励你们,同时甚至要恳求你们不要因灾祸而过于惶恐。因为我们现在甲板上的军力比过去更强,我们的战舰数量也更多。请记住下面这份荣耀,它值得人们保持,不容失去①:迄今为止,那些被当作雅典人,实际上却不是的人②,由于你们通晓我们的语言③,模仿我们的行为方式,全希腊都羡慕你们。我们的帝国带给你们的好处不比我们自己的少,她让我们的属民惧怕你们,还使你们免受别人的伤害④。**4** 只有你们以自由之身⑤与我们分享这个帝国,那么请你们立场公正,不要在这个时候背叛她!鄙视科林斯人吧!他们常常当你们的手下败将;鄙视西西里的希腊人吧!我们的舰队鼎盛之时,他们没有哪个敢与我们对垒!击退他们!向他们表明,即使你们身陷病弱和灾祸之中,你们的技术也胜过他们侥幸得到的健壮有力⑥。**64.1** 至于你们当中

---

① 请谁记住呢?从上文来看,只可能是水手们,但是雅典舰队中的水手不可能全是外邦人(见下文),戈姆等认为,这是夸张的修饰方式,即以全体指部分。见其《评注》第4卷,第442页。也有译者为了表达的方便,将这句话放到下文"……全希腊都羡慕你们"之后(见哈蒙德的译本)。有学者甚至主张把它放到下一节中("……不至于背叛她!"后),虽然不无见地,但如此大幅度地修改原文,恐怕不符合古代文本传抄的习惯。见霍氏《评注》第3卷,第678—679页。

② 有古代笺注者肯定地说,这里的"有些人"指的是水手中的侨民("μέτοικος"),尚不清楚为什么作者不让尼喀阿斯直接用此词(此词全书仅一见,伯里克利用过,见前文1.143.2)。见霍氏《评注》第3卷,第677—678页。

③ 应该是方言。见霍氏《评注》第3卷,第678页。

④ 如果这句话中的"你们"还是指"侨民",那么这里的"属民"("τοῖς ὑπηκόοις")应指这些人的同胞公民,他们对在雅典军中服役的同胞心存畏惧。见马钱特的注;见霍氏《评注》第3卷,第679页。

⑤ "以自由之身"原文是"ἐλευθέρως"(副词),指雅典人对盟友宽容大度。见马钱特的注。

⑥ "侥幸得到的健壮有力"原文是"εὐτυχούσης ῥώμης"(属格),有学者译为"力量和好运"("the strenth and good fortune")。戈姆认为,这里的"力量"与前面的"病弱"相对,"好运"与前面的"灾祸"相对。见其《评注》第4卷,第443页。但是,原文"εὐτυχούσης"和"ῥώμης"之间没有连接词"καί"("和")。有学者译为"lucky energy",霍氏赞同。今从。见其《评注》第3卷,第680页。

的雅典人①，我要再次提醒你们，你们没有在国内船坞里留下这么多的战舰，也没有留下这么多适龄的重甲兵。如果战斗的结果不是你们取胜而是别的什么，这儿的敌人将立即驶向雅典，我们那些留在国内的人将无力同时抵挡那里的敌人和新的入侵者。这里，你们将立即落入叙拉古人之手——你们来攻打他们时就知道自己的意图②——国内，那里的人们将落入拉刻代蒙人之手。2 由于你们的命运和国内的人们的命运都系于这一场战斗，现在，不要动摇！如果你们曾经如此的话。请每一个人、所有的人记住，现在将要登船的你们就是雅典人的陆军和海军！就是整个余下的城邦！就是雅典的英名！为了她，如果有人在技术和勇敢方面比别人高出一头，他再也找不到比现在更好的机会去表现——既对他自己有利，又可以拯救我们所有人。"

65.1 尼喀阿斯一说完这些鼓励的话，就命令登船就位③。古利波斯和叙拉古人看到雅典人所做的准备工作，马上就明白他们要打海战。他们还得到报告：雅典人加装了铁抓钩。2 在针对其他各种意外情况的同时，他们还针对这一情况专门作了准备——将舰首上部一长段蒙上皮革，以使铁抓钩扔过来时，因没有一个钩得住的地方而滑落。3 一切准备就绪，将军们和古利波斯④对部下发表了如下鼓励他们的演说：

66.1 "叙拉古人和盟友们啊！过去的成就了不起，即将进行的战斗也

---

① 原文是"τούς τε Ἀθηναίους ὑμῶν"，请注意这里的小品词是"τε"不是"δε"，一般来说，"τε"可以起连接前一个事项的作用；而"δέ"的基本意思是表示与前一事项对照、比较。在这里，前一事项就是前文"οἱ τέως Ἀθηναῖοι νομιζόμενοι καὶ μὴ ὄντες"（7.63.3）。因此，这里应指水手中的雅典人，而不是与侨民水手相对的雅典人。因此有学者主张把"τε"改为"δε"。但是，从上下文来看，我们可以肯定作者这里指全体在场的雅典人，包括士兵和水手。参见霍氏《评注》第 3 卷，第 680 页；戈姆《评注》第 4 卷，第 443 页。

② 作者这里的意思不是说，雅典人的大军遭受惨败是可耻的，而是说他们不可能得到敌人的怜悯，因为他们此行的目的是奴役对方。见戈姆《评注》第 4 卷，第 443 页。

③ 前文（7.60.3）说，所有船只配齐了人员（"ἐπλήρωσαν"），用的是不定过去时，不是过去未完成时，表示动作已经完成；这里的"命令"（"ἐκέλευε"），用的是过去未完成时，表示一个过程。如何解释这一前后不一致？我们必须撇开时态，推想人员登船从那时便已开始（分部分进行），到此时完成，听尼喀阿斯演说的士兵和水手就在自己的战舰前集合。见霍氏《评注》第 3 卷，第 672—673 页。

④ 发言者为复数，仅从字面上看，显得荒唐，难道这是合唱表演？但是，作者前面就有这种表述（如 1.72.2），看来是作者惯用的套语。见霍氏《评注》第 3 卷，第 683 页。译者以为，这种用法说明，本书中的演说词不是演说者当时的原话，作者仅撮其大意。

将是了不起的。在我们看来，你们大多数人都懂得这一点（否则，你们就不会这样豪情满怀地投入这场战斗）。如果有人没完全弄明白，我们将解释清楚。2 雅典人到这片土地来，首先是要征服西西里，如果成功就再征服伯罗奔尼撒以及希腊其他地区①。他们已经建立起超迈古今的最大的霸权②，你们第一个起来抗击其海军，从前它到处横行霸道，不久前被你们打败，现在当然会成为你们的手下败将。3 如果人们在他们自以为强项的方面受挫，其剩下来的自负就不如以前了——假如他们一开始就没有认为自己了不起——他们在自负遭受意想不到的打击的情况下，就会灰心丧气，而实际上他们还有能力抵抗。雅典人现在的状况极有可能如此。**67.1** 在我们这方面，我们固有的勇敢精神——靠它，我们虽然没有技术却大胆冒险——现在更加坚定了，且增加了一层信念：战胜了最强者的人就是最强者。每个人的希望都翻倍了，一般来说，最大的希望会激起人们最高的参战热情。

2 "至于他们模仿我们装备的问题，那本是我们的战术，我们都了如指掌，将会一一做好应对准备。但是，等他们一反常规，将大量重甲兵置于甲板上，让大量投矛兵——人们所说的陆地上的旱鸭子——阿卡耳那尼亚人和其他人登船，这些人坐在甲板上，都不晓得怎样将矛掷出去，他们的战舰又不能按照自己的战术运动，怎么能不摇摇晃晃，全都乱作一团呢？3 甚至战舰数量占优也对他们无益——如果你们当中有人害怕与数量不对等的舰队作战的话——因为大量战舰挤在狭小的空间，难以迅速执行他们作战计划，却最容易遭受我们的预备方案的打击。4 根据我们了解到的确凿的情报，我要告诉你们一个千真万确的事实：灾祸已将他们压垮，由于为目前困境所逼，他们已经陷入绝望的境地；不相信自己的准备，而相信运气；孤注一掷，亡命一搏，或者从海上杀出一条出路，或者最后一招，从陆上撤退——因为不管做什么，都比目前的处境要强。**68.1** 我们最大的敌人已陷入如此混乱的状态，他们好运不再，轮到我们走运了。让我们带着满腔怒火上去交战！我们应该记住，首先，人们报复侵略自己的敌人是再合法不过的事，其次发泄自己心中的愤怒也是正当合理的；同时，如

---

① 这里所说的雅典人的宏大计划跟阿尔喀比阿得斯的描述如出一辙（6.90.3），那么肯定是通过古利波斯这个渠道传到叙拉古人那里的。见霍氏《评注》第3卷，第685页。
② 这让人想起伯里克利最后一次演说（2.64.3）。见霍氏《评注》第3卷，第685页。

俗话所说，惩罚将落入我们巴掌心的敌人，是最惬意的事情①。2 你们大家都知道，他们不仅是我们的敌人，还是我们的死敌。因为他们到这里来就是要奴役我们，如果取得成功，就会让我们的男人遭受最大的痛苦，让我们的儿童和妇女遭受最大的侮辱，给整个城邦带来最耻辱的恶名②。3 因此，谁都不要对他们心软！也不要将他们撤走，不危害我们，就算作自己得了利！因为即使他们打败了我们，也会照样撤离；而如果我们做到了——这是很可能的——想做的事情：惩罚他们，将整个西西里曾经享有的自由交还给她，而且此自由比过去更根深叶茂，那么这场战斗将是了不起的！失败了，危险最小，受害最少；胜利了，好处却最大！"

69.1 叙拉古将军们和古利波斯对他们的部下说完这些鼓励的话，发现雅典人开始登船就位，也立即登船就位。**2** 尼喀阿斯惊骇于眼前的局势，他意识到这是什么样的危险，且迫在眉睫。就在战舰马上要起航之时，他想到——大战前夕人们往往如此——准备工作还没做够，叮嘱的话还没说够，又一个一个呼唤三层桨战舰舰长，叫他们的父名，叫他们自己的名字，叫他们部落的名字，恳求那些一世英名的人不要背弃自己的名声，那些祖先声名显赫的人不要让父辈的英雄壮举湮没不彰；提醒他们，其祖国是世上最自由的，那里每个人的生活方式不受约束③。还说了其他人们在这样的危急关头会说的话。因为那个时候，人们已经不在乎会不会被别人认为说话老一套④——几乎适用于所有的场合，诸如"我们的妻子、儿女和我们祖先的神明⑤"之类——在此惊慌失措之时，他们这样大声祈求，觉得会管用。

3 尼喀阿斯觉得这样鼓励士兵还不够，而时间稍微允许，就回过头领着步兵走到海边，尽其可能排出最长的队形，以最大限度地帮助船上的人员鼓起勇气。**4** 得摩斯忒涅斯、墨南德洛斯和厄乌堤得摩斯（他们作为雅

---

① 如果真有这么一句关于复仇的俗语，也只是在此处提到，他处未见。见霍氏《评注》第3卷，第688页。
② 作者这里指类似墨罗斯岛的结局（5.116.4）：男子被屠杀，妇女儿童被卖为奴，城邦落入异族之手。见戈姆《评注》第4卷，第445页。
③ 让人想起伯里克利的演说（2.37.2）。
④ "说话老一套"原文是"ἀρχαιολογεῖν"（现在时不定式），这里强调的是传统的血缘关系，正是前文（5.57）所否定的。见霍氏《评注》第3卷，第690页。
⑤ "祖先的神明"原文是"θεοὺς πατρῴους"（宾格、复数），特别是阿波罗、宙斯，很可能还有雅典娜。见马钱特的注。

— 459 —

典将军登上战舰）立即从他们的营地出发，驶向港口敌人船只形成的封锁线和当中留下的缺口①，想要杀出一条出路。70.1 叙拉古人及其盟友已经先出海，战舰数量与以前差不多，以一部分战舰守住出口，其余则围住港口的其他地方，以便从各个方向同时攻击雅典人；同时，他们的步兵到其战舰可能靠岸的地带接应。叙拉古人的舰队将领是西卡诺斯和阿伽塔耳科斯，分别占据着全军的两翼；皮屯和科林斯人据中军。2 雅典人冲到了封锁船那里，以其第一波冲击打败了布置在那里战舰，试图冲破包围。接着，叙拉古人及其盟友的战舰从四面八方发起攻击。战斗不再局限于封锁线那里，而是遍及整个港湾，如此规模的激烈战斗非以前任何一场战斗可比。3 双方桨手一听到命令就拼命划桨冲向敌舰，双方的舵手则激烈地斗智斗勇。每当两船相撞，双方甲板上的人员都尽其所能，不让自己在技术上输于人。总之，每一个人都急于证明他本人在自己的岗位上是最优秀的。4 众多的战舰在一个狭小的空间相互冲撞（因为从来没有如此众多的战舰在如此狭小的空间打海战，双方战舰总共将近 200 艘），由于无法倒划和冲破敌舰阵线，用舰首撞击的情况不多。但是，由于要逃跑或者攻击其他战舰而撞在一起，所以战舰相撞的情况较多。5 只要一艘战舰扑向另一艘战舰，甲板上的人员就向对方雨点般地②投射短矛、弓箭和石头；等到两舰靠拢，舰上人员就试图登上敌舰短兵相接。6 由于空间狭窄，在许多地方，撞击他舰的战舰，自己又被撞击。在一艘战舰周围，有两艘甚至更多的战舰不由自主地纠缠在一起。舵手必须既操心防守又操心进攻，不是一对一，而是一对多，且来自四面八方。众多战舰相撞的砰然巨响，不仅让水手们心惊胆战，还让他们听不见水手长的大声命令。7 因为双方的水手长不停地鼓励和大声喊叫，既有技术口令，也是为了激发其斗志。在雅典人一方，他们大声呐喊，是要杀出一条出路，要拼命夺得一条安全的回到祖国之路——此时不拼，更待何时？在叙拉古人及其盟友一方，阻止敌人逃跑，战胜他们，光耀各自的祖国，将是了不起的成就。8 此外，双方的将军们看见哪艘战舰没有必要船尾朝前倒划却倒划了，就呼唤该舰舰长的名字，责问他——雅典人的将军问，他们撤退是不是因为觉得死敌

---

① 见前文（7.59.3），但那里没有提到缺口，大概是叙拉古人为方便自己船只进出留下的。见戈姆《评注》第 4 卷，第 447 页。
② "雨点般地"原文是"ἀφθόνως"（副词），直译"不吝惜地"。

的土地，比他们历经艰辛掌控至今的大海①还亲？叙拉古人的将军们问，他们在完全清楚雅典人正想方设法拼命逃跑的情况下，是不是从这些逃跑者的面前逃跑？**71.1** 海战势均力敌之时，双方岸上的士兵内心在剧烈地挣扎和斗争，西西里本地的人渴望获得比已经取得的荣誉更大的荣誉，而入侵者则害怕最后的结局比现在更糟。**2** 因为雅典人的一切都系于其战舰，他们对结果的惧怕不可名状。由于海战局势〈起伏不定〉，岸上人们的感受也随之起伏②。**3** 因为海战近在眼前，而且在同一时间，并不是所有的人都注视着同一个地方，如果有些雅典人看见自己人在什么地方占了上风，就会大为振奋，大声祈求神明不要剥夺了他们安全返回祖国的机会；有些雅典人看到自己人处于下风，就大放悲声，旁观者比参战者还要丧魂落魄；其他雅典人注视的是海战势均力敌的地方，由于战斗持久未决，在极度的恐惧中，他们的心情极为焦虑，看到希望手舞足蹈，失望则捶胸顿足③。因为总是时而差一点就脱险，时而差一点被消灭。**4** 海战处于胶着状态，在同一支雅典军队中，可以同时听见各种呼喊声——哀号声和欢呼声："我们胜了！""我们败了！"④——以及处在巨大危险之中的一支大军不由自主地发出的各种各样的呼喊声。**5** 舰上人员与岸上人员几乎一样心情焦虑。直到最后，经过长时间的鏖战，叙拉古人及其盟友击溃了雅典人，乘胜追击，喊杀声欢呼声震天动地，将他们赶上了岸。**6** 这时，那些没有在港湾海面上被俘获的其他雅典海军士兵，各自靠岸，从船上逃到军营。步兵的心情不再有所不同，只受一种情绪驱使，他们哀号着、呻吟着，全都难以接受这一事实。有的跑去保卫战舰，有的跑去守卫剩下的墙。其他的人，即绝大多数人，开始考虑自己以及如何保住性命。

---

① 关于雅典人掌控海洋的情况，见前文（2.62.2）。
② 这句话抄本读不通，学者们提出了不同的修改方案，这是其中一种翻译，还有一种译文是："由于岸上地势起伏，不同的人看到的海战的情况各不相同。"见霍氏《评注》第 3 卷，第 698 页。
③ 直译"身体随着内心的想法而摇摆"。
④ 原文是"ὀλοφυρμὸς βοή, νικῶντες κρατούμενοι"，"ὀλοφυρμὸς"和"βοή"均为主格、单数，两者并列，无连接词。"νικῶντες"为现在时分词、复数；"κρατούμενοι"为现在时分词、复数、中动态（表被动）。这里为了生动形象，把它们译成"直接引语"，相当于"νικῶμεν, κρατούμεθα"（现在时表正在进行的动作）。霍氏指出，这是一种交错修辞法（chiasmus），格式是 ABBA，《伊利亚特》曾经用过："那里同时响起哀号声和胜利的呐喊声丨杀人者的和被杀者的。"（4.450—451）见其《评注》第 3 卷，第 700 页。汉语似乎喜欢把对应的东西放在一起，即："哀号声：'我们败了！'；欢呼声：'我们胜了！'"

7 此刻，雅典人的恐慌情绪达到了前所未有的程度。他们现在所遭受的与他们在皮罗斯施之于人的非常相似，因为那个时候，拉刻代蒙人的舰队被摧毁①，意味着其渡海登岛人员也将被消灭②。现在，雅典人对从陆上逃命不抱希望了，除非意外情况发生。

72.1 经过激烈的海战，双方都有大量的战舰和人员遭毁灭。得胜的叙拉古人及其盟友收回自己的战舰残骸和尸首，驶向叙拉古城，竖立了却敌纪念柱。**2** 面对眼前巨大的灾祸，雅典人根本就没有考虑向对方请求收回战舰残骸和尸首的事，他们决定连夜撤走。**3** 得摩斯忒涅斯去见尼喀阿斯，提议给剩下的战舰配齐人员，如果可能，拂晓时分，强行冲出去。他说，他们剩下的可用的战舰仍然比敌人多，因为雅典人还剩下大约60艘战舰，而敌人不到50艘。**4** 尼喀阿斯同意这个提议③。他们希望人员登船就位。但是，水手们不愿意登船④，因为他们被失败彻底打垮了，相信无法再取胜。

73.1 于是，雅典人现在一致同意从陆上撤退。叙拉古人赫耳摩克剌忒斯怀疑他们有此企图，觉得如果这么一支大军经由陆上撤退，在西西里某个地方驻扎，图谋再次对他们发动战争，将留下后患。他到当政者⑤那里提出建议，一定不要袖手旁观，让雅典人连夜撤走——说出了他的建议的理由——叙拉古人及其盟友应立即全部出动，筑墙封锁道路，抢先占据并把守隘口。**2** 当政者们完全赞同他的建议，认为必须这么做。但是，士兵们在一场大海战后正兴高采烈、休息放松，而且正值节庆（碰巧这天他们有奉献给赫剌克勒斯的祭祀），他们觉得让士兵们服从不是一件容易的事。因为大多数士兵由于胜利正欣喜若狂，在节庆上纵酒庆祝，什

---

① "摧毁"原文是"διαφθαρεισῶν"（不定过去时分词、被动态、复数、属格），意思类似使其失去作战能力，不是将其整个毁灭。见霍氏《评注》第3卷，第702页。

② 见前文（4.14.2—3）。

③ 此时，前文所说的"三九二十七天"（7.50.4）是否已过？有学者认为没有过，但是前文提到叙拉古人的海军操练过一段日子，没有明说多少天（7.51.2），所以这个问题恐怕难以得到明确的回答。见霍氏《评注》第3卷，第703页。

④ 这种情况的出现当然有多种原因，最重要的作者自己提出来了。但是，霍氏指出，我们不要忘记（作者自己有时候可能也忘记了），所谓"雅典人的军队"实际上是一支联军，尤其是水手不一定是雅典人。这样的军队有时是难以控制的。见其《评注》第3卷，第704页。

⑤ "当政者"原文是"τοῖς ἐν τέλει οὖσιν"（与格），作者惯用的关于政权组织的模糊术语，很可能包括将军，但包括其他官员的可能性较小。前文提到赫耳克剌忒斯被免去将军一职（6.103.4），此时可能仍然不在其位。见霍氏《评注》第3卷，第704页；第683页。

么命令都可以指望他们服从,就是此刻让他们拿起武器开拔的命令不能指望。3 考虑到这些,当政者们显得束手无策。赫耳摩克剌忒斯也不再劝说他们,他想出了这样一条计策。由于他害怕的是雅典人抢在他们之前,连夜通过最崎岖的地方悄悄溜掉,天快黑时,他派自己的几个朋友和一些骑兵一起去雅典人的军营。他们骑到听力所及的距离,就呼喊一些人的名字,好像自己是雅典人的朋友(因为叙拉古城内有些人经常把城里的情况报告给尼喀阿斯),要他们劝尼喀阿斯不要连夜领军出发,因为道路被叙拉古人把守了,而要不慌不忙做好准备,天明撤退。4 说完,他们就走了。听到的人报告给了雅典将军们。74.1 接到这一消息,他们没有怀疑其中有诈,那天晚上就待在那里了。由于尽管他们一开始就打算走,但没有马上动身,他们决定第二天接着待下去①,好让士兵们尽力收拾好最有用的东西,其他的一切都扔下,只带那些能维持自己生命的给养上路。2 叙拉古人和古利波斯派步兵抢在雅典人之前出发,封锁他们可能经过的各条道路,把守溪水和河流的渡口,在他们认为最好的地点布阵等待雅典人到来,以阻止其前进;派海军航行到雅典人的战舰那里,将她们从海滩上拖走(雅典人自己按照原先的打算②,烧毁了少量战舰),其余的战舰就在她们各自仓皇着陆之地,被叙拉古人用绳子捆到自己战舰上,在无人阻止的情况下,不慌不忙地运回叙拉古城。

75.1 在这之后,等尼喀阿斯和得摩斯忒涅斯认为一切准备工作均已就绪,海战之后的第三天③,部队开拔了。2 情况相当凄惨,这不仅表现在他们的舰队消灭殆尽,雄心壮志荡然无存,灰溜溜地撤退,以及自己和城邦面临危险,还表现在他们离开军营时,每个人都遇到了看见和想起来皆令人痛苦的场面。3 尸体没有掩埋,每当人们看见自己的朋友尸横于地,就既悲痛又恐惧。被遗弃的活人——伤员和病号——对于他们活着出发的战友来说,要比死尸更令人痛苦万分!他们比战死者更可怜!4 他们

---

① 如果把战斗进行的那天算作第一天,接着的一天就是第二天,真正出发是第三天(7.75.1),那么这个决定是第一天晚上做出的。"尽管他们一开始就打算走"原文是"καὶ ὥς",其中"ὥς" = "οὕτως",意思是"这样""如此",指最初的打算。参见戈姆《评注》第4卷,第450—451页。

② 见前文(7.60.2)。

③ 直译"从海战以来的第三天",即把海战进行的那一天当作第一天。

的哀求和悲号令人绝望。只要一看见哪里有自己的朋友、亲戚，他们就挨个大声祈求："求求你们带我走！"① 见同住一个帐篷的战友正要出发，就一把抱住不肯松手②，跟随队伍走到走不动为止。等到精疲力竭，被队伍落下，就不时地③祈求神明，哀号不止。这让全军上下泪水涟涟，走也不是，不走也不是。尽管是在离开敌人的土地，在这里遭受的打击让他们欲哭无泪，还担心着将来不知会遇到什么样的灾祸！5 大家都垂头丧气，自怨自艾。这支队伍看起来不像别的，就像一座被围城的城邦，在偷偷地开溜④，而且还不是一座小城邦，因为一起行军的人总数不下 4 万⑤。几乎每个人都尽其所能携带有用的东西，甚至重甲兵和骑兵也一反常规，全副武装还带着自己的口粮，有些缺乏随从⑥，有些是不信任随从⑦。因为他们早就开始逃亡，绝大多数在吃败仗时当场就溜掉了。即使如此，他们仍然携带不足，因为军营中已无余粮。6 而且，大家都受屈辱，灾祸人人有份，尽管因与众多人在一起而使这种感受有所减轻，当下还是感到沉重，尤其是想到，他们一开始是多么的风光和荣耀，如今落到这般灰溜溜的地步！7 从来没有一支希腊军队经历过如此巨大的反差——他们为奴役他人

---

① 原文为间接引语。

② 原文是"ἐκκρεμαννύμενοι"（现在时分词），直译"吊在……上面"。

③ "不时地"原文本为"οὐκ ἄνευ ὀλίγων"，各抄本均如此，"牛津本"同，直译"不是没有很少"。阿尔伯蒂的校勘本作"οὐκ ἄνευ πολλῶν"，霍氏赞同。今从。见其《评注》第 3 卷，第 710 页。

④ 这句话明显暗示特洛亚陷落后，一部分居民逃出来。前文曾有伏笔（6.2.3）。特洛亚陷落的故事非常有名，当时的人不可能不知道，但作者文笔高超，点到为止。见霍氏《评注》第 3 卷，第 711—713 页。

⑤ 这个数字肯定是不正确的，看来这一章作者的感情已难以自抑。作者没有平淡地说"大约 4 万"，而是说"μυριάδες ... οὐκ ἐλάσσους τεσσάρων"（"数万……不少于 4"），用否定来强调数量之大，不可能表达有误，也不可能是粗略的估计，显然是有意为之。见霍氏《评注》第 3 卷，第 714 页。那么，这个数字与实际情况到底有多大误差？学者们意见不一。有的认为，前 415—前 413 年，雅典方面远征军总数（包括战斗人员和非战斗人员）大约是 4 万，后来阵亡者越来越多，所以此时肯定少于 4 万，可能作者忘了减去阵亡者。也有的认为，作者没有忘记阵亡者，只是增加了奴隶，其人数与阵亡者相当。但恐怕难以自圆其说，因为他们在此之前已经逃亡（见此节下文）。还有学者认为这一数字大体上还是有可能的，那就是有 10000 名西刻罗盟友还在当时军中，否则作者也有点太夸张了。霍氏则推测，这些人恐怕在最后撤退之前已经散去。见霍氏《评注》第 3 卷，第 1065—1066 页。

⑥ "随从"原文是"ἀκολούθων"（复数、属格），奴隶充任，有译本直接译为"奴隶"。

⑦ 这也许是最确凿的证据，证明当时战场的重甲兵是有随从担负后勤任务的。见戈姆《评注》第 4 卷，第 452 页。

而来，离开的时候却反而害怕自己被奴役；出征的时候，有祈福和颂歌相送，启程返回的时候则伴以诅咒①；来的时候乘船，仰仗海军；回去的时候徒步，仰仗步兵。然而，巨大危险高悬于其头顶，使得这一切看来都可以忍受。

76. 尼喀阿斯看见部队垂头丧气，跟以前判若两军，就沿着队伍走过去，在当时的情况下，尽最大努力鼓励和安慰他们。他挨个走到各部分，嗓门越提越高②，满怀热情，希望自己的话让最多的士兵听到，发挥一些作用。

77. 1 "雅典人和盟友们啊！即使陷入目前的处境，我们还是一定要抱有信心（过去有人陷入比这更险恶的处境，还是脱了险）！不要因为这场灾祸或者因为你们现在所受的、但不该受的③苦难而过于责备自己！**2** 说句实在话，我本人论力气比你们哪个都差（我是怎么受疾病折磨的，你们亲眼见到了）。不论是在个人生活方面还是其他方面，人们以前都不会认为我的运气比任何人差。现在我跟你们一样身处险境，一样卑微至极。然而，我平生对神恪尽凡人之职，待人公正且无可指摘。**3** 尽管如此，我对未来仍充满信心，这场灾祸原本令人恐惧，现在对我而言，它不那么可怕了。它甚至很可能减弱了。因为我们的敌人行够了好运，如果说我们的出征触怒了某位神灵④，那么我们已经遭受了足够的惩罚。**4** 以前，有的人曾攻打自己的邻邦，做些人人都会做的事情⑤，受到的惩罚也是他们所能忍受的。因此，我们可以合情合理地期望神灵将对我们更加温和（因

---

① "诅咒"直译"与之相反的对神的祈求"。即被人诅咒。

② "越……越……"原文本为"ἔτι μᾶλλον"，意思是"比以前更……"。这里的意思是，比两天前演说的嗓门更高。难道两天前的尼喀阿斯的演说嗓门就要低一些？恐怕不能这么解释。所以应该将原文改为"ἀεί τι μᾶλλον"，即是说，尼喀阿斯边走边说，嗓门越来越高。今从。见戈姆《评注》第4卷，第453页；另见马钱特的注。

③ "不该受的"原文是"παρὰ τὴν ἀξίαν"，直译"超过其应得之份"。意思是，这么一支大军不应吃败仗，除非它冒犯了神灵，但是我们并没有冒犯神灵。见戈姆《评注》第4卷，第453页。

④ 有学者认为这里指的是前415年出征前发生的赫耳墨斯石像事件；也有学者认为，根据下文，应指远征西西里的整个行动，这种说法似乎较为可取。见霍氏《评注》第3卷，第717—718页。

⑤ 原文是"ἀνθρώπεια δράσαντες"，"ἀνθρώπεια"意思是，"属于人的东西""合乎人的本性的东西"等。这里指人的好战和侵略性。

为我们现在更值得他们怜悯而不是妒忌)。看看你们自己，排成队列前进，多棒的重甲兵！这么多的重甲兵！不要过分惊慌！你们要想到，你们自己不论在哪里扎营下来都马上是一座城邦！西西里没有一个地方能轻易抵挡住你们的进攻，或者在你们安顿下来后，能将你们从那里赶走。5 你们要注意行军的安全和有序，每个人都只应有一个念头：他无论在何处被迫作战，只有取胜，那里才是他的祖国和要塞。6 我们必须不分日夜急速行军，因为我们的给养匮乏；如果我们能抵达对我友好的西刻罗人地区（由于他们害怕叙拉古人，所以还是可靠的），那时你们才能认为自己安全了。已经给他们送了信，让他们携带粮食来迎接我们。

7 "一句话，战士们啊！你们一定要明白，要做一个勇敢的人，因为附近没有地方让胆怯者藏身；如果你们现在从敌人手里逃脱，你们当中其他的人①就可以看见他们朝思暮想的家乡，你们当中的雅典人将让其城邦重新强大起来——尽管现在衰落了——因为城邦就是人，不是空空如也的②城墙和战舰！"

78.1 尼喀阿斯一边沿着队伍的行列走着，一边说了这些鼓励的话。如果他看见哪个地方有队伍跟不上，就让他们跟上去，或者有人掉了队，就让他回到行列中。得摩斯忒涅斯也是这么做的，他对其部下也说了类似鼓励的话。2 部队排成空心方阵③开始前进，尼喀阿斯所率的人马领头，得摩斯忒涅斯的部下随后，辎重队和绝大多数杂役人等都放在重甲兵组成的方阵的中央。3 部队到达阿那波斯河的渡口时，发现一些叙拉古人及其盟友正列阵以待，就打败了他们，控制了该渡口，继续前进。叙拉古人的骑兵在两侧骚扰不断，轻装兵向其掷矛。

4 这一天，雅典人前进了大约40斯塔狄翁④，在一道山梁上宿营。第二天一早就出发，走了大约20斯塔狄翁之后，下到一片平原，在那里扎营。他们想要从那里的人家找点吃的（因为那里有人烟），还要在那里取些水带着。因为往他们前进的方向，有许多斯塔狄翁的路程缺水。5 与此同时，叙拉古人赶在他们前头，在他们前进道路的关口上，筑墙封锁。这

---

① 指雅典人的盟友。
② "空空如也的"直译"没有人在里面的"。
③ 见前文译注（6.67.1）。
④ 4.5英里，即7.24公里。见克劳利和哈蒙德的译本。

是一道险峻的山脊,两侧是陡峭的峡谷,叫作"阿克赖翁巉岩"①。

6 次日,雅典人继续前进。叙拉古人及其盟友的大量骑兵和投矛兵从两侧掷矛和骚扰②,阻止他们前进。雅典人战斗了很长时间,然后退回到先前的营地。他们不再像以前一样有给养了,由于敌人的骑兵,他们无法离开主力部队③。

79.1 次日一早,他们拔营而起,继续前进。强行开往那道山岭,那里已被筑墙封锁。他们发现自己面对的是敌人的步兵,在墙的后面排成阵势守卫着,纵深有好几排,因为此地狭窄④。**2** 雅典人冲上去攻打那道墙,遭到陡峭山岭上的大量敌人的投掷攻击(因为上面的人可以很容易打到他们)。他们无法强行通过,就撤回来休息。**3** 战斗时,又是打雷,又是下雨,这是晚秋常有的现象。雅典人越发感到气馁,他们认为这一切都是冲着毁灭他们而来。**4** 雅典人休息的时候,古利波斯和叙拉古人派一部分军队到雅典人背后筑墙断其后,地点在他们过来的路上。雅典人派人前来阻止了。**5** 在此之后,雅典人全军撤退到平原靠里面的地方⑤,宿营。

次日,雅典人继续前进。叙拉古人从四面八方围着他们投掷,打伤了许多人。雅典人攻,他们就退;雅典人退,他们就攻。重点打击最后面的人马,希望一次击溃一小部分,最后使其全军胆寒。**6** 雅典人像这样撑了很长一段时间,然后前进了5或者6斯塔狄翁⑥,在平原上停下休息。叙拉古人也收兵回营。

---

① Ἀκραῖον λέπας,很可能是今 Monte Climiti 的南部。有学者怀疑阿克赖翁这个名字是不是跟阿克赖(Ἄκραι, Akrai,位于叙拉古以西 20 公里)有关。实际上"ἀκραῖον",是从"ἄκρον"("最高的")变来的,意思是"位于高处的"或者"在那个点上的",跟阿克赖这个地名没有关系。见霍氏《评注》第 3 卷,第 723 页。

② 又是一个交错修辞法(chiasmus),格式为 ABBA,按照汉语习惯应为"骚扰(指骑兵)和掷矛(指投矛兵)"。见霍氏《评注》第 3 卷,第 722 页。

③ 去搜寻给养。

④ 此句话用来解释为什么寥寥几排重甲兵就可以守住该地。见戈姆《评注》第 4 卷,第 457 页。

⑤ "到平原靠里面的地方"原文是"πρὸς τὸ πεδίον μᾶλλον",史密斯和迈诺特的译本均作"into the more level country"("进了更平坦的地方"),把"μᾶλλον"当作形容词,修饰名词"τὸ πεδίον"。但是,下文说,次日雅典人前进了5或者6斯塔狄翁,仍然在平原上,即没有出平原。可见,这天雅典人宿营的地点在平原靠里面的地方。因此,应该把"μᾶλλον"当作修饰该句谓语动词的副词看待。故译。哈蒙德的译本作"more into the plain",正是这种理解。

⑥ 0.5 英里,即 0.804 公里(克劳利译本);2/3 英里,即 1.072 公里(哈蒙德译本)。

80.1 夜里，由于部队情况糟糕，各种给养均匮乏，以及在敌人大量投掷物的打击下，许多人负了伤，尼喀阿斯和得摩斯忒涅斯决定，尽可能多点燃火把，领兵出发，不走原计划的路线，而与叙拉古人提防的方向背道而驰，即朝大海方向走。2 现在，他们整个的行军路线不是朝着卡塔涅①，而是朝向西西里的另一端，即卡马里娜、革拉以及那一带的希腊人和蛮族的城邦。3 于是，他们点燃许多火把，连夜出发。所有的军队都容易产生畏惧和恐慌，一支大军尤其如此，特别是夜间通过敌人的土地，而且敌人离他们不远。雅典人现在也陷入混乱之中。4 尼喀阿斯的部下，当然打头阵②，都待在一起，跟后面的人拉开了很远；得摩斯忒涅斯的部下，占总人数的一半以上，被前面的人马落下，且混乱更甚。5 然而，他们还是于黎明抵达海边。然后，踏上那条名叫"赫罗戎路"③的道路行军，目的是先到达卡库帕里斯河边，然后沿该河进入内陆。因为他们希望在那里碰到他们以前派人去请的西刻罗人④。6 他们到了该河河边，发现也有一些叙拉古守军，正在筑墙和用栅栏围住渡口⑤。他们强行冲过去，渡过了该河，然后前往另一条河——厄里涅俄斯河——岸边⑥，因为向导要求他们这么走⑦。

81.1 与此同时，天一亮，叙拉古人及其盟友发觉雅典人已经撤走，大多数人指责古利波斯故意放跑了雅典人。他们火速追击——不难发现雅

---

① 也就是说，到此时为止，雅典人的目的地是卡塔涅。尽管陆上撤退计划一度说得很模糊（7.60.2），后来尼喀阿斯又说要去西刻罗人的地区（7.77.6），但是前文明确说海上撤退的目的地是卡塔涅。作者这里写这句话显然认为读者肯定接受了雅典人的目的地是卡塔涅的说法。见霍氏《评注》第3卷，第725—726页。
② 直译"就像他领头那样"，意即尼喀阿斯作为远征军统帅，其部下应打头阵。
③ 见前文（6.66.3）。
④ 这次去请西刻罗人应该不是前文所指的那次（7.77.6），而是另派的，因为那次他们的目的地是卡塔涅，这次是沿卡库帕里斯河撤往内陆。见霍氏《评注》第3卷，第728页。
⑤ 见前文（7.74.2）。
⑥ 这条河一定是今 Cassibile 河和 Asinaro 河之间的某条河流，有7条可能。有学者认为可能是今 Cava Mammaledi 河，不过还有争议。见霍氏《评注》第3卷，第729页。
⑦ 为什么雅典人不按照刚提及的计划沿卡库帕里斯河深入内陆，而要向南推进？叙拉古人的战术肯定是把他们往南逼，以阻止他们与身处内陆的西刻罗人会合，所以在南面没有布置重兵。作者是说，这些向导与叙拉古人串通好了？这句话实在难解。见霍氏《评注》第3卷，第729页。戈姆没有注意到这些问题。倒是马钱特的注说，雅典人是想找一条叙拉古人没有布防的路线。译者认为，雅典人到了卡库帕里斯河边，发现那里有守军，于是临时改变了主意。因此，接下来的一句话作者用不着解释向导的动机。供读者参考。

典人的撤退路线——大约午饭时间追上了。2 他们碰到走在后面的得摩斯忒涅斯的部下——由于前一天晚上的混乱，其行军较为缓慢、队形比较散乱——马上冲上去交战。由于他们与前面的人马分开了，叙拉古人的骑兵很容易将他们围起来，逼到一块。3 领头的尼喀阿斯的部队离他们有50斯塔狄翁①，因为他带领部下前进速度较快。他觉得，在这样的情况下，主动停下来战斗并不能保证自身安全，而要尽快撤退，万不得已才战斗。4 得摩斯忒涅斯遇到的麻烦要多得多，而且接二连三，由于撤退时断后，他成了敌人首先攻击的目标。现在，他发现叙拉古人来追，选择列阵战斗而不是继续前进。于是耽误了时间，直到被敌人包围。他和跟随他的雅典人陷入极大的混乱之中，挤作一团，进了一个地方，那里四面有围墙，两边有通道，里面有大量厄莱亚树，遭到叙拉古人四面八方投掷攻击。5 这种攻击方式，而不是短兵相接，理所当然地被叙拉古人采取。因为冒险攻打陷入绝望的人，现在对他们不利，反而有利于雅典人。而且，胜利在望，谁都会惜点力，不会在胜利之前把命搭上；他们觉得，即使用这种方式作战，也能将雅典人制服并擒获。82.1 于是，在从四面八方向雅典人及其盟友投掷了一整天之后，古利波斯和叙拉古人及其盟友看到他们因为负伤和其他痛苦而筋疲力尽，就对他们发出通告，首先，凡愿意投奔他们的岛民将保证其自由。有少数几个城邦②走了过来。2 随后，与其他所有的得摩斯忒涅斯的部下达成了投降条件：如果交出武器，就不用暴力，或者囚禁，或者不给够生活必需品等手段杀死他们任何一个人。3 他们全部共6000人③交出了武器，将身上所有的银钱都投进翻过来的盾牌上，装满了4只盾牌。这些俘虏被立即押回了叙拉古城。就在这一天，尼喀阿斯与其部下抵达了厄里涅俄斯河河边。渡河后，他将部队驻扎在一处高地上。

83.1 次日，叙拉古人追上尼喀阿斯后，告诉他得摩斯忒涅斯的部队已经投降，要求他也这么做。尼喀阿斯不相信，要求休战，派一名骑兵去

---

① 在希腊史学家那里，"斯塔狄翁"是一个有点主观的长度单位，其数值并不固定。不过，无论取何种标准，这里的数字都不符合西西里战场上实际地理状况。见戈姆《评注》第4卷，第459、469页。有学者主张作"30"。见霍氏《评注》第3卷，第730页。

② 原文如此，显然将城邦拟人化了。见霍氏《评注》第3卷，第731页。

③ 6000人还占了总数一半以上（7.80.4），可见雅典人此时的人马总共只有10000人左右。这与开始撤退时的4万（7.75.5）相差太多，如果其余3万损耗掉了，那损耗率高得离谱了。见霍氏《评注》第3卷，第731页。可见，前文的"4万"肯定有误。

一探究竟。2 等到骑兵返回报告确实已经投降，尼喀阿斯派使节告诉古利波斯和叙拉古人，他准备代表雅典人与其达成协议，赔偿叙拉古人花在这场战争上的一切开销，条件是放他的部下走；并答应在偿付赔款之前，拿雅典人做人质，每人1塔兰同。3 叙拉古人和古利波斯不接受此提议，依旧进攻，将他们包围，从四面八方投掷，直至黄昏。4 由于缺少食物和其他必需品，他们的处境艰难，但还是等夜深人静开拔。他们一拿起武器，叙拉古人就发觉了，唱起了颂歌。5 雅典人知道自己被人发现了，就把武器放下来。有大约300人没有把武器放下来，他们连夜强行突破防守，能逃到哪儿算哪儿。

84.1 天明①，尼喀阿斯领军上路。叙拉古人及其盟友继续用与以前相同的方式攻击，从四面八方投掷，投矛将其射倒。2 雅典人急匆匆朝阿西那洛斯河②赶：一是因为迫于敌人骑兵和其他大批人马从四面八方发起的攻击，以为如果渡过该河，就可以喘一口气；一是因为疲惫不堪和急于喝水。3 到了河边，他们冲进河里，一点秩序都没有了，每个人都想第一个渡河。敌人的攻击已经让渡河变得困难，因为他们被迫挤作一团前进，所以你压我，我压你，你踩我，我踩你。有的倒在短矛上，立即被刺死了；有的缠绕上行李装备，被水流冲走。4 叙拉古人站在河的对岸——河岸陡峻——从上面向雅典人投掷。大部分雅典人都在贪婪地喝水，在浅水的河床里乱作一团。5 伯罗奔尼撒人走下河岸屠杀他们，尤其是那些河里的人③。河水立即污浊不堪，又是血，又是泥浆，他们还照喝不误，甚至许多人为争水而大打出手。**85.1** 最后，河里死尸枕藉，雅典军队已被歼灭，绝大部分死于河中，逃出去的死于骑兵之手。尼喀阿斯本人向古利波斯投降。比起叙拉古人，他更信任古利波斯。他请求古利波斯，他和拉刻代蒙人拿他干什么都行，但要停止屠杀其士兵。2 于是，古利波斯命令抓俘虏，没有被藏起来的幸存者（许多人被藏起来④）被赶到一起。他们还派人去追那天晚上冲破防守的300人，将他们抓住。3 其实，抓到一起作为城邦集体的俘虏为数不多，而被藏起来的却很多，他们遍及西西里各

---

① 有学者认为是公元前413年10月8日。见霍氏《评注》第3卷，第735页。
② 古代的阿西那洛斯河可以肯定就是今Asinaro河。见霍氏《评注》第3卷，第735页。
③ 这条信息可能是作者从叙拉古方面了解到的，因为雅典方面的幸存者恐怕难以分清不同的族。见霍氏《评注》第3卷，第736页。
④ 被一些叙拉古人留作奴隶或者卖掉。见马钱特的注。

地。因为他们不是按照投降协议当的俘虏,就像得摩斯忒涅斯的部下那样。**4** 雅典军队有相当一部分被杀,这次屠杀规模最大①,不亚于在这场[西西里的]战争中所发生的任何一次。在行军途中发生的其他频繁的攻击中,死的人也不少。然而,也有很多人逃脱了。有的当场溜走,有的做了奴隶,后来又逃走了——这些人全都逃到了卡塔涅。

86.1 叙拉古人及其盟友集合起来,尽可能多地带上俘虏和战利品,返回叙拉古城。**2** 他们将俘虏的全部雅典人及其盟友赶下了采石场,觉得这样看管才是最安全的,却在古利波斯不同意的情况下,割断了尼喀阿斯和得摩斯忒涅斯的喉管。因为古利波斯认为把敌方将领带回拉刻代蒙,将是他一桩前所未有的丰功伟业。**3** 而且,巧的是,由于发生在那座岛②和皮罗斯的事件,得摩斯忒涅斯是他们的死对头;由于同样的原因,尼喀阿斯又是他们最有用的朋友。因为尼喀阿斯劝雅典人订立和约,一心想要释放从那座岛上捉到的拉刻代蒙人。**4** 就凭这些,拉刻代蒙人对他抱有亲近感,也主要因为这个缘故,尼喀阿斯信任古利波斯,向他投降。但是,据说一些叙拉古人因为曾与他串通过,害怕他因此而受到拷问,在胜利之时给他们制造麻烦。其他的人,尤其是科林斯人,害怕他用钱买通逃走——因为他很富有——重新制造祸端,就劝盟友处死他。**5** 因为这些缘故或者类似的缘故,尼喀阿斯死了。在我生活的时代的希腊人中,他是最不应该有此不幸结局的,因为他终生都在致力于提高自己的卓越品质③。

87.1 在开始的一段时间里④,采石场里的人遭到叙拉古人的虐待。

---

① 原文是 "πλεῖστος γὰρ δὴ φόνος οὗτος",有韵律(见霍氏《评注》第 3 卷,第 737 页),即 "长 – 短 – 短,长 – 短 – 短,长 – 长"。

② 斯帕克忒里亚岛。

③ 原文是 "διὰ τὴν πᾶσαν ἐς ἀρετὴν νενομισμένην ἐπιτήδευσιν",这句话中"νενομισμένην"不跟 "ἀρετὴν" 配合(见戈姆《评注》第 4 卷,第 463 页),而是跟 "ἐπιτήδευσιν" 配合。为了便于理解,可以将其词序调整为 "διὰ τὴν πᾶσαν ἐπιτήδευσιν νενομισμένην ἐς ἀρετὴν"。这里的 "卓越品质"("ἀρετὴν",参见前文译注 4.81.2)指的是公民中争着为城邦效力的品质,比如在捐助方面出手大方——这种捐助制度叫 "λειτουργία"(liturgy),它要求富裕的雅典公民(一般家产价值约在 4 塔兰同以上)拿出自己的部分钱财为城邦服务——而不是"合作性的"品质,这与今天人们所说的私人品德不是一回事。作者这里的评论是因何感而发?有学者认为是尼喀阿斯被残忍杀死的方式。霍氏认为,尼喀阿斯的不幸结局将他平生的幸运抵消了,这种反差也是作者发议论的原因。见霍氏《评注》第 3 卷,第 742 页。

④ 见下文,70 天后,一些人被卖为奴,幸存者最长待了 8 个月。

他们人数众多，待在一个狭小的深坑里，由于没有遮盖，先是阳光照射和空气闷热让他们难受；接着到来的夜晚，正好相反，秋末天气寒冷。这样一热一冷让他们生病。**2** 此外，由于地方狭窄，他们只能在同一个地方做所有的事情①；而且，尸体压着尸体堆在一起——有的死于受伤，有的由于温度变化或者这一类的原因而死——臭气令人无法忍受。他们还受饥饿和口渴的双重折磨（在 8 个月②的时间里，每人每天只得到 1 科堤勒③的水，2 科堤勒的食物）。凡被扔进这样的地方的人肯定会受的苦遭的罪，没有一样他们没有遭受过。**3** 他们就这样待在一起度过了大约 70 天。随后，除了雅典人和所有一起出征的西西里的希腊人和意大利的希腊人，其他人都被卖为奴④。**4** 俘虏的总数，尽管难以说得很精确，但是不会少于 7000 人⑤。**5** 在这场战争中，这个事件是 [希腊人的] 最大的事件。要我说，在希腊历史上⑥，对胜利的一方而言，它是最辉煌的；对被歼灭的一方而言，它是最不幸的。**6** 他们在各个战场⑦都一败涂地，他们吃的苦遭的罪没有一样是小的——就像人们说的："全军覆没"——陆军、海军，一切灰飞烟灭，只有极少数人⑧重返家乡。西西里的事件就是这些。

---

① 指排泄之类，作者对于人的身体功能方面一般不提，只在对瘟疫进行医学描述时才提。见霍氏《评注》第 3 卷，第 743 页。

② 下文说，70 天后，除了与雅典人一起出征的西西里和意大利的希腊人之外，其他人被卖为奴，所以这个时间是指雅典人和其他希腊人待在采石场的时间。见戈姆《评注》第 4 卷，第 464 页。

③ κοτύλη，液量和干量单位，1 κοτύλη 液量 = 0.27 公升，1 κοτύλη 干量 = 270—275 立方公分。见戈姆《评注》第 4 卷，第 464 页。英译作 "half a pint"（"半品脱"）。

④ 有学者认为，这些人中许多是被赎回的，而不是被杀或者被卖为奴。见霍氏《评注》第 3 卷，第 742 页。

⑤ 除了跟随得摩斯忒涅斯的 6000 人（7.82.3），那么跟随尼喀阿斯的只有约 1000 人，实在太少。有学者认为这个数字有误，真实数字可能是 13000。见霍氏《评注》第 3 卷，第 743 页。

⑥ 直译"在我们通过传闻所知道的希腊的事情当中"。

⑦ 陆战和海战；在工事里和野外的战斗。见史密斯的注。

⑧ "极少数"原文是 "ὀλίγοι ἀπὸ πολλῶν"，直译"许多人中的少数几个"。

卷　　八

1.1 消息传到了雅典，人们有很长一段时间不相信这支队伍已经全军覆没，尽管从战场上逃回来的士兵报告了确凿的消息，他们还是不相信。等到确信无疑了，他们就对参与鼓动这次出征的演说者们大光其火，好像他们自己没有投票赞成一样，还把怒气发向传播预言者、占卜者和所有那些当时通过传达神示让他们对征服西西里抱有希望的人①。**2** 各个方面所有一切都让他们痛苦不堪，而这个事件让他们惶惶不可终日，陷入前所未有的恐惧之中。因为无论个人还是城邦都精疲力竭了，他们失去了许多重甲兵、骑兵和青壮年，而且眼瞅着手里没有剩下的了。船坞里看不到足够的船只②，国库里钱财匮乏，战舰上乘员短缺，面对眼前的局势，他们对自身的安全不抱希望了。他们心想，西西里的敌人将把他们的舰队立即开向比雷埃夫斯③——尤其是在取得这么一场大胜之后——希腊本土的敌人现在将加倍进行一切准备，立即从海陆两路竭力发动进攻，他们的盟邦也将叛离并加入敌人的行列。**3** 然而，尽管情况如此，他们还是决定决不投降，而要建造一支舰队——从凡能搜罗到的地方④去搜罗木料——要筹措钱财；要稳住盟邦，尤其是优卑亚；要缩减城邦的种种民用支出；要挑选

---

① "传播预言的人"原文是"χρησμολόγοις"（"χρησμόλογος"的复数、与格），"占卜者"原文是"μάντεσι"（"μάντις"的复数、与格）。有学者认为，"μάντις"指与神即时沟通的人，比如通过观察牺牲的内脏或者鸟的飞行来预言；"χρησμόλογος"则指对早已说出或者写出的神示进行收集、解释和传播的人。霍氏认为，作者这里列出了三类人（第三类含糊其词），都与神示有关；整个这一段都是非常修辞化的语言，因此，不必对他们之间的区别过于认真。见其《评注》第3卷，第750—751页。

② 有学者认为，"看不到"并不等于说"没有"，所以此时的雅典的财政状况并非特别危急。见霍氏《评注》第3卷，第751页。

③ 真实情况见下文（8.26.1）。

④ 主要是马其顿。见戈姆《评注》第5卷，第6页。

出一个老年人委员会，在需要的时候，就当前的局势预审议案①。4 雅典人在当时极为恐惧的情况下，就像民众往往会做的那样②，准备服从一切纪律约束。他们将这些决议付诸实施。这个夏季结束了。

2.1 接下来的冬季，看到雅典人在西西里惨败，希腊人顿时全都兴高采烈。那些中立的城邦觉得就算没有人邀请，也不应该继续置身战争之外，而应该自愿向雅典人进攻。每个城邦都认为，如果雅典人在西西里取得成功，就会向他们开战；而且余下的战争为时不会长，参战将是一件荣耀的事。同时，拉刻代蒙人的盟邦比以前任何时候都迫切地希望快点摆脱长期的痛苦。2 雅典人的属邦尤其想要叛离，甚至自不量力。因为他们在情绪的左右下判断形势，甚至不给雅典人撑过下一个夏季的机会。3 这一切让拉刻代蒙人的城邦深受鼓舞，特别是他们的西西里盟邦，既然因形势所迫③已经获得了一支海军，肯定会出动庞大的兵力，开春就过来。4 各方面都大有希望，他们打算毫不犹豫地进行战争，心想：一旦这场战争胜利结束，就可以彻底摆脱诸如若雅典人攫取了西西里的资源就会带给他们的危险；推翻了雅典人，他们就稳稳当当地成了全希腊的霸主④。

3.1 于是，在这个冬季，他们的王阿癸斯立即从得刻勒亚出动一支军队，为维持自己的海军到盟邦征收金钱。他转向墨利厄乌斯海湾，从俄泰亚人——跟他们有宿怨⑤——那里掠夺了不少，然后向他们索要了赎金⑥；还强迫普提俄提斯的阿卡伊亚人和该地区的其他忒萨利亚人的属民⑦——不管忒萨利亚人如何抱怨和不情愿——交出人质和钱财；然后将人质安置在科林斯，并试图将他们拉入盟友行列。2 拉刻代蒙人还下令各邦建造战

---

① 这些老年人组成的委员会有 10 个人，他们应被称为"πρόβουλοι"，但是作者没有用这个术语。雅典人想用它来约束那些鲁莽的决定。见霍氏《评注》第 3 卷，第 752 页；戈姆《评注》第 5 卷，第 6 页。

② 译者参照的 4 个英译本均把"民众"（原文是"δῆμος"）译成"民主政体"，这句话也就译为"就在像民主政体下往往发生的情况那样"之类。

③ 雅典人进攻他们。见戈姆《评注》第 5 卷，第 8 页。

④ "霸主"原文是"ἡγήσεσθαι"（将来时不定式），意思是"领头""带领""统治"等。汉语"霸主"本义就是"盟主"，正合此义。

⑤ 见前文（3.92.2）。

⑥ 这里的掠获物是牲口，然后要求对方交钱赎回。见塔克的注。

⑦ 主要有埃尼阿涅斯人、多罗庇亚人、墨利厄乌斯人。见前文（5.51.1）。

舰，总数 100 艘，规定他们自己和玻俄提亚人各造 25 艘①，波喀斯人和罗克洛斯人② 15 艘，科林斯人 15 艘③，阿耳卡狄亚人④、珀勒涅人和西库翁人 10 艘，墨伽拉、特洛兹顿人、厄庇道洛斯人和赫耳弥俄涅人 10 艘。同时，做好其他准备，以便开春即重新展开军事行动。

4. 就在同一个冬季里，雅典人也在按照计划进行准备工作。搜罗木料⑤，建造战舰，在苏尼翁修筑要塞⑥，以保障绕过那里的运粮船的安全；他们放弃了位于拉科尼刻的要塞——那是他们驶向西西里之时修筑的⑦——在其他方面，如果哪里开支不必要，就加以缩减，以节约钱财；另外，首要的是，严密监视盟邦的动向，以防其叛离。

5.1 这些就是双方进行的准备工作，简直就像战争刚刚开始一样。在这个冬季，优卑亚人第一个派遣使节去见阿癸斯，讨论叛离雅典人的事⑧。阿癸斯接受了他们的提议，派遣斯忒涅拉伊达斯⑨之子阿尔卡墨涅斯和墨兰托斯从拉刻代蒙到优卑亚做长官⑩。他们带领大约 300 名新获得

---

① 玻俄提亚人的这 25 艘战舰似乎有点有名无实，第 8 卷余下的部分没怎么提到他们的战舰，仅下文（8.106.3）提到他们损失了 2 艘战舰。见霍氏《评注》第 3 卷，第 757 页。

② 居住在北面的罗克洛斯人，即厄庇克涅弥狄俄人所居住的罗克里斯。见戈姆《评注》第 5 卷，第 10 页。

③ 作为海军强国的科林斯配额较少，因为他们已有 25 艘以上的战舰在服役（7.17.4）。见戈姆《评注》第 5 卷，第 10 页。

④ 阿耳卡狄亚人居住在内陆，他们很可能提供木材。见戈姆《评注》第 5 卷，第 10 页。

⑤ 从什么地方？安庇波利斯是不可能的了，可能的地方有马其顿，还有小亚特洛亚斯（Τρωάς, Troas 或 Troad）地区（达达尼尔海峡以东的沿海地带）的伊达山。在西方，以前意大利的图里俄人可以为他们提供木材，现在图里俄人与他们反目了（8.35.1）。见霍氏《评注》第 3 卷，第 759 页。

⑥ 在岸边建立要塞虽不能直接帮助攻击敌人，但可以为己方战舰提供庇护，阻止敌人上岸追击。见戈姆《评注》第 5 卷，第 10 页。

⑦ 见前文（7.26.2）。

⑧ 首先，这句话没有明确说优卑亚岛上有哪些人准备叛离，下文（8.95.7）还说俄瑞俄斯（赫斯提埃亚的别称）的居民仍然忠于雅典人。其次，为什么优卑亚人率先叛离？我们应该注意到作者叙述西西里事件时提及的血缘关系，西西里东部的希腊城邦很多与卡尔喀斯人有血缘关系。尽管雅典人把卡尔喀斯人和厄瑞特里亚人列为自己的盟友（7.57），但是，赫耳摩克剌忒斯在卡马里娜的演说（6.76）中提到，雅典人残酷对优卑亚岛上的卡尔喀斯人，恐怕对西西里的卡尔喀斯人的后裔也不会安好心。这话也不是白说的。见霍氏《评注》第 3 卷，第 761 页。

⑨ 应该是前 432/1 年斯巴达的监察官（1.85.3），或者其亲戚。见戈姆《评注》第 5 卷，第 11 页。

⑩ "长官"原文是"ἄρχοντας"（"ἄρχων"的宾格、复数）。

公民权的希洛特前来，阿癸斯开始安排他们渡海的事。**2** 同时，勒斯玻斯人①也来了，他们也想叛离。他们得到了玻俄提亚人的支持②，阿癸斯被说服将优卑亚的事情搁一搁，先安排勒斯玻斯人叛离的事。他任命阿尔卡墨涅斯为总督③——他本来要去优卑亚——玻俄提亚人答应提供 10 艘战舰，阿癸斯也答应提供 10 艘。**3** 这件事没有经过拉刻代蒙人的城邦的首肯就做了④，因为阿癸斯在率其人马逗留于得刻勒亚期间，有权派遣军队去他想要去的地方⑤，征召士兵和征收金钱。可以说，在这个时候⑥，盟邦对他的服从，要远超对身在国内的拉刻代蒙人的服从。因为他手握兵力，人到哪里，恐惧就立即出现在哪里⑦。

4 正当阿癸斯处理有关勒斯玻斯人的事情之时，准备叛离的喀俄斯人和厄律特赖人⑧没有求助于阿癸斯，而是求助于拉刻代蒙。跟他们一起抵达的还有提萨珀耳涅斯⑨派出的一个使节。提萨珀耳涅斯是阿耳塔克塞耳

---

① 勒斯玻斯岛上的城邦不止一个，这里也没有加以区分。见霍氏《评注》第 3 卷，第 762 页。

② 玻俄提亚人与他们有血缘关系，前文有明言（3.2.3）。有学者指出，第 8 卷在叙述的背后暗藏大量的"血缘外交"（"kinship diplomacy"）。见霍氏《评注》第 3 卷，第 762 页。

③ "总督"原文是"ἁρμοστὴν"（"ἁρμοστής"的宾格、单数，即 harmost），此词全书仅此一见，其职责是统辖地区或者要塞，或者独立的部队。许多作者称为"ἄρχοντες"的斯巴达人应该就是"ἁρμοστής"。色诺芬常用此词。见霍氏《评注》第 3 卷，第 762 页；戈姆《评注》第 5 卷，第 11 页。

④ 有学者认为，征召新获公民权的希洛特，阿尔卡墨涅斯和墨兰托斯肯定要得到城邦的同意，但是任命长官和派遣他们去哪里出征，就由阿癸斯做主了。所以，这里译成"这件事"，而不是"这些事"。见霍氏《评注》第 3 卷，第 763 页。"这件事"原文是"ταῦτα"，复数，但是，任命和派遣既可以看成两件事，也可以合起来看成一件事。故译。

⑤ 这个时候还有 10 个顾问跟随阿癸斯吗（5.63.2）？似乎绝无可能。拉刻代蒙人的惯例是，在战场上，他们和盟友绝对服从国王（5.60.2）。见霍氏《评注》第 3 卷，第 763 页。另外，阿癸斯长期在得刻勒亚驻军，其独立性增加了，但这不会给他带来什么特殊的权力。见戈姆《评注》第 5 卷，第 12 页。

⑥ 严格地说，不是阿癸斯待在得刻勒亚的整个时期，只是这个冬季。见戈姆《评注》第 5 卷，第 12 页。

⑦ 只限于中希腊，当战争的中心转移到伊俄尼亚之后，他就不怎么受关注了。见戈姆《评注》第 5 卷，第 12 页。

⑧ Ἐρυθραῖοι, Erythraeans，厄律特赖（Ἐρυθραί, Erythrae）是小亚的 12 个伊俄尼亚族的城邦之一。

⑨ Τισσαφέρνης, Tissaphernes，作者没有指出其父名。提萨珀耳涅斯应是希罗多德提到的那个许达耳涅斯（Ὑδάρνης, Hydarnes）的后代，《历史》称其为"海岸地带人民的将军"（7.135.2），这位许达耳涅斯的祖上有一位同名者可能帮过大流士一世登上王位（《历史》3.70.2）。见霍氏《评注》第 3 卷，第 765 页。

克塞斯①之子波斯国王大流士②任命的、在西方③的将军④。5 因为提萨珀耳涅斯也正把拉刻代蒙人引向他们那里去,答应提供给养。因为波斯国王最近要求他从其治下的⑤希腊城邦征收贡款,由于雅典人的阻挠收不上来,他还欠着⑥。因此,他想,如果削弱了雅典人,他就好收贡款了,同时还能让拉刻代蒙人做国王的盟友;而且能按照国王的命令,将庇苏特涅斯的私生子阿摩耳革斯——他在卡里亚一带叛乱⑦——要么生俘,要么杀死。

6.1 于是,喀俄斯人和提萨珀耳涅斯为着共同的目标一起合作。大约在同一时间,墨伽拉人、拉俄蓬之子卡利革托斯和库兹狄科斯人⑧、雅典娜戈剌斯之子提马戈剌斯——他们都是流亡者,寄寓于帕耳那刻斯之子帕耳那巴兹多斯⑨的府中⑩——抵达了拉刻代蒙。帕耳那巴兹多斯派遣他们

---

① 阿耳塔克塞耳克塞斯一世(前465—前424年在位)。

② 大流士二世($\Delta\alpha\rho\epsilon\tilde{\iota}os$, Darius,前424/3—前404年在位)。作者在前文提到阿耳塔克塞耳克塞斯一世去世(4.50.3),准确时间是前423年3月,但是没有提大流士二世继位的事。这里提及大流士二世,离其即位整整10年了。见霍氏《评注》第3卷,第764页。

③ "西方"原文是"$\tau\tilde{\omega}\nu$ $\kappa\acute{\alpha}\tau\omega$","$\kappa\acute{\alpha}\tau\omega$",副词,"在下面的""在下方的",引申为"海岸地带"(海岸地势低),在这里指的小亚的地中海沿岸地带。从波斯人的角度看,就是西方。见霍氏《评注》第3卷,第766页。

④ "将军"("$\sigma\tau\rho\alpha\tau\eta\gamma\acute{o}s$")是不是"总督"("$\sigma\alpha\tau\rho\acute{\alpha}\pi\eta s$")?霍氏认为,前413年的提萨珀耳涅斯既是萨耳得斯总督辖区的总督,同时还管理西方或者说沿海地带的军事事务,特别是伊俄尼亚沿海的希腊城邦,还包括卡里亚。见霍氏《评注》第3卷,第768页。

⑤ "治下的"如果用术语表达就是"总督辖区"("$\sigma\alpha\tau\rho\alpha\pi\epsilon\acute{\iota}\alpha$", satrapy)。见霍氏《评注》第3卷,第772页。

⑥ 这句话明确告诉我们,小亚西部的希腊城邦既向雅典人缴纳贡款,又向波斯国王缴纳贡款,也许这就是前449年提洛同盟与波斯人签订的"卡利阿斯和约"("Peace of Callias")的条款之一。另外,贡款欠缴了多少年?新国王即位往往会免除欠款,因此,欠款不会早于前423年。这句话中的"最近"一词提示我们,可能是由于雅典人此前不久(前414年?)支持阿摩耳革斯,才促使波斯国王下决心催缴。见霍氏《评注》第3卷,第771页。

⑦ 卡里亚此时还不是一个总督辖区,前4世纪90年代才变成了一个总督辖区,在前6—前5世纪,它是萨耳得斯总督辖区的附属。卡里亚地域广阔,其内陆有很多坚固之所,故可以坚守较长时间。由于阿摩耳革斯叛乱等原因,波斯国王后来把它从萨耳得斯总督辖区中单独划出来。阿摩耳革斯的叛乱得到了雅典人的支持(见下文8.28.2;8.54.3),但具体时间难以确定。见霍氏《评注》第3卷,第769页。

⑧ $K\upsilon\zeta\iota\kappa\eta\nu o\acute{\iota}$,库兹狄科斯($K\acute{\upsilon}\zeta\iota\kappa o s$, Cyzicus)人。库兹狄科斯位于马尔马拉海南岸的密西亚($M\upsilon\sigma\acute{\iota}\alpha$, Mysia)地区,离帕耳那巴兹多斯的治所 $\Delta\alpha\sigma\kappa\acute{\upsilon}\lambda\iota o\nu$(Dascylium,波斯行省Bithynia的首府)很近。

⑨ 这里的帕耳那刻斯是二世,见前文译注(2.67.1)。

⑩ 墨伽拉是许多黑海城邦以及卡尔刻冬、拜占庭的母邦,这两个人跑到 $\Delta\alpha\sigma\kappa\acute{\upsilon}\lambda\iota o\nu$ 是可以理解的,同时,帕耳那巴兹多斯也需要通过他们了解希腊内部的情况,以及利用他们与希腊内部不满者联系。见霍氏《评注》第3卷,第773页。

来，是想要弄到一支舰队赴赫勒斯蓬托斯。跟提萨珀耳涅斯一样，他急于——如果可能——让他治下的城邦叛离雅典人，从而收取贡款；同时通过他的努力，让拉刻代蒙人与波斯国王结盟。

2 由于帕耳那巴兹多斯和提萨珀耳涅斯派出的这两拨人各干各的，他们为获得拉刻代蒙人的优先支持展开了激烈的竞争，一方要说服拉刻代蒙人派舰队和军队先去伊俄尼亚与喀俄斯，另一方则要求先去赫勒斯蓬托斯。**3** 然而，拉刻代蒙人更倾向于接受喀俄斯人和提萨珀耳涅斯的建议。因为阿尔喀比阿得斯支持他们，他与现任监察官的恩狄俄斯①是世交的密友②，通过这种关系，他的家族才有了这个拉科尼刻名字③，因为恩狄俄斯名叫"阿尔喀比阿得斯之子"。**4** 但是，拉刻代蒙人先派一名观察员——普律尼斯，一个边民——去喀俄斯④，看他们是否有所说的那么多的战舰，还看在其他方面该城邦是否名实相符。他回来报告说他们听到的都是事实，拉刻代蒙人立即与喀俄斯人和厄律特赖人结盟，投票决定向他们派遣40艘战舰，因为如喀俄斯人所说，喀俄斯已有不下60艘战舰。**5** 拉刻代蒙人先打算派遣10艘战舰，由他们的舰队司令墨兰克里达斯率领。后来，发生了地震，没派墨兰克里达斯，改派卡尔喀得乌斯；没在拉科尼刻准备10艘，只准备了5艘⑤。这个冬季结束了，修昔底德记载的这场战争的第19年也随之结束了。

7. 接下来的夏季，一开春，喀俄斯人就催促他们派出舰队，担心雅典人得悉他们进行的活动（因为所有这些出使都瞒着雅典人）。拉刻代蒙人派了3个斯巴达人到科林斯，带着以下命令：尽快将战舰从一个海⑥拖

---

① 前420年出使雅典的3位斯巴达人之一，被阿尔喀比阿得斯要弄，8年过去了，过去的交恶已经忘记。恩狄俄斯不是名年监察官，而是五监察官之一。见戈姆《评注》第5卷，第19页。

② "世交的密友"原文是"πατρικὸς ἐς τὰ μάλιστα ξένος"，关于"ξένος"见前文（4.78.4）译注。

③ 其家族经常用这个名字，阿尔喀比阿得斯本人和其子，还有其祖父、其曾祖父的父亲都叫这个名字。最早可以追溯到前550年甚至更早。见霍氏《评注》第3卷，第775页。

④ 有学者认为，派一个边民去，是想对雅典人和喀俄斯的得摩斯（demos）保密。见霍氏《评注》第3卷，第776页。

⑤ 一次出征会因为地震而完全取消，参考前文（3.89.1；6.95.1）。见戈姆《评注》第5卷，第19页。

⑥ 即科林斯湾（今科林西亚湾）。

过地峡到另一个面向雅典的海①；所有的战舰，包括阿癸斯准备好赴勒斯玻斯和其他地方的战舰，都驶向喀俄斯。在那里，盟邦战舰总数为 39 艘。

8.1 却说作为帕耳那巴兹多斯派出的代表，卡利革托斯和提马戈剌斯既没有参与这次赴喀俄斯的出征，也没有支付他们携带的、用于资助一次出征的 25 塔兰同的金钱②，而考虑等一等，资助另一次出征。**2** 阿癸斯看到拉刻代蒙人急于先出征喀俄斯，他本人并无异议，但是盟邦在科林斯集合商议，做出决定：首先驶向喀俄斯，由卡尔喀得乌斯统率——他在拉科尼刻准备 5 艘战舰——然后去勒斯玻斯，由阿尔卡墨涅斯统率——阿癸斯原本计划要他统率——最后去赫勒斯蓬托斯（赫然庇阿斯③之子克勒阿耳科斯已被指派统治该地区）。**3** 而且，他们决定首先让一半的战舰越过地峡，然后立即出发，让雅典人把注意力少放在这支出发的舰队上，多放在随后越过地峡的舰队④。**4** 他们轻视雅典人无还手之力，因为雅典人没有多少战舰可以现身海上了，打算大摇大摆地出征。按照这些决定，他们立即将 21 艘战舰拖了过去。**9.1** 他们急于起航，但是科林斯人正处在地峡竞技会期间，在过完此节之前，不想参加出征⑤。阿癸斯乐意让他们不破坏地峡竞技会的休战，自己领军出征。**2** 科林斯人不同意，出征就耽搁了。雅典人开始对喀俄斯将发生的事情有所觉察，派身为将军的阿里斯托克剌忒斯，去指责喀俄斯人。喀俄斯人予以否认，雅典人于是要求他们派战舰跟随其参加同盟的军事行动，以此作为保证。喀俄斯派出了 7 艘战舰。**3** 这

---

① 参见前文（3.15.1）。

② 提萨珀耳涅斯的人只答应提供给养，而帕耳那巴兹多斯的人携带了大笔现金（提洛同盟中缴纳贡款最高的埃癸娜每年才 30 塔兰同）。有趣的是，这些现金肯定出发时就带上了，但作者到这里才交代。见霍氏《评注》第 3 卷，第 779—780 页。

③ 很可能就是前文提到的那个赫然庇阿斯（1.139.3；5.12.1）。

④ 意即早走的一部分战舰可以少引起雅典人的注意。

⑤ 这句话中的"他们"指的是拉刻代蒙人及其盟友；"不想"原文是"οὐ προυθυμήθησαν"（不定过去时被动态、异动动词）。科林斯一向是反对雅典人的急先锋，见前文 2.80.3（"ξυμπροθυμούμενοι"）和 6.88.8（"πάσῃ προθυμίᾳ"），而其后台拉刻代蒙人有时却显得犹犹豫豫（如"οὐ προθύμων ὄντων"6.88.10）。所以，作者这里想说的是科林斯人一反常态。为什么科林斯人态度如此？原来他们有顾虑，那就是地峡竞技会（Ἴσθμια）。这是全希腊范围的竞技会，每两年举办一次（7 月或者 6 月底）。前 420 年举办过一次，那么前 412 年应该举办（修昔底德没有提），而这一年也是奥林匹亚竞技会举办年（每 4 年一次）。有学者认为，两大竞技会同年举办，为避免冲突，地峡竞技会会提前一点（5 月份？）。在举办期间，作为东道主的科林斯理应休战。另外，刚发生了地震（8.6.5），古希腊人认为地震乃海神波塞冬之所为，而波塞冬又是地峡竞技会的保护神之一，不出兵也是为了平息神的怒气。见霍氏《评注》第 3 卷，第 781—783 页。

些战舰之所以派出，是因为大多数喀俄斯人对与斯巴达的密谋并不知情，参与谋划的少数人在找到靠山①之前，不想与多数人为敌。因为出征耽搁了，他们不再指望伯罗奔尼撒人到来。

10.1 与此同时，地峡竞技会举行。雅典人作为城邦观礼使节参加了（因为已向他们宣布休战）②，更清楚地了解到喀俄斯人的密谋。回国之后，立即着手准备，以防那些战舰从肯克瑞埃③瞒着他们偷偷起航。**2** 节庆过后，伯罗奔尼撒人的21艘战舰起航赴喀俄斯，由阿尔卡墨涅斯统率。雅典人首先以同样数量的战舰相迎，试图将其引到外海。伯罗奔尼撒人追出去不远就掉头返回，雅典人也撤回了，因为他们觉得在他们行列中的那7艘喀俄斯战舰不可靠。**3** 随后，雅典人给另外一些战舰配齐了人员，战舰数量达37艘。他们追逐沿海岸航行的敌舰，直至科林斯的斯珀赖翁④。它是一个荒无人烟的港口，靠近科林斯与厄庇道洛斯的边界。伯罗奔尼撒人在外海损失了1艘战舰之后，将其余战舰聚集于此港，下锚停泊。**4** 现在，雅典人不仅从海上发动攻击，还下船从陆上发动攻击。一场激烈的混战爆发。雅典人重创了海滩上的绝大部分敌舰，杀死了其统帅阿尔卡墨涅斯⑤，他们自己也有一些人战死。**11.1** 两军分开之后，雅典人安排足够数量的战舰封锁敌人的战舰，将其余的战舰停泊于附近不远处的一座小岛，并开始在上面扎营；还派人去雅典请求增援。**2** 因为战后第二天科林斯人赶来加入伯罗奔尼撒人的行列，增援其舰队；不久以后，附近其他人⑥也赶来增援。伯罗奔尼撒人看到在荒无人烟的地方保持警戒是一件苦

---

① 直译"抓到某些力量"。

② 括号内牛津本作"ἐπηγγέλθησαν γάρ"（"因为已向他们宣布了消息"），阿尔伯蒂的校勘本作"ἐπηγγέλθησαν γάρ αἱ σπονδαί"，"αἱ σπονδαί"意思是"休战"。霍氏赞同。今从。见霍氏《评注》第3卷，第786页。另外，关于全希腊竞技会期间的休战问题，请参考前文译注（5.49.1）。

③ Κεγχρειαί, Cenchreae, 即前文（4.42.4; 4.44.4）所说的肯克瑞亚（Κεγχρειά, Cenchreia）。

④ Σπείραιον, Spiraeum, 绝大多数抄本作"Πειραιόν"，恐有误。因为科林斯还有一个地方叫"Πειραιόν"，但不在作者这里所说的区域。另外，抄写者还有可能把它与雅典的著名港口比雷埃夫斯（"Πειραιεύς"，其宾格为"Πειραιᾶ"）搞混。见塔克的注；霍氏《评注》第3卷，第788页。

⑤ 这句话中的"重创了""杀死了"原文都是现在时，使叙述生动形象。见霍氏《评注》第3卷，第789页。

⑥ 科林斯所在的地峡一带地形崎岖，附近居民赶来需费时日，来的人不会多，且这一带除了科林斯人，阿耳戈斯人被排除在外，那就只有厄庇道洛斯人。见戈姆《评注》第5卷，第25页。

差事，不知道该怎么办才好，甚至想把战舰一把火烧掉。最后，决定将战舰拖上岸，用步兵坐下来警戒，等待合适的时机逃走。阿癸斯得知这一情况后，给他们派去一位斯巴达人忒耳蒙①。3 拉刻代蒙人首先得到的消息是，他们的舰队已经从地峡起航（因为监察官已经告诉阿尔卡墨涅斯，起航之时派一人骑马报信），就想要立即派出他们自己的 5 艘战舰，由卡尔喀得乌斯统率，阿尔喀比阿得斯随行；两人正欲动身，传来他们的舰队已经逃到斯珀赖翁的消息，拉刻代蒙人一下子泄了气，因为他们刚开始打伊俄尼亚战争②便栽了跟头。他们打算不再从本土派战舰了，甚至想要召回一些已经起航的战舰③。12.1 阿尔喀比阿得斯知道这一情况后，再次劝说恩狄俄斯和其他监察官不要退缩，而要继续派战舰出航。他说，如果起了航，就可以在喀俄斯人得知舰队战败的消息之前赶到那里；只要一抵达伊俄尼亚，他就把雅典人的弱点和拉刻代蒙人的决心告诉那些城邦，便可以轻易说服她们叛离雅典人。因为他的话比别人的更可信赖。2 他私下对恩狄俄斯说④，假他之手，使伊俄尼亚叛离雅典，并使波斯国王与拉刻代蒙人结盟，将是他恩狄俄斯的荣耀，不要让这份功劳落到阿癸斯名下——因为他本人与阿癸斯结有私怨⑤。3 恩狄俄斯和其他监察官被他说服了，于是，他与拉刻代蒙人卡尔喀得乌斯一道率那 5 艘战舰起航，全速行驶。

13. 大约与此同时，跟随古利波斯一同战斗到底的 16 艘伯罗奔尼撒战舰⑥从西西里返回。在勒乌卡斯附近，遭到阿提卡的 27 艘战舰的截击。

---

① 可能是来取代战死的阿尔卡墨涅斯的，此人名全书仅此一见。见戈姆《评注》第 5 卷，第 25 页。

② "伊俄尼亚战争"原文是"τοῦ Ἰωνικοῦ πολέμου"（属格），作者用这个表述称呼伯罗奔尼撒战争的最后阶段，它的主要战场在希腊东北部以及赫勒斯蓬托斯地区。见霍氏《评注》第 3 卷，第 789 页。

③ 哪些战舰？很含糊。见戈姆《评注》第 5 卷，第 25 页。

④ 阿尔喀比阿得斯私下说的话，作者如何听得到？所以，这句话让人相信他本人就是作者的史料来源之一。见霍氏《评注》第 3 卷，第 789 页。

⑤ "他本人"指阿尔喀比阿得斯（后文说得更清楚，见 8.45.1），据普鲁塔克记载，阿尔喀比阿得斯与阿癸斯的妻子私通，导致后者怀孕（《阿尔喀比阿得斯传》23）。修昔底德一贯对两性关系和同性恋之类采取回避态度，不愿明言，所以也许普鲁塔克的说法是正确的。见霍氏《评注》第 3 卷，第 790 页。

⑥ 这是作者最后一次提及古利波斯；前文（见 6.104.1 译注）说有 17 艘，包括工古罗斯所率的 1 艘。这 17 艘中有 1 艘大概损失了。另外，这 16 艘中至少有 8 艘是科林斯人的。见霍氏《评注》第 3 卷，第 790 页。

该舰队由墨尼波斯之子希波克勒斯统率①，监视着从西西里来的舰队。除了1艘之外，其余的从雅典人手里逃脱，行驶到了科林斯②。

14.1 卡尔喀得乌斯和阿尔喀比阿得斯一路航行，凡遇到的人都被他们逮起来，以免走漏风声。他们首先在大陆上的科律科斯③靠岸，在那里释放逮起来的人。一些喀俄斯的内应来与他们商谈，请求他们不要声张驶向其城市。于是，他们突然抵达了喀俄斯。2 民众④大吃一惊、惊恐不安，寡头派⑤则已经作出安排，让议事会恰好在此时举行，卡尔喀得乌斯和阿尔喀比阿得斯得以在会上发言。他们宣布另有大批战舰正在驶来，却绝口不提其舰队在斯珀赖翁被围困的事。喀俄斯人叛离了雅典，接着厄律特赖人也叛离了。3 此后，3艘战舰驶向克拉兹多墨奈⑥，促使她叛离。克拉兹多墨奈人马上渡海去大陆，在波利克娜⑦修筑要塞，万一有需要，可以从他们居住的小岛撤退到那里⑧。这些叛离的城邦都在修筑要塞⑨和准备战争。**15.1** 喀俄斯叛离的消息迅速传到雅典。雅典人认为，他们现在明显大难临头，看到这个最大的盟邦已经叛离，余下的盟邦就不会安分守己了。惊恐之下，他们立即取消对提议或者投票决定动用那1000塔兰同的人施加的惩罚⑩——在整个战争期间他们一直小心翼翼地不去碰它——投票决定动用它，给为数不少的战舰配齐人员；从在斯珀赖翁进行封锁的舰

---

① 希波克勒斯很可能是舰队司令（ναύαρχος），而不是将军。见霍氏《评注》第3卷，第790—791页。

② 实际上可能是从科林斯湾（今科林西亚湾）逃回地峡西面的港口，然后拖过地峡。见霍氏《评注》第3卷，第791页。

③ Κώρυκος, Corycus, 位于厄律特赖半岛（Erythrae peninsula），该半岛有向东南西北突出的4个部分，科律科斯位于向南的那个部分，这里在喀俄斯的视野之外，但是又不至于远得无法与喀俄斯的内应联系。见霍氏《评注》第3卷，第792页。

④ "οἱ πολλοί"（主格、复数），"多数人"。

⑤ "τοῖς ὀλίγοις"（与格、复数），"少数人"。

⑥ Κλαζομεναί, Clazomenae, 位于小亚斯密耳娜（Σμύρνα, Smyrna）海湾的西南角。

⑦ Πολίχνα, Polichna, 这一带有好几个地方叫这个名字，无法确定。见戈姆《评注》第5卷，第35页。

⑧ 以前，他们害怕波斯人，从大陆向海岛迁；现在由于害怕雅典人，从海岛往大陆迁。见戈姆《评注》第5卷，第34页。

⑨ 小亚的希腊城邦是不筑垒设防的，见前文译注（3.33.2）。

⑩ 见前文（2.24.1）。那里说，除非敌人用舰队前来攻打，雅典城有沦陷之虞，否则不得动用这笔钱。不过，如果敌舰已经出现在雅典附近的海面，再动手造船就来不及了。见霍氏《评注》第3卷，第795页。

队中立即抽调 8 艘战舰赴喀俄斯（由狄俄提摩斯之子斯特戎比喀得斯①统率）——这些战舰追赶过卡尔喀得乌斯所率的舰队，没有追上就返回了——不久，将再派 12 艘增援，由特剌绪克勒斯②率领，同样从那些进行封锁的战舰中抽调。2 他们还召回了在斯珀赖翁帮助他们围困的那 7 艘喀俄斯战舰，释放了舰上的奴隶，将自由人系缚。他们迅速给另外的〈10 艘〉③ 战舰配齐人员，以取代从对伯罗奔尼撒人的封锁中撤出的战舰，还打算再给 30 艘战舰配齐人员。大家热情高涨，为救援喀俄斯不遗余力。

16.1 与此同时，斯特戎比喀得斯率 8 艘战舰抵达了萨摩斯，他抓住了 1 艘萨摩斯的战舰，驶向忒俄斯，要求忒俄斯人不轻举妄动。卡尔喀得乌斯也带领 23 艘战舰从喀俄斯驶向忒俄斯，克拉兹多墨奈人和厄律特赖人的步兵也沿海岸前进，与其配合。2 斯特戎比喀得斯首先发现敌情，带领舰队起航，驶到外海。他看到从喀俄斯驶来的大批战舰，就逃往萨摩斯。对方追赶。3 忒俄斯人先是不接纳那些步兵，看到雅典人逃走了，才引领他们进城④。步兵待在城里，等着卡尔喀得乌斯追赶后折回。久等未回，他们自作主张开始拆毁雅典人修筑的、面向大陆的忒俄斯城墙⑤。为数不多的蛮族⑥——由提萨珀耳涅斯的副手⑦斯塔革斯率领赶来——也帮他们拆毁。**17.1** 卡尔喀得乌斯和阿尔喀比阿得斯在将斯特戎比喀得斯赶到萨摩斯之后，把从伯罗奔尼撒来的战舰上的水手武装起来，并把他们留在喀俄斯；再用喀俄斯人填补这些战舰上水手的空缺，并为另外 20 艘战

---

① 斯特戎比喀得斯肯定是将军。狄俄提摩斯前文曾提及（1.45.1），他们一家三代（斯特戎比喀得斯的儿子奥托克勒斯）一贯赞成民主政体、反对斯巴达。见霍氏《评注》第 3 卷，第 796 页。

② 前文（5.19.2）提及此人，此时的身份很可能是将军。见霍氏《评注》第 3 卷，第 796 页。

③ 在斯珀赖翁参加封锁的雅典一方的战舰一共有 37 艘（8.10.3），抽调了 20 艘（12＋8），7 艘喀俄斯战舰被召回雅典，剩下的只有 10 艘了，所以这里说"另外的战舰"（原文是复数），加上"10 艘"就更清楚了。见霍氏《评注》第 3 卷，第 797 页。

④ 有学者指出，伊俄尼亚的城邦对雅典和斯巴达两方都不得罪，这一点在忒俄斯人身上表现最明显。见霍氏《评注》第 3 卷，第 797 页。

⑤ 希罗多德提到过这里的城墙（《历史》1.168），但可能在前 494 年被拆毁，雅典人修筑此城墙很可能是因为害怕波斯人。见霍氏《评注》第 3 卷，第 798 页。

⑥ 有学者认为是波斯人，但霍氏倾向于认为，他们可能是卡里亚人和一些波斯人统治下的非希腊人。见霍氏《评注》第 3 卷，第 798 页。

⑦ "副手"原文是"ὕπαρχος"，总督的副手。见霍氏《评注》第 3 卷，第 798 页。

舰配齐人员，驶向米利都，让他们叛离雅典。2 因为阿尔喀比阿得斯——他与米利都的头面人物要好——想要抢在从伯罗奔尼撒开来的战舰之前，将米利都争取过来，而且仅凭喀俄斯人和卡尔喀得乌斯之力，就让最多的伊俄尼亚城邦叛离雅典；如此为喀俄斯人、为他自己、为卡尔喀得乌斯、为恩狄俄斯赢得荣誉，并兑现他对派他来的恩狄俄斯许下的诺言。3 因此，他们一直到航程快要结束都没有被发现①，比斯特戎比喀得斯和特剌绪克勒斯——特剌绪克勒斯正好从雅典带 12 艘战舰刚刚赶来，并与斯特戎比喀得斯一起追击——早到一点，促使米利都叛离了②。雅典人的 19 艘战舰接踵而至，米利都人拒绝接纳他们，他们就在附近的拉得③岛停泊。4 现在，拉刻代蒙人与波斯国王之间的第一个同盟，在米利都一叛离雅典后，立即经由提萨珀耳涅斯和卡尔喀得乌斯缔结了④。其内容如下：

18. 1 "拉刻代蒙人及其盟邦与波斯国王和提萨珀耳涅斯缔结同盟，盟约如下：凡波斯国王和波斯国王的先辈拥有的土地和城邦⑤，应属于波斯国王⑥。波斯国王和拉刻代蒙人及其盟邦，要阻止从这些城邦源源流向雅典人的所有的金钱或者其他别的东西⑦，使得雅典人不能得到金钱和其他别的东西。2 波斯国王和拉刻代蒙人及其盟邦，共同向雅典人开战，非经

---

① 他们可能远远从西面，即从伊卡里亚岛（Ἰκαρία, Ikaria）西面绕过去，从南面靠近米利都，但其航程的最后阶段不可能不被人发现。见戈姆《评注》第 5 卷，第 40 页。

② 米利都的战略地位重要，她的叛离对雅典人关系重大；作者没有提及这里的另一个重要城邦厄珀索斯（Ἔφεσος, Ephesus），可以肯定地说，她已经叛离雅典了，也许作者只想尽可能突出萨摩斯和米利都这两个典型；作者这么写很可能让读者联想到希罗多德所记载的伊俄尼亚叛离波斯的往事（《历史》的第 5 卷和第 6 卷的前几章），以及他的一句总结："这样，伊俄尼亚第二次叛离了波斯人"（《历史》9.104），这就促使读者把雅典人当作新的波斯人。见霍氏《评注》第 3 卷，第 800 页。

③ Λάδη, Lade，这里的用语与希罗多德很相似（"拉得是一座靠近米利都城的小岛"《历史》6.7），这里曾是伊俄尼亚叛离波斯人的最后一战的战场。如果认为这座岛屿的地理位置促使修昔底德必须这么写，那就错了。作者的目的要造成一种对比：当初伊俄尼亚人为叛离波斯、取得自由而战，现在他们在这里为叛离雅典而战。见戈姆《评注》第 5 卷，第 40 页；霍氏《评注》第 3 卷，第 800 页。

④ 刚刚提到拉得岛就突然转到一个将小亚交给波斯国王的令人悲伤的条约，文笔大胆而高效。见霍氏《评注》第 3 卷，第 801 页。

⑤ 同时写上"土地"和"城邦"是为了表示强调，不是说二者有什么区别。见霍氏《评注》第 3 卷，第 802 页。

⑥ 斯巴达的使节指出，这一条从理论上说，是要把所有的岛屿、忒萨利亚、罗克里斯和南至玻俄提亚的一切都交给波斯国王（见下文 8.43.3）。

⑦ 包括造船的材料，也许还有船员。见戈姆《评注》第 5 卷，第 41 页。

双方——波斯国王和拉刻代蒙人及其盟邦——的同意，不得终止与雅典人的战争。**3** 凡叛离波斯国王者①，应是拉刻代蒙人及其盟邦的敌人；凡叛离拉刻代蒙人及其盟邦者，同样应是波斯国王的敌人。"

19.1 以上就是这个同盟。在此之后，喀俄斯人立即给另外 10 艘战舰配齐人员，驶向阿奈亚②，想要了解米利都的局势，同时促使新的城邦③叛离雅典。**2** 但是，从卡尔喀得乌斯那里传来命令，要他们返回，因为阿摩耳革斯正率军队从陆路赶来。他们就驶向宙斯庙④，在上面看见 16 艘战舰，由狄俄墨冬统率，随特剌绪克勒斯之后，从雅典驶来。**3** 他们看见后，就逃走了，1 艘逃往厄珀索斯⑤，其余的逃往忒俄斯。雅典人夺得了 4 艘空船——船员已经逃到岸上——其余 5 艘逃到忒俄斯城躲避。**4** 然后，雅典人驶往萨摩斯去了。喀俄斯人以余下的战舰起航，与步兵配合，使勒柏多斯⑥叛离，接着又使埃赖⑦叛离。之后，步兵和战舰各自返回国内。

20.1 大约在同一时间，在斯珀赖翁的 20 艘伯罗奔尼撒人的战舰——如前述⑧，正被同等数量的雅典战舰追上了岸和封锁——突然驶出，打败了敌舰，俘获了 4 艘雅典战舰，然后驶回了肯克瑞埃，准备再次驶向喀俄斯和伊俄尼亚。阿斯堤俄科斯、舰队司令，从拉刻代蒙来与他们会合，此

---

① 不仅包括城邦或者民族，还包括了个人，如阿摩耳革斯。见霍氏《评注》第 3 卷，第 802 页。

② 阿奈亚是一些萨摩斯的异见分子（常常是寡头派）爱去的地方。见霍氏《评注》第 3 卷，第 802 页。

③ 指其他伊俄尼亚城邦，包括勒柏多斯（Λέβεδος, Lebedus）、埃赖（Αἱραί, Aerae），见下文（8.19.4；8.20.2）。见霍氏《评注》第 3 卷，第 803 页。

④ 位于勒柏多斯与科罗蓬之间，一个村子，很可能位于今 Kurukemer，在 Kalemlik Burnu 海岬以北一点。此地在前 454/3 至前 416/5 之间，向提洛同盟缴纳贡款。见霍氏《评注》第 3 卷，第 804 页。

⑤ 作者从未提及厄珀索斯叛离雅典的事，但可以推测她肯定已经叛离了。见霍氏《评注》第 3 卷，第 805 页。

⑥ Λέβεδος, Lebedus，伊俄尼亚 12 个城邦之一，位于斯密耳娜和克拉兹多墨奈的南面。

⑦ Αἱραί, Aerae，"牛津本""洛布本"和阿尔伯蒂的校勘本均作 "Αἱραί"（Haerae），霍氏认为应作 "Αἱραί"。今从。它位于忒俄斯与科律科斯之间。见霍氏《评注》第 3 卷，第 805 页。

⑧ "如前述"原文是 "τότε"（"那个时候"），不是实指"那个时候"，是一种叙述的技巧，相当于"如前述的那个时候"。故译为"如前述，正……"。见霍氏《评注》第 3 卷，第 805 页。

时已成为全体伯罗奔尼撒海军的司令①。

2 步兵从忒俄斯撤回之后②，提萨珀耳涅斯又亲自率军到那里，接着拆除忒俄斯剩下没有拆除的城墙，然后撤回。他撤走之后不久，狄俄墨冬率 10 艘雅典战舰抵达，与忒俄斯人订约，他们答应也接纳雅典人入城③。然后，他沿海岸驶向埃赖，攻打该城，没有攻下，就返航了。

21. 大约在同一时间，萨摩斯发生了一场平民起来反抗当权者的暴动，他们得到了雅典人的帮助，当时正有 3 艘雅典战舰在萨摩斯。萨摩斯的平民处死了全体最有权势者中的大约 200 人，又流放了 400 人，自己占据了其土地和房屋。雅典人随即投票决定让他们独立自主，因为他们现在可靠了。从此以后，平民掌管城邦事务，完全不让那些土地所有者参与；还禁止平民中的任何人今后把女儿④嫁给他们，或者娶他们的女儿⑤。

22.1 此后，在这个夏季，喀俄斯人还是像以前一样满怀热情地——甚至在伯罗奔尼撒的军队到来之前⑥——促使其他城邦叛离，想要尽其所能让最多的城邦与他们一道遭受危险。他们以自己的 13 艘战舰出征勒斯玻斯——遵从拉刻代蒙人下一步去勒斯玻斯的命令——从那里再去赫勒斯蓬托斯⑦。同时，与喀俄斯人一起的伯罗奔尼撒的步兵⑧和那一带的盟友⑨，沿海岸向克拉兹多墨奈和库墨开进。步兵由一个斯巴达人厄乌阿拉斯统率，舰队则由一个边民得尼阿达斯统率⑩。**2** 这支舰队沿海岸航行，首先促使墨堤谟娜叛离了，留 4 艘战舰在那里。余下的战舰再促使密提勒

---

① 这句话的意思是说，阿斯堤俄科斯接管了在肯克瑞埃的舰队，还有权指挥其他伯罗奔尼撒的舰队，但是这一权力到他与在米利都的主力舰队会合时才行使。见霍氏《评注》第 3 卷，第 807 页。

② 见前文（8.16.3）。

③ 既接纳拉刻代蒙人入城，又接纳雅典人入城，即保持中立。见霍氏《评注》第 3 卷，第 807 页。

④ 这半句话（还有下半句）中"女儿"原文无，原文直译"嫁或娶"。

⑤ 此章中的"平民"原文均为"δῆμος"及其变格。

⑥ 这句话原文有一个单词"παρόντες"，阿尔伯蒂的校勘本为"παρόντων"。霍氏赞同。今从。见其《评注》第 3 卷，第 809 页。

⑦ 见前文（8.8.2）。

⑧ 从卡尔喀得乌斯的战舰上下来的水手（8.17.1）。

⑨ 有克拉兹多墨奈人和厄律特赖人，参考前文（8.16.1）。

⑩ 前文（8.6.4）提到过一名边民普律尼斯，但他没有统率军队，这里的得尼阿达斯统率一支舰队，很不一般，所以作者指出了其身份。见戈姆《评注》第 5 卷，第 50 页。

涅叛离了。

23.1 且说拉刻代蒙人、海军司令阿斯堤俄科斯，率 4 艘战舰从肯克瑞埃起航，径直①抵达了喀俄斯②。在他们抵达后的第三天③，阿提卡的 25 艘战舰——由勒翁和狄俄墨冬统率——航行到了勒斯玻斯，因为勒翁随后率 10 艘战舰从雅典前来增援。**2** 同一天傍晚，阿斯堤俄科斯还多带了 1 艘喀俄斯战舰，起航驶向勒斯玻斯，以提供力所能及的帮助。他抵达了皮拉，从那里出发，次日到了厄瑞索斯④；在那里，得知密提勒涅已经被雅典人不费吹灰之力⑤便拿下了。**3** 因为雅典人出其不意，直扑⑥港口，打败了喀俄斯的战舰；还下船登岸，击败了迎击的敌人，占领了该城。**4** 阿斯堤俄科斯是从厄瑞索斯人和那些从墨堤谟娜过来的、厄乌部罗斯⑦所率的喀俄斯舰队得知这个消息的——这些战舰在密提勒涅被攻下后逃跑，途中被落下了，有 3 艘无意中碰到他（因为有 1 艘被雅典人俘获了）⑧——他就不再去密提勒涅，而是促使厄瑞索斯叛离，然后将其战舰上的人武装起来⑨，派他们从陆路去安提萨和墨堤谟娜，由厄忒俄尼科斯统率。他本人率其手下的战舰和 3 艘喀俄斯战舰沿海岸航行，希望墨堤谟娜人看见他们后，士气大振，坚持叛离雅典⑩。**5** 由于在勒斯玻斯事事不

---

① 原文是 "ὥσπερ ὥρμητο"，意思是既不停顿，又不拐弯。英译本一般作 "as he had intended"（"按照原来的打算"），是意译。参见前文（8.20.1）。见戈姆《评注》第 5 卷，第 52 页。

② 肯克瑞埃有 20 艘伯罗奔尼撒战舰，他只带了 4 艘。

③ 还有两天的时间阿斯堤俄科斯干什么去了？喀俄斯岛与勒斯玻斯岛相互看得见，为什么不直扑勒斯玻斯岛？所以霍氏说阿斯堤俄科斯犯了战略错误。详本章下文译注。见霍氏《评注》第 3 卷，第 811 页。

④ 皮拉、厄瑞索斯正好在密提勒涅的反方向，然后是安提萨和墨堤谟娜，看来阿斯堤俄科斯在勒斯玻斯岛的行动是顺时针方向绕该岛进行的。见戈姆《评注》第 5 卷，第 52 页。

⑤ "不费吹灰之力"直译"大喝一声。"

⑥ "直扑"原文是 "ὥσπερ ἔπλεον"，意思是不再排成战斗队形，航行时是什么队列就是什么队列。见戈姆《评注》第 5 卷，第 52 页。

⑦ Εὔβουλος，Euboulus，一定是喀俄斯人。见霍氏《评注》第 3 卷，第 812 页。

⑧ 这就意味着，雅典人迅速从密提勒涅驶到墨堤谟娜（大约 70 公里），在喀俄斯人逃跑的方向（墨堤谟娜以西的海面上）截住了 1 艘战舰。然后，雅典人一定又返回了密提勒涅。见霍氏《评注》第 3 卷，第 812 页。

⑨ 这句话原文有两个单词 "καὶ ὁπλίσας"（"牛津本"），阿尔伯蒂的校勘本删掉了。霍氏赞同。今从。见霍氏《评注》第 3 卷，第 812 页。

⑩ 作为勒斯玻斯岛第二重要的城邦，墨堤谟娜的内部情况如何？作者交代不出，看来他的消息来源受到了局限。墨堤谟娜一定又反水回到雅典人一边了。见霍氏《评注》第 3 卷，第 813 页。

顺①，阿斯堤俄科斯就载上自己的陆军，驶回了喀俄斯。运回来的盟邦陆军——本来打算去赫勒斯蓬托斯——也各回各邦了。此后，6艘来自在肯克瑞亚的伯罗奔尼撒盟邦的战舰，抵达了喀俄斯，与他们会合。6 雅典人把勒斯玻斯的事情处理妥当，就从那里起航，拿下了波利克娜——克拉兹多墨奈人在大陆上构筑的要塞——将里面的人运回他们在岛上的城邦。那些叛离主谋者除外，他们跑到达普努斯②去了。于是，克拉兹多墨奈又回到了雅典人一边。

24.1 在同一个夏季里，以20艘战舰停泊于拉得岛监视米利都的雅典人，在米利都的帕诺耳摩斯③登陆，杀死了带少量人马前来救援的拉刻代蒙人的指挥官卡尔喀得乌斯。此后第三天，他们又渡海前来，竖立了一根却敌纪念柱，米利都将它拆毁，因为它是在雅典人没有完全征服这块土地的情况下竖立的④。2 勒翁和狄俄墨冬率从勒斯玻斯来的雅典战舰，从喀俄斯前面的俄努赛⑤群岛，从西杜萨和普忒勒翁——厄律忒赖领土上的要塞，被雅典人掌控着⑥——以及从勒斯玻斯起航，对喀俄斯人展开海战。

---

① 阿斯堤俄科斯犯了战略错误，他绕着勒斯玻斯岛零打碎敲，而不是从科林斯出发后直扑关键的密提勒涅。尽管他手里只有5艘战舰，加上喀俄斯的战舰也只有14艘，不足以与25艘雅典舰队抗衡，但是这些兵力足以守住密提勒涅，而且肯定能得到喀俄斯内部的支持。因此，尽管阿斯堤俄科斯的行动巩固了他们在喀俄斯的存在，但与雅典人迅速而果断的行动相比，坐失了占领密提勒涅的良机。见霍氏《评注》第3卷，第812—813页。

② Δαφνοῦς, Daphnous, 可以推测在大陆上，但不详其所在。见霍氏《评注》第3卷，第814页。

③ Πάνορμος, Panormus, 米利都的一个港口，位于米利都城南面。见戈姆《评注》第5卷，第54页。

④ 立却敌纪念柱是古希腊重甲兵战争中的一种现象，纪念柱不是宗教崇拜之物，而是战胜者威望之标志。其惯例是，战胜的一方完全控制了战场，失败的一方败北；失败者在休战协议的保护下，请求战胜者同意收回己方的尸首。如果胜负不明显，双方会争立却敌纪念柱（1.105.6）。这里雅典人只是登陆袭击，未能完全控制战场，所以不符合惯例。另外，这是全书唯一一桩纪念柱建后被毁的事。见戈姆《评注》第5卷，第54页；霍氏《评注》第3卷，第814页。

⑤ Οἰνοῦσσαι, Oinoussai, 位于喀俄斯岛与大陆的Mimas海岬之间，有5座岛，其中1座比其他4座都大。见霍氏《评注》第3卷，第815页。

⑥ Σιδοῦσσα, Sidoussa; Πτελεόν, Pteleon。这两个地方是提洛同盟的成员，缴纳贡款，但数量很少。从这句话来看，它们是依附于厄律特赖的。具体位置不详，西杜萨大概是今Sahib（位于Mimas半岛旁）；普忒勒翁可能在俄努赛群岛对面。作者没有告诉我们雅典人何时在这两个地方建立了要塞。见霍氏《评注》第3卷，第815页。

其战舰上的战斗人员是重甲兵，从征兵名册中强征而来①。**3** 他们在卡耳达密勒和玻利索斯登陆②，打败了前来救援的喀俄斯人，杀死了不少，洗劫了这一带③；在帕奈④再次打败喀俄斯人；在勒乌科尼翁⑤第三次打败喀俄斯人。此后，喀俄斯人闭城不出了；雅典人将其自波斯战争以来未遭祸殃的富庶之地破坏殆尽⑥。**4** 就我所知，除了拉刻代蒙人，喀俄斯人就是唯一在繁荣昌盛之时还能头脑清醒的人，其城邦规模越是扩大，他们治理城邦就越是稳妥⑦。**5** 就这次叛离而言，行事似乎不太稳妥，但是，他们是在很多勇敢的盟邦打算与他们一起冒险，而且了解到在西西里的惨败发生后，就是雅典人自己也不否认自身处境［无疑］非常糟糕的情况下，才胆敢叛离的。如果他们因人类生活中不可逆料的变故而栽了跟头，那么这个失误是许多人都会犯的，这些人都相信雅典人的势力将很快被推翻。**6** 既然在海上遭到封锁，陆上又遭到破坏，一些喀俄斯人就着手引领城邦回到雅典人一边。当政者得知这一情况后，却没有采取行动，而是把拉刻代蒙人的海军司令阿斯堤俄科斯从厄律特赖搬来——带领手下的 4 艘战舰——商量如何采取最温和的措施，或者捉人质，或者用其他手段制止这一阴谋。这些就是喀俄斯的情况。

---

① 战舰上的战斗人员通常是雇工级的，见前文译注（3.95.2）。有学者认为，这类人员来自雅典的"劳工阶级"（"working class"），通常是自愿的。现在的情况说明，西西里远征之后，雅典的人力资源枯竭了。见霍氏《评注》第 3 卷，第 815—816 页。

② Καρδαμύλη，Cardamyle，即今 Kardhamila，位于喀俄斯城以北的海岸地带；Βόλισσος，Bolissus，"牛津本"作"Βολίσκῳ"（与格），阿尔伯蒂的校勘本作"Βολίσσῳ"，霍氏赞成。今从。它位于喀俄斯城西北 40 公里处，即今 Volissos 村庄。见霍氏《评注》第 3 卷，第 816 页。

③ 作者这里一定指整个喀俄斯岛的北部。见霍氏《评注》第 3 卷，第 816 页。

④ Φάναι，Phanae，即今 Kato Phana，位于喀俄斯岛南端海岬靠西一点。见霍氏《评注》第 3 卷，第 816 页。

⑤ Λευκώνιον，Leuconium，霍氏认为应该是今 Εμπορειό（Emporio），位于喀俄斯岛东南部，Kato Phana 海岬的另一侧。见霍氏《评注》第 3 卷，第 817—818 页。

⑥ 喀俄斯人在波斯战争中遭到波斯人的可怕报复（希罗多德《历史》6.31—32），作者这里的意思是，从波斯战争结束到此时之前，喀俄斯人享受着和平和繁荣，而现在他们的麻烦又来了。见霍氏《评注》第 3 卷，第 818 页。

⑦ 拉刻代蒙人属多里斯族，喀俄斯人属伊俄尼亚族，但是喀俄斯人也许很保守，颇有多里斯族之风。这句话既是作者对前 5 世纪的喀俄斯人的评价，也是对拉刻代蒙人的很少见的评价。但是它并不表明，作者偏爱寡头政体，而不是民主政体，只不过就事论事地赞扬其政体的稳定和不受动乱之苦。不过，喀俄斯很可能是寡头政体，虽然不能完全确定。见霍氏《评注》第 3 卷，第 819—820 页。

25.1 同一个夏季末尾，1000 名雅典重甲兵、1500 名阿耳戈斯人（雅典人给其中 500 名轻装兵配以甲胄兵器）和 1000 名盟军，乘 48 艘战舰——有些是运兵船——以普律尼科斯、俄诺马克勒斯和斯喀洛尼得斯为将军①，航行到萨摩斯，然后渡海到米利都扎营。**2** 米利都的 800 名重甲兵、卡尔喀得乌斯手下的伯罗奔尼撒人、提萨珀耳涅斯的一些［外邦］雇佣军②以及提萨珀耳涅斯本人——他当时在场——和他的骑兵，出城一起攻击雅典人及其盟友。**3** 阿耳戈斯人从他们的那一翼首先冲出，不成队列地发起攻击。他们轻视对手，以为伊俄尼亚族肯定抵挡不了③。结果被米利都人打败，损失了差不多 300 人。**4** 雅典人先是打败了伯罗奔尼撒人，又击溃了蛮族和其他乌合之众，但没有与米利都人交战。米利都人在阿耳戈斯人溃逃之后，看到友军被击败，就退回城里了。雅典人取得了胜利，就在米利都人的城下停下稍息。**5** 于是乎，在这场战斗中，对于交战双方来说，都是伊俄尼亚族战胜多里斯族：雅典人战胜了与其对阵的伯罗奔尼撒人，而米利都人战胜了阿耳戈斯人。雅典人竖立了一根却敌纪念柱，准备筑墙包围这座城市——位于地峡之上——他们觉得，如果赢得了米利都，其他城邦就不在话下了。**26.1** 与此同时，大约将近黄昏的时候，雅典人得到消息，从伯罗奔尼撒和西西里驶来的 55 艘战舰随时都有可能抵达。因为在西西里的希腊人中，叙拉古人赫耳摩克剌忒斯尤其积极地敦促他们齐心协力摧毁雅典人余下的势力。20 艘叙拉古战舰到了，2 艘塞林努斯战舰也到了，准备之中的伯罗奔尼撒战舰现在也就绪了④。两支舰队

---

① 普律尼科斯的父名是知道的（Στρατονίδης, Stratonides，来自 Leontis 部落的 Deiradiotai 得摩斯），他此时已经 60 多岁了。其他两位父名不知。见霍氏《评注》第 3 卷，第 821 页。

② 里面很可能有希腊人。见霍氏《评注》第 3 卷，第 822 页。

③ 这句话反映了作者和希腊人对伊俄尼亚人的普遍态度，以及族群之间的反感。见霍氏《评注》第 3 卷，第 822 页。

④ 根据这句话，来自伯罗奔尼撒的战舰应是 33 艘（55 − 22 = 33），那么是哪 33 艘呢？在拉科尼刻准备了 5 艘（8.6.5），在地峡集合了 39 艘（8.7），但有 1 艘损失了（8.10.3），4 艘去了喀俄斯（8.23.1），又去 6 艘（8.23.5），于是 5 +（39 − 1 − 4 − 6 = 28）= 33（艘）。这样计算的毛病是，无法解释伯罗奔尼撒人为何不用从西西里撤回、逃脱了希波克勒斯截击的那 15 艘战舰。见霍氏《评注》第 3 卷，第 823 页。塔克的解释是，斯巴达下令各邦共造战舰 100 艘（其中自己造 25 艘），计划派 40 艘去伊俄尼亚（8.6.4），后来有变故，没有一下子派这么多。但是，阿斯堤俄科斯从肯克瑞埃带了 4 艘到伊俄尼亚，后来从那里又去了 6 艘，卡尔喀得斯和阿尔喀比阿得斯带了 5 艘，加上现在的 33 艘，可见伯罗奔尼撒人一共向伊俄尼亚派出了 48 艘（4 + 6 + 5 + 33），已经超过原计划 8 艘。所以，作者很容易说这些战舰是"准备之中的"。见塔克的注。

都交由拉刻代蒙人忒里墨涅斯率领,去交到海军司令阿斯堤俄科斯手中。他们先到了米利都旁边的勒洛斯岛,**2** 从那里得知雅典人在米利都城下,然后先驶进伊阿索斯海湾①,想要知道有关米利都的情况。**3** 同时,阿尔喀比阿得斯②骑马来到米利都领土上的忒喀乌萨③——位于海湾的那个地方正是他们航行经过和扎营之地——把战斗的情况告诉他们(因为阿尔喀比阿得斯当时在场,与米利都人和提萨珀耳涅斯并肩作战),并建议他们,如果不想断送他们在伊俄尼亚的行动和全盘计划,就尽快援救米利都,不要坐视其被筑墙包围。**27.1** 于是,他们打算拂晓即去救援④。雅典人的将军普律尼科斯⑤,从勒洛斯得到了有关这支舰队的准确情报。其同僚⑥主张留下打海战,一决高下⑦。他说⑧,他本人拒绝这样做,也不允许他们或者别的任何人这么做,只要他有能力加以阻止⑨。**2** 因为,只要能够先准确地了解到面对的敌舰有多少,自己应有多少战舰,进行充分和从容的准备之后再战,他就绝不会因人们责骂他行为可耻而屈从,不理智地什么样的危险都去冒。**3** 因为对于一支雅典舰队,在适当的时候撤退并不是耻辱;相反,打败仗,不管是以何种方式,才是耻辱。它不仅给城邦

---

① Ἰασικὸς κόλπος, Iasic gulf, 因其北面的伊阿索斯(Ἴασος, Iasus)得名, 伊阿索斯位于在小亚大陆上, 米利都南面。勒洛斯是一个海岛, 从那里可以得到一些消息, 但要一探米利都城的情况, 就得去大陆。见戈姆《评注》第5卷, 第62页。

② 跟卡尔喀得乌斯一起去米利都的(8.17.1), 很可能一直就待在那里。见戈姆《评注》第5卷, 第62页。

③ Τειχιοῦσσα, Teichioussa, 米利都的一个得摩斯, 位于伊阿索斯(Ἴασος, Iasus)与米利都之间。它跟勒洛斯一样, 在前5世纪中期向提洛同盟缴纳贡款。见霍氏《评注》第3卷, 第825页。

④ 绕道航行过去。见塔克的注。

⑤ 前文刚刚说过他是雅典将军(8.25.1), 所以这里看起来显得多余。作者这里有两层用意:一是起转折作用, 把叙述从伯罗奔尼撒一方转到雅典人一方来;一是雅典人一方中还有盟军, 他们会发表与雅典人不同的观点(见下句), 所以有必要再次点出其雅典将军的身份。见霍氏《评注》第3卷, 第825页。

⑥ 应该还包括盟军的将领, 见下文。见霍氏《评注》第3卷, 第826页。

⑦ 雅典人在拉得岛参加封锁的战舰有20艘, 新来了48艘(包括运兵船), 总数就是68艘。伯罗奔尼撒人一方新来了55艘, 还有25艘去了米利都, 总数就是80艘。因此, 从数量上看, 雅典人处于劣势。见塔克的注。

⑧ 从这里到第3节结束实际上是一小篇演说词, 只不过是间接引语。

⑨ 普律尼科斯是3名雅典将军之一, 城邦没有授予他凌驾于其他将军之上的权力, 当时也没有将军轮流指挥的制度(至少作者没有告诉我们)。因此, 作者想表达的是, 普律尼科斯运用了个人的威信。但是, 这个威信从何而来, 作者没有交代, 普律尼科斯的个人经历我们也一无所知。见霍氏《评注》第3卷, 第826页。

带来耻辱,而且让她陷入最大的危险。城邦刚遭受灾祸,即便做了扎实的准备工作,并且何时何地由自己做主,也几乎不能在任何地方率先发动进攻,除非情况特别紧急;至于不是因为形势所迫而自愿去招来危险,那就更不能了。4 他敦促他们尽快载上伤员、步兵以及他们携带的所有装备,扔掉那些从敌人土地上夺得的东西,以使其战舰轻便,驶向萨摩斯;再以萨摩斯为基地,等集合全部战舰之后,瞅准时机发动攻击。5 他说服了他们,他就这样做了。不只是眼下这一次,以后还有很多次,只要普律尼科斯身处类似这样的场合,他都表现出自己是一位睿智之士①。6 于是,黄昏后,在没有取得最后胜利的情况下,雅典立即从米利都撤走;阿耳戈斯人却因所受的灾祸,气愤之下迅速驶离萨摩斯回国了②。**28.1** 拂晓,伯罗奔尼撒人从忒喀乌萨起锚,在米利都城靠岸。在那里停留了一天,次日,带上那些卡尔喀得乌斯所率的、以前被雅典人一起追赶的喀俄斯战舰③,想要驶回忒喀乌萨,取回他们放在岸上的器具④。2 他们到达后,提萨珀耳涅斯带陆军来见他们,劝他们驶向伊阿索斯,其敌人阿摩耳革斯驻扎在那里。他们突然袭击了伊阿索斯,并拿下了它。除了阿提卡的战舰,这里的人从来没有想到会有别的地方的战舰来⑤。在这次行动中,叙

---

① 这个评价相当高("οὐκ ἀξύνετος εἶναι",直译"不是愚笨的"),因为作者在评价伯里克利时也是这么说的("μὴ ἀξύνετος",见前文 2.34.6)。那么作者这一评价是否恰当?换句话说,普律尼科斯的决定是否正确?有学者认为雅典人一方有 68 艘战舰(包括运兵船),伯罗奔尼撒人一方有 80 艘,所以从数量上说,雅典人是不占优势的,因此认为其决定是正确的。但也有学者认为,仅凭数量优势不能保证取胜,伯罗奔尼撒人一方只有叙拉古人有海战经验,而且不是在外海;另外,这一决定的严重后果是阿耳戈斯人一怒之下撤回国了,还有军队对扔掉战利品有怨言,等等。因此普律尼科斯过于谨慎和悲观。可见,普律尼科斯的决定肯定是有争议的。但是,我们又看不出作者对于这些不知情,他的不吝赞誉之词好像在与人争论,而不是在记录史实。伯里克利是一位谨慎之人,普律尼科斯的悲观使得作者将他们划入一种类型,但是两人所处的环境迥异,作者似乎没有看到这一点。不过,我们对普律尼科斯的了解局限于作者的有限的记载,因此对于其评论难以作出中肯的评价。见戈姆《评注》第 5 卷,第 65—67 页;霍氏《评注》第 3 卷,第 828—830 页。

② 阿耳戈斯人败于自己瞧不起的伊俄尼亚族(米利都人)之手,他们想要报仇,所以对撤军的决定生气。另外,我们可以看出作者对阿耳戈斯人的看法不佳,前文提到过阿耳戈斯人打仗时爱发怒(5.70),和这里的用词差不多。见霍氏《评注》第 3 卷,第 830 页。

③ 20 艘喀俄斯战舰,还有 5 艘由喀俄斯人充任船员的伯罗奔尼撒战舰(8.17.1;3)。作者以后没有再提及这些战舰,很可能在某个时候全部或者部分返回了喀俄斯。见霍氏《评注》第 3 卷,第 831 页。

④ 指桅杆、船帆等妨碍作战的船上器具。见塔克的注。

⑤ 作者在这里暗示阿摩耳革斯得到了雅典人的支持。见霍氏《评注》第 3 卷,第 831 页。

拉古人最受称赞。**3** 伯罗奔尼撒人生俘了庇苏特涅斯的私生子阿摩耳革斯——他叛离了波斯国王①——把他交给提萨珀耳涅斯。由其送到波斯国王的手里，如果提萨珀耳涅斯愿意依照国王的命令的话②。这支军队洗劫了伊阿索斯，夺得了巨额钱财，因为该地区自古即富庶之地③。**4** 他们没有伤害跟从阿摩耳革斯的雇佣军，而是将他们接收过来，编入自己的队伍，因为他们绝大多数来自伯罗奔尼撒④。他们将该城交给提萨珀耳涅斯，还有全部俘虏，包括奴隶和自由人，商定每名俘虏收取 1 个大流士金币⑤。然后，撤回米利都。**5** 拉刻代蒙人派勒翁之子珀达里托斯到喀俄斯任长官，让他带上阿摩耳革斯的雇佣军走陆路直至厄律特赖⑥；任命菲利普为米利都的长官。这个夏季结束了。

29.1 在接下来的冬季里，提萨珀耳涅斯安排了伊阿索斯的驻防之后，来到米利都，给所有的战舰提供了 1 个月的给养，就像他在拉刻代蒙承诺的那样，每人每天按 1 个阿提卡德拉克马算。但是，以后他想每人每天给 3 俄玻罗斯⑦，直到他请示了国王；如果国王下了命令，他就给足 1 德拉

---

① 这句话与前文（8.5.5）几乎一模一样，有学者认为这是第 8 卷没有未经最后完善的标志之一，所以主张删掉（实际上各抄本都有）。但是霍氏认为，这里离阿摩耳革斯的出场已经 20 多章了，重复前文有助于提醒受众，并不显得多余。见其《评注》第 3 卷，第 832 页。

② 这句话不是说提萨珀耳涅斯可以选择不把阿摩耳革斯交给波斯国王，而是说伯罗奔尼撒人不介意阿摩耳革斯的结局如何。见戈姆《评注》第 5 卷，第 68 页。

③ 后文还有地方提及小亚遭受劫掠的情况，给人的感觉小亚的希腊城邦很富有，但是，伊阿索斯给提洛同盟缴纳的贡款开始只有 1 塔兰同，后来（自前 421 年以后）不过是 3 塔兰同，不像是富庶之地。还有古代作者指出，伊阿索斯人靠渔业为生，其土地相当贫瘠。故有学者解释说，可能那里存有阿摩耳革斯从他处掠夺来的财富，使得作者误以为这些是自古就有的财富。也有学者认为这种说法没有根据，并说贡款数量不是当地贫富的可靠标志，但又提不出更好的解释，所以，还有赖于在伊俄尼亚和卡里亚发现新的物证，如神庙建筑之类。见戈姆《评注》第 5 卷，第 68 页；霍氏《评注》第 3 卷，第 833 页。

④ 可能是阿耳卡狄亚人。见霍氏《评注》第 3 卷，第 833 页。

⑤ Δαρεικὸς στατήρ，Daric stater，1 大流士金币等于 20 德拉克马。见霍氏《评注》第 3 卷，第 834 页。

⑥ 从米利都到喀俄斯走陆路要经过好几个城邦，这些城邦对伯罗奔尼撒人态度如何，作者没有交代。这些雇佣军是用来护送他的。到了厄律特赖，渡海即是喀俄斯岛。见戈姆《评注》第 5 卷，第 69 页。

⑦ 即半个德拉克马。

克马①。**2** 叙拉古将军赫耳摩克剌忒斯表示反对（因为忒里墨涅斯不是海军司令，只是随同航行以便将舰队交给阿斯堤俄科斯，在酬金问题上显得软弱），不过，他还是同意每人每天的酬金稍多于 3 俄玻罗斯，实际多付相当于 5 艘战舰的酬金，因为他现在付给 55 艘战舰每月 30 塔兰同②。至于其他战舰，即所有在此数目之外的战舰③，按照同样的额度付给。

30.1 同一个冬季，在萨摩斯的雅典人与从国内新来的 35 艘战舰，以及其将军卡耳弥诺斯、斯特戎比喀得斯和厄乌克忒蒙会合。他们将从喀俄斯来的战舰和其他所有的战舰集合起来，想要用海军封锁米利都，派一支舰队和一支陆军去喀俄斯，并摇签分配任务。**2** 他们依此而行。经过摇签，斯特戎比喀得斯、俄诺马克勒斯和厄乌克忒蒙，率 30 艘战舰，还有来到米利都的那 1000 名重甲兵④中的一部分——他们乘运兵船⑤——驶向喀俄斯；其他人以 74 艘战舰⑥留在萨摩斯，掌握制海权，并从海上进攻米利都。

31.1 阿斯堤俄科斯那时正好在喀俄斯挑选人质，以预防前面说的叛变的发生⑦。听说跟忒里墨涅斯一起的舰队正驶来，同盟的情况更好了⑧，

---

① 他的代表在斯巴达承诺的（8.5.5），但那里没有提及数额。计算的起始时间这里没有说，但可以推断是从他们抵达小亚，且被认为是在为波斯国王效劳之时开始。对忒里墨涅斯所率的 55 艘战舰而言，头一个月恐怕过去了一大半，也许全部过了；喀俄斯战舰也参加了行动，很可能也包括在"所有的战舰"之中。见戈姆《评注》第 5 卷，第 70 页。

② 霍氏认为，如果每艘战舰按 200 人计算，那么 30 塔兰同（1080000 俄玻罗斯）正好就是 60 艘战舰（55 艘加上相当于多付给的 5 艘）一个月（每人每天 3 俄玻罗斯）的酬金（$3 \times 60 \times 200 \times 30 = 1080000$）。有学者觉得，就 55 艘战舰来说，这么算每人每天岂不是 $3\frac{3}{11}$ 俄玻罗斯？怎么发放？没有必要担忧。可以推测，当时赫耳摩克剌忒斯等将领与提萨珀耳涅斯讨价还价，提萨珀耳涅斯同意增加一个整数，那就多付 5 艘战舰的钱吧！于是，斯巴达一方就接受了。至于怎么分到个人是将领说了算，普通战士没有资格参加讨论，甚至这笔钱落入将领的腰包也并非绝无可能（参见下文 8.45.3）。见霍氏《评注》第 3 卷，第 837—838 页。

③ 很可能指的是在米利都的喀俄斯战舰。见戈姆《评注》第 5 卷，第 72 页。

④ 大概是前文所说的 1000 名雅典重甲兵（8.25.1），至于 1000 名盟军的去向作者没有交代，可能跟阿耳戈斯人一起离开了。见霍氏《评注》第 5 卷，第 838 页。

⑤ 数量未提，有学者猜测为 5 艘。见霍氏《评注》第 5 卷，第 839 页。

⑥ 雅典人的战舰数量有点问题，攻打喀俄斯的有 30 艘，再加 5 艘运兵船，共 35 艘，留在萨摩斯的有 74 艘，加起来 109 艘；而雅典人在普律尼科斯拒绝决战时就有 68 艘，新来了 35 艘，加上在喀俄斯的 25 艘（8.23.1；8.24.3），总数就是 128 艘，那么还有将近 20 艘（128－109）到哪里去了？有可能回去了，比方说需要运送那 1500 名阿耳戈斯人回国（8.27.6）。见霍氏《评注》第 5 卷，第 839 页。

⑦ 见前文（8.24.6）。

⑧ 见前文（8.26.1）。

就停下这项工作，带上 10 艘伯罗奔尼撒战舰和 10 艘喀俄斯战舰起航，**2** 攻打普忒勒翁，没有攻下；继续沿海岸驶向克拉兹多墨奈，命令那里亲雅典的人迁居到达普努斯，命令克拉兹多墨奈人站到他们一边来。伊俄尼亚总督的副官塔摩斯①和他一同发布这项命令。**3** 克拉兹多墨奈人不服从这项命令，他就向这座没有城墙的城市②发动攻击，没能攻下。驶离时遇到大风，他本人被刮到了波开亚和库墨，其他战舰则被刮到了克拉兹多墨奈附近的岛屿：马剌图萨、珀勒和德律穆萨。**4** 由于刮大风，他们在这些岛屿待了 8 天，将克拉兹多墨奈人保存在那里的所有财物又是掠夺又是消耗，剩下的装上船，然后起航去波开亚和库墨，与阿斯堤俄科斯会合。

32.1 阿斯堤俄科斯还在波开亚和库墨之时，勒斯玻斯的使节来了，想要再次叛离雅典。他们说服了他，但是科林斯人和其他盟友因为以前的失败而灰心③，于是起航前往喀俄斯。其他被大风吹散的战舰后来都从各处到了喀俄斯。**2** 在此之后，珀达里托斯早些时候从米利都出发沿海岸走陆路，现在抵达了厄律特赖，他本人和那支军队渡海到了喀俄斯。在那里，卡尔喀得乌斯从其 5 艘战舰上留下的大约 500 名全副武装的士兵④，也归阿斯堤俄科斯所有。**3** 一些勒斯玻斯人前来重提叛离雅典的要求，阿斯堤俄科斯向珀达里托斯和喀俄斯人提出，应该带上舰队去勒斯玻斯，促使其叛离；因为这样要么可以增加其盟友数量，要么即使没有完全成功，也可以打击雅典人。但是，他们都不听，珀达里托斯还拒绝把喀俄斯战舰交给他⑤。**33.1** 阿斯堤俄科斯本人带了 5 艘科林斯战舰，第 6 艘来自墨伽拉，还有 1 艘来自赫耳弥俄涅，加上他自己从拉科尼刻带来的战舰⑥，驶向米

---

① 塔摩斯本人不是总督，他听命于提萨珀耳涅斯。见霍氏《评注》第 5 卷，第 840 页。
② 见前文译注（8.14.3）。
③ "以前的失败"见前文（8.23），科林斯人一贯是反雅典人的急先锋（见前文译注 8.9.1），但是也有因为初期不利而打退堂鼓的例子（5.32.4）。有学者认为，这句话透露出科林斯人对雅典的政策有松动的迹象，但是，从作者的叙述中，我们还看不出战争已进入那样一个阶段。见霍氏《评注》第 3 卷，第 842 页。
④ 见前文（8.17.1），卡尔喀得乌斯把其 5 艘战舰上的水手变成了重甲兵，那里没有提及人数，大概每艘战舰有 100 名水手。见塔克的注。
⑤ 有学者认为，阿斯堤俄科斯虽是指定的海军司令，却指挥不动珀达里托斯，大概后者认为自己要为喀俄斯负责，包括其舰队，也许他认为对方还不是完全意义上的海军司令。不过，他们很快就合作起来，没有明显的摩擦（8.33.4）。见霍氏《评注》第 3 卷，第 842—843 页。
⑥ 这 6 艘科林斯和墨伽拉战舰可能就是前文（8.23.5）提到的那 6 艘；前文提及，赫耳弥俄涅人和其他城邦一起负责准备 10 艘战舰（8.3.2）；"他自己从拉科尼刻带来的战舰"有 4 艘（8.23.1）。见霍氏《评注》第 3 卷，第 843 页。

利都，以履行其海军司令的职务①。他三番五次对喀俄斯人发出威胁②，发誓在他们需要援助的时候不提供援助。**2** 他在厄律特赖的科律科斯靠岸过夜。从萨摩斯来的雅典舰队载着步兵，驶往喀俄斯，也在这里停泊，他们中间隔着一座山丘，相互没有察觉。**3** 夜里，珀达里托斯派人送信来，说一些被释放的厄律特赖俘虏从萨摩斯返回，要出卖厄律特赖③。阿斯堤俄科斯立即带领人马赶回厄律特赖。差这么一点，他就撞上雅典人了。**4** 珀达里托斯渡海来与他会合，一同调查被认为出卖厄律特赖的事。他们发现，整个事情不过是编造的一个借口，为的是从萨摩斯将那些人救出来④，于是宣告他们无罪。然后，驶离了厄律特赖，按照他们原来的计划，珀达里托斯去喀俄斯，阿斯堤俄科斯去米利都。

34. 与此同时，雅典人载有步兵的舰队也离开了科律科斯，在绕阿耳癸农⑤航行时，偶遇3艘喀俄斯战舰。发现后立即追赶。一场风暴刮来，那些喀俄斯战舰好不容易才逃进港口避风；冲在最前面的3艘雅典战舰被刮到喀俄斯城附近的海岸，撞毁了。船上人员有的被俘，有的死亡。其他战舰逃进弥马斯⑥山下一个名叫"波尼枯斯"⑦港口避风。随后，他们从这里起航，停泊于勒斯玻斯，准备修筑要塞⑧。

35.1 同一个冬季，拉刻代蒙人希波克剌忒斯以10艘图里俄人的战

---

① 前文（8.20.1）说过，他已是全体伯罗奔尼撒海军的司令，但主力舰队在米利都，只有到了那里，他才能充分行使自己司令的权力。见霍氏《评注》第3卷，第843页。

② 喀俄斯人当时不在场，后来他确实拒绝援助他们（8.38.1；8.40.1），这句话就是伏笔。见霍氏《评注》第3卷，第844页。

③ 被雅典人释放，作者没有记载厄律特赖人与雅典人的冲突，但一些小冲突也是可以想见的。见戈姆《评注》第5卷，第76页。

④ 这场骗局无疑实施了，作者想告诉我们的是，雅典人受骗了。但是，也有一些问题。这项诡计是在萨摩斯的厄律特赖人实施的？还是在其本土的厄律特赖人实施的？没准儿他们既欺骗了以聪明著称的雅典人，又欺骗了前来调查的斯巴达将领。这一章设计巧妙，结果让读者去想，值得认真分析。见霍氏《评注》第3卷，第846页。

⑤ Ἀργῖνον, Arginum, 厄律特赖半岛最西面的海岬。

⑥ Μίμας, Mimas, 位于厄律特赖半岛的北部。

⑦ Φοινικοῦς, Phoenicus, 位于厄律特赖半岛上，俄努赛群岛对面，喀俄斯岛的北面。见霍氏《评注》第3卷，第846页。

⑧ "要塞"原文是："τὸν τειχισμόν"（宾格），注意带有定冠词，指在喀俄斯修筑要塞，见下文（8.38.2）。有学者称之为"the anticipatory article"（"指后性冠词"）。还有学者认为是笺注窜入正文，或者是有待修改之处，恐不确。见霍氏《评注》第3卷，第847页。

舰①——由狄阿戈剌斯之子多里厄乌斯②和其他两位同僚率领——1艘拉科尼刻战舰、1艘叙拉古战舰，驶出伯罗奔尼撒，抵达了克尼多斯③。她在提萨珀耳涅斯的怂恿下已经叛离雅典了。**2** 那些在米利都的伯罗奔尼撒将领得知他们到了，命令他们以半数战舰守卫克尼多斯，其余的绕特里俄庇翁布置，抓住从埃及开来的商船④。特里俄庇翁是克尼多斯半岛凸出的一个海岬，上面有阿波罗庙。**3** 雅典人了解到这一情况，从萨摩斯驶出，俘获了守卫在克尼多斯的6艘战舰，战舰上的人员逃跑了。然后，在克尼多斯靠岸，攻打其没有城墙的城市，几乎拿下。**4** 次日，再攻。由于克尼多斯人在夜里加强了防守，从在特里俄庇翁被俘获的战舰上逃出来的人也加入进来，雅典人的攻击不再奏效了。于是，雅典人撤退，在蹂躏了克尼多斯的土地之后，驶回了萨摩斯。

36.1 大约同一时间，阿斯堤俄科斯抵达了米利都，开始指挥海军。伯罗奔尼撒人的军营一切供应丰富，因为薪饷充足，士兵手里还有从伊阿索斯掠夺来的大量钱财；米利都人积极投身战争。**2** 然而，伯罗奔尼撒人认为，以前卡尔喀得乌斯与提萨珀耳涅斯订立的条约有缺点，对他们较为不利。于是，在忒里墨涅斯离开之前，又订立一个条约⑤。内容如下：

---

① 我们上一次听说图里俄人还是在第7卷，那时他们还站在雅典人一边，可能由于其内争而改变了政策（7.33.5—6）。见霍氏《评注》第3卷，第847页。

② 那个奥林匹亚竞技会冠军（见前文3.8.1），他大概在伯罗奔尼撒战争初期离开罗德岛来到图里俄。见霍氏《评注》第1卷，第391页。

③ 关于克尼多斯城的具体位置，学者们有争论，即是在克尼多斯半岛的最西端（特里俄庇翁海岬）？还是在该海岬以东？霍氏吸收了考古学家的研究成果，认为这个时期的克尼多斯城不在特里俄庇翁海岬，而是在其东面的达特恰（Datça），即今土耳其卡里亚地区达特恰半岛上的同名城市。见霍氏《评注》第3卷，第848—851页。

④ 这些商船到哪里去？运载什么货物？最明显的推测是去雅典（译者按：古希腊人多沿海岸航行），运载粮食。因为伯罗奔尼撒人拦截商船的目的就是要在经济上打击对手，或者把商船上的东西据为己有。有关埃及与雅典之间粮食贸易的证据，绝大部分都是前4世纪的，如果这里算作一条的话，那就是很早的了。不过，作者对于商船的目的地和运载的货物只字未提，我们应该谨慎，不宜过度解释。见霍氏《评注》第3卷，第851页。

⑤ 忒里墨涅斯的任务是把舰队带到米利都交到阿斯堤俄科斯手中（8.26.2），现在他完成了任务，就要回斯巴达了。后文将这个条约称为"忒里墨涅斯条约"（8.43.3；8.52），这让许多学者困惑：阿斯堤俄科斯才是海军司令，怎么由他来订立和约？这是因为，阿斯堤俄科斯刚到，而忒里墨涅斯与波斯人的谈判已经进行到最后阶段，所以由他来订立。有学者指出，阿斯堤俄科斯有意让忒里墨涅斯订立条约，如日后发现不妥，就把责任推到他的身上。对此，霍氏指出，"忒里墨涅斯条约"这一称呼不过是作者为了叙述方便取的名字，并无深意，这跟作者把前一次与波斯人订立的条约称作"卡尔喀得乌斯订立的"（此节和下文8.43.3）是一样的道理。见塔克的注；戈姆《评注》第5卷，第78页；霍氏《评注》第3卷，第854页。

37.1 "拉刻代蒙人及其盟邦与国王大流士、国王的儿子们以及提萨珀耳涅斯之间的条约：① 双方应依据以下条款缔结和约和友好关系：**2** 凡属于国王大流士、或其父亲、或其祖先的土地和城邦②，拉刻代蒙人及其盟邦不得对之发动战争③，亦不得加以破坏；拉刻代蒙人及其盟邦均不得从这些城邦收取贡款。国王大流士和国王的臣民不得对拉刻代蒙人及其盟邦发动战争，亦不得加以破坏。**3** 如果拉刻代蒙人及其盟邦需要国王的帮助，或者国王需要拉刻代蒙人及其盟邦的帮助，只要双方同意，付诸实施应是正当合法的。**4** 双方共同对雅典人及其盟邦开战，若终止战争，双方就应共同终止战争。所有受国王召请来的、在国王土地上的军队，其费用应由国王承担。**5** 如果在与国王缔结此和约的城邦中，有城邦进攻国王的土地，其余城邦应尽其所能加以阻止，并援助国王；如果国王的土地上或者国王统治的地区④有人进攻拉刻代蒙人及其盟邦的土地，国王应尽其所能阻止之，并给予其援助。"⑤

38.1 该条约签订之后，忒里墨涅斯将舰队交给阿斯堤俄科斯，然后乘小艇⑥离开，不知所终⑦。**2** 从勒斯玻斯来的雅典军队已经渡海到了喀俄斯，控制了陆地和海洋，开始在得尔庇尼翁⑧修筑要塞，此地离喀俄斯

---

① 这句话原文没有谓语动词，且以逗号结束。阿尔伯蒂的校勘本改以冒号结束，霍氏赞同，今从。"条约"原文是"ξυνθῆκαι"（主格、复数），有两层意思：预备签约的谈判阶段和条约本身。见霍氏《评注》第3卷，第855页。

② 关于"土地和城邦"，见前文（8.18.1）译注。

③ 取代了以前条约中的关于承认波斯国王地盘的粗疏规定（8.18.1）。见霍氏《评注》第3卷，第856页。

④ "国王的土地"和"国王统治的地区"有何区别？这里有些费解。有学者提出修改原文，那又会带来新的问题。塔克说两者之间很可能没有真正的差别。也许现在伯罗奔尼撒人占领的地区有些本属于波斯国王统治，但其统治权受到妨碍，这是一种解释。看来学者们对此还没有定论。见塔克的注；戈姆《评注》第5卷，第82页。

⑤ 与前文（8.18）的条约相比，该条约显得更明确和平等了。以前的条约过于关注波斯国王的利益，现在则是两者兼顾；波斯国王的义务确定下来，尽管不够明晰。见戈姆《评注》第5卷，第82页。

⑥ "小艇"原文是"κέλητι"（"κέλης"的单数、与格），可能有10支桨，两侧各5支。见霍氏《评注》第3卷，第857页。

⑦ 伯罗奔尼撒人肯定无力调配一艘三层桨战舰送忒里墨涅斯回去，不过，这个季节无论乘什么船只越过爱琴海都有危险。见戈姆《评注》第5卷，第82页。

⑧ Δελφίνιον, Delphinium, 位于喀俄斯城与卡耳达密勒（见8.24.3译注）之间，即今Delfini。见霍氏《评注》第3卷，第858页。

城不远①，从陆上易守难攻，还有一个港口。3 喀俄斯人没作出反应，因为他们以前多次惨败②，而且现在内部还不和——伊翁之子堤得乌斯的党徒③已经被珀达里托斯以亲雅典④的罪名处死，其他人被迫处在极端的寡头统治⑤下，相互猜疑——他们觉得，无论是他们自己还是珀达里托斯的雇佣军⑥，都不足以对抗雅典人。4 然而，他们派人去米利都向阿斯堤俄科斯求援，阿斯堤俄科斯拒绝了。珀达里托斯就送信到拉刻代蒙，指责他犯了错误。5 雅典人看到的喀俄斯的局势就是这样的。他们的舰队从萨摩斯不时驶出，进攻那些在米利都的敌舰，敌舰都不出海迎击。他们就撤回萨摩斯，按兵不动。

39.1 在同一个冬季里，由于墨伽拉人卡利革托斯和库兹狄科斯人提马戈剌斯的活动⑦，拉刻代蒙人为帕耳那巴兹多斯准备好了 27 艘战舰。大约冬至之时⑧，这些战舰起航驶向伊俄尼亚，由一个斯巴达人安提斯忒涅斯统率。2 拉刻代蒙人同时还派遣 11 位斯巴达人充当阿斯堤俄科斯的顾问，其中之一是阿耳刻西拉斯⑨之子利卡斯⑩。他们接到命令，抵达米利都后，协助他总理事务，以争取最好的结果；如果他们认为合适，就派遣这些战舰——或者同等数量，或者多一些，或者少一些——赴赫勒斯蓬托斯到帕耳那巴兹多斯那里，任命赫然庇阿斯之子克勒阿耳科斯——跟他们一起来的——为指挥官；如果这 11 人认为合适，就可以免除阿斯堤俄科斯的海军司令之职，让安提斯忒涅斯取而代之，因为珀达里托斯的信让

---

① 15 公里。见戈姆《评注》第 5 卷，第 83 页。
② 前文（8.24.3）提到过三次战败。
③ 直译"那些与伊翁之子堤得俄斯在一起的人"。
④ 关于"亲雅典"，见前文（3.62.2）译注；关于此事见前文（8.24.6）。
⑤ "极端的寡头统治"原文本为"ἐς ὀλίγους"，"牛津本"和阿尔伯蒂的校勘本均如此，但实际上各抄本均作"ἐς ὀλίγον"。霍氏认为原文说得通，没有必要修改。他译为"to an extreme oligarchy"。今从。见其《评注》第 3 卷，第 859 页。
⑥ 见前文（8.28.5）。
⑦ 见前文（8.6.1）。
⑧ 公元前 412 年 12 月 24 日。见霍氏《评注》第 3 卷，第 862 页。
⑨ 见前文译注（5.50.4）。
⑩ 他们父子当时都是有名之士，这里已是作者第三次提及利卡斯的父名（前两次见前文 5.50.4；5.76.3）。利卡斯与萨摩斯人有联系，这是他为什么被派到爱琴海东部地区；另外，他与米利都人的关系明显很差，因为萨摩斯人与米利都人有宿怨。见霍氏《评注》第 3 卷，第 862 页。

他们心生疑虑。3 于是，这些战舰从马勒亚起航，越过外海，正朝墨罗斯靠岸①，遇上了 10 艘雅典战舰。他们抓住了 3 艘空船，将其付之一炬②。在此之后，由于担心从墨罗斯逃走的雅典战舰把他们驶来的消息通知那些在萨摩斯的雅典舰队——像这些战舰确实所做的那样——他们出于谨慎，绕道克里特，停靠卡里亚的考诺斯③。4 觉得自己安全之后，他们派人送信给在米利都的舰队，要求派战舰沿海岸护送他们。

40.1 在同一段时间里，喀俄斯人和珀达里托斯继续送信给阿斯堤俄科斯——尽管他还是拖延④——强烈要求他以全部战舰前来援救被筑墙包围中的他们，不要坐视他们最大的伊俄尼亚盟邦，在海上被封锁，在陆上被抢劫蹂躏⑤。2 因为喀俄斯人拥有大量家奴⑥，实际上，其数量超过任何一个城邦所拥有的，除了拉刻代蒙人之外⑦。同时，由于其人数众多，他们犯了罪，受到的惩罚也比较严厉。他们看到雅典军队稳稳当当地筑墙扎下营来，立即大批逃亡过去；由于对当地了如指掌，这些人造成的破坏最大。3 因此，喀俄斯人说他必须前来救援，趁现在还有希望和可能阻止敌人的行动，因为得尔庇尼翁的要塞正在修筑没有完工，雅典人又在修筑

---

① 原文是"Μήλῳ προσέβαλον"，其中"προσέβαλον"（不定过去时）阿尔伯蒂的校勘本作"προσέβαλλον"（过去未完成时）。差别在于，前者表示已经登陆墨罗斯岛，后者表示正在靠岸，还没有登陆（具体分析见下个译注）。霍氏赞同。今从。见其《评注》第 3 卷，第 863 页。

② 从字面上看，他们是在海上遭遇雅典人的，但是下文接着说他们抓到 3 艘空船（船员逃掉了），并烧掉了这些船。可见，这些雅典人战舰正靠在海滩，见敌舰来，慌忙起航，有 3 艘动作慢了，就被抓住了。因此，拉刻代蒙人是在靠岸的过程中遇到雅典人的。墨罗斯岛曾是拉刻代蒙人的殖民地，后来被雅典人夺取，因此双方都把它当作基地。拉刻代蒙人这样做的代价是泄露了自己驶向伊俄尼亚的计划。见霍氏《评注》第 3 卷，第 863 页。

③ "卡里亚"（"Καρίας"，属格）"牛津本"作"亚细亚"（"Ἀσίας"，属格），但有一个抄本就作"Καρίας"，阿尔伯蒂的校勘本作"Καρίας"。霍氏认为，考诺斯就在卡里亚，比亚细亚更具体。今从。见其《评注》第 3 卷，第 864 页。

④ "拖延"原文是"διαμέλλοντα"（现在分词、宾格），本义是"总想做又不做""继续拖延"。阿斯堤俄科斯从一开始就不想援救喀俄斯（8.33.1；8.38.4），从这个意义上说，这个词使用不当。但在上文（1.71.1）这个词还有一个意思："自己认为必须做的事却拖延不做"。这个意思用在这里就说得通了。见戈姆《评注》第 5 卷，第 86 页。

⑤ 直译"被抢劫所破坏"，意思有所重复，作者有意为之，以增强表达力。见霍氏《评注》第 3 卷，第 864—865 页。

⑥ "家奴"原文是"οἰκέται"，"οἰκέτης"的复数，指私人拥有的、用于生产劳动的奴隶。

⑦ 请注意，作者没有像现代史学家那样，认为斯巴达的奴隶与喀俄斯的家奴有本质的区别。喀俄斯岛土地肥沃，面积也不小，集中生产葡萄酒和厄莱亚油，故需要较多奴隶。见霍氏《评注》第 3 卷，第 865 页。有学者指出，喀俄斯奴隶的绝对数量肯定不及阿提卡，作者写这句话时，心里想的大概是奴隶在人口中的比例。见戈姆《评注》第 5 卷，第 86—87 页。

一长段围住其军队和战舰的防御工事。尽管由于自己以前发出的威胁①，阿斯堤俄科斯本不想去救援，但是看到盟邦都很积极，他也急于救援了。**41.1** 这个时候，他接到从考诺斯来的信，说 27 艘战舰和他的斯巴达顾问业已抵达。他想，为这么大的一支舰队护航——它会让他们拥有更大的制海权——和使那些前来监视他的人安全渡海比任何事情都重要。于是，立即放弃去喀俄斯，驶向考诺斯。**2** 他们沿海岸航行，在科斯—墨洛庇斯②登陆。该城没有城墙，刚被地震——我们记忆中最大的一次——震垮，居民逃到山里去了③。他们蹂躏了土地，洗劫一空；但放过了自由人，让他们走了。**3** 他们从科斯起航，晚上抵达了克尼多斯。应克尼多斯人不让水手下船的强烈要求，径直航行，没有停顿，驶向 20 艘雅典战舰④。这些战舰由一位从萨摩斯来的将军卡耳弥诺斯统率，他正守候从伯罗奔尼撒驶来的那 27 艘战舰，也就是阿斯堤俄科斯沿海岸航行去迎接的那些战舰。**4** 在萨摩斯的雅典人早就从墨罗斯得到了他们驶来的消息，卡耳弥诺斯守候在绪墨、卡尔刻⑤和罗德岛附近，以及吕喀亚一带，因为此时他进一步了解到他们正在考诺斯。**42.1** 于是，阿斯堤俄科斯抢在其行动被人发现之前，没有停顿，立即驶向绪墨，希望能在外海某个地方截住敌舰。瓢泼阵雨⑥加上阴沉的天空使其舰队在昏暗中分散了，并陷入混乱。**2** 舰队四散开来，拂晓，其左翼被雅典人发现了，其余的战舰则还在绪墨岛周围漂荡。卡耳弥诺斯和雅典人把它们当成了他们正在守候的、从考诺斯开来的

---

① 见前文（8.33.1）。

② Κῶς Μεροπίς，Cos Meropis，这是作者第一次提及科斯岛（或城邦），即今希腊科斯岛。墨洛庇斯位于科斯岛的东北端，相对的西南端还有一座城邦阿斯堤帕莱亚（Ἀστυπάλαια，Astypalaia），前 4 世纪才统一。可能在此之前，包括作者的时代，用"科斯—墨洛庇斯"的称呼是为了与"科斯—阿斯堤帕莱亚"相区分。科斯岛在前 5 世纪中期是提洛同盟的成员，一直到前 411 年（8.108.2）还在雅典人掌控之中，到前 408/7 年，才落入斯巴达之手。见霍氏《评注》第 3 卷，第 867—868 页。

③ 因为有可能发生海啸。见霍氏《评注》第 3 卷，第 869 页。

④ 为什么这么少？雅典人现在很着急，因为他们面临来自米利都的敌舰和这部分增援舰队的双重威胁。见霍氏《评注》第 3 卷，第 869 页。

⑤ Σύμη，Syme，即今希腊锡米岛；Χάλκη，Chalce，即今哈尔基岛。都是提洛同盟的成员，都位于罗德岛的西面，从哈尔基岛、锡米岛到小亚大陆上吕喀亚一线是伯罗奔尼撒人从考诺斯驶向萨摩斯、喀俄斯和勒斯玻斯方向的必经之路。

⑥ 原文是"ὑετός"，地中海式的瓢泼阵雨，有别于"ὄμβρος"（"连续不断的降雨"）。见霍氏《评注》第 3 卷，第 871 页。

战舰，迅速以不到 20 艘战舰①发动进攻。**3** 他们立即扑上去，击沉了 3 艘，重创了其余战舰，并在作战中占据上风，直到他们出乎意料地发现，敌舰主力从四面八方围了上来。**4** 随即开始逃跑，6 艘被歼，其余的逃到忒乌特路萨②岛，从那里再去哈利卡耳那索斯③。在此之后，伯罗奔尼撒人到克尼多斯进港靠岸。在与来自考诺斯的 27 艘战舰会合之后，全部战舰驶至绪墨，竖立却敌纪念柱。然后，返回到克尼多斯进港停泊④。**43.1** 雅典人得知这场海战后，以其在萨摩斯的全部战舰⑤驶向绪墨。但他们没有攻击在克尼多斯的敌舰，敌舰也没有攻击他们。他们收取自己舰队放在绪墨岛上的器具⑥，在大陆上的罗律玛⑦靠岸，然后返回了萨摩斯⑧。

2 伯罗奔尼撒人的全部战舰⑨现在都在克尼多斯，进行必要的修理。同时，那 11 位伯罗奔尼撒人与提萨珀耳涅斯（因为他已抵达）会谈，讨论过去的条约——如果他们有不满的地方——以及将来的作战行动，即以何种方式作战最有利于双方。**3** 对已订立的条约最深究的是利卡斯，他说两个条约，不论是卡尔喀得乌斯条约，还是忒里墨涅斯条约⑩，条款都订

---

① 也许因为匆忙，或者有的晚上掉队了。见戈姆《评注》第 5 卷，第 89 页。

② Τευτλοῦσσα，Teutloussa，即今希腊的一个小岛 Seskli，位于绪墨岛的南面、罗德岛的西面。见霍氏《评注》第 3 卷，第 872 页。

③ Ἀλικαρνασσός，Halicarnassus，即今土耳其的博德鲁姆（Bodrum），位于小亚大陆上，与科斯岛隔海相望。她是希罗多德的故乡，也是提洛同盟的成员（缴纳贡款不到 2 塔兰同）。见霍氏《评注》第 3 卷，第 872 页。

④ 从克尼多斯的达特恰（Datça）到绪墨约 15 公里，来回就是 30 公里，在冬季航行这么远，就是为了立一根却敌纪念柱，这主要出于宗教上的要求，其次是胜利带来的荣誉感。这一胜仗虽然有些偶然，但增强了斯巴达一方的信心，鼓励了罗德岛人的叛离行动，增加了其与提萨珀耳涅斯谈判的砝码。所以，阿斯堤俄科斯似乎相当满意。见霍氏《评注》第 3 卷，第 873 页。

⑤ 74 艘（8.30.2）减去刚损失的 6 艘就是 68 艘。见塔克的注。

⑥ 见前文译注（8.28.1）。

⑦ Λώρυμα，Loryma，在小亚的卡里亚，位于与罗德岛相对的那个半岛的顶端，与绪墨岛隔海相望。

⑧ 雅典人为什么在返回之前去大陆上的罗律玛？上文刚说到双方实际上陷入僵持，雅典人为了避免与在克尼多斯的伯罗奔尼撒人相遇，没有直接向北航行，而是驶到绪墨岛与罗律玛之间的海峡，到罗律玛上岸，然后取道绪墨岛南面，向西航行，到一定距离，再向北驶回萨摩斯。因此，他们在罗律玛上岸，可能是为了过夜，因为绕道需要花很长时间，先要休息好。见霍氏《评注》第 3 卷，第 875—876 页。

⑨ 加上安提斯忒涅斯带来的 27 艘，阿斯堤俄科斯麾下的在克尼多斯的战舰（不包括喀俄斯人的战舰）接近 111 艘，或者不足 91 艘，数字难以精确，因为作者并没有把军事行动的所有细节都告诉我们。见戈姆《评注》第 5 卷，第 29—30 页。

⑩ 直译"卡尔喀得乌斯的条约""忒里墨涅斯的条约"，即经由他们订立的条约。

得很糟糕；如果国王现在认为有权统治以前他和他的祖先统治过的地方，那就太可怕了！因为那就意味着，所有的岛屿①，还有忒萨利亚、罗克里斯，一直到玻俄提亚的所有地区，都重遭奴役；拉刻代蒙人不是将自由而是将波斯的统治强加在希腊人头上。4 因此，他要求另订一个更好的条约。他说，无论如何，他们不会遵守那些条约②，也不需要根据它们取得的给养。提萨珀耳涅斯很是不快，一怒之下，拂袖而去，谈判无果而终。

44.1 由于罗德岛最有权势的人物③遣使联络，伯罗奔尼撒人决定去罗德岛，希望将一座因有大量水手和步兵而颇具实力的岛屿争取过来，同时他们还认为，他们将能够从自己的盟邦得到舰队的给养，而不是向提萨珀耳涅斯索要金钱。2 于是，在同一个冬季里，他们立即从克尼多斯出发，首先以 94 艘战舰在罗德岛的卡墨洛斯靠岸。大量居民不知道怎么回事，惊慌逃走，尤其是因为该城没有城墙。后来，拉刻代蒙人把他们还有其他两个城邦——林多斯和伊厄吕索斯——的居民召集拢来，劝说罗德岛人叛离雅典。于是，罗德岛倒向了伯罗奔尼撒人一边。3 就在这个时候，雅典人明白过来了，战舰从萨摩斯起航，想要抢在他们的前头。他们驶到可以望见罗德岛的地方，发现晚了一步，当即离开驶到卡尔刻，从那里回到萨摩斯。后来，他们从卡尔刻、科斯［和萨摩斯］④ 出发，驶向罗德岛，对其作战。4 伯罗奔尼撒人从罗德岛人当中征收的金钱达 32 塔兰同⑤，却把战舰拖上岸，80 天⑥按兵不动。

---

① 主要是爱琴海上的岛屿，特别是库克拉得斯群岛。见霍氏《评注》第 3 卷，第 876 页。
② 这就证明了前两个条约没有得到斯巴达当局的正式批准，如果其正式代表已经宣誓遵守，利卡斯是不会这么说的。见戈姆《评注》第 5 卷，第 90 页。
③ "最有权势的人物"原文是"τῶν δυνατωτάτων ἀνδρῶν"（属格、复数），这是不是意味着罗德岛的政权是寡头制的？此时的罗德岛有 3 个大邦：林多斯、伊厄吕索斯（Ιηλυσός, Ialysus）和卡墨洛斯（Κάμειρος, Camirus）。通常认为，这 3 个城邦过去是民主政体，现在被寡头政体取代了。但是，铭文资料不支持这一说法。这 3 个城邦的政体可能并不相同，卡墨洛斯是寡头制的；林多斯的情况与萨摩斯相仿，城邦由有权势者（"δυνατοί"）管理，但他们将其称为民主政体，用雅典式的制度；伊厄吕索斯的政体则不清楚。见霍氏《评注》第 3 卷，第 878—879 页。
④ 有校勘者认为萨摩斯距离罗德岛太远了，主张删掉；科斯—墨洛庇斯还在雅典人手里。见霍氏《评注》第 3 卷，第 882—883 页。
⑤ 在提洛同盟中，林多斯人缴纳的贡款是 15 塔兰同，另两个大邦都是 10 塔兰同，小邦不算。加起来已经超过了提洛同盟中缴纳贡款最多的埃癸娜了（30 塔兰同）。因此，32 塔兰同还在罗德岛人所能承受的范围之内。按照每人每天 3 俄玻罗斯算，这笔钱还不够 94 艘战舰一个月的薪酬，更不用说 80 天了。见戈姆《评注》第 5 卷，第 92 页；霍氏《评注》第 3 卷，第 883 页。
⑥ 这里的时间有没有问题？详后文译注（8.60.3）。

45.1 与此同时，甚至在伯罗奔尼撒人去罗德岛之前①，就发生了下面的事情：在卡尔喀得乌斯战死和米利都之战以后，伯罗奔尼撒人对阿尔喀比阿得斯起了疑心②，阿斯堤俄科斯接到从拉刻代蒙传来的处死他的指令（因为他是阿癸斯的私敌，在其他方面也显得可疑）。阿尔喀比阿得斯害怕了，先是找提萨珀耳涅斯做靠山，然后开始与他一起尽其最大努力损害伯罗奔尼撒人的大事。**2** 他事事为提萨珀耳涅斯出谋划策。他让提萨珀耳涅斯裁减水手的酬金，从每天1阿提卡德拉克马变成每天3俄玻罗斯，而且不连续给付③。他教提萨珀耳涅斯告诉伯罗奔尼撒人，航海经历更长的雅典人只付给其水手3俄玻罗斯④；不是付不起这笔钱，而是怕水手钱太多就乱来⑤——有的把钱花在让他们生病的事情上，损害了其身体健康；有的干脆不要留作担保的部分未付酬金开小差离开战舰。**3** 他还教他贿赂三层桨战舰舰长和将军们，以便在这个问题上⑥得到他们的同意——只有叙拉古人拒绝了，他们当中的赫耳摩克剌忒斯是唯一代表全体盟军表示反对的人。**4** 有城邦来要钱，他将其赶走，并以提萨珀耳涅斯的名义告诉他们：喀俄斯人厚颜无耻，作为希腊最富有的人，由于外来的援助而得以保住性命，仍不满足，还指望别人拿自己生命和金钱为了他们的自由冒险。**5** 他还说，至于其他在叛离前向雅典人大把交钱的城邦，现在不愿意为了他们自身的利益，

---

① 从这里开始一直到第54章结束，叙述的内容在时间上相当于第29—44章，也就是说作者没有按照时间顺利叙述，而是一下子跳到从前。从第55章开始，作者接着此处继续按时间顺序叙述。"与此同时，甚至……以前"这种表示追述过去事情的用语下文还有（8.63.3），但前7卷却没有。从这里往后几章，作者倾向于仔细分析人物的动机，尤其是阿尔喀比阿得斯的动机。因此，有学者认为作者在第8卷试着用一种新的叙事技巧，也有学者认为这是第8卷未经最后完善的表现之一，但也学者认为这几章与全书仍然是同质的（homogeneity）。看来还没有定论。见霍氏《评注》第5卷，第883—886页。

② 有学者认为卡尔喀得乌斯战死，阿尔喀比阿得斯暗自高兴，以为自己可以独自指挥军队。这是不对的，因为作者没有这么说，况且，卡尔喀得乌斯是他要为之赢得荣誉的人之一。伯罗奔尼撒人对他起疑心应该有一个过程，很有可能是因为他在米利都之战中没有尽力作战，当时他对阵的是阿耳戈斯人（8.26.3）。见霍氏《评注》第3卷，第887页。

③ 见前文（8.29.1），那里没说这个主意是阿尔喀比阿得斯出的，提萨珀耳涅斯实际付给的比这个额度要高。见霍氏《评注》第3卷，第887页。

④ 正常情况下，一直到前413年，雅典人付给其水手的薪酬额度是每人每天1德拉克马。前413年以后，由于经济状况恶化，其额度开始减少至3俄玻罗斯。见霍氏《评注》第3卷，第887—888页。

⑤ 指不服从命令、纪律败坏的行为，如放荡不羁、酗酒胡闹或者开小差。见霍氏《评注》第3卷，第888页。

⑥ 即裁减酬金。见塔克的注。

交与过去的贡款一样多甚至更多的钱，是不公正的。**6** 他还指出，提萨珀耳涅斯现在用他个人财产进行战争，当然能省则省；一旦国王将给养拨付下来，就付给他们足额的酬金，并给予各邦合适的资助。**46.1** 他还建议提萨珀耳涅斯不要太急于结束战争，也不要想着将他准备之中的腓尼基舰队带来①，或者付给更多的希腊人酬金②，使得制陆权和制海权落入同一方手中；两方应分别拥有一种权力，这样国王总能用一方来对付找他麻烦的一方。**2** 如果制陆权和制海权落入一方之手，他③就找不到人一起打倒那个得势的一方，除非他想到时候亲自出马，花费巨大代价拼出个高下来。最经济合算的办法是让希腊人内斗，自己消耗自己，他本人既少花钱，又安安全全。**3** 他还说，雅典人是其帝国的合适伙伴，因为他们对于陆地野心较小，其作战的理由④和实际行动都对国王最有利。因为雅典人会与他一起征服：海洋部分归雅典人，所有居住在国王土地上的希腊人则归国王；相反，拉刻代蒙人为解放这些人而来。拉刻代蒙人正在把希腊人从希腊人手里解放出来，日后不可能不会把希腊人从波斯人［蛮族］⑤ 手里解放出来，除非波斯人到时候将他们除掉。**4** 因此，他建议提萨珀耳涅斯先让希腊人相互消耗，最大限度地消弱雅典人的力量，然后，将伯罗奔尼撒人从其土地上赶走。**5** 从提萨珀耳涅斯的行动来看，他大体依此而行。因为他认为阿尔喀比阿得斯在这些事情上的建议很好，并给予他完全的信任。结果，他给伯罗奔尼撒人

---

① 这里突然第一次提及腓尼基舰队，却语焉不详，显得很奇怪，幸好下文还有叙述（8.87；8.109）。就作者的语气，似乎这些腓尼基舰队在提萨珀耳涅斯的掌控之中，这显然有问题，因为腓尼基不是其总督辖区的一部分（腓尼基在前约 529 年冈比西斯时开始受波斯帝国统治，希波战争中腓尼基舰队为波斯出过大力，从战后一直被亚历山大征服，腓尼基或多或少保持着独立地位）。另外，提萨珀耳涅斯原来可以指望腓尼基舰队，怪不得上文他拂袖而去（8.43.4）。见塔克的注；戈姆《评注》第 5 卷，第 100—101 页。

② 这是付给舰队的，不是付给城邦的。两种不同类型的资助上文（8.45.6）已经说得很明白了。塔克说这样做的目的是不让小亚海岸的伯罗奔尼撒人的战舰数量太多（见其注）。见戈姆《评注》第 5 卷，第 101 页。

③ 指提萨珀耳涅斯，不是波斯国王。见塔克的注。但众英译本认为指波斯国王。

④ "理由"原文是"τὸν λόγον"（宾格），还可以译为"理由""说辞""原则"等。拉刻代蒙人说自己是为了解放希腊人而战，雅典人没有明确说过，也许在"墨罗斯辩论"中流露过，那就是自利的原则。参见塔克的注。

⑤ "波斯人［蛮族］"原文是"ἐκείνων［τῶν βαρβάρων］"。"牛津本"可能认为阿尔喀比阿得斯当着提萨珀耳涅斯的面称"蛮族"，不得体。但是，这里是间接引语，故完全不必括起来。阿尔伯蒂的校勘本就去掉了中括号。霍氏赞同，但他将其译为"Persians"（"波斯人"）。因此译者这里折中处理，一方面译"他们"（"ἐκείνων"）为"波斯人"，一方面保留中括号的内容。见霍氏《评注》第 3 卷，第 890 页。

的酬金远未足额，还不允许他们打海战①；相反，总是说腓尼基舰队快来了，那时作战的优势将更大了。这样，逐渐毁掉他们的大事，削弱其海军效能——它一度相当强悍——在其他方面，他也不热心支持他们作战，这一点实在是太明显不过了。

47.1 阿尔喀比阿得斯向提萨珀耳涅斯和国王——他现在在他们的保护之下——提出这些建议，不仅因为他认为这些建议是最好的，而且因为他在积极地为自己返回祖国铺平道路。他知道，只要他不摧毁她②，终有一日他将说服其同胞将他召回。他认为，如果他们看到提萨珀耳涅斯跟他是密友，那就最能说服他们了。事实果然如此。2 当在萨摩斯的雅典军队得知他在提萨珀耳涅斯面前颇有影响力，最主要的还是因为他们自觉自愿——原来，阿尔喀比阿得斯让人捎话给他们当中最有权威的人，请这些人在杰出人士③的面前提起他，告诉他们说只要国内是少数人统治④，而不是将他赶出来的那个邪恶的民众统治⑤，他就愿意回来与他们一起治理城邦，而且还让提萨珀耳涅斯做他们的朋友——在萨摩斯的雅典的三层桨战舰舰长和那些领头的人现在急于要推翻民众统治。**48.1** 这项运动从萨摩斯的军营开始，随后从那里传到雅典城。有些人从萨摩斯渡海与阿尔喀比阿得斯会谈⑥，他许诺首先让提萨珀耳涅斯，然后让波斯国王做他们的朋友，如果他们不再处在民众统治之下（因为这会让国王更加相信）。那

---

① 这种情况前文提到过，比如 74 艘雅典战舰面对约 90 艘敌舰却掌握着制海权（8.30.2），不出海迎敌（8.38.5），在罗德岛长时间逗留也算（8.44.4）；还有后文的按兵不动（8.60.3）。见戈姆《评注》第 5 卷，第 104 页；霍氏《评注》第 3 卷，第 891 页。

② 如果阿尔喀比阿得斯敦促提萨珀耳涅斯全心全力帮助伯罗奔尼撒人，可以让雅典人很快完蛋的。见戈姆《评注》第 5 卷，第 106 页。

③ "杰出人士"原文是 "τοὺς βελτίστους τῶν ἀνθρώπων"，直译"这些人中最好的人"。指的是谁呢？首先，"这些人"指的是在萨摩斯的雅典军队，既包括军官又包括士兵；其次，这里"杰出人士"应该是一个群体，而且比"最有权威的人物"（"τοὺς δυνατωτάτους…ἄνδρας"）范围要大。它虽是口语式灵活表达，没有什么倾向性，但带有一定政治意味，指寡头派。见霍氏《评注》第 3 卷，第 892—893 页。

④ "少数人统治"原文是 "ὀλιγαρχία"（与格），这里是没有贬义的，故没有译为"寡头统治"（汉语"寡头"带贬义）。

⑤ "民众统治"（包括下句）原文是 "δημοκρατία"（与格），这里不如说是带贬义的，相当于"暴民统治"，而汉语"民主""民主政体"是绝对的褒义词，故没有译成"民主政体"。

⑥ 阿尔喀比阿得斯此时不在萨摩斯，而在小亚大陆上的马格涅西亚，与提萨珀耳涅斯在一起。见霍氏《评注》第 3 卷，第 894 页。

些最有财力的公民，负担最为沉重（在他们自己看来）①，对将城邦的统治权抓到自己手中和战胜敌人抱有很大的希望。**2** 他们回到萨摩斯后，将那里的志同道合者结成同党，并公开告诉全军，如果阿尔喀比阿得斯返回城邦，城邦不再实行民众统治，波斯国王就将做他们的朋友，并提供金钱。**3** 普通士兵可能一开始有些厌恶他们的阴谋活动，但指望从波斯国王那里轻易取得酬金，就默许了。那些谋划少数人统治的人，等把他们的计划告诉全军之后，就开始在他们自己和人数更多的同伙②中间，研究阿尔喀比阿得斯的建议。**4** 别的人都认为其建议可行而且可信，只有普律尼科斯——他仍是将军③——不满意。他认为——他的观点是正确的④——阿尔喀比阿得斯对少数人统治不比对民众统治更在意，他唯一考虑的是，如何改变城邦现有的政治秩序，以便他的朋友们将他召回。但是，对于雅典人而言，首要的考虑必须是避免内乱。对波斯国王而言，站在他不信任的雅典人一边并非易事，而且会有麻烦，因为伯罗奔尼撒人现在在海上与雅典人旗鼓相当，还控制着其帝国内的一些重要城邦⑤，而他完全可以与没有伤害过他的伯罗奔尼撒人做朋友。**5** 至于盟邦，他们确实向其允诺过少数人统治⑥，因为连他们自己都不会搞民众统治了。他说，他清楚地知道，这既不会让那些已经叛离雅典的城邦早些回来，也不会让余下的盟邦更加可靠。因为盟邦不想被奴役，不管是处在少数人统治下，还是处在民

---

① 括号里的内容，原文字面上是没有的，但蕴含此义，加上去意思更显豁。见霍氏《评注》第 3 卷，第 894 页。

② "同伙"原文是"τοῦ ἑταιρικοῦ"（属格），是定冠词加形容词的形式，可以译为"同伴""朋党"之类。值得注意的是，古希腊语中，与其同源的"ἑταιρεῖαι"（"ἑταῖρος"的主格、复数），本义就是"伙伴""朋友"，但有时含有政治意味，当半个术语用，那就跟"ξυνωμοσίαι"（"宣誓的团体""同党"，见 8.48.2；8.49；8.54.4）差不多。本书多次提到此词（"ἑταῖρος"），还有几个与其同源的词，包括此处和前文一处（3.82.6），前文还有"ἑταιρεία"（3.82.5）。见霍氏《评注》第 3 卷，第 917 页。

③ 他不久就被雅典公民大会免职（8.54.3）。

④ 作者自己的评论，他对普律尼科斯的睿智有很高的评价（8.27.5）。见戈姆《评注》第 5 卷，第 108 页。

⑤ 指雅典霸权范围内的米利都、厄律忒赖和克尼多斯等。见霍氏《评注》第 3 卷，第 897 页。

⑥ 前文从未提及此"允诺"，后文（8.64）倒是有所提及。有学者建议将"允诺"一词的原文"ὑπεσχῆσθαι"（完成时不定式）改成"ὑπεσχήσεσθαι"（将来时不定式），以指将来发生的"允诺"。还有学者认为，仅改一个词是不够的，第一次提及应该更详细才对，所以这是第 8 卷未经最后完善的表现之一。但也有学者认为，由于普律尼科斯的观点不过尔尔，所以改动一下原文就行，不必视为这部著作未经最后完善的表现。见霍氏《评注》第 3 卷，第 897 页。

众统治下；只要是自由的，无论哪种统治形式对于她们都无关紧要。6 至于所谓的"优秀人士"①，盟邦相信他们带来的麻烦不会比民众少，因为他们既助长了民众罪行，又是其幕后主使②，并从中得到最大的好处③。只要政事取决于这些人，死刑就会不经审判地、暴虐地实施④。民众是盟邦的庇护所，又对寡头派构成制约⑤。7 他确信，这些城邦从实际经验中懂得了这些道理，她们的想法就是如此。因此，对阿尔喀比阿得斯的建议和正在进行中的阴谋活动，他从不赞同。49. 然而，同党中聚起一起商议的人⑥，坚持他们最初的决定⑦，接受了现在的建议，准备派遣珀珊德洛斯⑧和其他人作为使节⑨去雅典，就阿尔喀比阿得斯返国和推翻雅典的民众统治展开活动，好让提萨珀耳涅斯做雅典人的朋友。50.1 普律尼科斯知道，关于阿尔喀比阿得斯返国的建议将会被提出来，而且雅典人会接受这个建议。他担心由于他已经表示反对，一旦阿尔喀比阿得斯返国，将加害于作为反对者的他，于是，使出了以下的手段：2 他秘密派人送信给拉

---

① "优秀人士"原文是"τούς καλούς κἀγαθούς"（宾格、复数），"καλός"的意思是"优秀的""正直的""高贵的"等；"ἀγαθός"的意思是"好的""高贵的""勇敢的""能干的""善良的"等。这里主要暗指阿尔喀比阿得斯。见霍氏《评注》第3卷，第898页。

② "助长了"原文是"πορίστας"（宾格、复数），意思是"供应者""备办者"。原本是雅典负责征收钱财以应城邦特殊需要的财政官员。"幕后主使"原文是"ἐσηγητὰς"（宾格、复数），意思是"提议者""倡议者"。

③ 有关雅典帝国给其上层公民带来利益的说法，全书仅此一见，但是铭文资料可以佐证。有铭文资料说，前415年，城邦出卖了一些损毁和亵渎神像者在阿提卡之外的财产，如在优卑亚的；前411年，在塔索斯类似情况也发生过。因此，一些富裕的、出身好的雅典人积极推动雅典的霸权政策，这是不足为奇的。见霍氏《评注》第3卷，第899页。

④ 普律尼科斯说雅典上层（潜在的寡头派）对盟邦比民主派更专横、更不讲司法程序，他是不是有确证？看来难以确定。在公元前5世纪，在此之前，雅典并无寡头统治，因此，这可能是作者根据日后前411年雅典的寡头统治的恶劣状况（8.66.2）而作出的判断，却提前放到这里来了。见霍氏《评注》第3卷，第900页。

⑤ 雅典的演说家安提蓬曾提到，在提洛同盟的法庭上，没有雅典人民的同意，任何人不得被判处死刑（Antiphon 5.47），也就是说，民主政体下的雅典法庭成了盟邦的庇护所。"对寡头派构成制约"原文是"ἐκείνων σωφρονιστήν"，"σωφρονιστής"本义是"训导员"。这句话直译就是"他们的训导员"。显然是一个比喻。见霍氏《评注》第3卷，第900页。

⑥ 见前文（8.48.3）。

⑦ 换句话说，普律尼科斯上述一番话，或者说作者本人的主张（8.48.4—7）没有发挥作用。见霍氏《评注》第3卷，第901页。

⑧ Πείσανδρος，Peisander，作者第一次提及此人，在喜剧当中，他是一个肥胖的胆小鬼形象。根据古代记载，他曾参与了前415年赫耳墨斯石像事件的调查。如果属实，那作者将他的出场推迟了。见霍氏《评注》第3卷，第901页。

⑨ 注意这里"使节"的称呼，这是雅典人自己派的，下文还有（8.53.1）。

刻代蒙人的海军司令阿斯堤俄科斯——他当时正在米利都①——告诉他，阿尔喀比阿得斯正让提萨珀耳涅斯做雅典人的朋友，以此毁掉他们的大事，详细情况信上写得一清二楚；他还说，他图谋打击其仇敌，甚至不惜损害自己城邦的利益②，请阿斯堤俄科斯予以谅解。**3** 但是，阿斯堤俄科斯没有想到惩罚阿尔喀比阿得斯，尤其是阿尔喀比阿得斯与他打交道比以前少了。他前往内陆去马格涅西亚③，见阿尔喀比阿得斯和提萨珀耳涅斯。不仅把来自萨摩斯的信的内容告诉他们，他自己成了告密者；还投靠——据说——提萨珀耳涅斯④，将这件事和其他事情的相关情况告知他们，以谋取私利；正是由于这个缘故，在酬金不足额给付的问题上，他的立场软弱。**4** 阿尔喀比阿得斯马上派人送一封指控普律尼科斯的信到萨摩斯，给那里的当权者，将其所作所为告诉他们，要求他们将他处死。**5** 普律尼科斯惊慌失措，由于阿斯堤俄科斯的泄密，他的处境极端危险。他再次写信给阿斯堤俄科斯⑤，指责他没有严守前一封信的秘密，并说他现在准备给他们一个机会，歼灭在萨摩斯的雅典全军，并写上了需要采取的各项具体措施，因为萨摩斯没有城墙；还说，由于现在他的生命安全正受到雅典人的威胁⑥，他采取这种或者那种措施，以免遭其死敌的毒手，都是无可指摘的了。阿斯堤俄科斯又把这些泄露给阿尔喀比阿得斯。**51.1** 由

---

① 从时间上说，此时还没有到阿斯堤俄科斯从米利都动身前往考诺斯护航（8.41.1），大约是前文（8.39.1）提到的那一年冬至之时（公元前412年12月24日）。珀珊德洛斯是在之后去雅典的，但不一定是在这之后马上去。见霍氏《评注》第3卷，第903页。

② 这个借口与阿尔喀比阿得斯在斯巴达提出来的相似（6.92），其目的是让其行为显得可信。见霍氏《评注》第3卷，第903—904页。

③ 这里作者将普律尼科斯与忒弥斯托克勒斯紧密联系起来，马格涅西亚有他的纪念碑，他最善于用计谋，也很会写信（1.137）。见霍氏《评注》第3卷，第904页。

④ "据说"（"ὡς ἐλέγετο"），作为插入语放在第二个单词后面，故有学者说，可能作者自己确实相信这个说法，否则他会将"ἐλέγετο"放在句首。也有学者认为两者之间没有根本差别。有学者认为阿斯堤俄科斯在提萨珀耳涅斯付酬金的问题上，确实是一个背叛者，但也有学者认为，修昔底德对这个说法不承担责任。至于阿斯堤俄科斯为何两次泄密给阿尔喀比阿得斯？学者们提出了多种观点，如斯巴达人的谨慎和对普律尼科斯的不信任等，但没有定论。见霍氏《评注》第3卷，第904—905页。

⑤ 从下文来看，普律尼科斯希望阿斯堤俄科斯掉进设下的圈套，将此信再次泄露给阿尔喀比阿得斯。见霍氏《评注》第3卷，第905—906页。

⑥ 原文有"δι' ἐκείνους"，直译"由于他们的缘故"。这里的"他们"有学者认为指拉刻代蒙人，即阿斯堤俄科斯和叛逃的阿尔喀比阿得斯。当然是他们让普律尼科斯面临危险，但是使其面临背叛雅典的指控却不是他们，而是其雅典仇敌（见下句）。见戈姆《评注》第5卷，第119页。哈蒙德的译作"... the Athenians were now threatening his life"。今从。

于普律尼科斯预见到他要继续泄密,而且阿尔喀比阿得斯的信正要送达,他抢先告诉军队,说敌人——由于萨摩斯没有城墙,而且他们的舰队并不都在港内停泊——将要向其军营发动攻击;还说,他的消息准确可靠,他们应该尽快在萨摩斯筑墙,并全面警戒。他身为将军,根据其职权,可以命令采取这些行动①。2 于是,他们准备修筑,由于这个缘故,萨摩斯防御工事——原本无论如何是要修筑的②——更快地修筑起来。不久,阿尔喀比阿得斯的信到了,说军队在被普律尼科斯出卖,敌人将来进攻。3 由于人们认为阿尔喀比阿得斯不可信赖,而且他预先知道了敌人的计划,出于仇恨,把同谋的罪名加在普律尼科斯头上,所以这封信不仅没有伤害到普律尼科斯,反而证实了他所提供的、内容相同的消息。

52. 在此之后,阿尔喀比阿得斯继续劝说提萨珀耳涅斯跟雅典人做朋友。尽管提萨珀耳涅斯害怕伯罗奔尼撒人,因为他们到来的战舰超过了雅典人,还是想听从这一建议——如果一定能做到的话——特别是在他想起在克尼多斯就忒里墨涅斯条约与伯罗奔尼撒人发生争吵之时(因为这发生在伯罗奔尼撒人去罗德岛之前,现在他们还在那里)。在那里,阿尔喀比阿得斯说过的有关拉刻代蒙人解放所有城邦的话,被利卡斯证明是真的③。他宣称,条约规定国王统治他本人和其祖辈曾统治过的地方,是不可容忍的。阿尔喀比阿得斯则拿出为一项大奖而竞赛的劲头,向提萨珀耳涅斯大献殷勤④。53.1 且说与珀珊德洛斯一起被从萨摩斯派遣的雅典使节抵达了雅典⑤。他们向民众提出建议⑥,将自己的许多观点加以总结,特别强调如果雅典人召回阿尔喀比阿得斯,改变其民主政体,就有可能与

---

① 这里并不意味着普律尼科斯是雅典军队的总司令,他只是将军之一,但有权敦促军队采取这些行动。见戈姆《评注》第5卷,第120页。

② 原文是"ὡς μέλλουσα"(现在时分词、阴性、单数),"μέλλουσα"的主语是"ἡ Σάμος"("萨摩斯"),其后省略了"τειχισθέσεσθαι"(将来时不定式、被动态)。见塔克的注。直译"像(萨摩斯)将被打算筑墙防守那样"。这里不能理解成修筑工作已经开始。见霍氏《评注》第3卷,第907页。

③ 见前文(8.46.3;8.43.3)。

④ 直译"阿尔喀比阿得斯则向提萨珀耳涅斯大献殷勤,恰似为了一项大奖而竞赛一般"。

⑤ 冬天到的,速度很快。从萨摩斯到雅典通常经过提洛岛。有学者指出,不论哪个季节,穿越爱琴海,萨摩斯岛都处在关键位置,就像绕伯罗奔尼撒半岛,库忒拉岛(今基西拉岛)是最好的停泊点。见霍氏《评注》第3卷,第911页。

⑥ 应该有好几次会议,首先应该是"五百人议事会"开会(因为他们被称为"使节",按惯例先由议事会接待),然后是公民大会,也许不止一次。作者省略未提。见霍氏《评注》第3卷,第912页。

波斯国王结盟，并战胜伯罗奔尼撒人。**2** 在民主政体的问题上，许多人表示反对；同时，阿尔喀比阿得斯的仇敌大声叫嚷：如果将一个犯法的人召回，将是骇人听闻的事情！厄乌摩尔庇代和刻律刻斯①——曾因为秘仪之事为告他做证，他为此逃亡——吁请神灵不要让他回来。珀珊德洛斯走上前，面对群情激奋的反对者，挨个把他们拽到一旁问道：伯罗奔尼撒人在海上与我们对阵的战舰不比我们的少，还拥有数量更多的盟邦；波斯国王和提萨珀耳涅斯为他们提供金钱，我们却没有钱了，除非有人说服波斯国王站到我们一边来。在这种情况下，城邦是否还有生存的希望？**3** 被问的人都答不上来，于是，他就直截了当地告诉他们②："那么，除非我们以更明智的方式管理城邦，将统治权更多地交给少数人，好让波斯国王信任我们；除非我们把讨论的重点放在城邦的生死存亡上，而不是政体问题上（因为以后我们还可以改变它，如果有地方我们不满意的话），并召回阿尔喀比阿得斯——他是目前唯一能拯救城邦的人——我们就做不到这一点！" **54.1** 民众刚开始听到关于少数人统治的建议，火冒三丈，但是等到珀珊德洛斯向他们讲清楚没有其他途径拯救城邦时，他们害怕了，同时抱着将来改变政体的希望，终于接受了。**2** 他们投票决定，珀珊德洛斯和其他10人出航，与提萨珀耳涅斯和阿尔喀比阿得斯谈判，达成他们认为最好的协议。**3** 珀珊德洛斯还指控普律尼科斯，于是，民众解除了他和他的同僚斯喀洛尼得斯的职务，另派狄俄墨冬和勒翁为舰队将军——珀珊德洛斯指控普律尼科斯，说他出卖了伊阿索斯和阿摩耳革斯③，因为他认为普律尼科斯不赞同与阿尔喀比阿得斯谈判。**4** 珀珊德洛斯还遍访各同党④——这

---

① Εὐμολπίδαι, Eumolpidae; Κήρυκες, Ceryces。二者都是厄勒乌西斯的世袭祭祀家族，负责向大众解释厄勒乌西斯秘仪，监督圣地的边界，等等。有学者指出，前415年，他们受城邦的指派诅咒亵渎秘仪者，现在又自愿出来反对为了城邦利益召回阿尔喀比阿得斯。见霍氏《评注》第3卷，第913页。

② 以下是整个第8卷唯一的一段直接引语。

③ 这里明确说明雅典人与阿摩耳革斯有联系，前文（8.28.2）只是暗示。见霍氏《评注》第3卷，第916页。

④ "同党"原文是"τὰς ξυνωμοσίας"（宾格、复数），本义是"一起宣誓的团体"，有学者译为"clubs"，霍氏认为这样译显得其成员过于亲密和带娱乐性质，而加入这样的团体是要宣誓的，有一套仪式，但不一定是在一起干坏事，所以他翻译成"sworn associations"。今从。见其《评注》第3卷，第916—917页。前文（8.48.2；8.49）翻译同。

些团体的结成旨在诉讼和选举，以前就存在①——敦促他们联合起来，共谋推翻民众统治。在做好其他所有必需的准备工作②，以便不再拖延之后，他本人和其他10人起航向提萨珀耳涅斯驶去。

55.1 同一个冬季，勒翁和狄俄墨冬这时已经上了雅典战舰，起航出征罗德岛③。他们发现伯罗奔尼撒人的战舰拖到了岸上，实施了一次登陆，打败了前来救援的罗德岛人，然后撤退到卡尔刻。从那里，而不是从科斯出发继续作战。因为如果伯罗奔尼撒人的舰队在哪个地方下海，在那里容易观察得到。

2 同时，克塞诺潘提达斯，一个拉孔人，受珀达里托斯派遣从喀俄斯来到罗德岛。他说，雅典人的工事已经完成④，如果不以整个舰队前去救援，喀俄斯的战事就毁掉了。他们决定救援。**3** 与此同时，珀达里托斯本人与其麾下的雇佣军⑤和喀俄斯人，以全军向雅典人围住其战舰的防御工事⑥发动攻击，攻占了一部分，夺得了一些拖上岸的战舰。雅典人冲出来救援，首先打败了喀俄斯人，然后打败了余下跟随珀达里托斯的军队。他本人和许多喀俄斯人战死，大量武器被缴获。

56.1 在此之后，喀俄斯人遭受了比以前更严密的陆上和海上包围，在那里发生了大饥荒。且说珀珊德洛斯和其他雅典使节到了提萨珀耳涅斯那里⑦，就签订条约谈判。**2** 阿尔喀比阿得斯（因为他对提萨珀耳涅斯的

---

① 这句话揭开了雅典政治生活的一些内幕，即在寡头统治上台之前，早就有集团通过操控诉讼和选举而阻碍民主政治实施的现象。"选举"原文是"ἀρχαῖς"（与格、复数），本义是"官职"。但在雅典，绝大多数官职是通过抽签决定的，由选举来决定的最重要的官职是将军（还有使节的选派和某些重要的财政官职）。见霍氏《评注》第3卷，第919页。"……的结成旨在"原文是一个介词"ἐπί"，相当于英语的"on"，显然这里要根据上下文来译。英译者译成"management""control""mutual support"和"for help in"等。前两种是从这些团体的对外目的来译的，后两种是从内部的功能来译的。

② 什么准备工作？这里语焉不详。很可能有开了几次议事会和公民大会，包括公民对珀珊德洛斯的质询和他的演说。见霍氏《评注》第3卷，第920页。

③ 从这一章开始，接着第44章开始叙述。

④ 指得尔庇尼翁，见前文（8.38.2；8.40.3）。伯罗奔尼撒人没有帮助喀俄斯人摆脱困境，而是移师罗德岛了。见霍氏《评注》第3卷，第921页。

⑤ 见前文（8.28.5），是以前阿摩耳革斯的雇佣军。

⑥ 见前文（8.40.3）。

⑦ 具体位置不详，见下文译注（8.57.1）。

回应没有绝对的把握，提萨珀耳涅斯害怕伯罗奔尼撒人甚于害怕雅典人①，他还是想听从阿尔喀比阿得斯的指教，让他们相互消耗）使出下面的手腕：提萨珀耳涅斯对雅典人开出高价码，高到雅典人无法与之达成协议。3 在我看来，提萨珀耳涅斯也是这样想的，对伯罗奔尼撒人的恐惧左右了他，而阿尔喀比阿得斯看出提萨珀耳涅斯就是按自己开的价码也不肯订立条约时，想让雅典人相信，不是他没有能力说服提萨珀耳涅斯，而是提萨珀耳涅斯已被说服了，想要同意了，但雅典人没有作出足够的让步。4 因为阿尔喀比阿得斯代表提萨珀耳涅斯——他在场——发言，开出如此过分的价码，使得雅典人即使百般迁就他的要求，仍然要担负谈判失败的责任。因为他要求将整个伊俄尼亚交给国王，外加附近的岛屿②以及其他地方。等到雅典人不反对这些要求了，最后，在第三次会议上，由于害怕自己无力影响提萨珀耳涅斯这一点暴露无遗，他提出允许波斯国王建造战舰，并沿着他自己的海岸随意航行，用多少战舰都可以③。5 ④雅典人这回不再……⑤他们认为谈不下去了，被阿尔喀比阿得斯欺骗了。一怒之下，离开回萨摩斯去了。

---

① 拉刻代蒙人许诺要解放所有的希腊城邦（8.52），如果他们的海军力量取得了对雅典海军的绝对优势，就可能做到；另外，他们在给养不继的情况下，有可能劫掠波斯国王的土地（见下文 8.57.1）。见霍氏《评注》第 3 卷，第 922 页。

② 那就意味着雅典人要交出萨摩斯、科斯，也许还有勒斯玻斯，放弃到此时为止在喀俄斯很成功的军事行动的成果。很难相信他们真会作出这么大的让步。见霍氏《评注》第 3 卷，第 923 页。

③ 波斯国王为什么不能建造战舰，并随意沿着自己的海岸航行？有学者提出，这句话中的"他自己的"（原文是"ἑαυτοῦ"，属格、单数）有抄本作"ἑαυτῶν"，应理解成"（沿着）雅典人的（海岸航行）"。但是，从语法上说，如果这样理解，原文应作"αὐτῶν"或者"σφετέραν"（意思都是"他们的"）才是，所以原文是没有问题的。这里可能指的是前 5 世纪中期的"卡利阿斯约"（见前文译注 8.5.5）中的某一条款，这就意味着在那个条约中波斯国王接受了对他这一权利的限制。见霍氏《评注》第 3 卷，第 923—924 页。

④ 注意"牛津本"没有分出第 5 节，但是阿尔伯蒂的校勘本分出了。霍氏赞成。今从。见其《评注》第 3 卷，第 924 页。

⑤ 原文（即"牛津本"）是"ἐνταῦθα δὴ οὐκέτι…"，直译"这一点上（雅典人）不再……"。"οὐκέτι"后面肯定省略了动词（"同意""让步"之类）。原文也许有讹误，但是不加动词也解释得通。这句话带一点口语，讲述者说到这里，两手一伸，听众就明白了。见霍氏《评注》第 3 卷，第 924 页。不过，读者不可能看到讲述者的手势，所以在书面上加省略号比较好。阿尔伯蒂的校勘本没有省略号。今未从。

57.1 同一个冬季，在此之后，提萨珀耳涅斯马上沿海岸到了考诺斯①。他想将伯罗奔尼撒人召回米利都，与他们另订一个条约——他能争取的条款②——给他们提供给养③，以免与之完全敌对。他害怕如果他们的大量战舰给养不继，或者被迫与雅典人海战并被打败，或者他们的舰上人员开了小差：没有他的帮助，雅典人也能得到自己想要得到的；而且他最害怕的是，为了寻找给养，他们会洗劫大陆。**2** 于是，考虑了所有这些情况，经过盘算，本着让希腊人之间势力均衡的想法，他召来伯罗奔尼撒人，给他们提供给养，与他们订立了第三个和约。内容如下：

58.1 "在大流士统治的第 13 年④，其时阿勒克西庇达斯在拉刻代蒙任监察官⑤，拉刻代蒙人及其盟邦与提萨珀耳涅斯、希厄剌墨涅斯⑥和帕耳那刻斯的儿子们⑦，就国王的事务和拉刻代蒙人及其盟邦的事务，在迈安德洛斯平原⑧订立一个条约：**2** 国王的土地⑨，所有那些位于亚细亚的，

---

① 虽然马格涅西亚（位于小亚迈安德洛斯河的上游）地处内陆，但是提萨珀耳涅斯与雅典人谈判的准确地点（即其住地）未知，故理解成"沿海岸"也许还是合适的。见霍氏《评注》第 3 卷，第 925 页。

② 可以推测，除了其自身的动机之外，提萨珀耳涅斯受到了来自波斯国王的压力，故急于与拉刻代蒙人修补关系。见戈姆《评注》第 5 卷，第 136 页。

③ 前文（8.43.4）说，拉刻代蒙人已经放弃提萨珀耳涅斯提供的给养，尽管他们从罗德岛取得了 32 塔兰同，但那是不够撑 80 天的，此时一定很缺给养。见戈姆《评注》第 5 卷，第 137 页。

④ 经过学者们考证，大流士二世在位的第 13 年应开始于前 411 年 1 月末或者 2 月初。这个条约订立的时间很可能是该年 3 月。见霍氏《评注》第 3 卷，第 926—927 页。

⑤ 见色诺芬《希腊志》（2.3.10），那里有一份斯巴达监察官的名单。见霍氏《评注》第 3 卷，第 927 页。

⑥ Ἱεραμένης，Hieramenes，色诺芬的《希腊志》（1.2.9）也提到这个名字，但不是同一个人；另外，在铭文中也出现了这个名字，似乎是一个伊朗名字的希腊文转写（因为它显然是一个希腊化的名字）。有学者认为，在这里，他是波斯国王派来的代表；也有学者倾向于认为他是提萨珀耳涅斯的副手。见霍氏《评注》第 3 卷，第 927—928 页。

⑦ 第一个就有帕耳那巴兹多斯，见前文（8.6.1）。

⑧ 上文说提萨珀耳涅斯到了考诺斯，谈判是在那里开始的吗？有学者认为是在米利都开始的，作者没有交代。正式的奠酒订立和约的仪式是在安德洛斯河谷进行的，那里对双方来说，是一个居中的位置，便于帕耳那巴兹多斯（也许还有希厄剌墨涅斯）抵达。见霍氏《评注》第 3 卷，第 927 页。

⑨ 在第一个条约（8.18）和第二个条约（8.37）中，"土地"与"城邦"并提（即"国王的土地和城邦"），这里"城邦"一词怎么拿去了？有学者认为这是拉刻代蒙人要的诡计，他们只承认国王占有土地，不承认其占有城邦。也有学者认为，"土地"（"χώρα"）一词意思模棱两可，波斯人可以认为其包括城邦，伊俄尼亚人可以认为不包括。从下文（8.84.5）闪烁其词来看，拉刻代蒙人很清楚这个条约措辞含混不清。见霍氏《评注》第 3 卷，第 929 页。

应属于国王①；国王按照自己的意愿统治他自己的土地。3 拉刻代蒙人及其盟邦不得入侵国王的土地，加以任何破坏；国王亦不得入侵拉刻代蒙人及其盟邦的土地，加以任何破坏。4 如果拉刻代蒙人或其盟邦中有人入侵国王的土地，加以破坏，拉刻代蒙人及其盟邦应予制止；如果国王一方有人入侵拉刻代蒙人或其盟邦的土地，加以破坏，国王应予制止。5 提萨珀耳涅斯应按照协议②，给现在参战的战舰③提供给养，直到国王的舰队到来为止④。6 一旦国王的舰队到来，拉刻代蒙人及其盟邦是否为自己的舰队提供给养取决于他们自己，如果他们愿意这么做⑤。然而，如果他们愿意从提萨珀耳涅斯那里取得给养，提萨珀耳涅斯应提供；但是，等到战争结束，拉刻代蒙人及其盟邦应偿还所有从提萨珀耳涅斯那里取得的金钱。7 一旦国王的舰队到来，拉刻代蒙人及其盟邦的舰队和国王的舰队应根据提萨珀耳涅斯和拉刻代蒙人及其盟邦认为最好的方式，共同进行这场战争。如果他们想要终止对雅典人的战争，就应依对双方都一样的条件终止。"

59. 条约的内容就是这些。在此之后，提萨珀耳涅斯准备将腓尼基舰队带来，像该条约提及的那样⑥，并着手兑现他的其他所有承诺。无论如何，他希望让人们看见他开始行动了。**60.1** 这个冬季快要结束的时候，玻俄提亚人夺取了俄洛波斯——这个地方由雅典人驻守着，现在被出卖给了玻俄提亚人⑦——一些厄瑞特里亚人和俄洛波斯人自己共同采取了行动，他们图谋优卑亚叛离雅典——因为这个地方在厄瑞特里亚的正对面，

---

① 这就意味着国王还拥有亚细亚之外的土地，如果这样，国王就没有放弃遭到利卡斯反对的权利（8.43）。可见，这个表述暗藏玄机。见霍氏《评注》第 3 卷，第 928 页。

② 什么协议？前文（8.29；8.45；8.5.5）三次提到过类似协议，到底指哪一个？三者都有学者支持。还有学者认为，作者有意不说清楚。霍氏认为，如果真要指出是哪一个的话，最有可能的是第 29 章提及的协议，即在国王批准的情况下（国王在某个时候批准了，但是作者没提），每人每天 1 德拉克马。见霍氏《评注》第 3 卷，第 929 页。

③ 指拉刻代蒙人一方当时到伊俄尼亚参战的战舰，也就是说以后来增援的战舰不在此列。见霍氏《评注》第 3 卷，第 929 页。

④ 见前文译注（8.46.1）。

⑤ "是否……取决于他们自己"原文是"ἐφ᾽ ἑαυτοῖς"。这句话有可能跟上文的"土地"一词一样，有意模棱两可，让双方都可以接受，所以原文有些拗口。拉刻代蒙人可以自己提供给养，但是国王还是可能提供给养。见霍氏《评注》第 3 卷，第 930 页。

⑥ 原文是"ὥσπερ εἴρητο"，直译"像已经说过的那样。"这里指的是刚订立的条约，而不是前文（8.46），故加上了"该条约"。见霍氏《评注》第 3 卷，第 931 页。

⑦ 见前文（2.23；4.96）。

在被雅典人控制的情况下，必然会对厄瑞特里亚和优卑亚的其他地区构成大威胁。2 因此，在占据俄洛波斯之后，厄瑞特里亚人来到罗德岛，邀请伯罗奔尼撒人前去优卑亚。但是，他们更急于援救处在困境中的喀俄斯，于是兴起全部战舰驶离了罗德岛。3 他们到了特里俄庇翁①附近，发现外海上的雅典舰队，正从卡尔刻驶出。双方都没有向对方发动攻击，雅典人到了萨摩斯，伯罗奔尼撒人到了米利都，他们看到不打海战已不再可能援救喀俄斯了。这个冬季结束了②，修昔底德记载的这场战争的第 20 年也随之结束了。

61.1 在接下来的夏季里，春季伊始，斯巴达人得耳库利达斯带领一小支军队，被从陆上派往赫勒斯蓬托斯，去促使阿彼多斯③叛离雅典（阿彼多斯人是米利都殖民者④）。喀俄斯人，就在阿斯堤俄科斯不知道该怎么帮助他们的时候，因忍受不了围城，被迫打海战。2 刚好有这么一个情况：那还是阿斯堤俄科斯在罗德岛的时候，一个斯巴达人勒翁——他作为"厄庇巴忒斯"⑤跟安提斯忒涅斯一起出来，在珀达里托斯死后任指挥官⑥——还有 12 艘战舰到来了。这些战舰原来在米利都担任警戒⑦，其中图里俄 5 艘、叙拉古 4 艘、阿奈亚 1 艘、米利都 1 艘和勒翁自己 1 艘。

---

① 见前文（8.35.2）。

② 如果作者将他所说的冬季结束固定在一个时间点上，在这里就是前 411 年的 3 月初，那么，伯罗奔尼撒人在罗德岛停留的时间不会有 80 天（8.44.4），因为他们是 1 月中旬到罗德岛的，其间只有不到 60 天。但是，有学者认为作者的冬季和夏季并不是这样固定的，根据这个观点，伯罗奔尼撒人是在 4 月初离开罗德岛的，作者的这个冬季结束比较迟。这样，伯罗奔尼撒人在罗德岛停留 80 天就有可能了。见霍氏《评注》第 3 卷，第 932 页。

③ Ἄβυδος，Abydos，位于今达达尼尔海峡的小亚一侧，与塞斯托斯隔海相望。

④ 作者这里没有这样说："阿彼多斯是米利都人的殖民地"，句子谓词突然换用复数，是有用意的。希罗多德曾提及伊俄尼亚的希腊城邦叛离波斯的事，波斯人予以镇压，包括攻打阿彼多斯（《历史》5.117）。米利都是那场反叛的中心，而阿彼多斯又跟她有如此密切的关系，但是希罗多德没有提及这层关系。因此，作者这里特别指出了这一点。见霍氏《评注》第 3 卷，第 934 页。

⑤ 原文是"ἐπιβάτης"，本义是"登上……者"，一般指为战舰配备的战斗人员（见前文 2.102.1 译注），但是这里的意思是"某种副手"（斯巴达海军的副司令官），霍氏建议最好不意译，直接照写（"epibates"）。今从。见其《评注》第 3 卷，第 934 页。

⑥ 前文（8.28.5）提到珀达里托斯的父亲也叫勒翁，难道是父承子位？实际上两个勒翁本不相干，这个勒翁可能是一位奥林匹亚竞技会的优胜者。作者应该有所交代才是。见霍氏《评注》第 3 卷，第 934 页。

⑦ 第 44 章给人的印象是，伯罗奔尼撒人的整个舰队都去了罗德岛，怎么这里又冒出一支在米利都警戒的舰队？这是有意为之，还是太过随意？有学者认为这是第 8 卷未经最后完善的表现之一；也有学者认为这样做是想突出运气的作用。见霍氏《评注》第 3 卷，第 934—935 页。

3 喀俄斯人的步兵全体冲出发动攻击，夺取了一处坚固之所，同时出动36 艘战舰对阵雅典人的 32 艘战舰，双方打海战。激烈的战斗爆发，喀俄斯人及其盟友在战斗中未落下风，（由于天色已晚）撤回城里。**62. 1** 紧接着这一事件，得耳库利达斯从米利都经陆路抵达了赫勒斯蓬托斯，赫勒斯蓬托斯的阿彼多斯叛离雅典，投向了得耳库利达斯和帕耳那巴兹多斯。两天以后，兰普萨科斯也叛离了。**2** 得知这一消息，斯特戎比喀得斯带 24 艘雅典战舰——其中有些是运兵船，载有重甲兵——火速驰援。打败了迎战的兰普萨科斯人，一举拿下了兰普萨科斯城，因为她没筑城墙。他们抢劫物资和奴隶，但让其自由人回家居住，然后，驶向阿彼多斯。**3** 阿彼多斯不投降，他们又攻不下，就驶离了，到阿彼多斯对面的塞斯托斯城——位于刻耳索涅索斯，一度被波斯人占据①——建起一座要塞，警戒整个赫勒斯蓬托斯。

63. 1 与此同时，喀俄斯人占据了更多的制海权；在米利都的伯罗奔尼撒人和阿斯堤俄科斯得知了那场海战的情况，以及斯特戎比喀得斯与其舰队离开的消息，信心大增。**2** 于是，阿斯堤俄科斯带 2 艘战舰沿海岸航行至喀俄斯。从那里将盟邦战舰带来，然后，以全部战舰驶向萨摩斯。由于雅典人内部两派相互不信任，没有出来迎战，他就返回了米利都。

3 大约在同一时间甚至更早一点②，雅典的民众统治已被推翻。因为以珀珊德洛斯为首的使节团从提萨珀耳涅斯那里来到萨摩斯以后，他们加强了对其军队内部的控制，还鼓励萨摩斯人中最有势力者跟他们一道尝试建立寡头统治，尽管萨摩斯刚发生一场内争以避免遭受寡头统治③。**4** 同时，在萨摩斯的雅典人经过内部讨论之后，决定既然阿尔喀比阿得斯明显不愿参与，那就不要他参与（因为他们认为，他不适合参

---

① 是被伯里克利的父亲克珊提波斯率领的雅典人赶走的（1.89.2）。作者为什么在这里翻出许多年前（前479/8 年冬）的旧事？这件事是说搞扩张霸权的波斯人被同样搞霸权扩张的雅典人从塞斯托斯赶走，作者想以此提醒我们，自由了 100 年的雅典人将要失去其自由，屈从于寡头统治了（下文马上提到 8.68.4）。见霍氏《评注》第 3 卷，第 937 页。

② 同前文（8.45.1）套语。

③ 这句话有些拗口，请注意，作者不是简单说："尽管萨摩斯人刚刚起来反抗寡头统治"，这与第 21 章的事实不符。当时（前 412 年），萨摩斯的平民起来反对的不是一个业已存在寡头政体，而是最有权势的人，他们将萨摩斯的民众政体变为为自己谋利的工具，平民担心他们将政权变成实实在在的寡头政体，故起而反抗，要将这一趋势消灭在萌芽状态。见霍氏《评注》第 3 卷，第 939 页。

与寡头统治）；而且，既然他们已经冒险去做，就要靠他们自己，务必不要让其大事半途而废。他们还决定，要坚持将战争打下去，要踊跃从自己的家产中贡献出金钱或者其他需要的东西，因为从今以后，他们不再为别人而是为自己吃苦受累。**64.1** 于是，经过相互这样鼓励，他们当即派遣珀珊德洛斯和使节团的一半成员回国，在那里展开活动，并嘱咐他们在途经各属邦建立寡头统治；再派另一半使节分别去其他各属邦。**2** 他们还派当时在喀俄斯的狄厄特瑞珀斯①——已经被选为统治色雷斯地区的长官——就任②。狄厄特瑞珀斯抵达了塔索斯，推翻了其民众统治。**3** 但是，在他离开大约两个月后③，塔索斯人开始筑城墙，他们不再需要背靠雅典的贤人统治④，日日盼望拉刻代蒙人来解放。**4** 有一群被雅典人驱逐出去的塔索斯流亡者⑤，住在伯罗奔尼撒，这些人一直在与塔索斯城内的朋友配合，竭力搞到战舰，促使塔索斯叛离。于是，现在发生的事情正是他们所想要的——城邦被毫无危险地引向正轨；他们所反对的民众统治被推翻。**5** 因此，就塔索斯来说，事情正好与在塔索斯建立寡头统治的雅典人的期望相反；在我看来，在其他许多属邦，情况也是如此。因为一旦这些城邦获得了"一个明智的政体"⑥，

---

① 是不是第7卷提到的带领迟到了的色雷斯雇佣军返回色雷斯的那个狄厄特瑞珀斯？作者这里没有交代。见霍氏《评注》第3卷，第941页。也不清楚他此时为何在这里。见戈姆《评注》第5卷，第941页。

② 请注意，在萨摩斯的雅典人开始部分扮演雅典政府的角色，却又独立于雅典政府，而且主政者是寡头派。这一过程到下文（8.76.2）完成。见霍氏《评注》第3卷，第941页。

③ 狄厄特瑞珀斯离开塔索斯不会晚于5月中旬，故塔索斯的叛离不会晚于7月中旬，顶多7月底。见戈姆《评注》第5卷，第158页。

④ "贤人统治"原文是"ἀριστοκρατίας"（属格），一般翻译成"贵族政体"等，但是其本义是"最好的人的统治"，含褒义。这里显然语带讽刺。见戈姆《评注》第5卷，第158页。

⑤ 前文（8.48.6）译注提到雅典的上层阶级在海外拥有土地，这句话肯定与此有关联。见霍氏《评注》第3卷，第941—942页。

⑥ "一个明智的政体"原文是"σωφροσύνην"，名词，意思是"头脑健全""明智""清醒""克制"等。作者常常将这种美德与寡头统治，特别是斯巴达的体制联系起来，如在阿耳喀达摩斯的发言中（1.80.2；1.84.2—3）。如果这是一句客观的陈述，那我们可以说作者赞成珀珊德洛斯与其同党的活动，但是从上下文来看，在这件事情上，作者是站在普律尼科斯一边。所以，作者用它表示对塔索斯和其他盟邦从改变政体之后的雅典获得的那种寡头统治的讽刺，因此应该加上引号（原文本无）。见戈姆《评注》第5卷，第159—160页。霍氏也说，这里清楚地表明这个词带有寡头统治的意味。见其《评注》第3卷，第942页。

— 518 —

可以无拘无束地行动，达到完完全全的自由①，就不会在乎雅典人提供的华而不实的"优良政治"②了。

65.1 珀珊德洛斯一行沿着海岸航行，按照原计划，一路推翻途经各城邦的民众统治。同时，从一些地方得到重甲兵③，以之为盟友，来到了雅典。**2** 他们发现，其同伙已经完成了绝大部分工作。因为一些年轻人合谋秘密地刺死了民众首领之一安德洛克勒斯④——阿尔喀比阿得斯之被逐，他起的作用最大——他们杀死他，有两方面的原因：一方面因为他是一个民众领袖⑤；另一方面因为他们认为此举会让阿尔喀比阿得斯高兴——他将返国，并使提萨珀耳涅斯做他们的朋友——后一个原因更重要一些。他们还用同样的方式秘密干掉了其他一些合不来的人。**3** 而且，他们已经公开宣布：除了正在服役的人，其他人不得领取薪酬；仅限于5000人，其他人不得参与政事——这5000人是最能用自己的金钱和身体为城邦服务的人。**66.1** 这些都不过是说给民众听的漂亮话，因为正是这些打算改变政体的人要把城邦抓到自己手中。然而，公民大会和通过抓豆选出⑥的议事会仍然召开，但不经这帮人的同意，它们什么也不能商议；发言者是他们当中的人，要说的话也要事先经过他们审查。**2** 现在不再有别的人发表反对意见，因为看到这帮人人多势众就害怕了。如果真有人发言反对，他马上被人就便弄死⑦。没有人去追查凶手，如果有人被怀疑是凶手，也不会受审。民众老实待着，他们如此惊恐不安，以至于认为不遭祸殃就算走运⑧，哪怕一言不发。**3** 他们大大高估了这帮人的实际人数，这让他们沮丧。由于城邦规模的缘故，并非人人都相互认识，所以发现不

---

① 这里的"自由"，指独立于雅典，不再当其属邦。
② 即他们一旦不受雅典掌控，就希望获得真正的优良政治，而不是雅典人提供的那种"优良政治"，也明显带有讽刺意味，故加引号（原文本无）。见戈姆《评注》第5卷，第161页。
③ 根据下文（8.69.3），指安德洛斯、忒诺斯、优卑亚的卡律斯托斯和埃癸娜。作者在这里不想列出这些地名，以免减缓了叙事的节奏。见霍氏《评注》第3卷，第943页。
④ 前文（6.28.2）早就提到这个人，但没有说出他的名字。见霍氏《评注》第3卷，第944页。
⑤ 原文是"τῆς δημαγωγίας ἕνεκα"，"δημαγωγίας"（属格）是一个抽象名词，首次出现于阿里斯托芬的《骑士》（*Knights*）191中。见霍氏《评注》第3卷，第944页。
⑥ 用抓豆子的办法选出官员，抓到白豆子的人中选，相当于摇签。
⑦ 直译"死于某种方便的方式"。
⑧ 直译"也算自己得了好处"。

了这个事实①。4 由于同样的缘故，人们感到气愤也不可能对他人悲叹，甚而至于谋划对策。因为他发现他要对之说话的人要么自己不认识，要么认识却不可信任。5 所有民众派的人相互接触时都心存疑虑，以为对方参与了时下的行动。参与者当中确有民众派从未想到会转向支持寡头统治的人②，正是这些人在他们当中引起最大的疑虑，最有助于寡头派地位的稳固，还使民众派内部的不信任得以强化。

67.1 却说珀珊德洛斯一行正是在这个关头抵达雅典的，他们立即着手余下的工作。首先召开公民大会，提出一项动议：选出10个起草人③，全权负责起草让城邦得到最好治理的议案，然后在指定某一天提交给公民大会。2 然后，等那一天到来，他们在科罗诺斯一个被围起来的区域举行公民大会（那是城外的一处波塞冬神域，离城有10斯塔狄翁）④。那些起草人提交的不是别的，正是这一个议案⑤：任何一个雅典人都可以按照其

---

① 有学者认为古典时代的雅典社会是一个"面对面"（"face-to-face"）熟人社会，这句话可以说是一个有力的反驳。对一个雅典公民来说，其同胞成千上万，绝大多数恐怕都面生。另外，在这句话原文的最后，"牛津本"有"[αὐτοὶ ἐξευρεῖν]"，意思是"[他们发现]"。因为这句话一开始就有"ἐξευρεῖν"一词，而"αὐτοί"又可以通过动词的复数来表达，所以将这两个词用中括号括起来。霍氏认为，这属于语言的某种"刺耳的重复"（"grinding repetition"），可以保留。全句意思无疑是很清楚的，有学者主张将两个"ἐξευρεῖν"删掉一个。今从霍氏。见其《评注》第3卷，第947—948页。

② 可惜的是，作者没有像列举陆军和海军将领那样列举这些人的名字。我们至少可以很容易举出两个人来：普律尼科斯和珀珊德洛斯。见霍氏《评注》第3卷，第948页。

③ 亚里士多德《雅典政制》（29.2）说，除了现有的10个起草人，再选出20人起草拯救城邦的法案。所谓"现有的10个起草人"修昔底德提到过（8.1.3），即预先审查议案的"老年人委员会"（准确地说叫"πρόβουλοι"）。因此，有学者认为作者这里记载有误，应该是20人；也有学者认为错误并不严重，也许作者认为这10个"πρόβουλοι"权威最大；还有学者认为作者这里不想打破行文节奏，故没有详细介绍。见霍氏《评注》第3卷，第948—949页。

④ "在一个被围起来的区域举行公民大会"原文是"ξυνέκλησαν τὴν ἐκκλησίαν"，"ξυνέκλησαν"意思是"关在里头""围住"。读起来很别扭，故有学者主张读为"ξυνέλεξαν"（"召集"），或者改为"ξυνήλισαν"（"召集"）。但是，作者恐怕另有深意。首先，科罗诺斯（Κολωνός, Colonus 或 Kolonos, 本义为"山丘"）位于雅典城以北1.7公里（这里1斯塔狄翁等于170米）处，此处是悲剧诗人索福克勒斯的得摩斯。为什么在这里开公民大会？雅典城里的下层阶级不能去那么远的地方？但1.7公里并不算远。这个地方的神庙供奉的是马的保护神波塞冬（"Poseidon 'Hippios'"），所以这个地方又叫"Kolonos Hippios"。这就暗示骑兵的作用，而骑兵正是雅典上层阶级所服役的兵种。因此，这次公民大会放在雅典城外召开，在骑兵的掌控之中，目的就是恐吓雅典的民众。见霍氏《评注》第3卷，第949—950页。

⑤ 这种用否定来表达肯定（"不是别的……正是……"）不太可能是与别人论战，有可能是表示强调，或者是"他们没有提交他们所负责起草的关于城邦得到最好治理的议案（8.67.1）"的另一种说法。见霍氏《评注》第3卷，第950页。

意愿提出议案，而不受惩罚；如果有人指控提出者的议案违反了宪法①，或者以其他方式对提出者加以伤害，就要受到严厉惩罚②。3 然后，他们终于直截了当地宣布③：废除一切现有官职④，并且不发薪酬⑤；挑选 5 位主席⑥，这 5 位主席再挑选 100 人，这 100 人每人又挑选 3 人，加上他们自己就是 400 人，这 400 人进入议事厅⑦，按照他们认为最好的方式全权统治，并在他们愿意的时候召集"五千人"开会⑧。**68.** 1 提出这项动议的正是珀珊德洛斯，在整个推翻民众统治的事件中，他公开参与，表现最为积极。但是，整个事件的主谋和一手促成者是雅典人安提蓬⑨，他致力

---

① 雅典有这样一项法律规定：一个公民可以指控某项议案违反现存的法律，从该公民发誓提出控告时起，该议案无论表决与否，暂时中止，等待此项指控的审理结束。如果裁定确实违法，该议案取消，议案提出人通常被罚款。这项法律叫作"γραφὴ παρανόμων"。这项法律在公元前 400 年被人记载下来，但出现时间比这早得多。"γραφὴ παρανόμων"与这里的"γράψηται παρανόμων"很相像，却完全是两码事。见霍氏《评注》第 3 卷，第 951 页。
② 根据《雅典政制》（29.4），是死刑。
③ 前文（8.66.1）还是遮遮掩掩的。
④ 这句话应该不是原来的条文（那应该具体得多），只是简略地交代大意，作者的用意在后文，即"四百人议事会"迅速地、直接地掌握了权力。见戈姆《评注》第 5 卷，第 168 页。
⑤ 这句话说的也是大概意思。前文（8.65.3）说过，服兵役的人有酬金；《雅典政制》（29.5）说，执政官和议事会主席团是有酬金的。作者这里不想提细节。见戈姆《评注》第 5 卷，第 169 页。
⑥ "主席"原文是"προέδρους"（"πρόεδρος"宾格、复数），本义是"坐前排的人""坐首位的人"。民主政体下的雅典议事会有 50 位主席（"πρύτανις"），其中一位为首席主席（"ἐπιστάτης"），由他来选出 9 位执行主席，被称为"πρόεδροι"，这 9 位主席加上一位书记，组成执行主席团。这里的"προέδρους"是"四百人议事会"的核心，既主持会议，又由其产生"四百人议事会"。后文（8.70.1）说，"四百人议事会"从其成员当中摇签选出"προτάνεις"（"πρύτανις"的复数）。可见，这里的"προέδρους"只是临时性的。
⑦ 《雅典政制》（31.1）记载的"四百人议事会"选举方式更简单：由 10 个部落各选出 40 人。但是，这个方式合法成分更多，不如作者这里所说的措施激烈，所以还是这里的记载更符合事实。见霍氏《评注》第 3 卷，第 952 页。
⑧ 《雅典政制》（31）对此亦有两处记载，但相互矛盾。一处（31.1）说，由"五千人"所挑选的"四百人"制定了本宪法；另一处（31.3）说，"五千人"的任命有名无实，这就类似于修昔底德的记载了。看来，两处的史料来源不同，后一处其作者引用了修昔底德的记载。见霍氏《评注》第 3 卷，第 953 页。这里"五千人"已被当作一个实体对待，故没有译为"那 5000 人"（英译本作"The Five Thousand"）；下文"四百人"与此同理。
⑨ Ἀντιφῶν，Antiphon，即演说家安提蓬，来自阿提卡的Ῥαμνοῦς（Rhamnous）得摩斯。雅典还有一个"智者安提蓬"（Antiphon the Sophist）。两者是否为一人？这是一个老问题了。最近（2002 年）有两位学者对此做了研究，结论却正好相反。有一种说法认为，修昔底德本人是演说家安提蓬的学生。这个说法看来是没有价值的。另外，作者对安提蓬的作用肯定有所夸大。见霍氏《评注》第 3 卷，第 955 页。

于此事，为时最长。就才干①而论，他不输于当时任何人，最擅长谋划和演说，尽管他不愿意在公民大会和其他辩论场所②上前发言。不过，他以精明著称，受到民众的怀疑。然而，对于那些卷入法庭诉讼和在公民大会上辩论的人，只要他们来找他咨询，他是最能给予帮助的一个人。2 后来，"四百人"政权倒台了，民众反攻倒算，他自己因为参与建立此政权而被指控。面对死刑判决，他的自我辩护无疑是迄今③最好的辩护词④。3 普律尼科斯致力于寡头统治，比其他任何人都要积极。他害怕阿尔喀比阿得斯，确信阿尔喀比阿得斯对自己在萨摩斯勾结阿斯堤俄科斯的事了如指掌，以为一个寡头政府绝对不会将他召回。一旦致力于此，面对危险，他的表现就最值得信赖。4 在推翻民众统治的行动中，哈格农之子忒剌墨涅斯也是领头的。无论是辩论还是谋划，他都是一把好手。于是乎，在众多精明人物的努力之下，尽管这是一项艰巨的行动，但它能取得成功就没有什么不合理的了。因为，在推翻僭主大约 100 年⑤以后，剥夺雅典民众的自由绝非易事。在这段时间，他们不仅没有臣服于人，而且有一半时间习惯于统治他人⑥。

69.1 在无人发言反对的情况下，公民大会批准了这项动议，然后解散了。紧接着⑦，"四百人"被以下面的方式领进议事厅。由于敌人就在得刻勒亚，每日，全体雅典人身边备有武器⑧，有的守在城墙上，有的身

---

① "才干"原文是"ἀρετῇ"（与格）。

② "辩论场所"原文是"ἀγῶνα"（宾格），本义是"竞技场"。显然是一个隐喻，指什么地方？有学者认为指任何一次城邦公开的辩论，显然太宽泛。"五百人议事会"显然是安提蓬可以发挥其才能的地方，尽管它常被现代史学家和修昔底德本人所忽视。见霍氏《评注》第 3 卷，第 956 页。

③ "迄今"原文是"μέχρι ἐμοῦ"，直译"直到我的时代"。

④ 这一节"牛津本"原文很乱，难以读通。阿尔伯蒂的校勘本将"牛津本"中两个剑号之间的内容去掉了，霍氏赞同。今从。见其《评注》第 3 卷，第 956—957 页。

⑤ 即从僭主希庇阿斯被逐出雅典算起，即从前 510 年到前 411 年，一共 99 年，不到 100 年。注意这里不是从克勒斯忒涅斯（Κλεισθένης, Cleisthenes）改革（前 508/7 年）算起的。见霍氏《评注》第 3 卷，第 960 页。

⑥ 前文（1.98.4）说，那克索斯是第一个被奴役的盟邦（以前提洛同盟中城邦是独立自主的）。那克索斯第一个叛离雅典（大约前 476 年），马上遭到镇压。从那时计算就超过 50 年，但是修昔底德的话并不总是前后一致的。见戈姆《评注》第 5 卷，第 178 页。

⑦ 见下文译注。

⑧ "身边……备有武器"原文是"ἐφ' ὅπλοις"，意思是"武器在身旁"，即有事就拿起武器。它与"ἐν ὅπλοις" "μεθ' ὅπλων"（"全副武装""携带武器""手持武器"）略有差别。见霍氏《评注》第 3 卷，第 960 页。

处队列中。**2** 于是，在那一天①，那些不知内情的人被允许像往常一样离开，同党则悄悄接到命令留下，武器不要近在身边，但也不要远离武器②。万一有人干预此行动，就拿起武器加以阻止。**3** 也有在雅典的一些安德洛斯人和忒诺斯人、卡律斯托斯人③和一些来自埃癸娜的雅典殖民者共 300 名——他们被雅典人派去定居④——接到同样的命令，即带上自己的武器前来，用意也是一样的。**4** 做好这些部署之后，"四百人"来了，每人身藏短剑，还有 120 名［希腊］⑤ 年轻人相随，如果哪里需要动手，他们就派上用场。这些人突然出现在正在议事厅的议事员——抓豆选出的——面前，命令他们拿上自己的薪酬⑥，然后离开。他们自己带来了议事员余下任期的全部薪酬，在议事员离开时一一发给他们⑦。**70.1** 这个议事会就这样退出了，没说半个"不"字；其他的公民老实待着，没有半点动作。"四百人"进入议事厅，此时，从他们当中摇签选出主席团，

---

① 哪一天？这就涉及前文刚说的"紧接着"（"ἤδη ὕστερον"），有学者理解为在科罗诺斯召开公民大会的那一天的晚些时候。但是，雅典的惯例是，操练和公民大会开会都是一早就进行，那么，操练要么在公民大会召开之前进行（那下文的"像往常一样离开"就解释不通了），要么在公民大会结束后操练（操练者可以随时拿起武器，那就不符合寡头派要提防有人干预的防范心理）。因此，应该把"紧接着"理解为"几天以后"。学术界有一种被广泛接受的观点：珀珊德洛斯的议案（8.67.3）没有指定哪一天"四百人议事会"取代"五百人议事会"，所以人们普遍的预期是，现任议事会将完成它的任期年的最后一个月。所以，"四百人议事会"在几天之后就采取行动，可能会有人干预。见戈姆《评注》第 5 卷，第 179—180 页。

② 从这一节和上一节来推测，雅典人平时在一个较宽敞的地方操练（应该不止一处），武器放在那里某个地方，所谓"身边备有武器"大概是这个意思。解散后，就离开武器了；留下来不走或者在附近逗留，就可以随时拿起武器。见戈姆《评注》第 5 卷，第 179 页。

③ 见前文（7.57.4）。

④ 见前文（2.27.1）。

⑤ "［希腊］""牛津本"有，阿尔伯蒂的校勘本删掉了。加上此词是想说明这些人是希腊人，不同于通常在雅典充当警察的斯库泰人。霍氏赞成删掉。今未从。见其《评注》第 3 卷，第 961 页。

⑥ 这句话证明"五百人议事会"成员是有酬金的，不过作者在它被废除时才告诉我们。见霍氏《评注》第 3 卷，第 961 页。前 4 世纪（根据《雅典政制》62.2）每日酬金是 5 俄玻罗斯，轮值主席团的部落外加 1 俄玻罗斯的公餐费，前 5 世纪的酬金标准不知道，但不会低于每日 3 俄玻罗斯（即参加公民法庭领取的报酬）。见戈姆《评注》第 5 卷，第 181 页。

⑦ 议事会通常持续到斯喀洛波里翁月（Σκιροφοριών, Scirophorion，古代阿提卡历法的第 12 月，相当于公历 6 月下半月到 7 月上半月）14 日，即刚好有一个月才期满，所以其成员要领 1 个月的酬金。"他们自己"指的是"四百人"，他们自掏腰包给现任议事会成员发酬金，因为他们瞧不起为城邦服务还领取报酬的做法。见霍氏《评注》第 3 卷，第 961 页。

然后举行所有的传统仪式，向神灵①祈祷和献祭②，新议事会就职了③。但是，他们接着就大大改变了整个民众统治的方式（除了由于阿尔喀比阿得斯的缘故，没有召回流亡者），总体上对城邦施以高压④统治。2 他们处死了一些人，为数不多——他们认为这些人容易除掉——囚禁了一些，其他人放逐了。他们遣使告诉在得刻勒亚的拉刻代蒙人的王阿癸斯，说他们想要讲和，并说比起已被取代的反复无常的民众，他应该更容易与他们达成和解。71.1 但是，阿癸斯认为雅典城邦不会消停，雅典民众也不会这么快将他们古老的自由拱手交出；如果他们看见大批拉刻代蒙军队，就不会老实待着；而且，在目前的情况下，他不真的相信雅典人会不再骚动。因此，他没有对"四百人"派来的使节作和解的答复，反而要求从伯罗奔尼撒再派大军前来。不久，他率领在得刻勒亚的驻军和新来的援军，直抵雅典城下。希望或者使骚动中雅典人按照拉刻代蒙人想要的条件投降，或者乘其城内外很可能发生混乱之机，能十拿九稳攻下其无人守卫的长墙⑤。2 但是，等他进抵城下，雅典人没有显露半点内乱的迹象，还派出骑兵、部分重甲兵、轻装兵和弓箭手，射杀了过于靠近的敌兵，夺得了一些甲胄兵器和尸首。阿癸斯明白了怎么回事⑥，领兵撤回。3 然后，他自己和其部下继续留在得刻勒亚原地，但等新来的援军在阿提卡逗留几天后，派他们回国了。在此之后，"四百人"还是继续派使节去见阿癸斯，这回阿癸斯态度转好。在他的建议下，他们还派使节去拉刻代蒙商谈订立和约的事，因为他们想要讲和。

72.1 他们还派遣 10 人去萨摩斯安抚军队，解释说少数人统治建立起

---

① 向宙斯和雅典娜祈祷，议事厅还有赫斯提亚的祭坛；主席团在议事会开会之前向阿波罗和阿耳忒弥斯献祭。见霍氏《评注》第 3 卷，第 962—963 页。

② 摇签选出主席团、举行祈祷和献祭仪式都是传统做法，与下文说的彻底改变的做法相反。

③ 《雅典政制》（32.1）说，从"五百人议事会"被废到"四百人议事会"上任有 8 天的间隔，与此处相矛盾。见戈姆《评注》第 5 卷，第 181 页。

④ "施以高压"原文是"κατὰ κράτος"，这个词组的一般意思是"用武力（攻下某地）"，但是这里不能译成"用武力""用暴力"（要表达这个意思，作者会用另一个词："βία"）。这里的意思是，"坚决的、不能容忍人反对的统治"、"专制的统治"。霍氏译为"with a high hand"。今从。汉语似乎还可以译成"铁腕统治"。见其《评注》第 3 卷，第 963 页。

⑤ 长墙在雅典城外，守卫者可能到城里参加内争，等阿癸斯兵临城下，守军可以很快登上雅典城的城墙，但距离较远的长墙就来不及了。见戈姆《评注》第 5 卷，第 183 页。

⑥ 即雅典城内的局势。

来了，目的不是损害城邦、伤害公民，而是挽救整个局势；还有5000人参与管理城邦，不是只有400人；但是，由于出征和到国外公干①，就是最重要的事情，雅典人也从未召集齐5000人的公民大会来商讨②。2 他们自己的统治一建立就派遣了这10人，命令他们作这些和其他合适的解释，担心的是——事实果然如此——水手群体不愿意留在少数人统治之下，一旦萨摩斯生祸端，他们就要倒台。

73. 1 因为，在萨摩斯，一场旨在反对寡头统治的行动已经展开了。大约与"四百人"在雅典密谋的同时，就发生了以下事件。2 以前起来反对有权势者的一些萨摩斯人——当时的"民众"③——在珀珊德洛斯——在他来到萨摩斯之后④——和其在萨摩斯的同党的劝说下又改变立场，结成了一个300人的帮派，打算进攻别人——现在的"民众"⑤。3 有一个雅典人，许珀耳玻罗斯，一个卑鄙小人，他已被放逐了，不是因为人们害怕他的能力和名望，而是因为他的卑鄙和给城邦带来的耻辱⑥。这些萨摩斯人在身为将军的卡尔弥诺斯和跟他们一起的雅典人的帮助之下将其杀死，于是让他们对自己深信不疑。他们还与其合作采取其他类似的行动，并急于向民众发动进攻。4 但是，民众发现了他们的企图，报告给了两位将军勒翁和狄俄墨冬（因为他们受民众爱戴，不愿意忍受少数人统治），还有特刺绪部罗斯和特刺绪罗斯⑦——前者是一个三层桨战舰舰长，后者是一

---

① 铭文资料清楚地表明，经常有雅典的官员（ἄρχοντες）、督察官（ἐπίσκοποι）、驻防军和驻防军军官到盟邦去。另外，雅典还派官员去其两类殖民地（见前文3.5.1译注）。见P. J. Rhodes, *A Commentary on the Aristotelian Athenaion Politeia*, Oxford: Clarendon Press, p. 305。

② 请注意，这几句话是寡头政权用来安抚在萨摩斯的雅典士兵的，因此带有宣传的目的。在公民大会作出有关个人决议时（如授予外邦人公民权），法定出席人数是6000人。见霍氏《评注》第3卷，第967页。

③ 此事见前文（8.21），那里将"δῆμος"译成了"平民"，这里的"民众"也是"δῆμος"。

④ 见前文（8.63.3）。

⑤ 萨摩斯的平民起来造反，掌握政权后，自己变成了"最有权势者"（8.63.3）。他们改变立场后，准备攻击其他人（现在萨摩斯的民众）。作者为了形成强烈的对比，表达有些别扭。见戈姆《评注》第5卷，第257页。

⑥ 作者和阿里斯托芬都对许珀耳玻罗斯抱有敌意和蔑视，具体原因不明。这里是作者第二次提及"陶片放逐法"（前一次是在1.135.3），这项法律是在前6世纪晚期，由克勒斯忒涅斯（Κλεισθένης, Cleisthenes）立下的，但到前487年才开始实施，这里是它的最后一次实施。大多数学者认为许珀耳玻罗斯被放逐是在前416或者前415年。"陶片放逐法"是用来放逐那些对城邦有威胁的枭雄式的人物，许珀耳玻罗斯还够不上这个"级别"。从目前发掘的"陶片"来看，确有许多投票者利用投票的机会发泄个人仇恨和喜好，攻击他人的个性、隐私和现代人所说的"生活方式"。见霍氏《评注》第3卷，第968—970页。

⑦ Θράσυλος, Thrasylus, 阿尔伯蒂的校勘本作"Θράσυλλος"。霍氏赞同。今从（译音相同）。见其《评注》第3卷，第972页。

个重甲兵——以及其他一些一直被以为最反对此帮派的人；恳求这些人不要坐视他们遭受毁灭，不要坐视萨摩斯变成雅典的敌人，因为［迄今为止］只因有她雅典帝国才得以维持至今。5 这些人听了，一个一个找到士兵，敦促他们不要容许这种情况出现，尤其是"帕剌罗斯"的船员——他们全都是自由的雅典人①，时刻准备攻击寡头统治，即便它现在并不存在。勒翁和狄俄墨冬无论驶往哪里，都会留下一些战舰保护萨摩斯的民众。6 因此，当那300人向民众发动进攻之时，所有这些人都来救援，特别是"帕剌罗斯"的船员。萨摩斯的民众占了上风，杀死了那300人中的大约30人，判处3名首要分子流放，其他人予以赦免，以后一起生活于民众统治之下。74.1 "帕剌罗斯"舰和船员开瑞阿斯——阿耳刻斯特剌托斯之子，雅典人，积极投身于变回民主政体——被萨摩斯人和雅典军队火速派去雅典，报告发生的事件，因为他们还不知道"四百人"当政的事。2 他们一进港靠岸，"四百人"就立即系缚了"帕剌罗斯"上的大约2名或者3名船员，将其余的人调离该舰，送到另一艘兵船上②，布置在优卑亚周围警戒。3 开瑞阿斯见状，马上设法逃脱，回到了萨摩斯。向军队报告雅典的可怕状况，全都夸大其词。他说，所有的人均遭到鞭打的惩罚③，不允许对当政者有半点非议④，他们的妻子儿女遭受暴行⑤，打算将所有在萨摩斯服役的士兵——与其政见不合者——的亲属抓住关起来，如果他们不屈服，就将这些人处死。他还说了许多假话。75.1 军队听了，第一反应是投掷攻击那些寡头统治的策动者⑥和其他参与者，但持中立立场的人劝阻他们说，敌人的舰队近在咫尺与他们对峙，不要毁了自己的大事，于是他们住手了。2 在此之后，吕科斯之子特剌绪部罗斯和特剌

---

① 雅典的三层桨战舰上通常是有奴隶的，见前文译注（7.13.2）。见霍氏《评注》第3卷，第991页。

② "兵船"原文是"στρατιῶτιν ναῦν"（宾格），用来警戒的船，不是运兵船。在结构上不同于一般三层桨战舰，但可以改造为战舰，船上有最基本数量的水手，但桨手由士兵担当。见戈姆《评注》第5卷，第266页；第4卷，第309页。

③ 像对待奴隶一样。见霍氏《评注》第3卷，第975页。

④ 这句话倒没有夸大其词（见前文8.66.2），也许真话与谎言夹杂威力更大。见霍氏《评注》第3卷，第975页。

⑤ 描述僭主暴政的典型用语，如希罗多德《历史》（3.80.5）。见戈姆《评注》第5卷，第267页。

⑥ 作者只提到两个名字：珀珊德洛斯和普律尼科斯；此时，前者肯定去了雅典，后者很可能也去了。见戈姆《评注》第5卷，第207页。

绪罗斯①（因为他们是这场改变政体的运动的首领）想要将在萨摩斯的雅典人的政体光明正大地改为民众政体，他们让所有的士兵——特别是那些赞成寡头统治的——立下最庄重的誓言：坚持民众统治，团结一心，积极将与拉刻代蒙人的战争进行下去，视"四百人"为敌人，不与其和谈！3 所有萨摩斯成年男子都发了同样的誓，雅典军队与萨摩斯人采取完全一致的行动，共同承担所有的危险后果。他们觉得，如果"四百人"和在米利都的敌人得胜，那么不论他们自己还是萨摩斯人都将没有活路，只有死路一条。76.1 于是，在这一段时间，一番争斗展开：一方强迫雅典城邦实行民众统治，一方强迫雅典军队接受寡头统治②。2 士兵们立即召开公民大会，在会上，他们罢免了以前的将军③，以及受他们怀疑的三层桨战舰舰长，另选舰长和将军取而代之，特剌绪部罗斯和特剌绪罗斯名列将军之中。3 与会者站起来发言，相互鼓励，特别提到没有必要灰心丧气，因为这个城邦已经叛离了他们，是少数人叛离多数人——他们是多数，而且各方面更有办法。4 因为他们拥有整个海军，可以强迫雅典控制下的其他城邦照样向他们缴纳贡款，就好像他们的基地在本土一样（因为他们有萨摩斯站在自己一边，这个城邦不仅不弱小，反而在同雅典人开战时，差一点剥夺了雅典人的制海权④；面对敌人，他们有与以前一样坚固的基地保护自己）。而且，有这些战舰在手，他们比雅典城里的人更有能力弄到给养。5 实际上，他们自己作为雅典本土的前哨驻扎于萨摩斯，使得雅典人此前一直掌控驶向比雷埃夫斯的航路；现在，如果本土的雅典人不愿意将民主政体交还他们，他们将更有能力将其从海上封锁，而不是被其封锁⑤。6 此外，在战胜敌人方面，雅典城邦能提供的帮助很少，甚至完全

---

① 为什么这里交代了特剌绪部罗斯的父名，而不是在他出场时（8.73.4）交代？为什么不交代特剌绪罗斯的父名？这些都难以作出圆满的解释。见霍氏《评注》第3卷，第976页。
② 两方分别是在萨摩斯的雅典军队和雅典的寡头政体。
③ 可能包括勒翁和狄俄墨冬，尽管他们不愿意忍受寡头统治，但没有坚决反对。见霍氏《评注》第5卷，第977—978页。
④ 此事件发生在前440—前439年，见前文（1.115.2—117.3）。注意这一说法是修辞性的，也不是作者自己的观点。见霍氏《评注》第3卷，第978页。
⑤ 有学者指出，此时已是6月，不久便会有运送粮食的船只穿过赫勒斯蓬托斯到雅典去，萨摩斯处在此航路上。但是，实际上，在萨摩斯的雅典人必须集中兵力才能对付在米利都的伯罗奔尼撒人，根本无力分兵去封锁去雅典的航路，所以这里只是暗含威胁。见戈姆《评注》第5卷，第269页。

没有帮助。失去她也没有什么损失，因为她不再有金钱送过来①，相反军队自己在弄；也没有明智的决策，一个城邦全靠它去掌控一支军队②。相反，甚至在这方面，本土的那些人推翻祖先的法律③犯了大错，而他们自己在维护之，并试图强迫那些人也这么做。因此，这里军中的雅典人可以作出明智的决策，不比本土的那些人差。7 再就是阿尔喀比阿得斯，如果他们召回他，保证其安全无虞，他会乐于让波斯国王与其结盟。最重要的是，如果他们一败涂地，有如此多的战舰在手，他们还有很多地方可做退路，在那些地方，他们将找到城邦和土地。77. 他们在公民大会上就这样商议和相互鼓励，然后跟以前一样积极为打仗作准备。"四百人"派出的人［10 位使节］已到提洛岛④，得知萨摩斯的这些情况后，就停了下来。

78. 大约在同一段时间⑤，在米利都的军舰上的伯罗奔尼撒人内部也有些人叫嚷：他们的大事正被阿斯堤俄科斯和提萨珀耳涅斯毁掉。他们说，阿斯堤俄科斯以前拒绝打海战，那时他们的海军强大而雅典的战舰寥寥无几，现在也不打，这时据说雅典人出现了内乱，而且其战舰还没有合为一处；他让他们等着提萨珀耳涅斯弄来的腓尼基舰队——不过是一句兑不了现的空话——冒着被拖垮的危险。提萨珀耳涅斯既弄不来那些战舰，

---

① 这句话中的"她"本为复数（"他们"），指的是在雅典搞寡头统治的人，这里为了简洁，改译为"她"（雅典城邦）。

② "全靠它"原文是"οὗπερ ἕνεκα"，直译"就是由于它的缘故。"这句话不能理解成"一个城邦通过（用）它来掌控一支军队"，那原文就应该是"δι' ὅπερ"或者"ᾧπερ"。如果这样理解，这句话就成了说教，没有什么意义了。这里的意思是，在萨摩斯的雅典人正在采取一项重大的行动，即将他们自己置于雅典的公民大会的权威之上。他们这样做的理由是，公民大会的权威是有条件的，即它为前方将士提供明智的决策。现在的情况是，雅典的寡头政权不可能提供这样的决策，所以他们有权拒绝公民大会的权威。这实际上是在证明自己的行动的合法性。见霍氏《评注》第 3 卷，第 979—980 页。

③ "祖先的法律"原文是"τοὺς πατρίους νόμους"（宾格、复数）。有文献证明当时有人提出应探究克勒斯忒涅斯奠定的民主制度，但是修昔底德没有记载，所以这里的"祖先的法律"指的是此民主制度，从时间上说，从前 508 年到前 411 年已有近 100 年了。我们常常将"νόμος"译成"法律"，但克勒斯忒涅斯奠定的民主制度应属今天的宪法之类，是不是应该改用"πολιτεία"（"宪法"）一词？此时的雅典人当然知道普通法律（如刑事民事法律）与宪法的区别，但没有上升到政治理论的高度，更何况这只是公民大会上的辩论。在他们看来，他们长期生活在民主制度之下，这种制度成了他们的生活习惯。实际上，"πολιτεία"也有"生活方式"的意思。所以，"νόμος"和"πολιτεία"的区别不像我们理解的那样大。见 M. I. Finley, *The Use and Abuse of History*, London: Pimlico, 2000, p. 36—39。

④ 提洛岛是当时的一个信息和人员交流的中心。见霍氏《评注》第 3 卷，第 981 页。

⑤ 涵盖从前文（8.48.2—3）到第 77 章在萨摩斯的雅典人团结起来以前的一切事件。见霍氏《评注》第 3 卷，第 982 页。

又不能定期地、足额地提供给养，损害了其海军军力。因此，他们说，不应该再拖延下去，而要进行决战。叙拉古人态度最为坚决。**79.1** 盟军和阿斯堤俄科斯听到了这些喧嚷。他们召开会议，作出了决战的决议。这时又传来萨摩斯发生内乱的消息，他们便出动全部112艘战舰①，还命令米利都人从陆上沿海岸去密卡勒②，他们自己也驶向密卡勒。**2** 其时，雅典人的82艘战舰刚好从萨摩斯到密卡勒的格劳刻③停泊（朝密卡勒方向，在这里萨摩斯离大陆很近）。看见伯罗奔尼撒人迎面驶来，他们撤退到萨摩斯，认为自己在数量上处于劣势，不能孤注一掷。**3** 而且（因为他们预先从米利都得到消息，伯罗奔尼撒人要打海战），希望斯特戎比喀得斯带从喀俄斯去阿彼多斯的舰队从赫勒斯蓬托斯来支援，因为已经派出一名信使去他那里了。**4** 于是，雅典人撤往萨摩斯，而伯罗奔尼撒人驶到密卡勒靠岸，在那里与米利都和其邻邦的步兵一起扎营。**5** 次日，在他们打算驶向萨摩斯之时，有消息说斯特戎比喀得斯带舰队从赫勒斯蓬托斯赶到了。他们马上驶回米利都。**6** 雅典人得到这些战舰增援后，以108艘战舰驶向米利都④，想要决战。但是没有人出来迎战，他们就驶回了萨摩斯。

80.1 在同一个夏季里，紧接着，尽管伯罗奔尼撒人的战舰合为一处，但他们认为拼不过敌人，所以不出战。他们不知道到哪里为这么多战舰筹钱，尤其是提萨珀耳涅斯给付酬金的情况糟糕得很。于是，他们派赫然庇阿斯之子克勒阿耳科斯带40艘战舰去帕耳那巴兹多斯那里，这是他起初从伯罗奔尼撒接到的任务⑤。**2** 因为帕耳那巴兹多斯一直在邀请他们去，并准备提供给养；同时，拜占庭也遣使商谈叛离雅典的事。**3** 这40艘伯

---

① 阿斯堤俄科斯所率战舰有11艘或者12艘（8.63.2），罗德岛有伯罗奔尼撒人的战舰94艘，加起来就是105艘或者106艘，这多出来的几艘作者没有交代。见霍氏《评注》第3卷，第984页。

② 米利都和密卡勒之间的城邦（普里厄涅和密乌斯）作者在第8卷没有提及，此时可能已经叛离雅典。见霍氏《评注》第3卷，第984页。

③ 密卡勒是伸向萨摩斯岛方向的一个海岬，格劳刻位于其西南端。前479年，希腊人在这里取得希波战争的最后胜利（希罗多德《历史》1.148.1）。见霍氏《评注》第3卷，第984页。

④ 刚提到雅典人有82艘战舰在萨摩斯，加上斯特戎比喀得斯所率的24艘，就是106艘，多出的2艘作者没有交代。有学者推测有2艘战舰前去送信给斯特戎比喀得斯，然后跟他一起从赫勒斯蓬托斯回来。见霍氏《评注》第3卷，第985页。

⑤ 见前文（8.8.2；8.39.2）。

罗奔尼撒战舰起航到了外海，以便在航程中逃过雅典人的注意①。途中遇到风暴，大部分战舰——由克勒阿耳科斯所率——到提洛岛避风②，后来才回到米利都（克勒阿耳科斯随后被从陆路护送至赫勒斯蓬托斯就任），但是其他 10 艘战舰在将军墨伽拉人赫利克索斯率领下③，平安抵达了赫勒斯蓬托斯，使拜占庭叛离了④。4 在萨摩斯的雅典人得知这个情况后，派一些战舰到赫勒斯蓬托斯救援⑤和守卫。在拜占庭前的海面爆发了一场小规模的战斗，8 艘战舰对 8 艘战舰⑥。

81.1 且说在萨摩斯的首领们，尤其是特剌绪部罗斯，他改变了在萨摩斯的雅典人的政体之后，一直坚持要求召回阿尔喀比阿得斯。终于，在一次公民大会上，他说服了大多数士兵⑦。他们投票决定，召回阿尔喀比阿得斯，保证其安全无虞。他驶到提萨珀耳涅斯那里，将阿尔喀比阿得斯接回萨摩斯。他认为，只有将提萨珀耳涅斯从伯罗奔尼撒人一边争取到自己一边，他们才会有一条生路。2 于是，召开了一次公民大会，会上阿尔喀比阿得斯声泪俱下，哭诉自己逃亡生涯中的不幸遭遇；他还就城邦事务讲了很多，激起他们对未来的极大希望；他信口开河，夸大自己对提萨珀耳涅斯的影响力。其目的是让那些在雅典国内掌握寡头政权的人害怕他，促使反对他的阴谋团体解散⑧；让在萨摩斯的雅典人更加尊重他，并让他

---

① 可能远远地从萨摩斯和今伊卡里亚岛以南走爱琴海中央，那就离提洛岛不远。见戈姆《评注》第 5 卷，第 274 页。

② 提洛岛是一座很小的岛，在那里他们肯定能遇上雅典的 10 位使节（8.77），会发生什么呢？见霍氏《评注》第 3 卷，第 986 页。

③ 作者这里没有提拜占庭与其主要母邦之间的血缘关系。见霍氏《评注》第 3 卷，第 986 页。

④ 拜占庭的地理位置非常重要，而且前 5 世纪中期向提洛同盟缴纳的贡款是 15 塔兰同（仅次于埃癸娜的 30 塔兰同），后来上升至 18 塔兰同，前 430/29 年，更是达到 21.5 塔兰同。雅典失去如此重要的盟邦难道没有什么反应吗？可见，作者对此事的处理太过简略了。拜占庭自此到前 408 年处在斯巴达控制之下。见霍氏《评注》第 3 卷，第 987 页。

⑤ 那里还有 20 艘雅典战舰，见下文（8.100.5；8.102.1）。见戈姆《评注》第 5 卷，第 275 页。

⑥ 作者这里连战斗的结果都懒得提了，可以推测，这次作战雅典人没能收复拜占庭。见霍氏《评注》第 3 卷，第 987 页。

⑦ 这句话的主语是"在萨摩斯的（雅典军队的）首领们"，但是后面句子的谓语全是单数，即其主语成了特剌绪部罗斯，所以是不合逻辑的。因此，史密斯的译本和哈蒙德的译本都作了变通处理，前者译为"在那些在萨摩斯的首领中，特剌绪部罗斯……"；后者译为"特剌绪部罗斯……他的同僚、（在萨摩斯的）首领们赞成他的主张"。我们可以这样理解：特剌绪部罗斯的同僚相当多是支持他的。见戈姆《评注》第 5 卷，第 275 页。本译文未作变通。

⑧ "阴谋团体"原文是"ξυνωμοσίαι"（主格、复数），见前文译注（8.54.4），前文一般译为"同党"。

们更有信心；最大限度地让敌人猜忌提萨珀耳涅斯，并使他们丧失现有的希望。3 于是，阿尔喀比阿得斯夸下海口：提萨珀耳涅斯向他保证过，如果他①能信赖雅典人，只要他自己手里还有钱，他们就不会缺给养，即使最后他不得不卖掉自己的卧榻去换钱②；把腓尼基人的舰队——已经到阿斯彭多斯③了——带来给雅典人，而不是给伯罗奔尼撒人。但是，只有雅典人向他保证阿尔喀比阿得斯④回来毫发无损，他才信任他们。82.1 士兵们听了这些还有其他许多话，马上选他当将军，与已有的将军共事，但将事务全盘托付于他。他们每个人的心里只有刚燃起的得救的希望和向"四百人"复仇的念头⑤。受了他的话的影响，他们鄙视面前的敌人，做好了立即驶向比雷埃夫斯的准备。2 放着近处的敌人不打，却去攻打比雷埃夫斯，尽管许多人坚持这个主张，但是阿尔喀比阿得斯坚决反对。他说，因为他被选为将军，那么他首先要去提萨珀耳涅斯那里，与他商讨作战的事。3 于是，这次公民大会一结束，他就离去，好让人看到他与提萨珀耳涅斯亲密无间；他还想让提萨珀耳涅斯更尊重自己，并向他表明，他已被选为将军，［已］有能力做对他有益的事或者有害的事。事实上，阿尔喀比阿得斯是在拿提萨珀耳涅斯吓唬雅典人，再拿雅典人吓唬提萨珀耳涅斯。

83.1 且说在米利都的伯罗奔尼撒人得到了阿尔喀比阿得斯被召回的消息，他们以前就不信任提萨珀耳涅斯，现在大大地猜忌他了。2 原来，在雅典人进攻米利都、他们拒绝出海迎击之时，提萨珀耳涅斯给付的酬金越发稀稀拉拉⑥；甚至在这之前，因为阿尔喀比阿得斯的缘故，他们对他的憎恨加深了。3 于是，士兵们像以前一样三五成群聚在一起——这次不

---

① 这句话中的"他"连同以下几句中的"他"均指提萨珀耳涅斯。
② 相当于汉语成语："砸锅卖铁"。
③ Ἄσπενδος, Aspendus，位于今土耳其安塔利亚省（小亚南部沿海地带），在厄乌律墨冬河的西岸，不在河口，离河口有约11.3公里。当时那里是波斯的一个主要的海军基地，发行大量银币。见戈姆《评注》第5卷，第276页；霍氏《评注》第3卷，第989页。
④ 这里本应译为"他本人"，译者担心与"提萨珀耳涅斯"相混淆，故译出了其名字。
⑤ 直译"每个人都不拿刚燃起的得救的希望和向'四百人'复仇的希望来交换别的东西"。
⑥ 请注意，作者不是说，提萨珀耳涅斯不定期、足额给付酬金是因为伯罗奔尼撒人拒绝出战，而是说这种情况早就发生，阿尔喀比阿得斯到了萨摩斯之后，他们对提萨珀耳涅斯的憎恨加深了。见霍氏《评注》第3卷，第990页。

仅是士兵，还有其他一些有分量的人物①——互倒苦水：他们从未领到足额酬金，领到的酬金很少不说，还断断续续；如果没有人带领舰队进行决战，或者转移到一个有给养的地方，舰上人员就会开小差；阿斯堤俄科斯要为这一切负责，他为了自己的私利，逢迎巴结提萨珀耳涅斯。84.1 他们就这样互倒苦水的时候，发生了这样一场与阿斯堤俄科斯有关的喧闹：2 在叙拉古和图里俄水手中，自由人的比例最高，胆子也最大，他们追着阿斯堤俄科斯讨要酬金。阿斯堤俄科斯态度傲慢地答复他们，并威胁他们，甚至举起手中的官杖②打为其水手说话的多里厄乌斯③。3 众多水手见此情景，炸了锅——水手们往往如此——纷纷冲向阿斯堤俄科斯，要扔东西砸他。阿斯堤俄科斯见状，逃到一座祭坛上避难。人群散去，他并没有受伤。4 另一件事是，米利都人突然袭击并夺得了提萨珀耳涅斯建在米利都要塞④，将里面的守军赶走。这一行动得到其他盟友的一致赞许，尤其是叙拉古人。5 但是，利卡斯对他们不满意，他说，米利都人和其他居住在波斯国王土地上的人应该适当地服从提萨珀耳涅斯⑤，为他效劳，直到这场战争胜利结束。米利都人因为他的此番和其他类似的言论，大光其火。后来，他因病死了，他们不允许当时在米利都的拉刻代蒙人将其葬在他们希望埋葬的地方⑥。

85.1 就在士兵们与阿斯堤俄科斯和提萨珀耳涅斯把关系闹僵到如此地步之时，明达洛斯从拉刻代蒙前来就职，代替阿斯堤俄科斯做海军司令。阿斯堤俄科斯驶回国内。2 提萨珀耳涅斯派他的一位扈从跟他一起

---

① "有分量的人物"哈蒙德的译本作"军官"。

② "官杖"原文是"βακτηρίαν"（宾格、单数），斯巴达军官所持的棍子，是其官职的标志。其形状尚不能确定。霍氏书中有一幅浮雕照片，里面人物手持的棍子很粗，高及胸部，上部呈丁字形，不知道是否就是此物。我们知道，荷马时代的王或其传令官曾持有权杖（σκῆπτρον, scepter），可以用来打人（《伊利亚特》1.265）。类似权杖迈锡尼文明就有，但很细，比较短，用来打人恐不合适（译者在雅典的国家考古博物馆见过实物）。参见霍氏《评注》第3卷，第992—993页。

③ 图里俄人的舰队的司令官，见前文（8.35.1）。

④ 前文未曾提及此要塞。见戈姆《评注》第5卷，第279页。

⑤ 有学者认为，米利都人在波斯国王的土地上，并不意味着他们是其臣民；拉刻代蒙人与波斯国王的第三个条约的相关规定（8.58）有意模棱两可。见霍氏《评注》第3卷，第994页。

⑥ 拉刻代蒙人希望将他葬在米利都何处？霍氏认为，要是利卡斯埋葬在其城邦创建者的墓地附近，将极有可能引起米利都人的不满。见其《评注》第3卷，第996页。

走，出使斯巴达。此人名叫高利忒斯，一位会说两种语言的卡里亚人①。此人将指控米利都人夺去他的要塞，同时为他自己申辩。因为他知道，米利都人正去拉刻代蒙，主要就是痛诋他；与他们同行的还有赫耳摩克剌忒斯，他打算揭露提萨珀耳涅斯脚踏两只船，与阿尔喀比阿得斯联手在葬送伯罗奔尼撒人的大事。3 赫耳摩克剌忒斯与他在给付酬金问题上争吵后②，一直敌视他。后来③，赫耳摩克剌忒斯被叙拉古流放，别的人来米利都任叙拉古舰队的将军，他们是波塔弥斯、密斯孔和得马耳科斯。提萨珀耳涅斯对已被流放的他越发紧咬不放，尤其是指控其曾向他索要金钱，未得逞，就敌视他。4 于是，阿斯堤俄科斯、米利都人和赫耳摩克剌忒斯驶向拉刻代蒙；而阿尔喀比阿得斯已离开提萨珀耳涅斯，渡海回到萨摩斯。

86.1 阿尔喀比阿得斯已到萨摩斯，"四百人"派出的使节——原本派来安抚在萨摩斯的军队并说明情况——此时从提洛岛来到了萨摩斯。公民大会召开，他们试图发言。2 士兵们起初拒绝听他们发言，叫嚷："处死推翻民众统治的人！"④ 后来，好不容易才平静下来，听他们发言。3 他们说，变更政体不是要毁灭城邦，而是要拯救她，也不是要把她交到敌人手里（因为在敌人最近入侵之时⑤，他们就能够这么做，当时他们已经大权在握）；"五千人"中的每个成员都轮流参政；他们的家人没有——像开瑞阿斯所诽谤的那样——受到虐待，也没有遭殃，而是各安其位，占有自己的产业。4 使节们还说了很多别的话，士兵们越来越听不进去，发起怒来，纷纷提出动议，尤其是驶向比雷埃夫斯。这个时候，阿尔喀比阿得

---

① 希罗多德（《历史》8.133—135）和色诺芬（《长征记》1.2.17；1.8.12）都曾提及类似角色，他们实际上会说三种语言：希腊语、阿拉美语和卡里亚语。但是，作者这里的意思是，此人会说希腊语和另一种非希腊语。另外，高利忒斯（Γαυλίτης, Gaulites）这个名字根本不是卡里亚名字，而是希腊名字，可能希腊化了。见霍氏《评注》第3卷，第997页。

② 见前文（8.45.3）。

③ "后来"原文是"τὰ τελευταῖα"，本义是"最后""最后一次"，即前一次事件的延伸。色诺芬《希腊志》（1.1.27—31）提到，赫耳摩克剌忒斯与其同僚被流放是在前410年库兹狄科斯（Κύζικος, Cyzicus）战役以后。如果色诺芬的记载是正确的，那么修昔底德这里用的不是"倒叙"（"analepsis"），而是"预叙"（"prolepsis"）了。就这里的用语来看，应指赫耳摩克剌忒斯与提萨珀耳涅斯争吵（8.45.3）之后，而不是从现在开始的"后来"。今从。因此，修昔底德的这句话对色诺芬记载的该事件的时间是最有力的反驳。见霍氏《评注》第3卷，第998页。

④ 原文是间接引语，这里翻译成直接引语。

⑤ 指阿癸斯率军进抵雅典城下，见前文（8.71.1—2）。

斯可以说第一次为城邦作出了杰出的贡献①。因为，当在萨摩斯的雅典人急于攻打自己人的时候——如果那样的话，毫无疑问，伊俄尼亚和赫勒斯蓬托斯将立即落入敌人之手——是他出面阻止了。5 而且，在此关头，没有哪一个人能够制止群众②，是他让他们放弃攻打计划。他还呵斥那些对使节个人发怒的人，制止他们的行为。6 他让使节们回去，答复他们说，他不反对"五千人"的统治，但要求他们废黜"四百人"，恢复从前的"五百人议事会"③；如果为了节约进行某些裁减，以便军队更能得到给养，他完全赞同。7 至于其他方面，他要求他们坚持下去，不要向敌人让步。因为只要城邦得到保全，他们内部就很有希望和解；但是，如果任何一方，不管是在萨摩斯还是在雅典，遭受失败，就不会有人留下与另一方和解。

8 阿耳戈斯使节应在萨摩斯的雅典民众政权的求援要求，也来到萨摩斯④。阿尔喀比阿得斯赞扬了他们，要阿耳戈斯人在收到求援时来，打发他们回去了⑤。9 这些阿耳戈斯使节是跟"帕剌罗斯"的船员一起来的。当时，"四百人"安排这些船员乘兵船，绕优卑亚航行⑥，并将"四百人"派遣的雅典使节莱斯波狄阿斯、阿里斯托蓬和墨勒西阿斯运送至拉

---

① "第一次"原文是"πρῶτον"（"第一次"，副词），只有一个抄本是如此，其他抄本均作"πρῶτος"（"第一个"，形容词），所以不少学者主张后者，但是那就需要再加一个动词"ἐδόκει"（"当时的人认为"）才能说得通，而不是文中的"δοκεῖ"（"作者本人认为"）。从文本内容来看，这句话暗含的意思是，作者认为阿尔喀比阿得斯对雅典城邦的贡献是有限的（如果原文作"πρῶτος"，全句的意思就是肯定他的贡献最大）。有学者担心这与前文作者对其的评价（6.15）不一致。对此，要结合下文来看，下文说"在此关头，没有别的哪个人能够制止群众"。这句话的用词与古代作者对梭伦的评价以及作者本人对伯里克利的评价（2.65.8）相当吻合。因此，作者这里用的是最高标准来要求阿尔喀比阿得斯，尽管他很优秀，但是毕竟没有这两个人物伟大。见霍氏《评注》第3卷，第1001—1002页。

② 详见上文译注。这句话强调的是阿尔喀比阿得斯的随机应变，这种赞誉是真诚的，与前文也并不矛盾。见霍氏《评注》第3卷，第1002页。

③ 即前文所说的"抓豆选出的议事会"（8.66.1；8.69.4）。

④ 阿耳戈斯的1500人在米利都城外遭受重大损失（8.25.3），后来一怒之下回国（8.27.6）。从那以后，就没有再提及。但是，雅典的寡头统治上台，并试图与斯巴达和谈，肯定让阿耳戈斯的民主政体感到恐慌。"帕剌罗斯"的船员一定向他们讲述了在萨摩斯的雅典军队反对变更政体的情况。见戈姆《评注》第5卷，第288页。

⑤ 作者这里没有交代阿尔喀比阿得斯此时的军事计划，由于腓尼基舰队是否会到来还存疑，他还不可能考虑在提萨珀耳涅斯的地盘展开行动。见戈姆《评注》第5卷，第288页。要提醒的是，阿耳戈斯能提供的是陆军。

⑥ 见前文（8.74.2）。

刻代蒙。他们在航行到阿耳戈斯附近的时候，将使节逮捕起来，交给阿耳戈斯人，因为这些人是推翻民众统治的重要人物。他们自己不再返回雅典，而是乘其三层桨战舰，带着阿耳戈斯使节，从阿耳戈斯来到萨摩斯。

87. 1 在同一个夏季里，有一段时间，伯罗奔尼撒人对提萨珀耳涅斯的厌憎到了极点，因为阿尔喀比阿得斯被召回以及其他原因，他们认为他现在明显亲雅典人。于是，在这段时间，他准备为腓尼基舰队的事去一趟阿斯彭多斯，还要求利卡斯与他一起去①，让人们真的相信②他想要消除他们对自己的猜忌。他宣布将委任塔摩斯为副手，负责在他离开期间给付军队酬金。**2** 关于这一点，说法不一，难以弄清楚他出于何种想法去的阿斯彭多斯③，以及他去了以后为何没有将那支舰队带来。**3** 因为那147艘腓尼基战舰一直开到了阿斯彭多斯，这一点是确凿无疑的。至于它们为何没来，就有种种猜测了。有人说，他去阿斯彭多斯是为了消磨伯罗奔尼撒人的士气，像他原来计划的那样（塔摩斯——他所委任的——给付酬金的情况无论如何也不比过去强，反而更差了）；也有人说，提萨珀耳涅斯把腓尼基人引到阿斯彭多斯，然后以放他们回去为由勒索他们（因为他根本就没打算用他们）；还有人说，这是因为有人去拉刻代蒙痛诋他，他要让人们说他没有不公正，相反，他要让人们都看到他为那支舰队去了阿斯彭多斯，而且舰队确确实实配齐了人员。**4** 然而，我认为，他没把腓尼基舰队带来，其目的就是消耗和遏制希腊人的军力，这一点再明白不过了。一方面，去阿斯彭多斯要时间，又在那里耽搁时间，以此来拖垮他们；另一方面，他不站在任何一方，使其更强，而是让它们势均力敌。但是，如果他想要结束战争，一举就可以定乾坤④。因为如果他带来了腓尼基舰队，他肯定能将胜利交到伯罗奔尼撒人手中，与雅典人对峙的伯罗奔尼撒人的战舰与敌数量相当，绝不会少于对方。**5** 真正让他露馅的是他为没有带来腓尼基舰队编造的借口。他说，集合起来的战舰没有国王所命令

---

① 本章末尾说伯罗奔尼撒人实际派出的是菲利普，大概此时利卡斯已经重病在身，或者有作者没有交代的其他原因。见霍氏《评注》第3卷，第1005页。

② 原文是"ὡς ἐδόκει δή"［"（……消除他们对自己的猜忌）如同当时人们真的以为的那样"］。即这不是他的真实意图，或者至少不是他最初的意图。见戈姆《评注》第5卷，第289页。

③ 关于作者坦白的态度，参见前文（1.22.1）。

④ 直译"如果他想要结束战争，他出面参与肯定能使战争决出胜负"。

的那么多①。但是，如果这样的话，没有花掉国王很多的钱，却以较小的代价达到了同样的目的，他肯定已经更受恩宠。6 无论其动机如何，提萨珀耳涅斯抵达了阿斯彭多斯，与腓尼基人见面。伯罗奔尼撒人应他的要求，派遣一名拉刻代蒙人菲利普②，带 2 艘三层桨战舰，去接腓尼基舰队。88. 阿尔喀比阿得斯得知提萨珀耳涅斯动身去了阿斯彭多斯，自己带了 13 艘战舰也驶向阿斯彭多斯，对在萨摩斯的雅典军队许诺，保证送给他们一份厚礼（因为他或者将把腓尼基舰队引向雅典人一边，或者至少阻止其加入伯罗奔尼撒人一边）。因为他很可能早就知道了提萨珀耳涅斯的内心想法，即从未打算将腓尼基舰队带过来。他要让伯罗奔尼撒人看到提萨珀耳涅斯跟他和雅典人关系亲密，从而尽可能地使其猜忌他，如此一来，给他施加更大的压力，促使其站到雅典人一边。于是，阿尔喀比阿得斯起航，向东③直赴帕塞利斯和考诺斯。

89.1 且说"四百人"派出的使节从萨摩斯回到雅典后，汇报了阿尔喀比阿得斯的答复：敦促他们坚持下去，不要投降敌人；对军队和城邦的和解以及战胜伯罗奔尼撒人抱有很大的希望。这对于多数参与改变政体的人来说，是一个极大的鼓舞。他们早就很不满意了，现在很高兴以某种方式安安全全地摆脱城邦事务。2 他们已经结成团体，抨击政事。其领导人是那些寡头政体的干将④和一些在职官员，比如哈格农之子忒剌墨涅斯、斯刻利阿斯之子阿里斯托克剌忒斯和其他一些人。这些人尽管领头参与了政变⑤，但如他们之所言⑥，现在极为恐惧在萨摩斯的雅典军队和阿尔喀

---

① 参见下文（8.109.1），提萨珀耳涅斯对帕耳那巴兹多斯比他更成功、花费更少感到恼怒。

② 很可能指前文（8.25.5）提到的那个菲利普。见霍氏《评注》第 3 卷，第 1006 页。

③ "向东"原文是"ἄνω"，本义是"向上"，引申为"从沿海往内地"（地势越来越高）。小亚沿爱琴海地区地势较低，叫"τὰ κάτω"；其内陆地势较高，叫"τὰ ἄνω"。这里说的是从萨摩斯航行至东面的阿斯彭多斯，本来是不合逻辑的，但是从小亚爱琴海岸边走陆路去波斯的核心区域，方向也是往东，所以作者用了这个词。见塔克的注；戈姆《评注》第 5 卷，第 294 页。

④ "那些寡头政体的干将"直译"那些完全属于寡头政体的人。"这句话的原文阿尔伯蒂的校勘本与"牛津本"稍有不同，今从霍氏译文。见霍氏《评注》第 3 卷，第 1008 页。

⑤ "政变"原文是"τῶν πραγμάτων"（属格、复数），有"城邦大事""局势""政事""政权"等义。史密斯、乔伊特和哈蒙德的译文都译为"the revolution"，唯独克劳利的译文作"the government"。从词义上说，两种翻译均可。但从上下文来看，译为"政变"更妥。因为上文已经说了，这些人是"寡头政体的干将"和"在职官员"，再说"他们是城邦当局的头面人物"，就有所重复。

⑥ 以下到这节结束都是"他们之所言"的内容。

比阿得斯，还害怕去拉刻代蒙的使节不经多数人同意，擅作主张，损害城邦利益；他们认为应该摆脱这个极端的寡头政体①，"五千人"应委以实权，而不是徒有其名，并将政权建立在更加平等的基础上。**3** 但是，这些话不过是他们的政治幌子。他们当中多数人各怀野心，角逐来角逐去，一个从民众统治演变而来的寡头政体就弱不禁风了②。因为他们上台伊始全都主张人与人应该不平等，而且每个人都要求自己居首；但在民众统治之下举行选举，失败者容易接受选举的结果，因为他不是在与跟他一样的人竞争③。**4** 阿尔喀比阿得斯在萨摩斯势力强大，以及他们认为寡头统治摇摇欲坠，这两点对他们产生了最明显的影响。于是，每个人都争着做民众的第一首领。**90.1** 但是，"四百人"中最反对这样一种做法④的头面人物，有普律尼科斯——他在萨摩斯担任将军之时［曾经］与阿尔喀比阿得斯不和——还有阿里斯塔耳科斯——此人自始至终都是民众统治的死敌——还有珀珊德洛斯和安提蓬，以及其他最有影响力的人。他们曾经派一些使节去拉刻代蒙，一心想要达成和约，第一次是在他们刚掌权之时，后来是在萨摩斯的雅典军队叛离他们建立起民众统治之时⑤。他们还继续修建那道城垣——在那个名叫厄厄提俄涅亚地方⑥——他们在派去萨摩斯的使节回来之后，看到不仅大多数民众，而且他们以前认为可靠的同党，都在改变立场，就加紧进行这两项工作。**2** 他们对雅典和萨摩斯的局势感

---

① 这句话原文是"οὐ τὸ ἀπαλλαξείειν τοῦ ἄγαν ἐς ὀλίγους ἐλθεῖν, ἀλλά..."，无法读通，校勘者们提出了许多修改方案。阿尔伯蒂的校勘记吸收了其精华，修改作"ᾤοντο ἀπαλλαξείειν τοῦ ἄγαν ἐς ὀλίγους οἰκεῖν, ἀλλά..."。霍氏赞同。今从。见其《评注》第3卷，第1010页。

② 直译"他们当中多数人各怀野心，投身于这样的行动，在此行动中，最能消灭由民主政体演变而来的寡头政体。"这句话是说，在个人野心的驱使下，寡头政体将变成僭主统治。见戈姆《评注》第5卷，第301页。

③ 这句话的意思是说，在寡头统治之下，统治者都来自同一阶层，大家凭才能竞争，一个人看到才能不如自己的竞争者选举得胜，难免烦恼。在民众统治之下，统治者是全体公民，来自不同阶层，如果选举失败，就会把原因归之于才能之外的因素，反而容易忍受。见塔克的注。我们要记住的是，这里的寡头政体刚建立不久，没有形成传统，权力的分配还没有固定下来，个人的野心还有较大的施展空间。我们还要记住的是，这种带敌意的批评意见，很可能由于一次过激的流放引发，它对忒刺墨涅斯集团的动机分析不太可能是公正的，也没有必要理性。见戈姆《评注》第5卷，第301页。

④ 即恢复民众统治。

⑤ 见前文（8.71.3；8.86.9；8.89.2）。

⑥ 作者提一次提及此地名，具体介绍在此章第3节。这种延迟介绍的情况，前文也有过，如厄庇波莱的地理位置（6.96.1—2）、得刻勒亚的地理位置（7.19.2），都是过了好几章才作介绍。见霍氏《评注》第3卷，第1012页。

到害怕，火速派遣安提蓬、普律尼克斯和另外10个人去拉刻代蒙，命令他们与拉刻代蒙人讲和，什么条件都行，只要不是完全无法忍受；① **3** 同时，加紧修筑在厄厄提俄涅亚的城垣。根据忒剌墨涅斯及其同党的说法，修筑这道城垣，不是为了阻止在萨摩斯的雅典舰队前来攻打之时进入比雷埃夫斯，而是为了在他们愿意的情况下，让敌人的战舰或者步兵进入②。**4** 因为厄厄提俄涅亚是比雷埃夫斯的一条爪状陆地③，其旁边就是比雷埃夫斯港的入口。因此，现在的城垣建得与原有的、靠内陆的城垣相连，这样少量人员驻扎在新旧两道城垣之间就可以控制入口。因为面向陆地的旧城垣，与正在修筑的、面向海面的、靠内的新城垣交汇于一点，那里的塔楼与另一座塔楼一起保护着港湾狭窄的出入口④。**5** 他们将比雷埃夫斯港口内的最大柱廊筑墙隔开，此柱廊最靠近与之交汇的新城垣⑤。他们自己控制这座柱廊，强迫所有的粮商将手中已有的粮食和从海上运进的粮食存放于此，要出售的时候，从这里取出来⑥。

91. 1 却说忒剌墨涅斯有一段时间散布他对于这些措施的看法⑦。等到使节从拉刻代蒙返回，没有为全体雅典人达成任何和约性质的东西⑧，他宣布此城垣很可能将给城邦带来灭顶之灾。**2** 因为刚好就在这个时候，应优卑亚人的邀请⑨，从拉刻代蒙出发的42艘战舰——其中有来自塔剌斯和罗克里斯的意大利战舰及来自西西里的战舰——已经停泊在拉科尼刻

---

① 此处原为逗号，阿尔伯蒂的校勘本作分号。今从。见霍氏《评注》第3卷，第1013页。
② 有学者指出这里的"步兵"指的是舰载的步兵。见戈姆《评注》第5卷，第303页。
③ "一条爪状陆地"原文是"χηλή"（主格、单数），有的译本作"a mole"（"防波堤"）。注意它是自然形成的，几乎将比雷埃夫斯港围起来了。见霍氏《评注》第3卷，第1014页。
④ 另一座塔楼指的是与位于厄厄提俄涅亚南端的塔楼相对的位于阿克忒（Ἀκτή，Akte）的塔楼。关于这一段学者们有不同意见，霍氏的观点很有说服力，请看其《评注》所附地图。见其《评注》第3卷，第1014—1015页。
⑤ 这应该是另一项单独行动，其目的是通过掌控粮食的出售，增强他们对于雅典城的控制。关于雅典缺粮和粮食进口的情况，参见前文（6.20.4；7.28.1）。见戈姆《评注》第5卷，第306—307页。
⑥ 在比雷埃夫斯的"大港"，商业区位于其北岸和东岸。这里所说的"柱廊"很可能就是其他著作中提及的"长柱廊"（"μακρὰ στοά"，伯里克利时修建），用作存放货物的仓库（有英译本直接译为"仓库"）。见霍氏《评注》第3卷，第1016页。
⑦ 只是在"四百人"内部，参见下文（8.92.2）。
⑧ 这句话暗示拉刻代蒙人有可能与"四百人"私下做交易，所以下文忒剌墨涅斯利用这一点做文章。见霍氏《评注》第3卷，第1017页。
⑨ 见前文（8.60.2），那里说伯罗奔尼撒人拒绝了优卑亚人的要求，但是从这里来看，他们另有行动。见霍氏《评注》第3卷，第1017页。

的拉斯①附近，准备驶向优卑亚（由一位斯巴达人阿革珊德洛斯②之子阿革珊德里达斯率领）。忒剌墨涅斯说，这些战舰的目的地不是优卑亚，而是驶到厄厄提俄涅亚来，帮助那些修筑城垣的人；除非立即采取预防措施，人们将遭灭顶之灾却不知道怎么回事。**3** 从受到指控的一方来说，这是有所根据的，并非彻头彻尾的诽谤。因为他们的理想是在国内实行寡头统治，在国外维持对盟邦的霸权。如果做不到，尚可拥有舰队和城垣③，独立自主。如果这还做不到，那么无论如何也不要成为东山再起的民众统治的第一个牺牲品；而要将敌人引进来，达成协议，放弃城垣和舰队，也不管城邦的命运如何，只要能保证自己的人身安全就行。**92.1** 因为这个缘故，他们加紧修筑此城垣，附带小门、入口和其他引敌人进入的设施，想要及早完工。**2** 却说那些对他们的议论以前局限于一小部分人中间，并且是私下偷偷说的。可是，普律尼科斯出使拉刻代蒙回来后，在阿戈拉④，最热闹的时候⑤，他离开议事厅，没走多远，就遭到一位边防兵蓄谋行刺，当场死亡。行刺者逃走了，但是其同伙——这家伙是一个阿耳戈斯人——被抓起来，受到"四百人"的拷问⑥。关于指使者的名字，他守口如瓶。他别的没说，只说他知道许多人常常在边防军指挥官的屋子里和其他地方的房屋里聚会。事情到此就为止了⑦。忒剌墨涅斯、阿里斯托克剌忒斯和所有其他在"四百人"内部的和之外的同党，现在开始采取更大胆的行动。**3** 因为，与此同时，那支舰队已经从拉斯出发，沿海岸

---

① Λᾶς，Las，位于今伯罗奔尼撒半岛南面拉科尼亚湾的伊西翁（Γύθειο，Gytheion）附近。见霍氏《评注》第 3 卷，第 1018 页。

② 可能就是前文（1.139.3）提及的 3 位斯巴达使节之一。见霍氏《评注》第 3 卷，第 1018 页。

③ 雅典最后战败时交出舰队和拆毁"长墙"（5.26.1），可见，作者写这句话时心里想着前 405 年和前 404 年的事件。见霍氏《评注》第 3 卷，第 1019 页。

④ ἀγορά，有"大会""市场"等意思，这里指卫城脚下的广场，也是一个市场。那里有议事厅等重要建筑。

⑤ "在阿戈拉，最热闹的时候"原文是"ἐν τῇ ἀγορᾷ πληθούσῃ"，可以不指具体地点，只指时间，即中午时分（市场充满人的时候，类似于中国过去的"日中为市"），如希罗多德《历史》（4.181.3）。这里作者显然是要点出行刺发生在中午最热闹时的市场，而且凶手居然逃掉了。见戈姆《评注》第 5 卷，第 311 页。

⑥ 拷打一般只适用于奴隶，但现在是"四百人统治"，而且此人是个外邦人。见霍氏《评注》第 3 卷，第 1020 页。

⑦ "四百人"政权没有逮捕边防军军官或者其他人，也没有对忒剌墨涅斯的非议采取措施，这表明该政权在失去信心和对局势的控制。见戈姆《评注》第 5 卷，第 311 页。

航行，掳掠了埃癸娜之后，停泊于厄庇道洛斯。忒剌墨涅斯说，如果他们的目的地是优卑亚，就绝不可能先在埃癸娜进港靠岸，然后折返去厄庇道洛斯停泊；除非他们接受了邀请要来，为的就是他一直在指控的那个目的，因此，他们不可能在那里待着不采取行动。**4** 最后，在说了很多煽动和猜疑的话之后，他们一心一意开始行动。正在比雷埃夫斯的厄厄提俄涅亚修筑城垣的重甲兵——其中有阿里斯托克剌忒斯，他是队长，率领着自己部落的士兵——逮捕了阿勒克西克勒斯——他是寡头统治派中的一名将军，是该派别①的忠实支持者——将其带进一间屋子，关起来。**5** 其他跟他们一起行动的人还有赫耳蒙，一名布防于穆尼喀亚的边防兵的军官。最重要的是，广大重甲兵支持他们的行动。**6** 消息传到"四百人"那里（他们恰好正在议事厅里开会），所有反对此举的人②立即准备拿起武器，威胁忒剌墨涅斯及其同伙。忒剌墨涅斯为自己辩护③，说他准备立即前去帮助营救。他带上一名政见同他一致的将军赶往比雷埃夫斯④，阿里斯塔耳科斯和一些年轻骑兵也去帮助。**7** 于是便有了一场极大的惊恐和骚乱。雅典城里的人以为比雷埃夫斯已被夺取，被逮捕者已被处死；比雷埃夫斯的人则以为雅典城里的人随时都有可能对他们发动攻击。**8** 在雅典城里，老年人努力制止那些跑来跑去取武器的人；雅典人在帕耳萨罗斯的权益保护人修昔底德⑤当时在场，他极力阻止遇到的每一个人，大声疾呼：敌人近

---

① "该派别"原文是"τοὺς ἑταίρους"（宾格、复数），见前文译注（8.48.3）。

② 原文是"πλὴν ὅσοις μὴ βουλομένοις ταῦτ᾽ ἦν"，直译"除了那些反对此举者之外，都……"。霍氏认为可以将"πλὴν"删掉，即"所有那些反对此举的人"。前一个"反对者"指"反对威胁忒剌墨涅斯及其同伙的人"，后一个"反对"指反对抓阿勒克西克勒斯。都说得通，意思是一样的。今从霍氏。见其《评注》第3卷，第1021页。

③ 这说明忒剌墨涅斯在"四百人"中是少数派。见戈姆《评注》第5卷，第312页。

④ "带上"原文是"παραλαβὼν"（现在时分词），意思是"（从别人手里）接受"。很可能是他说服了"四百人"任命那个将军为他的同僚去比雷埃夫斯。见戈姆《评注》第5卷，第312页。这里作者没有点出那位将军的名字，是想让读者把注意力集中在忒剌墨涅斯身上。见霍氏《评注》第3卷，第1021页。

⑤ Θουκυδίδης，Thucydides 或者 Thukydides，帕耳萨罗斯人（不是本书的作者）。有学者认为上文提及的一个帕耳萨罗斯人墨农（Μένων，Menon，2.22.3）是这个修昔底德的儿子，而这个修昔底德的父亲也叫墨农。这说明在帕耳萨罗斯的雅典人的权益保护人的身份是世袭的。但是霍氏认为，前文的墨农（2.22.3）与这里的修昔底德无疑是近亲，但我们的推断只能到此为止。我们知道，柏拉图有一篇对话《美诺篇》（Μένων，英译为 Meno，汉译名显然从英译），那个墨农要年轻得多，这个修昔底德可能是其叔父。这些说明，这个修昔底德在雅典是有些影响的。见霍氏《评注》第1卷，第277—278页；第3卷，第1022页。

在咫尺，虎视眈眈，不要毁了祖国！双方这才好不容易住手，平静下来。**9** 忒剌墨涅斯来到了比雷埃夫斯（他本人是将军之一），大声叫嚷一番，装出一副对那些重甲兵发怒的样子①；阿里斯塔耳科斯和那些反对者②倒是真的动怒了。**10** 绝大多数重甲兵要坚持干下去，没有动摇。他们问忒剌墨涅斯，他是否认为此城垣是为良好的目的而建，拆毁它是不是更好？忒剌墨涅斯回答说，如果他们认为最好拆毁它，那么他本人也这么认为。于是，那些重甲兵和比雷埃夫斯的许多人登上城垣，开始将其夷平。**11** 他们还呼吁群众③：凡愿意"五千人"取代"四百人"统治的人，都应该加入这一行动！他们还是打着"五千人"的旗号，不敢直截了当地说："凡愿意民众进行统治的人"；他们害怕"五千人"实有其人，还害怕与人之间交谈时因不知道对方的底细而引火烧身④。由于这个缘故，"四百人"既不愿意"五千人"实有其人，也不愿意让大家都知道他们子虚乌有⑤。因为他们认为，一方面，如此众多的人参与城邦管理，就等同于民众统治；另一方面，这种似有似无的状况也可以使人们相互惧怕。

93. 1 次日，"四百人"尽管已经乱作一团，还是进议事厅开会。在比雷埃夫斯的重甲兵将逮捕起来的阿勒克西克勒斯释放了⑥，夷平了那道城垣，然后到穆尼喀亚的狄俄倪索斯剧场，放下武器，举行公民大会。会上决议，立即向城里进军，这次是在阿那刻翁⑦放下武器歇息⑧。**2** "四百

---

① "大声叫嚷一番，装出一副……样子"原文是"ὅσον καὶ ἀπὸ βοῆς ἕνεκα"，是一句口语，"LSJ"的解释是"as far as shouting went"（"仅大声叫嚷一番而已"或"叫嚷一番就完了"）。
② 见本章第 6 节。
③ 指上文说的来自比雷埃夫斯的人。见戈姆《评注》第 5 卷，第 314 页。
④ 作者不可能知道那么多人的心里想什么，也不可能事后一个一个调查，因此这句话是作者对当时群众心理动机的推测。见霍氏《评注》第 3 卷，第 1023 页。
⑤ 这句话最明确地说明，作者认为，在"四百人"的统治被推翻之前，根本就没有任命所谓"五千人"。见戈姆《评注》第 5 卷，第 314 页。
⑥ 作者没有解释原因，此时紧张局势明显已经大为缓和。见戈姆《评注》第 5 卷，第 314 页。
⑦ Ἀνάκειον, Anaceum 或 Anakeion，即"二主（Ἄνακες）庙"，也称"Διοσκούρειον"（意思是"宙斯的儿子们"），所谓"二主"指宙斯的孪生子 Κάστωρ 和 Πολυδεύκης。Κάστωρ 擅长骑马作战，Πολυδεύκης 擅长拳击。在雕塑中，他们常常以一对携带武器的年轻人形象示人，他们还喜欢救人于危难之中。此庙位于卫城的南坡，具体位置不详。这个地方相当平坦，前 415 年被指定为骑兵的集合地点。参见戈姆《评注》第 5 卷，第 314 页；霍氏《评注》第 3 卷，第 1024 页。
⑧ "放下武器歇息"前文译为"停下稍息"，见译注（2.2.4）。

人"派代表前来，与他们一对一交谈。他们见到有跟他们讲道理的人，就劝说其保持平静，并约束其他人。他们说，要将"五千人"公之于众，"四百人"将从"五千人"中轮流产生，并由"五千人"说了算；同时，还恳求他们务必不要毁掉城邦，也不要将城邦推向敌人。**3** 经过大量一对一的交谈，整个重甲兵队伍比以前心情更平静了，他们现在最担心的是整个城邦的安危。他们同意在约定的时间在狄俄倪索斯神域①举行公民大会，讨论恢复城邦的安宁。**94.1** ［在狄俄倪索斯神域］举行公民大会的那一天到来了，他们差不多要到齐了。这时传来消息，那42艘战舰和阿革珊德里达斯从墨伽拉出发正沿着萨拉弥斯海岸航行。民众当中人人都相信，这就是忒剌墨涅斯与其同党早就说过的行动②，这些战舰冲着那道城垣而来；他们将其拆毁可以说做了一件好事。**2** 阿革珊德里达斯在厄庇道洛斯一带逗留徘徊，很可能是按某种约定行事；但是，也有可能是他主动留在那里，窥伺雅典内讧的局势，希望在关键时刻插手。**3** 却说③消息传来，雅典人立即全体向比雷埃夫斯跑去。他们觉得来自敌人的威胁比他们内部的争斗要严重得多，这种威胁并不遥远，正向其港口袭来。他们有的登上泊于港内的战舰，有的拖船下海，还有的赶到城垣和和港湾出入口支援。**95.1** 然而，伯罗奔尼撒人的舰队驶了过去，绕过苏尼翁，在托里科斯和普剌西埃之间停泊，随后抵达了俄洛波斯④。**2** 雅典人情急之下火速让未训练好的桨手⑤上船——因为城邦处于内讧状态，而且他们想要即刻保护自己的最大利益（因为他们与阿提卡阻隔，所以优卑亚现在对于他们来说就是一切⑥）——并且派一些战舰去厄瑞特里亚，堤摩卡瑞斯任将军。**3** 抵达后，与原先就在那里的战舰会合，总数达36艘。他们被迫立

---

① 即上文说的狄俄倪索斯剧场。
② 这句话原文的开头是"καὶ πᾶς τις ［τῶν πολλῶν ὁπλιτῶν］ αὐτὸ..."，阿尔伯蒂的校勘本作"καὶ πᾶς τις τῶν πολλῶν αὐτὸ..."，今从。见霍氏《评注》第3卷，第1025页。
③ "却说"原文是"δ' αὖ"，意思是"再者""另外""另一方面"等；塔克认为，这里表示阿革珊德里达斯的期望与事实之间的对比（见其注）。有学者建议将其改为"δ' οὖν"，戈姆认为正确，因为这里明显是接续前文。今从。见其《评注》第5卷，第316—317页。
④ 自前412/1年冬末以来一直在玻俄提亚手中（见8.60.1）。见戈姆《评注》第5卷，第317页。
⑤ 在雅典不乏熟练的水手，但单个水手要在一起合练才能上战舰，现在来不及了。见戈姆《评注》第5卷，第317页。
⑥ 得刻勒亚被伯罗奔尼撒人占据后，优卑亚与雅典城之间的直线交通受阻，但绕苏尼翁的航路还是畅通的（7.28.1）。

即打海战，因为阿革珊德里达斯在部下一吃完午餐就率舰队从俄洛波斯出发。俄洛波斯与厄瑞特里亚城的海上距离大约60斯塔狄翁①。**4** 于是，他驶了过来。雅典人立即让船员登船就位，以为水手们就在战舰附近。但是，水手们刚好没有从市场上购买午餐食品（因为在厄瑞特里亚人的有意安排下，市场没有任何东西可卖），而是从城市最边缘的房屋购买。其目的是，延缓雅典人登船就位，敌人可以抢先攻击，这样迫使雅典人仓促应战。到了该出海的时候，还有信号从厄瑞特里亚向在俄洛波斯的伯罗奔尼撒舰队发出。**5** 雅典人就是在这样的准备情况下，被迫在厄瑞特里亚的港口外打海战的。只打了一会儿，就没了招架之力，然后开始溃逃，被追到岸边。**6** 那些逃到厄瑞特里亚城里的人，把她当作友邦②，却被其居民屠杀，遭遇最惨；有的逃往雅典人自己占据的厄瑞特里亚要塞③，保住了性命；那些到卡尔喀斯的战舰也保住了。**7** 伯罗奔尼撒人俘获了22艘雅典战舰，其船员或被杀，或被俘，还竖立了却敌纪念柱。不久，他们促使整个优卑亚叛离了雅典，俄瑞俄斯④除外（因为雅典人自己占据着她⑤），并全盘处理该岛事务。

96.1 优卑亚事件的消息传到雅典，引发了空前的恐慌。包括发生在西西里的灾祸——尽管当时认为是大祸——在内，没有任何灾祸像这样让他们恐惧⑥。**2** 其时，在萨摩斯的雅典军队业已叛离，他们没有更多的战

---

① 俄洛波斯与厄瑞特里亚相距大约10.5公里，可见这里的1斯塔狄翁等于约175米。见霍氏《评注》第3卷，第1027页。

② 有学者认为，厄瑞特里亚早在前411年5—6月已经变成寡头政体。见霍氏《评注》第3卷，第1028页。

③ 指在厄瑞特里亚城里的要塞，不是厄瑞特里亚领土上的要塞。见霍氏《评注》第3卷，第1028页。

④ Ὀρεός, Oreus，赫斯提埃亚的别名。赫斯提埃亚这个名称慢慢让位于"俄瑞俄斯"，两者一度还有并存的情况，前4世纪的钱币上还有这个名称。有学者认为这是该卷未经最后完善的表现之一。有学者回应说，赫斯提埃亚是正式名称。霍氏认为作者只是忘了后代人会对此介意，并无深意。见霍氏《评注》第3卷，第1028页。

⑤ 见前文（1.114.3）。

⑥ "大祸"的"大"原文是"μεγάλη"（主格、单数、阴性）。第7卷结尾作者说西西里事件是"希腊最大的事件"，用的是最高级（"μέγιστον"，7.87.5），为什么这里作者只是将西西里的灾祸称为"μεγάλη"（原级）？霍氏认为，第7卷后半部作者写西西里惨败时饱含感情，用了最强的修辞，已经无以复加。现在他想通过系列事件的递进（"西西里惨败—喀俄斯叛离—优卑亚叛离"）来强调此事件给雅典人带来的心理上的冲击超过了前两次（即"大—更大—最大"），而不是从事件本身的规模和重要性来说的。见霍氏《评注》第3卷，第1029页。

舰，也没有人登船；城邦处于内讧之中，说不定什么时候自己人打起自己人来，最后，又来了这么一场灾祸！他们损失了战舰，最重要的，他们失去了优卑亚！除了阿提卡，最让他们受益的就是她了。他们又怎么能够不灰心丧气啊？3 最让他们惊慌失措和感到火烧眉毛①的是，敌人有可能乘胜立即大胆地进攻没有战舰守卫的比雷埃夫斯。他们相信敌人就要到比雷埃夫斯了。4 如果伯罗奔尼撒人胆子再大一些，他们确实容易做到这一点。他们或者抵近巡航，那会让雅典城内讧得更厉害；或者留下围困，那就会迫使他们在伊俄尼亚的舰队——尽管敌视寡头统治——回援他们自己的亲人和全体雅典人的城邦。在这种情况下，赫勒斯蓬托斯、伊俄尼亚，以及从伊俄尼亚到优卑亚之间的岛屿，可以说，整个雅典帝国，都会落入他们之手②。5 但是，不仅是这一次，以前还有好多次③，在雅典人所有的敌人中，伯罗奔尼撒人成了其最理想的战争对手——因为性格上差别悬殊：一个敏捷、一个迟钝；一个敢作敢为，一个胆小怯懦④——对于一个海上帝国而言，他们尤其有益。叙拉古人证明了这一点，因为他们的性格最像雅典人⑤，也最擅长于对雅典人作战。

97.1 不管怎样，雅典人接到这个消息，还是给 20 艘战舰配齐人员，并第一次回到所谓"普倪克斯"⑥——他们以前通常开会的地方——立即

---

① "火烧眉毛"原文是"δι' ἐγγυτάτου"，直译"由于距离最近"。地理上最近，所以威胁也最直接。见戈姆《评注》第 5 卷，第 321 页。

② 这是第 8 卷后半部 3 个"反事实的假设"（"counterfactual proposition"）中，也是全书中最长和最有力的一个（另两个在 8.86.4 和 8.87.4）。有学者统计，修昔底德著作共有类似假设 19 个，而希罗多德的《历史》只有 9 个。见霍氏《评注》第 3 卷，第 1030 页。

③ 作者明言的有前 429 年伯罗奔尼撒人没有下定决心攻击比雷埃夫斯（2.94.1），还有对阿尔喀达斯的行动未明言的责备（3.29—33；3.79.3），其他的例子就不很明显了。见戈姆《评注》第 5 卷，第 322 页。

④ 见前文对雅典人和斯巴达人性格的描述（1.70），斯巴达人的迟钝并不总是坏事；还有学者认为这种说法是不公平的，布剌西达斯和古利波斯就是很敏捷的人；还有学者列举了第 8 卷当中雅典人没有及时行动阻止盟邦叛离的例子。见霍氏《评注》第 3 卷，第 1031 页。

⑤ 前文也提到叙拉古人与雅典人性格相似（7.55），侧重政体方面，这里侧重军事方面。见霍氏《评注》第 3 卷，第 1031 页。

⑥ Πνύξ，Pnyx，位于卫城西面的山丘上，是雅典公民大会召开的传统地点，这个行动标志着寡头统治被推翻。"第一次回到"原文是"τότε πρῶτον"（"那个时候第一次""曾经第一次"），不是说以前没在普倪克斯召开过公民大会，而是说，自从寡头统治建立以来这还是第一次在普倪克斯召开公民大会。前文提到在雅典城外的科罗诺斯举行过一次（8.67.2），比雷埃夫斯港的重甲兵在狄俄倪索斯剧场召开过一次（8.93.3）。见霍氏《评注》第 3 卷，第 1032 页；戈姆《评注》第 5 卷，第 323 页。

召开了一次公民大会。会上，废黜了"四百人"，并投票决定将政事交给"五千人"（由所有能自备武装者组成）；任何官职均无薪俸，否则，将受诅咒。2 后来，接二连三地召开公民大会，结果任命了立法委员①，还投票作出其他决议以制定城邦宪法②。现在，至少在我的时代，雅典人好像头一回对城邦实施了良好的治理③——因为少数人与多数人的利益得到适当调和④——这第一次让城邦从其所陷入的困境当中振作起来⑤。3 他们还投票决定召回阿尔喀比阿得斯和其他跟他一起的人⑥，派人去见他和在萨摩斯的雅典军队，敦促他们积极采取行动。

98.1 在这场政变当中，珀珊德洛斯与其同伙、阿勒克西克勒斯与其

---

① "立法委员"原文是"νομοθέτας"（"νομοθέτης"的宾格、复数），"LSJ"的解释是"lawgiver"（"立法者"），指的是德剌孔（Δράκων，Draco，又译"德拉古"等）和梭伦（Σόλων，Solon）似的人物。但是，在前5—前4世纪的雅典，任命了大批有此头衔的人，最早的例子就是此处。其职责不是为城邦制定宪法，而可能是仔细检查立法建议，使得立法更困难，不那么随意，以及法律条文之间不相互冲突。见霍氏《评注》第3卷，第1032—1033页；S. Hornblower and A. Spawforth ed., *The Oxford Classical Dictionary*, Oxford: Oxford University Press, 1996, pp. 1047-1048。

② "城邦宪法"原文是"τὴν πολιτείαν"（宾格、单数），还可以译为"政体""政治制度"等。

③ "对城邦进行良好的治理"原文是"εὖ πολιτεύσαντες"，"πολιτεύσαντες"是"πολιτεύω"的不定过去时分词，有"成为公民""采取某种政体""治理城邦"等意思。这里是指治理城邦的行为还是指政体？学者们对此分歧较大。霍氏倾向于指行为。有学者认为，"五千人"的统治肯定比不上伯里克利时期的雅典政体，因此从政体上说是讲不通的。见霍氏《评注》第3卷，第1033页。

④ 这里的"五千人"的宪法是"重甲兵（'自备武装者'）的宪法"，"多数人"不包括雇工阶层，他们被排除在外（不能自备甲胄兵器），即不能参加公民大会和进入公民法庭参加审判。因此这里"五千人"的统治并不是完全的民主政体。作者称赞的不是它有多么广泛的民主（其民主因素体现在，政权掌握在公民大会手里，而不是议事会手里）。我们越是认为"πολιτεύω"指行为，就越不会将修昔底德看作寡头派，但是从这句话我们也看不出他是民主政体的坚定支持者。我们不应忽视前文（8.24.4）作者对喀俄斯人善于治理城邦的赞扬。这种赞扬并不表明，作者偏爱寡头政体，而不是民主政体，他不过就事论事地赞扬其政体的稳定和不受动乱之苦。这里的"调和"指的是少数人与多数人利益的调和（原文字面上无"利益"一词），这两部分人和睦相处了，城邦就少受动乱之苦。见霍氏《评注》第3卷，第1034—1036页。

⑤ 指在失去优卑亚之后，首次恢复了战斗意志。见戈姆《评注》第5卷，第339页。

⑥ 阿尔喀比阿得斯直到前407年才回到雅典（色诺芬《希腊志》1.4.10—11），恢复后的雅典民主政体不承认"五千人"召回阿尔喀比阿得斯的决议的合法性，对他的诅咒在前411年也没有解除。见霍氏《评注》第3卷，第1036页。

同伙，以及其他寡头政体的头面人物马上潜出城外，到得刻勒亚去了①。唯独阿里斯塔耳科斯（因为他时任将军）火速带上一些最野蛮的蛮族弓箭手②，进军俄诺厄。2 这是一座位于雅典与玻俄提亚边界的雅典要塞，其时正被科林斯人围攻。因为他们的一些人从得刻勒亚返回国内途中，遭到俄诺厄守军的袭击而覆灭③。这是科林斯人的单方面行动，但也邀请了玻俄提亚人帮忙。3 却说阿里斯塔耳科斯与围攻者串通，欺骗俄诺厄的守军说，雅典当局已经与拉刻代蒙人达成全面的和平协议，其中有一条就是他们必须将这座要塞交给玻俄提亚人。由于他身为将军，加上因为被围攻什么也不知道，守军相信了，在休战协议的保证下撤出要塞。4 就这样，俄诺厄被夺取，并被玻俄提亚人占据，雅典的寡头统治和内争也结束了④。

99. 在这个夏季里，大约与此同时，在米利都的伯罗奔尼撒人的情况是这样的⑤：提萨珀耳涅斯去阿斯彭多斯之时⑥所委托的负责人，没有一个发放给养⑦；腓尼基人的舰队和提萨珀耳涅斯连影子都没见到；被派去跟随他的菲利普和另一个斯巴达人希波克剌忒斯⑧——他当时在帕塞利

---

① "其他"原文本为"ὅσοι"（"和……一样多的"，复数），因为珀珊德洛斯和阿勒克西克勒斯也是头面人物，因此这里没有译为"所有"。有学者质疑，既然指"所有的头面人物"，为何不提安提蓬？这就是作者的叙事技巧，前文（8.68.2）已经"预叙"了安提蓬，而这里作者想要突出的是阿里斯塔耳科斯。见霍氏《评注》第3卷，第1037页。

② "最野蛮的蛮族"原文是"τοὺς βαρβαρωτάτους"（宾格、复数、最高级）。他们是斯库泰人，有300人，驻扎在战神山上。他们听命于雅典政府的治安官员，但不是在雅典充当"警察"的那些斯库泰人。见霍氏《评注》第3卷，第1037页。

③ 前文（8.71）指出，雅典的"四百人统治"建立之后，向在得刻勒亚的阿癸斯求和，而阿癸斯反而要求盟邦增援。由于雅典在内乱后没有露出破绽，所以援军到来后，阿癸斯打发他们回去了。这件事应该是在科林斯的援军回国途中发生的。由此说来，这是"倒叙"。见霍氏《评注》第3卷，第1038页。

④ 这句话的意思是，"四百人统治"倒台，极端的寡头派和温和的寡头派之间的内争也宣告结束。这并不意味着"四百人统治"倒台后建立的政权本质上是民主政体。见霍氏《评注》第3卷，第1039页。

⑤ 这个句子的主语是"伯罗奔尼撒人"，但没有谓语动词，"的情况是这样的"为译者参考英译所加。

⑥ 原文将这句话用中括号括起来，即"[ὅτε ἐπὶ τὴν Ἄσπενδον παρῄει]"，阿尔伯蒂的校勘本没有中括号，霍氏赞同。今从。见其《评注》第3卷，第1039页。

⑦ 前文（8.87.1）只提及塔摩斯一人，但我们没有必要认为这项工作只有他一人在做。前文（8.87.3）说，塔摩斯发放给养的情况不比提萨珀耳涅斯好，只会比他更糟糕。这里则是完全停止发放了。见戈姆《评注》第5卷，第341页。

⑧ 见前文（8.87.6；8.35.1）。

斯——致信海军司令明达洛斯说，腓尼基人的战舰不会来了，他们从头到尾被提萨珀耳涅斯耍弄了；同时，帕耳那巴兹多斯邀请他们去，急于得到他们的舰队，以促使在他统治区域内余下的城邦叛离雅典①——就像提萨珀耳涅斯那样——希望从中获益。在这种情况下，明达洛斯从米利都起航，纪律严明，命令突然下达，以免引起在萨摩斯的雅典军队的注意，以 73 艘战舰驶向赫勒斯蓬托斯②（在同一个夏季早些时候，曾有 16 艘战舰驶向那里，蹂躏了刻耳索涅索斯的部分地区③）。但是，明达洛斯遭遇风暴，被迫到伊卡洛斯靠岸进港④。由于天气不利于航行，他滞留了 5 天或者 6 天，然后继续航行，抵达了喀俄斯。

100.1 特剌绪罗斯听到明达洛斯已从米利都开拔的消息，马上以 55 艘战舰从萨摩斯起航⑤，匆忙赶路，不让其抢先驶进赫勒斯蓬托斯。**2** 得知明达洛斯正在喀俄斯，以为他会在那里停留，特剌绪罗斯在勒斯玻斯和其对面的大陆布置了瞭望哨，以便这支舰队一有所移动，他就能知道。他本人则沿海岸航行至墨堤谟娜，下令准备大麦和其他给养，其目的是如果明达洛斯停留的时间比较长，他就以勒斯玻斯为基地，

---

① 帕耳那巴兹多斯的这个目标前文（8.6.1）提到过，这里的语言沿袭前文，是为了鼓励读者回想其前文。"余下的城邦"指的是除了那些已经叛离雅典的城邦（如阿彼多斯、拜占庭，见前文 8.62.1 和 8.80.3）之外的城邦，如赫洛忒翁（Ῥοίτειον，Rhoeteum）、西革翁（Σίγειον，Sigeum），也许还有阿彼多斯与西革翁之间的一些小地方等。见霍氏《评注》第 3 卷，第 1040 页。

② 前文（8.79.1）说，伯罗奔尼撒人总有 112 艘战舰，其中 10 艘去了赫勒斯蓬托斯（8.80.3），下句话马上说这个夏季早些时候派了 16 艘去那里，那么应剩下 86 艘（112 - 10 - 16 = 86），怎么只有 73 艘呢？原来，有 13 艘去了罗德岛，这个史实修昔底德省略未提，但有古代作者记载下来了。见霍氏《评注》第 3 卷，第 1040 页；戈姆《评注》第 5 卷，第 343 页。

③ 这一事件肯定发生在斯特戎比喀得斯从赫勒斯蓬托斯回来（8.79.5）之后，按照作者的习惯应该根据其发生时间，打断叙事来作交代，但是作者没有这么做。有学者认为这是本卷未经最后完善的表现之一，也有学者予以正面评价，认为作者有意把它放在拉刻代蒙人与提萨珀耳涅斯决裂之时提及。见霍氏《评注》第 3 卷，第 1041 页；戈姆《评注》第 5 卷，第 344 页。

④ 明达洛斯最初的计划可能是从米利都起航，经由萨摩斯岛的南面和西面，然后穿越伊卡洛斯与萨摩斯之间的海峡继续向北，因此他没有被风暴向西吹多远。见霍氏《评注》第 3 卷，第 1041 页；戈姆《评注》第 5 卷，第 344 页。

⑤ 前文（8.79.6）提及，雅典人在萨摩斯的战舰总数是 108 艘，阿尔喀比阿得斯带 13 艘去了阿斯彭多斯（8.88），特剌绪部罗斯带 5 艘去了厄瑞索斯（下文 8.100.4），还有 2 艘已去赫勒斯蓬托斯（下文 8.100.5），18 艘在塞斯托斯（下文 8.102.1），这样在萨摩斯的舰队就有约 70 艘（108 - 13 - 5 - 2 - 18 = 70），这就是特剌绪罗斯可以支配的战舰数量，现在他带了 55 艘走，应该留下了好几艘在萨摩斯。也许他认为 60 艘战舰（55 艘加特剌绪部罗斯的 5 艘）足以对付伯罗奔尼撒人的 73 艘。见霍氏《评注》第 3 卷，第 1041 页。

攻打喀俄斯。**3** 同时，（由于勒斯玻斯岛上的厄瑞索斯已经叛离①）他还想前去攻打，如果可能，就攻下她。原来，墨堤谟娜一些最有权势的人，现流亡在外，从库墨运来大约 50 名重甲兵——跟他们同伙——还有从大陆雇来的士兵，总数约 300 人，出于血缘关系②，由一名忒拜人阿那克珊德洛斯率领。他们首先攻打墨堤谟娜，由于雅典守军从密提勒涅赶来，这次攻击被打退；在城外的战斗中，再次被击退；然后，他们翻越山岭，促使厄瑞索斯叛离了。**4** 却说特剌绪罗斯以全部战舰航行过去，打算攻打她。特剌绪部罗斯一得到这些流亡者渡海的消息，就从萨摩斯带 5 艘战舰出发，已经先到那里了③；但他来迟了，现在正下锚停泊于厄瑞索斯城前。**5** 特剌绪罗斯和特剌绪部罗斯还与从赫勒斯蓬托斯返回国内的 2 艘战舰以及墨堤谟娜人的〈5 艘〉④ 战舰会合了，于是在那里的战舰总数达 67 艘。他们让舰上所载的士兵准备用机械和一切方式攻城，希望能拿下厄瑞索斯。

101.1 与此同时，明达洛斯和伯罗奔尼撒舰队在两天之内从喀俄斯备办伙食，并且每人从喀俄斯人那里得到 3 个"四十分之一"⑤ 钱。第三天，从喀俄斯迅速起程，〈不〉⑥ 走外海，以免遇上在厄瑞索斯的雅典舰队，而是让勒斯玻斯在其左边，朝大陆驶去。**2** 他们驶进了位于波开亚地区的卡耳忒里亚港，进午餐；然后，沿库墨海岸航行，在与密提勒涅隔海相望的、位于大陆的阿耳癸努赛进晚餐。**3** 尽管已入夜，他们还是出发，沿海岸航行，抵达了与墨堤谟娜隔海相望的、位于大陆的

---

① 厄瑞索斯已经叛离雅典（8.23.4），但接着勒斯玻斯又被雅典人整个收复（8.23.6）。见霍氏《评注》第 3 卷，第 1042 页。

② 前文（3.2.3）提到勒斯玻斯人与玻俄提亚人有血缘关系（忒拜属于玻俄提亚地区），墨堤谟娜人和玻俄提亚人同属埃俄利斯族，玻俄提亚人创建了墨堤谟娜（7.57.5），另参见前文（8.5.2）。

③ 有学者认为这一事件应该早些交代，但有学者反驳说，那会干扰对发生在赫勒斯蓬托斯的系列事件的叙述。见霍氏《评注》第 3 卷，第 1043 页。

④ 阿尔伯蒂的校勘本将尖括号中的数字删掉了，"牛津本"予以保留。霍氏认为，数字是正确的，但没有必要保留。今未从。见其《评注》第 3 卷，第 1043 页。

⑤ τεσσαρακοστή，"第四十""四十分之一"。指喀俄斯的一种钱币，约合 2.5 个俄玻罗斯。有学者估算，伯罗奔尼撒人得到的钱币的总价值只有大约 4.5 塔兰同。见霍氏《评注》第 3 卷，第 1044 页。

⑥ "不"（"οὐ"）抄本均无，是校勘者根据下文加的。见霍氏《评注》第 3 卷，第 1044 页。

哈耳马图斯。午餐后，他们迅速沿着勒克同、拉里萨和哈马克西托斯①，以及这一带的其他城邦的海岸航行，午夜之前抵达了赫洛忒翁②。现在他们已经到了赫勒斯蓬托斯。有些战舰到西革翁③及其邻近地方进港靠岸。

102.1 雅典人有 18 艘战舰正在塞斯托斯，司烽火的守望人向他们发出火光信号，他们还看到对面敌人的岸上突然出现了大量烽火，明白伯罗奔尼撒人正驶进来。就在那个夜晚，他们贴着刻耳索涅索斯岸边，以其最快的速度驶向厄莱乌斯，想要躲过敌人的舰队驶到开阔的海域。**2** 他们的确逃过了在阿彼多斯的 16 艘敌舰的注意，尽管这支舰队预先得到了向其驶来的友人——他们密切观察雅典人行踪看其是否要驶出——的提醒。但是，拂晓，他们看见了明达洛斯的舰队，对方马上追击他们。并非每一艘雅典战舰都逃之夭夭，虽然大部分逃到了印布洛斯和楞诺斯，但是落在最后的 4 艘在厄莱乌斯附近被俘获了。**3** 其中 1 艘在普洛忒西拉俄斯④庙附近搁浅，连同其船员一起被俘获；另 2 艘被俘获，上面没有船员；还有 1 艘船员逃走了，在印布洛斯附近被对方焚毁。**103.1** 在此之后，伯罗奔尼撒人的舰队与来自阿彼多斯的战舰会合，总数达 86 艘⑤，当天便围攻厄莱乌斯城，未果，就驶向阿彼多斯。

---

① Λεκτόν，Lectum，是勒斯玻斯岛北面小亚大陆上的一个岬角；Λάρισα，Larisa，在此岬角的北部，注意在忒萨利亚也有一个拉里萨（见 2.22.3；4.78.2）。按照伯罗奔尼撒人航行的路线，应该先到勒克同，然后是哈马克西托斯，最后到拉里萨。所以有学者认为这里有误，有待修改。但有学者指出，他们在绕着勒克同岬角航行，作者先提后到达的地方，这是他一贯的做法。前文有类似情况（6.62.1；6.72.1）。见霍氏《评注》第 3 卷，第 1045 页。

② 据学者们的估算，两天之内航行了 349 公里（189 海里），仅第二天就航行了 229 公里（124 海里），这个速度非常快。见霍氏《评注》第 3 卷，第 1046 页。

③ 有铭文表明，前 5 世纪中期其居民忠诚于雅典人，但现在显然在伯罗奔尼撒人之手。见霍氏《评注》第 3 卷，第 1046 页。

④ Πρωτεσίλαος，Protesilaus，他是特洛亚战争中战死的第一个希腊人（《伊利亚特》2.697—702），他的坟墓和庙在厄莱乌斯（希罗多德《历史》9.116.2；9.120.4）。有学者注意到，希罗多德和修昔底德都是在他们的著作的结尾部分提到这座庙；还有学者说，他们的叙述都结束于赫勒斯蓬托斯地区，尽管修昔底德的著作未完，还是让人好奇。见霍氏《评注》第 3 卷，第 1047 页。

⑤ 明达洛斯的主力舰队有 73 艘（8.99），还有 16 艘在阿彼多斯（102.2），总数应该是 89 艘。但下文马上说损失了 2 艘，那就应是 87 艘。有古代作者说，损失战舰有 3 艘，不是 2 艘，那就正好是 86 艘，可是他说伯罗奔尼撒人的战舰总数是 88 艘，不是 86 艘，所以还是不能圆满解释。见戈姆《评注》第 5 卷，第 350 页；霍氏《评注》第 3 卷，第 1047 页。

2 在厄瑞索斯的雅典人为其瞭望哨所误①，没有想到敌人的舰队会从他们旁边溜走②，还在从容不迫地攻城。得知消息以后，他们马上丢下厄瑞索斯，火速赶往赫勒斯蓬托斯救援。**3** 他们俘获了 2 艘伯罗奔尼撒战舰，这 2 艘战舰当时在追击途中胆子太大，追到了外海，撞见了他们。第二天，他们抵达了厄莱乌斯，在那里下锚停泊。他们将逃到印布洛斯的战舰带过来，用 5 天的时间准备海战。**104.1** 在此之后，海战开始，其方式如下：雅典人排成纵列，紧贴海岸，向塞斯托斯方向行进；伯罗奔尼撒人得知敌情，从阿彼多斯出发迎击。**2** 双方知道将要打海战了，都拉长自己的阵线，雅典人的 76 艘战舰沿着刻耳索涅索斯，从伊达科斯排到了阿里阿诺③；伯罗奔尼撒人的 86 艘战舰则从阿彼多斯排到了达耳达诺斯④。**3** 叙拉古人占据伯罗奔尼撒人的右翼，另一翼由明达洛斯亲自率领舰队中最快的战舰占据；雅典人一方，特剌绪罗斯占据左翼，特剌绪部罗斯占据右翼，其他将军各就各位。**4** 伯罗奔尼撒人急忙率先攻击，他们要——如果可能——用自己的左翼包抄雅典人的右翼，以阻止其驶出赫勒斯蓬托斯，并将其中军向其身后不远处的岸上赶。雅典人明白了他们的意图，拉长对方要包抄的部分的阵线，并赶在了对方的前头。**5** 但是，其左翼已经延展到被称为"库诺斯塞玛"的岬角以外了⑤。这样一来，其中军力量薄弱且分散，特别是因为其战舰数量比对方少，以及库诺斯塞玛岬角的海岸呈锐角形状，以至于锐角一侧发生的事情另一侧根本看不见。**105.1** 于是，伯罗奔尼撒人扑向其中军，将雅典人的战舰赶到岸上，然后下船登陆，在战斗中占据极大的优势。**2** 雅典人的中军既得不到特剌绪部罗斯所

---

① 即瞭望哨没有发现敌情，但他们至少应该看到明达洛斯离开喀俄斯，作者没有作出解释。见戈姆《评注》第 5 卷，第 351 页。

② 看来，雅典人以为明达洛斯会走勒斯玻斯岛外围，那样的话，他们在厄瑞索斯就可以望见他们从旁经过。见戈姆《评注》第 5 卷，第 351 页。

③ Ἴδακος, Idacus；Ἀρριανοί, Arrhiani。在赫勒斯蓬托斯的刻耳索涅索斯一侧，不详其所在。见霍氏《评注》第 3 卷，第 1048 页。

④ Δάρδανος, Dardanus，在赫勒斯蓬托斯的小亚一侧，位于阿彼多斯与赫洛忒翁之间。见霍氏《评注》第 3 卷，第 1048 页。

⑤ Κυνὸς σῆμα, Cynossema，意思是"犬坟"。根据神话，特洛亚国王的王后赫卡柏（Εκάβη, Hecabe）因为野蛮地报复他人，在这里被变成一只母狗。这里是赫勒斯蓬托斯的最窄处。明达洛斯选择在此决战，是要削减雅典人善于操纵战舰的优势，以全歼雅典舰队。见霍氏《评注》第 3 卷，第 1048 页。

率的右翼——遭到大批敌舰的攻击——援助，也得不到特剌绪罗斯所率的左翼援助（由于库诺斯塞玛岬角的缘故看不见，同时，叙拉古人和其他人与他们对阵，人数与他们也相当，他们抽不出身）。最后，由于占据上风，伯罗奔尼撒人开始无所忌惮，有些追击这艘敌舰，有些追击那艘敌舰，部分阵线陷入混乱。**3** 特剌绪部罗斯的部下见此机会，停止拉长阵线，突然转身攻击与其对垒的敌舰，将其击溃；然后追上并猛攻那些取胜后脱离阵线的伯罗奔尼撒战舰，打得其大部分战舰弃战而逃①。现在，就是叙拉古人也不敢与特剌绪罗斯所部对阵了，看见别人逃跑，自己越发急于逃命②。**106.1** 溃败发生后，绝大部分伯罗奔尼撒人先是逃到墨狄俄斯③河，然后逃到阿彼多斯。雅典人只抓到了少量战舰（因为赫勒斯蓬托斯水道狭窄，为敌人提供了就近的藏身之处），然而，这场海战的胜利对他们而言，来得正是时候！**2** 因为到此时为止，由于一系列的小失利④，尤其是西西里的惨败，他们一直惧怕伯罗奔尼撒人的海军；但是，现在他们不再妄自菲薄，不再认为敌人在海上有什么了不起。**3** 他们甚至还从敌人那里俘获了 8 艘喀俄斯战舰、5 艘科林斯战舰、2 艘安布剌喀亚战舰、2 艘玻俄提亚战舰，以及勒乌卡斯、拉刻代蒙、叙拉古和珀勒涅战舰各 1 艘；他们自己损失了 15 艘⑤。**4** 他们在库诺斯塞玛岬角尖上竖立了一根却敌纪念柱，收取战舰残骸，在休战协议的保护下交还敌方尸首，并且派遣 1 艘三层桨战舰到雅典报捷。**5** 这艘战舰抵达了雅典，听到这个意外的捷报，刚刚遭受优卑亚灾祸和内乱的雅典人士气大振。他们觉得，只要全力

---

① 戈姆认为，这场战役和周围的地理写得很详细，看来作者得到了第一手的报告，但也有一些漏洞（gaps）。比如说，陷入混乱的是伯罗奔尼撒人的中军，而不是其左翼，特剌绪部罗斯在与其对阵者很强大的情况下，如何能将其打败？再如，叙拉古人的情况也应该多介绍一些。见其《评注》第 5 卷，第 353—354 页。

② 似乎不像是前 413 年在自己的"大港"给予雅典舰队以毁灭性打击的叙拉古人。见霍氏《评注》第 3 卷，第 1049 页。

③ Μείδιος，Meidius，很可能就是今土耳其的恰纳卡莱（Çanakkale）省内的 Koca Çay，在阿彼多斯以南注入赫勒斯蓬托斯。见霍氏《评注》第 3 卷，第 1049 页。

④ 最明显最近的事件是在优卑亚的失败（尽管其后果严重，但从纯粹的军事角度而言，这是一场小战役），再如卡耳弥诺斯在绪墨岛的失败（8.42），还有本卷第 80 章提到的 8 艘战舰对 8 艘战舰的海战（8.80.4），等等。见霍氏《评注》第 3 卷，第 1049 页。

⑤ 伯罗奔尼撒人损失了 21 艘战舰（作者没有给出总数），雅典人损失了 15 艘。尽管两者相差不大，但足以极大地提升雅典人的士气，我们应当记得开战前雅典人的战舰比对方少 10 艘。见霍氏《评注》第 3 卷，第 1049 页。

以赴，他们将能够取得最后的胜利。

107.1 在塞斯托斯的雅典人迅速修理好战舰，在这场海战后的第4天，驶向已经叛离雅典的库兹狄科斯。途中，他们看见8艘来自拜占庭的战舰停泊在哈耳帕癸翁和普里阿波斯①，攻上去，打败了岸上人员，俘获了这些战舰。抵达库兹狄科斯后，收复了这座没有城墙的城市，强索金钱②。**2** 与此同时，伯罗奔尼撒人从阿彼多斯驶向厄莱乌斯，收取他们俘获的战舰中的完好无损的战舰（其他的被厄莱乌斯人焚毁）；并派希波克剌忒斯和厄庇克勒斯去优卑亚，把那里的战舰带过来。

108.1 大约同一段时间，阿尔喀比阿得斯带13艘战舰从考诺斯和帕塞利斯③驶回了萨摩斯，宣布他阻止了腓尼基舰队加入伯罗奔尼撒人一边，还让提萨珀耳涅斯对雅典人比以前更加友好了。**2** 然后，除了他手里已有的战舰之外，还为另外9艘战舰配齐了人员④，向哈利卡耳那索斯人强索了大量金钱⑤，并在科斯修筑城垣。做完这些，他在科斯设置了一些长官⑥，然后驶回萨摩斯，此时已快到秋天了⑦。

3 提萨珀耳涅斯得知伯罗奔尼撒人的舰队已经从米利都驶向赫勒斯蓬托斯，就从阿斯彭多斯开拔，向伊俄尼亚进发。**4** 伯罗奔尼撒人还在赫勒

---

① Ἁρπάγιον, Harpagium；Πρίαπος, Priapus。两座城邦都在今马尔马拉海南岸，前者在后者的东南面，按照雅典人前进的方向，应该先到普里阿波斯，再到哈耳帕癸翁。她们以前曾是提洛同盟的成员（缴纳很少的贡款），但现在明显处在伯罗奔尼撒人的控制之下。见戈姆《评注》第5卷，第355页；霍氏《评注》第3卷，第1050页。

② "强索"原文是"ἀνέπραξαν"（不定过去时），含有收取欠债的意思。见戈姆《评注》第5卷，第355页。

③ 见前文（8.88），这里也是先提远处地点，但有些不合逻辑，他从帕塞利斯回来，要途经考诺斯。见霍氏《评注》第3卷，第1050页。

④ 这是特剌绪罗斯留在萨摩斯的战舰，见前文译注（8.100.1）。见霍氏《评注》第3卷，第1050页。

⑤ 根据色诺芬的说法，这笔钱有100塔兰同之多（《希腊志》1.4.8），数量惊人。这里的"科斯"指的是"科斯—墨洛庇斯"（8.41.2）。见霍氏《评注》第3卷，第1051页。

⑥ "一些长官"原文为"ἄρχοντα"（宾格、单数），即"一位长官"。"牛津本"和阿尔伯蒂的校勘本均如此。但有抄本作"ἄρχοντας"（宾格、复数），霍氏认为，这得到瓦拉译本的支持（作"magistratibus"）。瓦拉（Lorenzo Valla，约1407—1457年）是意大利文艺复兴时期的著名人文主义者，他将《伯罗奔尼撒战争史》译成了拉丁语，因其时代久远，具有很大的参考价值。戈姆认为无法定夺。今从霍氏。见戈姆《评注》第5卷，第356页；霍氏《评注》第3卷，第1051页。

⑦ 据学者们的研究，已是10月。见戈姆《评注》第5卷，第341、356页。

斯蓬托斯之时，安坦德洛斯人（他们是埃俄利斯族①）走陆路翻越伊达山从阿彼多斯搬来一些重甲兵②，领他们进城，因为他们遭到提萨珀耳涅斯的副手、波斯人阿耳萨刻斯的压迫。就是这位阿耳萨刻斯，佯称有一桩他不想公开的怨仇，邀请提洛人中的杰出之士——提洛人定居于阿特刺密提翁，当初雅典人为了被除提洛岛将其迁居了③——到其军中服役，把他们当作朋友和盟军引出城，乘他们吃午餐之机，让其手下包围他们，将他们投射杀死④。5 因此，由于阿耳萨刻斯的这个行为，安坦德洛斯人害怕他有朝一日对他们下毒手，还因为他所强加的负担使他们无法忍受，于是他们就将其驻军从卫城赶走了。**109.1** 提萨珀耳涅斯得知这个行动系伯罗奔尼撒人之所为⑤，除此之外，还有发生在米利都和克尼多斯的事件⑥（因为他的驻军也从那些地方被赶走了）。他觉得自己在他们眼里已经声名狼藉，担心他们还会造成别的损害；同时，让他恼怒的是，帕耳那巴兹多斯会接纳他们，比他花费的时间更短，开支更少，对付雅典人却更成功⑦。因此，他决定前往赫勒斯蓬托斯见他们，目的是谴责安坦德洛斯事件，并就腓尼基舰队的事情和其他事情，找最冠冕堂皇的理由为自己辩解。他首

---

① 作者这里似乎在不声不响地改正希罗多德的说法（他把安坦德洛斯人说成珀拉斯戈斯族），作者前文（4.52.3；4.75.1）没有交代这个细节，但此时也许记起希罗多德的说法了。见霍氏《评注》第3卷，第1051页。

② 有古代作者说这些重甲兵是伯罗奔尼撒人所派，并解释说由于腓尼基舰队的事，拉刻代蒙人对提萨珀耳涅斯怀恨在心。这个行动无疑得到了他们的允许，但是恐怕分身乏术，这些重甲兵很可能是阿彼多斯人。见戈姆《评注》第5卷，第356页。

③ 主要被除行动在前426/5年；被除提洛岛这一主题，在全书不时提及，而且往往是在某卷的开头或者结尾，如前文（1.8.1；3.104；5.1；5.32.1），还有此处。这里是不是标志着整个战争叙事即将结束呢？斯巴达人"解放"提洛岛大约在前403年。见霍氏《评注》第3卷，第1051页。

④ 希罗多德《历史》的结尾记载了一个波斯将军被希腊人酷刑处死的故事，而修昔底德与之相反，记的是波斯人虐待希腊人的故事。见霍氏《评注》第3卷，第1053页。

⑤ 见前文译注（8.108.4）。

⑥ 关于米利都的情况，参见前文（8.84.4）；关于克尼多斯的情况则是首次提及，在那里驻军应该是本卷第35章以后的事，而驱逐驻军就更晚了，这里用的是"倒叙"。见霍氏《评注》第3卷，第1052页。

⑦ 有学者认为，第8卷应以提萨珀耳涅斯与帕耳那巴兹多斯和拉刻代蒙人一起出现在赫勒斯蓬托斯而告结束，这就与此卷的开头形成一个叙事的环（ring），并且是一个优雅的结尾。霍氏认为，这个观点意味着，第一，作者像后世那样分卷著述，这绝不可能，但也有学者说一张纸莎草纸卷子会写上一卷修昔底德著作；第二，我们正处在这样一个部分的结尾，这倒是真的，就长度而言，第8卷已经达到一卷的正常长度（"牛津本"有77页），比第5卷（66页）、第6卷（69页）和第7卷（67页）都长。见其《评注》第3卷，第1052页。

先到了厄珀索斯，向阿耳忒弥斯献祭①……②**2** [在这个夏季之后的冬季结束之时，(这场战争的)③ 第21年期满。]④

---

① 为什么提萨珀耳涅斯给一位希腊神献祭？一般认为，阿耳忒弥斯等同于古代伊朗的 Anahita 女神。但是，有学者表示反对，并认为，说阿耳忒弥斯崇拜波斯化了，反而更好一些。见霍氏《评注》第3卷，第1053页。

② 不仅这段叙事没有结束，而且这句话本身不完整（但原文以句号结束），这一点参照前文类似的句子可知（1.61.2；4.77.2）。见戈姆《评注》第5卷，第358页。有鉴于此，译者将原文的句号改为省略号。

③ 括号里面的内容原文无，现在根据句意添加。

④ 这是一段后世窜入的文字，不知道是何时加上的，也不知道为何要加上，肯定应该删去。见霍氏《评注》第3卷，第1053页。

附录一 雅典的重量、货币、容积、长度、里程单位和月份

雅典的重量单位有"俄玻罗斯"(ὀβολός, obol)、德拉克马（δραχμή, drachma）、谟那（μνᾶ, mina）、塔兰同（τάλαντον, talent）等。

1 俄玻罗斯 = 0.77 克

6 俄玻罗斯 = 1 德拉克马 = 4.6 克

100 德拉克马 = 1 谟那 = 460 克

60 谟那 = 1 塔兰同 = 27.6 千克

同时，这些又是货币单位，即该重量的贵金属（通常是银子）。要注意的是，公元前 5 世纪晚期的雅典钱币比其法定重量稍轻。比如一个标准的 4 德拉克马钱币本应重 4 × 4.6 = 18.4 克，但实际重 17.2 克。

雅典的主要容积单位（液量和干量）有：科堤勒（κοτύλη, kotyle）、枯斯（χοῦς, chous）、科尼克斯（χοῖνιξ, choinix）、墨特瑞忒斯（μετρητής, metretes）和墨丁诺斯（μέδιμνος, medimnos，或译"斗"）等。

1 科堤勒（液量或干量）= 0.273 公升

12 科堤勒（液量）= 1 枯斯 = 3.28 公升

12 枯斯（液量）= 1 墨特瑞忒斯 = 39.31 公升

4 科堤勒（干量）= 1 科尼克斯 = 1.09 公升

48 科尼克斯（干量）= 1 墨丁诺斯 = 52.42 公升

雅典的长度单位有肘尺（πῆχυς, pechys）、掌（παλαστή, palaste）、指（δάκτυλος, dactylus），以及尺（πούς, foot，"脚"）等。

1 指 = 1.778 厘米

4 指 = 1 掌
6 掌 = 1 肘尺
1 肘尺 = 42.672 厘米
1 尺 ≈ 30.7 厘米

古希腊里程单位主要是斯塔狄翁（στάδιον，stade），还有普勒特戎（πλέθρον，plethron）。各地标准不一。作者在书中使用的标准也前后不一，因为他调查的对象可能使用各自不同的标准，而作者又没有统一。故书中的斯塔狄翁从 130 米到 290 米不等。在雅典，1 斯塔狄翁大约是 176 米。

1 普勒特戎 = 30.48 米
1 斯塔狄翁 = 6 普勒特戎

雅典的一年从夏至后的第一个新月开始，以下是雅典的 12 个月份与今天公历月份的大致对应情况（闰月通常置于 Ποσειδεών 月之后）：

赫卡同拜翁　Ἑκατομβαιών（Hecatombaeon）公历 7 月
墨塔癸特尼翁　Μεταγειτνιών（Metageitnion）　8 月
玻厄德洛弥翁　Βοηδρομιών（Boedromion）　9 月
皮阿诺普西翁　Πυανοψιών（Pyanopsion）　10 月
迈马克忒里翁　Μαιμακτηριών（Maemacterion）　11 月
波塞得翁　Ποσειδεών（Posideon）　12 月
伽墨利翁　Γαμηλιών（Gamelion）　1 月
安忒斯忒里翁　Ἀνθεστηριών（Anthesterion）　2 月
厄拉珀玻利翁　Ἐλαφηβολιών（Elaphebolion）　3 月
穆倪喀翁　Μουνυχιών（Munychion）　4 月
塔耳革利翁　Θαργηλιών（Thargelion）　5 月
斯喀洛波里翁　Σκιροφοριών（Scirophorion）　6 月

附录二 各卷内容提要

卷 一

序言（1—23）

  这场战争规模空前，以前的战争相形见绌（1）

  原因（"考古篇"）（2—19）

    古时候希腊的情形（2）

      无定居生活，没有贸易、往来，无财富积累，族群纷争，内乱（2.1—2）富裕地区尤其如此（2.3—4）阿提卡独免于此（2.5）人口流向阿提卡，向外殖民（2.6）

    希腊力量从弱到强（3—19）

      古时候希腊力量弱小（3）弥诺斯的海军（4）劫掠的习俗（5）希腊的习俗与蛮族类似（6）城市由建在内地到建在海滨（7）海军建立、肃清海盗、财富积累、力量壮大（8）阿伽门农能统率远征军是因为其势力强大（9）远征特洛亚规模有限（10）原因是财力不足（11）定居生活与殖民（12）海军的强大、战舰和海战（13—14）陆战不如海战重要（15）城邦力量增长受阻（16）僭主统治制约了城邦力量的壮大（17）斯巴达和雅典两大强邦的对立（18）双方战前已拥有空前强大的力量（19）

  这场战争的规模之大（20—21）

    传闻不可信（20）从事实来考察可发现这次战争规模之大（21）

著史的原则、战争的"真正原因"（22—23）
　　演说词的撰写方式、著史的求真原则（22）战争带来的可怕灾难、战争的"真正原因"（23）

战前双方的争端和相互责难的理由（24—146）
　　战争的前奏：科西拉事件［前435—前433年］（24—55）
　　　　厄庇丹诺斯的历史和内争（24）科林斯人接受求援（25）科西拉人出兵围城（26）科林斯人预备出征（27）科西拉人与科林斯人的交涉未果（28）科林斯人与科西拉人的海战：科西拉人胜（29）科林斯人遭受失败的痛苦（30）科西拉向雅典人求援、科林斯人力图阻止（31）科西拉人在雅典公民大会上请求结盟的发言（32—36）科林斯人针锋相对的发言（37—43）雅典人与科西拉人结盟（44）雅典人出兵援助科西拉（45）科林斯再次出兵（46）科西拉人出兵迎战（47）双方的阵型（48）双方第二次海战（49）雅典人的增援和双方未能再次交兵（50—53）战争结束（54）雅典人与科林斯人由此交恶（55）
　　战争的前奏：波忒代亚事件［前433—前432年］（56—65）
　　　　科林斯人与雅典人在波忒代亚问题上的矛盾（56）马其顿人与雅典人的矛盾（57）波忒代亚叛离雅典（58）雅典出兵马其顿（59）科林斯人出兵（60）雅典人增兵、向波忒代亚进军（61）双方的第一次战斗（62—63）雅典人包围波忒代亚［前432年］（64）科林斯人阿里斯忒乌斯的努力（65）
　　雅典人与伯罗奔尼撒人相互指责（66）
　　斯巴达决议开战（67—88）
　　　　科林斯、埃癸娜等邦使节到斯巴达控诉雅典（67）科林斯人要求斯巴达开战的发言（68—71）雅典的使节正在斯巴达（72）雅典使节针锋相对的发言（73—78）斯巴达国王阿耳喀达摩斯要求拉刻代蒙人谨慎从事的发言（79—85）斯巴达监察官斯忒涅拉伊达斯的发言（86）拉刻代蒙人决议开战（87—88）
　　插叙："五十年时期"（希波战争与伯罗奔尼撒战争之间，约前480—前430年）雅典势力的壮大和霸权的建立（89—117）
　　　　希波战争后雅典人打算修建城墙（89）忒弥斯托克勒斯的计策、

他出使斯巴达（90）忒弥斯托克勒斯在斯巴达的活动（91）拉刻代蒙人默认现状（92）雅典城墙的落成和海洋战略［前478年］（93）拉刻代蒙人泡萨尼阿斯作为联军统帅（94）泡萨尼阿斯的暴虐和通敌（95）多数盟邦转投雅典人、提洛同盟的建立［前478/477年］（95—96）提洛同盟初期的平等和插叙以下一段历史的原因（97）

  雅典人用武力对付第一个叛离的城邦那克索斯（98）盟邦受雅典欺压的自身原因（99）雅典人出兵叛离的塔索斯和在安庇波利斯殖民受挫（100）塔索斯人投降（101）雅典人受邀镇压斯巴达的希洛特遭猜忌（102）雅典人与墨伽拉人结盟、控制地峡（103）雅典人远征埃及的开始［前460年？］（104）

  第一次伯罗奔尼撒战争［前460—约前445年］（105—113①）

    雅典人与埃癸娜人和科林斯人的战争（105—106）雅典和斯巴达之间的塔那格拉战役［前457年］（107—108）远征埃及惨败［前454年？］（109—110）雅典人出征忒萨利亚、西库翁（111）雅典人远征塞浦路斯、"神圣战争"（112）科洛涅亚战役、雅典人撤出玻俄提亚（113）

  伯里克利征服叛离的优卑亚岛（114）

  《三十年和约》签订［前446年］（115）

  萨摩斯叛离雅典（115）镇压萨摩斯［前441/440年］（116—117）

拉刻代蒙人决定推翻雅典人的霸权（118）

伯罗奔尼撒同盟大会［前432年］（119—124）

  大会的召开和科林斯人的私下活动（119）科林斯人怂恿斯巴达开战的发言（120—124）

斯巴达和雅典之间的交涉（125—145）

  伯罗奔尼撒同盟决议开战、准备施缓兵之计（125）

---

① "远征埃及惨败"（109—110）除外。

拉刻代蒙人向雅典提出驱逐"被神诅咒的人"及此事的来历（126）拉刻代蒙人的真实用心（127）雅典人对拉刻代蒙人提出的针锋相对的要求［前432/431年］（128）

  插叙：拉刻代蒙人因泡萨尼阿斯之死被神诅咒（128—134）泡萨尼阿斯通敌（128—129）泡萨尼阿斯模仿波斯人的生活习俗以及对盟友的暴虐（130）拉刻代蒙人第一次召回泡萨尼阿斯（131）泡萨尼阿斯的狂妄和通敌行为的败露（132—133）泡萨尼阿斯之死（134）

  插叙：忒弥斯托克勒斯通敌和叛逃波斯［前432/431年］（135—138）

  忒弥斯托克勒斯通敌行为败露（135）忒弥斯托克勒斯到阿德墨托斯家里避难（136）忒弥斯托克勒斯乘船逃到波斯并向波斯国王献媚（137）忒弥斯托克勒斯在波斯宫廷受宠、作者对其才智的赞叹和其结局（138）

拉刻代蒙人与雅典人的最后交涉（139）

伯里克利的主战发言（140—144）雅典人遵照伯里克利建议作最后答复（145）

战争随时可能爆发（146）

卷 二

序言（1）（依时间顺序，按照夏冬两季记载）

战争的第1年（前431/430年）（2—46）

  夏季（2—32）

    战争的导火索——普拉泰亚事件（2—6）

      忒拜人夜入普拉泰亚城（2）普拉泰亚人的反抗和忒拜人的溃败（3—4）忒拜人的增援和双方的交涉（5）雅典人的介入（6）

    双方争取盟友（7）双方热衷于战争、多数希腊人对于雅典的反感（8）

    双方的盟友和战备（9）斯巴达一方的出征（10）斯巴达国王的战前演说（11）斯巴达使节最后出使遭拒（12）

伯里克利的应对之策（13）雅典人从乡村搬进城市（14—17）

　　搬家让雅典人痛苦（14、16）雅典统一的经过、卫城的历史（15）入城后住处窘迫和备战（17）

斯巴达一方第一次入侵阿提卡（18—23）

　　斯巴达一方进攻俄诺厄、行动迟缓（18）蹂躏阿提卡部分地区和阿卡耳奈（19、20）雅典民众被激怒（21）伯里克利坚守不出（22）双方零星交战和斯巴达一方的撤军（23）

雅典人作最坏的打算（24）

雅典人攻击伯罗奔尼撒沿海地带（25）攻击罗克里斯附近海岸（26）殖民埃癸娜（27）

日食（28）

雅典人与色雷斯国王和马其顿国王的结盟（29）

西向袭扰行动结束、撤回雅典（30）

雅典以最大的兵力入侵墨伽拉（31）驻防阿塔兰忒（32）

冬季（33—46）

科林斯海军出征阿斯塔科斯（33）

雅典人为战死者举行国葬（34）

　　伯里克利的葬礼演说（35—46）

战争的第 2 年（前 430/429 年）（47—70）

夏季（47—68）

斯巴达一方第二次入侵阿提卡（47）

　　雅典的瘟疫（47—54）

　　　　降临（47—48）病程和症状（49）传染性（50）此瘟疫的淫威（51）瘟疫造成人们法律和道德观念的堕落（52、53）瘟疫让人联想到神谕（54）

　　斯巴达一方蹂躏阿提卡滨海地带（55）

　　雅典人蹂躏伯罗奔尼撒沿海地带（56）

　　斯巴达一方害怕瘟疫撤军（57）

雅典哈格农等出征卡尔喀狄刻、受瘟疫影响撤军（58）

雅典民众对伯里克利的怨恨（59）伯里克利的最后演说（60—64）伯里克利被处罚金、逝世和作者对他的评价（65）

斯巴达一方海军出征兹达库恩托斯岛（66）

雅典人在西塔尔刻斯处抓住并处死斯巴达派往波斯的使节（67）

安布剌喀亚人出征阿耳戈斯和他们结仇的由来（68）

冬季（69—70）

雅典将军波耳弥翁以瑙帕克托斯为基地警戒（69）

波忒代亚城向雅典人投降（70）

战争的第3年（前429/428年）（71—103）

夏季（71—92）

斯巴达一方出征普拉泰亚、双方战前的交涉（71—74）

斯巴达一方围攻普拉泰亚城（75—78）

垒土丘攻城（75）普拉泰亚人的应对、攻城槌的应用与对策（76）火攻及失败（77）斯巴达一方筑墙包围普拉泰亚城（78）

雅典人出征色雷斯、斯帕耳托罗斯之战、雅典人的失败（79）

斯巴达派遣克涅摩斯率盟军出征阿卡耳那尼亚（80）

斯特剌托斯之战、斯巴达一方的失败（81—82）

雅典波耳弥翁与科林斯人等在帕特赖海湾的海战（83、84）

克里萨海湾之战（85—92）

斯巴达一方失败后的备战（85）双方的海上对峙（86）斯巴达一方的战前演说（87）波耳弥翁的考虑及战前演说（88—89）雅典人开战后的溃败（90）斯巴达一方的追击（91）雅典人的反击和胜利（92）

冬季（93—103）

斯巴达一方突袭萨拉弥斯（93）

比雷埃夫斯和雅典城陷入恐慌（94）

西塔尔刻斯出征马其顿和卡尔喀狄刻（95—101）

出征的缘由（95）征召臣民出征、其统治区域（96）统治范围的大小、征收贡款和接受礼物的统治习惯（97）西塔尔刻斯的行军路线和沿途民族的加入（98）马其顿的范围（99）双方的交战（100）西塔尔刻斯的撤军（101）

波耳弥翁出征阿卡耳那尼亚内地、俄尼阿代不能攻打的原因、阿尔克墨翁定居俄尼阿代的传说（102）

波耳弥翁回雅典（103）

卷 三

战争的第 4 年（前 428/427 年）（1—25）

夏季（1—18）

斯巴达一方第三次入侵、蹂躏阿提卡（1）

密提勒涅事件的爆发（2—6）

勒斯玻斯叛离雅典（2）雅典人派兵前往（3）雅典人与密提勒涅人的交战和谈判、密提勒涅人去斯巴达寻求支持（4）

密提勒涅人与雅典再次开战（5）雅典人封锁密提勒涅（6）

雅典海军进攻伯罗奔尼撒、俄尼阿代和勒乌卡斯等地（7）

密提勒涅事件的发展（8—18）

拉刻代蒙人受密提勒涅人的鼓动、出征阿提卡未果（8—17）

密提勒涅人的使节到达伯罗奔尼撒（8）使节在奥林匹亚的发言（9—14）斯巴达一方在地峡集合迟缓（15）雅典照样出动大批海军、拉刻代蒙人明白上当（16）雅典人的战时开支（17）

雅典人增兵从海陆两面包围密提勒涅（18）

冬季（19—25）

雅典人征收贡款遭袭（19）

部分普拉泰亚人突围（20—24）

普拉泰亚人谋划突围（20）伯罗奔尼撒人的壁垒的构造（21）隐蔽行动被发现（22）强行突围（23）逃往雅典（24）

斯巴达派人秘密进入密提勒涅（25）

战争的第 5 年（前 427/426 年）（26—88）

夏季（26—86）

密提勒涅事件的结局（26—50）

斯巴达一方派海军远征密提勒涅以及第四次入侵、蹂躏阿提卡（26）密提勒涅人的内讧（27）投降协议的签订（28）斯巴达舰队的延误（29）有人提议立即航向密提勒涅（30）舰队统帅决定立即返回伯罗奔尼撒（31）舰队沿小亚海岸的航行（32）舰队逃往伯罗奔尼撒以及雅典海军的追赶（33）雅典海军返回密提勒涅途中在诺提翁的介入行动（34）回到密提勒涅处置有关事务（35）雅典人关于处置密提勒涅叛离事件的两次公民大会（36）克勒翁的发言（37—40）狄俄多托斯的发言（41—48）雅典人改变决定、密提勒涅免遭屠城（49）雅典人对密提勒涅人的处置（50）

雅典人出征墨伽拉的弥诺亚岛（51）

普拉泰亚的灭亡（52—68）

  普拉泰亚人最后投降和受审（52）普拉泰亚代表的发言（53—59）忒拜人的发言（60—67）对普拉泰亚人的处置和普拉泰亚的灭亡（68）

斯巴达准备出动海军干涉科西拉的内乱（69）

科西拉的内乱（70—85）

  贵族派的暴力行动、内乱的开始（70）贵族派与雅典的交涉（71）贵族派进攻民众（72）双方争取奴隶和雇佣军的支持（73）双方的激烈战斗（74）雅典人的到来、民众得势（75）斯巴达的战舰驶向科西拉（76）科西拉人的内讧（77）雅典人、科西拉人与斯巴达一方的海战（78）斯巴达的舰队不攻打科西拉（79）雅典增援战舰的到来（80）斯巴达战舰逃跑和民众对贵族派的屠杀（81）作者的议论：残暴的内乱暴露出人性邪恶的一面（82—84）逃亡的科西拉人回国占山打游击（85）

雅典干预西西里的内部纷争（86）

冬季（87—88）

  瘟疫再次袭击雅典（87）
  在西西里的雅典人出征埃俄罗斯群岛（88）

战争的第 6 年（前 426/425 年）（89—116）

  夏季（89—102）

    斯巴达一方第五次入侵阿提卡未果、地震和海啸（89）
    在西西里的雅典人攻打墨塞涅人（90）
    雅典人出征墨罗斯以及玻俄提亚的塔那格拉（91）
    拉刻代蒙人在特剌喀尼亚建立新殖民地赫剌克勒亚（92）赫剌

克勒亚的衰败（93）

雅典将军得摩斯忒涅斯攻打埃托利亚及其失败（94—98）

  得摩斯忒涅斯远征勒乌卡斯并被说服攻打埃托利亚人（94）他的计划和进军到俄涅翁（95）继续推进（96）埃癸提翁之战和雅典人的战败（97—98）

在西西里的雅典人占领罗克洛斯人一个哨所（99）

拉刻代蒙人和雅典人在埃托利亚的行动（100—102）

  拉刻代蒙人出兵援助埃托利亚人（100）斯巴达军队通过罗克里斯（101）得摩斯忒涅斯争取到阿卡耳那尼亚人的支持和拉刻代蒙人联合安布剌喀亚人准备进攻阿耳戈斯（102）

冬季（103—116）

  在西西里的雅典人攻打伊涅萨和罗克里斯（103）

  雅典人被除提洛岛以及该岛古代集会和节庆情况回顾（104）

  拉刻代蒙人一方和雅典人一方在安布剌喀亚海湾附近的较量（105—114）

    双方向俄尔派地区调兵遣将（105）拉刻代蒙人从陆路行军与在俄尔派的安布剌喀亚人会合（106）双方对阵和得摩斯忒涅斯的伏兵计（107）雅典人一方右翼的胜利和左翼的溃败（108）伯罗奔尼撒人打算偷偷溜走（109）得摩斯忒涅斯安排伏击安布剌喀亚援兵（110）伯罗奔尼撒人的逃跑和随行的安布剌喀亚人被杀（111）得摩斯忒涅斯在伊多墨涅大败安布剌喀亚人（112）安布剌喀亚人的传令官得知自己城邦遭灭顶之灾（113）战后雅典人回国和当地敌对双方的盟约（114）

  雅典人再派40艘战舰去西西里（115）

  西西里埃特涅火山爆发（116）

卷 四

战争的第7年（前425/424年）（1—51）

  夏季（1—49）

    西西里的叙拉古人和罗克洛斯人占领墨塞涅，并促使其叛离了雅

典（1）

拉刻代蒙人及其盟友入侵阿提卡、雅典人出征西西里（2）

雅典人在皮罗斯构筑工事（3—5）

拉刻代蒙人从阿提卡撤军（6）

在色雷斯的雅典将军西蒙尼得斯攻占厄翁未果（7）

皮罗斯战役（8—23；26—41）和西西里的战事（24—25）

    拉刻代蒙人海陆两路攻打皮罗斯、占领斯帕克忒里亚岛（8）得摩斯忒涅斯的部署（9）他的演说（10）拉刻代蒙人在布刺西达斯率领下攻打皮罗斯（11）布刺西达斯受伤、进攻受阻（12）拉刻代蒙人进攻中止、准备以及雅典舰队的到来（13）雅典人的舰队突袭拉刻代蒙人的舰队、封锁其岛上人员（14）斯巴达当政者亲临现场决定议和（15）休战协议订立（16）斯巴达使节在雅典的求和演说（17—20）雅典人的答复（21）拉刻代蒙人遭拒（22）战事重启（23）

西西里的战事（24—25）

    叙拉古人与其盟友决定与雅典人和赫瑞癸翁人海战（24）海战、墨塞涅人出征那克索斯失败以及勒翁提诺人和雅典人攻打墨塞涅城（25）

皮罗斯战役的继续和结束（26—41）

    雅典人对斯帕克忒里亚岛的封锁与拉刻代蒙人的反封锁（26）克勒翁在公民大会上逞能（27）克勒翁弄假成真（28）得摩斯忒涅斯的顾虑（29）斯帕克忒里亚岛偶然被火烧光、拉刻代蒙人暴露以及雅典人决心强攻（30）雅典人的黎明突袭（31—32）双方主力交战和拉刻代蒙人的败退（33—35）拉刻代蒙人腹背受敌（36）拉刻代蒙人投降、战事结束（37—38）克勒翁的诺言兑现（39）人们对拉刻代蒙人投降的诧异（40）拉刻代蒙人的窘境和求和（41）

科林斯索吕革亚之战（42—44）

    雅典人在科林斯的索吕革亚附近登陆（42）双方的战斗互有胜负、雅典人的撤退（43—44）

雅典人登陆科林斯的克洛密翁、厄庇道洛斯和墨塔娜等地、

劫掠（45）

雅典的舰队到达科西拉和科西拉民众派对反对派的屠杀（46—48）

在瑙帕克托斯的雅典人和阿卡耳那尼亚人夺取了阿那克托里翁（49）

冬季（50—51）

雅典人截获拉刻代蒙人给波斯国王的信（50）

雅典人命令喀俄斯人拆毁了新城墙（51）

战争的第 8 年（前 424/423 年）（52—116）

夏季（52—88）

流亡的密提勒涅人和其他勒斯玻斯人攻打安坦德洛斯（52）

雅典人出征库式拉以及该岛的重要性（53）雅典军队攻打该岛（54）拉刻代蒙人沮丧和惊恐（55）

雅典人出征伯罗奔尼撒半岛上的堤瑞亚以及该地的情况（56）雅典人攻下堤瑞亚（57）

西西里城邦在革拉的集会（58）叙拉古人赫耳摩克剌忒斯的演说（59—64）

西西里各邦的和解以及雅典人撤退回国（65）

墨伽拉之战（66—74）

墨伽拉的一派与雅典人的联系（66）雅典人夜袭长墙（67—68）雅典人筑墙包围尼赛亚（69）布剌西达斯救援墨伽拉（70）墨伽拉两派拒绝布剌西达斯入城（71）玻俄提亚人与雅典人的骑兵之战（72）布剌西达斯与雅典人的对峙（73）墨伽拉人重新倒向斯巴达和内部斗争（74）

雅典人收复安坦德洛斯（75）

雅典人谋划占领西派和得利翁以打击玻俄提亚人（76）雅典人准备实施计划（77）

布剌西达斯率军通过忒萨利亚到达卡尔喀狄刻（78—79）

拉刻代蒙人想要打击雅典的盟邦并将希洛特从国内引走（80）

布剌西达斯的杰出品质（81）雅典人对布剌西达斯严加防范（82）

珀耳狄卡斯与布剌西达斯一道出征阿剌拜俄斯、两人的矛盾（83）

布刺西达斯到阿坎托斯（84）布刺西达斯在阿坎托斯的演说（85—87）阿坎托斯倒向布刺西达斯，叛离了雅典（88）

冬季（89—116）

得利翁战役（89—101）

雅典人赶到西派、计划泄露（89）雅典人在得利翁构筑防御工事（90）玻俄提亚同盟官员在是否开战问题上的分歧（91）帕工达斯的主战演说（92）玻俄提亚人的排兵布阵（93）雅典人的布阵和兵力（94）雅典将军希波克剌忒斯的演说（95）双方的战斗、雅典人的失败（96）玻俄提亚的传令官到雅典抗议（97）雅典人的强硬回答（98）玻俄提亚人坚持己见，雅典人收尸未果（99）得利翁被攻下、战役结束（100—101）

雅典人登陆西库翁、西塔尔刻斯之死和其侄子继位（101）

安庇波利斯战役（102—116）

安庇波利斯的殖民史和地名的由来（102）布刺西达斯与其盟友攻占了安庇波利斯城外的桥梁（103）安庇波利斯城内的情况和向修昔底德求援（104）布刺西达斯宽大的投降条件（105）安庇波利斯投降了布刺西达斯（106）布刺西达斯攻打厄翁被击退（107）安庇波利斯对于雅典的重要性和雅典盟邦的不稳定（108）布刺西达斯出征阿克忒（109）布刺西达斯偷袭托洛涅得手（110—113）布刺西达斯在托洛涅的发言（114）布刺西达斯攻下勒库托斯（116）

战争的第9年（前423/422年）（117—135）

夏季（117—133）

雅典人与拉刻代蒙人订立为期一年的休战协议（117）休战协议的内容（118—119）

斯喀俄涅叛离雅典、布刺西达斯在斯喀俄涅的演说（120）斯喀俄涅人热烈欢迎布刺西达斯（121）

布刺西达斯得到停战的消息、双方在斯喀俄涅叛离时间上的分歧（122）

门得叛离雅典（123）

吕恩科斯战役（124—128）

布剌西达斯与珀耳狄卡斯出征吕恩科斯（124）珀耳狄卡斯的部下惊慌逃走（125）布剌西达斯的阵前演说（126）布剌西达斯边打边撤（127）布剌西达斯攻占山隘、脱离危险以及部下的泄愤（128）

雅典人攻打门得（129）攻占门得（130）

雅典人攻打斯喀俄涅（131）

珀耳狄卡斯与雅典人结盟（132）

阿耳戈斯的赫拉神庙被焚毁（133）

冬季（134—135）

曼提涅亚人与忒革亚人之战（134）

布剌西达斯偷袭波忒代亚未果（135）

卷　五

战争的第 10 年（前 422/421 年）（1—24）

夏季（1—12）

停战期间，雅典人将提洛人从提洛岛迁走（1）

停战期满以后，克勒翁率军出征色雷斯地区（2）攻下托洛涅（3）

雅典派遣派阿克斯等出使西西里和意大利（4—5）

安庇波利斯战役（6—11）

克勒翁和布剌西达斯调兵遣将（6）克勒翁的轻敌（7）布剌西达斯谋划突袭雅典人（8）布剌西达斯的阵前演说（9）战役过程、克勒翁和布剌西达斯的双双阵亡（10）对布剌西达斯的崇拜和双方阵亡情况（11）

斯巴达的援军抵达赫剌克勒亚，没赶上安庇波利斯战役（12）

冬季（13—24）

斯巴达援军撤回（13）

双方均遭受挫折、倾向于和平（14）订立为期一年的停战和约（15）尼喀阿斯和普勒斯托阿那克斯的主和立场、订立和约（即《尼喀阿斯和约》）（16—17）雅典人与拉刻代蒙人及其盟邦的和约（《尼喀阿斯和约》）内容（18—19）

第一场战争（伯罗奔尼撒战争前 10 年）经历了 10 个夏季和冬季（20）

双方落实和约条款（21）

由于部分盟邦不满，为了阻止阿耳戈斯人与雅典人结盟，拉刻代蒙人与雅典人结盟（22）盟约内容（23—24）

作者对整场战争起讫的解释： 第一场战争后的和平不稳固（25）整场战争何以持续了 27 年，下半部记载的开场白（26）

战争的第 11 年（前 421/420 年）（27—39）

夏季（27—35）

拉刻代蒙人与雅典人结盟引起其他城邦的惧怕、离心和势力重组（27—33）

科林斯人鼓动阿耳戈斯人牵头组织同盟与拉刻代蒙人和雅典人对抗（27）阿耳戈斯人称霸伯罗奔尼撒的野心（28）曼提涅亚人和其他伯罗奔尼撒城邦与阿耳戈斯人缔结同盟（29）科林斯人拒绝了拉刻代蒙人的拉拢（30）厄利斯人与科林斯人、阿耳戈斯人结盟（31）雅典人攻下斯喀俄涅，忒革亚人拒绝反对拉刻代蒙人、玻俄提亚人与雅典人订立为期 10 天的和约（32）拉刻代蒙人出征帕剌西亚人（33）

随布剌西达斯出征的士兵返回斯巴达、在斯帕克忒里亚岛被俘的人员返回斯巴达（34）

雅典人和拉刻代蒙人结盟后的猜忌和交涉（35）

冬季（36—39）

拉刻代蒙人拉拢玻俄提亚人和科林斯人（36）阿耳戈斯人拉拢玻俄提亚人（37）玻俄提亚人担心触犯拉刻代蒙人、不与科林斯人结盟（38）玻俄提亚人与拉刻代蒙人结盟（39）

战争的第 12 年（前 420/419 年）（40—51）

夏季（40—50）

阿耳戈斯人害怕被孤立、派使节去斯巴达会谈（40）阿耳戈斯人与拉刻代蒙人签订条约（41）

雅典人因玻俄提亚人拆毁帕那克同要塞而对拉刻代蒙人不满（42）

阿尔喀比阿得斯出于私怨主张与拉刻代蒙人开战（43）

阿耳戈斯人转而倾向雅典人、拉刻代蒙人担心这两个城邦结盟（44）

拉刻代蒙人中了阿尔喀比阿得斯的花招、雅典人听从他的主张（45）

尼喀阿斯坚持与拉刻代蒙人结盟、出使斯巴达却空手而归（46）

雅典人与阿耳戈斯人、曼提涅亚人和厄利斯人的盟约内容（47）

拉刻代蒙人与雅典人的和约没有被抛弃、科林斯人倒向拉刻代蒙人（48）

奥林匹亚竞技会上厄利斯人与拉刻代蒙人的纠纷（49—50）

冬季（51）

斯巴达的殖民地赫剌克勒亚遭受严重打击（51）

战争的第 13 年（前 419/418 年）（52—56）

夏季（52—55）

玻俄提亚人占领了赫剌克勒亚、阿尔喀比阿得斯率军到伯罗奔尼撒（52）

厄庇道洛斯人与阿耳戈斯人之间爆发战争、雅典人想把阿耳戈斯拉进同盟（53）

阿耳戈斯人入侵厄庇道洛斯（54）阿耳戈斯人再次入侵厄庇道洛斯（55）

冬季（56）

斯巴达援军抵达厄庇道洛斯、阿耳戈斯人继续与厄庇道洛斯人交战、撤走（56）

战争的第 14 年（前 418/417 年）（57—81）

夏季（57—75）

阿癸斯出征阿耳戈斯（57—63）

拉刻代蒙人全军出动征讨阿耳戈斯（57）阿耳戈斯人和拉刻代蒙人的对峙和双方随后的行动（58）阿耳戈斯及其盟友处境危险，阿耳戈斯人劝阿癸斯撤军（59）阿癸斯擅自撤军，阿耳戈斯人对统帅不满（60）雅典人、阿耳戈斯人及其盟友攻打俄耳科墨诺斯（61）雅典人和阿耳戈斯人支持曼提涅亚人攻打忒革亚的建议、厄利斯人一怒回国（62）拉刻代蒙人要惩罚阿癸斯（63）

曼提涅亚战役（64—75）
　　拉刻代蒙人以全军驰援忒革亚、通知盟友增援（64）阿癸斯放弃强攻（65.1—3）、将水流改道以吸引敌军来攻（65.4）阿耳戈斯人指责将帅、下山来攻（65.5—6）拉刻代蒙人仓促列阵（66）双方排兵布阵的情况（67）拉刻代蒙人参战的大致人数（68）曼提涅亚人、阿耳戈斯人和雅典人的阵前演说和拉刻代蒙人战前唱战歌（69）双方进攻时一快一慢（70）交战前方阵向右"漂移"的现象（71.1—2）阿癸斯下令调度军队（71.3）调度未果（72.1）拉刻代蒙人左翼失败、其他部分取得胜利（72.2—4）阿癸斯增援左翼、取得最后的胜利（73）双方的损失（74）拉刻代蒙人一雪前耻（75.1—3）

　　雅典人、厄利斯人和曼提涅亚人筑墙围困厄庇道洛斯（75.4）

冬季（76—81）
　　阿耳戈斯人与拉刻代蒙人和解（76）双方和约的内容（77）阿耳戈斯人与拉刻代蒙人结盟（78）盟约内容（79）
　　阿耳戈斯人与拉刻代蒙人采取一致的行动、雅典人撤出厄庇道洛斯（80）曼提涅亚人与拉刻代蒙人和解、阿耳戈斯建立亲斯巴达的寡头政体（81）

战争的第 15 年（前 417/416 年）（82—83）
　　夏季（82）
　　　　阿耳戈斯民众派战胜寡头派、拉刻代蒙人不积极干预、阿耳戈斯倒向雅典、修筑长墙（82）
　　冬季（83）
　　　　拉刻代蒙人出征阿耳戈斯、拆毁已修筑的城墙、阿耳戈斯人入侵普勒乌斯领土、雅典人封锁马其顿、与珀耳狄卡斯结仇（83）

战争的第 16 年（前 416/415 年）（84—6.7）
　　夏季（84—115）
　　　　雅典人出征墨罗斯（84）
　　　　"墨罗斯对话"（85—111）
　　　　墨罗斯人最后的答复（112）雅典人预言墨罗斯人将遭灭顶之灾（113）

雅典人筑墙围困墨罗斯（114）

阿耳戈斯人入侵普勒乌斯领土失败、雅典人掳掠拉刻代蒙人、拉刻代蒙人没有抛弃与雅典人的和约、科林斯人向雅典人开战、墨罗斯人夜袭雅典人的围墙（115）

冬季（116—6.7）

拉刻代蒙人入侵阿耳戈斯未果、阿耳戈斯人内讧、墨罗斯人突袭雅典人、雅典人再派军队到墨罗斯、墨罗斯的投降及其灭亡（116）

卷 六

雅典人在对西西里不了解的情况下打算再次出征、西西里的大小（1）其古代居民和民族情况（2）西西里的希腊城邦的创建：那克索斯、叙拉古、勒翁提诺、卡塔涅（3）希腊人在特洛提罗斯殖民、创建塞利努斯、革拉、阿克剌伽斯、兹丹克勒（墨塞涅）、希墨拉、阿克赖、卡斯墨奈、卡马里娜等殖民地（4—5）

雅典人对西西里的野心以及厄革斯塔人的劝诱（6）

拉刻代蒙人入侵阿耳戈斯和雅典人的救援（7）

战争的第 17 年（前 415/414 年）（8—93）

夏季（8—62）

雅典人决定出征西西里（8—26）

厄革斯塔人在雅典公民大会上劝诱雅典人、尼喀阿斯反对出征（8）尼喀阿斯反对出征的发言（9—14）阿尔喀比阿得斯的野心和才能、群众对他的矛盾心理（15）阿尔喀比阿得斯鼓动群众的发言（16—18）雅典群众急于出征、尼喀阿斯想要阻止雅典人（19）尼喀阿斯的再次发言（20—23）雅典人对出征的狂热（24）尼喀阿斯的表态（25）雅典人决定出征（26）

赫耳墨斯石像被损毁和群众的"阴谋焦虑"（27）群众认为阿尔喀比阿得斯与此事件难脱干系（28）阿尔喀比阿得斯的反驳和其政敌的谋划（29）

雅典人的出征（30—32）

所有人为出征者送行、心情复杂（30）出征场面壮观、总的兵力和巨额的花费（31）出征前得奠酒仪式、起航（32）

叙拉古人赫耳摩克剌忒斯发言，提醒民众雅典人已经袭来（33—34）叙拉古人意见纷纭（35）叙拉古人雅典娜戈剌斯发言，认为此消息是有意编造的（36—40）叙拉古一位将军要求有备无患的发言（41）

雅典人及其盟军在科西拉集结（42）总兵力（43）随军人员的情况、远征军抵达意大利、受冷遇（44）

叙拉古人不再怀疑、开始备战（45）

雅典人发现被厄革斯塔人欺骗（46）尼喀阿斯主张展示武力后返回（47）阿尔喀比阿得斯主张留在西西里（48）拉马科斯主张直取叙拉古城（49）

远征军与墨塞涅人、卡塔涅人、叙拉古人的初步接触（50）卡塔涅人倒向雅典人一边、雅典全军到卡塔涅安营（51）雅典人到卡马里娜一无所获（52）

"萨拉弥尼亚"舰到达西西里要带回阿尔喀比阿得斯、雅典人的"阴谋焦虑"（53）

插叙：阿里斯托革同和哈耳摩狄俄斯谋刺僭主事件的真相（54—59）

"恋爱事件"和僭主统治的温和与成就（54）接掌僭主权力是希庇阿斯不是希帕耳科斯（55）希帕耳科斯对哈耳摩狄俄斯的侮辱和谋刺者的计划（56）行动提前，希帕耳科斯被杀（57）希庇阿斯沉着应对（58）这场行动的偶然性，僭主统治变得严酷起来（59）

雅典群众将赫耳墨斯石像事件与复辟僭主统治的阴谋联系起来、恐怖的气氛和冤案的出现（60）雅典人对阿尔喀比阿得斯的高度怀疑、阿尔喀比阿得斯中途逃亡（61）

雅典远征军驶向塞利努斯和厄革斯塔、拿下许卡拉（62）

冬季（63—93）

叙拉古人一开始轻视雅典人（63）雅典人设计引叙拉古人出城（64）叙拉古人中计、雅典人出发（65）抢占有利地势建立营盘（66）

雅典人和叙拉古人列阵准备战斗（67）尼喀阿斯的战前鼓动（68）双方开战和各自的目的（69）叙拉古人被击败（70）雅典人原地休整、等待支援（71）

赫耳摩克剌忒斯鼓励叙拉古人再战并找出失败的原因（72）叙拉古人选出三位将军，派使节去科林斯和斯巴达（73）

雅典人去墨塞涅无功而返、回那克索斯过冬（74）

叙拉古人筑墙将忒墨尼忒斯包进来、建其他要塞和木栅栏、雅典人和叙拉古人均出使卡马里娜（75）

赫耳摩克剌忒斯在卡马里娜的发言（76—80）雅典的使节厄乌珀摩斯的发言（81—87）卡马里娜人决定两边都不帮、雅典人争取西刻罗人、遣使四处结交朋友、叙拉古人的使节到了斯巴达求援（88）

阿尔喀比阿得斯在斯巴达公民大会上的发言（89—92）斯巴达决定立即驰援西西里、古利波斯去西西里、雅典远征军的援军抵达（93）

战争的第 18 年（前 414/413 年）（94—7.18）

夏季（94—7.9）

雅典人攻打墨伽拉、援军抵达（94）

拉刻代蒙人攻打阿耳戈斯人未果，阿耳戈斯人入侵堤瑞亚提斯，忒斯庇埃的民众攻击当政者失败（95）

雅典人和叙拉古人在叙拉古城外围构筑工事、包围和反包围的斗争（96—103）

叙拉古人打算先占领厄庇波莱（96）被雅典人抢了先（97）雅典人迅速构筑环形工事（98）叙拉古人筑"交叉墙"阻止雅典人筑工事（99）雅典人突然袭击破坏了"交叉墙"（100）雅典人继续建环形工事、叙拉古人再筑交叉墙和挖壕沟、雅典人再次袭击、拉马科斯之死（101）叙拉古人乘机攻上厄庇波莱，破坏雅典人的工事（102）雅典人继续构筑工事、叙拉古人无力阻止（103）

古利波斯赶到意大利、遭遇风暴、尼喀阿斯轻视其战舰数量少，没有戒备（104）

拉刻代蒙人入侵阿耳戈斯、雅典人援助、双方的和约遭破坏

（105）

卷 七

古利波斯抵达叙拉古及其影响（1—8）
  古利波斯领兵向叙拉古进发（1）科林斯将军工古罗斯率军抵达叙拉古、古利波斯在叙拉古城即将被筑墙完全包围之际抵达（2）古利波斯抵达后，雅典人与叙拉古人的初次交锋（3）叙拉古人开始修筑反包围墙、尼喀阿斯在普勒密里翁构筑要塞、遇到的困难（4）叙拉古人再战失败（5）叙拉古人与雅典人第三次作战取得胜利、反包围墙修筑成功（6）双方各求援兵，准备再战（7）尼喀阿斯忧心局势、派人去雅典送信（8）

  雅典人攻打安庇波利斯、未攻下（9）

冬季（10—18）
  信使抵达雅典（10）
  尼喀阿斯信的内容（11—15）
    西西里的战局：陆上被反包围（11）叙拉古人在准备海战、他们的优势和我们的劣势、可能遭受失败（12—14）请求决定：或者撤回或者迅速派遣大军救援（15）
  雅典人决定派遣援军（16）
  得摩斯忒涅斯准备开春出发、雅典人派战舰巡航伯罗奔尼撒、科林斯，拉刻代蒙人准备增援叙拉古（17）
  拉刻代蒙人打算入侵阿提卡、重拾信心、认为雅典人违反了和约、通知盟邦准备援助叙拉古（18）

战争的第 19 年（前 413/412 年）（19—8.6）
  夏季（19—8.1）
    拉刻代蒙人早早入侵阿提卡、在得刻勒亚修筑要塞、拉刻代蒙人和科林斯人派重甲兵驰援西西里、科林斯人的战舰掩护他们出发（19）
    雅典人的战舰巡航伯罗奔尼撒、得摩斯忒涅斯征集人马、率舰队启程（20）

— 576 —

古利波斯和赫耳摩克剌忒斯鼓励叙拉古人打海战（21）

古利波斯海陆两路攻打普勒密里翁的要塞，与雅典舰队海战（22）

叙拉古人在海战中失败，但夺得了普勒密里翁的要塞（23）

普勒密里翁的要塞的失陷给雅典人以重创、士气低落（24）

叙拉古人派战舰去斯巴达和意大利，与雅典人为港口中的木桩展开争夺、派人到西西里各邦争取援助（25）

得摩斯忒涅斯在赴西西里途中（驶向科西拉）（26）

色雷斯人到雅典太迟、被雅典人打发回去、得刻勒亚被敌长期占据给雅典人带来的巨大困难、雅典人的战争狂热（27—28）

色雷斯人返回途中的暴行（29—30）

  色雷斯人突袭密卡勒索斯、洗劫财物、野蛮屠杀（29）忒拜人将其赶走（30）

得摩斯忒涅斯在途中抽调战舰支援科农、召集人马（31）

西刻罗人设伏杀死一些叙拉古人的援军（32）几乎整个西西里的希腊人此时都支援叙拉古人、得摩斯忒涅斯抵达意大利、争取盟友（33）

雅典人与科林斯人在瑙帕克托斯的海战（34）

得摩斯忒涅斯抵达赫瑞癸翁（35）

叙拉古人改装其战舰、使用船头撞击船头的作战方式（36）

叙拉古人海路两路发动进攻（37）海战打了个平手、雅典人在港湾中设封闭区域（38）

叙拉古人第一次海上大胜（39—41）

  叙拉古人计划好就地午餐然后迅速再战（39）雅典人措手不及、叙拉古人战术灵活（40）叙拉古人取胜，但是雅典舰队有保护措施（41）

得摩斯忒涅斯抵达叙拉古、计划速战速决（42）

厄庇波莱上的夜战（43—45）

  雅典人突袭厄庇波莱、一开始得手（43）夜战中人多混乱、雅典人吃大亏（44）雅典人死伤惨重（45）

叙拉古人和古利波斯再次争取援兵（46）

得摩斯忒涅斯主张撤退（47）尼喀阿斯主张留在西西里（48）得

摩斯忒涅斯主张至少应移师他处、由于尼喀阿斯的反对雅典人犹豫不决（49）

叙拉古人又得到援军、雅典人打算撤退、出现月食、迷信的尼喀阿斯和雅典人决定留下（50）

叙拉古人连日操练海军（51）

叙拉古人海战再胜（52—54）

  雅典海军右翼被打败（52）岸上的交战、火攻（53）双方都立胜利纪念柱（54）

雅典人认为遇上强劲对手、一筹莫展（55）叙拉古人信心大增、渴望成就一桩伟业（56）

双方的盟友、出于利害关系而参战（57—58）双方盟友根据各自的利害关系参战、雅典人的盟友（57）叙拉古人的盟友（58）

"大港"决战（59—72）

  叙拉古人准备将雅典一方一网打尽（59）雅典人决定拼死海战、如果失败就从陆上撤退（60）尼喀阿斯的阵前鼓动（61—64）叙拉古人给舰首蒙上皮革，对付雅典人的铁抓钩、准备海战（65）叙拉古人的将军们和古利波斯的阵前鼓动（66—68）尼喀阿斯临战的叮咛和祈求（69）海上鏖战（70）陆上观战者的反应、雅典人失败后的恐慌（71）雅典人战败后丧魂落魄、水手拒绝登船再战（72）

大撤退（73—85）

  赫耳摩克剌忒斯害怕雅典人连夜撤退、使计诱使雅典人停留（73）雅典人中计、叙拉古人封锁道路（74）雅典人开始撤退时的凄惨场面、部队垂头丧气（75）尼喀阿斯最后的鼓励（76—77）尼喀阿斯和得摩斯忒涅斯的安抚和部队头3天的撤退情况（78）第4、5天雅典人的进攻和受挫（79）夜里，雅典人掉头朝大海方向进军、打算沿河流撤退到内地与西刻罗人会合（80）叙拉古人追上得摩斯忒涅斯、得摩斯忒涅斯投降（81—82）尼喀阿斯被围、连夜突围的想法落空（83）阿西那洛斯河大屠杀（84）尼喀阿斯投降（85）

最后的结局（86—87）

  得摩斯忒涅斯和尼喀阿斯之死（86）采石场中的俘虏的受

虐、结局、总数以及整个远征的结局（87）

卷 八

西西里惨败的消息传到雅典，雅典的恐慌和应对措施（1）

冬季（2—6）

各方（中立城邦、雅典盟邦和斯巴达）对雅典在西西里惨败的反应（2）

阿癸斯派人到盟邦征收贡款、斯巴达下令各盟邦建造战舰（总数100艘）（3）

雅典人搜罗木料、节省开支、注意盟邦动向（4）

优卑亚人、勒斯玻斯人向阿癸斯求助，打算叛离雅典；喀俄斯人、厄律特赖人和提萨珀耳涅斯的代表到斯巴达求援（5）

帕耳那巴兹多斯派人到斯巴达求援，与提萨珀耳涅斯的人展开竞争；拉刻代蒙人倾向于喀俄斯和提萨珀耳涅斯的建议，与喀俄斯人和厄律特赖人结盟（6）

战争的第20年（前412/411年）（7—60）

夏季（7—28）

拉刻代蒙人出征喀俄斯（7—12）

拉刻代蒙人准备出征喀俄斯（7）决定先去喀俄斯，再去勒斯玻斯，最后去赫勒斯蓬托斯（8）科林斯因地峡竞技会不愿立即出征，出征被耽搁（9）雅典人得知消息，加以阻击（10）伯罗奔尼撒人遭受失败，一时泄气（11）阿尔喀比阿得斯说服斯巴达监察官，以5艘战舰起航，前往喀俄斯（12）

16艘伯罗奔尼撒战舰从西西里返回（13）

喀俄斯人和厄律特赖人叛离雅典（14）雅典人的激烈反应、准备救援喀俄斯（15）

双方在忒俄斯的争夺（16）

阿尔喀比阿得斯和卡尔喀得乌斯促使米利都人叛离了雅典（17）

拉刻代蒙人与波斯国王的第一个盟约（《卡尔喀得乌斯盟约》）（18）

喀俄斯人和雅典人在海上遭遇（19）

阿斯堤俄科斯就任伯罗奔尼撒海军司令、忒俄斯保持中立（20）

萨摩斯平民反对当权者的暴动（21）

喀俄斯人与其盟友出征勒斯玻斯岛，促使墨堤谟娜和密提勒涅叛离雅典（22）

阿斯堤俄科斯抵达喀俄斯、到勒斯玻斯岛零打碎敲、贻误战机；雅典人反击（23）

卡尔喀得乌斯战死、雅典人三次打败喀俄斯人、喀俄斯的内部情况（24）

普律尼科斯等率雅典援军抵达萨摩斯、在米利都与伯罗奔尼撒同盟一方交战、取得胜利（25）忒里墨涅斯率伯罗奔尼撒同盟一方的援军抵达（26）普律尼科斯主张不打海战、从米利都撤走（27）

伯罗奔尼撒人应提萨珀耳涅斯的要求，袭击了伊阿索斯，俘虏了阿摩耳革斯（28）

冬季（29—60）

提萨珀耳涅斯在米利都付给伯罗奔尼撒同盟一方1个月的酬金（29）

在萨摩斯的雅典人兵分两路：进攻喀俄斯和米利都（30）

阿斯堤俄科斯等攻打克拉兹多墨奈受挫（31）

阿斯堤俄科斯与珀达里托斯在进军勒斯玻斯问题上的分歧（32）

阿斯堤俄科斯去米利都以履行海军司令之职、与雅典舰队擦肩而过、抵达厄律特赖（33）

雅典人的战舰与喀俄斯战舰海上偶遇（34）

伯罗奔尼撒人和雅典人在克尼多斯附近的海战（35）

阿斯堤俄科斯抵达米利都开始指挥海军（36）

拉刻代蒙人与波斯国王的第二个盟约（《忒里墨涅斯盟约》）（37）

雅典人进抵喀俄斯，喀俄斯人不应战；阿斯堤俄科斯拒绝喀俄斯人的求援（38）

利卡斯等率战舰抵达考诺斯，要当阿斯堤俄科斯的顾问（39）

喀俄斯人和珀达里托斯继续向阿斯堤俄科斯求援，阿斯堤俄科斯

准备驰援（40）

阿斯堤俄科斯改变计划，驶向考诺斯，迎接利卡斯等人；经过科斯、克尼多斯，与雅典舰队相遇（41）双方在绪墨附近的海战、雅典人战败（42）

利卡斯质疑与波斯国王的两次盟约，惹怒提萨珀耳涅斯（43）

伯罗奔尼撒人驶向罗德岛，促使罗德岛叛离了雅典，取得给养；雅典人晚了一步（44）

插叙：阿尔喀比阿得斯在三方之间玩弄花招、部分雅典人酝酿推翻民众统治（45—54）

  伯罗奔尼撒人对阿尔喀比阿得斯生疑，阿尔喀比阿得斯找提萨珀耳涅斯做靠山、在支付酬金问题上为其出谋划策（45）阿尔喀比阿得斯建议提萨珀耳涅斯让希腊人内斗，提萨珀耳涅斯依计而行（46）阿尔喀比阿得斯的目的是返国，在萨摩斯的雅典人为之心动（47）在萨摩斯的和雅典城的部分雅典人进行推翻民众统治的活动，普律尼科斯表示反对（48）普律尼科斯的建议未被接受（49）普律尼科斯设计阻止阿尔喀比阿得斯返国、被阿斯堤俄科斯泄露，阿尔喀比阿得斯反击（50）普律尼科斯将计就计，没有受到在萨摩斯的雅典军队的怀疑（51）阿尔喀比阿得斯继续向提萨珀耳涅斯献殷勤（52）珀珊德洛斯等回到雅典，说服民众实行少数人统治（53）民众接受，派珀珊德洛斯与阿尔喀比阿得斯和提萨珀耳涅斯谈判（54）

喀俄斯人主动向雅典人发动进攻，失败（55）

珀珊德洛斯等百般迁就，仍无法与提萨珀耳涅斯达成协议，遭阿尔喀比阿得斯耍弄（56）

提萨珀耳涅斯权衡利害，想与拉刻代蒙人修补关系（57）

拉刻代蒙人与波斯国王的第三个盟约（58）

提萨珀耳涅斯准备将腓尼基舰队带来（59）

雅典人失去俄洛波斯，优卑亚图谋叛离雅典（60）

战争的第21年（前411年，未完）（61—109）

 夏季（61—109）

  喀俄斯人与雅典人海战（61）

阿彼多斯和兰普萨科斯叛离雅典、雅典人出征收复兰普萨科斯、到塞斯托斯（62）

"四百人统治"在雅典的建立（63—70）

  在萨摩斯的雅典将领决定建立寡头政体（63）雅典人到塔索斯推翻了其民众统治、塔索斯向往摆脱雅典人（64）雅典的寡头派已经展开行动（65）雅典民众相互猜忌、不敢反抗（66）珀珊德洛斯提议实行"四百人统治"（67）建立寡头统治的几个领头人物：珀珊德洛斯、安提蓬、普律尼科斯和忒剌墨涅斯等（68）"四百人"进入议事厅（69）对城邦施行高压统治（70）

"四百人"与阿癸斯的两次议和（71）

在萨摩斯的雅典士兵哗变（72—77）

  "四百人"派人去萨摩斯安抚军队（72）在萨摩斯的雅典士兵反对寡头统治（73）他们派代表去雅典，遭到"四百人"逮捕（74）在萨摩斯的雅典士兵造反（75）士兵召开公民大会、选出领袖，准备与雅典城邦决裂（76）"四百人"的使节得知消息不敢贸然前往（77）

伯罗奔尼撒同盟一方对阿斯堤俄科斯和提萨珀涅斯的不满（78）

阿斯堤俄科斯打算决战，但双方没能开战（79）

伯罗奔尼撒人决定转向帕耳那巴兹多斯、拜占庭叛离雅典（80）

特剌绪部罗斯将阿尔喀比阿得斯召回萨摩斯，阿尔喀比阿得斯向雅典士兵夸下海口（81）士兵们选阿尔喀比阿得斯当将军、阿尔喀比阿得斯继续玩弄伎俩（82）

伯罗奔尼撒同盟一方的士兵对阿斯堤俄科斯和提萨珀涅斯的憎恨（83）士兵们向阿斯堤俄科斯发难、米利都人对利卡斯的不满（84）

明达洛斯前来取代阿斯堤俄科斯、米利都人和提萨珀耳涅斯的代表等去斯巴达申诉（85）

"四百人"的使节抵达萨摩斯、对士兵们作解释、阿尔喀比阿得斯阻止士兵们攻打雅典本土、阿耳戈斯的使节抵达萨摩斯（86）

提萨珀耳涅斯去阿斯彭多斯及其动机（87）阿尔喀比阿得斯也动身去阿斯彭多斯（88）

"四百人统治"被废黜（89—98）

  "四百人"内部争斗、有人想恢复民众统治（89）"四百人"内部反对恢复民众统治的人一方面与拉刻代蒙讲和，一方面在比雷埃夫斯修筑城垣（90）忒剌墨涅斯质疑寡头派修筑城垣的用意（91）普律尼科斯被刺，比雷埃夫斯港的重甲兵对寡头派将军发难；雅典城和比雷埃夫斯港几乎爆发内战，城垣被拆毁，提出要"五千人统治"（92）"四百人"说服重甲兵，要实行"五千人统治"（93）伯罗奔尼撒舰队驶过阿提卡，引起雅典民众的强烈反应（94）她们去了优卑亚、雅典人海战失败、优卑亚叛离（95）优卑亚叛离给雅典人的空前沉重的打击，伯罗奔尼撒人迟钝的性格挽救了雅典（96）雅典废黜了"四百人统治"，"五千人统治"建立，雅典人振作起来（97）寡头政体头面人物溜走、俄诺厄被玻俄提亚人占据（98）

赫勒斯蓬托斯海战（99—106）

  明达洛斯率舰队赴赫勒斯蓬托斯地区（99）特剌绪罗斯率军试图拦截、他与特剌绪部罗斯想要攻打厄瑞索斯（100）明达洛斯出其不意、日夜兼程赶到赫勒斯蓬托斯（101）在赫勒斯蓬托斯的雅典舰队逃出（102）雅典舰队火速赶到厄莱乌斯，准备海战（103）海战的布阵（104）雅典舰队中军被打败，但右翼取得胜利（105）雅典取得整个海战胜利、信心大增（106）

雅典人收复库兹狄科斯、伯罗奔尼撒人求援（107）

阿尔喀比阿得斯率舰队回萨摩斯、提萨珀耳涅斯向伊俄尼亚进发（108）

提萨珀耳涅斯对伯罗奔尼撒人与帕耳那巴兹多斯的合作感到恼怒，决定前往赫勒斯蓬托斯……（109）

附录三 古希腊的战争

　　战争是人类社会古老而常见的现象。古希腊流传下来的许多作品都以战争为主题。如《荷马史诗》写的是特洛亚战争，希罗多德的《历史》的副标题是"希腊波斯战争史"，修昔底德的名著《伯罗奔尼撒战争史》就更不用说了。《伯罗奔尼撒战争史》写到公元前411年戛然而止，是一部未完成的作品。色诺芬（Xenophon）续写了《希腊志》（Ἑλληνικά, Hellenica），写的是伯罗奔尼撒战争的最后4年，以及之后忒拜与斯巴达的争霸战争等。其《长征记》（Ἀνάβασις, Anabasis）的主题也是行军和作战。然而，我们不能由此就认为，古希腊的战争一定比别的地方多，而且，在其各个历史阶段和各个地区，战争的频率、范围和烈度彼此不一样。

　　古希腊人是如何进行战争的？这些战争与当时社会有什么关联？这篇附录简单谈一谈。

　　第一，陆上作战。

　　荷马笔下的典型作战场面是这样的：两军相遇，一位英雄（ἥρως, hero）走出队伍，与对面的一位英雄"单挑"（ἀνὴρ ἄντ' ἀνδρὸς, "man against man"）[①]。这种个人决斗结束后，大群人冲上去混战。在战斗过程中，双方相互砍杀、投掷标枪和石头、射箭等。混战结束，一方败北，另一方乘战车追击。

　　到了公元前8世纪，一种新的作战方式开始出现了，那就是方阵作战，大概起源于斯巴达。荷马时代是士兵排成数行，现在是排成密集的方阵（φάλαγξ, phalanx）。其士兵叫做"重甲兵"（ὁπλίτης, hoplites）。这个名称来自他们使用的一种武器——大盾（ὅπλον, hoplon），能遮住从肩

---

① 《伊利亚特》（20. 355）。

膀到膝盖的身体，重约 9 公斤。加上头盔、胸甲、胫甲、长矛、短剑等，全身披挂重约二三十斤。头盔戴上后，视野极为狭窄，这些都不利于快速运动。

战前要献祭，以求吉兆，若无吉兆便撤出战场。希腊人一般每战必祭。一般有两种：一种是在军营或者行军途中从容为之，方法是屠宰牺牲、焚烧，然后检查牺牲内脏；另一种是在战斗马上要发生之前，割断牺牲的咽喉，由占卜者观看诸如牺牲的血如何喷射或者如何倒地等征象。

方阵一般纵深 8 排，也有深达 25 排的。排好方阵，双方相向而行，应着笛声或者歌曲的节奏前进，以保持整齐的队形。靠近后，小跑上前，砰地一声撞在一起（原地不动要吃亏）。然后推挤对方（后排士兵用盾牌推前排士兵的后背），直到一方抵挡不住，转身逃跑，这时就是战死最多的时候。平均阵亡率胜者为 5%，败者为 14%。另外，战败方的指挥官身处承受敌方冲击的前排，他与这一排的士兵往往必死无疑。胜利的一方控制战场，收集己方尸首，剥去对方死者甲胄。在敌人转身逃跑的地方竖立"战胜纪念柱"（τρόπαιον，trophy）。这个希腊词源自动词 τρέπω（turn，"转身"）。汉语"败北"也是这个意思，"北"即"背"，即转身逃跑。不久，战败者前来订立休战协议，请求收尸。战胜方一般不会为难对方。当时的传统观念认为，尸体不安葬，满身血污，很可怕，没办法在冥府生活。

方阵士兵左侧有盾牌保护，右侧薄弱，故每个人都不自觉向右侧战友靠近，整个方阵便有向右"漂移"的现象。排阵时，尽量比对方两翼宽或者与对方等宽。骑兵用来保护侧翼。轻装兵、弓箭手、投掷兵除了在交战前向对方投掷、射箭等，还有其他用途，但都是辅助兵种。

方阵在实际作战中不断得到改进，以克服其不够灵活机动、不适应崎岖地形等弱点。忒拜将领厄帕墨农达斯（Ἐπαμεινώνδας，Epaminondas）和马其顿的腓力（Φίλιππος，Philip）二世都为此做出了贡献。

在作战中，如果一方躲进城里，坚守不出，围城战就开始了。在冷兵器的时代，攻取城市和要塞非常困难，即使一座小要塞，也往往令攻击者束手无策，唯一的办法就是长时间围困。围城首先建立木栅栏，然后挖壕沟、筑墙等。完成这些后，围城的军队大部分撤走，留下少部分，等待城里给养告罄。用攻城机械（攻城槌等）和火攻等，效果都不佳。

如果一方坚守不出，一时又难以攻克，进攻者除了围城，还能干什么呢？那就是踩躏土地，迫使对方出来决战。主要手段有砍葡萄藤、油橄榄树，割庄稼或放火烧庄稼，拆房子，宰杀牲畜（后面两条敌人往往有所防备）。虽然这些真做起来不一定那么容易，也不一定完全有效，但会让敌人怒火中烧。

第二，海上作战。

古希腊人环绕海洋居住，处在一个海洋的生活环境。爱琴海地区夏季特别适宜于航海。传统的海战方式是"海上陆战"，即重甲兵、弓箭手和投掷兵站在甲板上，等双方船只靠近时开战。这种战术有利于船舰少的一方在狭窄的空间作战，因为大船太多使不上劲，反而转动不灵，被动挨打。例如，波斯海军在萨拉弥斯湾吃了大亏。

等到所谓三层桨战舰用于战争后，作战形式发生了很大变化。"三层桨战舰"希腊文是 τριήρης（trireme），含前缀 τρι-（"三"）和 ἐρέσσω（"划桨前进"），意思是有上、中、下三层桨（不是三个人每人一支桨）的船，速度较快（不增加船的长度却增强了动力），是一种轻型战舰。这种战舰有船帆，航行时用，作战时收起。三层桨战舰是长条形的，而商船是圆形的。战舰所有的空间用于载桨手和士兵，不可能携带很多的食物和淡水，又没有足够的地方供船员睡觉，所以不能离开海岸太远，晚上要上岸睡觉。商船可以不靠岸航行很长时间。

海上强国雅典拥有大量这种战舰，又拥有丰富的航海经验，于是发展出了新的作战方式——拦腰撞击敌舰，迫使其失去战斗力。但敌舰不会等着挨撞，因此这种战术需要快速划船、高超的驾驶技术和开阔的水面。

第三，古希腊的战争与社会。

战争是一种暴力行为。当人类的纠纷用和平方式不能解决时，往往诉诸暴力。古希腊城邦林立，最多的纠纷往往是边界纠纷，还有以掠夺财富、捍卫尊严或争霸等为目的的战争，当然也有反抗侵略的正义战争。古希腊的战争连绵不绝，到了古典时期，打败波斯人之后约50年，全希腊范围的战争——伯罗奔尼撒战争——爆发了。双方各自带着盟友相互开战，打了27年，实际上两败俱伤。

古希腊的战争与当时社会的政治经济有密切关联。在古希腊，手工业和商业虽然在某些城邦有相当程度的发展，但整体上仍是农业社会，社会财富主要来自农业。夏秋时节，麦子黄熟，敌人也来了，既可以抢夺收成，又可以迫使对方决一胜负。

荷马时代的英雄是贵族，作战形式也是逞个人英雄。后来，自耕农（小农）慢慢开始占多数。他们相当于梭伦改革规定的第三等级"牛轭级"，即一副牛轭下驾着两头耕牛的人（古希腊土地肥土层薄，一头牛耕不了地）。他们有能力自备"重甲兵"的那套装备和给养。一般来说，奴隶（包括斯巴达的希洛特）可以做辅助人员，他们不参战。小农农活繁重，没有很多时间操练。而方阵作战，只要稍加操练，便可以发挥集体力量。方阵作战的流行，提高了小农在城邦事务中的话语权，他们也就成了维护民主政治的主力。骑兵往往由所谓"骑士级"及以上阶层担任（需自备战马、武装和给养）。只有富裕人家才养得起马，因为马食量大，还要吃点粮食，在农业生产中作用又远不及耕牛。因此，贵族的势力在民主政治中相对有所下降。

雅典在希波战争时有大约 200 艘三层桨战舰，后来发展到 300 多艘。每艘战舰需要大约 170 名桨手，因此桨手群体越来越大。桨手不需要任何武器装备，因此"雇工级"也可以担任。所谓"雇工级"指没有两头耕牛，只能给别人打工的人。经过克里斯提尼的改革，雅典民主政治显得越来越激进，与这些下层民众的参与有着极大的关系。同时，他们欢迎雅典建立霸权，因为只要有海上军事行动，他们就可以拿到城邦给予的服役酬劳（没有酬劳他们就会饿肚子，其他阶层服兵役没有酬劳），还有其他好处。

附录四　古典希腊文译名问题刍议

古希腊经典著作是全人类的精神遗产，中国学者在研究过程中经常遇到一个问题，那就是专有名词的音译。由于专有名词数量庞大，而不同时期研究者甚众，故足以引起相当大的混乱。对于西方学者而言，由于处在同一个语系——印欧语系——之中，问题似乎要小得多，他们只需要转写（transliteration）就行了。比如，修昔底德名字的希腊文是"Θουκυδίδης"，转写成"Thucydides"。即使如此，他们还是经常抱怨没有章法，难以统一。如上述名字，又有人转写为"Thukydides"。为此，他们往往在自己的著作之后附上专有名词原文与转写的对照表。对于中国学者而言，由于汉字不是拼音文字，这个问题就严重了。也就是说，我们要翻译，必须弄清其读音。同样一个"Ἀχιλλεύς"，由于译者的发音不同，译成了"阿溪里""阿戏留""阿喀琉斯""阿基琉斯""阿基里斯"等，足以误导读者。有些译名已经约定俗成，深入人心。如"苏格拉底""柏拉图""亚里士多德""希腊""雅典""提洛同盟""荷马""希罗多德""修昔底德""色诺芬""宙斯""雅典娜"等。这些译名虽然都不符合它们实际的发音，但已经以讹传讹、将错就错了。至于那些不那么出名的人物、地方和事物，混乱的状况就可以想见了。一个治本的方法是拟定一个"古希腊语译音表"，学者接受之后，依此表而行。即使不能完全消除混乱，也可以起到很大的作用。著名学者罗念生先生就拟定了这样一个表，附在他编写的《古希腊语汉语词典》正文后面[①]，已有相当大的影响。可是，译名混乱的情况似乎没有太大好转。原因很多，首先，无论是过去还是现在，国际古典学界对古希腊语的发音意见不一（下文再说）；其次，可能

[①] 参见罗念生、水建馥编《古希腊语汉语词典》，商务印书馆2004年版，第1077—1078页。

是大家重视不够；最后，可能是这个表本身还有些地方值得商榷。

罗先生的表叫"罗氏希腊拉丁文译音表"。他把希腊文、拉丁文的译音放在一张表格里，这样可以一举解决两种语言的译音问题，这是其优点。但是，表格列举的古希腊语和拉丁语那些共同发音在古音中是否就一致呢？而这是否妨碍了他对古希腊语某些音的认识？译者不懂拉丁语，不敢妄论。但就古希腊语的发音而言，确实有一些疑问。要予以说明，必须从古希腊语的发音谈起。

首先要指出的是，希腊语（无论古希腊语还是现代希腊语）的发音是相当规则的，单词基本上按字母发音，因此词典上不注读音。古希腊语自古就方言众多，其发音因时因地而异，所以，一般的研究者都以公元前5世纪的阿提卡方言为对象，以此作为古典希腊语发音的标准。这个时期也是希腊文化的繁盛期，古希腊传世的哲学、史学、戏剧等文献大体出现在前500—前300年，包括修昔底德的著作。公元前3世纪，在亚历山大征服之后，东部地中海的新兴城市以希腊语作为官方语言，比如，在亚历山大里亚，犹太人说希腊语，他们将《旧约》翻译成了希腊语。这是一种通行于东部地中海的"通用语"（Η Ελληνιστικὴ Κοινή或ἡ κοινὴ διάλεκτος），其他希腊语方言逐渐消失。它与古典希腊语在发音上已经有了一些差别。罗马人统治希腊时期，"通用语"与拉丁语并行，仍然很时兴。波里比乌（Πολύβιος，约前203—前120年）、普鲁塔克（Πλούταρχος，约46—120年）和阿里安（Ἀρριανός，86—160年）等都用它来写作。罗马帝国分裂之后，在东罗马帝国，希腊语在生活中占主导地位。到公元1000年，当时的口语已经非常接近现代希腊语了[1]。

西罗马帝国通行的是拉丁语，帝国灭亡之后，蛮族建立的国家说自己的语言，懂得希腊文的人只限于极少数的学者。1360年，彼得拉克说意大利人中懂得希腊文只有八九位[2]。1453年东罗马帝国灭亡之后，大量的学者从拜占庭到了意大利。他们传授希腊语用的是现代希腊语的发音。至于古典时期的希腊语发音已经不为人们所知了。

---

[1] Wendy Moleas, *The Development of the Greek Language*, Second Edition, Bristol: Bristol Classical Press, 2004, p. 34.

[2] W. S. Allen, *Vox Graeca: A Guide to the Pronunciation of Classical Greek*, Third Edition, Cambridge: Cambridge University Press, 1987, p. 140.

文艺复兴时期的学者开始怀疑拜占庭学者传授的发音，他们想一探古希腊语发音的究竟，即"构拟（reconstruct）古音"。这项工作最早是从1486年开始的①，到了16世纪，伊拉斯谟（Erasmus，1466/1469—1536年）对古希腊语的发音的构拟贡献最大。不过，他的研究停留在纸面上，他自己并没有实际采用这种发音②。就在这个世纪，英国学者开始将他的发音运用于实际，即用这种发音去朗读古希腊语经典，后来就传到欧洲大陆，称为"伊拉斯谟式的发音"。原来的拜占庭学者式的发音被称为"Reuchlin发音"，因为学者Johannes Reuchlin（1455—1521年）将他在意大利学到的希腊语发音带到了德国，对于德国古典研究有开创之功。到了19世纪，在英国，古希腊语的发音大体是遵循古音。

构拟古音是一个不断深入的过程，自然是后胜于前。20世纪的学者可以运用多种手段，包括传统的文献研究，还有比较语言学研究和铭文研究等手段，可以说，已经做到很精确了。其中，英国学者艾伦（W. Sidney Allen，1918—2004）的专著《希腊语语音》最为权威。

说实在话，一般的西方学者对于古希腊语的发音并不重视。因为发音的差异不影响希腊语专有名词的转写，而且，古希腊语是一种"死语言"，只要能阅读就行，所以，他们往往按照自己母语的发音习惯来读古希腊语。至于现在的希腊人，他们更是直接用现代希腊语的发音。即使如此，还是有一股潮流，即用构拟的古音来读古希腊的经典③。英国古典学教师联合会编纂了一套著名的古希腊语教材 Reading Greek④，采用了艾伦教授的发音。这套教材初版于1978年，到1993年已经重印14次之多，2007年出第2版，2008年、2010年又重印、修改，影响相当大。我国一些高校均引进使用。笔者以为，采用艾伦教授构拟的古音，既借用了西方最新的研究成果，又具备现成的条件。

现在我们回到罗先生的译音表上。首先要弄清的是，这个表根据的是不是古音？从 θ 和 χ 来看，前者没有发英语中的 [θ]，译成了"特"；后

---

① W. S. Allen, *Vox Graeca: A Guide to the Pronunciation of Classical Greek*, Third Edition, Cambridge: Cambridge University Press, 1987, p. 141.

② W. S. Allen, *Vox Graeca: A Guide to the Pronunciation of Classical Greek*, p. 143.

③ W. S. Allen, *Vox Graeca: A Guide to the Pronunciation of Classical Greek*, p. xii.

④ The Joint Association of Classical Teachers' Greek Course, *Reading Greek*, Cambridge: Cambridge University Press, Reprinted 1993.

者发成"克",没有发成类似英语的[ks],这些都是古音。但是,有几个音却不是。笔者根据艾伦教授的成果,主张重译以下几个音:

第一,ευ(ηυ)。罗先生译成"欧"(注音为[ju:])。实际上它一个不折不扣的双元音,先发[e]然后滑向[u],但不能滑向[ü]①。同理,αυ中的υ也发此音,即[au]。ευ在现代希腊语中发[ef]或[ev];在拉丁语中发成"短[e]+短[u]"。因此,发成[ju:],完全是英语的习惯发音。*Reading Greek*建议两个元音(ευ)分开发音②,可能正是担心操英语的学生按照英语的习惯发音。建议译成"厄乌"。

第二,ζ。罗先生译成"兹"。伊拉斯谟将它发成[sd]。其实,它发[zd],证据确凿③。建议译成"兹德"。

第三,φ。罗先生译成"佛"。其实,它是一个送气的爆破音(与θ、χ同),不是一个摩擦音。艾伦证明了在公元前5世纪的阿提卡方言中,它没有变成摩擦音[f]④。建议译成"普",即与π同音。

第四,υν。罗先生把它等同于ιν,不太妥当,译者主张译成"宇恩"。既然这样,υμ应译成"宇谟"。

第五,两个辅音字母双写,如ττ、λλ等。一般仅发一个辅音,但长一些,故在译音上没有区别。但是,γγ的发音相当于[ŋg],故应与其他辅音双写字母有别。译者主张在其后加"格",即ιγγ不译成"印",而译成"印格"。余类推。另外,γχ如此类似,故"Κεγχρειά"(地名)译为"肯克瑞亚",不译为"刻格克瑞亚"。

还有两个小问题。首先,罗先生在该表下的附注中说:ξ发[ks],在字首k不译。笔者认为还是译出较好。实际上,罗先生自己将"Ξάν-θος"译成"克珊托斯",而没有译成"珊托斯"⑤。其次,古希腊语以ρ开头的单词(包括专有名词)都发送气音,罗先生似乎没有注意到,如

---

① W. S. Allen, *Vox Graeca*: *A Guide to the Pronunciation of Classical Greek*, Third Edition, Cambridge: Cambridge University Press, 1987, p. 80.
② The Joint Association of Classical Teachers' Greek Course, *Reading Greek*, *Grammar, Vocabulary and Exercises*, p. 2.
③ W. S. Allen, *Vox Graeca*: *A Guide to the Pronunciation of Classical Greek*, Third Edition, Cambridge: Cambridge University Press, 1987, p. 56.
④ W. S. Allen, *Vox Graeca*: *A Guide to the Pronunciation of Classical Greek*, p. 22.
⑤ 参见罗念生、水建馥编《古希腊语汉语词典》,商务印书馆2004年版,第1091页。

"Ῥέα"（宙斯的母亲），罗先生译成"瑞娅"①，应该译成"赫瑞亚"。本书坚持译出送气音，如"Ῥήγιον"（地名），拉丁语转写作"Rhegium"，我们译为"赫瑞癸翁"。但是，"Ῥαμφίας"（人名），英语转写作"Ramphias"，我们仍然译为"赫然庇阿斯"。而"Ῥόδος"，英译转写作"Rhodes"，即地中海中的罗德岛，已经约定俗成，就没有译作"赫洛多斯"。

罗先生的表对很多音的处理很简洁，这是其优点之一。我们知道，古希腊语的发音很多是汉语所没有的，故近似的音可以用一个汉字来译，以收以简驭繁之效。如 α，ᾳ译成一个音"阿"；ε，ει，η，ῃ译成一个音"厄"；o，oι，ω，ῳ译成一个音"俄"②；ειν，ην译成了"恩"；ον，ων译成了"翁"。τ与θ译成了"特"，κ与χ译成了"克"。因为汉语对不送气、送气；声带振动、不振动没有区分。又，εμ = εν，ιμ = ιν，oμ = oν，αμ = αν，ημ = ην，ωμ = ων。这些都是我们需要保留的。

最后要说的，在译名问题上，没有绝对的对错。罗先生所拟定的表有自己的考虑，以上系译者愚见，请学术界批评。罗先生译作众多，名满天下，译者借用他拟定的译音表，稍作修改，附在本文之后。

就修昔底德的著作而言，一些已经约定俗成的译名无法再改，除了前提到的"修昔底德"和"雅典娜"等之外，"科林斯""科西拉""提洛岛""伯里克利"等也不好再改。其他译名均依此表，为了方便阅读，绝大部分专有名词在第一次出现时，加脚注列举其古希腊语主格形式，配以英文，有些再注明读音或者习惯译名。本书的附录四有"专有名词译名和索引"，以供翻检。

---

① 参见荷马《伊利亚特》，罗念生、王焕生译，人民文学出版社1994年版，第685页。
② 值得注意的是，α，η，ω的下写ι都是发音的，按道理应该分别与α，η，ω有别，但是含这类字母的专有名词极少，归为一类也是可以接受的。

附表：古典希腊文译音表

辅音\元音		α, α	ε, ει, η, η̨	ι	o, οι, ω, ω̨	υ, υι	αι, α̨	αυ	ευ, ηυ	ου	αν	αγγ	εν, ευ, ην	εγγ, ευγ, ηγγ	ν	νν	ιγγ	νγγ	ον, ων	ογγ, ωγγ
		阿	厄	伊	俄	宇	埃	奥	厄乌	乌	安	安格	恩	恩格	印	宁恩	印格	宁恩格	翁	翁格
β	布	巴	柏	比	玻	彼	拜	包	柏乌	部	班	班格	本	本格	宾	彼恩	秉格	彼恩格	朋	朋格
γ	格	伽	革	癸	戈	古	该	高	革乌	顾	干	干格	根	根格	艮	古恩	艮格	古恩格	工	工格
δ	德	达	得	狄	多	底	代	道	得乌	杜	丹	丹格	顿	顿格	丁	底恩	丁格	底恩格	冬	冬格
ζ	兹德	兹达	兹得	兹狄	兹多	兹底	兹代	兹道	兹得乌	兹杜	兹丹	兹丹格	兹顿	兹顿格	兹丁	兹底恩	兹丁格	兹底恩格	兹冬	兹冬格
τ, θ	特	塔	忒	提	托	堤	泰	陶	忒乌	图	坦	坦格	屯	屯格	廷	堤恩	廷格	堤恩格	同	同格
κ, χ	克	卡	刻	癸	科	库	开	考	刻乌	枯	坎	坎格	肯	肯格	铿	库恩	铿格	库恩格	孔	孔格
λ	尔	拉	勒	利	罗	吕	莱	劳	勒乌	路	兰	兰格	楞	楞格	林	吕恩	林格	吕恩格	隆	隆格
μ	谟	马	墨	弥	摩	密	迈	毛	墨乌	穆	曼	曼格	门	门格	明	密恩	明格	密恩格	蒙	蒙格
ν	恩	那	涅	尼	诺	倪	奈	瑙	涅乌	努	南	南格	嫩	嫩格	宁	倪恩	宁格	倪恩格	衣	衣格
ξ	克斯	克萨	克塞	克西	克索	克绪	克赛	克瑙	克塞乌	克苏	克珊	克珊格	克森	克森格	克辛	克绪恩	克辛格	克绪恩格	克松	克松格
π, φ	普	帕	珀	庇	波	皮	派	泡	珀乌	浦	潘	潘格	彭	彭格	品	皮恩	品格	皮恩格	蓬	蓬格
ρ	耳	剌	瑞	里	洛	律	赖	饶	瑞乌	儒	然	然格	壬	壬格	任	律恩	任格	律恩格	戎	戎格
σ, ς	斯	萨	塞	西	索	绪	赛	骚	塞乌	苏	珊	珊格	森	森格	辛	绪恩	辛格	绪恩格	宋	宋格
ψ	普斯	普萨	普塞	普西	普索	普绪	普赛	普骚	普塞乌	普苏	普珊	普珊格	普森	普森格	普辛	普绪恩	普辛格	普绪恩格	普松	普松格
气息音 h	赫	哈	赫	希	荷	许	海	浩	赫乌	胡	罕	罕格	亨	亨格	恒	许恩	恒格	许恩格	弘	弘格

注：α 阴性尾音作"亚"。μα 阴性尾缀音作"玛"。ρα 阴性尾缀音作"拉"。να 阴性尾缀音作"娜"。

ημ = ην，ωμ = ων，εμ = εν，ιμ = ιν，ομ = ον，αμ = αν。
ηυ = ην，ωυ = ων。

附录五　专有名词译名和索引

阿布得拉　Ἄβδηρα　Abdera　**2**. 97. 1

阿布得拉人　Ἀβδηρίτης① Abderite　**2**. 29. 1

哈布洛尼科斯　Ἁβρώνιχος　Habronichus　**1**. 91. 3

阿彼多斯　Ἄβυδος　Abydos　**8**. 61. 1; 62. 1, 2, 3; 79. 3; 102. 2; 103. 1; 104. 1, 2; 106. 1; 107. 2; 108. 4

阿伽塔耳喀达斯，科林斯人　Ἀγαθαρχίδας Κορίνθιος　Agatharchidas, a Corinthian　**2**. 83. 4

阿伽塔耳科斯，叙拉古人　Ἀγάθαρχος Συρακόσιος　Agatharchus, a Syracusan　**7**. 25. 1; 70. 1

阿伽门农　Ἀγαμέμνων　Agamemnon　**1**. 9. 1, 3

阿革珊德里达斯，斯巴达人　Ἀγησανδρίδας Σπαρτιάτης　Agesandridas, a Spartiate　**8**. 91. 2; 94. 1, 2; 95. 3

阿革珊德洛斯，斯巴达人　Ἀγήσανδρος Σπαρτιάτης　Agesander, a Spartiate　**1**. 139. 3　**8**. 91. 2

哈革西庇达斯，拉刻代蒙人　Ἀγησιππίδας② Λακεδαιμόνιος　Hagesippidas, a Lacedaemonian　**5**. 52. 1; 56. 1

阿癸斯，拉刻代蒙人的国王　Ἄγις Λακεδαιμονίων βασιλεύς　Agis, a Lacedaemonian king　**3**. 89. 1　**4**. 2. 1; 6. 1　**5**. <19. 2>; 24. 1; 54. 1; 57. 1; 58. 2, 4; 59. 5; 60. 1, 2, 4; 63. 1; 65. 2; 66. 2; 71. 1, 3; 72. 4; 73. 2; 83. 1　**7**. 19. 1; 27. 4　**8**. 3. 1; 5. 1, 2, 3, 4; 7; 8. 2; 9. 1; 11. 2; 12. 2; 45. 1; 70. 2; 71. 3

哈格农，雅典人　Ἅγνων Ἀθηναῖος　Hagnon, an Athenian　**1**. 117. 2

---

① 此词原文无，据阿尔伯蒂的校勘本补。
② 见正文（5. 52. 1）译注。

2. 58. 1, 2, 3; 95. 3　**4.** 102. 3　**5.** 11. 1; 19. 2; 24. 1　**6.** 31. 2　**8.** 68. 4; 89. 2　崇拜哈格农的建筑　Ἁγνώνεια οἰκοδομήματα　Hagnonic erections　**5.** 11. 1

阿格赖亚人　Ἀγραῖοι　Agraeans　**2.** 102. 2　**3.** 106. 2; 111. 4; 113. 1; 114. 2　**4.** 77. 2; 101. 3　阿格赖亚领土　Ἀγραῖς　Agraïs (territory of Agraea)　**3.** 111. 4　阿格赖亚的　Ἀγραϊκόν　Agraean　**3.** 106. 3

阿格里阿涅斯人　Ἀγριᾶνες *　Agrianes　**2.** 96. 3

阿得曼托斯，科林斯人　Ἀδείμαντος Κορίνθιος　Adeimantus, a Corinthian　**1.** 60. 2

阿德墨托斯，摩罗索人的国王　Ἄδμητος Μολοσσῶν βασιλεύς　Admetus, a Molossian king　**1.** 136. 2, 4

雅典娜　Ἀθηνᾶ　Athena　**4.** 116. 2　**5.** 10. 2; 23. 5　铜庙里的雅典娜　Ἀ. Χαλκίοικος　Athena of the Brazen House　**1.** 128. 2; 134. 1, 4

雅典娜戈剌斯，库兹狄科斯人　Ἀθηναγόρας Κυζικηνός　Athenagoras, a Cyzicene　**8.** 6. 1

雅典娜戈剌斯，叙拉古人　Ἀθηναγόρας Συρακόσιος　Athenagoras, a Syracusan　**6.** 35. 2; 41. 1

雅典　Ἀθῆναι　Athens　**1.** 31. 3; 36. 1; 44. 1; 51. 1, 4; 52. 2; 58. 1; 110. 4; 116. 2; 117. 2; 137. 3　**2.** 6. 1; 8. 1; 12. 1; 29. 3, 5; 30. 2; 54. 5; 58. 3; 67. 3; 78. 3; 79. 7; 85. 4; 93. 2; 94. 1; 103. 1　**3.** 3. 5; 4. 4; 5. 1; 15. 1; 20. 1; 21. 1; 24. 1, 2; 28. 1; 33. 1; 35. 1; 69. 2; 71. 2; 75. 3; 86. 3; 87. 4; 98. 5　**4.** 5. 1; 15. 2; 16. 2, 3; 21. 3; 22. 3; 23. 2; 27. 1; 46. 3; 57. 3; 69. 2; 104. 4; 109. 4; 118. 6; 122. 4　**5.** 3. 4; 5. 3; 18. 7, 10; 19. 1; 23. 4, 5; 25. 1; 32. 5, 6; 43. 1; 47. 3, 9, 10; 82. 6; 116. 3　**6.** 33. 6; 44. 4; 46. 4; 53. 1; 61. 6; 71. 2; 74. 2; 93. 1; 94. 4; 95. 2　**7.** 8. 1; 10; 27. 1; 42. 1; 64. 2　**8.** 1. 1; 7; 11. 1; 15. 1; 17. 3; 19. 2; 23. 1; 25. 1; 49; 53. 1; 63. 1; 65. 1; 74. 1, 3; 86. 9; 89. 1; 98. 4; 106. 4　雅典人　Ἀθηναῖοι　Athenians　**1.** 1. 1; 2. 6; 6. 3; 8. 1; 10. 2; 12. 4; 14. 3; 18. 1, 2, 3; 19; 20. 2; 23. 4, 6; 31. 2; 32. 1; 44. 1; 45. 1; 48. 4; 49. 4, 7; 50. 5; 52. 2; 53. 1, 2, 3; 54. 1, 2; 55. 2; 56. 1, 2; 57. 1, 3, 6; 58. 1, 2; 59. 1; 61. 1; 62. 1, 2, 3, 4, 6; 63. 2, 3; 64. 1, 2; 65. 1; 66; 67. 1, 2, 3, 4; 68. 2; 69. 3, 5; 70. 1; 71. 3; 72. 1, 2; 79. 1, 2; 81. 6; 82. 1; 85. 2; 86. 1, 3, 5; 87. 2, 4, 5; 88; 89. 1, 2, 3; 90. 2, 3; 91. 3, 4; 92; 93. 1, 3, 7, 8; 94. 1; 95. 1, 2, 4, 7; 96. 1, 2; 97. 2; 99. 1, 2, 3; 100. 1, 2; 101. 2, 3; 102. 1, 3, 4; 103. 3, 4; 104. 1; 105. 1, 2, 3, 4, 6; 106. 2; 107. 1, 3, 4, 5, 7; 108. 2, 4, 5; 109. 1, 2; 110. 4; 111. 1, 2; 112. 1, 2, 5; 113. 1, 2, 3; 114. 1, 3; 115. 1, 2, 3, 5; 116. 1; 118. 2, 3; 119; 120. 2; 121. 1, 3; 122. 2; 126. 1, 2, 3, 4, 6, 7, 8, 11, 12; 127. 1, 3; 128. 1; 130. 2; 131. 1; 135. 1, 2; 136. 1, 4; 137. 1, 2; 138. 6; 139. 1, 2, 3, 4; 140. 1; 145　**2.** 1; 2. 1; 3. 2; 6. 2, 3, 4; 7. 1, 2, 3; 8. 5; 9. 4; 11. 2, 8; 12. 1, 4; 13. 1, 9; 14. 1; 15. 1, 2, 4, 6; 16. 1; 18. 2, 3, 4, 5; 19. 1, 2; 20. 2, 4; 21. 1, 3; 22. 2, 3; 23. 1, 2, 3; 24. 1; 25. 1, 2, 3, 5; 26. 1; 27. 1, 2;

— 595 —

伯罗奔尼撒战争史

29. 1, 4, 5, 6, 7; 30. 1; 31. 1, 2, 3; 32; 34. 1; 47. 3; 48. 2; 54. 1; 55. 1, 2; 56. 2, 3; 57. 1; 58. 2; 59. 1; 65. 1; 66. 1; 67. 1, 2, 4; 68. 7, 8; 69. 1, 2; 70. 1, 4; 72. 1, 2; 73. 1, 2, 3; 74. 1; 78. 3; 79. 1, 2, 3, 5, 6, 7; 80. 1, 7; 83. 1, 3; 84. 1, 3, 4; 85. 2; 86. 1, 3, 4, 6; 88. 2, 3; 89. 10; 90. 1, 2, 4, 5; 91. 1, 2; 92. 2, 4, 6, 7; 93. 1; 94. 2, 4; 95. 2, 3; 101. 1, 4; 102. 1; 103. 1　**3**. 1. 2; 2. 1, 3; 3. 1, 4; 4. 1, 3, 5; 5. 1, 2; 6. 1, 2; 7. 1, 5; 9. 2; 10. 2, 3, 6; 13. 1, 3, 7; 16. 1, 2, 3; 18. 3; 19. 1; 20. 1; 25. 2; 26. 1, 3; 27. 1, 2, 3; 28. 1, 2; 29. 1; 31. 1; 32. 2, 3; 33. 2; 34. 4; 36. 1, 5; 49. 1; 50. 1, 3; 51. 1, 2; 52. 2; 55. 1, 3; 56. 6; 61. 2; 62. 2, 5; 63. 2, 3; 64. 1, 2, 4; 68. 2, 5; 69. 1, 2; 70. 1, 2, 3, 6; 71. 1; 72. 1; 75. 1; 77. 1, 3; 78. 1, 2; 80. 2; 82. 1; 85. 1; 86. 1, 3, 4; 87. 1, 2; 88. 1, 4; 89. 3; 90. 1, 2, 3, 4; 91. 1, 4; 92. 2, 4; 93. 1; 94. 1, 2, 3; 95. 1, 2, 3; 97. 3; 98. 3, 4, 5; 99; 100. 1; 101. 1; 102. 2, 3; 103. 1, 2, 3; 104. 1, 2, 6; 105. 3; 107. 1, 4; 113. 6; 114. 1, 2, 3; 115. 1, 2, 3, 4　**4**. 1. 2; 2. 2; 5. 2; 7; 8. 3, 5, 6, 8; 10. 5; 11. 1, 3; 12. 1, 2, 3; 13. 2; 14. 1, 3; 15. 2; 16. 1, 2; 17. 1; 18. 5; 21. 1, 3; 22. 3; 23. 1, 2; 24. 3, 4; 25. 1, 2, 4, 5, 7, 10, 11, 12; 26. 1, 2; 27. 3, 4; 28. 1, 3, 5; 29. 1; 30. 3; 32. 1; 33. 1; 35. 3; 36. 3; 37. 1, 2; 38. 3, 4, 5; 39. 3; 40. 2; 41. 1, 3; 42. 1, 3, 4; 43. 2, 3, 4, 5; 44. 1, 3, 5, 6; 45. 1; 46. 1, 2, 4, 5; 47. 2; 48. 1, 6; 49; 50. 1, 2, 3; 51; 52. 3; 53. 1; 54. 1, 2, 3, 4; 55. 1, 2; 56. 1, 2; 57. 1, 3, 4; 60. 1; 61. 2, 5, 7; 62. 1; 63. 1; 64. 5; 65. 2, 3; 66. 1, 3; 67. 1, 3, 4, 5; 68. 1, 3, 4, 5; 69. 1, 3, 4; 70. 2; 71. 1, 2; 72. 2, 3, 4; 73. 1, 3, 4; 74. 2, 3; 75. 1; 76. 1, 2, 4, 5; 77. 2; 78. 2, 4; 79. 2; 80. 1; 81. 2; 82; 85. 1, 2, 6, 7; 86. 1, 5; 87. 3; 88. 1; 89. 1; 90. 1; 91; 92. 1, 3, 5; 93. 1; 94. 1, 2; 95. 1; 96. 1, 3, 4, 5, 6; 97. 2, 3; 98. 1; 99; 101. 1, 2, 3; 102. 1, 2, 3; 103. 4; 105. 2; 106. 1, 2; 108. 1, 3, 4, 5, 6; 109. 1; 110. 1, 2; 113. 2; 114. 1, 2, 4; 115. 1, 3; 116. 2; 117. 1; 118. 4, 11, 14; 119. 1, 2; 120. 1, 3; 121. 2; 122. 1, 4, 6; 123. 1, 3, 4; 124. 4; 128. 5; 129. 1, 2, 4, 5; 130. 1, 5, 6; 131. 2; 132. 1, 2; 133. 1, 4; 134. 1　**5**. 1; 2. 1; 3. 1, 2, 4, 5; 4. 1, 2, 5; 5. 1, 2, 3; 8. 1, 2, 4; 9. 9; 10. 5, 6, 7, 8, 9, 10; 11. 1, 2; 13. 1; 14. 1, 3, 4; 15. 2; 16. 1; 17. 2; 18. 1, 3, 4, 5, 7, 8, 9, 11; 19. 2; 21. 1; 22. 2, 3; 23. 1, 2, 3, 4, 6; 24. 1, 2; 25. 1, 2; 26. 1; 27. 2; 28. 1; 29. 1, 2, 3; 30. 1, 2, 3; 32. 1, 5, 6, 7; 35. 1, 2, 3, 4, 5, 6, 7; 36. 1, 2; 39. 1, 2, 3; 40. 2, 3; 42. 1, 2; 43. 1, 3; 44. 1, 2, 3; 45. 2, 4; 46. 5; 47. 1, 2, 3, 4, 5, 8, 10, 11; 48. 1; 50. 3; 52. 1, 2; 53; 55. 1, 4; 56. 1, 2, 3; 59. 3; 61. 2; 62. 1; 67. 2; 69. 1; 71. 2; 72. 4; 73. 1, 3; 74. 3; 75. 5, 6; 77. 2; 78; 80. 1, 2, 3; 82. 1, 5; 83. 4; 84. 1, 2, 3; 111. 1; 112. 1, 2; 113; 114. 1, 2; 115. 2, 3, 4; 116. 2, 3　**6**. 1. 1; 6. 1, 2, 3; 7. 1, 2, 3, 4; 8. 1, 2, 4; 11. 5; 13. 2; 14; 15. 1, 3, 5; 16. 1; 19. 1; 20. 1; 24. 1; 25. 1, 2; 26. 1; 27. 1; 30. 1; 31. 2; 32. 3; 33. 2, 6; 34. 1, 2, 4, 8; 35. 1; 36. 1, 3; 38. 1; 40. 2; 42. 1; 43; 46. 1, 3, 4; 47; 50. 4; 51. 2, 3; 52. 1; 53. 2; 54. 1, 5, 6, 7; 55. 1; 59. 2, 3, 4; 60. 1, 4; 61. 3, 7; 62. 1; 63. 1, 2, 3; 64. 1, 3; 65. 2, 3; 66. 1, 3; 67. 1, 3; 68. 2; 69. 1, 3; 70. 2, 3, 4; 71. 1, 2; 73. 2; 74. 1, 2; 75. 2, 3, 4; 76. 1; 77. 1; 78. 1, 4; 79. 1; 80. 2, 4; 81; 88. 1, 3, 4, 5, 7, 8, 10; 89. 2; 91. 2, 5, 6; 92. 5; 93. 4; 94. 1; 96. 1; 97. 1, 2, 5; 98. 1, 2, 3, 4; 99. 1, 2, 3, 4; 100. 1, 2; 101. 1, 2, 4, 5; 102. 1, 3; 103. 1, 2; 105. 1, 2, 3　**7**. 1. 4; 2. 3, 4; 3. 1, 3, 4, 5; 4. 1, 2, 3; 5. 1, 3; 6. 1, 2, 3, 4; 7. 1, 3; 8. 2; 9; 10; 11. 1; 16. 1; 17. 2, 4; 18. 1, 2, 3; 19. 2, 5; 20. 1, 2; 21. 3, 4; 22. 1, 2; 23. 1, 3; 24. 2, 3; 25. 1, 2, 4, 5, 6, 9; 26. 1; 27. 2, 3, 4; 28. 2, 3; 32. 2; 33. 2, 3, 5, 6; 34. 3, 4, 5, 6, 7, 8; 36. 3, 4, 5, 6; 37. 2, 3; 38. 1, 3; 39. 1, 2; 40. 2, 4, 5; 41. 1, 4; 42. 2, 4, 5, 6; 43. 5, 6, 7; 44. 1, 3, 4, 6; 45. 1; 46; 47. 1; 48. 2, 3, 4; 49. 1, 2, 4; 50. 3, 4; 51. 1, 2; 52. 1, 2; 53. 2,

— 596 —

3, 4; 54; 55. 1; 56. 1, 2, 3, 4; 57. 2, 4, 6, 7, 8, 9, 10, 11; 58. 3; 59. 2, 3; 60. 1; 61. 1, 3; 63. 3; 64. 1, 2; 65. 1; 66. 2, 3; 69. 1, 4; 70. 1, 2, 7, 8; 71. 2, 4, 5, 7; 72. 2, 3; 73. 3, 4; 74. 2; 77. 1, 7; 78. 4, 6; 79. 2, 3, 5, 6; 81. 1, 4, 5; 82. 1; 83. 2, 5; 84. 2, 4; 86. 2, 3; 87. 3 **8**. 2. 1, 2, 4; 4; 5. 1, 5; 6. 1; 7; 8. 3, 4; 9. 2; 10. 1, 2, 4; 12. 1; 13; 14. 2; 16. 3; 17. 3; 18. 1, 3; 19. 3, 4; 20. 1, 2; 21; 23. 2, 3, 4, 6; 24. 1, 2, 5, 6; 25. 1, 2, 4, 5; 26. 1, 2; 27. 1, 3, 6; 30. 1; 31. 2; 32. 3; 33. 2, 3; 34; 35. 3; 37. 4; 38. 2, 5; 39. 3; 40. 2; 41. 3; 42. 2; 43. 1; 44. 2, 3; 45. 2, 5; 46. 3, 4; 47. 2; 48. 4; 49; 50. 1, 2, 5; 52; 53. 1; 55. 1, 2, 3; 56. 1, 2, 3, 4; 57. 1; 58. 7; 60. 1, 3; 61. 3; 62. 2; 63. 4; 64. 3, 4, 5; 67. 2; 68. 1, 4; 69. 1, 3; 71. 1, 2; 72. 1; 73. 2, 3, 4, 5; 74. 1; 76. 4; 78; 79. 2, 6; 80. 3; 81. 3; 82. 3; 83. 2; 86. 4, 8, 9; 88; 94. 2, 3; 95. 2, 4, 5, 7; 96. 1, 4, 5; 97. 1, 2; 98. 2; 99; 100. 3; 102. 1; 103. 2; 104. 1, 2, 3, 4; 105. 1; 106. 1; 107. 1; 108. 1, 4; 109. 1 参看 阿提卡 Ἀττική Attica

阿忒奈俄斯，拉刻代蒙人 Ἀθήναιος Λακεδαιμόνιος Athenaios, a Lacedaemonian **4**. 119. 2；122. 1

阿托斯 Ἄθως Athos **4**. 109. 2　**5**. 3. 6；35. 1；82. 1

埃安提得斯，兰普萨科斯人 Αἰαντίδης Λαμψακηνός Aiantides, a Lampsacene **6**. 59. 3, 4

爱琴海 Αἰγαῖον πέλαγος The Aegean Sea **1**. 98. 2　**4**. 109. 2

埃伽勒俄斯 Αἰγάλεως Aigaleos **2**. 19. 2

埃癸娜 Αἴγινα Aegina **1**. 105. 2, 3, 4；139. 1；140. 3　**2**. 27. 1；31. 1　**3**. 72. 1 **5**. 53　**6**. 32. 2　**7**. 20. 3；26. 1；57. 2　**8**. 92. 3　埃癸娜人 Αἰγινῆται Aeginetans **1**. 14. 3；41. 2；67. 2；105. 2, 3；108. 4　**2**. 27. 1, 2　**3**. 64. 3　**4**. 56. 2；57. 1, 2, 3, 4 **5**. 74. 3　**7**. 57. 2　**8**. 69. 3　埃癸娜德拉克马 Αἰγιναία δραχμή Aeginetan drachma **5**. 47. 6　埃癸娜俄玻罗斯 A. ὀβολός Aeginetan obol **5**. 47. 6

埃癸提翁 Αἰγίτιον Aegitium① **3**. 97. 2, 3

埃及 Αἴγυπτος Egypt **1**. 104. 1；105. 3；109. 1, 2；110. 2, 3, 4；112. 3, 4　**2**. 48. 1 **4**. 53. 3　**8**. 35. 2　埃及人 Αἰγύπτιοι Egyptians **1**. 104. 2；109. 4；110. 2；103. 1

埃厄谟涅斯托斯，普拉泰亚人 Αἰείμνηστος Πλαταιεύς Aeimnestus, a Plataean **3**. 52. 5

---

① 以"-ον"结尾的希腊语地名一般转写为"-um"，但也有学者直接写作"-on"。下同。

埃泰亚人　Αἰθαιῆς Aethaeans　**1**.101.2①

埃塞俄比亚　Αἰθιοπία Ethiopia　**2**.48.1

海摩斯　Αἶμος Haimos　**2**.96.1

埃涅阿斯，科林斯人　Αἰνέας Κορίνθιος　Aeneas, a Corinthian　**4**.119.2

埃涅西阿斯，拉刻代蒙人　Αἰνησίας Λακεδαιμόνιος　Aenesias, a Lacedaemonian　**2**.2.1

埃尼阿涅斯人　Αἰνιᾶνες*　Aenianes　**5**.51.1

埃诺斯　Αἶνος Aenos　**4**.28.4　埃诺斯人　Αἴνιοι Aenians　**7**.57.5

埃俄拉达斯，忒拜人　Αἰολάδας Θηβαῖος Aeoladas, a Theban　**4**.91

埃俄利斯族　Αἰολῆς Aeolians　**4**.42.2　**7**.57.5　**8**.108.4　埃俄利斯要塞　Αἰολικὰ πολίσματα Aeolian fortresses②　**4**.52.3

埃俄利斯　Αἰολίς Aeolis　**3**.31.1; 102.5

埃俄罗斯群岛　Αἰόλου νῆσοι Aeolian Islands　**3**.88.1; 115.1

埃赖　Αἱραί③ Aerae　**8**.19.4; 20.2

埃西弥得斯，科西拉人　Αἰσιμίδης Κερκυραῖος Aesimides, a Corcyraean　**1**.47.1

埃宋，阿耳戈斯人　Αἴσων Ἀργεῖος Aeson, an Argive　**5**.40.3

埃特涅　Αἴτνη Etna　**3**.116.1

埃托利亚　Αἰτωλία Aetolia　**3**.96.1; 102.3, 5; 105.3; 114.1　埃托利亚人 Αἰτωλοί Aetolians　**1**.5.3　**3**.94.3, 4, 5; 95.1, 2, 3; 96.3; 97.1, 3; 98.1, 2, 5; 100.1; 102.2, 7　**7**.57.9　埃托利亚的灾祸　Αἰτωλικὸν πάθος the Aetolian disaster　**4**.30.1

阿卡曼提斯部落　Ἀκαμαντὶς φυλή the tribe of Acamantis　**4**.118.11

阿坎托斯　Ἄκανθος Acanthus　**4**.84.1; 114.3; 120.3　**5**.18.5　阿坎托斯人 Ἀκάνθιοι Acanthians　**4**.85.1; 88.1; 124.1　**5**.18.6

阿坎托斯，拉刻代蒙人　Ἄκανθος Λακεδαιμόνιος Acanthus, a Lacedaemonian　**5**.19.2; 24.1

---

① 此处原文是"τῶν περιοίκων...τε καὶ Αἰθαιῆς"，意思是"边民中的埃泰亚人"，埃泰亚是边民的居住点之一，故本译文做了变通："……埃泰亚的边民"。

② 见正文译注。

③ 原文为"Αἱραί"（Hairai），见正文译注（8.19.4）。

阿卡耳南，阿尔克墨翁之子　Ἀκαρνὰν ὁ Ἀλκμέωνος　Acarnan, son of Alkmeon　**2**.102.6

阿卡耳那尼亚人　Ἀκαρνᾶνες　Acarnanians　**1**.5.3　**2**.7.3; 9.4; 30.1; 68.7, 8; 80.1; 81.1, 8; 83.1; 102.2　**3**.7.1, 3; 94.1, 2; 95.1, 2; 102.3; 105.1, 2, 4; 106.3; 107.2, 4; 108.1, 3; 109.1, 2; 110.1; 111.3; 112.8; 113.6; 114.2, 3　**4**.49; 77.1, 2; 89.1; 101.3　**7**.57.10; 60.4; 67.2　阿卡耳那尼亚　Ἀκαρνανία　Acarnania　**1**.111.3　**2**.30.2; 33.2; 80.1, 8; 83.3; 102.1; 103.1　**3**.102.6; 106.1, 2　**4**.2.4　**7**.31.2, 5　阿卡耳那尼亚平原　Ἀκαρνανικὸν πεδίον　the plain of Acarnania　**2**.102.2

阿刻西涅斯　Ἀκεσίνης　Acesines　**4**.25.8

阿克剌伽斯　Ἀκράγας　Acragas (Agrigentum)　**6**.4.4　**7**.46; 50.1　阿克剌伽斯人　Ἀκραγαντῖνοι　Agrigentines　**5**.4.6　**7**.32.1; 33.2; 58.1

阿克剌伽斯河　Ἀκράγας ποταμός　Acragas River　**6**.4.4

阿克赖　Ἄκραι　Acrae　**6**.5.2

阿克赖翁巉岩　Ἀκραῖον Λέπας　the Acraean cliff　**7**.78.5

阿克洛托俄　Ἀκροθῷοι　Acrothooe　**4**.109.3

阿克泰亚诸城邦　Ἀκταῖαι πόλεις　Actaean cities　**4**.52.3

阿克忒　Ἀκτή　Acte　**4**.109.1　**5**.35.1

阿克提翁　Ἄκτιον　Actium　**1**.29.3; 30.3

亚历山大，马其顿人的国王　Ἀλέξανδρος Μακεδόνων βασιλεύς　Alexander, king of Macedonians　**1**.57.2; 137.1　**2**.29.7; 95.1; 99.3, 6

阿勒克萨耳科斯，科林斯人　Ἀλέξαρχος Κορίνθιος　Alexarchus, a Corinthian　**7**.19.4

阿勒克西克勒斯，雅典人　Ἀλεξικλῆς Ἀθηναῖος　Alexikles, an Athenian　**8**.92.4; 93.1; 98.1

阿勒克西庇达斯，拉刻代蒙人　Ἀλεξιππίδας Λακεδαιμόνιος　Alexippidas, a Lacedaemonian　**8**.58.1

阿勒克斯　Ἄληξ　Alex　**3**.99

哈利阿耳托斯人　Ἁλιάρτιοι　Haliartians　**4**.93.4

哈利厄斯　Ἁλιῆς　Halieis　**1**.105.1　哈利厄斯的领土　Ἁλιάς　the territory of Halieis　**2**.56.5　**4**.45.2

哈利卡耳那索斯　Ἁλικαρνασσός　Halicarnassus　**8**.42.4　哈利卡耳那索斯人　Ἁλικαρνασσῆς　Halicarnassians　**8**.108.2

阿利库埃人　Ἀλικυαῖοι　Alicyaeans　**7**. 32. 1

阿尔开俄斯，雅典人　Ἀλκαῖος Ἀθηναῖος　Alcaios, an Athenian **5**. 19. 1; 25. 1

阿尔卡墨涅斯，拉刻代蒙人　Ἀλκαμένης Λακεδαιμόνιος　Alcamenes, a Lacedaemonian　**8**. 5. 1, 2; 8. 2; 10. 2, 4; 11. 3

阿尔喀比阿得斯，雅典人　Ἀλκιβιάδης Ἀθηναῖος　Alcibiades, an Athenian　**5**. 43. 2; 45. 1, 2, 4; 46. 5; 52. 2; 53; 55. 4; 56. 3; 61. 2; 76. 3; 84. 1　**6**. 8. 2; 15. 2; 19. 1; 28. 1, 2; 29. 3; 48; 50. 1; 51. 1; 53. 1; 61. 1, 3, 4, 7; 74. 1; 88. 9, 10; 93. 1　**7**. 18. 1　**8**. 6. 3; 11. 3; 12. 1; 14. 1, 2; 17. 1, 2; 26. 3; 45. 1; 46. 5; 47. 1, 2; 48. 1, 2, 3, 4, 7; 49; 50. 1, 2, 3, 4, 5; 51. 1, 2, 3; 52; 53. 1, 2, 3; 54. 2, 3; 56. 2, 3, 4; 63. 4; 65. 2; 68. 3; 70. 1; 76. 7; 81. 1, 2, 3; 82. 3; 83. 1, 2; 85. 2, 4; 86. 1, 4, 8; 87. 1; 88; 89. 1, 2, 4; 90. 1; 97. 3; 108. 1

阿尔喀比阿得斯，拉刻代蒙人　Ἀλκιβιάδης Λακεδαιμόνιος　Alcibiades, a Lacedaemonian　**8**. 6. 3

阿尔喀达斯，拉刻代蒙人　Ἀλκίδας Λακεδαιμόνιος　Alcidas, a Lacedaemonian　**3**. 16. 3; 26. 1; 30. 1; 31. 1; 33. 1; 69. 1, 2; 76; 79. 3; 80. 2; 92. 5

阿尔喀那达斯，拉刻代蒙人　Ἀλκινάδας Λακεδαιμόνιος　Alcinadas, a Lacedaemonian　**5**. 19. 2; 24. 1

阿尔喀努斯　Ἀλκίνους　Alcinous　**3**. 70. 4

阿尔喀斯忒涅斯，雅典人　Ἀλκισθένης Ἀθηναῖος　Alcisthenes, an Athenian　**3**. 91. 1　**4**. 66. 3　7. 16. 2

阿尔喀普戎，阿耳戈斯人　Ἀλκίφρων Ἀργεῖος　Alciphron, an Argive　**5**. 59. 5

阿尔克墨翁　Ἀλκμέων　Alcmeon　**2**. 102. 5, 6

阿尔克墨翁世族　Ἀλκμεωνίδαι　Alcmeonidae　**6**. 59. 4

阿尔摩庇亚　Ἀλμωπία　Almopia　**2**. 99. 5　阿尔摩庇亚人　Ἄλμωπες　Almopians　**2**. 99. 5

阿罗珀　Ἀλόπη　Alope　**2**. 26. 2

阿吕兹狄亚　Ἀλύζια　Alyzia　**7**. 31. 2

哈里斯　Ἅλυς　Halys　**1**. 16

哈马克西托斯　Ἁμαξιτός　Hamaxitus　**8**. 101. 3

阿墨尼阿得斯，雅典人　Ἀμεινιάδης Ἀθηναῖος　Ameiniades, an Athenian　**2**. 67. 2, 3

阿墨尼阿斯，拉刻代蒙人　Ἀμεινίας Λακεδαιμόνιος　Ameinias, a Lacedaemonian　**4**.132.3

阿墨诺克勒斯，科林斯人　Ἀμεινοκλῆς Κορίνθιος　Ameinocles, a Corinthian　**1**.13.3

阿墨阿斯，普拉泰亚人　Ἀμμέας Πλαταιεύς　Ammeas, a Plataean　**3**.22.3

阿摩耳革斯，波斯人　Ἀμόργης Πέρσης　Amorges, a Persian　**8**.5.5; 19.2; 28.2,3,4,5; 54.3

安珀利达斯，拉刻代蒙人　Ἀμπελίδας Λακεδαιμόνιος　Ampelidas, a Lacedaemonian　**5**.22.2

安布剌喀亚　Ἀμπρακία　Ambracia　**2**.80.3　**3**.113.6; 114.4　**4**.42.3　安布剌喀亚海湾　Ἀμπρακικὸς κόλπος　the gulf of Ambracia　**1**.29.3; 55.1　**2**.68.3　**3**.107.1　**4**.49　安布剌喀亚人　Ἀμπρακιῶται　Ambraciots　**1**.26.1; 27.2; 46.1　**2**.9.2,3; 68.1,5,6,7,9; 80.1,3,5; 81.3 3.69.1; 102.6,7; 105.1,2,4; 106.1,3; 107.2,4; 108.2; 109.2; 110.1; 111.2,3,4; 112.1,3,8; 113.1,2,4; 114.2,3　**7**.7.1; 25.9; 58.3　安布剌喀亚战舰　Ἀμπρακιώτιδες νῆες　Ambraciot ships　**1**.48.4　**6**.104.1　**8**.106.3

阿密克莱翁　Ἀμύκλαιον　Amyclaeum　**5**.18.10; 23.5

阿密恩塔斯，马其顿人　Ἀμύντας Μακεδών　Amyntas, a Macedonian　**2**.95.3; 100.3

阿密耳泰俄斯，埃及人　Ἀμύρταιος Αἰγύπτιος　Amyrtaeus, an Egyptian　**1**.110.2; 112.3

安庇阿剌俄斯　Ἀμφιάραος　Amphiaraus　**2**.68.3; 102.5

安庇阿斯，厄庇道洛斯人　Ἀμφίας Ἐπιδαύριος　Amphias, an Epidaurian　**4**.119.2

安庇多洛斯，墨伽拉人　Ἀμφίδωρος Μεγαρεύς　Amphidorus, a Megarian　**4**.119.2

安庇罗喀亚　Ἀμφιλοχία　Amphilochia　**2**.68.1,3,4　**3**.102.6; 105.2　安庇罗喀亚的领土　Ἀμφιλοχική　the territory of Amphilochia　**2**.68.5　安庇罗喀亚山　Ἀ. ὄρη　Amphilochian hill　**3**.112.2　安庇罗喀亚人　Ἀμφίλοχοι　Amphilochians　**2**.68.5,7; 102.2　**3**.107.2,4; 110.1; 112.6,7; 113.6; 114.2,3

安庇罗科斯　Ἀμφίλοχος　Amphilochus　**2**.68.3

安庇波利斯　Ἀμφίπολις　Amphipolis　**1**.100.3　**4**.102.1,3;103.2;104.4,5;106.4;107.2;108.1,3;109.1;132.3　**5**.3.6;6.1,3,4,5;7.4;8.1;11.3;14.1;16.1;18.5;21.1;26.5;35.3,5;46.2;83.4　**7**.9　安庇波利斯人　Ἀμφιπολῖται　Amphipolitans　**4**.103.5;104.1;105.1,2　**5**.9.7;11.1

安庇萨人　Ἀμφισσῆς　Amphissians　**3**.101.2

阿奈亚　Ἄναια　Anaea　**3**.32.2　**4**.75.1　**8**.19.1　阿奈亚人　Ἀναιῖται　Anaeans　**3**.19.2　阿奈亚战舰　Ἀναῖτις ναῦς　an Anaean ship　**8**.61.2

阿那刻翁　Ἀνάκειον　Anaceum　**8**.93.1

阿那克托里翁　Ἀνακτόριον　Anactorium　**1**.55.1　**2**.80.3　**3**.114.3　**4**.49　**5**.30.2　**7**.31.2　阿那克托里翁的（领土）　Ἀνακτορία　Anactorian (territory)　**1**.29.3①　阿那克托里翁人　Ἀνακτόριοι　Anactorians　**1**.46.1　**2**.9.2;80.5;81.3

阿那克珊德洛斯，忒拜人　Ἀνάξανδρος Θηβαῖος　Anaxander, a Theban　**8**.100.3

阿那克西拉斯，赫瑞癸翁的僭主　Ἀναξίλας Ῥηγίνων τύραννος　Anaxilas, tyrant of Rhegium　**6**.4.6

阿那波斯河，在阿卡耳那尼亚　Ἄναπος ποταμὸς ἐν Ἀκαρνανίᾳ　Anapus River, in Acarnania　**2**.82

阿那波斯河，在西西里　Ἄναπος ποταμὸς ἐν Σικελίᾳ　Anapus River, in Sicily　**6**.66.2;96.3　**7**.42.6;78.3

安多喀得斯，雅典人　Ἀνδοκίδης Ἀθηναῖος　Andocides, an Athenian　**1**.51.4

安多克勒斯，雅典人　Ἀνδοκλῆς Ἀθηναῖος　Andocles, an Athenian　**8**.65.2

安德洛克剌忒斯，英雄　Ἀνδροκράτης ἥρως　Androcrates, a hero　**3**.24.1

安德洛墨得斯，拉刻代蒙人　Ἀνδρομέδης② Λακεδαιμόνιος　Andromedes, a Lacedaemonian　**5**.42.1

安德洛斯　Ἄνδρος　Andros　**2**.55.1　**6**.96.3　安德洛斯人　Ἄνδριοι　Andrians　**4**.42.1;84.1;88.2;103.3;109.3　**5**.6.1　**7**.57.4　**8**.69.3

---

① "牛津本"和阿尔伯蒂的校勘本均误作"1.29.2"。
② 见正文译注（5.42.1）。

安德洛斯忒涅斯，阿耳卡狄亚人　Ἀνδροσθένης Ἀρκάς　Androsthenes, an Archadian　**5**.49.1

阿涅里斯托斯，拉刻代蒙人　Ἀνήριστος Λακεδαιμόνιος　Aneristus, a Lacedaemonian　**2**.67.1

安忒穆斯　Ἀνθεμοῦς　Anthemus　**2**.99.6; 100.4

安忒斯忒里翁（月）　Ἀνθεστηριών　Anthesterion　**2**.15.4

安忒涅　Ἀνθήνη　Anthene　**5**.41.2

安坦德洛斯　Ἄντανδρος　Antandrus　**4**.52.3; 75.1　**8**.109.1　安坦德洛斯人　Ἀντάνδριοι　Antandrians　**8**.108.4

安提革涅斯，雅典人　Ἀντιγένης Ἀθηναῖος　Antigenes, an Athenian　**2**.23.2

安提克勒斯，雅典人　Ἀντικλῆς Ἀθηναῖος　Anticles, an Athenian　**1**.117.2

安提墨尼达斯，拉刻代蒙人　Ἀντιμενίδας Λακεδαιμόνιος　Antimenidas, a Lacedaemonian　**5**.42.1

安廷涅斯托斯，雅典人　Ἀντίμνηστος Ἀθηναῖος　Antimnestus, an Athenian　**3**.105.3

安提俄科斯，俄瑞斯泰人的国王　Ἀντίοχος Ὀρεστῶν βασιλεύς　Antiochus, An Orestian king　**2**.80.6

安提波斯，拉刻代蒙人　Ἄντιππος Λακεδαιμόνιος　Antippus, a Lacedaemonian　**5**.19.2; 24.1

安提斯忒涅斯，拉刻代蒙人　Ἀντισθένης Λακεδαιμόνιος　Antisthenes, a Lacedaemonian　**8**.39.1, 2; 61.2

安提萨　Ἄντισσα　Antissa　**3**.18.1, 2; 28.3　**8**.23.4　安提萨人　Ἀντισσαῖοι　Antissans　**3**.18.2

安提珀摩斯，罗德岛人　Ἀντίφημος Ῥόδιος　Antiphemus, a Rhodian　**6**.4.3

安提蓬，雅典人　Ἀντιφῶν Ἀθηναῖος　Antiphon, an Athenian　**8**.68.1; 90.1, 2

阿克西俄斯　Ἀξιός　Axius　**2**.99.4

阿庇达诺斯　Ἀπιδανός　Apidanus　**4**.78.5

阿波多托人　Ἀποδωτοί *　Apodotians　**3**.94.5; 100.1

阿波罗多洛斯，雅典人　Ἀπολλόδωρος Ἀθηναῖος　Apollodorus, an Athenian 7.20.1

阿波罗　Ἀπόλλων　Apollo　1.13.6,；29.3　2.102.5　3.3.3；94.2；104.2,4,5　4.76.4；[90.1]；97.4；118.1　5.18.2；23.5；47.11；53.1　6.3.1；54.6,7　7.26.2　8.35.2

阿波罗尼亚　Ἀπολλωνία　Apollonia　1.26.2

阿波罗尼翁　Ἀπολλώνιον　Apollonium　2.91.1

阿耳癸罗斯　Ἄργιλος　Argilus　5.18.5　阿耳癸罗斯人　Ἀργίλιοι　Argilians　1.132.5　4.103.3,4　5.6.3

阿耳癸农　Ἀργῖνον①　Arginum　8.34

阿耳癸努赛　Ἀργινοῦσαι　Arginousae　8.101.2

阿耳戈斯，安庇罗喀亚的　Ἄργος τὸ Ἀμφιλοχικόν　the Amphilochian Argos　2.68.1,3,7,9　3.102.6,7；105.1,2；106.1；107.2；108.2；112.8　阿耳戈斯的领土　Ἀργεία　the Argive territory　3.105.1；106.3　阿耳戈斯人　Ἀργεῖοι　Argives　2.68.2,6,9　3.105.1；106.3；107.1

阿耳戈斯，在伯罗奔尼撒　Ἄργος τὸ ἐν Πελοποννήσῳ　Argos in the Peloponnesus　1.9.4；135.3；137.3　2.2.1；68.3；99.3　4.42.3；133.2　5.27.2；30.1；31.1；36.1；37.5；38.4；41.2,3；43.3；47.4,9,10；57.1；58.3；63.1；65.2,5；76.1,2,3；80.2；81.2；82.4；83.1；84.1　6.61.3；95.1；105.1,3　7.18.3；20.1　8.86.9　阿耳戈斯的领土　Ἀργεία　the Argive territory　2.27.2；80.8　4.56.2　5.75.4；83.2；116.1　6.7.1　阿耳戈斯人　Ἀργεῖοι　Argives　1.3.3；102.4；107.5　2.9.2；67.1　4.133.3　5.14.4；22.2；27.2；28.1,2,3；29.1,4；30.1,4,5；31.1,5,6；32.3,5,6；33.2；36.1；37.2,3,4,5；38.1,3,4；40.1,3；41.2；42.1；43.2,3；44.1,3；45.1,3,4；46.1,3,4,5；47.1,2,3,4,5,8,10,11；48.2；50.3,5；52.2；53；54.3；55.1,2,4；56.2,4,5；58.1,2,3,4；59.1,2,3,4,5；60.1,3,5；61.1,2,3；62.1；64.1；65.1,[4],5；66.1；67.2；69.1,2；70；72.3,4；73.1,2,3,4；74.3；75.4；76.3；77.1,2,7；78；79.1,2,3；80.2,3；81.1,2；82.2,4,5,6；83.3,4；84.1；115.1；116.1　6.7.1,2；29.3；43；61.3,5；67.1；68.2；69.3；70.2；89.3；95.1；100.2；101.6；105.1,2,3　7.20.1,3；26.1,3；44.6；57.6,9　8.25.1,3,4,5；27.6；86.8,9；92.2

阿里安提达斯，忒拜人　Ἀριανθίδας Θηβαῖος　Arianthidas, a Theban　4.91

阿里斯塔戈剌斯，米利都人　Ἀρισταγόρας Μιλήσιος　Aristagoras, a Mile-

---

① 原文为"Ἀργῖνος"，今依阿尔伯蒂的校勘本改。

— 604 —

sian **4**. 102. 2

阿里斯塔耳科斯，雅典人　Ἀρίσταρχος Ἀθηναῖος　Aristarchus, an Athenian　**8**. 90. 1; 92. 6, 9; 98. 1, 3

阿里斯忒得斯，阿耳喀波斯之子，雅典人　Ἀριστείδης Ἀρχίππου Ἀθηναῖος　Aristeides, son of Archippus, an Athenian　**4**. 50. 1; 75. 1

阿里斯忒得斯，吕西马科斯之子，雅典人　Ἀριστείδης Λυσιμάχου Ἀθηναῖος　Aristeides, son of Lysimachus, an Athenian　**1**. 91. 3　**5**. 18. 5

阿里斯忒乌斯，阿得曼托斯之子，科林斯人　Ἀριστεὺς Ἀδειμάντου Κορίνθιος　Aristeus, son of Adeimantus, a Corinthian　**1**. 60. 2; 61. 1, 3; 62. 1, 2, 3, 6; 63. 1; 65. 1　**2**. 67. 1, 4

阿里斯忒乌斯，拉刻代蒙人　Ἀριστεὺς Λακεδαιμόνιος　Ariteus, a Lacedaemonian　**4**. 132. 3

阿里斯忒乌斯，珀利科斯之子，科林斯人　Ἀριστεὺς Πελλίχου Κορίνθιος　Aristeus, son of Pellichus, a Corinthian　**1**. 29. 2

阿里斯托革同，雅典人　Ἀριστογείτων Ἀθηναῖος　Aristogeiton, an Athenian　**1**. 20. 2　**6**. 54. 1, 2, 3; 56. 2; 57. 1, 4; 59. 1

阿里斯托克勒得斯，雅典人　Ἀριστοκλείδης Ἀθηναῖος　Aristocleides, an Athenian　**2**. 70. 1

阿里斯托克勒斯，拉刻代蒙人　Ἀριστοκλῆς Λακεδαιμόνιος　Aristocles, a Lacedaemonian　**5**. 71. 3; 72. 1

阿里斯托克勒斯，普勒斯托阿那克斯的兄弟，拉刻代蒙人　Ἀριστοκλῆς Λακεδαιμόνιος Πλειστοάνακτος ἀδελφός　Aristocles, a Lacedaemonian, brother of Pleistoanax　**5**. 16. 2

阿里斯托克剌忒斯，雅典人　Ἀριστοκράτης Ἀθηναῖος　Aristocrates, an Athenian　**5**. 19. 2; 24. 1

阿里斯托克剌忒斯，斯刻利阿斯之子，雅典人　Ἀριστοκράτης Σκελίου Ἀθηναῖος[①]　Aristocrates, son of Scelias, an Athenian　**8**. 9. 2; 89. 2; 92. 2, 4

阿里斯托努斯，革拉人　Ἀριστόνους Γελῷος　Aristonous, a Geloan　**6**. 4. 4

阿里斯托努斯，拉里萨人　Ἀριστόνους Λαρισαῖος　Aristonous, a Larisan　**2**. 22. 3

---

① 此名词原文无，阿尔伯蒂的校勘本把它从上一个名词中单列出来。今从。

阿里斯托忒勒斯，雅典人　Ἀριστοτέλης Ἀθηναῖος　Aristoteles, an Athenian　**3**. 105. 3

阿里斯托蓬，雅典人　Ἀριστοφῶν Ἀθηναῖος　Aristophon, an Athenian **8**. 86. 9

阿里斯同，科林斯人　Ἀρίστων Κορίνθιος　Ariston, a Corinthian　**7**. 39. 2

阿里斯托倪摩斯，雅典人　Ἀριστώνυμος Ἀθηναῖος　Aristonymus, an Athenian　**4**. 122. 1, 3, 4

阿里斯托倪摩斯，科林斯人　Ἀριστώνυμος Κορίνθιος　Aristonymus, a Corinthian　**2**. 33. 1　**4**. 119. 2

阿里普戎，雅典人　Ἀρίφρων Ἀθηναῖος　Ariphron, an Athenian　**4**. 66. 3

阿耳卡狄亚　Ἀρκαδία　Arcadia　**1**. 2. 3　**5**. 29. 1; 33. 1; 58. 2; 61. 4　**7**. 58. 3　阿耳卡狄亚人　Ἀρκάδες　Arcadians　**1**. 9. 4　**3**. 34. 2, 3　**5**. 31; 49. 1; 57. 2; 58. 4; 60. 3; 64. 3, 5; 67. 1, 2　**7**. 19. 4; 57. 9　**8**. 3. 2

阿耳刻西拉斯，拉刻代蒙人　Ἀρκεσίλας[①] Λακεδαιμόνιος　Arcesilas, a Lacedaemonian　**5**. 50. 4; 76. 3　**8**. 39. 2

阿耳克图洛斯（大角星）Ἀρκτοῦρος　Arctourus　**2**. 78. 2

哈耳马图斯　Ἁρματοῦς　Harmatous　**8**. 101. 3

哈耳摩狄俄斯，雅典人　Ἁρμόδιος Ἀθηναῖος　Harmodius, an Athenian　**1**. 20. 2　**6**. 53. 3; 54. 1, 2, 3, 4; 56. 1, 2; 57. 1, 4; 59. 1

阿耳奈　Ἄρναι　Arnai　**4**. 103. 1

阿耳涅　Ἄρνη　Arne　**1**. 12. 3

阿耳尼萨　Ἄρνισα　Arnisa　**4**. 128. 3

哈耳帕癸翁　Ἁρπάγιον　Harpagium　**8**. 107. 1

哈耳庇涅　Ἁρπίνη　Harpine　**5**. 50. 3

阿剌拜俄斯，吕恩刻斯泰人的国王　Ἀρραβαῖος Λυγκηστῶν βασιλεύς　Arrhabaeus, king of Lyncestians　**4**. 79. 2; 83. 1, 2, 3, 4, 5; 124. 1, 2, 4; 125. 1, 2; 127. 2

阿里阿诺　Ἀρριανοί[②]　Arrhiani　**8**. 104. 2

阿耳萨刻斯，波斯人　Ἀρσάκης Πέρσης　Arsakes, a Persian　**8**. 108. 4

阿耳塔巴兹多斯，波斯人　Ἀρτάβαζος Πέρσης　Artabazos, a Persian

[①] 见正文译注（5.50.4）。
[②] 原文为"Ἀρριανά"，今依阿尔伯蒂的校勘本改。

1. 129. 1, 3; 132. 5

阿耳塔克塞耳克塞斯，波斯国王　Ἀρταξέρξης Περσῶν βασιλεύς　Artaxerxes, a Persian King　**1.** 104. 1; 137. 3　**4.** 50. 3　**8.** 5. 4

阿耳塔斯，墨萨庇亚人　Ἄρτας Μεσσάπιος　Artas, a Messapian　**7.** 33. 4

阿耳塔珀耳涅斯，波斯人　Ἀρταφέρνης Πέρσης　Artaphernes, a Persian　**4.** 50. 1, 3

阿尔忒弥斯　Ἄρτεμις　Artemis　**3.** 104. 5　**6.** 44. 3　**8.** 109. 1

阿尔忒弥西翁　Ἀρτεμίσιον　Artemisium　**3.** 54. 4

阿尔忒弥西俄斯月　Ἀρτεμίσιος μήν　the month of Artemisium　**5.** 19. 1

阿耳刻狄刻，希庇阿斯之女　Ἀρχεδίκη Ἱππίου Θυγάτηρ　Archedice, daughter of Hippias　**6.** 59. 3

阿耳刻拉俄斯，马其顿人的国王　Ἀρχέλαος Μακεδόνων βασιλεύς　Aechelaus, king of Macedonians　**2.** 100. 2

阿耳刻斯特剌托斯，雅典人　Ἀρχέστρατος Ἀθηναῖος　Archestratus, an Athenian　**1.** 57. 6

阿耳刻斯特剌托斯，开瑞阿斯之父　Ἀρχέστρατος Χαιρέου πατήρ　Archestratus, father of Chaireas　**8.** 74. 1

阿耳刻提摩斯，科林斯人　Ἀρχέτιμος Κορίνθιος　Archetimus, a Corinthian　**1.** 29. 2

阿耳喀阿斯，卡马里娜人　Ἀρχίας Καμαριναῖος　Archias, a Camarinaean　**4.** 25. 7

阿耳喀阿斯，科林斯人　Ἀρχίας Κορίνθιος　Archias, a Corinthian　**6.** 3. 2

阿耳喀达摩斯，拉刻代蒙人的国王　Ἀρχίδαμος Λακεδαιμονίων βασιλεύς　Archidamus, king of Lacedaemonians　**1.** 79. 2; 85. 3　**2.** 10. 3; 12. 1, 4; 13. 1; 18. 3, 5; 19. 1; 20. 1, 5; 47. 2; 71. 1, 2; 72. 1, 2; 74. 2　**3.** 1. 1; 89. 1　**4.** 2. 1　**5.** 54. 1; 57. 1; 83. 1　**7.** 19. 1

阿耳喀波斯，雅典人　Ἄρχιππος Ἀθηναῖος　Archippus, an Athenian　**4.** 50. 1

阿耳科尼达斯，西刻罗人的国王　Ἀρχωνίδης Σικελῶν βασιλεύς　Archonidas, a Sicel king　**7.** 1. 4

亚细亚　Ἀσία　Asia　**1.** 9. 2; 109. 3　**2.** 67. 1; 97. 6　**4.** 75. 2　**5.** 1　**8.** 39. 3; 58. 2

亚细亚的 Ἀσιανοί① Asiatic **1**. 6. 5 亚细亚的 Ἀσιανή Asiatic 参看马格涅西亚 Μαγνησία Magnesia

阿西涅 Ἀσίνη Asine **4**. 13. 1; 54. 4 **6**. 93. 3

阿斯彭多斯 Ἄσπενδος Aspendus **8**. 81. 3; 87. 1, 2, 3, 6; 88; [99]; 108. 3

阿西那洛斯 Ἀσσίναρος Assinarus **7**. 84. 2

亚述文 Ἀσσύρια γράμματα Assyrian characters **4**. 50. 2

阿斯塔科斯 Ἀστακός Astakus **2**. 30. 1; 33. 1; 102. 1

阿斯堤马科斯，普拉泰亚人 Ἀστύμαχος Πλαταιεύς Astymachus, a Plataean **3**. 52. 5

阿斯堤俄科斯，拉刻代蒙人 Ἀστύοχος Λακεδαιμόνιος Astyochus, a Lacedaemonian **8**. 20. 1; 23. 1, 2, 4; 24. 6; 26. 1; 29. 2; 31. 1, 4; 32. 3; 33. 3; 36. 1; 38. 1, 4; 39. 2; 40. 1, 3; 41. 3; 42. 1; 45. 1; 50. 2, 3, 5; 61. 1, 2; 63. 1, 2; 68. 3; 78; 79. 1; 83. 3; 84. 1, 3; 85. 1, 4

阿索庇俄斯，波耳弥翁之父，雅典人 Ἀσώπιος Ἀθηναῖος Φορμίωνος πατήρ Asopius, father of Phormio, an Athenian **1**. 64. 2

阿索庇俄斯，波耳弥翁之子，雅典人 Ἀσώπιος Φορμίωνος Ἀθηναῖος Asopius, son of Phormio, an Athenian **3**. 7. 1, 3

阿索波拉俄斯，普拉泰亚人 Ἀσωπόλαος Πλαταιεύς Asopolaus, a Plataean **3**. 52. 5

阿索波斯 Ἀσωπός Asopus **2**. 5. 2

阿塔兰忒岛 Ἀταλάντη νῆσος Atalante island **2**. 32 **3**. 89. 3 **5**. 18. 7

阿塔兰忒城 Ἀταλάντη πόλις Atalante city **2**. 100. 3

阿廷塔涅斯人 Ἀτιντᾶνες* Atintanians **2**. 80. 6

阿特刺密提翁 Ἀτραμύττιον Atramyttium **5**. 1 **8**. 108. 4

阿特瑞乌斯 Ἀτρεύς Atreus **1**. 9. 2

阿提卡 Ἀττική Attica **1**. 2. 5, 6; 9. 2; 58. 1; 71. 4; 101. 1; 109. 2; 114. 1, 2; 125. 2; 126. 6; 138. 6; 143. 4 **2**. 6. 2; 10. 1; 13. 1; 15. 1; 18. 1, 2; 19. 1, 2; 21. 1; 23. 3; 32; 47. 2, 3; 56. 3, 6; 57. 2; 70. 1; 71. 1 **3**. 1. 1; 13. 5; 15. 1; [17. 2]; 25. 1; 26. 1, 3; 34. 1; 89. 1 **4**. 2. 1; 6. 1, 2; 8. 1 **5**. 16. 3; 20. 1 **6**. 91. 6; 92. 5 **7**. 18. 1; 19. 1, 3 **8**. 95. 2; 96. 2 阿提卡（雅典）战舰 Ἀττικαὶ νῆες Attic ships **1**. 47. 1; 48. 3; 49. 4; 50. 4; 52. 1; 54. 2;

---

① "Ἀσιανός"（阳性）的复数。

60.1　**2.** 80.4; 91.1, 3　**3.** 4.2; 32.3; 70.2, 6; 81.2; 109.1; 112.7　**4.** 8.2, 5　**6.** 43　**7.** 1, 2; 19.5; 34.1　**8.** 13; 23.1; 28.2　阿提卡战争　Ἀ. πόλεμος　Attic War　**5.** 28.2; 31.3, 5　阿提卡（雅典）的神庙　Ἀ. ἱερά　Attic temples　**3.** 114.1　与阿提卡（雅典）的和约　Ἀ. σπονδαί　treaty with Athens　**5.** 29.2; 36.1　阿提卡德拉克马　Ἀ. δραχμή　Attic drachma　**8.** 29.1; 45.2　阿提卡科尼克斯　Ἀ. χοῖνιξ　Attic choinix　**4.** 16.1　阿提卡的市场　Ἀ. ἀγορά　Attic market　**1.** 67.4; 139.1　阿提卡（雅典）史　Ἀ. ξυγγραφή　Attic history　**1.** 97.2

奥隆　Αὐλών　Aulon　**4.** 103.1

奥托克勒斯，雅典人　Αὐτοκλῆς Ἀθηναῖος　Autocles, an Athenian　**4.** 53.1; 119.2

奥托卡里达斯，拉刻代蒙人　Αὐτοχαρίδας Λακεδαιμόνιος　Autocharidas, a Lacedaemonian　**5.** 12.1

阿佛洛狄忒　Ἀφροδίτη　Aphrodite　**6.** 46.3

阿佛洛狄提亚　Ἀφροδιτία　Aphroditia　**4.** 56.1

阿皮提斯　Ἄφυτις　Aphytis　**1.** 64.2

阿卡伊亚，在伯罗奔尼撒的　Ἀχαΐα ἡ ἐν Πελοποννήσῳ　Achaea in the Peloponnesus　**1.** 115.1　**2.** 83.3; 84.3　**4.** 21.3　**5.** 82.1　**7.** 34.1, 8　阿卡伊亚人　Ἀχαιοί　Achaeans　**1.** 3.3; 111.3　**2.** 9.2; 66.1　**3.** 92.5　**4.** 120.1　**6.** 2.3

阿卡伊亚，在普提俄提斯的　Ἀχαΐα Φθιῶτις　Achaea in Phthiotis　**4.** 78.1　阿卡伊亚人　Ἀχαιοί　Achaeans　**8.** 3.1

阿卡耳奈　Ἀχαρναί　Acharnae　**2.** 19.2; 20.1, 3, 5; 21.2; 23.1　阿卡耳奈人　Ἀχαρνῆς　Acharnians　**2.** 20.4; 21.3

阿刻洛俄斯　Ἀχελῷος　Acheloos　**2.** 102.2, 3, 6　**3.** 7.3; 106.1

阿刻儒西亚湖　Ἀχερουσία λίμνη　Acherousian Lake　**1.** 46.4

阿刻戎　Ἀχέρων　Acheron　**1.** 46.4

阿喀勒乌斯　Ἀχιλλεύς　Achilles　**1.** 3.3

巴托斯，科林斯人　Βάττος Κορίνθιος　Battus, a Corinthian　**4.** 43.1

柏洛亚　Βέροια　Beroea　**1.** 61.4

比堤尼亚的色雷斯人　Βιθυνοί① Θρᾷκες　Bithynian Thracians　**4**.75.2

比萨尔提亚　Βισαλτία　Bisaltia　**2**.99.6　比萨尔提亚的　Βισαλτικόν　Bisaltic　**4**.109.4

玻翁　Βοιόν　Boeum　**1**.107.2

玻俄提亚　Βοιωτία　Boeotia　**1**.2.3; 12.3; 108.1,3; 113.1,3　**2**.2.1; 18.2　**3**.61.2; 62.5; 67.3; 91.3; 95.1 4.76.3; 91; 92.1,6; 95.3; 99　**7**.19.2; 29.2　**8**.98.2

玻俄提亚人　Βοιωτοί　Boeotians　**1**.10.4; 12.3; 107.4; 108.2; 111.1; 113.1,2,4　**2**.2.4; 6.2; 9.2,3; 12.5; 22.2; 23.3; 78.2　**3**.2.3; 13.1; 20.1; 54.3; 61.2; 62.1; 65.2; 66.1; 87.4; 95.1　**4**.70.1; 72.1,2,4; 76.4,5; 77.1; 89.1,2; 90.1; 91; 92.1; 93.1,2,3,5; 96.1,3,4,8; 97.1,2,4; 98.1,3,8; 99; 100.1; 101.1,2; 108.5; 118.2　**5**.3.5; 17.2; 26.2; 31.6; 32.5,6,7; 35.3,5; 36.1,2; 37.1,2,3,4; 38.1,2,3; 39.2,3; 40.1,2,3; 42.1,2; 44.1,3; 46.2,4; 50.4; 52.1; 57.2; 58.4; 59.2,3; 60.3; 64.4　**6**.61.2 7.19.3; 43.7; 45.1; 57.5; 58.3　**8**.3.2; 5.2; 43.3; 60.1; 98.2,3,4　玻俄提亚战舰　Βοιώτιαι νῆες　Boeotian ships　**8**.106.3

玻尔柏　Βόλβη　Bolbe　**1**.58.2　**4**.103.1

玻利索斯　Βόλισσος②　Bolissus　**8**.24.3

玻里阿得斯，厄乌律塔涅斯人　Βοριάδης Εὐρυτάν　Boriades, an Eurytanian　**3**.100.1

玻耳弥斯科斯　Βορμίσκος　Bormiscus　**4**.103.1

玻提亚③　Βοττία　Bottia　**2**.99.3　玻提埃亚　Βοττιαία　Bottiaea　**2**.100.4　玻提刻　Βοττική　Bottike　**1**.65.2　**2**.79.2; 101.5　玻提埃亚人　Βοττιαῖοι　Bottiaeans　**1**.57.5; 58.1　**2**.79.1,7; 99.3; 101.1　**4**.7

部多戎　Βούδορον　Boudorum　**2**.94.3　**3**.51.2

部科利翁　Βουκολιών　Boucolion　**4**.134.2

部普剌斯　Βουφράς　Bouphras　**4**.118.4

布剌西达斯，斯巴达人　Βρασίδας Σπαρτιάτης　Brasidas, a Spartiate　**2**.25.2; 85.1; 86.6; 93.1　**3**.69.1,2; 76; 79.3　**4**.11.4; 70.1; 71.2; 72.1; 73.1,4; 78.1,

---

① 直译"色雷斯人中的比堤尼亚人"。
② 原文为"Βολίσκος"，见正文译注。
③ 从修昔底德的叙述来看，玻提亚和玻提埃亚是同一个地区，而玻提刻和玻提埃亚是两个不同的地区，文中的玻提埃亚人生活于玻提刻。见正文译注（1.57.5; 1.65.2; 2.79.1; 2.99.3）。

4; 79. 1; 80. 5; 81. 1, 2; 83. 1, 2, 3, 4, 5; 84. 1, 2; 88. 1; 102. 1; 103. 1, 4, 5; 104. 2; 105. 1; 106. 2, 4; 107. 1; 108. 2, 5; 109. 1, 5; 111. 1; 112. 1, 3; 114. 1; 116. 1, 2; 117. 1, 2; 120. 1, 2; 121. 1; 122. 2, 3, 4; 123. 1, 2, 4; 124. 1, 3, 4; 125. 1, 2; 127. 1, 2; 128. 3, 5; 129. 1; 132. 1, 2, 3; 135. 1   **5**. 2. 3, 4; 3. 3; 6. 3, 5; 7. 1; 8. 1; 10. 1, 5, 8, 11; 11. 1; 13. 1; 16. 1; 18. 7; 34. 1; 110. 2

布剌西达斯的旧部　Βρασίδειοι στρατιῶται　the Brasidean veterans   **5**. 67. 1; 71. 3; 72. 3

布饶洛，庇塔科斯之妻　Βραυρὼ Πιττακοῦ γυνή　Brauro, Pittacus' wife   **4**. 107. 3

布里喀尼埃　Βρικιννίαι　Bricinniae   **5**. 4. 4, 6

布里勒索斯　Βριλησσός　Brilessus   **2**. 23. 1

布洛墨洛斯，吕恩刻斯泰人　Βρομερὸς Λυγκηστής　Bromerus, a Lyncestian   **4**. 83. 1

拜占庭　Βυζάντιον　Byzantium   **1**. 94. 2; 128. 5, 6; 129. 1, 3; 130. 1; 131. 1   **2**. 97. 2   **8**. 80. 2, 3, 4; 107. 1   拜占庭人　Βυζάντιοι　Byzantians   **1**. 115. 5; 117. 3

玻弥厄斯人　Βωμιῆς*　Bomians   **3**. 96. 3

伽勒普索斯　Γαληψός　Galepsus   **4**. 107. 3   **5**. 6. 1

高利忒斯，卡里亚人　Γαυλίτης Κάρ　Gaulites, a Carian   **8**. 85. 2

革拉　Γέλα　Gela   **4**. 58   **5**. 4. 6   **6**. 4. 3; 5. 3   **7**. 50. 1; 57. 9; 80. 2   革拉人　Γελῷοι　Geloans   **4**. 58   **6**. 4. 4; 5. 3; 67. 2   **7**. 1. 4, 5; 33. 1; 57. 6; 58. 1

革拉河　Γέλας ποταμός　Gelas River   **6**. 4. 3

革拉的领土　Γελεᾶτις　the territory of Gela   参看　许布拉　Ὕβλα Hybla

革隆，叙拉古的僭主　Γέλων Συρακοσίων τύραννος　Gelon, Syracusan tyrant   **6**. 4. 2; 5. 3; 94. 1

革赖斯托斯　Γεραιστός　Geraestus   **3**. 3. 5

革剌涅亚　Γεράνεια　Geraneia   **1**. 105. 3; 107. 3; 108. 2   **4**. 70. 1

革剌斯提俄斯月　Γεραστίος μήν　Gerastius month   **4**. 119. 1

革泰人　Γέται　Getae   **2**. 96. 1; 98. 4

大地女神　Γῆ　(Goddess of) Earth   **2**. 15. 4

癸戈诺斯　Γίγωνος　Gigonus   **1**. 61. 5

格劳刻　Γλαύκη　Glauke   **8**. 79. 2

格劳孔　Γλαύκων Ἀθηναῖος　Glaukon, an Athenian　**1**.51.4

戈阿克西斯，厄多尼亚人　Γόαξις Ἠδῶνος　Goaxis, an Edonian　**4**.107.3

工古罗斯，厄瑞特里亚人　Γογγύλος Ἐρετριεύς　Gongylus, an Eretrian　**1**.128.6

工古罗斯，科林斯人　Γόγγυλος Κορίνθιος　Gongylus, a Corinthian　**7**.2.1

戈耳堤尼亚　Γορτυνία　Gortynia　**2**.100.3

戈耳堤斯人　Γορτύνιος　Gortynian　**2**.85.5

格剌伊刻　Γραϊκή①　Graïke　**2**.23.3　**3**.91.3

格瑞斯托尼亚　Γρηστωνία　Grestonia　**2**.99.6; 100.4

古利波斯，斯巴达人　Γύλιππος Σπαρτιάτης　Gylippus, a Spartiate　**6**.93.2; 104.1, 2　**7**.1.1, 4, 5; 2.1.2; 3.1, 3; 4.2, 4; 5.1, 2, 3; 6.2; 7.2; 11.2; 12.1; 21.1, 5; 22.1; 23.1; 37.2; 42.3; 43.6; 46; 50.1; 53.1; 57.6; 65.1, 3; 69.1; 74.2; 79.4; 81.1; 82.1; 83.2, 3; 85.1, 2; 86.2, 4　**8**.13

古耳同人　Γυρτώνιοι　Gyrtonians　**2**.22.3

达伊托斯，拉刻代蒙人　Δάιθος Λακεδαιμόνιος　Daithus, a Lacedaemonian　**5**.19.2; 24.1

达伊马科斯，普拉泰亚人　Δαΐμαχος Πλαταιεύς　Daimachus, a Plataean　**3**.20.1

达马革托斯，拉刻代蒙人　Δαμάγητος Λακεδαιμόνιος　Damagetus, a Lacedaemonian　**5**.19.2; 24.1

达马工，拉刻代蒙人　Δαμάγων Λακεδαιμόνιος　Damagon, a Lacedaemonian　**3**.92.5

达摩提摩斯，西库翁人　Δαμότιμος Σικυώνιος　Damotimus, a Sicyonian　**4**.119.2

达那俄斯人　Δαναοί　Danaans　**1**.3.3

达耳达诺斯　Δάρδανος　Dardanus　**8**.104.2

大流士金币　Δαρεικὸς στατήρ　Daric stater　**8**.28.4

大流士，阿耳塔克塞耳克塞斯之子，波斯国王　Δαρεῖος Ἀρταξέρξου Περσῶν βασιλεύς　Darius, son of Artaxerxes, a Persian king　**8**.5.4; 37.1,

---

① 根据霍氏的见解，这个词的原文（两处）都是有问题的，参看正文译注。

2; 58.1

大流士，继位的波斯国王　Δαρεῖος Ὑστάσπου Περσῶν βασιλεύς　Darius, a succeeded Persian king　**1**.14.2;16　**4**.102.2　**6**.59.3,4

达斯库利翁总督辖区　Δασκυλῖτις σατραπεία　satrapy of Daskylium　**1**.129.1

达斯孔　Δάσκων　Dascon　**6**.66.2

达斯孔，叙拉古人　Δάσκων Συρακόσιος　Dascon, a Syracusan　**6**.5.3

道利亚　Δαυλία　Daulia　**2**.29.3　道利亚的鸟　Δαυλιὰς ὄρνις　Daulian bird　**2**.29.3

达普努斯　Δαφνοῦς　Daphnous　**8**.23.6; 31.2

得尼阿达斯，拉刻代蒙人　Δεινιάδας Λακεδαιμόνιος　Deiniadas, a Lacedaemonian　**8**.22.1

得尼阿斯，雅典人　Δεινίας Ἀθηναῖος　Deinias, an Athenian　**3**.3.2

得刻勒亚　Δεκέλεια　Deceleia　**6**.91.6; 93.2　**7**.18.1; 19.1, 2; 20.1; 27.2, 3, 5; 28.1, 4; 42.2　**8**.3.1; 5.3; 69.1; 70.2; 71.1, 3; 98.1, 2

得尔庇尼翁　Δελφίνιον　Delphinium　**8**.38.2; 40.3

德尔菲　Δελφοί　Delphi　**1**.25.1; 28.2; 112.5; 118.3; 121.3; 126.4; 132.2; 134.4; 143.1　**3**.57.2; 92.5; 101.1　**4**.134.1　**5**.16.2; 18.2; 32.1

得耳达斯，马其顿人　Δέρδας Μακεδών　Derdas, a Macedonian　**1**.57.3; 59.2

得耳库利达斯，斯巴达人　Δερκυλίδας Σπαρτιάτης　Dercylidas, a Spartiate　**8**.61.1; 62.1

得耳赛俄人　Δερσαῖοι *　Dersaeans　**2**.101.3

得乌卡利翁　Δευκαλίων　Deucalium　**1**.3.2

得利翁　Δήλιον　Delium　**4**.76.4, 5; 89.1; 90.1, 4; 93.2; 96.7, 9; 97.1, 3; 100.1; 101.1, 5　**5**.14.1; 15.2

提洛岛　Δῆλος　Delos　**1**.8.1; 96.2　**2**.8.3　**3**.29.1; 104.1, 2, 3, 4, 6　**5**.1; 32.1　**8**.77; 80.3; 86.1; 108.4　提洛人　Δήλιοι　**5**.1; 32.1　**8**.108.4　提洛岛的（阿波罗）节庆　Δήλια　Delian festival　**3**.104.2　提洛岛的舞蹈　Δηλιακὸς χορός　the Delian chorus　**3**.104.5

得马剌托斯，雅典人　Δημάρατος Ἀθηναῖος　Demaratus, an Athenian　**6**.105.2

得马耳科斯，叙拉古人　Δήμαρχος Συρακόσιος　Demarchus, a Syracusan **8**. 85. 3

得墨阿斯，雅典人　Δημέας Ἀθηναῖος　Demeas, an Athenian　**5**. 116. 3

得墨多科斯，雅典人　Δημόδοκος Ἀθηναῖος　Demodocus, an Athenian **4**. 75. 1

得摩斯忒涅斯，雅典人　Δημοσθένης Ἀθηναῖος　Demosthenes, an Athenian　**3**. 91. 1; 94. 2, 3; 97. 1; 98. 5; 102. 3; 105. 3; 107. 1, 2, 3, 4; 108. 1; 109. 1, 2; 110. 1; 112. 1, 2, 4; 113. 6; 114. 1, 2　**4**. 2, 4; 3. 1, 2; 5. 2; 8. 3, 4; 9. 1; 11. 1, 2; 29. 1, 2; 32. 3, 4; 36. 1; 37. 1; 38. 1; 66. 3; 67. 2, 5; 76. 1; 77. 1, 2; 89. 1; 101. 3　**5**. 19. 2; 24. 1; 80. 3 **7**. 16. 2; 17. 1; 20. 2, 3; 26. 1, 3; 27. 1; 29. 1; 31. 1, 2, 5; 33. 3; 35. 1; 42. 1, 3; 43. 1, 5; 47. 3; 48. 1; 49. 2; 55. 1; 57. 10; 69. 4; 72. 3; 75. 1; 78. 1, 2; 80. 1, 4; 81. 2, 4; 82. 2; 83. 1; 85. 3; 86. 2, 3

得摩忒勒斯，墨塞涅人　Δημοτέλης Μεσσήνιος　Demoteles, a Messanian **4**. 25. 11

狄阿戈剌斯，图里俄人　Διαγόρας Θούριος　Diagoras, a Thurian　**8**. 35. 1

狄阿克里托斯，拉刻代蒙人　Διάκριτος Λακεδαιμόνιος　Diacritus, a Lacedaemonian　**2**. 12. 1

宙斯节　Διάσια　festival of Zeus　**1**. 126. 6

狄底墨　Διδύμη　Didyme　**3**. 88. 2

狄厄特瑞珀斯，雅典人　Διειτρέφης Ἀθηναῖος　Diitrephes, an Athenian (1) **3**. 75. 1　**4**. 53. 1; 119. 2; 129. 2　(2) **7**. 29. 1　**8**. 64. 1

狄恩波洛斯，忒拜人　Διέμπορος Θηβαῖος　Diemporus, a Theban　**2**. 2. 1

狄俄多托斯，雅典人　Διόδοτος Ἀθηναῖος　Diodotus, an Athenian **3**. 41; 49. 1

狄俄人　Δῖοι *　Dii　**2**. 96. 2　狄俄族　Διακὸν γένος　the tribe of Dii **7**. 27. 1

狄俄墨冬，雅典人　Διομέδων Ἀθηναῖος　Diomedon, an Athenian　**8**. 19. 2; 20. 2; 23. 1; 24. 2; 54. 3; 55. 1; 73. 4, 5

狄俄弥罗斯，安德洛斯人　Διόμιλος Ἄνδριος　Diomilus, an Andrian **6**. 96. 3; 97. 3, 4

狄翁，阿托斯山上的　Δῖον τὸ ἐν Ἄθῳ　Dium, in Athos　**4**. 109. 3, 5　狄翁人　Διῆς　Dians　**5**. 35. 1; 82. 1

— 614 —

狄翁，马其顿的 Δῖον τὸ ἐν Μακεδονίᾳ Dium, in Macedonia **4**.78.6

狄俄倪索斯 Διόνυσος Dionysus **2**.15.4 **3**.81.5 [8.94.1] 古老的狄俄倪索斯（酒神）节 Διονύσια τὰ παλαιά Ancient Dionysia **2**.15.4 城市狄俄倪索斯节 Δ. τὰ ἐν ἄστει the city festival of Dionysus **5**.20.1; 23.4 狄俄倪索斯剧场 Διονυσιακὸν θέατρον theater of Dionysus **8**.93.1 狄俄倪索斯神域 Διονύσιον the precinct of Dionysus **8**.93.3

狄俄斯科洛（宙斯之孪生子） Διόσκοροι Dioscuri **3**.75.3 狄俄斯科洛庙 Διοσκόρειον temple of Dioscuri **4**.110.1

狄俄提摩斯，雅典人 Διότιμος Ἀθηναῖος Diotimus, an Athenian **1**.45.2 **8**.15.1

狄庇罗斯，雅典人 Δίφιλος Ἀθηναῖος Diphilus, an Athenian **7**.34.3

多柏洛斯 Δόβηρος Doberus **2**.98.2; 99.1; 100.3

多罗庇亚 Δολοπία Dolopia **2**.102.2 多罗庇亚人 Δόλοπες Dolopians **1**.98.2 **5**.51.1

多耳喀斯 Δόρκις Dorcis **1**.95.6

德剌柏斯科斯 Δραβησκός Drabescus **1**.100.3 **4**.102.2

德律穆萨 Δρυμοῦσσα Drymoussa **8**.31.3

德律俄庇斯人 Δρύοπες Dryopians **7**.57.4

德律俄斯刻帕莱（"橡树头"） Δρυὸς κεφαλαί Druoskephalai("oakheads") **3**.24.1

德洛俄人 Δρῶοι* Droi **2**.101.3

底墨 Δύμη Dyme **2**.84.3,5

多里厄乌斯，罗德岛人 Δωριεὺς Ῥόδιος Dorieus, a Rhodian **3**.8.1 **8**.35.1; 84.2

多里斯族（人） Δωριῆς Dorians **1**.12.3; 18.1; 124.1 **2**.9.4 **4**.42.2; 61.2; 64.3 **5**.9.1; 54.2 6.6.2; 77.1; 80.3; 82.2 **7**.5.4; 57.2,4,6,7,9; 58.3 **8**.25.5 多里斯城邦 Δωρικαὶ πόλεις Dorian cities **3**.86.2 多里斯战争 Δ. πόλεμος Dorian war **2**.54.2,3 多里斯族 Δ. γένος Dorian race **1**.24.2 **7**.44.6 多里斯制度 Δ. νόμιμα Dorian institutions **6**.4.3 多里斯方言 Δ. γλῶσσα Doric dialect **3**.112.4 **6**.5.1

多里斯人，多里斯（城邦）的 Δωριῆς τῆς Δωρίδος Dorians of Doris

1.107.2　3.92.3,4　多里斯的　Δωρικὸν① Doric　3.95.1; 102.1

多洛斯，帕耳萨罗斯人　Δῶρος Φαρσάλιος　Dorus, a Pharsalian　4.78.1

赫布洛斯　Ἕβρος Hebrus　2.96.4

厄革斯塔　Ἔγεστα Egesta　6.2.3; 6.3; 44.4; 46.1, 3, 5; 62.1, 4; 88.6; 98.1　厄革斯塔人　Ἐγεσταῖοι Egestaeans　6.6.2, 3; 8.1, 2; 10.5; 11.2, 7; 13.2; 19.1; 21.1; 22; 33.2; 37.1; 46.2, 3; 47; 48; 62.1, 3; 77.1; 98.1　7.57.11

厄多墨涅　Εἰδομενή Eidomene　2.100.3

希洛特　Εἵλωτες Helots　1.101.2; 128.1; 132.4, 5　2.27.2　3.54.5　4.8.9; 26.5, 6; 41.3; 56.2; 80.2, 3　5.14.3; 34.1; 35.6, 7; 56.2, 3; 57.1; 64.2　7.19.3; 26.2; 58.3

厄克里托斯，斯巴达人　Ἔκκριτος Σπαρτιάτης　Eccritus, a Spartiate　7.19.3

厄莱阿提斯　Ἐλαιᾶτις Elaeatis　1.46.4

厄莱乌斯　Ἐλαιοῦς Elaeus　8.102.1, 2; 103.1, 3; 107.2　厄莱乌斯人　Ἐλαιούσιοι Elaeusians　8.107.2

厄拉珀玻利翁（月）　Ἐλαφηβολιών Elaphebolium　4.118.12　5.19.1

海伦　Ἑλένη Helen　1.9.1

宙斯，自由之神　Ἐλευθέριος Ζεύς Zeus, the god of freedom　2.71.2

厄勒乌西斯神庙　Ἐλευσίνιον Eleusinium　2.17.1

厄勒乌西斯　Ἐλευσίς Eleusis　1.114.2　2.19.2; 20.3; 21.1　4.68.5　厄勒乌西斯人　Ἐλευσίνιοι Eleusinians　2.15.1

厄利弥亚人　Ἐλιμιῶται Elimiotians　2.99.2

赫利克索斯，墨伽拉人　Ἕλιξος Μεγαρεύς Helixus, a Megarian　8.80.3

赫拉尼科斯　Ἑλλάνικος Hellanicus　1.97.2

希腊　Ἑλλάς Hellas　1.2.1, 6; 3.1; 5.3; 6.1, 2; 10.2, 5; 12.1, 4; 13.1, 2; 14.2; 17; 18.1, 2; 23.1; 31.1; 32.5; 35.3; 68.3; 69.1; 77.6; 88; 122.3; 123.1; 124.3; 128.7; 143.1　2.8.1, 4; 11.2; 27.2; 41.1; 71.2　3.32.2; 54.3; 57.1; 62.1, 5; 63.2　4.85.1; 92.4; 108.2; 121.1　6.17.5; 18.4; 59.3; 92.5　7.63.3; 66.2　8.2, 4　希腊人　Ἕλληνες Hellenes　1.2; 3.2, 3, 4; 5.1; 12.2; 13.5; 15.1, 2; 18.2, 3; 20.3; 23.5;

① 原文为"Δωρικὴ πόλις"，今依阿尔伯蒂的校勘本改。意思是一样的，但在文本中本来就作"τὸ Δωρικόν"。

25.4; 31.2; 36.3; 41.1; 50.2; 69.4; 74.1; 75.1; 82.1; 89.2; 94.1; 95.1, 3; 109.4; 110.1; 118.2; 124.3; 130.1; 132.2; 137.4; 138.2, 6; 139.3; 140.3; 141.6 **2.** 8.3; 12.3; 36.4; 42.2; 64.3; 71.2; 74.2; 80.5; 81.4, 5; 101.2, 4 **3.** 9.1; 10.3; 13.1; 14.1, 2; 54.1, 4; 56.4, 5; 57.1, 4; 58.1, 3, 5; 59.1, 2, 4; 62.2; 63.1, 3; 64.1, 4; 67.6; 92.5; 103.1; 109.2; 116.2 **4.** 18.1; 20.2; 25.9, 12; 40.1; 60.1; 78.2; 85.5; 86.1; 87.3, 6; 95.3; 97.2; 98.2; 124.1; 127.2; 128.2 **5.** 6.5; 9.9; 27.2; 28.1, 3; 50.1, 2; 75.3; 106 **6.** 1.1; 2.5, 6; 3.1; 6.1; 11.4; 16.2; 17.5; 18.2; 31.4; 33.5; 39.2; 72.3; 76.4; 77.1; 83.1; 87.3; 90.3 **7.** 28.3; 42.1; 56.2; 58.2, 3; 66.2; 86.5 **8.** 2.1; 43.3; 45.4; 46.1, 2, 3; 57.2; [69.4] 希腊城邦（单数）Ἑλλας πόλις Hellenic city **6.** 62.2 希腊城邦（复数）Ἑλληνίδες πόλεις Hellenic cities **1.** 35.2 **2.** 97.3 **3.** 113.6 **6.** 20.2; 46.3 **7.** 80.2 **8.** 5.5 希腊人的 Ἑλληνικόν Hellenic **1.** 1.1; 6.6; 15.3; 138.2 **3.** 57.2; 82.1; 83.1 **4.** 20.4 **6.** 90.3 希腊人的城邦 Ἑλληνικαὶ πόλεις Greek cities **1.** 17 希腊民族 Ἑ. ἔθνη Greek peoples **7**[1]**.** 58.3 希腊人的地区 Ἑ. χωρία Greek territory **1.** 80.3 **7.** 60.2 希腊人的军队 Ἑ. στρατόπεδα Greek divisions **2.** 81.7 **5.** 60.3 **7.** 75.7 希腊的事件 Ἑ. ἔργα Greek event **1.** 97.2 **7.** 87.5 **8.** 87.4 统治希腊 Ἑ. ἀρχή reigning over Hellas **1.** 128.3 希腊人的军力 Ἑ. δύναμις Greek force **6.** 31.1 希腊人的战争 Ἑ. πόλεμος Greek war **1.** 112.2; 128.3 希腊人的战役 Ἑ. μάχη Greek battle **5.** 74.1 希腊海 Ἑ. θάλασσα Hellenic sea **1.** 4

赫楞 Ἕλλην Hellen **1.** 3.2

希腊财政官 Ἑλληνοταμίαι treasurers for Hellas **1.** 96.2

赫勒斯蓬托斯 Ἑλλήσποντος Hellespontus **1.** 89.2; 128.3 **2.** 9.4; 67.1, 3; [96.1] **4.** 75.1 **8.** 6.1, 2; 8.2; 22.1; 23.5; 39.2; 61.1; 62.1, 3; 79.3, 5; 80.3, 4; 86.4; 96.4; 99; 100.1, 5; 101.3; 103.2; 106.1; 108.3, 4; 109.1 赫勒斯蓬托斯人 Ἑλλησπόντιοι Hellespontines **6.** 77.1

厄罗墨农 Ἑλλομενόν[2] Ellomenum **3.** 94.1

赫罗斯 Ἕλος Helos **4.** 54.4

---

[1] 原文为"8"，但第8卷第58章第3节没有这个词组，显然有误。经查，在第7卷。阿尔伯蒂的校勘本也有误（"8.58.2"）。

[2] 原文为"Ἑλλομενός"，今依阿尔伯蒂的校勘本改。

厄吕摩人　Ἔλυμοι *　Elymi　**6**.2.3, 6

赫罗戎路　Ἑλωρίνη ὁδός　Helorine Road　**6**.66.3; 70.4　**7**.80.5

恩巴同　Ἔμβατον　Embaton　**3**.29.2; 32.1

恩珀狄阿斯，拉刻代蒙人　Ἐμπεδίας Λακεδαιμόνιος　Empedias, a Lacedaemonian　**5**.19.2; 24.1

恩狄俄斯，拉刻代蒙人　Ἔνδιος Λακεδαιμόνιος　Endius, a Lacedaemonian　**5**.44.3　**8**.6.3; 12.1, 2, 3; 17.2

厄尼珀乌斯　Ἐνιπεύς　Enipeus　**4**.78.3

"九路"　Ἐννέα ὁδοί　Ennea Hodoi（Nine Ways）　**1**.100.3　**4**.102.3

"九眼泉"　Ἐννεάκρουνος　Enneacrounus（Nine Spouts）　**2**.15.5

恩提摩斯，克里特人　Ἔντιμος Κρής　Entimus, a Cretan　**6**.4.3

厄倪阿利翁　Ἐνυάλιον　Enyalium　**4**.67.2

厄克塞刻斯托斯，叙拉古人　Ἐξήκεστος Συρακόσιος　Execestus, a Syracusan　**6**.73.1

厄俄耳狄亚　Ἐορδία　Eordia　**2**.99.5　厄俄耳狄亚人　Ἐορδοί　Eordians　**2**.99.5

厄庇丹诺斯　Ἐπίδαμνος　Epidamnus　**1**.24.1; 26.1, 3; 27.1; 28.1, 4, 5; 29.1, 4, 5; 34.2; 38.5; 146　**3**.70.1　厄庇丹诺斯人　Ἐπιδάμνιοι　Epidamnians　**1**.24.3, 6; 25.1, 2; 26.3, 4, 5

厄庇道洛斯　Ἐπίδαυρος　Epidaurus　**2**.56.4, 5　**4**.45.2　**5**.53; 55.1; 56.1, 5; 75.5; 77.1, 2; 80.3　**6**.31.2　**8**.92.3; 94.2　厄庇道洛斯的领土　Ἐπιδαυρία　territory of Epidaurus　**4**.45.2　**5**.54.3, 4; 55.2, 4　**8**.10.3　厄庇道洛斯人　Ἐπιδαύριοι　Epidaurians　**1**.27.2; 105.1, 3; 114.1　**4**.119.2　**5**.53; 54.4; 55.1; 56.4; 57.1; 58.4; 75.4; 77.4; 80.3　**8**.3.2　厄庇道洛斯战争　Ἐπιδαύριος πόλεμος　Epidaurian war　**5**.26.2

厄庇道洛斯的利墨拉　Ἐπίδαυρος ἡ Λιμηρά　Epidaurus Limera　**4**.56.2　**6**.105.2　**7**.18.3; 26.2

厄庇克勒斯，雅典人　Ἐπικλῆς Ἀθηναῖος　Epicles, an Athenian　**1**.45.2　**2**.23.2

厄庇克勒斯，拉刻代蒙人　Ἐπικλῆς Λακεδαιμόνιος　Epicles, a Lacedaemonian　**8**.107.2

厄庇枯洛斯，雅典人　Ἐπίκουρος Ἀθηναῖος　Epicourus, an Athenian **3**. 18. 3

厄庇库狄达斯，拉刻代蒙人　Ἐπικυδίδας Λακεδαιμόνιος　Epikydidas, a Lacedaemonian **5**. 12. 1

厄庇波莱　Ἐπιπολαί　Epipolae **6**. 75. 1; 96. 1, 2, 3; 97. 1, 2, 4, 5; 101. 1, 3; 102. 1; 103. 1　**7**. 1. 1; 2. 3; 4. 1; 5. 1; 42. 4; 43. 1, 2, 4; 44. 8; 45. 1; 46; 47. 3

厄庇塔达斯，拉刻代蒙人　Ἐπιτάδας Λακεδαιμόνιος　Epitadas, a Lacedaemonian **4**. 8. 9; 31. 2; 33. 1; 38. 1; 39. 2

厄剌西尼得斯，科林斯人　Ἐρασινίδης Κορίνθιος　Erasinides, a Corinthian **7**. 7. 1

厄剌西斯特剌托斯，雅典人　Ἐρασίστρατος Ἀθηναῖος　Erasistratus, an Athenian **5**. 4. 1

厄剌托克勒得斯，科林斯人　Ἐρατοκλείδης Κορίνθιος　Eratocleides, a Corinthian **1**. 24. 2

厄瑞索斯　Ἔρεσος　Eresus **3**. 18. 1; 35. 1　**8**. 23. 2, 4; 100. 3, 4, 5; 101. 1; 103. 2
　厄瑞索斯人　Ἐρέσιοι　Eresians **8**. 23. 4

厄瑞特里亚　Ἐρέτρια　Eretria **8**. 60. 1; 95. 2, 4, 6　厄瑞特里亚人　Ἐρετριῆς Eretrians **1**. 15. 3; 128. 6　**4**. 123. 1　**7**. 57. 4　**8**. 60. 1, 2; 95. 3, 4, 5, 6

厄瑞克忒乌斯，雅典国王　Ἐρεχθεὺς Ἀθηναίων βασιλεύς　Erechtheus, king of Athens **2**. 15. 1

厄里涅俄斯，在阿卡伊亚　Ἐρινεὸς τῆς Ἀχαΐας　Erineus in Achaea **7**. 34. 1, 8

厄里涅俄斯，在多里斯的　Ἐρινεὸς τῆς Δωρίδος　Erineus in Doris **1**. 107. 2

厄里涅俄斯河　Ἐρινεὸς ποταμός　Erineus River **7**. 80. 6; 82. 3

赫耳墨斯神像　Ἑρμαῖ　Hermae **6**. 27. 1; 28. 1, 2; 53. 1, 2; 60. 4; 61. 1

赫耳墨斯庙　Ἕρμαιον　temple of Hermes **7**. 29. 3

赫耳迈翁达斯，忒拜人　Ἑρμαιώνδας Θηβαῖος　Hermaiondas, a Theban **3**. 5. 2

赫耳弥俄涅的土地　Ἑρμιονίς　territory of Hermione **2**. 56. 5　赫耳弥俄涅人　Ἑρμιονῆς　Hermionians **1**. 27. 2　**8**. 3. 2　赫耳弥俄涅战舰　Ἑρμιονὶς ναῦς　ships of Hermione **1**. 128. 3; 131. 1　**8**. 33. 1

赫耳摩克剌忒斯，叙拉古人　Ἑρμοκράτης Συρακόσιος　Hemocrates, a Syracusan　**4**. 58; 65. 1　**6**. 32. 3; 35. 1; 72. 2; 73. 1; 75. 4; 81; 96. 3; 99. 2　**7**. 21. 3, 5; 73. 1, 3　**8**. 26. 1; 29. 2; 45. 3; 85. 2, 3, 4

赫耳蒙，雅典人　Ἕρμων Ἀθηναῖος　Hermon, an Athenian　**8**. 92. 5

赫耳蒙，叙拉古人　Ἕρμων Συρακόσιος　Hermon, a Syracusan　**4**. 58　**6**. 32. 3; 72. 2

厄律特赖，在玻俄提亚　Ἐρυθραὶ τῆς Βοιωτίας　Erythrae of Boeotia　**3**. 24. 2

厄律特赖，在伊俄尼亚　Ἐρυθραὶ αἱ ἐν Ἰωνίᾳ　Erythrae in Ionia　**8**. 24. 6; 28. 5; 32. 2; 33. 3　厄律特赖亚（厄律特赖的领土）　Ἐρυθραία　Erythraea 或 territory of Erythrae　**3**. 29. 2; 33. 2　**8**. 24. 2; 33. 2　厄律特赖人　Ἐρυθραῖοι　Erythraeans　**8**. 5. 4; 6. 4; 14. 2; 16. 1; 33. 3

厄律克斯　Ἔρυξ　Eryx　**6**. 2. 3; 46. 3

厄律克西拉伊达斯，拉刻代蒙人　Ἐρυξιλαΐδας Λακεδαιμόνιος　Eryxilaïdas, a Lacedaemonian　**4**. 119. 2

赫斯提埃亚　Ἑστίαια　Hestiaea　**7**. 57. 2　赫斯提埃亚人　Ἑστιαιῆς　Hestiaeans　**1**. 114. 3　**7**. 57. 2

赫斯提俄多洛斯，雅典人　Ἑστιόδωρος Ἀθηναῖος　Hestiodorus, an Athenian　**2**. 70. 1

厄忒俄尼科斯，拉刻代蒙人　Ἐτεόνικος Λακεδαιμόνιος　Eteonikus, a Lacedaemonian　**8**. 23. 4

厄乌阿拉斯，斯巴达人　Εὐάλας Σπαρτιάτης　Eualas, a Spartiate　**8**. 22. 1

厄乌阿耳科斯，阿斯塔科斯的僭主　Εὔαρχος Ἀστακοῦ τύραννος　Euarchus, tyrant of Astacus　**2**. 30. 1; 33. 1

厄乌阿耳科斯，那克索斯人　Εὔαρχος Νάξιος　Euarchus, a Naxian　**6**. 3. 3

优卑亚　Εὔβοια　Euboea　**1**. 23. 4; 114. 1, 3; 115. 1　**2**. 2. 1; 14. 1; 26. 1; 32; 55. 1　**3**. 3. 5; [17. 2]; 87. 4; 89. 2; 92. 4; 93. 1　**4**. 76. 4; 109. 3　**6**. 3. 1; 4. 5; 76. 2; 84. 2　**7**. 28. 1; 29. 2; 57. 2, 4　**8**. 1. 3; 5. 1, 2; 60. 1, 2; 74. 2; 86. 9; 91. 2; 92. 3; 95. 2, 3, 7; 96. 1, 2, 4; 106. 5; 107. 2　优卑亚人　Εὔβοης　Euboeans　**1**. 98. 3; 113. 2　**4**. 92. 4　**8**. 5. 1; 91. 2　优卑亚事务　Εὐβοϊκά　the affair of Euboea　**1**. 87. 6

厄乌部罗斯，喀俄斯人　Εὔβουλος Χῖος　Euboulus, a Chian　**8**. 23. 4

厄乌厄斯珀里得斯人　Εὐεσπερῖται① Euesperidae　**7**.50.2

厄乌厄提翁，雅典人　Εὐετίων Ἀθηναῖος　Euetion, an Athenian　**7**.9

厄乌厄诺斯　Εὔηνος　Euenus　**2**.83.3

厄乌堤得摩斯，雅典人　Εὐθύδημος Ἀθηναῖος　Euthydemos, an Athenian **5**.19.2; 24.1　**7**.16.1; 69.4

厄乌堤克勒斯，科林斯人　Εὐθυκλῆς Κορίνθιος　Euthycles, a Corinthian **1**.46.2　**3**.114.4

厄乌克勒得斯，兹丹克勒人　Εὐκλείδης Ζαγκλαῖος　Eucleides, a Zanclean　**6**.5.1

厄乌克勒斯，雅典人　Εὐκλῆς Ἀθηναῖος　Eucles, an Athenian　**4**.104.4

厄乌克勒斯，叙拉古人　Εὐκλῆς Συρακόσιος　Eucles, a Syracusan **6**.103.4

厄乌克剌忒斯，雅典人　Εὐκράτης Ἀθηναῖος　Eucrates, an Athenian **3**.41

厄乌克忒蒙，雅典人　Εὐκτήμων Ἀθηναῖος　Euctemon, an Athenian **8**.30.1, 2

厄乌马科斯，科林斯人　Εὔμαχος Κορίνθιος　Eumachus, a Corinthian **2**.33.1

厄乌摩尔庇代　Εὐμολπίδαι　Eumolpidae　**8**.53.2

厄乌摩尔波斯，厄勒乌西斯国王　Εὔμολπος Ἐλευσινίων βασιλεύς　Eumolbus, king of Eleusis　**2**.15.1

黑海（"好客的海"）　Εὔξεινος πόντος　the Euxine (Black Sea)　**2**.96.1; 97.1, 5

厄乌派伊达斯，厄庇道洛斯人　Εὐπαιῖδας②Ἐπιδαύριος　Eupaiidas, an Epidaurian　**4**.119.2

厄乌帕利翁　Εὐπάλιον　Eupalium　**3**.96.2; 102.1

厄乌蓬庇达斯，普拉泰亚人　Εὐπομπίδας Πλαταιεύς　Eupompidas, a Plataean　**3**.20.1

---

① 其城邦名为"αἱ Εὐεσπερίδες"，故译。
② 原文为"Εὐπαῖδας"，与正文不符，明显有误。阿尔伯蒂的校勘本作"Εὐπαιῖδας"，今从。

厄乌里庇得斯，雅典人　Εὐριπίδης Ἀθηναῖος　Euripides, an Athenian
2. 70. 1; 79. 1

厄乌里波斯　Εὔριπος　Euripus　**7**. 29. 1,2; 30. 1

厄乌律巴托斯，科西拉人　Εὐρύβατος Κερκυραῖος　Eurybatus, a Corcyraean　**1**. 47. 1

厄乌律厄罗斯　Εὐρύηλος　Euryelus　**6**. 97. 2　**7**. 2. 3; 43. 3

厄乌律罗科斯，拉刻代蒙人　Εὐρύλοχος Λακεδαιμόνιος　Eurylochus, a Lacedaemonian　**3**. 100. 2; 101. 1; 102. 5,7; 105. 1,2,4; 106. 1; 107. 4; 108. 1; 109. 1

厄乌律马科斯，忒拜人　Εὐρύμαχος Θηβαῖος　Eurymachus, a Theban
2. 2. 3; 5. 7

厄乌律墨冬　Εὐρυμέδων　Eurymedon　**1**. 100. 1

厄乌律墨冬，雅典人　Εὐρυμέδων Ἀθηναῖος　Eurymedon, an Athenian
3. 80. 1; 81. 4; 85. 1; 91. 4; 115. 5　**4**. 2. 2; 3. 1; 8. 3; 46. 1; 65. 3　**6**. 1. 1　**7**. 16. 2; 31. 3,5; 33. 3; 35. 1; 42. 1; 43. 2; 49. 3; 52. 2

厄乌律斯忒乌斯　Εὐρυσθεύς　Eurystheus　**1**. 9. 2

厄乌律塔涅斯人　Εὐρυτᾶνες *　Eurytanians　**3**. 94. 5; 100. 1

厄乌律提摩斯，科林斯人　Εὐρύτιμος Κορίνθιος　Eurytimus, a Corinthian
1. 29. 2

欧罗巴　Εὐρώπη　Europe　**1**. 89. 2　**2**. 97. 5,6

厄乌洛波斯　Εὐρωπός　Europus　**2**. 100. 3

厄乌斯特洛波斯，阿耳戈斯人　Εὔστροφος Ἀργεῖος　Eustrophus, an Argive　**5**. 40. 3

厄乌帕弥达斯，科林斯人　Εὐφαμίδας Κορίνθιος　Euphamidas, a Corinthian　**2**. 33. 1　**4**. 119. 2　**5**. 55. 1

厄乌珀摩斯，雅典人　Εὔφημος Ἀθηναῖος　Euphemus, an Athenian
6. 75. 4; 81; 88. 1

厄乌庇勒托斯，雅典人　Εὐφίλητος Ἀθηναῖος　Euphiletus, an Athenian
3. 86. 1

厄珀索斯节庆　Ἐφέσια　festival of Ephesus　**3**. 104. 3

厄珀索斯　Ἔφεσος　Ephesus　**1**. 137. 2　**3**. 32. 2; 33. 1　**4**. 50. 3　**8**. 19. 3; 109. 1

厄皮瑞　Ἐφύρη　Ephyre　**1**. 46. 4

厄刻克剌提得斯，忒萨利亚国王　Ἐχεκρατίδης Θεσσαλῶν βασιλεύς

Echecratides, King of Thessalia **1**.111.1

厄刻提弥达斯，拉刻代蒙人　Ἐχετιμίδας Λακεδαιμόνιος　Echetimidas, a Lacedaemonian　**4**.119.2

厄喀那得斯　Ἐχινάδες　Echinades　**2**.102.3

兹丹克勒　Ζάγκλη　Zancle　**6**.4.5; 5.1

兹达库恩托斯　Ζάκυνθος　Zacynthus　**2**.7.3; 66.1; 80.1　**4**.8.2, 3, 5; 13.2　**7**.31.2　兹达库恩托斯人　Ζακύνθιοι　Zacynthians　**1**.47.2　**2**.9.4①　**3**.94.1; 95.2　**7**.57.7

兹得乌克西达摩斯，拉刻代蒙人　Ζευξίδαμος Λακεδαιμόνιος　Zeuxidamus, a Lacedaemonian　**2**.19.1; 47.2; 71.1　**3**.1.1

兹得乌克西达斯，拉刻代蒙人　Ζευξίδας Λακεδαιμόνιος　Zeuxidas, a Lacedaemonian　**5**.19.2; 24.1

宙斯　Ζεύς　Zeus　**1**.103.2; 126.4, 5, 6　**2**.15.4; 71.2　**3**.14.1; 70.4; 96.1　**5**.16.2, 3; 31.2; 47.11; 50.1　**8**.19.2　参看 "自由的" Ἐλευθέριος of freedom；"伊托墨的" Ἰθωμήτης of Ithome；"仁慈的" Μειλίχιος Gracious；"涅墨亚的" Νέμειος Nemean；"奥林波斯的" Ὀλύμπιος② Olympian

兹多皮洛斯，波斯人　Ζώπυρος Πέρσης　Zopyrus, a Persian　**1**.109.3

赫革珊德洛斯，忒斯庇埃人　Ἡγήσανδρος Θεσπιεύς　Hegesander, a Thespian　**7**.19.3

赫革珊德洛斯，拉刻代蒙人　Ἡγήσανδρος Λακεδαιμόνιος　Hegesander, a Lacedaemonian　**4**.132.3

厄多尼亚人　Ἠδωνοί 或 Ἠδῶνες　Edonians　**1**.100.3　**2**.99.4　**4**.102.2, 3; 107.3; 109.4 5.6.4　厄多尼亚人的城邦　Ἠδωνικαὶ πόλεις　cities of Edonians　**1**.100.3　**4**.107.3

厄厄提俄涅亚　Ἠετιωνεία　Eëtioneia　**8**.90.1, 3, 4; 91.2; 92.4

厄翁，色雷斯的　Ἠιών τῆς Θράκης　Eion of Thrace　**1**.98.1　**4**.50.1; 102.3; 104.5; 106.3, 4; 107.1, 2; 108.1　**5**.6.1, 2; 10.3, 8, 10

---

① 原文为"2.94"，有误。阿尔伯蒂的校勘本为"2.9.4"，正确。
② "牛津本"为"Ὀλύμπιας"，今依阿尔伯蒂的校勘本改。详见下文注。

厄翁，卡尔喀狄刻的 Ἠιών τῆς Χαλκιδικῆς Eion of chalcidice **4**.7

厄利斯 Ἦλις Elis **2**.25.3；66.1 **5**.47.4,9,10 厄利斯的领土 Ἠλεία territory of Elis **2**.25.3 **5**.34.1 **6**.88.9 厄利斯人 Ἠλεῖοι Eleans **1**.27.2；30.2；46.1 **2**.9.3；25.3,5；84.5 **3**.29.2 **5**.17.2；31.1,2,3,4,5；34.1；37.2；43.3；44.2；45.3；47.1,2,3,4,5,8,10；48.2；49.1,3,5；50.3；58.1；61.1；62.1,2；75.5；78 **7**.31.1

大陆的民族 Ἠπειρωτικὰ ἔθνη① peoples of Continent **3**.94.3；102.6

赫拉 Ἥρα Hera **3**.68.3 **4**.133.2

赫赖亚人 Ἡραιῆς Heraeans **5**.67.1

赫拉庙，在阿耳戈斯的 Ἥραιον ἐν Ἄργει Heraeum in Argos **5**.75.6 赫拉庙，在科西拉的 Ἥ. ἐν Κερκύρα Heraeum in Corcyra **1**.24.7 **3**.75.5；79.1；81.2 赫拉庙，在普拉泰亚 Ἥ. ἐν Πλαταιαῖς Heraeum in Plataea **3**.68.3

赫剌克勒亚 Ἡράκλεια Heraclea **3**.92.1,6；100.2 **4**.78.1 **5**.12.1；52.1 赫剌克勒亚人 Ἡρακλεῶται Heracleots **5**.51.1,2

赫剌克勒斯的后裔 Ἡρακλεῖδαι Heraclids **1**.9.2；12.3 **6**.3.2

赫剌克勒得斯，叙拉古人 Ἡρακλείδης Συρακόσιος Heracleides, a Syracusan **6**.73.1；103.4

赫剌克勒斯庙，在曼提涅亚 Ἡράκλειον ἐν Μαντινείᾳ temple of Heracles in Mantineia **5**.64.5；66.1

赫剌克勒俄提斯 Ἡρακλεῶτις Heracleotis territory of Heracleia **4**.75.2

赫剌克勒斯 Ἡρακλῆς Heracles **1**.24.2 **7**.73.2

赫西俄德 Ἡσίοδος Hesiod **3**.96.1

赫索斯人 Ἥσσιοι Hessians **3**.101.2

赫派斯托斯 Ἥφαιστος Hephaistus **3**.88.3

塔律普斯，摩罗索人的国王 Θάρυψ Μολοσσῶν βασιλεύς Tharyps, a Molossian king **2**.80.6

塔索斯 Θάσος Thasos **1**.100.2 **4**.104.4；105.1 **8**.64.2,4,5 塔索斯人 Θάσιοι Thasians **1**.100.2；101.1,3 **4**.107.3 **5**.6.1 **8**.64.3

---

① 这个词组作为专有名词似乎不太合适，阿尔伯蒂的校勘本未收。

塔普索斯　Θάψος　Thapsus　**6**.4.1; 97.1,2; 99.4; 101.3; 102.3　**7**.49.2

忒阿革涅斯，雅典人　Θεαγένης① Ἀθηναῖος　Theagenes, an Athenian　**4**.27.3　**5**.19.2; 24.1

忒阿革涅斯，墨伽拉的僭主　Θεαγένης Μεγαρέων τύραννος　Theagenes, tyrant of Megara　**1**.126.3,5

忒埃涅托斯，普拉泰亚人　Θεαίνετος Πλαταιεύς　Theainetus, a Plataean　**3**.20.1

忒弥斯托克勒斯，雅典人　Θεμιστοκλῆς Ἀθηναῖος　Themistocles, an Athenian　**1**.14.3; 74.1; 90.3; 91.1,3,4; 93.3; 135.2; 136.1; 137.3,4; 138.3,6

忒俄多洛斯，雅典人　Θεόδωρος Ἀθηναῖος　Theodorus, an Athenian　**3**.91.1

忒俄吕托斯，阿卡耳那尼亚人　Θεόλυτος Ἀκαρνάν　Theolytus, an Acarnanian　**2**.102.1

忒耳墨　Θέρμη　Therme　**1**.61.2　**2**.29.6

温泉关　Θερμοπύλαι　Thermopylae　**2**.101.2　**3**.92.6　**4**.36.3

忒耳蒙，斯巴达人　Θέρμων Σπαρτιάτης　Thermon, a Spartiate　**8**.11.2

忒斯庇埃的领土　Θεσπική　Thespian territory　**4**.76.3　忒斯庇埃人　Θεσπιῆς　Thespians　**4**.93.4; 96.3; 133.1　**6**.95.2　**7**.19.3; 25.3

忒斯普洛提斯　Θεσπρωτίς　Thesprotis　**1**.30.3; 46.3,4; 50.3　忒斯普洛托人　Θεσπρωτοί　Thesprotians　**2**.80.5

忒萨利亚　Θεσσαλία　Thessalia 或 Thessaly　**1**.2.3; 111.1　**4**.78.2; 79.1; 132.2　**5**.13.1; 14.1　**8**.43.3　忒萨利亚人　Θεσσαλοί　Thessalians　**1**.12.3; 102.4; 107.7; 111.1　**2**.22.2,3; 101.2　**3**.93.2　**4**.78.2,3,4,6; 108.1; 132.2　**5**.13.1; 51.1　**8**.3.1

忒萨罗斯，雅典人　Θεσσαλὸς Ἀθηναῖος　Thessalus, an Athenian　**1**.20.2　**6**.55.1

忒拜　Θῆβαι　Thebes　**1**.90.2　**2**.5.2　**3**.22.7; 24.1,2　**4**.76.2; 91　忒拜的领土　Θηβαΐς　Theban territory　**3**.58.5　忒拜人　Θηβαῖοι　Thebans　**1**.27.2　**2**.2.1,2,3; 3.1,2; 4.7; 5.1,4,5,6,7; 6.1,2,3; [19.1]; 71.3; 72.2　**3**.5.2;

---

① 见正文译注（4.27.3）。

54. 1；55. 1, 3；56. 1；57. 2, 3；58. 1；59. 2, 3, 4；60；68. 1, 3, 4；91. 5 **4**. 93. 4；96. 4, 6；133. 1 **5**. 17. 2 **6**. 95. 2 **7**. 18. 2；19. 3；30. 1, 2, 3 **8**. 100. 3

忒拉 Θήρα Thera **2**. 9. 4

忒剌墨涅斯，雅典人 Θηραμένης Ἀθηναῖος Theramenes, an Athenian **8**. 68. 4；89. 2；90. 3；91. 1, 2；92. 2, 3, 6, 9, 10；94. 1

忒里墨涅斯，拉刻代蒙人 Θηριμένης Λακεδαιμόνιος Therimenes, a Lacedaemonian **8**. 26. 1；29. 2；31. 1；36. 2；38. 1；43. 3；52

忒塞乌斯庙 Θησεῖον temple of Theseus **6**. 61. 2

忒塞乌斯，雅典国王 Θησεύς Ἀθηναίων βασιλεύς Theseus, an Athenian king **2**. 15. 1, 2

托里科斯 Θορικός Thorikus **8**. 95. 1

图克勒斯，雅典人 Θουκλῆς Ἀθηναῖος Thoucles, an Athenian **3**. 80. 2；91. 4；115. 5 **7**. 16. 2

图克勒斯，卡尔喀斯人 Θουκλῆς Χαλκιδεύς Thoucles, a Chalcidian **6**. 3. 1, 3

修昔底德，雅典人 Θουκυδίδης Ἀθηναῖος Thucydides, an Athenian **1**. 117. 2

修昔底德，俄罗洛斯之子，雅典人 Θουκυδίδης Ὀλόρου Ἀθηναῖος Thucydides, son of Olorus, an Athenian **1**. 1. 1 **2**. 70. 4；103. 2 **3**. 25. 2；88. 4；116. 3 **4**. 51；104. 4；105. 1；106. 3；135. 2 **5**. 26. 1 **6**. 7. 4；93. 4 **7**. 18. 4 **8**. 6. 5；60. 3

修昔底德，帕耳萨罗斯人 Θουκυδίδης Φαρσάλιος Thucydides, a Pharsalian **8**. 92. 8

图里亚 Θουρία① Thuria **6**. 61. 7；88. 9；104. 2 **7**. 33. 5, 6 图里俄人的领土 Θουρίας② Thurian country **7**. 35. 1 图里俄人 Θούριοι Thurians **6**. 61. 6；104. 3 **7**. 33. 6；35. 1；57. 11 图里俄人的战舰 Θούριαι νῆες Thurian ships **8**. 35. 1；61. 2；84. 2

图里亚人 Θουριᾶται③ Thuriats **1**. 101. 2

色雷斯 Θρᾴκη **1**. 100. 2, 3；130. 1 **2**. 29. 2, 3；67. 1, 3 **4**. 101. 5；105. 1 **5**. 6. 2；7. 4；

---

① 见正文译注（6.61.6）。
② 原文是"τῆς Θουριάδος γῆς"，即"ἡ Θουριάς γῆ"的属格。这里似乎少了"γῆ"。
③ 此图里亚在伯罗奔尼撒，直译"图里亚地方的人"。

34. 1; 67. 1　**7**. 27. 2　色雷斯地区　τὰ ἐπὶ Θράκης　Thracian area　**1**. 59. 1; 60. 3; 68. 4　**2**. 9. 4; 29. 4; 67. 4　**3**. 92. 4　**4**. 7; 78. 1; 82; 104. 4　**5**. 2. 1; 12. 1; 21. 1; 80. 2　**8**. 64. 2　色雷斯人　Θρᾷκες　Thracians　**1**. 100. 3　**2**. 29. 1, 2, 3, 7; 95. 1; 96. 1, 2; 97. 4; 98. 3; 100. 3, 5; 101. 3　**4**. 75. 2; 102. 2; 129. 2　**5**. 6. 2, 4　**7**. 9; 27. 1; 29. 1, 4; 30. 1, 2　色雷斯地区的人　οἱ ἐπὶ Θράκης　the people in Thrace　**1**. 56. 2; 57. 5　**2**. 58. 1; 79. 1; 95. 1　**4**. 79. 2; 102. 1; 122. 2　**5**. 26. 2; 30. 2; 31. 6; 35. 3, 5, 6; 38. 1, 4; 83. 4　**6**. 7. 4; 10. 5　在色雷斯的战争　ὁ ἐπὶ Θράκης πόλεμος　the war in Thrace　**2**. 29. 5; 95. 2　出征色雷斯　ἡ ἐπὶ Θράκης στρατεία　expedition to Thrace　**4**. 70. 1; 74. 1　一支色雷斯军队　Θρᾳκία στρατιά　a force of Thrace　**2**. 29. 5　色雷斯门　Θρᾴκιαι πύλαι　the Thracian gates　**5**. 10. 1, 7

特剌绪部罗斯, 雅典人　Θρασύβουλος Ἀθηναῖος　Thrasybulus, an Athenian　**8**. 73. 4; 75. 2; 76. 2; 81. 1; 100. 4; 104. 3; 105. 2, 3

特剌绪克勒斯, 雅典人　Θρασυκλῆς Ἀθηναῖος　Thrasycles, an Athenian　**5**. 19. 2; 24. 1　**8**. 15. 1; 17. 3; 19. 2

特剌绪罗斯, 雅典人　Θράσυλλος① Ἀθηναῖος　Thrasyllus, an Athenian　**8**. 73. 4; 75. 2; 76. 2; 100. 1, 4; 104. 3; 105. 2, 3

特剌绪罗斯, 阿耳戈斯人　Θράσυλος Ἀργεῖος　Thrasylus, an Argive　**5**. 59. 5; 60. 6

特剌绪墨利达斯, 斯巴达人　Θρασυμηλίδας Σπαρτιάτης　Thresymelidas, a Spartiate　**4**. 11. 2

特里亚　Θρῖα　Thria　**1**. 114. 2　**2**. 21. 1　特里亚平原　Θριάσιον πεδίον　Thriasian plain　**2**. 19. 2; 20. 3; 21. 1

特洛尼翁　Θρόνιον　Thronium　**2**. 26. 2

堤阿弥斯河　Θύαμις ποταμός　Thyamis River　**1**. 46. 4

堤阿摩斯山　Θύαμος② ὄρος　Mount Thyamus　**3**. 106. 3

堤摩卡瑞斯, 雅典人　Θυμοχάρης Ἀθηναῖος　Thymochares, an Athenian　**8**. 95. 2

堤瑞亚　Θυρέα　Thyrea　**2**. 27. 2　**4**. 56. 2; 57. 3　**5**. 41. 2　堤瑞亚提斯(堤瑞亚的领土)　Θυρεᾶτις　Thyreatis (territory of Thyrea)　**2**. 27. 2　**6**. 95. 1

---

① 原文为 "Θράσυλος", 今依阿尔伯蒂的校勘本改。
② 原文为 "Θύαμον", 英译本均作 "Thyamus", 阿尔伯蒂的校勘本为 "Θύαμος", 今从。

堤索斯　Θυσσός　Thyssus　**4.** 109. 3　**5.** 35. 1

伊俄尼亚族　Ἴαονες①　Ionians　**3.** 104. 4

伊阿皮癸亚　Ἰαπυγία　Iapygia　**6.** 30. 1; 34. 4; 44. 2　**7.** 33. 3, 4　Ἰάπυγες　Iapygians　**7.** 33. 4; 57. 11

伊俄尼亚血缘　Ἰὰς ξυγγένεια　Ionian descent　**4.** 61. 2

伊阿索斯　Ἴασος　Iasus　**8.** 28. 2, 3; 29. 1; 36. 1; 54. 3　伊阿索斯海湾　Ἰασικὸς κόλπος　Iasic gulf　**8.** 26. 2

伊比利亚　Ἰβηρία　Iberia　**6.** 2. 2　伊比利亚人　Ἴβηρες　Iberians　**6.** 2. 2; 90. 3

伊达科斯　Ἴδακος　Idakus　**8.** 104. 2

伊达山　Ἴδη　Ida　**4.** 52. 3　**8.** 108. 4

伊多墨涅　Ἰδομενή　Idomene　**3.** 112. 1; 113. 3, 4

希厄拉　Ἱερά　Hiera　**3.** 88. 2, 3

希厄剌墨涅斯, 波斯人　Ἱεραμένης Πέρσης　Hieramenes, a Persian　**8.** 58. 1

希厄洛蓬, 雅典人　Ἱεροφῶν Ἀθηναῖος　Hierophon, an Athenian　**3.** 105. 3

伊厄泰　Ἴεται　Ietae　**7.** 2. 3

伊厄吕索斯　Ἰηλυσός　Ialysus　**8.** 44. 2

伊托墨　Ἰθώμη　Ithome　**1.** 101. 2, 3; 102. 1, 3; 103. 1　**3.** 54. 5

伊托墨的宙斯　Ἰθωμήτης Ζεύς　Zeus of Ithome　**1.** 103. 2

伊卡洛斯　Ἴκαρος　Icarus　**3.** 29. 1　**8.** 99

伊利翁　Ἴλιον　Ilium　**1.** 12. 2, 3　**6.** 2. 3

伊吕里俄斯人　Ἰλλυριοί　Illyrians　**1.** 26. 4　**4.** 124. 4; 125. 1, 2　伊吕里俄斯族　Ἰλλυρικὸν ἔθνος　Illyrian people　**1.** 24. 1

印布洛斯　Ἴμβρος　Imbros　**8.** 102. 2, 3; 103. 3　印布洛斯人　Ἴμβριοι　Imbrians　**3.** 5. 1　**4.** 28. 4　**5.** 8. 2　**7.** 57. 2

希墨拉　Ἱμέρα　Himera　**6.** 5. 1; 62. 2　**7.** 1. 1, 2, 3　希墨拉的领土　Ἱμεραία　territory of Himera　**3.** 115. 1　希墨拉人　Ἱμεραῖοι　Himeraeans　**7.** 1. 3, 5; 58. 2

---

① "Ἴων" 的复数, 即 "Ἴωνες", Ἰωνία 族。

— 628 —

希墨赖翁　Ἱμεραῖον　Himeraeum　**7**.9

伊那洛斯，利比亚国王　Ἴναρως Λιβύων βασιλεύς　Inarus, a Libyan king　**1**.104.1; 110.3

伊涅萨　Ἴνησσα　Inessa　**3**.103.1　伊涅萨人　Ἰνησσαῖοι　Inessaeans　**6**.94.3

伊俄拉俄斯，马其顿人　Ἰόλαος Μακεδόνιος　Iolaos, a Macedonian　**1**.62.2

爱奥尼亚海湾①　Ἰόνιος κόλπος　Ionian Sea　**1**.24.1　**2**.97.5　**6**.13.1; 30.1; 34.4; 44.1; 104.1　**7**.33.3; 57.11

伊普尼亚人　Ἰπνῆς　Ipneans　**3**.101.2

希帕格瑞塔斯，拉刻代蒙人　Ἱππαγρέτας Λακεδαιμόνιος　Hippagretas, a Lacedaemonian　**4**.38.1

希帕耳科斯，雅典人　Ἵππαρχος Ἀθηναῖος　Hipparchus, an Athenian　**1**.20.2　**6**.54.2,3,4; 55.1,3,4; 57.3

希庇阿斯，雅典僭主　Ἱππίας Ἀθηναίων τύραννος　Hippias, an Athenian tyrant　**1**.20.2　**6**.54.2,6,7; 55.1,3; 57.1,2; 58.1; 59.2,3,4

希庇阿斯，阿耳卡狄亚人　Ἱππίας Ἀρκάς　Hippias, an Arcadian　**3**.34.3

希波克勒斯，雅典人　Ἱπποκλῆς Ἀθηναῖος　Hippocles, an Athenian　**8**.13

希波克罗斯，兰普萨科斯僭主　Ἵπποκλος Λαμψακηνῶν τύραννος　Hippoclus, tyrant of Lampsacus　**6**.59.3

希波克剌忒斯，雅典人　Ἱπποκράτης Ἀθηναῖος　Hippocrates, an Athenian　**4**.66.3; 67.1; 76.2; 77.1; 89.1,2; 90.1,4; 93.2; 94.2; 96.1; 101.2

希波克剌忒斯，革拉僭主　Ἱπποκράτης Γελῴων τύραννος　Hippocrates, tyrant of Gela　**6**.5.3

希波克剌忒斯，斯巴达人　Ἱπποκράτης Σπαρτιάτης　Hippocrates, a Spartiate　**8**.35.1; 99; 107.2

希波罗喀达斯，帕耳萨罗斯人　Ἱππολοχίδας Φαρσάλιος　Hippolochidas, a Pharsalian　**4**.78.1

希波尼科斯，雅典人　Ἱππόνικος Ἀθηναῖος　Hipponicus, an Athenian　**3**.91.4

---

① 详正文译注（1.24.1）。

希波诺伊达斯，拉刻代蒙人　Ἱππονοΐδας Λακεδαιμόνιος　Hipponoïdas, a Lacedaemonian　**5**.71.3; 72.1

希波尼翁人　Ἱππωνιῆς　Hipponians　**5**.5.3

伊里厄斯人　Ἰριῆς*　Irians　**3**.92.2

伊萨耳喀达斯，科林斯人　Ἰσαρχίδας Κορίνθιος　Isarchidas, a Corinthian　**1**.29.2

伊萨耳科斯，科林斯人　Ἴσαρχος Κορίνθιος　Isarchus, a Corinthian　**1**.29.2

地峡竞技会　Ἴσθμια　Isthmian festival　**8**.9.1; 10.1　地峡竞技会的休战　Ἰσθμιάδες σπονδαί　Isthmian truce　**8**.9.1

伊斯特弥俄尼科斯，雅典人　Ἰσθμιόνικος Ἀθηναῖος　Isthmionicus, an Athenian　**5**.19.2; 24.1

（科林斯）地峡　Ἰσθμός①　Isthmus　**1**.13.5; 108.2　**2**.9.2; 10.2; 13.1; 18.3　**3**.15.1; 16.1; 18.1; 89.1　**4**.42.2,3　**5**.18.10; 75.2　**6**.61.2　**8**.7; 8.3; 11.3

伊索克剌忒斯，科林斯人　Ἰσοκράτης Κορίνθιος　Isocrates, a Corinthian　**2**.83.4

伊索罗科斯，雅典人　Ἰσόλοχος Ἀθηναῖος　Isolochus, an Athenian　**3**.115.2

伊斯特洛斯　Ἴστρος　Istrus　**2**.96.1; 97.1

伊斯托涅　Ἰστώνη　Istone　**3**.85.3　**4**.46.1

伊斯卡戈剌斯，拉刻代蒙人　Ἰσχαγόρας Λακεδαιμόνιος　Ischagoras, a Lacedaemonian　**4**.132.2,3　**5**.19.2; 21.1,3; 24.1

意大利　Ἰταλία　Italy　**1**.12.4; 36.2; 44.3　**2**.7.2　**3**.86.2,5　**4**.24.4　**5**.4.1; 5.1　**6**.2.4; 34.1; 42.2; 44.2; 90.3; 91.3; 103.2; 104.1,2　**7**.14.3; 25.1; 33.4　意大利的希腊人　Ἰταλιῶται　Greeks in Italy　**6**.44.3; 88.7; 90.2　**7**.57.11; 87.3　意大利希腊人的战舰　Ἰταλιώτιδες νῆες　Italian ships　**8**.91.2

伊塔罗斯，西刻罗人的国王　Ἰταλὸς Σικελῶν βασιλεύς　Italus, a king of the Sicels　**6**.2.4

伊塔马涅斯，波斯人　Ἰταμάνης Πέρσης　Itamanes, a Persian　**3**.34.1

伊堤斯　Ἴτυς　Itys　**2**.29.3

---

① 原文误作"Ἰσμός"，阿尔伯蒂的校勘本未收此词。

伊克堤斯　Ἰχθύς　Ichthys　**2**. 25. 4

伊俄尔喀俄斯，雅典人　Ἰώλκιος Ἀθηναῖος　Iolcius, an Athenian **5**. 19. 2; 24. 1

伊翁，喀俄斯人　Ἴων Χῖος　Ion, a Chian　**8**. 38. 3

伊俄尼亚　Ἰωνία　Ionia　**1**. 2. 6; 89. 2; 137. 2　**2**. 9. 4　**3**. 31. 1; 32. 3; 33. 2; 36. 2; 76　**7**. 57. 4　**8**. 6. 2; 12. 1, 2; 20. 1; 26. 3; 31. 2; 39. 1; 40. 1; 56. 4; 86. 4; 96. 4; 108. 3　伊俄尼亚人　Ἴωνες　Ionians　**1**. 6. 3; 12. 4; 13. 6; 16; 95. 1; 124. 1　**2**. 15. 4　**3**. 86. 3; 92. 5; 104. 3　**5**. 9. 1　**6**. 4. 5; 76. 3; 77. 1; 80. 3; 82. 2, 3　**7**. 5. 4; 57. 2, 4, 9　**8**. 25. 3, 5

伊俄尼亚战争　Ἰωνικὸς πόλεμος　Ionian war　**8**. 11. 3

卡德墨伊斯　Καδμηίς　Cadmeïs　**1**. 12. 3

开阿达斯　Καιάδας①　Caeadas　**1**. 134. 4

卡伊喀诺斯　Καΐκῖνος　Caïcinus　**3**. 103. 3

卡库帕里斯　Κακύπαρις　Cacyparis　**7**. 80. 5

卡勒斯　Κάλης　Cales　**4**. 75. 2

卡利阿得斯，雅典人　Καλλιάδης Ἀθηναῖος　Calliades, an Athenian **1**. 61. 1

卡利阿斯，希波尼科斯之父，雅典人　Καλλίας Ἀθηναῖος Ἱππονίκου πατήρ Callias, father of Hipponicus, an Athenian　**3**. 91. 4

卡利阿斯，卡利阿得斯之子，雅典人　Καλλίας Καλλιάδου Ἀθηναῖος Callias, son of Calliades, an Athenian　**1**. 61. 1; 62. 4; 63. 3

卡利阿斯，科林斯人　Καλλίας Κορίνθιος　Callias, a Corinthian　**1**. 29. 2

卡利阿斯，许珀洛喀得斯之子，雅典人　Καλλίας Ὑπεροχίδου Ἀθηναῖος Callias, son of Hyperochides, an Athenian　**6**. 55. 1

卡利革托斯，墨伽拉人　Καλλίγειτος Μεγαρεύς　Calligeitus, a Megarian **8**. 6. 1; 8. 1; 39. 1

卡利翁人　Καλλιῆς　Callians　**3**. 96. 3

卡利克剌忒斯，科林斯人　Καλλικράτης Κορίνθιος　Callicrates, a Corinthian　**1**. 29. 2

---

① 阿尔伯蒂的校勘本作"Κεάδας"。

卡利马科斯，勒阿耳科斯之父，雅典人　Καλλίμαχος Ἀθηναῖος Λεάρχου πατήρ　Callimachus, father of Learchus, an Athenian　**2**. 67. 2

卡利马科斯，帕诺马科斯之父，雅典人　Καλλίμαχος Ἀθηναῖος Φανομάχου πατήρ　Callimachus, father of Phanomachus, an Athenian　**2**. 70. 1

"美泉"　Καλλιρρόη　Callirrhoe (beautiful fountain)　**2**. 15. 5

卡吕冬　Καλυδών　Calydon　**3**. 102. 5

卡尔刻冬　Καλχηδών　Calchedon　**4**. 75. 2

卡马里娜　Καμάρινα　Camarina　**3**. 86. 2　**4**. 25. 7　**6**. 5. 3; 52. 1; 75. 3, 4　**7**. 80. 2　卡马里娜的领土　Καμαριναία　territory of Camarina　**6**. 78. 4　卡马里娜人　Καμαριναῖοι　Camarianeans　**3**. 86. 2　**4**. 58; 65. 1　**5**. 4. 6　**6**. 5. 3; 67. 2; 75. 3, 4; 76. 1; 78. 4; 87. 1; 88. 1　**7**. 33. 1; 58. 1

冈比西斯，波斯国王　Καμβύσης Περσῶν βασιλεύς　Cambyses, a Persian king　**1**. 13. 6; 14. 2

卡墨洛斯　Κάμειρος　Cameirus　**8**. 44. 2

卡那斯特赖翁　Καναστραῖον　Canastraeum　**4**. 110. 2

卡帕同，罗克洛斯人　Καπάτων Λοκρός　Capaton, a Locrian　**3**. 103. 3

卡耳达密勒　Καρδαμύλη　Cardamyle　**8**. 24. 3

卡里亚　Καρία　Caria　**1**. 116. 1, 3　**2**. 9. 4; 69. 1　**3**. 19. 2　**8**. 5. 5　卡里亚人　Κᾶρες　Carians　**1**. 4; 8. 1　**2**. 9. 4　**3**. 19. 2　**8**. 85. 2

卡耳喀诺斯，雅典人　Καρκίνος Ἀθηναῖος　Carcinus, an Athenian　**2**. 23. 2

卡耳涅亚节　Κάρνεια　Carneian festival　**5**. 75. 2, 5; 76. 1

卡耳涅俄斯月　Καρνεῖος μήν　month of Carneia　**5**. 54. 2, 3

卡耳忒里亚　Καρτέρια　Carteria　**8**. 101. 2

卡律埃　Καρύαι　Caryae　**5**. 55. 3

卡律斯托斯人　Καρύστιοι　Carystians　**1**. 98. 3　**4**. 42. 1; 43. 3, 4　**7**. 57. 4　**8**. 69. 3

迦太基　Καρχηδών　Carthage　**6**. 2. 6; 15. 2; 34. 2; 88. 6　迦太基商站　Καρχηδονιακὸν ἐμπόριον　a Carthaginian trading post　**7**. 50. 2　迦太基人　Καρχηδόνιοι　Carthaginians　**1**. 13. 6　**6**. 90. 2

卡斯墨奈　Κασμέναι　Casmenae　**6**. 5. 2

卡塔涅　Κατάνη　Catana　**5**. 4. 6　**6**. 3. 3; 20. 3; 50. 3, 5; 51. 3; 52. 2; 62. 3; 63. 2; 64. 2; 65. 1, 3; 71. 1; 72. 1; 74. 1; 75. 2; 88. 5; 94. 1, 3, 4; 97. 1　**7**. 14. 2; 42. 3; 49. 2; 60. 2;

80. 2; 85. 4　卡塔涅人　Καταναῖοι　Catanians　**3.** 116. 1　**6.** 3. 3; 50. 3; 51. 1, 2; 64. 2, 3; 98. 1　**7.** 57. 11

考罗尼亚的领土　Καυλωνιᾶτις　Caulonian territory　**7.** 25. 2

考诺斯　Καῦνος　Caunus　**1.** 116. 3　**8.** 39. 3; 41. 1, 4; 42. 2, 4; 57. 1; 88; 108. 1

肯克瑞亚　Κεγχρειά 或 Κεγχρειαί　Cenchrea 或 Cenchreae　**4.** 42. 4; 44. 4　**8.** 10. 1; 20. 1; 23. 1, 5

刻俄斯人　Κεῖοι　Ceans　**7.** 57. 4

刻卡罗斯，墨伽拉人　Κέκαλος Μεγαρεύς　Cecalus, a Megarian　**4.** 119. 2

刻克洛普斯，雅典国王　Κέκροψ Ἀθηναίων βασιλεύς　Cecrops, an Athenian king　**2.** 15. 1

刻克律帕勒亚　Κεκρυφάλεια　Cecryphaleia　**1.** 105. 1

肯托里帕　Κεντόριπα　Centoripa　**6.** 94. 3　肯托里帕人　Κεντόριπες　Centoripae　**7.** 32. 1

陶匠区　Κεραμεικός　Cerameicus　**6.** 57. 1; 58. 1

刻耳底利翁　Κερδύλιον　Cerdylium　**5.** 6. 3, 5; 8. 1; 10. 2

刻耳喀涅　Κερκίνη　Cercine　**2.** 98. 1

科西拉　Κέρκυρα　Corcyra　**1.** 24. 6; 25. 1, 4; 26. 3; 36. 1; 44. 1, 2; 45. 3; 46. 1, 3; 53. 2, 4; 55. 1, 2; 57. 1; 68. 4; 136. 1; 146　**2.** 7. 3　**3.** 69. 2; 70. 1, 3; 76; 80. 2; [84. 1]　**4.** 3. 1; 5. 2; 8. 2; 46. 1　**6.** 30. 1; 32. 2; 34. 6; 42. 1; 43; 44. 1　**7.** 26. 3; 31. 1, 5; 33. 3　科西拉的领土　Κερκυραία　territory of Corcyra　**1.** 30. 1　科西拉人　Κερκυραῖοι　Corcyraeans　**1.** 13. 4; 14. 2; 24. 2, 7; 25. 3; 26. 3, 4, 5; 27. 2; 28. 1, 5; 29. 1, 3, 5; 30. 1, 2, 4; 31. 1, 2, 3, 4; 32. 2; 36. 3, 4; 37. 1; 40. 4; 42. 2; 44. 1; 45. 1; 47. 1; 48. 2, 3, 4; 49. 4, 5, 6, 7; 50. 3, 5; 51. 2, 4, 5; 52. 1; 53. 3, 4; 54. 1, 2; 55. 1, 2; 136. 1　**2.** 9. 4, 5; 25. 1　**3.** 70. 1, 2; 71. 1; 72. 2; 77. 3; 78. 1, 2, 3; 79. 1, 2; 80. 1; 81. 2, 4; 85. 1, 2; 94. 1; 95. 2　**4.** 2. 3; 46. 1, 4, 5; 47. 1, 3; 48. 2, 4, 5　**7.** 44. 6; 57. 7　科西拉事务　Κερκυραϊκά　affairs of Corcyra　**1.** 118. 1

刻斯特里涅　Κεστρίνη　Cestrine　**1.** 46. 4

刻帕勒尼亚　Κεφαλληνία　Cephallenia　**2.** 7. 3; 30. 2; 33. 3; 80. 1　**5.** 35. 7　**7.** 31. 2　刻帕勒尼亚人　Κεφαλλῆνες　Cephallenians　**1.** 27. 2　**3.** 94. 1; 95. 2　**7.** 57. 7

刻奈翁　Κήναιον　Cenaeum　**3.** 93. 1

刻律刻斯　Κήρυκες　Ceryces　**8.** 53. 2

喀泰戎　Κιθαιρών　Cithaeron　**2.** 75. 2　**3.** 24. 1

喀利喀亚人　Κίλικες　Cilicians　**1.** 112. 4

喀蒙，弥尔提阿得斯之子，雅典人　Κίμων Μιλτιάδου Ἀθηναῖος　Cimon, son of Miltiades, an Athenian　**1.** 45. 2; 98. 1; 100. 1; 102. 1; 112. 2, 4

喀提翁　Κίτιον　Citium　**1.** 112. 3, 4

克拉兹多墨奈　Κλαζομεναί　Clazomenae　**8.** 14. 3; 22. 1; 23. 6; 31. 2, 3　克拉兹多墨奈人　Κλαζομένιοι　Clazomenians　**8.** 14. 3; 16. 1; 23. 6; 31. 4

克拉洛斯　Κλάρος　Clarus　**3.** 33. 1, 2

克勒埃涅托斯，雅典人　Κλεαίνετος Ἀθηναῖος　Cleainetus, an Athenian　**3.** 36. 6　**4.** 21. 3

克勒安德里达斯，拉刻代蒙人　Κλεανδρίδας Λακεδαιμόνιος　Cleandridas, a Lacedaemonian　**6.** 93. 2　**7.** 2. 1

克勒阿里达斯，拉刻代蒙人　Κλεαρίδας Λακεδαιμόνιος　Clearidas, a Lacedaemonian　**4.** 132. 3　**5.** 6. 5; 8. 4; 9. 7; 10. 1, 7, 9, 12; 11. 3; 21. 1, 2; 34. 1

克勒阿尔科斯，拉刻代蒙人　Κλέαρχος Λακεδαιμόνιος　Clearchus, a Lacedaemonian　**8.** 8. 2; 39. 2; 80. 1, 3

克勒尼阿斯，阿尔喀比阿得斯之父，雅典人　Κλεινίας Ἀθηναῖος Ἀλκιβιάδου πατήρ　Cleinias, father of Alcibiades, an Athenian　**5.** 43. 2; 52. 2　**6.** 8. 2; 15. 2

克勒尼阿斯，克勒俄蓬波斯之父，雅典人　Κλεινίας Ἀθηναῖος Κλεοπόμπου πατήρ　Cleinias, father of Cleopompus, an Athenian　**2.** 26. 1; 58. 1

克勒伊庇得斯，雅典人　Κλεΐππίδης Ἀθηναῖος　Cleïppides, an Athenian　**3.** 3. 2

克勒俄部罗斯，拉刻代蒙人　Κλεόβουλος Λακεδαιμόνιος　Cleobulus, a Lacedaemonian　**5.** 36. 1; 37. 1; 38. 3

克勒翁布洛托斯，拉刻代蒙人　Κλεόμβροτος Λακεδαιμόνιος　Cleombrotus, a Lacedaemonian　**1.** 94; 107. 2　**2.** 71. 2

克勒俄墨涅斯，拉刻代蒙人　Κλεομένης Λακεδαιμόνιος　Cleomenes, a Lacedaemonian　**3.** 26. 2

克勒俄墨涅斯，拉刻代蒙人的国王　Κλεομένης Λακεδαιμονίων βασιλεύς　Cleomenes, a Lacedaemonian king　**1.** 126. 12

克勒俄墨得斯，雅典人　Κλεομήδης Ἀθηναῖος　Cleomedes, an Athenian
  5.84.3

克勒俄蓬波斯，雅典人　Κλεόπομπος Ἀθηναῖος　Cleopompus, an Athenian　**2**.26.1;58.1

克勒翁，雅典人　Κλέων Ἀθηναῖος　Cleon, an Athenian　**3**.36.6;41;44.3;
  47.1,5;50.1　**4**.21.3;22.2;27.3;28.1,3,5;30.4;36.1;37.1;38.1;39.3;122.6
  5.2.1;3.4,6;6.1,3;7.1;10.2,9;16.1

克勒俄奈，在阿克忒（半岛）上　Κλεωναὶ αἱ ἐν Ἀκτῇ　Cleonae in Ate
  4.109.3

克勒俄奈，在阿耳戈斯地区　Κλεωναὶ αἱ ἐν Ἀργολίδι　Cleonae in Argos
  area　**6**.95.1　克勒俄奈人　Κλεωναῖοι　Cleonaeans　**5**.67.2;72.4;74.3

克勒俄倪摩斯，拉刻代蒙人　Κλεώνυμος Λακεδαιμόνιος　Cleonymus, a
  Lacedaemonian　**4**.132.3

克涅摩斯，斯巴达人　Κνῆμος Σπαρτιάτης　Cnemus, a Spartiate　**2**.66.2;
  80.2,4,8;81.3;82;83.1;84.5;85.1,3;86.6;93.1

克尼狄斯，拉刻代蒙人　Κνῖδις Λακεδαιμόνιος　Cnidis, a Lacedaemonian
  5.51.2

克尼多斯　Κνίδος　Cnidus　**8**.35.1,2,3;41.3;42.4;43.1,2;44.2;52;109.1　克
  尼多斯的领土　Κνιδία　Cnidian territory　**8**.35.2　克尼多斯人　Κνίδιοι
  Cnidians　**3**.88.2　**8**.35.4;41.3

科罗蓬人　Κολοφώνιοι　Colophonians　**3**.34.1,2,4

科罗奈，特洛亚地区的　Κολωναὶ Τρῳάδες　Colonae in the Troad　**1**.131.1

科罗诺斯　Κολωνός　Colonus　**8**.67.2

科农，雅典人　Κόνων Ἀθηναῖος　Conon, an Athenian　**7**.31.4,5

科林斯　Κόρινθος　Corinth　**1**.13.2;25.2;28.1;44.1;60.2　**2**.69.1;80.3,8;81.1;
  83.1;92.6;93.1,2;94.3　**3**.15.1;85.3;100.1　**4**.70.1;74.1　**5**.30.1,5;50.5;53;
  64.4;75.2　**6**.3.2;34.3;73.2;88.7,9;104.1　**7**.7.3;17.2;19.4　**8**.3.1;7;8.2;13

科林斯的领土　Κορινθία　territory of Corinth　**4**.42.1;45.1　**8**.10.3　科林
  斯人　Κορίνθιοι　Corinthians　**1**.13.2,3,4,5;24.2;25.1,3,4;26.1,2,3;27.1,2;
  28.1,4;29.1,4,5;30.1,2,3;31.1,3;32.4,5;33.3;36.3,4;40.4;41.2;42.2;44.1,2;
  45.1,3;46.1,2,5;47.3;48.1,4;49.5,6,7;50.1,3,5;51.1,2;52.1;54.1,2;55.1;56.2;
  57.2,4;58.1;60.1;62.6;66;67.5;72.1;103.4;105.1,3,5,6;106.2;108.5;114.1;119;

124.3　**2.** 9.3; 30.1; 33.1; 67.1; 80.3; 83.3,4　**3.** 70.1; 102.2; 114.4　**4.** 42.2,3; 43.2, 3,4,5; 44.1,4,6; 49; 70.1; 100.1; 119.2　**5.** 17.2; 25.1; 27.2,3; 30.1,2,5; 31.1,6; 32.3, 4,5,6,7; 35.3,5; 36.1; 37.1,2; 38.1,3,4; 48.2,3; 52.2; 55.1; 57.2; 58.4; 59.1,3; 60.3; 83.1; 115.3　**6.** 7.1; 88.8,10; 93.2,3; 104.1　**7.** 2.1; 4.7; 7.1,3; 17.3,4; 18.1; 19.4,5; 25.9; 31.1,4; 32.2; 34.2,4,5,6,7,8; 36.2; 39.2; 56.3; 57.7,9; 58.3; 63.4; 70.1; 86.4　**8.** 3.2; 9.1,2; 11.2; 32.1; 33.1; 98.2　科林斯德拉克马　Κ. δραχμή　Corinthian drachma　**1.** 27.1　科林斯战舰　Κ. νῆες　Corinthian ships　**3.** 70.2; 72.2; 74.3　**6.** 104.1　**8.** 106.3

科洛玻斯，普拉泰亚人　Κόροιβος Πλαταιεύς　Coroibus, a Plataean **3.** 22.3

科戎塔　Κόροντα　Coronta　**2.** 102.1

科律帕西翁　Κορυφάσιον　Coryphasium　**4.** 3.2; 118.4　**5.** 18.7

科洛涅亚　Κορώνεια　Coroneia　**1.** 113.2　**3.** 62.5; 67.3　**4.** 92.6　科洛涅亚人　Κορωναῖοι　Coronaeans　**4.** 93.4

科堤耳塔　Κοτύρτα　Cotyrta　**4.** 56.1

克剌尼俄人　Κράνιοι　Cranii　**2.** 30.2; 33.3　**5.** 35.7; 56.3

克剌农人　Κραννώνιοι　Crannonians　**2.** 22.3

克剌泰墨涅斯，卡尔喀斯人　Κραταιμένης Χαλκιδεύς　Crataemenes, a Chalcidian　**6.** 4.5

克剌忒西克勒斯，拉刻代蒙人　Κρατησικλῆς Λακεδαιμόνιος Cratesicles, a Lacedaemonian　**4.** 11.2

克瑞奈　Κρῆναι　Crenae　**3.** 105.2; 106.3

克瑞斯托尼亚人　Κρηστωνικὸν γένος　Crestonians　**4.** 109.4

克里特　Κρήτη　Crete　**2.** 9.4; 85.5,6; 86.1; 92.7　**3.** 69.1　**6.** 4.3; 25.2　**8.** 39.3　克里特人　Κρῆτες　Cretans　**2.** 85.5　**6.** 43　**7.** 57.9　克里特海　Κρητικὸν πέλαγος　Cretan sea　**4.** 53.3　**5.** 110.1

克里萨海湾　Κρισαῖος κόλπος　Gulf of Crisa　**1.** 107.3　**2.** 69.1; 83.1; 86.3; 92.6; 93.1　**4.** 76.3

克洛索斯，吕底亚国王　Κροῖσος Λυδῶν βασιλεύς　Croesus, king of Lydia **1.** 16

克洛库勒翁　Κροκύλειον　Crocyleium　**3.** 96.2

克洛密翁　Κρομμυών　Crommyon　**4**.42.4; 44.4; 45.1

克洛同的领土　Κροτωνιᾶτις　territory of Croton　**7**.35.1　克洛同人　Κροτωνιᾶται　Crotonians　**7**.35.2

克儒西斯　Κροῦσις　Crousis　**2**.79.4

克洛庇亚　Κρωπιά　Cropia　**2**.19.2

库多尼亚　Κυδωνία　Cydonia　**2**.85.5　库多尼亚人　Κυδωνιᾶται　Cydonians　**2**.85.5,6

库兹狄科斯　Κύζικος　Cyzicus　**8**.107.1　库兹狄科斯人　Κυζικηνοί　Cyzicenes　**8**.6.1; 39.1

库忒拉　Κύθηρα　Cythera　**4**.53.1, 2; 54.4; 55.1; 56.1; 57.4; 118.4　**5**.14.3; 18.7　**7**.26.2　库忒拉人　Κυθήριοι　Cytherans　**4**.54.1, 2, 3; 57.4　**7**.57.6

库克拉得斯　Κυκλάδες　Cyclades　**1**.4　**2**.9.4

库克罗珀斯　Κύκλωπες　Cyclopes　**6**.2.1

库勒涅　Κυλλήνη　Cyllene　**1**.30.2　**2**.84.5; 86.1　**3**.69.1; 76　**6**.88.9

库隆，雅典人　Κύλων Ἀθηναῖος　Cylon, an Athenian　**1**.126.3, 4, 9, 10

库墨，埃俄利斯的　Κύμη ἡ Αἰολίς　Cyme, in Aeolis　**3**.31.1　**8**.22.1; 31.3, 4; 100.3　库墨的领土　Κυμαία　territory of Cyme　**8**.101.2

库墨，在俄庇喀亚　Κύμη ἡ ἐν Ὀπικίᾳ　Cyme, in Opicia　**6**.4.5

库涅斯，阿卡耳那尼亚人　Κύνης Ἀκαρνάν　Cynes, an Acarnanian　**2**.102.1

库诺斯塞玛（"犬坟"）　Κυνὸς σῆμα　Cynossema ("the Tomb of the Bitch")　**8**.104.5; 105.2; 106.4

库努里亚　Κυνουρία　Cynouria　**4**.56.2　**5**.14.4; 41.2

塞浦路斯　Κύπρος　Cypros　**1**.94.2; 104.2; 112.2, 4; 128.5　塞浦路斯人　Κύπριοι　Cyprians　**1**.112.4

库瑞涅　Κυρήνη　Cyrene　**1**.110.1　库瑞涅人　Κυρηναῖοι　Cyrenians　**7**.50.2

居鲁士，大流士之子，波斯国王　Κῦρος Δαρείου Περσῶν βασιλεύς　Cyrus, son of Darius, a Persian king　**2**.65.12

居鲁士，冈比西斯之父，波斯国王　Κῦρος Περσῶν βασιλεὺς Καμβύσου πατήρ　Cyrus, father of Cambyses, a Persian king　**1**.13.6; 16

库洛斯　Κύρρος　Cyrrhus　**2**. 100. 4

库提尼翁　Κυτίνιον　Cytinium　**1**. 107. 2　**3**. 95. 1；102. 1

库普塞拉　Κύψελα　Cypsela　**5**. 33. 1, 2

科派人　Κωπαιῆς　Copaeans　**4**. 93. 4

科律科斯　Κώρυκος　Corycus　**8**. 14. 1；33. 2；34

科斯—墨洛庇斯　Κῶς Μεροπίς　Cos Meropis　**8**. 41. 2, 3；44. 3；55. 1；108. 2

科波斯港（"平静港"）　Κωφὸς λιμήν　Cophus Habour（Still Habour）
　　5. 2. 2

拉布达隆　Λάβδαλον　Labdalum　**6**. 97. 5；98. 2　**7**. 3. 4

拉得　Λάδη　Lade　**8**. 17. 3；24. 1

莱埃俄人　Λαιαῖοι＊　Laeaeans　**2**. 96. 3；97. 2

莱斯波狄阿斯，雅典人　Λαισποδίας Ἀθηναῖος　Laispodias, an Athenian
　　6. 105. 2　**8**. 86. 9

莱斯特律戈涅斯　Λαιστρυγόνες　Laestrygonians　**6**. 2. 1

拉刻代蒙人　Λακεδαιμόνιοι　Lacedaemonians　**1**. 6. 4；10. 2；18. 1, 2, 3；19；20. 3；23. 6；28. 1；31. 2；33. 3；35. 1；58. 1；67. 3, 5；68. 1；69. 4；71. 1；72. 1, 2；75. 1；76. 1；79. 1；80. 1；[85. 3]；86. 5；87. 1, 2；88；89. 2；90. 1, 3；91. 3, 4；92；95. 3, 7；101. 1, 3；102. 1, 3, 4；103. 1, 2, 3, 4；107. 2, 7；108. 1, 2, 5；112. 5；114. 2；115. 1；118. 2, 3；120. 1；125. 1；126. 2, 12；127. 1, 2；128. 1, 3；131. 1；132. 3；134. 4；135. 1, 2, 3；136. 1；137. 1；138. 6；139. 1, 3；140. 2；144. 2；145　**2**. 7. 1, 2；8. 4；9. 2, 3；10. 1, 3；12. 2；13. 1；19. 1；21. 1；27. 2；39. 2；47. 2；54. 4；59. 2；64. 6；65. 2；66. 1, 2；67. 1, 4；71. 1；72. 3；74. 1；75. 3；80. 1, 2；85. 1；89. 4；92. 3　**3**. 1. 1；2. 1, 3；8. 1；9. 1；13. 1；15. 1；16. 2；18. 1；25. 1；28. 2；35. 1；52. 2, 4, 5；53. 1；54. 2, 5；57. 2, 4；59. 1, 4；60；63. 2；67. 1, 6；68. 1, 4；69. 2；72. 2；82. 1；86. 2；89. 1；92. 1, 3, 4, 5；93. 2；100. 2；102. 6；109. 2　**4**. 2. 1；3. 2, 3；4. 3；6. 1；8. 1, 4；9. 1；11. 2, 4；12. 3；14. 2, 3, 4；16. 1, 2；17. 1；19. 1；20. 3；21. 1, 3；22. 3；23. 1；26. 1, 5；27. 2；28. 4, 5；30. 3；33. 2；34. 1, 3；35. 2, 4；36. 2, 3；38. 2, 3, 4；40. 1；41. 3；50. 2；53. 2；54. 3；55. 1；56. 2；57. 2, 3, 4；69. 3；70. 1；78. 4；79. 3；80. 3；81. 1, 2；83. 2；84. 2；85. 1, 4；86. 1, 5；87. 3, 4；88. 1；89. 1；108. 1, 6, 7；[114. 4]；117. 1；118. 2, 4, 5, 9, 11；119. 1, 2；120. 3；122. 1, 4, 5；132. 3；134. 1　**5**. 3. 1；9. 9；11. 1；12. 1；13. 2；14. 3；15. 1, 2；16. 1, 2, 3；17. 1, 2；18. 1, 3, 4, 5, 7, 9, 11；19. 2；21. 1, 3；22. 1；23. 1, 2, 3, 4, 6；24. 1, 2；25. 1, 2；26. 1；27. 2；28. 1, 2；29. 1, 2, 3, 4；30. 1, 2, 5；31. 1, 3, 4, 6；32. 3, 4, 6；33. 1, 2, 3；34. 1；35. 2, 3, 4, 5；36. 1, 2；37. 1, 2, 4；38. 3；39. 2, 3；40. 1, 2, 3；41. 1, 2, 3；42. 1, 2；43. 1, 2, 3；44. 1, 3；45. 2, 4；46. 1, 2, 4；48. 1, 3；49. 1, 2, 4；50. 2, 4, 5；51. 2；52. 1；54. 1；55. 3, 4；56. 1, 2, 3；57. 1, 2；58. 1, 2, 3, 4；59. 2, 3, 4, 5；

60. 2, 3, 5; 61. 1, 4, 5; 63. 1; 64. 2, 5; 65. 2, 5; 66. 1, 2, 4; 67. 1, 2; 68. 1, 2; 69. 1, 2; 70; 71. 2; 72. 2, 3, 4; 73. 1, 3, 4; 74. 2, 3; 75. 2, 5; 76. 1, 2, 3; 77. 1, 2, 3, 7; 78; 79. 1, 2, 3; 81. 1, 2; 82. 1, 2, 3, 5; 83. 1, 4; 84. 1, 2; 89; 91. 1; 104; 105. 3, 4; 107; 109; 112. 2; 113; 115. 2; 116. 1 **6**. 7. 1, 4; 10. 3; 11. 3, 5, 6; 16. 6; 34. 8; 53. 3; 59. 4; 61. 2; 73. 2; 82. 3; 88. 9, 10; 92. 1, 5; 93. 1; 95. 1; 104. 1; 105. 1, 2, 3 **7**. 2. 1; 11. 2; 17. 3; 18. 1, 2, 3; 19. 1, 3; 25. 9; 26. 2; 27. 4; 56. 3; 57. 6, 9; 58. 3; 64. 1; 71. 7; 85. 1; 86. 2, 3, 4 **8**. 2. 3; 3. 2; 5. 3, 5; 6. 1, 3, 4; 7; 8. 2; 11. 3; 12. 1; 17. 4; 18. 1, 2, 3; 22. 1; 23. 1; 24. 4; 26. 1; 28. 5; 35. 1; 37. 1, 2, 3, 5; 39. 1, 2; 40. 2; 41. 1; 43. 2, 3; 44. 2; 46. 3; 50. 2; 52; 58. 1, 3, 4, 6, 7; 64. 3; 70. 2; 84. 5; 87. 4, 6; 90. 2; 96. 5; 98. 3; 106. 3

拉刻代摩尼俄斯，雅典人 Λακεδαιμόνιος Ἀθηναῖος Lacedaemonius, an Athenian **1**. 45. 2

拉刻代蒙 Λακεδαίμων Lacedaemon **1**. 18. 1; 43. 1; 57. 4; 58. 1; 67. 1; 72. 1; 90. 3, 5; 94. 1; 95. 5; 109. 2; 139. 3 **3**. 4, 5, 6; 25. 1; 52. 2, 3; 85. 3; 92. 2; 100. 1 **4**. 50. 1; 83. 4; 108. 6; 118. 9; 119. 1 **5**. 16. 3; 18. 10; 19. 1; 21. 3; 22. 1; 23. 4, 5; 25. 1; 27. 1; 28. 2; 37. 3, 4; 38. 3; 40. 3; 41. 2; 44. 1; 46. 5; 49. 2, 4 **6**. 34. 3; 73. 2; 88. 7, 8, 9; 93. 3 **7**. 1. 4; 7. 3 **8**. 5. 1, 4; 6. 1, 2; 20. 1; 29. 1; 38. 4; 45. 1; 58. 1; 71. 3; 85. 1, 4; 86. 9; 87. 3; 89. 2; 90. 1; 91. 1; 92. 2

拉孔，普拉泰亚人 Λάκων Πλαταιεύς Lacon, a Plataean **3**. 52. 5

拉孔人 Λάκωνες Laconians **3**. 5. 2 **8**. 55. 2 **拉科尼刻战舰** Λακωνικαὶ νῆες Laconian ships **6**. 104. 1 **8**. 33. 1; 35. 1 **拉科尼刻石碑** Λακωνικὴ στήλη Laconian pillar **5**. 56. 3 **拉科尼刻名字** Λακωνικὸν ὄνομα Laconic name **8**. 6. 3

拉科尼刻 Λακωνική Laconia **2**. 25. 1; 27. 2; 56. 6 **3**. 7. 2 **4**. 3. 1; 12. 3; 16. 1; 41. 2; 53. 2, 3; 54. 3; 56. 2 **5**. 33. 1; 34. 1; 35. 7 **6**. 105. 2 **7**. 19. 4; 20. 2; 26. 1, 2; 31. 1 **8**. 4; 6. 5; 8. 2; 91. 2

拉马科斯，雅典人 Λάμαχος Ἀθηναῖος Lamachus, an Athenian **4**. 75. 1, 2 **5**. 19. 2; 24. 1 **6**. 8. 2; 49. 1; 50. 1; 101. 6; 103. 1, 3

拉弥斯，墨伽拉人 Λάμις Μεγαρεύς Lamis, a Megarian **6**. 4. 1

兰蓬，雅典人 Λάμπων Ἀθηναῖος Lampon, an Athenian **5**. 19. 2; 24. 1

兰普萨科斯 Λάμψακος Lampsacus **1**. 138. 5 **6**. 59. 3, 4 **8**. 62. 1, 2 **兰普萨科斯人** Λαμψακηνοί Lampsacenes **6**. 59. 3 **8**. 62. 2

拉俄多刻翁 Λαοδόκειον Laodocium **4**. 134. 1

拉俄蓬，墨伽拉人 Λαοφῶν Μεγαρεύς Laophon, a Megarian **8**. 6. 1

拉里萨　Λάρισα　Larisa　**2**.22.3　**4**.78.2　拉里萨人　Λαρισαῖοι　Larisaeans　**2**.22.3

拉里萨，在埃俄利斯　Λάρισα ἡ Αἰολίς　Larisa, in Aeolis　**8**.101.3①

拉斯　Λᾶς　Las　**8**.91.2; 92.3

劳瑞翁　Λαύρειον　Laurium　**2**.55.1　**6**.91.7

拉庇罗斯，拉刻代蒙人　Λάφιλος Λακεδαιμόνιος　Laphilus, a Lacedaemonian　**5**.19.2; 24.1

拉刻斯，雅典人　Λάχης Ἀθηναῖος　Laches, an Athenian　**3**.86.1; 90.2; 103.3; 115.2, 6　**4**.118.11　**5**.19.2; 24.1; 43.2; 61.1　**6**.1.1; 6.2; 75.3

勒阿格洛斯，雅典人　Λέαγρος Ἀθηναῖος　Leagrus, an Athenian　**1**.51.4

勒阿耳科斯，雅典人　Λέαρχος Ἀθηναῖος　Learchus, an Athenian　**2**.67.2

勒柏多斯　Λέβεδος　Lebedus　**8**.19.4

勒克同　Λεκτόν　Lectum　**8**.101.3

勒翁提阿得斯，忒拜人　Λεοντιάδης Θηβαῖος　Leontiades, a Theban　**2**.2.3

勒翁提诺（人）　Λεοντῖνοι　Leontini (Leontinians)　**3**.86.2, 3　**4**.25.9, 10, 11　**5**.4.2, 4, 5　**6**.3.3; 4.1; 6.2; 8.2; 19.1; 20.3; 33.2; 44.3; 46.2; 47; 48; 50.4; 63.3; 76.2; 77.1; 79.2; 84.2, 3; 86.4　勒翁提诺的领土　Λεοντίνη　Leontinian territory　**5**.4.4　**6**.65.1

勒普瑞翁　Λέπρεον　Lepreum　**5**.31.1, 4; 34.1; 49.1, 5; 50.1; 62.1, 2　勒普瑞翁人　Λεπρεᾶται　Lepreans　**5**.31.2, 3, 4; 50.2

勒洛斯　Λέρος　Lerus　**8**.26.1; 27.1

勒斯玻斯　Λέσβος　Lesbos　**1**.116.1; 117.2　**3**.2.1, 3; 3.1; 4.3; 5.1; 13.5; 16.1, 3; 26.4; 35.2; 50.3; 51.1; 69.2　**4**.52.3　**8**.7; 8.2; 22.1; 23.1, 2, 5, 6; 24.2; 32.3; 34; 38.2; 100.2, 3; 101.1　勒斯玻斯人　Λέσβιοι　Lesbians　**1**.19; 116.2　**2**.9.4, 5; 56.2　**3**.6.1, 2; 15.1; 16.2; 31.1; 50.2; 69.1　**4**.52.2　**6**.31.2　**8**.5.2, 4; 32.1, 3　勒斯玻斯战舰　Λέσβιαι νῆες　Lesbian ships　**5**.84.1

勒乌卡斯　Λευκάς　**1**.30.2, 3; 46.3　**2**.30.2; 80.2, 3; 84.5　**3**.7.4; 80.2; 94.1, 2;

---

① "牛津本"误将此拉里萨当作了忒萨利亚的那个拉里萨。今依阿尔伯蒂的校勘本改。同时，霍氏也指出了这个错误。见其《评注》第3卷，第1045页。

95. 1, 2; 102. 3 4. 42. 3 **6**. 104. 1 **7**. 2. 1 **8**. 13 勒乌卡斯对面的大陆领土① Λευκαδία the mainland territory of Leucas **3**. 94. 1 勒乌卡斯人 Λευκάδιοι Leucadians **1**. 26. 1; 27. 2; 46. 1 **2**. 9. 2, 3; 80. 5; 81. 3; 92. 6 **3**. 7. 5; 69. 1; 81. 1; 94. 2 **4**. 8. 2 **7**. 7. 1; 58. 3 **8**. 106. 3 勒乌卡斯战舰 Λευκάδιαι νῆες Leucadian ships **2**. 91. 2, 3; 92. 3 **6**. 104. 1

勒乌喀墨 Λευκίμμη Leukimme **1**. 30. 1, 4; 47. 2; 51. 4 **3**. 79. 3

"白色堡垒" Λευκὸν τεῖχος "White Castle" **1**. 104. 2

勒乌克特拉 Λεῦκτρα Leuctra **5**. 54. 1

勒乌科尼翁 Λευκώνιον Leuconium **8**. 24. 3

勒俄戈剌斯, 雅典人 Λεωγόρας Ἀθηναῖος Leogoras, an Athenian **1**. 51. 4

勒俄科瑞翁 Λεωκόρειον Leocorium **1**. 20. 2 **6**. 57. 3

勒俄克剌忒斯 Λεωκράτης Ἀθηναῖος Leocrates, an Athenian **1**. 105. 2

勒翁 Λέων Leon **6**. 97. 1

勒翁, 雅典人 Λέων Ἀθηναῖος Leon, an Athenian (1) **5**. 19. 2; 24. 1 (2) **8**. 23. 1; 24. 2; 54. 3; 55. 1; 73. 4, 5

勒翁, 拉刻代蒙人 Λέων Λακεδαιμόνιος Leon, a Lacedaemonian (1) **3**. 92. 5 (2) **5**. 44. 3 (3) **8**. 28. 5 (4) 斯巴达人 Σπαρτιάτης a Spartiate **8**. 61. 2

勒俄尼达斯, 拉刻代蒙人的国王 Λεωνίδας Λακεδαιμονίων βασιλεύς Leonidas, a Lacedaemonian king **1**. 132. 1

勒俄堤喀得斯, 拉刻代蒙人的国王 Λεωτυχίδης Λακεδαιμονίων βασιλεύς Leotychides, a Lacedaemonian king **1**. 89. 2

勒库托斯 Λήκυθος Lecythus **4**. 113. 2; 114. 1; 115. 1; 116. 2

楞诺斯 Λῆμνος Lemnos **1**. 115. 3, 5 **2**. 47. 3 **4**. 109. 4 **8**. 102. 2 楞诺斯人 Λήμνιοι Lemnians **3**. 5. 1 **4**. 28. 4 **5**. 8. 2 **7**. 57. 2

利比亚 Λιβύη Libya **1**. 110. 1 **2**. 48. 1 **4**. 53. 3 **4**. 2. 3 **7**. 50. 1, 2; 58. 2 利比亚人 Λίβυες Libyans **1**. 104. 1; 110. 3 **7**. 50. 2

利古厄斯人 Λίγυες Ligurians **6**. 2. 2

利墨拉 Λιμηρά Limera 参看 厄庇道洛斯的利墨拉 Ἐπίδαυρος ἡ Λ.

---

① 见正文译注 (3. 94. 1)。

Epidaurus Limera

"沼泽区" Λίμναι Limnae **2**.15.4

林奈亚 Λιμναία Limnaea **2**.80.8 **3**.106.2

林多斯人 Λίνδιοι① Lindii **6**.4.3

林多斯 Λίνδος Lindus **8**.44.2

利帕拉 Λιπάρα Lipara **3**.88.2 利帕拉人 Λιπαραῖοι Liparians **3**.88.2

利卡斯，拉刻代蒙人 Λίχας Λακεδαιμόνιος Lichas, a Lacedaemonian **5**.22.2; 50.4; 76.3 **8**.39.2; 43.3; 52; 84.5; 87.1

罗克洛斯族，厄庇兹得皮里俄人 Λοκροὶ Ἐπιζεφύριοι * Epizephyrian Locrians **3**.86.2; 99; 103.3; 115.6 **4**.1.2, 3, 4; 24.2; 25.3 **5**.5.1, 2 **6**.44.2 **7**.1.1, 2; 4.7; 25.3; 35.2 **8**.91.2 罗克里斯战舰 Λοκρίδες νῆες Locrian ships **4**.1.1 罗克里斯 Λοκρίς Locris **3**.99; 103.3

罗克洛斯族，俄兹多莱人 Λοκροὶ Ὀζόλαι * Ozolian Locrians **1**.5.3; 103.3 **3**.95.1, 3; 97.2; 101.1, 2; 102.1 **5**.32.2 罗克里斯 Λοκρίς Locris **3**.95.3; 96.2; 98.3; 101.2

罗克洛斯族，俄浦斯人 Λοκροὶ Ὀπούντιοι Oputian Locrians **1**.108.3; 113.2 **2**.9.2, 3; 26.2; 32 **3**.89.3 **4**.96.8 **5**.64.4 **8**.3.2; 43.3 罗克里斯 Λοκρίς Locris **2**.26.1; 32 **3**.91.6

吕恩刻斯泰人 Λυγκησταί Lyncestians **2**.99.2 **4**.79.2; 83.1; 124.2, 3

吕恩科斯 Λύγκος Lyncus **4**.83.2; 124.1; 129.2; 132.1

吕开翁 Λύκαιον Lycaeum **5**.16.3; 54.1

吕喀亚 Λυκία Lycia **2**.69.1, 2 **8**.41.4

吕科墨得斯，雅典人 Λυκομήδης Ἀθηναῖος Lycomedes, an Athenian (1) **1**.57.6 (2) **5**.84.3

吕科斯，雅典人 Λύκος Ἀθηναῖος Lycus, an Athenian **8**.75.2

吕科普戎，科林斯人 Λυκόφρων Κορίνθιος Lycophron, a Corinthian **4**.43.1, 5; 44.2

吕科普戎，拉刻代蒙人 Λυκόφρων Λακεδαιμόνιος Lycophron, a Lacedaemonian **2**.85.1

---

① 是一个地名，在西西里岛。见正文译注。

吕西克勒斯，雅典人　Λυσικλῆς Ἀθηναῖος　Lysicles, an Athenian
(1) **1**. 91. 3　(2) **3**. 19. 1

吕西马喀达斯，忒拜人　Λυσιμαχίδας Θηβαῖος　Lysimachidas, a Theban **4**. 91

吕西马科斯，雅典人　Λυσίμαχος Ἀθηναῖος　Lysimachus, an Athenian **1**. 91. 3

吕西马科斯，叙拉古人　Λυσίμαχος Συρακόσιος Lysimachus, a Syracusan **6**. 73. 1

吕西墨勒亚　Λυσιμέλεια　Lysimelea　**7**. 53. 2

吕西斯特剌托斯，俄吕恩托斯人　Λυσίστρατος Ὀλύνθιος　Lysistratus, an Olynthian　**4**. 110. 2

罗律玛　Λώρυμα　Loryma　**8**. 43. 1

马格涅西亚，亚细亚的　Μαγνησία ἡ Ἀσιανή　Magnesia, Asiatic　**1**. 138. 5　**8**. 50. 3

马格涅西亚人　Μάγνητες　Magnesians　**2**. 101. 2

迈安德洛斯　Μαίανδρος Maeander　**3**. 19. 2　**8**. 58. 1

迈多人　Μαιδοί　Maedi　**2**. 98. 2

迈那利亚　Μαιναλία　Maenalia　**5**. 64. 3　迈那利亚人　Μαινάλιοι　Maenalians　**5**. 67. 1; 77. 1

马卡里俄斯，斯巴达人　Μακάριος Σπαρτιάτης　Macarius, a Spartiate **3**. 100. 2; 109. 1

马其顿　Μακεδονία　Macedonia　**1**. 58. 1; 59. 2; 60. 1; 61. 2, 3　**2**. 95. 1; 98. 1; 99. 1, 3, 6; 100. 4; 101. 5 4. 78. 6; 129. 1　**6**. 7. 3　马其顿人　Μακεδόνες　Macedonians　**1**. 57. 2; 61. 4; 62. 4; 63. 2　**2**. 29. 7; 80. 7; 95. 3; 99. 2, 6; 100. 1, 5　**4**. 83. 1; 124. 1; 125. 1, 2; 126. 3; 127. 2; 128. 4　**5**. 83. 4　**6**. 7. 3

马勒亚，在拉科尼刻　Μαλέα ἡ ἐν Λακωνικῇ　Malea, in Laconia　**4**. 53. 2; 54. 1　**8**. 39. 3

马勒亚，在勒斯玻斯　Μαλέα ἡ ἐν Λέσβῳ　Malea, in Lesbos　**3**. 4. 5; 6. 2

"马罗厄斯" 阿波罗　Μαλόεις Ἀπόλλων　Maloeis Apollo　**3**. 3. 3, 5

曼提涅亚　Μαντίνεια　Mantinea　**5**. 47. 4, 9, 10; 55. 1; 62. 2; 64. 4; 77. 1　**6**. 16. 6

曼提涅亚的领土　Μαντινική　territory of Mantinea　**5**.64.5; 65.4　曼提涅亚人　Μαντινῆς　Mantineans　**3**.107.4; 108.3; 109.2; 111.1,3; 113.1　**4**.134.1, 2　**5**.29.1,2; 33.1,2; 37.2; 43.3; 44.2; 45.3; 47.1,2,3,4,5,8,10,11; 48.2; 50.3; 58.1; 61.1,5; 62.1; 65.4; 67.2; 69.1; 71.2,3; 72.3; 73.2,3,4; 74.3; 75.5; 78; 81.1　**6**.29.3; 43; 61.5; 67.1; 68.2; 89.3; 105.2　**7**.57.9　曼提涅亚战争　Μαντινικὸς πέλεμος　Mantinean war　**5**.26.2　曼提涅亚事务　Μαντινικά　the affair of Mantinea　**6**.88.9

马刺图萨　Μαραθοῦσσα　Marathoussa　**8**.31.3

马拉松　Μαραθών　Marathon　**1**.18.1; 73.4　**2**.34.5　**6**.59.4

马瑞亚　Μαρεία　Marea　**1**.104.1

马萨利亚　Μασσαλία　Massalia　**1**.13.6

马卡翁, 科林斯人　Μαχάων Κορίνθιος　Machaon, a Corinthian　**2**.83.4

墨伽巴兹多斯, 波斯人　Μεγάβαζος Πόρσης　Megabazus, a Persian　**1**.109.2,3

墨伽巴忒斯, 波斯人　Μεγαβάτης Πέρσης　Megabates, a Persian　**1**.129.1

墨伽彼兹多斯, 波斯人　Μεγάβυζος Πέρσης　Megabyzus, a Persian　**1**.109.3

墨伽克勒斯, 西库翁人　Μεγακλῆς Σικυώνιος　Megacles, a Sicyonian　**4**.119.2

墨伽拉　Μέγαρα　Megara　**1**.103.4; 105.4,6; 107.3; 114,1; 126.3　**2**.31.1; 93.2, 4; 94.3　**3**.51.1　**4**.66.3; 69.1; 70.1; 72.1; 73.4　**6**.4.1,2　**8**.94.1　墨伽拉领土　Μεγαρίς　Megarid　**1**.105.3; 108.2　**2**.31.1,3　**4**.70.1; 76.1　墨伽拉人　Μεγαρῆς　Megarians　**1**.27.2; 42.2; 46.1; 67.4; 103.4; 105.3; 114.1; 126.3; 139.1, 2; 140.3,4; 144.2　**2**.9.2,3; 93.1,4　**3**.51.1,2; 68.3　**4**.66.1; 67.1,3,4; 68.2,3,4; 69.2,3,4; 70.2; 71.1; 72.2; 73.1,2,4; 74.2; 75.2; 100.1; 109.1; 118.4; 119.2　**5**.17.2; 31.6; 38.1; 58.4; 59.2,3; 60.3　**6**.43　**7**.57.8　**8**.3.2; 39.1; 80.3　墨伽拉战舰　Μεγαρίδες νῆες　Megarian ships　**1**.48.4　**8**.33.1

墨伽拉, 在西西里　Μέγαρα τὰ ἐν Σικελία　Megara, in sicily　**6**.49.4; 75.1; 94.1; 97.5　**7**.25.4　墨伽拉人　Μεγαρῆς　Megarians　**6**.4.1

墨得翁　Μεδεών　Medeon　**3**.106.2

墨德墨人　Μεδμαῖοι　Medmaeans　**5**.5.3

墨塔娜　Μέθανα　Methana　**4**.45.2　**5**.18.7　[Μεθώνη Methone　**4**.45.2]

墨堤德里翁　Μεθύδριον　Methydrium　**5**.58.2

墨托涅，在马其顿　Μεθώνη ἡ ἐν Μακεδονία　Methone, in Macedonia　**6**.7.3　墨托涅人　Μεθωναῖοι　Methonaeans　**4**.129.4

墨托涅，拉科尼刻的　Μεθώνη τῆς Λακωνικῆς　Methone of Laconia　**2**.25.1,2

墨狄俄斯　Μείδιος　Meidios　**8**.106.1

"仁慈的"宙斯　Μειλίχιος Ζεύς　Gracious Zeus　**1**.126.6

墨兰克里达斯，拉刻代蒙人　Μελαγχρίδας Λακεδαιμόνιος　Melanchridas, a Lacedaemonian　**8**.6.5

墨兰托斯，拉刻代蒙人　Μέλανθος Λακεδαιμόνιος　Melanthus, a Lacedaemonian　**8**.5.1

墨拉诺波斯，雅典人　Μελάνωπος Ἀθηναῖος　Melanopus, an Athenian　**3**.86.1

墨勒阿斯，拉孔人　Μελέας Λάκων　Meleas, a Laconian　**3**.5.2

墨勒珊德洛斯，雅典人　Μελήσανδρος Ἀθηναῖος　Melesander, an Athenian　**2**.69.1,2

墨勒西阿斯，雅典人　Μελησίας Ἀθηναῖος　Melesias, an Athenian　**8**.86.9

墨勒西波斯，斯巴达人　Μελήσιππος Σπαρτιάτης　Melesippus, a Spartiate　**1**.139.3　**2**.12.1,2

墨利忒亚　Μελίτεια　Meliteia　**4**.78.1,5

孟斐斯　Μέμφις　Memphis　**1**.104.2; 109.4

墨南德洛斯，雅典人　Μένανδρος Ἀθηναῖος　Menander, an Athenian　**7**.16.1; 43.2; 69.4

门得　Μένδη　Mende　**4**.121.2; 123.1; 124.4; 129.1,2; 130.6,7; 131.3　门得人　Μενδαῖοι　Mendaeans　**4**.7; 123.2,4; 129.3,5; 130.3,7

门得西翁支流河口，尼罗河的　Μενδήσιον κέρας Νείλου　Mendesian mouth of Nile　**1**.110.4

墨涅达伊俄斯，斯巴达人　Μενεδάϊος Σπαρτιάτης　Menedaïus, a Spartiate　**3**.100.2; 109.1,2

墨涅克剌忒斯，墨伽拉人　Μενεκράτης Μεγαρεύς　Menecrates, a Megarian　**4**. 119. 2

墨涅科罗斯，叙拉古人　Μενέκωλος Συρακόσιος　Menecolus, a Syracusan　**6**. 5. 3

墨尼波斯，雅典人　Μένιππος Ἀθηναῖος　Menippus, an Athenian　**8**. 13

墨农　Μένων　Menon　**2**. 22. 3

墨洛庇斯　Μεροπίς　Meropis　参看　科斯　Κῶς　Cos

墨萨庇亚人　Μεσσάπιοι　Messapians　**3**. 101. 2

墨萨庇俄斯部落　Μεσσάπιον ἔθνος　Messapian tribe　**7**. 33. 4

墨塞涅　Μεσσήνη　Messana　**3**. 90. 3　**4**. 1. 1, 4; 24. 1, 4, 5; 25. 2, 3, 6, 10　**5**. 5. 1　**6**. 4. 6; 50. 1; 74. 1　**7**. 1. 2　墨塞涅人　Μεσσήνιοι　Messanians　**3**. 88. 3; 90. 2, 4　**4**. 1. 3; 25. 7, 9, 11　**5**. 5. 1　**6**. 48

墨塞尼亚　Μεσσηνία　Messenia　**4**. 3. 2　墨塞尼亚领土　Μεσσηνίς　Messenian territory　**4**. 41. 2　墨塞尼亚人　Μεσσήνιοι　Messenians　**1**. 101. 2　**2**. 9. 4; 25. 4; 90. 3, 6; 102　**3**. 75. 1; 81. 2; 94. 3; 95. 1, 2; 97. 1; 98. 1; 107. 1, 4; 108. 1; 112. 4　**4**. 3. 3; 9. 1; 32. 2; 36. 1; 41. 2　**5**. 35. 6, 7; 56. 2　**7**. 31. 2; 57. 8

墨塔革涅斯，拉刻代蒙人　Μεταγένης Λακεδαιμόνιος　Metagenes, a Lacedaemonian　**5**. 19. 2; 24. 1

墨塔蓬提翁　Μεταπόντιον　Metapontium　**7**. 33. 4　墨塔蓬提翁人　Μεταπόντιοι　Metapontines　**7**. 33. 5; 57. 11

波斯人　Μῆδοι　Persians　**1**. 18. 1, 2; 69. 5; 74. 4; 77. 5, 6; 86. 1; 89. 2; 92; 93. 8; 94. 2; 98. 1; 100. 1; 102. 4; 104. 2; 128. 5; 130. 1; 132. 2; 144. 4　**2**. 71. 2; 74. 2　**3**. 10. 3, 4; 54. 3; 57. 3; 58. 4, 5; 62. 4, 5; 63. 2; 68. 1　**5**. 89　**6**. 4. 5; 17. 7; 33. 6; 59. 4; 76. 3, 4; 77. 1; 82. 4; 83. 1　**7**. 21. 3　波斯战事　Μηδικά　Persian war　**1**. 14. 2; 18. 3; 41. 2; 69. 1; 73. 2; 97. 2; 142. 7　**2**. 16. 1; 21. 2　**6**. 82. 3　**8**. 24. 3　波斯统治　M. ἀρχή　Persian rule　**8**. 43. 3　波斯事件（战争）　M. ἔργον　Event of Persia (Persian war)　**1**. 23. 1　波斯战争　M. πόλεμος　Persian war　**1**. 90. 1; 95. 7; 97. 1　**3**. 10. 2　波斯服装　M. σκευαί　Persian dress　**1**. 130. 1　波斯战利品　M. σκῦλα　Persian spoils　**2**. 13. 4

墨堤谟娜　Μήθυμνα　Methymna　**3**. 2. 1; 5. 1; 18. 1　**8**. 22. 2; 23. 4; 100. 2, 3; 101. 3　墨堤谟娜人　Μηθυμναῖοι　Methymnians　**3**. 2. 3; 18. 2; 50. 2　**6**. 85. 2

7.57.5 **8**.23.4；100.3 墨堤谟娜战舰 Μηθυμναῖαι νῆες Methymnian ships **8**.100.5

墨库柏耳娜 Μηκύβερνα Mecyberna **5**.39.1 墨库柏耳娜人 Μηκυβερναῖοι Mecybernaeans **5**.18.6

墨利厄乌斯海湾 Μηλιακὸς κόλπος Malian gulf **3**.96.3

墨利厄乌斯海湾 Μηλιεὺς κόλπος Malian gulf **4**.100.1 **8**.3.1

墨利厄乌斯人 Μηλιῆς Malians **3**.92.2 **5**.51.1

墨罗斯 Μῆλος Melos **2**.9.4 **3**.91.1，3；94.1 **5**.84.1 **8**.39.3；41.4 墨罗斯人 Μήλιοι Melians **3**.91.2 **5**.84.2，3；86；106；112.1；113；114.1；115.4；116.2，4

墨那斯，拉刻代蒙人 Μηνᾶς Λακεδαιμόνιος Menas, a Lacedaemonian **5**.19.2；21.1；24

墨特洛波利斯 Μητρόπολις Metropolis **3**.107.1

弥喀阿得斯，科西拉人 Μικιάδης Κερκυραῖος Miciades, a Corcyraean **1**.47.1

米利都 Μίλητος Miletus **1**.115.5；116.1 **8**.17.1，3；19.1；24.1；25.1，5；26.1，2，3；27.6；28.4，5；29.1；30.1，2；32.2；33.1，4；35.2；36.1；38.4，5；39.2，4；45.1；50.2；57.1；60.3；61.2；62.1；63.1，2；75.3；78；79.3，5，6；80.3；83.1，2；84.4；85.3；99；100.1；108.3；109.1 米利都领土 Μιλησία Milesian territory **8**.24.1；26.3 米利都人 Μιλήσιοι Milesians **1**.115.2 **4**.42.1；53.1；54.1；102.2 **7**.57.4 **8**.17.2，3，4；24.1；25.2，3，4，5；26.3；36.1；61.1；79.1，4；84.4，5；85.2，4 米利都战舰 Μιλησία ναῦς Milesian ships **8**.61.2

弥尔提阿得斯，雅典人 Μιλτιάδης Ἀθηναῖος Miltiades, an Athenian **1**.98.1；100.1

弥马斯 Μίμας Mimas **8**.34

明达洛斯，拉刻代蒙人 Μίνδαρος Λακεδαιμόνιος Mindarus, a Lacedaemonian **8**.85.1；99；101.1；102.2；104.3

弥倪埃人的 Μινύειος Minyan 参看 俄耳科墨诺斯，玻俄提亚的 Ὀρχομενός ὁ Β. Orchomenus, Boetian

弥诺亚 Μινῴα Minoa **3**.51.1 **4**.67.1，3；118.4

弥诺斯，克里特的国王 Μίνως Κρητῶν βασιλεύς Minos, a Cretan king **1**.4；8.2

摩罗布洛斯，拉刻代蒙人　Μόλοβρος Λακεδαιμόνιος　Molobrus, a Lacedaemonian　**4**.8.9

摩罗索人　Μολοσσοί *　Molossians　**1**.136.2　**2**.80.6

摩吕克瑞翁　Μολύκρειον　Molycrium　**2**.84.4　**3**.102.2　摩吕克瑞翁的赫里翁　Μολυκρικὸν Ῥίον　Molycrian Rhium　**2**.86.2

摩耳干提涅　Μοργαντίνη　Morgantina　**4**.65.1

摩堤厄　Μοτύη　Motya　**6**.2.6

穆尼喀亚　Μουνιχία　Munichia　**2**.13.7　**8**.92.5; 93.1

密格多尼亚　Μυγδονία　Mygdonia　**1**.58.2　**2**.99.4; 100.4

密卡勒　Μυκάλη　Mycale　**1**.89.2　**8**.79.1,2,4

密卡勒索斯　Μυκαλησσός　Mycalessus　**7**.29.2,3,4; 30.3　密卡勒索斯人　Μυκαλήσσιοι　Mycalessians　**7**.30.3

迈锡尼　Μυκῆναι　Mycenae　**1**.9.2; 10.1　迈锡尼人　Μυκηναῖοι　Mycenaeans　**1**.9.2

密科诺斯　Μύκονος　Myconos　**3**.29.1

密莱　Μυλαί　Mylae　**3**.90.2

密勒提代　Μυλητίδαι　Myletidae　**6**.5.1

密俄涅斯人　Μυονής *①　Myoneans　**3**.101.2

密俄涅索斯　Μυόννησος　Myonnesus　**3**.32.1

密乌斯　Μυοῦς　Myous　**1**.138.5　**3**.19.2

密耳喀诺斯　Μύρκινος　Myrcinus　**4**.107.3　密耳喀诺斯人　Μυρκινίοι　Myrcinians　**5**.6.4; 10.9　密耳喀诺斯骑兵　Μυρκινία ἵππος　Myrcinian cavalry　**5**.10.9

密里涅，希庇阿斯的妻子　Μυρρίνη Ἱππίου γυνή　Myrrine, wife of Hippias　**6**.55.1

密耳提罗斯，雅典人　Μυρτίλος Ἀθηναῖος　Myrtilus, an Athenian　**5**.19.2; 24.1

密洛尼得斯，雅典人　Μυρωνίδης Ἀθηναῖος　Myronides, an Athenian　**1**.105.4; 108.2　**4**.95.3

---

① 阿尔伯蒂的校勘本作"Μυωνής"，今未从。

密斯孔，叙拉古人　Μύσκων Συρακόσιος　Myscon, a Syracusan　**8**. 85. 3

密提勒涅　Μυτιλήνη　Mytilene　**3**. 2. 3; 3. 5; 6. 2; 18. 4, 5; 25. 1; 26. 1; 29. 1, 2; 30. 1; 31. 2; 35. 1, 2; 49. 4　**8**. 22. 2; 23. 2, 4; 100. 3; 101. 2　密提勒涅人　Μυτιληναῖοι　Mytilenians　**3**. 2. 3; 3. 1, 3, 4, 5; 4. 1, 2, 4; 5. 1, 2; 6. 1; 8. 1; 14. 1; 15. 1; 18. 1, 3; 25. 2; 27. 1; 28. 1, 2; 35. 1; 36. 2, 3, 5; 37. 1; 38. 1; 39. 1, 5; 40. 4; 41; 42. 1; 44. 1, 4; 47. 3; 48. 1; 49. 3; 50. 1, 3　**4**. 52. 2, 3; 75. 1

那克索斯　Νάξος　Naxos　**1**. 137. 2　那克索斯人　Νάξιοι　Naxians　**1**. 98. 4

那克索斯，在西西里　Νάξος ἡ ἐν Σικελίᾳ　Naxos, in Sicily　**4**. 25. 7　**6**. 3. 1, 3; 20. 3; 50. 2; 72. 1; 74. 2; 75. 2; 88. 3, 5　**7**. 14. 2　那克索斯人　Νάξιοι　Naxians　**4**. 25. 8, 9　**6**. 50. 3; 98. 1　**7**. 57. 11

瑙克勒得斯，普拉泰亚人　Ναυκλείδης Πλαταιεύς　Naucleides, a Plataean　**2**. 2. 2

瑙克剌忒斯，西库翁人　Ναυκράτης Σικυώνιος　Naucrates, a Sicyonian　**4**. 119. 2

瑙帕克托斯　Ναύπακτος　Naupactus　**1**. 103. 3　**2**. 9. 4; 69. 1; 80. 1, 4; 81. 1; 83. 1; 84. 4; 90. 2; 91. 1; 92. 7; 102. 1; 103. 1　**3**. 7. 3; 69. 2; 75. 1; 78. 2; 94. 3; 96. 2; 98. 5; 100. 1; 101. 1; 102. 1, 3; 114. 2　**4**. 13. 2; 41. 2; 49; 76. 1; 77. 1　**7**. 17. 4; 19. 5; 31. 2, 4, 5; 34. 1, 3, 7; 36. 2; 57. 8　瑙帕克托斯领土　Ναυπακτία　Naupactian territory　**3**. 102. 2　瑙帕克托斯人　Ναυπάκτιοι　Naupactians　**2**. 92. 3

"新城"　Νέα πόλις　"New City"　**7**. 50. 2

尼罗河　Νεῖλος　Nile　**1**. 104. 2

涅墨亚，在埃托利亚　Νεμέα ἡ ἐν Αἰτωλίᾳ　Nemea, in Aetolia　**3**. 96. 1

涅墨亚，在伯罗奔尼撒　Νεμέα ἡ ἐν Πελοποννήσῳ　Nemea, in Peloponnesus　**5**. 58. 3, 4; 59. 1, 2, 3; 60. 3

涅墨亚的宙斯　Νέμειος Ζεύς　Nemean Zeus　**3**. 96. 1

涅斯托斯　Νέστος　Nestus　**2**. 96. 4

涅里孔　Νήρικον　Nericon　**3**. 7. 4

尼卡诺耳，卡俄尼亚人的　Νικάνωρ Χάων　Nicanor, of Chaonians　**2**. 80. 5

尼卡索斯，墨伽拉人　Νίκασος Μεγαρεύς　Nicasus, a Megarian　**4**. 119. 2

尼刻剌托斯，雅典人　Νικήρατος Ἀθηναῖος　Niceratus, an Athenian

3. 51. 1; 91. 1　　**4**. 27. 5; 42. 1; 53. 1; 119. 2; 129. 2　　**5**. 16. 1; 83. 4　　**6**. 8. 2

尼喀阿得斯，雅典人　　Νικιάδης Ἀθηναῖος　　Niciades, an Athenian　　**4**. 118. 11

尼喀阿斯，哈格农之父，雅典人　　Νικίας Ἀθηναῖος Ἅγνωνος πατήρ　　Nicias, father of Hagnon, an Athenian　　**2**. 58. 1　　**4**. 102. 3

尼喀阿斯，戈耳堤斯人　　Νικίας Γορτύνιος　　Nicias, a Gortynian　　**2**. 85. 5

尼喀阿斯，尼刺托斯之子，雅典人　　Νικίας Νικηράτου Ἀθηναῖος　　Nicias, son of Niceratus, an Athenian　　**3**. 51. 1, 2; 91. 1, 6　　**4**. 27. 5; 28. 1, 3; 42. 1; 53. 1; 54. 2, 3; 119. 2; 129. 2, 4; 130. 2, 6; 132. 2　　**5**. 16. 1; 19. 2; 24. 1; 43. 2; 45. 3; 46. 1, 3, 4; 83. 4　　**6**. 8. 2, 4; 15. 1, 2; 16. 1; 17. 1; 18. 6; 19. 2; 24. 1; 25. 1; 46. 2; 47; 62. 4; 67. 3; 69. 1; 102. 2; 103. 3; 104. 3　　**7**. 1. 2; 3. 3; 4. 4, 7; 6. 1; 8. 1; 10; 16. 1; 32. 1; 38. 2; 42. 3; 43. 1, 2; 48. 1; 49. 1, 4; 50. 3, 4; 60. 5; 65. 1; 69. 2; 72. 3, 4; 73. 3; 75. 1; 76; 78. 1, 2; 80. 1, 4; 81. 3; 82. 3; 84. 1; 85. 1; 86. 2, 3

尼科拉俄斯，拉刻代蒙人　　Νικόλαος Λακεδαιμόνιος　　Nicolaos, a Lacedaemonian　　**2**. 67. 1

尼科马科斯，波喀斯人　　Νικόμαχος Φωκεύς　　Nicomachus, a Phocian　　**4**. 89. 1

尼科墨得斯，拉刻代蒙人　　Νικομήδης Λακεδαιμόνιος　　Nicomedes, a Lacedaemonian　　**1**. 107. 2

尼科尼达斯，拉里萨人　　Νικονίδας Λαρισαῖος　　Niconidas, a Larisan　　**4**. 78. 2

尼科斯特剌托斯，雅典人　　Νικόστρατος Ἀθηναῖος　　Nicostratus, an Athenian　　**3**. 75. 1, 4　　**4**. 53. 1; 119. 2; 129. 2, 4; 130. 2　　**5**. 61. 1

尼孔，忒拜人　　Νίκων Θηβαῖος　　Nicon, a Theban　　**7**. 19. 3

尼赛亚　　Νίσαια　　Nisaea　　**1**. 103. 4; 114. 1; 115. 1　　**2**. 31. 3; 93. 2, 4; 94. 3　　**3**. 51. 3　　**4**. 21. 3; 66. 3; 68. 3; 69. 1, 2, 3, 4; 70. 1, 2; 72. 2, 4; 73. 4; 85. 7; 100. 1; 108. 5; 118. 4　　**5**. 17. 2

尼索斯　　Νῖσος　　Nisus　　**4**. 118. 4

诺提翁　　Νότιον　　Notium　　**3**. 34. 1, 2, 4

倪谟波多洛斯，阿布得拉人　　Νυμφόδωρος Ἀβδηρίτης　　Nymphodorus, an Abderite　　**2**. 29. 1, 5

克珊提波斯，雅典人　Ξάνθιππος Ἀθηναῖος　Xanthippus, an Athenian **1**. 111. 2; 127. 1; 139. 4　**2**. 13. 1; 31. 1; 34. 8

克塞那瑞斯，拉刻代蒙人　Ξενάρης Λακεδαιμόνιος　Xenares, a Lacedaemonian　**5**. 36. 1; 37. 1; 38. 3; 46. 4; 51. 2

克塞诺克勒得斯，科林斯人　Ξενοκλείδης Κορίνθιος　Xenocleides, a Corinthian　**1**. 46. 2　**3**. 114. 4

克塞诺提摩斯，雅典人　Ξενότιμος Ἀθηναῖος　Xenotimus, an Athenian **2**. 23. 2

克塞诺帕涅斯，雅典人　Ξενοφάνης Ἀθηναῖος　Xenophanes, an Athenian **6**. 8. 2

克塞诺潘提达斯，拉孔人　Ξενοφαντίδας Λάκων　Xenophantidas, a Laconian　**8**. 55. 2

克塞诺蓬，雅典人　Ξενοφῶν Ἀθηναῖος　Xenophon, an Athenian **2**. 70. 1; 79. 1

克塞农，忒拜人　Ξένων Θηβαῖος　Xenon, a Theban　**7**. 19. 3

克塞耳克塞斯，波斯国王　Ξέρξης Περσῶν βασιλεύς　Xerxes, a Persian king　**1**. 14. 2; 118. 2; 129. 1, 3; 137. 3　**3**. 56. 5　**4**. 50. 3

俄多曼托人　Ὀδόμαντοι *　Odomanti　**2**. 101. 3　**5**. 6. 2

俄德律赛人　Ὀδρύσαι *　Odrysians　**2**. 29. 2, 3; 95. 1; 96. 1; 97. 1, 3; 98. 2, 4　**4**. 101. 5

奥德修斯　Ὀδυσσεύς　Odysseus　**4**. 24. 5

俄兹多莱人　Ὀζόλαι　Ozolians　参看　罗克洛斯族　Λοκροί　Locrians

俄安忒亚人　Οἰανθῆς　Oeanthians　**3**. 101. 2

俄涅翁　Οἰνεών　Oeneon　**3**. 95. 3; 98. 3; 102. 1

俄尼阿代　Οἰνιάδαι　Oeniadae　**1**. 111. 3　**2**. 82; 102. 2, 3, 6　**3**. 7. 3; 94. 1; 114. 2　**4**. 77. 2

俄诺厄　Οἰνόη　Oenoe　**2**. 18. 1, 2, 3; 19. 1　**8**. 98. 1, 2, 3, 4

俄努赛　Οἰνοῦσσαι　Oenousae　**8**. 24. 2

俄诺皮塔　Οἰνόφυτα　Oenophyta　**1**. 108. 3　**4**. 95. 3

俄绪墨　Οἰσύμη　Oesyme　**4**. 107. 3

俄泰亚人　Οἰταῖοι　Oetaeans　**3**. 92. 2, 3　**8**. 3. 1

俄罗洛斯，雅典人　Ὄλορος Ἀθηναῖος　Olorus, an Athenian　**4**.104.4

俄罗皮克索斯　Ὀλόφυξος　Olophyxus　**4**.109.3

俄尔派　Ὄλπαι　Olpae　或　俄耳珀　Ὄλπη　Olpe　**3**.105.1,4；106.1,3；107.2,3；108.3；110.1；111.1；113.1　俄尔派人　Ὀλπαῖοι①　Olpaeans　**3**.101.2

奥林匹亚　Ὀλυμπία　Olympia　**1**.121.3；143.1　**3**.8.1　**5**.18.10；47.11　**6**.16.2

奥林匹亚节　Ὀλύμπια　Olympic festival　**1**.126.5　**5**.47.10,11；49.1；50.5　奥林匹亚竞技会（届）　Ὀλυμπιάς　Olympiad　**3**.8.1　奥林匹亚竞技会　Ὀλυμπικὸς ἀγών　Olympic games　**1**.6.5　奥林匹亚竞技会的法律　Ὀ. -νόμος　Olympic law　**5**.49.1　奥林匹亚节的休战　Ὀ. σπονδαί　Olympic truce　**5**.49.1　奥林匹亚竞技会的优胜者　Ὀλυμπιονίκης　an Olympic victor　**1**.126.3　"奥林波斯的"宙斯②　Ὀλύμπιος Ζεύς　Olympian Zeus　**2**.15.4　**3**.14.1　**5**.31.2；50.1

俄昌恩庇厄翁　Ὀλυμπιεῖον　Olympieum　**6**.64.1；65.3；70.4；75.1　**7**.4.6；37.2,3；42.6

奥林波斯　Ὄλυμπος　Olympus　**4**.78.6

俄昌恩托斯　Ὄλυνθος　Olynthus　**1**.58.2；62.1,3,4；63.1,2　**2**.79.2,4　**4**.123.4　**5**.18.5　俄昌恩托斯人　Ὀλύνθιοι　Olynthians　**4**.110.2　**5**.3.4；18.6；39.1

荷马　Ὄμηρος　Homer　**1**.3.3；9.4；10.3　**2**.41.4　**3**.104.4,6

俄那西摩斯，西库翁人　Ὀνάσιμος Σικυώνιος　Onasimus, a Sicyonian　**4**.119.2

俄涅翁（山）　Ὄνειον　Oneion　**4**.44.4

俄涅托里达斯，忒拜人　Ὀνητορίδας Θηβαῖος　Onetoridas, a Theban　**2**.2.1

俄诺马克勒斯，雅典人　Ὀνομακλῆς Ἀθηναῖος　Onomacles, an Athenian　**8**.25.1；30.2

俄庇喀亚　Ὀπικία　Opicia　**6**.4.5　俄庇喀亚人　Ὀπικοί　Opicans　**6**.2.4

俄浦斯　Ὀποῦς　Opus　**2**.32　俄浦斯人　Ὀπούντιοι　Oputians　参看

---

① "牛津本"将此词单独列在下一行，但此"俄尔派人"就是"俄尔派"的居民。阿尔伯蒂的校勘本把它放在Ὄλπαι之后。今从。

② 宙斯等希腊众神居住于奥林波斯山上，故有"奥林波斯的"这一称呼，这个名词似乎应该置于下文"奥林波斯"之后。

罗克洛斯族　Λοκροί　Locrians

俄瑞斯忒翁　Ὀρέσθειον①　Orestheum　**5**.64.3　Ὀρεσθίς　俄瑞斯提斯　Oresthis②　**4**.134.1

俄瑞斯泰人　Ὀρέσται *　Orestians　**2**.80.6

俄瑞斯忒斯，忒萨利亚人　Ὀρέστης Θεσσαλός　Orestes, a Thessalian　**1**.111.1

俄耳涅埃　Ὀρνεαί　Orneae　**6**.7.1,2　俄耳涅埃人　Ὀρνεᾶται　Orneans　**5**.67.2; 72.4; 74.3　**6**.7.1

俄洛比埃　Ὀροβίαι　Orobiae　**3**.89.2

俄洛多斯，帕饶埃亚人的国王　Ὄροιδος Παραυαίων βασιλεύς　Oroedus, a Parauaean king　**2**.80.6

俄耳科墨诺斯，阿耳卡狄亚的　Ὀρχομενὸς ὁ Ἀρκαδικός　Orchomenos, Arcadian　**5**.61.3,4; 62.1; 63.2　俄耳科墨诺斯人　Ὀρχομένιοι　Orchomenians　**5**.61.5; 77.1

俄耳科墨诺斯，玻俄提亚的　Ὀρχομενὸς ὁ Βοιώτιος　Orchomenos, Boeotian　**1**.113.1,2　**3**.87.4　**4**.76.3　俄耳科墨诺斯人　Ὀρχομένιοι　Orchomenians　**4**.76.3; 93.4

俄斯喀俄斯　Ὄσκιος　Oskius　**2**.96.4

俄庇俄涅斯　Ὀφιονῆς　Ophionians　**3**.94.5; 96.2,3; 100.1

潘该翁　Πάγγαιον　Pangaeum　**2**.99.3

帕工达斯，忒拜人　Παγώνδας Θηβαῖος　Pagondas, a Theban　**4**.91; 93.1; 96.1,5

派俄尼亚　Παιονία　Paeonia　**2**.99.4　派俄尼亚领土　Παιονική　territory of Paeonia　**2**.98.2　派俄尼亚部落　Παιονικὰ ἔθνη　Paeonian tribes　**2**.96.3　派俄尼亚人　Παίονες　Paeonians　**2**.96.3; 98.1,2

帕莱洛斯人　Παλαιρῆς　people of Palaerus　**2**.30.1

帕勒人　Παλῆς　Paleans　**1**.27.2　**2**.30.2

帕勒涅　Παλλήνη　Pallene　**1**.56.2; 64.1,2　**4**.116.2; 120.1,3; 123.1; 129.1

---

① 详正文译注。
② 详正文译注，位于伯罗奔尼撒。

帕弥罗斯，墨伽拉人　Πάμιλλος Μεγαρεύς　Pamillus, a Megarian　**6**.4.2

潘皮利亚　Παμφυλία　Pamphylia　**1**.100.1

泛雅典娜节　Παναθήναια　Panathenaea (Panathenaic festival)　**5**.47.10 **6**.56.2　泛雅典娜节游行　Παναθηναϊκὴ πομπή　Panathenaic procession **1**.20.2

帕奈俄人　Παναῖοι*　Panaeans　**2**.101.3

帕奈洛斯，帕耳萨罗斯人　Πάναιρος Φαρσάλιος　Panaerus, a Pharsalian **4**.78.1

帕那克同　Πάνακτον　Panactum　**5**.3.5; 18.7; 35.5; 36.2; 39.2, 3; 40.1, 2; 42.1, 2; 44.3; 46.2

潘狄翁，雅典国王　Πανδίων Ἀθηναίων βασιλεύς　Pandion, an Athenian king　**2**.29.3

帕诺耳摩斯，阿卡伊亚的　Πάνορμος ὁ Ἀχαϊκός　Panormus, in Achaea **2**.86.1, 4; 92.1

帕诺耳摩斯，米利都的　Πάνορμος τῆς Μιλησίας　Panormus, Milesian **8**.24.1

帕诺耳摩斯，在西西里　Πάνορμος ὁ ἐν Σικελίᾳ　Panormus, in Sicily **6**.2.6

潘塔库阿斯　Παντακύας　Pantacyas　**6**.4.1

帕剌罗斯人　Παράλιοι Paralians　**3**.92.2

"滨海地带"　Πάραλος γῆ　Coastal Region　**2**.55.1

"帕剌罗斯" 舰　Πάραλος ναῦς　Ship *Paralus*　**3**.33.1, 2; 77.3　**8**.74.1 "帕剌罗斯" 船员　Πάραλοι　the crew of *Paralus*　**8**.73.5, 6; 74.2; 86.9

[珀剌西亚人]　[Παράσιοι①　Parasians　**2**.22.3]

帕饶埃亚人　Παραυαῖοι　Parauaeans　**2**.80.6

帕洛斯人　Πάριοι　Parians　**4**.104.4

帕耳那索斯　Παρνασσός　Parnassus　**3**.95.1

帕耳涅斯　Πάρνης　Parnes　**2**.23.1　**4**.96.7

帕剌西亚领土　Παρρασική　territory of Parrhasia　**5**.33.1　帕剌西亚人 Παρράσιοι　Parrhasians　**5**.33.1, 2, 3

---

① 见正文译注。

帕西忒利达斯，拉刻代蒙人　Πασιτελίδας Λακεδαιμόνιος　Pasitelidas, a Lacedaemonian　**4**.132.3　**5**.3.1,2

帕特摩斯　Πάτμος　Patmos　**3**.33.3

帕特赖　Πάτραι　Patrae　**2**.83.3; 84.3, 5　帕特赖人　Πατρῆς　Patrians　**5**.52.2

帕特洛克勒斯，拉刻代蒙人　Πατροκλῆς Λακεδαιμόνιος　Patrocles, a Lacedaemonian　**4**.57.3

泡萨尼阿斯，拉刻代蒙人　Παυσανίας Λακεδαιμόνιος　Pausanias, a Lacedaemonian　**1**.94.1; 95.1, 3, 7; 96.1; 107.2; 114.2; 128.3, 7; 129.1, 3; 130.1; 132.2, 3; 133; 134.4; 135.2; 138.6　**2**.21.1; 71.2, 4; 72.1　**3**.54.4; 58.5; 68.1　**5**.16.1; 33.1

泡萨尼阿斯，拉刻代蒙人的国王　Παυσανίας Λακεδαιμονίων βασιλεύς　Pausanias, a Lacedaemonian king　**3**.26.2

泡萨尼阿斯，马其顿人　Παυσανίας Μακεδών　Pausanias, a Macedonian　**1**.61.4

帕刻斯，雅典人　Πάχης Ἀθηναῖος　Paches, an Athenian　**3**.18.3; 28.1, 2; 33.2; 34.2; 35.1; 36.3; 48.1; 49.4; 50.1

珀达里托斯，拉刻代蒙人　Πεδάριτος Λακεδαιμόνιος　Pedaritus, a Lacedaemonian　**8**.28.5; 32.2, 3; 33.3, 4; 38.3, 4; 39.2; 40.1; 55.2, 3; 61.2

珀提阿斯，科西拉人　Πειθίας Κερκυραῖος　Peithias, a Corcyraean　**3**.70.3, 5, 6

比雷埃夫斯　Πειραιεύς　Piraeus　**1**.93.3, 5, 7; 107.1　**2**.13.7; 17.3; 48.2; 93.1, 2, 4; 94.1, 2, 4　**5**.26.1　**6**.30.1　**8**.1.2; 76.5; 82.1, 2; 86.4; 90.3, 4, 5; 92.4, 6, 7, 9, 10; 93.1; 94.3; 96.3

珀珊德洛斯，雅典人　Πείσανδρος Ἀθηναῖος　Peisander, an Athenian　**8**.49; 53.1, 2; 54.1, 2, 3, 4; 56.1; 63.3; 64.1; 65.1; 67.1; 68.1; 73.2; 90.1; 98.1

珀西斯特剌托斯，雅典僭主　Πεισίστρατος Ἀθηναίων τύραννος　Peisistratus, an Athenian tyrant　**1**.20.2　**3**.104.1　**6**.53.3; 54.2, 3

珀西斯特剌托斯，希庇阿斯之子，雅典人　Πεισίστρατος Ἱππίου Ἀθηναῖος　Peisistratus, son of Hippias, an Athenian　**6**.54.6, 7

珀拉耳癸孔　Πελαργικόν　Pelargic　**2**.17.1

珀拉斯戈斯人的　Πελασγικόν　Pelasgian　**1**.3.2　**4**.109.4

珀拉　Πέλλα　Pella　**2**.99.4; 100.4

珀勒涅人　Πελληνῆς　Pellenians　**2**. 9. 2, 3　**4**. 120. 1　**5**. 58. 4; 59. 3; 60. 3　**8**. 3. 2; 106. 3

珀利科斯，科林斯人　Πέλλιχος Κορίνθιος　Pellichus, a Corinthian　**1**. 29. 2

珀罗普斯家族　Πελοπίδαι　the line of Pelops　**1**. 9. 2

伯罗奔尼撒人　Πελοποννήσιοι　Peloponnesians　**1**. 1. 1; 9. 2; 12. 4; 23. 4; 36. 2, 3; 40. 5; 41. 2; 44. 1, 2; 53. 4; 56. 1; 57. 4; 60. 1; 62. 1, 6; 66; 68. 4; 80. 3; 97. 1; 105. 1, 3; 109. 2; 112. 1; 114. 1, 2; 115. 1; 140. 1; 141. 3, 6; 143. 3, 5　**2**. 1; 9. 2; 11. 1; 12. 5; 13. 1, 9; 18. 1, 4; 21. 1; 22. 3; 23. 1, 3; 32; 47. 2; 48. 2; 54. 5; 55. 1; 56. 3, 6; 57. 1; 59. 1; 65. 12; 13; 69. 1; 70. 1; 71. 1; 76. 1, 4; 77. 1; 78. 1; 80. 5; 81. 2, 3; 83. 5; 84. 5; 86. 1, 4, 6; 87. 1; 88. 1, 2; 89. 10; 90. 1, 4, 5; 91. 1, 4; 92. 5; 93. 1; 94. 3; 102. 1　**3**. 1. 1; 2. 1; 20. 1; 21. 1; 22. 5; 24. 1, 3; 26. 1; 29. 1; 30. 1; 32. 3; 33. 2; 34. 1; 36. 1, 2; 51. 2; 52. 1, 3; 69. 1; 70. 2; 76; 77. 3; 80. 2; 81. 1; 89. 1; 105. 2; 106. 1; 107. 3, 4; 108. 1; 109. 2; 111. 3, 4; 114. 2, 3　**4**. 2. 1, 3; 3. 1; 6. 1; 8. 1, 3; 14. 5; 16. 1; 23. 2; 26. 1; 39. 3; 41. 1; 44. 5; 66. 3; 67. 5; 68. 2; 69. 3; 70. 1; 73. 4; 75. 1; 95. 2; 100. 1; 123. 4; 124. 1; 126. 1; 128. 5; 129. 3; 130. 4; 131. 1; 132. 2　**5**. 3. 2, 4; 9. 1; 18. 7; 21. 3; 26. 5; 35. 2; 115. 3　**6**. 1. 1; 6. 2; 11. 3; 17. 1, 8; 18. 4; 36. 4; 82. 2, 3; 83. 1; 84. 1　**7**. 5. 4; 18. 4; 19. 3; 28. 3; 34. 1, 6, 8; 84. 5　**8**. 5. 5; 9. 3; 10. 2, 3; 11. 2; 13; 15. 2; 20. 1; 22. 1; 23. 5; 25. 2, 4, 5; 28. 1, 3; 31. 1; 36. 1, 2; 42. 4; 43. 2; 44. 2, 4; 45. 1; 46. 4, 5; 48. 4; 52; 53. 1, 2; 55. 1; 56. 2; 57. 1, 2; 60. 2; 64. 4; 75. 2; 78; 79. 2, 4; 80. 1, 3; 81. 1, 3; 83. 1; 85. 2; 87. 1, 3, 6; 88; 89. 1; 95. 1, 7; 99; 101. 1; 102. 1; 103. 3; 104. 1, 2, 3, 4; 105. 1, 2, 3; 106. 1, 2; 107. 2; 108. 1, 3, 4; 109. 1

伯罗奔尼撒　Πελοπόννησος　Peloponnesus　**1**. 2. 3; 10. 2; 12. 3; 13. 5; 28. 2; 31. 1; 32. 5; 65. 1, 2; 67. 1; 69. 5; 71. 7; 73. 4; 76. 1; 82. 5; 86. 1; 89. 2; 90. 2; 94. 1; 95. 4; 103. 1; 108. 5; 122. 3; 126. 5; 135. 3; 136. 1; 143. 4　**2**. 7. 3; 8. 1; 9. 2, 4; 10. 1; 11. 1; 17. 4; 23. 2, 3; 25. 1; 27. 1; 30. 1; 31. 1; 54. 5; 55. 1; 56. 1, 4, 5; 66. 1; 67. 4; 69. 1; 80. 1; 86. 3　**3**. 3. 2; 5. 2; 7. 1; 16. 1, 2; [17. 2]; 27. 1; 29. 1; 31. 2; 33. 1; 69. 1; 86. 4; 91. 1; 94. 1; 102. 5; 105. 3　**4**. 2. 4; 3. 3; 8. 2; 26. 6; 27. 1; 52. 2; 76. 3; 79. 2, 3; 80. 1, 5; 81. 2; 118. 6; 120. 1　**5**. 14. 4; 22. 2; 25. 1; 27. 1, 2; 28. 1; 29. 1; 30. 1; 32. 3; 36. 1; 40. 3; 52. 1, 2; 57. 1, 2; 69. 1; 77. 5, 6, 7; 79. 1, 2, 4; 80. 1; 82. 6; 108　**6**. 16. 6; 22; 37. 1; 61. 7; 77. 1; 80. 1; 85. 2; 90. 3; 91. 4; 103. 3; 105. 2　**7**. 11. 2; 12. 1; 15. 1, 2; 17. 2, 3; 19. 3, 5; 20. 1; 25. 1, 3; 26. 1; 28. 3; 42. 3; 50. 1; 57. 7; 58. 3; 66. 2　**8**. 17. 1, 2; 26. 1; 28. 4; 35. 1; 39. 1; 41. 3; 71. 1; 80. 1; 91. 2

珀罗普斯　Πέλοψ　Pelops　**1**. 9. 2

珀罗里斯　Πελωρίς　Peloris　**4**. 25. 3

珀帕瑞托斯　Πεπάρηθος　Peparethus　**3**. 89. 4

珀耳狄卡斯，马其顿人的国王　Περδίκκας Μακεδόνων βασιλεύς　Perdiccas, king of the Mecedonians　**1**. 56. 2; 57. 2; 58. 2; 59. 2; 61. 3; 62. 2, 3　**2**. 29. 4, 6, 7; 80. 7; 95. 1, 2; 99. 1, 3, 6; 100. 2; 101. 1, 5, 6　**4**. 78. 2, 6; 79. 1, 2; 82; 83. 1, 3, 4, 5, 6; 103. 3; 107. 3; 124. 1, 3, 4; 125. 1; 128. 3, 5; 132. 1, 2　**5**. 6. 2; 80. 2; 83. 4　**6**. 7. 3, 4　**7**. 9

珀里厄瑞斯，库墨人　Περιήρης Κυμαῖος　Perieres, a Cymaean　**6**. 4. 5

珀里克勒达斯，拉刻代蒙人　Περικλείδας Λακεδαιμόνιος　Pericleidas, a Lacedaemonian　**4**. 119. 2

伯里克利，雅典人　Περικλῆς Ἀθηναῖος　Pericles, an Athenian　**1**. 111. 2; 114. 1, 3; 116. 1, 3; 117. 2; 127. 1; 139. 4; 145　**2**. 12. 2; 13. 1, 9; 21. 3; 22. 1; 31. 1; 34. 8; 55. 2; 58. 1; 59. 2; 65. 1, 13　**6**. 31. 2

珀赖比亚　Περραιβία　Perrhaebia　**4**. 78. 5　珀赖比亚人　Περραιβοί　Perrhaebians　**4**. 78. 6

波斯人　Πέρσαι　Persians　**1**. 13. 6; 14. 2; 89. 3; 104. 2; 109. 2, 3; 137. 3　**2**. 97. 4　**4**. 36. 3; 50. 1, 2　**8**. 108. 4　波斯王国　Περσικὴ βασιλεία　Persian kingdom　**1**. 16　波斯膳食　Π. Τράπεζα　Persian food　**1**. 130. 1　波斯语言　Περσὶς γλῶσσα　Persian language　**1**. 138. 1

珀耳塞乌斯家族　Περσείδαι　the line of Perseus　**1**. 9. 2

珀特拉　Πέτρα　Petra　**7**. 35. 2

珀该　Πηγαί　Pegae　**1**. 103. 4; 107. 3; 111. 2; 115. 1　**4**. 21. 3; 66. 1; 74. 2

珀勒　Πήλη　Pele　**8**. 31. 3

庇厄里亚　Πιερία　Pieria　**2**. 99. 3; 100. 4　庇厄里亚人　Πίερες　Pierians　**2**. 99. 3　庇厄里亚山谷　Πιερικὸς κόλπος　Pierian Vale　**2**. 99. 3

庇厄里翁　Πιέριον　Pierium　**5**. 13. 1

品多斯　Πίνδος　Pindus　**2**. 102. 2

庇苏特涅斯，波斯人　Πισσούθνης Πέρσης　Pissouthnes, a Persian　**1**. 115. 4, 5　**3**. 31. 1; 34. 2　**8**. 5. 5; 28. 3

庇塔那连队　Πιτανάτης λόχος　Pitanate division　**1**. 20. 3

庇塔科斯，厄多尼亚人的国王　Πιττακὸς Ἠδώνων βασιλεύς　Pittacus, an Edonian king　**4**. 107. 3

普拉泰亚　Πλάταια　Plataea　或　普拉泰埃　Πλαταιαί　Plataeae　**1**. 130. 1　**2**. 2. 1, 3; 4. 8; 5. 2; 6. 2, 4; 7. 1; 10. 1; 12. 5; 19. 1; 71. 1; 78. 4; 79. 1　**3**. 21. 1;

36.1; 52.2; 57.2; 61.2; 68.4, 5　**4**.72.1　**5**.17.2　**7**.18.2　普拉泰亚领土　Πλαταιίς　Plataean territory　**2**.71.4; 74.2　**3**.58.5　普拉泰亚人　Πλαται-ῆς　Plataeans　**2**.2.2; 3.1,2; 4.3,6,7; 5.4,5,6,7; 9.4; 71.1,2; 72.1,2; 73.[2],3; 74.1; 75.4,6; 76.4; 77.5; 78.3　**3**.20.1; 21.4; 22.4,5,8; 23.1,4; 24.1,2,3; 52.1,3; 57.4; 59.4; 60; 68.2,3　**4**.67.2,5　**5**.32.1　**7**.57.5

普勒斯塔耳科斯，拉刻代蒙人的国王　Πλείσταρχος Λακεδαιμονίων βασιλεύς　Pleistarchus, a Lacedaemonian king　**1**.132.1

普勒斯托阿那克斯，拉刻代蒙人的国王　Πλειστοάναξ Λακεδαιμονίων βασιλεύς　Pleistoanax, a Lacedaemonian king　**1**.107.2; 114.2　**2**.21.1　**3**.26.2　**5**.16.1; <19.2>; 24.1; 33.1; 75.1

普勒斯托拉斯，拉刻代蒙人　Πλειστόλας Λακεδαιμόνιος　Pleistolas, a Lacedaemonian　**5**.19.1,2; 24.1; 25.1

普勒乌戎　Πλευρών　Pleuron　**3**.102.5

普勒密里翁　Πλημμύριον　Plemmyrium　**7**.4.4,6; 22.1; 23.1,4; 24.1,3; 25.9; 31.3; 32.1; 36.6

普倪克斯　Πνύξ　Pnyx　**8**.97.1

波利斯　Πόλις　Polis　**3**.101.2

波利克娜　Πολίχνα　Polichna　**8**.14.3; 23.6

波利克涅人　Πολιχνῖται　Polichnitans　**2**.85.5,6

波勒斯，俄多曼托人的国王　Πολλῆς Ὀδομάντων βασιλεύς　Polles, king of the Odomantians　**5**.6.2

波利斯，阿耳戈斯人　Πόλλις Ἀργεῖος　Pollis, an Argive　**2**.67.1

波吕安忒斯，科林斯人　Πολυάνθης Κορίνθιος　Polyanthes, a Corinthian　**7**.34.2

波吕达弥达斯，拉刻代蒙人　Πολυδαμίδας Λακεδαιμόνιος　Polydamidas, a Lacedaemonian　**4**.123.4; 129.3; 130.3

波吕克剌忒斯，萨摩斯的僭主　Πολυκράτης Σαμίων τύραννος　Polycrates, tyrant of Samos　**1**.13.6　**3**.104.2

波吕墨得斯，拉里萨人　Πολυμήδης Λαρισαῖος　Polymedes, a Larisan　**2**.22.3

蓬托斯　Πόντος　Pontus　**3**.2.2　**4**.75.1,2

波塞冬　Ποσειδῶν　Poseidon　**1**.128.1　**2**.84.4　**8**.67.2

波塞冬庙　Ποσειδώνιον　Poseidonium　**4**.118.4; 129.3

波塔弥斯，叙拉古人　Πόταμις Συρακόσιος　Potamis, a Syracusan　**8**.85.3

波忒代亚　Ποτείδαια　Potidaea　**1**.57.4; 58.1; 59.1; 60.1,3; 61.3,4; 62.4; 63.1; 64.2,3; 65.2; 66; 67.1; 68.4; 85.2; 119; 139.1; 140.3　**2**.2.1; 13.3; 31.2; 58.1,3; 67.1,4; 70.4; 79.7　[**3**.17.2,3,4]　**4**.120.3; 121.2; 129.3; 130.2; 135.1　**6**.31.2　波忒代亚人　Ποτειδεᾶται　Potidaeans　**1**.56.2; 57.1,6; 58.1; 60.2; 62.1,2,6; 63.2,3; 64.1; 66; 71.4; 124.1　**2**.70.1　**5**.30.2　波忒代亚事件　Ποτειδεατικά　affair of Potidaea　**1**.118.1

波提达尼亚　Ποτιδανία　Potidania　**3**.96.2

普剌西埃，阿提卡的　Πρασιαὶ τῆς Ἀττικῆς　Prasiae, Attic　**8**.95.1

普剌西埃，拉科尼刻的　Πρασιαὶ τῆς Λακωνικῆς　Prasiae, Laconian　**2**.56.6　**6**.105.2　**7**.18.3

普剌托达摩斯，拉刻代蒙人　Πρατόδαμος Λακεδαιμόνιος　Pratodamus, a Lacedaemonian　**2**.67.1

普里阿波斯　Πρίαπος　Priapus　**8**.107.1

普里厄涅　Πριήνη　Priene　**1**.115.2

普洛克勒斯，雅典人　Προκλῆς Ἀθηναῖος　Procles, an Athenian　(1)**3**.91.1; 98.4　(2)**5**.19.2; 24.1

普洛克涅，潘狄翁的女儿　Πρόκνη Πανδίονος θυγάτηρ　Procne, Pandion's daughter　**2**.29.3

普洛诺人　Προνναῖοι①　Pronnians　**2**.30.2

普洛克塞诺斯，罗克洛斯人　Πρόξενος Λοκρός　**3**.103.3

普洛斯喀翁　Πρόσχιον　Proschium　**3**.102.5; 106.1

普洛索庇提斯　Προσωπῖτις　Prosopitis　**1**.109.4

普洛忒阿斯，雅典人　Πρωτέας Ἀθηναῖος　Proteas, an Athenian　**1**.45.2　**2**.23.2

普洛忒西拉俄斯　Πρωτεσίλαος　Protesilaus　**8**.102.3

普洛忒　Πρωτή　Prote　**4**.13.3

普忒勒翁　Πτελεόν　Pteleum　**5**.18.7

---

① 阿尔伯蒂的校勘本作"Πρῶννοι"。

普忒勒翁，厄律特赖的　Πτελεὸν τῆς Ἐρυθραίας　Pteleum, in territory of Erythrae　**8**.24.2; 31.2

普托俄多洛斯，忒拜人　Πτοιόδωρος Θηβαῖος　Ptoiodorus, a Theban　**4**.76.2

普堤喀亚　Πτυχία　Ptychia　**4**.46.3

皮德娜　Πύδνα　Pydna　**1**.61.2,3; 137.1

皮坦革罗斯，忒拜人　Πυθάγγελος Θηβαῖος　Pythangelus, a Theban　**2**.2.1

"皮塔厄乌斯"阿波罗　Πυθαεὺς Ἀπόλλων　Apollo Pythaeus　**5**.53.1

皮屯，科林斯人　Πυθὴν Κορίνθιος　Pythen, a Corinthian　**6**.104.1　**7**.1.1; 70.1

皮忒斯，阿布得拉人　Πύθης Ἀβδηρίτης　Pythes, an Abderite　**2**.29.1

皮提亚　Πύθια　Pythia　**5**.1

皮提亚的神谕　Πυθικὸν χρηστήριον　Pythian oracle　**1**.103.2　皮提亚的神谕　Πυθικὸν μαντεῖον　Pythian oracle　**2**.17.1

（皮提俄斯）阿波罗的庙　Πύθιον　temple of Pythian Apollo　**2**.15.4

皮提俄斯阿波罗　Πύθιος Ἀπόλλων　Pythian Apollo　**4**.118.1　**6**.54.6,7

皮托多洛斯，雅典人　Πυθόδωρος Ἀθηναῖος　Pythodorus, an Athenian　**2**.2.1　**3**.115.2,5,6　**4**.2.2; 65.3　**5**.19.2; 24.1　**6**.105.2

德尔菲（皮托）　Πυθώ①　Pytho (Delphi)　**5**.18.10

皮罗斯　Πύλος　Pylos　**4**.3.1,2; 6.1; 8.1,2,6,8; 14.5; 15.1,2; 16.1; 23.1,2; 26.1,2; 28.3,4; 29.1; 30.4; 31.2; 32.2; 39.3; 41.2,3,4; 46.1; 55.1; 80.2　**5**.7.3; 14.2,3; 35.4,6,7; 36.2; 39.2,3; 44.3; 45.2; 56.2,3; 115.2　**6**.89.2; 105.2　**7**.18.2,3; 26.2; 57.8; 71.7; 86.3

皮剌索斯人　Πυράσιοι　Pyrasians　**2**.22.3

皮拉　Πύρρα　Pyrrha　**3**.18.1; 25.1; 35.1　**8**.23.2

皮里科斯，科林斯人　Πύρριχος Κορίνθιος　Pyrrhichus, a Corinthian　**7**.39.2

皮斯提罗斯，革拉人　Πυστίλος Γελῷος　Pystilus, a Geloan　**6**.4.4

---

① 德尔菲的古名。

赫然庇阿斯，拉刻代蒙人　Ῥαμφίας Λακεδαιμόνιος　R(h)ampias, a Lacedaemonian　(1) **1**.139.3　**5**.12.1; 13.1; 14.1　(2) **8**.8.2; 39.2; 80.1

赫瑞托　Ῥεῖτοι　Rheiti　**2**.19.2

赫瑞托斯　Ῥεῖτος①　Rheitus　**4**.42.2

赫瑞癸翁　Ῥήγιον　Rhegium　**3**.86.5; 88.4; 115.2　**4**.1.3; 24.4,5; 25.2,11　**6**.44.2; 45; 46.1; 50.1,2; 51.2,3　**7**.1.2; 4.7　赫瑞癸翁领土　Ῥηγίνη　Rhegian territory　**7**.35.2　赫瑞癸翁人　Ῥηγῖνοι　Rhegians　**3**.86.2; 88.1　**4**.1.2,3; 24.2; 25.3,4　**6**.4.6; 44.3; 46.2; 79.2　赫瑞癸翁战舰　Ῥηγῖναι νῆες　Rhegian ships　**4**.25.1

赫瑞涅亚　Ῥήνεια　Rhenea　**1**.13.6　**3**.104.2

赫里翁，阿卡伊亚的　Ῥίον Ἀχαϊκόν　Achaean Rhium　**2**.86.3,4,5; 92.5　**5**.52.2

赫里翁，摩吕克瑞翁的　Ῥίον Μολυκρικόν　Molycrian Rhium　**2**.84.4; 86.2,3,5

赫洛多珀　Ῥοδόπη　Rhodope　**2**.96.1,2,4; 98.4

罗德岛　Ῥόδος　Rhodes　**6**.4.3　**8**.41.4; 44.1,2,3; 45.1; 52; 55.1,2; 60.2; 61.2　罗德岛土地　Ῥοδία　Rhodian country　**8**.44.2　罗德岛人　Ῥόδιοι　Rhodians　**3**.8.1　**6**.43　**7**.57.6,9　**8**.44.2,4; 55.1　罗德岛的2艘五十桨船　Ῥοδίω πεντηκοντόρω　2 Rhodian pentecontеrs　**6**.43

赫洛忒翁　Ῥοίτειον　Rhoeteum　**4**.52.2　**8**.101.3

赫律珀斯的领土　Ῥυπική　territory of Rhypes　**7**.34.1

萨彼林托斯，摩罗索人　Σαβύλινθος Μολοσσός　Sabylinthus, a Molossian　**2**.80.6

萨多科斯，俄德律赛人　Σάδοκος Ὀδρύσης　Sadocus, an Odrysian　**2**.29.5; 67.2

萨孔，兹丹克勒人　Σάκων Ζαγκλαῖος　Sacon, a Zanclean　**6**.5.1

萨莱托斯，拉刻代蒙人　Σάλαιθος Λακεδαιμόνιος　Salaethus, a Lacedaemonian　**3**.25.1; 27.2; 35.1; 36.1

---

① "牛津本"和阿尔伯蒂的校勘本均作"Ῥεῖτον"，但霍氏作"Ῥεῖτος"，今从。见其《评注》第2卷，第199页。

"萨拉弥尼亚"舰　Σαλαμινία ναῦς　Ship *Salaminia*　**3**.33.1, 2; 77.3 **6**.53.1; 61.4, 6, 7

萨拉弥斯，阿提卡的　Σαλαμὶς ἡ Ἀττική　Salamis, Attic　**1**.73.4; 137.4 **2**.93.4; 94.1, 2, 3, 4　**3**.[17.2]; 51.2　**8**.94.1

萨拉弥斯，在塞浦路斯　Σαλαμὶς ἡ ἐν Κύπρῳ　Salamis, in Cyprus **1**.112.4

萨吕恩提俄斯，阿格赖亚人的国王　Σαλύνθιος Ἀγραίων βασιλεύς　Salynthius, an Agraean king　**3**.111.4; 114.2　**4**.77.2

萨墨人　Σαμαῖοι　Samaeans　**2**.30.2

萨明托斯　Σάμινθος　Saminthus　**5**.58.5

萨摩斯　Σάμος　Samos　**1**.13.6; 115.2, 3, 4; 116.1, 3　**4**.75.1　**8**.16.1, 2; 17.1; 19.4; 21; 25.1; 27.4, 6; 30.1, 2; 33.2, 3, 4; 35.3, 4; 38.5; 39.3; 41.3, 4; 43.1; 44.3; 47.2; 48.1, 2; 50.3, 4, 5; 51.1, 2; 53.1; 56.4; 60.3; 63.2, 3, 4; 68.3; 72.1; 73.1, 2, 4; 74.3; 75.2; 76.4, 5; 77; 79.1, 2, 4, 5, 6; 80.4; 81.1, 2; 85.4; 86.1, 4, 7, 8, 9; 88; 89.1, 2, 4; 90.1, 2, 3; 96.2; 97.3; 99; 100.1, 4; 108.1, 2　萨摩斯人　Σάμιοι　Samians　**1**.13.3; 40.5; 41.2; 115.2, 3, 4; 116.1; 117.1, 3　**3**.32.2; 104.2　**4**.75.1　**6**.4.5, 6　**7**.57.4　**8**.21; 63.3; 73.2, 6; 74.1; 75.3　萨摩斯战舰　Σαμία ναῦς　Samian ships　**8**.16.1

萨涅人①　Σαναῖοι　Sanaeans　**5**.18.6

珊狄俄斯的山丘　Σάνδιος λόφος　Sandian Hill　**3**.19.2

萨涅　Σάνη　Sane　**4**.109.3, 5

萨耳革乌斯，西库翁人　Σαργεὺς Σικυώνιος　Sargeus, a Sicyonian　**7**.19.4

萨耳得斯　Σάρδεις　Sardis　**1**.115.4

塞利努斯　Σελινοῦς　Selinus　**6**.4.2; 20.3; 47; 48; 62.1　**7**.50.1, 2　塞利努斯人　Σελινούντιοι　Selinuntines　**6**.6.2, 3; 8.2; 13.2; 20.4; 47; 62.1; 65.1; 67.2　**7**.1.3, 5; 57.8; 58.1　塞利努斯战舰　Σελινούντιαι νῆες　Selinuntine ships　**8**.26.1

塞耳密利亚人　Σερμυλιῆς　Sermylians　**1**.65.2　**5**.18.8

塞乌忒斯，色雷斯国王　Σεύθης Θρακῶν βασιλεύς　Seuthes, a Thracian king　**2**.97.3; 101.5, 6　**4**.101.5

塞斯托斯　Σηστός　Sestus　**1**.89.2　**8**.62.3; 102.1; 104.1; 107.1

---

① 见正文译注。

斯忒涅拉伊达斯，拉刻代蒙人　Σθενελαΐδας Λακεδαιμόνιος　Sthenelaïdas, a Lacedaemonian　(1) **1.** 85. 3　(2) **8.** 5. 1

辛戈斯人　Σιγγαῖοι　Singaeans　**5.** 18. 2

西革翁　Σίγειον　Sigeum　**6.** 59. 4　**8.** 101. 3

西杜萨　Σιδοῦσσα　Sidoussa　**8.** 24. 2

西卡尼亚　Σικανία　Sicania　**6.** 2. 2, 5　西卡尼亚人　Σικανοί　Sicanians　**6.** 2. 2, 3, 5　西卡尼亚城市　Σικανικὸν πόλισμα　Sicanian city　**6.** 62. 3

西卡诺斯河　Σικανὸς ποταμός　River Sicanus　**6.** 2. 2

西卡诺斯，叙拉古人　Σικανὸς Συρακόσιος　Sicanus, a Syracusan　**6.** 73. 1　**7.** 46; 50. 1; 70. 1

西西里　Σικελία　Sicily　**1.** 12. 4; 14. 2; 17; 18. 1; 36. 2; 44. 3　**2.** 7. 2; 65. 11, 12　**3.** 86. 1, 4; 88. 1; 90. 1; 99; 103. 1; 115. 1, 3; 116. 1, 2　**4.** 1. 1, 2; 2. 2; 5. 2; 24. 1, 4, 5; 25. 12; 46. 1; 47. 2; 48. 6; 58; 59. 1; 60. 1; 61. 1, 2, 3; 64. 5; 65. 2, 3; 81. 2　**5.** 4. 1, 2; 5. 1　**6.** 1. 1, 2; 2. 2, 3, 4, 5, 6; 3. 1; 4. 1, 6; 6. 1, 2; 7. 1; 8. 1, 2, 4; 9. 1; 11. 5, 7; 15. 2; 17. 2; 18. 4; 30. 1; 33. 2; 34. 1, 4; 37. 1, 2; 42. 2; 43; 44. 4; 48; 61. 4, 5, 6; 62. 1, 2; 63. 2; 73. 2; 76. 2; 77. 1; 80. 2; 85. 3; 86. 4; 88. 1, 8; 90. 2; 91. 3, 4; 92. 5; 93. 2, 4; 94. 1; 104. 1　**7.** 1. 1; 3. 1; 4. 7; 7. 2; 11. 2; 12. 1; 13. 2; 15. 1, 2; 16. 2; 17. 2, 3; 18. 1, 4; 19. 3; 20. 2; 21. 1; 25. 9; 26. 1, 3; 27. 1; 28. 3; 31. 1, 3; 33. 2; 34. 1; 46; 50. 1, 2; 51. 1; 57. 1, 11; 58. 2, 3; 66. 2; 68. 3; 73. 1; 77. 4; 80. 2; 85. 3; 87. 6　**8.** 1. 1, 2; 2. 1, 3; 4; 13; 26. 1; 96. 1; 106. 2　西西里的资源　Σικελικόν　the resources of Sicily　**8.** 2. 4　西西里海　Σ. πέλαγος　Sicilian Sea　**4.** 24. 5; 53. 3　**6.** 13. 1　[西西里战争　Σ. πόλεμος　Sicilian war　**7.** 85. 4]　西西里战舰　Σ. νῆες　Sicilian ships　**8.** 91. 2　西西里灾祸　Σ. ξυμφορά　Sicilian disaster　**8.** 24. 5

西西里的希腊人　Σικελιῶται　Sicilian Greeks　**3.** 90. 1　**4.** 58; 59. 1; 64. 3; 65. 1　**5.** 4. 5; 5. 1, 3　**6.** 10. 4; 11. 2; 13. 1; 18. 5; 33. 4; 34. 1; 49. 4; 68. 2; 90. 2; 91. 2　**7.** 18. 2; 32. 2; 43. 4; 57. 11; 58. 4; 63. 4; 87. 3　**8.** 26. 1

西刻罗人　Σικελοί *　Sicels　**3.** 88. 3; 103. 1; 115. 1　**4.** 25. 9　**5.** 4. 6　**6.** 2. 4, 6; 3. 2, 3; 4. 1, 5; 34. 1; 45; 48; 62. 3, 5; 65. 2; 88. 3, 4, 6; 94. 3; 98. 1; 103. 2　**7.** 1. 4, 5; 2. 3; 32. 1, 2; 33. 3; 57. 11; 58. 3; 77. 6; 80. 5

西库翁　Σικυών　Sicyon　**1.** 111. 2　**2.** 80. 3　**4.** 70. 1　**5.** 81. 2　西库翁领土　Σικυωνία　Sicyonian territory　**4.** 101. 3　西库翁人　Σικυώνιοι　Sicyonians　**1.** 28. 1; 108. 5; 111. 2; 114. 1　**2.** 9. 3　**4.** 70. 1; 101. 4; 119. 2　**5.** 52. 2; 58. 4;

59.2,3; 60.3　**7**.19.4; 58.3　**8**.3.2

西摩斯，兹丹克勒人　Σῖμος Ζαγκλαῖος　Simus, a Zanclean　**6**.5.1

西摩尼得斯，雅典人　Σιμωνίδης Ἀθηναῖος　Simonides, an Athenian　**4**.7

辛托人　Σιντοί *　Sinti (Sintians)　**2**.98.1,2

西塔尔刻斯，色雷斯国王　Σιτάλκης Θρᾳκῶν βασιλεύς　Sitalces, a Thracian king　**2**.29.1,2,4,5,7; 67.1,2; 95.1; 97.3; 98.1; 99.6; 101.1,6　**4**.101.5

西派　Σῖφαι　Sipae　**4**.76.3; 77.1,2; 89.1,2; 90.1; 101.3

斯坎得亚　Σκάνδεια　Scandeia　**4**.54.1,4

斯刻利阿斯，雅典人　Σκελίας Ἀθηναῖος　Scelias, an Athenian　**8**.89.2

斯喀里提斯　Σκιρῖτις　Sciritis　**5**.33.1　斯喀里泰人　Σκιρῖται　Sciritae　**5**.67.1; 68.3; 71.2,3; 72.1,3

斯喀耳蓬达斯，忒拜人　Σκιρφώνδας Θηβαῖος　Scirphondas, a Theban　**7**.30.3

斯喀洛尼得斯，雅典人　Σκιρωνίδης Ἀθηναῖος　Scironides, an Athenian　**8**.25.1; 54.3

斯喀俄涅　Σκιώνη　Scione　**4**.120.1,2; 122.4; 123.2; 129.2; 130.1,7; 131.3; 132.1; 133.4　**5**.2.2; 18.7　斯喀俄涅人　Σκιωναῖοι　Scionaeans　**4**.120.1,3; 121.1; 122.3,6; 123.4; 129.3; 130.1,2　**5**.18.8; 32.1

斯孔布洛斯　Σκόμβρος①　Scombrus　**2**.96.3,4

斯库泰人　Σκύθαι　Scythians　**2**.96.1; 97.5,6

斯库莱翁　Σκύλλαιον　Scyllaeum　**5**.53

斯库洛斯　Σκῦρος　Scyros　**1**.98.2

斯科罗斯　Σκῶλος　Scolos　**5**.18.5

索利翁　Σόλλιον　Sollium　**2**.30.1　**3**.95.1　**5**.30.2

索罗厄斯　Σολόεις　Soloeis　**6**.2.6

索吕革亚　Σολύγεια　Solygia　**4**.42.2; 43.1,5　索吕革亚的山丘　Σολύγειος λόφος　Solygian Hill　**4**.42.2

苏尼翁　Σούνιον　Sounium　**7**.28.1　**8**.4; 95.1

索波克勒斯，雅典人　Σοφοκλῆς Ἀθηναῖος　Sophocles, an Athenian

---

① 原文为"Σκόμβρον"，根据众英译本（作"Scombrus"）和阿尔伯蒂的校勘本，应作"Σκόμβρος"。

3. 115. 5   **4**. 2. 2; 3. 1; 46. 1; 65. 3

斯帕剌多科斯，俄德律赛人　Σπαράδοκος Ὀδρύσης　Sparadocus, an Odrysian   **2**. 101. 5   **4**. 101. 5

斯巴达　Σπάρτη　Sparta   **1**. 86. 5; 128. 1, 7; 131. 1, 2   **2**. 2. 1; 21. 1; 25. 2   **3**. 54. 5   **4**. 3. 2; 15. 1; 53. 2; 81. 1; 132. 3   **5**. 14. 3; 72. 1   斯巴达人　Σπαρτιᾶται　Spartiates   **1**. 128. 3; 131. 1; 132. 1, 5   **2**. 12. 1; 25. 2; 66. 2   **3**. 100. 2   **4**. 8. 1; 11. 2; 38. 5   **5**. 9. 9; 15. 1; 63. 4   **6**. 91. 4   **7**. 19. 3; 58. 3   **8**. 7; 11. 2; 22. 1; 39. 1, 2; 61. 1; 91. 2; 99

斯帕耳托罗斯　Σπάρτωλος　Spartolus   **2**. 79. 2, 3, 5   **5**. 18. 5

斯珀赖翁　Σπείραιον　Spiraeum   **8**. 10. 3; 11. 3; 14. 2; 15. 1, 2; 20. 1

斯塔革斯，波斯人　Στάγης Πέρσης　Stages, a Persian   **8**. 16. 3

斯塔癸洛斯　Στάγιρος　Stagirus   **4**. 88. 2   **5**. 6. 1; 18. 5

斯忒萨戈剌斯，雅典人　Στησαγόρας Ἀθηναῖος　Stesagoras, an Athenian   **1**. 116. 3

斯特剌托尼刻，珀耳狄卡斯的姊妹　Στρατονίκη Περδίκκου ἀδελφή　Stratonice, sister of Perdiccas   **2**. 101. 6

斯特剌托斯　Στράτος　Stratus   **2**. 80. 8; 82; 83. 1; 84. 5; 102. 1, 2   斯特剌托斯人　Στράτιοι　Stratians   **2**. 81. 2, 5, 8; 82   **3**. 106. 1, 2

斯特瑞普萨　Στρέψα　Strepsa   **1**. 61. 4

斯特戎古勒　Στρογγύλη　Strongyle   **3**. 88. 2

斯特洛玻斯，雅典人　Στροῖβος Ἀθηναῖος　Stroebus, an Athenian   **1**. 105. 2

斯特戎比喀得斯，雅典人　Στρομβιχίδης Ἀθηναῖος　Strombichides, an Athenian   **8**. 15. 1; 16. 1, 2; 17. 1, 3; 30. 1, 2; 62. 2; 63. 1; 79. 3, 5

斯特戎比科斯，雅典人　Στρόμβιχος Ἀθηναῖος　Strombichus, an Athenian   **1**. 45. 2

斯特洛帕科斯，帕耳萨罗斯人　Στρόφακος Φαρσάλιος　Strophacus, a Pharsalian   **4**. 78. 1

斯特律蒙　Στρυμών　Strymon   **1**. 98. 1; 100. 3   **2**. 96. 3; 97. 2; 99. 3, 4; 101. 3   **4**. 50. 1; 102. 1, 3; 108. 1, 6   **5**. 7. 4   **7**. 9

斯堤拉人　Στυρῆς　Styreans   **7**. 57. 4

斯堤蓬，拉刻代蒙人　Στύφων Λακεδαιμόνιος　Styphon, a Lacedaemonian   **4**. 38. 1, 2

绪巴里斯　Σύβαρις　Sybaris   **7**. 35. 1

绪玻塔港　Σύβοτα λιμήν　Sybota habour　**1**. 50. 3; 52. 1　**3**. 76

绪玻塔岛　Σύβοτα νῆσος　Sybota island　**1**. 47. 1; 54. 1

绪刻　Συκῆ　Syce　**6**. 98. 2

绪迈托斯　Σύμαιθος　Symaethus　**6**. 65. 1

绪墨　Σύμη　Syme　**8**. 41. 4; 42. 1, 4; 43. 1

叙拉古　Συράκουσαι　Syracuse　**5**. 4. 3, 4　**6**. 3. 2, 3; 4. 3; 5. 1, 2, 3; 20. 3; 32. 3; 37. 2; 48; 49. 1, 4; 50. 4; 52. 1; 63. 1; 65. 2; 71. 2; 75. 4; 78. 2; 88. 10; 104. 1　**7**. 1. 1, 5; 2. 1, 4; 21. 1; 25. 4; 28. 3; 32. 1, 2; 42. 3, 5; 48. 2; 49. 1; 50. 1; 57. 1　**8**. 85. 3　叙拉古领土　Συρακοσία　Syracusan territory　**6**. 52. 2　叙拉古人　Συρακόσιοι　Syracusans　**3**. 86. 2, 3; 88. 3; 90. 2; 103. 1, 2; 115. 3　**4**. 1. 1, 2; 24. 1; 25. 1, 3, 5, 6, 7; 58; 65. 1　**5**. 4. 3, 5　**6**. 4. 2; 5. 2, 3; 6. 2; 11. 2; 17. 6; 18. 4; 20. 4; 35. 1; 41. 4; 45; 48; 50. 3; 51. 2; 52. 1, 2; 63. 1, 3; 64. 1, 2; 65. 1, 3; 66. 1, 3; 67. 2; 69. 1, 3; 70. 2, 3, 4; 71. 1; 72. 1; 73. 1; 74. 1; 75. 1; 78. 1; 80. 3; 82. 1, 3; 84. 1; 85. 3; 86. 1; 87. 5; 88. 1, 3, 4, 5, 7, 10; 91. 2, 5; 93. 2; 94. 1, 2; 96. 1, 2; 97. 1, 2, 4, 5; 98. 2, 3, 4; 99. 2, 4; 100. 1, 2; 101. 2, 3, 4, 5, 6; 102. 3, 4; 103. 1, 3　**7**. 2. 2, 3; 3. 1, 3, 5; 4. 1, 4, 6; 5. 1, 2, 3; 6. 1, 3; 7. 1, 3, 4; 11. 2; 18. 1; 21. 2, 3, 4, 5; 22. 1, 2; 23. 2, 3, 4; 24. 1, 3; 25. 1, 4, 6, 7, 9; 31. 3; 33. 2, 3; 36. 1, 3, 6; 37. 1, 2, 3; 38. 1, 2; 39. 1, 2; 40. 1, 3, 5; 41. 1, 2, 3, 4; 42. 2, 3, 4, 6; 43. 3, 4, 5, 6; 44. 4, 8; 45. 1; 46; 47. 4; 48. 5; 50. 1, 3; 51. 1; 52. 1, 2; 53. 1, 3; 54; 55. 1; 56. 1; 57. 2, 5, 6, 7, 11; 58. 1, 4; 59. 2; 64. 1; 65. 1; 66. 1; 69. 1; 70. 1, 2; 71. 5; 72. 1; 73. 1, 3; 74. 2; 77. 6; 78. 3, 5, 6; 79. 4, 5, 6; 80. 1, 6; 81. 1, 2, 4, 5; 82. 1; 83. 1, 2, 3, 5; 84. 1, 4; 85. 1; 86. 1, 4; 87. 1　**8**. 26. 1; 28. 2; 29. 2; 45. 3; 78; 84. 2, 4; 85. 3; 96. 5; 104. 3; 105. 2, 3; 106. 3　叙拉古战舰　Συρακόσιαι νῆες　Syracusan ships　**8**. 35. 1; 61. 2

斯帕克忒里亚　Σφακτηρία　Sphacteria　**4**. 8. 6

苏格拉底，雅典人　Σωκράτης Ἀθηναῖος　Socrates, an Athenian　**2**. 23. 2

索斯特剌提得斯，雅典人　Σωστρατίδης Ἀθηναῖος　Sostratides, an Athenian　**3**. 115. 5

泰那戎　Ταίναρον　Taenarum　**1**. 128. 1; 133　**7**. 19. 4

塔摩斯，波斯人　Τάμως Πέρσης　Tamus, a Persian　**8**. 31. 2; 87. 1, 3

塔那格拉　Τανάγρα　Tanagra　**1**. 108. 1　**3**. 91. 3, 5　**4**. 91; 97. 1　**7**. 29. 2　塔那格拉领土　Ταναγραία　territory of Tanagra　**4**. 76. 4　塔那格拉人　Ταναγραῖοι　Tanagraeans　**1**. 108. 3　**3**. 91. 5　**4**. 93. 4

— 666 —

坦塔罗斯，拉刻代蒙人　Τάνταλος Λακεδαιμόνιος　Tantalus, a Lacedaemonian　**4**.57.3, 4

塔剌斯　Τάρας　Taras（Tarentum）　**6**.34.4, 5; 44.2; 104.1, 2　**7**.1.1　**8**.91.2

陶拉斯人　Ταυλάντιοι　Taulantians　**1**.24.1

陶洛斯，拉刻代蒙人　Ταῦρος Λακεδαιμόνιος　Taurus, a Lacedaemonian　**4**.119.2

忒革亚　Τεγέα　Tegea　**5**.32.3; 62.1, 2; 64.1, 3; 74.2; 75.1; 76.1; 78; 82.3　忒革亚领土　Τεγεᾶτις　Tegean territory　**5**.65.4　忒革亚人　Τεγεᾶται　Tegeans　**2**.67.1　**4**.134.1, 2　**5**.32.4; 40.3; 57.2; 65.4; 67.1; 71.2; 73.1

忒萨墨诺斯，特剌喀尼亚人　Τεισαμενὸς Τραχίνιος　Tisamenus, a Trachinian　**3**.92.2

忒珊德洛斯，阿波多托斯人　Τείσανδρος Ἀποδωτός①　Tisander, an Apodotian　**3**.100.1

忒西阿斯，雅典人　Τεισίας Ἀθηναῖος　Tisias, an Athenian　**5**.84.3

忒西马科斯，雅典人　Τεισίμαχος Ἀθηναῖος　Tisimachus, an Athenian　**5**.84.3

忒喀翁　Τείχιον　Tichium　**3**.96.2

忒喀乌萨　Τειχιοῦσσα　Teichioussa　**8**.26.3; 28.1

忒利阿斯，叙拉古人　Τελλίας Συρακόσιος　Tellias, a Syracusan　**6**.103.4

忒利斯，斯巴达人　Τέλλις Σπαρτιάτης　Tellis, a Spartiate　**2**.25.2　**3**.69.1　**4**.70.1　**5**.19.2; 24.1

忒墨尼忒斯　Τεμενίτης　Temenites　**6**.75.1; 100.2

忒墨尼提斯　Τεμενῖτις　Temenitis　**7**.3.3

忒涅多斯　Τένεδος　Tenedos　**3**.28.2; 35.1　忒涅多斯人　Τενέδιοι　Tenedians　**3**.2.3　**7**.57.5

忒里娜海湾　Τεριναῖος κόλπος　Terinaean gulf　**6**.104.2

忒乌提阿普罗斯，厄利斯人　Τευτίαπλος Ἠλεῖος　Teutiaplus, an Elean　**3**.29.2

忒乌特路萨　Τευτλοῦσσα　Teutloussa　**8**.42.4

---

① 原文为"Αἰτωλός"（"埃托利亚人"），阿波多托斯人是埃托利亚人中的一支，阿尔伯蒂的校勘本作"Ἀποδωτός"，今从。

忒俄斯　Τέως　Teos　**8**.16.1; 19.3; 20.2　忒俄斯人　Τήιοι　Teians　**3**.32.1　**8**.16.3; 19.3; 20.2

忒墨诺斯的后裔　Τημενίδαι　Temenids　**2**.99.3

忒诺斯人　Τήνιοι　Tenians　**7**.57.4　**8**.69.3

忒瑞乌斯　Τηρεύς①　Tereus　**2**.29.3

忒瑞斯，俄德律赛人的国王　Τήρης Ὀδρυσῶν βασιλεύς　Teres, an Odrysian king　**2**.29.1, 2, 3, 7; 67.1; 95.1

忒里阿斯　Τηρίας　Terias　**6**.50.4; 94.2

提拉泰俄人　Τιλαταῖοι *　Tilataeans　**2**.96.4

提马戈剌斯，库兹狄科斯人　Τιμαγόρας Κυζικηνός　Timagoras, a Cyzicene　**8**.6.1; 8.1; 39.1

提马戈剌斯，忒革亚人　Τιμαγόρας Τεγεάτης　Timagoras, a Tegean　**2**.67.1

提曼忒斯，科林斯人　Τιμάνθης Κορίνθιος　Timanthes, a Corinthian　**1**.29.2

提马诺耳，科林斯人　Τιμάνωρ Κορίνθιος　Timanor, a Corinthian　**1**.29.2

提摩克剌忒斯，雅典人　Τιμοκράτης Ἀθηναῖος　Timocrates, an Athenian　**3**.105.3　**5**.19.2; 24.1

提摩克剌忒斯，科林斯人　Τιμοκράτης Κορίνθιος　Timocrates, a Corinthian　**2**.33.1

提摩克剌忒斯，拉刻代蒙人　Τιμοκράτης Λακδαιμόνιος　Timocrates, a Lacedaemonian　**2**.85.1; 92.3

提摩克塞诺斯，科林斯人　Τιμόξενος Κορίνθιος　Timoxenus, a Corinthian　**2**.33.1

提萨珀耳涅斯，波斯人　Τισσαφέρνης Πέρσης　Tissaphernes, a Persian　**8**.5.4, 5; 6.1, 2, 3; 16.3; 17.4; 18.1; 20.2; 25.2; 26.3; 28.2, 3, 4; 29.1; 35.1; 36.2; 37.1; 43.2, 4; 44.1; 45.1, 2, 4, 6; 46.1, 5; 47.1, 2; 48.1; 49; 50.2, 3; 52; 53.2; 54.2, 4; 56.1, 2, 3, 4; 57.1; 58.1, 5, 6, 7; 59; 63.3; 65.2; 78; 80.1; 81.1, 2, 3; 82.2, 3; 83.1, 2, 3; 84.4, 5; 85.1, 2, 3, 4; 87.1, 6; 88; 99; 108.1, 3, 4; 109.1

特勒波勒摩斯，雅典人　Τληπόλεμος Ἀθηναῖος　Tlepolemus, an Athenian

---

① 阿尔伯蒂的校勘本还加上了"Θρακῶν βασιλεύς"（"色雷斯国王"）。

1. 117. 2

托尔迈俄斯，雅典人　Τολμαῖος Ἀθηναῖος　Tolmaeus, an Athenian
（1）**1**. 108. 5; 113. 1　（2）**4**. 53. 1; 119. 2

托尔弥得斯，雅典人　Τολμίδης Ἀθηναῖος　Tolmides, an Athenian
1. 108. 5; 113. 1　**3**. 20. 1

托罗波斯，俄庇俄涅斯人　Τόλοφος Ὀφιονεύς　Tolophus, an Ophionian
3. 100. 1

托罗蓬人　Τολοφώνιοι　Tolophonians　**3**. 101. 2

托墨乌斯　Τομεύς　Tomeus　**4**. 118. 4

托律拉俄斯，帕耳萨利亚人　Τορύλαος① Φαρσάλιος　Torylaus, a Pharsalian　**4**. 78. 1

托洛涅　Τορώνη　Torone　**4**. 110. 1; 120. 3; 122. 2; 129. 1; 132. 3　**5**. 2. 3; 3. 2, 3, 6; 6. 1　托洛涅人　Τορωναῖοι　Toronaeans　**4**. 110. 2; 111. 2; 113. 1, 3; 114. 1, 3　**5**. 2. 2; 3. 2. 4; 18. 8

特剌癸亚　Τραγία　Tragia　**1**. 116. 1

特剌喀斯　Τραχίς②　Trachis　**3**. 100. 2　**4**. 78. 1　**5**. 12. 1; 51. 1

特剌喀尼亚　Τραχινία　Trachinia　**3**. 92. 1　特剌喀尼亚人　Τραχίνιοι③ Trachinians　**3**. 92. 2, 4

特瑞瑞斯　Τρῆρες　Treres　**2**. 96. 4

特里巴罗人　Τριβαλλοί＊　Triballi　**2**. 96. 4　**4**. 101. 5

特里那克里亚　Τρινακρία　Trinacria　**6**. 2. 2

特里俄庇翁　Τριόπιον　Triopium　**8**. 35. 2, 3, 4; 60. 3

特里波狄斯科斯　Τριποδίσκος　Tripodiscus　**4**. 70. 1, 2

特里忒亚人　Τριτῆς④　Triteans　**3**. 101. 2

特洛亚　Τροία　Troy　**1**. 8. 4; 11. 2　**4**. 120. 1　**6**. 2. 3　特洛亚人　Τρῶες　Trojans　**1**. 11. 1　**6**. 2. 3　特洛亚战争　Τρωικά　Trojan war　**1**. 3. 1, 3, 4; 12. 1, 4; 14. 1　**2**. 68. 3　特洛亚地区　Τρῳάδες　Troad　参看　科罗奈

---

① 见正文译注。
② 见正文译注（3.92.1）。此词原文无，据阿尔伯蒂的校勘本补。
③ 原文将此词与"Τραχινία"分开，阿尔伯蒂的校勘本将二者并列，今从。
④ 原文作"Τριταιής"，见正文译注。

— 669 —

Κολωναί　Colonae

特洛兹顿　Τροιζήν　Troezen　**1.** 115. 1　**4.** 21. 3; 45. 2; 118. 4　特洛兹顿土地　Τροιζηνία　country of Troezen　**4.** 45. 2　特洛兹顿人　Τροιζόνιοι　Troezenians　**1.** 27. 2　**8.** 3. 2　特洛兹顿领土　Τροιζηνίς　territory of Troezen　**2.** 56. 5

特洛癸罗斯　Τρωγίλος　Trogilus　**6.** 99. 1　**7.** 2. 4

特洛提罗斯　Τρώπιλος　Trotilus　**6.** 4. 1

堤得乌斯，喀俄斯人　Τυδεὺς Χῖος　Tydeus, a Chian　**8.** 38. 3

堤恩达瑞俄斯　Τυνδάρεως　Tyndareus　**1.** 9. 1

堤耳塞尼亚　Τυρσηνία　Tyrrhenia　**6.** 88. 6; 103. 2　堤耳塞尼亚人　Τυρσηνοί　Tyrrhenians (Etruscans)　**4.** 109. 4　**7.** 53. 2; 54; 57. 11　堤耳塞尼亚海　Τυρσηνικὸν πέλαγος　Tyrrhenian sea　**4.** 24. 5　堤耳塞尼亚湾　T. κόλπος　Tyrrhenian gulf　**6.** 62. 2　堤耳塞尼亚海　T. πόντος　Tyrrhenian sea　**7.** 58. 2

许埃亚人　Ὑαῖοι　Hyaeans　**3.** 101. 2

许阿铿托斯节　Ὑακίνθια　Hyacinthia　**5.** 23. 4; 41. 3

许布拉　Ὕβλα　Hybla　**6.** 62. 5; 63. 2　许布拉人　Ὑβλαῖοι　Hybleans　**6.** 94. 3

许布拉人，墨伽拉裔（的城市）　Ὑβλαῖοι Μεγαρῆς[①]　(city of) Megara Hyblea　**6.** 4. 1

许布隆，西刻罗人的国王　Ὕβλων Σικελῶν βασιλεύς　Hyblon, a Sicel king　**6.** 4. 1

许卡拉　Ὕκκαρα　Hyccara　**6.** 62. 3, 4　许卡拉战俘奴隶　Ὑκκαρικὰ ἀνδράποδα　Hyccaric slaves　**7.** 13. 2

许利阿斯　Ὑλίας　Hylias　**7.** 35. 2

许拉斯港　Ὑλλαϊκὸς λιμήν　Hyllaic Habour　**3.** 72. 3; 81. 2

许珀耳玻罗斯，雅典人　Ὑπέρβολος Ἀθηναῖος　Hyperbolus, an Athenian　**8.** 73. 3

许珀洛喀得斯，雅典人　Ὑπεροχίδης Ἀθηναῖος　Hyperochides, an Athe-

---

① 见正文译注。

nian **6.** 55.1

许西埃，阿耳戈斯的　Ὑσιαὶ τῆς Ἀργείας　Hysiae, Argive　**5.** 83.2

许西埃，玻俄提亚的　Ὑσιαὶ τῆς Βοιωτίας　Hysiae, Boeotian　**3.** 24.2

许斯塔斯珀斯，波斯人　Ὑστάσπης Πέρσης　Hystaspes, a Persian **1.** 115.4

帕格瑞斯　Φάγρης　Phagres　**2.** 99.3

帕厄尼斯，阿耳戈斯人　Φαεινὶς Ἀργεία　Phaeinis, an Argive　**4.** 133.3

派阿克斯人　Φαίακες　Phaeacians　**1.** 25.4

派阿克斯，雅典人　Φαίαξ Ἀθηναῖος　Phaeax, an Athenian　**5.** 4.1, 5, 6; 5.2, 3

派狄摩斯，拉刻代蒙人　Φαίδιμος Λακεδαιμόνιος　Phaedimus, a Lacedaemonian　**5.** 42.1

派尼波斯，雅典人　Φαίνιππος Ἀθηναῖος　Phaenippus, an Athenian **4.** 118.11

帕喀翁　Φάκιον　Phacium　**4.** 78.5

帕勒戎　Φάληρον　Phalerum　**1.** 107.1　帕勒戎墙　Φαληρικὸν τεῖχος　Phaleric wall　**2.** 13.7

帕利俄斯，科林斯人　Φάλιος Κορίνθιος　Phalius, a Corinthian　**1.** 24.2

帕奈　Φάναι　Phanae　**8.** 24.3

帕诺马科斯，雅典人　Φανόμαχος Ἀθηναῖος　Phanomachus, an Athenian **2.** 70.1

帕诺忒乌斯领土[①]　Φανοτίς　territory of Phanoteus　**4.** 76.3　帕诺忒乌斯　Φανοτεύς　Phanoteus　**4.** 89.1

帕剌克斯，拉刻代蒙人　Φάραξ Λακεδαιμόνιος　Pharax, a Lacedaemonian **4.** 38.1

帕耳那巴兹多斯，波斯人　Φαρνάβαζος Πέρσης　Pharnabazus, a Persian **2.** 67.1　**8.** 6.1, 2; 8.1; 39.1, 2; 62.1; 80.1, 2; 99; 109.1

帕耳那刻斯，波斯人　Φαρνάκης Πέρσης　Pharnakes, a Persian (1) **1.** 129.1　(2) **2.** 67.1　**5.** 1　**8.** 6.1; 58.1

[①] 见正文译注。

帕洛斯　Φάρος　Pharos　**1**.140.1

帕耳萨罗斯　Φάρσαλος　Pharsalus　**1**.111.1　**2**.22.3　**4**.78.1,5　帕耳萨罗斯人　Φαρσάλιοι　Pharsalians　**2**.22.3　**8**.92.8

帕塞利斯　Φάσηλις　Phaselis　**2**.69.1　**8**.88；99；108.1

珀亚　Φειά　Pheia　**2**.25.3,4,5　**7**.31.1

珀赖人　Φεραῖοι　Pheraeans　**2**.22.3

普提俄提斯　Φθιῶτις　Phthiotis　**1**.3.2,3　普提俄泰人　Φθιῶται　Phthiotaeans　**8**.3.1

庇勒蒙，雅典人　Φιλήμων Ἀθηναῖος　Philemon, an Athenian　**2**.67.2

菲利普，拉刻代蒙人　Φίλιππος Λακεδαιμόνιος　Philip, a Lacedaemonian　**8**.28.5；87.6；99

菲利普，马其顿人　Φίλιππος Μακεδών　Philip, a Macedonian　**1**.57.3；59.2；61.4　**2**.95.3；100.3

庇罗克剌忒斯，雅典人　Φιλοκράτης Ἀθηναῖος　Philocrates, an Athenian　**5**.116.3

庇罗克忒忒斯，　Φιλοκτήτης　Philoctetes　**1**.10.4

庇罗卡里达斯，拉刻代蒙人　Φιλοχαρίδας Λακεδαιμόνιος　Philocharidas, a Lacedaemonian　**4**.119.2　**5**.19.2；21.1；24.1；44.3

普勒乌斯　Φλειοῦς　Phlius　**4**.133.3　**5**.57.2；58.1,2　普勒乌斯的领土　Φλειασία　territory of Phlius　**5**.83.3；115.1　**6**.105.3　普勒乌斯人　Φλειάσιοι　Phliasians　**1**.27.2　**4**.70.1　**5**.57.2；58.4；59.1,3；60.3；115.1

波玻斯　Φοῖβος　Phoebus　**1**.132.2　**3**.104.4

腓尼基（波尼刻）①　Φοινίκη　Phoenicia　**2**.69.1　腓尼基人　Φοίνικες　Phoenicians　**1**.8.1；16；100.1；110.4　**6**.2.6　**8**.81.3；87.3,6　腓尼基的城邦　Φοινικικαὶ πόλεις　Phoenician cities　**6**.46.3

波尼枯斯　Φοινικοῦς　Phoenicus　**8**.34

腓尼基人的战舰　Φοίνισσαι νῆες　Phoenician ships　**1**.116.1,3　**8**.46.1,5；59；78；87.1,3；88；99；108.1；109.1

波耳弥翁　Φορμίων Ἀθηναῖος　Phormio, an Athenian　**1**.64.2；65.2；117.2　**2**.29.6；58.2；68.7；69.1；80.4；81.1；83.1,2；84.1；85.4；86.2；88.1；90.1,2；92.7；

---

① 见正文（2.69.1）译注。

102.1; 103.1　**3**.7.1; [17.4]

普律癸亚　Φρύγια　Phrygia　**2**.22.2

普律尼斯，拉刻代蒙人　Φρῦνις Λακεδαιμόνιος　Phrynis, a Lacedaemonian　**8**.6.4

普律尼科斯，雅典人　Φρύνιχος Ἀθηναῖος　Phrynichus, an Athenian　**8**.25.1; 27.1, 5; 48.4; 50.1, 4, 5; 51.1, 2, 3; 54.3; 68.3; 90.1, 2; 92.2

皮勒达斯，忒拜人　Φυλείδας Θηβαῖος　Phyleidas, a Theban　**2**.2.1

皮耳科斯　Φύρκος　Phyrcus　**5**.49.1

皮斯卡　Φύσκα　Physca　**2**.99.5

皮提亚　Φυτία　Phytia　**3**.106.2

波开亚　Φώκαια　Phocaea　**8**.31.3, 4　波开亚领土　Φωκαΐς　territory of Phocaea　**8**.101.2　波开亚人　Φωκαῆς　Phocaeans　**1**.13.6　波开亚斯塔忒耳　Φωκαΐτης στατήρ　Phocaean *staters*　**4**.52.2

波开埃　Φώκαιαι　Phocaeae　**5**.4.4

波喀斯　Φωκίς　Phocis　**1**.108.3　**2**.29.3　**4**.76.3　波喀斯人　Φωκῆς　Phocians　**1**.107.2; 111.1; 112.5　**2**.9.2, 3　**3**.95.1; 101.2　**4**.76.3; 89.1; 118.2　**5**.32.2; 64.4　**6**.2.3　**8**.3.2

波堤俄斯　Φώτυος[①]　Photyus　**2**.80.5

开瑞阿斯，雅典人　Χαιρέας Ἀθηναῖος　Chaereas, an Athenian　**8**.74.1, 3; 86.3

开洛涅亚　Χαιρώνεια　Chaeronea　**1**.113.1　**4**.76.3

卡勒翁人　Χαλειῆς[②]　Chalaeans　**3**.101.2

卡尔刻　Χάλκη　Chalce　**8**.41.4; 44.3; 55.1; 60.3

卡尔喀得乌斯，拉刻代蒙人　Χαλκιδεὺς Λακεδαιμόνιος　Chalcideus, a Lacedaemonian　**8**.6.5; 8.2; 11.3; 12.3; 14.1, 2; 15.1; 16.1, 3; 17.1, 2, 3, 4; 19.2; 24.1; 25.2; 28.1; 32.2; 36.2; 43.3; 45.1

卡尔喀斯人　Χαλκιδῆς　Chalcidians　**4**.64.3　**6**.3.3; 4.1; 5.1; 10.5; 44.3; 76.2; 79.2; 84.3　卡尔喀斯族　Χαλκιδικὸν γένος　Chalcidian race　**4**.61.2, 4

[①] 原文为"Φώτιος"。见正文注释。

[②] 原文为"Χαλαῖοι"，今依阿尔伯蒂的校勘本改。

卡尔喀斯人的制度　Χ. νόμιμα　Chalcidian institutions　**6**.5.1　卡尔喀斯人的城邦　Χ. πόλεις　Chalcidian cities　**3**.86.2　**4**.25.7　**6**.4.5

卡尔喀狄刻　Χαλκιδική　Chalcidice　**1**.65.2　**2**.70.4; 101.5　**4**.79.1; 103.1

卡尔喀斯人　Χαλκιδῆς[①]　Chalcidians　**1**.57.5; 58.1,2; 62.3; 65.2　**2**.29.6; 58.1,2; 79.1,3,5,6,7; 95.1,3; 99.3; 101.1,6　**4**.7; 78.1; 79.2; 81.1; 83.3; 84.1,2; 103.3; 114.1; 123.4; 124.1　**5**.3.4; 6.4; 21.2; 31.6; 80.2; 82.1; 83.4　**6**.7.4　卡尔喀斯族　Χαλκιδικὸν γένος　Chalcidian race　**4**.109.4　卡尔喀斯骑兵　Χ. ἵππος　Chalcidian cavalry　**5**.10.9,10　卡尔喀斯人的城邦　Χ. πόλεις　Chalcidian cities　**4**.110.1; 123.4　卡尔喀斯人的战争　Χ. πόλεμος　Chalcidian war　**2**.95.2

铜庙里的　Ἀ. Χαλκίοικος　of the Brazen House　参看　雅典娜　Ἀθηνᾶ　Athena

卡尔喀斯，在埃托利亚　Χαλκὶς ἡ ἐν Αἰτωλίᾳ　Chalcis, in Aetolia　**1**.108.5　**2**.83.3

卡尔喀斯，在优卑亚　Χαλκὶς ἡ ἐν Εὐβοίᾳ　Chalcis, in Euboea　**6**.4.5　**7**.29.2　**8**.95.6　卡尔喀斯人　Χαλκιδῆς　Chalcidians　**1**.15.3　**6**.3.1　**7**.57.4

卡俄尼亚人　Χάονες　Chaonians　**2**.68.9; 80.1,5; 81.3,4,6

卡剌德洛斯　Χάραδρος　Charadrus　**5**.60.6

卡里克勒斯，雅典人　Χαρικλῆς Ἀθηναῖος　Charicles, an Athenian　**7**.20.1,2,3; 26.1,3

卡耳弥诺斯，雅典人　Χαρμῖνος Ἀθηναῖος　Carminus, an Athenian　**8**.30.1; 41.3,4; 42.2; 73.3

卡洛阿得斯，雅典人　Χαροιάδης Ἀθηναῖος　Charoeades, an Athenian　**3**.86.1; 90.2

卡律布狄斯　Χάρυβδις　Charybdis　**4**.24.5

刻墨里翁　Χειμέριον　Chimerium　**1**.30.3; 46.3,4; 48.1

刻耳索涅索斯，色雷斯的　Χερσόνησος ἡ Θρακική　Chersonesus, Thracian

[①] 这里的"卡尔喀斯人"指的是卡尔喀狄刻地区的卡尔喀斯人。阿尔伯蒂的校勘本为了区别，将这个名词称为"Χαλκιδῆς οἱ ἐπὶ Θρᾴκης"（"色雷斯的卡尔喀斯人"）。以下几个词都是指色雷斯地区的卡尔喀斯人。

1. 11. 1　**8**. 62. 3; 99; 102. 1; 104. 2

刻耳索涅索斯，科林斯的　Χερσόνησος τῆς Κορινθίας　Chersonesus, Corinthian　**4**. 42. 2; 43. 2

喀俄尼斯，拉刻代蒙人　Χίονις Λακεδαιμόνιος　Chionis, a Lacedaemonian　**5**. 19. 2; 24. 1

喀俄斯　Χίος　Chios　**1**. 116. 1; 117. 2　**3**. 104. 5　**8**. 6. 2, 4; 7; 8. 1, 2; 10. 2; 15. 1, 2; 16. 1, 2; 17. 1; 20. 1; 23. 1, 5; 24. 2; 28. 5; 30. 1, 2; 31. 1; 32. 1, 2; 33. 2, 4; 38. 2, 5; 41. 1; 55. 2; 60. 2, 3; 62. 2; 63. 2; 64. 2; 79. 3; 99; 100. 2; 101. 1　喀俄斯人　Χῖοι　Chians　**1**. 19; 116. 2　**2**. 9. 4, 5; 56. 2　**3**. 10. 5; 32. 3　**4**. 51　**6**. 31. 2; 43; 85. 2　**7**. 57. 4　**8**. 5. 4; 6. 1, 3, 4; 7; 9. 2, 3; 10. 1, 3; 12. 1; 14. 1, 2; 15. 2; 17. 2; 19. 1, 4; 22. 1; 24. 2, 3, 4; 32. 3; 33. 1; 34; 38. 2, 3; 40. 1, 2, 3; 45. 4; 55. 3; 56. 1; 61. 3; 63. 1; 101. 1　喀俄斯战舰　Χ. νῆες　Chian ships　**4**. 13. 2; 129. 2　**5**. 84. 1　**7**. 20. 2　**8**. 23. 2, 3, 4; 28. 1; 31. 2; 101. 1; 106. 3

科剌得斯　Χοιράδες　Choerades　**7**. 33. 4

克洛蒙，墨塞尼亚人　Χρόμων Μεσσήνιος　Chromon, a Messenian　**3**. 98. 1

克律西波斯　Χρύσιππος　Chrysippus　**1**. 9. 2

克律西斯，阿耳戈斯人　Χρυσὶς Ἀργεῖος　Chrysis, an Argive　**2**. 2. 1　**4**. 133. 2, 3

克律西斯，科林斯人　Χρῦσις Κορίνθιος　Chrysis, a Corinthian　**2**. 33. 1

普萨墨提科斯，利比亚人　Ψαμμήτιχος Λίβυς　Psammetichus, a Libyan　**1**. 104. 1

俄库托斯，科林斯人　Ὤκυτος Κορίνθιος　Ocytus, a Corinthian　**4**. 119. 2

俄瑞俄斯　Ὠρεός　Oreus　**8**. 95. 7

俄洛波斯　Ὠρωπός　Oropus　**2**. 23. 3　**3**. 91. 3　**4**. 96. 7, 9　**7**. 28. 1　**8**. 60. 1, 2; 95. 1, 3, 4　俄洛波斯领土　Ὠρωπία　territory of Oropus　**4**. 91; 99　俄洛波斯人　Ὠρώπιοι　Oropians　**2**. 23. 3　**8**. 60. 1

译 后 记

翻译修昔底德的这部名著并不是我很早就有的想法。硕士阶段，我学的是世界近现代史，最后做了一个与法国大革命相关的英国史题目。毕业后忝列高校教席，开始比较自由地探索西方文明史。在不断的摸索中，我深有隔靴搔痒之感，遂有从源头做起的想法。我找来一些古希腊的名著，有史学的、文学的，也有哲学的，开始阅读、笔记。然后是罗马的、中世纪的和近代的。到了康德，就感觉比较困难了。同时，我还自学王力的《古代汉语》，读了"四书"和《诗经》《荀子》《韩非子》等中国古典。加起来有二三十部书的样子。

2000 年 4 月下旬，有幸遇到刘家和先生，立即被他"中外古史比较"的研究思路深深吸引。于是，决定报考他的博士生，为此还读了 90 天《左传》。读博期间，以做学位论文为主要目标。当时有同学到北大旁听"古希腊语"课，我有些动心，无奈时间太紧，分身无术。只有备好教材、词典等资料，以便日后自学。到了 2006 年年初，博士毕业已有半载，有闲工夫自学古希腊语了。经过两年多的艰苦努力，到 2008 年 6 月上旬，终于学完 *Reading Greek*。我取来亚里士多德的《雅典政制》试读，借助 Perseus 网站，一个暑假读完，竟没有发现一个语法很难的句子。

2008 年 10 月我有机会到希腊访学。到雅典大学学了 5 个月的现代希腊语，顺便解决吃饭问题（学校食堂对学生免费，但报名学现代希腊语要交学费）。余下的全部时间泡在雅典的美国古典研究学院的 Blegen 图书馆里。刚开始是拼命浏览、收集自己在国内想看又看不到资料。后来，面对眼前西方人浩如烟海的古典研究成果，开始思考自己今后数年的研究取向。我觉得，研究古史应该从原始史料入手，在熟悉这些史料之前，贸然研究古希腊的政治、军事、经济、文化等，恐怕基础不会牢固。的确，古希腊史的史料有限，研究某个问题，参考西方学者的相关论著，十有八九能逮着散在各书中的史料，然后再去阅读那些史料。这种方法不是不能用，但不能一直这么用，否则难有创见。古典时期是古希腊文明最辉煌的时期。关于这一时期，希罗多德的《历史》记载了大量史料，但涉及西亚、埃及等希腊以外的众多地区，短时间摸不着门径，而且记事散漫。修昔底德的《伯罗奔尼撒战争史》相对集中于希腊，特别是雅典，内容丰富、记述严谨、思想深刻，也是一部名著。于是，决定以此书为研究的突破口，并开始收集与此相关的资料。

回国以后，用了4个月的时间将带回的资料全部浏览一遍，并择其要者精读，写成长篇论文《科学的、客观的、超然的？——20世纪以来修昔底德史家形象之嬗变》，后来发表于《历史研究》（2011年第1期）。2010年3月上旬，我正式动手翻译《伯罗奔尼撒战争史》。在3年当中，我全身心地投入翻译之中，没有周末和节假日，工作疲惫极了，才休息一两天。这是我平生承担的最艰难的一项工作。译到第5卷，本以为像爬高山一样到了半山腰（实际上不到整个路程的三分之一）。这时人已筋疲力尽，可山顶远在云端，似乎遥不可及。后半程几乎是一步一挨上来的。

2013年3月译文初稿完成后，其他工作接踵而至，只能断续完成修改工作。主要是借助新近出版的英译本来核对译文，发现意思不一致的地方就查古希腊文，翻检参考书。由于近年来我的研究始终聚焦于此书，因此不断对译文（尤其是注释）有所修改，这里就不一一列举了。最后的修改（约一个月）是在牛津大学图书馆完成的，翻阅了以前没有见到的译本和评注。

我能初步掌握古希腊语这门繁难的语言，进而翻译这部不那么好读的名著，自身的努力当然不可少，但也得益于近些年来研究条件的极大改善：优秀的教材，众多的语法、词典等工具书，极为实用的Perseus网站，详尽的《评注》，多种优秀的英译本，等等。我所做的贡献就是有限的一点点了。当然，这里所说的"贡献"，还有待读者的检验。

本书的完成虽是我一人之力，但离不开师友的帮助。16年来，恩师刘家和先生对我有问必答，有求必应；勖勉有加，期望甚殷。2008年10月，雅典的Ευάγγελος Χρυσός教授为我写推荐信，使我得以利用美国古典研究学院的图书馆。2016年初，牛津大学圣休学院教授鲁德（Tim Rood）邀请我去牛津访学。他们的善意和真诚让我感动！清华大学张绪山教授为我访学希腊牵线搭桥。中国人民大学徐晓旭教授（时任教于华中师大）馈我资料，并与我就译名等问题有所探讨。留学中国的马其顿朋友冯海城（Igor Radev）、留学希腊的庞国庆先生、中国社科院世界历史所的张跃斌研究员，或赠我资料，或为我复制、邮寄图书，都付出了辛劳。在此一并致谢！

  还要感谢国家留学基金委，两次资助我做访问学者，让我看到了希腊众多的文物和古迹，读到了雅典和英国牛津大学的古典学藏书。

  20多年来，我走的是一条清贫、寂寞、崎岖的学术之路，这是我的选择。对于养育我的家庭，却回报甚少。我妻李文莉一直主动承担了大部分家务，为我节约了大量的时间。没有她的体贴照顾，本书是不能如期完成的。

  翻译之初，只想为自己的研究提供一个可靠的基础，但其中的艰苦和曲折让我有了公之于众、为他人提供一点便利的想法。可是，要找到一家合适且愿意承担的出版社不是一件容易的事。在无助和焦虑之际，业师郭小凌教授伸出援手，向中国社会科学出版社副总编郭沂纹女士大力推荐。郭总不以我鄙陋，慨然允诺。责任编辑刘志兵先生和其他相关人员耐心、细致地完成了整个出版工作。但愿拙译不负他们的信赖。

2016年7月12日
于牛津大学老博德利（Old Bodley）图书馆

修订后记

拙译初版于2017年末2018年初面世。几年来，笔者陆续看到一些评论，绝大部分是网络上的只言片语，比较正式的只有复旦大学哲学学院丁耘教授在《三联生活周刊》（2018年7月18日）上所作的简评。2018年6月，教育部"长江学者"、首都师范大学教授晏绍祥来邮指出了近60处误译（少数存疑）。对于两位教授的褒奖和指正，笔者深表感激！但也意识到，初版中的错误绝不会只有这么一些，更多的恐怕只有自己才发现得了。至于不妥和有待完善之处，那可能就更多了。于是，下决心重读一遍希腊文，作全面修订。

重读一遍原文并非易事。许多难句语法结构复杂，好不容易弄懂，过后却记不住，再读又好像遇到一个新句子。于是，一边修订译文，一边分析句子的语法结构，并且记下来（仿照西方学者，英语称作 a grammatical commentary），结果另成一书稿。该书初稿完成后，复查时发现了一些错误，于是再读一遍原文，耗时约9个月，并乘机对拙译初版再作修改。至此，拙译初版共修改约2000处（包括标点符号）。虽已竭尽全力，但错误依然难免，请读者不吝赐教！

需要说明的是，这次修订重点在正文，致力于保持原文本面貌，尽可能为汉语读者提供一个忠实可靠的译本；考虑到中国读者普遍对这部既洋又古的名著缺乏必要了解，故增加了一篇导读，希望有助于理解；脚注修改较少，其字数虽然不少，但大部分只起一个导引的作用，读者可进一步查阅戈姆和霍恩布洛尔等人所做的详注；还增加了一篇附录（古希腊的战争）。

最后，感谢中国社会科学出版社给予笔者修订译文的机会，尤其感谢责任编辑刘志兵先生。刘先生一直关注拙译的修订进展，积极主动安排再版事宜，并认真细致地履行了编辑职责。对他的热诚和敬业，笔者铭记在心！

何元国
2024年4月于武昌沙湖之滨